Sammter Ascher

Mischnajot Teil 2 Ordnung Mo'ed

Sammter Ascher

Mischnajot Teil 2 Ordnung Mo'ed

ISBN/EAN: 9783337321321

Hergestellt in Europa, USA, Kanada, Australien, Japan

Cover: Foto ©ninafisch / pixelio.de

Weitere Bücher finden Sie auf **www.hansebooks.com**

MISCHNAJOT

Die sechs Ordnungen der Mischna

Teil 2

Ordnung Mo'ed

סדר מועד

Hebräisch/Deutsch

übersetzt und erklärt von
Rabbiner Eduard Baneth und
Rabbiner Ascher Sammter

ב״מ | Lehrhaus
אהרן | Adolph
ילינק | Jellinek

Inhaltsverzeichnis   Seite דף   תוכן

Register der Mischna-Traktate	VII	מפתח המסכתות
Einleitung	1	מבוא
Schabbat	3	שבת
Eruwin	50	ערובין
Pesachim	166	פסחים
Schekalim	260	שקלים
Joma (Jom Hakkippurim)	294	יומא (יום הכפורים)
Sukka	332	סכה
Beza (Jom Tow)	359	ביצה (יום טוב)
Rosch Haschana	380	ראש השנה
Ta'anijot	412	תעניות
Megilla	432	מגלה
Mo'ed Katan	457	מועד קטן
Chagiga	474	חגיגה
Register der Mischna-Abschnitte (Perakim)	498	מפתח פרקי המשנה
Register der in der Mischna zitierten Bibelverse	499	לוח הכתובים
Namen-, Orts- und Sachregister	500	לוח השמות
Register zum Kommentar	507	לוח הפירושים
Berichtigungen und Zusätze	527	לוח התקונים

מפתח המסכתות

אבות	IV ,327
אהלות	VI ,145
בבא בתרא	IV ,97
בבא מציעא	IV ,45
בבא קמא	IV ,1
ביצה (יום טוב)	II ,359
בכורות	V ,235
בכורים	I ,186
ברכות	I ,1
גטין	III ,353
דמאי	I ,37
הוריות	IV ,366
זבחים	V ,2
זבים	VI ,588
חגיגה	II ,474
חלה	I ,167
חלין	V ,174
טבול יום	VI ,615
טהרות	VI ,385
יבמות	III ,1
ידים	VI ,635
יומא (יום הכפורים)	II ,294
יום טוב (ביצה)	II ,359
כלאים	I ,56
כלים	VI ,1
כריתות	V ,367
כתבות	III ,92
מגלה	II ,432
מדות	V ,478
מועד קטן	II ,457
מכות	IV ,199
מכשירין	VI ,557
מנחות	V ,95
מעילה	V ,411
מעשרות	I ,137
מעשר שני	I ,150
מקואות	VI ,444
נגעים	VI ,239
נדה	VI ,503
נדרים	III ,173
נזיר	III ,249
סוטה	III ,302
סכה	II ,332
סנהדרין	IV ,145
עבודה זרה	IV ,302
עדיות	IV ,256
עוקצין	VI ,657
ערובין	II ,50
ערכין	V ,291
ערלה	I ,178
פאה	I ,17
פסחים	II ,166
פרה	VI ,322
קדושין	III ,404
קנים	V ,512
ראש השנה	II ,380
שבועות	IV ,220
שביעית	I ,80
שבת	II ,3
שקלים	II ,260
תמורה	V ,334
תמיד	V ,444
תעניות	II ,412
תרומות	I ,108

Arachin	V	, 291
Awoda Sara	IV	, 302
Awot	IV	, 327
Bawa Batra	IV	, 97
Bawa Kama	IV	, 1
Bawa Mezia	IV	, 45
Bechorot	V	, 235
Berachot	I	, 1
Beza (Jom Tow)	II	, 359
Bikkurim	I	, 186
Chagiga	II	, 474
Challa	I	, 167
Chullin	V	, 174
Demai	I	, 37
Edujot	IV	, 256
Eruwin	II	, 50
Gittin	III	, 353
Horajot	IV	, 366
Jadajim	VI	, 635
Jewamot	III	, 1
Jom Hakkippurim (Joma)	II	, 294
Jom Tow (Beza)	II	, 359
Kelim	VI	, 1
Keretot	V	, 367
Ketubot	III	, 92
Kidduschin	III	, 404
Kila'im	I	, 56
Kinnim	V	, 512
Maaser Scheni	I	, 150
Ma'asrot	I	, 137
Machschirin	VI	, 557
Makkot	IV	, 199
Megilla	II	, 432
Me'ila	V	, 411
Menachot	V	, 95
Middot	V	, 478
Mikwaot	VI	, 444
Mo'ed Katan	II	, 457
Nasir	III	, 249
Nedarim	III	, 173
Nega'im	VI	, 239
Nidda	VI	, 503
Ohalot	VI	, 145
Orla	I	, 178
Para	VI	, 322
Pea	I	, 17
Pesachim	II	, 166
Rosch Haschana	II	, 380
Sanhedrin	IV	, 145
Sawim	VI	, 588
Sewachim	V	, 2
Sota	III	, 302
Sukka	II	, 332
Schabbat	II	, 3
Schekalim	II	, 260
Schewiit	I	, 80
Schewuot	IV	, 220
Ta'anijot	II	, 412
Tamid	V	, 444
Temura	V	, 334
Terumot	I	, 108
Tewul Jom	VI	, 615
Toharot	VI	, 385
Ukzin	VI	, 657

Einleitung.

Die Mischna ist eine Sammlung mündlich überlieferter Gesetze (Halachot), nach einem bestimmten System, das wir bald kennen lernen werden, übersichtlich geordnet. Der Name bedeutet Wiederholung (δευτέρωσις), eine seltsame Bezeichnung, die ihre Erklärung vielleicht in der Methode findet, nach der sie in den Schulen vorgetragen und gelehrt wurden. Nachdem die Bibel in der untern Abteilung durchgenommen und der noch geringen Fassungskraft der Schüler angemessen erklärt war, wurde sie auf der höhern Stufe in der Weise wiederholt, dass man an die einzelnen Vorschriften der Tora nunmehr auch den halachischen Stoff anknüpfte und ihn in diesem Zusammenhange erläuterte und einübte. In diesem Sinne heisst es in Abot (V 24): Mit fünf Jahren ist das Kind reif für das Bibellesen (מקרא), mit zehn für die Wiederholung (משנה).

Wann die so zerstreuten Halachot zusammengefasst und in ein eigenes System gebracht wurden, lässt sich mit Sicherheit nicht sagen. Wie sie jetzt vorliegt, ist die Mischna vom Patriarchen R. Juda dem Heiligen bearbeitet und abgeschlossen worden. Nach ziemlich allgemeiner Annahme hatte er jedoch Vorgänger, die das grosse Werk in Angriff nahmen und von Geschlecht zu Geschlecht weiterförderten. Meine Vermutung, dass Hillel es war, der den Grund zu dieser imposanten, durch Jahrhunderte fortgesetzten und erst vom Enkel seines Urenkels gekrönten Bau gelegt hat, versuche ich in einem Nachtrag (S. 532, Nr. 8) zu begründen.

Ob die Mischna von Anfang an schriftlich verfasst oder nach wie vor mündlich fortgepflanzt und verbreitet wurde, ist eine alte Streitfrage, die heute noch nicht gelöst, kaum geklärt ist. Sicher scheint, dass sie den Jüngern nicht als Lehrbuch in die Hand gegeben, sondern auswendig übermittelt und dem Gedächtnis eingeprägt wurde. Die Schulhäupter mochten wohl über ein geschriebenes Exemplar verfügt haben. Lange konnte dieser Zustand nicht aufrecht erhalten werden. Die Not der Zeit und in ihrem Gefolge die Abnahme der Schülerzahl, die drohende Verödung der Lehrhäuser zwangen zur Niederschrift. Die Mischna wäre sonst, allmählich in Vergessenheit sinkend, unrettbar verloren.

Das System, nach welchem die Mischna geordnet ist, besteht in einer planmässigen Verteilung des umfangreichen Stoffes zunächst auf sechs Ordnungen (ששה סדרי משנה), deren jede wieder in mehrere Traktate (מסכתות) oder Abhandlungen zerfällt. Die sechs „Ordnungen" enthalten der Reihe

nach: 1. die mit dem Ackerbau zusammenhängenden Gesetze (זרעים), 2. die Vorschriften über die Festzeit (מועד), 3 das Eherecht (נשים), 4. das Zivil- und Strafrecht (נזיקין), 5. die Opfergesetze (קדשים), 6. die Vorschriften über hierologische Reinheit (טהרות). Innerhalb ihrer „Ordnung" reihen sich die Abhandlungen nach Grösse und Umfang an einander. Die Zahl der Kapitel (פרקים) entscheidet den Vorrang. Haben zwei Traktate die gleiche Anzahl an Kapiteln, kann man mitunter ein unsicheres Schwanken der Aufeinanderfolge beobachten. Im סדר מועד, der uns hier beschäftigt, sollte man, wenn Sabbat (mit ‘Erubin, seinem Anhange) als der heiligste und wöchentlich wiederkehrende Tag an der Spitze steht, zunächst Jom Ṭob mit seinen allgemeinen Festvorschriften erwarten, hierauf Hagiga über das Festopfer und Mo‘ed kaṭan über die Halbfeiertage, dann erst P'saḥim, Rosch haschana, Jom hakkipurim (Joma), Sukka, und zuletzt Sch'kalim, M'gilla, Ta‘aniot. Statt dessen ist die Reihenfolge: שבת (24 K.), עירובין (10 K.), פסחים (10), שקלים (8), יומא (8), סכה (5), יום טוב (5), ראש השנה (4), תעניות (4), מגלה (4), מועד קטן (3), חגיגה (3). Im Jeruschalmi steht יומא vor שקלים und חגיגה vor מועד קטן.

Wie sich schon hieraus ergibt, ist die Einteilung der Traktate in Kapitel sehr alt; dagegen ist die Einteilung der Kapitel in Halachot ziemlich jung. Sie ist daher nicht allein in Handschriften verschieden, sondern auch in den Ausgaben der Mischna anders als in denen des Talmuds, im babylonischen eine andere als im Jeruschalmi. Daran ist nun leider nichts mehr zu ändern. Man hat sich gewöhnt, die Mischna nach Massechet, Perek und Halacha anzuführen, und so muss sich jeder Herausgeber gern oder ungern der üblichen Einteilung fügen. Im allgemeinen hat man ja auch keinen Grund sich zu beklagen. Sie ist von ziemlich geschickter Hand durchgeführt, wenn sie auch mitunter das rechte Verständnis vermissen lässt (s. z. B. die Anm. S. 255, Z. 16 v. u. oder S. 474, Z. 9).

Zuletzt noch ein kurzes Wort über den Namen unserer „Ordnung". Es ist auffallend, dass gerade hier, wo doch von mehreren Festen gesprochen wird, die Einzahl מועד gewählt wurde, im Gegensatz zu den übrigen fünf, deren Ueberschriften, wie wir gesehen haben, sämtlich im Plural stehen. Auf שכח ה׳ בציון מועד ושבת (Klagel. 2,6) kann man sich nicht berufen, denn dort vertritt der Singular wie auch im Nachsatze (וינאץ בזעם אפו מלך וכהן) dichterisch die Mehrzahl. Hier aber wäre סדר מועדים besser am Platze. Vielleicht wurde diese Bezeichnung mit Rücksicht auf den Sprachgebrauch abgelehnt, der unter מועדים und מועדות die Feiertage im engern Sinne versteht, zu denen streng genommen nicht einmal der Sabbat gehört, geschweige denn ‘Erubin, Sch'kalim, Ta‘aniot und M'gilla. Mo‘ed aber bedeutet Festzeit überhaupt (s. auch S. 168, Ende).

Berlin, חנכה 5687.

E. Baneth.

Tractat Sabbath. מסכת שבת

Einleitung.

Dieser erste Tractat in der Ordnung der Feste enthält eine grosse Anzahl von Vorschriften, welche sich auf die Heiligung des siebenten Tages der Woche beziehen und in vielen Stellen der תורה verzeichnet sind. Die Heiligung kann sich durch das Gebot kund geben, den Sabbath durch besondere Kleidung, durch Speise und frohes Beisammensein, namentlich zu religiösen Zwecken, auszuzeichnen, theils durch Ruhe, also Enthaltung von jeglicher Arbeit. Wiederum zeigt sich hier die Nothwendigkeit der mündlichen Lehre, da durch die schriftliche nicht genau angegeben ist, welche Arbeit verboten ist; man hätte ja auch das Essen und das Gehen als eine Arbeit ansehen können. Die Tradition hat 39 „Hauptarbeiten" als am Sabbath verboten angenommen und zwar alle diejenigen, welche beim Bau der Stiftshütte zur Anwendung kamen, da die Beobachtung des Sabbath an der Spitze des Baues der Stiftshütte vermerkt ist. Die vorzüglichsten Stellen, in denen des Sabbaths im Pentateuch Erwähnung geschieht, sind folgende: Genesis 2, 3; Exodus 16, 23—30; Exodus 20, 8—11; Exodus 23, 12; Exodus 31, 13—16; Exod. 34, 21; Leviticus 19, 30; Numeri 28, 9; Deuteron. 5, 12—15. — Der Tractat Sabbath ist sehr umfangreich; er enthält 24 Abschnitte. Da durch die Beobachtung des Sabbath gleichsam der Glaube an einen Schöpfer, der die Welt aus Nichts hervorgebracht hat, offenbart wird, die Nichtachtung desselben jedoch eine Gottesläugnung in sich schliesst, so sind die Strafen für die Entweihung des Sabbath auch sehr streng bemessen worden. Wer vorsätzlich bei Verwarnung durch Zeugen das Sabbathgesetz übertritt, wurde mit Todesstrafe, u. z. mittelst Steinigung, belegt. Geschah die Entweihung vorsätzlich ohne Zeugenverwarnung, so war כרת (Ausrottung) die Strafe. Hatte Jemand aus Versehen (בשוגג), indem er entweder, nicht bedachte, dass es Sabbath ist, oder nicht wusste, dass diese Arbeit verboten sei, dieselbe begangen, so muss er ein Sündenopfer (חטאת) bringen. — In Bezug auf einzelne Sabbath-Verordnungen kommen vier verschiedene Orte in Betracht: 1) רשות הרבים = ein öffentlicher Ort, an welchen Jeder ein Recht hat, z. B. eine Landstrasse, jede wenigstens 16 Ellen breite unbedeckte, an beiden Seiten offene Gasse und jeder Marktplatz; 2) רשות היחיד = ein Privatort, jeder zehn Handbreit tiefe und vier Handbreit breite, Vertiefung, eine steinerne, eben so hohe wie breite Mauer, ein von mindestens

eben so hohen wie breiten Wänden eingeschlossener Raum im Freien oder auf Schiffen, Thürmen u. s. w., ferner eine mit Mauern umgebene und nächtlich geschlossene Stadt. 3) כרמלית*) = ein Ort, der zu jenen beiden nicht gehört, indem er entweder ganz frei liegt, wie das Meer, eine Ebene etc., oder bei gehöriger Breite nur die Höhe (und Tiefe) von drei bis zehn Handbreiten hat, oder nur von drei Seiten umgeben und an der vierten offen ist. 4) מקום פטור = ein gesetzlich freier Ort ist ein solcher, der über drei Handbreiten hoch oder tief ist, aber nicht vier Handbreiten im Geviert hat.

ABSCHNITT I.

פרק א.

1. Das Verbot des Hinaus- und Hineintragens am Sabbath[1]) zerfällt in zwei Satzungen[2]), die vier bilden[3]) für den, der innerhalb; und in wiederum zwei, die vier bilden, für den, der sich ausserhalb befindet. Wie zum Beispiel: Wenn ein Armer draussen und der Hausherr im Innern ist; reicht der Arme seine Hand hinein[4]) und giebt etwas in die Hand des Hausherrn, oder er nimmt etwas aus derselben und zieht es heraus, — so ist der Arme schuldig[5]) und der Hausherr frei. Reicht der Haus-

א יְצִיאוֹת הַשַּׁבָּת שְׁתַּיִם שֶׁהֵן אַרְבַּע בִּפְנִים, וּשְׁתַּיִם שֶׁהֵן אַרְבַּע בַּחוּץ, כֵּיצַד? הֶעָנִי עוֹמֵד בַּחוּץ וּבַעַל הַבַּיִת בִּפְנִים, פָּשַׁט הֶעָנִי אֶת יָדוֹ לִפְנִים, וְנָתַן לְתוֹךְ יָדוֹ שֶׁל בַּעַל הַבַּיִת אוֹ שֶׁנָּטַל מִתּוֹכָהּ וְהוֹצִיא, הֶעָנִי חַיָּב וּבַעַל הַבַּיִת פָּטוּר. פָּשַׁט

*) Nach רש״י (שבת דף ג׳ ע״ב) ist כרמלית so viel als יער, כרמל etwas Waldiges, Feldartiges, Abgelegenes. Nach Maimonides soll es wie כארמלית = Wittwe, so viel als = einsam, bedeuten. Richtiger scheint es wohl etymologisch aus dem Griechischen χηραμίς = Höhle, Schlupfwinkel herzustammen, also eine Höhle, oder ein schmales Loch u. s. w. zu bedeuten.

[1]) Obgleich diese Arbeit unter den 39 Hauptarbeiten im nachfolgenden siebenten Abschnitt zuletzt genannt wird, hat sie Rabbi dennoch hier zuerst behandelt, weil sie überaus häufig vorkommt und bekannt sein muss, sollen Irrthümer vermieden werden, zumal da es den Anschein hat, dass diese als Arbeit angesehene keine eigentliche ist. — Das Herausbringen und das Hereinholen aus einem Gebiet in das andere, aus רשות היחיד in רשות הרבים, wird hier statt mit dem Worte הוצאות mit יציאות belegt, weil dies dem Bibelausdruck entspricht, denn es heisst (Exod. 16, 28): אל יצא איש ממקומו = »Es gehe Keiner von seinem Orte aus«, es gebe nämlich Keiner mit seinem Geräth in der Hand, um Manna zu sammeln. [2]) Zwei, Seitens der Thorah, nämlich im Herein- und Hinausbringen eines Gegenstandes durch den Hauseigenthümer, der sich im Inneren, in רשות היחיד befindet, und ebenso zwei durch den Armen, der sich ausserhalb in רשות הרבים befindet! Hat er sich dieser Sünde schuldig gemacht aus Versehen (בשוגג), so ist die Strafe ein Sündenopfer (חטאת); hat er es mit Willen gethan, dann erfolgt Ausrottung (כרת); wenn mit Verwarnung, dann steht die Todesstrafe mittelst Steinigung (סקילה) darauf. [3]) Die Rabbanan haben zu den zwei Satzungen noch zwei hinzugefügt, so dass es vier wurden; wenn nämlich die Arbeit durch zwei Personen vollbracht wurde, indem der Eine die עקירה = das Aufheben und die Fortbewegung, der Andere dagegen die הנחה = das Niederlegen bewirkt hat, so sind sie Beide straflos, weil die That von Einem vollführt sein muss. [4]) Und der Arme hält in seiner Hand einen Korb, worin er Brot vom Hausherrn empfangen will. Es ist hier das Beispiel vom Armen und Reichen angeführt, um zu zeigen, dass, obwohl Almosengeben ein löbliches Werk ist, es doch verboten ist, weil dadurch ein Gesetz übertreten wird. [5]) Weil er allein eine vollständige Arbeit ausführte. Er entrückte einen Gegenstand aus רשות הרבים und legte ihn in רשות היחיד nieder; oder er nahm ihn aus רה״י fort

בַּעַל הַבַּיִת אֶת יָדוֹ לַחוּץ וְנָתַן לְתוֹךְ
יָדוֹ שֶׁל עָנִי אוֹ שֶׁנָּטַל מִתּוֹכָהּ וְהִכְנִיס,
בַּעַל הַבַּיִת חַיָּב וְהֶעָנִי פָּטוּר. פָּשַׁט
הֶעָנִי אֶת יָדוֹ לִפְנִים וְנָטַל בַּעַל הַבַּיִת
מִתּוֹכָהּ, אוֹ שֶׁנָּתַן לְתוֹכָהּ וְהוֹצִיא,
שְׁנֵיהֶם פְּטוּרִים. פָּשַׁט בַּעַל הַבַּיִת
אֶת יָדוֹ לַחוּץ וְנָטַל הֶעָנִי מִתּוֹכָהּ אוֹ
שֶׁנָּתַן לְתוֹכָהּ וְהִכְנִיס, שְׁנֵיהֶם פְּטוּרִים:
ב לֹא יֵשֵׁב אָדָם לִפְנֵי הַסַּפָּר סָמוּךְ
לַמִּנְחָה עַד שֶׁיִּתְפַּלֵּל. לֹא יִכָּנֵס
אָדָם לַמֶּרְחָץ וְלֹא לַבּוּרְסְקִי וְלֹא
לֶאֱכוֹל וְלֹא לָדוּן, וְאִם הִתְחִילוּ אֵין
מַפְסִיקִין. מַפְסִיקִין לִקְרִיאַת שְׁמַע
וְאֵין מַפְסִיקִין לִתְפִלָּה: ג לֹא יֵצֵא
הַחַיָּט בְּמַחֲטוֹ סָמוּךְ לַחֲשֵׁכָה, שֶׁמָּא
יִשְׁכַּח וְיֵצֵא. וְלֹא הַלַּבְלָר בְּקוּלְמוֹסוֹ.
וְלֹא יְפַלֶּה אֶת כֵּלָיו. וְלֹא יִקְרָא
לְאוֹר הַנֵּר. בֶּאֱמֶת אָמְרוּ, הַחַזָּן רוֹאֶה

herr seine Hand hinaus und legt etwas in die Hand des Armen, oder nimmt aus dieser etwas und bringt es herein, — so ist der Hausherr schuldig, aber der Arme frei. Reicht der Arme seine Hand hinein und der Hausherr nimmt etwas aus derselben, oder legt etwas hinein und Jener bringt es zu sich heraus, so sind sie Beide straflos[6]). Reicht der Hausherr seine Hand hinaus und der Arme nimmt etwas daraus, oder legt etwas hinein und Jener bringt es zu sich herein, so sind Beide straflos. **2.** Man soll sich kurz vor מנחה[7]) nicht vor den Bartscheerer niedersetzen[8]), bevor man sein Gebet verrichtet hat. Ebenso gehe man um diese Zeit nicht in's Bad[9]), nicht in die Gerberei[10]), nicht zur Tafel, nicht zu Gerichte; hat man aber schon angefangen, so braucht man nicht abzubrechen. Man unterbricht[11]), um das שמע[12]) zu lesen, aber nicht des Gebetes[13]) wegen. **3.** Der Schneider gehe nicht[14]) bei einbrechender Dunkelheit mit seiner Nadel aus, denn er könnte vergessen und[15]) damit ausgehen[16]); auch nicht der Schreiber[17]) mit seinem Rohre[18]). Man darf nicht beim Lampenlicht Kleider von Ungeziefer reinigen[19]); auch nicht lesen. Doch hat man gesetzlich[20]) verordnet, dass der Schullehrer[21]) zusehen

---

und legte ihn in רה״ר nieder. Obgleich zwar der Ort, von welchem der Gegenstand entnommen wird, vier Handbreiten im Geviert haben muss, und weder die Hand des Armen, noch die des Reichen so gross ist, wird dennoch im Talmud angenommen, dass die Hand des Menschen, da sie Gegenstände, die sehr gross sind, erfassen kann, so angesehen wird, als sei sie vier Handbreiten im Geviert gross. 6) Weil Keiner von Beiden eine ganze Arbeit gethan hat; doch ist es nicht erlaubt, solches zu thun, da es leicht dazu kommen könnte, dass jeder für sich allein eine vollständige Arbeit ausführte. 7) Das מנחה-Gebet hat seine Grenze bis zum Abend. Vergleiche Berachot Abschn. 4, m. 1. Hier ist nicht gerade von Freitag Nachmittag, sondern auch von jedem andern beliebigen Tage die Rede (in folgender Mischnah wird jedoch wieder von Angelegenheiten gesprochen, die nur den Sabbath betreffen). 8) Denn er könnte, wenn etwa die Scheere zerbrechen würde und er sie wieder herstellen wollte, vergessen und nicht beten. 9) Es könnte ihm eine Schwäche zustossen. 10) Wenn vielleicht eine Beschädigung der Häute eingetreten wäre, würde er viel Zeit verbrauchen, um sie wieder herzustellen. Ebenso könnten bei den folgenden Fällen Verzögerungen vorkommen. 11) Das Studium im Gesetze. 12) Zur rechten Zeit. 13) Der Achtzehn. 14) Am Freitag Nachmittag. 15) Nach Eintritt des Sabbath. 16) Es darf aber kein Handwerker oder Künstler mit seinem Werkzeuge ausgehen. 17) לבלר = libellarius = Schreiber, Notar. 18) בקולמסו = *χαλαμός* = Rohr, Schreibfeder, die der Schreiber hinter's Ohr zu stecken pflegte. 19) לא יפלה = wegschaffen, das תרגום gibt בערתי הקדש (Deuteron. 26, 13) mit פליתי wieder. 20) Wenn באמת vorkommt, so hat es die Gültigkeit von einer הלכה למשה מסיני. 21) חזן kommt von חזה = sehen her, weil der Schul-

dürfe, wie die Kinder lesen, aber selbst nicht lesen dürfe[22]). Ebenso darf ein Eiterflusssüchtiger nicht mit einer gleich kranken Frau zusammen speisen, wegen (Vermeidung) der Gelegenheit zur Sünde. **4.** Die letzteren gehören zu den Satzungen, welche man in dem Ober-Saal des Chananjah, Sohn Hiskia's, Sohn Gorjan's, ausgesprochen hat[23]); als nämlich die Gelehrten ihn besuchten, ward gezählt und die Schule des Samai war zahlreicher, als die des Hillel[24]). Achtzehn Punkte wurden an jenem Tage festgestellt. **5.** Die Schule Samai's lehrt: Man darf nicht Tinte oder Farbenspezereien oder Wikken am Vorabend des Sabbath einweichen, wenn nicht genug Zeit ist, dass sie noch bei Tage durchweicht werden[25]). Die Schule Hillels erlaubt es. **6.** Die Schule Samai's lehrt: Man darf nicht Flachsbündel in den Ofen thun, wenn nicht mehr Zeit genug ist, dass sie noch bei Tage verdunsten[26]); auch nicht Wolle in den Kessel,

הֵיכָן תִּינוֹקוֹת קוֹרְאִים. אֲבָל הוּא לֹא יִקְרָא. כַּיּוֹצֵא בוֹ. לֹא יֹאכַל הַזָּב עִם הַזָּבָה. מִפְּנֵי הֶרְגֵּל עֲבֵרָה: ד וְאֵלּוּ מִן הַהֲלָכוֹת שֶׁאָמְרוּ בַּעֲלִיַּת חֲנַנְיָה בֶּן חִזְקִיָּה בֶּן גּוּרְיוֹן כְּשֶׁעָלוּ לְבַקְּרוֹ. נִמְנוּ. וְרַבּוּ בֵּ"שׁ עַל בֵּ"ה. וּשְׁמוֹנָה עָשָׂר דְּבָרִים גָּזְרוּ בוֹ בַיּוֹם: ה בֵּ"שַׁ"א. אֵין שׁוֹרִין דְּיוֹ וְסַמְמָנִים וְכַרְשִׁינִים. אֶלָּא כְּדֵי שֶׁיִּשּׁוֹרוּ מִבְּעוֹד יוֹם. וּבֵ"הֹ מַתִּירִין. ו בֵּ"שַׁ"א. אֵין נוֹתְנִין אוּנִין שֶׁל פִּשְׁתָּן לְתוֹךְ הַתַּנּוּר. אֶלָּא כְּדֵי שֶׁיַּהֲבִילוּ מִבְּעוֹד יוֹם. וְלֹא אֶת הַצֶּמֶר לַיּוֹרָה. אֶלָּא כְּדֵי שֶׁיִּקְלוֹט הָעַיִן. וּבֵ"הֹ מַתִּירִין. בֵּ"שַׁ"א. אֵין פּוֹרְשִׂין מְצוּדוֹת חַיָּה וְעוֹפוֹת וְדָגִים. אֶלָּא כְּדֵי שֶׁיִּצּוֹדוּ מִבְּעוֹד יוֹם. וּבֵ"הֹ מַתִּירִין: ז בֵּ"שַׁ"א אֵין מוֹכְרִין לַנָּכְרִי. וְאֵין טוֹעֲנִין עִמּוֹ. וְאֵין מַגְבִּיהִין עָלָיו. אֶלָּא כְּדֵי שֶׁיַּגִּיעַ לְמָקוֹם קָרוֹב. וּבֵ"הֹ

wenn sie nicht die Farbe noch bei Tage einziehen kann. Die Schule Hillel's erlaubt es. Die Schule Samai's lehrt: Man darf nicht Netze aufstellen, um Wild, Vögel oder Fische zu fangen, wenn nicht Zeit genug ist, dass sie noch bei Tage gefangen werden. Die Schule Hillel's erlaubt es. **7.** Die Schule Samai's lehrt: Man darf keinem Heiden etwas verkaufen oder aufladen helfen oder ihm selbst aufladen, wenn nicht Zeit genug ist, dass derselbe noch bei Tage an einen nahen Ort gelangt. Die Schule

---

lehrer darauf zu sehen hat, wo die Kinder zu lesen beginnen sollen. Erst später wurde auch der Vorbeter in der Synagoge חזן genannt. [22]) שמא יטה, er könnte vielleicht das Licht, wenn es nicht gut brennt, neigen und dadurch die Sünde des Feuermachens oder- Beförderns begehen. [23]) Die Gelehrten hatten nämlich die Absicht, das Buch Hesekiel aus der Bibel zu verbannen, weil mehrere Stellen in demselben dem Pentateuch zu widersprechen scheinen, z. B. (Hesekiel 44, 31). »Jedes Aas und jedes Zerrissene vom Geflügel und vom Vieh dürfen die Priester nicht essen«. Daraus ginge hervor, dass nur die Priester solches nicht essen dürfen, es aber den Israeliten erlaubt wäre; — (ibidem 45, 20). »Also sollst Du auch thun am siebenten Tage des Monats« . . . von welchem Opfer in dem Pentateuch nichts erwähnt ist. Deshalb isolirte sich Chananjah auf seinem Söller, um das Buch Hesekiel zu erklären. [24]) Und die הלכה nach ihnen festgesetzt. [25]) Die Schule Samai's ist der Ansicht, dass man auch zu dem Feiernlassen der Geräthe verpflichtet ist; dagegen meint die Schule Hillels, dass sich die Verpflichtung des Feiernlassens nur auf lebende Wesen bezieht. [26]) שיהבילו von הבל = Dunst. Durch das Verdunsten werden sie trocken.

מַתִּירִין: ח בש״א, אֵין נוֹתְנִין עוֹרוֹת
לְעַבְּדָן, וְלֹא כֵלִים לְכוֹבֵס נָכְרִי,
אֶלָּא כְּדֵי שֶׁיֵּעָשׂוּ מִבְּעוֹד יוֹם. וּבְכֻלָּן
ב״ה מַתִּירִין עִם הַשֶּׁמֶשׁ: ט אָמַר
ר׳ שִׁמְעוֹן בֶּן גַּמְלִיאֵל, נוֹהֲגִין הָיוּ
בֵּית אַבָּא שֶׁהָיוּ נוֹתְנִין כְּלֵי לָבָן
לְכוֹבֵס נָכְרִי שְׁלשָׁה יָמִים קוֹדֶם
לַשַּׁבָּת. וְשָׁוִין אֵלּוּ וָאֵלּוּ שֶׁטּוֹעֲנִין
קוֹרוֹת בֵּית הַבַּד וְעִגּוּלֵי הַגַּת: י אֵין
צוֹלִין בָּשָׂר, בָּצָל, וּבֵיצָה, אֶלָּא כְּדֵי
שֶׁיִּצּוֹלוּ מִבְּעוֹד יוֹם. אֵין נוֹתְנִין פַּת
לַתַּנּוּר עִם חֲשֵׁכָה, וְלֹא חֲרָרָה עַל
גַּבֵּי גֶחָלִים, אֶלָּא כְּדֵי שֶׁיִּקְרְמוּ פָנֶיהָ
מִבְּעוֹד יוֹם. ר׳ אֱלִיעֶזֶר אוֹמֵר, כְּדֵי
שֶׁיִּקְרוֹם הַתַּחְתּוֹן שֶׁלָּהּ: יא מְשַׁלְשְׁלִין
אֶת הַפֶּסַח בַּתַּנּוּר עִם חֲשֵׁכָה,
וּמַאֲחִיזִין אֶת הָאוּר בִּמְדוּרַת בֵּית
הַמּוֹקֵד, וּבַגְּבוּלִין כְּדֵי שֶׁתֶּאֱחֹז הָאוּר
בְּרֻבָּן, ר׳ יְהוּדָה אוֹמֵר בְּפֶחָמִין
כָּל שֶׁהוּא:

Hillel's erlaubt es. **8.** Die Schule Samai's lehrt: Man darf einem heidnischen Gerber keine Häute zum Gerben, dem Wäscher keine Kleider zum Waschen geben, es sei denn, dass sie noch bei Tage fertig gemacht werden können. Bei allen erlaubt es die Schule Hillel's, so lange die Sonne steht. **9.** Rabban Simeon ben Gamliel erzählt: Es war in meines Vaters Hause üblich, weisse Kleider dem Wäscher drei Tage vor Sabbath zu übergeben. Beide Schulen kommen darin überein, dass man[27]) die Balken auf die Oelpresse und die runden Hölzer auf die Weinpresse auflegen darf[28]). **10.** Man darf nicht Fleisch, Zwiebel und Eier braten, wenn nicht Zeit ist, dass sie noch bei Tage gebraten werden[29]). Man darf nicht Brot in der Dämmerung in den Ofen thun, nicht Kuchen über Kohlen setzen, wenn nicht die Oberfläche[30]) derselben noch bei Tage sich härten kann. R. Elieser sagt: Wenn nur Zeit da ist, dass die untere Fläche[31]) sich härtet. **11.** Man lässt das Pessach-Opfer[32]) selbst in der Dämmerung vor Sabbath[33]) in den Ofen herab; auch dürfen die Priester in der Heerd-Kammer[34]) das Feuer ein Wenig anschüren[35]), an anderen Orten jedoch nur dann, wenn das Feuer noch bei Tage das meiste Holz ergreifen kann; R. Jehudah sagt: Bei Kohlen ist es genug, wenn nur etwas glühend gemacht wird.

---

[27]) Kurz vor שבת. [28]) Es ist deshalb erlaubt, weil man die genannten Presswerkzeuge erst dann auflegt, wenn die Oliven bereits gemahlen und die Weintrauben getreten sind, der Saft also ohne Balken und runde Hölzer von selbst herausläuft, nur nicht so stark als jetzt; darum gleicht es der Hauptarbeit des Dreschens nicht. [29]) Nach Art des בן דרוסאי, welcher Fleischspeise, wenn sie nur ein Drittel gar gekocht war, verzehrte. Weil sie in diesem Zustande bereits essbar ist, braucht nicht befürchtet zu werden, dass er die Kohlen schüren würde. [30]) Diese ist dem Luftraum des Ofens zugekehrt. [31]) Welche der Ofenplatte angeklebt und zuerst gebacken wird, bevor noch die Oberfläche, die dem Luftraum des Ofens zugekehrt ist, sich härtet. [32]) Das Wort שלשל bedeutet herablassen und heraufziehen (Aruch). Die Oefen der Alten hatten ihre Oeffnung oben, deshalb liess man das zu Bratende von oben herabhängen. [33]) Obgleich man anderweitig nicht braten darf, wie oben erwähnt ist, so macht das Pessach-Opfer eine Ausnahme, da die zu dem Opfer versammelte Gesellschaft sehr achtsam ist und sich unter einander erinnern wird, die Kohlen nicht anzuschüren. [34]) Im Vorhofe des Tempels befand sich eine grosse Kammer, woselbst immer Feuer brannte, damit sich die Priester, die auf dem Marmor-Estrich baarfuss gingen, dort wärmen konnten. [35]) Weil die Priester achtsam sind.

ABSCHNITT II.

1. Mit welchen Stoffen darf man[1]) Licht unterhalten und mit welchen nicht? — Man darf nicht brennen mit Zederfasern[2]), mit rohen Flachsstengeln, mit Muschelseide, mit Weidenwolle[3]), mit Nesselkraut[4]), mit Moos, das auf dem Wasser schwimmt[5]), nicht mit Pech, mit Wachs[6]), mit Oel aus dem Baumwoll-Samen[7]), ferner nicht mit Oel, das verbrannt werden muss[8]), mit Schwanzfett der Thiere, mit Unschlitt. Nahum der Meder sagt: Man darf mit zerlassenem Unschlitt brennen. Die Weisen aber sagen: Weder was zerlassen, noch was unzerlassen ist, darf man zum Brennen gebrauchen. **2.** Man darf das zum Verbrennen bestimmte Oel[9]) an Festtagen nicht zum Brennen gebrauchen. R. Ismael sagt: Man darf sich des Abfalles von Pech nicht bedienen, wegen der Würde des Sabbath[10]). Die Weisen erlauben alle Oelarten, als: Leinöl, Nussöl, Rüböl, Fischöl[11]), Koloquintenöl, Abgang von Pech und Naphta. R. Tarphon sagt: Man darf nur mit Olivenöl brennen. **3.** Nichts, was von Bäumen kommt, darf man am Sabbath zum Brennen gebrauchen, ausser Flachs[12]). So ist auch alles, was vom Baume

פרק ב.

א בַּמֶּה מַדְלִיקִין וּבַמָּה אֵין מַדְלִיקִין? אֵין מַדְלִיקִין לֹא בְלֶכֶשׁ, וְלֹא בְחוֹסֶן, וְלֹא בְכַלָּךְ, וְלֹא בִפְתִילַת הָאִידָן, וְלֹא בִפְתִילַת הַמִּדְבָּר, וְלֹא בִירוֹקָה שֶׁעַל פְּנֵי הַמָּיִם. לֹא בְזֶפֶת, וְלֹא בְשַׁעֲוָה, וְלֹא בְשֶׁמֶן קִיק, וְלֹא בְשֶׁמֶן שְׂרֵפָה, וְלֹא בְאַלְיָה, וְלֹא בְחֵלֶב. נַחוּם הַמָּדִי אוֹמֵר, מַדְלִיקִין בְּחֵלֶב מְבֻשָּׁל. וַחֲכ"א אֶחָד מְבֻשָּׁל וְאֶחָד שֶׁאֵינוֹ מְבֻשָּׁל, אֵין מַדְלִיקִין בּוֹ: ב אֵין מַדְלִיקִין בְּשֶׁמֶן שְׂרֵפָה בְּיוֹם טוֹב. ר' יִשְׁמָעֵאל אוֹמֵר, אֵין מַדְלִיקִין בְּעִטְרָן מִפְּנֵי כְבוֹד הַשַּׁבָּת. חֲכָמִים מַתִּירִין בְּכָל הַשְּׁמָנִים, בְּשֶׁמֶן שֻׁמְשְׁמִין, בְּשֶׁמֶן אֱגוֹזִים, בְּשֶׁמֶן צְנוֹנוֹת, בְּשֶׁמֶן דָּגִים, בְּשֶׁמֶן פַּקֻּעוֹת, בְּעִטְרָן, וּבְנֵפְט. ר' טַרְפוֹן אוֹמֵר, אֵין מַדְלִיקִין אֶלָּא בְּשֶׁמֶן זַיִת בִּלְבָד: ג כָּל הַיּוֹצֵא מִן הָעֵץ אֵין מַדְלִיקִין בּוֹ, אֶלָּא פִשְׁתָּן. וְכָל הַיּוֹצֵא מִן הָעֵץ

---

1) Zum Sabbath. 2) Eine Art Wolle, welche sich zwischen der Rinde und dem Holze der Zeder befindet. 3) Eine Art Wolle, welche sich zwischen der Rinde und dem Holze der Weide befindet. 4) Es sollen dies die Blätter eines langen Krautes sein, die man gross zieht, um damit zu brennen. 5) Eine Art Wolle, die sich an der Wandung der Schiffe, welche lange im Wasser verweilt haben, festsetzt. Bis hierher war die Rede von den Dochten, die man nicht gebrauchen darf; von nun an werden die Oele aufgezählt, die unbrauchbar sind. 6) Dass man etwa geschmolzenes Pech und geschmolzenes Wachs an Stelle von Oel in eine Lampe giesse; aber lange Fäden aus Wachs zu machen, ist erlaubt. 7) שמן קיק ist das Oel, welches aus den Körnern gepresst wird, die sich in der Baumwolle befinden. Der Grund, weshalb diese Dochte nicht zulässig sind, ist, weil das Licht nicht nach denselben zieht, sondern ausserhalb derselben; ebenso zieht sich das Oel nicht nach dem Dochte, und in beiden Fällen brennt das Licht schlecht, weshalb zu besorgen ist, man würde das Licht beugen, um es dadurch besser brennen zu machen; oder auch, man würde das Licht verlassen, was nicht geschehen darf, weil das Sabbathlicht Pflichtsache ist. 8) Oel von תרומה, das verunreinigt worden ist. Hier ist die Rede von einem Festtage, der auf einen Freitag fiel; wenn er demnach die תרומה an diesem Tage verbrennt, würde er Heiligthümer am יום טוב verbrennen, was verboten ist. 9) Siehe die vorige Anmerkung. 10) Weil es übel riecht, obgleich es gut brennt. 11) Trahn. 12) Obgleich die Stengel in der Bibel (Josua 2, 6) auch Holz

אֵינוֹ מְטַמֵּא טוּמְאַת אֹהָלִים, אֶלָּא
פִּשְׁתָּן. פְּתִילַת הַבֶּגֶד שֶׁקִּפְּלָהּ וְלֹא
הִבְהֲבָהּ, ר׳ אֱלִיעֶזֶר אוֹמֵר, טְמֵאָה הִיא
וְאֵין מַדְלִיקִין בָּהּ. ר׳ עֲקִיבָא אוֹמֵר,
טְהוֹרָה הִיא וּמַדְלִיקִין בָּהּ: ד לֹא יִקּוֹב
אָדָם שְׁפוֹפֶרֶת שֶׁל בֵּיצָה וִימַלְּאֶנָּה
שֶׁמֶן וְיִתְּנֶנָּה עַל פִּי הַנֵּר, בִּשְׁבִיל
שֶׁתְּהֵא מְנַטֶּפֶת, אֲפִילוּ הִיא שֶׁל חֶרֶס.
וְר׳ יְהוּדָה מַתִּיר. אֲבָל אִם חִבְּרָהּ
הַיּוֹצֵר מִתְּחִלָּה מֻתָּר, מִפְּנֵי שֶׁהוּא
כְּלִי אֶחָד. לֹא יְמַלֵּא אָדָם קְעָרָה
שֶׁמֶן וְיִתְּנֶנָּה בְּצַד הַנֵּר וְיִתֵּן רֹאשׁ
הַפְּתִילָה בְּתוֹכָהּ בִּשְׁבִיל שֶׁתְּהֵא
שׁוֹאֶבֶת. וְר׳ יְהוּדָה מַתִּיר: ה הַמְכַבֶּה
אֶת הַנֵּר, מִפְּנֵי שֶׁהוּא מִתְיָרֵא מִפְּנֵי
גוֹיִם, מִפְּנֵי לִסְטִים, מִפְּנֵי רוּחַ רָעָה,
וְאִם בִּשְׁבִיל הַחוֹלֶה שֶׁיִּישַׁן פָּטוּר.
כְּחָס עַל הַנֵּר, כְּחָס עַל הַשֶּׁמֶן, כְּחָס
עַל הַפְּתִילָה, חַיָּב. וְר׳ יוֹסֵי פּוֹטֵר
בְּכֻלָּן, חוּץ מִן הַפְּתִילָה, מִפְּנֵי שֶׁהוּא
עוֹשֶׂה פֶּחָם: ו עַל שָׁלֹשׁ עֲבֵרוֹת
נָשִׁים מֵתוֹת בִּשְׁעַת לֵדָתָן. עַל שֶׁאֵינָן
זְהִירוֹת, בְּנִדָּה, וּבְחַלָּה, וּבְהַדְלָקַת
הַנֵּר: ז שְׁלֹשָׁה דְבָרִים צָרִיךְ אָדָם
לוֹמַר בְּתוֹךְ בֵּיתוֹ עֶרֶב שַׁבָּת עִם

kommt, der Verunreinigung als Zelt[13]) nicht fähig, ausser Flachs. Ein Lappen von einem Gewande[14]), den man zusammengerollt, aber nicht angesengt hat, ist nach R. Elieser der Verunreinigung[15]) fähig und darf nicht zum Brennen gebraucht werden. R. Akiba sagt: Er ist rein, und man darf damit brennen. **4.** Man darf nicht eine Eierschale unten durchlöchern, dann mit Oel füllen und über die Lampe setzen, damit das Oel abträufelt; auch nicht wenn eine solche Schale von Thon wäre — R. Jehudah erlaubt es. — Hat aber der Töpfer es gleich anfangs daran befestigt, so ist es gestattet, weil es nur ein Gefäss ist. — Man darf nicht eine Schale mit Oel füllen, dann an die Seite der Lampe stellen, und das Ende des Dochtes hineinthun, damit er das Oel anziehe. R. Jehuda erlaubt es. **5.** Wer ein Licht auslöscht, weil er sich fürchtet vor Heiden[16]), vor Räubern[17]), vor bösem Geist[18]), oder um eines Kranken willen, damit er einschlafe[19]), ist frei; geschieht es aber, um die Lampe, das Oel oder den Docht zu schonen, so ist er schuldig. R. Jose spricht ihn in jedem Falle frei, ausser in Betreff des Dochtes, weil er dadurch eine Kohle bereitet. **6.** Um dreier Uebertretungen willen sterben Frauen in Kindesnöthen; wenn sie nämlich nicht sorgfältig sind in Betreff der monatlichen Reinigung, der חלה-Entrichtung und des Anzündens des Lichtes[20]). **7.** Drei Dinge muss Jedermann in seinem Hause, am Vorabend des Sabbath, bei einbrechender Dunkelheit, in Erinnerung

---

genannt werden; dagegen Hanf und Baumwolle, welche von Samenarten abstammen, darf man ohne Weiteres zu Dochten verwenden. [13]) Hierüber sehe man den sechsten Theil der Mischnah, Einleitung zum Tractat אהלות. [14]) Der Lappen muss übrigens drei Finger lang und breit sein. [15]) Als Kleid. [16]) So wie die Perser, die an gewissen Tagen ihres Götzendienstes wegen nirgends ausser im Tempel Licht zu brennen erlaubten. [17]) Damit sie nicht sehen sollen, dass dort Menschen seien und sie überfallen. [18]) Nämlich Nervenkranke oder Tiefsinnige, die vor jeder Erscheinung erschrecken. [19]) Es ist die Rede von einem Kranken, bei welchem Gefahr im Gefolge ist; wenn aber keine Gefahr vorhanden, ist es verboten. [20]) Dies sind Dinge, die sie und das Hauswesen betreffen, Backen und Lichtanzünden.

חֲשֵׁכָה. עִשַּׂרְתֶּן? עֵרַבְתֶּן? הַדְלִיקוּ אֶת הַנֵּר. סָפֵק חֲשֵׁכָה סָפֵק אֵינָהּ חֲשֵׁכָה. אֵין מְעַשְּׂרִין אֶת הַוַּדַּאי. וְאֵין מַטְבִּילִין אֶת הַכֵּלִים. וְאֵין מַדְלִיקִין אֶת הַנֵּרוֹת. אֲבָל מְעַשְּׂרִין אֶת הַדְּמַאי. וּמְעָרְבִין וְטוֹמְנִין אֶת הַחַמִּין׃

bringen, nämlich: Habt Ihr verzehntet[21])? Habt Ihr die Verbindung der Orte[22]) bewirkt? Zündet die Lampe an[23])! Ist es zweifelhaft, ob schon Nacht sei, oder nicht[24]), so darf man nicht mehr ודאי[25]) verzehnten, auch keine Gefässe[26]) untertauchen, und kein Licht anzünden. Aber man darf דמאי[27]) verzehnten, die Hof-Verbindung bewirken und warme Speisen in wärmende Stoffe einsetzen.

פרק ג.

ABSCHNITT III.

א כִּירָה שֶׁהִסִּיקוּהָ בְּקַשׁ וּבִגְבָבָא, נוֹתְנִים עָלֶיהָ תַּבְשִׁיל. בְּגֶפֶת וּבְעֵצִים, לֹא יִתֵּן עַד שֶׁיִּגְרוֹף. אוֹ עַד שֶׁיִּתֵּן אֶת הָאֵפֶר. בֵּשׁ״א חַמִּין אֲבָל לֹא תַבְשִׁיל. וּבֵה״א חַמִּין וְתַבְשִׁיל. בֵּשׁ״א נוֹטְלִין אֲבָל לֹא מַחֲזִירִין. וּבֵה״א אַף מַחֲזִירִין׃ ב תַּנּוּר שֶׁהִסִּיקוּהוּ בְּקַשׁ וּבִגְבָבָא, לֹא יִתֵּן בֵּין מִתּוֹכוֹ

1. Auf einen Wärmeherd zu zwei Töpfen[1]) darf man, wenn er mit Stoppeln oder Reisern geheizt war[2]), gekochte Speise[3]) setzen; war er mit Oeltrestern[4]) oder mit Holz geheizt, so darf man nichts aufthun, bevor man unten ausgekehrt, oder Asche darüber gethan hat[5]). Beth Samai sagt: Auch dann nur warmes Wasser, aber nicht gekochte Speisen. Beth Hillel erlaubt Beides. Beth Samai sagt: Man darf sie abnehmen, aber dann nicht wieder daraufsetzen. Beth Hillel erlaubt, das Abgehobene wieder drauf zu setzen[6]). **2.** Wenn man den Kochofen mit Stoppeln oder Reisern geheizt hat, darf man weder inwendig noch obenauf etwas setzen[7]).

---

[21]) Da auch nur eine Kleinigkeit am Sabbath zu essen, schon zum מעשר bestimmt. [22]) Sowohl in Hinsicht der עירובי תחומין = der Grenzen des Sabbathweges (2000 Ellen), als auch עירובי חצרות = der Höfe, um aus einem Hofe in den andern etwas tragen zu dürfen; wie nicht minder die Verbindung der Gassen. [23]) Die ersten beiden Dinge werden in Frageton gestellt, denn man konnte es bereits gethan haben. Letzteres jedoch, das Anzünden der Lampe, geschieht im befehlenden Tone, denn wäre es bereits geschehen, so sähe man es. [24]) Zeigt sich ein Stern, so ist der Tag noch nicht zu Ende; bei zwei Sternen ist es zweifelhaft, ob es Tag oder Nacht ist (diese Zeit der Dämmerung wird בין חשמשות genannt); werden jedoch drei Sterne sichtbar, dann ist es in jeder Hinsicht Nacht. [25]) Das gewiss Unverzehntete. [26]) Zur Reinigung. [27]) Zweifelhaftes.

[1]) כירה ist eine Vertiefung, eine Art Heerd, wo das auf dessen Boden befindliche Feuer, die zwei Töpfe, die oben angebracht sind, bestreicht. Das Wort כירה hat Verwandtschaft mit כרה = graben. [2]) Kurz vor Sabbath. גבבא ist Kleinholz, so wie Stoppeln, die man auf dem Felde aufklaubt. [3]) Um dieselben über שבת warm zu halten. [4]) גפת ist der Bodensatz des Oels und des Sesams, nachdem das Oel ausgepresst ist. [5]) Er muss die Kohlen wegschaffen, denn es könnte geschehen, dass er sie anschüren würde. [6]) Aber nachdem er das Abgenommene irgend wohin gesetzt hat, darf er es, selbst nach Beth Hillel, nicht wieder hinsetzen, weil es angesehen wird, als setzte er es am Sabbath in die Wärmestätte ein. (Der gewöhnliche Ausdruck bei den Juden ist = Chalent setzen, was vielleicht mit dem Französischen chaleur = Hitze zusammenhängt. Berliner in seiner Schrift: »Aus dem innern Leben deutscher Juden im Mittelalter« [S. 55, Note 108] combinirt das Wort שאלים mit dem altfranzösischen chald = chaud = חמין). [7]) תנור = Ofen, ist oben eng und unten breit, deshalb drängt sich die Hitze in demselben mehr zusammen, als beim כירה = Wärmeherd, darum hat man zu besorgen, er werde anschüren.

בֵּין מַעַל גַּבָּיו. כֻּפָּח שֶׁהִסִּיקוּהוּ בְּקַשׁ
וּבִגְבָבָא, הֲרֵי הוּא כְּכִירַיִם. בְּגֶפֶת
וּבְעֵצִים, הֲרֵי הוּא כְּתַנּוּר: ג אֵין
נוֹתְנִין בֵּיצָה בְּצַד הַמֵּיחַם בִּשְׁבִיל
שֶׁתִּתְגַּלְגֵּל, וְלֹא יַפְקִיעֶנָּה בְּסוּדָרִים,
וְר' יוֹסֵי מַתִּיר. וְלֹא יַטְמִינֶנָּה בְּחוֹל
וּבַאֲבַק דְּרָכִים בִּשְׁבִיל שֶׁתִּצָּלֶה:
ד מַעֲשֶׂה שֶׁעָשׂוּ אַנְשֵׁי טְבֶרְיָא
וְהֵבִיאוּ סִלּוֹן שֶׁל צוֹנֵן לְתוֹךְ אַמָּה
שֶׁל חַמִּין. אָמְרוּ לָהֶן חֲכָמִים, אִם
בְּשַׁבָּת, כְּחַמִּין שֶׁהוּחַמּוּ בְּשַׁבָּת
אֲסוּרִין בִּרְחִיצָה וּבִשְׁתִיָּה. וְאִם בְּיוֹם
טוֹב, כְּחַמִּין שֶׁהוּחַמּוּ בְּיוֹם טוֹב
אֲסוּרִין בִּרְחִיצָה וּמֻתָּרִין בִּשְׁתִיָּה.
מוּלְיָאר הַגָּרוּף שׁוֹתִין הֵימֶנּוּ בְּשַׁבָּת.
אַנְטִיכִי, אַף עַל פִּי שֶׁגְּרוּפָה, אֵין
שׁוֹתִין מִמֶּנָּה: ה הַמֵּיחַם שֶׁפִּנָּהוּ,
לֹא יִתֵּן לְתוֹכוֹ צוֹנֵן בִּשְׁבִיל שֶׁיֵּחַמּוּ.
אֲבָל נוֹתֵן הוּא לְתוֹכוֹ אוֹ לְתוֹךְ הַכּוֹס

Ein einfacher Wärmeheerd[8]) wird, wenn er mit Stoppeln oder Reisern geheizt war, wie ein zwiefacher, und wenn mit Oeltrestern oder Holz, wie ein Kochofen behandelt. **3.** Man darf[9]) nicht ein Ei neben den Wärmekessel[10]) legen, damit es gerinne, auch nicht in Wärmetücher einschlagen[11]). R. Jose erlaubt dies. Man darf es auch nicht in heissen Sand, oder in den Staub am Wege[12]) legen, damit es brate. **4.** Es geschah einst, dass die Einwohner von Tiberias eine Röhre[13]) voll kalten Wassers durch einen Kanal ihres heissen Wassers durchzogen; die Weisen erklärten ihnen, dass dieses Wasser am Sabbath, wie jedes andere, am Sabbath gekochte Wasser, weder zum Waschen, noch zum Trinken erlaubt sei, und an Festtagen, wie am Festtage gekochtes Wasser, nicht zum Bade, aber wohl zum Trinken erlaubt sei[14]). — Aus einem, von den Kohlen gereinigten מוליאר[15]) darf man am Sabbath trinken; aus einem אנטיכי[16]) darf man, selbst wenn die Kohlen herausgenommen sind, nicht trinken. **5.** In einen vom Feuer genommenen Kessel mit heissem Wasser darf man[17]) kein kaltes schütten, damit es warm werde; aber wohl darf man in den Kessel oder in einen Becher so viel zugiessen, als dazu

---

[8]) כפח ist ein Wärmeheerd, der so lang wie breit ist, aber nur den Raum für e i n e n Topf bietet; der Wärmestoff in demselben ist grösser als beim כירה, da dieser oben offen ist und für zwei Töpfe Platz hat. [9]) Am Sabbath. [10]) Eine Warmflasche von Kupfer, durch welche man das Wasser über dem Feuer wärmt. [11]) Man darf das Ei nicht zerbrechen auf einem Tuche, welches in der Sonne gewärmt ist, damit es brate, weil man dasselbe mit einem am Feuer gewärmten verwechseln könnte. [12]) Der Staub, welcher durch die Sonne heiss geworden, ist heisser Asche gleich. In diesem Falle erlaubt es auch R. Jose nicht, weil man auch besorgt, er möchte die zusammenhängende Erde auseinanderbröckeln, was eine Art des Pflügens wäre. [13]) סילון = eine Röhre, welche durch die heissen Wasser von Tiberias gezogen war, um die kalten Wasser dadurch zu wärmen. Die Benutzung solchen Wassers am Sabbath ist verboten, weil es dem am Feuer heiss gemachten Warmwasser gleich geachtet wird, in welchem man auch nicht das kleinste Glied waschen dürfe. [14]) Hände und Füsse darf man auch darin waschen, nur nicht den ganzen Körper. Die Einwohner von Tiberias beherzigten die Worte der Weisen und zerbrachen die Röhre. [15]) מוליאר ist das Griechische *μιλιάριον* = ein kupfernes Gefäss, hoch und spitzig, um Wasser darin zu wärmen. Es hat zwei Behälter, von denen einer an der Seite des anderen ist; in dem grösseren Behälter ist Wasser, das man nicht sieht, in dem kleineren sind Kohlen. So Raschi. Nach Aruch sind die beiden Behälter über einander; das Wasser ist im unteren und die Kohlen im oberen. [16]) אנטיכי, hier wird das Feuer in den untern Boden gethan und das Wasser oben; es bleibt daher immer viel Wärme übrig. [17]) Am Sabbath.

dient, das heisse lau zu machen.
In einen Kessel oder Topf, den
man[18]) siedend vom Feuer genommen, darf man nachher kein
Gewürz thun; wohl aber in eine
Schüssel oder auf einen Teller[19]).
R. Jehudah sagt: In jedes Gericht
darf man Gewürz thun, ausser demjenigen, welches Essig oder Fischlake
enthält. **6.** Man darf am Sabbath
kein Gefäss unter die Lampe stellen,
um das abträufelnde Oel aufzufangen; wenn man es aber noch vorher bei Tage hingestellt hatte, mag
es bleiben. Aber man darf das
aufgefangene Oel nicht weiter am
Sabbath benutzen, weil es nicht dazu bestimmt war. Eine neue Lampe
darf man von einem Orte zum
andern tragen, aber nicht eine alte[20]).
R. Simeon sagt: Alle Lampen
darf man wegtragen, nur nicht die
am Sabbath brennenden. Man darf ein Gefäss zum Auffangen der Funken unter die Lampe setzen, aber nicht Wasser hineinthun, weil man
dadurch verlöscht.

כְּדֵי לְהַסְשִׁינָן. הָאָלְפָּס. וְהַקְּדֵרָה
שֶׁהֶעֱבִירָן מְרוּתָחִין. לֹא יִתֵּן לְתוֹכָן
תַּבְלִין. אֲבָל נוֹתֵן הוּא לְתוֹךְ הַקְּעָרָה.
אוֹ לְתוֹךְ הַתַּמְחוּי. רַבִּי יְהוּדָה אוֹמֵר
לַכֹּל הוּא נוֹתֵן. חוּץ מִדָּבָר שֶׁיֵּשׁ בּוֹ
חוֹמֶץ וְצִיר: ו אֵין נוֹתְנִין כְּלִי תַּחַת
הַנֵּר לְקַבֵּל בּוֹ אֶת הַשֶּׁמֶן. וְאִם נְתָנוּ
מִבְּעוֹד יוֹם מֻתָּר. וְאֵין נֵאוֹתִין מִמֶּנּוּ
לְפִי שֶׁאֵינוֹ מִן הַמּוּכָן. מְטַלְטְלִין נֵר
חָדָשׁ אֲבָל לֹא יָשָׁן. רַבִּי שִׁמְעוֹן אוֹמֵר.
כָּל הַנֵּרוֹת מְטַלְטְלִין חוּץ מִן הַנֵּר
הַדּוֹלֵק בְּשַׁבָּת. נוֹתְנִין כְּלִי תַּחַת הַנֵּר
לְקַבֵּל נִצוֹצוֹת. וְלֹא יִתֵּן לְתוֹכוֹ מַיִם
מִפְּנֵי שֶׁהוּא מְכַבֶּה:

ABSCHNITT IV.

1. Worein darf man[1]) einsetzen, und worein nicht? Man
darf[2]) nicht einsetzen in Oeltrester,
in Dünger, in Salz, in Kalk oder
Sand, sie seien feucht oder trocken,
nicht in Stroh, nicht in Weinhülsen,
nicht in Wollflocken, nicht in Kräuter, wenn diese feucht sind, wohl
aber, wenn sie trocken sind. Man
darf aber einsetzen in Kleider, unter
Früchte[3]), unter Taubenfedern, unter
Hobelspäne und unter (feines)
Flachswerk. R. Jehudah erklärt
feines für unerlaubt und gestattet
nur grobes. **2.** Man darf Speisen
in Felle[4]) einhüllen und diese abnehmen, auch in geschorene Wolle,
aber diese darf man nicht wegnehmen. Wie soll man es machen?

פֶּרֶק ד.

א בַּמֶּה טוֹמְנִין וּבַמֶּה אֵין טוֹמְנִין?
אֵין טוֹמְנִין לֹא בְגֶפֶת. וְלֹא בְזֶבֶל.
לֹא בְמֶלַח. וְלֹא בְסִיד. וְלֹא בְחוֹל.
בֵּין לַחִים בֵּין יְבֵשִׁים. לֹא בְתֶבֶן. וְלֹא
בְזָגִין. וְלֹא בְמוֹכִין. וְלֹא בַעֲשָׂבִים.
בִּזְמַן שֶׁהֵן לַחִים. אֲבָל טוֹמְנִין בָּהֶן
כְּשֶׁהֵן יְבֵשִׁין. טוֹמְנִין בִּכְסוּת. וּבְפֵירוֹת.
בְּכַנְפֵי יוֹנָה. וּבִנְסוֹרֶת שֶׁל חָרָשִׁים.
וּבִנְעוֹרֶת שֶׁל פִּשְׁתָּן (דַּקָּה). ר' יְהוּדָה
אוֹסֵר בְּדַקָּה וּמַתִּיר בְּגַסָּה: ב טוֹמְנִין
בְּשַׁלְחִין וּמְטַלְטְלִין אוֹתָן. בְּגִזֵּי צֶמֶר
וְאֵין מְטַלְטְלִין אוֹתָן. כֵּיצַד הוּא

---

[18]) In der Dämmerung. [19]) Mit warmen Speisen. [20]) Gebrauchte.
   [1]) Wenn Jemand Freitag Nachmittag den Topf vom Heerd nehmen will und
ihn durch etwas anderes warm erhalten will, darf keine Vermehrung der Wärme
entstehen, sondern blos eine Beibehaltung der vorhandenen Wärme. [2]) Die Töpfe.
[3]) Als Weizen, Hülsenfrüchte etc. [4]) שלחין = Felle. Das Targum gibt (Levit. 1, 6)

Man nimmt den Deckel ab, so dass die Wolle abfällt. R. Elasar, Sohn Asarjah's, sagt: Das Gefäss selbst, worin der Topf steht, neigt man seitwärts und nimmt Speise heraus; denn nähme man den Topf heraus, so könnte man ihn vielleicht nicht wieder einsetzen dürfen[5]). Die Weisen sagen: Man kann den Topf herausnehmen und[6]) wieder einsetzen. — Hat man ihn bei Tage nicht zugedeckt, so darf man ihn nach Eintritt der Dunkelheit nicht zudecken. Hatte man ihn zugedeckt und er war (zufällig) wieder aufgedeckt, so darf man ihn zudecken. Man darf einen Krug[7]) füllen und unter ein Kissen oder Polster setzen[8]).

עוֹשֶׂה? נוֹטֵל אֶת הַכִּסּוּי וְהֵן נוֹפְלוֹת. ר׳ אֶלְעָזָר בֶּן עֲזַרְיָה אוֹמֵר, קֻפָּה מַטָּה עַל צִדָּהּ וְנוֹטֵל שֶׁמָּא יִטּוֹל וְאֵינוֹ יָכוֹל לְהַחֲזִיר. וַחֲכָ״א נוֹטֵל וּמַחֲזִיר. לֹא כִסָּהוּ מִבְּעוֹד יוֹם, לֹא יְכַסֶּנּוּ מִשֶּׁתֶּחְשַׁךְ. כִּסָּהוּ וְנִתְגַּלָּה, מֻתָּר לְכַסּוֹתוֹ. מְמַלֵּא אֶת הַקִּיתוֹן וְנוֹתֵן לְתַחַת הַכַּר, אוֹ תַחַת הַכֶּסֶת:

ABSCHNITT V.

1. Womit darf man am Sabbath das Vieh ausgehen lassen und womit nicht[1])? Das Kamel darf ausgehen mit der Halfter, das Kamel-Weibchen mit dem Nasenring; die lybischen Esel mit dem Zaum[2]), das Pferd mit dem Halsgeschirr, und alle Thiere, die solches Halsgeschirr tragen[3]), können mit demselben ausgehen, und darin geführt werden. Dieselben Sachen besprengt man[4]) und taucht sie unter, an ihrem Orte[5]). **2.** Der Esel kann ausgehen mit der Decke[6]), wenn sie vorher[7]) angebunden war. Die Böcke können[5]) gebunden ausgehen, und die Schafmutter mit auf- oder unter-gebundenen Schwänzen, und bedeckt mit einer Hülle[9]), die Ziegen mit den unterbundenen Eutern. R. Jose erklärt alles für unerlaubt, ausser den bedeckten Schafmüttern. R. Jehudah sagt:

פרק ה.

א בַּמֶּה בְהֵמָה יוֹצְאָה, וּבַמָּה אֵינָהּ יוֹצְאָה? יוֹצֵא הַגָּמָל בְּאַפְסָר, וְנָאָקָה בְחֹטֶם, וְלוּבְדְּקִים בִּפְרוּמְבְּיָא, וְסוּס בְּשֵׁיר, וְכָל בַּעֲלֵי הַשֵּׁיר יוֹצְאִים בְּשֵׁיר, וְנִמְשָׁכִים בְּשֵׁיר, וּמַזִּין עֲלֵיהֶן, וְטוֹבְלִין בִּמְקוֹמָן: **ב** חֲמוֹר יוֹצֵא בְמַרְדַּעַת, בִּזְמַן שֶׁהִיא קְשׁוּרָה לוֹ, זְכָרִים יוֹצְאִין לְבוּבִין, רְחֵלוֹת יוֹצְאוֹת שְׁחוּזוֹת, כְּבוּלוֹת, וּכְבוּנוֹת. הָעִזִּים יוֹצְאוֹת צְרוּרוֹת. ר׳ יוֹסֵי אוֹסֵר בְּכֻלָּן, חוּץ מִן הָרְחֵלִין הַכְּבוּנוֹת. ר׳ יְהוּדָה

וישלח ית עלתא mit והפשיט את העולה wieder. [5]) Weil die Wolle zusammenfällt. Es handelt sich nämlich darum, ob man zu befürchten hat, dass Jemand nachher den Topf unerlaubter Weise einsetzen würde. R. Elieser besorgt dies, die Weisen aber nicht. [6]) Wenn es angeht. [7]) קיתון = *κύαθος* = Becher, Krug. Ein Maass von flüssigen und trockenen Dingen. [8]) Um ihm die Kälte zu benehmen.

[1]) Im Dekalog (Exod. 20, 11 und Deuteron. 5, 14) ist vorgeschrieben, dass das Vieh am Sabbath auch feiern muss. Nun ist wohl zu unterscheiden: ob die Gegenstände, die das Thier trägt, dazu dienen, um es zu bewachen, oder ihm blos eine Last sind; im ersteren Falle darf das Vieh damit ausgehen, im letztern jedoch nicht. [2]) פרומביא das Griechische *φορβία* oder *φορβεία* = Halfter, Zaum mit eisernem Gebiss. [3]) Z. B. Jagdhunde und kleinere Thiere. [4]) Im Fall der Verunreinigung. [5]) Ohne sie abzunehmen. [6]) Damit ihn nicht friere, denn dem Esel ist selbst im heissen Sommer kalt חמור בתקופת תמוז קרירי ליה. [7]) Am Freitag. [8]) Mit dem Leder um das Glied. [9]) Zur Reinhaltung der feinen Wolle.

אוֹמֵר. עִזִּים יוֹצְאוֹת צְרוּרוֹת לַיָּבֵשׁ, אֲבָל לֹא לֶחָלָב: ג וּבַמָּה אֵינָהּ יוֹצְאָה? לֹא יֵצֵא גָמָל בְּמַטּוּטֶלֶת, לֹא עָקוּד וְלֹא רָגוּל, וְכֵן שְׁאָר כָּל הַבְּהֵמוֹת. לֹא יִקְשׁוֹר גְּמַלִּים זֶה בָּזֶה וְיִמְשׁוֹךְ, אֲבָל מַכְנִיס חֲבָלִים לְתוֹךְ יָדוֹ וְיִמְשׁוֹךְ, וּבִלְבַד שֶׁלֹּא יִכְרוֹךְ: ד אֵין חֲמוֹר יוֹצֵא בְּמַרְדַּעַת בִּזְמַן שֶׁאֵינָהּ קְשׁוּרָה לוֹ, וְלֹא בְזוּג אַף עַל פִּי שֶׁהוּא פָקוּק, וְלֹא בַסֻּלָּם שֶׁבְּצַוָּארוֹ, וְלֹא בִרְצוּעָה שֶׁבְּרַגְלוֹ. וְאֵין הַתַּרְנְגוֹלִין יוֹצְאִין בַּחוּטִין, וְלֹא בִרְצוּעוֹת שֶׁבְּרַגְלֵיהֶם. וְאֵין הַזְּכָרִים יוֹצְאִין בָּעֲגָלָה שֶׁתַּחַת הָאַלְיָה שֶׁלָּהֶן. וְאֵין הָרְחֵלִים יוֹצְאוֹת חֲנוּנוֹת. וְאֵין הָעֵגֶל יוֹצֵא בַּגִּימוֹן. וְלֹא פָרָה בְּעוֹר הַקּוּפָד, וְלֹא בִרְצוּעָה שֶׁבֵּין קַרְנֶיהָ. פָּרָתוֹ שֶׁל ר' אֶלְעָזָר בֶּן עֲזַרְיָה הָיְתָה יוֹצְאָה בִרְצוּעָה שֶׁבֵּין קַרְנֶיהָ, שֶׁלֹּא בִרְצוֹן חֲכָמִים:

die Ziegen dürfen nur dann mit unterbundenen Eutern gehen, wenn dies zum Austrocknen der Milch, nicht aber, wenn es zur Erhaltung der Milch dient. **3.** Womit darf das Thier nicht ausgehen? Das Kamel nicht mit einem am Schwanze hängenden Lappen[10]), nicht mit gebundenen Füssen, nicht mit einem an den Schenkel gebundenen Fuss; und so alle Thiere. Man darf nicht Kamele an einander binden und führen, wohl aber mehrere Stricke in die Hand nehmen und die Kamele zugleich führen; nur muss man die Stricke nicht verwickeln[11]). Der Esel darf nicht ausgehen mit einer Decke, die nicht vorher festgebunden war, nicht mit einer Schelle, wenn diese auch verstopft wäre; nicht mit einer leiterförmigen Vorrichtung am Halse[12]); nicht mit einem Riemen am Fusse[13]). Die Hühner nicht mit ihren[14]) Schnüren, oder den Hemmriemen zwischen den Füssen. Böcke nicht mit den Rollwagen unter dem Schwanze; die Mutterschafe nicht mit Niesholz[15]); das Kalb nicht mit dem Binsenjoch[16]), die Kuh nicht mit der Igelhaut[17]) und nicht mit der Riemenhaut zwischen den Hörnern. Die Kuh des R. Elasar ben Asarjah[18]) ging mit dem Riemen zwischen den Hörnern aus, ohne die Zustimmung der Weisen.

פרק ו.

אֵ בַּמָּה אִשָּׁה יוֹצְאָה, וּבַמָּה אֵינָהּ יוֹצְאָה? לֹא תֵצֵא אִשָּׁה לֹא בְחוּטֵי צֶמֶר, וְלֹא בְחוּטֵי פִשְׁתָּן, וְלֹא בִרְצוּעוֹת שֶׁבְּרֹאשָׁהּ, וְלֹא תִטְבּוֹל בָּהֶן עַד שֶׁתְּרַפֵּם. לֹא בְטוֹטֶפֶת, וְלֹא

ABSCHNITT VI.

1. Womit darf eine Frau ausgehen und womit nicht? Eine Frau darf nicht ausgehen mit wollenen oder leinenen Schnüren, oder mit Riemen auf dem Kopfe; denn sie kann mit solchen nicht baden, ohne sie lose zu machen[1]); nicht mit einer Stirnplatte und Gehängen

[10]) מטוטלת heisst in כלאים ו', ט' Senkblei, eine Schnur, woran Blei befestigt ist; hier bedeutet es einen Lappen, der am Schwanz befestigt ist. [11]) Weil vielleicht כלאים darin ist. [12]) Wenn das Thier eine Wunde hat, legt man am Halse eine kreuzförmige Leiter an, um das Reiben der Wunde zu verhüten. [13]) Damit sie nicht zusammenschlagen. [14]) Um sie zu kennzeichnen. [15]) Damit sie oft niesen und das Ungeziefer abschütteln. [16]) Um es zu gewöhnen. [17]) Um die Schlangen abzuhalten. [18]) Es war nicht seine eigene, sondern die seiner Nachbarin, und weil er es ihr nicht verwies, wird es betrachtet, als wäre es die seinige gewesen. —

[1]) Wenn sie an Wochentagen badet, muss sie die Schnüre lose machen; nun

daran, wenn sie nicht an die Haube genäht sind, auch nicht mit der Unterlage des Stirnbandes, an einen öffentlichen Ort[2]); nicht mit einer goldenen Krone in Form einer Stadt[3]); nicht mit einer engen Halskette[4]); nicht mit Nasenringen[5]), nicht mit Fingerringen, auch wenn kein Petschaft darauf ist; nicht mit einer ungelöcherten Nadel. Wenn sie aber damit ausgegangen ist[6]), braucht sie kein Sündopfer zu bringen. **2**. Der Mann darf nicht mit Sandalen, die mit Nägeln beschlagen sind[7]), ausgehen; auch nicht mit einer Sandale[8]), es wäre denn, dass er am anderen Fusse einen Schaden hätte; auch nicht in תפילין; auch nicht mit einem Schützblatt[9]), wenn es nicht von einem anerkannten Sachkundigen ist; nicht mit Panzer, mit Helm und Beinschienen; aber wenn er ausgegangen ist, braucht er kein Sündopfer zu bringen[10]). **3**. Eine Frau darf nicht ausgehen mit einer durchlöcherten Nadel[11]), nicht mit einem Ring, woranf ein Petschaft;

בְּסַנְבּוּטִין בִּזְמַן שֶׁאֵינָן תְּפוּרִין, וְלֹא בְּכָבוּל לִרְשׁוּת הָרַבִּים. וְלֹא בְעִיר שֶׁל זָהָב. וְלֹא בְקַטְלָא. וְלֹא בִנְזָמִים. וְלֹא בְטַבַּעַת שֶׁאֵין עָלֶיהָ חוֹתָם. וְלֹא בְּמַחַט שֶׁאֵינָהּ נְקוּבָה. וְאִם יָצְאָה אֵינָהּ חַיֶּבֶת חַטָּאת: ב לֹא יֵצֵא הָאִישׁ בְּסַנְדָּל הַמְסֻמָּר. וְלֹא בְיָחִיד בִּזְמַן שֶׁאֵין בְּרַגְלוֹ מַכָּה. וְלֹא בִתְפִלִּין. וְלֹא בְקָמֵיעַ בִּזְמַן שֶׁאֵינוֹ מִן הַמּוּמְחֶה, לֹא בְשִׁרְיוֹן. וְלֹא בְקַסְדָּא. וְלֹא בְמַגָּפַיִם. וְאִם יָצָא. אֵינוֹ חַיָּב חַטָּאת: ג לֹא תֵצֵא אִשָּׁה בְּמַחַט הַנְּקוּבָה, וְלֹא בְטַבַּעַת שֶׁיֵּשׁ עָלֶיהָ חוֹתָם. וְלֹא בְכוֹלְיָאר. וְלֹא בְכוֹבֶלֶת. וְלֹא בִצְלוֹחִית שֶׁל פַּלְיָטוֹן. וְאִם יָצְאָה חַיֶּבֶת חַטָּאת. ד״ר מֵאִיר. וַחֲכָמִים פּוֹטְרִין בְּכוֹבֶלֶת וּבִצְלוֹחִית שֶׁל פַּלְיָטוֹן: ד לֹא יֵצֵא הָאִישׁ לֹא בְסַיִף.

nicht mit einem schneckenförmigen Kopfaufsatz[12]), nicht mit Riechbüchschen, nicht mit Balsamfläschchen, und wenn sie damit ausgegangen, ist sie schuldig, ein Sündopfer zu bringen. So R. Mëir. Die Weisen sprechen sie bei Riechbüchschen und Balsamfläschchen frei. **4**. Der Mann darf nicht ausgehen mit einem Schwerte[13]),

---

könnte es sich ereignen, dass sie am Sabbath ein Pflichtbad (טבילת מצוה) vornehmen wollte, dann müsste sie die Bänder losbinden und sie würde dieselben vier Ellen in רה״ר tragen. [2]) Dies bezieht sich, nach Maimonides, auf alle. [3]) Die Stadt Jerusalem. [4]) קטלא so viel als catella = kleine Kette, Kettlein. [5]) Wohl aber mit Ohrringen, da es zu viel Mühe machen würde, sie auszuziehen. [6]) Alle diese angegebenen Dinge sind als Schmuck zu betrachten, und sind von den Rabbinen blos deshalb verboten worden, weil man befürchtet, die Frau könnte sie abziehen und zeigen. [7]) Zur Zeit der syrischen Verfolgung hatten sich nämlich viele Juden in eine Höhle versteckt; da hörten sie plötzlich ein Geräusch über sich und glaubten, die Feinde kämen, sie drängten nun an einander und tödteten sich mit den eisernen Nägeln. Weil dies am Sabbath geschah, wurden solche Sandalen an Sabbath- und Feiertagen verboten, weil auch die Feiertage als Versammlungszeit gelten. [8]) Weil er den einen Schuh abziehen und tragen könnte, wenn er verspottet würde. [9]) Ein Blatt, welches man als Heilmittel sich anhängt, Amulett. [10]) Weil man diese Gegenstände nur zur Zeit des Krieges trägt, ist ihr Tragen am Sabbath verboten. [11]) Womit man näht, weil solches als Handwerkzeug betrachtet wird; auch wenn sie dieselbe in ihre Kleider steckt, verfällt sie der Strafe eines Sündopfers. [12]) כוליאר = κοχλιώδης = schneckenförmig, wie ein Schneckenhaus gewunden. Im Lateinischen = cochlear = Schnecke. Es wird als Last und nicht als Schmuck angesehen, weil die meisten Frauen nicht damit ausgehen. [13]) Ausser-

einem Bogen, einem dreieckigen oder runden Schilde und einem Spiesse; und wenn er ausgegangen, ist er schuldig, ein Sündopfer zu bringen. R. Elieser sagt: Sie dienen ihm nur zum Schmucke. Die Weisen aber behaupten: Sie seien nicht zur Unzier, denn es heisst: (Jesaias 2, 4) „Dann werden sie ihre Schwerter zu Pflugscharen[14]) und ihre Lanzen zu Sicheln umschmieden; kein Volk wird mehr gegen das andere das Schwert erheben und man wird sich nicht mehr für den Krieg üben". Das Knieband[15]) ist rein[16]), und man geht damit am Sabbath aus; Schrittkettchen sind der Unreinheit fähig, und man darf nicht damit am Sabbath ausgehen. 5. Eine Frau darf ausgehen mit Bindeschnüren aus Haar, sei es aus eigenem oder fremdem oder von Thieren, ferner mit Stirnplatte und Gehäsgen, welche festgenäht sind, mit einem Stirnband, mit fremder Locke in den Haushof, mit der weichen Wolle im Ohre[17]), im Schuh oder für ihre Reinigung, mit einem Pfefferoder Salzkorn, und was sie sonst in den Mund nimmt; nur soll sie es nicht am Sabbath eigends hineinthun, und wenn eins von diesen herausfällt, darf sie es nicht wieder hineinthun. Mit einem falschen Zahn erlaubt Rabbi auszugehen; die Weisen verbieten es. 6. Frauen

וְלֹא בְקֶשֶׁת. וְלֹא בַתָּרִיס. וְלֹא בָאֲלָה. וְלֹא בְרוֹמַח. וְאִם יָצָא חַיָּב חַטָּאת. רַ אֱלִיעֶזֶר אוֹמֵר. תַּכְשִׁיטִין הֵן לוֹ. וַחֲכָ"א אֵינָן אֶלָּא לִגְנַאי. שֶׁנֶּאֱמַר וְכִתְּתוּ חַרְבוֹתָם לְאִתִּים וַחֲנִיתוֹתֵיהֶם לְמַזְמֵרוֹת לֹא יִשָּׂא גוֹי אֶל גּוֹי חֶרֶב וְלֹא יִלְמְדוּ עוֹד מִלְחָמָה. בִּירִית טְהוֹרָה. וְיוֹצְאִים בָּהּ בַּשַּׁבָּת. כְּבָלִים טְמֵאִין. וְאֵין יוֹצְאִין בָּהֶן בַּשַּׁבָּת: הַ יוֹצֵאת אִשָּׁה בְחוּטֵי שֵׂעָר בֵּין מִשֶּׁלָּהּ בֵּין מִשֶּׁל חֲבֶרְתָּהּ. בֵּין מִשֶּׁל בְּהֵמָה. בַּטּוֹטֶפֶת וּבַסַּנְבּוּטִין בִּזְמַן שֶׁהֵן תְּפוּרִין. בַּכָּבוּל וּבַפֵּאָה נָכְרִית לֶחָצֵר. בְּמוֹךְ שֶׁבְּאָזְנָהּ. וּבְמוֹךְ שֶׁבְּסַנְדָּלָהּ. וּבְמוֹךְ שֶׁהִתְקִינָה לְנִדָּתָהּ. בְּפִלְפֵּל וּבְגַרְגִּיר מֶלַח. וּבְכָל דָּבָר שֶׁתִּתֵּן לְתוֹךְ פִּיהָ. וּבִלְבַד שֶׁלֹּא תִתֵּן לְכַתְּחִלָּה בַּשַּׁבָּת. וְאִם נָפַל לֹא תַחֲזִיר. שֵׁן תּוֹתֶבֶת וְשֵׁן שֶׁל זָהָב. רַבִּי מַתִּיר. וַחֲכָמִים אוֹסְרִים: וַ יוֹצְאִין בְּסֶלַע שֶׁעַל הַצִּינִית. הַבָּנוֹת קְטַנּוֹת יוֹצְאוֹת בְּחוּטִין. וַאֲפִילוּ בְּקִסְמִין שֶׁבְּאָזְנֵיהֶם. עַרְבִיּוֹת יוֹצְאוֹת רְעוּלוֹת. וּמָדִיּוֹת פְּרוּפוֹת. וְכָל אָדָם. אֶלָּא שֶׁדִּבְּרוּ חֲכָמִים בַּהוֹוֶה:

dürfen mit einem Geldstück auf der Fussschwiele[18]) ausgehen. Kleine Mädchen dürfen mit Schnüren, auch mit Splitterchen an den Ohrlöchern ausgehen[19]); Araberinnen[20]) dürfen mit dem tiefen Schleier, und die Mederinnen mit dem Kopftuche ausgehen. Uebrigens ist es auch allen anderen erlaubt, nur dass die Weisen das Beispiel aus der Wirklichkeit nehmen.

---

wenn es in den Krieg geht. [14]) Wären sie ein Schmuck, würden sie nicht zur messianischen Zeit abgeschafft werden. [15]) Eine Spange auf dem Schenkel, um die Unterkleider festzuhalten, dass sie nicht herabfallen, wodurch die Schenkel sichtbar würden. Es ist kein Schmuckgegenstand, auch kein eigentliches Geräth, sondern blos ein Geräth zum Dienst eines andern, so wie die Ringe der Geräthe, deshalb sind sie rein. [16]) Ist nicht für Unreinigkeit empfänglich. [17]) Um das Ohrenschmalz aufzusaugen. [18]) צינית soll eine Krankheit unter der Fussohle sein, und das geprägte Geldstück ein Heilmittel dagegen. [19]) Den kleinen Mädchen werden Löcher in die Ohren gestochen und einstweilen eine Schnur oder ein Span hineingesteckt, bis sie die Ohrringe erhalten. [20]) Jüdinnen aus Arabien, eben so aus Medien.

7. Sie dürfen auch das Kopftuch[21]) über den Stein, die Nuss oder die Münze wickeln, nur darf man letzteres nicht eigends thun[22]). **8.** Ein Verstümmelter[23]) darf mit seinem Stelzfuss ausgehen, so R. Meïr. R. Jose hält es für unerlaubt. Wenn eine Höhlung zur Aufnahme von Lappen daran ist, so wird der Stelzfuss der Unreinheit fähig. Die ledernen Schenkelkrücken des au beiden Füssen Verstümmelten nehmen durch den Druck Unreinheit an[24]), und man kann darin am Sabbath ausgehen, auch mit denselben in den Tempelvorhof eintreten. Der Stuhl und die Schenkelleder eines Verkrüppelten sind der Unreinheit durch den Druck fähig, man darf aber mit denselben nicht am Sabbath ausgehen, und nicht in den Tempelvorhof eintreten. Hohe Holzschuhe[25]) sind rein, und man darf damit nicht ausgehen. **9.** Söhne dürfen mit den Binden[26]), und Fürstenkinder mit[27]) Schellen ausgehen. Uebrigens ist es Jedem gestattet, nur dass die Weisen aus der Wirklichkeit das Beispiel entlehnen. **10.** Man darf mit einem Heuschreckenei[28]) und mit einem Fuchszahn[29]) und mit dem Nagel eines Gehengten[30]) als Heilmittel ausgehen. So R. Meïr. Die Weisen sagen: Es sei als Heidensitte[31]) selbst an nicht heiligen Tagen nicht gestattet.

ABSCHNITT VII.

1. Eine Hauptregel hat man in Betreff des Sabbath festgestellt: Wer das Grundgesetz vom Sabbath vergessen, und mehrere Arbeiten an mehreren Sabbathen verrichtet hat,

ז פּוֹרֶפֶת עַל הָאֶבֶן וְעַל הָאֱגוֹז וְעַל הַמַּטְבֵּעַ. וּבִלְבַד שֶׁלֹּא תִפְרוֹף לְבַתְּחִלָּה בְּשַׁבָּת: ח הַקִּטֵּעַ יוֹצֵא בְּקַב שֶׁלּוֹ. דִּר מֵאִיר. וְר' יוֹסֵי אוֹסֵר. וְאִם יֶשׁ לוֹ בֵּית קִבּוּל כְּתוּתִים טָמֵא. סְמוּכוֹת שֶׁלּוֹ טְמֵאִין מִדְרָס. וְיוֹצְאִין בָּהֶן בְּשַׁבָּת. וְנִכְנָסִין בָּהֶן בָּעֲזָרָה. כִּסֵּא וְסְמוּכוֹת שֶׁלּוֹ טְמֵאִין מִדְרָס. וְאֵין יוֹצְאִין בָּהֶן בְּשַׁבָּת. וְאֵין נִכְנָסִין בָּהֶן בָּעֲזָרָה. אַנְקָטְמִין טְהוֹרִים. וְאֵין יוֹצְאִין בָּהֶן: ט הַבָּנִים יוֹצְאִים בִּקְשָׁרִים. וּבְנֵי מְלָכִים בְּזוֹגִין. וְכָל אָדָם. אֶלָּא שֶׁדִּבְּרוּ חֲכָמִים בַּהוֹוֶה: י וְיוֹצְאִין בְּבֵיצַת הַחַרְגּוֹל. וּבְשֵׁן שׁוּעָל. וּבְמַסְמֵר מִן הַצָּלוּב. מִשּׁוּם רְפוּאָה. דִּבְרֵי ר' מֵאִיר. וַחֲכָ"א (נ"א ד"ר יוֹסֵי. וְר' מֵאִיר אוֹמֵר) אַף בְּחוֹל אָסוּר. מִשּׁוּם דַּרְכֵי הָאֱמוֹרִי:

פֶּרֶק ז.

א כְּלָל גָּדוֹל אָמְרוּ בְּשַׁבָּת. כָּל הַשּׁוֹכֵחַ עִקַּר שַׁבָּת וְעָשָׂה מְלָאכוֹת הַרְבֵּה בְּשַׁבָּתוֹת הַרְבֵּה. אֵינוֹ חַיָּב

---

[21]) Das Kopftuch wird nämlich so umgeschlagen, dass zwei Zipfel am Halse herabhängen, an deren einem ein Stein, eine Nuss etc. befestigt ist, so dass man den andern leicht daran befestigt. [22]) Weil man am Sabbath kein Geld antassen darf. [23]) Dem der Fuss fehlt. [24]) Alles nämlich, worauf derjenige, welcher einen Eiterfluss hat (זב), sich im Sitzen, Liegen oder Stehen stützt, wird im höchsten Grade verunreinigt und zwar solchergestalt, dass es Menschen und Geräthe verunreinigen kann. Siehe Traktat זבים, Abschn. 2. M 4. Ein so Verunreinigter ist ein טמא מדרס. [25]) Nach Andern: Eine Larve. [26]) Der Vater nimmt das Schuhband des rechten Fusses und bindet es dem Sohne an den linken Fuss, das soll ein Mittel sein, um die Sehnsucht des Sohnes nach dem Vater zu beschwichtigen. [27]) Goldenen. [28]) Um die Ohrenschmerzen zu vertreiben, wird das Ei in das Ohr gelegt. [29]) Des Schlafes wegen. [30]) Vom Galgen. [31]) Weil es auf Aberglauben beruht.

ist nur ein Sündopfer schuldig [1]).
Wer das Grundgesetz vom Sabbath
kennt, und mehrere Arbeiten an
mehreren Sabbathen [2]) verrichtet
hat, ist ein Sündopfer für jeden
Sabbath schuldig. Wer sich bewusst
ist, dass der Tag Sabbath ist, und
mehrere Arbeiten an mehreren
Sabbathen verrichtet hat [3]), ist für
jede Hauptarbeit ein Sündopfer
schuldig. Wer mehrere Arbeiten
von einer Hauptart verrichtet hat,
ist nur ein Sündopfer schuldig.
2. Die Hauptarbeiten sind vierzig
weniger eine, nämlich: Säen, Ackern,
Ernten [4]), Garben binden, Dreschen,
Worfeln, Früchte säubern, Mahlen,
Sieben, Kneten, Backen [5]); Wolle
scheeren [6]), sie waschen, klopfen,
färben, spinnen, anzetteln, zwei
Binde-Litzen machen, zwei Fäden
weben, zwei Fäden [7]) trennen, einen
Knoten machen, einen Knoten auflösen, mit zwei Stichen festnähen,
zerreissen, um mit zwei Stichen fest-
zunähen [8]); ein Reh fangen [9]), es
schlachten, dessen Haut abziehen,
sie salzen, das Fell bereiten, die
Haare abschaben, es zerschneiden:
zwei Buchstaben schreiben [10]), auslöschen, um zwei Buchstaben zu
schreiben; bauen, einreissen [11]).
Feuer löschen, anzünden [12]), mit
dem Hammer schlagen [13]), aus
einem Bereiche in einen anderen
tragen [14]). — Dies sind die Hauptarbeiten vierzig weniger eine [15]).

אֶלָּא חַטָּאת אַחַת. הַיּוֹדֵעַ עִקַּר שַׁבָּת
וְעָשָׂה מְלָאכוֹת הַרְבֵּה בְּשַׁבָּתוֹת
הַרְבֵּה, חַיָּב עַל כָּל שַׁבָּת וְשַׁבָּת.
הַיּוֹדֵעַ שֶׁהוּא שַׁבָּת וְעָשָׂה מְלָאכוֹת
הַרְבֵּה בְּשַׁבָּתוֹת הַרְבֵּה, חַיָּב עַל כָּל
אַב מְלָאכָה וּמְלָאכָה. הָעוֹשֶׂה
מְלָאכוֹת הַרְבֵּה מֵעֵין מְלָאכָה אַחַת.
אֵינוֹ חַיָּב אֶלָּא חַטָּאת אַחַת:
ב אֲבוֹת מְלָאכוֹת אַרְבָּעִים חָסֵר
אַחַת. הַזּוֹרֵעַ. וְהַחוֹרֵשׁ, וְהַקּוֹצֵר,
וְהַמְעַמֵּר, הַדָּשׁ. וְהַזּוֹרֶה, הַבּוֹרֵר,
הַטּוֹחֵן, וְהַמְרַקֵּד, וְהַלָּשׁ. וְהָאוֹפֶה,
הַגּוֹזֵז אֶת הַצֶּמֶר, הַמְלַבְּנוֹ, וְהַמְנַפְּצוֹ,
וְהַצּוֹבְעוֹ, וְהַטּוֹוֶה, וְהַמֵּיסֵךְ, וְהָעוֹשֶׂה
שְׁתֵּי בָתֵּי נִירִין, וְהָאוֹרֵג שְׁנֵי חוּטִין,
וְהַפּוֹצֵעַ שְׁנֵי חוּטִין הַקּוֹשֵׁר, וְהַמַּתִּיר,
וְהַתּוֹפֵר שְׁתֵּי תְפִירוֹת. הַקּוֹרֵעַ עַל
מְנָת לִתְפּוֹר שְׁתֵּי תְפִירוֹת. הַצָּד צְבִי,
הַשּׁוֹחֲטוֹ. וְהַמַּפְשִׁיטוֹ. הַמּוֹלְחוֹ.
וְהַמְעַבֵּד אֶת עוֹרוֹ. וְהַמּוֹחֲקוֹ.
וְהַמְחַתְּכוֹ. הַכּוֹתֵב שְׁתֵּי אוֹתִיּוֹת.
וְהַמּוֹחֵק עַל מְנָת לִכְתּוֹב שְׁתֵּי אוֹתִיּוֹת.
הַבּוֹנֶה, וְהַסּוֹתֵר. הַמְכַבֶּה, וְהַמַּבְעִיר.
הַמַּכֶּה בַפַּטִּישׁ. הַמּוֹצִיא מֵרְשׁוּת
לִרְשׁוּת. הֲרֵי אֵלּוּ אֲבוֹת מְלָאכוֹת

---

[1]) Das Ganze ist nur ein Irrthum. [2]) Sich jedesmal in dem Tage irrend.
[3]) Indem er nicht weiss, dass diese Arbeit verboten ist. [4]) Saaten ernten und
Bäume ablesen. [5]) Obgleich eigentliches Backen bei den Arbeiten der Stiftshütte
nicht stattfand, so ist Backen dem Kochen gleich zu achten, und letzteres war
zur Herstellung der Farben, die man brauchte, nöthig; so wie die übrigen genannten Arbeiten als: Säen, Pflügen etc. zur Anfertigung des Färbestoffes nothwendig
waren. [6]) Wolle scheeren und die folgenden Arbeiten wurden zur himmelblauen
Wolle u. s. w. gebraucht. [7]) Im Einschlag oder Zettel. [8]) Fand bei den Teppichen Anwendung. [9]) Diese Arbeiten kamen bei den Dachstellen vor. [10]) Zur
Zusammenfügung der Bretter machte man Buchstaben, um zu wissen, welches Brett
zu dem andern gehört. [11]) Um zu bauen. [12]) Feuer brauchte man, um die Far-
bekräuter zu kochen. [13]) Beim Schlusse der Arbeit pflegt der Arbeiter mit dem
Hammer auf den Amboss zu schlagen. [14]) Siehe Einleitung und Anfang des Traktats.
[15]) Obgleich sie auch einzeln aufgezählt sind, soll mit dieser Wiederholung der Zahl
angedeutet sein, dass wenn Jemand auch alle Arbeiten in der Welt verrichtet, er nur

3. Noch eine andere Regel hat man festgestellt: Wenn man irgend etwas, das sich zur Aufbewahrung eignet und in der Quantität gewöhnlich aufbewahrt wird, am Sabbath hinausträgt, ist man ein Sündopfer schuldig. Wenn es sich aber zum Aufbewahren nicht eignet, oder in der Quantität nicht aufbewahrt wird, so ist nur derjenige schuldig, der es aufbewahrt[16]). **4.** Wenn Jemand so viel geschnittenes Stroh hinausträgt, als eine Kuh im Maul hält, so viel Stengel, als ein Kamel im Maul hält, so viel Stoppeln, als ein Lämmchen im Mund hält, so viel Kräuter, als eine Ziege im Maul hält; frische Knoblauchblätter und frische Zwiebelblätter, so viel als eine dürre Feige gross ist, oder trockene, so viel das Maul einer Ziege fasst, sie werden aber nicht zusammengerechnet, weil sie im Maasse nicht gleich sind; wer Speisen, so viel eine dürre Feige ausmacht, hinausträgt, ist schuldig; und verschiedene werden zusammengerechnet, weil sie im Maasse gleich sind, ausgenommen die Schaalen, Kerne, Stiele, feine und grobe Kleie. R. Jehudah sagt: Ausgenommen sind die Hülsen der Linsen, welche mitgekocht werden.

ABSCHNITT VIII.

1. Wenn man Wein hinausträgt, so viel zur Mischung des Bechers[1]) genügt. Milch[2]) so viel zu einem Schluck genügt, Honig so viel als man auf eine Wunde[3]) legt. Oel, so viel als man braucht, um ein kleines Glied[4]) zu salben, Wasser, so viel nöthig ist, um Augensalbe[5]) anzufeuchten, und von allen anderen nassen Sachen ein Viertel[6]), so

ארבעים חסר אחת׃ ג וְעוֹד כְּלָל אחֵר אמרו. כל הַכָּשֵׁר לְהַצְנִיעַ וּמַצְנִיעִין כָּמוֹהוּ. וְהוֹצִיאוֹ בְשַׁבָּת חַיָּב עָלָיו חַטָּאת. וְכָל שֶׁאֵינוֹ כָשֵׁר לְהַצְנִיעַ וְאֵין מַצְנִיעִין כָּמוֹהוּ וְהוֹצִיאוֹ בְשַׁבָּת. אֵינוֹ חַיָּב אֶלָּא הַמַּצְנִיעוֹ׃ ד הַמּוֹצִיא תֶבֶן כִּמְלֹא פִי פָרָה. עֵצָה כִּמְלֹא פִי גָמָל. עָמִיר כִּמְלֹא פִי טָלֶה. עֲשָׂכִים כִּמְלֹא פִי גְדִי. עֲלֵי שׁוּם וַעֲלֵי בְצָלִים. לַחִים כַּגְּרוֹגֶרֶת. יְבֵשִׁים כִּמְלֹא פִי גְדִי. וְאֵין מִצְטָרְפִין זֶה עִם זֶה. מִפְּנֵי שֶׁלֹּא שָׁווּ בְּשִׁעוּרֵיהֶן. הַמּוֹצִיא אוֹכְלִין כַּגְּרוֹגֶרֶת חַיָּב. וּמִצְטָרְפִין זֶה עִם זֶה. מִפְּנֵי שֶׁשָּׁווּ בְּשִׁעוּרֵיהֶן. חוּץ מִקְּלִיפֵּיהֶן וְגַרְעִינֵיהֶן וְעוּקְצֵיהֶן. וְסוּבָּן וּמֻרְסָנָן. ר׳ יְהוּדָה אוֹמֵר. חוּץ מִקְּלִיפֵי עֲדָשִׁים. שֶׁמִּתְבַּשְּׁלוֹת עִמָּהֶן׃

פרק ח.

א הַמּוֹצִיא יַיִן כְּדֵי מְזִיגַת הַכּוֹס חָלָב כְּדֵי גְמִיעָה. דְּבַשׁ כְּדֵי לִתֵּן עַל הַכָּתִית. שֶׁמֶן כְּדֵי לָסוּךְ אֵבֶר קָטָן. מַיִם כְּדֵי לָשׁוּף בָּהֶם אֶת הַקִּילוֹר. וּשְׁאָר כָּל הַמַּשְׁקִין בִּרְבִיעִית.

[16]) Wenn das Aufbewahrte für keinen Andern, als für denjenigen, der es aufbewahrt, einen Werth hat, so gilt dies bei Andern auch für keine Arbeit, vielmehr nur bei dem Aufbewahrenden.
  [1]) Beim Tischsegen (nämlich zum Becher) gehört ein Viertel Log Wein, der aus einem Viertel Wein und drei Viertel Wasser gemischt ist, folglich 1/16 Log. Ein Log enthält das Maass von 6 Hühnereiern. [2]) Das ist Milch von reinen Thieren; bei unreinen ist das Maass, so viel man braucht, um ein Auge zu färben. [3]) Oder Geschwür. [4]) Die kleinste Zehe bei einem neugeborenen Kinde. [5]) קילור = κολλύριον = Augensalbe. [6]) Log.

וכל השופכין ברביעית. ר' שמעון אומר. כלן ברביעית. ולא אמרו כל השיעורין הללו אלא למצניעיהן: ב המוציא חבל כדי לעשות אזן לקפה. גמי כדי לעשות תלאי לנפה ולכברה. ר' יהודה אומר. כדי לטול ממנו מדת מנעל לקטן. ניר כדי לכתוב עליו קשר מוכסין. והמוציא קשר מוכסין. חיב. ניר מחוק. כדי לכרוך על פי צלוחית קטנה של פליטון: ג עור כדי לעשות קמיע. (דוכסוסטוס כדי לכתוב מזוזה) קלף כדי לכתוב עליו פרשה קטנה שבתפלין. שהיא שמע ישראל. דיו כדי לכתוב שתי אותיות. כחול כדי לכחול עין אחת: ד דבק כדי לתן בראש השבשבת. זפת וגפרית כדי לעשות נקב. שעוה כדי לתן על פי נקב קטן. חרסית כדי לעשות פי כור של צורפי זהב. ר' יהודה אומר. כדי לעשות פטפוט. סובין כדי לתן על פי כור של צורפי זהב. סיד כדי לסוד אצבע קטנה

wie von allem, was man ausschüttet[7]), ein Viertel. R. Simeon sagt: Bei allen ist das Maass ein Viertel und man hat nur die Maasse näher bestimmt für solche, die sie aufbewahren. **2.** Wenn Jemand so viel von einem Stricke hinausträgt, als genügt, um ein Ohr[8]) an einer Kiste[9]) zu machen, oder Binsen, welche genügen, um ein feines oder grobes Sieb daran aufzuhängen; wie R. Jehudah sagt, ist so viel erforderlich, als genügt, um einem Kinde zu einem Schuh Maass zu nehmen[10]); trägt er Papier[11]) so viel heraus, dass man darauf einen Zoll-Zettel schreiben kann[12]). Wer einen Zoll-Zettel selbst hinausträgt, der ist schuldig. Papier, das radirt wurde[13]) so viel, als genügt, um ein kleines Balsamfläschchen oben zu bewickeln. **3.** Ferner: Haut, so viel, als genügt, um ein Schutzblatt damit zu bedecken. דוכסוסטוס[14]) so viel, als genügt, um darauf eine מזוזה zu schreiben; Pergament, um den kleinsten Abschnitt der תפלין darauf zu schreiben, das ist שמע ישראל; Dinte, so viel, als genügt, um zwei Buchstaben zu schreiben, Schminke, so viel, als genügt, um ein Auge zu schminken. **4.** Leim, so viel, als genügt, um es an das Ende der Leimruthe zu thun; Pech oder Schwefel, so viel, als genügt, um ein Loch[15]) zu bereiten[16]), Wachs, so viel, als genügt, um ein kleines Loch[17]) zu verstopfen. Lehm, so viel, als genügt, um eine Mündung[18]) an dem Tiegel der Goldschmiede anzubringen; — R. Jehudah sagt: So viel, als genügt, um einen Fuss[19]) dazu zu machen; — Kleie, so viel, als genügt, um auf die Mündung des Tiegels der Goldschmiede zu thun; Kalk, so viel, als genügt, um den kleinen Finger

---

[7]) Von faulem, unreinem Wasser, um damit den Lehm zu erweichen. [8]) Handhabe. [9]) Oder Korb. [10]) Um dem Meister das Maass zum Schuh zu zeigen. [11]) Das Papier wird aus Kräutern verfertigt. Bartenora. [12]) Wenn z. B. Jemand diesseits des Flusses den Zoll entrichtet hat, so erhält er einen gestempelten Zettel, dass er den Zoll abgeführt hat; auf dem Zettel befinden sich gewöhnlich zwei Buchstaben, die grösser als in der Regel sind, wodurch er sich legitimiren kann. [13]) Auf welches man nicht mehr schreiben kann. [14]) דוכסוסטוס = entweder *δίξοος* = zweispaltig, oder = *δυξεστός* = doppelt geglättet. [15]) An einer Quecksilberröhre. [16]) Nämlich dasselbe bis auf eine kleine Oeffnung zu verstopfen. [17]) An einem Weingefässe. [18]) Für den Blasebalg. [19]) פטפוט = Dreifuss, Tiegel. (Aruch.)

שֶׁבַּבָּנוֹת. ר׳ יְהוּדָה אוֹמֵר, כְּדֵי לַעֲשׂוֹת כִּלְכּוּל. ר׳ נְחֶמְיָא אוֹמֵר, כְּדֵי לָסוּד (נ״א לַעֲשׂוֹת) אַנְדִּיפִי: ה אֲדָמָה כְּחוֹתַם הַמַּרְצוּפִין דִּבְרֵי ר׳ עֲקִיבָא וַחֲכָ״א כְּחוֹתַם הָאִגְּרוֹת. זֶבֶל וְחוֹל הַדַּק כְּדֵי לְזַבֵּל קֶלַח שֶׁל כְּרוּב, דִּבְרֵי ר׳ עֲקִיבָא. וַחֲכָ״א כְּדֵי לְזַבֵּל כְּרֵישָׁה. חוֹל הַגַּס כְּדֵי לִתֵּן עַל מְלֹא כַף סִיד. קָנֶה כְּדֵי לַעֲשׂוֹת קוּלְמוֹס, וְאִם הָיָה עָב אוֹ מְרוּסָּס. כְּדֵי לְבַשֵּׁל בּוֹ בֵּיצָה קַלָּה שֶׁבַּבֵּיצִים, טְרוּפָה וּנְתוּנָה בָּאִלְפָּס: ו עֶצֶם כְּדֵי לַעֲשׂוֹת תַּרְווָד. ר׳ יְהוּדָה אוֹמֵר כְּדֵי לַעֲשׂוֹת מִמֶּנּוּ חָף. זְכוּכִית כְּדֵי לִגְרוֹר בּוֹ רֹאשׁ הַכַּרְכָּר. צְרוֹר אוֹ אֶבֶן כְּדֵי לִזְרוֹק בָּעוֹף. ר׳ אֱלִיעֶזֶר בֶּן יַעֲקֹב אוֹמֵר, כְּדֵי לִזְרוֹק בַּבְּהֵמָה: ז חֶרֶס כְּדֵי לִתֵּן בֵּין פַּצִּים לַחֲבֵירוֹ. דִּבְרֵי רַבִּי יְהוּדָה. ר׳ מֵאִיר אוֹמֵר, כְּדֵי לַחְתּוֹת בּוֹ אֶת הָאוּר. ר׳ יוֹסֵי אוֹמֵר, כְּדֵי לְקַבֵּל בּוֹ רְבִיעִית. אָמַר ר׳ מֵאִיר, אַף עַל פִּי שֶׁאֵין רְאָיָה לַדָּבָר זֵכֶר לַדָּבָר, שֶׁנֶּאֱמַר וְלֹא יִמָּצֵא בִמְכִתָּתוֹ חֶרֶשׂ לַחְתּוֹת אֵשׁ מִיָּקוּד. אָמַר לוֹ ר׳ יוֹסֵי. מִשָּׁם רְאָיָה? וְלַחְשׂוֹף מַיִם מִגֶּבֶא:

eines Mädchens zu bedecken[20]). R. Jehudah sagt: Um die Schläfe zu bestreichen. R. Nechemiah sagt: Um die Stirne zu bestreichen[21]). **5**. Rothen Thon[22]), so viel, als genügt, zum Siegel eines Waarensackes. So R. Akiba. Die Weisen sagen: Zum Briefsiegel. Mist oder dünnen Sand, so viel, als genügt, um einen Kohlstengel zu düngen. So R. Akiba. Die Weisen sagen: So viel, als genügt, um einen Lauchschaft zu düngen. Groben Sand, so viel zu einer Mauerkelle Kalk gehört; Rohr, so viel, als genügt, eine Schreibfeder zu machen[23]), und wenn es dick oder aufgerissen ist, so viel, um ein kleines Hühner-Ei, das[24]) vermischt, bereits in einer[25]) Schale liegt, zu kochen[26]). **6**. Knochen, so viel, als genügt, um daraus einen Löffel[27]) zu machen. R. Jehudah sagt: Um einen Zahn zum Schlüssel zu machen. Glas, so viel, als genügt, um das Ende des Webeschiffleins zu beschaben. Eine Erdscholle oder ein Stein, so viel man braucht, um nach Vögeln zu werfen. R. Elieser ben Jakob sagt: Nach Vieh zu werfen[28]). **7**. Scherben, so gross, als man zwischen Bretter legt[29]), so R. Jehudah. R. Meïr sagt: So gross, um Feuer aufzuschaufeln. R. Jose sagt: Um ein Viertel[30]) zu fassen. R. Meïr sagte: Obgleich sie kein Beweis für meine Meinung sind, wäre doch eine Andeutung dazu in den Worten[31]) „Unter seinen zermalmten Dingen wird sich nicht ein Scherben finden, um Feuer vom Herde aufzuschaufeln“. Ihm antwortete aber R. Jose: Von da soll ein Belag sein?[32]) „Und Wasser aus der Grube schöpfen“.

---

[20]) Dies geschieht, um vorzeitige Haare zu vertilgen. [21]) Nach Einigen, um die Haare zu vertilgen, nach Anderen, um die Haut glänzend zu machen. [22]) Siegellack. [23]) Welche bis zu den Knöcheln an der Mitte der Finger reicht. [24]) Mit Oel. [25]) Warmen. [26]) Welches sehr bald gar wird. [27]) Arzenei-Löffel. [28]) Da man die Vögel mit der Stimme verscheuchen kann, bedarf es nicht erst eines Gegenstandes. [29]) Um sie grade zu richten, dass sie nicht krumm liegen und umfallen. [30]) Log. [31]) Jesaias 30, 14. [32]) Heisst es doch sogleich danach.

ABSCHNITT IX.

1. R. Akiba lehrt: Worauf stützt sich der Satz, dass ein Götzenbild. wie eine in dem Monatlichen stehende Frau (נדה) verunreinige, wenn man es trägt?[1]) — Auf die Stelle[2]) „Mache sie Dir fremd, wie eine leidende, sage zu ihm[3]): Geh fort“! Wie also das Tragen einer im Monatlichen stehenden Frau unrein macht[4]), so verunreinigt auch das getragene Götzenbild. **2.** Worauf [stützt sich] ferner, dass ein Schiff keine Unreinheit annimmt? Auf die Stelle[5]): „Des Schiffes Weg durch das Meer“[6]). Worauf der Satz, dass man auf einem Beete von sechs Handbreiten Länge und Breite fünferlei Gesäme anbringen könne, nämlich vier Arten an den vier Seiten des Beetes und eine in der Mitte?[7]) — Auf die Stelle[8]):„Wie der Erdboden sein Gewächs emportreibt und der Garten seine Gesäme aufschiessen lässt“; nicht Samen heisst es, sondern mehrere Gesäme. **3.** Worauf ferner, dass eine Frau, welcher am dritten Tage Samen abgeht, unrein ist? — Auf die Stelle[9]): „Seid bereit zum dritten Tage“ etc. — Worauf der Satz, dass man ein beschnittenes Kind, selbst noch am dritten Tage, wenn er auf einen Sabbath fällt, baden darf?[10]) — Auf die Stelle[11]): „Es war am dritten Tage, da sie Schmerzen empfanden“. — Worauf, dass man an den Kopf des fortzuschickenden Bockes eine Schnur von rother Wolle bindet?[12]) Auf die Stelle[13]): „Wenn Eure Sünden roth wie Purpur sind, sollen sie weiss wie Schnee werden.“ —

פרק ט.

א אָמַר ר' עֲקִיבָא. מִנַּיִן לַע"א שֶׁמְטַמְּאָה בְּמַשָּׂא כַּנִּדָה. שֶׁנֶּאֱמַר תִּזְרֵם כְּמוֹ דָוָה צֵא תֹּאמַר לוֹ. מַה נִּדָּה מְטַמְּאָה בְּמַשָּׂא אַף ע"א מְטַמְּאָה בְּמַשָּׂא: **ב** מִנַּיִן לִסְפִינָה שֶׁהִיא טְהוֹרָה? שֶׁנֶּאֱמַר דֶּרֶךְ אֳנִיָּה בְלֶב יָם. מִנַּיִן לַעֲרוּגָה שֶׁהִיא שִׁשָּׁה עַל שִׁשָּׁה טְפָחִים שֶׁזּוֹרְעִין בְּתוֹכָהּ חֲמִשָּׁה זֵרְעוֹנִין, אַרְבַּע בְּאַרְבַּע רוּחוֹת הָעֲרוּגָה, וְאַחַת בָּאֶמְצַע? שֶׁנֶּאֱמַר כִּי כָאָרֶץ תּוֹצִיא צִמְחָהּ וּכְגַנָּה זֵרוּעֶיהָ תַצְמִיחַ. זְרוּעָהּ לֹא נֶאֱמַר, אֶלָּא זֵרוּעֶיהָ: **ג** מִנַּיִן לְפוֹלֶטֶת שִׁכְבַת זֶרַע בַּיּוֹם הַשְּׁלִישִׁי שֶׁהִיא טְמֵאָה? שֶׁנֶּאֱמַר הֱיוּ נְכֹנִים לִשְׁלֹשֶׁת יָמִים. מִנַּיִן שֶׁמַּרְחִיצִין אֶת הַמִּילָה בַּיּוֹם הַשְּׁלִישִׁי שֶׁחָל לִהְיוֹת בְּשַׁבָּת? שֶׁנֶּאֱמַר וַיְהִי בַיּוֹם הַשְּׁלִישִׁי בִּהְיוֹתָם כֹּאֲבִים. מִנַּיִן שֶׁקּוֹשְׁרִין לָשׁוֹן שֶׁל זְהוֹרִית בְּרֹאשׁ שָׂעִיר הַמִּשְׁתַּלֵּחַ? שֶׁנֶּאֱמַר אִם יִהְיוּ חֲטָאֵיכֶם כַּשָּׁנִים

---

[1]) Weil oben von einem Scherben die Rede war, der als Schriftbeleg angeführt wurde, ist eine Stelle in Jesaias, die in der Nähe des obigen Verses vorkommt, hier angegeben. [2]) Jesaias 30, 22. [3]) Zum Götzen. [4]) Den Träger. [5]) Proverbien 30, 19. [6]) Der Ausdruck בלב ים = im Herzen des Meeres, ist überflüssig, denn es ist ja selbstverständlich, dass das Schiff durch das Meer geht! Es soll aber dadurch angedeutet werden, dass das Schiff in Betreff der Reinheit dem Meere gleich sei. [7]) Vergleiche Traktat כלאים פ"ג, מ"א. [8]) Jesaias 61, 11. [9]) Exodus 19, 15. [10]) Um so mehr darf man das Kind am ersten und zweiten Tage, wo die Schmerzen noch grösser sind und die Schwäche bedeutender ist, im warmen Wasser baden, das selbst am Sabbath gewärmt ist, um das Kind zu kräftigen und zu stärken. [11]) Genesis 34, 25. [12]) Von der Form einer Zunge von rother Wolle, deren Hälfte man an den Kopf des Asaasel - Bockes band, und deren andere Hälfte an den Fels geknüpft war; wenn nun der Bock herunter gestürzt ward, dann bleichte sich die Woll-Zunge, das war ein Zeichen, dass die Sünden vergeben waren. [13]) Jes. 1,18.

4. Worauf der Satz, dass am Versöhnungstage das Salben dem Trinken gleich sei?[14]) Wenn auch nicht als Beweis, doch als Andeutung auf die Stelle[15]): „Es kommt wie Wasser in sein Inneres und dringt wie Oel in sein Gebein“. **5.** Wer so viel Holz hinausträgt, als genügt, um ein leicht zu kochendes Ei gar zu machen[16]); Gewürz, so viel, als genügt, um ein solches Ei zu würzen; hierbei werden verschiedene Gewürze zusammengerechnet. Nussschalen, Granatschalen, Isatis, Krapp, so viel, als genügt, um ein kleines Tuch an der Haube zu färben. Urin, Alaun, Laugensalz, Cimolia-Kreide[17]) und Schaumseife, so viel, als genügt, um ein kleines Tuch an der Haube zu waschen. R. Jehudah sagt: So viel, als genügt, um über einen Blutflecken[18]) zu streichen. **6.** Wohlriechender Pfeffer, so wenig es sei[19]), Abgang von Pech[20]), so wenig es sei, alle Arten Wohlgerüche, und alle Arten Metalle[21]), so wenig sie seien; von Altar-Steinen oder Altar-Erde und[22]) zernagten Stücken von Gesetzrollen und deren Hüllungen, so wenig es sei, weil man diese Dinge aufbewahrt, um sie völlig zu verstecken. R. Jehudah sagt: Auch wer vom Zubehör des Götzendienstes etwas hinausträgt, denn es heisst[23]): „Es soll an Dir nicht das Geringste vom Banngute haften.“ **7.** Wenn Einer den Kasten des Gewürzkrämers hinausträgt, so ist er, obgleich mehrere Arten darin liegen, nur ein Sündopfer schuldig; Gartengesäme beinahe so viel, wie eine dürre Feige. R. Jehudah ben Bethera sagt: Fünf Samen, von Gurkensamen zwei, von Kürbissamen zwei; vom Samen der

כְּשֶׁלֶג ַילְבִּינוּ׃ ד מִנַּיִן לְסִיכָה שֶׁהִיא כִשְׁתִיָּה בְּיוֹם הַכִּפּוּרִים? אַף עַל פִּי שֶׁאֵין רְאָיָה לַדָּבָר זֵכֶר לַדָּבָר. שֶׁנֶּאֱמַר וַתָּבֹא כַמַּיִם בְּקִרְבּוֹ וְכַשֶּׁמֶן בְּעַצְמוֹתָיו׃ ה הַמּוֹצִיא עֵצִים כְּדֵי לְבַשֵּׁל בֵּיצָה קַלָּה. תַּבְלִין כְּדֵי לְתַבֵּל בֵּיצָה קַלָּה, וּמִצְטָרְפִין זֶה עִם זֶה. קְלִיפֵּי אֱגוֹזִים, קְלִיפֵּי רִמּוֹנִים, אִסְטִים, וּפוּאָה, כְּדֵי לִצְבּוֹעַ בָּהֶן בֶּגֶד קָטָן בַּסְּבָכָה. מֵי רַגְלַיִם, נֶתֶר, וּבוֹרִית, קִמוֹלְיָא, וְאַשְׁלָג, כְּדֵי לְכַבֵּס בָּהֶן בֶּגֶד קָטָן בַּסְּבָכָה. ר׳ יְהוּדָה אוֹמֵר, כְּדֵי לְהַעֲבִיר עַל הַכֶּתֶם׃ ו פִּלְפֶּלֶת כָּל שֶׁהוּא, וְעִטְרָן כָּל שֶׁהוּא, מִינֵי בְשָׂמִים וּמִינֵי מַתָּכוֹת כָּל שֶׁהֵן. מֵאַבְנֵי הַמִּזְבֵּחַ וּמֵעֲפַר הַמִּזְבֵּחַ, מֶקֶק סְפָרִים וּמֶקֶק מִטְפְּחוֹתֵיהֶם כָּל שֶׁהוּא. שֶׁמַּצְנִיעִים אוֹתָן לְגָנְזָן. ר׳ יְהוּדָה אוֹמֵר. אַף הַמּוֹצִיא מִמְּשַׁמְּשֵׁי ע״א כָּל שֶׁהוּא, שֶׁנֶּאֱמַר וְלֹא יִדְבַּק בְּיָדְךָ מְאוּמָה מִן הַחֵרֶם׃ ז הַמּוֹצִיא קֻפַּת הָרוֹכְלִין, אַף עַל פִּי שֶׁיֵּשׁ בָּהּ מִינִין הַרְבֵּה אֵינוֹ חַיָּב אֶלָּא חַטָּאת אַחַת. זֵרְעוֹנֵי גִנָּה פָּחוֹת מִכִּגְרוֹגֶרֶת, ר׳ יְהוּדָה בֶּן בְּתֵירָה אוֹמֵר, חֲמִשָּׁה. זֶרַע קִשּׁוּאִין שְׁנַיִם, זֶרַע דְּלוּעִין שְׁנַיִם, זֶרַע פּוֹל

---

[14]) Jedoch nicht wie Wasser selbst, worauf die Strafe des Ausrottens steht, sondern blos ein Verbot, das mit Geisselung belegt wird. [15]) Psalm 109, 18. [16]) Ist schuldig. [17]) Cimolia-Kreide, eine weisse Farbe, welche auf der Insel Cimolus (nahe bei Kreta im agäischen Meere belegen) gewonnen wird. [18]) Bei einer נדה eine Probe vorzunehmen [19]) Man darf nicht am Sabbath hinaustragen: wohlriechenden Pfeffer, das ist nicht der sonst gewöhnliche Pfeffer, sondern derjenige, welcher dazu dient, um den üblen Geruch des Mundes zu beseitigen. [20]) Man bedient sich desselben, um die Migräne zu vertreiben. [21]) Um daraus einen kleinen Treibstachel zu machen. [22]) Von Motten. [23]) Deuteron. 13, 18.

egyptischen Bohne zwei, eine lebende[24]) Heuschrecke, sie sei noch so klein; von todten, so viel, wie eine dürre Feige. Von dem Vogel der Weinberge[25]), lebend oder todt, so wenig es sei, weil man ihn als Heilmittel aufbewahrt. R. Jehudah sagt: Auch wer eine zum Essen unerlaubte, lebende Heuschrecke hinausträgt, so klein sie sei, weil man sie für ein Kind zum Spielen, aufzubewahren pflegt.

הַמִּצְרִי שְׁנַיִם. חָגָב חַי (טָהוֹר) כָּל שֶׁהוּא, מֵת כַּגְּרוֹגֶרֶת. צִפּוֹרֶת כְּרָמִים, בֵּין חַיָּה בֵּין מֵתָה, כָּל שֶׁהוּא. שֶׁמַּצְנִיעִין אוֹתָהּ לִרְפוּאָה. ר׳ יְהוּדָה אוֹמֵר, אַף הַמּוֹצִיא חָגָב חַי טָמֵא כָּל שֶׁהוּא. שֶׁמַּצְנִיעִין אוֹתוֹ לַקָּטָן לִשְׂחוֹק בּוֹ:

ABSCHNITT X.

1. Wer etwas[1]) aufbewahrt hatte zur Saat, oder als Probe[2]), oder als Heilmittel, und davon am Sabbath hinausträgt, ist schuldig, sei es noch so wenig; jeder Andere aber ist nur schuldig, wenn es das bestimmte Maass hat. Wenn Jemand es wieder hineinbringt, ist er ebenfalls nur schuldig, wenn es das Maass hat. **2.** Wenn Jemand im Begriff, Esswaaren hinauszutragen, dieselben auf die Schwelle[3]) niedersetzt, mag er selbst sie nachher völlig hinausgebracht haben, oder ein Anderer, so ist derselbe frei, weil er die That nicht mit einem Male verrichtet hat[4]). Ebenso, wenn er einen Korb voll Früchten auf die äussere Schwelle niedersetzt, ist er, obgleich die meisten Früchte sich nach aussen befinden, frei, so lange er nicht den ganzen Korb hinausgetragen hat. **3.** Wer etwas hinausträgt in der rechten oder linken Hand, oder im Busen, oder auf der Schulter, ist schuldig. Letzteres nämlich war die Art, wie die Söhne Kehath trugen. Wer aber auf der Rückseite der Hand trägt, oder mit dem Fusse, mit dem Munde, mit dem Ellenbogen, am Ohre, am Haar, am Gürtelbeutel[5]) mit der Oeffnung nach unten, zwischen dem Gürtel und

פרק י.

א הַמַּצְנִיעַ לְזֶרַע. וְלַדּוּגְמָא וְלִרְפוּאָה וְהוֹצִיא בְּשַׁבָּת חַיָּב בְּכָל שֶׁהוּא, וְכָל אָדָם אֵין חַיָּב עָלָיו אֶלָּא כְּשִׁיעוּרוֹ. חָזַר וְהִכְנִיסוֹ, אֵינוֹ חַיָּב אֶלָּא כְּשִׁיעוּרוֹ: **ב** הַמּוֹצִיא אוֹכָלִין וּנְתָנָן עַל הָאַסְקֻפָּה, בֵּין שֶׁחָזַר וְהוֹצִיאָן בֵּין שֶׁהוֹצִיאָן אַחֵר, פָּטוּר, מִפְּנֵי שֶׁלֹּא עָשָׂה מְלַאכְתּוֹ בְּבַת אַחַת. קֻפָּה שֶׁהִיא מְלֵאָה פֵּירוֹת וּנְתָנָהּ עַל אַסְקֻפָּה הַחִיצוֹנָה, אַף עַל פִּי שֶׁרוֹב הַפֵּירוֹת מִבַּחוּץ פָּטוּר עַד שֶׁיּוֹצִיא אֶת כָּל הַקֻּפָּה: **ג** הַמּוֹצִיא בֵּין בִּימִינוֹ, בֵּין בִּשְׂמֹאלוֹ. בְּתוֹךְ חֵיקוֹ, אוֹ עַל כְּתֵפוֹ. חַיָּב. שֶׁכֵּן מַשָּׂא בְנֵי קְהָת. לְאַחַר יָדוֹ, בְּרַגְלוֹ, בְּפִיו, וּבְמַרְפְּקוֹ, בְּאָזְנוֹ, וּבִשְׂעָרוֹ, וּבְפוּנְדָּתוֹ וּפִיהָ לְמַטָּה, בֵּין פוּנְדָּתוֹ

---

[24]) Zum Essen erlaubte. [25]) Eine kleine Heuschrecke.

[1]) Vor Sabbath. [2]) לדוגמא griechisch = δεῖγμα = aufgezeigte Probe, Probestück. [3]) Die Schwelle war nämlich zwischen drei und neun Handbreiten hoch und vier Handbreiten breit, das ist כרמלית. Siehe Einleitung. [4]) Er ist nur dann schuldig, wenn die עקירה und die הנחה an einem pflichtigen Orte stattfindet, hier war כרמלית dazwischen. [5]) Siehe Traktat Berachoth Abschn. 9 M. 5.

לַחֲלוּקוֹ, וּבְשִׂפַּת חֲלוּקוֹ, בְּמִנְעָלוֹ, בְּסַנְדָּלוֹ, פָּטוּר, שֶׁלֹּא הוֹצִיא כְּדֶרֶךְ הַמּוֹצִיאִין: ד הַמִּתְכַּוֵּן לְהוֹצִיא לְפָנָיו וּבָא לוֹ לְאַחוֹרָיו, פָּטוּר. לְאַחוֹרָיו, וּבָא לוֹ לְפָנָיו, חַיָּב. בֶּאֱמֶת אָמְרוּ, הָאִשָּׁה הַחוֹגֶרֶת בְּסִינָר, בֵּין מִלְּפָנֶיהָ וּבֵין מִלְּאַחֲרֶיהָ, חַיֶּבֶת. שֶׁכֵּן רָאוּי לִהְיוֹת חוֹזֵר. ר׳ יְהוּדָה אוֹמֵר אַף מְקַבְּלֵי פִתְקִין: ה הַמּוֹצִיא כִּכָּר לִרְשׁוּת הָרַבִּים, חַיָּב. הוֹצִיאוּהוּ שְׁנַיִם, פְּטוּרִין. לֹא יָכוֹל אֶחָד לְהוֹצִיאוֹ, וְהוֹצִיאוּהוּ שְׁנַיִם, חַיָּבִין. וְר׳ שִׁמְעוֹן פּוֹטֵר. הַמּוֹצִיא אֹכָלִין, פָּחוּת מִכַּשִּׁיעוּר בִּכְלִי פָּטוּר אַף עַל הַכְּלִי, שֶׁהַכְּלִי טְפֵלָה לוֹ. אֶת הַחַי בְּמִטָּה פָּטוּר אַף עַל הַמִּטָּה, שֶׁהַמִּטָּה טְפֵלָה לוֹ. אֶת הַמֵּת בְּמִטָּה חַיָּב. וְכֵן כַּזַּיִת מִן הַמֵּת, וְכַזַּיִת מִן הַנְּבֵלָה וְכַעֲדָשָׁה מִן הַשֶּׁרֶץ, חַיָּב. וְר׳ שִׁמְעוֹן פּוֹטֵר: ו הַנּוֹטֵל צִפָּרְנָיו זוֹ בְזוֹ, אוֹ בְשִׁנָּיו, וְכֵן שְׂעָרוֹ וְכֵן שְׂפָמוֹ, וְכֵן זְקָנוֹ,

dem Hemde, am Saume des Hemdes, am Schuh, an der Sandale, ist frei, weil er es nicht auf gewöhnliche Weise trägt. **4**. Wenn Jemand beabsichtigt, etwas vorn zu tragen, und es schiebt sich nach dem Rücken, ist er frei[6]); wenn er beabsichtigt, es auf dem Rücken zu tragen und es schiebt sich nach vorn, ist er schuldig. Festgestellt hat man als Gesetz[7]), dass eine Frau, welche einen Gurt[8]) umbindet, sie mag darin vorn oder hinten etwas tragen, schuldig ist; weil er sich gewöhnlich herumdreht. R. Jehudah sagt: Auch die Brief-Boten[9]). **5** Wer ein grosses Brot auf einen öffentlichen Ort hinträgt, ist schuldig. Haben es zwei zugleich getragen, so sind sie frei. Konnte Einer es nicht hinaustragen und es thaten es Zwei, sind sie schuldig. R. Simeon spricht sie frei. Wenn Jemand Esswaaren unter dem bestimmten Maass in einem Gefässe austrägt, ist er auch wegen des Gefässes frei, denn dieses ist Nebensache zu jenen. Trug er einen lebendigen Menschen auf einer Trage, so ist er auch wegen der Trage frei, weil diese Nebensache zu jenem ist[10]). Trug er einen Todten auf der Bahre, so ist er schuldig, so auch bei Etwas vom Todten, das wie eine Olive gross ist; von einem Aase, wie eine Olive gross, und vom Kriechthiere, wie eine Linse gross[11]). R. Simeon spricht ihn frei. **6**. Wer sich die Nägel abnimmt, entweder einen mittelst des andern, oder mittelst der Zähne; ebenso wer sich sein Haupthaar auszieht, oder das Haar vom Lippenbart oder vom Barte; so auch

---

[6]) Weil er beabsichtigte, es gut zu bewahren, und es ist schlecht bewahrt worden. [7]) Wo באמת אמרו steht, ist es so viel als ein Gesetz, das von Sinai datirt. [8]) סינר so viel als das Griechische = *Ζώνη* oder das Dimin. *τὸ Ζώνιον* = Gürtel oder Gurt, ein gegürtetes Kleid, durch den Gurt zusammengehalten, Taille, Gegend des Leibes, wo der Gurt ist. Hier sind kleine Beinkleider gemeint, die des Anstandes wegen getragen werden. Wenn die Frau hieran etwas gehängt hat und es verschiebt sich, ist sie schuldig; weil sie von vornherein weiss, dass der Gegenstand hin und her geht. [9]) Die königlichen Läufer, welche Akten in einem hölzernen Behältniss, das um den Hals hing, zu tragen pflegten; sie wussten, dass das Getragene sich oft drehte und verschob. [10]) Denn der lebendige Mensch trägt sich selbst. Ist er aber gebunden, so ist der Träger schuldig. Vieh jedoch, Geflügel und Wild, wenn sie auch lebendig sind, werden als Gebundene betrachtet. [11]) Da diese Dinge unrein machen, ist es eine richtige Arbeit, wenn man sie hinausträgt; es geschieht, um sich ihrer zu entledigen.

וְכֵן הַגּוֹדֶלֶת. וְכֵן הַכּוֹחֶלֶת. וְכֵן הַפּוֹקֶסֶת. ר' אֱלִיעֶזֶר מְחַיֵּב. וַחֲכָמִים אוֹסְרִין מִשּׁוּם שְׁבוּת. הַתּוֹלֵשׁ מֵעָצִיץ נָקוּב. חַיָּב. וְשֶׁאֵינוֹ נָקוּב. פָּטוּר. וְר' שִׁמְעוֹן פּוֹטֵר בָּזֶה וּבָזֶה:

eine Frau, die sich das Haar flicht, die Augenbraunen schminkt, die Scheitelhaare theilt[12]) ist nach R. Elieser schuldig. Die Weisen erklären es nur der (rabbinisch) Sabbatruhe wegen für unerlaubt. Wer etwas aus einem durchlöcherten Blumentopfe abpflückt, ist schuldig; aus einem nicht durchlöcherten, ist frei. R. Simeon spricht denselben in beiden Fällen frei.

פרק יא.

א הַזּוֹרֵק מֵרְשׁוּת הַיָּחִיד לִרְשׁוּת הָרַבִּים. מֵרְשׁוּת הָרַבִּים לִרְשׁוּת הַיָּחִיד. חַיָּב. מֵרְשׁוּת הַיָּחִיד לִרְשׁוּת הַיָּחִיד. וּרְשׁוּת הָרַבִּים בְּאֶמְצַע. ר' עֲקִיבָא מְחַיֵּב. וַחֲכָמִים פּוֹטְרִין: ב כֵּיצַד? שְׁתֵּי גְזוּזְטְרָאוֹת זוֹ כְּנֶגֶד זוֹ בִּרְשׁוּת הָרַבִּים. הַמּוֹשִׁיט וְהַזּוֹרֵק מִזּוֹ לְזוֹ. פָּטוּר. הָיוּ שְׁתֵּיהֶן בְּדְיוֹטָא אַחַת. הַמּוֹשִׁיט חַיָּב. וְהַזּוֹרֵק פָּטוּר. שֶׁכָּךְ הָיְתָה עֲבוֹדַת הַלְוִיִּם. שְׁתֵּי עֲגָלוֹת זוֹ אַחַר זוֹ בִּרְשׁוּת הָרַבִּים. מוֹשִׁיטִין הַקְּרָשִׁים מִזּוֹ לְזוֹ. אֲבָל לֹא זוֹרְקִין. חוּלְיַת הַבּוֹר וְהַסֶּלַע שֶׁהֵן גְּבוֹהִים עֲשָׂרָה וְרָחְבָּן אַרְבַּע. הַנּוֹטֵל מֵהֶן. וְהַנּוֹתֵן עַל גַּבָּן. חַיָּב. פָּחוֹת מִכֵּן פָּטוּר: ג הַזּוֹרֵק אַרְבַּע אַמּוֹת

ABSCHNITT XI.

1. Wer etwas aus einem Privat-Ort in einen öffentlichen oder aus einem öffentlichen, in einen Privat-Ort wirft[1]), ist schuldig; aus einem Privat-Ort in einen andern Privat-Ort, zwischen denen sich noch ein öffentlicher befindet, ist nach R. Akiba schuldig; die Weisen sprechen ihn frei. **2.** Wie z. B.? Wenn zwei Altane[2]) auf öffentlichem Platze einander gegenüber hervorragen, so ist der, welcher aus einem in den andern reicht oder wirft, frei. Sind beide in einer Reihe[3]), so ist der etwas Hinüberreichende, schuldig[4]), der Werfende frei[5]); denn das[6]) war Dienstarbeit der Leviten. Es standen nämlich zwei Wagen hintereinander auf öffentlichem Platze und man reichte die Bretter von einem zum andern, aber man warf sie nicht. — Wer von Grubenschutt oder von einem Steine, welche von unten an zehn Handbreiten hoch und vier breit sind, etwas nimmt oder etwas darauf thut, ist schuldig; haben sie dieses Maass nicht, ist er frei. **3.** Wenn Jemand etwas aus vier Ellen Entfernung gegen eine

[12]) Das Schminken ist des Schreibens wegen, Flechten und Scheiteln des Bauens wegen strafbar. Die Weisen halten diese Handlungen nicht als Arten des Schreibens oder Bauens. Wer jedoch mit einem Werkzeuge die Haare auszieht, ist schuldig. Hängt jedoch der Nagel herunter oder das Haar, und es schmerzt ihn sehr, so kann er es mit der Hand vorsätzlich ausziehen.

[1]) Bezüglich der verschiedenen Räume siehe die Einleitung. [2]) גזוזטראות das griech. ἐξωστήρ = was sich hervordrängt. Bretter, die von der Wand des Dachstübchens, (Söllers) auf die Strasse hinausgehen, die Altanen an sich sind רה"י; wenn sie nun einander gegenüber, an den Seiten von רה"י sich befinden, so ist derjenige, der etwas dem Andern zureicht, oder zuwirft, frei; weil sich etwas Aehnliches beim Bau der Stiftshütte nicht als verboten vorfindet. [3]) בדייטא oder בדיוטא = das griechische = δίαιτα = Wohnung, Aufenthaltsort. [4]) Weil solches beim Levitendienst vorkam. [5]) Wegen ihrer Schwere konnten die Bretter nicht geworfen werden. [6]) Hinüberreichen.

בְּכוֹתֶל, לְמַעְלָה מֵעֲשָׂרָה טְפָחִים, כְּזוֹרֵק בָּאֲוִיר. לְמַטָּה מֵעֲשָׂרָה טְפָחִים, כְּזוֹרֵק בָּאָרֶץ. הַזּוֹרֵק בָּאָרֶץ אַרְבַּע אַמּוֹת חַיָּב. זָרַק לְתוֹךְ אַרְבַּע אַמּוֹת, וְנִתְגַּלְגֵּל חוּץ לְאַרְבַּע אַמּוֹת פָּטוּר. חוּץ לְאַרְבַּע אַמּוֹת וְנִתְגַּלְגֵּל לְתוֹךְ אַרְבַּע אַמּוֹת חַיָּב: ד הַזּוֹרֵק בַּיָּם אַרְבַּע אַמּוֹת פָּטוּר. אִם הָיָה רְקָק מַיִם וּרְשׁוּת הָרַבִּים מְהַלֶּכֶת בּוֹ, הַזּוֹרֵק לְתוֹכוֹ אַרְבַּע אַמּוֹת חַיָּב. וְכַמָּה הוּא רְקַק מַיִם? פָּחוֹת מֵעֲשָׂרָה טְפָחִים. רְקַק מַיִם וּרְשׁוּת הָרַבִּים מְהַלֶּכֶת בּוֹ, הַזּוֹרֵק בְּתוֹכוֹ אַרְבַּע אַמּוֹת חַיָּב: ה הַזּוֹרֵק מִן הַיָּם לַיַּבָּשָׁה, וּמִן הַיַּבָּשָׁה לַיָּם, וּמִן הַיָּם לַסְּפִינָה, וּמִן הַסְּפִינָה לַיָּם, וּמִן הַסְּפִינָה לַחֲבֶרְתָּהּ, פָּטוּר. סְפִינוֹת קְשׁוּרוֹת זוֹ בְזוֹ, מְטַלְטְלִין מִזּוֹ לְזוֹ. אִם אֵינָן קְשׁוּרוֹת, אַף עַל פִּי שֶׁמְּקֻפָּוֹת, אֵין מְטַלְטְלִין מִזּוֹ לְזוֹ: ו הַזּוֹרֵק וְנִזְכַּר לְאַחַר שֶׁיָּצְתָה מִיָּדוֹ, קְלָטָהּ אַחֵר, קְלָטָהּ כֶּלֶב, אוֹ שֶׁנִּשְׂרְפָה, פָּטוּר. זָרַק לַעֲשׂוֹת חַבּוּרָה בֵּין בָּאָדָם וּבֵין בַּבְּהֵמָה, וְנִזְכַּר עַד שֶׁלֹּא נַעֲשֵׂית חַבּוּרָה, פָּטוּר. זֶה

Wand wirft[7]), so gilt es, wenn das Geworfene oberhalb zehn Handbreiten kleben bleibt, wie in die Luft geworfen, und wenn unterhalb zehn Handbreiten, wie auf die Erde geworfen. Wer in vier Ellen Entfernung etwas auf die Erde wirft, ist schuldig; warf er es innerhalb vier Ellen, und es wälzte sich weiter hinaus, ist er frei[8]); warf er es weiter hinaus und es wälzte sich in die vier Ellen zurück, ist er schuldig. **4**. Wenn Jemand auf dem Meere vier Ellen weit wirft, ist er frei[9]), wenn ein seichtes Wasser da ist[10]), durch welches ein öffentlicher Weg führt, so ist derjenige, welcher darin vier Ellen weit wirft, schuldig. Wie tief darf ein solches seichtes Wasser höchstens sein?[11]) Unter zehn Handbreiten. Wer in seichtes Wasser, durch das auch nur bisweilen ein öffentlicher Weg geht, vier Ellen weit wirft, ist schuldig. **5**. Wer aus dem Meere auf's Land[12]), vom Lande in die See, aus der See in's Schiff[13]), aus dem Schiffe in die See, aus einem Schiffe in's andere wirft, ist frei. Sind Schiffe an einander gebunden, so kann man Sachen aus einem in's andere bringen[14]); sind sie nicht verbunden, wenngleich an einander stossend, darf man nichts aus einem in's andere bringen[15]). **6**. Wenn Jemand etwas wirft, und sich, nachdem es aus der Hand gekommen, erinnert[16]); oder wenn ein Anderer das Geworfene auffängt, oder ein Hund es auffängt, oder wenn der Gegenstand in der Luft verbrennt, — so ist der Werfende frei. Warf Jemand, um einen Menschen oder ein Thier zu verwunden, und er erinnert sich, bevor die Verwundung geschehen, so ist er

[7]) Es war z. B. ein fetter Feigenklumpen. [8]) Weil seine Absicht nicht war, einen Wurf zu thun, worauf er schuldig gewesen wäre. [9]) Weil das Meer כרמלית ist. [10]) Wasser, das nicht sehr hoch über der Erde ist, in welchem sich Lehm und Schmutz befindet, wird רקק genannt. [11]) Dass es noch öffentlicher Weg heisst und nicht כרמלית wird. [12]) Das ist von כרמלית nach רה״ר. [13]) Von כרמלית in רשות היחיד. [14]) Wenn die Schiffe zweien Herren gehören darf man es nur mittelst eines ערוב, weil sie wie zwei Höfe betrachtet werden. [15]) Denn wenn sie getrennt werden, ist כרמלית zwischen ihnen und der ערוב wird nichtig. [16]) Dass Sabbath ist.

frei. Dies ist die Regel: Alle, welche ein Sündopfer schuldig werden, sind es nur, wenn der Anfang und das Ende der Handlung im Irrthum verübt sind; ist aber der Anfang Versehen und das Ende mit Wissen, oder der Anfang mit Wissen und das Ende Versehen, so sind die Ausübenden frei. Denn es gilt nur, wenn Anfang und Ende im Irrthum verübt sind.

הַכְּלָל, כָּל חַיָּבֵי חַטָּאת אֵינָן חַיָּבִין, עַד שֶׁתְּהֵא תְחִלָּתָן וְסוֹפָן שְׁגָגָה. תְּחִלָּתָן שְׁגָגָה וְסוֹפָן זָדוֹן, תְּחִלָּתָן זָדוֹן וְסוֹפָן שְׁגָגָה, פְּטוּרִין, עַד שֶׁתְּהֵא תְחִלָּתָן וְסוֹפָן שְׁגָגָה:

ABSCHNITT XII.

פרק יב.

1. Wie viel muss Einer mindestens bauen, um schuldig zu sein? — Wer nur das Mindeste baut, ferner wer nur noch so wenig Steine behaut, glatt schlägt[1]), hobelt und bohrt, ist schuldig. Dies ist die Regel: Wer eine Arbeit am Sabbath verrichtet, die sich so bleibend erhält[2]), ist schuldig. R. Simeon ben Gamliel sagt: Auch wer mit dem Hammer während der Arbeit auf den Ambos schlägt[3]), ist schuldig, weil er gleichsam eine Arbeit in Stand setzt. **2.** Wer nur das Mindeste ackert, ausjätet[4]) beschneidet[5]), lichtet[6]) ist schuldig. Wer, um zu verbessern[7]) nur ein Wenig Holz sammelt, oder zum Brennen, so viel, als genügt, um ein leichtes Ei[8]) zu kochen. Wer, um den Ort zu verbessern, noch so wenig Kräuter pflückt, oder zum Viehfutter, so viel, wie eine Ziege im Maule hält. **3.** Wer zwei Buchstaben schreibt, mit der rechten oder mit der linken[9]) Hand, sie seien einerlei oder zweierlei, oder auch mit verschiedenen Tinten geschrieben, oder aus verschiedenen

א הַבּוֹנֶה כַּמָּה יִבְנֶה וִיהֵא חַיָּב? הַבּוֹנֶה כָּל שֶׁהוּא, וְהַמְסַתֵּת, וְהַמַּכֶּה בַפַּטִּישׁ, וּבַמַּעֲצָד, וְהַקּוֹדֵחַ כָּל שֶׁהוּא, חַיָּב. זֶה הַכְּלָל, כָּל הָעוֹשֶׂה מְלָאכָה וּמְלַאכְתּוֹ מִתְקַיֶּמֶת בְּשַׁבָּת, חַיָּב. ר׳ שִׁמְעוֹן בֶּן גַּמְלִיאֵל אוֹמֵר אַף הַמַּכֶּה בְקוּרְנָס עַל הַסַּדָּן בִּשְׁעַת מְלָאכָה, חַיָּב, מִפְּנֵי שֶׁהוּא כִמְתַקֵּן מְלָאכָה:
ב הַחוֹרֵשׁ כָּל שֶׁהוּא, הַמְנַכֵּשׁ, וְהַמְקַרְסֵם, וְהַמְזָרֵד כָּל שֶׁהוּא, חַיָּב. הַמְלַקֵּט עֵצִים, אִם לְתַקֵּן, כָּל שֶׁהֵן. אִם לְהַסִּיק, כְּדֵי לְבַשֵּׁל בֵּיצָה קַלָּה. הַמְלַקֵּט עֲשָׂבִים, אִם לְתַקֵּן כָּל שֶׁהוּא, אִם לִבְהֵמָה כִּמְלֹא פִי גְדִי: **ג** הַכּוֹתֵב שְׁתֵּי אוֹתִיּוֹת, בֵּין בִּימִינוֹ בֵּין בִּשְׂמֹאלוֹ, בֵּין מִשֵּׁם אֶחָד בֵּין מִשְּׁתֵּי שֵׁמוֹת, בֵּין מִשְּׁתֵּי סַמָּנִיּוֹת, בְּכָל

---

[1]) Das ist die Schlussarbeit der Steinhauer, nachdem nämlich derselbe den Stein vom Berg gehauen und abgesondert hat, schlägt er noch mit dem Hammer so mächtig darauf, dass derselbe zerspaltet, und das ist seine Endarbeit. Wer also am Sabbath etwas zu Ende bringt, hat sich, wegen einer Art des Hammerschlages, verschuldet. [2]) Dass er nichts mehr hinzuzufügen braucht. [3]) So machten es die Blechschläger bei der Stiftshütte. [4]) מנכש = Entweder reisst er die schlechten Kräuter aus den guten heraus, oder er gräbt um die Wurzeln der Kräuter, um sie zu fördern. [5]) Er schneidet die trockenen Zweige vom Baume ab, damit sich dessen Wachsthum vermehre. [6]) Wenn frische Zweige aus dem Baume hervorsprossen, die müssen abgestutzt werden, damit nicht durch die Ueberwucherung dem Baum zu viel Kräfte entzogen werden. [7]) den Baum oder den Boden. [8]) Ein Hühnerei. [9]) Es ist die Rede von Einem, der mit beiden Händen gut schreibt; ist das nicht

לשון, חיב. אמר ר׳ יוסי, לא חיבו
שתי אותיות אלא משום רושם,
שכך היו כותבין על קרשי המשכן,
לידע איזו בן זוגו. אמר רבי מצינו
שם קטן משם גדול, שם משמעון
ושמואל. נח מנחור. דן מדניאל,
גד מגדיאל: ד הכותב שתי אותיות
בהעלם אחד, חיב. כתב בדיו, בסם,
בסקרא, בקומוס, ובקנקנתום, ובכל
דבר שהוא רושם. על שני כותלי
זויות, ועל שני לוחי פנקס, והן
נהגין זה עם זה, חיב. הכותב על
בשרו חיב, המסרט על בשרו, ר׳
אליעזר מחיב חטאת, ור׳ יהושע
פוטר: ה כתב במשקין, במי פירות,
באבק דרכים, באבק הסופרים,
ובכל דבר שאינו מתקים, פטור.
לאחר ידו, ברגלו, בפיו, ובמרפיקו,
כתב אות אחת סמוך לכתב, וכתב
על גבי כתב, נתכון לכתוב חי״ת,
וכתב שני זיני״ן, אחת בארץ ואחת
בקורה, כתב על שתי כותלי הבית,
על שני דפי פנקס, ואין נהגין זה
עם זה, פטור. כתב אות אחת

Sprachen, ist schuldig. R. Jose sagte: Man hat nur deshalb das Schreiben zweier Buchstaben für strafbar erklärt, weil sie zur Bezeichnung von Dingen dienen können; denn so schrieb man auf die Bretter des Stiftszeltes, damit man wisse, wie sie zusammen passen. Rabbi sagt: Wir finden auch oft einen kleinen Namen, der zugleich einen Theil eines grössern bildet[10]), wie שם von שמעון und שמואל, נח von נחור, דן von דניאל, גד von גדיאל.

4. Wer einmal sich vergessend, zwei Buchstaben schrieb, ist schuldig; er mag nun mit Tinte geschrieben haben oder mit Farbe, mit Röthel, mit Gummi[11]) mit Vitriol[12]), oder was irgend bleibende Zeichen macht; wer ferner schreibt auf zwei einen Winkel bildende Wände, oder auf zwei Tafeln des Rechenbuches so, dass man sie zusammenlesen kann, ist schuldig. Wer auf seinen Körper schreibt, ist schuldig. Wenn Einer an seinem Körper Buchstaben einkratzt, so erklärt ihn R. Elieser eines Sündopfers für schuldig, R. Josua für frei.

5. Schreibt Einer mit dunklen Flüssigkeiten, mit Fruchtsaft, in Wegestaub[13]), in Streusand, oder überhaupt in Etwas, worin die Schrift nicht bleibt, so ist er frei. Schreibt Einer mit verkehrter Hand, mit dem Fusse, mit dem Munde und mit dem Ellenbogen; ferner wenn Einer einen Buchstaben zu anderer Schrift zuschreibt, oder andere Schrift überzieht; ferner wenn Einer ein ח׳ zu schreiben beabsichtigt und nur zwei ז-ז schreibt[14]); oder wenn Jemand einen Buchstaben an die Erde und einen an die Zimmerdecke schreibt, oder an zwei Wände des Hauses[15]), oder an zwei Blätter des Buches, so dass sie nicht mit einander gelesen werden können, so ist er frei. Schreibt Einer einen Buchstaben als Anfangs-

---

der Fall, so heisst das nicht mehr schreiben, sondern Kritzeln. [10]) Obgleich er sein Werk nicht vollendete, denn er beabsichtigte, den grossen Namen zu schreiben; da jedoch dieser Theil ein selbstständiges Wort bildet, ist er schuldig [11]) קומוס = Gummi. [12]) קנקנתום ist das griechische χαλκάνθη, χάλκανθον = Kupfervitriolwasser, das zu Schusterschwärze und Tinte gebraucht wird. [13]) Wenn er z. B. mit seinem Finger Figuren von Buchstaben in den Sand kritzelt, oder in Staub auf dem Wege. [14]) Er lässt das Dach des ח aus, so dass zwei זיי״ן übrig bleiben. [15]) Die nicht an einander

נוֹטָרִיקוֹן, רַבִּי יְהוֹשֻׁעַ בֶּן בְּתֵירָה מְחַיֵּב, וַחֲכָמִים פּוֹטְרִין: ו הַכּוֹתֵב שְׁתֵּי אוֹתִיּוֹת בִּשְׁתֵּי הֶעְלֵמוֹת, אַחַת שַׁחֲרִית וְאַחַת בֵּין הָעַרְבַּיִם, רַבָּן גַּמְלִיאֵל מְחַיֵּב, וַחֲכָמִים פּוֹטְרִין:

buchstaben[10]) zur Abkürzung, so erklärt ihn R. Josua ben Bethera für schuldig, die Weisen sprechen ihn frei. **6**. Wenn Einer in zwei Malen vergessend, zwei Buchstaben schreibt, etwa einen des Morgens und den andern gegen Abend, so erklärt ihn Rabban Gamliel für schuldig, die Weisen sprechen ihn frei.

פרק יג.

ABSCHNITT XIII.

א ר׳ אֱלִיעֶזֶר אוֹמֵר, הָאוֹרֵג שְׁלֹשָׁה חוּטִין בַּתְּחִלָּה, וְאַחַת עַל הָאֲרִיגָה, חַיָּב. וַחֲכ״א בֵּין בַּתְּחִלָּה בֵּין בַּסּוֹף שִׁיעוּרוֹ שְׁנֵי חוּטִין: ב הָעוֹשֶׂה שְׁתֵּי בָתֵּי נִירִין, בַּנִּירִין, בַּקִּירוֹס, בַּנָּפָה, בַּכְּבָרָה, וּבַסַּל, חַיָּב. וְהַתּוֹפֵר שְׁתֵּי תְפִירוֹת, וְהַקּוֹרֵעַ עַל מְנָת לִתְפּוֹר שְׁתֵּי תְפִירוֹת: ג הַקּוֹרֵעַ בַּחֲמָתוֹ וְעַל מֵתוֹ, וְכָל הַמְקַלְקְלִין, פְּטוּרִין. וְהַמְקַלְקֵל עַל מְנָת לְתַקֵּן, שִׁיעוּרוֹ כַּמְתַקֵּן. ד שִׁיעוּר הַמְלַבֵּן, וְהַמְנַפֵּץ, וְהַצּוֹבֵעַ, וְהַטּוֹוֶה, כִּמְלֹא רוֹחַב הַסִּיט כָּפוּל. וְהָאוֹרֵג שְׁנֵי חוּטִין, שִׁיעוּרוֹ כִּמְלֹא הַסִּיט: ה ר׳ יְהוּדָה אוֹמֵר, הַצָּד צִפּוֹר לַמִּגְדָּל, וּצְבִי לַבַּיִת,

1. R. Elieser sagt: »Wer am Sabbath webt, ist, sobald er beim Anfang des Gewebes drei Fäden eingewebt hat und bei einem schon angefangenen Gewebe durch Einschlagung eines Fadens arbeitet, schuldig.« Die Weisen aber sagen: »Sowohl beim Anfange, als beim Fortsetzen gelten als Maass zwei Fäden.« **2**. Wenn jemand zwei Litzen am Gewebe befestigt, entweder an den Zettelfäden oder an der Watte,[1]) oder am feinen oder am groben Siebe, oder am Korbe, so ist er schuldig. Eben so wer zwei Stiche näht, und wer Etwas aufreisst, um es mit zwei Stichen zu nähen. **3**. Wer etwas am Sabbath im Zorne zerreisst, oder aus Gram wegen eines Verstorbenen[2]) und überhaupt alle, die etwas verderben, sind nicht schuldig; wenn aber Jemand in der Absicht etwas zerstört, es wiederherzustellen, so wird das Maass nach dem der Wiederherstellung bestimmt. **4**. Das Maass der Wolle beim Waschen, Klopfen, Färben, Spinnen ist die Fadenlänge eines doppelten סיט;[3]) beim Weben zweier Fäden ist das Maass ein סיט in der Breite. **5**. R. Jehuda lehrt: Wer einen Vogel in einen Vogelthurm oder ein Reh in ein Haus jagt,

---

in einem Winkel zusammenstossen. [10]) נוטריקון ist, so viel als notaricon, oder notarion; notarius ist ein Geschwindschreiber, der mit Abbreviaturen schreibt, ein Stenograph. Viele verstehen die Abkürzungen z. B. ק = קרבן etc., darum ist er nach R. Josua b. B schuldig

[1]) קירוס bedeutet eine aus Moos gewebte Decke, oder das Wort entspricht dem griechischen=χαῖρος=die Schnüre, welche entweder quer über den Webestuhl gezogen, die Fäden des Aufzugs neben einander befestigen. ניר = griechisch νεῦρον = Sehne, Faser, feste Schnur zum Nähen und Binden. [2]) Hier ist die Rede von einem Todten, bei dem er nicht verpflichtet ist, sein Kleid zu zerreissen, weil er hier verdirbt; bei demjenigen jedoch, wo ihm die Pflicht obliegt, sein Kleid zu zerreissen, ist er schuldig, weil er hier etwas herstellt, (das vorgeschriebene Zeichen der Trauer). [3]) סיט ist der Raum vom Zeigefinger bis zum Mittelfinger, so weit man sie nur ausstrecken

חַיָּב. וַחֲכָ"א, צִפּוֹר לַמִּגְדָּל, וּצְבִי לַבַּיִת, וְלֶחָצֵר, וְלַבִּיבָרִין. ר' שִׁמְעוֹן בֶּן גַּמְלִיאֵל אוֹמֵר. לֹא כָל הַבִּיבָרִין שָׁוִין. זֶה הַכְּלָל, כָּל הַמְחֻסָּר צֵידָה פָּטוּר. וְשֶׁאֵינוֹ מְחֻסָּר צֵידָה חַיָּב: ו צְבִי שֶׁנִּכְנַס לַבַּיִת וְנָעַל אֶחָד בְּפָנָיו, חַיָּב. נָעֲלוּ שְׁנַיִם פְּטוּרִין. לֹא יָכוֹל אֶחָד לִנְעוֹל וְנָעֲלוּ שְׁנַיִם, חַיָּבִין. וְר' שִׁמְעוֹן פּוֹטֵר: ז יָשַׁב הָאֶחָד עַל הַפֶּתַח וְלֹא מִלְאָהוּ, יָשַׁב הַשֵּׁנִי וּמִלְאָהוּ. הַשֵּׁנִי חַיָּב. יָשַׁב הָרִאשׁוֹן עַל הַפֶּתַח וּמִלְאָהוּ, וּבָא הַשֵּׁנִי וְיָשַׁב בְּצִדּוֹ. אַף עַל פִּי שֶׁעָמַד הָרִאשׁוֹן וְהָלַךְ לוֹ, הָרִאשׁוֹן חַיָּב, וְהַשֵּׁנִי פָּטוּר. הָא לְמָה זֶה דוֹמֶה? לְנוֹעֵל אֶת בֵּיתוֹ לְשׁוֹמְרוֹ, וְנִמְצָא צְבִי שָׁמוּר בְּתוֹכוֹ:

ist schuldig. Die Weisen sagen: Einen Vogel in einen Vogelthurm ein Reh in ein Haus, in einen Hof oder in ein Thiergehege.[4]) R. Simeon ben Gamliel meint: Nicht alle Thiergehege sind gleich. Folgendes ist die Regel: Wo noch eine abermalige Aufjagung nöthig ist, ist der, der es einjagt, nicht schuldig, wo aber keine solche mehr nöthig ist, ist er schuldig. **6.** Wenn ein Reh in ein Haus lief und Jemand vor demselben zuschloss, ist er schuldig; schliessen zwei Personen zu, sind beide frei. Kann einer allein nicht zuschliessen und es verrichten dies zwei, so sind sie schuldig. R. Simon spricht sie frei. **7.** Setzt sich Einer in den Eingang, ohne ihn auszufüllen, und ein Zweiter setzt sich hinzu und füllt die Lücke aus, so ist dieser schuldig.[5]) Setzt sich der Erste in den Eingang und füllt ihn aus und ein zweiter setzt sich dann neben ihn, so ist der Erste, sogar wenn er wieder aufgestanden und fortgegangen ist, schuldig, und der Zweite frei. Denn dies ist ebenso[6]), als wenn Jemand sein Haus, um das Innere zu bewahren, zuschliesst[7]), und sich ein Reh darin befindet.

פרק יד.

ABSCHNITT XIV.

א שְׁמֹנָה שְׁרָצִים הָאֲמוּרִים בַּתּוֹרָה, הַצָּדָן וְהַחוֹבֵל בָּהֶן חַיָּב. וּשְׁאָר שְׁקָצִים וּרְמָשִׂים, הַחוֹבֵל בָּהֶן פָּטוּר. הַצָּדָן לְצוֹרֶךְ, חַיָּב, וְשֶׁלֹּא לְצוֹרֶךְ פָּטוּר. חַיָּה וָעוֹף שֶׁבִּרְשׁוּתוֹ,

1. Wer eine von den acht Gewürmarten, die im Gesetze[1]) genannt sind, am Sabbath einfängt oder verwundet, ist schuldig,[2]); wer eines von anderen, als ekelhaft bezeichneten oder kriechenden Thieren, verwundet ist frei,[3]) wer sie zu einem Gebrauche fängt, schuldig; wer es ohne solche Absicht that, frei. Wer Thiere, und Geflügel, die er schon in seinem Bereiche

---

kann (cf. Orlah Abschn. 3, 2 M.). Der Raum zwischen dem Daumen und dem Zeigefinger, ist doppelt so gross, bildet also das Maass des Fadens, welcher für Waschen etc. angegeben ist. [4]) ביבר ist das lateinische vivarium = Thierbehältniss, Thiergarten, worin Wildpret, Fische etc. lebendig aufbewahrt werden. [5]) Weil er das Reh gleichsam fing. [6]) Nachdem das Reh durch den Ersten gefangen wird. [7]) Er beabsichtigt nicht das Reh zu fangen, sondern blos sein Haus verschlossen zu halten, das Thier das sich darin befindet, war bereits vorher gefangen und er ist frei.

[1]) Leviticus 11, 29—30. [2]) Weil sie eine Haut haben, er also Striemen macht, die nicht in ihre vorige Lage zurückkehren, Das ist eine תולדה vom Loslösen, so viel als Dreschen. Der Grund kann auch sein, dass durch die Verwundung das Blut in der Haut gerinnt, was mit dem Färben zusammenhängt. [3]) Z. B. Würmer, Purpurschnecke etc., die keine Haut haben.

הַצָּדָן, פָּטוּר. וְהַחוֹבֵל בָּהֶן, חַיָּב: ב אֵין עוֹשִׂין הִלְמֵי בְּשַׁבָּת. אֲבָל עוֹשֶׂה הוּא אֶת מֵי הַמֶּלַח, וְטוֹבֵל בָּהֶן פִּתּוֹ, וְנוֹתֵן לְתוֹךְ הַתַּבְשִׁיל. אָמַר ר׳ יוֹסֵי, וַהֲלֹא הוּא הִלְמֵי, בֵּין מְרֻבֶּה וּבֵין מוּעָט? וְאֵלּוּ הֵן מֵי מֶלַח הַמֻּתָּרִין נוֹתֵן שֶׁמֶן בַּתְּחִלָּה לְתוֹךְ הַמַּיִם אוֹ לְתוֹךְ הַמֶּלַח: ג אֵין אוֹכְלִין אֵזוֹב יָוָן בְּשַׁבָּת, לְפִי שֶׁאֵינוֹ מַאֲכַל בְּרִיאִים. אֲבָל אוֹכֵל הוּא אֶת יוֹעֶזֶר, וְשׁוֹתֶה אַבּוּב רוֹעֶה. כָּל הָאוֹכְלִין אוֹכֵל אָדָם לִרְפוּאָה, וְכָל הַמַּשְׁקִין שׁוֹתֶה, חוּץ מִמֵּי דְקָלִים, וְכוֹס עִקָּרִים מִפְּנֵי שֶׁהֵן לִירוֹקָה. אֲבָל שׁוֹתֶה הוּא מֵי דְקָלִים לִצְמָאוֹ, וְסָךְ שֶׁמֶן עִקָּרִין שֶׁלֹּא לִרְפוּאָה: ד הַחוֹשֵׁשׁ בְּשִׁנָּיו לֹא יְגַמַּע בָּהֶן אֶת הַחֹמֶץ, אֲבָל מְטַבֵּל הוּא כְדַרְכּוֹ, וְאִם נִתְרַפָּא נִתְרַפָּא. הַחוֹשֵׁשׁ בְּמָתְנָיו, לֹא יָסוּךְ יַיִן וְחֹמֶץ אֲבָל סָךְ הוּא אֶת הַשֶּׁמֶן, וְלֹא שֶׁמֶן וֶרֶד. בְּנֵי מְלָכִים, סָכִים שֶׁמֶן וֶרֶד עַל מַכּוֹתֵיהֶן, שֶׁכֵּן דַּרְכָּם לָסוּךְ בְּחוֹל. ר׳ שִׁמְעוֹן אוֹמֵר, כָּל יִשְׂרָאֵל בְּנֵי מְלָכִים הֵם.

hat, erjagt, ist frei,[4]) wer sie verwundet, schuldig. **2.** Man darf keine Salzlake[5]) am Sabbath machen, aber wohl Salzwasser, worin man sein Brot taucht, oder das man in Gerichte thut. R. Jose sagte hierauf: Das ist ja eine Salzlake, sei es mehr oder minder! Nur folgende Art Salzwasser ist gestattet, wenn man erst Oel in's Wasser oder in's Salz thut. **3.** Man darf nicht griechischen Ysop[6]) am Sabbath essen, weil es keine Speise für gesunde Menschen ist; aber wohl darf man יועזר[7]) essen und Hirtenblüthe[8]) trinken. Alle gewöhnlichen Speisen und Getränke darf man auch am Sabbath als Heilmittel einnehmen, ausgenommen Baumwasser[9]) und einen Trank der Unfruchtbarkeit[10]), weil sie nur gegen die Gelbsucht dienen; indess darf man Baumwasser gegen den Durst trinken, und sich mit Wurzelöl, wenn nicht zur Heilung, salben. **4.** Wer an den Zähnen leidet, darf nicht Essig dagegen einschlürfen[11]), aber man kann etwas in Essig tauchen, und wenn davon der Schmerz geheilt wird, so ist kein Bedenken dabei. Wer Lenden-Schmerzen hat, darf sich nicht mit Wein oder Essig einreiben, aber wohl mit Oel salben, nur nicht mit Rosenöl. Fürstenkinder dürfen ihre Wunden mit Rosenöl bestreichen, weil es ihre Gewohnheit auch an anderen Tagen ist, sich zu salben[12]). R. Simeon sagt: Alle Israeliten sind als Fürstenkinder anzusehen.

[4]) Weil sie schon erjagt sind. [5]) הלמי ist das griechische ἡ ἅλμη = das was salzig ist, Salzwasser, Salzlake. Dieses stark mit Salz versetzte Wasser wird zur Conservirung von Kräutern gebraucht, besonders Kohl und dergleichen. [6]) Dadurch verhindert man, dass sich das Salz sehr mischt: [6a]) Eine Art Ysop, welche zwischen Dornen wächst und die Würmer im Menschen tödtet. [7]) יועזר = Wilder Rosmarin, vertreibt die Würmer in der Leber. [8]) Eine Pflanze, die auf einem einzelnen Schaft wächst und ein Gegengift gegen ungesunde Getränke sein soll. [9]) Im Talmud wird es als das Wasser einer Quelle erklärt, welche zwischen zwei Dattelbäumen steht. Wer davon ein Glas trinkt, befördert die Verdauung, das zweite schlägt durch, das dritte ist dann so klar nach dem Stuhlgang, als wie es getrunken ward. [10]) Das Gemisch von Gummi, einem Kraute und einem Wurzelpulver soll, in Wein gethan, ein Heilmittel für Flussüchtige sein, doch die Unfruchtbarkeit zurücklassen. Nach Raschi heisst עקרים Wurzeln. [11]) Und ausspeien, da dieses augenscheinlich als Heilmittel gilt; schluckt er aber den Essig herunter, so ist es gestattet. [12]) Wenn sie auch keine Schmerzen haben.

ABSCHNITT XV.

1. Folgendes sind die Knoten über deren Anfertigung man schuldig wird: Der Knoten der Kameeltreiber [1]) und der der Schiffer [2]); und so wie man schuldig ist wegen deren Schürzung, so ist man auch schuldig wegen deren Lösung [3]). R. Meïr sagt: »Wegen jeden Knotens, den man mit einer Hand lösen kann, ist man nicht schuldig. **2.** Es giebt Knoten, wegen deren Anfertigung man nicht, wie beim Kammeltreiber- u. Schiffer-Knoten schuldig wird [4]). Ein Frauenzimmer darf den Schlitz ihres Hemdes zuknöpfen, so auch die Bänder der Haube, die einer Leibbinde [5]), die Riemen der Schuhe und Sandalen; Schläuche mit Wein oder Oel, einen Topf mit Fleisch. R. Elieser ben Jakob sagt: Man darf vor das Vieh einen Strick vorbinden, damit es nicht herausgehe. Man darf einen Eimer [6]) mit der Leibbinde festknüpfen, aber nicht mit einem Stricke. Eine Regel gab R. Jehudah: Wegen jeden Knotens der nicht bleibend ist, ist man nicht schuldig. **3.** Man darf seine [7]) Kleider selbst vier und fünfmal zusammenfalten. Am Abend zum Sabbath darf man die Betten zum Sabbath bereit

פרק טו.

א אֵלּוּ קְשָׁרִים שֶׁחַיָּבִין עֲלֵיהֶן. קֶשֶׁר הַגַּמָּלִין וְקֶשֶׁר הַסַּפָּנִין. וּכְשֵׁם שֶׁהוּא חַיָּב עַל קִשּׁוּרָן כָּךְ הוּא חַיָּב עַל הֶתֵּרָן. ר׳ מֵאִיר אוֹמֵר. כָּל קֶשֶׁר שֶׁהוּא יָכוֹל לְהַתִּירוֹ בְּאַחַת מִיָּדָיו אֵין חַיָּבִין עָלָיו: **ב** יֵשׁ לְךָ קְשָׁרִים שֶׁאֵין חַיָּבִין עֲלֵיהֶן כְּקֶשֶׁר הַגַּמָּלִין וּכְקֶשֶׁר הַסַּפָּנִין. קוֹשֶׁרֶת אִשָּׁה מִפְתַּח חֲלוּקָהּ. וְחוּטֵי סְבָכָא וְשֶׁל פְּסִקְיָא. וּרְצוּעוֹת מִנְעָל וְסַנְדָּל. וְנוֹדוֹת יַיִן וָשֶׁמֶן. וּקְדֵרָה שֶׁל בָּשָׂר. ר׳ אֱלִיעֶזֶר בֶּן יַעֲקֹב אוֹמֵר. קוֹשְׁרִין לִפְנֵי הַבְּהֵמָה בִּשְׁבִיל שֶׁלֹּא תֵצֵא. קוֹשְׁרִין דְּלִי בִּפְסִקְיָא. אֲבָל לֹא בְחֶבֶל. ר׳ יְהוּדָה מַתִּיר. כְּלָל אָמַר רַבִּי יְהוּדָה. כָּל קֶשֶׁר שֶׁאֵינוֹ שֶׁל קַיָּמָא. אֵין חַיָּבִין עָלָיו: **ג** מְקַפְּלִין אֶת הַכֵּלִים אֲפִלּוּ אַרְבָּעָה וַחֲמִשָּׁה פְעָמִים וּמַצִּיעִין אֶת הַמִּטּוֹת מִלֵּילֵי שַׁבָּת לְשַׁבָּת.

---

[1]) Diese durchlöchern die Nase des Kameels, ziehen einen Riemen durch und verknoten ihn derart, dass dieser Knoten ewig halten soll. [2]) So wie beim Kameele geschieht es auch beim Schiff, dass man vorn am Schnabel des Schiffes, am Bugspriet ein Loch macht, wodurch ein Tau gezogen wird, welches so verknotet wird, dass es immer dauern soll. Bei der Stiftshütte knotete man die Fäden der Teppiche, die abgerissen waren, wieder so fest zusammen, dass sie für immer halten sollten. [3]) Es geschah das Auflösen der Knoten zuweilen bei den Netzen, die man zum Fange des חלזון (der Purpurschnecke) ausgelegt hatte, um solche nach Bedarf zu erweitern oder einzuengen. Dieses Thier wurde zum Färben der Wolle bei der Stiftshütte gebraucht. [4]) Diese Art Knoten sind in der Mischnah nicht erwähnt, werden jedoch in der Gemara genannt, z. B. ein langer Riemen den man an den Ring der Nase des weiblichen Kameels bindet etc. weil er nur für eine Zeit und nicht für immer angebunden wird. [5]) פסקיא das ist das lateinische fascia = jedes schmale Tuch zum Binden oder Umwinden, eine Binde, Band, Gurt. [6]) Ueber den Brunnen. [7]) Die eben ausgezogenen Kleider darf man mehrmals falten, um sie wieder anzuziehen; allerdings ist hier die Rede nur bei einem Menschen, bei zweien nicht, weil es aussieht, als wollte er sie verbessern, aber auch bei Einem ist es nur für neue Kleider gestattet; aber auch bei diesen, wenn sie weiss sind, bei gefärbten jedoch nicht; allein auch bei weissen, wenn er keine anderen Kleider hat; ist dies der Fall, so muss er sie wechseln.

machen, aber nicht vom Sabbath zum Gebrauch für die Zeit nach Ausgang des Sabbath. R. Ismael sagt: Man darf die Kleider zurechtlegen und die Betten bereiten am Versöhnungstage auf Sabbath, ferner darf man das Opferfett vom Sabbath am Versöhnungstage darbringen. R. Akiba sagt: Weder das vom Sabbath darf am Versöhnungstage, noch das vom Versöhnungstage am Sabbath dargebracht werden.

ABSCHNITT XVI.

1. Alle heiligen Schriften [1]) darf man aus einer Feuersbrunst retten; man möge darin am Sabbath lesen [2]), oder nicht lesen dürfen [3]); sie mögen geschrieben sein in welcher Sprache es sei, so muss man sie [4]) in Sicherheit bringen. Weshalb liest man in einigen nicht? Um nicht die Vorträge der Schule zu versäumen. Man darf das Futteral [5]) des Buches mit dem Buche, das der Tephillin mit den Tephillin retten, sogar wenn Geld darin liegt. Wohin darf man sie retten? In einen nicht offenen, von Wänden umgebenen Raum. Ben Bethera sagt: Auch in einen Raum, dessen vierte Seite offen ist. **2.** Man darf Speise für die drei Sabbath-Mahlzeiten retten [6]). Was für Menschen sich eignet, darf man für Menschen, und was für's Vieh, darf man für's Vieh retten. — Wie ist obiges zu verstehen? Kommt am Abend des Sabbath eine Feuersbrunst aus, so rettet man Speise für drei Mahlzeiten; findet sie Vormittags statt, so rettet man für zwei Mahlzeiten; findet sie Nachmittags statt, nur für eine Mahlzeit. R.

אֲבָל לֹא מִשַּׁבָּת לְמוֹצָאֵי שַׁבָּת. ר' יִשְׁמָעֵאל אוֹמֵר. מְקַפְּלִין אֶת הַכֵּלִים וּמַצִּיעִין אֶת הַמִּטּוֹת מִיּוֹם הַכִּפּוּרִים לְשַׁבָּת. וְחֶלְבֵי שַׁבָּת קְרֵבִין בְּיוֹם הַכִּפּוּרִים (נ"א אֲבָל לֹא שֶׁל יוֹם הַכִּפּוּרִים בְּשַׁבָּת). ר' עֲקִיבָא אוֹמֵר. לֹא שֶׁל שַׁבָּת קְרֵבִין בְּיוֹם הַכִּפּוּרִים. וְלֹא שֶׁל יוֹם הַכִּפּוּרִים בְּשַׁבָּת:

פרק טז.

א כָּל כִּתְבֵי הַקֹּדֶשׁ מַצִּילִין אוֹתָן מִפְּנֵי הַדְּלֵיקָה. בֵּין שֶׁקּוֹרִין בָּהֶן. וּבֵין שֶׁאֵין קוֹרִין בָּהֶן. וְאַף עַל פִּי שֶׁכְּתוּבִים בְּכָל לָשׁוֹן טְעוּנִים גְּנִיזָה. וּמִפְּנֵי מָה אֵין קוֹרִין בָּהֶם? מִפְּנֵי בִּטּוּל בֵּית הַמִּדְרָשׁ. מַצִּילִין תִּיק הַסֵּפֶר עִם הַסֵּפֶר. וְתִיק הַתְּפִלִּין עִם הַתְּפִלִּין. וְאַף עַל פִּי שֶׁיֵּשׁ בְּתוֹכָן מָעוֹת. וּלְהֵיכָן מַצִּילִין אוֹתָן? לְמָבוֹי שֶׁאֵינוֹ מְפֻלָּשׁ. בֶּן בְּתֵירָא אוֹמֵר אַף לִמְפֻלָּשׁ: ב מַצִּילִין מְזוֹן שָׁלֹשׁ סְעוּדוֹת. הָרָאוּי לְאָדָם לְאָדָם. הָרָאוּי לַבְּהֵמָה לַבְּהֵמָה. כֵּיצַד? נָפְלָה דְּלֵיקָה בְּלֵילֵי שַׁבָּת. מַצִּילִין מְזוֹן שָׁלֹשׁ סְעוּדוֹת. בְּשַׁחֲרִית. מַצִּילִין מְזוֹן שְׁתֵּי סְעוּדוֹת. בְּמִנְחָה מְזוֹן סְעוּדָה אֶחָת. ר' יוֹסִי

---

[1]) Selbst die Bücher der Propheten und der Hagiographen, wenn sie in assyrischer Handschrift geschrieben und in hebräischer Sprache verfasst sind. [2]) Wie z. B. die Propheten, in denen man das מפטיר in der Synagoge liest. [3]) Wie die Hagiographen, in welchen selbst Einzelne am Sabbath für sich nicht lesen dürfen; weil dadurch die Leute behindert werden das Lehrhaus zu besuchen, welches am Sabbath zu dem Zweck geöffnet ist, dass man dort die Vorträge vernehme, die von den Gesetzen in Betreff des Erlaubten und Verbotenen handeln. Es ist der Sabbath dazu angesetzt, da an den Wochentagen Jeder mit seinen Geschäften zu thun hat. [4]) Wenn sie unbrauchbar sind. [5]) חיק ist das griechische ϑήχη = Behältniss, Kiste, Beutel. [6]) Mehr zu retten, ist nicht erlaubt, denn würde man ihm mehr gestatten,

אוֹמֵר. לְעוֹלָם מַצִּילִין מְזוֹן שָׁלֹשׁ סְעוּדוֹת: ג מַצִּילִין סַל מָלֵא כִכָּרוֹת. וְאַף עַל פִּי שֶׁיֵּשׁ בּוֹ מֵאָה סְעוּדוֹת. וְעִגּוּל שֶׁל דְּבֵילָה. וְחָבִית שֶׁל יַיִן. וְאוֹמְרִים לַאֲחֵרִים בּוֹאוּ וְהַצִּילוּ לָכֶם. וְאִם הָיוּ פִּקְחִין. עוֹשִׂין עִמּוֹ חֶשְׁבּוֹן אַחַר הַשַּׁבָּת. לְהֵיכָן מַצִּילִין אוֹתָן? לְחָצֵר הַמְעוֹרֶבֶת. בֶּן בְּתֵירָא אוֹמֵר אַף לְשֶׁאֵינָהּ מְעוֹרֶבֶת: ד וּלְשָׁם מוֹצִיא כָּל כְּלֵי תַשְׁמִישׁוֹ. וְלוֹבֵשׁ כָּל מַה שֶּׁיָּכוֹל לִלְבּוֹשׁ. וְעוֹטֵף כָּל מַה שֶּׁיָּכוֹל לַעֲטוֹף. ר׳ יוֹסֵי אוֹמֵר. שְׁמוֹנָה עָשָׂר כֵּלִים. וְחוֹזֵר וְלוֹבֵשׁ וּמוֹצִיא. וְאוֹמֵר לַאֲחֵרִים. בּוֹאוּ וְהַצִּילוּ עִמִּי: ה רַבִּי שִׁמְעוֹן בֶּן נַנָּס אוֹמֵר. פּוֹרְסִין עוֹר שֶׁל גְּדִי עַל גַּבֵּי שִׁידָּה תֵּיבָה וּמִגְדָּל שֶׁאָחַז בָּהֶן אֶת הָאוּר. מִפְּנֵי שֶׁהוּא מְחָרֵךְ. וְעוֹשִׂין מְחִיצָה בְּכָל הַכֵּלִים בֵּין מְלֵאִים בֵּין רֵיקָנִים. בִּשְׁבִיל שֶׁלֹּא תַעֲבוֹר הַדְּלֵיקָה. ר׳ יוֹסֵי אוֹסֵר בִּכְלֵי חֶרֶשׂ חֲדָשִׁים מְלֵאִין מַיִם. לְפִי שֶׁאֵין יְכוֹלִין לְקַבֵּל אֶת הָאוּר. וְהֵן מִתְבַּקְּעִין וּמְכַבִּין אֶת הַדְּלֵיקָה: ו נָכְרִי שֶׁבָּא לְכַבּוֹת. אֵין אוֹמְרִים לוֹ. כַּבֵּה וְאַל תְּכַבֶּה. מִפְּנֵי שֶׁאֵין שְׁבִיתָתוֹ עֲלֵיהֶן. אֲבָל קָטָן

Jose aber sagt: Immer kann man für drei Mahlzeiten retten[7]). **3**. Man darf ferner retten einen Korb voll Brote, wäre es auch für hundert Mahlzeiten[8]); einen Feigenkuchen; ein Fass Wein; und darf Andern zurufen: Kommt und rettet für Euch! Wenn die Rettenden ihren Vortheil verstehen, halten sie mit dem Eigenthümer nach dem Sabbath eine Abrechnung[9]). Wohin darf man diese Gegenstände retten? In einen Hof der durch עירוב verbunden ist. Ben Bethera sagt: Auch in einen nicht verbundenen. **4**. Dorthin darf man alle Speisegeräthe, die[10]) gebraucht werden, bringen; und anziehen darf man alles, was man anziehen kann, und umnehmen alles, was man umnehmen kann. R. Jose sagt: Nur achtzehn gewöhnliche Kleidungsstücke[11]). Aber man kann immer wieder kommen und von Neuem anziehen und wegbringen; auch Andern zurufen: Kommt und rettet mit mir. **5**. R. Simeon ben Nanas sagt: Man darf ein Ziegenfell über einen Kasten, eine Kiste und einen Schrank, welche das Feuer ergriffen hat, ausbreiten, da es nur versengt wird[12]), auch darf man mit jedem Gefässe, es sei voll mit Wasser oder nicht, eine Scheidewand bilden, dass der Brand nicht fortschreite. R. Jose hält es für unerlaubt mit neuen irdenen mit Wasser gefüllten Gefässen, weil sie das Feuer nicht vertragen, sondern zerspringen und das Feuer löschen. **6**. Wenn ein Nicht-Israelit zum Löschen herbeikommt, so sagt man weder zu ihm: Lösche! noch: Lösche nicht! Und zwar, weil man nicht verbunden ist, ihn zum Ruhen anzuhalten[13]); aber wenn ein minder-

---

würde er in seiner Aufregung leicht das Feuer zu löschen versuchen. [7]) Weil doch der Tag einmal für drei Mahlzeiten bestimmt ist. [8]) Da es doch mit einem Male geschieht, kommt es nicht darauf an, ob es ein Bischen mehr oder weniger ist. [9]) Hier ist die Rede von gottesfürchtigen Leuten, die für die Arbeit, die sie am Sabbath verrichteten, nichts beanspruchen; dagegen etwas verlangen, da der Eigenthümer die Gegenstände preisgab, die leicht ein Raub der Flammen werden konnten, deshalb überlassen sie ihm das Gerettete für einen wohlfeilen Preis. [10]) Denselben Tag. [11]) In Bartenora sind diese 18 Kleidungsstücke angegeben. [12]) Hier findet weder ein Brennen noch Löschen statt. [13]) Denn das blosse Sagen schon zu einem

שבא לכבות, אין שומעין לו, מפני שששביתתו עליהן: ז כופין קערה על גבי הנר, בשביל שלא תאחוז בקורה, ועל צואה של קטן, ועל עקרב שלא תשוך. אמר ר' יהודה, מעשה בא לפני ר' יוחנן בן זכאי בערב, ואמר חוששני לו מחטאת: ח נכרי שהדליק את הנר, משתמש לאורו ישראל. ואם בשביל ישראל, אסור. מלא מים להשקות בהמתו, משקה אחריו ישראל. אם בשביל ישראל, אסור. עשה נכרי כבש לירד בו, יורד אחריו ישראל. ואם בשביל ישראל, אסור. מעשה ברבן גמליאל וזקנים שהיו באין בספינה, ועשה נכרי כבש לירד בו, וירדו בו רבן גמליאל וזקנים:

jähriger Israelit löschen will, darf man es nicht zugeben, weil man verpflichtet ist, ihn zur Ruhe anzuhalten. **7**. Man darf über die Lampe eine Schüssel decken, damit das Licht nicht die Stubendecke anzünde; auch über Unrath[14]), der Kinder wegen, und über einen Skorpion damit er nicht beisse. R. Jehuda sagte: Es kam einst ein solcher Fall vor R. Jochanan ben Sackai in ערב und er sprach: Ich bin ungewiss, ob er nicht ein Sündopfer schuldig sei[15]). **8**. Wenn ein Nicht-Israelit die Lampe am Sabbath angezündet hat, kann der Israelit sich des Lichtes bedienen, that er es aber für einen Israeliten, so ist es nicht erlaubt. Füllte er Wasser ein, um sein Vieh zu tränken, so kann der Israelit nach ihm auch sein Vieh tränken; that er es für einen Israeliten, so ist es nicht erlaubt. Hat ein Nicht-Israelit eine Treppe gemacht, um daran aus dem Schiffe zu steigen, so kann der Israelit nach ihm herabsteigen. Thut er es für den Israeliten, so ist es nicht erlaubt. Einst kamen Rabban Gamliel und mehrere Aeltesten in einem Schiffe an und ein Nicht-Israelit machte eine Treppe um auszusteigen, da stieg auch Rabban Gamliel und die Aeltesten daran aus.

פרק יז.

א כל הכלים נטלין בשבת, ודלתותיהן עמהן, אף על פי שנתפרקו בשבת, שאינן דומין לדלתות הבית, לפי שאינן מן המוכן: ב נוטל אדם

ABSCHNITT XVII.

1. Man darf alle Thüren von den Geräthen, die am Sabbath von ihrer Stelle genommen werden dürfen, zugleich mitnehmen, wenn sie ausgehoben sind; denn sie sind nicht gleich den Haus-Thüren, welche nicht zum Fortbringen vorbereitet sind. **2**. Man darf einen Hammer

---

Nichtisraeliten etwas Verbotenes zu thun, involvirt ein שבות, d. h. eine Unterbrechung der gebotenen Ruhe. Aber man braucht auch nicht zu ihm zu sagen: Lösche nicht, weil man für sein Ruhen am Sabbath nicht aufzukommen braucht, wenn er nicht sein Knecht ist. [14]) Der Hühner auf dem Hofe, damit sich die Kinder nicht beschmutzen; denn der Unrath der Kinder selbst ist hier nicht gemeint, den darf man ohne Weiteres wegschaffen. [15]) Wegen Jagd. In Bezug auf gefährliche Thiere ist folgendes festgestellt worden: Diejenigen giftigen Thiere, deren Biss tödtlich ist, wie z. B. Klapperschlangen, tolle Hunde etc., solche darf man sofort umbringen, sobald man sie sieht, obgleich sie ihm nicht nachlaufen. Diejenigen, welche nur dann und wann tödten, darf man umbringen, wenn sie ihm nachlaufen, sonst kann man ein Gefäss über sie legen, hat man unvorsätzlich getödtet, so schadet das nicht. Aber eine Schlange zu fangen und damit zu spielen, ist verboten.

קוֹרְנַיִם לְפַצֵּעַ בּוֹ אֶת הָאֱגוֹזִים,
וְקוֹרְדּוֹם לַחְתּוֹךְ בּוֹ אֶת הַדְּבֵילָה,
מְגֵירָה לִגְרוֹר בָּהּ אֶת הַגְּבִינָה,
מַגְרֵיפָה לִגְרוֹף בָּהּ אֶת הַגְּרוֹגְרוֹת,
אֶת הָרַחַת וְאֶת הַמַּזְלֵג לָתֵת עָלָיו
לַקָּטָן, אֶת הַכּוּשׁ וְאֶת הַכַּרְכָּר לִתְחוֹב
בּוֹ, מַחַט שֶׁל יָד לִטּוֹל בּוֹ אֶת הַקּוֹץ,
וְשֶׁל סַקָּאִים לִפְתּוֹחַ בּוֹ אֶת הַדֶּלֶת:
ג קָנֶה שֶׁל זֵתִים אִם יֵשׁ קֶשֶׁר בְּרֹאשׁוֹ
מְקַבֵּל טוּמְאָה, וְאִם לָאו אֵינוֹ מְקַבֵּל
טוּמְאָה, בֵּין כַּךְ וּבֵין כַּךְ נִטָּל בְּשַׁבָּת:
ד ר' יְהוּדָה אוֹמֵר כָּל הַכֵּלִים נִטָּלִין,
חוּץ מִן הַמְּסָר הַגָּדוֹל, וְיָתֵד שֶׁל
מַחֲרֵישָׁה, כָּל הַכֵּלִים נִטָּלִין לַצּוֹרֶךְ
וְשֶׁלֹּא לְצוֹרֶךְ. ר' נְחֶמְיָא אוֹמֵר,
אֵין נִטָּלִין אֶלָּא לַצּוֹרֶךְ: ה כָּל
הַכֵּלִים הַנִּטָּלִין בְּשַׁבָּת. שִׁבְרֵיהֶן
נִטָּלִין עִמָּהֶן, וּבִלְבָד שֶׁיְּהוּ עוֹשִׂין
מֵעֵין מְלָאכָה, שִׁבְרֵי עֲרֵיבָה לְכַסּוֹת
בָּהֶן אֶת פִּי הֶחָבִית, שִׁבְרֵי זְכוּכִית
לְכַסּוֹת בָּהֶן אֶת פִּי הַפַּךְ. ר' יְהוּדָה
אוֹמֵר, וּבִלְבָד שֶׁיְּהוּ עוֹשִׂים מֵעֵין
מְלַאכְתָּן, שִׁבְרֵי עֲרֵיבָה לָצוּק לְתוֹכָן
מִקְפָּה, וְשִׁבְרֵי זְכוּכִית לָצוּק לְתוֹכָן
שֶׁמֶן: ו הָאֶבֶן שֶׁבַּקֵּרוּיָה, אִם מְמַלְּאִין

nehmen um Nüsse damit aufzuschlagen, oder ein Beil um einen Feigenkuchen zu zerhauen, eine Handsäge um Käse durchzuschneiden, eine Schaufel um dürre Feigen aufzunehmen, eine Schwinge und eine Gabel, um dem Kinde etwas vorzulegen, eine Spindel und ein Weberschifflein, um[1]) einzustechen, eine Nähnadel um einen Splitter herauszuziehen[2]) und eine Packnadel um die Thür zu öffnen[3]). **3**. Das hohle Olivenrohr[4]) eignet sich, wenn es oben einen Knoten hat, Unreinheit anzunehmen[5]), wo nicht, ist es für Unreinheit nicht empfänglich[6]). Jedenfalls darf man es am Sabbath vom Orte nehmen[7]). **4**. R. Jehudah sagt: Man darf jedes Geräth von seinem Orte nehmen, nur nicht die grosse Holzsäge und die Pflugschar, auch darf man sie sowohl zu einem Gebrauche[8]), oder auch ohne solchen Zweck[9]), wegnehmen. R. Nechemjah sagt: Nur zum Gebrauche darf man sie wegnehmen[10]). **5**. Bei allen Geräthen, die man am Sabbath von der Stelle nehmen darf, gilt dies auch von deren Stücken, nur müssen sie sich zu einem Gebrauche eignen, als: die Stücke eines Backtroges, um die Oeffnung eines Fasses zu bedecken, die Scherben eines Glases, um die Oeffnung eines Kruges zu bedecken. R. Jehudah sagt: Sie müssen sich zu demselben Gebrauche eignen[11]), als die Stücke eines Backtroges, um einen Brei hinein zu schütten, und die Stücke eines Glases, um Oel darein zu schütten. **6**. Man darf mit einem Schlauch[12]) mit einem

[1]) In Früchte. [2]) Einen Splitter aus dem Körper zu ziehen ist am Sabbath erlaubt. [3]) Wem etwa der Schlüssel verloren gegangen ist. [4]) Womit man probiert, ob die Oliven schon zur Presse geeignet sind. [5]) Weil es dadurch ein Gefäss wird, indem sich etwas Oel, das aus den Oliven von selbst ausfloss, an dem Rohre festsetzte. [6]) Sondern blos als ein schlichtes Stück Holz, obgleich es oben hohl ist, da diese Höhlung nicht fähig ist, etwas aufzunehmen, und für Unreinigkeit nicht geeignet. [7]) Es wird als Geräth betrachtet, da man damit die Oliven umwenden kann. [8]) Etwa bei Tische, oder um den Ort zu benutzen. [9]) Etwa zur Verwahrung, sie vor Dieben zu schützen. [10]) Wie z. B. ein Messer, darf man nur wegnehmen, um damit zu schneiden, aber nicht etwa um damit eine Schüssel zu stützen. [11]) Wie das Ganze. [12]) קרויה soll das lateinische cucurbita = Kürbis sein; es wäre demnach mit קרא = Kürbis (סוטה דף י"ד) verwandt. Doch scheint dies

בָּהּ וְאֵינָהּ נוֹפֶלֶת, מְמַלְּאִין בָּהּ, וְאִם לָאו, אֵין מְמַלְּאִין בָּהּ. זְמוֹרָה שֶׁהִיא קְשׁוּרָה בְּטַפִּיחַ, מְמַלְּאִין בָּהּ בַּשַּׁבָּת: **ז** פְּקַק הַחַלּוֹן, רַבִּי אֱלִיעֶזֶר אוֹמֵר בִּזְמַן שֶׁהוּא קָשׁוּר וְתָלוּי פּוֹקְקִין בּוֹ, וְאִם לָאו, אֵין פּוֹקְקִין בּוֹ. וַחֲכָמִים אוֹמְרִים בֵּין כָּךְ וּבֵין כָּךְ פּוֹקְקִין בּוֹ: **ח** כָּל כִּסּוּיֵי הַכֵּלִים שֶׁיֵּשׁ לָהֶם בֵּית אֲחִיזָה, נִטָּלִים בַּשַּׁבָּת. אָמַר ר׳ יוֹסֵי, בַּמֶּה דְבָרִים אֲמוּרִים? בְּכִסּוּיֵי הַקַּרְקָעוֹת, אֲבָל בְּכִסּוּיֵי הַכֵּלִים, בֵּין כָּךְ וּבֵין כָּךְ נִטָּלִים בַּשַּׁבָּת:

Stein daran Wasser schöpfen, wenn dadurch der Stein nicht abfällt, sonst darf man nicht damit schöpfen. Mit einer Weinrebe, am Krüglein[13]) befestigt, darf man am Sabbath Wasser schöpfen. **7**. Zum Verhängen[14]) der Fenster darf man nach R. Elieser, etwas nur dann vormachen, wenn es angebunden ist und hängt[15]), sonst aber nicht. Die Weisen sagen: Man darf es jedenfalls vormachen. **8**. Alle Deckel von Geräthen[16]); darf man, wenn eine Handhabe daran ist, abnehmen. R. Jose sagt: Wobei ist dies bestimmt? Bei Deckeln über Oeffnungen in der Erde[17]), aber Deckel von Gefässen[18]) darf man jedenfalls abnehmen.

פרק יח.

ABSCHNITT XVIII.

א מְפַנִּין אֲפִילוּ אַרְבַּע וְחָמֵשׁ קֻפּוֹת שֶׁל תֶּבֶן וְשֶׁל תְּבוּאָה מִפְּנֵי הָאוֹרְחִים וּמִפְּנֵי בִטּוּל בֵּית הַמִּדְרָשׁ. אֲבָל לֹא אֶת הָאוֹצָר. מְפַנִּין תְּרוּמָה טְהוֹרָה, וּדְמַאי, וּמַעֲשֵׂר רִאשׁוֹן שֶׁנִּטְּלָה תְרוּמָתוֹ, וּמַעֲשֵׂר שֵׁנִי וְהֶקְדֵּשׁ שֶׁנִּפְדּוּ, וְהַתּוּרְמוֹס הַיָּבֵשׁ, מִפְּנֵי שֶׁהוּא מַאֲכָל לַעֲנִיִּים (נ״א לָעִזִּים). אֲבָל לֹא אֶת הַטֶּבֶל, וְלֹא אֶת מַעֲשֵׂר רִאשׁוֹן שֶׁלֹּא נִטְּלָה תְרוּמָתוֹ, וְלֹא אֶת מַעֲשֵׂר שֵׁנִי וְהֶקְדֵּשׁ שֶׁלֹּא נִפְדּוּ, וְלֹא אֶת הַלּוּף, וְלֹא אֶת הַחַרְדָּל. רַבָּן שִׁמְעוֹן בֶּן

1. Man darf sogar vier bis fünf Kästen mit Stroh oder Getreide wegräumen, um Platz zur Aufnahme von Gästen zu gewinnen, und um Hindernisse des Unterrichtes zu entfernen[1]), aber nicht eine ganze Scheune ausräumen. Ferner darf man wegräumen: reine Therumah, Demai, ersten Zehnt, dessen Therumah abgenommen ist, zweiten Zehnt und Geheiligtes, welches ausgelöst ist und trockene Feigbohnen[2]), welche manchmal den Armen (nach Andern: den Ziegen)[3]), zur Speise dienen; aber nicht טבל[4]), nicht ersten Zehnt, dessen תרומה noch nicht abgenommen, nicht zweiten Zehnt oder Geheiligtes, die nicht gehörig ausgelöst sind, auch nicht Arum und Senf. Rabban Simeon

---

Wort mit קרווה = Schlauch zu stimmen; denn יונתן בן עוזיאל übersetzt (Genesis 21, 14) ויקח לחם וחמת מים (Schlauch) = ונסב לחמא וקרווא דמיא. [13]) טפיח = ein kleiner Krug (Cf. Joma 30a) והטפיח מחזר על האורחין. [14]) Dasselbe gilt auch von Fensterladen. [15]) Wenn es bis zur Erde hängt und man zieht es fort, sieht es aus, als fügte er etwas dem Gebäude zu. [16]) Die am Boden haften. [17]) Als Zisternen, Gruben. [18]) Am Boden.

[1]) Allerdings nur zu gesetzesdienlichen Zwecken, wobei man auf die Beschwerden und Mühen am Sabbath nicht Rücksicht nimmt. [2]) והתורמס = θέρμος = Feigbohne auch Lupine genannt (Lupinus). Die Blätter der Feigbohne kehren sich immer nach der Sonne. Die Samenkerne enthalten viel Mehl und werden als Viehfutter benutzt. [3]) Wahrscheinlich durch einen Abschreibefehler ist aus dem Worte עניים das Wort עזים entstanden. [4]) Gemischtes, das noch nicht geordnet ist, indem die

שבת פרק יח יט

ben Gamliel erlaubt den Arum, weil
er den (Haus-) Raben als Futter
dient. **2.** Bündel Stroh, Zweige⁵)
und Rohr, darf man, wenn sie zum
Viehfutter bestimmt sind, von ihrem
Orte bewegen, wo nicht, so darf
es nicht geschehen. Man darf einen
Korb umlegen vor Küchlein, dass
sie daran auf und ablaufen; eine
entlaufene Henne darf man drängen,
bis sie wieder ⁶) hineingeht. Man
darf Kälber und junge Esel im
Freien zur Bewegung herumziehen⁷).
Eine Frau darf ihren Sohn zur
Bewegung herumziehen⁸). R. Jehudah
sagt: Wann dies? Wenn das
Kind einen Fuss aufhebt und den
andern setzt, aber wenn es blos
nachschleppt, darf es nicht geschehen⁹). **3.** Man darf am Festtage
dem werfenden Vieh nicht das Junge
herausnehmen, aber sonst wohl behülflich sein¹⁰). Einer Frau darf
man allen Beistand am Sabbath
leisten, ihr auch von Ferne her
eine Hebeamme holen; man darf
ihretwegen den Sabbath verletzen¹¹)
und den Nabel binden. R. Jose
sagt: Man darf die Schnur auch abschneiden; endlich darf man alles,
was zur Beschneidung gehört, am Sabbath verrichten.

גַּמְלִיאֵל מַתִּיר בָּלוּף, מִפְּנֵי שֶׁהוּא
מַאֲכַל עוֹרְבִין: ב חֲבִילֵי קַשׁ. וַחֲבִילֵי
עֵצִים. וַחֲבִילֵי זְרָדִים, אִם הִתְקִינָן
לְמַאֲכַל בְּהֵמָה, מְטַלְטְלִין אוֹתָן.
וְאִם לָאו, אֵין מְטַלְטְלִין אוֹתָן. כּוֹפִין
אֶת הַסַּל לִפְנֵי הָאֶפְרוֹחִים. כְּדֵי שֶׁיַּעֲלוּ
וְיֵרְדוּ. תַּרְנְגֹלֶת שֶׁבָּרְחָה. דּוֹחִין אוֹתָהּ
עַד שֶׁתִּכָּנֵס. מְדַדִּין עֲגָלִין וּסְיָחִין
בִּרְשׁוּת הָרַבִּים. אִשָּׁה מְדַדָּה אֶת
בְּנָהּ. אָמַר ר׳ יְהוּדָה אֵימָתַי? בִּזְמַן
שֶׁהוּא נוֹטֵל אֶחָד וּמַנִּיחַ אֶחָד. אֲבָל
אִם הָיָה גוֹרֵר אָסוּר: ג אֵין מְיַלְּדִין
אֶת הַבְּהֵמָה בְּיוֹם טוֹב אֲבָל מְסַעֲדִין.
וּמְיַלְּדִין אֶת הָאִשָּׁה בְּשַׁבָּת. וְקוֹרִין
לָהּ חֲכָמָה מִמָּקוֹם לְמָקוֹם, וּמְחַלְּלִין
עָלֶיהָ אֶת הַשַּׁבָּת. וְקוֹשְׁרִין אֶת
הַטַּבּוּר. רַבִּי יוֹסֵי אוֹמֵר. אַף חוֹתְכִין,
וְכָל צָרְכֵי מִילָה עוֹשִׂין בְּשַׁבָּת:

ABSCHNITT XIX.

1. R. Elieser sagt: Wenn man
das Beschneidungs-Messer nicht
schon am Tage vor Sabbath hingebracht hat, so trägt man es am
Sabbath offen¹) hin. Zur Zeit der Gefahr²), verdeckt man es vor Zeu-

פרק יט.

א ר׳ אֱלִיעֶזֶר אוֹמֵר. אִם לֹא הֵבִיא
כְּלִי מֵעֶרֶב שַׁבָּת. מְבִיאוֹ בְּשַׁבָּת
מְגֻלֶּה, וּבַסַּכָּנָה מְכַסֵּהוּ עַל פִּי עֵדִים.

---

betreffenden Abgaben noch nicht abgesondert sind. ⁵) Grüne, frische Baumzweige,
welche man zum Futter für das Vieh zusammen bindet. ⁶) In das Haus. ⁷) Man
fasst sie am Halse und nöthigt die jungen Thiere zum Springen oder Laufen.
⁸) Sie erfasst ihn rückwärts an den Armen und er bewegt den Fuss und geht.
⁹) Dann trägt sie es ja. ¹⁰) Dass das Junge nicht zur Erde fällt. ¹¹) Folgende
Regel ist zu beobachten: Die ersten drei Tage von der Niederkunft an gerechnet,
darf man am Sabbath Alles für sie verrichten, sie mag es verlangen oder nicht;
nachher aber bis zum siebenten Tag ihrer Niederkunft, nur das, was sie verlangt
und nachher, bis zum dreissigsten Tage, obgleich sie bestimmt sagt, dass sie es
bedarf, darf es nur durch einen Nichtjuden gereicht werden; weil sie während
dieser Zeit, nur als ein Kranker bei dem keine Lebensgefahr vorhanden ist, betrachtet wird.
¹) Um anzuzeigen, dass das Gesetz der Beschneidung ein so hochwichtiges
ist, dass man deshalb den Sabbath übertreten kann. ²) Als manche heidnische

וְעוֹד אָמַר ר׳ אֱלִיעֶזֶר, כּוֹרְתִים עֵצִים
לַעֲשׂוֹת פֶּחָמִין וְלַעֲשׂוֹת כְּלִי בַרְזֶל.
כְּלָל אָמַר ר׳ עֲקִיבָא, כָּל מְלָאכָה
שֶׁאֶפְשָׁר לַעֲשׂוֹתָהּ מֵעֶרֶב שַׁבָּת,
אֵינָהּ דּוֹחָה אֶת הַשַּׁבָּת, וְשֶׁאִי אֶפְשָׁר
לַעֲשׂוֹתָהּ מֵעֶרֶב שַׁבָּת. דּוֹחָה אֶת
הַשַּׁבָּת: **ב** עוֹשִׂין כָּל צָרְכֵי מִילָה
בְּשַׁבָּת, מוֹהֲלִין, וּפוֹרְעִין, וּמוֹצְצִין,
וְנוֹתְנִין עָלֶיהָ אִיסְפְּלָנִית, וְכַמּוֹן. אִם
לֹא שָׁחַק מֵעֶרֶב שַׁבָּת, לוֹעֵס בְּשִׁנָּיו
וְנוֹתֵן. אִם לֹא טָרַף יַיִן וְשֶׁמֶן מֵעֶרֶב
שַׁבָּת. יִנָּתֵן זֶה בְעַצְמוֹ וְזֶה בְעַצְמוֹ,
וְאֵין עוֹשִׂין לָהּ חָלוּק בַּתְּחִלָּה, אֲבָל
כּוֹרֵךְ עָלֶיהָ סְמַרְטוּט. אִם לֹא הִתְקִין
מֵעֶרֶב שַׁבָּת, כּוֹרֵךְ עַל אֶצְבָּעוֹ וּמֵבִיא,
וַאֲפִלּוּ מֵחָצֵר אַחֶרֶת: **ג** מַרְחִיצִין
אֶת הַקָּטָן בֵּין לִפְנֵי הַמִּילָה וּבֵין
לְאַחַר הַמִּילָה, וּמְזַלְּפִין עָלָיו בַּיָּד,
אֲבָל לֹא בַכְּלִי. ר׳ אֶלְעָזָר בֶּן עֲזַרְיָה
אוֹמֵר מַרְחִיצִין אֶת הַקָּטָן בַּיּוֹם
הַשְּׁלִישִׁי שֶׁחָל לִהְיוֹת בַּשַּׁבָּת,
שֶׁנֶּאֱמַר וַיְהִי בַיּוֹם הַשְּׁלִישִׁי בִּהְיוֹתָם

gen[3]). Ausserdem sagt R. Elieser: Man darf sogar Holz schneiden um Kohlen zu brennen und daran ein eisernes Geräth[4]) zu schmieden. Als Regel setzte R. Akiba fest: Jede Arbeit, die man auch hätte am Tage vorher verrichten können, verdrängt die Sabbath-Gesetze nicht[5]) aber, die man vorher nicht hätte ausüben können, verdrängen den Sabbath[6]). **2.** Man darf alles zur Beschneidung Nöthige am Sabbath verrichten, als: Beschneiden, aufreissen[7]), das Blut absaugen[8]) ein Pflaster[9]) und Kümmel[10]) auflegen. Wenn man letztern nicht schon vor Sabbath zerstossen hatte, so kauet man ihn mit den Zähnen und legt ihn auf. Hatte man nicht schon vor Sabbath Wein und Oel gemischt, so wird jedes für sich aufgethan. Man darf keinen eigentlichen Gliederverband erst anfertigen, aber wohl ein altes Stückchen Leinwand umbinden[11]) und wenn ein solches nicht vor Sabbath vorbereitet war, kann der Beschneider es, um seinen Finger gewickelt[12]), mitbringen, und sogar von einem fremden Hofe. **3.** Man darf das Kind sowohl vor als nach der Beschneidung waschen, indem man es mit der Hand besprengt, aber nicht mit einem Gefässe begiesst. R. Elasar Sohn Asarjah's sagt: Man darf das Kind am dritten Tage[13]), wenn solcher auf einen Sabbath fällt, baden; weil es heisst (Genesis 34,35): »Es war am dritten Tage, da sie Schmerzen empfanden«.

Regierungen verboten, die Kinder zu beschneiden. [3]) Welche bezeugen sollten, dass man das Messer zum Zweck der Beschneidung und nicht aus anderer Absicht am Sabbath trage. [4]) Ein Beschneidungsmesser. [5]) Z. B. diejenigen Dinge, die man zur Förderung der Beschneidung in Anwendung bringt. Er differirt demnach mit R. Elieser. [6]) Wie die Beschneidung selbst. [7]) Die Haut, welche die Spitze des Gliedes bedeckt. [8]) Obgleich er eine Wunde macht. [9]) איספלנית = σπλήνιον = Verband, Kompresse. [10]) וכמון = χύμινον = Kümmel, im lat. cuminum, im franz. cumin. [11]) Ein Stückchen Leinwand wird durchlöchert, in welches man das Glied thut, damit die Haut nicht zurückgeht und das Glied bedeckt. [12]) Als wäre es eine Art Handschuh. [13]) Nach der Beschneidung. R. Elieser b. A. differirt in seiner Meinung von der des ersten Tanna, indem er lehrt, dass man das Kind nach der richtigen Art und Weise, ohne Veränderung, baden darf; auch an einem dritten Tage nach der Beschneidung, der auf einen Sabbath fällt, da hier Lebensgefahr mitspielt. Die Gesetzesnorm (הלכה) ist auch, wie ראב״ע entscheidet.

Wegen eines zweifelhaften Kindes[14]), oder eines Zwitters, verletzt man die Sabbath-Ruhe nicht. R. Jehudah erlaubt es beim Zwitter. **4.** Wenn Einer zwei Kinder zu beschneiden hat, eins nach Sabbath und eins am Sabbath, und er vergass sich und beschnitt ersteres am Sabbath, so ist er schuldig[15]); wenn aber eins am Tage vor Sabbath und das andere am Sabbath zu beschneiden ist, und er vergass sich und beschnitt ersteres am Sabbath, so erklärt ihn R. Elieser für schuldig ein Sündenopfer zu bringen, R. Josua spricht ihn davon frei[16]), **5.** Ein Kind kann[17]) am achten, neunten, zehnten, elften und zwölften Tage beschnitten werden, aber weder früher noch später. Wie so dies? Gewöhnlich am achten, ein in der Abenddämmerung gebornes, am neunten[18]); ein in der Abenddämmerung vor Sabbath gebornes, am zehnten[19]); ist alsdann ein Festtag nach Sabbath, so wird es am elften[20]), fallen die beiden Neujahrsfeste dahinter, am zwölften beschnitten[21]). Ein krankes Kind darf nicht beschnitten werden, bis es völlig gesund geworden[22]). **6.** Folgende Hautfasern[23]) machen die Beschneidung ungültig: Fleisch, das den grössten Theil der Eichel

כּוֹאֲבִים. סָפֵק וְאַנְדְּרוֹגִינוֹס אֵין מְחַלְּלִין עָלָיו אֶת הַשַּׁבָּת, וְר׳ יְהוּדָה מַתִּיר בְּאַנְדְּרוֹגִינוֹס: ד מִי שֶׁהָיוּ לוֹ שְׁתֵּי תִינוֹקוֹת, אֶחָד לָמוּל אַחַר הַשַּׁבָּת וְאֶחָד לָמוּל בַּשַּׁבָּת, וְשָׁכַח וּמָל אֶת שֶׁל אַחַר הַשַּׁבָּת בַּשַּׁבָּת, חַיָּב. אֶחָד לָמוּל בְּעֶרֶב שַׁבָּת וְאֶחָד לָמוּל בַּשַּׁבָּת, וְשָׁכַח וּמָל אֶת שֶׁל עֶרֶב שַׁבָּת בַּשַּׁבָּת, ר׳ אֱלִיעֶזֶר מְחַיֵּב חַטָּאת, וְר׳ יְהוֹשֻׁעַ פּוֹטֵר: ה קָטָן נִמּוֹל לִשְׁמֹנָה וּלְתִשְׁעָה וְלַעֲשָׂרָה וּלְאַחַד עָשָׂר וְלִשְׁנֵים עָשָׂר. לֹא פָחוֹת וְלֹא יוֹתֵר, הָא כֵיצַד? כְּדַרְכּוֹ לִשְׁמֹנָה, נוֹלַד לְבֵין הַשְּׁמָשׁוֹת נִמּוֹל לְתִשְׁעָה, בֵּין הַשְּׁמָשׁוֹת שֶׁל עֶרֶב שַׁבָּת נִמּוֹל לַעֲשָׂרָה. יוֹם טוֹב לְאַחַר הַשַּׁבָּת נִמּוֹל לְאַחַד עָשָׂר. שְׁנֵי יָמִים טוֹבִים שֶׁל רֹאשׁ הַשָּׁנָה נִמּוֹל לִשְׁנֵים עָשָׂר. קָטָן הַחוֹלֶה, אֵין מוֹהֲלִין אוֹתוֹ עַד שֶׁיִּבְרִיא: ו אֵלּוּ הֵן צִיצִין הַמְעַכְּבִין אֶת הַמִּילָה, בָּשָׂר הַחוֹפֶה אֶת רוֹב

---

[14]) Ein Kind, von welchem nicht recht ermittelt ist, ob es im achten oder neunten Monat geboren ist; im erstern Falle ist es nicht lebensfähig und man darf deshalb den Sabbath seinetwegen nicht verletzen. [15]) Weil er zur Unzeit eine Arbeit verrichtete, nämlich eine Wunde an einem Körper hervorgebracht hat. [16]) R. Elieser ist der Ansicht, obgleich er eine מצוה gethan, so war sie doch nicht zur richtigen Zeit vollführt und der Sabbath durfte nicht verletzt werden. R. Josua jedoch urtheilt, er ist frei, da er in seiner Zerstreuung glaubte, ein Gesetz zu vollziehen, welches allerdings auch gesetzmässig und nicht vor der Zeit vollführt ward. [17]) Gesetzmässig. [18]) Die Dämmerung konnte zum Tage gezählt werden, man rechnet aber erst vom Abend den achten Tag, also geschieht die Beschneidung am neunten Tage. [19]) Am nächsten Sabbath kann es nicht beschnitten werden, weil es der neunte sein könnte, also ausser der Zeit, wo man den Sabbath nicht entweihen darf, daher kann die Beschneidung erst am Sonntag, also am 10. stattfinden. [20]) Eine Beschneidung nicht zur rechten Zeit kann den Festtag nicht verdrängen, daher wird das Kind am elften beschnitten. [21]) Wenn das Kind am Freitag in der Abenddämmerung zur Welt kommt und Sonntag und Montag darauf sind die beiden Tage von ראש השנה, welche zwei Tage als ein in der Heiligkeit fortlaufender Festtag betrachtet werden, die Beschneidung also erst am Dienstag, das ist der zwölfte nach der Geburt statt findet. [22]) Von da an, werden erst die acht Tage gerechnet. [23]) Fasern, die von der Vorhaut zurückgeblieben sind.

הָעֲטָרָה. וְאֵינוֹ אוֹכֵל בִּתְרוּמָה. וְאִם הָיָה בַּעַל בָּשָׂר, מְתַקְּנוֹ מִפְּנֵי מַרְאִית עַיִן. מָל וְלֹא פָרַע אֶת הַמִּילָה, כְּאִלּוּ לֹא מָל:

bedeckt. Ein Solcher darf[24]) keine תרומה essen. Wenn einer sehr fett ist, so muss man es des Scheines wegen wegschneiden. Wer beschnitten wird, ohne dass die Haut aufgerissen worden, wird als unbeschnitten angesehen.

פרק כ.

א רַבִּי אֱלִיעֶזֶר אוֹמֵר תּוֹלִין אֶת הַמְּשַׁמֶּרֶת בְּיוֹם טוֹב וְנוֹתְנִין לַתְּלוּיָה בְּשַׁבָּת. וַחֲכָמִים אוֹמְרִים אֵין תּוֹלִין אֶת הַמְּשַׁמֶּרֶת בְּיוֹם טוֹב, וְאֵין נוֹתְנִין לַתְּלוּיָה בְּשַׁבָּת. אֲבָל נוֹתְנִין לַתְּלוּיָה בְּיוֹם טוֹב: ב נוֹתְנִין מַיִם עַל גַּבֵּי שְׁמָרִים בִּשְׁבִיל שֶׁיִּצֹלוּ. וּמְסַנְּנִין אֶת הַיַּיִן בְּסוּדָרִין וּבִכְפִיפָה מִצְרִית, וְנוֹתְנִין בֵּיצָה בִּמְסַנֶּנֶת שֶׁל חַרְדָּל, וְעוֹשִׂין אֱנוֹמָלִין בְּשַׁבָּת. ר׳ יְהוּדָה אוֹמֵר בְּשַׁבָּת בַּכּוֹס. בְּיוֹם טוֹב בַּלָּגִין, וּבַמּוֹעֵד בֶּחָבִית. רַבִּי צָדוֹק אוֹמֵר, הַכֹּל לְפִי הָאוֹרְחִין: ג אֵין שׁוֹרִין אֶת הַחִלְתִּית בְּפוֹשְׁרִין, אֲבָל נוֹתֵן לְתוֹךְ הַחוֹמֶץ. וְאֵין שׁוֹרִין אֶת הַכַּרְשִׁינִין, וְלֹא שָׁפִין אוֹתָן, אֲבָל נוֹתֵן לְתוֹךְ הַכְּבָרָה, אוֹ לְתוֹךְ הַכַּלְכָּלָה. אֵין כּוֹבְרִין אֶת הַתֶּבֶן בִּכְבָרָה, וְלֹא יִתְּנֶנּוּ עַל גַּבֵּי מָקוֹם גָּבוֹהַּ בִּשְׁבִיל שֶׁיֵּרֵד הַמּוֹץ, אֲבָל נוֹטֵל הוּא בִּכְבָרָה, וְנוֹתֵן לְתוֹךְ הָאֵבוּס: ד גּוֹרְפִין מִלִּפְנֵי הַפְּטָם, וּמְסַלְּקִין לַצְּדָדִין מִפְּנֵי הָרְעִי. דִּבְרֵי ר׳ דוֹסָא וַחֲכָמִים

ABSCHNITT XX.

1. R. Elieser sagt: Man darf am Festtage einen Weindurchschlag über ein Gefäss spannen[1]), und am Sabbath darf man in denselben, wenn er schon hängt, Wein eingiessen. Die Weisen aber sagen: Man darf ihn am Festtage nicht überspannen, und am Sabbath nicht Wein hineinschütten, sondern nur am Festtage ist letzteres erlaubt. **2**. Man darf Wasser auf Hefen giessen, um sie zu verdünnen und Wein durch ein Seihetuch oder einen egyptischen Korb seihen, ein aufgeschlagenes Ei in einen Senfdurchschlag thun, man darf auch Honigwein am Sabbath machen. R. Jehudah sagt: Am Sabbath nur im Becher, an Festtagen auch in Flaschen und in den Zwischentagen sogar im Fasse. R. Zadok meint: Alles nach der Zahl der Gäste. **3**. Man darf nicht weissen Enzian[2]) in laues Wasser zum Weichen einlegen, aber wohl in Essig thun; man darf nicht Wicken einweichen, auch nicht reiben, aber wohl in ein Sieb oder in einen Korb thun. Man darf nicht Futterstroh im Siebe sieben, auch nicht auf einen hohen Ort so legen, dass die Spreu abfällt, aber man darf es im Siebe aufnehmen und in die Krippe schütten. **4**. Man darf (die Krippe) vor dem Mastochsen reinigen, und das überflüssige Futter) über die Seite schaffen, damit es nicht verunreinigt werde, so R. Dossa. Die Weisen erklären es für unerlaubt.

---

[24]) Wenn er ein Priester ist. [1]) Obgleich es dem Ausspannen eines Zeltes ähnlich ist. [2]) חלתית = Caltha, eine gelbe, starkriechende Blume. Oder Faserkraut, welches Arzneikräfte besitzt. Nach Raschi = assa foetida. Bartenora meint, es sei eine

Man darf am Sabbath vor einem Vieh das Futter wegnehmen, und es einem anderen vorlegen. **5.** Stroh auf dem Bette, darf man nicht mit der Hand umschütteln, aber wohl mit dem Körper. Ist es aber zum Futter bestimmt, oder liegt ein Kissen oder Tuch darüber, so darf man es mit der Hand umschütteln. Eine Wasch-Presse, die man im Hause hält, darf man aufmachen, aber man darf nicht damit pressen, doch die der Wäscher, darf man nicht anrühren. R. Jehuda sagt: Wenn sie schon vor Sabbath zum Theil offen war, so darf man sie[3]) gänzlich aufmachen und herausziehen.

אוֹסְרִים. נוֹטְלִין מִלִּפְנֵי בְהֵמָה זוֹ, וְנוֹתְנִין לִפְנֵי בְהֵמָה זוֹ בְּשַׁבָּת: ה הַקַּשׁ שֶׁעַל גַּבֵּי הַמִּטָּה לֹא יְנַעַנְעֶנּוּ בְיָדוֹ, אֲבָל מְנַעַנְעוֹ בְגוּפוֹ. וְאִם הָיָה מַאֲכַל בְּהֵמָה, אוֹ שֶׁהָיָה עָלָיו כַּר, אוֹ סָדִין, מְנַעַנְעוֹ בְיָדוֹ. מַכְבֵּשׁ שֶׁל שֶׁל בַּעֲלֵי בָתִּים מַתִּירִין, אֲבָל לֹא כוֹבְשִׁין, וְשֶׁל כּוֹבְסִין לֹא יִגַּע בּוֹ. ר' יְהוּדָה אוֹמֵר אִם הָיָה מֻתָּר מֵעֶרֶב שַׁבָּת, מַתִּיר אֶת כֻּלּוֹ וְשׁוֹמְטוֹ:

(נ"א מַתִּיר אֶת כֵּלָיו וְשׁוֹמְטָן):

ABSCHNITT XXI.

פרק כא.

1. Man darf ein (verzärteltes) Kind, das einen Stein in der Hand hat, aufheben, auch einen Korb worin ein Stein liegt[1]). Man darf auch unreine תרומה mit reiner und mit חולין zusammen von der Stelle bringen. R. Jehudah sagt: Man darf auch aus מדומע unter hundert und einem die תרומה herausnehmen. **2.** Wenn ein Stein auf der Mündung eines Fasses liegt, darf man dieses an die Seite biegen, dass der Stein herunterfalle. Steht dasselbe unter mehrern Fässern, so darf man es aufheben und seitwärts neigen, dass der Stein niederfalle. Liegt Geld auf einem Polster, so darf man den Polster umlegen, so dass das Geld herunterfällt[2]); befindet sich Schmutz[3]) darauf, darf man ihn mit einem Läppchen abwischen, und wenn der Ueberzug von Leder[4]) ist, darf man Wasser darauf thun bis die Unreinigkeit abgespült ist. **3.** Die Schule Samais lehrt: Man darf Knochen und Schalen vom Tische abnehmen. Die Schule Hillels

א נוֹטֵל אָדָם אֶת בְּנוֹ וְהָאֶבֶן בְּיָדוֹ, וְכַלְכָּלָה וְהָאֶבֶן בְּתוֹכָהּ, וּמְטַלְטְלִין תְּרוּמָה טְמֵאָה עִם הַטְּהוֹרָה וְעִם הַחוּלִין. ר' יְהוּדָה אוֹמֵר, אַף מַעֲלִין אֶת הַמְדֻמָּע בְּאֶחָד וּמֵאָה: ב הָאֶבֶן שֶׁעַל פִּי הֶחָבִית מַטָּהּ עַל צִדָּהּ וְהִיא נוֹפֶלֶת. הָיְתָה בֵין הֶחָבִיּוֹת, מַגְבִּיהָהּ וּמַטָּהּ עַל צִדָּהּ וְהִיא נוֹפֶלֶת. מָעוֹת שֶׁעַל הַכַּר נוֹעֵר אֶת הַכַּר וְהֵן נוֹפְלוֹת. הָיְתָה עָלָיו לִשְׁלֶשֶׁת, מְקַנְּחוֹ בִסְמַרְטוּט. הָיְתָה שֶׁל עוֹר, נוֹתְנִין עָלֶיהָ מַיִם עַד שֶׁתִּכְלֶה: ג בֵּית שַׁמַּאי אוֹמְרִים מַגְבִּיהִין מִן הַשֻּׁלְחָן עֲצָמוֹת וּקְלִיפִּין. וּבֵית הִלֵּל אוֹמְרִים

Pflanze, die viel Wärmestoff enthalte, welche man in kälteren Gegenden geniesst. [3]) Nach anderer Leseart: die Kleider.

[1]) Doch müssen Früchte in dem Korbe liegen; wenn keine darin sind, wird der Korb eine Basis für etwas Verbotenes, dann darf man solchen nicht bewegen. [2]) Allerdings wenn er das Geld Freitag vergessen hat wegzunehmen, hat er es aber vorsätzlich liegen lassen, ist es eine Basis für etwas Verbotenes. [3]) לשלשת=Schmutz, Unrath, Hühnerdreck. Aruch. [4]) Das nicht waschbar ist.

hingegen lehrt: Man darf nur die ganze Tafel aufheben und abschütteln. — Man darf vom Tische abnehmen alle Brocken kleiner als eine Olive, auch die Schelfen von Bohnen und Linsen, weil sie zum Viehfutter dienen. — Mit einem Schwamme darf man, wenn er eine Handhabe von Leder hat, abwischen; wo nicht, darf man nicht damit wischen. Jedenfalls darf man ihn am Sabbath von seinem Orte nehmen[5])

נוֹטֵל אֶת הַטַּבְלָא כֻּלָּהּ וּמְנַעֲרָהּ. מַעֲבִירִין מֵעַל הַשֻּׁלְחָן פֵּירוּרִין פָּחוֹת מִכַּזַּיִת. וְשֵׂעָר שֶׁל אֲפוּנִין וְשֵׂעָר עֲדָשִׁים מִפְּנֵי שֶׁהוּא מַאֲכַל בְּהֵמָה. סְפוֹג אִם יֶשׁ לוֹ עוֹר בֵּית אֲחִיזָה מְקַנְּחִין בּוֹ. וְאִם לָאו אֵין מְקַנְּחִין בּוֹ. (וַחֲכָ״א) בֵּין כַּךְ וּבֵין כַּךְ נִטָּל בְּשַׁבָּת וְאֵינוֹ מְקַבֵּל טוּמְאָה:

und ist er zur Annahme von Unreinheit nicht geeignet[6]).

ABSCHNITT XXII.

1. Wenn ein Fass zerbricht, darf man daraus für drei Mahlzeiten retten[1]); auch Andern zurufen: Kommt und rettet für Euch[2])! Aber man darf nicht den Wein mit Schwamm aufnehmen. — Man darf nicht Früchte drücken, um Saft heraus zu ziehen, und wenn er von selbst herausgelaufen, darf man ihn nicht geniessen. R. Jehuda sagt: Wenn die Früchte zum Essen bestimmt waren, darf man, was herausfliesst, geniessen; wenn sie aber zum Genusse des Saftes bestimmt waren, ist was herausfliesst unerlaubt. Wenn man Honigwaben am Freitag zerbröckelt hatte, und es fliesst der Honig von selbst, so ist er unerlaubt, R. Elieser erklärt ihn für erlaubt[3]). **2.** Alles, was schon vor Sabbath in heissem Wasser (gekocht) war, darf man am Sabbath wieder in heissem Wasser einweichen, was aber noch nicht in heissem Wasser war, darf man nur mit heissem Wasser waschen[4]), ausgenommen vorjährige Salzfische (und eingesalzene kleine Fische) und

פֶּרֶק כב.

א חָבִית שֶׁנִּשְׁבְּרָה. מַצִּילִין הֵימֶנָּה מְזוֹן שָׁלֹשׁ סְעוּדוֹת. וְאוֹמֵר לַאֲחֵרִים בּוֹאוּ וְהַצִּילוּ לָכֶם. וּבִלְבַד שֶׁלֹּא יִסְפּוֹג. אֵין סוֹחֲטִין אֶת הַפֵּירוֹת לְהוֹצִיא מֵהֶן מַשְׁקִין. וְאִם יָצְאוּ מֵעַצְמָן אֲסוּרִים. ר׳ יְהוּדָה אוֹמֵר. אִם לָאוֹכְלִים. הַיוֹצֵא מֵהֶן מֻתָּר. וְאִם לְמַשְׁקִין הַיוֹצֵא מֵהֶן אָסוּר. חַלּוֹת דְּבַשׁ שֶׁרִסְּקָן מֵעֶרֶב שַׁבָּת. וְיָצְאוּ מֵעַצְמָן אֲסוּרִים. וְר׳ אֱלִיעֶזֶר מַתִּיר: ב כָּל שֶׁבָּא בְחַמִּין מֵעֶרֶב שַׁבָּת. שׁוֹרִים אוֹתוֹ בְּחַמִּין בְּשַׁבָּת. וְכָל שֶׁלֹּא בָא בְּחַמִּין מֵעֶרֶב שַׁבָּת. מְדִיחִין אוֹתוֹ בְּחַמִּין בְּשַׁבָּת. חוּץ מִן הַמָּלִיחַ הַיָּשָׁן (נ״א וְדָגִים מְלוּחִים קְטַנִּים) וְקוֹלְיָס הָאִסְפָּנִין. שֶׁהֲדָחָתָן זוֹ הִיא גְּמַר מְלַאכְתָּן: ג שׁוֹכֵר אָדָם אֶת הֶחָבִית. לֶאֱכוֹל הֵימֶנָּה גְּרוֹגָרוֹת.

spanische Kulias[5]), denn ihre Waschung ist ihre völlige Zurichtung. **3.** Man darf ein Fass anbrechen, um dürre Feigen (herauszunehmen

---

[5]) Wenn er trocken ist. [6]) Denn er ist kein Geräth von Holz, auch kein Gewand, kein Sack, auch kein Metall.

[1]) Selbst mittelst mehrerer Geräthe. [2]) Jeder Einzelne Speise für drei Mahlzeiten. [3]) Wenn die Waben zerbröckelt sind, fliesst der Honig von selbst durch das Wachs hindurch, man pflegt ihn meist zu pressen. [4]) Aber nicht einweichen. [5]) Kulias

und) zu essen, nur darf man nicht beabsichtigen ein brauchbares Gefäss zu bilden. Man darf den Spund des Fasses nicht durchbohren. So R. Jehudah. Die Weisen erklären es für erlaubt. (Nach Andern: R. Jose erlaubt es). Man darf es nicht von der Seite anbohren, und wenn es angebohrt ist, darf man nicht Wachs darauf machen, weil man es streicht. R. Jehudah erzählt: Ein Fall der Art kam einst vor R. Jochanan ben Sackai zu Arab vor, und er sagte: Ich bin im Zweifel wegen der Verschuldung eines Sündopfers. **4.** Man darf gekochte Speisen in eine Grube setzen, damit sie daselbst verwahrt bleiben; auch gutes Wasser unter ungeniessbares (im Gefässe) setzen, um es kühl zu erhalten; auch kaltes in warmes, um es zu erwärmen. Wem die Kleider unterwegs in Wasser gefallen sind, der darf weiter ohne Bedenken darin gehen. Sobald er an den äussersten Hof (der Stadt) anlangt, darf er sie in der Sonne ausbreiten, doch nicht vor dem Volke (nicht öffentlich)[6]). **5.** Wer im Wasser einer Höhle, oder in den warmen Bädern von Tiberias gebadet und sich abgetrocknet hat, selbst wenn es mit zehn Tüchern[7]) geschehen ist, darf sie nicht selbst wegbringen. Aber wenn zehn Personen sich mit einem Tuche Gesicht, Hände und Füsse getrocknet haben, so dürfen sie es wegbringen. **6.** Man darf sich salben und den Leib[8]) reiben, aber sich nicht ermüden.[9]) Man darf sich nicht den Körper bürsten[10]). Man darf nicht in Kordima[11]) hinabsteigen. Man

וּבִלְבַד שֶׁלֹּא יִתְכַּוֵּין לַעֲשׂוֹת כֶּלִי. וְאֵין נוֹקְבִים מְגוּפָה שֶׁל חָבִית, דִּבְרֵי ר׳ יְהוּדָה. וַחֲכָמִים מַתִּירִין (נ״א ר׳ יוֹסֵי מַתִּיר). וְלֹא יִקְבֶנָּה מִצִּדָּהּ, וְאִם הָיְתָה נְקוּבָה, לֹא יִתֵּן עָלֶיהָ שַׁעֲוָה, מִפְּנֵי שֶׁהוּא מְמָרֵחַ. אָמַר ר׳ יְהוּדָה מַעֲשֶׂה בָּא לִפְנֵי רַבָּן יוֹחָנָן בֶּן זַכַּאי בַּעֲרָב, וְאָמַר חוֹשְׁשַׁנִי לוֹ מֵחַטָּאת: ד נוֹתְנִין תַּבְשִׁיל לְתוֹךְ הַבּוֹר בִּשְׁבִיל שֶׁיְּהֵא שָׁמוּר, וְאֶת הַמַּיִם הַיָּפִים בָּרָעִים, בִּשְׁבִיל שֶׁיִּצֹּנוּ. וְאֶת הַצּוֹנֵן בַּחַמִּין, בִּשְׁבִיל שֶׁיֵּחַמּוּ. מִי שֶׁנָּשְׁרוּ כֵלָיו בַּדֶּרֶךְ בַּמַּיִם, מְהַלֵּךְ בָּהֶן וְאֵינוֹ חוֹשֵׁשׁ. הִגִּיעַ לֶחָצֵר הַחִיצוֹנָה, שׁוֹטְחָן בַּחַמָּה. אֲבָל לֹא כְּנֶגֶד הָעָם: ה הָרוֹחֵץ בְּמֵי מְעָרָה וּבְמֵי טְבֶרְיָא. וְנִסְתַּפֵּג אֲפִילוּ בְּעֶשֶׂר אֲלוּנְטִיאוֹת, לֹא יְבִיאֵם בְּיָדוֹ. אֲבָל עֲשָׂרָה בְּנֵי אָדָם מִסְתַּפְּגִין בַּאֲלוּנְטִית אַחַת, פְּנֵיהֶם יְדֵיהֶם וְרַגְלֵיהֶם, וּמְבִיאִים אוֹתָן בְּיָדָן: ו סָכִין וּמְמַשְׁמְשִׁין בִּבְנֵי מֵעַיִם, אֲבָל לֹא מִתְעַמְּלִים, וְלֹא מִתְגָּרְדִין. אֵין יוֹרְדִין לְקוֹרְדִּימָה, וְאֵין עוֹשִׂין

---

im Griechischen *Κολίας* eine Art Thunfisch. [6]) Diese Mischnah ist zurückgewiesen und nicht als vollgültig angenommen worden, denn es steht als Gesetzesnorm fest: Alles was die Weisen des Scheines wegen verboten haben, ist auch im Innersten der Zimmer verboten, daher darf man die Kleider auch nicht insgeheim ausbreiten. [7]) אלונטיות = lat. lintea = leinenes Tuch. [8]) Mit den Händen. [9]) מתעמלים = von עמל = Mühe; sich Mühe geben und anstrengen. Den Leib so bearbeiten, dass der Schweiss ausbricht; weil solches als ein Heilmittel anzusehen wäre, das am Sabbath zu gebrauchen, verboten ist. [10]) מתגרדין = von גרד = kratzen, schaben, bürsten. Die betreffende Bibelstelle findet sich Hiob 2, 8 ויקח לו חרש להתגרד בו. [11]) קורדימה der Name eines Flusses oder einer Gegend, die auch פולימא genannt wird, dessen Grund schlammig und voll Lehm war, wo der Badende leicht stecken bleibt und nur mit Mühe herausgezogen wird.

אַפִּיקְטְוִזִין, וְאֵין מְעַצְּבִין אֶת הַקָּטָן, וְאֵין מַחֲזִירִים אֶת הַשֶּׁבֶר. מִי שֶׁנִּפְרְקָה יָדוֹ אוֹ רַגְלוֹ, לֹא יְטָרְפֵם בְּצוֹנֵן, אֲבָל רוֹחֵץ הוּא כְדַרְכּוֹ, וְאִם נִתְרַפָּא נִתְרַפָּא:

darf keine Brechmittel nehmen[12]) Man darf keinem Kinde die Glieder gewaltsam richten[13]); man darf nicht einen Bruch wieder einrichten[14]). Wer sich die Hand oder den Fuss verrenkt hat[15]), darf sie nicht mit kaltem Wasser begiessen, sondern wie gewöhnlich waschen und wenn es davon heilt, so mag es sein.

פרק כג.

ABSCHNITT XXIII.

א שׁוֹאֵל אָדָם מֵחֲבֵירוֹ כַּדֵּי יַיִן וְכַדֵּי שֶׁמֶן, וּבִלְבַד שֶׁלֹּא יֹאמַר לוֹ הַלְוֵינִי. וְכֵן הָאִשָּׁה מֵחֲבֶרְתָּהּ כִּכָּרוֹת, וְאִם אֵינוֹ מַאֲמִינוֹ, מַנִּיחַ טַלִּיתוֹ אֶצְלוֹ, וְעוֹשֶׂה עִמּוֹ חֶשְׁבּוֹן לְאַחַר שַׁבָּת. וְכֵן עֶרֶב פֶּסַח בִּירוּשָׁלַיִם שֶׁחָל לִהְיוֹת בַּשַּׁבָּת, מַנִּיחַ טַלִּיתוֹ אֶצְלוֹ, וְנוֹטֵל אֶת פִּסְחוֹ, וְעוֹשֶׂה עִמּוֹ חֶשְׁבּוֹן לְאַחַר יוֹם טוֹב: ב מוֹנֶה אָדָם אֶת אוֹרְחָיו וְאֶת פַּרְפְּרוֹתָיו מִפִּיו אֲבָל לֹא מִן הַכְּתָב. וּמֵפִיס עִם בָּנָיו וְעִם בְּנֵי בֵיתוֹ עַל הַשֻּׁלְחָן, וּבִלְבַד שֶׁלֹּא יִתְכַּוֵּן לַעֲשׂוֹת מָנָה גְדוֹלָה כְּנֶגֶד קְטַנָּה, מִשּׁוּם קוּבְיָא. וּמְטִילִין חֲלָשִׁים עַל הַקֳּדָשִׁים בְּיוֹם

1. Man darf sich von einem Andern Krüge mit Wein oder Oel am Sabbath borgen, nur darf man dabei nicht ausdrücklich sagen: Leihe mir[1]). Eben so darf sich die Frau von der Andern Brote borgen; und man darf, wenn Jener einem nicht traut, seinen Tuchmantel beim Verleiher zurücklassen, um mit ihm nach Sabbath Abrechnung zu halten. Eben so wenn der Tag vor dem פסח-Feste auf einen Sabbath fällt, kann man gegen Zurücklassung seines Tuchmantels ein Pessach-Lamm ausnehmen und nach dem Feiertage mit dem Verkäufer berechnen*). **2.** Man darf seine Gäste und seine Leckerbissen auswendig überzählen, aber nicht aus einem Verzeichniss[2]). Man darf das Loos entscheiden lassen[3]) bei seinen Kindern und Hausgenossen[4]), nur gehe man nicht darauf aus, eine grössere Gabe gegen eine kleinere zu setzten — wegen Würfelspiels[5]). Lose[6]) darf man über die Opfer-

---

[12]) אפיקטוזין Bartenora erklärt das Wort von אפיק טוי זיין so viel als = die Speise aus dem Magen herauszubringen = Brechmittel. [13]) מעצבין wie es in Hiob 10, 8 heisst: ידיך עצבוני ויעשוני Deine Hände hatten mich geformt und gefertigt. [14]) Wenn etwa ein Knochen gebrochen ist. Doch die הלכה (Gesetzesnorm) ist nicht so, sondern es ist erlaubt. [15]) נפרקה = Man vergleiche Genesis 27, 40, והיה כאשר תריד ופרקת עלו מעל צוארך dann kannst Du abschütteln, ablösen, losmachen, abschneiden. Davon das Rabbinische = Abschnitt, sowohl in der Zeit als im Raume.

[1]) Auf längere Zeit, das sind gewöhnlich dreissig Tage. [2]) Weil es verboten ist profane Schriften am Sabbat zu lesen. [3]) מפים eigentlich „besänftigen"; durch die Entscheidung des Loses werden die Streitenden besänftigt; daher פיים Los und davon wieder מפים „losen". [4]) Ueber die ihnen zu vertheilenden Speisen, Gaben und dgl. Unter Fremden ist Losen an Sabbat- und Festtagen als Geschäftsthätigkeit untersagt. [5]) Welches auch an Wochentagen verboten ist. קוביא griechisch *κυβεία*. [6]) חַלָשׁ Los hängt mit חלש schwach sein ebenso zusammen wie das gleichbedeutende und im Talmud gebräuchlichere פיים mit dem Verbum מפים, welches in unserer Mischna „losen", eigentlich aber „besänftigen" heisst. Die Grund-

*) Hier endet die Uebersetzung und Erklärung des sel. Dr. Sammter. Der Herausgeber.

theile⁷) am Festtage werfen, aber
nicht über die Gaben⁸). **3.** Man
miethe nicht Arbeiter am Sabbat⁹)
und gebe auch einem Andern keinen
Auftrag, ihm Arbeiter zu miethen.
Man darf nicht zur Sabbatgrenze
sich begeben¹⁰), um (jenseits derselben) nach Sonnenuntergang Arbeiter zu miethen oder Früchte zu
holen¹¹), wohl aber Früchte zu
hüten¹²), wodann man auch welche
mitbringen kann. Im Allgemeinen
sagt Abba Saul: In jeder Sache,
die mir anzuordnen gestattet ist,
darf ich vor Sabbatausgang zur
Sabbatgrenze mich verfügen¹³).
4. Man darf zur Sabbatgrenze sich
begeben um Nachts nach den Angelegenheiten einer Braut und nach
denen einer Leiche zu sehen, einen
Sarg und Todtenkleider herbeizuschaffen. Hat ein Nichtjude Flöten
am Sabbat gebracht, soll sie der
Jude nicht zur Todtenklage verwenden, sie wären denn aus einem
nahen Ort¹⁴) gekommen. Hat man
für i h n¹⁵) einen Sarg gemacht, ein
Grab gegraben, so darf der Jude in
ihm begraben werden; wenn aber für den Juden, so darf dieser nie
in ihm bestattet werden¹⁶). **5.** Man verrichte alle Erfordernisse der
Leiche, man salbe und wasche sie, nur rühre man kein Glied an ihr;

טוב. אֲבָל לֹא עַל הַמָּנוֹת: ג לֹא
יִשְׂכּוֹר פּוֹעֲלִים בְּשַׁבָּת. וְלֹא יֹאמַר
אָדָם לַחֲבֵרוֹ לִשְׂכּוֹר לוֹ פּוֹעֲלִים.
אֵין מַחְשִׁיכִין עַל הַתְּחוּם לִשְׂכּוֹר
פּוֹעֲלִים.וּלְהָבִיא פֵירוֹת.אֲבָל מַחְשִׁיך
הוּא לִשְׁמוֹר. וּמֵבִיא פֵּירוֹת בְּיָדוֹ.
כְּלָל אָמַר אַבָּא שָׁאוּל. כֹּל שֶׁאֲנִי
זַכַּאי בַּאֲמִירָתוֹ. רַשַּׁאי אֲנִי לְהַחְשִׁיך
עָלָיו: ד מַחְשִׁיכִין עַל הַתְּחוּם
לְפַקֵּחַ עַל עִסְקֵי כַלָּה. וְעַל עִסְקֵי
הַמֵּת.לְהָבִיא לוֹ אָרוֹן וְתַכְרִיכִין. נָכְרִי
שֶׁהֵבִיא חֲלִילִין בְּשַׁבָּת לֹא יִסְפּוֹד
בָּהֶן יִשְׂרָאֵל. אֶלָּא אִם כֵּן בָּאוּ מִמָּקוֹם
קָרוֹב. עָשׂוּ לוֹ אָרוֹן וְחָפְרוּ לוֹ קֶבֶר.
יִקָּבֵר בּוֹ יִשְׂרָאֵל.וְאִם בִּשְׁבִיל יִשְׂרָאֵל.
לֹא יִקָּבֵר בּוֹ עוֹלָמִית: ה עוֹשִׂין כָּל
צָרְכֵי הַמֵּת. סָכִין וּמְדִיחִין אוֹתוֹ.
וּבִלְבַד שֶׁלֹּא יָזִיזוּ בּוֹ אֵבֶר. שׁוֹמְטִין

bedeutung von חלש ist nämlich der Begriff des Milden und Sanften; daher im
Arabischen حلا süss sein im Gegensatz zum Sauern und Bittern, deren Geschmack ein
herber ist.   Aus diesem Begriff hat sich erst die Bedeutung „schwach sein" in
חלש entwickelt, und aus dieser wieder die Bedeutung „krank sein" in חלה. In der
Bibel ist חלש als Los nicht nachweisbar.   Die von Vielen herbeigezogene Belegstelle חולש על גוים (Jes. 14,12) wird von Anderen „S i e g e r über die Völker" übersetzt nach Ex. 17,13. ⁷) Um sie unter den Priestern zu vertheilen. ⁸) Die man
nach aufgehobener Tafel seinen Gästen (ביצה V. 7. — Gen. 43, 34 משאת genannt)
oder bei Festlichkeiten seinen Freunden (Ester 9,19; ביצה I. 9.) zu vertheilen pflegte.
⁹) Es ist unstatthaft, am Sabbat מצוא חפצך ודבר דבר „deine Geschäfte und mit
Worten wahrzunehmen" (Jes. 58, 13). ¹⁰) Sabbatgrenze (תחום) heisst die Linie, bis
zu welcher man an Sabbat- und Festtagen gehen darf, (s. Einl. z. Tr. Erubin Abs.
4) — התחום על מחשיכין eig. an der Sabbatgrenze Nacht machen. ¹¹) Die erst ge-
pflückt werden sollen. ¹²) Was ja innerhalb des תחום auch am Sabbat erlaubt ist.
¹³) Wenn es sich um ein frommes Werk handelt, darf man am Sabbat auch solche
Anordnungen für den folgenden Tag treffen, welche heute nicht ausgeführt werden
dürften; unter gleicher Voraussetzung darf man bis zum תחום gehen, um nach
Sabbat jenseits desselben eine am Sabbat selbst innerhalb des תחום verbotene
Thätigkeit früher in Angriff nehmen zu können. Abba Saul widerstreitet also der
von einem Ungenannten (תנא קמא) vertretenen Ansicht, nach welcher man nur in
solchen Angelegenheiten zum תחום gehen darf, die man innerhalb desselben auch
am Sabbat wahrnehmen könnte (vgl. Anm. 12.), gleichviel ob es sich um ein
frommes Werk handelt, oder nicht. Wir entscheiden wie Abba Saul. ¹⁴) Aus
einem innerhalb des תחום gelegenen Orte. ¹⁵) Für den Nichtjuden. ¹⁶) Falls der

את הַכַּר מִתַּחְתָּיו. וּמַטִּילִין אוֹתוֹ עַל הַחוֹל בִּשְׁבִיל שֶׁיַּמְתִּין. קוֹשְׁרִין אֶת הַלֶּחִי. לֹא שֶׁיַּעֲלֶה. אֶלָּא שֶׁלֹּא יוֹסִיף. וְכֵן קוֹרָה שֶׁנִּשְׁבְּרָה סוֹמְכִין אוֹתָהּ בְּסַפְסָל. אוֹ בַאֲרוּכוֹת הַמִּטָּה. לֹא שֶׁתַּעֲלֶה. אֶלָּא שֶׁלֹּא תוֹסִיף. אֵין מְעַמְּצִין אֶת הַמֵּת בְּשַׁבָּת. וְלֹא בְחוֹל עִם יְצִיאַת נֶפֶשׁ. וְהַמְעַמֵּץ עִם יְצִיאַת הַנֶּפֶשׁ הֲרֵי זֶה שׁוֹפֵךְ דָּמִים:

man ziehe das Kissen unter ihr weg und lasse sie auf den Sand gleiten um (die Verwesung) zu verzögern; man unterbinde das Kinn, nicht dass es sich hebe, sondern nur dass es nicht fortfahre (sich zu senken); ebenso darf man einen zerbrochenen Balken mit einer Bank oder den Seitenwänden des Bettes stützen, nicht dass er sich hebe, sondern nur dass er nicht fortfahre (sich zu senken). Man drücke dem Todten am Sabbat nicht die Augen zu, und nicht an Wochentagen während des Todeskampfes. Wer einem mit dem Tode Ringenden die Augen zudrückt[17]), hat Blut vergossen[18]).

פרק כד.

ABSCHNITT XXIV.

א מִי שֶׁהֶחְשִׁיךְ לוֹ בַּדֶּרֶךְ. נוֹתֵן כִּיסוֹ לְנָכְרִי. וְאִם אֵין עִמּוֹ נָכְרִי. מַנִּיחוֹ עַל הַחֲמוֹר. הִגִּיעַ לֶחָצֵר הַחִיצוֹנָה. נוֹטֵל אֶת הַכֵּלִים הַנִּטָּלִין בְּשַׁבָּת. וְשֶׁאֵינָן נִטָּלִין בְּשַׁבָּת. מַתִּיר אֶת הַחֲבָלִים וְהַשַּׂקִּים נוֹפְלִין מֵאֲלֵיהֶם: **ב** מַתִּירִין פְּקִיעֵי עָמִיר לִפְנֵי בְהֵמָה. וּמְפַסְפְּסִין אֶת הַכִּיפִין. אֲבָל לֹא אֶת הַזִּירִין. אֵין מְרַסְּקִין לֹא אֶת הַשַּׁחַת. וְלֹא אֶת הֶחָרוּבִין לִפְנֵי בְהֵמָה. בֵּין דַּקָּה וּבֵין גַּסָּה. ר׳ יְהוּדָה מַתִּיר בֶּחָרוּבִין לְדַקָּה: **ג** אֵין אוֹבְסִין אֶת

1. Wen unterwegs die Dunkelheit überfällt, mag seinen Beutel[1]), einem Nichtjuden geben; ist kein Nichtjude bei ihm, so lege er ihn auf den Esel. Beim äussersten Hofe angelangt, nehme er die Geräthe ab[2]), die am Sabbat genommen werden können[3]); von denen, die nicht genommen werden dürfen[3]), löse er die Stricke, so dass die Säcke von selbst herunterfallen. **2.** Man darf Strohbündel[4]) für's Vieh aufbinden[5]); junges Reis darf man sogar aufschütteln[6]), nicht aber dreifach gebundenes Stroh[7]). Man zerstückle weder unreife Halme[8]), noch Johannisbrod für's Vieh, gleichviel ob Grossvieh oder Kleinvieh[9]). R. Juda gestattet es bei Johannisbrod für Kleinvieh[10]). **3.** Man darf ein Kamel nicht stopfen[11]), ihm

---

Sarg, bez. das Grab öffentlich für ihn gemacht wurde. [17]) Oder sonst ein Glied an ihm rührt. [18]) Hat seinen Tod beschleunigt.

[1]) Der so werthvoll ist, dass zu befürchten steht, er möchte ihn selbst tragen, wenn sich ihm kein anderer Ausweg zeigte. Sonst ist es nicht gestattet, eine verbotene Thätigkeit durch einen Nichtjuden oder ein Thier ausführen zu lassen. [2]) Denn es wäre Thierquälerei, den Esel bis Sabbatausgang die Last tragen zu lassen. [3]) S. oben K. XVII. [4]) Die so gebunden sind, dass die Auflösung des Knotens am Sabbat nicht untersagt ist. S. oben K. XV 1—2. [5]) Da das Vieh sonst nicht davon essen kann, so ist es keine unnütze Mühe, sie aufzubinden. [6]) Um es so dem Vieh geniessbarer zu machen. [7]) Welches man, obgleich es fester gepresst ist, doch nur wie einfache Strohbündel aufbinden, nicht aber aufschütteln darf. [8]) שחת = Getreide, das noch nicht $^1/_3$ seiner Reife erlangt hat. [9]) Ueberflüssige und daher unerlaubte Bemühung. [10]) Nach seinem Urtheil sind sie sonst dem Kleinvieh ungeniessbar. [11]) Grosse Mengen ihm ins Maul stecken.

das Futter[12]) nicht hinunterzwängen, wohl aber in's Maul stecken; auch Kälbern darf man es nicht hinunterzwängen, wohl aber in's Maul stecken; ebenso darf man es den Hühnern eingeben. Man darf Wasser in die Kleie geben, aber nicht kneten. Man darf nicht Wasser hinstellen vor Bienen und vor Tauben im Taubenschlag[13]), wohl aber darf man es hinstellen vor Gänse, Hühner und Haustauben[14]). **4.** Man darf Kürbisse[15]) für's Vieh zerschneiden[16]) und Aas[17]) für die Hunde[18]). R. Juda sagt: Wenn es nicht schon am Vorabend des Sabbat Aas gewesen, ist es verboten, weil es nicht vom „Vorbereiteten" ist[19]). **5.** Gelübde können am Sabbat vernichtet werden[20]); gelöst[21]) können solche Gelübde werden, welche etwas für diesen Sabbat Notwendiges betreffen. Man darf die Lichtöffnung verstopfen[22]), einen Lappen und ein Tauchbad messen[23]). Es geschah in den Tagen des Vaters von R. Zadok und in den Tagen des Abba Saul ben Botnith, dass man die Lichtöffnung mit einem Thonkrug verstopfte und einen Topf mit Bast befestigte[24]), um zu untersuchen, ob die Tonne eine Oeffnung von Handbreite hätte, oder nicht[25]); aus ihren

הַגָּמָל, וְלֹא דוֹרְסִין, אָבָל מַלְעִיטִין, וְאֵין מַמְרִים אֶת הָעֲגָלִין, אָבָל מַלְעִיטִין, וּמְהַלְקְטִין לַתַּרְנְגוֹלִים, וְנוֹתְנִין מַיִם לַמּוּרְסָן, אָבָל לֹא גוֹבְלִין, וְאֵין נוֹתְנִין מַיִם לִפְנֵי דְבוֹרִים, וְלִפְנֵי יוֹנִים שֶׁבַּשּׁוֹבָךְ, אָבָל נוֹתְנִין לִפְנֵי אַוְּזִין וְתַרְנְגוֹלִים, וְלִפְנֵי יוֹנֵי הֶרְדִּיסִיוֹת. ד מְחַתְּכִין אֶת הַדְּלוּעִין לִפְנֵי הַבְּהֵמָה, וְאֶת הַנְּבֵלָה לִפְנֵי הַכְּלָבִים. רַבִּי יְהוּדָה אוֹמֵר, אִם לֹא הָיְתָה נְבֵלָה מֵעֶרֶב שַׁבָּת אֲסוּרָה, לְפִי שֶׁאֵינָה מִן הַמּוּכָן: ה מְפִירִין נְדָרִים בְּשַׁבָּת, וְנִשְׁאָלִין לִנְדָרִים שֶׁהֵן לְצוֹרֶךְ הַשַּׁבָּת. פּוֹקְקִין אֶת הַמָּאוֹר, וּמוֹדְדִין אֶת הַמַּטְלִית וְאֶת הַמִּקְוֶה. וּמַעֲשֶׂה בִּימֵי אָבִיו שֶׁל ר' צָדוֹק וּבִימֵי אַבָּא שָׁאוּל בֶּן בָּטְנִית, שֶׁפָּקְקוּ אֶת הַמָּאוֹר בְּטָפִיחַ, וְקָשְׁרוּ אֶת הַמְּקֵידָה בְּגֶמִי לֵידַע אִם יֵשׁ בַּגִּיגִית פּוֹתֵחַ טֶפַח

---

[12]) Selbst in kleineren Quantitäten, aber so tief, dass es dieselben nicht mehr ausspeien kann. [13]) Weil sie ihre Nahrung selbst sich suchen und nicht wie die Hausthiere gefüttert zu werden brauchen. [14]) הרדיסיות nach Herodes so genannt, der sie zuerst einführte. [15]) Einzahl דלעת, arab. ذلاع Kürbiss, (verwandt mit דלה, דלל herabhängen) „lang herabhängende Frucht". [16]) Wenn sie vor Sabbat abgeflückt wurden. [17]) Selbst von einem am Sabbat gefallenen Thiere. [18]) Wenn sie es unzerschnitten nicht fressen können. [19]) מן המוכן — Gegensatz: מוקצה, worüber die Einleitung zum Tractat ביצה nachzulesen ist. Nach R. Juda ist das Aas eines Thieres, welches am Freitag noch gesund, also dem Menschen zur Nahrung bestimmt war, für die Hunde nicht vorbereitet, mithin מוקצה. [20]) Von dem Vater oder dem Gatten eines Weibes nach 4. B. M. 30. 6, 9, 13, weil ihre Befugniss erlischt, so bald der Tag vorübergegangen, ohne dass sie es vernichtet hätten; daselbst Vv. 5, 8, 12. [21]) Durch einen Schriftgelehrten oder drei Laien. [22]) S. oben XVII, 7. [23]) Aber nur zu religiösen Zwecken, u. z. jenen, um zu untersuchen, ob er drei Daumenbreiten im Geviert (eine Fläche von 9 Quadrat-Daumenbreiten) hat, mithin als er mit einem unreinen Gegenstand und später wieder mit einem reinen in Berührung kam, für levitische Unreinheit empfänglich und dieselbe zu übertragen geeignet war; dieses, um zu untersuchen, ob es die vorgeschriebene Wassermenge (3 Kubikellen) enthält. Messungen zu anderen als Religionszwecken sind untersagt. [24]) An eine Stange oder dergl.; da man einen Knoten für die Dauer am Sabbat nicht machen darf, so nahm man statt eines Strickes oder einer Schnur, lieber Bast, das sich zu dauernder Befestigung nicht eignet. [25]) Der hier vorausgesetzte Thatbestand ist folgender:

Worten lernen wir, dass man am Sabbat verstopfen, messen und knüpfen darf.

אִם לָאו. וּמִדִּבְרֵיהֶם לָמַדְנוּ. שֶׁפּוֹקְקִין, וּמוֹדְדִין, וְקוֹשְׁרִין בְּשַׁבָּת:

סליק מסכת שבת.

In einer engen Gasse zwischen 2 Häusern, welche durch eine auf den Dächern beider Häuser ruhende Tonne überdacht ist, liegt ein Sterbender. Sein Tod würde nicht nur die Gasse, sondern auch die beiden Häuser verunreinigen, deren Lichtöffnungen (Fenster) auf dieses Gässchen gehen. Nun hat allerdings die Tonne einen breiten Spalt, der sie vollständig in 2 Hälften theilt, so dass nur das Haus gefährdet ist, auf dessen Dache diejenige Hälfte ruht, unter welcher der Sterbende liegt, das andere Haus aber geschützt wäre, wenn dieser Spalt die Breite einer Hand hätte. Um dies zu untersuchen, befestigte man einen handbreiten Topf an einer Stange, mit welcher man ihn bis zum Spalt erheben konnte. Zuvor hatte man jedoch aus Vorsicht — für den Fall nämlich, dass der Tod während der Untersuchung eintreten und diese das gewünschte Resultat nicht ergeben, der Spalt also nicht die erforderliche Breite haben sollte — die Lichtöffnung des zu schützenden Hauses durch einen Thonkrug mit nach aussen gewendetem Boden verstopft, damit die Unreinheit nicht eindringe. Thongefässe sind nämlich von aussen für Unreinheit nicht empfänglich und bilden daher einen wirksamen Schutz gegen dieselbe. So die Erklärung Raschi's mit einigen Modifikationen, zu welchen uns die von Tosafot geltend gemachten Schwierigkeiten veranlasst haben. Man kann auch annehmen, dass nur das Fenster des einen Hauses verstopft wurde, in dessen Nähe der Sterbende lag, worauf man den Spalt auf seine Breite untersuchte, um zu entscheiden, ob auch das Fenster des andern, entferntern Hauses verstopft werden müsse oder nicht. Möglich auch, dass nur ein Haus eine Lichtöffnung nach dem Gässchen hin hatte und also nur dieses in Betracht kam. Es gibt noch viele andere Erklärungen des Thatbestandes, welche bald mehr, bald weniger von dieser Darstellung abweichen; ich erwähne namentlich die von R. Chananel, Maimonides, Bartinora, Lipschütz. Sie leiden aber alle mehr oder weniger an erheblichen Schwierigkeiten, am meisten die von L. im תפארת ישראל, nach welcher man die Tonne erst am Sabbat, nachdem schon das Fenster verstopft war, hingestellt hat (wozu?!), was wohl, abgesehen von allem Andern, als Herstellung einer Ueberdachung (אהל) unstatthaft ist.

Traktat Erubin. מַסֶּכֶת עֵרוּבִין

Uebersetzt und erklärt von **Dr. E. Baneth**, Rabbiner in Krotoschin.

Aus dem Traktat Sabbat kann als bekannt vorausgesetzt werden, dass es am Sabbat verboten ist, Gegenstände, die in einer רשות הרבים, einer רשות היחיד oder einer כרמלית sich befinden, aus dem einen in den andern dieser Räume zu schaffen. Beschäftigt sich doch die erste Hälfte jenes Traktats grösstentheils mit diesem Verbote. Auch innerhalb einer רשות הרבים oder einer כרמלית darf man 4 Ellen weit nichts tragen, was nicht zur Kleidung gehört, innerhalb einer רשות היחיד dagegen ist der Verkehr nach dieser Richtung hin in keiner Weise eingeschränkt, und wäre es ein noch so grosser, ja selbst öffentlicher Raum wie z. B. eine Synagoge, oder gar eine rings mit Mauern umgebene Millionenstadt, deren Thore auch nur des Nachts geschlossen sind. Doch muss man auch hier zwischen geschlossenen Räumen, die zu unserer ausschliesslichen Verfügung sind, und solchen, deren Besitz oder Benutzungsrecht wir mit Anderen theilen, unterscheiden. Nur innerhalb einer und derselben רשות היחיד ist das „Tragen" keiner Beschränkung unterworfen. Der Zwischenverkehr aber ist hier noch mehr erschwert als selbst zwischen einer כרמלית und der andern, ja selbst zwischen einer רשות הרבים und der andern. Während in diesem Zwischenverkehr wenigstens innerhalb der 4 Ellen das „Tragen" erlaubt ist, dürfen wir nichts aus unseren Privaträumen in die eines Andern, ja nicht einmal in solche, deren Mitbesitzer wir sind, auch nur einen Schritt weit tragen. Zwei Nachbarn dürfen keinen Gegenstand aus ihrer Wohnung in den

gemeinschaftlichen Flur, aus diesem in ihre Wohnung schaffen. Der von allen Seiten umschlossene Hofraum ist eine רשות היחיד, auf welche alle Einwohner gleiches Anrecht haben. In ihm befindliche Gegenstände dürfen nach Belieben von einem Ende des Hofes nach dem andern geschafft werden, da das „Tragen" innerhalb einer und derselben רשות היחיד keiner Beschränkung unterliegt, und wäre es auch ein Mehreren gemeinsamer Privatraum; nicht aber dürfen dieselben aus dem Hofe in eine der zu ihm gehörigen Wohnungen, vielweniger in eine der Wohnungen des Nachbarhofes getragen werden. Ebenso wenig darf man Gegenstände aus der Wohnung nach dem eigenen Hofe, geschweige denn nach dem Hofe eines Andern schaffen, auch wenn man sie nicht über die Strasse tragen müsste, **es sei denn, dass sämmtliche Einwohner** eines oder auch mehrerer durch eine Thür oder Leiter in Verbindung stehender Höfe **nur eine Familie bilden.** In diesem Falle ist das Familienoberhaupt alleiniger Inhaber des ganzen Hofes bez. Höfecomplexes, die übrigen Bewohner desselben, welche von seiner Tafel ihren Unterhalt bekommen, sind nur seine Hausgenossen, obgleich jeder von ihnen seine eigenen Räume bewohnt. Die nächsten Angehörigen eines Hausvaters bilden mit der Dienerschaft eo ipso eine solche Familie; es können aber auch fremde, untereinander nicht verwandte und auch in keinem Dienstverhältniss zu einander stehende Inhaber verschiedener Wohnungen eines Hofes oder Höfecomplexes sich ad hoc zu einer Familie vereinigen, indem sie Einen von ihnen zum Hausvater wählen und dadurch, dass sie ihr Brot vor Beginn des Sabbats zu ihm bringen, zu erkennen geben, dass sie gleichsam an seiner Tafel speisen, mithin als seine Hausgenossen sich betrachten wollen, so dass alle ihre sonst getrennten Wohnräume am Sabbat zu einer einzigen, Allen gemeinsamen Wohnung, zu einer und derselben רשות היחיד sich verschmelzen. Eine so intensive Vereinigung heisst עירוב Vermischung, Verschmelzung. Sie ermöglicht den einzelnen Einwohnern, nach Belieben Gegenstände des Hofes in ihre Wohnungen und umgekehrt hinüber zu schaffen. — Hat aber auch nur Einer derselben an dieser Vereinigung nicht theilgenommen, so dürfen auch die übrigen nichts hinein- oder hinaustragen, es sei denn, dass jener auf sein Besitzrecht für diesen Tag zu ihren Gunsten verzichtet.

Was eben von der Vereinigung zu einer Familie (עירוב) gesagt wurde, gilt auch vom Societätsverhältniss (שיתוף). Zwei oder mehrere Personen, welche einen gemeinsamen Haushalt führen, können aus der Wohnung, die jede von ihnen für sich allein inne hat, in den gemeinschaftlichen Flur, Hof oder Höfecomplex herüber und hinübertragen, falls sie keinen Fremden zum Miteinwohner haben. Wo ein solches Verhältniss nicht von vornherein in Wirklichkeit besteht, kann es vor Beginn des Sabbat ad hoc geschaffen werden, indem sämmtliche Theilnehmer ihre Zusammengehörigkeit in ähnlicher Weise wie beim עירוב zum Ausdruck bringen; nur dass dieselbe hier, wo das Verhältniss lange nicht so innig als beim עירוב ist, nicht ausschliesslich durch Brod, sondern durch fast jedes Nahrungsmittel bekundet wird, welches dann auch nicht, wie beim עירוב, in einem bewohnten Raume, sondern blos im Hofraum aufbewahrt werden muss. Diese ihrer Natur wie ihrem ganzen Charakter nach weniger intensive Vereinigung ist dafür um so extensiver. Sie findet ihre Anwendung bei der Bildung eines Societätsverhältnisses unter sämmtlichen Bewohnern einer oder mehrerer Strassen (שיתופי מבואות), welches ihnen ermöglichen soll, Gegenstände aus ihren Häusern und Höfen auf die Strasse und über diese hinweg in die Häuser und Höfe ihrer Nachbarn zu tragen, während für die weniger umfangreiche Vereinigung sämmtlicher Bewohner einer oder mehrerer in unmittelbarer Verbindung stehender Höfe die Form des עירוב vorgeschrieben ist, die innigere Verschmelzung zu einer Familie (עירובי חצרות). Beide Arten der Vereinigung sind nur dem Grade, nicht dem Wesen nach verschieden. —

Da aber jede Strasse im günstigsten Falle eine כרמלית ist, so dass die in ihr befindlichen Gegenstände selbst innerhalb derselben nicht 4 Ellen weit, viel

weniger in die Höfe und Häuser getragen werden dürfen, so muss dieselbe erst in eine רשות היחיד überhaupt umgewandelt werden, ehe man daran denken kann, sie mit all ihren Höfen und Wohnungen zu einer und derselben רשות היחיד zu machen. Dem שיתוף muss also eine jener Vorkehrungen vorangehen, welche, an allen Eingängen einer Strasse vorschriftsmässig angebracht, derselben den Charakter einer רשות היחיד verleihen. Von diesen und ähnlichen Vorkehrungen handelt das 1. und 2. Kapitel unseres Traktats.

Das 3.—5. Kapitel beschäftigt sich mit dem תחום, der Grenzlinie, bis zu welcher man sich an Sabbat- und Festtagen von seinem Wohnorte entfernen darf. Dieselbe wird für jede einzelne Ortschaft durch genaue Messungen festgestellt, die von einem Fachmanne (מומחה) geleitet werden. Zu diesem Behufe wird zunächst um das ganze Weichbild des Ortes ein Rechteck construirt, dessen Seiten parallel sind dem „Weltquadrate" (רבוע העולם), einem imaginären, dem Horizonte des betreffenden Ortes so umschriebenen Quadrate, dass die Mittelpunkte seiner 4 Seiten (die 4 Berührungspunkte) mit dem Ost- Süd- West- und Nordpunkte des Horizontes zusammenfallen. Das Weichbild eines Ortes (עיבורה של עיר) ist ein schmaler Streifen Landes, welcher nach innen von der äussersten Kante der letzten Häuser begrenzt wird, nach aussen aber von einer Linie, die sich in einer constanten Entfernung von $70^2/_3$ Ellen rings um den Ort zieht. Diese Linie stellt natürlich eine den verschiedenen Bebauungsplänen verschiedener Ortschaften entsprechend wechselnde, in den meisten Fällen unregelmässige Figur dar. Durch die äussersten Punkte dieser Figur werden die Linien gezogen, welche das erwähnte Rechteck bilden, dessen Seiten nun nach beiden Richtungen um je 2000 Ellen verlängert werden (die Elle hat in unserm ganzen Traktate wie in den Traktaten Kilajim und Sukka 6 Handbreiten od. 24 Daumenbreiten; 1 D. = 2 cm.) So entseht auf den 4 Seiten der Ortschaft je eine Fläche (Sabbatbezirk), deren Länge der angrenzenden Seite des Rechtecks entspricht, deren Breite aber stets 2000 Ellen beträgt. An den 4 Enden, da wo je zwei dieser Flächen zusammenstossen, bilden sich daher 4 Quadrate von je 2000 Ellen im Geviert, welche auch noch zum Sabbatbezirk gehören, und da die Diagonale eines Quadrats um etwas mehr als $^2/_5$ grösser ist als jede Seite desselben [nach dem Pythagoräischen Lehrsatz ist das Quadrat der Hypotenuse gleich den Quadraten der beiden Katheten, mithin die Diagonale eines Quadrats $= \sqrt{2}$, oder ungefähr $^7/_5$, dessen Quadrat ($^{49}/_{25}$) ja nur um 0,04 kleiner ist als 2], so kann man in der Diagonale des תחום 2800 ($= ^7/_5 \times 2000$) Ellen an Sabbat- und Festtagen gehen. In dringenden Fällen ist es gestattet, das erwähnte Rechteck so zu zeichnen, dass seine verlängerte Diagonale durch zwei der 4 genannten Punkte des Horizontes geht, um sich selbst in gerader Richtung, den Seiten des „Weltquadrates" parallel, 2800 Ellen von seinem Wohnort entfernen zu dürfen. Um jenseits des תחום ein religiöses Gebot am Sabbat- oder Festtage erfüllen zu können, ist es sogar erlaubt, vor Beginn desselben seinen Wohnsitz für den betreffenden Tag nach einem Orte zu verlegen, welcher sowohl von dem gewöhnlichen Wohnorte, als auch von der Station, an welcher das Gebot erfüllt werden soll, erreichbar ist, also zwischen Beiden so liegt, dass er von keinem der beiden Punkte mehr als 2000 bez. 2800 Ellen entfernt ist. Wie diese Verschmelzung der Sabbatbezirke zweier 4000 bez. 5600 Ellen von einander entfernter Ortschaften zu einem Sabbatbezirk, עירוב תחומין, bewerkstelligt wird, welche Consequenzen sie hat, wie die Messungen vorzunehmen sind, und welche Folgen das Ueberschreiten des תחום hat, darüber handelt das 3.—5. Kapitel unseres Traktats. Das 6.—9. beschäftigt sich mit עירובי חצרות und שיתופי מבואות; das 10. bespricht den Verkehr zwischen רשות היחיד und רשות הרבים, unter welchen Voraussetzungen derselbe gestattet ist. Seinen Namen עירובין (Verschmelzungen) führt der Traktat von den beiden Arten des עירוב, welche er zum Gegenstande hat: עירובי תחומין und עירובי חצרות nebst שיתופי מבואות.

ABSCHNITT I.

1. Ein Strasseneingang[1]), der höher ist als zwanzig Ellen, muss niedriger gemacht werden[2]); R. Juda sagt: es ist nicht nöthig[3]). Ist seine Breite mehr als zehn Ellen[4]), muss sie verringert werden[5]); hat er aber eine Art Thürrahmen[6]), so braucht er, obgleich er breiter als zehn Ellen[7]) ist, nicht enger[8]) gemacht zu werden[9]). **2.** Vorschriftsmässig[10]) macht den Strasseneingang nach Bet Schammai ein Pfosten und ein Querbalken, nach Bet Hillel ein Pfosten oder ein Querbalken; R. Elieser meint: zwei Pfosten; im Namen des R. Ismael sagte ein Schüler[11]) vor R. Akiba: Bet Schammai und Bet Hillel sind nicht getheilter Ansicht über einen Strasseneingang, der weniger als vier Ellen (Breite) hat; ein solcher wird erlaubt entweder durch einen Pfosten oder durch einen Querbalken; worüber sind ihre Meinungen getheilt? über einen von vier bis zehn Ellen breiten; da sagt Bet Schammai: Pfosten und Balken, Bet Hillel dagegen: Pfosten oder Balken. Darauf sprach R. Akiba: ihre Meinungen gehen hier wie dort auseinander. **3.** Der Querbalken, von dem sie sprechen, muss breit genug sein, um einen Halbziegel aufnehmen zu können. Der Halbziegel ist zwar die Hälfte eines Ziegels von drei Handbreiten[12]); dennoch genügt für

פֶּרֶק א.

א מָבוֹי שֶׁהוּא גָבוֹהַּ לְמַעְלָה מֵעֶשְׂרִים אַמָּה, יְמַעֵט. ר׳ יְהוּדָה אוֹמֵר אֵינוֹ צָרִיךְ. וְהָרָחָב מֵעֶשֶׂר אַמּוֹת יְמַעֵט. וְאִם יֶשׁ לוֹ צוּרַת פֶּתַח, אַף עַל פִּי שֶׁהוּא רָחָב מֵעֶשֶׂר אַמּוֹת אֵין צָרִיךְ לְמַעֵט: **ב** הֶכְשֵׁר מָבוֹי, בֵּית שַׁמַּאי אוֹמְרִים לֶחִי וְקוֹרָה, וּבֵית הִלֵּל אוֹמְרִים לֶחִי אוֹ קוֹרָה. רַבִּי אֱלִיעֶזֶר אוֹמֵר, לְחָיַיִן. מִשּׁוּם רַבִּי יִשְׁמָעֵאל אָמַר תַּלְמִיד אֶחָד לִפְנֵי ר׳ עֲקִיבָא, לֹא נֶחְלְקוּ בֵּית שַׁמַּאי וּבֵית הִלֵּל עַל מָבוֹי שֶׁהוּא פָּחוֹת מֵאַרְבַּע אַמּוֹת שֶׁהוּא נִתָּר אוֹ בַלֶּחִי אוֹ בַקּוֹרָה. עַל מַה נֶחְלְקוּ? עַל רָחָב מֵאַרְבַּע אַמּוֹת וְעַד עֶשֶׂר, שֶׁבֵּית שַׁמַּאי אוֹמְרִים לֶחִי וְקוֹרָה, וּבֵית הִלֵּל אוֹמְרִים אוֹ לֶחִי אוֹ קוֹרָה. אָמַר ר׳ עֲקִיבָא עַל זֶה וְעַל זֶה נֶחְלְקוּ: **ג** הַקּוֹרָה שֶׁאָמְרוּ, רְחָבָה כְּדֵי לְקַבֵּל אָרִיחַ. וְאָרִיחַ חֲצִי לְבֵנָה שֶׁל שְׁלֹשָׁה טְפָחִים. דַּיָּהּ לַקּוֹרָה שֶׁתְּהֵא רְחָבָה

---

[1]) Die in Rede stehende Strasse ist von drei Seiten geschlossen, mithin eine כרמלית, welche durch einen an der vierten, offenen Seite (dem Eingange) angebrachten Querbalken (s. die folgende Mischna) zu einer רשות היחיד gemacht wurde. [2]) Der Balken, der in solcher Höhe nicht ins Auge fällt, muss tiefer gesetzt werden; hat er jedoch Verzierungen, welche geeignet sind, den Blick auf sich zu lenken, so kann er auch höher als 20 Ellen angebracht werden. [3]) Er betrachtet nämlich den Balken als vierte Wand. [4]) Vgl. Mischna 8. [5]) Nach R. Juda ist es auch hier nicht nötig. [6]) Zwei Pfosten und eine Oberschwelle, welche nicht auf den Pfosten zu ruhen braucht, sondern in beliebiger Höhe lotrecht über denselben angebracht sein kann. Die Pfosten müssen weniger als drei Handbreiten von der Erde entfernt sein und eine Höhe von mindestens 10 Handbreiten haben; sie können ebenso wie die Oberschwelle aus beliebigem Material und von minimaler Dicke sein. [7]) Und höher als 20 Ellen. [8]) Und auch nicht niedriger. [9]) Mit anderen Worten: ist der מבוי breiter als 10 Ellen, so ist צורת הפתח erforderlich. [10]) Hinsichtlich des Hinundhertragens innerhalb der Strasse; s. Anmerk. 1. [11]) R. Meir. [12]) Im Geviert.

den Balken die Breite einer Handbreite, um einen Halbziegel seiner[13])
Länge nach aufzunehmen[14]). **4.**
Breit genug, um einen Halbziegel
aufzunehmen, und stark genug, um
einen Halbziegel aufnehmen zu
können. R. Juda sagt: Breit, wenn
auch nicht stark. **5.** Ist er aus
Stroh oder Rohr, betrachtet man
ihn, als wäre er aus Metall[15]);
krumm, betrachtet man ihn, als
wäre er gerade; rund, betrachtet
man ihn, als wäre er viereckig;
was drei[16]) Handbreiten im Umfange
hat, dessen Breite beträgt eine
Handbreite. **6.** Die Pfosten, von
denen sie sprechen, haben eine Höhe
von zehn Handbreiten[17]), eine Breite
und Dicke von beliebiger[18]) Grösse.
R. Jose sagt: eine Breite von drei
Handbreiten. **7.** Alles kann man
als Pfosten anbringen, sogar ein
belebtes Wesen[19]), was R. Jose verbietet. Als Grabdeckel kann es die
Unreinheit übertragen[20]); R. Meir
erklärt es für rein. Man kann auf
ihm Scheidebriefe schreiben; nach
R. Jose dem Galliläer ist es dazu
unbrauchbar. **8.** Wenn eine Karavane[21]) in einem Thale lagert und
dasselbe[22]) rings mit Viehgeräthen[23])
umgeben hat, darf man in ihm hin-
undhertragen[24]), nur muss es eine zehn Handbreiten hohe Umzäunung

טֶפַח, כְּדֵי לְקַבֵּל אָרִיחַ לְאָרְכּוֹ:
ד רָחְבָּה כְּדֵי לְקַבֵּל אָרִיחַ. וּבְרִיאָה
כְּדֵי לְקַבֵּל אָרִיחַ. ר' יְהוּדָה אוֹמֵר.
רְחָבָה אַף עַל פִּי שֶׁאֵינָהּ בְּרִיאָה:
ה הָיְתָה שֶׁל קַשׁ אוֹ שֶׁל קָנִים,
רוֹאִין אוֹתָהּ כְּאִלּוּ הִיא שֶׁל מַתֶּכֶת.
עֲקוּמָה, רוֹאִין אוֹתָהּ כְּאִלּוּ הִיא
פְּשׁוּטָה. עֲגוּלָה, רוֹאִין אוֹתָהּ כְּאִלּוּ
הִיא מְרֻבַּעַת. כָּל שֶׁיֵּשׁ בְּהֶקֵּפוֹ
שְׁלֹשָׁה טְפָחִים, יֵשׁ בּוֹ רוֹחַב טֶפַח:
ו לְחָיַיִן שֶׁאָמְרוּ, גָּבְהָן עֲשָׂרָה
טְפָחִים, וְרָחְבָּן וְעָבְיָן כָּל שֶׁהוּא
ר' יוֹסֵי אוֹמֵר. רָחְבָּן שְׁלֹשָׁה טְפָחִים:
ז בַּכֹּל עוֹשִׂין לְחָיַיִן, אֲפִלּוּ בְּדָבָר
שֶׁיֵּשׁ בּוֹ רוּחַ חַיִּים. וְר' יוֹסֵי אוֹסֵר.
וּמְטַמֵּא מִשּׁוּם גּוֹלָל, וְר' מֵאִיר
מְטַהֵר. וְכוֹתְבִין עָלָיו גִּטֵּי נָשִׁים
וְר' יוֹסֵי הַגְּלִילִי פּוֹסֵל: ח שַׁיָרָה
שֶׁחָנְתָה בְּבִקְעָה וְהִקִּיפוּהָ בִּכְלֵי
בְהֵמָה, מְטַלְטְלִין בְּתוֹכָהּ. וּבִלְבַד
שֶׁיְּהֵא גָדֵר נָבוֹהַּ עֲשָׂרָה טְפָחִים.

---

[13]) Des Balkens; man muss demnach ארכה und nicht לארכו lesen. Besser ist die
genügend bezeugte Lesart לרחבו, seiner (des Halbziegels) Breite nach, welche
die Talmudausgaben haben.   [14]) So dass seine Breite, welche 1½ Hand- oder
6 Daumenbreiten beträgt zu beiden Seiten des Balkens je eine Daumenbreite her-
vorragt, welche durch den Lehm oder Mörtel verklebt würde. [15]) Weitere Ausführung der Ansicht des R. Juda. [16]) Ungenau! (s. Tosafot!). Genauer und für
praktische Zwecke hinreichend: $3\frac{1}{7}$ (Maimonides z. St.); noch genauer für geo-
metrische und astronomische Zwecke: 3,14159265358979 (Ludolfische Zahl, π). Ganz
genau lässt sich das Verhältniss des Umfanges zum Durchmesser eines Kreises nicht
feststellen. [Auffallend ist der Irrthum Lipschütz's welcher in seinem תפארת ישראל z.
St. das Verhältnis auf den Kopf stellt, indem er bei einem Umfange von 3 Handbreiten eine Breite (Durchmesser) von 1½, voraussetzt und daher die Ungenauigkeit
in den Angaben der Mischna mit דק לא לחומרא rechtfertigt, obgleich schon Heller
in תוס' יו"ם z. St. gerade hierin ganz richtig ein דק לא קולא לקולא דק erblickt.] [17]) Und darüber. [18]) Selbst minimaler. [19]) Wenn es die vorgeschriebene Höhe von 10
Handbreiten hat und so gebunden ist, dass es nicht nur seinen Platz verlassen, sondern nicht einmal sich niederkauern kann. [20]) Auch nachdem es aufgehört
hat, als solcher zu dienen. [21]) שורה syr. ﻤﺴﻳﺮ dass.; arab. سار (n. v. سير) reisen.
[22]) Vor Beginn des Sabbat. [23]) Sattelzeug und dgl. [24]) טלטל Iterativum von סל (verwandt

וְלֹא יְהוּ פְּרָצוֹת יְתֵרוֹת עַל הַבִּנְיָן.
כָּל פִּרְצָה שֶׁהִיא כְּעֶשֶׂר אַמּוֹת מֻתֶּרֶת,
מִפְּנֵי שֶׁהִיא כְפֶתַח, יֶתֶר מִכָּאן אָסוּר:
ט מַקִּיפִין שְׁלֹשָׁה חֲבָלִים זֶה לְמַעְלָה
מִזֶּה, וְזֶה לְמַעְלָה מִזֶּה, וּבִלְבַד שֶׁלֹּא
יְהֵא בֵּין חֶבֶל לַחֲבֵירוֹ שְׁלֹשָׁה טְפָחִים.
שִׁיעוּר חֲבָלִים וְעָבְיָן יֶתֶר עַל טֶפַח,
כְּדֵי שֶׁיְּהֵא הַכֹּל עֲשָׂרָה טְפָחִים:
י מַקִּיפִין בְּקָנִים, וּבִלְבַד שֶׁלֹּא יְהֵא
בֵּין קָנֶה לַחֲבֵרוֹ שְׁלֹשָׁה טְפָחִים.
בְּשַׁיָּרָה דִּבְּרוּ. דִּבְרֵי ר׳ יְהוּדָה.
וַחֲכָמִים אוֹמְרִים, לֹא דִבְּרוּ בְשַׁיָּרָה
אֶלָּא בַהוֶֹה. כָּל מְחִיצָה שֶׁאֵינָהּ
שֶׁל שְׁתִי וְשֶׁל עֵרֶב אֵינָהּ מְחִיצָה.
דִּבְרֵי ר׳ יוֹסִי בַּר יְהוּדָה. וַחֲכָמִים
אוֹמְרִים אֶחָד מִשְּׁנֵי דְבָרִים. אַרְבָּעָה
דְבָרִים פָּטְרוּ בְמַחֲנֶה, מְבִיאִין עֵצִים
מִכָּל מָקוֹם, וּפְטוּרִים מֵרְחִיצַת יָדַיִם,
וּמִדְּמַאי, וּמִלְּעָרֵב:

sein; auch dürfen die Lücken[25]) nicht mehr betragen als das Gebaute[26]). Jede Lücke, die ungefähr zehn Ellen beträgt, ist erlaubt[27]), weil sie gleichsam ein Eingang ist; darüber hinaus aber ist sie verboten[28]). **9.** Sie können mit drei Stricken umzäunen, von denen der eine über dem andern, dieser wieder über dem letzten (befestigt ist), nur darf nicht zwischen je zwei Stricken[29]) (ein freier Raum von) 3 Handbreiten[30]) sein. Die Dimension der Stricke, u. z. hinsichtlich ihrer Dicke[31]) muss mehr als eine Handbreite betragen, damit alles zusammen[32]) zehn Handbreiten ausmache[33]). **10.** Sie können mit Rohrstäben umzäunen, nur darf zwischen je zweien nicht (ein freier Raum von) drei Handbreiten[30]) sein. Von einer Karavane ist die Rede[34]), betont R. Juda; die Weisen aber sagen: man sprach nur deshalb von einer Karavaue, weil gerade der Fall vorlag[35]). Jede Wand die nicht (wenigstens) aus Kette und Einschlag[36]) besteht, gilt nicht als Wand[37]). So die Ansicht des R. Jose bar Juda; die Weisen aber sagen: eins von Beiden (genügt). Vier Dinge hat man im Lager[38]) gestattet: sie könneu Holz von jedem Orte requiriren und sind frei vom Waschen der Hände[39]), von דמאי[40]) und vom עירוב[41]).

---

mit נטל = tragen). [25]) Zwischen den einzelnen Geräthen in ihrer Gesammtheit. [26]) Als die Gesammtlänge des Raumes, welchen die Geräthe einnehmen. [27]) Vorausgesetzt, dass die in den Anm. 25 und 26 erläuterte Bedingung erfüllt ist. [28]) Und wäre sie auch die einzige. Haben die Lücken eine צורת פתח (s. Anm. 6), so dürfen sie unter der in Anm. 27 angedeuteten Voraussetzung auch breiter als 10 Ellen sein. [29]) Desgleichen zwischen dem untersten und der Erde. [30]) Was nicht durch einen Zwischenraum von wenigstens 3 Handbreiten getrennt ist, ist לבוד — als zusammenhängendes Ganze zu betrachten. [31]) שיעור חבלים ועובין — etwas holperige Umschreibung von עובי חחבלים: die Dicke der Stricke — weil עובי nicht gern ohne Suffix gebraucht wird; möglich auch, dass שיעור an dieser Stelle Summe bedeutet. [32]) Die ganze Entfernung von der Erde bis zum obersten Stricke einschliesslich. [33]) Da die 3 Zwischenräume zusammengenommen etwas weniger als 9 Handdreiten haben, so ist, wenn die 3 Stricke zusammen, um dieses Etwas dicker sind als 1 Handbreite, ein Zaun von der erforderlichen Höhe hergestellt. [34]) Nur einer Karavane von mindestens 3 Personen ist es in der Wüste gestattet, eine Umzäunung blos durch Stricke (wagerecht) oder blos durch Stäbe (lotrecht) herzustellen; Andere müssen so umzäunen, dass die Stäbe oder Stricke sich gitterartig kreuzen. [35]) Dass dies der Sinn von בהווה ist, und nicht, wie Andere glauben, „beispielsweise" oder „weil das am häufigsten vorkommt", geht unzweideutig aus Jebamot XV, 2. hervor. [36]) Aus gitterartig sich kreuzenden Stäben, Stricken und dgl. [37]) Nicht einmal für eine Karavane in der Wüste. [38]) Selbst einem Eroberungsheere. [39]) Vor der Mahlzeit. [40]) Von der Pflicht, aus den Früchten, die sie von Unzuverlässigen bekommen, die Priestergaben abzusondern (s. Demai III. 1.) [41]) Sie dürfen auch ohne עירוב

ABSCHNITT II.

1. Um die Brunnen[1]) macht man einen Bretterzaun aus vier Doppelbrettern[2]), die wie acht aussehen[3]). So die Ansicht des R. Juda; R. Meir sagt: aus acht (Brettern), die wie zwölf aussehen, nämlich aus vier Doppel- und vier einfachen Brettern[4]). Ihre Höhe ist zehn Handbreiten, ihre Breite deren sechs, ihre Dicke nach Belieben, und zwischen ihnen ein freier Raum für zwei Gespanne von je drei — nach R. Meir, nach R. Juda dagegen je vier — aneinander nicht lose gebundenen Ochsen[5]) von denen das eine hineingehen kann, während das andere hinausgeht[6]). **2.** Es ist gestattet dem Brunnen noch näher zu rücken[7]), nur muss die Kuh mit dem Kopfe und dem grössern Theil des Körpers[8]) beim Trinken innen sein können; es ist gestattet nach Belieben hinauszurücken[9]), nur muss man die Zahl der Bretter vermehren[10]). **3.** R. Juda sagt: nur bis zu einer Fläche von zwei Maass (Aussaat)[11]). Da sagten sie zu ihm: eine Fläche von

פֶּרֶק ב.

א עוֹשִׂין פַּסִּין לַבֵּירָאוֹת. אַרְבָּעָה דְיוֹמָדִין נִרְאִין כִּשְׁמֹנָה. דִּבְרֵי רַבִּי יְהוּדָה. ר׳ מֵאִיר אוֹמֵר. שְׁמֹנָה נִרְאִין כִּשְׁנֵים עָשָׂר. אַרְבָּעָה דְיוֹמָדִין וְאַרְבָּעָה פְשׁוּטִים. גָּבְהָן עֲשָׂרָה טְפָחִים. וְרָחְבָּן שִׁשָּׁה. וְעָבְיָן כָּל שֶׁהוּא. וּבֵינֵיהֶן כִּמְלֹא שְׁתֵּי רְבָקוֹת שֶׁל שָׁלֹשׁ שָׁלֹשׁ בָּקָר. דִּבְרֵי ר׳ מֵאִיר. ר׳ יְהוּדָה אוֹמֵר. שֶׁל אַרְבַּע אַרְבַּע. קְשׁוּרוֹת וְלֹא מֻתָּרוֹת. אַחַת נִכְנֶסֶת וְאַחַת יוֹצְאָה: ב מֻתָּר לְהַקְרִיב לַבְּאֵר. וּבִלְבָד שֶׁתְּהֵא פָרָה רֹאשָׁהּ וְרֻבָּהּ בִּפְנִים וְשׁוֹתָה. מֻתָּר לְהַרְחִיק כָּל שֶׁהוּא. וּבִלְבַד שֶׁיַּרְבֶּה בַּפַּסִּין: ג ר׳ יְהוּדָה אוֹמֵר. עַד בֵּית סָאתַיִם. אָמְרוּ לוֹ.

חצרות (s. die Einleitung) Gegenstände aus dem Lager in die Zelte und aus ihnen ins Lager tragen, wenn dieses vorschriftsmässig umzäunt ist.   [1]) בֵּירָאוֹת neuhebräischer Plural st. בְּאֵרוֹת. Ein Brunnen der eine Höhe (Tiefe) von 10 und eine Breite von 4 Hanbreiten im Geviert hat, ist רְשׁוּת הַיָּחִיד. Befindet er sich in einer כַּרְמְלִית oder רְשׁוּת הָרַבִּים, so muss eine bestimmte Fläche rings um denselben erst durch eine Umzäunung zu רְשׁוּת הַיָּחִיד gemacht werden, damit man von seinem Wasser am Sabbat schöpfen dürfe. [2]) Deren jedes aus 2 auf einander senkrecht befestigten Brettern besteht. [3]) Dadurch, dass jedes einzelne einen rechten Winkel bildet. [4]) Die 4 Doppelbretter an den 4 Ecken und zwischen je zweien 1 einfaches. [5]) Die Breite (Dicke) eines solchen beträgt $1\frac{2}{3}$ Ellen. Nach R. Meïr misst der freie Raum zwischen je zwei Doppelbrettern $6 \times 1\frac{2}{3} = 10$ Ellen und ist daher als „Eingang" gestattet (s. K. 1. M. 8; die dort vorausgesetzte Bedingung ולא יהו פרצות יתירות על הבנין ist hier ausnahmsweise erlassen). Nur wenn der Zwischenraum mehr als 10 Ellen beträgt, fordert er ein einfaches Brett zwischen je zwei Doppelbrettern. Nach R. Juda misst derselbe $8 \times 1\frac{2}{3} = 13\frac{1}{3}$ Ellen; ist der Zwischenraum grösser, so sind auch nach ihm Zwischenbretter erforderlich; s. die folgende Mischna! [6]) Also nicht 10 bez. $13\frac{1}{3}$ ganz genau gemessene Ellen! [7]) Und eine kleinere als die oben angegebene Normalfläche, die 12 bez. $15\frac{1}{3}$ Ellen im Geviert hat, zu umzäunen (1 Elle = 6 Handbreiten). [8]) Zusammen 2 Ellen. Bei der Normalumzäunung darf also der Brunnen einen Durchmesser von höchstens 10 bez. $13\frac{1}{3}$ Ellen haben. [9]) Um eine grössere als die Normalfläche zu umzäunen. [10]) Je weiter man die Umzäunung vom Mittelpunkt des Brunnens entfernt, desto grösser werden die freien Räume zwischen den nur 6 Handbreiten oder 1 Elle in der Breite messenden Brettern; es müssen daher immer wieder Zwischenbretter eingeschoben werden, damit die Zwischenräume an keiner Stelle mehr als 10 bez. $13\frac{1}{3}$ Ellen betragen. [11]) בֵּית סָאתַיִם, abgekürzt aus בֵּית סָאתַיִם זֶרַע 1. Könige 18, 32; eine Fläche, die gleich dem Vorhof des מִשְׁכָּן (100 E. lang, 50 breit — Exod. 27, 18.)

לֹא אָמְרוּ בֵּית סָאתַיִם אֶלָּא לְגִנָּה, וְלַקַּרְפֵּף. אֲבָל אִם הָיָה דִיר אוֹ סַהַר אוֹ מוּקְצֶה אוֹ חָצֵר, אֲפִלּוּ בֵּית חֲמֵשֶׁת כּוֹרִין, אֲפִלּוּ בֵּית עֲשָׂרָה כּוֹרִין מֻתָּר. וּמֻתָּר לְהַרְחִיק כָּל שֶׁהוּא, וּבִלְבָד שֶׁיַּרְבֶּה בְּפַסִּין: ד ר׳ יְהוּדָה אוֹמֵר, אִם הָיְתָה דֶרֶךְ הָרַבִּים מַפְסִיקָתָן, יְסַלְּקֶנָּה לַצְּדָדִין. וַחֲכָמִים אוֹמְרִים אֵינוֹ צָרִיךְ. אֶחָד בּוֹר הָרַבִּים וּבְאֵר הָרַבִּים, וּבְאֵר הַיָּחִיד, עוֹשִׂין לָהֶן פַּסִּין. אֲבָל לְבוֹר הַיָּחִיד עוֹשִׂין לוֹ מְחִיצָה גְּבוֹהָה עֲשָׂרָה טְפָחִים. דִּבְרֵי ר׳ עֲקִיבָא. ר׳ יְהוּדָה בֶּן בָּבָא אוֹמֵר, אֵין עוֹשִׂין פַּסִּין אֶלָּא לִבְאֵר הָרַבִּים בִּלְבָד, וְלַשְּׁאָר עוֹשִׂין חֲגוֹרָה גְּבוֹהָה עֲשָׂרָה טְפָחִים: ה וְעוֹד אָמַר רַבִּי יְהוּדָה בֶּן בָּבָא. הַגִּנָּה וְהַקַּרְפֵּף שֶׁהִיא שִׁבְעִים אַמָּה וְשִׁירַיִם עַל

zwei Maass (Aussaat) hat man nur hinsichtlich eines Gartens oder eines Holzplatzes[12]) erwähnt; handelt es sich aber um eine Pferche, eine Hürde, einen Hinter- oder einen Vorderhof[13]), so ist selbst eine Fläche von fünf Kor[14]), ja zehn Kor gestattet; man darf also[15]) nach Belieben hinausrücken[9]), wenn man nur die Zahl der Bretter vermehrt[10]). **4.** R. Juda sagt: Wenn ein öffentlicher Weg zwischen ihnen[16]) durchführt, muss man ihn seitwärts ablenken[17]); die Weisen sagen: es ist nicht nöthig. Sowohl um eine öffentliche Cisterne und einen öffentlichen Brunnen, als auch um einen Privatbrunnen[18]) kann man diesen Bretterzaun machen; um eine Privatcisterne aber[19]) muss man eine Wand[20]) von zehn Handbreiten Höhe errichten. Dies die Worte des R. Akiba; R. Juda ben Baba sagt: nur um einen öffentlichen Brunnen darf man diesen Bretterzaun machen[21]), um die Uebrigen macht man einen Gürtel[22]) von zehn Handbreiten Höhe. **5.** Ferner sagt R. Juda ben Baba: Wenn ein Garten oder Holzplatz, der (nicht mehr als) siebenzig Ellen nebst dem Bruchtheil[23]) im Geviert hat, mit

---

5000 Q.-Ellen hat. [12]) Weil sie nicht als Wohnraum umzäunt werden (לא הוקפו לדירה), sondern nur zum Schutze des darin Befindlichen, gelten für sie bei einer Fläche von mehr als 5000 Q.-Ellen die Bestimmungen über כרמלית. [13]) Die sämmtlich als הוקף לדירה gelten. [14]) Ein Kor (כור) = 30 Maass (סאה). [15]) Da auch die Umzäunung dieser Brunnen als הוקף לדירה anzusehen ist. [16]) Zwischen den Brettern, welche die Umzäunung darstellen. [17]) So dass er ausserhalb des Zaunes an diesem vorbeiführt; sonst wird diese Art von Umzäunung durch den innerhalb derselben sich bewegenden öffentlichen Verkehr ihres Charakters als רשות היחיד beraubt. [18]) Der nie versiegt [19]) Von der befürchtet werden muss, dass man in ihrer Umzäunung auch dann noch hinundhertragen wird, wenn ihr Wasser bereits erschöpft ist, was bei einer öffentlichen Zisterne nicht zu befürchten ist. [20]) Einen Zaun, der den Vorschriften in K. 1 M. 8. genügt. [21]) Der ja nur eine unvollkommene Umzäunung darstellt, sofern seine Lücken bei weitem mehr betragen als der durch die Bretter bedeckte Raum. Eine solch mangelhafte, regelwidrige Umzäunung kann nur ausnahmsweise gestattet sein als Erleichterung für die Pilger, welche zur Feier der drei Feste nach Jerusalem wandern (Deut. 16, 16); ihre Anwendung muss daher auf die öffentlichen Brunnen beschränkt werden, aus denen die Pilger das Wasser für ihre Thiere schöpfen. Für sich dürfen sie innerhalb dieses Bretterzaunes nicht einmal aus öffentlichen Brunnen schöpfen, müssen vielmehr hinuntersteigen um zu trinken. [22]) Eine Umzäunung (nach Raschi: aus Stricken, ähnlich der in K. 1. M. 9), welche sie von allen Seiten umgiebt; s. Anm. 20. [23]) Welcher zu 70 addirt werden muss, wenn das Quadrat ein בית סאתים (5000 Q.-Ellen) sein soll. „Da 5000 keine Quadratzahl ist, lässt sich dieser Bruchtheil nur annähernd, niemals ganz genau berechnen“ (כי לא נגיע לעולם לידיעת גדר חשבון שאינו גדור אלא בקירוב ואין זה לחסרון דעתנו)

שִׁבְעִים אַמָּה וְשִׁירַיִים מֻקֶּפֶת גָּדֵר
גְּבוֹהָה עֲשָׂרָה טְפָחִים. מְטַלְטְלִין
בְּתוֹכָהּ. וּבִלְבָד שֶׁיֵּשׁ בָּהּ שׁוֹמֵרָה
אוֹ בֵית דִּירָה. אוֹ שֶׁתְּהֵא סְמוּכָה
לָעִיר. רַבִּי יְהוּדָה אוֹמֵר. אֲפִלּוּ אֵין
בָּהּ אֶלָּא בוֹר וְשִׁיחַ וּמְעָרָה מְטַלְטְלִין
בְּתוֹכָהּ. ר׳ עֲקִיבָא אוֹמֵר אֲפִלּוּ אֵין
בָּהּ אֶחָד מִכָּל אֵלּוּ מְטַלְטְלִין בְּתוֹכָהּ.
וּבִלְבָד שֶׁיְּהֵא בָהּ שִׁבְעִים אַמָּה
וְשִׁירַיִים עַל שִׁבְעִים אַמָּה וְשִׁירַיִים.
ר׳ אֱלִיעֶזֶר אוֹמֵר. אִם הָיְתָה אָרְכָּהּ
יֶתֶר עַל רָחְבָּהּ אֲפִלּוּ אַמָּה אַחַת.
אֵין מְטַלְטְלִין בְּתוֹכָהּ. ר׳ יוֹסֵי אוֹמֵר
אֲפִלּוּ אָרְכָּהּ פִּי שְׁנַיִם בְּרָחְבָּהּ
מְטַלְטְלִין בְּתוֹכָהּ: ו אָמַר ר׳ אֶלְעָאִי.
שָׁמַעְתִּי מֵרַבִּי אֱלִיעֶזֶר אֲפִלּוּ הִיא

einem Zaun von zehn Handbreiten Höhe umgeben ist, darf man in ihm hinundhertragen, nur muss er eine Wächterhütte oder ein Wohnhaus haben, oder wenigstens in der Nähe[24]) der Ortschaft[25]) sich befinden. R. Juda[26]) sagt: wenn auch nur eine Grube, ein Graben oder eine Höhle[27]) sich darin befindet, darf man in ihm hinundhertragen. R. Akiba sagt: obgleich von all diesen Dingen kein einziges darin ist, darf man doch in ihm hinundhertragen, wenn er nur (nicht mehr als) siebenzig Ellen und den Bruchtheil im Geviert hat[28]). R. Elieser sagt: wenn seine Länge auch nur um e i n e Elle grösser ist[29]) als seine Breite[30]), darf man in ihm nicht hinundhertragen[31]). R. Jose sagt: wenn auch seine Länge das Zweifache seiner Breite beträgt, darf man in ihm hinundhertragen[32].)

6. R. El'aï sagte: Ich hörte von R. Elieser: wenn er auch die Fläche

---

(אלא מפני מבע זה החשבן) — Maimonides z. St., nach welchem er annähernd $^5/_7$ beträgt $= 0,714285777...$ Genauer hat ihn R. Elia Wilner auf 4 Handbreiten, $1^1/_{18}$ Daumenbreiten berechnet $= 307/432$ Ellen $= 0,7106481481481...$ Auf 37 Dezimalstellen berechnet ist $\sqrt{5000} = 70,7106781186547524400844362104849039285$. [24]) Im Sabbatbezirk (s. Einl.) [25]) Des Eigenthümers. [26]) R. Juda (ohne nähere Bezeichnung) ist R. J. bar El'aï. [27]) בור, Grube — rund; שיח, Graben — lang und schmal; מערה, Höhle — viereckig und überdacht: Baba Kamma 50b. [28]) Dieser Zusatz wäre überflüssig, wenn nicht R. Akiba auch hierin von R. Juda und R. Juda b. Baba abwiche. Während nämlich diese die Seite des Quadrates möglichst genau berechnet wissen wollen (s. Anm. 23), lässt jener für den Bruchtheil nur die runde Zahl von 4 Handbreiten ($= \frac{2}{3}$ Ell.) gelten Die Differenz (0,0440114519880857734177695438182372619) beträgt etwa $1^1/_{20}$ Daumenbreiten und ist daher allerdings eine unbedeutende (דבר מועט. s. גמרא z. St. und die Erklärung Maimunis und R. Chananel's, welcher wir gefolgt sind, im Gegensatz zu sämmtlichen neueren Mischnacommentaren, welche Raschis von den Tosafot angefochtene Erklärung aufgenommen haben). Dass aber unter dem Bruchtheil, wo es auf grosse Genauigkeit nicht ankommt, $\frac{2}{3}$ Elle zu verstehen ist, sagt Jerusalmi z. St. ausdrücklich und geht übrigens auch aus einer Vergleichung der 2. und der 3. Mischna im 5. Perek deutlich genug hervor. [29]) אם היתה ארכה וכו׳ — Subjekt ist immer noch גנה, daher היתה (weiblich)! Wäre ארכה Subjekt im Satze, müsste es היה heissen. Grammatisch ist ארכה יתר על רחבה als e i n Begriff aufzufassen, welcher die Stelle des Prädikats vertritt. [30]) Soll heissen: als das Zweifache seiner Breite. Tosefta, Gemara. [31]) Obgleich sein Flächeninhalt dadurch nicht mehr als 5000 Q.-Ellen (בית סאתים) beträgt. [32]) Nach R. Jose darf die Länge 100, die Breite 50 Ellen messen; nach R. Elieser dagegen (s. Anm. 30), der unter „Länge" die Diagonale versteht, ist das Verhältniss der beiden Seiten nicht mehr $= 100 : 50$, sondern nur $= \sqrt{3} : 1$. Da auch 3 keine Quadratzahl ist, so lässt sich die Grösse der Seiten auch hier nur annähernd berechnen [ואי אפשר להוציאם בדיוק לפי שהם כולם חשבונות בלתי גדורים — Maimonides z. St, welcher für die Länge $93^1/_{27}$, für die Breite $53^1/_3$, für die Diagonale $107^1/_2$ Ellen als u n g e f ä h r e Grösse angibt. Es ist klar, dass in diesen Angaben ein Schreib- oder Druckfehler

eines Kor (Aussaat)[33] hat; desgleichen hörte ich von ihm: wenn von den Einwohnern eines Hofes einer vergessen hat, sich am Erub zu betheiligen[34], ist seine Wohnung hinsichtlich des Hinein- und Hinaustragens ihm verboten[35], ihnen aber gestattet[36]; desgleichen hörte ich von ihm, dass man am Pesach mit עקרבנין[37] der Pflicht[38] genügt. Ich machte die Runde bei allen seinen Schülern und suchte mir einen Genossen[39], fand aber keinen.

כְּבֵית כּוֹר. וְכֵן שָׁמַעְתִּי מִמֶּנּוּ, אַנְשֵׁי חָצֵר שֶׁשָּׁכַח אֶחָד מֵהֶן וְלֹא עֵרַב, בֵּיתוֹ אָסוּר מִלְּהַכְנִיס וּמִלְּהוֹצִיא לוֹ, אֲבָל לָהֶם מֻתָּר. וְכֵן שָׁמַעְתִּי מִמֶּנּוּ, שֶׁיּוֹצְאִין בְּעֻקְרַבְּנִין בְּפֶסַח. וְחָזַרְתִּי עַל כָּל תַּלְמִידָיו וּבִקַּשְׁתִּי לִי חָבֵר, וְלֹא מָצָאתִי:

ABSCHNITT III.

פרק ג.

1. Mit Allem[1] kann man עירוב[2] und שיתוף[3] machen, nur nicht mit Wasser oder Salz; alles[1] kann für das Geld des Zehnten[4] gekauft werden, nur nicht Wasser oder

א בַּכֹּל מְעָרְבִין וּמִשְׁתַּתְּפִין, חוּץ מִן הַמַּיִם וּמִן הַמֶּלַח, וְהַכֹּל נִקָּח בְּכֶסֶף מַעֲשֵׂר, חוּץ מִן הַמַּיִם וּמִן

---

sich eingeschlichen. Schon Heller macht in seinen תוס׳ יו״ט darauf aufmerksam, dass $\sqrt{(93^1/_{27})^2+(53^1/_3)^2}$ noch nicht $107\frac{1}{4}$ ausmacht. Obgleich nun der Umstand, dass $2\times 53^1/_3$ noch nicht einmal $= 107$ ist, ihn darauf hätte führen können, hat er doch den Sitz des Fehlers, der nicht in $107\frac{1}{2}$, sondern in $53\frac{1}{3}$ — l. $53^2/_3$ — zu suchen ist, nicht erkannt, weil er Maimonides zwar nachgerechnet, sich aber nicht die Frage vorgelegt hat, wie jener zu diesem Ergebniss gelangte. Zur Beantwortung dieser Frage hier einige Fingerzeige! Berechnet soll werden die Länge (x) und die Breite (y) eines Rechtecks, dessen Diagonale (d) das Zweifache der Breite misst, und dessen Flächeninhalt (xy)=5000 Quadratellen ist.

Nach der Voraussetzung ist $xy = 5000$
und $2y = d$;
nach dem Pythagoräischen Lehrsatze ist $x^2+y^2=d^2$. — Aus diesen Gleichungen ergibt sich: $y^2 = d^2 - x^2 = 4y^2 - x^2 = 4y^2 - \frac{25000000}{y^2}$. Durch Rechnung erhält man nun:

$$y = \sqrt[4]{\frac{25000000}{3}} = 53,7284965911770959776669078352 96$$

$$x = \sqrt{d^2 - y^2} = \sqrt{3y^2} = 93,0604859102099598941218800711 73069$$

$$d = 2y = \sqrt{x^2+y^2} = 107,4569931822541919553338156705 92,$$

Zahlen welche mit Maimunis Angaben ziemlich übereinstimmen.] [33]) 75000 Q.-Ellen; vgl. Anm. 14) mit Anm. 11). [34]) Und daher auf sein Besitzrecht für diesen Sabbat zu ihren Gunsten Verzicht geleistet hat. s. Einleitung, Ende des 1. Abs. [35]) Weil er dadurch sein Besitzrecht wieder geltend machen würde; vgl. K. 6. M. 4. [36]) Denn sein Verzicht beschränkt sich nicht auf sein Recht am Hofe, erstreckt sich vielmehr auch auf seine Wohnung; s. jedoch K. 6. M. 3. [37]) Denominativ von עקרב, ein dem Skorpion irgendwie ähnliches Kraut (Hirschzunge?) — a. L. עקרבלין ,ערקבלין ,ערקבנין. [38]) Des Bitterkrautes (מרורים — Exod. 12. 8.) [39]) Der diese Lehrmeinungen gleich mir aus dem Munde des Lehrers gehört hätte.

[1]) Was dem Israeliten zur Nahrung dient. [2]) Hier wie in den 2 folgenden Kapiteln ist unter עירוב die Verschmelzung der Sabbatbezirke (עירובי תחומין) zu verstehen, worüber der Schluss der Einleitung und K. 8. M. 1—2 zu vergleichen ist. Zur Verschmelzung der Wohnungen innerhalb der Höfe dagegen (עירובי חצרות) kann nur Brod verwendet werden. s. Einl. Abs. 1 u. 2. [3]) Herstellung eines Societätsverhältnisses unter den verschiedenen Höfen einer oder mehrerer Strassen. s. Einl. Abs. 2 u. K. 7 M. 6. ff. [4]) Des zweiten Zehnten; nachdem man vom Ernteertrage ein Zehntel den Leviten gegeben, wird nämlich ein „zweiter Zehnt“ — מעשר

הַמֶּלַח. הַנּוֹדֵר מִן הַמָּזוֹן מֻתָּר בַּמַּיִם וּבְמֶלַח. מְעָרְבִין לְנָזִיר בְּיַיִן וְלְיִשְׂרָאֵל בִּתְרוּמָה. סוּמְכוֹס אוֹמֵר, בְּחוּלִּין. וְלַכֹּהֵן בְּבֵית הַפְּרָס. ר׳ יְהוּדָה אוֹמֵר, אֲפִלּוּ בְּבֵית הַקְּבָרוֹת מִפְּנֵי שֶׁיָּכוֹל לֵילֵךְ לָחוּץ וְלֶאֱכוֹל: ב מְעָרְבִין בִּדְמַאי. וּבְמַעֲשֵׂר רִאשׁוֹן שֶׁנִּטְּלָה

Salz. Wer durch ein Gelübde der Nahrung[5]) entsagt hat, dem ist Wasser und Salz erlaubt. Für den Nazir[6]) kann man mit Wein עירוב machen, für den Nichtpriester mit Teruma[7]) — nach Symmachus indessen[8]) nur mit Chullin[9]) — für den Priester im בית הפרס[10]) und nach R. Juda sogar im Friedhof, wo er ja durch eine Scheidewand gedeckt[11]) hingelangen und essen[12]) kann. **2.** Man kann mit Demai[13]) עירוב machen, mit dem ersten Zehnten[14]),

---

שני — abgesondert, welchen der Besitzer im 1. u. 2. Jahre jedes Trienniums (im 3. gehört er den Armen und heisst dann מעשר עני — Armenzehnt) zwar behalten darf, aber in der heiligen Stadt verzehren muss; macht ihm der Transport Schwierigkeiten, kann er ihn gegen Geld einlösen, welches er dann in der heiligen Stadt für Nahrungsmittel ausgibt (Deut. 14, 22. ff.) [5]) מזון, welches Wort nur vom Getreide gebraucht wird; aber selbst wenn er einen Ausdruck gewählt hat, der jede Art von Nahrung umfasst, dürfte er doch Wasser und Salz geniessen, da diese nicht nahrhaft sind. [6]) Der Wein nicht trinken darf: 4. B. M. 6,2. [7]) Derjenige Theil des Ernteertrages, welcher den Priestern gegeben werden soll; zum Unterschied von תרומת מעשר (Anm. 14) heisst er תרומה גדולה. [8]) Nach welchem das zum עירוב verwandte Nahrungsmittel demjenigen geniessbar sein muss, für den der עירוב gemacht wird, und Wein bei einem Nazir nur darum zulässig ist, weil er durch Lösung seines Gelübdes sich den Genuss des Weines ermöglichen kann. [9]) Ungeweihtes; hier im Gegensatze zur תרומה (Anm. 7), welche geweiht ist und vom Nichtpriester nicht gegessen werden darf. [10]) Ein Acker, in welchem sich ein Grab befindet; wegen der Möglichkeit, dass Knochentheile durch den Pflug verschleppt wurden, darf der Priester eine Fläche von 100 Ellen im Geviert, vom Grabe an nach derjenigen Richtung bemessen, in welcher die Furche gezogen wurde, nur mit äusserster Vorsicht betreten, damit er nicht durch Berührung eines Knochentheilchens unrein werde (s. Oholot 17. 1. ff). In einem Friedhof aber, in welchen der Priester auf keine Weise (auch nicht in einem Wagen oder einer Sänfte — da ein transportables Zelt gegen Unreinheit nicht schützt) gelangen kann, darf man den עירוב für ihn nicht machen. Dieser bedeutet ja eine Verlegung seines Wohnsitzes (s. Einl. gegen Ende); das dazu verwendete Nahrungsmittel muss ihm daher, wenn auch nicht geniessbar, so doch wenigstens zugänglich sein. Ja selbst auf ein vereinzeltes Grab, zu welchem der Priester wohl gelangen kann, darf nicht die עירוב-Speise für ihn und ebensowenig für einen Nichtpriester gelegt werden, weil man aus Gräbern keinen Vortheil ziehen darf. [11]) Z. B. in einer Sänfte, einem Wagen, die ihn, wenn sie einen Rauminhalt von 3 Kubikellen haben, gegen Verunreinigung schützen (Oholot 8. 1), da ihnen nach seiner Meinung die Transportabilität nicht den Charakter des Zeltes raubt; die Benutzung eines Grabes hält er in diesem Falle für unbedenklich, weil man עירוב nur macht, um ein gottgefälliges Werk zu thun (s. Einl. g. Ende), an der Erhaltung seiner עירוב - Speise aber behufs späterer Nutzniessung aus derselben Niemand gelegen ist. So die Gemara, welche übrigens die Lesart hat לחוץ ולילך ולאכול, nach welcher wir übersetzt haben. Die Mischnaausgaben lesen: weil er hingelangen und durch eine Scheidewand gedeckt essen kann. [12]) Er hält es also mit Symmachus für Bedingung, dass die עירוב - Speise dem geniessbar sei, der sie zum עירוב benutzt. [13]) Früchte eines Unzuverlässigen, der im Verdacht steht, dass er dieselben nicht verzehntet. Da in der Dämmerung, also in dem Zeitpunkte, in welchem der עירוב wirksam wird, noch gestattet ist, דמאי zu verzehnten (s. Sabbat II. Ende), so kann der Genuss dieser Früchte noch ermöglicht werden (vgl. Anm. 8); und wäre auch ihre Quantität genau auf das in K. 8, M. 2 vorgeschriebene Maass beschränkt, so dass sie das abzusondernde מעשר מן המעשר (s. folg. Anm.) nicht entbehren können so ist doch noch eine Möglichkeit, dieselben geniessbar zu machen, auf Grund von Pea III. 1 gegeben, wonach ein Armer דמאי essen darf. [14]) Welcher dem Leviten gegeben wird (s. Anm. 4.), und von welchem dieser den zehnten Theil

תְּרוּמָתוֹ, וּבְמַעֲשֵׂר שֵׁנִי וְהֶקְדֵּשׁ שֶׁנִּפְדּוּ. וְהַכֹּהֲנִים בְּחַלָּה וּבִתְרוּמָה, אֲבָל לֹא בְטֶבֶל. וְלֹא בְמַעֲשֵׂר רִאשׁוֹן שֶׁלֹּא נִטְּלָה תְרוּמָתוֹ, וְלֹא בְמַעֲשֵׂר שֵׁנִי וְהֶקְדֵּשׁ שֶׁלֹּא נִפְדּוּ. הַשּׁוֹלֵחַ עֵירוּבוֹ בְּיַד חֵרֵשׁ שׁוֹטֶה וְקָטָן, אוֹ בְּיַד מִי שֶׁאֵינוֹ מוֹדֶה בְעֵירוּב, אֵינוֹ עֵירוּב. וְאִם אָמַר לְאַחֵר לְקַבְּלוֹ מִמֶּנּוּ, הֲרֵי זֶה עֵירוּב: ג נָתְנוּ בְאִילָן

dessen Teruma[15]) schon herausgenommen ist, mit dem zweiten Zehnten[4]) und mit Geweihtem nach ihrer Auslösung[16]); — Priester auch mit Challa und mit Teruma[17]) — aber nicht mit Tebel[18]) und nicht mit dem ersten Zehnten[14]), dessen Teruma[19]) noch nicht herausgenommen ist, und nicht mit dem zweiten Zehnten[4]) oder mit Geweihtem, wenn sie noch nicht[20]) ausgelöst sind. Schickt man seinen עירוב[21]) durch einen Taubstummen, Blödsinnigen oder Minderjährigen[22]), oder durch Jemand, der den עירוב nicht anerkennt[23]), so ist es kein עירוב; hat man jedoch einen Andern beauftragt, denselben von ihm in Empfang zu nehmen[22]) so ist es ein עירוב[24]). **3.** Hat er ihn auf einem Baume[25])

(מעשר מן המעשר $= {}^1/_{100}$ des Ganzen) als Teruma dem Priester geben muss (תרומת מעשר). [15]) Die תרומת מעשר, nicht aber die תרומה גדולה (Anm. 7.), welche eigentlich vor dem „ersten Zehnt" (מעשר ראשון) abgesondert werden soll. Wenn aber der Levite dem Priester zuvorkam, als noch das Getreide ungedroschen lag, zu einer Zeit also, da es noch nicht terumapflichtig war, ist sein מעשר nach Absonderung der תרומת מעשר, obgleich noch die תרומה גדולה darin steckt, doch geniessbar und daher zum עירוב nicht ungeeignet. [16]) Auch wenn sie noch nicht ganz zu Ende geführt ist, indem man zwar den Werth gegeben, aber noch nicht den fünften Theil hinzugefügt hat. [17]) Challa, (der dem Priester vom Teige zukommende Antheil — Num. 15. 20), ist dem Nichtpriester ebenso wie Teruma (Anm. 7) verboten; beide eignen sich daher nach Symmachus (Anm. 8.) nur für den Priester zum עירוב; s. die Gegenansicht, nach welcher sie sich auch für Nichtpriester eignen (wie überhaupt jedes Nahrungsmittel, das irgend einem Israeliten erlaubt ist, auch dem zum עירוב dienen kann, dem es verboten ist), in Mischna 1. [18]) Früchte, von denen noch nicht Teruma, erster und zweiter Zehnt abgesondert ist; erster Zehent, von welchem noch nicht תרומת מעשר, ein Teig von welchem noch nicht Challa abgesondert ist; selbst wenn sie diesen Abgaben nicht nach biblischer, sondern nur nach rabbinischer Satzung unterliegen, eignen sie sich doch nicht zum עירוב, weil sie immerhin allen Israeliten ohne Ausnahme verboten sind, eine Absonderung dieser Abgaben aber auch in der Dämmerung (Anm. 13) nicht mehr statthaft ist (Sabbat II. 7.). [19]) Hier ist nicht von תרומת מעשר die Rede — sonst wäre es ja identisch mit dem obengenannten Tebel (s. Anm. 18.) — sondern es ist die תרומה גדולה gemeint, welche noch im מעשר ראשון steckt, wenn nämlich der Levite dem Priester zuvorgekommen, als die Früchte schon terumapflichtig waren (Ma'serot I. 5. ff.). Diesem gebührten 2% des Ernteertrages, jenem 9,8%, von denen er dem Priester 0,98% als תרומת מעשר zu geben hätte; dadurch dass der Levite seinen Antheil früher nahm als der Priester, erhielt jener 10%, dieser nur (2% des Restes, also) 1,8% des Ernteertrages. Allerdings erhält er nun von ihm als תרומת מעשר 1% statt 0,98%; es stecken aber immer noch (2,98—2,8=) 0,18% תרומה in diesem Zehnten, und solange der Levite diesen unrechtmässig erworbenen Theil dem Priester wiederzugeben sich nicht anschickt, ist sein מעשר verboten und daher zum עירוב nicht geeignet. [20]) Oder nicht in ganz correcter Weise — der zweite Zehent z. B. gegen eine ungeprägte Münze, das Geweihte gegen Liegenschaften. — [21]) Das Wort ist hier und im Folgenden noch sehr häufig auf das Nahrungsmittel übertragen, welches zum עירוב verwendet wird. [22]) Damit er ihn dort niederlege, wohin man seinen Wohnsitz für den Sabbat verlegen will. [23]) Ein Sadokäer, Karäer, oder wer sonst die Ueberlieferungen der Rabbinen und die Verbindlichkeit ihrer Anordnungen leugnet, zu denen auch der עירוב gehört. [24]) Weil es nicht aufs Hinschaffen, sondern auf das Hinlegen des עירוב ankommt. [25]) Der mindestens

לְמַעְלָה מֵעֲשָׂרָה טְפָחִים, אֵין עֵירוּבוֹ עֵירוּב. לְמַטָּה מֵעֲשָׂרָה טְפָחִים, עֵירוּבוֹ עֵירוּב. נְתָנוֹ בְּבוֹר אֲפִלּוּ עָמוֹק מֵאָה אַמָּה, עֵירוּבוֹ עֵירוּב. נְתָנוֹ בְּרֹאשׁ הַקָּנֶה אוֹ בְּרֹאשׁ הַקּוֹנְדָּס, בִּזְמַן שֶׁהוּא תָלוּשׁ וְנָעוּץ, אֲפִלּוּ גָּבוֹהַּ מֵאָה אַמָּה, הֲרֵי זֶה עֵירוּב. נְתָנוֹ בְּמִגְדָּל וְנָעַל בְּפָנָיו וְאָבַד הַמַּפְתֵּחַ, הֲרֵי זֶה עֵירוּב. ר׳ אֱלִיעֶזֶר אוֹמֵר אִם אֵינוֹ יוֹדֵעַ שֶׁהַמַּפְתֵּחַ בִּמְקוֹמוֹ אֵינוֹ עֵירוּב: ד נִתְגַּלְגֵּל חוּץ לַתְּחוּם, וְנָפַל עָלָיו גַּל, אוֹ נִשְׂרַף, אוֹ תְרוּמָה וְנִטְמָאָה, מִבְּעוֹד יוֹם, אֵינוֹ עֵירוּב. מִשֶּׁחֲשֵׁכָה, הֲרֵי

oberhalb zehn Handbreiten[26]) niedergelegt, ist sein עירוב kein עירוב[27]); unterhalb zehn Handbreiten[28]), so ist sein עירוב ein עירוב[29]). Hat er ihn in eine Grube gelegt[30]), so ist sein עירוב, selbst hundert Ellen tief[31]), ein עירוב[32]); hat er ihn auf die Spitze eines Rohrstabes oder eines Astes[33]) gelegt, der abgerissen[34]) und eingesteckt ist, so ist er, selbst hundert Ellen hoch, ein עירוב[35]). Hat er ihn in einen Schrank gethan[36]) und vor ihm zugeschlossen, der Schlüssel aber ist verloren gegangen, so ist es ein עירוב[37]); R. Elieser sagt: wenn er nicht weiss, dass der Schlüssel an seinem Orte ist, so ist es kein עירוב[38]).

4. Wenn er aus dem תחום[39]) hinausgerollt, oder ein Steinhaufe[40]) auf ihn gefallen ist, wurde er verbrannt, oder als תרומה[41]) verunreinigt, so lange noch Tag ist — ist er kein עירוב; war es aber schon Nacht — so ist er ein עירוב[42]).

---

4 Handbreiten im Geviert misst und in רשות הרבים steht. [26]) Wo der Baum schon רשות היחיד ist. [27]) Da er ihn nicht herunterholen kann (s. Einl. Anf.), der עירוב ihm aber von dem Orte erreichbar sein muss, welchen er zu seinem Sabbatwohnsitz bestimmt hat (vgl. Anm. 10); hat er daher die Laubkrone oder das Geäste des Baumes dazu bestimmt, so gilt sein עירוב, auch wenn er höher als 10 Handbreiten liegt, da er ja בה״ש zu ihm hinaufklettern kann. [28]) כרמלית. [29]) Zur Zeit, da er in Kraft tritt (in der Dämmerung — Anm. 13), ist es ja noch gestattet, Gegenstände aus einer כרמלית nach רשות הרבים wie nach רשות היחיד zu schaffen, was am Sabbat allerdings verboten ist (s. Einl. Anf.). [30]) Welche sich in einer כרמלית befindet. [31]) Und mit noch so grosser Grundfläche. [32]) Vgl. Anm. 29. [33]) κοντός: Stange, Stecken; χύνδαλος: Pflock, Pfahl — beides abgerissene Aeste, die weniger als 4 Handbreiten im Geviert haben und mithin ein מקום פטור darstellen (einen Ort, von welchem man die Gegenstände sowohl nach רשות הרבים als nach רשות היחיד schaffen darf). [34]) Wächst er aber noch am Baume, so ist der auf ihn gelegte עירוב ungiltig, weil er nicht heruntergeholt werden darf aus Besorgniss, es könnte dabei die Spitze oder ein anderer leicht zerbrechlicher Theil des Astes (Rohrstabes) abgebrochen werden; auf einem starken Baume aber, der 4 Handbreiten und darüber im Geviert hat, ist es, wie wir gesehen haben, — da diese Besorgniss wegfällt — wohl gestattet, den עירוב niedriger als 10 Handbreiten und unter gewissen Voraussetzungen (Anm. 27 Ende) auch höher anzubringen. [35]) Obgleich der Ast oder Rohrstab in רשות הרבים eingesteckt ist. Die Begründung ist schon durch Anm. 33 gegeben. [36]) Dessen Schloss nach damaliger Art an einer Schlinge hängt, welche im Innern mit ihren Enden an der Wand des Schrankes befestigt ist und durch eine kleine Oeffnung in der Thür nach Aussen dringt. [37]) Weil die Schlinge in der Dämmerung noch durchschnitten werden kann. [38]) Da er das Durchschneiden der Schlinge für unstatthaft hält, sieht er keine Möglichkeit eines Zutritts zum עירוב. [39]) Dem Sabbatbezirke seines Wohnortes (s. Einl. Abs. 4) u. z. 4 Ellen weit, so dass er am Sabbat nicht mehr zu ihm gelangen kann. [40]) Zu dessen Wegschaffung behufs Freilegung des עירוב Werkzeuge erforderlich sind. [41]) Taruma (Anm. 7 und 14), welche unrein wurde, ist selbst dem Priester verboten. Vgl. Anm. 18. [42]) Denn dieser tritt in der Dämmerung in Kraft und wird mit diesem Augenblicke für den ganzen Tag wirksam, weshalb er nach Anbruch der Nacht

Wenn Zweifel (darüber herrscht), meinen R. Meïr und R. Juda, es sei dies ein Kamele führender Eseltreiber[43]); R. Jose und R. Schimon dagegen sagen: ein zweifelhafter עירוב ist giltig[44]). Es sagte R. Jose: Ptolemäus hat im Namen von fünf Schriftgelehrten bezeugt, dass ein zweifelhafter עירוב giltig ist. **5.** Man kann in Bezug auf seinen עירוב[45]) die Bedingung aussprechen: Kommen die Heiden[46]) von Osten, sei mein עירוב nach Westen[47]); von Westen, so sei mein עירוב nach Osten[47]); kommen welche von da und von dort, soll ich gehen dürfen, nach welcher Richtung ich will[48]); kommen sie weder von da, noch von dort, so sei ich wie die Leute meiner Ortschaft[49]). Trifft ein Weiser[50]) im Osten ein, sei mein עירוב nach Osten[47]); im Westen, sei mein עירוב nach Westen[47]); trifft einer hier und dort ein, soll ich gehen dürfen, nach welchem Orte ich will[48]); weder hier noch dort, so sei ich wie die Leute meiner Ortschaft[49]). R. Juda sagt: wenn einer von ihnen sein Lehrer war, gehe er zu seinem Lehrer; waren Beides seine Lehrer, gehe er nach welchem Orte er will. **6.** R. Elieser sagt: Wenn ein Festtag sich

זֶה עֵירוּב. אִם סָפֵק, ר׳ מֵאִיר וְרַבִּי יְהוּדָה אוֹמְרִים, הֲרֵי זֶה חַמָּר גַּמָּל. ר׳ יוֹסֵי וְר׳ שִׁמְעוֹן אוֹמְרִים, סְפֵק עֵירוּב כָּשֵׁר. אָמַר ר׳ יוֹסֵי, אַבְטוֹלְמוֹס הֵעִיד מִשּׁוּם חֲמִשָּׁה זְקֵנִים עַל סְפֵק עֵירוּב שֶׁכָּשֵׁר: ה מַתְנֶה אָדָם עַל עֵירוּבוֹ וְאוֹמֵר. אִם בָּאוּ נָכְרִים מִן הַמִּזְרָח, עֵירוּבִי לַמַּעֲרָב. מִן הַמַּעֲרָב עֵירוּבִי לַמִּזְרָח. אִם בָּאוּ מִכָּאן וּמִכָּאן, לְמָקוֹם שֶׁאֶרְצֶה אֵלֵךְ. לֹא בָאוּ לֹא מִכָּאן וְלֹא מִכָּאן, הֲרֵינִי כִּבְנֵי עִירִי. אִם בָּא חָכָם מִן הַמִּזְרָח, עֵירוּבִי לַמִּזְרָח. מִן הַמַּעֲרָב, עֵירוּבִי לַמַּעֲרָב. בָּא מִכָּאן וּמִכָּאן, לְמָקוֹם שֶׁאֶרְצֶה אֵלֵךְ. לֹא מִכָּאן וְלֹא מִכָּאן הֲרֵינִי כִּבְנֵי עִירִי. ר׳ יְהוּדָה אוֹמֵר, אִם הָיָה אֶחָד מֵהֶן רַבּוֹ, יֵלֵךְ אֵצֶל רַבּוֹ. וְאִם הָיוּ שְׁנֵיהֶם רַבּוֹתָיו, לְמָקוֹם שֶׁיִּרְצֶה יֵלֵךְ: ו ר׳ אֱלִיעֶזֶר אוֹמֵר, יוֹם טוֹב

---

verzehrt werden kann. 43) Sprichwörtliche Redensart: Das Kamel wird von dem vorausgehenden Führer am Halfter nachgezogen, der Esel von dem nachfolgenden Treiber geleitet; der Kamele führende Eseltreiber muss sich daher bald nach vorn bald nach hinten wenden, er ist auf beiden Seiten gehemmt und kommt nicht recht von der Stelle. So ist auch derjenige, über dessen עירוב Zweifel herrscht, auf beiden Seiten eingeschränkt, insofern er nur von seiner Ortschaft bis zum עירוב gehen darf, nicht aber über diesen hinaus — da er möglicherweise ungiltig ist — und ebensowenig von seiner Ortschaft aus auch nur einen Schritt in der entgegengesetzten Richtung, — da sein עירוב vielleicht doch in Kraft getreten, sein Wohnsitz mithin verlegt ist; er verliert also sowol vorne als hinten die Hälfte des תחום. 44) weil der Status quo ante so lange als nur irgend möglich als fortdauernd vorauszusetzen und daher anzunehmen ist, dass der עירוב in der Dämmerung noch an der Stelle sich befand, auf welche er hingelegt wurde. 45) Indem man einen im Osten und einen im Westen macht. 46) Vor denen ich fliehen muss. 47) Der andere aber ungiltig. 48) Und derjenige עירוב heute schon in Kraft treten, für welchen ich mich morgen entscheiden werde, der andere aber ungiltig sein. 49) Und jeder der beiden עירובין ungiltig. Bis zur Entscheidung darf er selbstverständlich in jedem dieser Fälle seine Ortschaft in keiner der beiden Richtungen verlassen, es sei denn, dass die עירובין sich nicht an den äussersten Grenzen ihres תחום befinden, so dass sie ihm einen gewissen Spielraum, welcher ihnen gemeinsam ist, freilassen (vgl. Anm. 52). 50) Den ich hören will. Die Anhörung eines Vortrages, die Begrüssung eines Lehrers gilt als מצוה, als ein religiöses Gebot, zu dessen Erfüllung

הַסָּמוּךְ לְשַׁבָּת בֵּין מִלְּפָנֶיהָ וּבֵין מִלְּאַחֲרֶיהָ, מְעָרֵב אָדָם שְׁנֵי עֵירוּבִין, וְאוֹמֵר. עֵירוּבִי הָרִאשׁוֹן לַמִּזְרָח וְהַשֵּׁנִי לַמַּעֲרָב. הָרִאשׁוֹן לַמַּעֲרָב וְהַשֵּׁנִי לַמִּזְרָח, עֵירוּבִי הָרִאשׁוֹן, וְהַשֵּׁנִי כִּבְנֵי עִירִי. עֵירוּבִי הַשֵּׁנִי, וְהָרִאשׁוֹן כִּבְנֵי עִירִי. וַחֲכָמִים אוֹמְרִים מְעָרֵב לְרוּחַ אַחַת אוֹ אֵינוֹ מְעָרֵב כָּל עִקָּר. אוֹ מְעָרֵב לִשְׁנֵי יָמִים, אוֹ אֵינוֹ מְעָרֵב כָּל עִקָּר. כֵּיצַד יַעֲשֶׂה, מוֹלִיכוֹ בָרִאשׁוֹן וּמַחְשִׁיךְ עָלָיו וְנוֹטְלוֹ

an Sabbat anschliesst, gleichviel ob vorn oder hinten [51]), kann man zwei עירובין machen [52]) und sprechen: Mein עירוב sei den ersten (Tag) nach Osten und den zweiten nach Westen; den ersten nach Westen und den zweiten nach Osten; mein עירוב für den ersten, den zweiten aber — wie die Leute meiner Ortschaft; mein עירוב für den zweiten, den ersten aber — wie die Leute meiner Ortschaft [53]). Die Weisen sagen: er macht nach einer Richtung עירוב [54]), oder macht überhaupt keinen עירוב; er macht entweder für beide Tage [55]) oder überhaupt keinen עירוב. Wie verfährt er? Am ersten (Tage) bleibt derjenige, der ihn hingetragen [56]), bis Anbruch der Nacht [57]) bei ihm, nimmt ihn dann und geht seines Weges [58]); am zweiten (trägt

---

die Verlegung des Wohnsitzes durch den עירוב gestattet ist (s. Einl. g. Ende). [51]) Und man wünscht an jedem der beiden Tage den תחום in einer andern, entgegengesetzten Richtung zu überschreiten. [52]) Im Osten und im Westen der Ortschaft, aber nicht an den äussersten Grenzen ihres תחום, da er in diesem Falle in der Abenddämmerung zwischen dem ersten und dem zweiten Tage, dem Zeitpunkte, in welchem sein zweiter עירוב in Kraft treten soll, zu diesem gar nicht gelangen könnte; vielmehr müssen die עירובין innerhalb des תחום liegen u. z. so, dass beide ihm an beiden Tagen erreichbar sind. Dies ist der Fall, wenn sie so nahe der Ortschaft sind, dass die Summe der beiden Entfernungen nicht mehr als einen halben תחום beträgt (2000—2800 Ellen. s. Einl. g. Ende). [53]) In den zwei letzten Fällen macht er natürlich nur einen עירוב, an welchen er die Bedingung knüpft, dass er nur für den einen Tag (den ersten, bez. den zweiten) in Kraft trete, für den andern aber (den zweiten, bez. den ersten), an welchem er den תחום seiner Ortschaft sich gewahrt wissen, und daher auf den תחום seines עירוב verzichten möchte, keine Geltung habe. [54]) Nicht aber für morgen nach dieser, für übermorgen nach der entgegengesetzten Richtung. [55]) Nicht aber nur für den einen, während er für den andern Tag den תחום seiner Ortschaft in seinem ganzen Umfange sich erhalten will. Entweder er verzichtet auf diesen für beide Tage — dann kann er עירוב machen, und auch dann nur nach einer Richtung; oder er verzichtet nicht — dann kann er eben keinen עירוב machen; denn sowenig man für die verschiedenen Tageszeiten eines und desselben Tages seinen Wohnsitz an verschiedenen Orten festsetzen kann, um verschiedene תחומין zu gewinnen, ebensowenig kann man es für Sabbat- und Festtag, die aufeinanderfolgen. Die Heiligkeit des einen setzt sich in dem andern Tage unmittelbar und ohne Unterbrechung fort; sie bilden gewissermassen nur einen heiligen Tag (קדושה אחת). Die Consequenz wäre, dass der עירוב, wenn er in der ersten Nacht vernichtet wurde, dennoch auch für den zweiten Tag noch in Kraft bliebe, wie er es für den ersten thatsächlich bleibt (Anm. 42). Diese Consequenz ziehen die Weisen nicht, weil sie für die Aufeinanderfolge von Sabbat- und Festtag das Princip der קדושה אחת nicht wie die Weisen der folgenden Mischna für die zwei Tage des Neujahrsfestes mit solcher Sicherheit in Anspruch nehmen, dass sie es auch in erleichterndem Sinne anwenden könnten; daher die Frage: Wie verfährt er, damit ihm der עירוב nicht am ersten Tage abhanden komme und seine Giltigkeit für den zweiten verliere? [56]) Im Auftrage dessen, der von ihm Gebrauch machen will; begiebt dieser sich in eigener Person dahin, so braucht er überhaupt keine Erubspeise mitzunehmen (nach R. Juda in K. 4. M. 9). [57]) Vgl. Anm. 42. [58]) Er nimmt ihn, wenn es Festtag ist, nach Hause mit und verwahrt ihn, dass er nicht abhanden komme; ist der Tag dagegen Sabbat, wo andere als zur Kleidung gehörige Gegenstände nicht getragen werden

er ihn wieder hin)[59], kann ihn aber nach Anbruch der Nacht essen[60]; so gewinnt er seinen Weg und gewinnt seinen ‘Erub[61]. Wurde er am ersten (Tage) verzehrt, so ist er ein ‘Erub für den ersten, aber kein ‘Erub für den zweiten[62]. Da sagte R. Elieser: Ihr gebet mir ja zu, dass sie zwei (gesonderte) Tage der Heiligkeit sind[63]. **7.** R. Juda sagt: Am Neujahrsfeste[64] kann man, wenn man einen Schalttag[65] fürchtet, zwei ‘Erubin[52] machen und sagen: Mein ‘Erub sei am ersten (Tage) nach Osten und am zweiten nach Westen; am ersten nach Westen und am zweiten nach Osten; mein ‘Erub am ersten, am zweiten aber

וּבָא לוֹ. בְּשֵׁנִי מַחֲשִׁיךְ עָלָיו וְאוֹכְלוֹ.
נִמְצָא מִשְׂתַּכֵּר בַּהֲלִיכָתוֹ וּמִשְׂתַּכֵּר
בְּעֵרוּבוֹ. נֶאֱכַל בָּרִאשׁוֹן, עֵרוּב
לָרִאשׁוֹן וְאֵינוֹ עֵרוּב לַשֵּׁנִי. אָמַר ר׳
אֱלִיעֶזֶר, מוֹדִים אַתֶּם לִי שֶׁהֵם שְׁתֵּי
קְדֻשּׁוֹת: ז ר׳ יְהוּדָה אוֹמֵר. רֹאשׁ
הַשָּׁנָה שֶׁהָיָה יָרֵא שֶׁמָּא תִתְעַבֵּר,
מְעָרֵב אָדָם שְׁנֵי עֵרוּבִין, וְאוֹמֵר,
עֵרוּבִי בָרִאשׁוֹן לַמִּזְרָח, וּבַשֵּׁנִי
לַמַּעֲרָב. בָּרִאשׁוֹן לַמַּעֲרָב, וּבַשֵּׁנִי
לַמִּזְרָח. עֵרוּבִי בָרִאשׁוֹן, וּבַשֵּׁנִי
כִּבְנֵי עִירִי. עֵרוּבִי בַשֵּׁנִי, וּבָרִאשׁוֹן

— wie die Leute meiner Ortschaft; mein ‘Erub am zweiten, am ersten

---

dürfen (s. Einl. Anf.), muss er ihn dort liegen lassen und sich am folgenden Abend überzeugen, ob er noch an seiner Stelle sich befindet. [59]) מוליכו ist aus dem ersten Satze zu ergänzen. Es könnte ebensogut בשני ומחשיך עליו (mit Waw copulativum) stehen, eine Construction, die in solchen Fällen der grössern Deutlichkeit wegen vorgezogen zu werden pflegt; keineswegs ist aber בשני zum folgenden מחשיך oder gar, wie manche gethan haben, zum unmittelbar vorangehenden ובא לו zu ziehen, welches ganz gewiss noch zum vorigen Satz gehört. [60]) Vgl. Anm. 42. [61]) Dadurch, dass er ihn am ersten Abend nach Hause nimmt und verwahrt. Thäte er es nicht, und der עירוב ginge vor Beginn der zweiten Nacht verloren, so würde er nicht nur die עירוב-Speise, die er jetzt essen kann, sondern auch die 2000—2800 Ellen sowohl jenseits des עירוב als jenseits seiner Ortschaft einbüssen, da es zweifelhaft ist, ob der עירוב des ersten Tages nur für diesen oder für beide Tage gilt. Er dürfte sich also am zweiten Tage nur innerhalb des Spielraums bewegen, welcher dem תחום seines Wohnortes und dem seines עירוב gemeinsam ist (vgl. Anm. 43); denn selbst nach R. J. und R. S. in M. 4, ist ein zweifelhafter עירוב nur dann giltig, wenn er durch den status quo ante (Anm. 44) unterstützt wird, der als fortbestehend angenommen werden kann, nicht aber, wo es wie hier gewiss ist, dass der frühere Zustand nicht mehr fortbesteht — wir setzen ja den Fall, dass der עירוב am ersten Tag abhanden gekommen — der Zweifel aber, ob קדושה אחת oder nicht, ob mithin sein עירוב für beide Tage gilt oder nicht, durch nichts zu seinen Gunsten entschieden wird. [62]) S. die vorige Anm. [63]) S. Anm. 55: „Die Consequenz wäre“, u. s. w. [64]) ראש השנה wird hier (in dem Verbum תתעבר) als Femininum behandelt, um den Wechsel des Subjekts in שהיה ירא deutlicher zu machen und klar hervortreten zu lassen. Grammatisch rechtfertigt sich dies dadurch, dass der Anfang des Jahres ein Theil des ganzen, שנה aber weiblich ist. Wo beim Genitivverhältniss das nomen regens einen untergeordneten Begriff ausdrückt (wie כל, מקצת, كل, جميع, بعض u. ä.), richtet sich in den semitischen Sprachen das Genus des Prädikats nicht nach dem des grammatischen Subjekts (des nomen regens — hier ראש), sondern nach dem des logischen (des nomen rectum); השנה ist hier insofern logisches Subjekt, als es immerhin das Jahr ist, welches durch den Schalttag einen Zuwachs erhält. [65]) In der Regel wird das Neujahrsfest nur einen Tag und zwar am Neumondstag des Tischri gefeiert. Da aber dessen Festsetzung durch den Gerichtshof von Zeugenaussagen über das Sichtbarwerden des neuen Mondes abhing, so konnte dieselbe, wenn die Zeugen sich verspäteten, leicht um einen Tag verzögert werden. In diesem Falle war das Fest ein zweitägiges. Der erste Tag desselben wurde dem Monat Elul als »Schalttag« zugerechnet und erst mit dem zweiten begann der Monat Tischri.

aber — wie die Leute meiner Ortschaft[53]). Allein die Weisen[66]) stimmten ihm nicht bei. **8.** Ferner sagte R. Juda: Man kann über einen Korb (mit Früchten)[67]) am ersten Feiertage eine Bedingung sprechen[68]) und sie dann am zweiten essen[69]); desgleichen: ein Ei, das am ersten gelegt ward[70]), kann am zweiten gegessen werden[71]). Doch die Weisen stimmten ihm nicht bei[72]). **9.** R. Dose ben Horkinas sagte: Wer am ersten Feiertag des Neujahrsfestes vor das Betpult tritt, sage: Verleihe uns Kraft, o Ewiger unser Gott, an diesem Neumondstage, ob heut, ob morgen[73]); und am folgenden Tage sage er[74]): ob heut, ob gestern. Allein die Weisen stimmten ihm nicht bei[75]).

כִּבְנֵי עִירִי. וְלֹא הוֹדוּ לוֹ חֲכָמִים: **ח** וְעוֹד אָמַר ר׳ יְהוּדָה מַתְנֶה אָדָם עַל הַכַּלְכָּלָה בְּיוֹם טוֹב רִאשׁוֹן וְאוֹכְלָהּ בַּשֵּׁנִי. וְכֵן בֵּיצָה שֶׁנּוֹלְדָה בָּרִאשׁוֹן תֵּאָכֵל בַּשֵּׁנִי. וְלֹא הוֹדוּ לוֹ חֲכָמִים: **ט** ר׳ דּוֹסָא בֶּן הַרְכִּינָס אוֹמֵר, הָעוֹבֵר לִפְנֵי הַתֵּבָה בְּיוֹם טוֹב הָרִאשׁוֹן שֶׁל רֹאשׁ הַשָּׁנָה, אוֹמֵר, הַחֲלִיצֵנוּ ה׳ אֱלֹהֵינוּ אֶת יוֹם רֹאשׁ הַחֹדֶשׁ הַזֶּה, אִם הַיּוֹם אִם לְמָחָר. וּלְמָחָר הוּא אוֹמֵר, אִם הַיּוֹם אִם אֶמֶשׁ. וְלֹא הוֹדוּ לוֹ חֲכָמִים:

ABSCHNITT IV.

1. Wen Heiden[1]) oder ein böser Geist[2]) hinausgeführt haben[3]), der hat nur vier Ellen[4]); haben sie ihn zurückgeführt, so ist's, als wäre er nicht hinausgegangen[5]).

פרק ד.

א מִי שֶׁהוֹצִיאוּהוּ נָכְרִים, אוֹ רוּחַ רָעָה, אֵין לוֹ אֶלָּא אַרְבַּע אַמּוֹת. הֶחֱזִירוּהוּ, כְּאִלּוּ לֹא יָצָא. הוֹלִיכוּהוּ

---

[66]) Nach ihnen sind die beiden Tage des Neujahrsfestes ganz entschieden קדושה אחת und daher als ein Tag zu betrachten; die Giltigkeit des עירוב erstreckt sich daher auf die ganze Dauer des Festes, auch wenn er schon am ersten Abende verzehrt wurde. Es sind hier übrigens, wie wir bereits in Anm. 55 angedeutet haben, nicht die Weisen der vorigen Mischna gemeint, welche vielmehr nach der Tosefta hier dem R. Eliezer zustimmen (s. Gemara!) [67]) Von denen noch nicht Teruma, erster oder zweiter Zehnt abgesondert ist; am Feiertage ist diese Absonderung nicht gestattet. [68]) „Ist heut der wahre Neujahrstag, dann seien die Früchte, die ich hier aus diesem Korbe nehme, was sie bisher gewesen — Tebel; ist er aber morgen. und heute nur sein Rüsttag, dann sei dieser Theil derselben תרומה, dieser מעשר ראשון und dieser מעשר שני". Am zweiten Tage nimmt er dieselben Früchte und spricht: Ist heut der wahre Neujahrstag, so habe ich ja unter dieser Voraussetzung die vogeschriebenen Gaben schon gestern abgesondert; war er aber gestern, so erkläre ich hiermit diesen Teil für Teruma, diesen für מעשר ראשון und diesen für מעשר שני. [69]) Nicht aber am ersten, an welchem sie, falls es der wahre Neujahrstag ist, noch Tebel sind, das nicht gegessen werden darf (s. Anm. 18). [70]) Und am selben Tag verboten ist (Tr. ביצה I 1). [71]) Gleichviel, ob dieser oder der vorhergehende der wahre Neujahrstag ist, immerhin ist es nicht mehr derselbe Tag, an welchem das Ei gelegt wurde, da für ihn beide Tage nicht קדושה אחת sind. [72]) Vgl. Anm. 66. [73]) Vgl. Anm. 65. [74]) In allen Gemeinden ausser dem Wohnsitze der für die Festsetzung des Neumondstages zuständigen Behörde. [75]) Weder betreffs dieser Klausel, noch in Bezug auf die Erwähnung des Neumondstages überhaupt.

[1]) Gegen seinen Willen. [2]) Ein vorübergehender Anfall von Raserei oder einer andern intermittirenden Krankheit, die ihn für die Dauer der Paroxysmen der Zurechnungfähigkeit beraubt; (vgl. 1. Sam. 16, 14). [3]) Aus dem תחום (Sabbatbezirk; s. Einl. Abs. 4). [4]) In denen er sich bewegen, die er aber nicht überschreiten darf, sobald er seine Freiheit, bez. seine Besinnung wieder erlangt hat. Die verschiedenen Meinungen über diese 4 Ellen s. in M. 5. [5]) Er darf sich also

Haben sie ihn in eine andere Ortschaft[6]) geführt, in eine Pferche oder Hürde gesetzt — Rabban Gamliel und R. El'azar ben 'Azarja sagen: er darf sie ganz durchwandern[7]); R. Josua und R. 'Akiba sagen: er hat nur vier Ellen[8]). Es ereignete sich, als sie aus Brundisium[9]) kamen und ihr Schiff in die See stach[10]), dass Rabban Gamliel und R. El'azar ben 'Azarja es ganz durchwanderten[11]), R. Josua und R. 'Akiba dagegen sich nicht aus den vier Ellen entfernten, indem sie es für ihre Person strenger nehmen wollten[12]). **2.** Einst liefen sie[13]) nicht eher in den Hafen ein, als bis es dunkel war; da sagten sie zu Rabban Gamliel: wie sollen wir es mit dem Hinabsteigen[14]) halten? Da sagte er zu ihnen: es ist erlaubt[15]), denn ich habe schon früher[16]) Beobach-

לְעִיר אַחֶרֶת, נְתָנוּהוּ בְדִיר אוֹ בְסַהַר, רַבָּן גַּמְלִיאֵל וְר' אֶלְעָזָר בֶּן עֲזַרְיָה אוֹמְרִים, מְהַלֵּךְ אֶת כֻּלָּהּ. רַבִּי יְהוֹשֻׁעַ וְר' עֲקִיבָא אוֹמְרִים, אֵין לוֹ אֶלָּא אַרְבַּע אַמּוֹת. מַעֲשֶׂה שֶׁבָּאוּ מִפְּרַנְדִּיסִים וְהִפְלִיגָה סְפִינָתָם בַּיָּם. רַבָּן גַּמְלִיאֵל וְר' אֶלְעָזָר בֶּן עֲזַרְיָה הָלְכוּ אֶת כֻּלָּהּ. ר' יְהוֹשֻׁעַ וְר' עֲקִיבָא לֹא זָזוּ מֵאַרְבַּע אַמּוֹת, שֶׁרָצוּ לְהַחֲמִיר עַל עַצְמָן: ב פַּעַם אַחַת לֹא נִכְנְסוּ לַנָּמָל עַד שֶׁחָשְׁכָה. אָמְרוּ לוֹ לְרַבָּן גַּמְלִיאֵל, מָה אָנוּ לֵירֵד. אָמַר לָהֶן מֻתָּר, שֶׁכְּבָר הָיִיתִי מִסְתַּכֵּל וְהָיִינוּ

---

dann innerhalb des ganzen תחום seines Wohnortes frei bewegen; ist er aber freiwillig zurückgekommen, desgleichen wenn er freiwillig seinen תחום verlassen und zwangsweise zurückkehrte, so darf er nur innerhalb seines Wohnortes sich bewegen, nicht aber in dessen Sabbatbezirk, und auch in jenem nur dann, wenn er mit Mauern umgeben ist, oder sonstwie (s. K. 1 und Einl. Abs. 3) zu einer רשות היחיד gemacht wurde; andernfalls ist er auf die 4 Ellen beschränkt. [6]) Welche רשות היחיד ist (s. die vorige Anm.). [7]) Eine noch so grosse Fläche wird ihm, wenn sie umfriedet ist, für 4 Ellen angerechnet. [8]) Eine solche רשות היחיד wird ihm nur dann für 4 Ellen angerechnet, wenn sie sein Sabbatwohnsitz ist, d. h. wenn er bei Beginn des Sabbat sich schon dort befand. [9]) Calabrische Küstenstadt mit einem bedeutenden und vortrefflichen Hafen, in welchem die Römer ihre Reisen nach dem Oriente anzutreten pflegten; jetzt Brindisi. Andere Lesart ist פלנדרסין. [10]) Wenn 10 Handbreiten über dem Erdboden das Ueberschreiten der Sabbatgrenze nicht mehr verboten ist (אין תחומין למעלה מעשרה), so kann והפליגה nicht in altum provehi bedeuten, wie Raschi meint und die anderen Erklärer, desgleichen die Uebersetzer nachschreiben (in die h o h e See stach, auf h o h e r See trieb); das Wort muss vielmehr auch die Auffassung eines Fahrens längs der Küste (מהלכת ברקק — Gemara) zulassen — also einfach: in See stechen! Ob es von πέλαγος (griechisch: die hohe See, die Mitte des Meeres) mit Raschi abzuleiten ist, dürfte demnach anzuzweifeln sein; wahrscheinlich ist es ein guthebräisches Wort. Der Stamm פלג bedeutet ebenso wie das sinnverwandte und — wenn wir vom letzten Radikal absehen — auch lautverwandte פרש (vgl. המפרש בים): theilen, sondern, scheiden, trennen; der Hiphil also, wie in הרחיק, הקריב und im Rabbinischen noch häufiger reflexiv, sich trennen (vom Lande), sich entfernen (בים auf dem Meere); dann auch wie das gleichfalls sinn- und lautverwandte פלא: sich auszeichnen (daher מופלא = מופלג) und transitiv: übertreiben. [11]) Da ja ein Schiff von Wänden eingeschlossen ist (s. Anm. 7). [12]) Von Rechts wegen durften sie selbst nach ihrer Ansicht im ganzen Raum sich frei bewegen, da sie bei Beginn des Sabbat schon auf dem Schiffe waren (s. Anm. 8). [13]) Am Freitag Abend. [14]) In den Hafen; dürfen wir uns in demselben frei bewegen, oder sind wir auf die vier Ellen beschränkt? [15]) Nicht allein nach meiner Ansicht, sondern auch nach der des R. Josua (in M. 1), da der Sabbat uns schon im תחום des Hafens gefunden hat; nach Jeruschalmi war es indessen ein offener (nicht umfriedeter Hafen), so dass sie selbst nach Rabban Gamliel auf die 4 Ellen beschränkt wären, wenn sie erst am Sabbat in den תחום einliefen. [16]) Als es noch Tag war.

בְּתוֹךְ הַתְּחוּם עַד שֶׁלֹּא חֲשֵׁכָה׃
ג מִי שֶׁיָּצָא בִרְשׁוּת וְאָמְרוּ לוֹ, כְּבָר
נַעֲשָׂה מַעֲשֶׂה, יֵשׁ־לוֹ אַלְפַּיִם אַמָּה

tungen angestellt[17]) — wir waren bereits im תחום, als es noch nicht dunkel war. **3**. Wer mit Erlaubnis[18]) hinausgegangen ist[3]), und man sagt ihm: die Angelegenheit ist bereits erledigt, hat zweitausend Ellen nach jeder Richtung[19]); war er

---

[17]) Mit Hilfe eines Rohres (שפופרת היתה לו-babli), durch welches er einen festen Punkt an der Küste ins Auge fasste, z. B. die Spitze eines Thurmes (מצודות היו לו לרבן גמליאל שהיה משער בהן עיניו במישר-Jeruschalmi), dessen Höhe ihm genau bekannt war. Aus dem Winkel, unter welchem ihm dieselbe sichtbar wurde (Gesichtswinkel), und der durch die Neigung des Rohres gegen die Ebene des Horizontes bezeichnet wird, konnte er erkenen, wie weit sie von der Küste entfernt waren. War der Thurm, nach dessen Spitze er visirte, z. B. 100 Ellen hoch, so waren sie bei einem Gesichtswinkel von $2^0 2' 44''$ nicht mehr volle 2800 Ellen von der Küste entfernt, also bereits in die Diagonale ihres תחום eingelaufen; bei einem Gesichtswinkel von $2^0 51' 45''$ befanden sie sich schon in einer Entfernung von kaum 2000 Ellen vom Hafen. Die Formel für die Berechnung dieser Entfernungen lautet nämlich:

$$x = \frac{h. \cos a}{\sin a},$$

wenn unter h die Höhe des Thurmes (= 100), unter a der Gesichtswinkel verstanden wird. Ist der Gesichtswinkel $a = 2^0 2' 44''$, so ist:

$$\begin{array}{rcl} \log. \cos a &=& 9{,}9997232 - 10 \\ \log. \sin a &=& 8{,}5525964 - 10 \\ \hline && 1{,}4471268 \\ \log. h &=& 2{,}0000000 \\ \hline \log. x &=& 3{,}4471268 \end{array} \qquad x = 2799{,}7987 \text{ Ellen.}$$

Ist der Gesichtswinkel $a = 2^0 51' 45''$, so ergiebt sich:

$$\begin{array}{rcl} \log. \cos a &=& 9{,}9994577 - 10 \\ \log. \sin a &=& 8{,}6984422 - 10 \\ \hline && 1{,}3010155 \\ \log. h &=& 2{,}0000000 \\ \hline \log. x &=& 3{,}3010155 \end{array} \qquad x = 1999{,}933 \text{ Ellen.}$$

Das Instrument, dessen sich Rabban Gamliel bediente, war vermuthlich das Astrolabium (Maimonides z. St.), welches er zu seinen astronomischen Studien (Rosch haschana II 8) verwendete, und welches er mitgenommen hatte, weil es ihm auf seiner Seereise gute Dienste leisten konnte. Für unsern Zweck genügte aber eine einfache Dioptra von der Form eines Dreiecks, welche sogar den Vortheil böte, dass die Entfernungen nicht erst berechnet zu werden brauchten, sondern ohne Weiteres von der Scala abgelesen werden könnten. Am Ende eines horizontal ruhenden Meterstabes ist ein mit Visiren versehenes Linial durch Scharniere befestigt, um deren Stift es sich wie um eine Axe drehen lässt; am andern Ende des Meterstabes ist ein lotrechtes Stäbchen verschiebbar angebracht, auf dessen oberer Kante das freie Ende des Visirlineals ruht, so dass dieses mit dem Meterstabe einen Winkel bildet, welcher grösser wird, je näher das Stäbchen dem Scheitelpunkte (den Scharnieren) zu geschoben wird. Kennt man nun das Verhältnis des lotrechten Stäbchens zum Leuchtthurme, dessen Spitze eben durch die Visire sichtbar geworden, so kann man seine Entfernung vom Beobachtungspunkte am Meterstabe direkt ablesen. Hat er z. B. eine Höhe von 100 m., das Stäbchen eine von 1 cm., so bedeutet jeder cm. auf dem Stabe eine Entfernung von 100 m.; mithin sind wir 1400 m. (c. 2800 Ellen) vom Leuchtthurm enfernt, wenn das Stäbchen bis zur Zahl 14, und 1000 m. (c. 2000 Ellen), wenn es gar bis zur Zahl 10 des Meterstabes zurückgeschoben werden musste, damit sein Licht in der Richtung des Visirlineals erschiene. Brauchte es aber zu diesem Zwecke gar nicht verschoben zu werden, so war die Entfernung noch 10000 m. [18]) Des Religionsgesetzes, z. B. als Retter in Lebensgefahr, als Zeuge über das Erscheinen des Neumonds (Rosch haschana I 9). [19]) Von dem Orte aus gemessen, an welchem ihm die Mitteilung wurde, dass seine Hilfe zu

לְכָל רוּחַ. אִם הָיָה בְּתוֹךְ הַתְּחוּם, כְּאִלּוּ לֹא יָצָא. כָּל הַיּוֹצְאִים לְהַצִּיל חוֹזְרִין לִמְקוֹמָן: ד מִי שֶׁיָּשַׁב בַּדֶּרֶךְ וְעָמַד וְרָאָה וַהֲרֵי הוּא סָמוּךְ לָעִיר, הוֹאִיל וְלֹא הָיְתָה כַּוָּנָתוֹ לְכָךְ, לֹא יִכָּנֵס. דִּבְרֵי ר׳ מֵאִיר. ר׳ יְהוּדָה אוֹמֵר, יִכָּנֵס. אָמַר ר׳ יְהוּדָה מַעֲשֶׂה הָיָה וְנִכְנַס ר׳ טַרְפוֹן בְּלֹא מִתְכַּוֵּן: ה מִי שֶׁיָּשַׁן בַּדֶּרֶךְ וְלֹא יָדַע שֶׁחָשְׁכָה, יֶשׁ־לוֹ אַלְפַּיִם אַמָּה לְכָל רוּחַ. דִּבְרֵי ר׳ יוֹחָנָן בֶּן נוּרִי. וַחֲכָמִים אוֹמְרִים אֵין לוֹ אֶלָּא אַרְבַּע אַמּוֹת. ר׳ אֱלִיעֶזֶר אוֹמֵר, וְהוּא בְּאֶמְצָעָן. ר׳ יְהוּדָה אוֹמֵר לְאֵיזֶה רוּחַ שֶׁיִּרְצֶה יֵלֵךְ, וּמוֹדֶה

noch im Sabbatbezirk[20]), so ist es, als wäre er nicht hinausgegangen[21]). Alle[22]), welche hinausgegangen sind[3]), um zu retten[23]), dürfen nach ihrem Orte zurückkehren[24]).
4. Wer sich unterwegs[25]) niedergesetzt hat und, nachdem er[26]) aufgestanden, bemerkt, dass er in der Nähe[27]) einer Ortschaft ist, darf, da er nicht dazu entschlossen war[28]), nicht hineingehen[29]). So die Worte des R. Meïr; R. Juda sagt: er darf hineingehen[30]). Es sagte R. Juda: Thatsache ist, dass R. Tarfon hineinging, ohne den Entschluss vorher gefasst zu haben[31]).
5. Wer unterwegs[25]) einschläft und nicht merkt, dass es Nacht geworden, hat zweitausend Ellen nach jeder Richtung[32]). So die Worte des R. Jochanan ben Nuri; die Weisen aber sagen: er hat nur vier Ellen[33]). R. Elieser sagt: derart, dass er in ihrer Mitte sich befindet[34]); R. Juda dagegen sagt: nach welcher Richtung er will, kann er sie gehen[35]); doch gibt

spät kommt, oder dass man seiner nicht mehr bedarf. [20]) Des תחום seiner Ortschaft, also von dieser noch nicht volle 4000—5600 Ellen entfernt (s. Einl. g. Ende). [21]) Er darf in seinen Heimatsort zurückkehren und über diesen hinaus noch 2000—2800 Ellen gehen, obgleich er sein Vorhaben nicht zur Ausführung brachte; geschweige wenn es ihm gelungen, seine fromme Absicht zu verwirklichen (Rosch haschana II 5). [22]) כל ist die Lesart des Babli; andere, besser bezeugte, doch schwierige Lesart: שכל. [23]) Bei einem feindlichen oder räuberischen Einfall. [24]) Wenn sie geschlagen wurden und sich anderwärts nicht sicher fühlen; haben sie jedoch gesiegt, so ist ihnen nur ein Weg von 2000 Ellen nach jeder Richtung hin gestattet, die Rückkehr in ihr Heim aber nur dann, wenn nach Maassgabe des in Anm. 20 Gesagten die beiden תחומין in einander übergehen. In jedem Falle dürfen sie, soweit sie gehen können, auch ihre Waffen mitnehmen. [25]) Vor Sabbat. [26]) Am Sabbat. [27]) Im Sabbatbezirke. [28]) Seinen Sabbatwohnsitz in ihr zu nehmen — er wusste ja vo Eintritt der Dunkelheit nicht einmal, dass er in ihrem תחום ist und daher noch hingelangen kann. [29]) Nach freiem Belieben, wohin und soweit er nur immer gehen mag; er darf vielmehr nur so weit in derselben sich bewegen, als der תחום seines Standortes reicht. [30]) Und sich dann hinsichtlich des תחום als Einwohner der Ortschaft betrachten. [31]) R. Tarfon wurde unterwegs vom Eintritt des Sabbat überfallen und übernachtete ausserhalb der Stadt; in der Früh trafen ihn Hirten, welche zu ihm sprachen: die Stadt liegt ja vor dir, tritt ein! Er trat ein, begab sich in das Lehrhaus und hielt den ganzen Tag öffentliche Vorträge. Auf diesen Vorfall deutet R. Juda als auf eine Stütze für seine Ansicht hin, worauf man ihm erwiderte, dass ja das Lehrhaus noch im תחום des Ortes sein konnte, an welchem er übernachtet hatte. [32]) An dem Orte, an welchem er kurz vor Beginn des Sabbat sich befindet, erwirbt er auch ohne sein Wissen einen Sabbatwohnsitz (קונה שביתה) nach R. J. b. N. — nach den Weisen dagegen wohl ohne sein Hinzuthun (vgl. die vorige Mischna, in welcher ihm selbst R. Meïr einen תחום, wenigstens von seinem Standtorte aus zuerkennt, obgleich er daselbst nicht קונה שביתה war, da ihm sonst R. Juda nicht den תחום der Ortschaft gewährt hätte), aber nicht ohne sein Wissen, in bewusstlosem Zustande. [33]) Nach jeder Richtung, also eine Fläche von 8 Ellen im Geviert. [34]) Also eine Fläche von nur vier Ellen im Geviert, deren Diagonalen sich in seinem Standpunkte schneiden müssen, deren Lage also genau bestimmt ist. [35]) Auch er gewährt

ר׳ יְהוּדָה שֶׁאִם בֵּרַר לוֹ שֶׁאֵינוֹ יָכוֹל לַחֲזוֹר בּוֹ: ו הָיוּ שְׁנַיִם מִקְצָת אַמּוֹתָיו שֶׁל זֶה בְּתוֹךְ אַמּוֹתָיו שֶׁל זֶה מְבִיאִין וְאוֹכְלִין בְּאֶמְצַע, וּבִלְבַד שֶׁלֹּא יוֹצִיא זֶה מִתּוֹךְ שֶׁלּוֹ לְתוֹךְ שֶׁל חֲבֵרוֹ. הָיוּ שְׁלֹשָׁה וְהָאֶמְצָעִי מְבֻלָּע בֵּינֵיהֶן, הוּא מֻתָּר עִמָּהֶן. וְהֵם מֻתָּרִין עִמּוֹ, וּשְׁנַיִם הַחִיצוֹנִים אֲסוּרִין זֶה עִם זֶה. אָמַר ר׳ שִׁמְעוֹן לְמָה הַדָּבָר דּוֹמֶה, לְשָׁלֹשׁ חֲצֵרוֹת הַפְּתוּחוֹת זוֹ לְזוֹ וּפְתוּחוֹת לִרְשׁוּת הָרַבִּים. עֵרְבוּ שְׁתֵּיהֶן עִם הָאֶמְצָעִית הִיא מֻתֶּרֶת עִמָּהֶן וְהֵן מֻתָּרוֹת עִמָּהּ, וּשְׁתַּיִם הַחִיצוֹנוֹת אֲסוּרוֹת זוֹ עִם זוֹ: ז מִי שֶׁבָּא בַדֶּרֶךְ וְחָשְׁכָה לוֹ, וְהָיָה מַכִּיר אִילָן אוֹ גָּדֵר, וְאָמַר שְׁבִיתָתִי תַּחְתָּיו,

R. Juda zu, dass er, wenn er einmal gewählt hat, nicht mehr zurücktreten kann[36]). **6.** Sind es zwei (Personen), und ein Teil der Ellen des Einen ist innerhalb der Ellen des Andern[37]), dürfen sie, was sie essen wollen, in die Mitte schaffen, nur dass nicht der Eine aus dem seinigen in das (Gebiet) des Andern hinüberschaffe; sind ihrer drei, und das des Mittlern geht in dem der Beiden auf[38]), so ist es ihm gestattet mit ihnen, und ihnen gestattet mit ihm (zu essen)[39]), den beiden Aeusseren aber untereinander verboten. Da sagte R. Simon: womit ist dies zu vergleichen? mit drei Höfen, die Eingänge in einander und Eingänge nach dem öffentlichen Platze haben[40]). Wenn die zwei[41]) mit dem mittlern[42]) den ʻErub gemacht haben[43]), so ist diesem mit ihnen und ihnen mit ihm (der Verkehr) gestattet, den beiden äusseren aber miteinander verboten. **7.** Wenn Jemand[44]) des Weges einherkommt, da es bereits dunkelt, er kennt aber einen Baum oder einen Zaun[45]) und spricht: mein Sabbatwohnsitz sei unter ihm[46]), so hat er gar

---

nur eine Fläche von 4 Ellen im Geviert, deren Lage aber nicht durch seinen Standort von selbst gegeben ist, die er vielmehr nach Belieben wählen kann. [36]) Um, auf diese Verzicht leistend, wieder andere 4 Ellen zu wählen. — Die hier und anderwärts so oft genannten vier Ellen entsprechen der Länge eines mit über den Kopf gestreckten Armen am Boden ruhenden Menschen, von der Sohle bis zur Spitze des Mittelfingers gemessen. Rechnet man daher vom Scheitel bis zur Sohle $3^5/_{12}$ Ellen, und nimmt man als Durchschnittsmass des Menschen eine Länge von 164 cm. an, so ist die Elle (אמה) = 48 cm., die Handbreite (טפח = $^1/_6$ Elle) = 8 cm. und die Daumenbreite (אצבע = $^1/_4$ טפח = $^1/_{24}$ אמה) = 2 cm. [37]) Indem sie 7 — und nach R. Eliezer 3 — Ellen von einander entfernt sind, so dass 1 Elle beiden gemeinsam ist. [38]) Wörtlich: der Mittlere ist zwischen ihnen verschlungen; seine 4 Ellen werden von denen der Nachbaren rechts und links »absorbirt«, indem diese nur 8 — und nach R. Eliezer 4 — Ellen von einander entfernt sind, so dass sie sich in die 4 Ellen des Mittlern teilen, der wieder seinerseits zwei Ellen mit jedem von ihnen gemeinsam hat. [39]) Aus ואוכלין im vorigen Satze ist hier לאכול zu ergänzen. [40]) So dass die Einwohner einerseits direkt — ohne über die Strasse zu gehen — miteinander verkehren können (sonst könnten sie überhaupt keinen עירוב miteinander machen), andererseits wieder jeder von ihnen die Möglichkeit hat auf die Strasse zu gelangen, ohne durch den Hof des Andern gehen zu müssen (sonst wäre nach R. Akiba in K. 6 M. 9 der Durchgangshof genöthigt auch mit dem dritten den עירוב zu machen). [41]) Nicht beide zusammen, sondern jeder besonders; hätten sie es gemeinschaftlich gethan, oder auch nur ihren besondern עירוב in einem und demselben Hause des mittlern Hofes und womöglich in einem Gefässe vereinigt, so würde er alle drei Höfe umfassen. [42]) Und nicht auch untereinander. [43]) Die Verschmelzung der Höfe עירובי חצרות (s. Einl.). [44]) Am Freitag. [45]) Den er vielleicht gar nicht sieht, von dem er aber vermöge seiner Ortskenntniss weiss, dass er weder von seinem Heim noch von seinem Standorte mehr als 2000 Ellen entfernt ist; auch könnte er ihn, wenn er in schnellem Laufe dahineilte, noch vor Sabbatanfang erreichen. [46]) Ohne ge-

לֹא אָמַר כְּלוּם. שְׁבִיתָתִי בְעִקָּרוֹ, מְהַלֵּךְ מִמְּקוֹם רַגְלָיו וְעַד עִקָּרוֹ אַלְפַּיִם אַמָּה, וּמֵעִקָּרוֹ וְעַד בֵּיתוֹ אַלְפַּיִם אַמָּה. נִמְצָא מְהַלֵּךְ מִשֶּׁחֲשֵׁכָה אַרְבַּעַת אֲלָפִים אַמָּה:

ח אִם אֵינוֹ מַכִּיר, אוֹ שֶׁאֵינוֹ בָקִי בַהֲלָכָה, וְאָמַר שְׁבִיתָתִי בִמְקוֹמִי, זָכָה לוֹ מְקוֹמוֹ אַלְפַּיִם אַמָּה לְכָל רוּחַ. עֲגוּלוֹת, דִּבְרֵי ר׳ חֲנִינָה בֶּן אַנְטִיגְנוֹס. וַחֲכָמִים אוֹמְרִים מְרֻבָּעוֹת כְּטַבְלָא מְרֻבַּעַת, כְּדֵי שֶׁיְּהֵא נִשְׂכָּר אֶת הַזָּוִיּוֹת:

ט זוֹ הִיא שֶׁאָמְרוּ, הֶעָנִי מְעָרֵב בְּרַגְלָיו. אָמַר ר׳ מֵאִיר, אָנוּ אֵין לָנוּ אֶלָּא עָנִי. ר׳ יְהוּדָה אוֹמֵר אֶחָד עָנִי וְאֶחָד עָשִׁיר. שֶׁלֹּא אָמְרוּ מְעָרְבִין בְּפַת, אֶלָּא לְהָקֵל עַל הֶעָשִׁיר, שֶׁלֹּא

nichts gesagt[47]); mein Sabbatwohnsitz sei an seinem Stamme, so kann er von seinem Standorte bis zu dessen Stamme zweitausend Ellen gehen und von dessen Stamme bis zu seinem Hause zweitausend Ellen, so dass er nach Anbruch der Nacht viertausend Ellen geht. **8.** Wenn er keinen kennt[48]), oder mit der Vorschrift[49]) nicht vertraut ist, und er spricht: „mein Sabbatwohnsitz sei an Ort und Stelle, so gewährt ihm sein Standort zweitausend Ellen nach jeder Richtung in der Runde[50]). So die Worte des R. Chanina ben Antigonos; die Weisen aber sagen: im Viereck gleich einer viereckigen Tafel[51]), damit er die Ecken gewinne[52]). **9.** Hier ist's, wo sie sagten: der Arme macht mit seinen Füssen 'Erub[53]). R. Meïr sagt: wir haben hier nur: der Arme. R. Juda sagt: der Arme wie der Reiche! Man hat ja nur darum gesagt: man macht mit Brod 'Erub, um es dem Reichen zu erleichtern, damit er nicht aus-

---

nauer zu bestimmen, an welchen 4 Ellen des Zaunes, unter welchem Theil der Laubkrone, ob rechts, ob links vom Stamme. [47]) Und da er jedenfalls zu erkennen gegeben, dass er an seinem Standorte seinen Sabbatwohnsitz nicht haben will, so ist er weder da noch dort קונה שביתה und hat daher nur die 4 Ellen der 5. Mischna. Beträgt jedoch die ganze Länge des Zaunes, die ganze Breite des Laubdaches weniger als 8 Ellen, so dass die Mitte desselben auf alle Fälle, er mag gewählt haben, welche 4 Ellen er will, zu seinem Sabbatwohnsitz gehört, dieser also wenn auch nicht nach seinem ganzen Umfange genau abgegrenzt, so doch wenigstens zum Theil klar und unzweifelhaft bezeichnet ist, so gelten seine Worte. [48]) Da er in der Gegend fremd ist. [49]) Dass er unterwegs eine Stelle, die er noch vor Beginn des Sabbat erreichen könnte, von ferne und ohne sich vorläufig hinzubegeben, als Ort seiner שביתה bezeichnen darf. [50]) Sein תחום ist also eine Kreisfläche, welche einschliesslich der 4 Ellen seines Standortes 4004 Ellen Durchmesser und 12591515, 92195849267916 Q.-Ellen Inhalt hat. [51]) Umschreibung für Rechteck; Flächenraum: 16032016 Q.-Ellen. [52]) Den Ueberschuss des Quadrates über den eingeschriebenen Kreis, hier beinahe 3440500 Q.-Ellen. [53]) Eine jener alten Grundlehren, die man Paroemien nennt, Rechtssätze in der knappsten und von der gewöhnlichen Ausdrucksweise abweichenden (πάροιμος) Form, wie sie die Rechtssprache aller Völker und zuweilen auch der Talmud gern anwendet. Ueber den Sinn streiten im Folgenden R. Meïr und R. Juda. Jener, welcher das Wort העני (der Arme) betont, hat die Auffassung: Nur der Arme macht mit seinen Füssen Erub; mit anderen Worten: es ist nur demjenigen, welcher wie der Reisende um eine 'Erubspeise (K. 3 M. 1 Anf.) verlegen ist, dadurch 'Erub zu machen gestattet, dass er sich persönlich (ברגליו) an den zum Sabbatwohnsitz zu bestimmenden Ort begibt, oder auch nur auf dem Wege dahin begriffen ist (החזיק בדרך). R. Juda dagegen, welcher auf das Wort ברגליו den Hauptnachdruck legt, erklärt demgemäss: Der Arme macht nur mit seinen Füssen 'Erub; mit anderen Worten: Wer um eine 'Erubspeise in Verlegenheit ist, der ist darauf angewiesen sich selbst hinzubemühen und dort den Einzug des Sabbat abzuwarten, es sei denn, dass er bereits wie unser Reisender auf dem Wege dahin begriffen ist, in welchem Falle es genügt, wenn er von fern

יֵצֵא וִיעָרֵב בְּרַגְלָיו: י מִי שֶׁיָּצָא לֵילֵךְ לָעִיר שֶׁמְּעָרְבִין בָּהּ וְהֶחֱזִירוֹ חֲבֵרוֹ, הוּא מֻתָּר לֵילֵךְ וְכָל בְּנֵי הָעִיר אֲסוּרִין, דִּבְרֵי ר׳ יְהוּדָה. ר׳ מֵאִיר אוֹמֵר כָּל שֶׁהוּא יָכוֹל לְעָרֵב וְלֹא עֵרַב, הֲרֵי זֶה חַמָּר גַּמָּל: יא מִי שֶׁיָּצָא חוּץ לַתְּחוּם, אֲפִלּוּ אַמָּה אַחַת, לֹא יִכָּנֵס. ר׳ אֱלִיעֶזֶר אוֹמֵר, שְׁתַּיִם יִכָּנֵס, שָׁלֹשׁ לֹא יִכָּנֵס. מִי שֶׁהֶחְשִׁיךְ לוֹ חוּץ לַתְּחוּם אֲפִלּוּ אַמָּה אַחַת, לֹא יִכָּנֵס. ר׳ שִׁמְעוֹן אוֹמֵר, אֲפִלּוּ חֲמֵשׁ עֶשְׂרֵה אַמּוֹת יִכָּנֵס, שֶׁאֵין הַמְּשׁוֹחוֹת מְמַצִּין אֶת הַמִּדּוֹת מִפְּנֵי הַטּוֹעִין:

gehen müsse, um mit seinen Füssen Erub zu machen. **10.** Wenn Jemand ausging, um sich[54]) nach der Ortschaft zu begeben, in welcher sie[55]) den Erub niederlegen, und sein Freund veranlasst ihn umzukehren, so ist ihm[56]) zu gehen[57]) gestattet, allen Bewohnern der Ortschaft aber verboten[58]). Dies die Worte des R. Juda; R. Meïr sagt: jeder, der ʻErub machen konnte und ʻErub nicht gemacht hat, ist ein Kamele führender Eseltreiber[59]). **11.** Wer aus dem Sabbatbezirk hinausgegangen ist, und wär's nur eine Elle weit, darf nicht mehr hineingehen[60]); R. Elieser sagt: sind es zwei (Ellen)[61]), darf er hineingehen, wenn aber drei[62]), darf er nicht hineingehen. Wen der Sabbateingang auch nur eine Elle ausserhalb des Sabbatbezirks[63]) betroffen, darf nicht mehr hineingehen[64]). R. Simon sagt: selbst wenn es fünfzehn Ellen waren, darf er hineingehen, da ja die Feldmesser[65]) nicht auf's Genaueste die Messungen ausführen[66]) wegen der Fehlgreifenden[67]).

den Ort seiner שביתה bezeichnet. Jeder Andere aber ist nicht darauf angewiesen; er kann sich's bequemer machen, indem er eine ʻErubspeise durch einen Boten (K. 3 M. 1 Ende) dahinschickt. — Die Gemara findet die Auffassung des R. Meïr dem Wortlaut entsprechender, entscheidet aber doch wie R. Juda. [54]) Im Auftrage seiner Mitbürger mit deren ʻErubspeise. [55]) Die Leute seines Heimathsortes. [56]) Da er bereits auf dem Wege dahin begriffen war (החזיק בדרך; vgl. Anm. 53). [57]) 2000—2800 Ellen über jene Ortschaft hinaus. [58]) Weil sie weder ihren Auftrag ausgeführt wissen, noch persönlich sich hinbegeben haben; sie behalten aber den Sabbatbezirk ihres Heimathsortes. [59]) Er hat weder den תחום jener Ortschaft, noch den seiner Heimath, sondern nur den Weg zwischen beiden. Ueber die sprichwörtliche Redensart חמר גמל vgl. K. 3 M. 4. [60]) Hat vielmehr nur an Ort und Stelle die 4 Ellen der 5. Mischna. [61]) Innerhalb derer er sich noch befindet, so dass die 2 Ellen, die ihm R. Eliezer in M. 5 an seinem Standorte nach jeder Richtung gewährt, noch in seinen תחום hineinragen. [62]) Befindet er sich schon in der dritten Elle, so dass eine הבלעת תחומין, ein Uebergang der ihm gewährten kleinen Fläche in den überschrittenen תחום, nicht mehr stattfindet. [63]) Einer vor ihm liegenden Stadt. [64]) In die Stadt, muss vielmehr eine Elle vor derselben Halt machen; seinen Sabbatwohnsitz hat er an dem Orte, an welchem er kurz vor Beginn des Sabbat sich befunden. [65]) משוחות — die Einzahl nach der Form יקוש gebildet (participiale von משח messen); die weibliche Endung ist bei Wörtern, die ein Amt, eine Würde bezeichnen, im Hebräischen nicht selten, im Arabischen ziemlich häufig. [66]) מצה im Piel (eigentlich auspressen) bedeutet ebenso wie das sinnverwandte exigere im Lateinischen (wovon das Part. exakt häufig angewendet wird): ganz genau bemessen. Besonders wird es von Flüssigkeitsmaassen gebraucht, wie ביצה III 8 מפני מיצוי המדות: um die Maasse gleichsam auszupressen, bis auf den letzten Tropfen zu leeren, damit er seinen Kunden die gekaufte Flüssigkeit so genau als möglich zumesse; ähnlich הרכינה ומיצה Terumot 11. 8. [67]) Die sich im Maass vergreifen (מפני טועי המדות — Gemara). Um die Messschnur fest anzuziehen, und dadurch zu spannen, müssen die Gehilfen, das Ende derselben mit der ganzen Faust erfassen und diese so gegen ihre Brust drücken (K. 5 M. 4), dass die Schnur an beiden Enden sich bei ihren Zeigefingern

ABSCHNITT V.

1. Wie stellt man das Weichbild[1]) der Ortschaften her[2])? Ragt ein Haus hinein, ein Haus hinaus, ein Mauervorsprung[3]) hinein, ein Mauervorsprung hinaus, befinden sich daselbst[4]) Ruinen[5]) zehn Handbreiten hoch, Brücken[6]) oder Grüfte, an denen eine Wohnstube[7]) ist, so verlängert man das Maass ihnen entsprechend[8]), und macht es[9]) nach Art einer viereckigen Tafel[10]), damit man die Ecken gewinne[11]). **2.** Man gewährt der Ortschaft einen Vorplatz[12]).

פֶּרֶק ה.

א כֵּיצַד מְעַבְּרִין אֶת הֶעָרִים? בַּיִת
נִכְנָס בַּיִת יוֹצֵא, פָּגוּם נִכְנָס פָּגוּם
יוֹצֵא, הָיוּ שָׁם גְּדוּדִיּוֹת גְּבוֹהוֹת עֲשָׂרָה
טְפָחִים, וּגְשָׁרִים וּנְפָשׁוֹת שֶׁיֵּשׁ בָּהֶן בֵּית
דִּירָה, מוֹצִיאִין אֶת הַמִּדָּה כְּנֶגְדָּן וְעוֹשִׂין
אוֹתָהּ כְּמִין טַבְלָא מְרֻבַּעַת, כְּדֵי שֶׁיְּהֵא
נִשְׂכָּר אֶת הַזָּוִיּוֹת: ב נוֹתְנִין קַרְפֵּף

---

umbiegt, und da die Messschnur eine Länge von 50 Ellen hat (ebend.), von denen also an jedem Ende 4 Daumenbreiten für die Faust und $\frac{1}{2}$ Daumenbreite für das Umbiegen der Schnur, zusammen 9 Daumenbreiten abgerechnet werden müssen, so gehen auf diese Weise $\frac{2000}{50} . 9 = 360$ Daumenbreiten oder 15 Ellen (1 E. = 24 D. — s. Anm. 36) verloren. Andere erklären, dass der Fehlgriff von Seiten der Ortseinwohner zu fürchten ist, welche leicht den תחום aus Versehen überschreiten würden, wenn er ganz genau bemessen wäre. Darum wird das Grenzzeichen mit Absicht von den Feldmessern ungefähr 15 Ellen zurückgerückt, um ihnen die Möglichkeit einer Rückkehr offen zu halten, wenn sie sich noch rechtzeitig erinnern sollten, dass sie das Grenzzeichen bereits hinter sich haben. — Nach Jeruschalmi gewährt R. Simon diese 15 Ellen auch dem, der mit Absicht die Grenzlinie überschritten hat [was ר׳ יונתן, רע״ב und תפארת ישראל entgangen zu sein scheint, nicht aber R. Josef Karo im בית יוסף zu או״ח 405 Anf.].

[1]) מעברין: Denominativ von עיבור, womit weiter unter (M. 7) das Weichbild einer Ortschaft bezeichnet wird. Es ist streitig, ob das Wort mit ע zu schreiben und von מעובר (prägnant) abzuleiten ist, so dass עיבור eigentlich das der Ortschaft Einverleibte bedeutet, oder ob es vielmehr mit א zu schreiben und von אבר (Glied) abzuleiten ist, so dass איבור eigentlich das der Ortschaft Angegliederte bedeutet. In beiden Fällen bezeichnet das Wort das Weichbild mit seinen letzten Ausläufern und äussersten Anhängseln. [2]) Welches doch festgestellt sein muss, ehe man die Ausmessung ihres Sabbatbezirkes in Angriff nimmt; man kann ja auch nicht von allen ihren Ecken und Spitzen aus die Messungen vornehmen, oder gar von all den einzelnen Häusern aus, welche die Ortschaft begrenzen! Offenbar muss doch zunächst eine möglichst gradlinige, jedenfalls aber regelmässige Figur um dieselbe gezeichnet werden, wenn die Bemessung ihrer תחומין möglich sein soll! [3]) Ein Erker, ein Balkon, ein Säulengang, eine Terrasse, Estrade, Veranda, ein vorspringendes Dach oder Stockwerk und dgl. [4]) In einer Entfernung von höchstens $70^2/_3$ Ellen. [5]) 2 Mauern unter Dach, oder 3 auch ohne Dach. [6]) Mit einer auf wenigstens 2 Wänden ruhenden Decke. [7]) Für den Zöllner, bez. den Hüter des Grabes. [8]) Auf der gegenüberliegenden Seite Es kann auch übersetzt werden: man zieht die Messschnur an ihnen vorüber. [9]) Das Maass; oder es ist אותה als Fürwort für ein aus ערים im Anfang der Mischna herüberzunehmendes עיר aufzufassen und demgemäss zu übersetzen: man macht sie (die Ortschaft) nach Art etc. [10]) Also zu einem Rechtecke, und nicht blos zu einem Vierecke schlechthin (Rhombus, Rhomboid, Trapez oder Trapezoid), noch weniger zu einem Vieleck, und am wenigsten zu einer Kreislinie oder einer andern krummlinigen, wenn auch regelmässigen Figur. [11]) Die Differenz zwischen der Fläche des Rechtecks und der Fläche des Kreises, der Ellipse, des Vielecks, des Rhombus etc., welche in dasselbe eingeschrieben werden könnten. [12]) קרפף ist in K. 2, M. 3 der Platz hinter dem Hause, auf welchem gewöhnlich das Holz aufgeschichtet wurde (Holzplatz); er durfte nur $70^2/_3$ Ellen im Geviert haben, wenn es am Sabbat erlaubt sein sollte, in ihm hinundherzutragen (s. ebend.). Daher wird auch hier die Fläche hinter der Ortschaft, welche sich bis zu einer Entfernung von $70^2/_3$ Ellen rings um dieselbe zieht, mit קרפף bezeichnet. Derselbe gehört noch zur Ortschaft, und erst da, wo er aufhört, beginnt ihr Sabbat-

לָעִיר. דִּבְרֵי ר׳ מֵאִיר. וַחֲכָמִים אוֹמְרִים
לֹא אָמְרוּ קַרְפֵּף אֶלָּא בֵּין שְׁתֵּי עֲיָרוֹת.
אִם יֵשׁ לְזוֹ שִׁבְעִים אַמָּה וְשִׁירַיִים וּלְזוֹ
שִׁבְעִים אַמָּה וְשִׁירַיִים, עוֹשֶׂה קַרְפֵּף
לִשְׁתֵּיהֶן לִהְיוֹתָן כְּאַחַת: ג וְכֵן שָׁלֹשׁ
כְּפָרִים הַמְשֻׁלָּשִׁין אִם יֵשׁ בֵּין שְׁנַיִם
הַחִיצוֹנִים מֵאָה וְאַרְבָּעִים וְאֶחָד
וּשְׁלִישׁ. עָשָׂה אֶמְצָעִי אֶת שְׁלָשְׁתָּן
לִהְיוֹתָן כְּאֶחָד: ד אֵין מוֹדְדִין אֶלָּא
בְּחֶבֶל שֶׁל חֲמִשִּׁים אַמָּה, לֹא פָּחוֹת
וְלֹא יוֹתֵר. וְלֹא יִמְדּוֹד אֶלָּא כְּנֶגֶד
לִבּוֹ. הָיָה מוֹדֵד וְהִגִּיעַ לְגַיְא אוֹ

So die Worte des R. Meïr; die Weisen aber sagen: Vom Vorplatz war blos zwischen zwei Ortschaften die Rede[13]); wenn die eine siebenzig Ellen nebst dem Bruchtheil[14]) und die andere siebenzig Ellen nebst dem Bruchtheil[14]) hat, so bewirkt der Vorplatz an den zweien, dass sie wie eine sind[15]). **3.** So auch drei Dörfer, welche ein Dreieck bilden, wenn zwischen den zwei äusseren hunderteinundvierzig und ein Drittel (Ellen) ist[16]), bewirkt das mittlere[17]) in Bezug auf alle drei, dass sie wie eins sind.[15]) **4.** Man messe nur mit einer Schnur, die fünfzig Ellen — nicht weniger[18]) und nicht mehr[19]) — hat, und er strecke[20]) sie nicht anders als gegen sein Herz[21]). Wenn er messend zu einem Graben[22]) oder

---

bezirk nach Ansicht des R. Meïr; s. Einl. Abs. 4. [13]) Deren letzte Ausläufer nicht mehr als $141^1/_3$ Ellen von einander entfernt sind, so dass beide, wie es weiter heisst, eine Ortschaft bilden, wenn man jeder von ihnen einen קרפף von $70^2/_3$ Ellen gewährt. Sonst aber wird ein solcher nicht gewährt; die Bemessung des תחום beginnt vielmehr unmittelbar hinter der Ortschaft. [14]) S. K. 2 Anm. 23. [15]) Dass also der תחום der einen erst hinter der andern Ortschaft beginnt. [16]) Soll heissen: wenn zwischen den zwei äusseren (welche die Basis des Dreiecks bilden) die Entfernung nur so gross ist, dass das mittlere Dorf (welches die Spitze des Dreiecks bildet) von jedem der beiden anderen nicht mehr als $141^1/_3$ Ellen entfernt wäre, falls es zwischen ihnen in derselben Graden läge. [17]) Vorausgesetzt, dass es von keinem der beiden anderen mehr als 2000, bez. 2800 Ellen thatsächlich entfernt liegt. [18]) Damit sie nicht zu straff gespannt werde. [19]) Weil sie sonst nicht fest genug angezogen werden kann. [20]) Strecken, Dehnen ist die Grundbedeutung von מדד (vgl. das arab. مدّ) ebenso wie von משח (s. oben IV Ende), welches im Aram. u. Syr., und von مسح welches im Arab. Messen bedeutet (daher משח im Hebr., Aram. u. Syr. auch = Salben; vgl. משה Herausziehen und משך Dehnen oder — wie arab. مسك — Ergreifen, eig.: An sich ziehen). Obgleich מדד auch von Hohlmaassen gebraucht wird, scheint die ursprüngliche Bedeutung im Sprachbewusstsein doch noch lebendig gewesen zu sein. [21]) Man beachte den Wechsel des Numerus: אין מודדין — ולא ימדוד! Zwei Gehilfen halten die 50 Ellen lange Schnur, jeder von ihnen zieht das in seiner Hand befindliche Ende derselben fest an, indem er es gegen seine Herzgrube (Magengrube) drückt. Der Eine bleibt nun stehen, bis der Andere ihn erreicht hat; dann geht er, während jener auf seinem Platze beharrt, so lange weiter, als die Länge der Schnur es ihm gestattet, u. s. w. Dass die Schnur nicht anders als am Herzen gehalten werden darf, ist mit Rücksicht auf die Genauigkeit der Messungen angeordnet, welche darunter leiden müsste, wenn es den Gehilfen freistände, die Messschnur nach Belieben zu halten, hauptsächlich also, um ihr die wagrechte Lage zu sichern, vielleicht aber auch, um so die angemessenste Spannung zu erzielen. [S. jedoch ריטב״א z. St., nach welchem das Messen auf der Erde nicht nur statthaft ist, sondern sogar den Vorzug verdient; die Richtigkeit dieser Ansicht unterliegt schon im Hinblick auf die oft erheblichen Unebenheiten des Bodens berechtigten Zweifeln.] [22]) גיא wird gewöhnlich mit »Thal« übersetzt. Diese Bedeutung kann es hier wohl kaum haben. Ein Thal ist kein Hindernis für die Messung. Auch sieht man nicht ein, warum denn גדר mit גיא verbunden ist. Viel

einem Walle[23]) gelangt, überspannt er ihn[24]) und kehrt zu seinem

לְגָדֵר, מְבַלִּיעוֹ וְחוֹזֵר לְמִדָּתוֹ. הִגִּיעַ

---

eher, sollte man meinen, hätte das im folgenden Satze ganz allein stehende הר darauf Anspruch, seinem natürlichen Gegensatze (Thal) zugesellt oder doch wenigstens mti der Steinmauer גדר zusammengestellt zu werden (s. Tosafot z. St. s. v. הגיע), welche ebenfalls ein in die Höhe ragendes Hindernis ist. Für »Thal« hat die hebr. Sprache drei Ausdrücke, welche sich im talmudischen Idiom noch erhalten haben: בקעה, נחל, עמק. Von diesen scheint עמק der allgemeine Name für das Tiefland zu sein, während die beiden anderen — mag auch der Sprachgebrauch diese Unterschiede einigermaassen verwischt haben — speziellere Bezeichnungen sind, u. z. נחל für das Flussthal (vgl. das arab. Wadi), בקעה dagegen für die Ebene zwischen zwei Bergen oder Gebirgszügen (von בקע spalten; daher ארץ הרים ובקעות Deut. 11, 11, ובהר בבקעה das. 8, 7 u. ö.; noch heute heisst die Gegend zwischen Libanon und Antilibanon البقاع, אלבקאע; über 1. Sam. 17,3 weiter unten!). Alle drei Wörter bilden keinen conträren Gegensatz zu הר. Die Ebene ist nur eine Verneinung des Berges; sein Gegentheil ist גיא, der natürliche oder künstliche Erdeinschnitt, die Schlucht, der Graben. Wie הר die Erderhöhung, עמק mit seinen Unterarten die ebene Erde bezeichnet, so bedeutet גיא (von גוה = aushöhlen) die Erdvertiefung. Ein klassischer Zeuge dafür ist Jes. 40. 4. Es soll eine Bahn in der Steppe geebnet werden; zu diesem Zwecke erhebe sich jeder גיא, jeder Berg und Hügel sinke, so dass das Krumme (Einzahl, offenbar auf גיא zu beziehen, welches wegen seiner Concavität — vgl. גיא מעוקם in der Gemara z. St. und Raschis erste Erklärung hierzu — עָקֹב genannt wird; das Wort findet sich nur hier in diesem Sinne, vielleicht anklingend an עָקֵב, die Sohle des Erdeinschnittes) zur geraden Fläche werde und die Erhöhungen (Mehrzahl, auf הר und גבעה zu beziehen) zur Ebene. Wir sehen also, dass בקעה wie מישור zwischen den Gegensätzen הר und גיא in der Mitte steht. Auf den ersten Blick scheint 1. Sam. 17, 3 dem zu widersprechen. Wir sind geneigt dort בקעה statt גיא zu erwarten. Bei tieferm Eingehen finde ich jedoch in jenem Verse eine Stütze. Der Zusammenhang nöthigt ebenso wie die topographischen Verhältnisse zu der Annahme, dass es sich daselbst in der That nicht um eine בקעה, sondern um einen Erdeinschnitt handelt. Der Kriegsschauplatz ist die grosse Ebene im Stamme Juda. Die Israeliten lagern im Terebinthenthale und sind vom Feinde durch einen גיא getrennt. Unmöglich kann daher mit diesem Worte ein Thal gemeint sein. Es ist vielmehr klar, dass גיא auch hier eine Vertiefung mitten in der Ebene bedeutet, und dass dieselbe Oertlichkeit, welche V. 2 עמק האלה heisst, nur mit Rücksicht auf diesen Erdeinschnitt hier als הר bezeichnet wird. In Ez. 6, 3 und 36, 4 steht גאיות mit אפיקים in so inniger Verbindung wie unmittelbar vorher גבעות mit הרים; אפיק ist das Bett der Flüsse, Ströme und Meere, und zu ihm verhält sich also גיא, wie der Hügel zum Berge. Folglich kann גיא wohl einen Graben oder Aehnliches, nicht aber ein Thal bezeichnen, und wo es dennoch diese Bedeutung hat, ist dies ebenso wie bei נחל zu erklären. Den eben angeführten Plural גֵּאָיוֹת finden wir auch in der Mischna, Schebiit III, 8. Dort sind unstreitig Gräben gemeint, und so ist das Wort auch hier aufzufassen. Die Zusammenstellung mit גדר lässt vermuthen, dass die Mischna an Festungsgräben denkt. Das Targum hat für גיא stets die Uebersetzung חילתא oder חילא, ein Wort, welches bekanntlich im Hebräischen (חיל, viell. verwandt mit חלל aushöhlen, also sinnverwandt mit גוה, dem Stamme von גיא) den Festungsgraben bezeichnet. Demnach wäre גיא וגדר dasselbe was חל וחומה in Klagel. 2, 8. Zu derselben Auffassung ist רבינו תם aus einem andern, mehr casuistischen Grunde gelangt; s. Tosafot z. St. s. v. אבל. [23]) גדר ist eine Mauer von Steinen. Eine solche ist aber nicht passirbar und braucht daher gar nicht gemessen zu werden. Wird doch selbst bei einem Hügel, der so steil ist, dass man ihn nur mit Anstrengung erklimmen kann, die Breite des Hindernisses nur nach ungefährer Schätzung, nicht durch genaue Messung bestimmt (s. Anm. 26)! Diese Schwierigkeit ist es wahrscheinlich, welche Raschi, dem die späteren Commentare folgen, zu der Erklärung genöthigt hat, dass es sich um eine eingestürzte Mauer handelt, einen Steinhaufen, der vermöge seiner schrägen Abdachung passirbar ist. Aber eine eingestürzte Mauer ist eben keine Mauer mehr, sondern ein גל, ganz abgesehen davon, dass man einen Steinhaufen auf die Dauer nicht liegen lässt. Vermuthlich ist hier unter גדר ein gemauerter Festungswall zu verstehen, dessen Böschung nicht allzu steil und abschüssig ist. [24]) Mit der Messschnur. Wörtlich: er lässt (dessen

Maasse zurück[25]); gelangt er zu einer Anhöhe, überspannt er sie[26]) und kehrt zu seinem Maasse zurück[25]) — nur darf er nicht

לְהָר, מַבְלִיעוֹ וְחוֹזֵר לְמִדָּתוֹ. וּבִלְבַד

Breite in der Länge der Schnur) aufgehen. בלע, eigentlich verschlingen, bedeutet nämlich im weitern Sinne: etwas so in sich aufnehmen, dass es völlig darin aufgeht. Der Hiph'il, welcher dem biblischen Hebräisch fremd ist, heisst nicht, wie man erwartet, etwas zu einem בולע, sondern es zu einem בלוע machen; daher die Construction: מבליע דם באיברים = bewirken, dass das Blut in den Gliedern aufgesogen wird. Es gilt als Regel, dass im Hiph'il, wo er nicht den doppelten Accusativ regiert, das Objekt des Kal seinen Casus behauptet, während die Beziehung zum Subjekt des Kal durch ein entsprechendes Verhältniswort ausgedrückt wird. So bedeutet der Hiph'il von זכר (gedenken) nicht etwa: das denkende Subjekt an seinen Gegenstand erinnern, sondern umgekehrt: diesen Gegenstand ihm in Erinnerung bringen (זכרתני אתך — והזכרתני אל פרעה, Gen. 40, 14). Das Pronominalsuffix in מבליעו bezieht sich demnach nicht auf חבל, sondern auf גיא u. גדר; בחבל ist hinzuzudenken. [25]) D. h. zu seiner ursprünglichen Messlinie. Die Messungen sollen nämlich in der Regel, um Ungenauigkeiten thunlichst zu vermeiden, in der einmal eingeschlagenen Richtung geradlinig fortgesetzt werden. Stösst man hierbei auf ein Hindernis, welches an der betreffenden Stelle zu breit ist, als dass die 50 Ellen lange Messschnur es überspannen könnte, so ist es allerdings gestattet, die Messungen dort abzubrechen, und sich im rechten Winkel an eine schmälere innerhalb des Sabbatbezirkes liegende Stelle zu begeben, wo man dieselben in einer der ursprünglichen Richtung parallelen Linie, so lange weiterführt, als die Breite des Hindernisses an der ersten Stelle es erheischt; dann aber muss man ebensoviel Ellen, als man vorher sich entfernt hat, im rechten Winkel wieder zurückgehen, um jenseits desselben die Messungen wieder aufzunehmen. — Dass sich וחוזר למדתו so unvermittelt an מבליעו anschliesst, ohne dass vorher eine Unterbrechung der Messungen auch nur angedeutet wäre, erklärt sich ebenfalls durch die Annahme, dass unter גדר ein Festungswall zu verstehen ist. Um seine Breite zu messen — das kann stillschweigend vorausgesetzt und braucht nicht erst gesagt zu werden — wird man sich selbstverständlich ans Ende des Walles oder zu einer Thoröffnung desselben begeben. [26]) Hier ist die Ueberspannung schon mit grösseren Schwierigkeiten verbunden als beim Graben, bei welchem die Messschnur in der gewöhnlichen Weise von den beiden Gehilfen gespannt wird, die zu beiden Seiten desselben stehen. Hier ist dieses Verfahren nur dann anwendbar, wenn die Anhöhe nicht mehr als 2 Ellen Höhe hat. Zwei Ellen beträgt nämlich der Abstand zwischen der Herzgrube (Magengrube) und der Sohle eines mittelgrossen Mannes (Mechilta zu Ex. 16, 13 u. Sifre zu Num. 11, 31) Von der Fingerspitze bis zur Zehe misst ein mit hochgestrecktem Arm auf den Zehen stehender Mann über 4 Ellen (Erubin 48 a); es könnte also auch die Ueberspannung eines 4 Ellen hohen Hügels ohne weiteres ausgeführt werden, wenn die Gehilfen die Messschnur über ihren Köpfen spannen. Ist das Hindernis aber höher, so muss die Schnur an der Spitze zweier Stangen befestigt werden, von denen die eine diesseits desselben, die andere jenseits fest in der Erde steckt. Es ist klar, das bei diesem Verfahren das Hindernis nicht zu hoch sein darf, da die Bäume bekanntlich nicht in den Himmel wachsen. Es gilt als Regel: Wenn der Abhang einer Anhöhe so schroff ist, dass man sich nach je 5 Ellen zurückgelegten Weges um mehr als 10 Handbreiten (1 Elle = 6 Hdbr.) höher befindet, mit anderen Worten: wenn die Höhe mehr als $^1/_3$ der Böschung beträgt, so kann auf die Ueberspannung verzichtet und die Breite des Hindernisses nach ungefährer Schätzung bestimmt werden. Wird sie indessen auf mehr als 50 Ellen geschätzt, so kommt das am Schlusse der Mischna als »Durchstechung« bezeichnete und daselbst (Anm. 30) beschriebene Verfahren in Anwendung. Bei einer Basis von 50 Ellen aber kann die Höhe im günstigsten Falle — d. i. im gleichschenkeligen Dreieck — nicht ganze 9 Ellen messen, ohne $^1/_3$ der Böschung zu übersteigen. [Bezeichnet man nämlich den Schenkel (die Böschung) mit b, die Höhe mit h und die halbe Basis (die sogenannte Anlage der Böschung) mit a, so ist nach dem Pythagoräischen Lehrsatze $a = \sqrt{b^2 - h^2} = h\sqrt{3^2 - 1^2} = h\sqrt{8}$; mithin ist $h = \frac{a}{\sqrt{8}} = \frac{25}{2{,}828} = 8{,}840$]. Eine Stange von 9 Ellen Länge gehört nun keineswegs

zu den Seltenheiten und kann auch wegen ihres nicht allzugrossen Gewichtes ohne Anstrengung mit den übrigen Messutensilien dorthin gebracht werden, wo man ihrer bedarf. — Geht die Böschung so steil in die Höhe, dass ihre »Anlage« (d. i. die Nebenkathete des Böschungswinkels, des Winkels nämlich, welchen die Böschung mit der Horizontalebene bildet) weniger als 4 Ellen beträgt, so wird sie gar nicht berücksichtigt und nur die obere Fläche des Hügels (das Plateau), wenn eine solche vorhanden ist, gemessen. Auf die Böschung eines Grabens findet jedoch diese Bestimmung nur eine beschränkte, die vorhergehende überhaupt keine Anwendung. Da die Ueberspannung des Grabens sich sehr leicht bewerkstelligen lässt, so tritt niemals die annähernde Schätzung an deren Stelle, auch dann nicht, wenn die Böschung weniger als das Dreifache ihrer Höhe misst, und beträgt ihre Anlage auch weniger als 4 Ellen, so wird sie doch bei der Ueberspannung mitgemessen; nur wenn der Graben oben breiter als 50 Ellen ist, so dass die »Durchstechung« nöthig wird, nur dann wird auch hier die Böschung ganz ausser Acht gelassen und ausschliesslich die untere Fläche des Grabens (die Sohle) gemessen. Es unterliegt keinem Zweifel, dass diese Erleichterung auch bei einem Hügel wegfällt, wenn seine Ueberspannung nicht mehr Schwierigkeiten bereitet, als die des Grabens. Das ist vielleicht schon dann der Fall, wenn er bei einer Breite von 50 Ellen und darunter nicht mehr als 4 Ellen hoch ist, sicherlich aber, wenn er nicht mehr als 2 Ellen hoch ist. Die Anhöhe, bei welcher diese grössere Erleichterung eintritt, muss also nothwendig viel steiler sein als diejenige, bei welcher die früher erwähnte Erleichterung, die ungefähre Schätzung, zur Anwendung kommt. Denn selbst bei einer Höhe von nur 2 Ellen beträgt das Verhältnis derselben zu der Böschung, deren Anlage 4 Ellen misst, schon $1 : \sqrt{5}$, also viel mehr als $1 : 3$. Es ergeben sich mithin, um es kurz zusammenzufassen, für Graben, Wall und Anhöhe folgende Bestimmungen: Misst die Breite eines Grabens (einer Schlucht und überhaupt einer jeden — sei es künstlichen, sei es natürlichen — Erdvertiefung) nicht mehr als 50 Ellen, so wird er überspannt, so dass nicht die Böschung, sondern nur deren Projection (die sogenannte Anlage) in Rechnung gezogen wird, es sei denn, dass er tiefer als 2000 Ellen ist, in welchem Falle die Böschungen ordnungsmässig (d. h. in derselben Weise wie die horizontale Fläche) gemessen werden; beträgt die Breite des Grabens (der Schlucht etc.) mehr als 50 Ellen, so findet die »Durchstechung« (und bei einer Tiefe von mehr als 2000 Ellen die ordnungsmässige Messung der Böschungen) statt, es sei denn, dass die Anlage der Böschung weniger als 4 Ellen misst, in welchem Falle nur die Sohle des Grabens (und eventuell die andere Böschung, deren Anlage etwa 4 Ellen und darüber beträgt) gemessen wird. Noch verwickelter sind die Bestimmungen über die Messung eines Walles und einer Anhöhe, überhaupt eines jeden in die Höhe ragenden — gleichviel ob natürlichen oder künstlichen — Hindernisses. Wird dasselbe auf höchstens 50 Ellen Breite geschätzt, so sind folgende Fälle zu unterscheiden: Beträgt seine Höhe nicht mehr als 4 Ellen, so wird es unter allen Umständen mit der Messschnur überspannt; beträgt sie mehr als 4 Ellen, so dass Stangen zu Hülfe genommen werden müssen, so wird es nur dann überspannt, wenn seine Böschung mindestens das Dreifache seiner Höhe misst, im andern Falle wird seine Breite durch blosse Schätzung nach dem Augenmaasse bestimmt. Es wird also hier stets nur die Luftlinie in Rechnung gezogen, niemals die Böschung und betrüge ihre Höhe auch mehr als 2000 Ellen. Wird das Hinderniss dagegen auf mehr als 50 Ellen geschätzt, so kommt die »Durchstechung« in jedem Falle zur Anwendung, die Höhe mag sein, welche sie wolle, und ihr Verhältnis zur Böschung, welches es wolle; nur wenn ihre Anlage weniger als 4 Ellen beträgt, wird die betreffende Böschung ganz übergangen und nur die horizontale Hochfläche (der Wallgang, das Plateau des Berges etc.) ordnungsmässig gemessen, eventuell noch die andere Böschung »durchstochen«. [In תפארת ישראל ist hier ein zweifacher Irrthum zu berichtigen: Ist ein Berg so steil, wird dort angegeben, dass seine Höhe $^1/_3$ seiner Böschung beträgt, so wird er bis 50 Ellen Breite nach Augenmaass geschätzt, ist sie weniger als ein $^1/_3$, so wird er überspannt. Das ist falsch! Es muss heissen: Ist sie $^1/_3$, wird er überspannt, ist sie mehr als $^1/_3$, wird er geschätzt. Ferner ist dort zu lesen: Ist aber der Berg noch steiler, so dass die Anlage seiner Böschung weniger als 4 Ellen misst, so wird er, falls er nicht mehr als 50 Ellen breit ist, überspannt. Und das ist ein Widerspruch! Wenn man beim weniger steilen Berge sich mit der blossen Schätzung begnügt, um wie viel mehr beim steilern! In Rosch und Tur und Schulchan Aruch ist dagegen in diesem Falle angeordnet, die

über den Sabbatbezirk hinausgehen[27]). Wenn er sie aber nicht
überspannen kann?[28]) Hier[29]) sagte
R. Dosithai b. Jannai im Namen
des R. Meïr: ich habe gehört, dass
man die Berge durchsticht.[30])

שֶׁלֹּא יֵצֵא חוּץ לַתְּחוּם. אִם אֵינוֹ
יָכוֹל לְהַבְלִיעוֹ. בְּזוֹ אָמַר רַבִּי
דוֹסְתַּאי בַּר יַנַּאי מִשּׁוּם רַבִּי
מֵאִיר. שָׁמַעְתִּי שֶׁמְּקַדְּרִין בֶּהָרִים:

Böschung ganz ausser Acht zu lassen und nur die horizontale Hochfläche zu messen.
Aber auch das ist nicht klar! Wie soll man denn mit einer Schnur, die 50 Ellen
lang ist, eine Fläche messen, die im besten Falle nur 42 Ellen Breite hat? Und
warum sollte man nicht auch hier mit der blossen Schätzung nach Augenmaass zufrieden sein, da man steilen doch bei dem weniger steilen Berge zulässt, dessen Abhang weniger als das Dreifache seiner Höhe beträgt? Und ist die Schätzung in
der That auch hier gestattet, warum soll man sie auf das Plateau beschränken
und nicht vielmehr auf die ganze Luftlinie von dem einen bis zum andern Fusse
des Berges ausdehnen? Ist doch das Abschätzen eines Berges nicht mühsamer als
das Ueberspannen eines Grabens! Im Talmud finde ich diese Unterscheidung zwischen
Graben und Anhöhe nicht begründet. Mir will's vielmehr scheinen, als ob die fragliche Bestimmung sich hier wie dort nur auf ein Hindernis von mehr als 50 Ellen Breite
bezöge, bei welchem das überaus mühsame Verfahren der »Durchstechung« in Anwendung gebracht werden müsste, wenn die Böschung ganz ignoriert werden dürfte.
Ist aber das Hindernis nicht breiter als 50 Ellen, so muss man, meine ich, wie beim
Graben so auch bei der Anhöhe die ganze Luftlinie in die Berechnung ziehen,
nur mit dem Unterschiede, dass sie dort durch genaue Messung (Ueberspannung),
hier aber durch blosse Schätzung (Augenmaass) festgestellt wird.] [27]) Um eine
schmälere Stelle ausfindig zu machen, an welcher er das Hindernis überspannen
könnte, das innerhalb des Sabbatbezirkes überall breiter als 50 Ellen ist; wenn
es auch nach Anm. 25 gestattet ist, die ursprüngliche Richtung zu verlassen, um
die Ueberspannung ausführen zu können, so darf diese doch nicht jenseits der
Sabbatgrenze vorgenommen werden, weil sich durch die damit verbundenen Messungen
in der Erinnerung der Ortsbewohner leicht der Irrthum festsetzen könnte, ihr Sabbatbezirk erstrecke sich bis zu jener Stelle. [28]) Weil innerhalb des Sabbatbezirks sich
keine Stelle findet, an welcher die Breite des Hindernisses nicht grösser wäre als
die Länge der Messschnur. — Dass dieser Satz nicht zum vorhergehenden Satz zu ziehen
ist, ergibt sich aus dem Citat in Erubin 35b; einige sehr alte Commentatoren, wie
Tosaphot, Rosch u. A. haben sogar die Lesart ואם statt אם. Er braucht aber
auch nicht als selbständiger Fragesatz aufgefasst zu werden, bildet vielmehr
einen hypothetischen Vordersatz zu dem folgenden Hauptsatze. Wenn wir in der
Uebersetzung die Frageform gewählt haben, geschah es nur, um das Wörtchen
בזו, auf welchem der Ton ruht (siehe die folgende Anmerkung), mit dem ihm
gebührenden Nachdruck hervorheben zu können, ohne der Sprache Gewalt
anzuthun. [29]) Hier, jedoch nicht bei der עגלה ערופה (Deut. 21,1 ff. — Sota IX,
2, 4) und auch nicht bei den Asylstädten (Num. 35,9 ff., Deut. 4,41 f. u. 19,1 ff.,
Jos. 20,1 ff. — Makkot II, 7). Soll durch die Messungen die Ortschaft ermittelt
werden, welche dem Erschlagenen zunächst liegt, oder die Bannmeile abgegrenzt
werden, auf welche das Asylrecht der Zufluchtstädte sich erstreckt, so kommt nicht
einmal die Durchstechung, vielweniger eine der grösseren beim Sabbatbezirke gewährten Erleichterungen wie die Ueberspannung oder Schätzung in Anwendung,
sondern es wird jede Böschung so gemessen, als wäre sie eine horizontale
Ebene. [30]) קדר (syr. ܩܕܪ, arab. قدر = gur זור = schneiden, verwandt mit קרח قرح = bohren
und dem vielleicht durch Umstellung entstandenen דקר = stechen) bedeutet im
Rabbinischen Löchern, sei es durch Ausschneiden oder Aushöhlen (daher wohl
קדירה Topf), durch Bohren oder Stechen; a. L. שמקדרין. Hier ist das Wort nicht buchstäblich, sondern in einer übertragenen Bedeutung aufzufassen. Es wird bei der Messung
ein Verfahren angewendet, durch welches die Böschung gleichsam durchstochen
wird. Die 50 Ellen lange Messschnur wird durch eine solche von nur 4 Ellen
Länge ersetzt. Während der eine Gehilfe das eine Ende wie gewöhnlich gegen die
Herzgrube (Magengrube) hält, spannt der andere Gehilfe, welcher höher auf der
Böschung sich befindet, das andere Ende gegen seine Füsse, so dass die Schnur

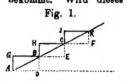

eine wagrechte oder doch annähernd horizontale Lage bekommt. Wird dieses Verfahren bis zu Ende fortgesetzt, so ist, wie die nebenstehende Figur 1 anschaulich macht, das Ergebnis dasselbe, als wenn die Böschung bei A, B, C etc, wagrecht durchstochen und die Messung durch die Bohrlöcher AD, BE, CF etc. geführt würde. Die Gehilfen stehen natürlich wie jeder, der auf einem Abhange sich aufrecht behaupten will, senkrecht zur Horizontalebene; stünden sie zur Böschung senkrecht, so wäre die ordnungsmässige Messung derselben diesem Verfahren vorzuziehen, insofern die Kathete (in diesem Falle die Böschung) stets kleiner ist, als die Hypothenuse (in diesem Falle die Messschnur). — Da die Höhe eines Mannes, wie wir in Anm. 26 gezeigt haben, bis zur Magengrube 2 Ellen beträgt (AG=2), so hat die 4 Ellen lange Messschnur nur dann eine wagrechte Lage (also nur dann GB ∥ AD, HC ∥ BE, IK ∥ CF), wenn auch die Höhe der Böschung sich zu deren Anlage wie 2 : 4 verhält, mithin — vorausgesetzt, dass h die Höhe und b die Böschung bezeichnet — $h : b = 1 : \sqrt{5}$ ist. Ist der Abhang weniger steil, so bildet die Schnur mit der Mittellinie des Gehilfen einen spitzen Winkel, dessen Scheitelpunkt in der Magengrube liegt. Dieser Winkel wird immer kleiner, je mehr die Böschung an Abschüssigkeit verliert, mit andern Worten: je kleiner der Böschungswinkel wird. Zuletzt bildet die Schnur jedesmal mit den einzelnen Abschnitten der Böschung die 2 Schenkel eines gleichschenkeligen Dreiecks, dessen Basis durch die bis zur Magengrube gemessene Höhe des Gehilfen dargestellt wird. In diesem Falle ist es gleichgültig, ob man die Böschung »durchsticht« oder in der gewöhnlichen Weise misst. Das Ergebnis ist dasselbe. Und ist erst diese Grenze überschritten, wird der Böschungswinkel noch kleiner, so bietet die »Durchstechung« dem gewöhnlichen Verfahren gegenüber nicht nur keinen Vortheil mehr, sondern bloss noch Nachtheile. Einige Beispiele mögen diese Behauptungen näher beleuchten. In der nebenstehenden Figur 2 ist BC ein Theil der Böschung (b), AB seine Anlage (a), AC seine Höhe (h) und Winkel ABC der Böschungswinkel (w). BD ist die Höhe, in welcher das eine Ende der Messschnur sich befindet, während das andere Ende bei G den Boden berührt. BD=2 und DG=4 sind constante Grössen; der der grössern Seite gegenüberliegende Winkel DBG ist als Complement des gegebenen Böschungswinkels w gleichfalls bekannt, ist aber in seiner Abhängigkeit von diesem dem Wechsel unterworfen; er wird jedesmal um ebensoviel grösser, als sein Ergänzungswinkel abnimmt. Aus den drei bekannten Daten lässt sich nun das Dreieck BDG leicht berechnen. Wir bezeichnen der Kürze wegen Winkel DBG mit α, BGD mit β und BDG mit γ. Als äusserste Grenze für die Gangbarkeit einer Böschung haben wir oben (Anm. 26) diejenige kennen gelernt, welche mindestens das Dreifache ihrer Höhe misst. Bei diesem Verhältnis beträgt der Böschungswinkel

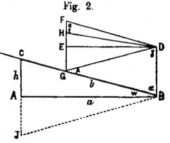

Fig. 1.

Fig. 2.

$19^0\ 28'\ 16,38''$ (denn $\sin w = \frac{h}{b} = \frac{1}{3}$; $\log. \frac{1}{3} = 9,5228787 - 10$), und es ist

$\alpha = 70^0\ 31'\ 43,62''$, $\beta = 28^0\ 7'\ 31,82''$ ($\log. \sin \beta = \log. \frac{BD \sin \alpha}{DG} = 0,3010300 + 9,9744238 - 0,6020600 = 9,6733938$), $\gamma = 180^0 - (\alpha + \beta) = 81^0\ 20'\ 44,56''$; γ ist also ein spitzer Winkel und BG ($= \frac{BD \sin \gamma}{\sin \beta}$) nur $= 4,1943349$ ($\log. BG = 0,3010300 + 9,9950269 - 9,6733938 = 0,6226631$). Immerhin gewinnt man durch dieses Verfahren 0,1943349 Ellen bei jeder einzelnen Messung; der Gewinn wäre aber noch grösser (0,2426402), wenn die Schnur vom zweiten Gehilfen nicht zur Erde geneigt, sondern entsprechend höher (in der Richtung DE) gehalten würde, damit sie eine horizontale Lage bekäme. Ist nämlich BDFG ein Parallelogramm und DE = 4, so ist BG = DF = 4,2426402 (denn Winkel DFE = α, $DF = \frac{DE}{\sin \alpha}$, $\log. DF = 0,6020600 - 9,9744238 + 10 = 0,6276362$). Je günstiger sich nun das Verhältnis zwischen Höhe und Böschung für den Verkehr gestaltet, je kleiner

der Böschungswinkel wird, desto mehr vermindert sich der durch dieses Verfahren erzielte Gewinn. Er wird gleich Null, wenn $\frac{h}{b}$ von $^1/_3$ auf $^1/_4$ fällt, und er sinkt unter Null herab, wird also zum Verlust, wenn w statt 19° 28′ 16, 38″ etwa nur 10° misst. [Beweis: Wird CA um sich selbst bis J verlängert und J mit B verbunden, so ist Dreieck BGD ähnlich JBC, falls $\frac{AC}{BC} = {}^1/_4$ ist; denn Winkel DBG = ACB als Complementwinkel von w wie auch als Wechselwinkel, BD = 2 und DG = 4 laut Voraussetzung, mithin BD : DG = CJ : BJ = 2 : 4. Folglich ist BGD ein gleichschenkeliges Dreieck und BG = DG = 4. Dasselbe Ergebnis hätte man auf einfachere Weise erreichen können, wenn beide Gehilfen die Schnur gegen die Magengrube (in der Richtung DF) gehalten hätten, wobei man noch den Vortheil genösse, die 50 Ellen lange Schnur verwenden und so schneller zum Ziele gelangen zu können. Wird nun der Böschungswinkel, der bei dem Verhältnis $\frac{h}{b} = {}^1/_4$ noch 14° 28′ 39, 04″ gemessen hat ($\sin w = \frac{h}{b}$; $\log. \frac{1}{4} = 9{,}3979400 - 10$), um noch so wenig kleiner, so tritt schon bei diesem Verfahren an Stelle des Gewinnes ein Verlust ein, welcher in demselben Maasse zunimmt, wie der Winkel abnimmt. Er beträgt bei einem Böschungswinkel von 10°, bei welchem die Höhe auf ungefähr $\frac{1}{6}$ der Böschung sich beläuft (genauer auf 0,17364816; denn $\frac{h}{1} = \sin w$ und $\log. \sin 10° = 9{,}2396702 - 10$), bereits 0,1712369 Ellen auf je 4 Ellen. Ist nämlich w = 10°, so ist $\alpha = 80°$; $\log. \sin \beta = \log. \frac{BD. \sin \alpha}{DG} = 0{,}3010300 + 9{,}9933515 - 0{,}6020600 = 9{,}6923215$, folglich $\beta = 29°\ 29'\ 55{,}35''$ und $\gamma = 70°\ 30'\ 4{,}65''$; $\log. BG = \log. DG \frac{\sin \gamma}{\sin \alpha} = 0{,}602600 + 9{,}9743500 - 9{,}9933515 = 0{,}5830585$, also BG = 3,8287631 = 4 — 0,1712369.] Es ist aber kaum denkbar, dass die »Durchstechung« nur bei den Böschungen Anwendung finden soll, welche weniger als das Vierfache ihrer Höhe betragen, alle anderen aber von dieser Wohlthat ausgeschlossen sein sollen. Dazu kommt, dass derjenige Gehilfe, welcher mit dem in seiner Hand befindlichen Ende der Messschnur die Erde berührt, eine Stellung einnehmen muss, auf welche, ganz abgesehen von ihrer auch die Genauigkeit der Messungen nothwendig beeinträchtigenden Unbequemlichkeit, die Bezeichnung כנגד רגליו kaum noch passt; da er vermuthlich kniet, so hält er die Schnur nicht zu seinen Füssen, sondern zu seinen Knieen, weshalb die Gemara richtiger und auch klarer תחתון כנגד לבו ועליון על הארץ hätte sagen müssen. Ich glaube daher, dass כנגד מרגלותיו in der That nicht identisch ist mit כנגד רגליו, wie es nicht nur in den Commentaren, sondern auch in Tur und Schulchan Aruch heisst. Der Talmud versteht unter מרגלותיו nicht die Füsse, sondern den Theil des Körpers, in welchem die inneren Flächen der beiden Schenkel sich vereinigen, etwa die Gegend der symphysis ossium pubis. Wieweit diese von der Magengrube entfernt ist, habe ich aus dem rabbinischen Schriftthum nicht ermitteln können; bedenkt man indessen, dass als Höhe des Menschen bis zum Halse 3 Ellen, bis כנגד לבו aber 2 Ellen angegeben werden, so dürfte die fragliche Entfernung, da die Symphyse zwischen Hals und Sohle fast in der Mitte liegt, auf $^1/_2$ Elle geschätzt werden. Unter dieser Voraussetzung ergeben sich, wenn der eine Gehilfe die Schnur bei D (Fig. 2) כנגד לבו, der andere bei H כנגד מרגלותיו hält, für BG folgende Maasse: Ist $\frac{h}{b} = {}^1/_3$, also w = 19° 28′ 16, 38″, so ist BG = 4,1387914; ist $\frac{h}{b} = {}^1/_4$, also w = 14° 28′ 39, 04″, so ist BG = 4,0955962; ist w = 10°, also $\frac{h}{b}$ ungefähr $^1/_6$, so ist BG = 4,0564000; ist $\frac{h}{a} = {}^1/_8$, also $\frac{h}{b} = \frac{1}{\sqrt{65}}$ und w = 7° 7′ 30, 06″, so ist BG = 4,03112887; ist $\frac{h}{b} = {}^1/_{10}$, also w = 5° 44′ 21, 01″, so ist BG = 4,0189416; ist endlich $\frac{h}{b} = {}^1/_{16}$, so ist BG = 4. Also erst wenn die Böschung das Sechzehnfache ihrer Höhe beträgt,

bietet bei dieser Auffassung von כנגד מרגלותיו die Durchstechung keinen Vortheil mehr. In diesem Falle aber misst der Böschungswinkel nur $3^0\ 34'\ 59,96''$; die Abschüssigkeit ist daher so gering, dass man sie garnicht merkt und niemand auf den Gedanken kommen wird, das Durchstechungsverfahren in Anwendung zu bringen. — [Beweis: In Fig. 2 ist laut Voraussetzung FH $= {}^1/_2$, DH $= 4$, DF # BG, Winkel DFH $=$ DBG $= \alpha$; wir nennen ihn daher auch schlechtweg α und bezeichnen ausserdem der Kürze wegen Winkel FDH mit δ und FHD mit ε. Ist nun $w = 19^0\ 28'\ 16,38''$, so ist $\alpha = 70^0\ 31'\ 43,62''$, $\delta = 6^0\ 46'\ 5,16''$ (log. sin δ = log. $\frac{\text{FH sin } \alpha}{\text{DH}}$ = log. ${}^1/_8$ sin $\alpha = 0,0969100 - 1 + 9,9744238 - 10 = 9,0713338 - 10$), $\varepsilon = 180^0 - (\alpha + \delta) = 102^0\ 42'\ 11,22''$ und BG (= DF $= \frac{\text{DH sin } \varepsilon}{\text{sin } \alpha}$) $= 4,1387914$ (log. DF $= 0,6020600 + 9,9892373 - 9,9744238 = 0,6168735$); ist $w = 14^0\ 28'\ 39,04''$, so ist $\alpha = 75^0\ 31'\ 20,96''$, $\delta = 6^0\ 57'\ 5,73''$ (log. sin δ = log. ${}^1/_8$ sin $\alpha = 0,0969100 - 1 + 9,9859856 - 10 = 9,0828956 - 10$), $\varepsilon = 180^0 - (\alpha + \delta) = 97^0\ 31'\ 33,31''$ und BG $= 4,0955962$ (log. DF $= 0,6020600 + 9,9962427 - 9,9859856 = 0,6123171$); ist $w = 10^0$, so ist $\alpha = 80^0$, $\delta = 7^0\ 4'\ 15,96''$ (log. ${}^1/_8$ sin $\alpha = 0,0969100 - 1 + 9,9933515 - 10 = 9,0902615 - 10$), $\varepsilon = 92^0\ 55'\ 44,04''$ und BG $= 4,0564000$ (log. DF $= 0,602600 + 9,9994323 - 9,9933515 = 0,6081408$); ist $w = 7^0\ 7'\ 30,06''$, so ist log. sin $w = 9,0935433 - 10 = \log. \frac{1}{\sqrt{65}}$ (log. $65 = 1,8129134$), folglich $\frac{h}{b}$ (d. i. sin w) $= \frac{1}{\sqrt{65}}, \frac{h}{a}$ $\left(= \frac{h}{\sqrt{b^2 - h^2}} = \frac{1}{\sqrt{65 - 1}}\right) = {}^1/_8$, Dreieck DHF ähnlich BAC (laut Voraussetzung ist FH : DH $= {}^1/_2 : 4 = 1 : 8 =$ CA : BA, Winkel BCA $= \alpha$ als Complement von w), also $\varepsilon = R$ und DF (od. BG) $= \sqrt{\text{FH}^2 + \text{DH}^2} = \sqrt{{}^1/_4 + 16} = 4,03112887$; ist $w = 5^0\ 44'\ 21,01''$ (log. sin $w = 9,000000 = \log. {}^1/_{10}$), so ist $\alpha = 84^0\ 15'\ 38,99''$, $\delta = 7^0\ 8'\ 40,46''$ (log. sin δ = log. ${}^1/_8$ sin $\alpha = 0,0969100 - 1 + 9,9978176 - 10 = 9,0947276 - 10$), $\varepsilon = 88^0\ 35'\ 40,55''$ und BG $= 4,0189416$ (log. DF $= 0,6020600 + 9,9998693 - 9,9978176 = 0,6041117$); ist endlich $\frac{h}{b} = {}^1/_{16}$, so ist log. sin w = log. ${}^1/_{16} = 8,7958800$, folglich $w = 3^0\ 34'\ 59,96''$, $\alpha = 86^0\ 25'\ 0,04''$, $\delta = 7^0\ 9'\ 59,92''$ (log. sin δ = log. ${}^1/_8$ sin $\alpha = 0,0969100 - 1 - 9,9991501 - 10 = 9,0960601$), $\varepsilon = 180^0 - (\alpha + \delta) = 86^0\ 25'\ 0,04'' = \alpha$ und daher DH $=$ DF $=$ BG $= 4$, was übrigens auch aus der Aehnlichkeit der Dreiecke FDH und CBJ, welche durch FH : DH $=$ CJ : BJ $= {}^1/_8$ (laut Voraussetzung) und Winkel BCJ $=$ DFH (beides Wechselwinkel von FGC) bedingt ist, bewiesen werden könnte] — Da die wagerechte unter allen Linien die kürzeste ist, welche von einem Punkte aus nach einem Lothe gezogen werden können, alle anderen Linien aber desto grösser sind, je weiter sie sich von der Horizontale entfernen (also DE $<$ DH $<$ DF), so könnte es scheinen, als wären bei diesem Verfahren die steileren Böschungen, bei denen die Messschnur eine sehr schräge Lage hat, weniger begünstigt als die minder steilen, bei denen die Schnur sich immer mehr der wagerechten Lage nähert, je kleiner der Böschungswinkel wird. Das wäre freilich gegen die Logik, welche von diesem Verfahren für diejenigen Böschungen einen grössern Gewinn erwartet, welche sich von der horizontalen Ebene deutlicher abheben. Man darf aber nicht vergessen, dass in jedem Dreieck dem grössern Winkel die grössere Seite gegenüberliegt. Da nun FH und DH constante Grössen sind, so ist es klar, dass je grösser der von ihnen eingeschlossene Winkel ε ist, desto grösser die ihm gegenüberliegende Seite DF sein muss; ε ist aber um so grösser, je steiler die Böschung ist, und umgekehrt: je kleiner der Böschungswinkel wird, je mehr infolgedessen α sowohl als δ anwachsen, desto kleiner wird naturgemäss ihr Supplement ε. Es wird also, da der stumpfe Winkel grösser ist, als der rechte, der Verlust, welcher auf der einen Seite dadurch entsteht, dass die Schnur keine wagerechte Lage hat, und somit ε kein rechter Winkel ist, nicht nur aufgewogen, sondern bedeutend überboten durch den Gewinn, welcher auf der andern Seite dadurch erzielt wird, dass der eine Gehilfe die Schnur ${}^1/_2$ Elle tiefer hält, und welcher um so grösser ist, je steiler die Böschung und je stumpfer Winkel ε. Ein oberflächlicher Blick auf die oben für verschiedene Böschungswinkel ermittelten Maasse von BG wird diese Behauptung bestätigen und zugleich dem Verständnis näher bringen.

Bei $\frac{h}{b} = {}^1/_{16}$ ($\varepsilon = 86^0{,}4167$, wo die Böschung sich der horizontalen Fläche so nähert, dass sie sich kaum merklich vom ebenen Boden abhebt, bezifferte sich der Gewinn in der That auf 0, bei $\frac{h}{b} = {}^1/_{10}$ ($\varepsilon = 88^0{,}5946$ nur auf 0,0189416, bei $\frac{h}{a} = {}^1/_8$ od. $\frac{h}{b} = \frac{1}{\sqrt{65}}$ (horizontale Lage der Messschnur; $\varepsilon = 90^0$) nur auf 0,03112887, bei $\frac{h}{b} = 0{,}17364816$ oder ungefähr ${}^1/_6$ ($\varepsilon = 92^0{,}9289$) auf 0,0564000, bei $\frac{h}{b} = {}^1/_4$ ($\varepsilon = 97^0{,}5259$) auf 0,0955962, bei $\frac{h}{b} = {}^1/_3$ ($\varepsilon = 102^0{,}7031$) schon auf 0,1387914 Ellen für jede einzelne Messung. [Nach Tosefta IV 11 hält der Eine die Schnur in der Gegend des Herzens, der Andere in der Gegend seiner Sohlen (כנגד פרסותיו); da aber nicht erwähnt wird, wie lang die Messschnur bei diesem Verfahren sein soll, ist anzunehmen, dass auch hier die Messungen mit der gewöhnlichen Schnur auszuführen sind, welche eine Länge von 50 Ellen hat. Ausdrücklich heisst es im Jeruschalmi, dass auch beim Durchstechungsverfahren keine andere als die 50 Ellen lange Schnur zur Anwendung kommt (אין מקדרין אלא בחבל של חמשים אמה). Und noch in einem Punkte befindet sich die palästinensische Gemara in einem Gegensatz zur babylonischen. Während hier die Lage der Schnur durch תחתון כנגד לבו ועליון כנגד מרגלותיו bestimmt wird, heisst es dort: עליון כנגד ראשו והתחתון כנגד רגליו כל עמא מודיי שמקרימין העליון כנגד ראשו והתחתון כנגד מתניו כל עמא מודיי שמקדרין מה פליגין כנגד לבו ר׳ מאיר אומר מקדרין וחכמים אומרים אין מקדרין. Wenn wir diese dunkle Stelle, deren Schwierigkeiten die Erklärer קרבן עדה und פני משה seltsamerweise ebensowenig bemerken, wie den Widerstreit der Meinungen in בבלי und ירושלמי hinsichtlich der Länge und Lage der Messschnur beim Durchstechungsverfahren, richtig auffassen, so ist es die Regel, dass derjenige, welcher die Schnur höher halten muss, sie an seinen Kopf halte, der andere aber, der sie tiefer halten muss, zu seinen Füssen; ist jedoch der Böschungswinkel so klein, dass auf diese Weise eine wagerechte Lage der Schnur nicht erzielt werden kann, so ist es gestattet, dass dieser die Schnur bis zu seinen Lenden erhebe, während jener sie an seinem Kopfe festhält. Streitig ist nur, ob die Durchstechung auch dann noch anzuwenden ist, wenn die Schnur, um eine horizontale Lage zu erhalten, bis zur Herzgegend hinaufgerückt werden müsste, mithin der Böschungswinkel so klein ist, dass die Anlage der Böschung sich zu ihrer Höhe wie die Messschnur zu dem Abstande zwischen Kopf und Magengrube verhält ($\frac{h}{a}$ etwa $\frac{1{,}3}{50}$ od. $\frac{1}{38}$); bei so geringer, fast minimaler Abschüssigkeit, meinen die Weisen, wird die Böschung nicht mehr »durchstochen«, sondern wie horizontales Terrain gemessen. Statt שמקרימין ist im ersten Satze vermuthlich שמקדירין zu lesen. Mit תחתון ist nicht wie in Tosefta und Babli der tieferstehende Gehilfe, sondern in beiden Sätzen derjenige gemeint, welcher die Schnur tiefer halten muss, also der Höherstehende, und aus demselben Grunde mit העליון derjenige, welcher dort התחתון genannt wird, der Tieferstehende; möglich auch, dass unter העליון das obere Ende, unter התחתון das untere Ende der Schnur zu verstehen ist. Dagegen ist es selbst unter der immerhin zweifelhaften Voraussetzung, dass noch immer vom נחל die Rede ist, es sich also um die Durchstechung einer Erdvertiefung handelt, mehr als unwahrscheinlich, dass derjenige עליון genannt werden könnte, welcher sich der Spitze (Sohle), und תחתון derjenige, welcher sich der Basis des Einschnitts (der Erdoberfläche) näher befindet. Wäre es nicht zu gewagt, eine so durchgreifende Textänderung vorzunehmen, möchte es sich empfehlen, im ersten Satze ראשו und רגליו gegen einander zu vertauschen, im zweiten Satze aber ראשו in רגליו und שמקדרין in שמודרין zu verbessern. Mithin wäre zu lesen: עליון כנגד רגליו ותחתון כנגד ראשו כל עמא מודיי שמקדירין (שמקדרין) עליון כנגד רגליו ותחתון כנגד מתניו כל עמא מודיי שמודרין מה פליגין כנגד לבו. D. h.: es unterliegt keinem Zweifel, dass die Durchstechung stattfindet, wenn von den beiden Gehilfen der obere die Schnur zu seinen Füssen, der untere an seinem Kopfe hält, und dass umgekehrt das gewöhnliche Verfahren in Anwendung kommt, wenn dieser die Schnur bis zu seinen Lenden hinunterrücken müsste, um ihr die horizontale Lage zu geben; streitig ist das einzuschlagende Verfahren nur dann, wenn er sie blos bis zur Herzgegend zu senken braucht, während jener sie zu seinen Füssen hält (also $\frac{h}{a} = \frac{2}{50} = \frac{1}{25}$). Sei dem

5. Nur durch einen Fachmann[31]) führt man die Messung aus.

ה אֵין מוֹדְדִין אֶלָּא מִן הַמֻּמְחֶה.

---

wie ihm wolle, jedenfalls ist die Lesart פרסותיו in der Tosefta und רגליו im Jeruschalmi — weit entfernt unsere Vermuthung über die wahre Bedeutung von מרגלותיו zu entkräften — nur eine Bestätigung dessen, was wir über dieses Wort gesagt haben, welches im Babli mit Absicht statt רגליו und פרסותיו gewählt ist. Wäre מרגלותיו mit רגליו identisch, so würde Babli gar zu sehr von Jeruschalmi und Tosefta abweichen, welche statt der 4 Ellen langen Schnur auch zum Durchstechungsverfahren die gewöhnliche Messschnur von 50 Ellen Länge verwenden lassen.] [31]) מומחה eig. bewährt, erprobt, zuverlässig. So אתמחי גברא אתמחי קמיעא (Sabbat 61 b), der Mann hat sich bewährt, das Amulet als zuverlässig sich erwiesen. Das Verbum מחה od. מחא bedeutet schlagen. Deswegen kann man aber doch nicht mit Levy (chald. Wrtb. über d. Targ. II. 22 b) למחויי גברא »Jemand zu etwas prägen, schlagen« übersetzen, ebensowenig wie man für אתמחי קמיעא das »Amulet hat angeschlagen« wiedergeben dürfte. Das Hebräische kennt weder den durchschlagenden Erfolg eines Heilmittels noch das Schlagen einer Münze, vielweniger die Prägung eines Menschen. Ich erblicke in מומחה, wenn nicht eine Uebersetzung, so doch wenigstens ein Analogon des griechischen *ἐντριβής*; der מומחה ist demnach ein »Geriebener,« aber nicht ganz in dem etwas anrüchigen Sinne, den das deutsche Wort im Volksmunde hat, sondern in dem Sinne, welchen ihm der Grieche beilegt, der damit den Begriff des Erfahrenen und Bewanderten, des Bewährten und Erprobten verbindet. Vermuthlich schwebt ihm dabei das Bild des Prüfsteines vor; doch bezeichnet schon *τρίβεσθαι* (sich an etwas reiben) die eingehende Beschäftigung mit einem Gegenstande, die zur Gewandtheit und Meisterschaft führt. Die Grundbedeutung von מחה ist nun allerdings schlagen, stossen; aber von dieser Grundbedeutung zweigen sich mannigfache Nebenbedeutungen ab (hinanreichen, verhindern, weben, zerreiben, sich bewähren, abwischen, accreditiren, vernichten und sogar: Schüssel!), bei denen man mitunter Mühe hat einen verwandschaftlichen Zug herauszufinden. In ומחה על כתף ים כנרת (Num. 34, 11) bedeutet es: hinanreichen (eig. an Etwas stossen, im Rabbinischen: hindern, verwehren, (verkürzt aus ימחא בידיה — Dan. 4, 32 — auf die Hände schlagen), im Aramäischen: weben (vom Hinundherstossen des Weberschiffchens; vgl. das deutsche Einschlag!); ferner bedeutet es: zerschlagen, zerstossen, zerreiben, zerrühren (ממחו Sabbat 140 a Z. 2 — Raschi: détremper), abreiben (ממחה משקלותיו Baba B. V, 10), abschaben (מחוי קרביו Pesachim VI, 1), abwischen (den Mund, Spr. 30, 20), wegwischen (die Thränen Jes. 25, 8), daher Geschriebenes auslöschen durch Radiren, Verwischen (Num. 5, 23) oder Verreiben (der Wachstafel) und übertragen: vernichten, (entweder nach Ex. 32, 32 oder nach 2. Kön. 21, 13 oder wie das deutsche »Aufreiben«, das lat. conterere u. das gr. *τρίβειν*). In einer intimen Beziehung zur Schüssel tritt uns der Stamm in dem Worte תמחוי entgegen, zu dessen etymologischer Erklärung man versucht wäre auf das biblische פרור hinzuweisen, welches aber schwerlich von פרר (zerbröckeln, zerreiben), eher von פאר (arab. فار kochen) abzuleiten ist; פָּרוּר wäre demnach aus פַּאֲרוּר (vgl. נַאֲפוּף) contrahirt wie וַיָּאצֶל (Num. 11, 25) aus וַיַּאֲצֶל, מָסֹרֶת (Ez. 20, 37) aus מַאֲסֹרֶת Fessel und מָחָר aus מַאֲחָר Folgezeit, Zukunft, morgen, nachher — Gegensatz zu אתמול (= את פנים od. לפנים; מול, arab. مال sich neigen, ist sinnverwandt mit פנה) vorher, ehemals, gestern. Mit grösserm Recht dürfte מחבת zum Vergleich herbeigezogen werden, dessen Stamm ebenfalls »schlagen« bedeutet (vgl. חבט, חבם u. خبط) Da nun מחבת zum Rösten von Mehlspeisen dient, חבתים Backwerk bedeutet خبز im Arab. Brod und חביצא im Rabbinischen eine Mehlspeise bezeichnet, andererseits das rabbinische מיחא (Mehl) und vielleicht auch das bibl. קמח auf eine Wurzel מח (zerreiben, zermahlen) zurückzuführen ist, der auch unser Stammwort מחה angehört, so liegt es nicht fern, die Begriffe Pfanne und Schüssel zu dem Worte Mehl in Beziehung zu bringen, so dass תמחוי ebenso wie מחבת ein Gefäss zur Bereitung von Mehlspeisen wäre. Vgl. auch מגים Schüssel von הגים umrühren (arab. جش zerstückeln, mahlen, جشيش grobes Mehl), an dessen Bedeutung ja auch die von מחה anklingt. Auf dem Prüfstein reiben heisst erproben, daher אתמחי gerieben werden s. v. a. sich bewähren, מומחה erprobt, zuverlässig, Fachmann, המחה als zuverlässig und ver-

רִבָּה לְמָקוֹם אֶחָד וּמִעֵט לְמָקוֹם אַחֵר, שׁוֹמְעִין לְמָקוֹם שֶׁרִבָּה.

Hat er eine Strecke erweitert, eine andere Strecke verkürzt, so befolgt man die Strecke, die er erweitert hat [32]).

---

trauenswürdig erklären, beglaubigen, accreditiren; so z. B. למחויי גברא למחויי קמיעא — Sabbat 61b — eine Person, ein Amulet accreditiren, und im eigentlichen Sinne: המחהו אצל חנוני — Baba M. IX 12 — Jemand beim Kaufmann accreditiren. Weniger wahrscheinlich, aber immerhin denkbar ist ein Zusammenhang der Bedeutung »Accreditiren« mit ממחים (markig, kraftvoll; vgl. מֹחַ Mark מֵחִים Vornehme, Mächtige und arab. مخّ markig sein) in Jes. 25, 6, sodass מומחה fast gleichbedeutend wäre mit מוחזק, von welchem es sich nur durch eine feine Nuance unterscheidet (מומחין אע״פ שאינן מוחזקין — Chullin 3b), und המחה mit החזיק einer Person od. Sache Kraft und Autorität verleihen, sie zu Ansehen und Anerkennung bringen, sich für sie verbürgen, mit einem Worte: sie accreditiren. Sicher aber ist unser מומחה nach der auch vom Aruch vertretenen Auffassung der ältesten Erklärer, welche in unserm מומחה eine möglichst glatte und ebene Strasse erblicken, und diese Bedeutung des Wortes sehr hinfällig an ומחה על כתף ים כנרת anlehnen, von מחה »Reiben« abzuleiten (ein abgeriebener, d. h. vielbetretener und dadurch geebneter Weg; vgl. das gr. τρίβος und das lat. via trita) Nach dieser Auffassung bezeichnet מן den Ort, von dem aus die Messungen in Angriff zu nehmen sind; diese müssen מן המומחה ausgehen und hügeliges oder holperiges Terrain möglichst vermeiden; ist aber מומחה ein Fachmann, so steht hier מן ausnahmsweise nach biblischem Sprachgebrauche (vgl. ומחזיונות תבעתני Ijjob 7, 14, ולא יכרת . . . ממי המבול Gen. 9, 11 u. v. a. St.) für על ידי, welches im spätern Schriftthum in dieser Bedeutung fast alleinherrschend geworden ist und מן vollständig verdrängt hat. Nach ר״ח bedeutet מן המומחה in ununterbrochen geradliniger Richtung, eine Auffassung, die nicht nur sprachlich (s. ריטב״א), sondern auch sachlich (s. Anm. 32) auf Schwierigkeiten stösst. [32]) אף למקום שרבה, interpretirt die Gemara einschränkend. Man befolgt sogar die erweiterte Strecke. Das ל in למקום ist entweder das ל der Beziehung (man gehorcht dem Fachmann hinsichtlich der Strecke etc.) oder der von שומעין abhängige und auf leblose Dinge übertragene Dativ (man gehorcht gleichsam der erweiterten Strecke). Der Sinn ist nach Maimunis einfacher und leichtfasslicher Erklärung: Die Feststellungen des Sachverständigen sind unter allen Umständen massgebend, also nicht nur da, wo er die Sabbatgrenze näher gerückt hat [מקום שמיעט], sondern sogar da, wo er sie weiter hinausgerückt hat, als es die Bewohner der Ortschaft, sei es auf Grund eigener Messungen, sei es auf Grund einer von Alters her eingebürgerten, auf Herkommen und Ueberlieferung beruhenden Praxis, erwartet hatten. Es sind indessen noch andere Erklärungen dieser Stelle möglich, von denen wir die des grossen Talmuderklärers, des Commentators κατ' ἐξοχήν, nicht unterdrücken dürfen. — Wie wir in der Einleitung Abs. 4 gezeigt haben, werden alle 4 Seiten des um das Weichbild der Ortschaft beschriebenen Rechtecks nach beiden Richtungen um 2000 Ellen verlängert; es werden also, um z. B. die Nordgrenze des Sabbatbezirks festzustellen, sowohl vom östlichsten Punkte A als auch vom westlichsten Punkte B 2000 Ellen nach Norden gemessen und die freien Endpunkte C und D durch eine Gerade verbunden. Dadurch wird über die Genauigkeit der Messungen eine ebenso einfache wie zweckmässige Controlle geschaffen. Stellt sich nun heraus, dass AC und BD auf der Verbindungslinie CD nicht senkrecht stehen, diese also der Nordseite des Rechtecks nicht parallel läuft, so wird dieses offenbar auf irgend einer Ungenauigkeit beruhende Versehen nicht durch Verkürzung derjenigen Geraden berichtigt, welche mit CD einen spitzen Winkel bildet, sondern durch eine entsprechende Verlängerung ihrer Parallele, weil wir die Schuld den Gehilfen zuschreiben, welche an der einen Stelle die Schnur nicht gehörig gespannt haben mochten, wodurch die Linie, welche mit CD einen stumpfen Winkel bildet, zu kurz bemessen wurde. Und selbst wenn das Versehen dem Fachmann zuzurechnen wäre, welcher bei der Verlängerung irgend einer Seite des Rechtecks vielleicht nicht ganz genau die einzuschlagende Richtung innegehalten hat, so müsste dennoch die Frage, ob die scheinbar kürzere, oder die scheinbar längere Linie richtiger gemessen ist, zu Ungunsten jener entschieden werden, welche ja nur darum kürzer erscheint, weil sie eben auf AB nicht senkrecht steht, während die scheinbar längere Linie, sofern sie auf AB senkrecht steht, in Wahrheit die kürzeste ist, welche zwischen

Hat er Einem erweitert, einem Andern verkürzt, folgt man dem Begünstigten[33]). Selbst ein Knecht,

רִבָּה לְאֶחָד וּמִעֵט לְאַחֵר. שׁוֹמְעִין לַמְּרֻבֶּה. אֲפִלּוּ עֶבֶד אֲפִלּוּ שִׁפְחָה

AB und ihrer Parallele gezogen werden kann. Liegt aber die Schuld an der ungünstigen Bodenbeschaffenheit der einen Seite, welche das Durchstechungsverfahren nothwendig machte und dadurch das Ergebnis der dort ausgeführten Messungen beeinträchtigte, so ist das Ergebnis der anderen Seite, auf welcher keine oder nur geringe Hindernisse zu überwinden waren, erst recht als das genauere und daher allein massgebende anzusehen. [Unerklärlich ist, wie תוספות, רא״ש und ריטב״א dies übersehen und in ihrer Polemik gegen Raschi die Behauptung aufstellen konnten, dass auch dem durch ungünstige Bodenverhältnisse beeinträchtigten Ergebnisse der einen Seite Rechnung zu tragen ist. Diese Behauptung ist allerdings eine Consequenz der Auffassung von מן חמומחה, welche Tosafot und Rosch dem ר״ח in den Mund legen (anders wird dessen Erklärung von ריטב״א dargestellt), befindet sich aber allem Anscheine nach im Widerspruche mit dem Talmud. Dieser sagt ja ausdrücklich, dass das Durchstechungsverfahren nur dann stattfindet, wenn sich bis zur Sabbatgrenze keine Stelle findet, an welcher über das Hindernis einfach hinweggemessen werden kann (s. Anm. 25); hier aber ist eine solche Stelle schon auf der andern Seite der Ortschaft vorhanden, wie das günstigere und unstreitig genauere Ergebnis der dort vorgenommenen Messung zeigt. Und ferner! Die Gemara interpretirt ganz allgemein und für alle Fälle: שומעין אף למקום שרבה. Wie aber, wenn auf keiner Seite erhebliche Hindernisse irgend welcher Art zu sehen sind und dennoch die Resultate differiren? Soll man auch dann dem minder günstigen Ergebnis Rechnung tragen? Aus welchem Grunde? Es ist ja wahr — die Auffassung Raschi's, so richtig sie an sich ist, so ungeschmeidig fügt sie sich dem Rahmen der talmudischen Diskussion ein. Die Gemara hat offenbar unsere Mischnastelle anders aufgefasst als Raschi; anders auch als תוספות, רא״ש und ריטב״א, deren Auslegung die Schwierigkeiten, wie wir gesehen haben, nicht hebt, sondern erhöht, vielleicht aber wie Maimonides, dessen Erklärung wir in unserer Uebersetzung gefolgt sind.]

33) ובלבד שלא ירבה יותר ממדת העיר באלכסונה fügt die Gemara auch hier einschränkend hinzu (לאחר) רבה לאחר ומעט לאחר fasst sie auf, als stünde: (אחר) רבה אחד ומעט אחר, ohne jedoch eine Textänderung vorzunehmen. Sie sagt nicht תני, ja nicht einmal חכי קתני, sondern nur חכי קאמר [vgl. ב״ק 118a Z. 7 דוק ותשכח!]. Auch hier gehen die Erklärungen weit auseinander. Raschi und Maimonides meinen: Wenn ein Fachmann den Sabbatbezirk weiter ausgedehnt hat als ein anderer, so hört man auf jenen, falls der Unterschied nicht grösser ist als die Differenz zwischen der Diagonale und der Seite eines Quadrats, dessen Diagonale 2000 Ellen misst, weil in diesem Falle angenommen werden kann, dass derjenige, welcher das geringere Ergebnis erzielt hat, die 2000 Ellen nicht wie vorgeschrieben in der Verlängerung der Seiten des um die Ortschaft beschriebenen Rechtecks (s. Einl. Abs. 4) gemessen hat, sondern irrthümlicherweise in der Verlängerung seiner Diagonalen. Dass diese Deutung sich in die Worte ובלבד שלא ירבה וכו׳ nicht hineinlegen lässt, erklärt Raschi in seiner liebenswürdigen Offenheit und Bescheidenheit frei und unumwunden selbst. Doch davon abgesehen! Ist es schon an sich sehr gewagt, einem sachverständigen מומחה einen solchen Irrthum, ja einen solch unverzeihlichen Verstoss gegen eine klare Vorschrift zuzutrauen, so ist es geradezu undenkbar, dass man sich bei einer so kühnen und bedenklichen Annahme ohne Weiteres beruhigen soll, da es doch so leicht ist, durch eine Anfrage bei dem Fachmanne, der zuletzt gemessen hat — und das ist nach der Reihenfolge in der Mischna gerade derjenige, welcher das geringere Ergebnis erzielte — über diesen Punkt Gewissheit zu erlangen. Wie endlich, wenn der Unterschied beider Ergebnisse, welcher nach der dafür ersonnenen Erklärung jedesmal genau so viel betragen müsste, als die Differenz zwischen der Seite und der Diagonale des erwähnten Quadrates, kaum die Hälfte, kaum ein Drittel derselben beträgt? Wie erklärt man sich dann den Mangel an Uebereinstimmung? Diese Schwierigkeiten vermeidet nur zum Theil die Erklärung des R. Chananel, nach welcher die Gemara sagen will, dass der Unterschied der Ergebnisse nicht mehr betragen darf als die Diagonale der Ortschaft; unter dieser Voraussetzung könne man annehmen, dass zur Zeit, als der erste Fachmann die Sabbatgrenzen feststellte, die Ortschaft nur wenige Häuser zählte, und zwar — um ein Beispiel anzuführen — im Südwesten, später aber sich

selbst eine Magd sind beglaubt, wenn sie sagen: bis hierher (reicht) | נֶאֱמָנִין לוֹמַר, עַד כָּאן תְּחוּם שַׁבָּת.

von hier aus immer weiter nach Osten wie nach Norden ausdehnte, so dass der jetzige Nordosten ihres Weichbildes fast um die ganze Diagonale derselben von dem ehemaligen entfernt ist, weshalb der zweite Fachmann, welcher den Markstein des תחום im Nordosten um die Länge dieser Diagonale weiterrückte, vollkommen im Rechte war. Diese Annahme ist natürlich nur dann haltbar, wenn die Feststellungen des ersten Fachmannes vor undenklichen Zeiten stattgefunden haben. Ferner sind bei dieser Erklärung immer die Ergebnisse desjenigen massgebend, welcher zuletzt gemessen hat. Das ist, worauf wir schon einmal hingewiesen haben, in unserer Mischa der, welcher das geringere Ergebnis erzielt hat. Es müsste also anstatt שומעין למרבה gerade שומעין לזה שמעט heissen, oder doch wenigstens — wenn man schon auf die Gruppirung der Gegensätze kein so grosses Gewicht legen will — שומעין לאחרון, da es doch garnicht darauf ankommt, wer mehr und wer weniger Ellen erzielt hat, sondern einzig und allein darauf, wer zuerst und wer zuletzt gemessen hat. Keineswegs ist שומעין למרבה am Platze, welches so, wie es hier steht, zu den schönsten Missverständnissen, ja Missdeutungen berechtigt. Auch die einschränkende Bemerkung der Gemara ist nach dieser Auffassung nicht gut stylisirt R. Ch. stützt sich allerdings auf eine Lesart, welche das Wort ואלכסונה in באלכסונה ändert. Was damit gewonnen ist, war ich jedoch zu ergründen leider nicht im Stande. Wenn er nach der Darstellung in Tosafot und Rosch der Ansicht ist, dass der zweite Fachmann soviel hinzufügen darf, als die Ortschaft in ihrer Diagonale misst, so ist באלכסונה viel richtiger als ואלכסונה. [Eine abweichende Darstellung seiner Ansicht in חדושי הריטב״א rechtfertigt zwar die Nothwendigkeit dieser Textänderung, fordert aber, da sie in einer Verquickung der Ansicht Raschis und Maimunis mit der Darstellung in תוספות und רא״ש besteht, zu all den anderen Einwendungen auch noch die gegen Raschi und Maimonides geltend gemachten sämmtlich heraus]. Dagegen scheint mir sowohl יותר als מדת überflüssig und das ungelenke ἓν διὰ δυοῖν in העיר ואלכסונה schier unerträglich; es hätte ובלבד שלא ירבה מאלכסון העיר stehen müssen. Wie der Text nun einmal lautet, können die Worte ובלבד שלא ירבה יותר ממדת העיר באלכסונה kaum anders als so übersetzt werden: Nur darf er nicht (irgend eine Strecke des Sabbatbezirkes) mehr vergrössern, als das Maass der Ortschaft durch ihre Diagonale (vergrössert wird). Wie der Talmud bei seinen Zeitbestimmungen nach Tagesstunden stets an den Normaltag denkt, der genau 12 Stunden hat, so schwebt ihm auch bei seinen Maassbestimmungen in unserm Kapitel stets eine Normalortschaft vor, welche rings im Kreise von einer Mauer umgeben ist, deren Durchmesser 2000 Ellen beträgt. Das geht klar und unbestreitbar aus Erubin 56b hervor. Unter dem אלכסון העיר ist die Diagonale des diesem Kreise umschriebenen Quadrates zu verstehen. Dieselbe ist nach dem Pythagoräischen Lehrsatz (s. Einl. Abs. 4) um $\sqrt{8000000} - 2000$ Ellen grösser als der erwähnte Durchmesser. Dieser Ueberschuss wird an der eben angeführten Stelle, wo der durch die Quadratur erzielte Gewinn beiläufig zur Anschauung gebracht wird, wo es also auf Genauigkeit nicht ankommt, mit 800 Ellen angegeben. In Wahrheit beträgt er über 828,4271247461900 Ellen. Um diese Zahl, welche die Gemara an unserer Stelle, um nicht durch Angabe einer runden Summe wie שמנה מאות אמה irrezuführen, der hier erforderlichen Genauigkeit wegen lieber als Ueberschuss der Diagonale über den Durchmesser der Ortschaft umschreibt, kann das Ergebnis des einen Fachmannes von dem seines Vorgängers sich unterscheiden, ohne dass einer derselben sich eine Fahrlässigkeit oder die Verletzung einer Vorschrift zu Schulden kommen liess. Wir haben bereits in der Einl. a. O. gesagt, dass die Seiten des um das Weichbild zu beschreibenden Rechtecks dem »Weltquadrate« parallel sein sollen, dass man aber in dringenden Fällen von dieser Regel abweichen dürfe (s. שו״ת נו״ב מ״ב סי׳ נ״א). Ist z. B. eine Entfernung von mehr als 2000, aber weniger als $2828\frac{1}{2}$ Ellen zwischen der Grenze einer Ortschaft und der Synagoge oder dem Lehrhause ihrer Nachbargemeinde, so darf das erwähnte Rechteck so gezeichnet werden, dass die Verlängerung seiner Diagonale mit dem Wege zusammenfällt, welcher die beiden Orte verbindet, obgleich seine Seiten dann nicht parallel sind denen des »Weltquadrats«. So gewinnt man nach dieser einen Richtung bis $828\frac{1}{2}$ Ellen. Der Gewinn kann auch noch grösser sein. Haben zwei Orte z. B. die Form eines Kreises, so dürfte die Entfernung zwischen ihnen, wenn die Seiten des ihnen umschriebenen Quadrates denen des »Weltquadrats« gleich-

der Sabbatbezirk, da die Weisen ihre Anordnung nicht getroffen | שֶׁלֹּא אָמְרוּ חֲכָמִים אֶת הַדָּבָר

---

laufen müssten, bei ungünstiger Lage nur $4141^1/_3$ Ellen betragen (von denen je 2000 auf den תחום und je $70\frac{2}{3}$ auf den קרפף oder עבור kommen; s. M. 2 und Einl. a. O.), um den Einwohnern ein Zusammentreffen an der gemeinsamen Sabbatgrenze zu ermöglichen. So aber messen die תחומין allein fast 5657, der קרפף je 100 Ellen ungefähr, und dazu kommen noch die halben Ueberschüsse der Diagonale über die Durchmesser beider Orte, welche bei der Normalortschaft je $1414\frac{1}{4}$ Ellen betragen und natürlich um so grösser sind, je grösser der Umfang der fraglichen Orte ist. Stellt das Weichbild eines Ortes eine andere, sei es regelmässige, sei es unregelmässige Figur dar, so ist auch die Grösse des Gesammtgewinnes eine andere; nur was durch eine den Ortsbedürfnissen geschickt angepasste Anordnung des erwähnten Rechteeks hinsichtlich des תחום gewonnen werden kann, das allein ist keinem Wechsel unterworfen, dieser Gewinn ist von der Figur des Weichbildes unabhängig, er beträgt immer rund 828 Ellen. Von ihm allein kann hier die Rede sein, und auf ihn bezieht sich auch nur die Einschränkung, dass er nicht grösser sein darf als die Differenz zwischen Diagonale und Durchmesser einer Normalortschaft. Der Gesammtgewinn kann allerdings grösser sein. Wie gross? — Dafür giebt es eben keine allgemein giltige Berechnung, das muss in jedem einzelnen Falle mit Hilfe des Bauplanes berechnet werden. Natürlich steht dem Gewinne an der einen Stelle ein genau ebenso grosses Deficit (welches man aber, da es sich um eine für den Verkehr minder wichtige Gegend handelt, nicht als einen Verlust bezeichnen darf) auf einer andern Stelle gegenüber; denn wie immer man das Rechteck zeichnen mag, der Flächeninhalt des Sabbatbezirks bleibt immer derselbe, und — ob da oder dort — immer bildet sich an den 4 Enden je ein Quadrat, dessen Diagonale rund 828 Ellen beträgt (Einl. a. O.). Es hat daher den Anschein, als ob unser רבה לאחר ומעט לאחר identisch wäre mit dem רבה למקום אחר ומעט למקום אחר des vorhergehenden Satzes (היינו הך! Gemara). Es wurde ja dem תחום nur das wiedergegeben, was ihm an anderer Stelle abgenommen wurde, und es gilt folglich auch hier: שומעין אף למקום שרבה! Erwägt man aber, dass sämmtliche Bewohner einer Ortschaft, mögen sie wohnen, in welcher Gegend sie wollen, einen und denselben Sabbatbezirk haben (נו״ב a. O.), so kann רבה לאחר ומעט לאחר unmöglich bedeuten, dass er dem Einen zugelegt und dem Andern abgenommen hat; denn was er da zugelegt hat, wurde Allen zugelegt, was er dort abgenommen hat, Allen abgenommen. Es handelt sich hier vielmehr um eine und dieselbe Strecke, welche er dem Einen, in dessen Auftrage er die Messungen vornahm, erweitert, dem Andern aber, der ihn später aufs Neue mit der Vermessung betraute, verkürzt hat. Während also im vorhergehenden Satze sich eine Differenz an zwei verschiedenenen Stellen im Verlaufe einer und derselben Messung herausstellte, ist hier die Rede von einer Differenz, welche zwei verschiedene, zeitlich von einander getrennte Messungen hinsichtlich einer und derselben Strecke ergaben. [Vielleicht ist gar das ל in לאחר temporal wie in לערב (Gen. 49, 27), לעת ערב (das. 8, 11), לעתיד, לשעבר und öfter, so dass לאחר — לאחר »das eine Mal — das andere Mal« zu übersetzen wäre. Vgl. ואתם תלקטו לאחד אחד in Jes. 27,12, wo לאחד אחד so viel als אחד אחד »einzelweise« bedeutet, eig. das eine Mal Einer; der st. constr. von לאחר erklärt sich hiernach wie der von מאת in Koh. 8,12.] Es ist natürlich gleichgültig, ob die zwei Messungen mit ihren widersprechenden Ergebnissen von demselben Fachmanne oder von zwei verschiedenen Fachmännern ausgeführt wurden, und die Mischna hätte eben so gut sagen können: רבה אחר ומעט אחר. Es käme auf dasselbe heraus. Mit Absicht aber kleidet sie diesen Gedanken in den scheinbar weniger adäquaten Ausdruck רבה לאחר ומעט לאחר, um zu zeigen, dass selbst dann, wenn derselbe Fachmann bei einer neuen Vermessung ein geringeres Ergebnis auf einer Strecke erzielt hat, dennoch das frühere, günstigere Ergebnis nicht als widerrufen und durch das spätere berichtigt anzusehen ist, vielmehr auch fernerhin als vollkommen zuverlässig und zu Recht bestehend gelten darf. Wenn also, um bei dem angeführten Beispiel zu bleiben, den Bewohnern zweier Ortschaften, welche sich bisher am Sabbat gegenseitig besuchen durften, durch das Ergebnis der neuen Vermessung dieser Verkehr unmöglich gemacht würde, so brauchen sie sich nicht daran zu kehren, können sich vielmehr nach wie vor an das frühere Ergebnis halten; und selbst wenn der Fachmann auf Befragen erklärt, er habe ganz genau gemessen und sich in allen Punkten streng an die Vorschrift gehalten, so können sie ihren Verkehr dennoch — oder richtiger: gerade deswegen — aufrecht

לְהַחֲמִיר אֶלָּא לְהָקֵל: ו עִיר שֶׁל יָחִיד וְנַעֲשֵׂית שֶׁל רַבִּים, מְעָרְבִין אֶת כֻּלָּהּ. וְשֶׁל רַבִּים וְנַעֲשֵׂית שֶׁל יָחִיד,

haben um zu erschweren, sondern um zu erleichtern[34]). **6.** Die Ortschaft eines Privatmannes, welche öffentliches Eigenthum geworden, kann man ganz in den 'Erub hineinziehen[35]); eine öffentliche aber darf man, selbst nachdem sie Privat-

---

erhalten. Liegt doch in dieser Erklärung die Lösung des Widerspruchs beider Ergebnisse. Diesmal wurden streng nach Vorschrift die Seiten des um die Ortschaft zu beschreibenden Rechtecks, das erste Mal aber aus statthaften Opportunitätsgründen, wenn auch gegen die Regel, dessen Diagonale den Seiten des Weltquadrats parallel gezogen. Nur darf, wie der Talmud einschränkend hinzufügt, das zweite Ergebnis nicht hinter dem ersten um 828½ Ellen zurückbleiben. Ist das der Fall, so hat das שומעין למרבה nicht mehr unbedingte Geltung. Es muss dann erst mit Hilfe des Bauplanes nach den oben dargelegten Gesichtspunkten eine ausreichende und befriedigende Erklärung für den grössern Ueberschuss gesucht werden, und findet man eine solche nicht, so muss eine neue Vermessung angeordnet oder das günstigere Ergebnis preisgegeben werden. Beträgt aber die Differenz nicht mehr als 828 Ellen, dann bedarf es keines Forschens, keines Fragens, keiner Prüfung des Bauplanes — dann gilt ohne Weiteres שומעין למרבה. Denn die Verschiedenheit der Resultate erklärt sich dann so einfach wie möglich durch die verschiedene Anordnung des ofterwähnten Rechtecks, welches das eine Mal vorschriftsmässiger der Lage des »Weltquadrats«, das andere Mal mehr den localen Bedürfnissen angepasst wurde; die Frage aber, ob nicht in der Zwischenzeit die Ortschaft sich verkleinert habe, braucht — wenn sie sich nicht von selbst bejaht — nicht ernstlich in Erwägung gezogen zu werden, da eine Abnahme der Häuserzahl nur äusserst selten eintritt. Deshalb kann man ohne Bedenken dem Begünstigten folgen. (כך נראה לע״ד פירוש שמועה זו ואע״פ שאיני כדי לחלוק הנראה לע״ד כתבתי) [34]) Kann verschieden aufgefasst werden. Zunächst kann man את הדבר auf den letzten Satz beziehen: die dort genannten Personen sind nur beglaubt, wenn sie erleichtern, also durch ihr Zeugnis die Sabbatgrenze weiter hinausrücken, nicht aber, wenn sie den Sabbatbezirk einschränken wollen. Dann müsste es aber ולא statt שלא heissen. Ferner kann man את הדבר auf die Vorschriften vom תחום überhaupt beziehen, welche rabbinischen Ursprungs sind: Die Weisen haben dieselben angeordnet mit der Maassgabe, in allen zweifelhaften Fällen nicht in erschwerendem, sondern in erleichterndem Sinne zu entscheiden; deshalb sind die genannten Personen beglaubt. Dann sollte es aber heissen; שלא אמרו חכמים להחמיר בדבר אלא להקל. Endlich kann man את הדבר auf den ersten Satz beziehen, welcher sich schon durch das klassische מן an Stelle des später gebräuchlichen על ידי als ältern Bestandtheil der Mischna documentirt: Die genanten Personen sind beglaubt, weil die Weisen ihre Anordnung, dass man die Messungen nur von einem Fachmann ausführen lasse, nicht getroffen haben um zu erschweren und etwa das Verlassen der Ortschaft am Sabbat zu untersagen, solange nicht durch einen sachkundigen Feldmesser die Grenze festgestellt ist, bis zu welcher man sich entfernen darf; es ist vielmehr gestattet, sich hinsichtlich der Strecke, die man am Sabbat gehen darf, auf die Aussage sonst unglaubwürdiger Personen ebenso zu verlassen, wie auf die eigene ungefähre Schätzung. Jene Anordnung bezweckt ausschliesslich eine Erleichterung des Verkehrs. Wenn man seinem Augenmaasse oder dem Zeugnis jener Personen oder selbst der örtlichen Ueberlieferung nicht trauen mag, weil man glaubt, dass genaue Messungen einen grössern Flächeninhalt oder wenigstens eine günstigere Lage des Sabbatbezirks ergeben müssten, so lasse man die Messungen durch einen Fachmann ausführen, denn nur ein solcher ist befugt, den תחום zu erweitern. Diese Auffassung ist wohl die richtige. Sie wird unterstützt durch die Anm. des Jeruschalmi: ההריוט שרבה אין שומעין לו. [35]) In die Verschmelzung der Höfe und Strassen zu einer einzigen רשות היחיד (Einl. Abs. 1). Dieser plötzliche Uebergang von der Verschmelzung der Sabbatbezirke, von welcher die letzten Kapitel handelten, und von welcher bald wieder die Rede sein wird, ist recht auffallend. Den Schlüssel zu diesem Räthsel gibt uns die Tosefta an die Hand. Die Tosefta ist bekanntlich eine Baraitasammlung, d. i. eine Sammlung solcher Halachot, welche von der Aufnahme in die Mischna ausgeschlossen wurden. Dort heisst es gegen Anfang des 5. Kapitels: Einer öffentlichen Ortschaft, welche verödet ist, sich aber Mauerreste

אֵין מְעָרְבִין אֶת כֻּלָּהּ, אֶלָּא אִם כֵּן
עָשָׂה חוּצָה לָּהּ כְּעִיר חֲדָשָׁה
שֶׁבִּיהוּדָה שֶׁיֵּשׁ בָּהּ חֲמִשִּׁים דִּיּוּרִים.
דִּבְרֵי ר׳ יְהוּדָה. ר׳ שִׁמְעוֹן אוֹמֵר,
שָׁלשׁ חֲצֵרוֹת שֶׁל שְׁנֵי בָתִּים:
ז מִי שֶׁהָיָה בַמִּזְרָח וְאָמַר לִבְנוֹ
עָרֵב לִי בַמַּעֲרָב. בַּמַּעֲרָב וְאָמַר לִבְנוֹ
עָרֵב לִי בַמִּזְרָח. אִם יֵשׁ הֵימֶנּוּ
וּלְבֵיתוֹ אַלְפַּיִם אַמָּה וּלְעֵרוּבוֹ יוֹתֵר
מִכָּאן, מֻתָּר לְבֵיתוֹ וְאָסוּר לְעֵרוּבוֹ.
לְעֵרוּבוֹ אַלְפַּיִם אַמָּה וּלְבֵיתוֹ יוֹתֵר

eigenthum geworden, nicht in ihrer Gesammtheit in den ʻErub hineinziehen[36]), es sei denn, dass man ausserhalb derselben eine Ortschaft herstellt[37]), wie Chadascha in Judäa, wo fünfzig Einwohner[38]) sind; dies die Worte des R. Juda. R. Simon sagt: drei Höfe von je zwei Häusern.

7. Befand sich jemand im Osten und sprach zu seinem Sohne: mache für mich den ʻErub im Westen — im Westen, und er sprach zu seinem Sohne: mache für mich den ʻErub im Osten, so ist ihm, wenn er[39]) von seinem Hause zweitausend Ellen, von seinem ʻErub aber weiter entfernt ist, (der Weg) nach seinem Hause erlaubt, zu seinem ʻErub aber verboten[40]); hat er dagegen zu seinem ʻErub zweitausend Ellen, nach seinem Hause aber weiter, so ist ihm (der

---

von 10 Handbreiten Höhe erhalten hat, gewährt man, obgleich die Form der Eingänge (eine Oberschwelle über 2 Pfosten) nirgends zu erkennen ist, dennoch ein Weichbild (עִבּוּר Einl. Abs. 4) wie jeder anderen Ortschaft (statt כעין ist כעיר zu lesen). Daran knüpft sich in unmittelbarem Anschluss eine mit unserer Mischna verwandte und dieselbe ergänzende Bestimmung über עיר של יחיד ונעשית של רבים Es ist nun anzunehmen, dass in der Mischnasammlung des R. Meïr jene Toseftastelle (עיר של רבים שחרבה ונשתיירו בה גדודיות גבוהות עשרה טפחים אף על פי שאין צורות פתחים נכרים הרי זו מתעברת להיות כעיר) noch gestanden hat, an welche sich dann unsere Mischna anschloss. Das Bindeglied bildet die Unterscheidung zwischen עיר של יחיד und עיר של רבים. Zwar meint der Verfasser des מנחת בכורים, dass in der angeführten Toseftastelle עיר של רבים nicht buchstäblich zu nehmen ist; doch ist zu einer solchen Annahme keinerlei Grund vorhanden. Ein קרפף wird selbst nach R. Meïr (M. 2.) nur einer Ortschaft gewährt, nicht aber einem einzelnen Hause. War daher die verödete Ortschaft nur Privateigenthum, so hat sie jetzt, wo sie in Trümmern liegt, doch höchstens den Charakter eines einzelnen Hauses. War sie aber ehemals öffentliches Eigenthum, so behält sie den Charakter einer Ortschaft so lange, als noch Mauerreste von 10 Handbreiten Höhe vorhanden sind. Sie hat somit auch jetzt noch auf einen קרפף Anspruch. Wenigstens nach R. Meïr, welcher dieses Anrecht einer jeden Ortschaft zuerkennt. Nun hat aber R. Juda han-Nasi, als er die Mischnasammlung abschloss, der Meinung des R. Meïr die abweichende Ansicht Anderer gegenübergestellt, welche einer einzelnen Ortschaft, und wäre sie auch Gemeindeeigenthum und noch so bevölkert, dieses Anrecht ganz und gar absprechen. Und da er diese Anderen unter der Bezeichnung חכמים einführt, so theilt er offenbar ihre Meinung. Er musste mithin die Stelle über עיר של רבים שחרבה wegen ihrer Schlussworte (s. Anm. 42) aus seiner Sammlung ausschliessen, und so blieb denn unsere Mischna allein zurück, verwaist und vereinsamt, ihres Anhanges beraubt — ein Fremdling in dieser Umgebung. (s. auch Anm. 46) [36]) Weil man sonst im Laufe der Jahre leicht vergessen könnte, dass man alles das, was nicht zur Kleidung gehört, nur in Folge des ʻErub aus den Häusern in die Höfe und Strassen und aus diesen in die Häuser tragen darf, dass dies aber, wenn der ʻErub unwirksam geworden oder wo überhaupt kein solcher existirt, unstatthaft ist. [37]) Der Gegensatz wäre: אלא עושין חוצה לה. Das könnte jedoch so aufgefasst werden, als müsste ein Theil der Ortschaft selbst vom ʻErub ausgeschlossen bleiben. Die Mischna will aber sagen, dass man sie auch in ihrer Gesammtheit in den ʻErub hineinziehen kann, wenn man will. Es genügt, wenn man ausserhalb derselben eine kleine, wenn auch selbstständige Ortschaft errichtet, welche an dem ʻErub nicht Theil nimmt. Thatsächlich war Chadascha eine solche Ortschaft, welche den sogenannten שיור für die grosse Nachbargemeinde bildete. [38]) Männer, Frauen und Kinder. [39]) Bei Anbruch des Sabbat. [40]) Wenn

Weg) nach seinem Hause verboten[41]), nach seinem 'Erub jedoch gestattet. —Wer seinen 'Erub im Weichbild[42]) der Ortschaft niederlegt, hat nichts gethan[43]); hat er ihn aber auch nur eine Elle ausserhalb des Bezirkes[44]) niederlegt, so verliert er, was er gewinnt[45]). **8.** Die Leute einer

מִכָּאן, אָסוּר לְבֵיתוֹ וּמֻתָּר לְעֵרוּבוֹ. הַנּוֹתֵן אֶת עֵרוּבוֹ בְּעִבּוּרָהּ שֶׁל עִיר, לֹא עָשָׂה וְלֹא כְלוּם. נְתָנוֹ חוּץ לַתְּחוּם אֲפִלּוּ אַמָּה אַחַת, מַה שֶּׁנִּשְׂכָּר הוּא מַפְסִיד: ח אַנְשֵׁי עִיר

---

dieser nicht im Sabbatbezirke seines Hauses liegt. [41]) Wenn dieses nicht im Sabbatbezirke seines 'Erub liegt. [42]) Unter עבור ist nach R. Meïr in M. 2 der קרפף zu verstehen; nach den חכמים daselbst bezeichnet עבור nur die in M. 1 aufgezählten und ähnlichen Baulichkeiten in der Nähe einer Ortschaft. |Hier stösst also die in מגיד משנה (Hil. Sabb. 28,1) aufgestellte Behauptung, dass nach allgemeinem Sprachgebrauche עבור mit קרפף identisch ist, auf erhebliche Schwierigkeiten. Und wenn wir dennoch beide Begriffe selbst in der oben, Anm 35, besprochenen Toseftastelle identificirten, wo wir uns nicht mit der zur Norm erhobenen Ansicht des R. Meïr decken konnten, so geschah es nur im Hinblick auf den sonst überflüssigen Zusatz להיות כעיר.] [43]) Das Weichbild ist ja ein integrirender Bestandtheil der Ortschaft, der eigentliche Sabbatbezirk beginnt erst jenseits desselben, ein 'Erub an dieser Stelle hat also gar keinen Sinn. Unter 'Erub ist natürlich auch hier die 'Erubspeise zu verstehen; s. K. III, Anm. 21. Der Zusammenhang mit dem vorhergehenden Satze ergibt sich aus der uns in ihm entgegentretenden Bestimmung, dass der 'Erub keine Wirkung hat, welchen jemand für mich an einer Stelle niederlegt, von der ich bei Anbruch der Abenddämmerung mehr als 2000 Ellen entfernt bin, dass also — wenn wir diese Bestimmung verallgemeinern — der 'Erub in dem Augenblicke, in welchem er in Wirkung treten soll, auch erreichbar sein muss, und mithin ungiltig ist, wenn er ausserhalb des תחום unseres Wohnortes sich befindet. Dazu bildet nun unser Satz das Gegenstück. Dieser 'Erub, welcher im Weichbilde der Ortschaft niedergelegt wurde, ist ebenso wirkungslos als jener, welcher jenseits ihrer Sabbatgrenze niedergelegt wurde; gültig ist nur der, welcher ausserhalb des Weichbildes, aber innerhalb des Sabbatbezirkes liegt, wovon der folgende Satz handelt. [44]) תחום ist hier ausnahmsweise nicht der Sabbatbezirk. תחומא, syr. ܬܚܘܡܐ, ist nämlich die aram. Uebersetzung des hebr. גבול und bedeutet wie dieses schlechthin sowohl Grenze als Gebiet. Im rabbinischen Schriftthum bezeichnet das Wort allerdings vorzugsweise, ja fast ausschliesslich die Sabbatgrenze oder den Sabbatbezirk. Dennoch ist dieser Ausdruck hier gewählt, um anzudeuten, dass es nicht genügt, wenn der 'Erub ausserhalb des Weichbildes liegt; derselbe muss vielmehr ganz ausserhalb des mit Rücksicht auf die Feststellung der Sabbatgrenze zu beschreibenden Rechtecks (Einl. Abs. 4) niedergelegt werden. Dieses um das Weichbild gezeichnete und das Gebiet der Ortschaft erweiternde Rechteck heisst der Ortsbezirk und wird hier תחום genannt, weil es der Figur des Sabbatbezirks vollkommen ähnlich ist und genau in dessen Mitte so liegt, dass seine Seiten den Sabbatgrenzen parallel laufen, während das Weichbild (עבור) eine meist unregelmässige Figur darstellt (Einl. das.), deren Mitelpunkt nur selten mit dem des Sabbatbezirkes zusammenfällt. [45]) Mit anderen Worten: Sein 'Erub tritt in Kraft. Wo dieser sich befindet, dort ist sein Sabbatwohnsitz, dort der Mittelpunkt seines Sabbatbezirkes; von hier aus darf er nach jeder der vier Himmelsrichtungen 2000 Ellen weit gehen. Ausserdem gewährt man ihm eine Fläche von 4 Ellen im Geviert als Sabbatwohnsitz (מקום השביתה), so dass sein Sabbatbezirk, genau genommen, eine Fläche von 4004 Ellen im Geviert darstellt. Liegt innerhalb desselben eine Ortschaft, so wird ihm der Weg durch dieselbe [s. שיית נו״ב מ״ב מ״ב סי׳ נ] nur für 4 Ellen angerechnet. Misst also sein »Ortsbezirk« z. B. 1000 Ellen in der Richtung von Ost nach West, so dass er in dieser Richtung im Ganzen 5000 Ellen gehen dürfte, und hat er seinen 'Erub im Osten desselben, und zwar in einer Entfernung von 1004 Ellen niedergelegt, so darf er sich nach dieser Himmelsrichtung 3004, nach Westen aber nur 996 Ellen [nach ר׳ יונתן הכהן 1000 Ellen. Der Weg durch die Ortschaft, meint er, wird ihm nicht einmal für 4 Ellen angerechnet. Dann wäre aber מה שנשכר הוא מפסיר doch nicht buchstäblich zu nehmen, und die Gemara könnte wieder fragen: הא מפסיר אותה אמה ומשתכר ארבע אמות. S. auch Tosafot z. St. s. v. [כאן] von seinem Wohnorte entfernen. Die ihm gestattete Strecke misst daher einschliesslich

גְּדוֹלָה מְהַלְּכִין אֶת כָּל עִיר קְטַנָּה, וְאֵין אַנְשֵׁי עִיר קְטַנָּה מְהַלְּכִין אֶת כָּל עִיר גְּדוֹלָה. כֵּיצַד? מִי שֶׁהָיָה

grossen Ortschaft dürfen eine kleine Ortschaft ganz durchwandern, nicht aber dürfen die Leute einer kleinen Ortschaft eine grosse Ortschaft ganz durchwandern. Wieso[46]? — Wer

des Weges durch den Ortsbezirk nach wie vor 5000 Ellen. Die 1004 Ellen, die er im Osten gewinnnt, büsst er im Westen wieder ein. Gewinn und Verlust betragen stets genau so viel, als die Entfernung des ʻErub vom Wohnorte, und heben einander auf, sofern nur die Ortschaft wie im angeführten Beispiele vollständig im Sabbatbezirk des ʻErub liegt. Ist dies nicht der Fall, so ist der Verlust um die ganze Länge, bez. Breite des Ortsbezirkes grösser als der Gewinn, weil dann der Weg durch die Ortschaft nicht mit 4, sondern mit der vollen Zahl seiner Ellen in Anrechnung gebracht wird. Liegt z. B. sein ʻErub auch nur 1 Elle jenseits der Ostgrenze des Ortsbezirkes und ist diese von dem letzten Hause des Westendes [אין אומרין עבור להחמיר] auch nur 2003 Ellen entfernt, so darf er sich nach Osten zwar 2001 Elle, nach Westen aber auch nicht einen Schritt von seinem Wohnorte entfernen. Noch mehr! Er darf nicht einmal die Ortschaft zu Ende gehen, sondern nur so weit, als die Sabbatgrenze seines מקום השביתה sich nach Westen hin erstreckt, also nur bis zum letzten Hause. Und wenn in diesem seine eigene Wohnung sich befindet, so darf er nicht einmal zu den Seinigen mehr am Sabbat zurückkehren. Während er früher durch die ganze Länge bez. Breite des Ortsbezirkes und ausserdem noch je 2000 Ellen nach Osten wie nach Westen gehen durfte, sind ihm jetzt nach beiden Richtungen zusammen nicht mehr als 4004 Ellen gestattet; er gewinnt somit durch seinen ʻErub nur eine Elle im Osten, verliert dagegen im Westen dadurch, dass ihm der Weg durch die Ortschaft in Anrechnung gebracht wird, fast so viel (nur 3 Ellen weniger), als die Entfernung zwischen der Ost- und der Westgrenze des Ortsbezirks beträgt. [משתכר אותה אמה ומפסיד את כל העיר כולה שמדת העיר עולה לו במדת התחום. Man hüte sich, diesem Satze, welcher für das gewählte Beispiel allerdings zutreffend ist, eine allgemeinere Wendung zu geben, als ob unter allen Umständen dem Gewinne, welcher der Entfernung des ʻErub von der Ortsgrenze gleichkommt, kein grösserer Verlust gegenüberstünde, als der Weg durch die Ortschaft. Das wäre ein Irrthum. Liegt der ʻErub z. B. 1000 Ellen von der Ortsgrenze entfernt, so gewinnt man in der einen Richtung höchstens 1004 Ellen, verliert aber in der entgegengesetzten Richtung nicht nur soviel Ellen, als die Länge, bez. Breite des Ortsbezirkes misst, sondern ausserdem noch 1000 Ellen. Als allgemeine Regel müsste der Satz so lauten, wie wir ihn oben in gesperrter Schrift formulirt haben, hebräisch etwa: הפסדו יותר על שכרו כמדת כל העיר כולה. In dieser Fassung gilt der Satz auch vom Verhältnis des Verlustes zum Gewinne hinsichtlich des Flächenraumes. Hat der Ortsbezirk z. B. 5000 Ellen im Geviert, und liegt der ʻErub so, dass sein Sabbatbezirk sich nach keiner Himmelsrichtung über die letzten Häuser der Ortschaft hinaus erstreckt, so misst der Sabbatbezirk des Wohnortes 9000 Ellen im Geviert, der des ʻErub dagegen nur 4004; es beziffert sich also der reine Verlust auf 4996 Ellen im Geviert, d. i. כמדת כל העיר כולה nahezu der Flächenraum der ganzen Ortschaft. — So nach Maimonides, R. Ascher und Karo. Nach anderen Autoritäten ist ihm auch dann, wenn das Ende seines Wohnortes mehr als 2004 Ellen von seinem ʻErub entfernt ist, der Weg durch die ganze Ortschaft gestattet; er büsst also nur die 2000 Ellen ein, welche er sonst noch über die Ortsgrenze hinaus gehen durfte. Demnach hätte aber die oben angeführte Baraita nicht sagen sollen: ומפסיד את כל העיר, sondern: משתכר אותה אמה ומפסיד אלפים. Was dagegen im Bet Josef (I, 408), welcher zu den Vertretern dieser Ansicht auf Grund einer in einem andern Werke gefundenen Notiz auch Raschi zählt (merkwürdigerweise ohne die Stelle in Raschi selbst nachzuweisen; sie findet sich in ʻErubin 38b u. d. W. מערב אדם שני ערובין), gegen diese Lehrmeinung angeführt wird, ist bereits in den Tosafot z. St. s. v. אין אלו widerlegt, aus denen klar hervorgeht, dass in dem Satze היה מודד ובא וכלתה מדת בחצי העיר אין לו אלא חצי העיר die Auffassung אפילו לן בה, welche sich vermuthlich darauf stützt, dass es nicht היה מודד והולך heisst, keineswegs auf festem Grunde ruht. Andererseits kann auch die Stelle in ʻErubin 73a, durch welche die Tosafot diese Ansicht stützen wollen, gegen die Gegner derselben nicht als Einwand geltend gemacht werden, da zu den Worten והרי נותן ערובו בסוף אלפים ohne Bedenken מביתו ebenso gut als מעירו ergänzt werden kann. Ueberdies steht in unseren Ausgaben בתוך אלפים und nicht בסוף אלפים. S. auch Anm. 47.] [46]) Eine Antwort wird auf diese Frage nicht gegeben, deren Auffindung viel-

בְּעִיר גְּדוֹלָה וְנָתַן אֶת עֵרוּבוֹ בְּעִיר קְטַנָּה, בְּעִיר קְטַנָּה וְנָתַן אֶת עֵרוּבוֹ בְּעִיר גְּדוֹלָה, מְהַלֵּךְ אֶת כֻּלָּהּ, וְחוּצָה לָהּ אַלְפַּיִם אַמָּה. ר' עֲקִיבָא אוֹמֵר,

sich in einer grossen Ortschaft befindet und seinen 'Erub in eine kleine Ortschaft gelegt hat, in einer kleinen Ortschaft und seinen 'Erub in eine grosse Ortschaft gelegt hat, kann sie ganz durch und über sie hinaus noch zweitausend Ellen gehen[47]). R. 'Akiba meint: er hat

---

mehr dem Nachdenken des Lesers überlassen. Die Mischna ist kein ausführliches Lehrbuch, sondern ein kurzgefasstes Compendium, gewissermassen ein Leitfaden, den der Lehrer bei seinem Vortrage benutzen und im lebendigen Gedankenaustausch (Gemara) seinen Schülern erklären soll. Nach dem, was wir in der vorigen Anm. gesagt haben, ist die Antwort leicht zu finden. Da der Flächenraum einer Ortschaft, welche ganz innerhalb unseres 'Erub liegt, nur für 4 Ellen im Geviert angerechnet wird, so dürfen die Bewohner der grossen Ortschaft die kleinere ganz durchwandern, wenn das entferntere Ende der letztern nicht mehr als 2000—2828 Ellen (s. Anm. 33) von der ihr zunächstliegenden Ortsgrenze der erstern absteht; nicht aber dürfen die Bewohner der kleinern Ortschaft bis zum Ende der grössern gehen, sondern nur so weit, als ihr Sabbatbezirk in dieselbe hineinreicht. Von der Voraussetzung, dass die kleinere Ortschaft vollständig im תחום der grössern liegt, steht freilich in der Mischna kein Wort, und man könnte einwenden, dass somit die Hauptsache fehlt. Vielleicht aber schloss sich unsere Mischna in einer der älteren Sammlungen unmittelbar an M. 6 an, in der die Schlussworte von שיש bis בתים, welche eine Meinungsverschiedenheit jüngerer Lehrer über עיר חרשה enthalten, einer spätern Mischnaredaction angehören können. Wir haben bereits erwähnt (Anm. 37), dass die winzige Ortschaft Chadascha in der Nähe einer grossen Ortschaft lag; vermuthlich war sie mehr als $141^1/_3$ Ellen (s. M. 2) von derselben entfernt. An die Bestimmung, dass ein öffentliches Gemeinwesen nur dann vollständig in den 'Erub hineingezogen werden darf, wenn sich in der Nähe eine Ortschaft wie Chadascha befindet, knüpft nun die Mischna die Bemerkung, dass die Bewohner der grossen wohl die kleine, nicht aber die Bewohner dieser Ortschaft jene ganz durchwandern dürfen. Somit löst sich auch die Schwierigkeit, wie M. 6 überhaupt in diesen Zusammenhang gehört. M 7 mochte bei einer spätern Redaction eingeschoben worden sein, nicht so sehr wegen der äussern Aehnlichkeit, welche zwischen dem ersten Theil der 7. und dem zweiten der 8. Mischna hinsichtlich des Satzbaues besteht, als vielmehr wegen der innern Zusammengehörigkeit dieser Halachot, deren Gedankengang wir kurz wiederholen wollen: 1. Ein 'Erub ausserhalb des תחום ist wirkungslos. 2. Desgleichen ein 'Erub innerhalb des Ortsbezirks. 3. Liegt er ausserhalb des Ortsbezirks, doch innerhalb seiner Sabbatgrenzen, so halten Gewinn und Verlust einander die Wage, sofern er auf freiem Felde und so liegt, dass die Ortschaft in ihrer Gesammtheit zu seinem Sabbatbezirke gehört. 4. Ist letzteres nicht der Fall, so ist der Verlust grösser, denn אין אנשי עיר קטנה מהלכין את כל עיר גדולה. 5. Liegt er nicht auf freiem Felde, sondern in einer Stadt, so ist der Gewinn grösser, da es in diesem Falle erlaubt ist, durch den ganzen Wohnort, durch die ganze Stadt des Sabbatwohnsitzes und ausserdem noch 4000 Ellen in einer Richtung zu gehen. Wenn es daher ad. 1 hiess, ein 'Erub ausserhalb des תחום habe keine Wirkung, so gilt dies nicht von תחום ביתו, sondern nur von תחום עירו (s. d. folg. Anm.). So knüpft Satz 5 wieder an den 1. Satz an. — Jeruschalmi streicht übrigens das Wort כיצד, während Babli eine Ansicht überliefert, welche ואין אנשי statt ואנשי liesst, so dass das beibehaltene כיצד die Erklärung zu unserm Satze einführt. [47]) Die Mischna scheint hier an Wortreichthum zu leiden. Ist auch בעיר קטנה und בעיר גדולה aus stylistischen Rücksichten durch die Concinnität mit dem vorigen Satze zu erklären, so scheint doch מי שהיה בעיר גדולה und מי שהיה בעיר קטנה überflüssig. Es hätte doch einfach heissen können: Wer seinen 'Erub in eine Ortschaft legt, und wäre sie noch so gross, darf durch den ganzen Ortsbezirk und ausserdem noch 2000 Ellen nah jeder Richtung gehen (הנותן ערובו בעיר בין קטנה בין גדולה מהלך וכו'). Die Mischna will jedoch andeuten, dass wir nicht nöthig haben, am Orte des 'Erub die Sabbatnacht zuzubringen, dass es vielmehr gestattet ist, in unserm Wohnorte zu übernachten und am folgenden Tage uns zum 'Erub zu begeben, obgleich dessen Sabbatbezirk nur bis zur Ortsgrenze, nicht aber bis zu unserm Wohnhause sich erstreckt. Wir haben oben (Anm. 45) auseinandergesetzt, dass derjenige, welcher

nur vom Orte seines ʻErub aus zwei- | אֵין לוֹ אֶלָּא מִמְּקוֹם עֵרוּבוֹ אַלְפַּיִם

---

seinen ʻErub auch nur eine Elle ausserhalb des Ortsbezirkes niedergelegt hat, am Sabbat nicht mehr in seine Wohnung zurückkehren darf, wenn diese 2004 Ellen vom ʻErub entfernt ist. Man könnte nun glauben, dass er in diesem Falle ebensowenig von seiner Wohnung zu seinem ʻErub sich begeben darf, dass er mithin gezwungen wäre, ausserhalb des Hauses zu übernachten. Um diesem Irrthum zu begegnen, sagt die Mischna: Wer in einer noch so grossen Stadt zu Hause ist und seinen ʻErub innerhalb ihres Sabbatbezirkes niedergelegt hat, darf am Sabbat bis zu seinem ʻErub gehen und jenseits desselben noch 2000 Ellen, gleichviel ob er an diesem oder an jenem Ende der Stadt wohnt, und betrüge auch der Weg von seinem Hause bis zum ʻErub Zehntausende von Ellen. Andererseits darf derjenige, welcher seinen ʻErub in eine noch so grosse Stadt legte, obgleich er die Nacht in seinem Wohnorte zugebracht hat, dennoch am folgenden Tage die grosse Stadt ganz durchwandern und ausserhalb derselben noch 2000 Ellen weit gehen, gleichviel ob der ʻErub an dem einen oder dem anderen Ende der Stadt liegt, und betrüge auch die Entfernung seines ʻErub von der Grenze seines Ortsbezirkes Zehntausende von Ellen, sofern nur die beiden Orte nicht mehr als 2000 Ellen von einander entfernt sind; denn es wird ihm sein Sabbatwohnsitz — er mag so gross sein, wie er will — für nicht mehr als 4 Ellen angerechnet. [Ist unsere Auffassung richtig, so ist diese Mischna eine kräftige Stütze für die Ansicht, welche vom מגן אברהם in ר״ס ת״ח mit nicht sehr glücklichen Waffen verfochten wird. Selbst nach Maimonides und Karo (s. Anm. 45), behauptet der Verfasser, darf der ʻErub, sofern er nur im תחום des Ortsbezirkes liegt, vom Wohnhause auch mehr als 2000 Ellen entfernt sein; allerdings könne man dann am Sabbat nicht mehr in sein Haus zurückkehren, wohl aber von seinem Hause zum ʻErub sich begeben. Der Hinweg wäre also gestattet, der Rückweg verboten. Seine Stützen sind Maimonides und Raschi. Jener begründet den Satz המניח ערובו חוץ לתחום אינו ערוב durch die Worte מפני שאינו יכול להגיע אל ערובו, und daraus schliesst der Vf., dass unter תחום der Sabbatbezirk der Ortschaft zu verstehen ist; denn wäre der תחום des Wohnhauses gemeint, könnte man ja sehr wohl zum ʻErub gelangen, trotzdem er חוץ לתחום ist, solange er nicht חוץ לתחום העיר liegt. Bei dieser Schlussfolgerung wird aber das erst zu Beweisende schon als bewiesen vorausgesetzt. Angenommen, der Hinweg wäre ebenso verboten wie der Rückweg, so dürfte der Besitzer des ʻErub sich nur darum zu ihm hinbegeben, weil er ungiltig ist, והרי הוא כשאר בני העיר; träte der ʻErub aber in Kraft, so könnte er ihn in der That von seiner Wohnung aus nicht erreichen, weil dieselbe mehr als 2000 Ellen von ihm entfernt ist (vgl. IV 11). Mit Recht sagt daher Maimonides auch dann, wenn תחום ביתו unter תחום zu verstehen ist: Ein ʻErub ausserhalb des תחום ist kein ʻErub, weil man (wenn er es wäre) nicht zu ihm gelangen könnte. Diese Beweisführung dreht sich also in einem fehlerhaften Zirkel und es bleibt somit nur noch der Beweis aus den Worten Raschi's: כל היכא דקנה שביתה אי בביתו אי בערובו לא מצי למיזל ולמשקליה Also selbst wenn sein Sabbatwohnsitz in seinem Wohnorte wäre, könnte er zu seinem חוץ לתחום liegenden ʻErub nicht gelangen! Daraus geht freilich klar hervor, dass nach Raschi's Auffassung תחום עירו und nicht תחום ביתו in der Mischna III, 4 gemeint sei. Raschi ist aber, wie wir in Anm. 45 nachgewiesen haben, der Meinung, dass sogar der Rückweg gestattet ist; kein Wunder also, wenn er einen ʻErub תוך תחום העיר חוץ לתחום ביתו anerkennt. Damit ist noch nicht bewiesen, dass auch diejenigen ihn anerkennen und den Hinweg gestatten, welche wie Maimonides und Karo den Rückweg für unstatthaft halten. Aus Tosafot ʻErubin 60b u. d. W. אין אלו könnte man sogar schliessen, dass die vom מגן אברהם bekämpfte Ansicht des עולת שבת die richtige, und thatsächlich zwischen Hin- und Rückweg kein Unterschied ist. Sonst könnte der Satz והרי נותן ערובו בסוף אלפים וקאתי ובייה בביתיה nicht als Beweis angeführt werden für die Behauptung: אפי׳ כלתה מדתו כחצי העיר בלן בה נחשבת לו כד׳ אמות להלך את כולה. Von jener Talmudstelle ist doch höchstens zu schliessen, dass der Hinweg gestattet ist! Der Ausdruck וקאתי darf uns daran nicht irre machen und den Glauben erwecken, als handelte es sich um einen מערב ברגליו im Sinne der M. IV 9. Ein solcher dürfte selbst nach Tosafot nicht nach Hause zurückkehren, denn nur בלן בה ist der Rückweg gestattet. Und wollten wir uns auch durch eine liberalere Auslegung des לן בה über dieses Bedenken leichtfüssig hinwegsetzen, wollten wir diesem Begriffe die weiteste Ausdehnung geben, indem wir ihn geradezu mit dem des Wohnortes identificiren, mit אם יש הימנו ולביתו aber in M. 7 uns irgendwie abfinden, — unsere Erklärungsversuche würden an נותן ערובו scheitern. Diese Bezeichnung findet Anwendung auf den מערב בפת, nicht

אַמָּה: ט אָמַר לָהֶן ר׳ עֲקִיבָא, אִי אַתֶּם מוֹדִים לִי בְּנוֹתֵן עֵרוּבוֹ בִּמְעָרָה, שֶׁאֵין לוֹ מִמְּקוֹם עֵרוּבוֹ אֶלָּא אַלְפַּיִם אַמָּה? אָמְרוּ לוֹ, אֵימָתַי, בִּזְמַן שֶׁאֵין בָּהּ דִּיוּרִין, אֲבָל יֵשׁ בָּהּ דִּיוּרִין מְהַלֵּךְ אֶת כֻּלָּהּ וְחוּצָה לָהּ אַלְפַּיִם אַמָּה, נִמְצָא קַל תּוֹכָהּ מֵעַל גַּבָּהּ. וְלַמּוֹדֵד שֶׁאָמְרוּ, נוֹתְנִין לוֹ אַלְפַּיִם אַמָּה, שֶׁאֲפִלּוּ סוֹף מִדָּתוֹ כָּלָה בִּמְעָרָה:

tausend Ellen[48]). **9.** Es sprach R. ‘Akiba zu ihnen: Räumt ihr mir nicht ein, dass derjenige, welcher seinen ‘Erub in eine Höhle legt, vom Orte seines ‘Erub aus nur zweitausend Ellen hat? Da erwiderten sie ihm: Wann[49])? — wenn keine Bewohner in ihr sind[50]); wenn aber Bewohner in ihr sind[51]), darf er sie ganz durch und über sie hinaus noch zweitausend Ellen gehen, so dass es in ihrem Innern mehr erleichtert ist, als oberhalb derselben[52]). Dem Messenden aber, von dem sie sprachen[53]), gewährt man auch dann nur zweitausend Ellen, wenn das Ende des Maasses in einer Höhle aufhört.

---

aber auf den מערב ברגליו. Offenbar ist mit וקאתי die Rückkehr am Freitag gemeint. Von einer Rückkehr nach Anbruch des Sabbat ist hier nicht die Rede, und dennoch schliessen die Tosafot aus dieser Stelle, dass sie erlaubt ist. Es ist also klar, dass sie zwischen Hin- und Rückweg keinen Unterschied anerkennen; nach ihnen ist entweder beides erlaubt, oder beides verboten. Dagegen findet diese Unterscheidung eine Stütze im Tur I, 408. Gegen die Ansicht Maimuni's, dass demjenigen, der seinen Sabbatwohnsitz durch ‘Erub verlegt hat, nicht einmal in seinem Wohnorte oder der Ortschaft, in der er übernachtete, über den תחום seines ‘Erub hinaus zu gehen gestattet ist, macht R. Jakob daselbst geltend: Demnach wäre der Bewohner einer grossen Stadt durch seinen ‘Erub verhindert, nach Hause zurückzukehren? Er erhebt aber nicht den noch viel schärfern und schlagendern Einwand: Demnach könnte der Bewohner einer grossen Stadt überhaupt keinen ‘Erub machen? Ohne Zweifel ist er der Meinung, dass selbst nach Maimonides nur der Rückweg verboten, der Hinweg aber erlaubt ist. Bei der schwachen, ja unhaltbaren Beweisführung im מגן אברהם ist es um so auffallender, wie der oft verblüffenden Belesenheit und dem durchdringenden Scharfsinn des gefeierten Verfassers die Beweiskraft unserer Mischna und der zuletzt angeführten Stelle im Tur לפי שעה verborgen bleiben konnte. Dass die kurz vorher besprochene Talmudstelle (‘Erubin 73a), welche die Tosafot als Stütze für ihre mit Raschi übereinstimmende und im Tur zum Gesetz erhobene Ansicht anführen, die Gegenansicht Maimuni's nicht zu erschüttern vermag, braucht jetzt kaum noch gesagt zu werden. Zugegeben, dass בסוף אלפים zu lesen und nicht מביתו, sondern מעירו hinzuzudenken ist (s. Anm. 45 Ende), so lässt sich doch, wie wir gesehen haben, aus dieser Stelle nur schliessen, dass der Hinweg gestattet ist, was Maimonides ja zugibt, nicht aber, was Maimonides bestreitet, dass auch der Rückweg erlaubt ist.] [48]) Die regelmässige Wortfolge wäre: er hat vom Orte seines ‘Erub aus nur 2000 Ellen. So ist auch wirklich die Wortstellung in der folgenden Mischna. Hier wird von der Regel abgewichen, um desto schärfer den Gegensatz zwischen R. ‘Akiba und den Weisen hervortreten zu lassen. Nach diesen hat der Sabbatwohnsitz alle Rechte und Vergünstigungen des eigentlichen Wohnortes, die 2000 Ellen werden daher von der Ortsgrenze aus gemessen; nach jenem ist der Sabbatwohnsitz dem eigentlichen Wohnort nicht gleichzuachten, die 2000 Ellen sind daher vom ‘Erub aus zu messen. [49]) Unter welcher Voraussetzung haben wir es eingeräumt? [50]) Wenn nicht einmal derjenige, welcher seinen ‘Erub in sie gelegt hat, als deren Bewohner angesehen werden kann; also nur unter der Voraussetzung, dass die Höhle gar nicht bewohnbar ist, gar nicht den Charakter einer רשות היחיד hat. [51]) Wenn sie eine רשות היחיד (ein von Wänden, die mindestens 10 Handbreiten hoch sind, umschlossener Raum von wenigstens 4 Ellen im Geviert) und mithin bewohnbar ist. [52]) Liegt sein ‘Erub oberhalb derselben, auf freier Ebene, so beträgt sein מקום חשביתה (Anm. 45) nur 4 Ellen im Geviert, während er, wenn der ‘Erub im Innern der Höhle liegt, sich über den ganzen Flächenraum derselben erstreckt. [53]) D. h. dem obenerwähnten. — M. 7—9, in denen vom ‘Erub die Rede ist, knüpfen an die letzte Hälfte von K. IV. an, während die erste Hälfte unseres

ABSCHNITT VI.

1. Wenn Einer mit einem Heiden einen Hof[1]) bewohnt oder mit jemand, der den ʿErub nicht anerkennt, so beschränkt ihn dieser[2]). (So die Worte des R. Meïr.) R. Eliʿeser b. Jacob sagt: Keineswegs beschränkt er ihn, es sei denn, dass zwei Israeliten sich gegenseitig beschränken[3]). **2.** R. Gamliel berichtet: Es ereignete sich bei einem Sadokäer, der mit uns in einer Strasse zu Jerusalem wohnte, dass mein Vater[4]) zu uns sagte: Eilet und schaffet (alle) Geräthe auf die Strasse, ehe er hinausträgt und Euch beschränkt[5]). R. Juda be-

פרק ו.

א הדר עם הנכרי בחצר, או עם מי שאינו מודה בערוב, הרי זה אוסר עליו (דברי ר' מאיר). רבי אליעזר בן יעקב אומר, לעולם אינו אוסר עד שיהו שני ישראלים אוסרין זה על זה: **ב** אמר רבן גמליאל, מעשה בצדוקי אחד שהיה דר עמנו במבוי בירושלים, ואמר לנו אבא, מהרו והוציאו את (כל) הכלים למבוי, עד שלא יוציא ויאסור עליכם. ר' יהודה אומר

Kapitels von dem Verfahren handelt, welches bei der Feststellung des Sabbatbezirkes einer Ortschaft zu beobachten ist. Diese Bestimmungen ergänzend, heisst es nun hier am Schlusse, dass die רשות היחיד, in welcher der Sabbatbezirk sein Ende erreicht, nicht wie dessen Mittelpunkt, der מקום השביתה, für nur 4 Ellen angerechnet wird. מודר steht also im Gegensatze zu נותן ערובו. Um dem etwas unklaren Ausdruck grössere Bestimmtheit zu geben, wird durch שאמרו auf die erste Hälfte dieses Kapitels und insbesondere auf M. 4 verwiesen. לו hätte übrigens wegfallen, oder והמודר statt ולמודר stehen können. Man kann jedoch auch נותנין לו אלפים als Objektssatz zu שאמרו construiren und die folgenden Worte als abgekürzten Satz auffassen.

[1]) Der Hofraum ist ein allen Einwohnern gemeinsames Gebiet; ohne die Verschmelzung zu einer Familie (ʿErub) sind dieselben in seiner Benutzung beschränkt, insofern sie Gegenstände aus ihren Häusern in den Hof oder aus diesem in ihre Wohnungen nicht schaffen dürfen (s. Einl. Abs. 1). Die Verschmelzung zu einer Familie ist der Natur der Sache gemäss nur mit Israeliten möglich, die den ʿErub anerkennen. Heiden, mit denen doch eine auch nur scheinbare Familienverbindung undenkbar ist, sollten folgerichtig in Bezug auf den ʿErub als gar nicht vorhanden angesehen werden (דירת נכרי לא שמה דירה); um aber das Zusammenwohnen mit ihnen, welches zur Nachahmung ihrer schlechten Sitten führen könnte, dem Israeliten zu verleiden, wurde diesem die erwähnte Beschränkung in der Benutzung des Hofes dennoch auferlegt, solange ihm der heidnische Einwohner nicht sein Besitzrecht am Hofe für den Sabbat vermiethet, was dieser voraussichtlich in den meisten Fällen ablehnen wird. Dieselbe Vorschrift gilt solchen Stammesgenossen gegenüber, welche die Verbindlichkeit des göttlichen Gesetzes oder auch nur einer rabbinischen Anordnung nicht anerkennen, weil auch hier das Zusammenwohnen die Gefahr der Verführung zum Abfall in sich birgt. [2]) In der Benutzung des Hofes, u. z. in der in Anm. 1 angegebenen Weise. [3]) Mit anderen Worten: Nur wenn zwei Israeliten einander in der Benutzung des gemeinschaftlichen Hofraumes beschränken, werden sie durch den heidnischen oder ungläubigen Einwohner noch mehr beschränkt, insofern der ʿErub, welcher die gegenseitige Beschränkung zu beseitigen vermag, in diesem Falle erst dann Geltung erlangt, wenn jener ihnen sein Besitzrecht vermiethet hat; wenn aber nur ein Israelit mit einem Abtrünnigen oder einem Heiden denselben Hof bewohnt, so dass von ʿErub nicht die Rede sein kann, ist er in der Benutzung des Hofraumes auch sonst in keiner Weise beschränkt. Man braucht ihm, dessen Leben bei der geringen Achtung, die der Heide vor dem Menschenleben hat, jeden Augenblick in Gefahr schwebt, das Zusammenleben mit ihm nicht erst zu verleiden; und dem ungläubigen Stammesgenossen gegenüber eine Beschränkung aufrecht zu erhalten, welche man dem Heiden gegenüber fallen liess, war nicht thunlich. [4]) R. Simon ben Gamliel. [5]) Wer sich am עירוב od. שיתוף nicht betheiligt hat und mithin die Mitbewohner in der Benützung des Hofes, bes. der Strasse be-

richtet es in anderer Fassung: Eilet und verrichtet[6]) Eure Geschäfte in der Strassse, ehe er nach Ausgang (des Tages)[7]) Euch beschränkt. **3.** Wenn von den Bewohnern eines Hofes Einer vergessen hat, sich am 'Erub zu betheiligen, so ist sein Haus hinsichtlich des Hinein- und des Hinaustragens[8]) ihm und ihnen verboten[9]), die ihrigen aber ihm und ihnen gestattet[10]). Haben sie ihm ihr Besitzrecht geschenkt, ist es ihm gestattet[11]), ihnen aber verboten[12]). Waren es Zwei[13]), beschränken sie einander[14]); denn Einer kann ein Besitzrecht schenken[15]) und ein Besitzrecht annehmen[16]), Zwei können wohl ein Besitzrecht schenken[15]), nicht aber ein Besitzrecht annehmen[17]). **4.** Von wann an[18]) schenkt man das Besitzrecht? Bet Schammai sagen: von einem Zeitpunkte an, in welchem es noch Tag ist[19]); Bet Hillel sagen: von Anbruch der Dunkelheit an[20]).

בְּלָשׁוֹן אַחֵר. מַהֲרוּ וַעֲשׂוּ צָרְכֵיכֶם
בַּמָּבוֹי עַד שֶׁלֹּא יוֹצִיא וְיֶאֱסוֹר עֲלֵיכֶם:
ג אַנְשֵׁי חָצֵר. שֶׁשָּׁכַח אֶחָד מֵהֶן
וְלֹא עֵרֵב. בֵּיתוֹ אָסוּר מִלְּהַכְנִיס
וּמִלְּהוֹצִיא לוֹ וְלָהֶם. וְשֶׁלָּהֶם מֻתָּרִין
לוֹ וְלָהֶם. נָתְנוּ לוֹ רְשׁוּתָן. הוּא מֻתָּר.
וְהֵן אֲסוּרִין. הָיוּ שְׁנַיִם. אוֹסְרִין זֶה
עַל זֶה. שֶׁאֶחָד נוֹתֵן רְשׁוּת וְנוֹטֵל
רְשׁוּת. שְׁנַיִם נוֹתְנִים רְשׁוּת. וְאֵין
נוֹטְלִין רְשׁוּת: ד מֵאֵימָתַי נוֹתְנִין
רְשׁוּת? בֵּית שַׁמַּאי אוֹמְרִים. מִבְּעוֹד
יוֹם, וּבֵית הִלֵּל אוֹמְרִים. מִשֶּׁחֲשֵׁכָה.

---

schränkt, kann dies dadurch wieder gut machen, dass er zu ihren Gunsten auf sein Besitzrecht für diesen Sabbat verzichtet (s. Einl. Abs. 1 Ende). Hat er aber dennoch, ehe die Anderen von dem cedirten Rechte durch Hinausschaffen eines Gegenstandes Besitz ergriffen hatten, etwas aus seinem Hause in den Hof, bez. die Strasse getragen, so hat er dadurch seine Cession wieder aufgehoben (s. weiter unten, M. 4). Aus dem Befehle des R. Simon b. Gamliel an seine Kinder geht nach dem eben Gesagten hervor, dass der Sadokäer sein Anrecht auf die Strasse preisgegeben hatte, und es folgt daraus gleichzeitig, dass man von ihm das Besitzrecht nicht wie von einem Heiden zu miethen braucht; sonst wäre ja die Befürchtung grundlos, da ein Miethsvertrag nicht einseitig gelöst werden kann. [6]) Noch vor Anbruch des Sabbats. [7]) Des Freitags; statt יוֹציא ist יצא zu lesen! Gemara. Nach dieser Fassung ist 'der Sadokäer hinsichtlich des 'Erub dem Heiden gleich geachtet; es genügt nicht, dass er auf sein Besitzrecht verzichtet, er muss es vermiethen. [8]) Aus dem Hofe, bez. in den Hof. [9]) Selbst wenn er ihnen sein Recht auf den Hof übertragen hat, solange er nicht ausdrücklich auch auf seine Rechte an sein Haus zu ihren Gunsten verzichtet; die Cession des Hofes erstreckt sich also nicht von selbst auch auf das Wohnhaus. Eine entgegengesetzte Ansicht vertritt R. El'ai K. II. Ende. [10]) Wenn er auch nur sein Recht auf den Hof ihnen übertragen hat, weil er nach der Cession als ihr Gast und Hausgenosse anzusehen ist. [11]) Gegenstände aus seinem Hause in den Hof oder umgekehrt zu schaffen, aber nicht aus ihren Wohnräumen oder in ihre Wohnräume, wenn sie ihm nicht ausdrücklich auch das Recht auf ihre Häuser cedirten. [12]) Sie dürfen nicht einmal aus seinem Hause oder in sein Haus einen Gegenstand schaffen, weil wohl Einer als Gast der übrigen Einwohner angesehen werden kann (s. Anm. 10), nicht aber die übrigen alle als Gäste des Einen. [13]) Denen, da sie sich am ערוב nicht betheiligten, die Uebrigen ihre Rechte übertrugen. [14]) Und es kann keiner von Beiden die ihm cedirten Rechte dem Andern übertragen. [15]) Den Mitbewohnern übertragen. [16]) Sich übertragen lassen. [17]) Selbst wenn es ihnen unter der Bedingung übertragen wurde, dass der Eine auf die erworbenen Rechte zu Gunsten des Andern verzichte. [18]) D. h.: Wann muss die Schenkung rechtskräftig werden? [19]) Also noch vor Sabbateingang, weil die in Frage stehende Schenkung die Uebertragung eines Rechtes bedeutet, ein solches aber am Sabbat nicht erworben werden darf. [20]) Nach ihrer Ansicht bedeutet die Schenkung nichts als den Verzicht auf ein Recht; sie ist daher auch am Sabbat gestattet.

מִי שֶׁנָּתַן רְשׁוּתוֹ וְהוֹצִיא, בֵּין בְּשׁוֹגֵג בֵּין בְּמֵזִיד, הֲרֵי זֶה אוֹסֵר. דִּבְרֵי ר׳ מֵאִיר. ר׳ יְהוּדָה אוֹמֵר, בְּמֵזִיד אוֹסֵר, בְּשׁוֹגֵג אֵינוֹ אוֹסֵר: ה בַּעַל הַבַּיִת שֶׁהָיָה שׁוּתָף לִשְׁכֵנָיו, לָזֶה בְּיַיִן וְלָזֶה בְּיַיִן, אֵינָם צְרִיכִין לְעָרֵב. לָזֶה בְּיַיִן וְלָזֶה בְּשֶׁמֶן, צְרִיכִין לְעָרֵב. ר׳ שִׁמְעוֹן אוֹמֵר, אֶחָד זֶה וְאֶחָד זֶה אֵינָן צְרִיכִין לְעָרֵב: ו חָמֵשׁ חֲבוּרוֹת שֶׁשָּׁבְתוּ בִּטְרַקְלִין אֶחָד, בֵּית שַׁמַּאי אוֹמְרִים, עֵרוּב לְכָל חֲבוּרָה וַחֲבוּרָה, וּבֵית הִלֵּל אוֹמְרִים, עֵרוּב אֶחָד לְכֻלָּן. וּמוֹדִים, בִּזְמַן שֶׁמִּקְצָתָן שְׁרוּיִין בַּחֲדָרִים אוֹ בַעֲלִיּוֹת, שֶׁהֵן צְרִיכִין עֵרוּב לְכָל חֲבוּרָה וַחֲבוּרָה: ז הָאַחִין הַשּׁוּתָפִים, שֶׁהָיוּ אוֹכְלִין עַל שֻׁלְחַן אֲבִיהֶם וִישֵׁנִים בְּבָתֵּיהֶם, צְרִיכִין עֵרוּב לְכָל אֶחָד וְאֶחָד. לְפִיכָךְ אִם שָׁכַח אֶחָד מֵהֶם וְלֹא עֵרַב, מְבַטֵּל

Wer sein Besitzrecht geschenkt hat und hinausträgt[21]), gleichviel ob aus Versehen, ob mit Absicht, der übt eine Beschränkung aus[22]). Dies die Worte des R. Meïr; R. Juda sagt: mit Absicht — übt er eine Beschränkung aus[23]), aus Versehen — übt er keine Beschränkung aus[24]). **5.** Wenn ein Hausherr Theilhaber ist bei seinen Nachbarn[25]), bei dem ʻEinen an Wein und bei dem Andern an Wein, bedürfen sie des ʻErub nicht[26]); bei dem Einen an Wein und bei dem Andern an Oel, bedürfen sie des ʻErub. R. Simon sagt: hier wie dort bedürfen sie keines ʻErub. **6.** Wenn fünf Parteien in einem Saale[27]) ihren Sabbatwohnsitz haben, ordnen Bet Schammai je einen ʻErub für jede Partei an[28]); Bet Hillel dagegen sagen: ein ʻErub für Alle[29])! Sie räumen aber ein, wenn einige von ihnen in Stuben oder Dachkammern wohnhaft sind[30]), dass sie je eines ʻErub für jede Partei bedürfen. **7.** Brüder, Genossen, die am Tische ihres Vaters[31]) essen und in ihren Häusern[32]) schlafen, bedürfen je eines ʻErub für jeden Einzelnen[28]). Wenn daher Einer von ihnen vergessen hat, sich am ʻErub zu betheiligen, muss[33]) er sein Besitzrecht preisgeben. Wann[34])? Wenn

---

[21]) In den Hof, bez. die Strasse, oder aus diesen hineinträgt in seine Wohnung. [22]) Er bewirkt, dass die Anderen, falls sie noch nicht von dem ihnen übertragenen Rechte Besitz ergriffen haben (s. Anm. 5), nichts hinaus- oder hineintragen dürfen. [23]) Weil er dadurch die Cession wieder aufgehoben hat. [24]) Da doch bei einem Versehen von einem Widerruf des Verzichtes nicht die Rede sein kann. Das muss freilich auch R. Meïr zugeben; er fürchtet aber bei der Schwierigkeit, die Absicht von dem Irrthum zu unterscheiden, Missbrauch und Willkür. [25]) Mit denen er dieselbe Strasse bewohnt; zur Vereinigung der Höfe aber genügt nicht Wein oder Oel (s. Einl. Abschn. 1 und 2 und K. III Anm. 1). [26]) Auch wenn die Theilhaberschaft eine zufällige ist. [27]) טרקלין ist das lateinische triclinium. Gemeint ist ein Saal, welcher durch Wände, die nicht bis zur Decke reichen, in fünf (auf die Zahl kommt es natürlich nicht an) Räume getheilt ist, deren jeder seinen besondern (s. K. VIII Anm. 35) Ausgang nach dem Hofe hat. [28]) Jede einzelne muss also zu dem ʻErub beisteuern, den die Bewohner des Hofes machen. [29]) Der ganze Saal wird trotz seiner fünf Abtheilungen als ein Wohnraum angesehen und braucht sich daher nur mit einem Beitrag am ʻErub zu betheiligen. [30]) D. h. wenn die Abtheilungen vollständig isolirt, durch ganze Wände von einander getrennt sind. — ש״י aram. = hebr. שכן; שרוי wie שכון (Richter 8, 11) franz. logé. [31]) Des leiblichen bez. des Hausvaters. [32]) Die sich sämmtlich in einem Hofe befinden, in welchem auch noch Andere wohnen. [33]) D. h. er kann dazu gezwungen werden, weil er keinen Schaden davon hat, da er doch ohnehin nichts aus seiner Wohnung in den Hof und umgekehrt schaffen darf. [34]) Unter welcher Voraussetzung müssen sie zum ʻErub bei-

אֶת רְשׁוּתוֹ. אֵימָתַי? בִּזְמַן שֶׁמּוֹלִיכִין עֵרוּבָן לְמָקוֹם אַחֵר. אֲבָל אִם הָיָה עֵרוּב בָּא אֶצְלָן, אוֹ שֶׁאֵין עִמָּהֶן דִּיוּרִין בֶּחָצֵר, אֵינָן צְרִיכִין לְעָרֵב׃ ח חָמֵשׁ חֲצֵרוֹת פְּתוּחוֹת זוֹ לָזוֹ וּפְתוּחוֹת לַמָּבוֹי. עֵרְבוּ בַחֲצֵרוֹת וְלֹא נִשְׁתַּתְּפוּ בַמָּבוֹי, מֻתָּרִין בַּחֲצֵרוֹת וַאֲסוּרִין בַּמָּבוֹי. וְאִם נִשְׁתַּתְּפוּ בַמָּבוֹי,

sie ihren ʻErub anderwärts[35]) hintragen; wenn aber der ʻErub zu ihnen kommt[36]), oder keine Mitbewohner bei ihnen im Hofe sind, bedürfen sie keines ʻErub[37]). **8.** Fünf Höfe sind gegen einander geöffnet und nach der Strasse hin geöffnet[38]). Haben sie in den Höfen den ʻErub gemacht[39]), nicht aber in der Strasse den Schittuf[40]), so sind sie unbeschränkt in den Höfen, in der Strasse aber gebunden[41]); haben sie in der Strasse den Schittuf gemacht[42]), so sind sie hier wie

---

steuern? [35]) In ein anderes Wohnhaus des Hofes. [36]) Indem die anderen Einwohner den ʻErub in dem Hause ihres Vaters niederlegen, so dass dieses von dem Beitrag zum ʻErub befreit ist. [37]) Selbst wenn sie in den eigenen Häusern essen, sofern sie nur die Kost von einem und demselben Tische erhalten. [38]) Indem jeder einzelne zwei Ausgänge hat, von denen der eine in den Nachbarhof, der andere auf die Strasse führt, so dass man von einem Hofe in den andern, ohne die Strasse zu passiren, gelangen kann, und ebenso von jedem Hofe auf die Strasse, ohne durch den Nachbarhof gehen zu müssen. [39]) Durch welchen alle fünf Höfe nach Einl. Abs 1 zu einer Wohnung verschmelzen. [40]) S. Einl. Abs. 2. [41]) Sie dürfen also ihre Hausgeräthe selbst in die fremden Höfe schaffen und umgekehrt, jedoch nur durch die Verbindungsthüren, nicht aber über die Strasse, auf welche sie nichts hinaustragen, und von welcher sie nichts hereintragen dürfen. Es ist die Ansicht des R. Meïr, welcher neben ʻErub noch Schittuf für nöthig hält. [42]) Und zwar nach vollzogenem ʻErub der Höfe. So nach Rabbi Meïr, der sich auch mit שיתוף allein nicht begnügt. Die Gegenansicht der »Weisen« hält ʻErub neben Schittuf unter allen Umständen für überflüssig, und Schittuf neben ʻErub nur dann für nöthig, wenn die einzelnen Höfe zwar innerhalb des eigenen Gebietes, nicht aber mit einander ʻErub gemacht haben; haben dagegen die durch Thüren oder Leitern in Verbindung stehenden Höfe unter einander ʻErub gemacht, wie in unserer Mischna, so ist nach ihrer Ansicht neben diesem ʻErub ein Schittuf überflüssig. Diese Unterscheidung ergibt sich aus dem Jeruschalmi z. St. [Da heisst es: וחכ״א מערבין כחצרות או משתתפין במבוי אם מערבין בחצרות מותרין בחצרות ואסורין במבוי ואם נשתתפו במבוי מותרין כאן וכאן, und dennoch wird daselbst unsere Mischna, ebenso wie im Babli, nach R. Meïr erklärt. Wäre nach Ansicht der חכמים ein Schittuf auch dann erforderlich, wenn die ineinander mündenden Höfe einen gemeinsamen ʻErub gemacht haben, so könnte dieselbe sehr wohl auf dieser Grundlage erklärt werden, ohne dass man genöthigt wäre, ואם נשתתפו im Sinne von ואם נשתתפו נמי aufzufassen. Auffallend ist, dass im Bet Josef zu Orach Chajjim 387 gegen Ende derselbe Unterschied zwischen שיתוף במקום עירוב und עירוב במקום שיתוף sich findet, ohne dass er durch die angeführten Worte des Jeruschalmi belegt wird]. Sie ergibt sich aber auch aus einer einfachen Erwägung: Der Schittuf ist seinem Wesen nach umfassender als der ʻErub, er kann daher diesen entbehrlich machen; nicht aber kann umgekehrt der ʻErub den Schittuf ersetzen, es sei denn, dass er alle die Personen umfasst, welche durch den Schittuf vereinigt werden sollen. Und wenn R. Meïr trotz des vorangegangenen Schittuf auf den ʻErub der Höfe nicht verzichten mag, so geschieht es nicht, weil er dieser Erwägung sich entzieht, sondern nur mit Rücksicht auf das heranwachsende Geschlecht, bei welchem der ʻErub sonst völlig in Vergessenheit geriethe. Eine principielle Meinungsverschiedenheit besteht mithin zwischen ihm und den »Weisen« nur in einem Punkte. Wenn nämlich mehrere Höfe, die miteinander in Verbindung stehen, sich zu einem ʻErub vereinigt haben, ist nach jenem das Hinaustragen auf die Strasse verboten, solange sie keinen Schittuf gemacht haben, nach diesen aber gestattet. Ein solcher Fall liegt nun in unserer Mischna vor. Dieselbe kann daher nur nach R. Meïr erklärt werden. Streicht man aber mit Rab (s. Gemara) die Worte פתוחות זו לזו, so handelt es sich um Höfe, die in keiner Verbindung miteinander stehen. Sie haben also nicht, wie bisher angenommen wurde, miteinander,

מְתָּרִין כָּאן וְכָאן. עֵרְבוּ בַחֲצֵרוֹת וְנִשְׁתַּתְּפוּ בְּמָבוֹי, וְשָׁכַח אֶחָד מִבְּנֵי חָצֵר וְלֹא עֵרֵב, מֻתָּרִין כָּאן וְכָאן. שָׁכַח אֶחָד מִבְּנֵי מָבוֹי וְלֹא נִשְׁתַּתֵּף, מֻתָּרִין בַּחֲצֵרוֹת וַאֲסוּרִין בַּמָּבוֹי, שֶׁהַמָּבוֹי לַחֲצֵרוֹת כֶּחָצֵר לַבָּתִּים׃ ט שְׁתֵּי חֲצֵרוֹת זוֹ לִפְנִים מִזּוֹ. עֵרְבָה הַפְּנִימִית וְלֹא עֵרְבָה הַחִיצוֹנָה, הַפְּנִימִית מֻתֶּרֶת וְהַחִיצוֹנָה אֲסוּרָה. הַחִיצוֹנָה וְלֹא הַפְּנִימִית, שְׁתֵּיהֶן

dort uneingeschränkt. Haben sie in den Höfen den ʻErub und in der Strasse den Schittuf gemacht, es hat aber einer der Hofbewohner vergessen und sich am ʻErub nicht betheiligt, so sind sie hier wie dort unbeschränkt[43]; hat [dagegen] Einer der Strasseneinwohner vergessen und sich am Schittuf nicht betheiligt, sind sie in den Höfen zwar unbeschränkt, in der Strasse aber gebunden[44], denn die Strasse verhält sich zu den Höfen, wie der Hof zu den Häusern[45]. **9.** Zwei Höfe, der eine hinter dem andern! Hat der innere[46] ʻErub gemacht, und der äussere hat nicht ʻErub gemacht, so ist der innere unbeschränkt[47], der äussere aber gebunden; der äussere und nicht der innere, so sind beide be-

---

sondern nur einzeln — jeder für sich — den ʻErub machen können. Und nun kann die Mischna viel einfacher nach der Ansicht der »Weisen« erklärt werden, welche zugeben müssen, dass ein solcher ʻErub den Schittuf nicht ersetzt. Dürfen doch die Bewohner des einen Hofes bei dieser exclusiven Art des ʻErub, durch welche sie sich eher isoliren, als an die Nachbarhöfe anschliessen, ihre Hausgeräthe nicht einmal in den andern Hof, geschweige denn auf die Strasse schaffen! Solange sie also keinen Schittuf gemacht haben, sind sie wohl in dem eigenen Hofe auf Grund ihres ʻErub unbeschränkt, in der Strasse aber gebunden, insofern sie nichts aus ihrem Hause hinaustragen dürfen. Haben sie aber den Schittuf gemacht, so sind sie auch ohne ʻErub hier wie dort uneingeschränkt, da der Schittuf den ʻErub entbehrlich macht. Sie dürfen dann nicht nur in den Hof hinaustragen, sondern auch auf die Strasse und in die Nachbarhöfe. [In den Commentaren (תפארת ישראל, רע״ב, מלא כף נחת) herrscht hier eine kleine Confusion. Sie streichen פתוחות זו לזו und fassen dennoch ואם נשתתפו im Sinne von נשתתפו נמי auf.] 43) Selbst nach R. Meïr. Der ʻErub ist zwar ungiltig, wird aber durch den Schittuf ersetzt, weil hier, wo die Uebrigen ʻErub gemacht haben, nicht zu befürchten ist, dass der ʻErub in Vergessenheit gerathen könnte (s. d. vor. Anm.) 44) Selbst nach den »Weisen«, wenn פתוחות זו לזו gestrichen wird, die Höfe somit nur einzeln im eigenen Kreise den ʻErub gemacht haben, weil ein solcher ʻErub den Schittuf nicht ersetzen kann, dieser aber ungiltig ist, da er nicht alle Bewohner der Strasse umfasst. Wird פתוחות זו לזו beibehalten, so dass unsere Mischna die Ansicht des R. Meïr wiederspiegelt, so muss zwar unter ערבו בחצרות an der Spitze des ersten Theiles der gemeinsame ʻErub (vgl. Anm. 39), hier dagegen, an der Spitze des zweiten Theiles, dennoch der Einzelʻerub verstanden werden [was übrigens ohnehin einleuchtet, da hier ונשתתפו במבוי, dort aber ולא נשתתפו במבוי folgt]; sonst wäre wieder ופתוחות למבוי unnütz. So aber ist diese Voraussetzung nothwendig. Denn hätten nicht alle Höfe ihren eigenen Ausgang nach der Strasse, so wäre מותרין בחצרות im Schlussatze nicht ganz correct; nach R. ʻAkiba (Anm. 51) wären ja diejenigen Höfe nicht unbeschränkt, durch welche die Bewohner des Nachbarhofes gehen müssen, um auf die Strasse zu gelangen (Jeruschalmi z. St.). Es steht demnach in dem einleitenden Satze פתוחות זו לזו wegen des ersten Theiles und פתוחות למבוי wegen des zweiten Theiles. [והרב בעל קרבן העדה שפי׳ גם ברישא שערבה כל חצר לעצמה לא דק במח״כ דאם כן מתניתן כחכמים נמי אתיא ועוד פתוחות זו לזו מאי למימרא]. 45) Wie der Verkehr hier ohne ʻErub beschränkt ist, so dort ohne Schittuf; und wie jener ist auch dieser ungiltig, wenn auch nur Einer der Betheiligten sich nicht angeschlossen hat (Einl. Abs. 1 Ende und Abs. 2 Anf.). 46) Derjenige, welcher keinen eigenen Ausgang nach der Strasse hin hat, dessen Bewohner vielmehr, um auf diese zu gelangen, durch den andern (äussern) Hof gehen müssen. 47) Seine Bewohner dürfen aus ihm in ihre Wohnungen tragen

schränkt⁴⁸). Hat dieser für sich und jener für sich den 'Erub gemacht, so ist dieser für sich unbeschränkt und jener für sich unbeschränkt⁴⁹). R.'Akiba beschränkt den äussern, weil das Durchgangsrecht⁵⁰) ihn beschränkt; die Weisen aber sagen, das Durchgangsrecht beschränkt ihn nicht⁵¹).
10. Hat Einer aus dem äussern vergessen und sich am 'Erub nicht betheiligt, so ist der innere uneingeschränkt, der äussere beschränkt⁵²). Hat Einer aus dem innern vergessen und sich am 'Erub nicht betheiligt, so sind beide beschränkt⁵³). Haben sie ihren 'Erub an einen Ort gethan⁵⁴), und es hat Einer, sei es aus dem innern, sei es aus dem äussern, vergessen und sich am 'Erub nicht betheiligt, sind beide beschränkt⁵⁵). Sind sie je einem Einzigen zugehörig⁵⁶), bedürfen sie keines 'Erub⁵⁷).

ABSCHNITT VII.

1. Befindet sich zwischen zwei

אֲסוּרוֹת. עֲרָבָה זוֹ לְעַצְמָהּ וְזוֹ לְעַצְמָהּ. זוֹ מֻתֶּרֶת בִּפְנֵי עַצְמָהּ וְזוֹ מֻתֶּרֶת בִּפְנֵי עַצְמָהּ׃ רַ'עֲקִיבָא אוֹסֵר אֶת הַחִיצוֹנָה, שֶׁדְּרִיסַת הָרֶגֶל אוֹסַרְתָּהּ. וַחֲכָמִים אוֹמְרִים אֵין דְּרִיסַת הָרֶגֶל אוֹסַרְתָּהּ׃ י שָׁכַח אֶחָד מִן הַחִיצוֹנָה וְלֹא עֵרֵב, הַפְּנִימִית מֻתֶּרֶת וְהַחִיצוֹנָה אֲסוּרָה. שָׁכַח אֶחָד מִן הַפְּנִימִית וְלֹא עֵרֵב, שְׁתֵּיהֶן אֲסוּרוֹת. נָתְנוּ עֵרוּבָן בְּמָקוֹם אֶחָד, וְשָׁכַח אֶחָד, בֵּין מִן הַפְּנִימִית בֵּין מִן הַחִיצוֹנָה, וְלֹא עֵרֵב, שְׁתֵּיהֶן אֲסוּרוֹת. וְאִם הָיוּ שֶׁל יְחִידִים, אֵינָן צְרִיכִין לְעָרֵב׃

פרק ז.

א חַלּוֹן שֶׁבֵּין שְׁתֵּי חֲצֵרוֹת. אַרְבָּעָה

---

und umgekehrt, weil sie sich gegen den äussern Hof abschliessen können. ⁴⁸) Selbst der äussere, da er sich doch nicht gegen den innern Hof abschliessen und ihm so den Durchgang verwehren kann Dieser aber hat keinen 'Erub gemacht, ist mithin im eigenen Gebiete beschränkt und vermag daher dem Nachbargebiet zu beschränken, in welchem er ein Durchgangsrecht besitzt. ⁴⁹) Obgleich sich die beiden Höfe nicht zu einem gemeinsamen 'Erub vereinigt haben, sind doch die Bewohner des äussern Hofes durch das Durchgangsrecht des innern hinsichtlich des Verkehrs im eigenen Gebiete nicht beschränkt, da auch dieser im eigenen Gebiete nicht beschränkt ist (רגל המותרת במקומה אינה אוסרת שלא במקומה); der Zwischenverkehr ist natürlich verboten. ⁵⁰) דריסת הרגל, wörtlich: das Betreten mit dem Fusse. ⁵¹) Nach R. 'Akiba übt selbst das Durchgangsrecht eines im eigenen Gebiete nicht eingeschränkten Hofes eine beschränkende Kraft auf den äussern Hof; nach den „Weisen" wohnt eine solche Kraft nicht einmal dem Durchgangsrechte eines im eigenen Gebiete beschränkten Hofes inne. ⁵²) In derselben Weise und aus demselben Grunde, als wenn der äussere Hof gar keinen 'Erub gemacht hätte (s. Anm. 47 und Einl. Abs. 1 Ende). ⁵³) Als hätte der innere Hof gar keinen 'Erub gemacht (s. Anm. 48). ⁵⁴) Mit anderen Worten: haben sich beide Höfe zu einem 'Erub vereinigt, indem sie ihre 'Erubspeise (s. K. III Anm. 21) in einem und demselben Hause u. z. des äussern Hofes niederlegten. ⁵⁵) Der äussere, weil er, wenn auch nur Einer aus dem innern Hofe sich am 'Erub zu betheiligen vergessen hat, durch dessen Durchgangsrecht beschränkt wird; der innere, weil er, wenn auch nur Einer aus dem äussern Hofe es vergessen hat, die eingegangene Verbindung nicht mehr lösen kann, da ja die 'Erubspeise sich im äussern Hof befindet. Befindet sich aber in dem innern Hofe, und es hat Einer aus dem äussern vergessen sich am 'Erub zu betheiligen, so kann jener in der That die Verbindungsthür schliessen, um nicht durch die Bewohner des Nachbarhofes beschränkt zu werden. ⁵⁶) Wird also jeder der beiden Höfe nur von einer einzigen Familie bewohnt. ⁵⁷) Weil der Bewohner des innern Hofes als ein im eigenen Gebiete Uneingeschränkter trotz seines Durchgangsrechtes den Nachbar nicht beschränkt (s. Anm. 49). Es ist klar, dass nach R. 'Akiba (Anm. 51) auch hier ein 'Erub nöthig ist.

עַל אַרְבָּעָה בְּתוֹךְ עֲשָׂרָה, מְעָרְבִין
שְׁנַיִם וְאִם רָצוּ מְעָרְבִין אֶחָד. פָּחוֹת
מֵאַרְבָּעָה עַל אַרְבָּעָה אוֹ לְמַעְלָה
מֵעֲשָׂרָה, מְעָרְבִין שְׁנַיִם וְאֵין מְעָרְבִין
אֶחָד׃ **ב** כֹּתֶל שֶׁבֵּין שְׁתֵּי חֲצֵרוֹת
גָּבֹהַּ עֲשָׂרָה וְרָחָב אַרְבָּעָה, מְעָרְבִין
שְׁנַיִם וְאֵין מְעָרְבִין אֶחָד. הָיוּ בְרֹאשׁוֹ
פֵּרוֹת, אֵלּוּ עוֹלִין מִכָּאן וְאוֹכְלִין,
וְאֵלּוּ עוֹלִין מִכָּאן וְאוֹכְלִין, וּבִלְבַד
שֶׁלֹּא יוֹרִידוּ לְמַטָּה. נִפְרַץ הַכֹּתֶל
עַד עֶשֶׂר אַמּוֹת, מְעָרְבִין שְׁנַיִם וְאִם
רָצוּ מְעָרְבִין אֶחָד, מִפְּנֵי שֶׁהוּא
כְפֶתַח. יוֹתֵר מִכָּאן, מְעָרְבִין אֶחָד
וְאֵין מְעָרְבִין שְׁנַיִם׃ **ג** חָרִיץ שֶׁבֵּין

Höfen [1]) ein Fenster von vier [Handbreiten] im Geviert innerhalb zehn [Handbreiten] [2]) können sie gesondert [3]) den 'Erub machen, und wenn sie wollen, können sie gemeinsam 'Erub machen [4]); von weniger als vier [Handbreiten] im Geviert, oder höher als zehn, machen sie den 'Erub gesondert, können aber nicht gemeinsam 'Erub machen [5]). **2.** Ist die Wand zwischen zwei Höfen zehn [Handbreiten] hoch und vier breit [6]), machen sie gesondert den 'Erub und können nicht gemeinsam 'Erub machen [7]). Befinden sich auf derselben Früchte, so können diese hier hinaufsteigen und essen, jene wieder dort hinaufsteigen und essen, nur dürfen sie nichts hinuntertragen [8]). Ist die Wand bis zehn Ellen eingerissen, können sie gesondert 'Erub machen, wenn sie aber wollen, können sie gemeinsam den 'Erub machen, weil es wie ein Eingang ist [9]); darüber hinaus, müssen sie den 'Erub gemeinsam machen und können nicht gesondert 'Erub machen [10]). **3.** Ist der Graben

---

[1]) In der gemeinschaftlichen Mauer. [2]) So dass der untere Rand der Fensteröffnung weniger als 10 Handbreiten von der Erde entfernt ist. — Wo bei Längenmaassen die Maasseinheit fehlt, ist hinter dem Zahlworte, wenn es wie hier männlich ist, טפחים zu ergänzen, אמות dagegen, wenn es die weibliche Form hat; wo Daumenbreiten gemeint sind, darf das Wort אצבעות nicht weggelassen werden. [3]) Jeder Hof für sich; dann darf aus den Häusern des einen nichts in den andern getragen werden. [4]) Dann ist ihnen der Zwischenverkehr gestattet. [5]) Weil sie nicht mit einander in gehöriger Verbindung stehen; eine Maueröffnung von weniger als vier Handbreiten im Geviert kann doch nicht als Eingang gelten, und ebensowenig bietet ein Fenster, das höher als 10 Handbreiten liegt, die Möglichkeit eines bequemen Verkehrs. [6]) Die Breite (Dicke) der Zwischenwand ist nur mit Rücksicht auf den folgenden Satz angegeben (s. Anm. 8); hier ist sie gleichgiltig. Ein noch so dünner Zaun theilt einen Raum in zwei verschiedene Gebiete, wenn er nur 10 Handbreiten hoch ist. [7]) Weil sie zwei verschiedene Gebiete bilden, die nicht in Verbindung mit einander stehen; ist aber die Zwischenwand weniger als 10 Handbreiten hoch, bilden sie **ein** Gebiet und können daher nur gemeinsam den 'Erub machen. [8]) In die Häuser, weil die Wand gemeinschaftliches Gebiet ist, aus welchem ja nichts in die Privatwohnung geschafft werden darf (s. Einl. Abs. 1); wohl aber dürfen die Früchte in den Hof hinabgetragen werden, wenigstens nach R. Simon und den Weisen in K. IX M. 1. Nach R. Meïr dagegen bedeutet das vielleicht mit Absicht nicht näher bestimmte למטה in den Hof (s. das. Anm. 3). Ist jedoch die Wand weniger als 4 Handbreiten dick, so kann sie überhaupt nicht als selbständiges Gebiet angesehen werden; man darf daher die auf ihr befindlichen Früchte sogar in die Häuser hineintragen. [9]) Und zwei durch einen Eingang oder sonst auf bequeme Art communicirende Höfe sowohl einzeln als gemeinschaftlich den 'Erub machen können. [10]) Wenn die Lücke grösser als 10 Ellen ist und nicht das Aussehen eines Eingangs (od. Thürrahmens, צורת פתח; s. K. 1 Anm. 6 und 28) hat, bilden beide Höfe nur **ein** Gebiet. Ist aber die **ganze** Mauer eingestürzt, welche zwei Höfe scheidet, so bilden diese auch dann nur **ein** Gebiet, wenn der Mauerbruch selbst weniger als zehn Ellen beträgt. Und sind die beiden Höfe in derjenigen

שְׁתֵּי חֲצֵרוֹת עָמוֹק עֲשָׂרָה וְרָחָב
אַרְבָּעָה, מְעָרְבִין שְׁנַיִם וְאֵין מְעָרְבִין
אֶחָד, אֲפִלּוּ מָלֵא קַשׁ אוֹ תֶבֶן.
מָלֵא עָפָר אוֹ צְרוֹרוֹת, מְעָרְבִין אֶחָד
וְאֵין מְעָרְבִין שְׁנַיִם: ד נָתַן עָלָיו
נֶסֶר שֶׁהוּא רָחָב אַרְבָּעָה טְפָחִים,
וְכֵן שְׁתֵּי גְזֻוזְטְרָאוֹת זוֹ כְּנֶגֶד זוֹ,
מְעָרְבִין שְׁנַיִם וְאִם רָצוּ מְעָרְבִין
אֶחָד. פָּחוֹת מִכָּאן, מְעָרְבִין שְׁנַיִם
וְאֵין מְעָרְבִין אֶחָד: ה מַתְבֵּן שֶׁבֵּין
שְׁתֵּי חֲצֵרוֹת גָּבֹהַּ עֲשָׂרָה טְפָחִים,
מְעָרְבִין שְׁנַיִם וְאֵין מְעָרְבִין אֶחָד.
אֵלּוּ מַאֲכִילִין מִכָּאן וְאֵלּוּ מַאֲכִילִין
מִכָּאן. נִתְמַעֵט הַתֶּבֶן מֵעֲשָׂרָה
טְפָחִים, מְעָרְבִין אֶחָד וְאֵין מְעָרְבִין

zwischen zwei Höfen zehn [Handbreiten] tief und vier breit[11]), machen sie gesondert ʻErub und können nicht gemeinsam den ʻErub machen, selbst wenn er voll Stroh oder Häcksel ist[12]); ist er voll[13]) Schutt oder Steinchen, machen sie gemeinsam den ʻErub und können nicht gesondert ʻErub machen. **4.** Hat er ein Brett über ihn gelegt, welches vier Handbreiten breit ist[14]), und ebenso [über] zwei einander gegenüber liegende Balcone, so machen sie gesondert ʻErub, wenn sie aber wollen, können sie gemeinsam ʻErub machen; weniger als soviel, so machen sie gesondert ʻErub und können nicht den ʻErub gemeinsam machen[15]). **5.** Ist ein Strohhaufe zwischen zwei Höfen zehn Handbreiten hoch, so machen sie den ʻErub gesondert und können nicht gemeinsam ʻErub machen[16]); diese dürfen von hier fressen lassen und jene von dort fressen lassen[17]). Ist das Stroh niedriger als zehn Handbreiten geworden[18]), müssen sie den ʻErub gemeinsam machen und können nicht gesondert ʻErub

Dimension, in welcher sie aneinanderstossen, von ungleicher Grösse, so dass der Einsturz nur für den einen als einen vollständigen Durchbruch, für den andern jedoch als eine blosse Lücke sich darstellt, so muss jener zwar mit diesem, nicht aber dieser mit jenem gemeinsam den ʻErub machen. [11]) Bei kleineren Dimensionen könnte man ihn leicht überschreiten, und er würde daher die beiden Höfe nicht in zwei Gebiete trennen. [12]) קש bezeichnet Stroh überhaupt; תבן, vermuthlich mit aram. תבר und arab. تبر verwandt, ist das durch den Morag (eine Dreschmaschine des Alterthums — Jes. 41, 15 — lat. tribulum) klein gehackte Stroh, wie schon Raschi zu Sabbat XX 3 richtig erklärt. [Daher קש לתבן, Exodus 5, 12. Vgl. auch Sabbat 150b: בשלמא קש משכחת לה במחובר אלא תבן היכי משכחת לה. Die landläufige Auffassung (תבן langes Stroh, קש Stoppel), welche in den Tosafot zu Sabbat III Anf. und Baba M. IX Anf. einen Vertheidiger findet, stösst auf erhebliche Schwierigkeiten. Nur kurz sei hier im Vorübergehen darauf hingewiesen, dass dieser Auffassung von תבן nicht allein die eben angeführte Stelle aus Exodus, welcher die Tosafot eine gezwungene Deutung geben, sondern auch Sabbat XX 3 entgegensteht, und dass mit dieser Auffassung von קש sich weder Sabbat XVIII 2, noch die Erklärung von מלקוש in Taʻanit 6 b verträgt]. Beides ist Viehfutter, und könnte mithin am Sabbat wieder herausgeholt werden, im Gegensatz zu עפר וצרורות, die man am Sabbat gar nicht in die Hand nehmen darf. [13]) Nicht gerade ganz voll, sondern so sehr damit verstopft, dass er nicht mehr 10 Handbreiten tief, oder deren vier breit ist. [14]) Jeruschalmi liest: נ׳ ע׳ נסר כל שהוא רחב א׳ ט׳. Sehr wesentlich sind die Abweichungen in רי״ף u. רא״ש. [15]) Wenn das Brett nicht mindestens 4 Handbreiten misst, ist der Uebergang über den Graben, bez. von einem Balcon zum andern nicht bequem genug, als dass es eine Verbindung zwischen beiden Höfen im Sinne von Anm. 9 bilden könnte. [16]) Vorausgesetzt, dass das Stroh die beiden Höfe ihrer ganzen Länge nach in der angegebenen Höhe von einander trennt. [17]) Denn es ist nicht zu befürchten, dass die Thiere, ohne dass es beachtet wird, so viel davon fressen, dass die Höhe des Haufens in einer Länge von mehr als 10 Ellen (s. Anm. 18) auf weniger als 10 Handbreiten sinkt. [18]) U. z. in einer Länge von mehr als 10 Ellen; ist aber die Stelle, an welcher das Stroh nicht mehr 10 Handbreiten

שְׁנַיִם: ו כֵּיצַד מִשְׁתַּתְּפִין בְּמָבוֹי? מַנִּיחַ אֶת הֶחָבִית וְאוֹמֵר, הֲרֵי זוֹ לְכָל בְּנֵי מָבוֹי. וּמְזַכֶּה לָהֶן עַל יְדֵי בְנוֹ וּבִתּוֹ הַגְּדוֹלִים, וְעַל יְדֵי עַבְדּוֹ וְשִׁפְחָתוֹ הָעִבְרִים, וְעַל יְדֵי אִשְׁתּוֹ. אֲבָל אֵינוֹ מְזַכֶּה לֹא עַל יְדֵי בְנוֹ וּבִתּוֹ הַקְּטַנִּים. וְלֹא עַל יְדֵי עַבְדּוֹ וְשִׁפְחָתוֹ הַכְּנַעֲנִים, מִפְּנֵי שֶׁיָּדָן כְּיָדוֹ: ז נִתְמַעֵט הָאֹכֶל, מוֹסִיף וּמְזַכֶּה וְאֵין צָרִיךְ לְהוֹדִיעַ. נִתּוֹסְפוּ עֲלֵיהֶן, מוֹסִיף וּמְזַכֶּה וְצָרִיךְ לְהוֹדִיעַ: ח כַּמָּה הוּא שִׁעוּרוֹ? בִּזְמַן

machen[19]). **6.** Wie macht man den Schittuf[20]) in der Strasse? Man stellt den Krug[21]) hin[22]) und spricht: »Das sei für alle Einwohner der Strasse[23])«, und eignet es ihnen zu[24]) durch seinen Sohn oder seine Tochter, die grossjährig[25]) sind, durch seinen Knecht oder seine Magd, welche Hebräer sind[26]) und durch seine Gattin[27]); aber er kann es nicht zueignen durch seinen Sohn oder seine Tochter, welche minderjährig sind[28]), noch durch seinen Knecht oder seine Magd, die Kena'aniter[29]) sind, weil ihre Hand wie seine Hand ist[30]). **7.** Hat die Speise[31]) sich vermindert[32]), kann er zulegen und zueignen[33]) und braucht es nicht mitzutheilen; kamen welche zu ihnen[34]) hinzu, kann er zulegen und zueignen, muss es aber mittheilen[35]). **8.** Wie gross ist ihr[36])

hoch ist, nur 10 Ellen lang, so können sie nach Belieben den 'Erub gemeinsam oder jeder für sich machen. [19]) Haben sie aber am Freitag, als das Stroh noch die vorgeschriebene Höhe hatte, den 'Erub einzeln gemacht, jeder Hof für sich, und der Strohhaufe ist erst am Sabbat niedriger geworden, so sind sie nach wie vor in der Benutzung ihres Hofes unbeschränkt (שבת הואיל והותרה הותרה). [20]) S. Einl. Abs. 2. [21]) Mit Wein, Oel, od. anderen Nahrungsmitteln. — Einl. das. [22]) In den Hof. — Einl. das. [23]) Ich schenke ihnen den Inhalt, so dass jeder Einwohner einen Antheil daran hat. [24]) Ein Geschenk, das man dem Empfänger nicht persönlich übergibt, wird erst rechtskräftig, wenn ein Dritter es für ihn, wenn auch ohne sein Wissen, in Empfang nimmt. Es ist selbstverständlich, dass diese Zueignung überflüssig ist, wenn jeder der Einwohner seinen Antheil am Inhalt des Kruges durch Kauf oder Schenkung persönlich erworben, oder gar den auf ihn entfallenden Theil dazu gegeben hat; die Mischna lehrt hier nur die bequemste, am wenigsten umständliche Art des Schittuf. [25]) Und, wenn irgend möglich, auch selbständig. [26]) Ist die hebräische Magd auch minderjährig, so steht sie doch nicht unter der Gewalt ihres Herrn, sondern unter väterlicher Gewalt, also in der Gewalt eines »Dritten«. [27]) Auch hier ist es wenigstens erwünscht, wenn auch nicht Bedingung, dass die Gattin in dem Erwerbe ihres Unterhaltes selbständig ist. [28]) Obgleich sie für ihren Unterhalt selbst sorgen, da sie immerhin unter seiner väterlichen Gewalt stehen. [29]) Leibeigene; sie werden als Kena'aniten bezeichnet im Hinblick auf Gen. 9, 25: »Verflucht sei Kena'an! Ein Sklavenknecht sei er seinen Brüdern!« [30]) Die Zueignung ist daher illusorisch und die Schenkung mithin widerruflich. [31]) Im Kruge. — S. M. 6. [32]) So dass das in M. 8 vorgeschriebene Quantum nicht mehr vorhanden ist. [33]) Ist aber die Verminderung erst am Sabbat eingetreten, so braucht, wenn auch garnichts übrig geblieben, für den betreffenden Sabbat nicht zugelegt und zugeeignet zu werden. Vgl. Anm. 19. [34]) Zu den Strasseneinwohnern in M. 6. — נתוספו: Stamm יסף; rein hebräisch: נוספו, rein aramäisch: אתוספו.

[35]) Man kann zwar, wie wir in Anm. 24 gesehen haben, auch ohne Wissen des Empfängers diesem ein Geschenk zueignen; dort ist jedoch Voraussetzung, dass die Annahme des Geschenkes mit keinerlei Nachtheil für ihn verbunden, seine Zustimmung also als unzweifelhaft anzusehen ist (s. Ende d. Kapitels). Hier dagegen haben die neuhinzugekommenen Einwohner einen Ausgang auch nach einer andern Strasse hin, mithin die Wahl, den Schittuf auf der einen oder auf der andern Seite oder (nach R. Simon in K. IV M. 6) auf beiden zugleich zu machen; es wäre daher möglich, dass gegen ihre Aufnahme in den Schittuf der einen Strasse von ihnen selbst, oder den alten Bewohnern der betreffenden Strasse Einsprache erhoben würde. [36]) Der in voriger Mischna erwähnten, zum Schittuf nothwendigen

שֶׁהֵן מְרֻבִּין, מְזוֹן שְׁתֵּי סְעוּדוֹת לְכֻלָּם. בִּזְמַן שֶׁהֵן מוּעָטִין, כִּגְרוֹגֶרֶת (לְהוֹצָאַת שַׁבָּת) לְכָל אֶחָד וְאֶחָד׃ ט אָמַר ר׳ יוֹסֵי, בַּמֶּה דְבָרִים אֲמוּרִים? בִּתְחִלַּת עֵרוּב. אֲבָל בִּשְׁיָרֵי עֵרוּב, כָּל שֶׁהוּא. וְלֹא אָמְרוּ לְעָרֵב בַּחֲצֵרוֹת, אֶלָּא כְּדֵי שֶׁלֹּא לְשַׁכֵּחַ אֶת הַתִּינוֹקוֹת׃ י בַּכֹּל מְעָרְבִין וּמִשְׁתַּתְּפִין, חוּץ מִן הַמַּיִם וּמִן הַמֶּלַח. דִּבְרֵי ר׳ אֱלִיעֶזֶר. ר׳ יְהוֹשֻׁעַ אוֹמֵר, כִּכָּר הוּא עֵרוּב. אֲפִלּוּ מַאֲפֵה סְאָה וְהִיא פְרוּסָה, אֵין

Quantum? Sind ihrer Viele[37]) — Kost zweier Mahlzeiten[38]) für sie Alle; sind ihrer Wenige[39]) — das (hinsichtlich des Hinaustragens am Sabbat maassgebende)[40]) Volumen einer getrockneten Feige für jeden Einzelnen. **9.** Rabbi Jose sagt: Wobei sind die Worte gesagt[41])? Bei der Eröffnung des ‘Erub; aber bei den Ueberresten des ‘Erub[42]): — wie viel immer es ist[43]). Und[44]) sie haben nur darum angeordnet den ‘Erub in den Höfen zu machen[45]), um ihn bei den Kindern nicht in Vergessenheit zu bringen[46]). **10.** Mit Allem kann man ‘Erub oder Schittuf machen, nur nicht mit Wasser oder Salz. Dies die Worte des R. Eli‘ezer[47]); R. Joschu‘a sagt: Ein Laib ist die ‘Erubspeise[48]); selbst ein Gebäck von einem Maasse[49]) — wenn es ein Bruchstück[50]) ist, so kann man damit keinen ‘Erub

---

Speise. Beiläufig findet Alles, was in M. 6, 7 und 8 vom Schittuf gesagt ist, auch auf den ‘Erub der Höfe Anwendung. [37]) Mehr als achtzehn Parteien. [38]) Das ist das achtzehnfache Volumen einer getrockneten Feige. [39]) Achtzehn oder weniger als achtzehn Parteien. [40]) Sabbat K. VII M. 4 gegen Ende. Der scheinbar überflüssige Hinweis auf jene Mischna will vermuthlich entweder eine Begründung dafür, dass grade dieses Quantum festgesetzt wurde, oder eine Andeutung geben, dass auch hier die Schalen, Kerne und was sonst an den Früchten ungeniessbar ist, bei der Bemessung des vorgeschriebenen Volumens nicht mit gerechnet wird. In unseren Talmudausgaben, im Babli wie im Jeruschalmi, fehlen die Worte להוצאת שבת. [41]) Dass die ‘Erubspeise ein gewisses Quantum haben muss (s. Anm. 36). [42]) Wenn das bei Beginn des ersten Sabbat noch vorschriftsmässige Quantum sich später vermindert hat. [43]) Der ‘Erub behauptet seine Giltigkeit, solange noch ein Minimum sich von der Speise unversehrt erhalten hat. Voraussetzung ist, wie aus dem nächsten Satze ersichtlich, dass ausser dem ‘Erub auch der Schittuf gemacht wurde; war das nicht der Fall, so ist allerdings die Giltigkeit des ‘Erub auch in der Folgezeit durch die Integrität des vorgeschriebenen Quantums bedingt. [44]) Nach anderer Lesart (לא אמרו) ist »Und« zu streichen. [45]) Nach vorangegangenem Schittuf. [46]) Deshalb braucht man es bei bestehendem Schittuf mit dem ‘Erub nicht gar so genau zu nehmen; es genügt, wenn die ‘Erubspeise bei Beginn des ersten Sabbat unversehrt, und an den folgenden Sabbaten überhaupt noch etwas von ihr vorhanden ist. Daraus folgt, dass die Schittufspeise, sofern der Schittuf nicht durch den ‘Erub ersetzt werden kann (s. K. VI Anm. 42), vom ersten bis zum letzten Sabbat in ihrer Integrität erhalten und daher ergänzt werden muss, sowie sie das in voriger Mischna angegebene Volumen nicht mehr hat. Da nun Mischna 7 von der Schittufspeise spricht, so steht sie in keinem nachweislichen Widerspruch zu der Ansicht des R. Jose. [Das scheint תוי״ט im ד״ה אמר ר׳ יוסי ebenso übersehen zu haben, wie מהרש״ל, dessen Zusatz zu Raschi an dieser Stelle nach dem Gesagten nicht unanfechtbar ist.] [47]) Nach ihm sind alle Nahrungsmittel zum Schittuf geeignet, theilweise (nämlich Brot) sogar auch zum ‘Erub der Höfe. Alles Geniessbare kann daher entweder zum ‘Erub oder doch wenigstens zum Schittuf (und desgleichen zur Verschmelzung der Sabbatbezirke. S. K. III Anm. 2) verwendet werden, nur nicht Wasser und Salz (jedes für sich; wohl aber ist beides zusammen, zu Salzwasser vereinigt, für den Schittuf wie für ערובי תחומין geeignet). [48]) Nach ihm ist auch nicht alles Brot zum ‘Erub der Höfe verwendbar; es muss durchaus ein ganzes Laib sein. [49]) Ein Maass (סאה) = 1/30 Kor=6 Kab ist ungefähr 8,3 Liter. [40 Maass = 3 Kubikellen (חגיגה 11a); 1 Elle=48cm. (s. K. IV Anm. 36); 1 kdm. = 1 Liter.] [50]) פרוסה ist als Substantiv aufzufassen;

מְעָרְבִין בָּהּ. כִּכָּר בְּאִסָּר וְהוּא שָׁלֵם, מְעָרְבִין בּוֹ: יא נוֹתֵן אָדָם מָעָה לְחֶנְוָנִי וְלַנַּחְתּוֹם, כְּדֵי שֶׁיִּזְכֶּה לוֹ עֵרוּב. דִּבְרֵי ר׳ אֱלִיעֶזֶר. וַחֲכָמִים אוֹמְרִים, לֹא זָכוּ לוֹ מְעוֹתָיו. וּמוֹדִים בִּשְׁאָר כָּל אָדָם שֶׁזָּכוּ לוֹ מְעוֹתָיו. שֶׁאֵין מְעָרְבִין לְאָדָם אֶלָּא מִדַּעְתּוֹ. אָמַר

machen; ein Laib für einen Dreier[51]) — wenn es nur ganz ist, so kann man damit ʻErub machen. **11.** Es kann Jemand einen Groschen[52]) dem Krämer oder dem Bäcker[53]) geben, damit er ihm den ʻErub zueigne. Dies die Worte des R. Eliʻezer; die Weisen aber sagen: Sein Geld eignet ihm nicht zu. Doch räumen sie ein, dass ihm bei jedem Andern[54]) sein Geld zueignet. Man kann ja keinem Menschen ʻErub machen, es sei denn mit dessen Zustimmung[55]).

---

wäre es Participium, so müsste es והוא פרוס heissen, da מאפה ohne Zweifel masc. ist. Dadurch erklärt sich auch, dass hier der Ausdruck מאפה gewählt ist, während vorher und nachher von einem ככר gesprochen wird; ein Laib kann wohl zerbrochen (פרוס) aber niemals ein Bruchstück (פרוסה) sein. [61]) איסר ist das römische As, bei späteren Schriftstellern assarius, eine kupferne Scheidemünze im Curswerth von ca. 4 Pf.; bei den Juden, welche den Denar (דינר) nicht in 16, sondern in 24 Assarien eintheilten, ist der איסר nur $2^1/_2$ Pf. = 1 Dreier. Das Dreierbrötchen ist nach K. VIII M. 2 aus ungef. $^1/_6$ Liter Mehl gebacken (s. Anm. 13 das.) Es braucht nicht erst gesagt zu werden, dass באיסר hier nicht buchstäblich zu nehmen ist, sondern nur, wie ja auch im Lateinischen, zur Bezeichnung einer kleinsten Münze dient. [52]) מעה = 4 איסר oder Asse, also ein Sesterz, bedeutet hier ganz allgemein Geldstück, wie unter dem Plural מעות meist schlechthin Geld verstanden wird. Als Münze hat die מעה einen Werth von 10 Pf. oder 1 Sgr., während der römische Sesterz 16 Pf. betrug. [53]) Welche den ʻErub oder Schittuf für die Uebrigen besorgen, indem sie ihnen die erforderlichen Beiträge liefern (der Bäcker Brod zum ʻErub, der Krämer — חנות, حانوت ist im Arab. die Weinbude — Wein zum Schittuf) und bei sich aufbewahren. [54])Welcher aus dem Verkaufe von Lebensmitteln kein Gewerbe macht. [55])Der innere Zusammenhang dieses Satzes mit dem vorhergehenden, als dessen Begründung er sich äusserlich präsentirt, ist so unklar, dass die meisten Erklärer, an ihrer Spitze R. Ascher, einen solchen überhaupt in Abrede stellen und שאין מערבין als selbständigen Satz auffassen, als stünde ואין מערבין. So wenig waren sie von den Erklärungen befriedigt, durch welche ihre Vorgänger nicht ohne Mühe einen nothdürftigen Zusammenhang herzustellen versuchten. Ueberhaupt macht diese Mischna den Commentatoren viel zu schaffen; sie ist eine der schwierigsten in unserm an Schwierigkeiten so reichen Tractat. Man sieht nicht recht ein, worauf die Unterscheidung zwischen dem Kaufmann und »jedem Andern« beruht, und die Gemara, von der man Aufschluss erwartet, vermehrt nur die Schwierigkeiten, indem sie zwei neue, ebenfalls unmotivirte Unterschiede (1. zwischen מעות und כלי, 2. zwischen זכה לי und ערב לי) aufstellt. Nur wenn man bei Uebergabe des Geldes sich dem Kaufmann gegenüber des Ausdrucks bedient hat: Eigne mir den ʻErub zu, hat es keine Giltigkeit, wohl aber, wenn man zu ihm gesagt hat: mache für mich den ʻErub, oder wenn man ihm statt des Geldes einen Werthgegenstand als Tauschobject gegeben hat. Den Schlüssel zur Lösung dieser Räthsel glaube ich in der Erklärung zu finden, welche die Gemara den Worten des R. Eliʻezer gibt. Nach biblischem Recht, sagt sie, ist ein Kaufgeschäft schon rechtskräftig, sobald der Verkäufer den vereinbarten Kaufpreis in Empfang genommen hat; das talmudische Recht macht die Unwiderruflichkeit des Geschäftes bei Mobilien einzig und allein von einem feierlichen, dem Mancipium des römischen Rechtes einigermaassen verwandten Acte abhängig, bei welchem der Käufer den zu erwerbenden Gegenstand in die Höhe hebt (הגבהה) oder, wo dies nicht thunlich ist, ihn fortschafft (משיכה), bez. anfasst (מסירה). Dass sich das talmudische Recht bei der biblischen Form des Kaufes nicht beruhigt, hat seinen Grund in der Befürchtung, dass sonst der Verkäufer, nachdem er den Kaufpreis erhalten, kein Interesse haben würde, die verkaufte Waare vor Schaden zu behüten. Diese Befürchtung fällt nun beim ʻErub wie beim Schittuf weg, insofern die hierzu verwendete Speise als Ausdruck der innigen Vereinigung zu einer Familie oder wenigstens einer Genossenschaft (s. d. Einl. Abs. 1 und 2) ihrer Bedeutung wie

R. Juda sagt: Wobei sind diese ?ר׳ יְהוּדָה, בַּמֶּה דְבָרִים אֲמוּרִים

---

ihrer Wirkung entsprechend Gemeingut aller Betheiligten geworden und nicht mehr von demjenigen, der den Beitrag geleistet, als sein Eigenthum angesprochen werden darf; dieser muss vielmehr darauf gefasst sein, dass sein Beitrag von irgend einem der Theilnehmer verzehrt wird, und ist er damit nicht von ganzem Herzen einverstanden, so hat eben der 'Erub oder Schittuf gar keine Giltigkeit. Es genügt daher, meint R. Eli'ezer, wenn Jemand dem Kaufmann ein Geldstück gibt mit der Bitte, ihm dafür den 'Erub zuzueignen (die Worte כדי שיזכה לו עירוב sind buchstäblich zu nehmen; der Käufer hat sich in der That des Ausdrucks »zueignen« bedient); von der feierlichen Erwerbsform des talmudischen Rechts kann hier ebenso abgesehen werden, wie überall, wo die obenerwähnte Befürchtung wegfällt. Denn mit dem Augenblicke, in welchem der Käufer die bezahlte Waare als Beitrag zum 'Erub bestimmt, hat er sich seines Einzelrechtes auf dieselbe begeben; es darf ihm gar nicht daran gelegen sein, dass sie ihm erhalten bleibe; er hat an ihrem Vorhandensein kein grösseres Interesse als der Verkäufer selbst, der ja als Miteinwohner ebenfalls am 'Erub betheiligt ist, mithin an der verkauften Waare gleiches Recht und gleichen Antheil mit dem Käufer hat. — — Mit dem Augenblicke — allerdings, machen »die Weisen« dagegen geltend; wer aber mit den Worten זכה לי עירוב dem Kaufmann ein Geldstück übergibt, hat damit noch lange nicht die bezahlte Waare als Beitrag zum 'Erub bestimmt. Unter 'Erub, darauf haben wir widerholt hingewiesen, ist sehr oft nicht die Vereinigung selbst, sondern das Mittel dazu, die 'Erubspeise zu verstehen (vgl. K. III Anm. 21). In den letzten Mischnajot war von der 'Erubspeise die Rede; in der unmittelbar vorhergehenden Mischna bedeutet עירוב בכר הוא unstreitig die 'Erubspeise und eine andere Bedeutung kann das Wort dem ganzen Zusammenhange nach auch hier nicht haben. Es kann ihm ja nur der Beitrag zur Vereinigung nicht diese selbst verkauft werden. Mit den Worten: »eigue mir für dieses Geldstück eine 'Erubspeise zu« hat der Käufer vorläufig nur seinen Willen kundgegeben, einen Gegenstand zu erwerben, welcher als Beitrag zu der geplanten Vereinigung geeignet ist, allenfalls hat er die Absicht angedeutet, sich vielleicht an der Vereinigung zu betheiligen, keineswegs aber hat er sich jetzt schon in bindender Form dazu bereit erklärt. [Damit erledigt sich auf einfache Weise auch der Einwand, den R. Ascher z. St. gegen die Ansicht der Tosafot erhebt]. Der fragliche Gegenstand — eine 'Erubspeise *κατὰ δύναμιν*, aber noch nicht *κατ' ἐνέργειαν* — ist also zunächst nur eine Waare wie jede andere, und unterliegt daher den allgemeinen Bestimmungen des talmudischen Rechts, nach welchen ein Kaufgeschäft mit der Empfangnahme des Kaufpreises noch nicht rechtskräftig geworden ist. Mithin hat der 'Erub keine Giltigkeit, selbst wenn der Verkäufer die bezahlte Speise als Beitrag des Käufers zu den Beiträgen der übrigen Familien gelegt hat, weil eben diese Speise nicht als Beitrag des Käufers angesehen werden kann, so lange sie nicht in aller Form Rechtens sein Eigenthum ist. Ja, wenn er die Waare durch Mancipation oder in einer andern vom talmudischen Recht anerkannten Form, etwa durch eine Art Tauschgeschäft (לא שנו אלא מעה אבל כלי קנה) erworben hätte, dann könnten wir von der Abgabe einer deutlichen Erklärung, dass er der Vereinigung beitreten und die gekaufte Waare als seinen Beitrag angesehen wissen will, völlig absehen, da der Verkäufer es ist, welcher für alle Betheiligten den 'Erub oder Schittuf besorgt und deren Beiträge bei sich aufbewahrt. Vgl. K. VI M. 5. Und umgekehrt, wenn er in unzweideutiger Weise seinen festen Entschluss ausgesprochen hätte, au der Vereinigung theilzunehmen, wenn er mit klaren Worten bei der Uebergabe des Geldes den Verkäufer beauftragt hätte: mache für mich den 'Erub (לא שנו אלא דאמר לו זכה לי אבל אמר ערב לי שליח שויה וקני), dann könnten wir in Erwägung, dass Beide an der Waare gleiches Recht und gleichen Antheil haben, von der Mancipation absehen. So aber dürfen wir uns mit der blossen Uebergabe des Geldes nicht begnügen. Im Gegentheil! Grade die Erwägung, dass die gekaufte Waare aufhört ausschliessliches Eigenthum des Käufers zu sein, sobald sie zur 'Erubspeise wird, macht es uns in seinem Interesse zur Pflicht, solange auf der Mancipation zu bestehen und somit dem fraglichen Gegenstande den Charakter der »Waare« zu wahren, als ihm nicht unstreitig und zweifellos der Charakter der 'Erubspeise nachgewiesen wird. Dies ist der Fall, wenn der Verkäufer, welcher die Herstellung des 'Erub oder Schittuf in die Hände genommen hat, ein Mann ist, der mit Lebensmitteln keinen Handel treibt, der solche nur

בְּעֵרוּבֵי תְחוּמִין. אֲבָל בְּעֵרוּבֵי חֲצֵרוֹת מְעָרְבִין לְדַעְתּוֹ וְשֶׁלֹּא לְדַעְתּוֹ. לְפִי שֶׁזָּכִין לָאָדָם שֶׁלֹּא

Worte[56]) gesprochen? Bei dem ʻErub der Sabbatbezirke[57]); aber beim ʻErub der Höfe[58]) kann man mit seiner Zustimmung und ohne seine Zustimmung[59]) ʻErub machen, insofern man jemand wohl einen Vortheil in seiner Abwesenheit zuwenden[60]),

---

ausnahmsweise zum Zwecke der übernommenen Vereinigung aus Gefälligkeit überlässt. Hier räumen die Weisen ein, dass die Uebergabe des Geldes genügt; denn einerseits macht der Käufer keinen Anspruch darauf, dass die ʻErubspeise — und um eine solche, nicht um eine Waare handelt sich's in diesem Falle ohne Zweifel — ihm erhalten bleibe, andererseits hat auch der Verkäufer schon als Mitbesitzer ein hervorragendes Interesse daran, sie vor Schaden zu bewahren. Freilich erwächst aus der Vereinigung für den Käufer der Nachtheil, dass nicht nur sein Beitrag, sondern in gewissem Sinne (s. d. Einl. Abs. 1 und 2) auch seine Wohnung durch dieselbe Gemeingut aller Betheiligten wird, und wir sollten daher zum Schutze seiner Interessen auf die feierliche Erwerbsform des talmudischen Rechts doch bestehen. Es ist das jedoch ein Nachtheil, gegen welchen wir ihn auch durch die Mancipation nicht schützen können, gegen den wir ihn aber auch gar nicht zu schützen nöthig haben. »Man kann ja doch für keinen Menschen ʻErub machen, es sei denn mit seiner Zustimmung!« Es hat ihn ja Niemand zum Beitritt gezwungen! Wollte er also die Nachtheile, welche mit der Vereinigung nothwendig und untrennbar verbunden sind, nicht mit in den Kauf nehmen, dann hätte er eben den Beitrag, der ihm nur zu diesem Zwecke vom Verkäufer abgetreten wurde, gar nicht kaufen dürfen. — R. Juda (s. d. folg. Anm.) geht noch weiter. In dem Beitritt zur Vereinigung liegt nach seiner Meinung überhaupt kein Nachtheil. Wohl werden durch sie die sonst getrennten Wohnräume aller Betheiligten am Sabbat zu einer Allen gemeinsamen Wohnung, wohl erlangt jeder von ihnen dadurch das Recht, Gegenstände aus seinem Hause in das des Andern zu schaffen; diese kleine Unannehmlichkeit kann aber ebensowenig als der Verlust des ausschliesslichen Eigenthumsrechts am Beitrage ernstlich in Betracht kommen gegenüber den grossen Vortheilen, welche jedem Einzelnen die Vereinigung gewährt, ohne welche er ja nichts aus seinem Hause auch nur in den Hof oder aus diesem in sein Haus tragen dürfte. Und wenn dem Krämer und Bäcker gegenüber die Uebergabe des Geldes dennoch nicht genügt, so hat das seinen Grund einzig und allein darin, dass Alles, was beim Kaufmann gekauft wird, und würde es auch als ʻErubspeise verlangt, als einfache, den allgemeinen Bestimmungen über die Erwerbsformen unterworfene Waare zu betrachten ist, solange es nicht ausdrücklich als Beitrag zur Vereinigung bestimmt wurde. [56]) Dass es der Zustimmmung aller Betheiligten bedarf. – Die Einschränkung des R. Juda richtet sich ausschliesslich gegen den letzten Satz. Was die »Weisen« vorher über die Unanwendbarkeit des biblischen Rechts dem Kaufmann gegenüber sagten, wird dadurch nicht in Frage gestellt; was sie jedem andern gegenüber einräumten, wird dadurch nur bestärkt, wie wir in der vorigen Anmerkung ausführlich dargelegt haben. [57]) S. Einl. Abs. 4. [58]) Wie auch beim Schittuf der Strassen. [59]) Jedoch nicht gegen seinen Willen. ריטב״א z. St. [60]) זכין aramäische Form des Particips (hebr. זוכין), vermuthlich um das Wort in der Vocalisation seinem Gegensatze חבין gleich zu machen. — Beide Wörter haben eine merkwürdige Wandlung der Begriffe erfahren. Ursprünglich ist זכות Reinheit, Lauterkeit im physischen Sinne, später bedeutet es, auf das moralische Gebiet übertragen, Makellosigkeit, Unschuld, Tugend, Verdienst, letzteres zunächst nur in ethischer, bald aber auch in materieller Beziehung, daher Gewinn, Vortheil; demgemäss heisst auch das Verbum זכה rein sein, dann unschuldig, würdig, verdienstvoll sein, zuletzt verdienen, gewinnen, erlangen, erwerben, und im Piʻel: zueignen. חוב ist nun in allen Stücken das grade Gegentheil von זכות. Es bedeutet Schuld, zunächst im materiellen dann im ethischen Sinne, aus welcher Bedeutung sich einerseits die Begriffe der Schuldigkeit und Pflicht, andererseits die des Verlustes und Nachtheils entwickeln; ebenso heisst das Verbum חב schuldig, sündig, verpflichtet, nachtheilig sein, und im Piʻel schuldig sprechen, verpflichten. — זכין und חבין, beides ist Kal, also intransitiv; wörtlich übersetzt wäre daher זכין לאדם ואין חבין לאדם: Man kann wohl Jedermann von Vortheil und Gewinn, keinem Menschen

בְּפָנָיו. וְאֵין חָבִין לְאָדָם שֶׁלֹּא בְפָנָיו:

niemand aber in seiner Abwesenheit einen Nachtheil zuwenden kann[61]).

פרק ח.

ABSCHNITT VIII.

א כֵּיצַד מִשְׁתַּתְּפִין בִּתְחוּמִין? מַנִּיחַ אֶת הֶחָבִית וְאוֹמֵר. הֲרֵי זוֹ לְכָל בְּנֵי עִירִי, לְכָל מִי שֶׁיֵּלֵךְ לְבֵית הָאֵבֶל אוֹ לְבֵית הַמִּשְׁתֶּה. כָּל שֶׁקִּבֵּל עָלָיו מִבְּעוֹד יוֹם. מֻתָּר, מִשֶּׁתֶּחְשַׁךְ, אָסוּר. שֶׁאֵין מְעָרְבִין

1. Wie vereinigt man sich hinsichtlich der Sabbatbezirke[1])? Man stellt den Krug hin[2]) und sagt: Dies[3]) sei für alle Bewohner meiner Ortschaft[4]), für jeden, der in das Haus der Trauer[5]) oder in das Haus des Gastmahls[6]) gehen wird. Jedem, der dies auf sich genommen, ist es gestattet[7]), falls es noch Tag war[8]), verboten[7]), falls es schon dunkel war[8]); denn man kann keinen ʻErub machen nach Eintritt der Dunkelheit[9]).

---

aber nachtheilig sein. [61]) Die Verschmelzung der Sabbatbezirke gewährt keinerlei Vortheil; denn soviel Ellen man in der einen Richtung durch sie gewinnt, genau so viel verliert man durch sie in der entgegengesetzten Richtung (s. K. V M. 7. Ende). Dagegen birgt sie einen schweren Nachtheil in sich, insofern das, was man hier verliert, für Jedermann einen unvergleichlich höhern Reiz und grössern Werth hat als das, was man dort gewinnt. Nur im Nothfall wird sich jemand entschliessen, seinen Sabbatwohnsitz vermittels des ʻErub zu verlegen, denn nur ungern gibt er einen Theil des zu seinem Wohnorte gehörigen Sabbatbezirkes preis, um ihn gegen ein entsprechendes Stück von dem eines fremden Ortes einzutauschen. Daher ist ein ʻErub der Sabbatbezirke, welchen jemand ohne meinen Auftrag für mich macht, ungültig. Wohl aber ist ein ʻErub der Höfe oder ein Schittuf der Strassen gültig, welchen man, ohne sich meiner Zustimmung zu versichern, ja ohne mein Wissen gemacht hat; denn die Aufnahme in eine dieser Vereinigungen kann, wie aus dem Schluss der 55. Anmerkung ersichtlich, nur von Vortheil, niemals von Nachtheil für mich sein. Vgl. Anm. 24 und 35.

[1]) Um durch gemeinschaftliche Verlegung des Sabbatwohnsitzes (Einl. Abs. 4) den eigenen Sabbatbezirk mit dem eines andern Ortes zu verschmelzen. Diese und die folgende Mischna knüpfen an die letzten Halachot des vorigen Kapitels (M. 6—11), insbesondere an die Worte des R. Juda (daselbst gegen Ende) an, die Reihe der Vorschriften über die Vereinigung der Höfe und Strassen durchbrechend, zu denen M. 3 wieder zurückkehrt. [2]) An den Ort des neuen Sabbatwohnsitzes. [3]) Der Inhalt des Kruges, die ʻErubspeise. [4]) Doch muss ihnen vorher, sofern sie nicht zum ʻErub beigesteuert haben, vom Eigenthümer der ʻErubspeise ein Antheil an derselben nach K. VII M. 6 zugeeignet worden sein. [5]) Jenseits der Sabbatgrenze unseres Wohnortes. [6]) D. i. ein Hochzeitshaus. Das Brautpaar durch Theilnahme an seinem Feste zu erfreuen, gilt ebenso als frommes Werk wie Leidtragende zu trösten. Ein ערוב תחומין soll nur für religiöse Zwecke gemacht werden (Einl. das.). [7]) Hinzugehen. [8]) Als ihm die Mittheilung von dem für alle Einwohner gemachten ʻErub wurde. [9]) Der ʻErub ist hier allerdings noch am Freitag und zwar auch für ihn gemacht worden; daher genügt es ja, dass er im Laufe des Sabbat erst auf sich nimmt, in jenes Trauer- oder Hochzeitshaus jenseits des תחום zu gehen, sofern er nur vor Anbruch des Sabbat vom ʻErub Kenntnis erhalten hat. Wenn er aber bis zum Sabbateingang nicht einmal eine Ahnung davon hatte, dass ein ʻErub für ihn gemacht wurde, so hat er natürlich bis dahin auch nicht seinen Sabbatwohnsitz aus seinem Wohnorte verlegt. Nach Eintritt der Dunkelheit ist das aber nicht mehr statthaft, אין מערבין משתחשך, weil man ja den bei Beginn des Sabbat einmal geltenden Sabbatwohnsitz — und das ist für ihn sein Wohnort — selbstverständlich nicht mehr im Laufe des Tages beliebig gegen einen andern vertauschen kann. Ist er dagegen noch am Freitag von dem für ihn gemachten ʻErub in Kenntnis gesetzt worden, so darf er von ihm Gebrauch machen, obgleich er erst am Sabbat

משֶׁתָּחְשַׁךְ: ב כַּמָּה הוּא שִׁעוּרוֹ? מְזוֹן שְׁתֵּי סְעוּדוֹת לְכָל אֶחָד. מְזוֹנוֹ לְחוֹל וְלֹא לְשַׁבָּת. דִּבְרֵי ר' מֵאִיר. ר' יְהוּדָה אוֹמֵר. לְשַׁבָּת וְלֹא לְחוֹל. וְזֶה וָזֶה מִתְכַּוְּנִין לְהָקֵל. רַבִּי יוֹחָנָן בֶּן בְּרוֹקָא אוֹמֵר. מִכִּכָּר בְּפֻנְדְּיוֹן מֵאַרְבַּע סְאִין בְּסֶלַע. ר' שִׁמְעוֹן אוֹמֵר. שְׁתֵּי יָדוֹת לְכִכָּר מִשָּׁלֹשׁ לְקַב. חֶצְיָהּ

2. Wie gross ist sein [10]) Maass? Kost zweier Mahlzeiten [11]) für jeden Einzelnen. Seine Kost am Werktage und nicht am Sabbat — so die Worte des R. Meïr; R. Juda sagt: am Sabbat und nicht am Werktage; beide aber bezwecken eine Erleichterung [12]). R. Jochanan b. Broka sagt: ein Laib für einen Dupondius aus [Weizen, von welchem] vier Maass für einen Sela‘ sind [13]). R. Simon sagt: zwei Drittel [14]) eines Laibes von dreien aus einem Kab [15]); seine Hälfte [16])

---

zu einem festen Entschlusse gekommen, bis dahin aber sich die Wahl zwischen dem Sabbatbezirke des ‘Erub und dem seines Wohnortes offen gelassen hat (vgl. K. III M. 5), vorausgesetzt, dass er während der Zeit seines Schwankens sich nur innerhalb des dem ‘Erub und dem Wohnorte gemeinsamen Sabbatbezirkes bewegt hat (das. Anm. 49); wenn er jedoch über den ihm vom ‘Erub offengelassenen Spielraum hinaus im תחום seines Wohnortes weitergegangen ist, so hat er dadurch zu erkennen gegeben, dass er am ‘Erub keinen Antheil haben will, dieser also für ihn nicht vorhanden ist. Soviel zum bessern Verständnis des ebenso schwierigen als weittragenden und weitverzweigten Begriffes der ברירה oder der offengehaltenen Wahl.

[10]) Des ‘Erub. Das Suffix in שעורו vertritt das aus dem Verbum מערבין am Ende der vorigen Mischna zu entnehmende Nomen ערוב. Auf חבית am Anfang der vorigen Mischna kann es nicht bezogen werden, weil dieses Wort weiblich ist. Vielleicht aber auf יין (s. Anm. 3) [11]) Nicht volle zwei Mahlzeiten, sondern nur מזון שתי סעודות: deren Bedarf an dem zum ‘Erub verwandten Nahrungsmittel (an Brot, Wein, Oel, Essig, Gemüse, Compote od. dgl.) als Zukost. [12]) Nach R Meïr ist eine Sabbatmahlzeit reichlicher als eine Werktagsmahlzeit; denn am Sabbat sind die Speisen würziger, der Appetit ein regerer. Nach R Juda ist die einzelne Mahlzeit am Sabbat weniger reichlich; denn am Sabbat speist man dreimal, an Werktagen nur zweimal. [Anders als hier lautet Raschi's Erklärung in כתובות 64 b.] [13]) Dieselben Worte stehen Pea VIII 7. Dort ist das מ in מככר in seiner Abhängigkeit von אין פוחתין berechtigt. Hier scheint es gleich dem מ in חא aus מעשר שני V 11 in דמאי 14 achtlos herübergenommen (vgl. das Citat in כתובות 64 b, welches jedoch auch sonst von der Fassung hier abweicht); desgleichen in Kelim XVII 11, wo unsere Mischna mit geringen Aenderungen wiederholt ist. Doch findet diese Präposition sich dort auch bei der Maassbestimmung des R Simon: משתי ידות לככר. Ebenso im Jeruschalmi an unserer Stelle. Nun könnte man beide Angaben als termini a quo auffassen: von diesem oder jenem Quantum an und darüber ist das Maass des ‘Erub Doch ist dieser Erklärungsversuch zu gezwungen, als dass er befriedigen könnte. Vielleicht hängt aber das störende מ von מזון שתי סעודות ab, um dessen nähere Bestimmung sich ja der ganze Streit dreht. Nach R. J. b. B. bestehen die zwei Mahlzeiten aus einem ככר בפונדיון, nach R S. aus zwei Dritteln eines ככר משלש לקב. Der Ausdruck מארבע סאין בסלע steht elliptisch für מחטים של ארבע סאין בסלע. Dadurch erklärt sich das מ in מארבע. Das Fremdwort פונדיון ist verstümmelt aus Dupondius, dem Namen einer römischen Münze, deren Werth, wie schon der Name sagt, 2 Asse oder 8 Pf. (bei den Juden 2 איסר oder 6 Pf.) betrug. Der Sela‘, gleichwerthig mit dem biblischen Schekel, hatte 48 Dupondien, die Seah (s. K. VII Anm. 49) 6 Kab. Folglich müsste ein ככר בפונדיון ½ Kab Mehl enthalten In Wahrheit hat es nur ¼ Kab. Aus einem Maass Weizen kann man ja kein Maass Mehl gewinnen, der Müller behält überdies für seine Mühe und die Benutzung seiner Mühle einen Theil zurück, etwas will der Bäcker doch auch verdienen, und so reducirt sich der halbe Kab Weizen, bis ein Brötchen aus ihm wird, langsam aber sicher auf ¼ Kab. [14]) שתי ידות (2 Kön 11, 7) zwei Drittel, שלש ידות drei Viertel, ארבע ידות (Gen. 47, 24) vier Fünftel . . . . . תשע ידות (Neh. 11, 1) neun Zehntel u. s. w. [15]) Also ²/₉ Kab. In לככר (ר״ח hat die Lesart בככר) steht das ל zur Bezeichnung des Genetivs wie in שני עבדים לשמעי 1 Kön. 2, 39 u. ö., in לקב zur Bezeichnung der Zugehörigkeit wie in לבית יששכר 1 Kön. 15, 27 u. ö. [16]) Ist das Maass . . . . . ; השעור ist aus שעורו am Anfange der Mischna hier

לְבֵית הַמְּנֻגָּע. וַחֲצִי חֶצְיָהּ לִפְסוֹל אֶת הַגְּוִיָּה׃ ג אַנְשֵׁי חָצֵר וְאַנְשֵׁי מִרְפֶּסֶת שֶׁשָּׁכְחוּ וְלֹא עֵרְבוּ, כָּל שֶׁגָּבֹהַּ עֲשָׂרָה טְפָחִים, לַמִּרְפֶּסֶת, פָּחוֹת מִכָּאן, לֶחָצֵר. חֻלְיַת הַבּוֹר

beim aussätzigen Hause[17]), die Hälfte seiner Hälfte[16]), um den Körper פסול zu machen[18]). **3.** Wenn die Bewohner des Hofes[19]) und die Bewohner des Ganges[20]) vergessen haben 'Erub[21]) zu machen, so gehört alles, was zehn Handbreiten hoch ist[22]), zum Gange[23]), was niedriger ist,

---

zu ergänzen. [17]) Lev. 14, 33 ff. insbes. Vv. 46 u. 47. Wer das aussätzige Haus betritt, wird sofort unrein; die Kleider, die er anhat, werden jedoch erst dann unrein, wenn er so viel Minuten in dem Hause weilte, als zum Verzehren eines halben Weizenbrötchens erforderlich sind. Nega'im XIII, 9. Unter dem halben Brötchen ist nun die Hälfte eines nach R. J. b. B. aus einem Viertel Kab, nach R. S. aber aus einem Drittel Kab hergestellten Laibes zu verstehen. [18]) Wer von unreinen Speisen so viel gegessen hat, als der vierte Theil des umstrittenen Brötchens ausmacht ($^1/_{16}$ bez. $^1/_{12}$ Kab), dessen Körper ist zwar nicht unrein, aber doch פסול, d. h. er ist untauglich, Opferfleisch und geweihte Früchte zu essen, ehe er ein Reinigungsbad genommen. Einer von den 18 rabbinischen Beschlüssen, auf welche Sabbat I 4 hingedeutet wird. [19]) Des Erdgeschosses. [20]) Des obern Stockwerks, dessen Thüren auf den Gang münden, von welchem eine Treppe in den Hof hinunterführt. [21]) Miteinander, nicht aber unter sich; s. Anm. 27. [22]) Zugleich aber weniger als 10 Handbreiten in vertikaler Richtung vom Gange entfernt ist (Anm. 30). [23]) Am Anfange der Mischna war unter מרפסת das obere Stockwerk zu verstehen. Die Bewohner des Ganges brauchen ja laut der folgenden Mischna überhaupt keinen 'Erub zu machen. Es liegt nun nahe, dieses Wort auch hier im weitern Sinne zu nehmen. [Daher die Gemara: קא סלקא דעתך מאי מרפסת בני עלייה]. Sachliche Gründe zwingen aber, es an dieser Stelle buchstäblich aufzufassen (אותן הדרים במרפסת). Hof und Gang sind als שתי חצרות זו לפנים מזו im Sinne von K. VI M. 9 zu beurtheilen, insofern die Bewohner des Oberstocks über den Hof gehen müssen, um auf die Strasse gelangen zu können. Da durch die Treppe eine bequeme Verbindung zwischen beiden hergestellt ist, können sie nach K. VII Anmerkung 9 sowohl einzeln als gemeinschaftlich den 'Erub machen. Haben sie ihn nicht miteinander, sondern nur einzeln unter sich gemacht, so gehört der Hof den Bewohnern des Erdgeschosses, der Gang denen des obern Stockwerkes, und keine Partei übt auf die andere eine Beschränkung aus (K. VI Anm. 49). Ragt aus dem Hofe irgend ein Gegenstand in die Höhe, so steht er der Partei zur Verfügung, welcher er so bequem als möglich liegt. Liegt er beiden bequem oder beiden unbequem, so muss er beiden Parteien zuerkannt werden, so dass sie sich gegenseitig in seiner Benutzung beschränken. In diesem Falle darf keine Partei ihr Hausgeräth auf denselben legen, vorausgesetzt, dass seine Oberfläche mindestens 4 Handbreiten im Geviert hat (K. VII Anm. 8; im אורח חיים 375 vermisse ich diese Voraussetzung, desgl. in den Mischnacommentaren). Nun liegt der Gang allerdings in der Regel nicht viel höher als 10 טפחים, die Fenster und Thüren des Oberstocks aber, von welchem noch mehrere Stufen zum Gang hinunterführen, müssen naturgemäss, wenn die Stuben des Erdgeschosses nicht gar zu niedrig sein sollen, wohl mehr als 20 Handbreiten vom Hofraum entfernt sein. Ein im Hofe bis zu einer Höhe von 10 טפחים sich erhebender Gegenstand, liegt daher beiden Parteien gleich unbequem, da seine Oberfläche sowohl vom Boden des Hofes als auch von den Fenstern und Thüren des obern Stockwerks 10 Handbreiten absteht. Gegenseitig machen sie daher die Benutzung derselben einander streitig. Bequem ist sie nur vom Gange aus erreichbar. Deshalb steht auch das Recht Hausgeräth hinaufzulegen, den Bewohnern desselben ausschliesslich zu. Allerdings üben diese, wie die folgende Mischna lehrt, auf die Hofbewohner keine Beschränkung aus. Und in der That, wäre der Oberstock unbewohnt, so würde der Hof dieses Recht mit dem Gange theilen. So aber übt das obere Stockwerk die Beschränkung auf die Hofbewohner, und der Gang bleibt der allein Berechtigte. [Dadurch löst sich nicht nur die Schwierigkeit, welche in den תוספות יו"ט zu M. 4 unter d. W. ומרפסת zu einer ebenso unnöthigen als unhaltbaren Unterscheidung zwischen jenem und unserm מרפסת führt, sondern es erledigt sich auch der Einwand, welchen ריטב"א aus der folgenden Mischna gegen Raschi's Erklärung geltend macht, und man

וְהַסֶּלַע שֶׁהֵן גְּבֹהִין עֲשָׂרָה טְפָחִים, לַמִּרְפֶּסֶת, פָּחוֹת מִכָּאן, לֶחָצֵר. בַּמֶּה דְבָרִים אֲמוּרִים? בִּסְמוּכָה. אֲבָל בְּמֻפְלֶגֶת, אֲפִלּוּ הִיא גְבֹהָה עֲשָׂרָה טְפָחִים, לֶחָצֵר. וְאֵיזוֹ הִיא סְמוּכָה? כָּל שֶׁאֵינָהּ רְחוֹקָה אַרְבָּעָה טְפָחִים:

zum Hofe [24]). Die Umfassung der Grube [25]) und der Stein, die zehn Handbreiten hoch sind [26]), gehören zum Gange [27]), die niedriger sind, zum Hofe [24]). Wobei sind diese Worte gesagt? Bei in der Nähe Befindlichem; Entfernteres aber gehört, selbst wenn es zehn Handbreiten hoch ist [28]), zu Hofe [29]). Und was heisst in der Nähe Befindliches? Alles, was nicht vier Handbreiten entfernt ist [30]).

---

ist nicht mehr genöthigt, mit תוספות, ריטב״א und תפארת ישראל den klaren Worten אותן חורים במרפסת Zwang anzuthun.] [24]) Dem Gesammthofe, den Bewohnern des Erdgeschosses wie denen des Ganges und des Oberstocks, weil es jenen vom Hofe aus ebenso leicht erreichbar ist, wie diesen vom Gange aus. Und da sie keinen Erub miteinander gemacht haben, hat keine Partei das Recht, ihr Hausgeräth hinaufzulegen. [Man beachte, dass die Gemara diese Lage als beiden Parteien gleich bequem — לזה בפתח ולזה בפתח — und nicht wie weiter unten (s. Anm. 29) als beiden gleich unbequem bezeichnet! Demnach wäre ein Gegenstand, dessen Oberfläche vom Hofe weniger, vom Gange aber mehr als 10 טפחים in vertikaler Richtung entfernt ist, als לזה בפתח ולזה בשלשול zu bezeichnen und mithin ausschliesslich dem Hofe zuzusprechen, woraus sich eine Stütze für die Ansicht des Tur und ein Einwand gegen die des רמב״ם und des ש״ע ergibt.] [25]) Wie sie gewöhnlich aus der ausgegrabenen und rings am Rande aufgeworfenen Erde hergestellt wird, damit die Grube mehr fassen kann. [26]) Und deren Oberfläche 4 טפחים im Geviert hat; s. Anm. 23. [27]) Sofern ihre Oberfläche weniger als 10 Handbreiten senkrecht vom Gange absteht (Anm. 22), so dass sie von ihm aus ohne Mühe erreicht werden kann. Voraussetzung ist auch hier, dass Oberstock und Hof wohl unter sich, nicht aber miteinander den 'Erub gemacht haben. Hätten sie ihn gemeinsam gemacht, so wäre es müssig, zu untersuchen, ob etwas dieser oder jener Partei zugehört, es wäre dann alles Allen gemeinsam. Hätte die eine der beiden Parteien — gleichviel welche — auch im eigenen Kreise den 'Erub verabsäumt, so wären auf alle Fälle die Bewohner des Erdgeschosses nach K. VI M. 9 schon dadurch allein verhindert, ihr Hausgeräth, das ihnen nicht einmal in den Hof zu schaffen gestattet ist, auf den Stein zu legen. Bei der Grube muss ausserdem noch vorausgesetzt werden, dass sie bis auf den Rand der Umfassung mit Dingen gefüllt ist, die man am Sabbat nicht in die Hand nehmen darf. Ist das nicht der Fall, so dürfen auch die Bewohner des Ganges kein Hausgeräth hinauflegen, weil zu befürchten ist, es könnte im Laufe des Sabbat vom Inhalt der Grube soviel weggenommen werden, dass dessen Oberfläche, nunmehr 10 טפחים und darüber vom Gange entfernt, den Bewohnern desselben nicht mehr bequem genug läge. [28]) אפילו היא גבוהה. So im Jeruschalmi ed. Wien 1820. Die Lesart אפילו היא גבוה ist sicher falsch. Viele Ausgaben haben aber אפילו גבוה. Demnach wäre סמוכה, מופלגת und רחוקה auf מרפסת zu beziehen und der ganze Satz so zu übersetzen: Wobei sind diese Worte gesagt? Wenn er (der Gang) nahe ist; ist er aber entfernt, so gehört selbst 10 טפחים Hohes zum Hofe. Und wann heisst er nahe? Solange er nicht 4 Handbreiten entfernt ist. [29]) Zum Gesammthofe wie in Anm. 24; nur liegt hier der Grund der gegenseitigen Beschränkung nicht in der den beiden Parteien gleich bequemen, sondern umgekehrt in der für beide unbequemen Lage der Erhöhung; s. Anm. 23. [30]) In horizontaler Richtung; in lothrechter darf der Abstand nahezu 10 Handbreiten betragen (Anm. 27). Erinnert man sich, dass ein Erwachsener vom Scheitel bis zur Sohle mehr als das Doppelte misst, (K. IV Anm. 36), so wird die Behauptung, dass ein 10 טפחים hoher Gegenstand, dessen Oberfläche 9 טפחים vom Gange absteht, diesem bequemer liegt als dem Hofe, ohne Zweifel kein geringes Kopfschütteln hervorrufen und den Widerspruch förmlich herausfordern. Was kann es für einen erwachsenen Menschen Handgerechteres geben als eine Höhe von 80—120 cm. (vgl. Mechilta zu Ex. 16,13 und Sifre zu Num. 11,31)? Und wie wenig handgerecht ist demgegenüber eine noch so geringe Tiefe! Vermuthlich denkt der Talmud hier an Hausgeräth von einiger Schwere. Unstreitig ist es

4. Wenn jemand seinen ‘Erub in das Thorhaus[31]), die Exedra[32]) oder den Gang[33]) legt, so ist es kein ‘Erub[34]), und wer dort wohnt, beschränkt ihn nicht[35]); in die Strohkammer, den Rinderstall, den Holzstall oder die Vorrathskammer — so ist es ein ‘Erub[36]), und wer dort wohnt, beschränkt ihn[37]). R. Juda sagt: Wenn der Hauseigenthümer dort eine Handhabe hat[38]), beschränkt er ihn nicht[39]). **5.** Wer

ד הַנּוֹתֵן אֶת עֵרוּבוֹ בְּבֵית שַׁעַר אַכְסַדְרָה וּמִרְפֶּסֶת, אֵינוֹ עֵרוּב. וְהַדָּר שָׁם אֵינוֹ אוֹסֵר עָלָיו. בְּבֵית הַתֶּבֶן וּבְבֵית הַבָּקָר וּבְבֵית הָעֵצִים וּבְבֵית הָאוֹצָרוֹת, הֲרֵי זֶה עֵרוּב, וְהַדָּר שָׁם אוֹסֵר עָלָיו. ר׳ יְהוּדָה אוֹמֵר, אִם יֶשׁ־שָׁם תְּפִיסַת יַד שֶׁל בַּעַל הַבַּיִת, אֵינוֹ אוֹסֵר עָלָיו: ה הַמַּנִּיחַ בֵּיתוֹ

---

mühsamer und unbequemer, grössere Lasten zu heben, als sie an an einem Seile hinunterzulassen. S Raschi zu ‘Erubin 84 b unter d. W. בכומתא וסודרא, wie auch ריטב"א ebnd. [31]) Nach Einigen = Thorweg, Hausflur; nach Anderen = Thorwächterhäuschen, porterie. [32]) Eine offene Halle vor dem Wohnhause, ähnlich den bedeckten Perrons unserer Bahnhöfe [33]) Ein in mässiger Höhe galerieartig rings um das Haus laufender, oder auch nur auf einer Seite desselben angebrachter überdachter Corridor, welcher einerseits zu den Thüren des obern Stockwerks hinauf, andererseits mittels einer Treppe in den Hof hinunter und von diesem auf die Strasse in's Freie führt — eine Art Treppenflur. [34]) Durch den ‘Erub der Höfe, und um diesen handelt es sich hier, sollen alle Betheiligten zu einer Familie vereinigt werden, alle Privaträume zu einer einzigen, Allen gemeinsamen Wohnung sich verschmelzen. Dieser Gedanke des ‘Erub kommt aber, wie er in unserer Einleitung Abs. 1 entwickelt ist, nicht zum Ausdruck, wenn das ‘Erubbrötchen in einem ohnehin gemeinsamen Raume wie Hausflur, Exedra oder Treppenflur liegt. [35]) Da diese Räume vermöge ihrer Bestimmung und allgemeinen Benutzung als Durchgang nicht beanspruchen können, als Privatwohnung zu gelten, sind auch die etwa daselbst Hausenden nicht als Einwohner zu betrachten, sondern nur als Gäste des Hauseigenthümers, die sich daher am ‘Erub nicht zu betheiligen brauchen. Nur die einzelnen Wohnungen, nicht die einzelnen Parteien, müssen ja der Vereinigung beitreten (vgl. K. VI M. 6)! Noch mehr! Wenn 10 Stuben, die von 10 verschiedenen Familien bewohnt sind, so hintereinander liegen, dass man, um von der letzten ins Freie zu gelangen, durch alle übrigen gehen muss, so brauchen blos die beiden hintersten dem ‘Erub beizutreten, alle anderen haben, indem sie diesen beiden als Durchgang dienen, den Charakter eines בית שער דרבים, eines mehreren Parteien gemeinsamen Thorweges, und sind daher der Beitragspflicht enthoben. [36]) Diese Räume eignen sich wohl, wenn auch nicht ihrer Bestimmung, so doch ihrer Lage und Beschaffenheit nach zur Benutzung als Privatwohnung. [37]) Es sind ja Privaträume, die zur ausschliesslichen Verfügung des Bewohners stehen. — Im Babli fehlt hier und am Schlusse der Mischna das Wort עליו; in dem Citat Sukka 3b fehlt es auch im ersten Satze. [38]) Wenn er irgend einen Gegenstand seines Besitzes dort liegen hat. [39]) »Nur muss es ein Gegenstand sein, den man am Sabbat in die Hand nehmen darf« (ובלבד דבר הניטל בשבת). Jeruschalmi. — »Nur muss es ein Gegenstand sein, den man am Sabbat nicht in die Hand nehmen darf« (דבר הניטל בשבת אוסר דבר שאינו ניטל בשבת אינו אוסר). Babli. Und doch vielleicht kein Widerspruch. Im Babli ist die Rede von einem reichen Hausbesitzer, der alle Räume seines Hauses selbst bewohnt, dessen Ställe und Kammern voll sind seines Besitzthums. Aus besonderer Rücksicht hat er irgend einem Anspruchlosen, dem es an einem Unterkommen fehlte, eine dieser Kammern eingeräumt, aber nicht ausgeräumt. Doch hat er sich auch nicht ausdrücklich bedungen, dass die in der Kammer zurückgelassenen Gegenstände daselbst bleiben müssen. Will der neue Bewohner sie ausräumen, mag er es thun (S. תוספות יו"ט z. St.). Solange indessen noch einer dieser Gegenstände in der Kammer sich befindet, ist noch der Eigenthümer als Inhaber der improvisirten Wohnung zu betrachten und der Fremde als sein Gast, mit dem er keinen ‘Erub zu machen braucht. Sowie dieser aber des Eigenthümers ganzen Hausrath aus der Kammer hinausgeschafft hat, אורח נעשה תושב, wird der Gast zum Einwohner, welcher ohne ‘Erub den Hausbesitzer beschränkt. Sind es nun Geräthe, die man am Sabbat nicht in die Hand nehmen darf, so ist der

וְהָלַךְ לִשְׁבּוֹת בְּעִיר אַחֶרֶת אֶחָד נָכְרִי וְאֶחָד יִשְׂרָאֵל, הֲרֵי זֶה

sein Haus im Stiche lassend gegangen ist, den Sabbat in einer andern Ortschaft zuzubringen — gleichviel ob Nichtisraelit oder Israelit — der übt eine Be-

---

בעל הבית gegen die Möglichkeit gesichert, dass der Gast sich am Sabbat plötzlich in einen gleichberechtigten und ihn somit beschränkenden Einwohner verwandelt. Andernfalls muss er sich schon zu einem ʻErub mit ihm bequemen. Nicht ganz so liegt die Sache im Jeruschalmi. Hier hat der Hausbesitzer sich ausdrücklich ein Plätzchen reservirt, und wär's auch nur ein Nagel in irgend einer Ecke, um seine Schuhe aufzuhängen (אפילו יתר לתלות בה מנעלו). Im Uebrigen hat er also die Kammer ganz dem Fremden überlassen; dieser ist und bleibt der eigentliche Inhaber derselben, gleichviel ob der Hausbesitzer von seinem Recht der Mitbenutzung Gebrauch macht oder nicht. Es kann daher niemals den Gegenständen, die der Eigenthümer daselbst zurückgelassen, die Bedeutung zukommen, die ihnen bei der Sachlage im Babli unstreitig innewohnt, die Bedeutung einer Unterlage für sein Hausherrenrecht auf die Kammer, denn dieses besitzt thatsächlich nicht er, sondern der Einwohner. Die genannten Gegenstände können mithin keinen andern Zweck haben, als ihm den freien Zutritt und damit die Bethätigung seines Anrechtes zu sichern. Nicht darauf also kommt es hier an, dass diese Gegenstände dort einfach liegen bleiben, sondern einzig und allein darauf, dass sie ihm die erforderliche Veranlassung geben, nach Belieben bei seinem Einwohner ausundeinzugehen, ohne dass dieser eine illoyale Belästigung darin erblicken könnte. Andererseits hat sich der Hausbesitzer hier das Recht des freien Zutritts ausdrücklich vorbehalten, und dies in einer Weise, dass keine Schnelligkeit seines Einwohners es ihm hinterrücks escamotiren kann. Es ist daher zunächst gleichgiltig, ob die zurückgelassenen Gegenstände am Sabbat in die Hand genommen werden dürfen oder nicht. Ja, er braucht überhaupt in der Kammer nichts von seinem Eigenthum zurückzulassen, wenn er sich nur sonst den freien Zutritt auf Grund fester Abmachungen in einer Weise gesichert hat, dass die Bethätigung seines verbrieften Rechtes dem Andern nicht als übelwollende Schikane erscheint. So genügt es nach dem Jeruschalmi, wenn der Besitzer sich auch nur das Durchgangsrecht zu einem Nebenraume gewahrt hat, den er nicht leicht entbehren kann, zu dem aber kein anderer Weg als durch die Kammer führt. Es läuft also die ganze תפיסת יד, von der die Mischna spricht, auf einen schicklichen Vorwand hinaus, welcher dem Eigenthümer die Möglichkeit gewährt, ohne unfreundlich zu erscheinen, so oft es ihm beliebt, die Kammer zu betreten. Einen solchen Vorwand bieten ihm Gegenstände des täglichen Bedarfs, für die er sich in der Kammer ein Plätzchen ausbedungen. »Nur muss es ein Gegenstand sein, den man am Sabbat in die Hand nehmen darf«. Ein anderer bietet ihm keine genügende Handhabe, jederzeit einzutreteten, da er ihm am Sabbat zu nichts nütze ist. Mit Recht würde die unnöthige Belästigung seines Einwohners den Vorwurf auf ihn laden, dass er von seinem verbrieften Rechte einen wenig loyalen Gebrauch mache. Ist doch selbst der legitime Hausherr in der folgenden Mischna, von welchem anzunehmen ist, dass er am Sabbat in seine Wohnung nicht zurückkehren wird, hinsichtlich des ʻErub als nicht vorhanden zu betrachten. Um wie viel mehr ist es ein Gegenstand, von dem es sicher ist, dass sein Eigenthümer ihn am Sabbat nicht verwenden kann! Doch kann auch ein solcher unter Umständen den willkommenen Vorwand abgeben. Es hatte jemand, erzählt Jeruschalmi, eine Hühnersteige hinter der Wohnstube eines Andern, welche er ungehindert betreten konnte. Die Sache kam vor Rab, und dieser entschied: Da er doch genöthigt ist, seinen Hühnern (die allerdings kein דבר הניטל בשבת sind) Wasser vorzusetzen, ist es so zu beurtheilen, als wäre der Gegenstand selbst ein am Sabbat benutzbarer. Ein neuer Beweis dafür, dass es weniger auf die sonstige Verwendbarkeit oder Unverwendbarkeit des zurückgelassenen Gegenstandes ankommt, als auf seine Brauchbarkeit oder Unbrauchbarkeit zu dem erforderlichen Vorwande. Um es kurz zusammenzufassen: Wie die Dinge im Babli liegen, ist der vom Eigenthümer in der Kammer zurückgelassene Gegenstand die Hauptsache. Er bildet dort die Unterlage seines Hausherrenrechtes, mit welcher dieses steht und fällt. Solange derselbe in der Kammer sich befindet, ist deren Bewohner nichts als ein geduldeter Gast, auch ohne dass der Hausherr ihm das durch ungenirtes Einundausgehen fühlbar macht. Es braucht daher kein Gegenstand zu sein, welcher diesem Veranlassung gibt, ab und

אוסר. דִּבְרֵי ר׳ מֵאִיר. ר׳ יְהוּדָה אוֹמֵר, אֵינוֹ אוֹסֵר. ר׳ יוֹסֵי אוֹמֵר, נָכְרִי אוֹסֵר,

schränkung [40]). So die Worte des R. Meïr [41]). R. Juda sagt: Er übt keine Beschränkung [42]). R. Jose sagt: Ein Nichtisraelit übt eine Beschränkung [43]), ein Israelit übt keine

---

zu die Kammer zu betreten; wohl aber muss es ein solcher sein, welcher am Sabbat nicht weggeschafft werden kann. Bei der Sachlage im Jeruschalmi ist der zurückgelassene Gegenstand nur Mittel zum Zweck, und zwar zu einem Zwecke, zu dem sich mit wenigen Ausnahmen, die gleichfalls zulässig sind, nur solche Gegenstände eignen, die man am Sabbat in Gebrauch nehmen kann. [מר אמר חדא ומר אמר חדא ולא פליגי. Wer die תשובות מהרי״ק No 47 und 48 sorgfältig durchgeht, wird diese Unterscheidung daselbst begründet finden. Wo er von דבר שאינו ניטל בשבת spricht, ist die Rede von השכיר קצת מן הבית schlechthin; wo dagegen von פנה מיוחדת oder מעכב מקום לעצמו die Rede ist, spricht er ganz allgemein von כליו und חפציו. Der Verfasser der תוספות יו״ט hat nur den Auszug gesehen, welcher im Bet Josef aus den Worten des מהרי״ק angeführt wird, und daher a. a. O. aus denselben einen falschen Schluss gezogen. Siehe auch עצי אלמוגים zu או״ח 370_2, wo bereits auf den diametralen Gegensatz zwischen Babli und Jeruschalmi aufmerksam gemacht, später auch das Missverständnis in den תוספות יו״ט aufgedeckt wird, ohne dass die Richtigstellung irgendwie für die Hebung der Widersprüche nutzbringend gemacht würde. Die dort versuchte Lösung ist nur eine Milderung, kein Ausgleich der Gegensätze. Indem sie noch einen andern, ebenso schroffen Gegensatz zwischen Babli und Jeruschalmi — es handelt sich um das בית שער im Anfange unserer Mischna, unter welchem nach B. ein gemeinsames, nach J. ein privates zu verstehen ist — auf eine gewaltsame Art in ihren Bereich hineinzieht, sucht sie zwei Knoten mit einem Schlage zu durchhauen, trifft aber natürlich keinen einzigen gehörig. Der zweiten Schwierigkeit ist nach meiner Meinung nur durch eine Emendation beizukommen. Es müssen בית שער דיחיד und בית שער דרבים gegen einander vertauscht werden, obgleich die fragliche — richtiger fragwürdige — Stelle im Jeruschalmi zu VI 6 (ed. Kr. fol. 23d oben) genau denselben fehlerhaften Wortlaut hat. Oder vielmehr gerade deswegen! Denn dort liegt der Fehler klar am Tage. Der Zusammenhang fordert daselbst folgende Berichtigung: מלתיה אמרה יש בית שער ליחיד מלתיה דרב אמרה אין בית שער ליחיד דמר ר׳ בא בר יודא בשם רב הדא דתימר בבית שער של רבים אבל בבית שער של יחיד הרי זה ערוב וכו׳. Man wird doch nicht etwa, um die vorliegende Fassung zu retten, מלתיה auf die Worte des R. Juda beziehen wollen! Ja selbst in diesem Falle entgeht man nicht der Nothwendigkeit, die vorgeschlagene Verbesserung vorzunehmen. Es genügt allerdings, wenn zwei Parteien, welche nur einen Ausgang nach dem Hofe haben, sich nur mit einem Beitrag gemeinsam am ʿErub betheiligt haben (מ״ז ס״ק ב׳ וס״ק ט׳ ועיין במשבצ״ת), aber nicht, wenn sich nur die eine derselben — gleichviel welche — betheiligt hat. Es scheint also, dass auch R. Juda die äussere Wohnung als בית שער betrachtet und als solche von der Beitragspflicht entbindet. Auch er huldigt mithin dem Grundsatz: יש בית שער ליחיד, und R. Abahu will ihm im Grunde garnicht widersprechen, sondern nur einem Irrthum vorbeugen, zu welchem die lediglich der Concinnität wegen gewählte Ausdrucksweise: עירב הפנימי אין החיצון צריך לערב (die nichts anderes sagen will als עירב הפנימי סגי, keineswegs jedoch zu dem Schlusse berechtigen soll: הא לא עירב הפנימי החיצון צריך לערב) leicht verleiten könnte. עי״ש] — Die Beschränkung, von welcher hier und in der folgenden Mischna wiederholt die Rede ist, ist im Sinne von K. VI Anm. 1 aufzufassen. [40]) Wenn er nicht vorher am ʿErub sich betheiligt, bezw. sein Besitzrecht den übrigen Einwohnern vermiethet hat (K. VI Anm. 1). [41]) Wenn er auch zugibt, dass eine Wohnung ohne Einwohner keine Wohnung ist (דירה בלא בעלים לא שמה דירה), so möchte er doch, um keinen Unterschied zu machen, der zu Irrthum und Missbrauch Anlass geben könnte, nur die wirklich leerstehenden Wohnungen als unbewohnte gelten lassen, nicht aber solche, deren Inhaber nur zeitweilig abwesend sind. Ist aber der Abwesende ein Nichtisraelit, so kommt noch דירת נכרי לא שמה דירה (K. VI ebend.) hinzu, und der verstärkten Kraft dieses Doppelargumentes vermögen auch die Bedenken R. Meïr's nicht länger Stand zu halten. Rundweg lehnt er es daher nur hinsichtlich des Israeliten ab, einen Unterschied zwischen dem Anwesenden und dem Abwesenden zu machen; der Nichtisraelit aber beschränkt ihn abwesend nur dann, wenn die Möglichkeit nicht ausgeschlossen ist, dass er im Laufe des Sabbat noch zurückkommt (ʿErubin 62 b). [42]) Abwesende, und wären sie's auch nur auf kurze Zeit, sind als nicht vorhanden anzusehen. [43]) Er könnte ja am Sabbat wieder-

ישראל אינו אוסר, שאין דרך
ישראל לבא בשבת. ר' שמעון אומר,
אפלו הניח ביתו, והלך לשבות אצל
בתו באותה העיר. אינו אוסר, שכבר
הסיע מלבו: ובור שבין שתי חצרות,
אין ממלאין ממנו בשבת, אלא אם
כן עשו לו מחצה גבהה עשרה
טפחים, בין מלמעלה בין מלמטה
בין מתוך אגנו. ר' שמעון בן גמליאל
אומר, בית שמאי אומרים מלמטה,
ובית הלל אומרים מלמעלה. אמר
ר' יהודה, לא תהא מחצה גדולה

Beschränkung, denn es ist nicht Art des Israeliten, am Sabbat heimzukehren. S. Simon sagt: Selbst wenn er sein Haus im Stiche gelassen und gegangen ist, den Sabbat bei seiner Tochter[44]) in derselben Ortschaft zuzubringen, übt er keine Beschränkung, denn er hat es sich schon aus dem Sinne geschlagen[45]).

6. Aus einer Cisterne zwischen zwei Höfen[46]) darf man am Sabbat nicht schöpfen[47]), es sei denn, man hat ihr eine zehn Handbreiten hohe Scheidewand gemacht[48]), gleichviel ob von oben[49]) oder von unten[50]) oder auch nur innerhalb ihres Beckens[51]). R. Simon b. Gamliel sagt: Bet Schammai sagen: von unten, und Bet Hillel sagen: von oben. Da sagte R. Juda: Es kann doch keine grössere Scheidewand geben[52])

---

kehren. [44]) Buchstäblich! Ging er jedoch zu seinem Sohne, so könnte ein unfreundliches Wort der Schwiegertochter ihn leicht vertreiben. Dem Schwiegersohne gegenüber ist der Mann weniger empfindlich; vielleicht, weil er ihm weniger Rücksicht schuldet. [45]) Den Sabbat im eigenen Hause zuzubringen. [46]) Die keinen 'Erub mit einander gemacht haben. [47]) Weil dieselbe ein beiden Höfen gemeinsames Gebiet ist; vgl. K. VII Anm. 8. Auch hier ist es ohne die Scheidewand nur verboten, mit einem aus dem Hause geholten Gefäss zu schöpfen, oder das geschöpfte Wasser ins Haus zu tragen. [Was dem Verf. des תפארת ישראל hier schwierig war, habe ich zu ergründen nicht vermocht. Seine Unterscheidung zwischen פירות בבור, die man wohl, und מים בבור, die man nicht in den Hof befördern darf, ist ebenso unbegründet als unnütz. Wie man sich durch Vergleichung von שלחן ערוך I 376, mit 372_6 leicht überzeugen kann, besteht dieser Unterschied nicht. Vielmehr darf man auch ohne jegliche Vorkehrung Wasser aus der gemeinsamen Cisterne in den Hof tragen, ebenso wie man Früchte von der gemeinsamen Grube oder Mauer in den Hof schaffen darf. Wenn zwischen beiden ein Unterschied besteht, so dürfte er viel eher darin zu finden sein, dass bei מים בבור eine besondere מחיצה nöthig ist, um sie ins Haus tragen zu dürfen, während bei פירות בבור vielleicht schon die Hofmauer zu diesem Zwecke hinreicht. Wäre es doch selbst dann gestattet, Früchte aus der Grube ins Haus zu schaffen, wenn die Mauer über der Grube ganz fehlte, solange die Lücke nicht mehr als 10 Ellen beträgt; und ist die Grube zwischen den Höfen länger als 10 Ellen, so schadet es auch nichts, da ja die Hofmauer über der Grube eine צורת פתח bildet (s. K. I Anm. 28). Nur von den Früchten, welche direct unter der Mauer liegen, dürfte man nicht ins Haus tragen, weil diese Stelle gemeinsames Gebiet ist.] [48]) Welche in ihrer Richtung genau der Grenzlinie folgend die Cisterne in zwei Gebiete theilt [49]) So dass sie 1 טפח in das Wasser hineinragt. In mehreren Ausgaben fehlt בין מלמעלה (s. תוספות יו"ט z St, wo am Schlusse ובמשנת שבסדר ירושלמי hinzuzufügen wäre). [50]) So dass sie 1 טפח aus dem Wasser herausragt. [51]) So dass sie das Wasser gar nicht berührt. Demnach wäre בין מלמעלה überflüssig; s. Anm. 49. [52]) Oder: Eine Scheidewand wird doch nicht grösser (d. i. besser, wirksamer) sein u. s. w. Der Sinn ist derselbe. [Ganz unmöglich ist dagegen die Auffassung in תפארת ישראל: die מחיצה wird doch nicht ärger sein als eine Mauer (דכותל שמפסיק בין ב' חצרות ועוברת על פי הבור מתרת אף שאינה נכנסת באוגנת כלל כמו כן לא נחמיר במחיצה אף שאינה חזקה ועבה ככותל וסגי בעוברת). Dann müsste es ja heissen: לא תהא מחיצה גרועה מכותל! Und wo steht denn übrigens, dass eine Mauer nicht in das Becken der Cisterne hineinzuragen braucht? Räumen dies etwa die חכמים ein, dass auf diese Prämisse der Schluss gebaut werden könnte: folglich braucht

als die Mauer zwischen ihnen[53]). **7** Aus einem Wasserarm[54]), der durch den Hof geht, darf man am Sabbat nicht schöpfen[55]), es sei denn, dass man ihm eine zehn Handbreiten hohe Scheidewand[56]) beim Eintritt und beim Austritt gemacht hat[57]). R. Juda sagt: Die Mauer über ihm ist als Scheidwand zu beurtheilen[58]). Es sagte R. Juda: Thatsache war es bei dem Wasserarm von Abel, dass man auf die Entscheidung der Alten hin am Sabbat aus ihm geschöpft hat. Da sagten sie zu ihm: Weil er nicht das entsprechende Maass hatte[59]). **8.** Befindet sich ein Balcon[60]) über dem Wasser, so darf man von ihm aus am Sabbat nicht schöpfen[61]), es sei denn, man hat ihm einen

מִן הַכֹּתֶל שֶׁבֵּינֵיהֶם׃ ז אַמַּת הַמַּיִם שֶׁהִיא עוֹבֶרֶת בֶּחָצֵר, אֵין מְמַלְּאִין הֵימֶנָּה בְּשַׁבָּת, אֶלָּא אִם כֵּן עָשָׂה לָהּ מְחִצָּה גְּבֹהָה עֲשָׂרָה טְפָחִים בַּכְּנִיסָה וּבַיְצִיאָה. ר' יְהוּדָה אוֹמֵר, כֹּתֶל שֶׁעַל גַּבָּהּ תִּדּוֹן מִשּׁוּם מְחִצָּה. אָמַר ר' יְהוּדָה, מַעֲשֶׂה בְּאַמָּה שֶׁל אָבֵל, שֶׁהָיוּ מְמַלְּאִין מִמֶּנָּה עַל פִּי זְקֵנִים בְּשַׁבָּת. אָמְרוּ לוֹ, מִפְּנֵי שֶׁלֹּא הָיָה בָהּ כַּשִּׁעוּר׃ ח גְּזֻוְטְרָא שֶׁהִיא לְמַעְלָה מִן הַמַּיִם, אֵין מְמַלְּאִין הֵימֶנָּה בְּשַׁבָּת, אֶלָּא אִם כֵּן עָשָׂה לָהּ מְחִצָּה

---

auch die מחיצה, obgleich weniger stark und dick als eine כותל, nicht hineinzuragen? Sollte diese unhaltbare Erklärung auf einer irrthümlichen Auffassung der Worte Raschi's beruhen?] [53]) Welche ja die beiden Gebiete auch unter der Cisterne von einander abgrenzt, diese dadurch in zwei Hälften theilend. Wozu also noch unterhalb der Mauer eine besondere Scheidewand im Becken selbst? Die Vertreter der Gegenansichten beharren demgegenüber bei ihrer Forderung einer besondern מחיצה innerhalb des Beckens der Cisterne, nicht weil sie eine »schwebende Scheidewand« für unzulässig halten — der Grundsatz מחיצת תלויה מתרת במים steht ja unangefochten da — sondern weil sie mit Rücksicht auf den Aggregatzustand des Wassers, welcher etwaigen Uebergriffen ins Nachbargebiet [im Gegensatz zu פירות בבור Anm. 47 Ende] keinen Widerstand entgegensetzen kann, neben der Hofmauer solch eine מחיצה für nothwendig erachten, welcher man anmerkt, dass sie bloss des Wassers wegen und sonst zu keinem Zwecke hergerichtet wurde. [54]) Von mindestens zehn Handbreiten Tiefe und deren vier Breite; s. Anm. 59. [55]) Wasserläufe von den angegebenen Dimensionen — natürliche wie künstliche — bilden sowohl in einem Privatgebiete (רשות היחיד) als in einem öffentlichen (רשות הרבים) als auch in einem neutralen (כרמלית) ein besonderes Gebiet für sich, u. z. haben sie, da ihr Bett einerseits keinen geschlossenen Raum darstellt, andererseits dem öffentlichen Verkehre wegen seiner Breite und Tiefe ein Hindernis bietet, den Charakter einer כרמלית. Man darf daher aus ihnen vom Hofe aus, der eine רשות היחיד ist, kein Wasser schöpfen. [56]) Welche wie oben Anm. 49 – 50 einen טפח entweder ins Wasser oder aus dem Wasser ragt. [57]) So dass sein Bett einen geschlossenen Raum darstellt. [58]) Die Hofmauer, welche auf beiden Seiten den Canal schneidet. Vgl. Anm 53. Uebrigens fehlt dieser Satz im Jeruschalmi. S. darüber תוספות יו״ט z. St. [59]) Er war entweder keine 10 Handbreiten tief oder keine 4 breit; ein solcher Wasserlauf bildet kein besonderes Gebiet für sich, ist vielmehr im Privatgebiete gleichfalls רשות היחיד, im öffentlichen gleichfalls רשות הרבים und im neutralen gleichfalls כרמלית. [Befremden muss es erregen, dass Raschi in Baba K. 50b u. d. W. דדלאי, zur Begründung der daselbst stillschweigend zugestandenen und aus der Discussion als selbstverständlich sich ergebenden Voraussetzung, dass ein Feldgraben (אריתא דדלאי) weniger als 10 טפחים Tiefe hat, denselben mit der אמת המים identificirt, die er auf Grund einer Ableitung von אמה = Elle für einen Canal von nur 1 Elle Tiefe und ebensolcher Breite hält. Hier haben wir nun eine אמת המים von mindestens 1⅔ Ellen Tiefe.] [60]) Zu welchem aus dem Oberstocke eine Thür oder ein Fenster sich öffnet, und dessen Boden eine Oeffnung hat, durch die man einen Eimer hinunterlassen kann. [61]) Weil der Balcon רשות היחיד, das Wasser aber כרמלית ist; s. Anm. 55. Geht aber weder Fenster noch Thür auf den Balcon, so ist dieser selbst neutrales Gebiet, und es ist gestattet, das

גְּבוֹהָה עֲשָׂרָה טְפָחִים בֵּין מִלְּמַעְלָה בֵּין מִלְּמַטָּה. וְכֵן שְׁתֵּי גְזוּזְטְרָאוֹת זוֹ לְמַעְלָה מִזּוֹ. עָשׂוּ לָעֶלְיוֹנָה וְלֹא עָשׂוּ לַתַּחְתּוֹנָה שְׁתֵּיהֶן אֲסוּרוֹת עַד שֶׁיְּעָרְבוּ:

zehn Handbreiten hohen Verschlag gemacht, gleichviel ob von oben[62]) oder von unten[63]). Desgleichen[64]) ist es, wenn man von zwei Balconen über einander an dem obern einen[65]) angebracht hat, an dem untern aber keinen[65]) angebracht hat, beiden verboten, bis sie 'Erub machen[66]).

Wasser aus der einen כרמלית in die andere zu schaffen. [62]) An den 3 offenen Seiten des Balcons oder wenigstens rings um die Oeffnung, wenn diese vier Handbreiten im Geviert hat. Ein geschlossener Raum von 10 טפחים Höhe und deren 4 Breite ist nämlich רשות היחיד. Die Wände des Verschlages reichen zwar nicht bis zum Wasser, werden aber als nach unten entsprechend verlängert angesehen (גוד אחית מחיצתא). [63]) Rings um den unterhalb des Balcons befindlichen Theil des Wassers. Die vier Wände des Verschlages werden in diesem Falle als bis zum Balcone nach oben verlängert angesehen (גוד אסיק מחיצתא). Eine andere Erklärung lässt den Verschlag immer am Balcone angebracht sein: מלמעלה in der Richtung nach oben, oder מלמטה in der Richtung nach unten. [64]) Wie oben ohne Verschlag, so ist hier ohne 'Erub zu schöpfen verboten; oder: wie oben das Fehlen einer מחיצה das Verbot begründet, so hier das Fehlen einer מחיצה. Dies zur Erklärung der Conjunction וכן, welche Raschi (84b oben) gestrichen, Tosafot (84a unten) erhalten wissen möchte. Das Einfachste wäre, die Worte וכן שתי גזוזטראות זו למעלה מזו als selbständigen Satz aufzufassen: »Ebenso verhält es sich mit zwei Balconen übereinander«. Wenn von beiden aus geschöpft werden soll, müssen beide mit Wänden versehen werden. Die Mischna, so könnte man wohl annehmen, hält es für nöthig, dies besonders hervorzuheben, weil sonst der Irrthum entstehen könnte, als wäre bei vorhandenem 'Erub nur für den einen Balcon — sei es an ihm selbst, sei es unten im Wasser — eine מחיצה nöthig, da ja deren Wände ohnehin als verlängert und mithin auch den andern Balcon umschliessend betrachtet werden müssen. Doch stösst diese Auffassung sowohl auf formelle als auf sachliche Bedenken. In formeller Beziehung wäre auf die Citate in 'Erubin 84b und 85a hinzuweisen, welche darthun, dass die in Rede stehenden Worte zum Folgenden gehören. Sachlich wäre einzuwenden, dass in der That kein triftiger Grund ersichtlich ist, die Annahme, dass eine מחיצה für beide Balcone ausreicht, als einen Irrthum hinzustellen. Ist dieselbe unten im Wasser angebracht, so kann es kaum einem Zweifel unterliegen, dass sie — für den obern Balcon hinreichend, weil ideell bis zu ihm hinanreichend — für den untern erst recht genügt. Befindet sie sich am untern Balcone, so kann ebensowenig ein Zweifel darüber walten, ob ihre Wirkung sich auf den obern miterstreckt. Es wird ja nirgends verlangt, dass der Verschlag unmittelbar aus dem Balcon heraustrete; sie kann vielmehr in beliebiger Tiefe, sogar im Wasser angebracht sein — warum sollte also die מחיצה des untern Balcons nicht als ebensogut zum obern gehörig und nur in einiger Entfernung unter ihm befindlich betrachtet werden können? Noch besser! Man ist doch keineswegs darauf angewiesen, direct vom Balcone aus zu schöpfen; man kann vielmehr den Eimer aus beliebiger Höhe durch die מחיצה ins Wasser hinunterlassen — warum sollte es also nicht gestattet sein, ihn vom obern Balcon aus durch den Verschlag des untern hinabzutauchen? Zweifelhaft ist nur, ob der Verschlag am obern auch für den untern Balcon ausreicht oder nicht. Einerseits umschliessen ja, wenn auch nicht thatsächlich, die ohnehin nach unten verlängert gedachten Wände auch den untern Balcon; andererseits aber geht der von diesem aus ins Wasser gesenkte Eimer zwischen gar keinen Wänden hindurch. Erwägt man jedoch, dass nach Raschi's Auffassung von מלמעלה, welche den Verschlag über dem Balcon angebracht sein lässt (Anm. 63) das Schöpfgefäss so wie so auf seinem ganzen Wege die מחיצה nicht passirt, dass also im Grunde weiter nichts nöthig ist, als das blosse Vorhandensein eines Verschlages, der zu keinem andern Zwecke als lediglich des Wassers wegen gemacht wurde (s. Tosafot u. ריטב"א z. St.; vgl. auch Anm. 53 Ende), so wird man auch diese Frage bejahen müssen. Schliesslich sei noch erwähnt, dass das Wörtchen וכן, welches hier vielleicht nur einer Reminiscenz aus K. VII M. 4 seine Stelle verdankt, im ר"אש fehlt, sich aber im רי"ף wie auch im Jeruschalmi findet. [65]) Verschlag; in dem Citat auf Seite 85a heisst es ausdrücklich: עשו מחיצה לעליונה ולא עשו מחיצה לתחתונה. [66]) Die Rede ist von zwei Balconen, die schräg über einander

liegen, der eine mehr rechts, der andere mehr links, jedoch so, dass ihre Horizontaldistanz (die Projection ihrer Verbindungslinie) weniger als vier Handbreiten misst. Der Verschlag ist auf gemeinschaftliche Kosten gemacht worden, so dass auch die Inhaber des untern Balcons ein Recht auf ihn haben. Diese können die מחיצה des obern Balcons, gleichviel ob sie an ihm selbst, oder ob sie unter ihm im Wasser angebracht ist, nur indirect, auf dem Umwege über den obern Balcon benutzen, da ja die beiden Balcone nicht in gleicher Linie über einander liegen. Es ist daher beiden die Benutzung derselben und somit das Wasserschöpfen am Sabbat ohne 'Erub verboten. Ist der Verschlag auf gemeinsame Kosten an dem untern Balcone oder unter ihm gemacht worden, so ist seine Benutzung erst recht verboten. Das braucht die Mischna gar nicht erst zu sagen. Denn es ergibt sich von selbst, wenn man bedenkt, dass vom obern Balcon die Mitbenutzung des untern viel bequemer ist, als die Mitbenutzung des obern vom untern aus. Hat aber jeder Balcon seinen besondern, wenn auch gemeinschaftlich hergestellten Verschlag, so können sie des 'Erub entrathen. Desgleichen ist es, wenn nur eine מחיצה vorhanden ist, von dem zugehörigen Balcone aus auch ohne 'Erub zu schöpfen gestattet, falls dieselbe ausschliesslich auf Kosten des Inhabers gemacht wurde; und falls die Horizontaldistanz 4 טפחים und darüber beträgt, ist dies sogar dann erlaubt, wenn der Verschlag gemeinschaftliches Eigenthum ist. — Nach Maimonides ist die Rede von zwei Balconen, die in grader Linie über einander liegen. Dieselben müssen durch 'Erub vereinigt werden, wenn sie weniger als 10 טפחים von einander entfernt sind; ferner wenn die מחיצה des obern Balcons gemeinsames Eigenthum ist und der untere nicht ebenfalls eine מחיצה hat; endlich wenn nur der untere einen Verschlag hat, u. z. in diesem Falle auch dann, wenn er ausschliessliches Eigenthum der untern Partei ist, weil der Eimer der obern durch ihre מחיצה geht. Diese Auffassung haben sich nicht allein R. 'Obadja aus Bartinora und der Verfasser von מלא כף נחת in ihren Erklärungen zu dieser Stelle angeeignet; wir begegnen ihr auch in תפארת ישראל, dem zuverlässigsten und mustergiltigsten Mischnacommentare, obgleich die in מגיד משנה versuchte Rechtfertigung derselben, von ihrem Urheber selbst als eine sehr gezwungene bezeichnet, in כסף משנה wie auch in Bet Josef zu א״ח 355 Ende kurzer Hand mit den Worten abgefertigt wird: ואיני רואה להם יישוב »ich sehe überhaupt keine Rechtfertigung«. [So arg ist es nun freilich nicht. Wenn es verdienstlich ist, einen herben רמב״ם, wie der Schulausdruck lautet, zu verantworten, wollen wir dem aufmerksamen Leser, welcher geneigt ist, sich in den Gegenstand zu vertiefen, gern behülflich sein, sich in dieser Richtung ein Verdienst zu erwerben, indem wir ihm die zur Lösung des Problems nöthigen Daten an die Hand geben. Nach den Erklärungen der Gemara spricht unsere Mischna von zwei einander naheliegenden Balconen, für deren obern ein Verschlag auf gemeinschaftliche Kosten gemacht wurde. Ist der obere Balcon vom untern entfernt (מופלגת), so ist er auf den 'Erub ebensowenig angewiesen, als wenn die מחיצה sein ausschliessliches Eigenthum ist. Die Schwierigkeit besteht nun zunächst darin, dass Maimonides laut der Rechtfertigung im מגיד משנה unter מופלגת einen Höhenunterschied von 10 Handbreiten verstehen soll, eine Auffassung, von der schon Raschi schlagend bewiesen hat, dass sie aus mehr als einem Grunde unmöglich ist; ferner hat nach dem Talmud der obere Balcon, der den Verschlag auf eigene Kosten hergestellt hat, in keinem Falle ein Interesse am 'Erub, auch dann nicht, wenn er ganz in der Nähe des untern sich befindet, während nach Maimonides bei einem Höhenunterschied von weniger als 10 טפחים ein 'Erub unter allen Umständen erforderlich ist, selbst dann, wenn gar beide Balcone mit מחיצות versehen sind. Dadurch sieht sich הרב המגיד zu der Annahme genöthigt, dass die Worte Rab's לא שנו אלא בסמוכה אבל במופלגת עליונה מותרת und die des R. Scheschet (הכא במאי עסקינן כגון שעשו מחיצה בשותפות) zwei einander ausschliessende אוקימתות sind; eine Annahme, gegen welche der Zusammenhang der einschlägigen talmudischen Discussion laut protestirt. Eine Stütze scheint diese Behauptung in dem immerhin bemerkenswerthen Umstande zu haben, dass R. Jizchak Alfasi nur die Ansicht Rab's anführt (in dem Satze אבל במופלגת אפילו גבוה עשרה טפחים עליונה מותרת sind die durch gesperrte Schrift hervorgehobenen Worte, die im Talmud nicht stehen, wohl nur eine Reminiscenz aus M. 3, welche hier ganz und gar nicht am Platze ist), die des R. Scheschet dagegen mit Stillschweigen übergeht. Doch ist eine Folgerung aus dem Stillschweigen an sich schon und ihrer ganzen Natur nach ein sehr unsicherer Schluss, hier aber umsomehr, als R. Ascher auch die Worte Rab's unterdrückt, obgleich diese Thatsache zur Noth ihre Erklärung darin finden könnte, dass das zu Grunde liegende allgemeinere Princip אין אדם אוסר על חברו דרך אויר von ihm bereits oben zu M. 3 als maassgebender Grundsatz hingestellt

wurde. Dem sei wie ihm wolle, auf alle Fälle ist es undenkbar, dass ein Kenner des Hebräischen, wie Maimonides — ganz abgesehen davon, dass es in dem Citat auf S. 85a ausdrücklich heisst. אבל במופלגת ארבעה עליונה מותרת, worauf in der That nicht viel zu geben ist — mit seinem feinen Sprachgefühl es fertig gebracht hätte, die Gegensätze סמוך und מופלג, welche in der rabbinischen Literatur nur von der Horizontaldistanz gebraucht werden, auf die Verticaldistanz zu beziehen. Es liegt aber auch gar kein zwingender Grund zu solcher Annahme vor. Maimonides fasst die Worte Rab's im Wesentlichen genau so wie Raschi auf: לא שנו אלא בסמוכה, in der Mischna ist die Rede von zwei Balconen, die in vertikaler Richtung zwar 10 Handbreiten und darüber von einander entfernt sind, in wagerechter aber einander so nahe liegen, dass man nur den Arm gehörig auszustrecken braucht, um vom obern aus den Wassereimer durch die Oeffnung des untern gleiten zu lassen. Der Unterschied zwischen Maimuni's und Raschi's Auffassung liegt hauptsächlich darin, dass nach diesem, welcher die Balcone der Mischna einerseits weniger als 4 טפחים seitlich von einander entfernt, andererseits aber auch nicht genau über einander sich befinden lässt, das Wort סמוכה nicht allein zu מופלגת, sondern auch zu מכוונת einen Gegensatz bildet (s. 84b; zur Stelle dagegen: אפילו זו שלא כנגד זו genau so wie M. — וקל לייטב; s. weiter unten), während es nach jenem sinnentsprechender nur מופלגת ausschliesst. Er erklärt dem einfachen Wortsinn gemäss זו למעלה מזו: Der eine Balcon liegt genau über dem andern. Doch ist das nicht allzu streng zu nehmen. Wenn sie nur סמוך sind, so dass ihre Horizontaldistanz, ob auch nicht gleich Null, so doch eine sehr geringe ist, sind sie ohne 'Erub ebenfalls אסור (לא שנו אלא בסמוכה). Beträgt der seitliche Abstand 4 Handbreiten, so ist die obere Partei keineswegs auf den 'Erub angewiesen (אבל במופלגת עליונה מותרת). Desgleichen wenn diese die מחיצה auf eigene Kosten gemacht hat, weil dann die untere Partei nicht das Recht der Mitbenutzung hat. In der Mischna muss daher die Rede von einer gemeinschaftlich hergestellten מחיצה sein (הכא במאי עסקינן כגון שעשו מחיצה בשותפות). Allerdings ist es befremdlich, dass R. Scheschet nicht lieber sagt: Die Rede ist von einem Verschlage, welchen der Inhaber des obern Balcons zwar auf eigene Kosten, aber unten im Wasser gemacht hat, so dass der Eimer der untern Partei denselben stets, auch an Wochentagen passiren muss, da doch die Balcone der Mischna genau über einander liegen. Nach Raschi freilich, der dieselben seitlich von einander entfernt sein lässt, bleibt kein anderer Ausweg als der gemeinsame Verschlag, weil sonst die untere Partei auch auf die im Wasser befindliche מחיצה kein Recht hat. Im Sinne Maimuni's aber muss man sich zu der Annahme bequemen, dass entweder R. Scheschet die Erklärung Rab's schon voraussetzt, nach welcher זו למעלה מזו nicht buchstäblich zu nehmen ist, und nur מופלגת, nicht aber auch סמוכות ausschliessen will, oder dass עשו לעליונה ולא עשו לתחתונה nur auf eine am obern Balcone selbst und nicht auf eine im Wasser angebrachte מחיצה anwendbar ist (s. weiter unten). Auf gemeinschaftliche Anfertigung deutet übrigens schon der Plural in עשו hin, wenn die Lesart עשה in der ersten Hälfte der Mischna zuverlässig, und somit der Wechsel des Numerus beabsichtigt ist. So lösen sich auf die einfachste Weise alle die Schwierigkeiten, welche sich bei der in מגיד משנה versuchten Rechtfertigung Maimuni's aus der talmudischen Discussion ergeben. Aber nicht nur diese allein! Auch eine Schwierigkeit in der Mischna selbst, auf welche bisher noch nicht hingewiesen wurde, erledigt sich nun von selber. Wenn unter סמוכות ein Höhenunterschied von weniger als 10 טפחים zu verstehen ist, wie הרב המגיד will, warum sagt da die Mischna, die doch von סמוכות spricht, עשו לעליונה ולא עשו לתחתונה? Nach Maimuni sind doch in diesem Falle auch dann שתיהן אסורות, wenn jede ihren eigenen Verschlag hat! Es liegt mithin am Tage, dass es sich in der Mischna um Balcone handelt, die in verticaler Richtung mindestens 10 Handbreiten von einander abstehen. Wie konnte also Maimonides die Worte לא שנו אלא בסמוכה so auffassen, wie es ihm in מגיד משנה zugemuthet wird? Gerade er durfte am wenigsten in diesen Irrthum verfallen! Denn zu all den Gründen, mit welchen Raschi diese Auffassung bekämpft, kommt bei ihm noch das eben dargelegte argumentum ad hominem hinzu, welches Raschi nicht verwerthen konnte, weil es eben nur denjenigen trifft, welcher wie Maimuni bei einem Höhenunterschied von weniger als 10 טפחים auch für עשו לעליונה ועשו לתחתונה einen 'Erub fordert. Kein Zweifel mehr, רמב״ם hat die Worte Rab's in der Hauptsache ebenso wie Raschi aufgefasst. Dieser lässt sogar den nebensächlichen Unterschied, welchen er auf S. 84b zwischen סמוכה und מכוונת macht, an dieser Stelle, wo er durch keine Rücksicht auf die dortige Discussion gebunden ist, wie wir bereits angedeutet haben, wieder fallen, so dass hier zwischen ihm und Maimonides in der Auffassung unserer

Mischna volle Uebereinstimmung herrscht. Ja wie kommt denn nun aber Maimonides dazu, hinsichtlich der Verticaldistanz eine Unterscheidung zu machen, von der Raschi nichts weiss, und von welcher sich ja im Talmud keine Andeutung findet, wenn sie nicht in den Worten Rab's liegen soll? Diese Unterscheidung ist jedoch eine Consequenz der von Maimonides in Hilchot 'Erubin IV 16 vertretenen Ansicht, dass unter לחצר am Schlusse der 3. Mischna unseres Kapitels אף לחצר zu verstehen ist. ר״י (s. Tosafot 84a oben) bestreitet dies mit dem Hinweise auf den Ausspruch Rab's: אין אדם אוסר על חברו דרך אויר. Maimonides, der diesen Grundsatz ebenfalls anerkennt (das. III 23) befindet sich also im Widerspruche mit sich selbst? Keineswegs. Er dehnt nur nicht die Giltigkeit dieses Satzes auf gemeinsame Räume aus, beschränkt ihn vielmehr auf Gebiete, an welche keine der beiden Parteien oder nur eine derselben ein eigentliches, sozusagen verbrieftes Recht hat Dieser Unterschied findet sich schon in den חדושי ריטב״א, welche die Verfasser von ב״ח ,ט״ז und הגהות מהרל״ח, die sich zu א״ח 375/6 um die Lösung dieses scheinbaren Widerspruchs bemühen, nicht gesehen haben, zu den Worten מאי לחצר אף לחצר S. 84a: עד כאן לא קאמר רב אין אדם אוסר על חברו דרך אויר אלא בדבר שאינו משותף ממש ביניהם כגון ההוא דג׳ חרבות שבין שתי חצרות (s. 85a unten) אבל הכא התל והעמוד משותף הוא ממש בין החצר והמרפסת דאי לא לא אסרי ליה בני מרפסת על בני חצר דיש דין גזל בשבת וחורבה מחזיר לבעליה (vgl. 88a Mitte) וכיון שהם בשותפות ומשתמשין שם בחול בעמוד בשותפות לאו תשמיש אויר הוא חשוב אלא תשמיש גמור. Nun ist aber die auf gemeinschaftliche Kosten hergestellte מחיצה unserer Mischna ebenfalls gemeinsames Eigenthum. Es ist also auch hier nicht anwendbar אין אדם אוסר על חברו דרך אויר. Und wenn במופלגת עליונה מותרת dennoch, so kann nicht der auf S. 88a angegebene Grund, sondern nur die denselben ablehnende Begründung auf S. 85a für diese Entscheidung maassgebend gewesen sein: כיון דלזה בזריקה ושלשול ולזה בשלשול לחודיה כלזה בזריקה ולזה בפתח דמי. Von seinem Standpunkte aus hält ר״י (das. u. d. W. בור) dieses Argument für einen דיחוי בעלמא; Maimonides muss es consequenterweise für das einzig richtige erklären. Dieses Argument ist aber, wie aus M. 3 hervorgeht, nur bei einem Höhenunterschied von 10 Handbreiten stichhaltig (s Anm. 24 u. Jad hachazaka H. 'Erubin IV 16). Deshalb betont Raschi hinsichtlich der Worte כיון דלזה בזריקה, dass unter זריקה sowohl זריקת אויר als auch זריקת גובה zu verstehen ist; זריקת אויר allein würde im Verein mit שלשול nicht genügen, um den שלשול der andern Partei zu einem פתח zu stempeln (vgl. 85b oben: והא מר הוא דאמר וכו׳). Wenn daher Rab sagt במופלגת עליונה מותרת, so kann er, da er sich auf die Mischna bezieht, in welcher von einer gemeinschaftlichen מחיצה die Rede ist, nur Balcone von mindestens 10 טפחים Verticaldistanz im Auge haben. Mit Recht behauptet also Maimonides in seinem Mischnacommentar, dass unsere Mischna von היה ביניהם יותר מזה השיעור spricht. Mit Recht schickt er auch in seinem Codex (das. 24) einleitend voraus, dass bei einem geringern Höhenunterschiede ein 'Erub unter allen Umständen erforderlich ist, auch wenn beide Balcone mit מחיצות versehen sind, und selbst wenn diese nicht gemeinsames Eigenthum sind. Nur in einem Falle wäre unter diesen Voraussetzungen, weil dann der Satz אין אדם אוסר על חברו דרך אויר in Betracht käme, vielleicht ein 'Erub überflüssig (wir sagen »vielleicht«, weil die weiter unten aus חדושי הריטב״א angeführte Stelle die Giltigkeit dieses Satzes sogar in diesem Falle bestreitet), wenn nämlich die Horizontaldistanz 4 טפחים und darüber beträgt. Maimuni spricht jedoch wie die Mischna von סמוכות. Liegen aber die Balcone genau über einander oder doch annähernd in gleicher Linie, so müssen sie, wenn sie sich den 'Erub ersparen wollen, vor allen Dingen einen Höhenunterschied von 10 Handbreiten haben, weil ein geringerer Abstand gleich Null ist, so dass beide Balcone als auf gleichem Niveau liegend und mithin als ein einziger Balcon angesehen werden müssen (מפני שהן כבצוצטרא אחת). Ist doch selbst nach Mar Samuel, der in Bezug auf לזה בשלשול ולזה בזריקה grösseres Entgegenkommen zeigt, ein 'Erub unerlässlich im Falle דקיימין בתוך עשרה דהדדי (84b), geschweige denn nach Rab, dessen strengere Ansicht die Benutzung eines Gebietes, welches der einen Partei bequemer als der andern, aber auch jener nicht ganz bequem liegt, ohne 'Erub beiden untersagt. Ausdrücklich bemerkt Raschi daselbst, dass der Satz כל דבר שתשמישו לזה בנחת ולזה בקשה נותנים אותו לזה שתשמישו בנחת (83b) nur dann Anwendung findet, היכא דב׳ הרשויות חלוקות בגובה י׳, sonst aber sind אפילו לזה בפתח ולזה בזריקה beide אסור, u. z. aus keinem andern Grunde, als weil אין חלוק רשות ביניהם. Sagt diese Begründung nicht mit anderen Worten dasselbe, was Maimuni durch מפני שהן כבצוצטרא אחת ausdrückt? Und bilden so die beiden Balcone ein ungetheiltes Gebiet, ist es da noch ein Unterschied, ob dieselben eine oder zwei מחיצות haben, und ob diese gemeinschaftliches Eigenthum sind oder nicht? Allerdings ist Rab nicht genöthigt, die Mischna so aufzufassen, wie sie Abaje

dort nach Mar Samuel erklärt; immerhin bleibt doch aber הדין דין אמת! Deutlich genug lässt Raschi dies durchblicken, wenn er in seiner Begründung wiederholt mit einem gewissen Nachdruck hervorhebt, dass dieselbe nicht auf dem תשמיש השוה fusst (דטעמא דהכא לאו משום תשמיש), sondern auf der Einheit beider Gebiete (משום דאין לזו רשות בלא זו). Noch deutlicher sagt ריטב״א zu 84b: ואפילו רב לא קאמר אלא בשגבוה עשרה דהשתא בעינן שתהא סמוכה אבל בשאין גבוה עשרה אפילו במופלגת. Also nicht einmal אין אדם אוסר על חברו דרך אויר ist bei einem Höhenunterschiede von weniger als 10 Handbreiten anwendbar, so dass selbst das Vorhandensein zweier, **nicht auf gemeinsame Kosten hergestellter** מחיצות, die in horizontaler Richtung **noch so weit** abstehenden Balcone der 'Erubpflicht in diesem Fall entbeben kann. Demnach könnte Maimonides in seinem Codex sogar von מופלגות ארבעה טפחים sprechen, und hätte doch in jedem Worte Recht: Solange die Verticaldistanz der Balcone weniger als 10 טפחים beträgt, wäre unter **allen** Umständen ein 'Erub erforderlich, und alle die Unterschiede zwischen מופלגות und סמוכות, zwischen שתי מחיצות und מחיצה אחת, zwischen עשתה לבדה und עשו בשותפות hätten zur Voraussetzung, dass »בין העליונה והתחתונה יותר על י׳ טפחים« ist. Nach alledem ist es nicht so sehr Maimonides als R Josef Karo, der Verfasser des כסף משנה, der einer Rechfertigung bedarf, umsomehr als er in seinem Schulchan 'Aruch I 375, gegen Ende gleichfalls nach der Auffassung מאי לחצר אף לחצר entscheidet, während er das. 355, ausdrücklich betont, dass es auf den Höhenunterschied nicht im Geringsten ankommt. — Nur auf ein Bedenken gegen Maimuni's Mischnaerklärung müssen wir noch hinweisen, auf eine Schwierigkeit, welche zu unserer Verwunderung von den Gegnern seiner Ansicht übersehen wurde. An der zuletzt angeführten Talmudstelle bemühen sich R. Ada b. Ahaba und Abaje, unsere Mischna, welche ja die Benutzung des Verschlages **beiden** Parteien ohne 'Erub untersagt, im Sinne Mar Samuel's zu erklären, welcher die Benutzung eines gemeinsamen Gebietes, das der einen Partei **weniger bequem** liegt, als der andern, ausschliesslich der letztern zuspricht. Jener meint, die Rede sei hier von Balconen, die durch eine Leiter in Verbindung stehen, deren sich die untere Partei bedient, um durch die מחיצה der obern ebenso bequem wie diese selbst ihr Wasser zu schöpfen; dieser behauptet, wie wir gesehen haben, die Mischna spreche von Balconen, deren Höhenunterschied weniger als 10 Handbreiten beträgt. Wozu dies alles? Da die Balcone nach Maimonides genau über einander liegen, so ist ja das Verbot der Mischna nach Mar Samuel auch dann gerechtfertigt, wenn dieselben bei noch so grossem Höhenunterschied weder durch eine Leiter, noch sonst in einer Weise verbunden sind. Gleichviel, ob der Verschlag des obern Balcons an ihm selbst oder im Wasser angebracht ist, in beiden Fällen ist seine Benutzung für die untere Partei ebenso bequem, als für die obere. Jene braucht ja nur, wie wir in der vorletzten Anmerkung nachgewiesen haben, den Eimer vom eigenen Balcon aus hinunterzulassen, da die מחיצה der obern Partei doch ohnehin als entsprechend verlängert und mithin auch den untern Balcon umschliessend angesehen wird. Und sollte uns der Beweis hinsichtlich des am obern Balcone selbst angebrachten Verschlages nicht ganz gelungen sein (s. weiter unten), was hindert uns im Sinne Samuel's anzunehmen, dass von einer im Wasser befindlichen מחיצה die Rede ist? עשו לעליונה steht einer solchen Auffassung durchaus nicht im Wege. Heisst es doch auch in der ersten Hälfte unserer Mischna עשה לה מחיצה, und doch ist unter למטה daselbst nach Maimonides במים zu verstehen! לעליונה ist ja nicht gleich בעליונה! Es ist also klar, dass nach dem Talmud nicht Maimuni's Auffassung die richtige ist, sondern die von Raschi, nach welchem die Mischna von **schräg** über einander liegenden Balconen handelt, so dass die als verlängert betrachtete מחיצה des obern Balcons, ob sie nun an ihm selbst, ob sie im Wasser sich befinde, niemals den untern mitumfasst. — Aber auch diese Unebenheit ist nicht schwer zu überwinden. Zunächst muss man sich auch nach Raschi die Frage vorlegen, was denn eigentlich dazu genöthigt hat, unsere Mischna so aufzufassen, dass Mar Samuel's Ansicht über לזה בשלשול ולזה בזריקה zu ihr in Widerspruch trete? Warum werden in der That die Worte זו למעלה מזו nicht lieber in ihrem einfachen Sinne (genau über einander) genommen, damit seine Meinung mit der Mischna in Einklang stehe? Raschi, welcher in seiner Erklärung zur Mischna durch das Wörtchen אפילו andeutet, dieselbe könne auch von מכוונות sprechen, geht hier gleichwohl dieser Frage schweigend aus dem Wege. Vermuthlich, weil ihre Beantwortung zu sehr auf der Hand liegt. Ohne Zweifel waren die Worte עשו לעליונה ולא עשו לתחתונה dieser Auffassung ungünstig. Dieselben haben nur dann einen Sinn, wenn die Balcone nicht מכוונות sind. Befänden sie sich **genau** über einander, so wäre ja der für den obern gemachte Verschlag zugleich für den untern mitgemacht, wie

aus der vorletzten Anmerkung ersichtlich. Nun haben wir es aber daselbst als zweifelhaft hingestellt, ob die untere Partei mittels ‘Erub von ihrem eigenen Balcone aus auch dann schöpfen darf, wenn die מחיצה am obern angebracht ist, obgleich in diesem Falle ihr Eimer die Wände derselben garnicht passirt. Wir haben die Frage bejaht, gestützt auf Raschi, welcher den Verschlag auch oberhalb des Balcons anzubringen gestattet. Nach Maimonides dagegen, nach welchem die מחיצה nur unterhalb desselben oder im Wasser sich befinden darf, damit der Eimer in jedem Falle zwischen ihren Wänden hindurchgehe, dürfte diese Frage in verneinendem Sinne zu entscheiden sein. Somit ist man nicht mehr zu der Annahme genöthigt, dass die Balcone der Mischna auch seitlich ein wenig von einander abstehen. Vielmehr können dieselben sehr wohl genau über einander liegen, nur darf man sich nicht den Verschlag im Wasser angebracht denken. Nicht als ob der Ausdruck עשו לעליונה dem entgegenstünde — לעליונה heisst ja wiegesagt nicht: an der obern, sondern nur: für die obere — aber ולא עשו לתחתונה hätte in diesem Falle keinen Sinn. Soll die מחיצה der obern Partei nicht zugleich für die untere mitgemacht sein, so kann sie sich nur am Balcone selbst befinden. Natürlich ist sie auf gemeinsame Kosten hergestellt worden, wenn anders שתיהן אסורות gerechtfertigt sein soll. Aber selbst gemeinsames Gebiet wird ja, wo kein ‘Erub eine gemeinschaftliche Benutzung gestattet, von Mar Samuel derjenigen Partei zuerkannt, welcher es bequemer liegt! Die Frage ist also berechtigt, warum in unserer Mischna die ausschliessliche Benutzung des gemeinsamen Verschlages nicht der obern Partei zusteht, da doch diese ihren Eimer auf die bequemste Weise der Welt durch die an ihrem Balcone befindliche מחיצה ins Wasser gleiten lassen kann, während die untere Partei auch bei vorhandenem ‘Erub genöthigt ist, ihren Eimer erst geschickt in die Oeffnung des obern Balcons zu lanciren, damit er die gemeinsame מחיצה passire? Darauf antwortet R. Ada b. Ahaba, dass die Balcone durch eine Leiter oder sonstwie in Verbindung stehen, so dass die untere Partei ihren Eimer nicht hinaufzuwerfen braucht, sondern ihn gemächlich hinauftragen kann, um vom obern Balcone aus ebenso bequem wie die andere Partei zu schöpfen. Und Abaje meint, die Rede ist von Balconen, die weniger als 10 טפחים in verticaler Richtung von einander abstehen, so dass sie ein Gebiet bilden und daher unter allen Umständen (אילו לזה בפתח ולזה בזריקה) auf den ‘Erub angewiesen sind. So nach Samuel. Nach Rab, dessen Ansicht Maimonides nach dem bekannten Grundsatze הלכתא כרב באיסורא zum Gesetz erhebt, stehen natürlich die Balcone der Mischna weder irgendwie mit einander in Verbindung, noch beträgt ihr Höhenunterschied weniger als 10 Handbreiten, und dennoch ist — מחיצה בשותפות und סמוכות vorausgesetzt — שתיהן אסורות gerechtfertigt, weil nach seiner Meinung auch bei לזה בשלשול ולזה בזריקה das Verbot beide Parteien umfasst. Doch gibt er zu, dass bei einer Verticaldistanz von weniger als 10 טפחים beide Balcone als einer angesehen werden, mithin der ‘Erub weder durch die ausschliesslich auf eigene Kosten hergestellte מחיצה, noch selbst durch zwei solcher מחיצות, ja vielleicht nicht einmal durch מופלגות überflüssig gemacht wird. Auffallend ist es freilich auf alle Fälle, ob wir nun die Mischna nach Rab oder nach Samuel, ob wir sie wie Raschi oder wie Maimonides auffassen, dass sie den Verschlag, da er doch gemeinschaftlich gemacht wurde, grade am obern Balcone angebracht haben, so dass die eine Partei gezwungen ist sich erst hinaufzubemühen, oder gar in Ermangelung einer Leiter ihren Eimer hinaufzuwerfen; warum nicht lieber am untern Balcone, wo seine Benutzung auch für die obere Partei noch sehr bequem wäre? Sie brauchte doch, selbst wenn ihr Balcon sich nicht genau über dem untern befindet, nur den Arm ein wenig auszustrecken, um ihren Eimer durch die ja kaum 4 טפחים abseits liegende מחיצה hinunterzulassen! אטו בשמני עסקינן? Man muss annehmen, dass die Anbringung der מחיצה am untern Balcone aus irgendwelchen localen Gründen nicht thunlich war, sei es dass die Raumverhältnisse, sei es dass die architectonische Anlage sie nicht gestatteten. Dass sie aber nicht im Wasser gemacht wurde, möchte in der Tiefe desselben oder in seiner reissenden Strömung eine ausreichende Erklärung finden. Es kann aber auch sein, dass die obere Partei den Verschlag am eigenen Balcone ursprünglich auf eigene Kosten allein gemacht, und die untere erst später das Recht der Mitbenutzung erworben hat, obgleich der Ausdruck שעשו מחיצה בשותפות einer solchen Annahme nicht eben günstig ist. — Es bleibt uns nur noch übrig, zum bessern Verständniss der aus Maimuni's Jad hachazaka oben angeführten Stelle (Hil. ‘Erubin III 23) und zur Vertheidigung unserer Folgerungen aus derselben gegen etwaige Anfechtungen darauf hinzuweisen, dass daselbst die Worte אף על פי nach unserer festen Ueberzeugung gestrichen werden müssen. Es ist zwar

ein sehr alter, aber darum keineswegs geheiligter Schreibfehler. Denn diese Worte sind höchst befremdlich, haben an dieser Stelle absolut keinen Sinn, stimmen schlecht zu ʿErubin 85 a und stehen endlich in Widerspruch mit Maimuni's eigenen Worten das 17. Sie sind höchst befremdlich, weil sämmtliche Autoritäten der Ansicht sind, dass אין אדם אוסר על חברו דרך אויר nur bei einer Entfernung von mindestens 4 טפחים gilt; Maimonides würde also mit seiner entgegengesetzten Meinung nicht nur allein stehen, sondern diesen Gegensatz noch unnützer Weise verschärfen, indem er ohne den Schatten einer Begründung, dafür aber mit einer gewissen Provocation durchblicken liesse, dass dieser Satz bei einer Entfernung von weniger als 4 Handbreiten erst recht Geltung hat, als wollte er gleichsam einen Trumpf darauf setzen, gar als selbstverständlich hinzustellen, was alle die Anderen bestreiten. Sie haben ferner schlechterdings an dieser Stelle keinen Sinn — das erkennt man am deutlichsten, wenn man den misslungenen Erklärungsversuch in מחצית השקל 376 ₂ gelesen hat. Es liegt ja doch auf der Hand, dass die Cisterne, welche beiden Parteien gleich nahe liegt, eher als gemeinsames Gebiet betrachtet werden muss, als diejenige, welche beiden gleich fern ist. M. hätte also viel mehr Veranlassung hervorzuheben, dass das Wasserschöpfen beiden ohne ʿErub erlaubt ist, אף על פי שאינה רחוקה ארבעה טפחים, wenn er es schon einmal gestattet. Und dass jener Satz selbst eher auf grössere als auf kleinere Entfernungen anwendbar ist, braucht garnicht erst gesagt zu werden. Sie stimmen überdies nicht zu ʿErubin 85 a, denn obgleich wir auf die wohl schwerlich richtige Lesart במופלגת ארבעה in unseren Ausgaben kein Gewicht legen, soviel geht doch aus Frage und Antwort daselbst zur Evidenz hervor, dass hinsichtlich der Giltigkeit des in Rede stehenden Satzes jedenfalls ein Unterschied besteht zwischen סמוכה und מופלגת. Nach M. hätte die Antwort lauten müssen: ולטעמך בסמוכה אמאי אסורות אלא שאני הכא וכו׳! Sie stehen endlich im Widerspruche mit Maimuni's eigenen Worten das. 17, wo es ausdrücklich heisst, dass die Benutzung einer zwischen zwei Häusern befindlichen Ruine beiden verboten ist, obgleich keine andere Benutzung als das Hinunterwerfen von Gegenständen, also nur ein תשמיש דרך אויר möglich ist, da von jedem der beiden Häuser nur Fenster, von keinem eine Thür sich zur Ruine öffnet. Man könnte freilich zur Lösung dieses scheinbaren Widerspruchs bei oberflächlicher Betrachtung zwischen der Ruine, welche unmittelbar an die beiden Häuser stösst, und der Cisterne, welche von den Hofmauern auf beiden Seiten durch die Breite des Fussteges getrennt ist, einen sehr wohlfeilen, sehr haarspaltenden Unterschied machen, der sich zum Ueberflusse noch in sehr schöner und gar feiner Silbenstecherei auf die von M. extra hinzugefügten Worte שבאמצע השביל, namentlich auf שבאמצע gründen liesse — im übrigen aber dabei beharren, dass nach M. allerhöchstens ein הפסק רשות, beileibe jedoch keine Entfernung von 4 טפחים nöthig wäre. Allein das schöne Phantasiegebilde zerfliesst in nichts, wenn man auf die Quelle (ʿErubin 85 a unten) zurückgeht, was hier allerdings um so schwieriger ist, als wir die Stelle in der Beleuchtung Raschi's zu sehen gewöhnt sind und daher der Unbefangenheit und Freiheit des Urtheils ermangeln, mit welcher wir ihr gegenüber treten müssen, wenn wir in ihr auch nur suchen sollen, was Maimonides in ihr gefunden hat. Um aus den wenigen Anhaltspunkten in seinem Codex die Auffassung zu errathen, welche er von der Stelle gehabt hat, müssen wir uns zunächst von Raschi unabhängig machen. Der Talmud überliefert eine Entscheidung Rab's, aus welcher er den Schluss ziehen will: אין אדם אוסר על חברו דרך אויר. Drei Ruinen lagen nämlich zwischen zwei Häusern, und Rab gestattete jedem Hause die Benutzung der ihm zunächst liegenden על ידי זריקה, untersagte aber beiden die der mittlern Ruine. Ein Zeitgenosse, der von dieser Entscheidung hört, fragt ihn, ob die Mittheilung auf Wahrheit beruhe, und als dies bejaht wird, erhebt er den Einwand: Du selbst bist es ja, der da sagt, dass לזה בשלשול ולזה בזריקה שניהם אסורים! Mit anderen Worten: Gerade Du musstest doch als Vertreter der Ansicht, nach welcher die Benutzung eines Gebietes, das der einen Partei wohl bequemer als der andern, keiner aber ganz bequem liegt, beiden verboten ist, auch hier die Benutzung aller drei Ruinen beiden Häusern untersagen! Darauf antwortet Rab: Du denkst wohl, die Ruinen hätten in einer Graden gelegen? O nein, sie standen כחצוכה. Wie aber, so fragen wir nun, wenn sie wirklich in einer Graden gelegen hätten? Dann wäre natürlich die Benutzung sämmtlicher drei Ruinen, auch die der zunächst liegenden verboten — würden wir unbefangen zur Antwort geben. Zu unserm Erstaunen erklärt jedoch Raschi, dass in diesem Falle die Benutzung aller, selbst der mittlern gestattet wäre; Rab hat die Benutzung dieser nur verboten, weil sie dort nicht in einer Graden, sondern in Form eines Dreiecks standen, so dass die mittlere an beide Häuser stiess, beiden

also nahe lag. Wer mit der Methode des Talmud nur einigermaassen vertraut ist, muss eine solche Auffassung als mindestens ungewöhnlich bezeichnen. Maimonides folgt auch hier der gewöhnlichen, ich möchte sagen natürlichen Auffassung. Obgleich er in הלכות מכירה XXIV 3 unter חצובה ähnlich wie hier Raschi einen Dreifuss versteht, scheint er doch das Wort an dieser Stelle im Sinne von מחצב (שביעית III 5) genommen zu haben, in welchem es offenbar auch R Natan (s. 'Aruch חצב I) in seiner ersten Erklärung zu Baba M. 25 a Ende verstanden hat. Demnach lautet die Antwort Rab's: Du glaubst wohl, die Ruinen hätten in einer Graden, d. h. in gleicher Ebene gelegen? In diesem Falle hättest Du freilich Recht, dann wäre die Benutzung aller verboten. Nein, sie lagen wie ein Steinbruch, also terrassenartig abgestuft, so dass die unterste vom obern Hause ebenso wie die oberste vom untern 10 טפחים und darüber in vertikaler Richtung entfernt war. Deshalb ist jedem Hause die Benutzung der ihm zunächst liegenden und von seinen Fenstern weniger als 10 Handbreiten abstehenden Ruine nach dem Satze לוח בפתח ולוה בוריקה נותנים אותו לוח שבפתח gestattet; die mittlere aber darf, weil sie von beiden mehr als 10 טפחים entfernt ist — obgleich der obern Partei, die nur hinunterzuwerfen braucht, bequemer liegend als der untern, die hinaufzuwerfen genöthigt ist — nach dem Satze לוה בשלשול ולוה בזריקה שניהם אסורין von keiner der beiden benutzt werden. Wie gross die horizontale Distanz zwischen der mittlern Terrasse und den beiden Häusern war, das wird nicht angegeben. Man kann daher annehmen, dass sie weniger als 4 Handbreiten betrug, und es ist mithin aus dieser Entscheidung weder für noch gegen die Lehre אין אדם אוסר על חברו דרך אויר irgendetwas bewiesen; in der That stellt Maimonides die Halacha von שני בתים וביניהם חרבה (a. a. O. 17) nicht mit der von באר שבאמצע חשביל (das. 23) zusammen, sondern mit denen über תשמישים שלוה בקשה ולוה בנחת (das. 15—16). Wohl aber ist diese Entscheidung, welche wir nun in allen ihren Theilen trotz der vereinfachten Form deutlich und mit Leichtigkeit in Halacha 17 wiedererkennen werden, ein Beweis dafür, dass in Hal. 23 אף על פי zu streichen ist, wenn sie nicht mit Hal. 17 in Widerspruch stehen soll. In der Quelle, aus welcher diese geschöpft ist, ist nicht von einer חרבה, sondern von dreien die Rede. Die mittlere stösst somit nicht unmittelbar an die beiden Häuser, ist vielmehr von denselben auf beiden Seiten durch die äusseren Ruinen getrennt. Und doch ist ihre Benutzung unstatthaft! Also nicht der הפסק רשות ist es, auf den es ankommt, sondern einzig und allein der horizontale Abstand von 4 טפחים. Um so auffallender ist es, dass R Josef Karo in seinem Schulchan 'Aruch I 376 ₂ Maimonides dieses אף על פי nachschreibt. Will man es schon als baare Münze nehmen, will man die Behauptung, dass bei einer Entfernung von weniger als 4 Handbreiten der Satz אין אדם אוסר על חברו דרך אויר erst recht in Anwendung kommt, nicht als Irrthum gelten lassen, sondern als Maimuni's wahre Meinung hinstellen, so durfte doch er diese Ansicht am wenigsten theilen! Aus doppelten Gründen nicht! Erstens fasst er daselbst ₃ die Entscheidung Rab's nicht wie M., sondern wie Raschi auf. Ihm ist dieselbe daher ein triftiger Beweis für den ebenerwähnten Satz. Dennoch verbietet er die Benutzung der mittlern, wenn die drei חרבות ein Dreieck bilden, obgleich die Consequenz des wenige Zeilen früher stehenden אף על פי unstreitig verlangt, dass sie in diesem Falle erst recht gestattet sei. Sollen wir also schliesslich doch genöthigt sein, zu der Forderung eines הפסק רשות unsere Zuflucht zu nehmen, um aus diesem Dilemma einen Ausweg zu finden? Zweitens bekämpft er das. 355 ₅ sehr energisch die bereits in כסף משנה und בית יוסף als mit dem Talmud unvereinbar hingestellte Ansicht Maimuni's, dass in unserer Mischna der Höhenunterschied der Balcone von irgendwelchem Einfluss ist. Ihn trifft daher mit potenzirter Wucht der Einwand aus 'Erubin 85a und 88a, wo Rab's Anmerkung zu unserer Mischna ebenfalls auf den in Rede stehenden Grundsatz zurückgeführt wird. Den רמב״ם könnte Karo allenfalls gegen jenen Einwand noch von seinem Standpunkt aus in Schutz nehmen, nach welchem die Gegensätze סמוכה und מופלגת sich im Sinne Maimuni's nicht auf die Horizontaldistanz beziehen, sondern lediglich auf den verticalen Abstand. Jener Grundsatz könnte also immerhin auf eine Entfernung von weniger als 4 Handbreiten in wagerechter Richtung erst recht Anwendung finden. Wie aber will er gegen diesen Einwand sich selbst vertheidigen, der ja eine solche Auffassung jener Gegensätze weit von sich weist und dennoch dieses anrüchige אף על פי von unbekannter, fragwürdiger Herkunft adoptirt? Aus den angeführten Talmudstellen, ganz besonders aus der Discussion auf S. 85a geht doch bis zur Evidenz hervor, dass אין אדם אוסר על חברו דרך אויר nur במופלגת gilt, und במופלגת heisst doch nach R. Josef Karo eingestandenermaassen und ganz unzweifelhaft: In einer Entfernung von

9. In einem Hofe, der weniger als vier Ellen hat, darf man am Sabbat kein Wasser ausgiessen, wenn man ihm nicht eine Grube gemacht hat, welche unterhalb der Oeffnung zwei Maass fasst[67]), gleichviel ob von aussen oder von innen, nur dass man von aussen bedecken muss, von innen aber nicht zu bedecken braucht[68]). **10**. R. Eli'ezer b. Jakob sagt: In eine Gosse, die vier Ellen weit auf öffentlichem Gebiete bedeckt ist, darf man am Sabbat Wasser ausgiessen[69]). Die Weisen aber sagen: Selbst wenn das Dach oder der Hof hundert Ellen hat[70]), giesse man nicht auf die Mündung der Gosse[71]); sondern man giesse vom Dache aus auf's Dach[72]), so dass das Wasser in die Gosse hinabfliesst. Hof und Exedra ergänzen sich zu vier Ellen[73]). **11**. Ebenso zwei

ט חָצֵר שֶׁהִיא פְּחוּתָה מֵאַרְבַּע
אַמּוֹת, אֵין שׁוֹפְכִין בְּתוֹכָהּ מַיִם
בְּשַׁבָּת, אֶלָּא אִם כֵּן עָשׂוּ לָהּ עֻקָּה,
מַחֲזֶקֶת סָאתַיִם מִן הַנֶּקֶב וּלְמַטָּה,
בֵּין מִבַּחוּץ בֵּין מִבִּפְנִים. אֶלָּא
שֶׁמִּבַּחוּץ צָרִיךְ לִקְמוֹר, מִבִּפְנִים אֵין
צָרִיךְ לִקְמוֹר: י ר' אֱלִיעֶזֶר בֶּן יַעֲקֹב
אוֹמֵר, בִּיב שֶׁהוּא קָמוּר אַרְבַּע אַמּוֹת
בִּרְשׁוּת הָרַבִּים שׁוֹפְכִין לְתוֹכוֹ מַיִם
בְּשַׁבָּת. וַחֲכָמִים אוֹמְרִים אֲפִלּוּ גַג
אוֹ חָצֵר מֵאָה אַמָּה, לֹא יִשְׁפֹּךְ עַל פִּי
הַבִּיב, אֲבָל שׁוֹפֵךְ הוּא מִגַּג לְגַג,
וְהַמַּיִם יוֹרְדִין לַבִּיב. הֶחָצֵר וְהָאַכְסַדְרָה
מִצְטָרְפִין לְאַרְבַּע אַמּוֹת: יא וְכֵן שְׁתֵּי

---

vier Handbreiten! וצע״ג]. [67]) Zwei סאה (s. K VII Anm. 49) ist das Durchschnittsmaass des im Laufe eines Tages in den Hof gegossenen Wassers Hat der Hof einen Flächenraum von 16 Quadratellen (s Anm 69), so wird dieses Quantum von der Erde aufgesogen, andernfalls läuft das Wasser auf die Strasse und darf daher nur dann ausgegossen werden, wenn es vom Hofe in eine Grube fliesst, welche vom Boden bis zur Oeffnung, durch welche das Wasser abfliesst, zwei Maass fassen kann. [68]) Diese Grube muss keineswegs im Hofe selbst sein, sie kann auch draussen auf der Strasse dicht an der Hofmauer sich befinden, so dass das Wasser aus dem Hofe unmittelbar hineinfliesst; nur muss sie in diesem Falle überdeckt sein, sonst ist sie bei einer Tiefe von weniger als 3 טפחים öffentliches Gebiet (רשות הרבים), bei grösserer Tiefe aber immerhin noch neutrales Gebiet (כרמלית), sofern ihre Grundfläche 4 Handbreiten im Geviert misst [Demnach brauchte die Grube nicht bedeckt zu werden, wenn sie bei noch so grosser Länge und einer Tiefe von 3 Handbreiten und darüber keine 4 טפחים in der Breite misst (מקום פטור; s. או״ח 345,$_{19}$), oder wenn sie gar bei einer Grundfläche von mindestens 4 טפחים im Geviert 10 Handbreiten tief ist (רשות היחיד; das.$_{11}$)? Die Decisoren schweigen darüber]. [69]) Vorausgesetzt wird, dass die Gosse 4 Ellen breit ist. Doch ist diese Voraussetzung keineswegs Bedingung. Es ist nicht erforderlich, dass die bedeckte Fläche oder der Hof in der vorigen Mischna ein Quadrat bilde; es genügt vielmehr hier wie dort eine wie immer gestaltete Fläche von 16 Quadratellen, so dass das täglich ausgegossene Wasser von ihr aufgesogen werden kann. In diesem Falle gestattet R. E. b. J. das Wasser direct in den Theil der Gosse zu giessen, welcher im Hofe sich befindet. Misst aber die bedeckte Fläche weniger als 16 Quadratellen, so würde das ausgegossene Wasser auch in den offenen Theil der Gosse, also in eine רשות הרבים (vgl. Anm. 59) beziehungsweise כרמלית (vgl. Anm. 54 u 55) gelangen. [70]) So dass das Wasser schon von dem im Hofe befindlichen Theil der Gosse aufgesogen werden könnte. [71]) Weil diese, unähnlich der Grube der vorigen Mischna, das Wasser nur aufnimmt, um es sofort auf die Strasse zu leiten. [72]) Bez. vom Hofe in den Hof. Sonst heisst מגג לגג von einem Dach auf's andere. Hier wäre ein solcher Sinn Unsinn. מגג steht hier nur, um einem immerhin möglichen Missverständnisse vorzubeugen. Es war von Dach und Hof die Rede. Stünde nun אבל שופך הוא לגג, so könnte das vermisste או לחצר zu dem Irrthum verleiten, dass man das Wasser nur auf's Dach ausgiessen darf, nicht aber in den Hof. Darum heisst es ausdrücklich: vom Dache aus auf's Dach. Vom Hofe aus dagegen — so ist zu folgern — natürlich auf den Hof. Im Jeruschalmi fehlt übrigens מגג, und statt לגג steht על הגג. [73]) Der Hof befand sich damals nicht hinter, son-

Wohnungen einander gegenüber[74]). Haben die Einen eine Grube gemacht, die Anderen aber haben keine Grube gemacht, so ist denen, die eine Grube gemacht haben, erlaubt — denen, die keine Grube gemacht haben, verboten[75]).

דְּיָטָאוֹת זוֹ כְּנֶגֶד זוֹ. מִקְצָתָן עָשׂוּ עֻקָּה, וּמִקְצָתָן לֹא עָשׂוּ עֻקָּה, אֵת שֶׁעָשׂוּ עֻקָּה מֻתָּרִין, אֵת שֶׁלֹּא עָשׂוּ עֻקָּה אֲסוּרִין:

---

dern vor dem Wohngebäude, stiess also unmittelbar an die Exedra (Anm. 32). Haben nun Hof und Exedra zusammen erst eine Bodenfläche von 16 Quadratellen, so ist doch der Forderung in Anm. 67 Genüge geleistet, und es darf daher das Wasser in den Hof gegossen werden. [74]) Wenn zwei Wohnhäuser (דיטא ist das gr. δίαιτα, welches neben anderen Bedeutungen auch die einer Wohnung hat) sich in den Hofraum theilen, so ergänzen sich die beiden Hälften ebenfalls zu den erforderlichen 16 Quadratellen, und beide Parteien dürfen ihr Wasser in den Hof giessen (auch wenn sie keinen ‘Erub gemacht haben, nur dürfen sie es in diesem Falle nicht direct hingiessen; s. die folgende Anm.). Es ist also nicht nöthig, dass der Hofraum so viel mal 16 Handbreiten messe, als er Einwohner hat; es genügt vielmehr der ebengenannte Flächenraum für noch so viel Parteien (שלחן ערוך I 377 Ende), da sie doch nicht alle auf einmal ihr Wasser ausgiessen, dieses mithin Zeit hat einzusickern. Das war es, was die Mischna noch nachträglich zu sagen für nöthig hielt. So erklärt sich das so schwierige וכן auf die einfachste Weise. [Die komplicirte und wohl auch etwas gezwungene Erklärung des R. Jonathan hak-Kohen beruht auf einer lexikalisch nicht zu rechtfertigenden Auffassung von דיטא — der etymologische Versuch in תפארת ישראל (עלייה=חדר זוגי=דיו תא=דיוטא) ist ja doch nicht ernst zu nehmen — und leidet ausserdem an dem Fehler, dass sie einige Worte (סמוכות זו לזו) in die Mischna hineinlegen muss, die daselbst nicht stehen, und welche gleichwohl an Stelle des überflüssigen, ja störenden זו כנגד זו besser am Platze wären. Auch müsste es erst noch bewiesen werden, dass die vorschriftsmässigen 16 Quadratellen keine zusammenhängende Fläche zu sein brauchen. Gar so selbstverständlich ist das doch keineswegs! Im Gegentheil! Wenn die beiden דיטאות kein Ganzes bilden wie sollen sie sich da ergänzen? Was nützt das Vorhandensein des vorschriftsmässigen Flächenraumes, wenn sich das ausgegossene Wasser doch nicht über die ganze Fläche auszubreiten vermag? Es kann ja gar nicht anders, als in die רשות הרבים fliessen! Und was dem Zwecke einer Vorschrift so wenig entspricht, wie sollte das der Vorschrift selbst genügen können? ואע״פ שרמ״א פסק כן בס׳ שנ״ז סע׳ א׳ ואיני כדי לחלוק המחמיר לא הפסיד. Endlich ist einzuwenden, dass nach dieser Erklärung Anfang und Schluss unserer Mischna in keinerlei Zusammenhang mit einander stehen, jener sich vielmehr an das Ende der vorigen anschliesst, während dieser gar an M. 9 anknüpft.] [75]) Dieser Satz schliesst sich, wenn wir in der vorigen Anmerkung den Sinn des ersten Satzes recht ermittelt haben, in ungesuchter Weise enge an denselben an, und die ganze Mischna erscheint wie aus einem Gusse. Der Zusammenhang ist folgender: Zwei Wohnungen in einem Hofe ergänzen einander mit ihren Antheilen am Hofraume, und es dürfen daher beide Parteien am Sabbat ihr Wasser ausgiessen. Wie aber, wenn beide Hälften zusammen noch nicht über die vorgeschriebenen 16 Quadratellen verfügen, so dass die in M. 9 vorgesehene Grube hergestellt werden musste? In diesem Falle darf nur diejenige Partei ihr Wasser ausgiessen, welche die Grube gemacht hat, die andere nicht. Zur Begründung dieses Verbotes muss vorausgeschickt werden, dass die beiden Wohnungen nicht durch ‘Erub vereinigt sind. Keiner der Einwohner darf unter diesen Umständen irgendetwas aus dem Hause unmittelbar in den Hof schaffen (Einl. Abs. 1); wohl aber auf indirectem Wege, indem er z. B. Wasser in den Küchenausguss oder auf die Schwelle der Hausthür giesst, von wo es dann in den Hof ablaufen mag. Hätte nun jede Partei für sich, oder hätten auch nur beide gemeinschaftlich die erforderliche Grube gemacht, so könnten beide ihr Wasser auf diese Weise ausgiessen. So aber ist es nur derjenigen gestattet, welche die Grube — auf ihrem Terrain, wie sich von selbst versteht — ausgehöhlt hat; die andere dagegen darf ihr Wasser, weil zu befürchten ist, dass sie es aus Rücksicht auf den Nachbar, um dessen Hofraum und Wohnhaus nicht zu beschmutzen, direct in die Grube giessen könnte, am Sabbat überhaupt nicht ausgiessen. Natürlich kommt es hierbei nicht im Geringsten auf die

ABSCHNITT IX.

פרק ט.

1. Alle Dächer einer Ortschaft sind ein Gebiet[1]), nur darf kein Dach um zehn (Handbreiten)[2]) höher oder um zehn (Handbreiten)[2]) niedriger sein[3]). So die Worte des R. Meïr. Die Weisen aber

א כָּל גַּגּוֹת הָעִיר רְשׁוּת אַחַת, וּבִלְבַד שֶׁלֹּא יְהֵא גַג גָּבֹהַּ עֲשָׂרָה אוֹ נָמוּךְ עֲשָׂרָה. דִּבְרֵי ר׳ מֵאִיר. וַחֲכָמִים

Lage der Wohnhäuser zu einander an. Es ist gleichgiltig, ob sie einander gegenüber oder neben einander sich befinden. Das scheinbar überflüssige זו כנגד זו ist keine Einschränkung, sondern eine Begründung dieser Vorschrift, indem es auf diejenigen Wohnungsverhältnisse hindeutet, welche zu dem Verbote die Veranlassung gegeben haben. Wenn zwei Wohnhäuser einander gegenüber liegen, also durch die ganze Breite des Hofes von einander getrennt sind, so macht es sich ganz von selbst, dass die eine Hälfte des Hofraumes wie durch ein stillschweigendes Zugeständnis mehr zu der einen, die andere mehr zu der andern Wohnung gehört; häufig genug mag eine solche Scheidung der Competenzen auf Grund einer ausgesprochenen Uebereinkunft oder rechtskräftiger Theilung auch formell bestehen. Gleichwohl genügt es, wenn die beiden Hälften zusammen 16 Quadratellen messen, da sie durch keine Wand von einander getrennt sind, mithin im Grunde doch nur einen Hof bilden. Macht aber die eine Partei eine Grube, so ist ihr die andere um so eher die Rücksicht schuldig, deren Gebiet nicht mit ihrem Spülwasser zu beschmutzen, als der Hof in diesem Falle sehr klein ist, das ausgegossene Wasser daher unvermeidlich auch das Wohnhaus des Nachbars verunreinigen muss. Diese Verhältnisse waren wiegesagt für das Verbot maassgebend; dieses selbst aber wurde, um nicht durch subtile Unterscheidungen Verwirrung anzurichten, ganz allgemein ausgesprochen, zumal auch bei anderer Lage der Wohnungen als Regel vorauszusetzen ist, dass diejenige Partei, welche die Grube macht, dieselbe schon aus Gründen der Bequemlichkeit und Reinlichkeit — von der Rücksicht, welche sie ihrerseits dem Nachbar schuldet, gar nicht zu reden — in der nächsten Nähe ihrer Schwelle machen und dadurch der andern Partei doch wieder die Rücksicht auferlegen wird, welche die Befürchtung nahe legt, dass sie ihr Spülwasser direct in die Grube giessen könnte. Diese zarte Rücksicht hört aber auf ein Gegenstand der Befürchtung zu sein, wenn ein ʻErub das Hinausschaffen der Geräthe aus dem Hause in den Hof gestattet. Mit der Befürchtung fällt denn auch thatsächlich das Verbot. [S. Tosafot u. d. W. לא שנו, an deren Auseinandersetzung sich unsere Begründung dieses Verbotes trotz wesentlicher Abweichungen anlehnt. Was in תפארת ישראל gegen Tosafot eingewendet wird — מסתם הש״ס משמע אפילו קרובה להם העוקה ג״כ אסור — fällt nach unserer Darstellung in sich zusammen; was dagegen dort zur Begründung der auffälligen Unterscheidung zwischen den Inhabern der Grube und ihren Nachbarn angeführt wird — ושאני אינך דעשו עוקה דמתוך כך יזכרו לבלי לטלטל ולהוריד לממה — stösst auf ein nicht unerhebliches Bedenken: Braucht die Gemara zu sagen גזרה דלמא אתי לאפוקי בכאני דבתים להתם? Schon ein directes Hinausgiessen in den Hof ist ja verboten!] — Im Jeruschalmi fehlt übrigens die Conjunction וכן an der Spitze unserer Mischna. Nach dieser Lesart wäre zu übersetzen: Wenn von zwei einander gegenüber liegenden Wohnungen der eine Theil eine Grube gemacht hat, der andere Theil aber keine Grube gemacht hat, so ist denen u. s. w.

[1]) Eine und dieselbe רשות היחיד im Sinne der Einl. Abs. 1. Man darf also die auf dem einen Dache (es ist natürlich von den platten Dächern des Orients die Rede) befindlichen Gegenstände auf die anderen hinüberschaffen, obgleich die zugehörigen Wohnungen nicht durch ʻErub vereinigt sind. [2]) טפחים ist zu ergänzen; s. K. VII Anm. 2. [3]) Als das benachbarte. Denn wenn der Abstand so beträchtlich ist, können die beiden Dächer nicht mehr als ein Gebiet angesehen werden. Bildet doch selbst in einer רשות הרבים ein vier Daumenbreiten im Geviert messender Gegenstand eine רשות היחיד, wenn er nur 10 טפחים über den Boden sich erhebt, und derjenige macht sich einer schweren Sünde schuldig, der irgendetwas von dieser רשות היחיד auf den öffentlichen Platz oder umgekehrt von dem öffentlichen Platze auf diese רשות היחיד legt. Wie leicht könnte aber eine Verwechselung zur Uebertretung dieses Verbotes führen, wenn dasselbe nicht auch auf Gegenstände ausgedehnt würde, welche in einer רשות היחיד 10 Handbreiten in die Höhe ragen! Nach

אוֹמְרִים. כָּל אֶחָד וְאֶחָד רְשׁוּת בִּפְנֵי עַצְמוֹ. ר׳ שִׁמְעוֹן אוֹמֵר. אֶחָד גַּגּוֹת וְאֶחָד חֲצֵרוֹת וְאֶחָד קַרְפֵּפוֹת. רְשׁוּת אַחַת לְכֵלִים שֶׁשָּׁבְתוּ בְּתוֹכָן. אֲבָל לֹא לְכֵלִים שֶׁשָּׁבְתוּ בְּתוֹךְ הַבָּיִת: ב גַּג גָּדוֹל סָמוּךְ לְקָטָן. הַגָּדוֹל מֻתָּר

sagen: Jedes einzelne ist ein Gebiet für sich [4]). R. Simon sagt: Sowohl Dächer als Höfe als auch Holzplätze [5]) sind ein Gebiet hinsichtlich der Geräthe, welche sich am Sabbat auf ihnen befinden, nicht aber hinsichtlich der Geräthe, die am Sabbat im Hause sich befinden [6]). **2.** Lehnt sich ein grösseres Dach an ein kleines an, so ist das grössere unbeschränkt, das kleine aber be-

---

R. Meïr wäre daher in K. VII M. 2 nicht gestattet, die Früchte von der Mauer auch nur in den Hof hinunter zu tragen, wie wir bereits das. Anm. 8 kurz angedeutet haben. Aus demselben Grunde verbietet er hier, irgendetwas vom Hofe auf's Dach oder von diesem in den Hof zu legen, desgleichen vom niedrigen auf das höhere Dach und umgekehrt. Und dieses Hinauf- und Hinunterschaffen ist nicht nur denen verboten, die auf dem niedrigern Dache stehen, sondern auch denen, die auf dem höhern sich befinden, obgleich es im Allgemeinen sehr unbequem ist, Gegenstände aus solcher Tiefe heraufzuholen, mithin die Befürchtung nicht eben nahe liegt, welche R. Meïr zu seinem Verbote veranlasst hat. Von dem Grundsatze ausgehend, dass die rabbinischen Verbote — die ja nach dem bekannten Worte der אנשי כנסת הגדולה (Abot I 1.) nur ein Gehege sein wollen, welches das göttliche Gesetz gegen Uebertretungen schützen soll — lediglich das wirklich dieser Gefahr Ausgesetzte ins Auge zu fassen, nicht aber entfernten Möglichkeiten und unwahrscheinlichen Gesetzesverletzungen vorzubeugen haben (מלתא דלא שכיחא לא גזרו בה רבנן), könnte man zu der Ansicht gelangen, dass R. Meïr sein Verbot auf den Verkehr vom niedrigen Dache aus beschränkt; darum hebt er ausdrücklich hervor או נמוך עשרה, dass das Dach, mit welchem von den Nachbardächern aus ein Verkehr gestattet sein soll, nicht allein nicht höher, sondern auch nicht niedriger sein darf um 10 Handbreiten. Ist auch das Heraufholen aus der Tiefe nicht bequem, so ist dafür das Hinunterschaffen — wenigstens bei Gegenständen, die man werfen kann — um so bequemer. Aber auch aus stylistischen Gründen sind die Worte או נמוך עשרה nicht so überflüssig, wie sie auf den ersten Blick erscheinen. Es ist wahr, wenn von zwei Dächern das eine um 10 טפחים höher ist, so muss das andere nothwendig um ebensoviel niedriger sein. Man vergesse aber nicht, dass in גבוה allein noch kein Comparativ liegt. ובלבד שלא יהא גג גבוה עשרה gäbe den ganz falschen Sinn, dass kein Dach 10 Handbreiten hoch sein darf. Um auszudrücken, dass keines die Nachbardächer mit 10 טפחים überragen darf, hätte R. Meïr גבוה על חברו עשרה sagen müssen. Statt dessen sagt er eleganter: גבוה עשרה או נמוך עשרה. [4]) Auch wenn sie alle in gleicher Höhe liegen. Das Dach gehört nach ihrer Meinung zum Wohnhause. Ebenso wie unter dem Dache jedes Wohnhaus ein besonderes Gebiet für sich ist, so auch auf dem Dache. Und ebenso wie unter dem Dache Gegenstände des einen Gebietes nur mittels ‘Erub in das andere Gebiet gebracht werden dürfen, so auch auf dem Dache. Nicht aber sind Hof und Holzplatz in diesem Sinne dem Hause zugehörig. Man darf also nach dieser Ansicht Gegenstände des einen Hofes auch ohne ‘Erub in den andern schaffen, desgleichen Gegenstände des einen Holzplatzes in den andern. Selbstverständlich ist dies nach R. Meïr, der ja sogar einen Complex von Dächern als e i n Gebiet betrachtet, erst recht gestattet. Dagegen verbietet er, wie wir oben gesehen haben, ohne ‘Erub irgend etwas vom Hofe auch nur aufs e i g e n e 10 טפחים hohe Dach und umgekehrt zu legen, was wiederum nach Ansicht der Weisen erlaubt ist. Diese Meinungsverschiedenheit beschränkt sich indessen auf die Frage, ob D a c h u n d H o f desselben Hauses e i n Gebiet bilden. Darin herrscht jedoch volle Einhelligkeit zwischen ihnen, dass Hof und Holzplatz sowie Dach und Holzplatz sogar desselben Hauses z w e i Gebiete bilden, zwischen denen ein Transportverkehr ohne ‘Erub unstatthaft ist. [5]) Die Holzplätze befanden sich h i n t e r dem Hause, und waren ebenso wie die Höfe, die v o r dem Hause sich befanden, von einer Mauer umschlossen, also רשות היחיד. Nur wenn ihr Flächenraum mehr als 5000 Quadratellen betrug, wurden sie als neutrales Gebiet (כרמלית) angesehen (K. II Anm. 12). [6]) Man darf also ohne ‘Erub nicht nur Gegenstände des einen Hofes in den andern und solche des einen Holzplatzes in den andern (was

וְהַקָּטָן אָסוּר. חָצֵר גְּדוֹלָה שֶׁנִּפְרְצָה לִקְטַנָּה, גְּדוֹלָה מֻתֶּרֶת וּקְטַנָּה אֲסוּרָה. מִפְּנֵי שֶׁהִיא כְּפִתְחָהּ שֶׁל גְּדוֹלָה. חָצֵר שֶׁנִּפְרְצָה לִרְשׁוּת

schränkt [7]). Hat ein grösserer Hof einen Durchbruch [8]) nach einem kleinen hin [9]), so ist der grössere unbeschränkt [10]), der kleine aber beschränkt [11]), weil er [12]) wie ein Eingang des grössern ist. Ist ein Hof nach einem öffentlichen Gebiete

---

ja sowohl die Weisen als R. Meïr schon gestatten), desgleichen Gegenstände des Daches in den eigenen Hof (was zwar nach R. Meïr verboten, aber schon von den W. erlaubt ist) oder auf ein anderes Dach (was wieder schon R. M. unter Umständen gestattet, obgleich die Weisen es verbieten), sondern sogar Gegenstände des Hofes auf fremde Dächer und Holzplätze, solche des Holzplatzes auf fremde Dächer und Höfe und solche des Daches unter allen Umständen selbst auf fremde Höfe und Holzplätze, geschweige denn auf fremde Dächer und eigene Höfe oder Holzplätze schaffen. Nur Gegenstände des Hauses — das sind solche Gegenstände, die bei Sabbateingang in der Stube waren, mögen sie augenblicklich liegen, wo sie wollen — darf man ohne ʿErub in keinen dieser Räume bringen, selbst wenn sie zur eigenen Wohnung gehören, ebenso wie man auch umgekehrt nichts aus diesen Räumen ohne ʿErub in die Stube schaffen darf. Denn die Wohnungen bilden als Privaträume im allerengsten Sinne unbestritten jede ein besonderes Gebiet für sich. Nur um גג, חצר und קרפף dreht sich der Streit der Meinungen, die wir der bessern Uebersicht wegen hier recapitulirend zusammenstellen wollen. Nach R. Simon ist ein Complex von Dächern, Höfen und Holzplätzen zusammen ein einziges Gebiet, nach R. Meïr je ein Complex von Dächern, Höfen oder Holzplätzen, nach den Weisen ein Complex von Höfen oder Holzplätzen, sowie Dach und Hof desselben Hauses; je zwei Gebiete bilden nach R S. zwei verschiedene Häuser (Wohnungen), Haus und Hof, Haus und Dach, Haus und Holzplatz, nach R. M. und den W. ausserdem Dach und Holzplatz, Hof und Holzplatz, dazu nach R. M. noch Dach und Hof und nach den W. noch die Dächer verschiedener Häuser. [7]) Ein noch so hohes und noch so geräumiges Dach ist nur dann Privatgebiet (רשות היחיד), wenn man auf ihm stehend rings die Aussenwände des darunter befindlichen Hauses sehen kann, in welchem Falle dieselben als nach oben verlängert betrachtet werden (vgl. den Begriff Säule in Anm. 14; וצ״ע במג״א שע״ד ה׳). Ein vorspringendes Dach ist also keine רשות היחיד, sondern neutrales Gebiet (כרמלית). Von solchem Dache kann hier nicht die Rede sein (denn in der כרמלית ist der Transport von Gegenständen ohnehin auf 4 Ellen beschränkt), es stände denn durch eine Thür oder ein Fenster (gewöhnlich stieg man an einer Leiter vom Hofe aus auf's Dach) mit einer der Wohnstuben in Verbindung, in welchem Falle es gleichfalls רשות היחיד ist. Nach Kap. VII Anm. 10 ist nun das kleine Dach genöthigt mit dem grössern den ʿErub gemeinsam zu machen, aber nicht umgekehrt. Dort ist zugleich ersichtlich, dass unter dem kleinen Dache ein solches zu verstehen ist, dessen Breite nicht mehr als zehn Ellen beträgt. Das grössere Dach ist ein solches, welches auf beiden Seiten um mindestens je 3 Handbreiten über das kleine hinausragt. Unter dieser Voraussetzung ist das kleine Dach im Sinne von K. VI Anm. 1 durch das grössere beschränkt, d. h. man darf von ihm nichts ins Haus hinunter und keinen Gegenstand des Hauses auf dasselbe hinauftragen, solange es nicht mit dem grössern Nachbar durch ʿErub vereinigt ist. Wohl aber darf man auch ohne diesen ʿErub Gegenstände des Hauses auf das zugehörige grössere Dach schaffen, desgleichen das auf diesem Befindliche herunterholen. Das grössere würde durch das kleine Dach nur dann beschränkt, wenn die Berührungslinie beider mehr als 10 Ellen betrüge. [8]) Der schon vor Eintritt des Sabbat vorhanden war; vgl. K. VII Anm. 19. [9]) Nämlich einem solchen, dessen Breite nicht mehr als 10 Ellen beträgt. [10]) Durch die kleinere, d. h. er braucht mit diesem nicht durch ʿErub vereinigt zu werden; es genügt, wenn seine Bewohner unter sich den ʿErub gemacht haben. [11]) S. K. VII Anm. 10 und vgl. Anm. 7 in unserm Kapitel. [12]) Der Durchbruch; aus נפרצה ist hier פרצה zu ergänzen (vgl. K. I M. 8). Man kann aber auch היא als pronomen neutrum auffassen und demgemäss übersetzen: weil es wie ein Eingang des grössern ist. In K. VII M. 2 steht in diesem Sinne הוא. Eine gewisse, man möchte sagen unwillkürliche Rücksicht dort auf das männliche כותל, hier auf das weibliche חצר scheint

הָרַבִּים. הַמַּכְנִיס מִתּוֹכָהּ לִרְשׁוּת הַיָּחִיד אוֹ מֵרְשׁוּת הַיָּחִיד לְתוֹכָהּ. חַיָּב. דִּבְרֵי רַבִּי אֱלִיעֶזֶר. וַחֲכָמִים אוֹמְרִים. מִתּוֹכָהּ לִרְשׁוּת הָרַבִּים אוֹ מֵרְשׁוּת הָרַבִּים לְתוֹכָהּ. פָּטוּר. מִפְּנֵי שֶׁהִיא כְּכַרְמְלִית: ג חָצֵר שֶׁנִּפְרְצָה

hin durchbrochen [13]), so ist derjenige, welcher aus ihm in ein Privatgebiet oder aus einem Privatgebiete in ihn hineinträgt, strafbar. So die Worte des R. Eli'ezer. Die Weisen aber sagen: Aus ihm in ein öffentliches Gebiet oder aus einem öffentlichen Gebiete in ihn — ist straffrei, weil er wie neutrales Gebiet ist [14]). **3.** Ein

---

bestimmend eingewirkt zu haben auf die Wahl zwischen den beiden zulässigen Formen des pronomen neutrum. [13]) U. s. entweder vollständig oder so, dass die Lücke mehr als 10 Ellen lang ist. [14]) Räume von mindestens 4 טפחים im Geviert, rings von Wänden eingeschlossen, die wenigstens 10 טפחים hoch sind, selbst Säulen, Gruben und dgl. von den genannten Dimensionen sind Privatgebiet; öffentliches Gebiet sind die grossen Centren des öffentlichen Verkehrs nebst seinen Hauptadern und deren wichtigsten Verzweigungen, namentlich also die offenen Plätze und Strassen, deren Breite nicht weniger als 16 Ellen beträgt; neutrales oder Zwittergebiet sind diejenigen Räume, welche theils die Merkmale des öffentlichen, theils die des Privatgebietes an sich tragen, denen daher der Verkehr mit keinem dieser Gebiete am Sabbat gestattet ist, also einerseits Privatbesitz, der wie Felder, Wiesen [Wälder? עי' ר"מ ונושאי כליו], vorspringende Dächer (Anm. 7) u dgl. nicht umfriedet ist, andererseits solche öffentliche Räume, welche der Strom des allgemeinen Verkehrs zu meiden pflegt, wie schmale Gässchen, Colonnaden, Wasserläufe (K. VIII Anm. 54—55), sowie diejenigen Erhöhungen und Vertiefungen auf Strassen oder Plätzen, deren Querschnitt 4 Handbreiten und darüber im Geviert beträgt, und deren Höhe weniger als 9 bezw. 10, midestens aber 3 טפחים misst. Der Vollständigkeit wegen sei hier auch noch der מקום פטור oder freie Ort angeführt, welchem der Verkehr sowohl mit privatem als auch mit öffentlichem Gebiete am Sabbat offensteht, und den wir daher als communes Gebiet bezeichnen wollen. Solches Gebiet darf nicht missbraucht werden, um zwischen öffentlichem und Privatgebiet den Verkehr zu vermitteln; ja selbst aus einer כרמלית darf man keinen Gegenstand auf מקום פטור legen, um ihn auch nur später (s. Babli 101b), sei es eigenhändig, sei es durch einen Andern, von dort nach רשות היחיד oder רשות הרבים zu schaffen, was freilich einige Autoritäten bestreiten. Wer einen Gegenstand aus einem Privatgebiete in ein öffentliches, aus einem öffentlichen in ein privates, oder 4 Ellen weit innerhalb eines öffentlichen trägt, ist straffällig; wer einen Gegenstand aus neutralem Gebiete, sei es in ein öffentliches, sei es in ein privates, oder umgekehrt, oder auch nur 4 Ellen innerhalb eines neutralen Gebietes trägt, ist zwar straffrei, hat aber ein rabbinisches Verbot übertreten. Wenn also die Weisen den in Rede stehenden Hof als כרמלית betrachten, so ist das Tragen eines Gegenstandes aus ihm in eine רשות היחיד ebenso straffrei verboten wie aus ihm in eine רשות הרבים und es muss daher befremdend auffallen, das sie nicht lieber mit Weglassung der Worte von מתוכה bis לתוכה ihre von dem Standpunkte des R. Eli'ezer abweichende Stellung zur Frage einfach durch das kurze Wörtchen פטור kennzeichnen. Es liegt aber in der gewählten Form des Widerspruchs, so gespreizt sie auf den ersten Blick erscheint, eine Feinheit der Polemik, welche freilich besser empfunden als kritisch zerlegt und auseinandergesetzt werden kann. Hiesse es hier: וחכמים פוטרין מפני שהיא ככרמלית, so wäre damit allerdings das Nöthige gesagt, aber noch lange nicht die ganze Schärfe des Gegensatzes zur vollen Anschauung gebracht. Man bedenke nur! R. Eli'ezer bringt diesen Hof [oder einen bestimmten Theil dieses Hofes; s. Gemara] in den denkbar schroffsten Gegensatz zur רשות היחיד. Hätten die חכמים nun seinem חייב nichts weiter als ihr פטור entgegenzusetzen, so würde derselbe höchstens ein wenig gemildert und die ganze Meinungsverschiedenheit ausschliesslich auf den Grad der Sündhaftigkeit beschränkt, denn sündhaft ist die Handlung auf jeden Fall. So aber tritt der Widerstreit der Meinungen energisch hervor, indem die Weisen eben das, was R. E. als רשות הרבים bezeichnet, immerhin in einen gewissen Gegensatz zur רשות הרבים stellen. Dazu kommt, dass es zwei Hauptarten von כרמלית gibt, wie wir oben angedeutet haben, eine solche, die mehr die Merkmale eines Privatgebietes an sich trägt, aber nicht alle Bedingungen einer רשות היחיד er-

לִרְשׁוּת הָרַבִּים מִשְּׁתֵּי רוּחוֹתֶיהָ, וְכֵן בַּיִת שֶׁנִּפְרַץ מִשְּׁתֵּי רוּחוֹתָיו, וְכֵן מָבוֹי שֶׁנִּטְּלוּ קוֹרוֹתָיו אוֹ לְחָיָיו, מֻתָּרִין בְּאוֹתוֹ שַׁבָּת וַאֲסוּרִין לֶעָתִיד לָבֹא. דִּבְרֵי רַבִּי יְהוּדָה. רַבִּי יוֹסֵי אוֹמֵר. אִם מֻתָּרִין לְאוֹתוֹ שַׁבָּת, מֻתָּרִין לֶעָתִיד לָבֹא, וְאִם אֲסוּרִין לֶעָתִיד לָבֹא, אֲסוּרִין לְאוֹתוֹ שַׁבָּת:
ד הַבּוֹנֶה עֲלִיָּה עַל גַּבֵּי שְׁנֵי בָתִּים,

Hof, der an seinen beiden Seiten[15]) nach öffentlichem Gebiete hin durchbrochen wurde[16]), desgleichen ein Haus, welches an seinen beiden Seiten durchbrochen wurde[17]), desgleichen eine Strasse, deren Balken oder Pfosten[18]) niedergerissen wurden[16]), sind am selben Sabbat erlaubt[19]), für die Zukunft aber verboten[20]). Dies die Worte des R. Juda. R. Jose sagt: Wären sie am selben Sabbat erlaubt, so wären sie (auch) für die Zukunft erlaubt; sind sie aber für die Zukunft verboten, so sind sie (schon) am selben Sabbat verboten. **4.** Wenn man einen Söller über zwei Häuser[21]) hinweg

---

füllt, und eine solche, welcher wiederum eher der Charakter eines öffentlichen Gebietes zukommt, nur dass sie nicht ganz den Anforderungen an eine רשות הרבים entspricht. Ohne Zweifel gehört der streitige Hof zur ersten Gruppe. Mit Recht halten es daher die Weisen für weniger nöthig hervorzuheben, dass er keine רשות הרבים ist, als zu betonen, dass er trotz alledem keine רשות היחיד ist, und auch aus diesem Gesichtspunkte erscheint es gerechtfertigt, dass das Hauptgewicht auf מתוכה לרשות הרבים או מרשות הרבים לתוכה, auf פטור aber nur ein Nebenton gelegt wird. Endlich ist eine Regel, von der es im Sabbatgesetz nur drei Ausnahmen gibt, dass in dem Worte פטור neben der Bedeutung der Straffreiheit, ebenso deutlich und ausgesprochen die der Unstatthaftigkeit liegt. Wenn die Mischna sagt: es ist etwas straffrei, so sagt sie damit zugleich: aber es ist verboten (פטור אבל אסור). Schon darum allein können sich die Weisen nicht mit einem lediglich negativen פטור begnügen, welches die von R. E. als Verbrechen gebrandmarkte Handlung zu einem blossen Vergehen stempelt; sie wollen diesem vielmehr mit der positiven Behauptung entgegentreten, dass eine nach seiner Ansicht völlig erlaubte Handlung, nämlich das Hinausschaffen von Gegenständen aus diesem Hofe in ein öffentliches Gebiet und umgekehrt, nach ihrer Meinung, wenn auch nicht strafbar, so doch verboten sei. [15]) Da ein Hof mehr als 2 Seiten hat, so kann unter שתי רוחותיה nur eine der Ecken verstanden werden, an denen je 2 Mauern zusammenstossen. Eine Lücke in der Mitte der Umfassungsmauer wird als Eingang betrachtet (s K. I M. 8) und ist daher gestattet, solange sie nicht grösser als 10 Ellen ist. Nicht so ein Mauerbruch in der Ecke. Ein solcher kann niemals als Eingang angesehen werden, weil man im Winkel niemals einen Eingang macht. [16]) U. z am Sabbat. [17]) Auch hier ist ein im Laufe des Sabbats eingetretener Mauereinsturz in einer der Ecken des Hauses gemeint. Das zugehörige Stück der Decke ist mitgerissen worden. Wäre es stehen geblieben, so würde das Haus trotz der Lücke als intact betrachtet Desgleichen der Hof, wenn er in der eingestürzten Ecke mit einer צורת פתח versehen wäre; vgl. K. I Anm 28. [18]) S. K. I M. 2—7. Wie dort ersichtlich hat e i n מבוי nach Bet Hillel nur e i n e קורה oder e i n e n לחי. Daher will Raschi hier Subject und Prädicat in die Einzahl setzen. So ist auch wirklich die Lesart im Jeruschalmi: שנטלה קורתו או לחיו. Da es sich aber um einen Ausspruch des R. Juda handelt, lässt sich die Mehrzahl rechtfertigen, wenn man annimmt, dass von einem מבוי מפולש (s. die folg. Mischna) die Rede ist, welcher nach R. Juda z w e i Balken oder z w e i Pfosten hat (Anm. 26). [S. Tosafot 17a u. d W. קורות, deren Einwand gegen unsere Lesart einigermaassen befremdlich ist; wir sagen doch sonst in solchem Falle: כותא דהתירא עדיף!] [19]) Man darf in ihnen, obgleich sie jetzt nicht mehr den rabbinischen Anforderungen an eine רשות היחיד genügen, nach wie vor den ganzen Tag hindurch so verkehren, als ob sie noch immer vollkommenes Privatgebiet wären, und alle die Handlungen vornehmen, welche nur in einer רשות היחיד gestattet sind. [20]) Erst vom nächsten Sabbat ab treten für sie alle die Verbote in Kraft, welche in einer כרמלית gelten. [21]) Welche zu beiden Seiten einer Strasse oder einer andern

baut und desgleichen Viaducte²²), so darf man unter ihnen am Sabbat hinundhertragen. So die Worte des R. Juda²³). Die Weisen aber verbieten es²⁴). Ferner sagte R. Juda: Man kann in einer offenen Strasse²⁵) 'Erub machen²⁶). Die Weisen aber verbieten es²⁷).

וְכֵן גְּשָׁרִים הַמְפֻלָּשִׁים, מְטַלְטְלִין
תַּחְתֵּיהֶן בְּשַׁבָּת. דִּבְרֵי ר׳ יְהוּדָה.
וַחֲכָמִים אוֹסְרִין. וְעוֹד אָמַר ר׳ יְהוּדָה.
מְעָרְבִין לְמָבוֹי הַמְפֻלָּשׁ. וַחֲכָמִים
אוֹסְרִין:

ABSCHNITT X.

1. Wer Tefillin findet¹), trage

פֶּרֶק י׳

א הַמּוֹצֵא תְּפִלִּין, מַכְנִיסָן זוּג

רשות הרבים stehen. ²²) Diese werden גשרים מפולשים, offene Brücken genannt, weil sie im Gegensatz zu den gewöhnlichen Brücken, wie sie über Wasserläufe gelegt werden, auf zwei hohen Pfeilern ruhen, zwischen welchen man hindurchgehen kann, hier sind Strassenüberführungen, Viaducte in רשות הרבים zu verstehen, unter denen der öffentliche Verkehr sich fortbewegt.— Es ist מַפְלָשׁ mit Schin (und nicht mit Sin) zu lesen. So ist auch die herkömmliche Aussprache (in den Tischgesängen für den Sabbatabend reimt z. B. פְּלֵשׁ auf שְׁלֹשׁ), und so sah man es auch in den Liturgieen punctirt, bis W. Heidenheim kam und die Schin überall in Sin verwandelte. Dieser ausgezeichnete Kenner des Hebräischen hatte die Entdeckung gemacht, dass Raschi zu Ijob 37,16 das Wort מַפְלְשׂי durch גלוי erklärt und begründete damit an verschiedenen Stellen seines Machzor (so z. B. im Silluk des Morgengebetes für den Versöhnungstag) den von ihm gegen dieses Schin unternommenen erbarmungslosen Vernichtungskrieg, in welchem ihm die späteren Herausgeber der Festgebete — unter anderen sogar Michael Sachs — Heeresfolge leisteten. Mit Unrecht fürwahr! Das Neuhebräische hat das Sin nur in Stämmen beibehalten, welche in der Bibel so häufig sind wie עשה, שמח, עשרה, שדה u. a. In selten oder gar nur vereinzelt vorkommenden Wörtern verwandelt es dasselbe in ס; vgl. z. B סכן, יוחסין, חרס, סחט und selbst תפס. Dazu kommt, dass מפלשי a. a. O. aller Wahrscheinlichkeit nach von פלש abzuleiten ist und hier nur ausnahmsweise für עב (schwebende Wolken) steht, wie שערה das. 9,17 für סערה und das viermal in diesem Buche und nur in diesem Buche auftretende כעש für das in den übrigen Büchern nicht etwa vorherrschende, sondern alleinherrschende כעס. Was aber für die Beibehaltung der überlieferten Aussprache am entscheidendsten in die Wagschale fällt, ist das syrische ــ (durchbrechen). Dass Raschi מפלשי für gleichbedeutend mit גלוי hält, kann nicht einmal dafür als Beweis gelten, dass in seiner Zeit מפלש mit Sin ausgesprochen wurde; denn Raschi will gar nicht die beiden Stämme identificiren, er benutzt nur ihre Lautverwandtschaft, um durch dieselbe den Sinn des ἅπαξ λεγόμενον zu ergründen. ²³) Nach seiner Meinung genügen die 2 Wände, um eine רשות היחיד herzustellen. ²⁴) Nach ihrer Ansicht sind mindestens 3 Wände dazu erforderlich. ²⁵) Offene (wörtlich durchbrochene; s. Anm. 22 g. Ende) heissen diejenigen Strassen, die mit beiden Enden frei in öffentliches Gebiet münden, an keinem derselben verbaut sind, so dass man durch sie in grader Linie von einer רשות הרבים in die andere gelangt. ²⁶) Indem man an den beiden Enden der Strasse je einen Balken oder Pfosten anbringt und dann sämmtliche Bewohner derselben durch den Schittuf (Einl. Abs. 2) vereinigt. Balken oder Pfosten sind nur von den Rabbinen als Merkmale (משום היכרא) angeordnet, um Verwechslungen mit רשות הרבים zu verhüten. Im Grunde bilden ja schon 2 Wände nach R. Juda eine רשות היחיד (Anm. 23). ²⁷) Balken oder Pfosten sind ihrer Meinung nur in Sackgassen angebracht. Ist eine Strasse auf 3 Seiten von Gebäuden eingefasst, dann genügt an der vierten, offenen Seite ein Balken oder Pfosten als Memento; ist aber wie hier die Strasse an beiden Enden offen, dann muss an dem einen eine צורת פתח (Kap. I Anm. 6) hergestellt werden, durch welche die fehlende dritte Wand (Anm. 24) ersetzt, und somit die offene Strasse gleichsam zu einer geschlossenen, dem Blick vorlaufend gemacht wird, so dass am andern Ende ein Balken oder Pfosten hinreicht.

¹) Auf freiem Felde oder offener Heerstrasse, wo sie der Entweihung aus-

sie[1]) paarweise[3]) hinein[4]). R. Gamliel sagt: je zwei (Paare)[6]). Unter welcher

זוג. רַבָּן גַּמְלִיאֵל אוֹמֵר שְׁנַיִם שְׁנַיִם.

---

gesetzt sind, von wo sie aber nicht ohne Weiteres in die Stadt geschafft werden dürfen, weil man ausser den Kleidungsstücken, mit denen man bekleidet ist, keinen Gegenstand auch nur 4 Ellen weit auf öffentlichem oder neutralem Gebiete (s. K. IX Anm. 14) tragen darf. [2]) Nachdem er sie vorschriftsmässig angelegt hat, so dass sie als Kleidungsstücke gelten können. [3]) Die eine am Arme, die andere auf dem Kopfe. [4]) In das erste beste Haus, in welchem sie hinreichend geschützt sind. [5]) Die Tora verbietet im 5. Buche (4, 2 und 13, 1), dem Worte Gottes etwas hinzuzufügen. Dieses Verbot kann unmöglich die Auferlegung neuer, in der Tora nicht begründeter Pflichten untersagen wollen. Denn was die freiwillig übernommenen Verpflichtungen betrifft, so hat die Tora selbst im 4. Buche 30, 3 nichts gegen dieselben einzuwenden; hinsichtlich der mit allgemeiner Verbindlichkeit von der zuständigen Behörde erlassenen Anordnungen aber braucht nur darauf hingewiesen zu werden, dass die Propheten die Hinzufügung von 4 Fasttagen (Zecharja 8, 19) zu dem Versöhnungstage geschehen liessen. Auch die von den Männern der grossen Versammlung eingeführte Gebetordnung fiele unter dieses Verbot, wenn es wirklich den Sinn hätte, welchen die sich rationell nennende Auslegung in dasselbe hineinlegt. Und da das Religionsgesetz zugleich die Grundzüge eines bürgerlichen Gesetzbuches enthält, so könnte in aller Zukunft keine neue Rechtsfrage entschieden werden, denn es wäre ja kein Gerichtshof befugt, neue Rechtssätze aufzustellen. Vernunft wird Unsinn, wenn eine solche Exegese sich die vernunftgemässe nennen darf. Wie viel rationeller ist da die überlieferte Auffassung, nach welcher in Deut. 4, 2 und 13, 1 nur solche Zusätze verboten sind, welche entweder in eine Fälschung des Gotteswortes oder in eine Abweichung von demselben ausarten: In eine Fälschung, sofern es neue Verordnungen sind, welche mit dem Anspruch auf Göttlichkeit auftreten, Menschensatzung, die sich anmaasst, göttlichen Ursprungs zu sein; in eine Abweichung, sofern es sich um bestehende Religionsvorschriften handelt, welche bei der Ausübung derselben durch willkürliche Zuthaten mehr oder weniger in ihrem Wesen abgeändert und verunstaltet werden (רמב"ם und ראב"ד Hil. Mamrim II 9). Indem die Tora uns an beiden Stellen eine gewissenhafte Beobachtung ihrer Gebote an's Herz legt, macht sie uns zur Pflicht, dieselben genau in der vorgeschriebenen Weise ohne jeden Zusatz wie ohne jede Weglassung zu erfüllen. Es liegt nun in der Natur der Sache, dass eine Verletzung des in Rede stehenden Verbotes ohne die Absicht, ein göttliches Gebot zu erfüllen, durch »Fälschung« undenkbar, wohl aber durch »Abweichung« möglich ist. Ein Kohen z. B., der die Gemeinde segnet und hierbei aus Versehen, Irrthum oder Unwissenheit zu den drei vorgeschriebenen Segenssprüchen einen vierten hinzufügt, hat es ohne Vorsatz übertreten, selbst wenn er dabei an das Gebot in Num. 6, 23—27 gar nicht dachte, und ihm die Absicht, es auszuüben, damals noch so fern lag; desgleichen wer am ersten Tag des Hüttenfestes statt der vorschriftsmässigen vier Pflanzenarten (Lev. 23, 40) deren fünf nimmt. Also auch derjenige, welcher zwei Paar Tefillin anlegt, und geschähe es auch ohne jeden Gedanken an das Tefillingebot, und geschähe es auch nur, um sie vor Verunglimpfung zu bewahren? Ohne Zweifel — vorausgesetzt, dass er es nicht zu einer Zeit thut, welche der Tefillinpflicht gar nicht unterliegt. Bei der Ausübung von Geboten, welche an eine gewisse Zeit gebunden sind, ist nämlich — und auch das liegt in der Natur der Sache — ein gedankenloses Hinzuthun zum Worte Gottes nur innerhalb dieser Zeit möglich; ausserhalb derselben ist es nicht mehr das Wort Gottes, welches durch die Zuthat entstellt wird, es sei denn, dass die Absicht vorhanden ist, das biblische Gebot in dieser veränderten Form zu erfüllen — dann aber ist es wieder kein unbeabsichtigtes Hinzuthun. Ausserhalb des Hüttenfestes ist es gestattet, den erwähnten vier Pflanzenarten so viele hinzuzufügen, als man nur irgend will, sofern man sich nicht einbildet, dadurch die Vorschrift der Tora zu erfüllen. R. Gamliel ist nun der Ansicht, dass das Tefillingebot auf die Wochentage beschränkt ist. Am Sabbat ist es daher gleichviel, ob man nur ein Paar Tefillin oder deren mehrere anlegt. Beides ist verboten, wenn man dabei die Absicht hat, einer uns von Gott auferlegten Pflicht gerecht zu werden; beides ist gestattet, wenn man sich mit den Tefillin blos schmücken oder dieselben wie im vorliegenden Falle vor Verunglimpfung bewahren will. Muss man sie zu diesem Zwecke auf freiem Felde oder gar auf öffentlicher Strasse tragen, darf man freilich nur zwei Paare zugleich anhaben, weil man sie dann vorschrifts-

Voraussetzung sind diese Worte gesagt? Wenn's alte sind. Sind es aber neue, so ist er dem enthoben.[6]) Findet er deren ganze Häufchen oder Päckchen[7]), so warte er bei

בַּמֶּה דְּבָרִים אֲמוּרִים, בִּישָׁנוֹת. אֲבָל
בַּחֲדָשׁוֹת פָּטוּר. מְצָאָן צְבָתִים אוֹ
כְרִיכוֹת מַחֲשִׁיךְ עֲלֵיהֶן וּמְבִיאָן,

mässig anlegen muss (Anm. 2), unter dieser Voraussetzung aber sowohl auf dem Kopfe als am Arme nur Raum ist für je ein Paar derselben. R. Meïr dagegen ist der Meinung, dass sich das Tefillingebot auf den Sabbat miterstreckt. Wer daher an diesem Tage zwei Paar Tefillin anlegt, und thut er es auch zu ihrem Schutze, der hat in guter Absicht zwar, aber doch immerhin ein Verbot übertreten, indem er statt der vorgeschriebenen vier Bibelabschnitte deren acht um Stirn und Arm sich band. Darum gestattet er die gefundenen Tefillin nur paarweise in Sicherheit zu bringen. [6]) Tefillin, deren Verfertiger nicht als zuverlässig bekannt ist, dürfen erst nach Oeffnung der Kapseln und sorgfältiger Prüfung ihres Inhalts in Gebrauch genommen werden. Solche aber, die auf freiem Felde gefunden werden, sind schon dadurch allein in hohem Grade verdächtig (vgl. Baba M. 12b unten). Gewissheit kann man sich am Sabbat nicht verschaffen, da man die Kapseln nicht öffnen darf. Man braucht daher nur alte Tefillin zu retten, denen man anmerkt, dass sie schon in Gebrauch waren, deren Heiligkeit also trotz der Möglichkeit, dass sie mittlerweile unbrauchbar geworden, nicht bezweifelt werden kann; neue dagegen kann man ruhig liegen lassen, sie sind aller Wahrscheinlichkeit nach gar nicht verloren, sondern als unbrauchbar weggeworfen worden. [Jeruschalmi: ישנות בדוקות וחדשות אין בדוקות; ähnlich Babli, wo jedoch wegen einer Schwierigkeit, welche im Jer. geschickt umgangen ist, einer andern Definition von ישנות und חדשות der Vorzug gegeben wird.] [7]) So dass er vor Anbruch der Nacht doch nicht fertig würde, wenn er sie nach und nach paarweise hineintragen wollte.— Zwischen צבתים und כריכות besteht nach Babli z. St. weiter kein Unterschied, als dass in diesen die Tefillin zu einem Päckchen zusammengebunden, in jenen dagegen paarweise gebunden lose über einander liegen. [Durch diese Erklärung im Verein mit der Thatsache, dass die aus zwei Theilen bestehende Zange צבת heisst, wurde Levy (chald. Wörterb. ü. d. Targumim) zu dem Irrthum verleitet, dass die Grundbedeutung paaren ist. Demgemäss übersetzt er, obgleich צבתים doch schon in der Bibel (Rut 2, 10) vorkommt, לא יעשׂה אותן כריכות אבל מניחן צבתים (Menachot X 9): »er soll sie nicht in Gebunde, sondern die Aehren paarweise zusammenbinden.« Und diese zwecklose, ja unsinnige Arbeit soll die weniger mühsame sein und darum mit Rücksicht auf das Halbfest (es handelt sich um das am 16. Nissan darzubringende Omer — 3. B M. 23, 10 f.) vor dem Garbenbinden den Vorzug verdienen?! Schon das Wort מניחן deutet darauf hin, dass unter צבתים in der Landwirthschaft die noch nicht gebundenen Häufchen zu verstehen sind, zu welchen die Halme mit der Egge zusammengerafft werden, ehe man sie in Garben vereinigt. Der Stamm צבת, mundartlich צבם (Rut 2, 14; vgl. העמיקו שׂתתו in Hos. 5, 2 mit שׁחתם das. 9, 9) heisst zusammenraffen. Die Wurzel ist צב mit der Grundbedeutung fassen oder greifen, welche noch sehr deutlich hervortritt in den Wörtern ضبث anfassen צבת Zange (gr. λαβίς, lat forceps), مصبث Kralle, אצבע Finger (ar. أصبع, syr. ܨܒܥ; die Ableitung von صبغ eintauchen ist zu weit hergeholt), בית חצביטה (Chagiga III 1) Griff, Henkel (λαβή, capulus), צבע (2. Targ. Ester 3, 7) ergreifen, ضبع Arm (davon 1. den Arm ausstrecken, 2. gewaltthätig sein; vgl. בעלי זרוע) und zugleich Name eines Raubthieres (Hyäne, צבוע). Nahe verwandt ist die Wurzel צם mit derselben, in צמים (Schlinge) und ضم IV (fassen, begreifen, concepit) noch erkennbaren Grundbedeutung, welche in den meisten der aus diesen beiden Wurzeln herausgewachsenen Stämmen sich zu der Bedeutung zusammenfassen entwickelt hat So in ضبر und ضف und ضمد IV sammeln, in צם sich versammeln (Jes. 58,4; insbesondere von Bussversammlungen, daher fasten und arab. صم sich überhaupt jeglichen Genusses enthalten)ضب IV sich ansammeln, wimmeln צבר ansammeln, häufen, צבתים أضمامة Häufchen, Päckchen, ضف überströmen, צבא, ضب und ضف XI anschwellen, צם

ihnen die Dunkelheit ab und bringe   וּבְסַכָּנָה מְכַסָּן וְהוֹלֵךְ לוֹ: ב רבּי
sie dann [8]), in Zeiten der Gefahr [9])

---

wachsen; in צבא sich zusammenschaaren, ضم vereinigen, צבא, ضفة und اضمامة
Schaar, ضب II, ضم VIII umfassen, enthalten, ضبط festhalten, ضمز geizen;
in צבט zusammenraffen, ضب II an sich reissen, ضبى IV sich bemächtigen, ضمضم
wegnehmen, ضوى IV, ضمى, ضام prellen, vergwaltigen, צמת hinwegraffen (vgl.
אסף sammeln und vernichten, قبض = קבץ zusammenfassen und Passiv
sterben); in צמצם, צפופים, ضف zusammendrücken, sich drängen, ضبس bedrängen,
צמוקים ضفن zusammenziehen, צפד sich zusammenziehen, צמק zusammenschrumpfen,
Rosinen, getrocknete Weintrauben, וצמ, צמר, ضفط und ضفط vertrocknen, ضمل
zusammenspannen, zusammenbinden, ضاف IV verbinden, zusammenschliessen, ضبة
Riegel, ضمن bürgen, haften, (d. h. sich binden; vgl. ضبر binden und bürgen),
צבת, צוות sich verbinden, gesellen, ضيف Gastfreund, נצמד u. ضم VII sich eng
anschliessen, anschmiegen. Aus dem Begriff des festen Anschlusses zweigen sich ab:
1) צמיד Armband, צמיד Topfdekel, ضمام Stöpsel, צמה Schleier, ضماء Mantel, ضمار
Verband, צמר (Targ. v. חבש, Ez. 34, 4 u. 16) einen Verband anlegen, צמצם verschleiern,
ضمر IV verbergen, ضمس heimlich naschen, ضناب sich verstecken, ضبى IV verhüllen, צפן verdecken, צמה überziehen, צבתא, כاله, Schminke, ضمخ und ضمخ
bestreichen, benetzen, צבע, ضبغ, כله, färben, eintauchen; 2) ضبا hinneigen, lieben,
צבי und כا, begehren, wünschen (davon צבי Herrlichkeit, Zierde; vgl. חמדה und
מחמד von חמד), צפה mit den Blicken verlangen (daher sowohl sehnsuchtsvoll aus-
schauen als lauernd spähen, dann überhaupt schauen), ضمع lüstern sein, ضبع begehren, צמא dursten, ظمأ heftig verlangen, צוה fordern, befehlen. So sehr sich auch
diese beiden Wortgruppen je weiter je mehr von einander entfernen, verleugnen sie
doch niemals ihren gemeinsamen Ursprung; vgl. חָשַׁק begehren mit חֵשֶׁק verbinden,
אוה wünschen mit آسى vereinigen, أوصى befehlen mit وصى zusammenschliessen. — —
Gegen unsere Gewohnheit haben wir uns hier die Erklärung eines Ausdrucks gestattet,
welcher bereits dem Sprachschatz der Bibel angehört; einmal weil es darauf ankam, den
wahren Sinn des in der heiligen Schrift nur an einer Stelle vorkommenden Wortes
צבתים festzustellen, hauptsächlich aber weil die etymologische Entwicklung der zur
selben Wurzel gehörigen Stämme in Gesenius' Handwörterbuch (8. Aufl. Leipzig
1878) zu viel des Falschen und Unnatürlichen enthält.] Der Vrf. von תפארת ישראל
hat die Bedeutung von צבתים richtig erkannt, konnte sich aber nicht erklären,
warum die Gemara es nicht vorzieht, den mehr sachlichen Unterschied zu machen,
dass unter צבתים grössere Haufen von Tefillin zu verstehen sind, welche ihrer grossen
Menge wegen bis Sabbatausgang unmöglich paarweise heimgebracht werden können,
unter כריכות dagegen kleinere Bündel, aus denen man wieder mit Rücksicht auf
das Verbot, am Sabbat einen Knoten zu lösen, die Tefillin nicht herausnehmen
kann, um sie vorschriftsmässig anzulegen. Allein abgesehen davon, dass man mit
dem Sprachgebrauch nicht rechten kann, und dass es noch weniger angeht, sich
denselben je nach Bedürfnis zu schnitzen und zu modeln, scheint der gelehrte
Autor dem Plural in כריכות nicht die genügende Beachtung geschenkt und ausserdem auch noch übersehen zu haben, dass man die Tefillin einzeln aus dem Bündel
herausziehen kann, ohne an dem Knoten auch nur zu rütteln, und dass man im
Nothfalle die Schnur durchreissen, ja sogar durchschneiden darf, um dieselben vor
Verunglimpfung zu schützen (s. Schulchan 'Aruch I 314, 7—9 und Magen Abr. das.
Anm. 14). [8]) Alle auf einmal. [9]) Die Geschichte unseres Volkes weiss auf mehr
als einem Blatte von Zeiten zu erzählen, in denen die Anhänglichkeit an den er-
erbten Glauben von römischen Imperatoren mit dem Tode bestraft wurde. Die

bedecke er sie[10]) und gehe seines Weges. **2.** R. Simon sagt: Er gebe sie seinem Genossen[11]), und der Genosse seinem Genossen[12]), bis man

שִׁמְעוֹן אוֹמֵר, נוֹתְנָן לַחֲבֵרוֹ וַחֲבֵרוֹ לַחֲבֵרוֹ עַד שֶׁמַּגִּיעַ לֶחָצֵר הַחִיצוֹנָה.

Mischna hat hier die hadrianische Zeit im Auge. [10]) Z. B. mit Stroh. [11]) Der weniger als 4 Ellen von ihm entfernt steht; s. Anm. 1. [12]) Und dieser wieder seinem Nebenmanne u. s. f., wenn zur Bildung einer Kette eine genügende Anzahl von Personen zur Verfügung steht. Genau genommen ist aber ein einziger Genosse vollkommen hinreichend, welcher die Tefillin aus der Hand des ihm zur Linken stehenden Finders in Empfang nimmt und sie ihm, nachdem dieser seinen Platz verlassen und sich zu seiner Rechten aufgestellt hat, wieder überreicht, um nun seinerseits den Platz zu wechseln und zur Rechten des Finders ihm die Tefillin wieder abzunehmen; וחבירו לחבירו ist daher nicht buchstäblich zu nehmen [וצריך עיון בבבלי דהשתא לא אוושא מלתא]. Hat der Finder keinen Genossen bei sich, so trage er seinen Fund allein bis zur nächsten Ortschaft [siehe Tosafot u. d. W. ר׳ שמעון אומר; sowohl הרב חמגיד (Hilchot Sabbat XIX 23) als auch R. Josef Karo (Bet Josef 1 301) scheinen diese Stelle im Augenblick übersehen zu haben, sonst hätten sie die Entscheidung Maimuni's nicht auf eine Weise begründet, welche seinen eigenen Worten (והלכה כר׳ שמעון) im Mischnacommentar widerspicht], nehme sich aber in Acht, dass er ihn nicht 4 Ellen hintereinander trage, bleibe vielmehr, um auszuruhen (Darche Mosche I 266 Anm. 1), jedesmal stehen, so oft er 3 Ellen zurückgelegt hat. Dieses Verfahren ist aber wegen der grossen Achtsamkeit und der fortwährenden Selbstüberwachung, die es erheischt, nur im äussersten Nothfalle statthaft, wenn man sich auf keine Weise der Beihilfe einer andern Person versichern kann, und ein Ausharren am Fundorte bis Sabbatausgang geradezu unmöglich ist, sei es dass die Gegend zu unsicher ist, sei es aus anderen ebenso zwingenden Gründen. Dagegen ist die Beförderung mittels der „Kette" unter allen Umständen gestattet, weil durch dieses Verfahren die Möglichkeit einer Gesetzesverletzung bei noch so grosser Hast nahezu ausgeschlossen ist; denn strafbar ist derjenige, welcher einen Gegenstand 4 Ellen weit auf öffentlichem Gebiete trägt, nur dann, wenn er ihn hingelegt hat, nicht aber, wenn eine andere Person ihm denselben aus der Hand nimmt, und überdies darf ja ohnehin die Entfernung zwischen den einzelnen Gliedern einer »Kette« höchstens drei Ellen betragen, wenn sie in der Lage sein sollen, den Gegenstand einander ohne grosse Anstrengung zu reichen. Mithin wendet sich R. Simon nicht gegen den unmittelbar vorhergehenden Satz, sondern gegen die ganze erste Mischna. Nach seiner Ansicht kann man sich die Mühe sparen, die gefundenen Tefillin einzeln Paar für Paar hineinzutragen, noch weniger braucht man dem Finder zuzumuthen, dass er den ganzen Tag bei ihnen Wache stehe; er kann sie vielmehr alle auf einmal ohne Zeitverlust mittels der »Kette« hineinschaffen. Dem Schlusssatz aber stimmt er grade bei; denn in Zeiten der Religionsverfolgung kann ihm die Kette nichts nützen, da bleibt ihm nichts übrig, als die Tefillin ohne Aufsehen zu verhüllen und sich unbemerkt davon zu machen. Diese Vorschrift gilt an Werktagen ebenso wie am Sabbat; R. S. aber spricht ausschliesslich vom Sabbat, und sein Widerspruch richtet sich auch lediglich gegen die auf den Sabbat bezüglichen Bestimmungen der vorhergehenden Mischna. Dadurch erklärt sich auch, dass mit den Worten ר׳ שמעון אומר eine neue Mischna beginnt. [Zu dieser Auffassung, welche auf den ersten Blick mit der Discussion im Babli nicht vereinbar scheint, bin ich durch Maimonides gelangt. In seinem Codex, Hil. Sabb. XII 17, entscheidet er, dass die Beförderung beliebiger Gegenstände mittels der Kette selbst auf öffentlichem Gebiete ohne jede Einschränkung erlaubt ist; in seinem Commentar z. St. schliesst er mit den Worten: והלכה כר׳ שמעון והלכה כר״ש, gibt also zu erkennen, dass R. S. diese Art der Beförderung ebensowenig wie R. J. auf den äussersten Nothfall (סכנת לסטים) beschränkt; folglich muss man annehmen, dass R. S. dieses Verfahren an Stelle von מכניסן זוג זוג und מחשיך עליהן gesetzt wissen will. Und wenn im Babli zwischen dem Schlusssatz der 1. Mischna und den Worten des R. S. durch ein חסורא מחסרא eine künstliche Verbindung hergestellt wird, so liegt das in der Methode desselben, ist aber bekanntlich keineswegs buchstäblich zu nehmen; vgl. z. B. Gittin 74b. Um so auffallender ist es, dass Maim. das. XIX 23 den unglücklichen Finder geweihter Gegenstände bei ihnen bis

וְכֵן בְּנוֹ, נוֹתְנוֹ לַחֲבֵרוֹ וַחֲבֵרוֹ לַחֲבֵרוֹ אֲפִלּוּ הֵן מֵאָה. ר׳ יְהוּדָה אוֹמֵר נוֹתֵן

zum äussersten Hofe gelangt[13]). Ebenso (verfahre er) mit seinem Kinde[14]); er reiche es dem Genossen und der Genosse seinem Genossen, und wären ihrer auch hundert[15]). R. Juda sagt: Es darf jemand einen

---

Sabbatende ausharren heisst. Das ist doch eine harte Zumuthung und eine unnütze Grausamkeit Wozu den armen Mann so quälen, und einen ganzen Tag fasten lassen? Noch mehr! Sind der gefundenen Tefillin nur wenige, soll er sie paarweise anlegen und so nach und nach hineintragen! Wer soll nun aber, während er das eine Paar rettet, alle die übrigen bewachen? Sollen diese inzwischen der Verunglimpfung ausgesetzt sein? Warum soll er nicht lieber sie alle, ob ihrer nun viele oder wenige sind, mit Hilfe eines oder mehrerer Genossen nach dem von R S. empfohlenen Verfahren gleich auf einmal bis zur nächsten Ortschaft befördern? Verdient diese Art der Beförderung denn nicht bei weitem den Vorzug vor der zeitraubenden Bewachung oder gar vor dem überdies auch noch unzulänglichen Verfahren des paarweisen Hineintragens? Zufolge seiner eigenen Entscheidung das. XII 17 hätte er hier die Beförderung mittels der Kette nicht als einen Nothbehelf an das Ende seiner Ausführungen stellen dürfen, sondern als den ersten und zweckmässigsten und sichersten Ausweg an die Spitze derselben; er hätte sagen müssen: המוצא תפלין בשבת ברשות הרבים נותנן לחברו בתוך ארבע אמות וחברו לחברו עד שמגיע לחצר החיצונה ואם אין שם אחר כיצד הוא עושה . . היה מתירא . פחות פחות מארבע אמות: במה . . דברים אמורים. Aber sein Werk ist ein Auszug aus dem Talmud, und er liebt es, sich möglichst enge an denselben anzuschliessen. Der Babli bringt die Worte des R. Simon aus rein formellen Gründen mit שעת סכנה in Verbindung, obwohl dieselben sich auf die ganze Mischna beziehen, und Maimonides folgt diesem Beispiel. Durch diese allzu ängstliche Anlehnung an den Talmud hat M. auch den Schein erweckt, welchem einige Worte in seinem Mischnacommentar z. St. noch Vorschub leisten, als wollte er zwei einander bekämpfende Ansichten, die des ת״ק und des ר״ש, zum Gesetz erheben. Das ist aber — wir haben es bereits, gestützt auf Tosafot z. St., gegen הרב המגיד u. בית יוסף vertheidigt — nicht der Fall; seine Entscheidung fusst vielmehr lediglich auf der Meinung des R. Simon. Auch sonst leidet diese Stelle an Härten und Unebenheiten. So z. B. der Satz ואם היה בימי הגזרה שמתירא לישב לשמרן עד הערב מפני הנכרים מכסן במקומן ומניהן והולך. Wenn es nur das ist, so braucht er die Tefillin deshalb noch nicht ihrem Schicksal zu überlassen; er kann sie ja פחות פחות מארבע אמות heimbringen! Offenbar hat M. die Worte ובסכנת מכסן והולך לו auf das unmittelbar vorhergehende מחשיך עליהן bezogen; in Wahrheit beziehen sich auch sie gleich den Worten des R. Simon auf die ganze Mischna. Es ist nicht grade die Dunkelheit der Nacht, welche בימי הגזרה mehr als sonst Gefahren in sich birgt, auch der längere Aufenthalt auf offener Heerstrasse ist es nicht; zu fürchten ist vielmehr die Möglichkeit, am lichten Tage mit den Tefillin in der Hand betroffen zu werden. מכסן והולך לו gilt daher nicht für Sabbat allein, sondern für alle Tage. [כך היא הצעת הסוגיא לפע״ד]

[13]) Dort legt man sie an der Umfassungsmauer nieder. In den Hof, der ja Privatgebiet ist, darf man sie natürlich nicht tragen, selbst wenn der Fundort nur neutrales Gebiet ist (K. IX Anm. 14). Ist auch nach R. Simon, wie aus dem Schluss der folgenden Mischna ersichtlich, die Uebertretung eines rabbinischen Verbotes gestattet, wo es sich um den Schutz heiliger Gegenstände handelt, so macht er dies Zugeständnis doch nur im Nothfalle, wenn kein anderer Ausweg mehr sich öffnen will; hier aber sind ja die Tefillin an der Aussenmauer des dem Fundorte am nächsten liegenden Wohnhauses hinreichend geschützt, da sie von den auf's Feld gehenden Fenstern aus und nöthigenfalles von einem dazu bestellten Wächter beaufsichtigt werden können. [So könnte לחצר החיצונה auch in Sabbat XXIV 1 aufgefasst werden, wodurch die von מגן אברהם 266[11] geltend gemachte Schwierigkeit (s. auch Maimuni's Mischnacommentar das.) von vornherein beseitigt wäre] [14]) Welches am Sabbat auf freiem Felde geboren wurde. [15]) Obgleich es dem Kinde nicht zuträglich sein kann, wenn es durch so vieler Menschen Hände geht, soll man doch dieses Verfahren anwenden, weil man selbst bei einem Rettungswerke darauf bedacht sein muss, so wenig als nur irgend möglich gegen eine Vorschrift des Religionsgesetzes zu verstossen (Jeruschalmi). Bei unmittelbarer Gefahr darf man freilich nicht allzu ängstlich sein und etwa kostbare Zeit verstreichen lassen, um in dem Dilemma zwischen Lebensrettung und Sabbatgesetz einen Ausweg zu suchen, auf welchem man zwischen dieser

אָדָם חָבִית לַחֲבֵרוֹ וַחֲבֵרוֹ לַחֲבֵרוֹ אֲפִלּוּ חוּץ לַתְּחוּם. אָמְרוּ לוֹ, לֹא תְהַלֵּךְ זוֹ יוֹתֵר מֵרַגְלֵי בְעָלֶיהָ: ג הָיָה קוֹרֵא בְסֵפֶר עַל הָאַסְקֻפָּה

Krug[16]) seinem Genossen reichen und der Genosse seinem Genossen, sogar über die Sabbatgrenze[17]) hinaus. Da sagte man ihm: Dieser[18]) darf doch nicht weiter gehen als die Füsse seines Eigenthümers[19]). **3.** Liest jemand in einem Schriftwerke auf der Schwelle[20]), und das Schriftwerk

---

Alternative ohne Collision geschickt hindurchschlüpfen könnte; hier ist vielmehr rasches Eingreifen, entschlossene That am Platze. Im vorliegenden Falle ist jedoch keine Gefahr im Verzuge. Wie schafft man nun aber das Kind ins Haus? Man kann es doch nicht wie die Tefillin bis Sabbatausgang im Freien an der äussern Hofmauer liegen lassen! Auch hier ist leicht Rath zu schaffen. Wer einen Gegenstand aus Privatgebiet in öffentliches oder umgekehrt aus רשות הרבים in רשות היחיד hinüberreicht, ist nur dann strafbar, wenn er ihn niedergelegt hat (vgl. Anm 12). Streckt er dagegen seine Hand aus dem einen in das andere dieser Gebiete, und eine im letztern befindliche Person nimmt ihm den Gegenstand aus der Hand, so haben beide nur ein rabbinisches Verbot übertreten (s. Sabbat I 1). Dazu kommt, dass das Feld zu den Zwittergebieten gehört, denen der Verkehr mit öffentlichen sowohl, als mit Privatgebieten wiederum nur von den Rabbinen untersagt ist. Mithin dürfte man ohne Bedenken das auf dem Felde geborene Kind über die Hofmauer reichen, wo es ein Hausbewohner in Empfang nimmt (vgl. עבודת הגרשוני No. 114 u. מגן אברהם 348⁴). Ist das Kind in einer רשות הרבים geboren, so muss man natürlich, um wenigstens dem Conflict mit einem biblischen Verbote aus dem Wege zu gehen, dieses Verfahren erst recht einschlagen, falls man nicht lieber, was ich vorziehen würde, die Vermittlung eines communen Gebietes (K. IX Anm. 14) — z. B. einer Stufe vor dem Eingange, von mindestens 3 טפחים Höhe und weniger als 4 טפחים Breite — in Anspruch nehmen mag; einen מקום פטור verschafft man sich am bequemsten, indem man Kleidungsstücke an der Grenze zwischen רשות היחיד und רשות הרבים bis zu einer Höhe von 10 Handbreiten (Anm. 25) so übereinanderlegt, dass die oberste Schicht weniger als 4 טפחים breit ist. [Eine Höhe von 3 טפחים genügt hier nicht, weil nach Raschi Sabbat 8a unten אין כרמלית בכלים; um wie viel mehr אין מקום פטור בכלים! Zwar bildet כלי המחובר לקרקע nach Tosafot das. 11b ד"ה אלא eine Ausnahme; aber הבור לקרקע ist ja am Sabbat unmöglich ועדיין צ"ע אי שרי להושיב שם כלי אף בלי חבור עיין או"ח שט"ו א' ואפשר דע"י הערמה כדי לישב עליו מותר.] [16]) Mit Wasser. [17]) Einl. Abs. 4. [18]) Der Krug. [19]) Gegenstände, die einen Israeliten zum Eigenthümer haben, sind auf dessen Sabbatbezirk beschränkt (ביצה V 3) und dürfen nach einem ausserhalb desselben befindlichen Orte nicht einmal von einem Bewohner desselben geschafft werden. Wie aus M. 4 das. hervorgeht, bekennt sich auch R. Juda zu diesem Grundsatze. Demnach wäre er hier mit sich selber im Widerspruche? Keineswegs! Er stützt sich hier auf eine Bestimmung in Sabbat X 5, laut welcher derjenige, welcher Speisen, die das erforderliche Quantum nicht haben, in einem Gefässe hinausträgt, auch wegen des Gefässes nicht bestraft werden kann, weil dasselbe für seinen Zweck nur nebensächlich war. Genau so verhält es sich hier. Seine Absicht ist lediglich, die Freunde, die ausserhalb seines Sabbatbezirkes von Durst gequält sind, mit Wasser zu versorgen. Dazu bedarf er eines Kruges. Dieser ist allerdings Eigenthum, aber mit Rücksicht auf den beabsichtigten Zweck nur Nebensache. Hauptsache ist das Wasser, und dieses ist, weil aus dem Bache geschöpft, herrenloses Gut und mithin an keinen Sabbatbezirk gebunden (בכלי וכאוקמתא דאביי אליבא דרבא). [20]) Das ist die wörtliche Uebersetzung von אסקופה. Es ist aber keine Schwelle nach unseren Begriffen, der untere wagerechte Theil des Thürrahmens, sondern unter freiem Himmel eine mässig hohe und ziemlich breite Estrade vor dem Eingange, etwa eine Terrasse oder Freitreppe. In der Regel misst ihre Höhe mehr als 3 und weniger als 10 טפחים, ihre Breite 4 טפחים und darüber im Geviert, weshalb sie in der Tosefta (Sabbat I) und im Jeruschalmi (das. I 1) schlechthin zu den Zwittergebieten (K. IX Anm. 14) gezählt wird. Auch in der Mischna (das. X 2) wird stillschweigend vorausgesetzt, dass die אסקופה eine כרמלית ist; נתנה על האסקופה החיצונה heisst dort: in extremo limine posuit, er hat den Korb auf den äussersten Rand der Estrade gesetzt, so dass ein Theil seiner Früchte noch auf neutralem, der andere schon auf öffentlichem Gebiete sich befindet Die Verkennung dieses Sprachgebrauches hat die Commentatoren genöthigt, die

וְנִתְגַּלְגֵּל הַסֵּפֶר מִיָּדוֹ, גּוֹלְלוֹ אֶצְלוֹ. הָיָה קוֹרֵא בְרֹאשׁ הַגַּג וְנִתְגַּלְגֵּל הַסֵּפֶר מִיָּדוֹ, עַד שֶׁלֹּא הִגִּיעַ לַעֲשָׂרָה טְפָחִים גּוֹלְלוֹ אֶצְלוֹ, מִשֶּׁהִגִּיעַ לַעֲשָׂרָה טְפָחִים הוֹפְכוֹ עַל הַכְּתָב. ר׳ יְהוּדָה אוֹמֵר, אֲפִלּוּ אֵינוֹ מְסֻלָּק מִן הָאָרֶץ אֶלָּא כִּמְלֹא מַחַט גּוֹלְלוֹ אֶצְלוֹ. ר׳ שִׁמְעוֹן אוֹמֵר, אֲפִלּוּ בָאָרֶץ עַצְמָהּ גּוֹלְלוֹ אֶצְלוֹ. שֶׁאֵין לְךָ דָבָר מִשּׁוּם שְׁבוּת עוֹמֵד בִּפְנֵי כִתְבֵי

entrollt[21]) seiner Hand[22]), darf er es zu sich heranrollen[23]). Liest er auf dem Vordertheil des Daches[24]), und das Schriftwerk entrollt seiner Hand[22]), darf er es, solange es noch nicht in die zehn Handbreiten[25]) hinabreicht, zu sich emporrollen; ragt es aber schon in die zehn Handbreiten hinein, so wende er es[26]) auf die Schriftseite[27]). R. Juda sagt[28]): Wenn es auch nur eine Nadelbreite[29]) von der Erde entfernt ist, rolle er es zu sich empor! R. Simon sagt: Sogar von der Erde selbst rolle er es zu sich heran, denn es gibt nichts aus dem Begriff des Ruhegebotes[30]) Abgeleitetes, das Stand halten könnte gegenüber den

---

אסקופה der zweiten Mischnahälfte nicht wie die der ersten als כרמלית, sondern im Gegensatz zu dieser als רשות הרבים anzusehen, eine Auffassung, welche auf erhebliche Schwierigkeiten stösst [ועיין היטב בבבלי שם במסקנא ויש להאריך אבל אין כאן מקומו].
[21]) Die Bücher hatten damals die Form einer Rolle, welche nur auf der Innenseite beschrieben war. [22]) Einzahl! Nur der einen Hand entrollte es, die andere hielt das von ihr umfasste Ende der Rolle noch fest. [23]) Selbst wenn das freie Ende der Rolle den Boden der an der Estrade vorbeiführenden רשות הרבים berührt hat. [24]) Da von den platten Dächern des Morgenlandes die Rede ist, kann ראש הגג unmöglich die Spitze des Daches bedeuten. Möglich aber, dass בראש הגג weiter nichts als על הגג und höchstens oben auf dem Dache ausdrücken will. Doch spricht die grössere Wahrscheinlichkeit für die in unserer Uebersetzung zum Ausdruck gekommene Auffassung. Der Vordertheil ist natürlich derjenige Theil des Daches, welcher der רשות הרבים am nächsten liegt. Das Dach ist רשות היחיד. [25]) Vom Erdboden aus gemessen. Der Luftraum über öffentlichem Gebiet ist bis 10 Handbreiten Höhe רשות הרבים, darüber hinaus communes Gebiet (K. IX Anm. 14). [26]) Da er es nicht emporrollen darf. [27]) Um wenigstens die Schrift vor Staub, Regen oder Schmutz zu bewahren. Unter normalen Umständen ist es unzulässig, heilige Schriften auf die Innenseite zu wenden, es gilt dies als geringschätzige Behandlung; um die Schrift zu schützen, muss man ein Tuch über dieselbe breiten. [28]) Soll heissen: Dies die Worte des R. Juda; R. Meïr dagegen sagt (Jeruschalmi). [29]) Andere Lesart: מלא החוט, um die Breite eines Fadens. [30]) Es ist שְׁבוּת zu vocalisiren. Das Wort ist ein substantivirter Imperativ wie מצות פרוש בעלמא (Chullin 74a oben), דרוש (Jebamot 90a-b), שב ואל תעשה (das. IIX 4), קום עשה, מצות עשה ומצות לא תעשה (Sota 44a), הושענא רבא, וקבל שכר. Solcher Imperative giebt es wohl in allen Sprachen eine grosse Anzahl; so im Deutschen: Lebewohl, Vergissmeinnicht, Stelldichein, Thunichtgut, Lugaus, Kehrab, Reissaus u. a, im Französischen: le rendez-vous, un beau venez-y-voir u. v. a. — In der Tosefta heisst es am Schlusse des 1. Kapitels von Chagiga: Die Satzungen des Sabbat . . . . sind wie Berge, die an einem Haare hängen und nichts haben, worauf sie sich stützen können. Daher sagte R. Josua: Die Zange (צבתא) wird mit der Zange gemacht. [Der folgende Satz — »Wer hat die erste gemacht? Diese wurde erschaffen« — gehört nicht mehr R. Josua an, sondern ist eine gelegentlich angeknüpfte Bemerkung.] Mit anderen Worten: So wie man zur Anfertigung einer Zange einer andern Zange bedarf, so waren oft behufs Durchführung eines von den Rabbinen zum Schutze des Gottesgesetzes für notwendig erachteten Verbotes (שבות) wieder andere rabbinische Verbote nöthig (s. Jeruschalmi ʻErubin Ende). Offenbar soll das Wort צבת, dessen R. Josua sich in seinem Gleichnisse bedient, an שבות anklingen, und dadurch dem Hörer andeuten, worauf das Gleichniss eigentlich hinzielt — eine neue Stütze dafür, dass unser Wort als Imperativ zu lesen ist. Ein ähnliches Wortspiel desselben R. Josua findet sich Babli Sabbat 119a. Er wurde einst gefragt Wie kommt es,

heiligen Schriften [31]). **4** Befindet הַקֹּדֶשׁ: ד וְיז שֶׁלִּפְנֵי הַחַלּוֹן. נוֹתְנִין

dass die Sabbatspeisen einen so vortrefflichen Duft haben? Er antwortete: Wir besitzen ein Gewürz, das heisst Sabbat; dieses mischen wir den Speisen bei und daher ihr herrlicher Duft. Hier klingt wieder das Wort Schabbat an Schâbat an; jenes ist die geistige Würze, dieses aber ist ein wirkliches Gewürz. [Dill, Anethum graveolens L.; arab. Schibitt (شبث u. شبث), gleich Schabbat (contrahirt aus שבתת) mit verdoppeltem T-Laut]. — Eine ausführliche Sacherklärung des Kunstausdrucks שבות s. Pes VI Anm. 10. [31]) Wäre die Rolle vollständig seinen Händen entglitten, dann dürfte er sie allerdings nicht vom Boden auf's Dach zurücktragen; denn das Hinüberschaffen eines Gegenstandes aus öffentlichem in privates Gebiet fällt nach der Ueberlieferung unter den Begriff der Arbeit und somit unter das Verbot der Tora: Du sollst (am Sabbat) keine Arbeit verrichten (Ex. 20,10). Nun er aber das eine Ende der Rolle in seiner Hand behalten, wird durch das Heraufrollen des andern, am Boden liegenden Endes keine Satzung der Tora verletzt; denn das Verbot, einen zum Theil in רשות הרבים und zum Theil in רשות היחיד befindlichen Gegenstand in eines dieser Gebiete ganz hinüberzuziehen, ist nicht vom Begriffe der Arbeit abgeleitet, sondern vom Begriffe des Ruhegebots, welches den Rabbinen die Vollmacht ertheilt, zum Schutze einer Sabbatruhe im Sinne und nach dem Geiste der gottgeoffenbarten Satzung, die nach ihrem Ermessen erforderlichen und nach ihrer Einsicht zweckmässigen Verfügungen zu erlassen. Es ist also lediglich rabbinischen Ursprungs, und ein solches Verbot muss zurücktreten, wo es gilt, heilige Schriften vor Unglimpf zu bewahren. Dieser Ansicht mögen R. Meïr nud R. Juda ihre Zustimmung nicht geben. Sie wollen die rabbinischen Verbote auch geheiligten Dingen gegenüber aufrecht erhalten wissen, weil sie befürchten, es könnte dieses Zugeständnis eine Verletzung des biblischen Arbeitsverbots nach sich ziehen, da ja der grossen Menge die nöthige Sachkenntnis abgeht, um den Unterschied zwischen einer dem Leser auf dem Dache aus beiden Händen und einer ihm blos aus der einen Hand auf die Strasse gefallenen Rolle verständnisvoll würdigen zu können. Diese Besorgnis wird gegenstandslos, wenn der Leser sich auf einer Terrasse befindet. In diesem Falle übertritt er ja ein Verbot der Tora auch dann nicht, wenn er sich die vollständig zur Erde gefallene Rolle zurückholt. Darum ist der erste Satz unserer Mischna unbestritten. Aus demselben Grunde gestattet R. Meïr auch dem Leser auf dem Dache die Rolle an demjenigen Ende, welches noch in seiner Hand geblieben, wieder zu sich emporzurollen, solange das untere Ende noch, und wär's auch nur um Haaresbreite, von der Erde absteht. Allerdings ist bis zur Höhe von 10 Handbreiten auch der Luftraum über öffentlichem Gebiete noch רשות הרבים; allein die Tora verbietet nur Gegenstände, die in רשות הרבים ruhen, nach einer רשות היחיד zu schaffen, nicht aber solche, welche auf öffentlichem Gebiete in der Luft schweben, und befänden sie sich auch vollständig in רשות הרבים. Diese Behauptung ist es, gegen welche R. Juda, der im Princip mit R. Meïr übereinstimmt, Einspruch erhebt. Nach seiner Meinung fällt die Beförderung schwebender Gegenstände aus dem einen in das andere dieser beiden Gebiete ebenfalls unter das Arbeitsverbot der Tora. Ist daher das untere Ende der Rolle weniger als 10 טפחים vom Erdboden entfernt, so darf dieselbe nach der Anordnung der Rabbinen, welche den Unterschied zwischen vollständig und theilweise in רשות הרבים befindlichen Gegenständen überall aufgehoben haben, wo ein Missbrauch oder ein Missverstand dieser subtilen Distinction zu einer von der Tora verpönten Handlung führen könnten, keineswegs mittels ihres obern, in der Hand des Lesers zurückgebliebenen Endes hinaufgerollt werden. [Unsere Auffassung fusst hier durchweg auf Jeruschalmi. Viel complicirter ist die Erklärung des Babli, nach welcher allerdings die in Anm. 28 angeführte Emendation überflüssig ist, dafür aber viele andere, noch tiefer einschneidende Aenderungen im Wortlaut der Mischna nothwendig werden, ohne dass gleichwohl dadurch alle Schwierigkeiten beseitigt würden. Schon Tosafot machen z St. (ד״ה אלא) auf einen schwer zu lösenden Widerspruch aufmerksam, welcher sofort verschwindet, wenn man mit Jeruschalmi statt R. Juda an dieser Stelle R. Meïr liest. Die Ansicht des R. Juda kommt in dem unmittelbar vorangehenden Satze zu Worte. Von ihm berichtet nämlich eine Baraita: תנא בשם ר׳ יודה זרק מרשות היחיד לרשות הרבים ועבר ארבע אמות ברשות הרבים חייב. In der palästinensischen Gemara (Sabbat XI, 1), wo übrigens die Worte מרשות—ועבר, welche jedoch aus dem Citat in Babli (das. 97 b oben) mit Sicherheit ergänzt werden können, aus Versehen weggeblieben sind, wird diese Behauptung in folgender Weise begründet: ר׳ יודה

עָלָיו וְנוֹטְלִין מִמֶּנּוּ בַּשַּׁבָּת. עוֹמֵד אָדָם בִּרְשׁוּת הַיָּחִיד וּמְטַלְטֵל בִּרְשׁוּת הָרַבִּים, בִּרְשׁוּת הָרַבִּים וּמְטַלְטֵל בִּרְשׁוּת הַיָּחִיד, וּבִלְבַד שֶׁלֹּא יוֹצִיא חוּץ מֵאַרְבַּע אַמּוֹת׃ ה לֹא יַעֲמֹד אָדָם בִּרְשׁוּת הַיָּחִיד וְיַשְׁתִּין בִּרְשׁוּת הָרַבִּים, בִּרְשׁוּת הָרַבִּים וְיַשְׁתִּין בִּרְשׁוּת הַיָּחִיד, וְכֵן

sich [32]) ein Vorsprung [33]) vor dem Fenster, darf man auf ihn legen [34]) und von ihm nehmen [35]) am Sabbat. Man darf in einem Privatgebiete stehen und in öffentlichem Gebiete hinundherschaffen [36]), in öffentlichem Gebiete — und in einem Privatgebiete hinundherschaffen; nur darf man nicht über vier Ellen hinaus versetzen [37]). **5** Man darf nicht in einem Privatgebiete stehen und in öffentliches [38]) Gebiet harnen, in öffentlichem [39]) Gebiete — und nach Privatgebiet harnen, des-

---

עבר ארבע אמות ברשות הרבים מלאכה בפני עצמה. Sie hat also mit Mar Samuel im Babli das Wort חייב so aufgefasst, dass R. Juda für die זריקה ein besonderes Sündopfer verlangt, nicht als ob er מחייב אתולדה במקום אב wäre, sondern weil er זריקה und הוצאה für zwei verschiedene Stammthätigkeiten hält. Das genügt aber noch nicht zur Erklärung seiner Entscheidung, welche vielmehr erst dann völlig gerechtfertigt erscheint, wenn ihm קלוטה gleich הונחה ist. Die Consequenz ist, dass R. Juda, da er die הוצאה oder die הכנסה eines schwebenden Gegenstandes für eine strafbare Handlung hält, das Emporrollen des Schriftwerks משהגיע לעשרה טפחים trotz אגדו בידו wenigstens als verboten erachten muss, es aber keineswegs mit Rücksicht darauf, dass das eine Ende noch in רשות היחיד ist, völlig gestatten kann. Also nicht der Satz אפלו אינו מסולק מן הארץ אלא כמלא מחט גוללו אצלו, welcher in unserer Mischna unter seinem Namen auftritt, sondern grade der vorhergehende spiegelt seine wahre Ansicht wieder; דר׳ יודה היא — sagt Jeruschalmi zur Stelle — דאמר אסור להשתמש באויר עשרה טפחים. Ueber den Sinn dieser Worte giebt uns eine andere Stelle im Jeruschalmi (Sabbat I, 1, ed. Kr. S. 1c unten, ed. Wien 1820 S. 2b oben) den erwünschten Aufschluss. Sie lautet nach Berichtigung eines den Sinn verdunkelnden Fehlers, der sich daselbst eingeschlichen: היה עומד בפנים וידו מלאה פרות פשוטה לחוץ וקדש עליו היום אסור להחזירה ר׳ אחא בשם ר׳ בא כמן דמר אסור להשתמש באויר עשרה אית תניי תני מותר הוין בעין מימר (אידא ואידא למטה מעשרה ודכולא עלמא מותר להשתמש באויר עשרה) מן דמר אסור (כצ״ל) בשיש שם רוחב ארבעה (במקום שהניח שם ידיו עם הפירות והיכי משכחת לה דתהוי רשות הרבים דאלו בכרמלית אפלו ר׳ יודה מודה דרשאי להחזיר הואיל ואגדו בידו משכחת לה בעמוד גבוה תשעה או בכלי למאי דקיימא לן אין כרמלית בכלים) ומן דמר מותר (כצ״ל) בשאין שם רוחב ארבעה אמר ר׳ יוסי בי ר׳ בון בין זה ובין זה כמן דמר אסור לחשתמש באויר עשרה מאי כדון מן דמר אסור למטה מעשרה ומן דמר מותר למעלה מעשרה. Demnach bedeutet אסור להשתמש באויר עשרה, dass es einer in רשות היחיד befindlichen Person verboten ist, einen Gegenstand, welchen sie frei in der Hand hält, aus רשות הרבים hereinzuholen. Genau derselbe Fall liegt hier vor. Der Leser auf dem Dache hält in seiner Hand die Rolle, deren unteres Ende frei in der Luft schwebt, und darf sie doch nicht heraufziehen, weil das Dach Privatgebiet ist, die Rolle aber in den Bereich des öffentlichen Gebietes hineinragt (s. Tosafot z. St. ד״ה והא לא נח; es ist auffallend, dass sie den Jeruschalmi mit Stillschweigen übergehen). Der Vf. des קרבן העדה hat in seinem Commentar zu Sabbat, weil er לפי שעה die Stelle hier in ʻErubin übersehen hat, den wahren Sinn von אסור להשתמש באויר עשרה vollständig verkannt; seine wunderliche Erklärung ist daselbst — כבודו במקומו מונח — völlig unhaltbar.] [32]) Mindestens 10 Handbreiten von der Erdoberfläche entfernt. [33]) זיז (von זוז sich fortbewegen) entspricht genau dem frz. saillie und bezeichnet in der Baukunst den Vorsprung oder die Ausladung an einem Gebäude. [34]) Gegenstände aus dem Hause. Jedoch nur zerbrechliche; andere dagegen nicht, weil zu befürchten ist, dass sie herunterfallen und von der Strasse hereingeholt werden könnten. [35]) Ins Zimmer hinein. [36]) Indem man die Hand hinausstreckt und einen auf öffentlichem Gebiet liegenden Gegenstand auf einen andern, demselben Gebiete angehörenden Ort setzt. [37]) Doch ist Privatgebiet, und wäre es noch so gross, in dieser wie in vielen anderen Beziehungen seinem ganzen Umfange nach als ein Raum von nur 4 Ellen anzusehen. [38]) Oder neutrales. [39]) Oder neutralem. [40]) Auf öffentlichem oder neutralem Gebiete; vgl. Anm. 1. [בש״ע לא הזכיר אלא ר״הר אבל רש״י כתב משוי הוא משמע דאף בכרמלית אסור ואין זה שלא כדרך]

לֹא יָרֹק. רַבִּי יְהוּדָה אוֹמֵר, אַף מִי שֶׁנִּתְלַשׁ רֻקּוֹ בְּפִיו, לֹא יְהַלֵּךְ אַרְבַּע אַמּוֹת עַד שֶׁיָּרֹק: ו לֹא יַעֲמֹד אָדָם בִּרְשׁוּת הַיָּחִיד וְיִשְׁתֶּה בִּרְשׁוּת הָרַבִּים, בִּרְשׁוּת הָרַבִּים וְיִשְׁתֶּה בִּרְשׁוּת הַיָּחִיד. אֶלָּא אִם כֵּן הִכְנִיס רֹאשׁוֹ וְרֻבּוֹ לַמָּקוֹם שֶׁהוּא שׁוֹתֶה. וְכֵן בַּגַּת. קוֹלֵט אָדָם מִן הַמַּזְחֵלָה לְמַטָּה מֵעֲשָׂרָה טְפָחִים. וּמִן הַצִּנּוֹר מִכָּל מָקוֹם שׁוֹתֶה: ז בּוֹר בִּרְשׁוּת

gleichen nicht speien. R. Juda sagt: Auch derjenige, dem sich der Speichel im Munde losgelöst hat, darf nicht vier Ellen[40]) gehen, ehe er ihn ausgespieen. **6** Man darf nicht in Privatgebiet stehen und in öffentlichem Gebiete trinken, in öffentlichem Gebiet—und im Privatgebiete trinken, es sei denn, dass man seinen Kopf und seines Körpers grössern Theil in den Ort gebracht hat, an welchem man trinkt; dasselbe gilt von der Kelter[41]). Man darf vom Traufdache[42]) unterhalb zehn Handbreiten[43]) auffangen; von der Rinne aber darf man auf jede Weise[44]) trinken.

המוציאין מידי דהוי אמוציא אוכלין בפיו ומדברי הטור אין ראיה הואיל וברישא נמי לא הזכיר אלא ר״הר.]

[41]) Der Wein gehört zu den Bodenerzeugnissen, von denen der Eigenthümer verpflichtet ist, die in K. III Anm. 7, 14 und 4 besprochenen Abgaben zu entrichten. Vor ihrer Absonderung darf man wohl innerhalb der Kelter von dem Weine trinken, nicht aber ausserhalb derselben, es sei denn, dass man mit seinem Kopfe und dem grössern Theile seines Körpers innerhalb des Kelterraumes sich befindet. Nur dieser Analogie hat die an Ma'serot IV 4 anknüpfende Vorschrift ihre Stelle in unserer Mischna zu danken; vom Sabbat handelt sie nicht. Im Gegentheil! Es ist am Sabbat auch innerhalb der Kelter vor Absonderung der angedeuteten Abgaben vom Weine zu trinken verboten. Nach einer andern Erklärung im Babli beziehen sich die Worte וכן בגת doch auf den Sabbat und stehen im engsten Zusammenhang mit dem Vorhergehenden, indem sie das daselbst in Bezug auf öffentliches Gebiet ausgesprochene Verbot auf die Kelter ausdehnen, obgleich diese nur neutrales Gebiet ist. [42]) Eine Leiste von mässiger Ausladung unmittelbar unter dem Dache oder doch weniger als drei Handbreiten von ihm abstehend, um das von demselben abfliessende Regenwasser an ihrer schrägen Oberfläche über die Mauer hinwegzuleiten (מוחלה Hif'il von זחל sich langsam fortbewegen), damit diese nicht beschädigt werde; lat. suggrunda, frz. larmier [43]) Von der Erde aus gemessen. Obgleich der Luftraum über einer רשות הרבים bis zur Höhe von 10 Handbreiten noch öffentliches Gebiet ist, das Wasser aber vom Dache, also aus einer רשות היחיד kommt, darf er es doch in seiner Hand oder in einem Gefässe auffangen. Ist es ja nach Sabbat I 1 einem auf öffentlichem Gebiet befindlichen Israeliten gestattet, ein Gefäss hinzuhalten, damit eine auf Privatgebiet stehende Person einen Gegenstand hineinlegen kann, welcher bis dahin in רשות היחיד geruht hat; um wie viel mehr muss dies hinsichtlich der aus der Wolke sich ergiessenden, von selbst herniederfallenden Regentropfen erlaubt sein, welche von Anfang an in fortwährender Bewegung waren (s. Babli Sabbat 5a unten und 5b oben). Selbstverständlich ist das Auffangen des vom Rande der Leiste herniedertropfenden Wassers in einer Höhe von 10 Handbreiten und darüber erst recht gestattet, denn dort ist ja der Luftraum communes Gebiet (Anm. 25). [44]) Hier hat man nicht nöthig, das Wasser in der Luft aufzufangen; man kann das Gefäss auch an die Mündung der Rinne bringen und das Wasser unmittelbar hineinlaufen lassen, was beim Traufdach nicht erlaubt ist. Dieses ist nämlich als Bestandtheil und Fortsetzung des eigentlichen Daches anzusehen, mithin gleich diesem Privatgebiet; hält man daher von der Strasse aus das Gefäss bis zum Rande der Leiste, um das Wasser hineintropfen zu lassen, so darf man es nicht mehr zu Boden setzen, wie es ja auch nach Sabbat I 1 dem auf öffentlichem Gebiete Stehenden verboten ist, einen Gegenstand zu sich herauszuschaffen, den ihm ein Anderer in die nach רשות היחיד ausgestreckte Hand gelegt hat (מה לי חטעינו חברו מה לי הטעינו שמים, Babli a. a. O.). Die Dachrinne dagegen ist nichts weniger als ein Bestandtheil des Daches. Auch lässt sie das Wasser nicht wie die Leiste längs der ganzen Front abtropfen, leitet es vielmehr

7 Wenn eine Cisterne in öffentlichem Gebiete sich befindet, und ihre Umfassung zehn Handbreiten hoch ist, darf man durch ein über ihr befindliches Fenster am Sabbat

הָרַבִּים וְחֻלְיָתוֹ גְבֹהָה עֲשָׂרָה טְפָחִים, חַלּוֹן שֶׁעַל גַּבָּיו מְמַלְּאִין

---

bis zu ihrer über das Gebäude weit hinausragenden Mündung, von wo es in grossem Bogen auf die Strasse strömt; sie ist daher, da ihre Breite in der Regel keine 4 טפחים beträgt, communes Gebiet. Hat die Rinne jedoch ausnahmsweise eine Breite von 4 טפחים und darüber, so dass sie neutrales Gebiet darstellt, darf man auch in der That das Regenwasser aus ihr nur in derselben Weise auffangen, als von der Dachleiste. [Die Auffassung unserer Mischna hängt wesentlich von der Lesart ab, die aber gerade hier nicht mit der wünschenswerthen Sicherheit festgestellt werden kann. Jeruschalmi liest: מן הצנור ומכל מקום, Alfasi: למעלה st. למטה und ושותה st. שותה (s. auch R. Jonatan hak-Kohen das.), Maimonides vermuthlich: קולט אדם מן המזחלה למעלה מעשרה טפחים ומן הצנור ומכל מקום ושותה (Hil. Sabbat XV 3; s. מגיד משנה das., der auch bei Alfasi so gelesen hat). Die uns vorliegende Lesart findet einen starken Rückhalt in der Tosefta, woselbst es in der zweiten Hälfte des 6. Kapitels heisst: לא יצרף אדם ידו עם הכותל ועם המזחלה אם רשות הגג למעלה מעשרה טפחים וישתה אבל מצרף הוא ידו לצינור למעלה מעשרה טפחים ושותה. Also auch hier der Unterschied zwischen מזחלה und צינור! Wir haben daher diese Lesart beibehalten und unserer Uebersetzung zu Grunde gelegt. Unsere Erklärung gibt im Wesentlichen die Auffassung Raschi's wieder, die wir nur weiter ausgeführt und von einem neuen Gesichtspunkte aus beleuchtet haben. Nur in einem Punkte sind wir von seiner Erläuterung abgewichen. Nach Raschi müsste die Mischna von einem Dache sprechen, das kaum 13 Handbreiten (ungefähr 1 Meter) von der Erdoberfläche absteht. Solch niedrige Häuschen gehörten wohl auch damals zu den grössten Seltenheiten, und es schien uns nicht wahrscheinlich, dass just von solchen hier die Rede sein soll. Was Raschi zu dieser Annahme nöthigte, war die Erwägung, dass eine höher als 10 טפחים angebrachte Rinne, sofern sie eine Grundfläche von 4 Handbreiten im Geviert hat, רשות היחיד ist. Aber schon Maimonides macht a. a. O. darauf aufmerksam, dass es trotzdem nicht zum חיוב חטאת kommen kann, da ja das Regenwasser in steter Bewegung ist (והיא גמרא ערוכה בשבת ה: ע״ש). Dazu kommt, das grade nach Raschi, welcher zwischen צינור und מזחלה unterscheidet, nicht ersichtlich ist, weshalb die Rinne, die er im Gegensatz zu Maim., da sie über das Dach hinausragt, nicht als dessen Fortsetzung betrachtet (s. auch ריטב״א z. St.), Privatgebiet sein soll. Was nützt es, dass sie in einer Höhe von 10 Handbreiten angebracht ist, da sie keine Wände hat, die 10 טפחים hoch sind? מגן אברהם (351 Anm. 5) nimmt seine Zuflucht zu den חורי רשות היחיד, um Raschi zu rechtfertigen; dieser Versuch muss aber, abgesehen von den bereits in מחצית השקל das. erhobenen Einwänden, welche der Vrf. sich vergeblich zu beseitigen abmüht (s. auch פרי מגדים z. St.), schon an der einen Schwierigkeit scheitern, dass dann die Frage der Gemara: אבל מצרף לא מאי טעמא, unverständlich wäre, und die auf לבוד recurrirende Antwort keinen Sinn hätte. חורי רשות היחיד sind ja bis zu einer Entfernung von zehn טפחים Privatgebiet, wie aus מגן אברהם 353 Anm. 4 ersichtlich! Allerdings wird in מחצית השקל das. י׳ in תוך ג׳ in תוך emendirt; ebenso hat auch תפארת ישראל in der הלכתא גבירתא 'Erubin X 4 בתוך ג״ט. Doch habe ich den Grund zu dieser Berichtigung nirgends entdecken können; dagegen habe ich in den Tosafot zu 'Erubin 89 b oben die Stelle gefunden, welche dem Vrf. des מגן אברהם hier wahrscheinlich als Quelle gedient hat, und da heisst es ausdrücklich: וכן זיז היוצא לר״ה רחב ד׳ דהוי ר״הי חיינו סמוך לחלון תוך עשרה דהוי כי חורי ר״הי. Am auffallendsten ist, wie die Vrf. von מג״א, מ״הש u. פ״מ übersehen konnten, dass schon R. Jonatan in seinem Commentar zu Alfasi hier an חורי רשות היחיד gedacht, diesen Gedanken aber wieder fallen gelassen und der מוחלה wie dem צינור den Charakter der חורי ר״הי abgesprochen hat. Auch die Stütze, welche die Tosafot z. St. ד״ה מן חצנור für Raschi's Auffassung aus der Tosefta herbeibringen, ist eine schwankende. In unseren Ausgaben steht in der That: למעלה מעשרה טפחים ושותה, wie wir oben angeführt haben, desgleichen in der Wiener Handschrift, während die Erfurter gleich den Tosafot למטה מעשרה liest (s. die Zuckermandel'sche Toseftaausgabe). — ובהלכתא גבירתא הנוספת לספר תפארת ישראל סבן המחבר בסוף כל פרק התיר כאן לצרף מן הצינור אפלו יש בו ד׳ על ד׳ אם הוא למעלה מעשרה וזהו דלא כמאן ולא ידעתי מנא ליה הא ואפשר דס״ל הואיל ואין כרמלית למעלה מעשרה הוי האי צינור כקום פטור ושבוש הוא עיין תוספות עירובין פ״ט ריש עמוד ב׳ ורא״ש שם.]

הֵימֶנּוּ בְּשַׁבָּת. אַשְׁפָּה בִּרְשׁוּת הָרַבִּים גְּבוֹהָה עֲשָׂרָה טְפָחִים, חַלּוֹן שֶׁעַל גַּבָּהּ שׁוֹפְכִין לְתוֹכָהּ מַיִם בְּשַׁבָּת:
ח אִילָן שֶׁהוּא מֵסֵךְ עַל הָאָרֶץ, אִם אֵין נוֹפוֹ גָּבֹהַּ מִן הָאָרֶץ שְׁלֹשָׁה טְפָחִים מְטַלְטְלִין תַּחְתָּיו. שָׁרָשָׁיו גְּבוֹהִין מִן הָאָרֶץ שְׁלֹשָׁה טְפָחִים, לֹא יֵשֵׁב עֲלֵיהֶן. הַדֶּלֶת שֶׁבַּמֻּקְצָה וַחֲדָקִים שֶׁבַּפִּרְצָה וּמַחֲצָלוֹת, אֵין

aus derselben schöpfen [45]). Ist ein Misthaufen in öffentlichem Gebiete zehn Handbreiten hoch, darf man durch ein über ihm befindliches Fenster am Sabbat Wasser auf denselben ausgiessen [46]). **8** Ueberdacht ein Baum die Erde, so darf man, wenn sein Geäst nicht drei Handbreiten von der Erde absteht, unter ihm hinundhertragen [47]). Sind seine Wurzeln drei Handbreiten hoch über der Erde, darf man auf ihnen nicht sitzen [48]). Mit der Thür am Hinterhofe, den Hecken an der Mauerlücke und mit Matten darf

---

[45]) Ist die Umfassung (K. VIII Anm. 25) weniger als vier Handbreiten von der Mauer entfernt, in welcher das Fenster sich befindet, so ist dieser Zwischenraum communes Gebiet (מקום פטור, K. IX Anm. 14), und es genügt dann, wenn Cisterne und Umfassung zusammen eine Höhe (Tiefe) von 10 Handbreiten haben, so dass der Eimer aus dem einen Privatgebiet (der Grube) in das andere (die Wohnung) durch מקום פטור befördert wird; beträgt dagegen der Zwischenraum vier Handbreiten und darüber, so ist derselbe öffentliches Gebiet, und es muss dann, wenn das Schöpfen erlaubt sein soll, die Umfassung allein 10 Handbreiten hoch sein, damit der Eimer in dem Augenblicke, in welchem er dieselbe verlässt, bereits höher als 10 טפחים in dem Luftraum über der רשות הרבים schwebe (Anm. 25). Wäre im ersten Falle die Entfernung vom obern Rande der Umfassung bis zum Boden der Cisterne geringer als die angegebene, so hätte diese den Charakter des Zwittergebiets (K. IX das.), und man dürfte daher ihr Wasser nicht in die Wohnung schaffen; hätte im zweiten Falle die Umfassung allein die angegebene Höhe nicht, so würde der Eimer, sowie er beim Austritt aus derselben sich der Mauer nähert, einen Augenblick lang in öffentlichem Gebiete schweben und dann nicht mehr in Privatgebiet befördert werden dürfen (vgl. Mischna 3; s. ריטב״א z St. und Magen Abr. 352 Anm. 4 sowie Magen David 354 Anm. 2). [46]) Denn er ist ebenso wie der Raum, aus welchem das Wasser kommt, Privatgebiet (רשות היחיד, K. IX das.). Ist er jedoch zugleich Privatbesitz, so darf man kein Wasser auf denselben ausgiessen, weil zu befürchten ist, dass sein Eigenthümer ihn eines Tages wegräumen, der Inhaber des Fensters aber in gewohnter Weise nach wie vor sein Spülwasser auf dieselbe Stelle, also von privatem in öffentliches Gebiet giessen wird. [47]) Was durch keinen Zwischenraum von mindestens 3 Handbreiten getrennt ist, wird als zusammenhängend und mit einander verbunden betrachtet. Die Aeste des Baumes wachsen erst in beträchtlicher Höhe aus dem Stamme heraus, die niedrigsten unter ihnen sind mehr als 10 Handbreiten von der Erdoberfläche entfernt; neigen sich dieselben nun mit ihren freien Enden so tief zur Erde nieder, dass der Zwischenraum weniger als 3 טפחים beträgt, so ist es, als berührten sie den Boden, und sie umschliessen somit (Jeruschalmi liest מיסב statt מיסך) mit ihren Zweigen und ihrem dichten Laubwerk vollständig wie mit schrägen Wänden ringsum einen Raum, welcher alle Merkmale einer רשות היחיד (K. IX Anm. 14) hat. Allerdings besitzt er nicht den Charakter eines Wohnraumes, dessen Ausdehnung keiner Beschränkung unterliegt; immerhin darf man aber, sofern seine Grundfläche nicht mehr als 5000 Quadratellen misst (K. II M. 5 u. K. V Anm. 12), anstandslos alle Gegenstände, die man am Sabbat überhaupt in die Hand nehmen darf, von einem Ende desselben bis zum andern tragen. Nur müssen die Zweige und Aeste festgebunden sein, dass sie sich im Winde nicht bewegen, denn eine Wand, die nicht einmal den gewöhnlichen Winden Stand zu halten vermag, ist keine Wand. [48]) Eine Erweiterung des rabbinischen Verbots in Besza V 2, an Sabbat- und Feiertagen einen Baum zu besteigen; es entstammt der Besorgnis, man könnte sich in die Laubkrone setzen, der Heiligkeit des Tages vergessen, und Früchte oder Blätter abpflücken. Ragen jedoch die Wurzeln nicht einmal 3 Handbreiten hoch aus dem

נֽוֹעֲלִין בָּהֶן, אֶלָּא אִם כֵּן גְּבֹהִים מִן הָאָרֶץ: ט לֹא יַעֲמֹד אָדָם בִּרְשׁוּת

man nicht verschliessen [49]), es sei denn, dass sie von der Erde abstehen [50]). **9.** Man darf nicht auf

---

Boden hervor, sind sie der Erde gleich geachtet. [49]) Man beachte, dass es nicht lautet אין נועלין אותן (eine Thür schliessen heisst נעל דלת), sondern אין נועלין בהן! Es ist nämlich das Schliessen wie das Oeffnen verboten, weil dabei Einschnitte in die Erde, mehr oder minder tiefe Furchen unvermeidlich sind. Denn diese Verschlussmittel hängen nicht in Angeln wie gewöhnliche Thüren; in der Regel stehen sie, an das Gemäuer gelehnt, unbefestigt auf der Erde, um beim Oeffnen einfach umgeworfen und nachher beim Schliessen wieder aufgerichtet zu werden, wobei natürlich der Erdboden bald hier bald dort jedesmal auf's Neue aufgewühlt oder aufgelockert wird; zuweilen hängen dieselben mittels einer durch ihr oberes Ende gezogenen Schnur an einem Pfosten oder Pfeiler, dann bohrt sich das entgegengesetzte Ende, dem Gesetz der Schwere folgend, in die Erde, und es wird beim Oeffnen wie beim Schliessen erst recht eine Furche aufgerissen. [50]) So dass sie den Boden garnicht berühren, sei es, dass sie auf einer Unterlage ruhen, sei es, dass sie mittels einer sehr kurzen Schnur in entsprechender Höhe befestigt sind. Hängen sie dagegen in Angeln, so schadet es nicht, wenn sie auch mit ihrer untern Kante die Erde streifen, denn sie bewegen sich dann immer in einer gegebenen Bahn, die sie sich längst geebnet haben, so dass Einschnitte in den Boden nicht mehr zu fürchten, wenigstens nicht mehr unvermeidlich sind. Daher Jeruschalmi: מתניתן בשאין להן צירין אבל יש להן צירין הרא היא דתני דלת גודרת מחצלת גודרת קנקילון גודר פותח ונועל בשבת ואין צריך לומר ביום טוב מחצלת (פרוסה על פתחי חניות ברשות הרבים אם היתה קשורה ותלויה פותחין ונועלין [ואם לאו אין פותחין ונועלים עשה לה ציר של קנה ושל שבלין ושל כל דבר פותחין ונועלין] בשבת ואצ״ל בי״ט (die eingeklammerten Worte fehlen in unseren Ausgaben, müssen aber mit Ausnahme vielleicht der in runde Klammern eingeschlossenen aus der Tosefta ergänzt werden; statt גודר und גודרת [einschneidend] liest Tosefta wie Babli richtiger נגרר und נגררת [schleifend], im Grunde aber kommt beides auf dasselbe heraus): „Die Mischna behandelt den Fall, dass keine Thürangeln angebracht sind; sind Angeln vorhanden, so lehrt die Baraita Folgendes: Eine den Erdboden streifende Thür, eine solche Matte, ein solches Gatter (קנקילון = cancelli, κιγκλίς: Gitterthür) darf man am Sabbat und selbstverständlich auch am Feiertage sowohl öffnen als schliessen; mit einer Matte (welche über den Eingang eines Ladens auf der Strasse gebreitet ist) darf man, wenn sie schwebend angebunden ist, sowohl öffnen als schliessen, wonicht (d. h. wenn sie bis zur Erde herabhängt), darf man mit ihr weder öffnen noch schliessen; hat man ihr aber eine Angel aus Rohr, Sangen, oder sonst einem beliebigen Stoffe hergestellt, so darf man mit ihr am Sabbat und selbstverständlich auch am Feiertage sowohl öffnen als schliessen." Dieser Schlusssatz bildet den Schlüssel zum richtigen Verständniss auch des ersten Satzes, welchem der folgende auf den ersten Blick zu widersprechen scheint, und nun werden wir auch begreifen, wie Abajê im Babli dazu kommt, die Geltung des ersten Satzes auf den Fall zu beschränken, dass Thürangeln vorhanden sind, wofür ja im Satze selbst nicht der geringste Anhalt gegeben ist. Im Gegentheil! Die Worte בזמן שקשורין ותלויין, welche in Tosefta und Jer. allerdings fehlen, scheinen das Vorhandensein von Haspen geradezu auszuschliessen; denn es ist nicht einzusehen, warum Thür, Matte und Gatter an einem Strick und nicht lieber in den Angeln hängen, wenn sie wirklich mit solchen ausgestattet sind. Man müsste denn zu der Ausflucht sich entschliessen können, dass die Baraita sie mit Absicht an Stricken befestigt sein lässt, um zu betonen, dass die Benutzung dieser Verschlussmittel gestattet ist, auch wenn dieselben nicht **in**, sondern nur **an** ihren Angeln hängen. Diese Schwierigkeit war es vermuthlich, welche Raba zu der Erklärung veranlasst hat, dass es genügt, wenn früher einmal Angeln vorhanden waren, durch welche die Versperrung eine Zeit lang beim Oeffnen und Schliessen in einer bestimmten Richtung festgehalten wurde. Diese Richtung wird man auch jetzt noch, wo die Angeln fehlen, unwillkürlich und gewohnheitsmässig innehalten, zumal dem Oeffnen und Schliessen, das sich hier so leicht und mühelos vollzieht, an jeder andern Stelle die Unebenheit des Erdbodens manch' unbequemes Hinderniss entgegenstellen wird. *Es ist daher nicht von Belang, ob die Angeln noch vorhanden sind oder nicht;* nur darauf kommt es an, dass überhaupt jemals welche angebracht waren. Abajê dagegen besteht der grössern Sicherheit wegen auf dem Vorhandensein der Haspen;

הַיָּחִיד וְיִפְתַּח בִּרְשׁוּת הָרַבִּים. בִּרְשׁוּת הָרַבִּים וְיִפְתַּח בִּרְשׁוּת הַיָּחִיד. אֶלָּא אִם כֵּן עָשָׂה מְחִצָּה גְּבוֹהָה עֲשָׂרָה טְפָחִים. דִּבְרֵי רַבִּי מֵאִיר. אָמְרוּ לוֹ. מַעֲשֶׂה בְּשׁוּק שֶׁל פַּטָּמִים שֶׁהָיָה

Privatgebiet stehen und in öffentlichem Gebiete aufschliessen, auf öffentlichem Gebiete — und in Privatgebiet aufschliessen[51]), es sei denn, dass man einen zehn Handbreiten hohen Verschlag angebracht hat[52]). Dies die Worte des R. Meïr. Da sagte man ihm: Es ist Thatsache, dass man auf dem Geflügelmarkte[53])

---

allenfalls können die Thürbänder fehlen und durch Stricke ersetzt sein, auf die Angeln aber kann keineswegs verzichtet werden, denn an diesen müssen die Stricke befestigt sein, damit Einschnitte in die Erde um so sicherer vermieden werden. Seine Ansicht findet eine Stütze in einer zweiten von Babli angeführten Baraita, in welcher es ausdrücklich בזמן שיש להן ציר heisst (so hat רבנו חננאל und allem Anscheine nach auch ריטב״א gelesen. In unseren Ausgaben steht dafür בזמן שקשורין ותלויין. Ohne Zweifel ein Schreibfehler! Wäre diese Lesart richtig, so stünde die Baraita eher mit der Mischna als mit אביי und רבא in Widerspruch. Der Schreibfehler erklärt sich übrigens sehr leicht aus der vorhergehenden Baraita, welche in ihrem ersten Theile denselben Wortlaut hat. S. auch Dikduke Soferim z. St.); Raba giebt diesen Worten nicht ohne Zwang die Wendung: sofern sie eine Thürangel hatten. [Wir haben diese kurze, aber vielumstrittene Mischna nach der Auffassung des R. Chananel erläutert, welche uns die einfachste und natürlichste schien. Alle übrigen Erklärer, an ihrer Spitze Raschi, haben unsere Mischna vom Gesichtspunkte der am Sabbat verbotenen Bauthätigkeit aus beleuchtet; nur Maimonides scheint eine Ausnahme zu bilden, er führt sie nicht im 22. K. der Hil. Sabbat auf, sondern in deren 26. K. unter der Rubrik מוקצה. Auf welchen dieser beiden Standpunkte man sich stellen mag, es wird der Unterschied zwischen קשור ותלוי und גבוה מן הארץ nicht ganz klar. Warum ist hier ein ציר erforderlich, dort dagegen nicht? Ob eine improvisirte Thür von der Erde absteht oder nicht, kann doch in Bezug auf מוקצה und בנין gleichgiltig sein, sollte man meinen! Schon dadurch allein, dass sie an den Pfosten angebunden ist, legitimirt sie sich ja hinreichend als das, wozu sie bestimmt ist! Dazu kommt der Gegensatz, in welchem unsere Mischna zu Sabbat XVII 7 steht; ר׳ זרחי׳ הלוי hat auf denselben zuerst aufmerksam gemacht und ראב״ד ,ר׳ ישעי׳ ,מלחמות (s. ריטב״א z. St.) bemühen sich denselben auszugleichen. Die Lösung des letztgenannten Autors hat den Beifall des ר״אש gefunden und ist später zur Halacha erhoben worden. Dieselbe wendet hier den Unterschied zwischen אהל עראי und אהל קבע an. Aber es steht ja auch מחצלת in unserer Mischna, und in der Baraita sind מוקצה und פרצה gar nicht erwähnt! Stellt man sich dagegen auf den Standpunkt des R. Chananel, so schwindet dieser Gegensatz sofort, die Forderung der Mischna, dass die Thür von der Erde abstehe, erscheint vollkommen begründet, und es kostet nur noch einige Mühe sich in der Gemara zurecht zu finden. Dem Einwurf, mit welchem Raschi diese Auffassung angefochten hat, ist deren Urheber in einer kurzen Andeutung zuvorgekommen, der wir gefolgt sind, und die wir in seinem Sinne weiter ausgeführt zu haben hoffen.]

[51]) Selbst wenn der Schlüssel im Schlosse steckt, weil zu befürchten ist, dass man ihn herausziehen und aus Versehen an sich nehmen könnte. [52]) Durch welchen der Raum vor der Thür, bezw. der Standort des Oeffnenden gleichfalls רשות היחיד wird, so dass der Schlüssel, selbst wenn das Befürchtete eintritt, nur aus dem einen in das andere Privatgebiet geschafft wird. Natürlich muss der vom Verschlage eingeschlossene Raum mindestens vier Handbreiten im Geviert messen (K. IX Anm. 14). R. Meir hält es nicht für nöthig das hervorzuheben, denn es ist selbstverständlich. Ebenso selbstverständlich ist aber das Erfordernis einer Höhe von zehn Handbreiten, und doch begnügt er sich nicht mit den Worten אלא אם כן עשה מחיצה. Er betont vielmehr nachdrücklichst, dass dieser Verschlag 10 טפחים hoch sein muss, damit man ja nicht zu dem Irrthum sich verleiten lasse, dass auch eine geringere Höhe des Verschlages, bei welcher der eingeschlossene Raum neutrales Gebiet (ebend.) wäre, hinreichend sei. Daraus folgt, dass nach R. Meïr eine auf Zwittergebiet stehende Person weder in רשות היחיד noch in רשות הרבים ein Schloss öffnen, und umgekehrt kein in einer כרמלית befindliches Schloss von privatem oder öffentlichem Gebiete aus geöffnet werden darf. [53]) פַּטָּם (von פטם

in Jerusalem nach dem Zuschliessen den Schlüssel in das Fenster über dem Eingange legte[54]). R. Jose sagte: Es war der Wollmarkt. **10.** Einen Schieber, an dessen Ende ein Riegel[55]) ist, verbietet R. Eli‘ezer[56]); R. Jose aber gestattet ihn[57]). Da sagte R. Eli‘ezer: Es ist Thatsache, dass ein solcher in der Synagoge zu Tiberias als erlaubt in Gebrauch war, bis R. Gamliel und die Aeltesten kamen und es ihnen untersagten. R. Jose sagt: Herkömmlich galt er als verboten, da kamen R. Gamliel und die Aeltesten und er-

בִּירוּשָׁלַיִם, שֶׁהָיוּ נוֹעֲלִין וּמַנִּיחִין אֶת
הַמַּפְתֵּחַ בַּחַלּוֹן שֶׁעַל גַּבֵּי הַפֶּתַח.
רַבִּי יוֹסֵי אוֹמֵר, שׁוּק שֶׁל צַמָּרִים
הָיָה: וְנֶגֶר שֶׁיֵּשׁ בְּרֹאשׁוֹ קְלֻסְטְרָא.
רַבִּי אֱלִיעֶזֶר אוֹסֵר, וְרַבִּי יוֹסֵי מַתִּיר.
אָמַר רַבִּי אֱלִיעֶזֶר, מַעֲשֶׂה בְּבֵית
הַכְּנֶסֶת שֶׁבִּטְבֶרְיָה, שֶׁהָיוּ נוֹהֲגִין בּוֹ
הֶתֵּר. עַד שֶׁבָּא רַבָּן גַּמְלִיאֵל וְהַזְּקֵנִים
וְאָסְרוּ לָהֶן. רַבִּי יוֹסֵי אוֹמֵר, אִסּוּר
נָהֲגוּ בָהּ, בָּא רַבָּן גַּמְלִיאֵל וְהַזְּקֵנִים

mästen) ist der Geflügelhändler; s. Alfasi z. St. und ‘Aruch, vgl. Beeza 29 b. [54]) Das Schloss, in welchem der Schlüssel steckte, war מקום פטור (K. IX Anm. 14), das Fenster war Privatgebiet. Die Strassen Jerusalems waren zwar gleichfalls רשות היחיד, denn die Stadt war mit Mauern umgeben, deren Thore nachts geschlossen wurden (Einl. Abs. 1); da man aber in der heiligen Stadt keinen Schittuf (Einl. Abs. 2) machte, so durfte man aus ihren Strassen und Gassen, ihren Plätzen und Märkten einen Gegenstand ebensowenig in die Wohnungen wie in öffentliches Gebiet schaffen. Sie hatten also in dieser Beziehung wenigstens den Charakter eines neutralen Gebietes. Wenn es nun in Jerusalem gang und gäbe war, dass man von dem Marktplatz aus den Schlüssel vom Thürschloss nach dem Fenster schaffte, so muss er doch ganz allgemein gestattet sein, auf Zwittergebiet stehende Gegenstände eines andern Gebietes innerhalb desselben auf einen andern Platz zu legen. In Wahrheit ist dies nicht allein demjenigen erlaubt, der auf neutralem Gebiet steht, sondern selbst der in einer רשות היחיד oder einer רשות הרבים befindlichen Person; s. M. 4. [55]) קלוסטרא (so Jeruschalmi, Maimonides und fast alle älteren Autoren; a. L. גלוסטרא) ist das lat. claustra od. clostra, auch im Sing. (claustrum) gebräuchlich, gr. χλεῖστρον. נגר steht in den jer. Targumim (in den bab. findet sich das Wort überhaupt nicht) bald als Uebersetzung von בריח zur Bezeichnung der Balken, welche im Heiligthum zur Verbindung der Bretter dienten (Ex. 26, 26-28, u. 36, 31-33), bald als Uebersetzung von בדים zur Bezeichnung der Stangen, welche an der heiligen Lade angebracht waren (2. Chr. 5, 8-9); in beiden Fällen waren diese Querhölzer bekanntlich durch Ringe geschoben. Im Arab. heisst نَجَرَ mit der Axt bearbeitet, davon نَجَّار der Zimmermann, aram. נַגָּר, نِجَار = hebr. חרש ein Handwerker, der Holz oder Steine behaut. Im Hebr. endlich bedeutet נגר fliessen, rinnen, rieseln. Es scheinen in diesem Stamme zwei verschiedene Wurzeln in einander geflossen. Von der Wurzel נג, welche schlagen oder hauen bedeutet (vgl. נגע und נגף), stammt نَجَرَ behauen, نِجَار u. נגר Zimmermann, Steinhauer; von der Wurzel גר aber, die eine langsame Bewegung ausdrückt (vgl. גרר schleifen, zerren) stammt נגר rieseln und נגר Schieber. Raschi übersetzt hier das Wort sachgemäss mit cheville (Pflock). [56]) Obgleich der נגר im Baba M. VIII 7 zu den handwerksmässig hergestellten Dingen gezählt wird, stellt er doch kein Geräth (כלי) im eigentlichen Sinn dar, ist vielmehr in seiner primitiven Form weiter nichts als ein einfaches Stück Holz und darf daher am Sabbat garnicht in die Hand genommen werden; die קלוסטרא, in welche er endet, ändert daran nichts nach R. E. Erst wenn er mittels einer haltbaren Schnur (ניטל באגדו) an der Thür befestigt ist, und dadurch seine Bestimmung deutlich zu erkennen giebt, darf er nach seiner Meinung am Sabbat als Riegel benutzt werden. [Eine andere sehr bestechende Auffassung von ניטל באגדו hat Maim. in seinem Codex; doch findet Raschi's Erklärung, der wir gefolgt sind, im Jer. ihre Bestätigung.] [57]) Nach ihm ist der Schieber oder Pflock durch den »Riegel an seiner Spitze«, d. i. durch sein oberes, in einen Knopf oder hakenförmig aus-

וְהִתִּירוּ לָהֶן: יא נֶגֶר הַנִּגְרָר נוֹעֲלִים בּוֹ בַּמִּקְדָּשׁ, אֲבָל לֹא בַּמְּדִינָה. וְהַמֻּנָּח כָּאן וְכָאן אָסוּר. רַבִּי יְהוּדָה אוֹמֵר, הַמֻּנָּח מֻתָּר בַּמִּקְדָּשׁ, וְהַנִּגְרָר בַּמְּדִינָה: יב מַחֲזִירִין צִיר הַתַּחְתּוֹן בַּמִּקְדָּשׁ, אֲבָל לֹא בַּמְּדִינָה. וְהָעֶלְיוֹן

laubten es ihnen. **11.** Mit einem schleifen den Schieber[58]) darf man im Heiligthum verschliessen, aber nicht in der Provinz; der liegende[59]) ist dort wie hier verboten[60]). R. Juda sagt: Der liegende ist im Heiligthum gestattet und der schleifende (auch) in der Provinz[61]). **12.** Man darf die untere Angel[62]) im Heiligthum wiedereinfügen[63]), aber nicht in der Provinz[64]); die obere — ist

laufendes Ende, genügend als Riegel und somit als כלי legitimirt. [Raschi erklärt diese und die folgende Mischna vom Gesichtspunkte der verbotenen Bauthätigkeit. Maim. dagegen führt dieselben in seinem Codex unter der Rubrik מוקצה auf (s. auch dessen Mischnacommentar). Die Gründe, welche unsere Wahl zwischen diesen beiden Auffassungen bestimmt haben, findet der Leser in den Tosafot zu Sabbat 126a.] [58]) Einem solchen nämlich, der mittels eines schwachen Fadens (s. Anm. 56) an der Thür so angebunden ist, dass sein unteres Ende den Boden berührt. [59]) Ein solcher nämlich, welcher unangebunden in irgend einem Winkel liegt. [60]) Es ist die Ansicht des R. E. der vorigen Mischna, und das Verbot erklärt sich durch das in Anm. 56 Gesagte. Dass er es aber im Heiligthum nicht so streng nimmt, beruht auf dem Grundsatze: אין שבות במקדש, die rabbinischen Verbote haben im Heiligthume keine Geltung. Hier wie in den folgenden Halachot handelt es sich nämlich keineswegs um Satzungen der Tora, sondern lediglich um einige jener Anordnungen, welche von den Schriftgelehrten gleichsam als Schutzmauer um das göttliche Gesetz errichtet worden, im Bereich des Tempels aber, wo unter den Augen gewissenhafter und sittenstrenger Priester die Verletzung einer Toravorschrift kaum zu befürchten war, grösstentheils ausser Kraft gesetzt waren. Nur einige wenige, die selbst im Heiligthume als nothwendig erkannt wurden, sind auch dort aufrecht erhalten worden. Mehrere dieser Ausnahmen werden hier der Reihe nach aufgeführt. [Raschi scheint allerdings eine Ausnahme von dieser Regel nicht gelten zu lassen (s. Anm. 65) und will daher den Satz אין שבות במקדש auf gottesdienstliche Zwecke beschränken (M. 12 u. 13): dagegen sagt Maimonides ausdrücklich in Hil. Korban Pesach I 16: אין אסור שבות במקדש אפלו בדבר שאינו צורך עבודה אסור שבות במקדש היתר הוא. Raschi's Ansicht dürfte sich kaum aufrecht erhalten lassen (s. Anm. 69).] Während »in der Provinz«, d. i. ausserhalb des Tempels, die Benutzung eines nur mit schwachem Faden angebundenen Riegels auch dann verboten ist, wenn er blos mit dem untern Ende den Boden streift, ist sie im Bereiche des Tempels allerdings gestattet, auch wenn er seiner ganzen Länge nach auf der Erde liegt. Aber angebunden muss er sein, und wär's auch nur mit einem Bande, das nicht dauerhaft genug ist, um seine Last freischwebend zu tragen; sonst ist seine Benutzung, obgleich kein Verbot der schriftlichen Lehre entgegensteht, selbst im Heiligthume unzulässig. [Die Tosafot machen hier (102a oben ד"ה כי פליגי) eine sehr subtile Unterscheidung zwischen ניטל באגדו und יכול לעמוד ע"י אותו חבל, worunter יכול לטלטלו דבר שיכול ממקום למקום verstanden sein soll; aber Jer. spricht ausdrücklich von להעמידו, und davon abgesehen dürfte nun R. E. nicht den נגר הנגרר, sondern den תלוי in Gegensatz zum מונח bringen (s. Tos. Sabbat 126a ד"ה שקשור), da ja nach ihrer Ansicht auch der völlig frei schwebende Riegel verboten ist, wenn die Schnur zwar stark genug ist, ihn in der Schwebe zu erhalten, für seinen Transport aber sich als zu schwach erweist.] [61]) Auch wenn er der ganzen Länge nach auf der Erde liegt, sofern er nur angebunden oder (laut voriger Mischna) mit einem clostrum versehen ist, im Heiligthum dagegen bedarf es nach R. J. weder des einen noch des andern Erfordnisses. [62]) An der Thür eines Spindes oder andern Möbelstückes. [63]) Wenn der Zapfen aus seinem Loch in der Schwelle herausgetreten, darf man ihn mit der Hand wieder zurückschieben; bei Hausthüren oder Fensterladen fiele die Wiedereinfügung allerdings unter das Verbot der Bauthätigkeit, auf Möbelstücke aber findet der Begriff des Bauens überhaupt keine [oder doch nur eine sehr beschränkte; s. R. Ascher K. III No. 5] Anwendung. [64]) Weil dort zu befürchten ist, dass man zwischen der Thür an Möbelstücken und der an Gebäuden keinen Unterschied machen wird — eine Verwechslung, die im Bereiche des Tempels

כָּאן וְכָאן אָסוּר. רַבִּי יְהוּדָה אוֹמֵר, הָעֶלְיוֹן בַּמִּקְדָּשׁ, וְהַתַּחְתּוֹן בַּמְּדִינָה: יג מַחֲזִירִין רְטִיָּה בַּמִּקְדָּשׁ, אֲבָל לֹא בַּמְּדִינָה. אִם בַּתְּחִלָּה, כָּאן

dort wie hier verboten[65]). R. Juda sagt: Die obere im Heiligthum und die untere (auch) in der Provinz[66]). **13.** Man darf ein Pflaster wiederauflegen im Heiligthum[67]), aber nicht in der Provinz; wenn es das erste Mal geschieht[68]), ist es dort wie hier verboten[69]). Man darf eine

---

undenkbar ist. [65]) Wenn der obere Zapfen herausgetreten, fällt die Thür um, und es bedarf dann grosser Anstrengung, sie wieder einzufügen; meist muss man sogar einen Hammer oder anderes Werkzeug zu Hilfe nehmen. Die Anwendung von Werkzeug aber ist als »handwerksmässige Verrichtung« (מכה בפטיש) strafbar; um daher der Uebertretung dieses Verbotes vorzubeugen, deren Möglichkeit selbst im Heiligthum nicht ausgeschlossen war, haben die Rabbinen auch dort die Wiedereinfügung der obern Angel ganz und gar untersagt. Also wieder wie in Anm. 60 eine Ausnahme von der Regel, laut welcher !אין שבות במקדש [Anders lautet die Erklärung Raschi's, welche sich alle späteren Commentatoren der Mischna zu eigen gemacht haben, trotzdem sie von den Tosafot (ד״ה והעליון) widerlegt wird. Ausdrücklich sagt Jer. z. St.: לא כל שבות התירו במקדש und es ist auffallend, dass sich die Tosafot diese Stütze für ihre Ansicht haben entgehen lassen.] [66]) R. J. lässt die Befürchtung, man könnte im Eifer Werkzeug zu Hilfe nehmen, nur ausserhalb des Tempels, nicht aber in dessen Bereiche gelten; die Besorgnis dagegen, dass irgend jemand die für Möbelstücke gewährte Erlaubnis urtheilslos auf Gebäude übertragen wird, theilt er überhaupt nicht. Eine solche Verwechslung ist selbst »in der Provinz« unwahrscheinlich, und da die Wiedereinfügung des untern Zapfens sich durch eine einfache Manipulation ohne alles Werkzeug bewerkstelligen lässt, so hat er gegen dieselbe keinerlei Bedenken. [67]) Der Priester muss den Opferdienst mit ganz nackter Hand verrichten; desgleichen muss sein Dienstgewand durchweg seinem blossen Körper anliegen. Findet sich daher auf der innern Fläche seiner Hand oder an seinem Körper, soweit dieser vom Priesterkleide bedeckt ist, eine durch ein Pflaster geschützte Wunde, so muss er dasselbe abnehmen; es ist ihm aber gestattet, es nach vollbrachtem Dienste auch am Sabbat wieder zu befestigen. Das Auflegen eines Pflasters ist zwar mit Rücksicht darauf, dass es leicht zu »Pflasterstreichen« [מרוח, eine der von המוחק (Sabbat VII 2) ressortirenden, also unter das biblische Verbot der מלאכה fallenden Thätigkeiten; מוחק bedeutet nämlich nicht »schaben«, wie gewöhnlich auf Grund einer fälschlich als Uebersetzung aufgefassten Erklärung Raschi's das. angenommen wird, sondern »glätten«, wie die aus dieser Stammthätigkeit abgeleiteten Verbote (Sabbat 75b) beweisen. Wie bei מחה ist auch hier »schlagen« die ursprüngliche Bedeutung (Richter 5, 26), aus welcher sich unmittelbar die des Glättens entwickelt hat. Der obere Theil des Schreibstifts (מכתב), dessen flaches Ende dazu diente, die mit dem spitzen Ende des untern Theils in das Wachs der Schreibtafel (פינקס, *πίναξ*) eingegrabenen Zeichen wieder zu verwischen, heisst מוחק: der Glätter (Kelim XIII 2), weshalb dann מחק ganz allgemein Geschriebenes auslöschen bedeutet. Bei Maim. Hil. Sabbat XI 6 ist ohne Zweifel עד שיחליק פניהם und nicht שיחליף zu lesen] führen könnte, durch rabbinische Verordnung am Sabbat untersagt. Weil aber die Entfernung des Pflasters von der Wunde zu gottesdienstlichem Zwecke geschah, hat man ihm auch das Wiederanbringen desselben gestattet, damit er die Leistung der ihm zugewiesenen heiligen Dienstverrichtung nicht verweigere (התירו סופו משום תחלתו). [68]) Man erwartet ובתחלה statt des holperigen אם בתחלה (vgl. M. 11 u. 12). Dann aber würde sich מחזירין auch auf diesen Theil des Satzes beziehen, was nicht angeht, da מחזירין (zurücklegen) und בתחלה (im Anfange) dem Sinne nach Gegensätze sind. Es musste daher durch die Conjunction אם ein neuer Satz gebildet werden. Dagegen steht oben sehr richtig וחמונה, והעליון; denn dort ist in der That להחזיר, bez. לנעול בו zu ergänzen. [69]) Der Grund des Verbotes ergibt sich von selbst aus unseren Ausführungen in Anm. 67. Obgleich das Auflegen eines Pflasters am Ruhetage lediglich durch die Rabbinen untersagt ist, wurde dasselbe doch nur dem Priester gestattet, welcher durch eine Dienstverrichtung gezwungen war, ein auf seiner Wunde bereits befindliches Pflaster abzunehmen. Hinsichtlich solcher Verletzungen aber, die erst am Sabbat entstanden, oder vor der Opfer-

Saite[70]) im Heiligthum[71]) zusammenknoten[72]), aber nicht in der Pro-

וְכָאן אָסוּר. קוֹשְׁרִין נִימָה בַּמִּקְדָּשׁ,

---

handlung auch nicht durch ein Pflaster geschützt waren, haben die Rabbinen ihr Verbot aufrecht erhalten. Es ist eben auch hier das Princip אין שבות במקדש (Anm. 60) durchbrochen. [Raschi freilich stellt es in Consequenz seiner Ansicht, dass diese Regel keinerlei Ausnahme erleidet, so dar, als ob dieselbe erst durch Vermittelung von התירו סופו משום תחלתו hier in Betracht käme, ohne Weiteres jedoch in unserm Falle keine Anwendung finden könne, weil die rabbinischen Verbote angeblich nur zu gottesdienstlichen Zwecken im Tempel ausser Kraft gesetzt sind, das Wiederauflegen des Pflasters aber zum Opferdienste nicht mehr in unmittelbarer Beziehung steht. Diese Annahme stösst indes auf erhebliche Schwierigkeiten. Aus Besza 11b ist ersichtlich, dass das Auflegen eines Pflasters auch einem כהן דלאו בר עבודה im Heiligthum gestattet wäre, wenn dieses Verbot nicht eine Ausnahme von dem Grundsatze אין שבות במקדש bildete. (ואין לומר דעולא הא גופא קמשמע לן דלא אמרינן אין שבות במקדש אלא לצורך עבודה והכי קאמר מהו דתימא טעמא מאי משום דאין שבות במקדש כלל ואפלו שלא לצורך עבודה דודאי אי אפשר לפרש כן שהרי בהדיא תנן ואם בתחלה כאן וכאן אסור ואיך סלקא דעתך אמינא אין שבות במקדש כלל). Und davon abgesehen, wo ist in M. 11 ein צורך עבודה, welcher den Unterschied zwischen מקדש und מדינה rechtfertigt? Schon im M. 12 ist Raschi's Erklärung sehr gezwungen; denn zugegeben, dass es sich daselbst um Spinde und Schränke handelt, die zur Aufbewahrung von Salz, Räucherwerk und anderen Gegenständen der Opferung dienen, ist es noch immer nicht ersichtlich, inwiefern die Entnahme dieser Gegenstände abhängig ist von der Wiedereinfügung des Thürzapfens, durch welche doch nur das Schliessen einer Thür, nicht aber ein Oeffnen derselben bezweckt werden kann. Für den נגר als צורך עבודה hat indessen der berühmte Commentator nicht einmal den Versuch einer Erklärung. Wir finden, dass zum Zwecke der Opferung Thüren geöffnet werden mussten (die Pforten des Hechal; Tamid III 7, Babli ʻErubin 2a), eine Vorschrift aber, Thüren vor der Opferhandlung zu schliessen, findet sich meines Wissens nur ein Mal (Pesachim V 5 in Bezug auf die Ausgänge der Vorhalle. Der Vf. v. תפארת ישראל hat dort unbegreiflicherweise דלתות העזרה mit דלתות ההיכל verwechselt; somit fällt die daselbst auf der Grundlage dieses Quiproquo in längerm Für und Wider geistvoll aufgebaute Frage haltlos in sich selbst zusammen), und auch da ist es mehr als zweifelhaft, ob dabei ein Riegel zur Verwendung kam.] [70]) Die am Sabbat während des Spiels gerissen. [71]) Unter den Musikinstrumenten, welche beim täglichen Gemeindegottesdienst während des Giessopfers den Gesang der Leviten begleiteten, werden in ʻArachin II 3 u. 5 zwei Arten von Saiteninstrumenten aufgeführt: Laute (כנור) und Leier (נבל, νάβλα), diese nach Josephus (Archäol. 7, 12 § 3) zwölfsaitig, jene nach derselben Quelle zehnsaitig, nach Tosefta ʻArachin II 7 jedoch nur siebensaitig. Hier handelt es sich ohne Zweifel um die erstgenannte Art [daher die Baraita im Babli: נימת כנור שנפסקה und später: שנפסקה לו נימה בכנור; ähnlich im Jer. נימה שבכנור שנפסקה], von welcher mindestens 9 Instrumente mitwirkten; nach oben aber war die Zahl unbegrenzt, und es kamen deren wahrscheinlich so viele zur Verwendung, als irgend zur Verfügung standen. Die Leier dagegen war beim Gottesdienste in mindestens 2 und höchstens 6 Instrumenten vertreten; wenn daher eines derselben durch das Springen einer Saite unbrauchbar wurde, konnte es schneller durch ein anderes Exemplar ersetzt als durch Zusammenknoten wiederhergestellt werden. [72]) Sofern der Zweck nicht durch eine einfache Schleife erreicht werden kann. Das Verbot, einen Knoten zu machen, ist in Sabbat VII 2 unter die 39 Stammthätigkeiten gezählt; wenn aber der Knoten nicht für die Dauer bestimmt ist, so ist er nur durch rabbinische Verordnung untersagt; eine Schleife zu binden ist dagegen vollständig gestattet. In unserm Falle wird selbst durch den Knoten das Instrument nur nothdürftig ausgebessert. Auf die Dauer kann es so nicht bleiben, denn der Knoten beeinträchtigt die Reinheit der Töne. Nach Ausgang des Sabbats wird er wieder gelöst werden müssen, man wird die Wirbel der gerissenen Saite aufdrehen, das kürzere Ende derselben beseitigen und das längere an den Wirbeln befestigen. Der Knoten ist also nur ein augenblicklicher Nothbehelf, welchem mithin ein Verbot der Tora nicht entgegensteht. Dennoch ist er wenn irgend möglich durch eine Schleife zu ersetzen und auch, wenn eine solche den Zweck nicht erfüllt, nur dann zulässig, wenn die Saite nicht schon vor Sabbateingang gerissen war (s. Anm. 74); andernfalls ist das Verknüpfen der Enden, weil es schon am Freitag hätte geschehen können, am Sabbat untersagt

vinz[73]); geschieht es zu Anfang[74]), ist es dort wie hier verboten[75]). Man

אֲבָל לֹא בַמְּדִינָה, אִם בַּתְּחִלָּה,

[nach תפארת ישראל sogar strafbar, ja doppelt strafbar: 1. משום קושר und 2. משום מכה בפטיש. Welche Uebertreibung !במח"כהר Von מכה בפטיש kann doch bei so stümperhafter Instandsetzung keine Rede sein! Und dann, warum soll dem Uebertretenden nicht der Schutz des טועה בדבר מצוה ועושה מצוה zugebilligt werden?]. [73]) Aus doppeltem Grunde nicht! Erstens haben die Rabbinen auch einen Knoten, der nicht für die Dauer bestimmt ist, zu knüpfen verboten; zweitens ist gleichfalls durch rabbinische Verordnung auch die kunstlose Instandsetzung (תקון מנא) eines schadhaft gewordenen Gegenstandes, wie sie hier beabsichtigt ist, verboten. Aus letzterm Grunde ist es selbst mittels einer Schleife unstatthaft den Schaden auszubessern. [Und nur deshalb nennt auch R. Simon am Schlusse unseres Tractats (s. Babli das.) die עניבה, die er im Heiligthum gestattet, immer noch eine שבות; obgleich dieselbe an sich ja keineswegs verboten ist, so steht ihr doch in unserm Falle das rabbinische Verbot des תקון מנא entgegen. Die קשירה stösst sogar auf ein doppeltes Bedenken, denn es kommt hier zu תקון מנא auch noch das Verbot des קשר שאינו של קיימא, und darum ist dieselbe selbst nach dem ת"ק nur im Nothfalle zulässig, sonst aber wenn nur irgend möglich durch עניבה zu ersetzen. Die Folgerung in תוס' יו"ט z. St. s. v. קושרין, dass sogar עניבה nur לדבר מצוה erlaubt ist, erscheint mithin nicht stichhaltig genug; hier kann dieselbe sehr wohl lediglich wegen des mit ihr verbundenen תקון מנא ausserhalb des Tempels verboten sein.] [74]) Noch vor Beginn des Spieles; die Saite muss also schon am Freitag beim Spiel gesprungen sein. [So glaube ich nach reiflicher Ueberlegung das allerdings sehr schwierige בתחלה hier auffassen zu müssen, um den noch grösseren Schwierigkeiten zu entgehen, welche sich der Erklärung entgegenstellen, dass mit diesem Worte das Aufziehen einer neuen Saite (Raschi, Bartinora) oder, was im Grunde dasselbe ist, das Wiederaufspannen der zerrissenen (Tosafot) gemeint sei. Diese Wendung liegt noch weniger im Worte und widerspricht überdies der Auffassung des Babli, wie sie sich wiederholt kundgibt in den Worten אפלו לכתחלה נמי, die gemäss der gewöhnlichen Bedeutung von לכתחלה auf die bekannte Ansicht des R. Eli'ezer, dass מכשירי מצוה nicht nur in unvorhergesehenen Fällen (דיעבד), sondern von vornherein den Sabbat verdrängen, allem Anscheine nach Bezug nehmen, so dass die Frage wenigstens einen neuen Gesichtspunkt in die Discussion hineinbringt, was nach Raschi und Tosafot nicht der Fall ist, da ja das Aufspannen einer Saite auch בדיעבד, ich meine כשנפסקה היום דאי אפשר לעשותה מערב שבת, verboten ist — — ?ואם כן התרצן מאי קסבר Noch augenfälliger ist die Unebenheit in der zweiten Frage, welche lauten müsste: Wenn R. Juda der עניבה die קשירה vorzieht, weil diese dem Zwecke mehr entspricht, andererseits aber jene gleichfalls אב מלאכה ist, dann sollte er folgerichtig das Aufziehen einer neuen Saite, wodurch das angestrebte Ziel am besten erreicht wird, als den einzig richtigen Ausweg empfehlen, statt sich ablehnend gegen denselben zu verhalten. Wozu nach Raschi u. Tos. die Bezugnahme auf R. Eli'ezer? Die Worte אליבא דמאן bis קאמר sind nach ihnen ganz überflüssig.] Dass auch hier (vgl. Anm. 68) das umständliche אִם בתחלה steht, erklärt sich durch das neue Moment, das mit diesem Satze eingeführt wird. Bisher wurde stillschweigend vorausgesetzt, dass die Saite während des Spieles riss; darum ist jetzt, wo der neue Fall erörtert wird, dass die Instandsetzung sich von vornherein als nöthig erweist, auch ein neuer Satz am Platze. ובתחלה wäre hier nur dann am rechten Orte, wenn der Gegensatz (etwa דיעבד) ausdrücklich in der Antithese stände wie z. B. oben M. 11 u. 12: התחתון—והעליון, הנגרר—והמונח. [75]) Also wieder eine Ausnahme von der Regel: אין שבות במקדש (Anm. 60)! [Und auch hier beharrt Raschi auf seinem Standpunkte. Er sieht in der Verknotung der gesprungenen Saite die Uebertretung eines biblischen Verbotes, welche im Heiligthum nur darum gestattet ist, weil der Opferdienst alle entgegenstehenden Sabbatverbote zurückdrängt. Seine Erklärung stösst jedoch auf manche Schwierigkeit. Wenn in unserer Mischna wirklich von einem קשר של קיימא die Rede ist, erscheint der Zusatz אבל לא במדינה doch gar zu selbstverständlich, als dass er aus der Concinnität mit den vorhergehenden und nachfolgenden Stellen eine genügende Daseinsberechtigung herleiten könnte. Ferner geht aus den Worten קשירה דאתי לידי חיוב חטאת, mit welchen Babli am Schlusse unseres Tractats zufällig auf unsere Mischna zurückkommt, deutlich genug hervor, dass hier kein dauerhafter Knoten gemeint ist, der an sich ein חיוב חטאת wäre, sondern nur ein solcher, der zu einer strafbaren Handlung führen könnte, also ein קשר שאינו של קיימא.

darf eine Blatter[76]) im Heiligthum[77]) כָּאן וְכָאן אָסוּר. חוֹתְכִין יַבֶּלֶת

Und wie gezwungen ist endlich Raschi's Erklärung zu dem Streitpunkte, um welchen sich die Controverse zwischen R. Simon b. El'azar und seinen Gegnern dreht. Wenn die קשירה auch ein אב מלאכה ist, wozu die Pfuscherei? Warum nicht lieber eine neue Saite aufziehen, warum nicht ganze Arbeit? Weil man dann, antwortet Raschi, dazu gelangen könnte, auch neue Instrumente am Sabbat mit Saiten zu beziehen. Eine גזרה also? Und dabei will er den Standpunkt behaupten: לצורך עבודה אין שבות במקדש?! Es ist mir unbegreiflich, wie Raschi die Stelle in Ta'anit 27a entgehen konnte, laut welcher R. Simon b. El'azar die Ansicht vertritt, dass bei der Tempelmusik nicht der Gesang, sondern die Instrumente die Hauptsache sind. (Dieselbe Baraita findet sich auch im Jer. z. St. mit dem Zusatz וישראל, durch welchen die von den Tosafot das. s. v. מר סבר mühsam überwundene Schwierigkeit — s. מהרש״א — auf die einfachste Weise gehoben wird.) Diese Stelle, verglichen mit Sukka 51a, wo aus den Worten דכ״ע und dem Bestreben, selbst die Behauptung לוים היו mit der Ansicht עיקר שירה בפה in Einklang zu bringen, ersichtlich ist, dass die Gegenansicht des R. S. b. E die allgemeine Billigung nicht fand (s. auch Maim. הל' כלי המקדש III 3), wirft nach meiner Meinung auf unsere Mischna und noch mehr auf die in der Erörterung des Babli angeführte Baraita ein neues, klares Licht. R. S. b. E. gestattet לשימתו, die am Sabbat unbrauchbar gewordene Laute zu remontiren, weil die Instrumentalmusik einen wichtigen Bestandtheil des Tempeldienstes bildet, vor welchem ja die Sabbatverbote, auch die der Tora, zurücktreten müssen. Seine beiden Gegner halten dagegen den Gesang für die Hauptsache, die instrumentale Begleitung für unwesentlich; das Aufspannen einer Saite aber fällt als handwerksmässige Herstellung eines Instruments unter den Begriff מכה בפטיש (Sabbat VII 2) und ist daher ein אב מלאכה. Es bleibt also nichts anderes übrig, als die Instandsetzung der gesprungenen Saite durch Verbindung ihrer Enden. Nur darüber, wie diese zu bewerkstelligen, gehen noch die Meinungen der beiden Gelehrten auseinander, der eine gestattet den קשר שאינו של קיימא, der andere, R. Simon, hält nur eine Schleife für zulässig, weil ein vorläufiger Knoten mit einem dauerhaften leicht verwechselt werden kann (והיינו דקאמר בגמרא מר סבר גזרינן כלומר קשר שאינו של קיימא אטו קשר של קיימא). Trotz dieser, wie ich hoffe, einleuchtenden Begründung hätte ich es doch nicht gewagt, mich bei der Auslegung unserer Mischna zu allen Commentatoren in Widerspruch zu setzen und mir einen neuen Pfad zu bahnen, wenn ich nicht glaubte, im Jer. eine Stütze für meine Auffassung zu finden. Es muss dort natürlich heissen: מתניתן דלא כרשב״א. Und wenn dann — scheinbar ohne innern Zusammenhang, in Wahrheit aber zur Begründung des behaupteten Gegensatzes zwischen R. S. b. E. und unserer Mischna — an den Ausspruch, welcher ein Wiederaufspannen der gerissenen Saite empfiehlt, ein anderer Ausspruch desselben Autors geknüpft wird, laut welchem die Instrumentalmusik für den Opferdienst eine unerlässliche Bedingung ist, so kann ich darin wohl eine Ermuthigung erblicken, den Weg einzuschlagen, den ich für den rechten halte.] [76]) Raschi übersetzt יבלת mit demselben Worte, mit welchem er sonst שומא erklärt, mit verrue, Warze. Die Unterscheidung im Babli zwischen feuchter יבלת, die man abschneiden muss, und trockener, die sich abbröckeln lässt, scheint jedoch dieser Auffassung nicht günstig. Auch שומא dürfte nach Baba M. 27b nicht Warze, sondern etwa Muttermal bedeuten. Vergleicht man Ketubbot 75a mit Bechorot 40b, so ergibt sich ferner, dass שומא und יבלת nicht identisch sind; dieses ist beim Menschen immer ein Fehler, jenes nur unter gewissen Voraussetzungen — Im Arab. heisst وبال ganz allgemein **Schaden**, **Beschwerde**, **Lästigkeit**. In der Bibel kommt das Wort nur einmal vor — Lev. 22, 22 — und bezeichnet nach Bechorot das. einen fleischigen Auswuchs mit einem Kern von Knochensubstanz, also weder Warze noch Blatter. Es hat dort die Form יַבֶּלֶת und wird von vielen, auch neueren Erklärern nicht als Name des Gebrechens selbst, sondern als Bezeichnung für das mit diesem Leibesfehler behaftete Thier, also als weibl. Form eines Adj. יַבָּל aufgefasst; hier ist es ohne Zweifel Substantiv und lautet daher zum Unterschiede יבולת. So ist wenigstens die Lesart älterer Mischnaausgaben (Neapel und Pesaro), und so muss auch Raschi gelesen haben, wenn anders

die Worte יבלת דקרא קרינן יבלת einen Sinn haben. Dieser freilich ist durch einen kleinen Druckfehler so entstellt, dass ihn selbst ein Lipmann Heller nicht erkennen konnte; erst wenn man יבלת am Ende des Satzes in יבולת verbessert, tritt der Gedanke klar hervor. Nach Tos. Jom Tob will Raschi hier auf den Unterschied zwischen dem Sprachgebrauch der Bibel und dem der Mischna hinweisen; in Wahrheit sagt er aber Folgendes: „Das יבלת der Bibel lesen wir Jabbelet, denn es ist kein Hauptwort, sondern wie שבור (nicht שבר) und עורת (nicht עורון) ebendaselbst ein Eigenschaftswort; das Jebolet der Mischna dagegen ist das Appellativ eines Gebrechens." Sicher ist יבולת die ursprüngliche Lesart, denn es lässt sich wohl verstehen, wie aus dieser Form durch die Abschreiber יבלת geworden, nicht aber umgekehrt, wie statt יבלת die sonst ganz unbekannte Form יבולת sich eingeschlichen. Der Rückschluss auf einen adjectiven Sinn des biblischen Jabbelet wäre deshalb doch ein übereilter. Die Sprache der Mischna ist ja nicht die der Bibel, und es wäre sehr wohl möglich, dass derselbe Begriff hier mit Jabbelet, dort aber (vielleicht nach aram. Sprachgebrauch) mit Jebolet bezeichnet wird; auch könnte jetzt Jabbolet gelesen werden, so dass יבלת und יבולת nur Spielarten derselben Form wären wie מכמרת — מכמורת, משקלת — משקולת u. v. a. Raschi selbst übersetzt in seinem Pentateuchcommentar יבלת nicht etwa: verruqueuse, sondern — genau wie hier יבולת — mit verrue. Freilich erklärt er daselbst auch עורת im Widerspruch mit seinen eigenen, vorhin fast wörtlich übertragenen Ausführungen als gleichbedeutend mit עורון für ein Hauptwort. [77]) Ein mit Blattern behaftetes Opferthier darf nach Lev. 22,22 nicht dargebracht werden; aber auch ein pustulöser Priester ist zur Verrichtung des Opferdienstes untauglich, solange die Blattern nicht — und wäre es auch nur auf mechanischem Wege, durch operativen Eingriff — beseitigt sind. Hier handelt es sich meines Erachtens um eine Blatter am Leibe des Priesters, nicht am Körper des Opferthieres. Nach ʻArachin II 5 waren nämlich stets an genau untersuchten und als fehlerfrei befundenen Opferthieren mindestens sechs über die für den Tagesbedarf erforderliche Zahl vorräthig. Leicht konnte mithin die Verlegenheit nicht eintreten, in welcher kein Ausweg blieb als die am Sabbat immerhin bedenkliche Entfernung der Blatter. Ueberdies scheint aus Tamid III 4 hervorzugehen, dass die Opferthiere auch an dem ihrer Opferung vorangehenden Tage untersucht wurden (s. jedoch Maim. Hil. Temidin I 9). Sollte also ein neckischer Zufall es wirklich so gefügt haben, dass alle diese Thiere durch irgend einen Leibesfehler untauglich wurden, so konnte derselbe erst am Sabbat zu Tage getreten sein. In unserer Mischna wird aber vorausgesetzt, dass die Blatter schon am Freitag vorhanden war, wie wir in der folgenden Anmerkung zeigen werden. Es bleibt demnach nichts übrig, als die Bestimmung der Mischna auf eine יבלת des Priesters zu beziehen. Sämmtliche Priester waren in 24 Wochenabtheilungen geordnet, die sich wieder in 7 Tagesgruppen gliederten, deren jede an einem Tage der Woche zum Dienst berufen war. Jeden Morgen wurden aus der Reihe der Berufenen die dienstthuenden Priester ausgelost, deren Zahl sich gewöhnlich auf 13 belief. Zu diesem Behufe stellte sich die ganze Gruppe im Kreise auf, der Vorsteher nannte eine beliebige Zahl, begann bei einem beliebigen Priester zu zählen, und derjenige, bei welchem die jedenfalls sehr hoch gegriffene Zahl endete, war zum Schlachten des Opfers erkoren, während die übrigen Opferhandlungen seinen 12 Nachbarn zufielen. Bei diesem Verfahren liegt es auf der Hand, dass die Anwesenheit auch nur eines Unbefugten im Kreise die Anfechtbarkeit des Ergebnisses selbst dann im Gefolge hatte, wenn das Los auf einen am diametral entgegengesetzten Punkte stehenden Priester fiel. Fand sich daher an einem der ausgelosten Priester ein Leibesfehler, so konnte er allerdings, wenn es durchaus sein musste, durch einen andern ersetzt werden, aber das gienge nicht so ohne Weiteres. Die ganze Gruppe müsste auf's Neue zusammentreten, um nicht allein für den als untauglich ausscheidenden Priester Ersatz zu schaffen, sondern auch für die 12 Genossen, die durch ihn unschuldig in Mitleidenschaft gezogen würden und ihre Functionen einbüssten. Das gäbe eine sehr ärgerliche Verwirrung. Und um einer solchen vorzubeugen, gestattete man die Abtrennung der Blatter am Sabbat, sofern dieselbe ohne Verletzung eines Verbotes der Tora möglich ist. Ausdrücklich sagt Jeruschalmi z. St., dass nur aus diesem Grunde (מפני קלקול פייסות) und nur nach vollzogener Auslosung (והן שהפיסו) die Erlaubnis ertheilt wird. Nichtsdestoweniger ist unter allen Erklärern Maimonides der einzige, der unsere Mischna in diesem Sinne auffasst, und er hat diese Auffassung auch in seinem Codex zur Geltung gebracht (Hil. Sabbat IX 8). Alle übrigen meinen, dass von einer Blatter

ablösen[78]), aber nicht in der Provinz; geschieht es mit Werkzeug[79]),

בַּמִּקְדָּשׁ, אֲבָל לֹא בַּמְּדִינָה.

am Leibe des Opferthiers die Rede ist, und in dem Banne dieser durch nichts gerechtfertigten Annahme war selbst der Commentator des Jeruschalmi (s. קרבן העדה z. St.) so tief befangen, dass er bei seinen Erklärungsversuchen auf Abwege sich verirrt, wo doch der rechte Weg so klar vor Augen liegt. Die Worte והן שהפיסו (nur sie, die bereits gelost haben), zu denen natürlich חותכין יבלת aus der Mischna zu ergänzen ist, lassen doch wohl keinen Zweifel über die Auffassung des Jeruschalmi, zumal die nachträgliche Entdeckung eines Leibesfehlers am Opferthiere nicht die geringste Verwickelung mit sich führt und die ursprünglichen Festsetzungen nicht im Mindesten alterirt. Bleibt doch das Ergebnis der am Morgen vorgenommenen Auslosung auch noch am Abend für das Nachmittagsopfer in Kraft, geschweige denn für ein etwa nothwendig gewordenes Ersatzopfer. [78]) Im Pesachim VI 1 dagegen wird die Frage, ob die Nothwendigkeit der Abtrennung einer Blatter am Pesachopfer das Sabbatverbot zu verdrängen im Stande ist, von der Mehrheit verneint und nur von R. Eli'ezer bejaht. Zur Lösung dieses Widerspruchs unterscheidet Jeruschalmi zwischen Leibesfehlern der Priester und der Opferthiere; nur in Bezug auf diese sei die Frage controvers, hinsichtlich jener aber werde sie wegen der zu befürchtenden Alteration der Lose (s. vor. Anm.) einhellig bejaht. Im Babli werden ausser der bereits in Anm. 76 angeführten und auch im Jer. erwähnten Unterscheidung zwischen der feuchten Blatter, um welche sich der Streit im Pesachim dreht, und der trockenen, von welcher hier die Rede ist, noch folgende Versuche gemacht, die Schwierigkeit aus dem Wege zu räumen. R. Josef meint, die Ansichten seien dort nur darum getheilt, weil ein rabbinisches Verbot (wie die Abtrennung einer Blatter) ausserhalb des Tempels — und das Pesachlamm wurde ja von jedermann zu Hause untersucht und für die Opferung vorbereitet — selbst zu gottesdienstlichen Zwecken nicht übertreten werden darf, während hier innerhalb des Tempels, wie durch die Worte במקדש אבל לא במדינה nachdrücklich betont wird, nach dem allgemeinen Satze אין שבות במקדש (Anm 60) über die Zulässigkeit nur eine Stimme herrschen kann. R. Jose b. Chanina (s. Jer.) erklärt, es handle sich dort um die Abtrennung mittels eines Messers, die R. Eli'ezer zwar gestattet, die Mehrheit aber verbietet, wie ja auch hier nur erlaubt wird, die Blatter mit den Fingern abzukneipen oder mit den Zähnen abzubeissen, ausdrücklich aber das Abschneiden mit einem Werkzeuge untersagt ist. Demnach käme in unserer Mischna die Ansicht der Gegner des R. E. zur Geltung. Umgekehrt behauptet Raba, dieselbe vertrete grade die Meinung des R. E. Der gleiche Ausdruck fordert die gleiche Auffassung. Wenn daher חתך hier abkneipen oder abbeissen bedeutet, so hat es wohl auch dort denselben Sinn, und da R. E. der Einzige ist, der die fragliche Operation am Sabbat gestattet, so steht unsere Mischna eben auf seinem Standpunkt und nicht auf dem der Mehrheit. Warum ist aber die Zuhilfenahme eines Messers hier verboten, da doch nach seiner Ansicht selbst die Vorbereitungen für den Opferdienst die entgegenstehenden Sabbatverbote ausser Kraft setzen? Darauf antwortet Raba: R. E. räumt ein, dass man hierbei die Uebertretung strengerer Verbote, wo es nur irgend angeht, vermeiden soll. — Zieht man in Erwägung, dass die Controverse in Pesachim das. M. 2 schliesslich zu dem Ergebnis führt, die Abtrennung einer Blatter sei nur darum verboten, weil diese Operation schon vor Eintritt des Sabbat vorgenommen werden konnte, so erscheint vielleicht als der einfachste Ausweg die Annahme, dass an unserer Stelle von einer erst am Sabbat entstandenen Blatter die Rede ist. Dass aber weder Babli noch Jer. diesen Weg für gangbar hält, ist ein Beweis für die Richtigkeit unserer Behauptung in vor. Anm., laut welcher auch hier stillschweigend vorausgesetzt wird, dass die Blatter schon am Freitag zu Tage getreten. Begründet ist wohl diese Voraussetzung in dem Schlussatz unserer Mischna; denn wäre die Blatter am Sabbat erst entstanden, dürfte sie auch mit Hilfe eines Messers abgeschnitten werden [s. Maim Hil. Korban Pesach I 18; in Hil. Sabbat IX 8 macht er freilich keinen Unterschied zwischen bereits vorhandenen und erst entstandenen Blattern, was jedoch keineswegs auffällig ist, da er sich hier nach seiner Gewohnheit lediglich an den Wortlaut des Talmud hält]. [79]) Dass hier ואם בכלי statt des kürzern und einfachern ובכלי steht, ist ähnlich wie in Anm. 74 zu

וְאִם בִּכְלִי, כָּאן וְכָאן אָסוּר: ist es dort wie hier verboten[80]).

---

rechtfertigen. Da mit dem Verbum חתך (schneiden), obgleich es auch von der Schärfe des Fingernagels und der Zähne gebraucht wird, in der Regel der Begriff eines Messers, einer Scheere oder eines ähnlichen Werkzeugs verbunden ist, so wäre ובכלי hier nur dann am rechten Orte, wenn in der Antithese ausdrücklich der Gegensatz חותכין ביד או בשן stünde. [80]) Auch hier haben wir eine Ausnahme von der Regel אין שבות במקדש (Anm. 60); denn das Abschneiden einer Blatter am Sabbat selbst mit Hilfe eines Messers ist nur von den Rabbinen untersagt. [S. Maim. Hil. Sabbat IX 8 und I 3. Die Quelle dieser kühnen Behauptung des grossen Gesetzeslehrers, welche von ראב"ד nicht angefochten wird, dafür aber in מגיד משנה grosses Befremden hervorruft und in מגן אברהם 340[3] kurzerhand beiseite geschoben wird, ist nicht der Abschnitt חלוקת בהמת (Bechorot 24 b — 25 a?), wie im מגדל עז zwar angegeben, aber nicht näher nachgewiesen wird. Dort findet sich nichts, was ihr auch nur zur Stütze dienen könnte. Sie ist vielmehr, wie ich glaube, aus Jer. Pesachim VI 1 g. Ende geschöpft, wo der Satz חתיכת יבלתו בכלי שבות gar in Form eines Einwands der Mischna entgegengehalten wird wie etwas Selbstverständliches oder wenigstens allgemein Anerkanntes, das keinen Widerspruch zulässt und über jeden Zweifel erhaben ist. Zum bessern Verständnis dieser Stelle, welche in mehr als einem Betracht schwierig ist, muss man vor allem die Worte הכאתו חוץ לתחום שבות bis וזה עומר בשמועתו, welche offenbar versetzt sind, aus ihrer Umgebung herausheben und an die rechte Stelle vor חתיכת יבלת setzen. Es wird hier consequent der Grundsatz durchgeführt, dass dem Pesachopfer gegenüber kein rabbinisches Verbot Stand zu halten vermag, und daher zu הרכבו bemerkt, dass dies nur ausserhalb Jerusalems in רשות הרבים verboten, innerhalb der Stadt jedoch, obgleich dieselbe des Schittuf der Strassen entbehrte (s. Anm. 54), als שבות שהתירו במקדש erlaubt ist; darauf wird aus הכאתו חוץ לתחום der Beweis erbracht für תחומין דאורייתא, und nun erst, nachdem die Discussion über diesen Punkt erledigt ist, folgt die Abhandlung über חתיכת יבלתו, in welcher zunächst der Widerspruch mit unserer Mischna erörtert, dann aber in unmittelbarem Anschluss die Frage aufgeworfen wird: חתיכת יבלתו בכלי שבות. Es ist ein Einwand, der seine Spitze gegen R. Jose b. Chanina (Anm. 78) richtet. Wenn beim Abschneiden der Blatter auch Blutentziehung wenigstens als Nebenzweck in der Absicht lag (R. Jochanan), oder wenn die Verwundung auch ohne diese Absicht strafbar ist (R. S. b. Lakisch und R. S. b. Jakim), dann ist es freilich in der Ordnung, dass חתיכת יבלת לחה als Verletzung eines Verbotes der Tora selbst beim Pesachopfer verboten ist; wenn aber, wie R. J. b. Ch. will, keines von beiden der Fall ist, wenn die Handlung gar nicht unter dem Gesichtspunkt des חובל, von dem aus zwischen יד und כלי ja kein Unterschied besteht, sondern unter dem des גוז zu beurtheilen ist, warum ist sie da verboten? Es handelt sich doch lediglich um eine שבות! Dieser Einwand wurde ohne Zweifel schon zu Lebzeiten des R. J. b. Ch. geltend gemacht, vielleicht gar in seiner Gegenwart von einem seiner Freunde oder Schüler, und nun berichtet R. Abahu, dass jener infolge dieser Vorhaltung seine ursprüngliche Lösung aufgegeben und den Knoten einfach durchhauen habe, indem er die Worte וחתיכת יבלתו aus der Mischna strich. Damit erledigt sich von selbst die Frage in שירי קרבן s. v. אר"א, auf welche der Vrf. nur eine Antwort hat, die er selbst als unbefriedigend bezeichnet Die zweite Schwierigkeit, auf welche derselbe Autor s. v. הא חוץ aufmerksam macht, liegt meines Erachtens schon in der Mischna. Unter den Gegnern des R. Eli'ezer befindet sich ja auch R. 'Akiba, von dem es bekannt ist, dass er den sogenannten Sabbatbezirk für eine Anordnung der Tora hält (s. Sota V 3); und doch sagt R. E. אלו שהן משום שבות! Es liegt also auf der Hand, dass er sich dieses Ausdrucks von seinem Standpunkt aus bedient in der Voraussetzung, dass wenigstens ein Theil seiner Widersacher und insbesondere sein Hauptgegner in diesem Punkte mit ihm übereinstimmt. In der That finden wir ja zwischen ihm und R. Josua eine Meinungsverschiedenheit weder über חי נושא את עצמו noch hinsichtlich des rabbinischen Ursprungs der Sabbatbezirke. Ueberdies ist der קל וחומר, den R. E. in's Feld führt, nichts als ein rhetorischer Wurf, welcher seiner Polemik eine grössere Wirkung geben soll; in der Sache selbst ist es ihm gleich, ob diese Dinge שבות oder דבר תורה sind, er hätte ebensogut sagen können: מה נשתנו אלו מן השחיטה. Deshalb heisst es auch im Babli (hier in 'Erubin) nur מתיב ר' יוסף, eine recht milde Form des Einwands, und nicht מתקיף לה ר' יוסף, wie man bei einer sonst so schlagenden,

ja gradezu verblüffenden Widerlegung hier mit grösserm Recht erwarten dürfte als z. B. in Sabbat 74 a. Die grösste Schwierigkeit macht jedoch die Frage, welche Stellung denn R. J. b. Ch. zu unserer Mischna einnimmt? Er kann doch hier den Satz ואם בכלי כאן וכאן אסור nicht mit demselben kühnen Federstriche aus der Welt schaffen, mit welchem er dort in Pesachim die Worte וחתיכת יבלתו eliminirt! An dieser unabweisbar sich aufdrängenden Frage geht indessen קרבן העדה ebenso still vorüber wie an dem Widerspruch, in welchem der bei הרכבו ausgesprochene und bei חתיכת יבלתו wie bei הבאתו חוץ לתחום wiederholt als unumstösslich und allgemein gültig vorausgesetzte Satz von שבות שהתירו במקדש zu den Worten לא כל שבות התירו במקדש (Jer. ʿErubin X 11) steht. Beide Schwierigkeiten heben zum Glück sich gegenseitig auf. Wenn ich nicht irre, hat Jer. in diametralem Gegensatz zu R. Josef (s. Anm. 78) die Ansicht, die vermuthlich auch im Babli von den übrigen Amoraim getheilt wird, welche die im Grunde so einfache, einleuchtende und naheliegende Lösung des R. Josef verschmähen, und zu anderen, minder glücklichen Auswegen ihre Zuflucht nehmen, die Ansicht nämlich, dass selbst da, wo die Rabbinen eines ihrer Verbote sogar im Heiligthum aufrecht zu erhalten für gut befunden haben, dasselbe dem Pesachopfer gegenüber nicht Stand zu halten vermag. Natürlich! Es steht hier כרת auf dem Spiele, und die Stellen, wo העמידו דבריהם במקום כרת, sind gezählt, während dort, falls die Beseitigung der Blatter ohne Instrument nicht möglich ist, doch weiter kein Unglück droht als höchstens ein קלקול פייסות (s. Anm. 77). So erklärt es sich, dass R. J. b. Ch. חתיכת יבלתו, da solches selbst בכלי nur eine שבות ist, zu streichen sich veranlasst sehen kann, ohne an dem Schlusssatz unserer Mischna, in welchem er folgerichtig eine Ausnahme von der Regel אין שבות במקדש erblicken muss, den geringsten Anstoss zu nehmen. — Nun wird aber in מגיד משנה zu Hil. Sabbat IX 8 darauf hingewiesen, dass im Babli die Meinung herrscht, das Abschneiden einer Blatter am Sabbat mit Hilfe eines Werkzeugs sei von der Tora verboten, und da für die Halacha der babylonische Talmud massgebend ist, hätte Maim. also Unrecht, sich für seine Entscheidung den Jer. zur Richtschnur zu nehmen. Der berühmte Vrf. macht nicht einmal den Versuch, seinen verehrten »Meister« in Schutz zu nehmen. Seinem Scharfblick ist es offenbar entgangen, dass Maim. die Jebolet unserer Mischna, abweichend von allen übrigen Erklärern nicht auf das Opferthier, sondern auf den Priester bezieht (Anm. 77), dass mithin die von Tosafot s. v. מה לי geltend gemachte Schwierigkeit nicht allein durch die daselbst versuchte Lösung nicht gehoben ist, sondern gar insofern sich noch erhöht, als in der Mischna die Operation am eigenen Körper stillschweigend zugestanden, in der Baraita dagegen untersagt und nur am fremden Leibe gestattet wird. Man muss also nothgedrungen einen andern Ausweg suchen. Maim. fand einen solchen vermuthlich in der Annahme, dass R. Eliʿezer uns in der Baraita lehrt, wie man am Sabbat von dem gewöhnlichen Verfahren abweichen müsse, in der Mischna aber die Grenze zeigt, bis zu welcher man noch gehen, die man aber nicht mehr überschreiten darf: Es ist allenfalls noch erlaubt, sich eine Blatter eigenhändig abzukneipen, wenn dieselbe den Zähnen nicht erreichbar und auf fremde Hilfe nicht zu rechnen ist; auf keinen Fall darf aber ein Messer dabei zur Verwendung kommen, weil dadurch ein biblisches Verbot unnöthigerweise verletzt würde. Daraus folgt schon, dass חתיכת יבלתו nicht auf eine Stufe zu stellen ist mit נטילת צפרניו, denn das Abbeissen der Nägel ist nach R. E. ebenso strafbar als das Abschneiden derselben (Sabbat X 6). Ist aber erst einmal festgestellt, dass die Abtrennung einer Blatter nicht in demselben Umfange unter den Begriff des גוז fällt wie die eines Fingernagels, so ist auch der Rückschluss gestattet, dass nach den Weisen, die daselbst das Abbeissen der Nägel für eine שבות erklären, חתיכת יבלת בכלי ebenfalls weiter nichts als ein rabbinisches Verbot ist. Dass dieser Schluss berechtigt ist, zeigt in ihrem ganzen Verlaufe die Erörterung, die sich an die erwähnte Baraita knüpft. Schon die Frage gleich zu Anfang בשניו אין בכלי לא lässt vermuthen, dass nach den »Weisen« auch Werkzeug zulässig ist, und diese Vermuthung wird zur Gewissheit, wenn wir den ursprünglichen Text wiederherstellen, welcher gegen Ende in unseren Ausgaben leider stark entstellt ist. Es herrschte gerade an dieser Stelle von jeher eine heillose Zerfahrenheit in den Handschriften, worüber schon R. Zerachja in seinem Maor klagt. Die von ihm empfohlene Lesart hat Maim. sicher nicht vorgelegen, eher die unserer Ausgaben, selbstverständlich ohne die Emendation Raschi's, welcher in dem Satze ואי רבנן נשקליה ניהליה בכלי (so lautet derselbe nach Rabbinovicz's Zeugnisse in der Münchener Hds.) das letzte Wort in ביד corrigirt hat. Was ihn dazu bewogen,

ist nicht schwer zu errathen. Ihm war schwierig, wie Raba auf den Gedanken kommen konnte, dass die »Weisen« hier בכלי gestatten sollen, was sie in Pesachim nicht einmal ביד erlauben. Noch leichter ist es zu errathen, wie sich Maim. diese Unebenheit aus dem Wege geräumt haben mochte. Schon Raschi bemerkt, dass im Gegensatz zu Pesachim, wo es sich bekanntlich (s. Anm. 78) um eine schon am Freitag vorhandene Blatter handelt, in der Baraita von einer am Sabbat erst entstandenen die Rede ist, und wir dürften nicht fehlgehen, wenn wir annehmen, dass diese Auffassung in dem Ausdruck שעלתה begründet ist, welcher wie das folgende חותכה sich natürlich auf den Sabbat bezieht (vgl. נימת כנור שנפסקה 'Erubin 102b); es hiesse sonst wohl: כהן שיש בו יבלת. Während aber Raschi die Zuhilfenahme eines Werkzeugs als biblisch verboten betrachtet und sich daher genöthigt sieht, ביד an Stelle von בכלי zu setzen, kann Maim. auf seinem Standpunkte, auf welchem חתיכת יבלת בכלי nur nach R. E. ein אסור דאורייתא, nach den חכמים jedoch eine blosse שבות ist, die ursprüngliche Lesart behaupten, wie sie der Münchener Codex uns erhalten hat. Diese Hnds. liest übrigens תפשוט statt ותפשוט. Auf dieses ו kommt aber sehr viel an. Der Sinn des mit ותפשוט eingeleiteten Satzes verkehrt sich in sein genaues Gegentheil, wenn es gestrichen wird. Wir wollen es mit dem Oxforder Ms. und den ältesten Editionen beibehalten, dennoch aber auch der Variante תפשוט gerecht zu werden suchen. Ebenso wollen wir die gebührende Rücksicht darauf nehmen, dass in der Münchener Hnds auch der Schlusssatz נשקלה ניהליה בכלי lautet, obgleich wir an dieser Stelle der Lesart unserer Ausgaben נשקלה ניהליה ביד nicht so sehr aus sachlichen als aus textkritischen Gründen den Vorzug geben. Ist doch am Anfange der Discussion, wo es nach dem weitern Verlaufe, wie Raschi ihn gestaltet, בשיניו אין ביד לא heissen müsste, in allen Editionen בכלי stehen geblieben, weil Raschi nicht consequent genug war, auch hier zu emendiren; wäre also am Schlusse derselben die ursprüngliche Lesart בכלי, so müsste sich in Raschi's Erklärung, welche ביד voraussetzt, auch an dieser Stelle ein הכי גרסינן finden, und es müsste ferner, da Raschi eine Textänderung hier nicht vorgenommen, in unseren Ausgaben, die sämmtlich ביד lesen, dafür בכלי stehen. Auf der Grundlage dieser Prämissen wollen wir nun versuchen den Text wiederherzustellen, wie er Maim. vorgelegen haben mochte. Wir legen den Wortlaut unserer Ausgaben als den kritisch immer noch zuverlässigsten zu Grunde und weichen von demselben nur in einem wesentlichen Punkte ab, an welchem Raschi eingestandenermassen die ursprüngliche Lesart geändert hat. Die übrigen Abweichungen, die sich ebenfalls auf die Münchener Hnds. stützen, sind geringfügig und meist unscheinbar. Die nothwendigen Erläuterungen geben wir in Raschischrift. Um Verwechselungen zwischen dem Tanaïten R. Eli'ezer (b. Hyrkanos) und dem gleichnamigen Amoräer (b. Pedat) zu verhüten, bezeichnen wir diesen Namen stets mit den Anfangsbuchstaben ר״א, während wir jenen unverkürzt schreiben. Der in Rede stehende Text lautet:

כהן שעלתה בו יבלת חבירו חותכה לו בשיניו אין בכלי לא חבירו אין איהו לא מני (מתן היא) אילימא רבנן ובמקדש כיון דאמרי רבנן בעלמא גבי נטילה לצרכיו נמי המלניע משום שבות הכא גבי יבלת דקיל מה לי הוא ומה לי חבירו והוא הדין דהוי מצי למימר מה לי כלי מה לי שיניו דהא לרבנן חתיכת יבלת בכלי נמי שבות אלא למאי דסליק מיניה קא נסיב ברישא ובתר הכי קא הדר אדלעיל מיניה ופריך ואי רבנן נשקלה ניהליה בכלי והא דלא כייל להו הכא בהדי הדדי היינו טעמא דגבי נטילה לצורך מתו רבנן דבכלי חייב ולא הוי מצי למימר כיון דאמרי רבנן בעלמא משום שבות וכיון דהכי עדיפא ליה למפסק דכהאי גוונא אלים דיוקיה טפי לא נקט השתא אלא חדא תנייהו אלא לאו רבי אליעזר דאמר בעלמא גבי נוטל לצרכיו חייב חטאת אם נטלן לעצמו לא שני בכלי ולא שני בידיו או בשיניו והכא גבי יבלת אף על גב דמכשירי מצוה דוחין את השבת אפילו באסור דאורייתא וכל שכן חתיכת יבלתו בידו או בשיניו דליכא אלא שבות אף לרבי אליעזר ואפילו חותכה איהו לנפשיה כמה דאפשר לשנויי משנינן ולהכי תנא אין איהו לא גזירה אטו נוטל לצרכים לעצמו דחייב. לא לעולם רבנן ואי עלתה בכריסו הכי נמי דחותכה לעצמו הכא במאי עסקינן כגון שעלתה לו בגבו ובאצילי ידיו דאיהו לא מצי שקיל לה. ואי רבנן נשקלה ניהליה בכלי השתא קהדר אהא דדייק ברישא בשיניו אין בכלי לא והכי קאמר אי אמרת בשלמא ר׳ אליעזר היינו דקתני חותכה לו בשיניו אבל בכלי לא דלדידיה המוחך יבלת בכלי בין לעצמו בין לאחר חייב אלא אי אמרת רבנן היא דפטרי ניהו דלא מצי למשקלה לנפשיה כיון שעלתה לו במקום שאין ידו מגעת חברו מיהא לשקלה בכלי ותפשוט דר״א דאמר גבי נטילה לצרכיו מחלוקת רבי אליעזר וחכמים ביד אבל בכלי דברי הכל חייב כלומר ליתני כהן שעלתה בו יבלת חברו חותכה לו בכלי ואת אמינא כהן אין איניש אחרינא לא שמעת מנה המוטל לצרכיו בכלי אף לרבנן חייב דאי אמרת פטור מאי איריא כהן גבי יבלת הא שאר כל אדם נמי דלמאי ניחוש לה דלמא אתי לטול לצרכיו בכלי הא נוטל גופא גזרה אטו נחו ולא ניקום ונגזור גזרה לגזרה אבל השתא דתני חותכה לו בשיניו לא הוי מתניתא סיוע לר״א דלעולם אימא לך נוטל לצרכיו בכלי לאו היינו נחו ופטור ודקשיא לך אי הכי שאר כל אדם נמי הרי נוטל לצרכיו בשיניו דבהדיא תנן וחכמים אוסרים משום שבות ואפלו הכי גבי יבלת כהן אין הא איניש אחרינא בשיניו נמי לא אלא מיהא ליכא למשמע מנה ואם כן מסייעא מאי קמשמע לן ואמאי לא קתני חותכה לו בכלי ואע״ג דהא נמי פשיטא מאחר שעלתה לו יבלתו בשבת שמעינן מנה מיהא דאיתא לדר״א אבל השתא דנקיט בשיניו לא שמעינן מנה מידי אלא על כרחך רבי אליעזר היא. ולטעמך

דאתיא כרבי אליעזר ולהכי לא קתני חותכה לו בכלי לרבי אליעזר נמי ניחא דלא עלי שקל לה בכלי דלדידיה החותך יבלת בכלי חייב אכתי בשקלה ניהליה ביד דהא אנא הוא דאמר מתניתין נמי רבי אליעזר היא ומתניתין לא אסר אלא בכלי אלא מאי איכא לך למימר לרבי אליעזר הא קמשמע לן בברייתא דכמה דאפשר לשנויי משנינן לרבנן נמי בדין הוא דאפילו בכלי נמי לשתרי אלא דכמה דאפשר לשנויי משנינן האי מאי אי אמרת בשלמא רבי אליעזר היא דאית ליה פוסק יבלת בכלי חייב היינו דגזר יד אטו כלי ולא שרי היכי דאפשר אלא בשיניו אלא אי אמרת רבנן היא דפטרי אפילו בכלי נשקלה ניהליה ביד על כל פנים דלא מסתבר לשנויי כולא האי ותו לא מידי. (נוסח כ״י: משום דר״א דאמר מחלוקת ביד אבל בכלי דברי הכל חייב כלומר אדלא שרי אלא בכלי שמע מינה המטל לצוק בכלי לרבנן נמי חייב ואם כן ר״א מאי קמשמע לן תניא כהן שעלתה לו יבלת חברו חותכה לו בשיניו בשיניו אין בכלי לא תני אי רבי אליעזר הא אמר מכשירי מצוה דוחין את השבת אלא לאו רבנן אי אמרת בשלמא חייב היינו דגזר יבלת אטו צפורן אלא אי אמרת פטור היא נוטל גזרה ולכן ניקום ונגזור גזרה לגזרה אלא על כרחך ר״א נמי סבר דמודה רבי אליעזר דכמה דאפשר לשנויי משנינן ומתניתא כרבי אליעזר נמי אתיא ולא דיוק מינה דלרבנן נוטל בצפרניו בכלי חייב והשתא ר״א הא קמשמע לן דלא תימא דווקא רבי אליעזר היא אבל לרבנן חותכה לו בכלי קמשמע לן דדברי הכל היא ורבנן נמי לא שרו אלא בשיניו דגזרו יבלת בכלי אטו נוטל צפרניו בכלי דחייב לדברי הכל. ולטעמך לרבי אליעזר נמי נשקלה ניהליה ביד דעל כל פנים יכול לחתוך ידיו טפי משיניו ועוד דלא אתיא כולא אלא אי אמרת מודה רבי אליעזר כמה דאפשר לשנויי אפילו משנות חשובה לקלה משנינן אף אנן נמי נימא לעולם רבנן היא ודר״א לא משום דלית מתניתא הרי אתיא לרבנן הנוטל צפרניו בכלי פטור והא דלא שרו הכא אפילו ביד היינו טעמא דכמה דאפשר לשנויי משנינן אבל לרבי אליעזר מכשירי מצוה דוחין את השבת אפילו היכא דאפשר לשנויי. הכא קא אמינא אי אמרת בשלמא רבי אליעזר היא היינו דגזר יד אטו כלי דלא כל שבות התירו במקדש וכל כי האי גוונא דלא שריא ליה ביד אתי נמי אגב ספסיה לחתוך בכלי העמידו דבריהם אף במקדש אלא אי אמרת רבנן היא ובכלי נמי ליכא אלא שבות לשקלה ניהליה בכלי דמאי טעמא אסרו חתיכת יבלת בכלי גזרה אטו צפורן סיכה במדינה במקדש מאי איכא למימר וכי סלקא דעתך דלאי שריא ליה לחתוך יבלתו עדי אגב ספסיה וחתך ליה לצפרנים ותו לא מידי. לישנא אחרינא: ולטעמך דסבר ר״א מתניתא דברי הכל היא כדאמרן לר״א נמי בין איכא דרבנן בין איכא דרבי אליעזר נשקלה ניהליה ביד דהא ר״א נוטל אמר בפי המלביע בני טפל לצפרניו מחלוקת לעצמו אבל לחבר אף רבי אליעזר מודה דפטור והכא לחברו נמי לא קשרי אלא בשיניו דגזר יד חברו אטו ידו ויבלת אטו צפורן אלא מאי אית לך למימר כולא חדא גזרה היא וכשגזרו יבלת אטו צפורן לא שרי ידו ולא שני יד חברו גזה השתא דאתיא להכא לעולם אימא לך ר״א סבר מתניתא דווקא רבנן היא ולא רבי אליעזר ודקשיא לך ר״א מאי קמשמע לן סלקא דעתך אמינא לרבנן הנוטל צפרניו בכלי פטור והא דלא שרו הכא אפילו ביד משום דכולא חדא גזרה היא וכשגזרו נטילת צפורן בין בכלי בין ביד חתיכת יבלת נמי גזרו אטו נחו אבל לרבי אליעזר בכלי נמי שרי דמכשירי מצוה דוחין את השבת אפילו היכא דאפשר לשנויי. הכא קא אמינא אי אמרת בשלמא רבי אליעזר היא היינו דגזר יד אטו כלי דהא יבלת נוטל לרבי אליעזר כשחותכה בכלי חייב הלכך כי אסר לחתוך יבלת ביד לאו משום צפורן קא אסר לה כדקאמרת אלא משום דלי שריא ליה לחתוך יבלת חברו ביד אתי נמי לחתכה לו בכלי ועבר אדאורייתא אלא אי אמרת רבנן נשקלה ניהליה בכלי וכי תימא לרבנן נמי היינו טעמא דלי שריא ליה ביבלתו אתי נמי למול לצפרניו בכלי ועבר אדאורייתא אם כן משום דר״א והדרא קושין לדוכתיה ר״א מאי קמשמע לן סכינא אלא על כרחך ר״א סבר דמתניתא לא תידוק דאתיא כרבי אליעזר ואף על גב דאמר רבי אליעזר מכשירי מצוה דוחין את השבת הכא לא שרי אלא בשיניו מודה רבי אליעזר כמה דאפשר לשנויי משנינן שמע מינה ותו לא מידי:) — Ob nun der einsichtsvolle Leser für diese oder jene Lesart sich entscheidet, dieser oder jener Auffassung den Vorzug giebt, in jedem Falle wird er durch unsere Erklärung die Schwierigkeit geebnet finden, auf welche der Fürst von Coucy in den Tosafot z. St. hinweist, in jedem Falle auch die Ueberzeugung gewinnen, dass im Babli ebenfalls die Ansicht vertreten ist, das Verbot, eine Blatter mittels eines Instruments am Sabbat abzuschneiden, sei blos rabbinischen Ursprungs. Der Vertreter dieser Ansicht ist aber Raba, dessen Urtheil nach dem Grundsatz הלכתא כבתראי in diesem Falle für die Entscheidung maassgebend ist. Somit wäre der in מגיד משנה gegen Maim. erhobene Vorwurf erledigt. Aber nun könnte ein anderer Einwand mit scheinbar grösserm Rechte geltend gemacht werden: Maim. folgt in der Auffassung unserer Mischna eine Zeile später nicht der Erklärung von Raba, sondern der des R. J. b. Ch. Dieser aber scheint der Ansicht Raba's über den Ursprung des in Rede stehenden Verbotes nicht zu huldigen; denn es wird ihm im Babli z. St. entgegengehalten, dass abweichend von הרכבתו sowohl als von הבאתו מחוץ לתחום das Abschneiden einer Blatter mittels eines Messers von der Tora verboten sei, ohne dass von der Vertheidigung dem widersprochen würde, und es drängt sich daher die Frage auf, warum wohl Maim. in diesem Punkte nach Raba entscheiden mag, da er doch im Uebrigen der Erklärung des R. J. b. Ch. den Vorzug gibt. Darauf antworten wir zunächst, dass in dem Meinungsaustausch über die Erklärungen des R. Eli'ezer und des R. J. b. Ch. der gegen diesen erhobene Einwand als solcher nicht ernst zu nehmen ist. Die an sich sehr anfechtbare Voraussetzung, dass das Verbot von חתיכת יבלתו rabbinischen Ursprungs sein muss, weil es die beiden anderen sind, die mit jenem zugleich in Pesachim angeführt werden, kann höchstens als Grund dafür dienen, dass R. E. der Auffassung seines Freundes nicht beitritt, ist aber keineswegs stark genug, um als Waffe gegen diesen gebraucht zu werden. Die Vertheidigung hatte leichtes Spiel den Angriff zu pariren, wenn sie die erwähnte Voraussetzung einfach ablehnte. Warum that sie es nicht? Offenbar weil

sie sich mit der Defensive nicht begnügen mag, weil sie zugleich zur Offensive übergehen will. Aus demselben Grunde aber mag sie sich auch nicht auf die Antwort beschränken: סבר חתיכת יבלת בכלי נמי דרבנן, macht vielmehr statt dessen lieber geltend, dass selbst vom gegnerischen Standpunkte aus, auf welchem einerseits die in Rede stehende Operation am Sabbat strafbar ist, andererseits die drei in einem Athem genannten Verbote gleichen Ursprungs sein müssen, das Widerstreben des R. E. gegen die Auffassung seines Freundes noch immer nicht begründet ist, da ja die beiden anderen Verbote ebenfalls im Gesetz der Tora ihren Platz haben können. Mit diesem Zugeständnis gibt sich die Vertheidigung freilich im Eifer des Angriffs eine Blösse, welche — von R. Josef sofort bemerkt und zu einem Gegenangriff benutzt — den Anschein erweckt, als hätte R. J. b. Ch., auf den Maim. seine Entscheidung stützt, eine Niederlage erlitten. In Wahrheit aber ist er mit Raba der Ansicht, dass das Verbot von חתיכת יבלת בכלי als ein rabbinisches zu betrachten ist. Ja es ist nicht einmal erwiesen, dass R. E. oder dessen Anwalt über diesen Punkt anders gedacht hat als Raba. Auch dieser behauptet ja nur, dass nach den »Weisen« das Abschneiden der Blatter in der Tora nicht verboten ist; er räumt dagegen ein, dass es, mit einem Werkzeug ausgeführt, nach R. Eli'ezer b. Hyrkan wohl unter den Begriff der מלאכה fällt. Demnach könnten die Worte דומיא דהרכבתו וכו׳ den Sinn haben, חתיכת יבלתו sei in einer Weise aufzufassen, dass es in voller Uebereinstimmung mit den beiden übrigen Verboten selbst nach R. E. b. H. דרבנן ist, zumal man nicht wissen kann, ob nicht, trotzdem seine Ansicht in der Mischna dort (gegen die Regel) später aufgeführt wird, grade er es gewesen, der die Streitfrage zuerst aufgeworfen, und diese drei Dinge zusammengestellt hat. Um so wirksamer ist dann, nachdem sie alle drei als דאורייתא hingestellt worden, die Replik des R. Josef: Es ist doch aber gerade R. E. b. H., der sie als שבות bezeichnet. Schlagend ist freilich der Einwand auch so nicht, was schon, wie wir oben gezeigt haben, der Ausdruck מתיב andeutet. R. E. b. H. kann ja diese Bezeichnung vom Standpunkt seiner Opponenten aus als ein argumentum ad hominem angewendet haben! Dieser Theil der Discussion wird übrigens in Pesachim ganz weggelassen, ein Beweis, wie wenig Gewicht auf denselben gelegt wird. Dort geht auch R. J. b. Ch. aus der Polemik als Sieger hervor, und dieser Umstand mag Maim. bestimmt haben, dessen Auffassung zum Gesetz zu erheben. Um so seltsamer erscheint es, dass Bartinora grade dort der Erklärung des R. E. den Vorzug gibt, während er hier offenbar die des R. J. b. Ch. im Sinne hat, da er sonst die Abtrennung der Blatter בכלי nicht eine מלאכה גמורה nennen könnte; derselbe Widerspruch findet sich in תפארת ישראל mit dem einzigen Unterschiede, dass dort die Erklärung jedesmal der des R 'Obadja entgegengesetzt ist. Das Seltsamste aber ist, dass in קול הרמז grosse Mühe darauf verwendet wird, nicht etwa Bartinora zu rechtfertigen — dessen Erklärung wird vielmehr ganz in der Ordnung gefunden, der Widerspruch gar nicht bemerkt — sondern Maim. gegen den Einwand zu vertheidigen, dass die Ansicht des R. J. b. Ch. ja widerlegt ist. Abgesehen davon, dass die des R. E. ja erst recht widerlegt ist (nach Raschi in Pesachim schliesst sogar schon der Ausdruck חותכין in der Mischna die Annahme aus, dass von trockener Blatter die Rede sein könnte), worin besteht denn die behauptete Widerlegung? Doch nur in dem Einwurf, dass חתיכת יבלת בכלי unter den Begriff der מלאכה fällt! Ist denn aber dem gelehrten Verf. entgangen, dass Maim. selbst eine Zeile früher klar und deutlich diese Operation für eine blosse שבות erklärt, und somit jenem Einwande von vornherein der Boden entzogen ist? Dass aber Maim. zu dieser Erklärung berechtigt war, dass seine Entscheidung sich auf eine Ansicht stützt, die im Jeruschalmi als selbstverständlich hingestellt wird und im Babli keinen Geringern als Raba zum Vertreter hat, das glauben wir ebenso überzeugend nachgewiesen zu haben, wie dass es zum mindesten nicht sicher ist, dass ihr im Talmud auf irgend welcher Seite widersprochen wird. Aber selbst wenn sie wirklich bei R. Josef, bei R. E. und sogar bei R. J. b. Ch. auf Widerspruch stiesse, wäre auf Grund der für die Halacha geltenden Regeln, wie wir bereits angeführt haben, die Ansicht Raba's maassgebend und mithin Maimuni's Entscheidung vollkommen gerechtfertigt. Allerdings könnte es befremden, dass Maim. bald darauf in Bezug auf חתיכת יבלת במקדש zwischen יד und כלי einen Unterschied macht, hierin der Meinung des R. J. b. Ch. folgend, während nach Raba's Auffassung die »Weisen« beides für unstatthaft halten. Andererseits aber ist die Frage noch mehr berechtigt, warum wohl Raba einen neuen, weniger einladenden Weg einschlägt, um die Mischna in Pesachim mit der vorliegenden in Einklang zu bringen, da doch grade durch die von ihm vertretene

Ansicht, nach welcher jene Operation, auch mit einem Instrumente ausgeführt, nur von den Rabbinen untersagt ist, der letzte Einwand gegen die von R. J. b. Ch. gegebene Lösung beseitigt wird Dieser Frage haben wir indessen bereits in Anm. 78 vorgebeugt, indem wir darauf hinwiesen, dass es unlogisch ist, demselben Begriffe an der einen Stelle einen weitern, an der andern einen engern Umfang zu geben, wie es in der Erklärung des R. J. b. Ch. geschieht. Gleichwohl hat Maim. sich dessen Auffassung zu eigen gemacht, weil er durch die von Raba, nach welcher unsere Mischna die von der Mehrheit heftig bekämpfte Ansicht des R. Eli'ezer wiederspiegelt, noch weniger sich befriedigt fühlen mochte. In Pesachim wird der Versuch Raba's sogar mit Stillschweigen übergangen. — Auffallend ist nur, dass Maim. im Hil. Korban Pesach I 18 das Zugeständnis, feuchte Blattern mit der Hand und trockene selbst mit Werkzeug abzutrennen, durch die Worte begründet: שאין שבות במקדש כלל, als ob das Verbot, die feuchten mit Hilfe eines Instruments zu entfernen, höherer Herkunft wäre; und noch auffallender, dass הרב המגיד, der in Hil. Sabbat den rabbinischen Ursprung dieses Verbots bestreitet, eine Waffe sich entgehen lässt, die Maim. gegen sich selbst geschmiedet. Auch in Lechem Mischne (Hil. K. P. das.), wo die angeführten Worte von einem andern Punkte aus angegriffen werden, wird der Widerspruch nicht bemerkt. Er ist aber nichtsdestoweniger vorhanden, und es werden durch ihn die Schwierigkeiten dieser Stelle erheblich gesteigert. Schon der Vrf. des letztgenannten Werkes macht darauf aufmerksam, dass Maim. selbst gleich an Ort und Stelle das aufgestellte Princip desavouirt. Von den vier Beweisen, die er dafür erbringt, sind freilich nicht weniger als drei ganz und gar hinfällig. Da Maim. dem Satze חחי נושא את עצמו die Zustimmung versagt (Hil. Sabbat XVIII 16), so könnte הרכבתו, auf öffentliches Gebiet bezogen (war doch sogar die Stadt Jerusalem eine Zeit lang רשות הרבים! S. 'Erubin 101a unten und Tos. Pesachim 66a s. v. תוחב), ebensogut ein אסור תורה sein wie הבאתו מחוץ לתחום, sofern unter תחום eine Entfernung von 12 Mil verstanden wird (das. XXVII 1—2). Das ist allerdings unwahrscheinlich. Aber zugegeben, dass es sich hier um den gewöhnlichen Sabbatbezirk von 2000 Ellen, dort um רשויות דרבנן handelt, so ist damit der Grundsatz, laut welchem kein rabbinisches Verbot sich bis auf's Heiligthum erstreckt, noch keineswegs durchbrochen. Dasselbe gilt vom מחמר, welcher als nächster Beweis in's Feld geführt wird. Alle drei Verbote haben die gemeinsame Eigenthümlichkeit, dass sie ihrer ganzen Natur nach nur ausserhalb des Tempels in Betracht kommen können, während Maim. jenes Princip ausschliesslich auf die Räume des Heiligthums beschränkt. Wenn er, wie sein gelehrter »Waffenträger« anzunehmen scheint, keinen Unterschied machte zwischen שבות דמקדש במקדש und שבות דמקדש במדינה, so brauchte er nicht in Hil. Sabbat III 15 zu בני חבורה זריזין הן seine Zuflucht zu nehmen (s. 'Erubin 103a g. Ende). Fast sieht es aus, als ob aus demselben Grunde auch der vierte Beweis nicht stichhaltig wäre. Da man Chullin in die Opferhalle nicht bringen darf (Hil. Schechita II 3), so musste ja — könnte man meinen — das Opferthier schon vorher, also wiederum ausserhalb der Tempelräume seiner Bestimmung geweiht werden. Das wäre indessen ein sehr übereilter Schluss. Von Hillel wird rühmend hervorgehoben (Babli Pesachim 66b oben), dass er seine Opfer stets unmittelbar vor dem Schlachten an Ort und Stelle erst heiligte. Ausdrücklich ertheilt Maim. z. St. den Rath, im vorliegenden Falle das Lämmchen erst in der Opferhalle zum Pesach zu bestimmen, und doch stellt er die Frage auf: Wieso ist es aber gestattet, am Sabbat ein Opfer zu weihen? Wir sehen also, dass der Satz אין שבות במקדש כלל cum grano salis aufzufassen ist. Das ist ein unanfechtbarer Beweis, dem wir als mindestens ebenso zutreffend die Stelle am Schlusse von Hil. Sabbat XXII 25 hinzufügen möchten. Indessen wäre dies die einzige Schwierigkeit, wir würden uns ebenfalls mit der Ausflucht zufrieden geben, das Wörtchen כלל sei nicht buchstäblich zu nehmen. Es kommt aber dazu, dass der ganze Satz hier gar nicht am Platze ist; denn thatsächlich ist nach R. J. b. Ch. das Abkneipen einer feuchten Blatter mit der Hand und das Abschneiden einer trockenen mittels Werkzeugs auch ausserhalb des Heiligthums beim Pesachopfer gestattet. Und nun gar noch der unlösbare Widerspruch, auf den wir zu Anfang hingewiesen haben! Am liebsten möchten wir nach alledem die Echtheit dieses unglücklichen Zusatzes anzweifeln. Leider fehlt uns dazu jede kritische Handhabe, und so müssen wir vorläufig annehmen, derselbe sei — es bleibt nichts annderes übrig — im besten Falle ein — lapsus calami. — אחרי הדברים והאמת האלה glauben wir zu der Behauptung berechtigt zu sein, dass in Magen Abraham 340[3] die Entscheidung: החותך יבלת בכלי חייב אם היא לחה unbegründet ist.

יד כֹּהֵן שֶׁלָּקָה בְאֶצְבָּעוֹ, כּוֹרֵךְ עָלֶיהָ גְּמִי בַּמִּקְדָּשׁ, אֲבָל לֹא בַמְּדִינָה. אִם לְהוֹצִיא דָם, כָּאן וְכָאן אָסוּר. בּוֹזְקִין

14. Ein Priester, der sich am Finger verletzt[81]) hat, kann Papyrus[82]) um denselben[83]) wickeln im Heiligthume, aber nicht in der Provinz[84]); wenn es geschieht, um Blut herauszudrücken[85]), ist es dort wie hier verboten[86]). Man darf Salz auf

---

In dieser apodictischen Form ist der Satz ohnehin nicht richtig; denn zugegeben, aber nicht zugestanden, dass das Abschneiden von Blattern auf gleicher Stufe stehe mit dem Abschneiden der Haare und Nägel, so hängt die Strafbarkeit immer noch von der Frage ab, ob eine verbotene Handlung auch dann bestraft wird, wenn sie nicht Selbstzweck, sondern nur Mittel zum Zweck gewesen. Und da der Verf. diese Frage überall als eine offene behandelt, so hätte er hier sein »Schuldig« nur mit Vorbehalt aussprechen dürfen. — In תפארת ישראל wird das Verbot von חתיכת יבלת בכלי in der Einleitung (כלכלת שבת No. 12) als rabbinisches, im Commentar (z. St.) dagegen wie auch in הלכתא גבירתא (am Schlusse unseres Tractats) als biblisches bezeichnet.]
[81]) לקה hat in der Form des Kal die bald reflexive bald passive Bedeutung eines Nif'al. Zur Erklärung dieser auffallenden Erscheinung genügt nicht der Hinweis auf das lat. vapulare; man muss vielmehr auf die Grundbedeutung zurückgehen, die sich im Arabischen noch erhalten hat. Dort heisst nämlich لقى begegnen, treffen (ما لقيت منه was mir von ihm widerfahren, wörtlich: was ich von seiner Seite getroffen habe) und in der 5. Form: empfangen, u. z. genau so wie קבל im Pi'el sowohl im Sinne des Bekommens (Abot I 1) als in dem des Lernens (das. 3). Auch קבל heisst ursprünglich begegnen, eine Bedeutung, die in der aram. Präposition לקבל (gegenüber) und im Hif'il (מקבילות — 2. B. M. 25, 5 — parallel, מקביל — Abot I 15, in unseren Ausgaben falsch: מקבל — entgegenkommen, להקביל פני רבו entgegengehen, aufsuchen) deutlich hervortritt. Demnach wäre לקה mit לקח nicht nur eines Stammes, sondern auch eines Sinnes, nur dass dieses seine allgemeine Bedeutung (nehmen, holen, bekommen) beibehalten, während jenes im Volksmunde eine ganz bestimmte, etwas scherzhafte Färbung angenommen hat: Schläge bekommen, sich Prügel holen. So heisst auch ספג (in sich aufnehmen) Kilajim VIII 3: Hiebe einstecken, בלע (verschlingen) 'Arachin 22a: Prügel verschlucken.
[82]) גמי ist vermuthlich dasselbe, was in der Bibel mit גמא bezeichnet wird: die ägyptische Papyrusstaude (koptisch Gome), deren bastähnliche Häute, wie es scheint, bei Wunden als Verband zu Heilzwecken benutzt wurden.
[83]) Wenn es ein Finger der linken Hand ist, welche für den Opferdienst nicht in Betracht kommt. Die rechte Hand, mit welcher derselbe verrichtet wurde, musste dabei die heiligen Gegenstände unmittelbar berühren, und es durfte daher ihre innere Fläche wenigstens durch keinen noch so schmalen Verband an irgend einer Stelle bedeckt sein; vgl. Anm. 67. [Auf die äussere Fläche derselben bezogen (s. Raschi z. St.), passt der Ausdruck כורך nicht.]
[84]) Weil die Anwendung von Heilmitteln am Sabbat, wo es sich um leichte Verletzungen und geringfügige Krankheiten handelt, von den Rabbinen untersagt ist (Sabbat XIII 3—4).
[85]) Hier liegt es auf der Hand, warum statt des einfachern ולהוציא דם die schleppende Construction אם להוציא דם gewählt ist. Jenes gäbe einen ganz falschen Sinn; es hiesse: Blut herausszudrücken ist hier wie dort verboten. Das wäre aber ganz selbstverständlich; denn Blutentziehung ist am Sabbat durch das Gesetz der Tora verboten, wie aus Sabbat 133b unten ersichtlich. [Obwohl der Ausdruck חלול שבת auch auf geringere Vergehen Anwendung findet (Berachot 6b, 'Erubin 104a u. ö.), so geht doch aus dem Zusammenhange hervor, dass מציצה gegen ein Verbot der Tora stösst. Andernfalls wäre die Schlussfolgerung סכנה הוא nicht berechtigt; auch hätte sonst der Satz קמ"ל חבורי מחבר keinen Sinn, da ja hier, wo im Gegensatz zu Ketubbot 5b die Blutentziehung משום רפואה geschieht, selbst unter der Voraussetzung דם מפקד פקיד ein rabbinisches Verbot vorliegt. Befremdlich ist die Fassung, die Maim. in Hil. Sabbat XXI 25 dieser Halacha gibt. Da zwischen דחיקה בידו und מציצה בפה schwerlich ein Unterschied ist, so erwartet man: ואם דחקו בידו כדי להוציא ממנו דם חייב. Vielleicht ist aber das Suffix in ידחקנו nicht auf אצבעו, sondern auf גמי zu beziehen. Genauer drückt er sich in חל' כלי המקדש X 9 aus.]
[86]) Auf indirecte Weise (כלאחר יד) Blut herausszudrücken, wie z. B. hier durch festeres Anziehen des Verbandes,

מֶלַח עַל גַּבֵּי הַכֶּבֶשׁ, בִּשְׁבִיל שֶׁלֹּא יַחֲלִיקוּ. וּמְמַלְּאִים מִבּוֹר הַגּוֹלָה וּמִבּוֹר הַגָּדוֹל בְּגַלְגַּל בְּשַׁבָּת. וּמִבְּאֵר הַקַּר בְּיוֹם טוֹב: טו שֶׁרֶץ שֶׁנִּמְצָא בַּמִּקְדָּשׁ, כֹּהֵן מוֹצִיאוֹ בְּהֶמְיָנוֹ, שֶׁלֹּא לְשַׁהוֹת אֶת הַטֻּמְאָה. דִּבְרֵי רַבִּי יוֹחָנָן בֶּן בְּרוֹקָא. רַבִּי יְהוּדָה אוֹמֵר, בִּצְבָת שֶׁל עֵץ שֶׁלֹּא לְרַבּוֹת אֶת הַטֻּמְאָה. מֵהֵיכָן מוֹצִיאִין אוֹתוֹ, מִן הַהֵיכָל וּמִן הָאוּלָם וּמִבֵּין הָאוּלָם וְלַמִּזְבֵּחַ. דִּבְרֵי רַבִּי שִׁמְעוֹן בֶּן נַנָּס.

den Kebesch[87]) streuen[88]), damit man nicht ausgleite[89]), und Wasser schöpfen mittels des Rades[90]) aus der Golacisterne und der grossen Cisterne[91]) am Sabbat und aus dem kalten Brunnen[92]) am Feiertage. **15.** Ein Kriechthier[93]), das im Heiligthum gefunden wird, trage der Priester mit seinem Gürtel[94]) hinaus, um die Unreinheit nicht verweilen zu lassen[95]). So die Worte des R. Jochanan b. Baroka. R. Juda sagt: Mit einer Zange[96]) von Holz, um die Unreinheit nicht zu vermehren[97]). Von wo trägt man es hinaus[98])? Aus dem Hêchâl und aus dem Ulâm und zwischen dem Ulâm und dem Altare[99]). So die Worte des R. Simon b. Nannas. R. 'Akiba sagt: Wo man den

---

ist nur von den Rabbinen untersagt. Wir haben es eben auch hier wieder mit einer Ausnahme von der Regel אין שבות במקדש (Anm. 60) zu thun. [87]) So hiess die schiefe Ebene, welche die Stelle einer Treppe vertretend (Exod. 20, 23) zur Feuerstätte des Opferaltars emporführte (Tamid III 3). Sie stand an der Südseite desselben, und hatte eine Länge von 32, eine Breite von 16 Ellen. [88]) Der Stamm בזק bedeutet im Aram. und Syr. zerbrechen, weshalb die Erklärer es auch hier durch Zerstossen wiedergeben. Doch fällt diese Verrichtung als eine von טוחן (Sabbat VII 2) ressortirende unter den Begriff der strafbaren מלאכה und ist daher schwerlich im Heiligthum gestattet. Nur Maim. erklärt unser Wort in seinem Commentar durch Streuen, und das ist ohne Zweifel das Richtige. Im Arab. heisst بزق säen, und wenn auch die Grundbedeutung unstreitig Brechen ist, so ist es andererseits ebenso sicher, dass der Begriff des Trennens und Scheidens sehr gern in den des Ausstreuens übergeht. [89]) Beim Hinaufschaffen des Brennholzes. [90]) Um dessen Wellbaum eine Kette sich windet, an welcher die Eimer befestigt sind. [91]) Namen zweier Wasserbehälter in der Tempelhalle. [92]) Unter kalten Brunnen versteht man zum Unterschied von Cisternen die Brunnen mit frischem Quellwasser. Gemeint ist hier indessen ein ganz bestimmter Brunnen (nicht im Heiligthum, sondern in der Provinz), aus dem man schon unter den letzten Propheten nach altem Brauche an Feiertagen mittels des Rades Wasser schöpfte. Sonst ist es ausserhalb des Tempels verboten an Sabbat und Feiertagen mit Hilfe einer Maschine Wasser zu schöpfen, weil solches meist zum Zwecke der Bodenbewässerung geschieht, diese aber an den heiligen Tagen als Beförderung des Wachsthums ebenso strafbar ist, wie die Aussaat selber (Sabbat VII 2). [93]) 3. B. M. 11, 29—31. [94]) המיין ist das persische Hemjân (هميان) = Gürtel. [95]) Bis eine hölzerne Zange herbeigeholt wird. Mit der blossen Hand soll er jedoch das todte Thier nicht anfassen, damit er nicht selber durch die unmittelbare Berührung unrein werde. [96]) Die Etymologie von צבת s. Anm. 7. [97]) Der Gürtel würde durch das todte Kriechthier verunreinigt; von Holzgeräthen dagegen sind nur diejenigen für Unreinheit empfänglich, welche eine Vertiefung zur Aufnahme von Gegenständen haben, nicht aber diejenigen, welche wie die Zange eine glatte Oberfläche haben. [98]) An Sabbat- oder Feiertagen, an denen es sonst laut einer Verordnung der Rabbinen untersagt ist, ein solches Thier wie überhaupt alles, was weder zu den Gebrauchs- noch zu den Verbrauchsgegenständen zählt, von der Stelle zu nehmen. [99]) Der Hechal grenzte an das Allerheiligste und war 40 Ellen lang, 20 E. breit; vom Hechal gelangte man in den Ulam (70 E. l. und 11 E. b.), und von diesem führten 12 Stufen hinab zum Opferaltar. Zwischen diesem und der Aussenwand des Ulam

רַבִּי עֲקִיבָה אוֹמֵר. מְקוֹם שֶׁחַיָּבִין עַל זְדוֹנוֹ כָּרֵת וְעַל שִׁגְגָתוֹ חַטָּאת. מִשָּׁם מוֹצִיאִין אוֹתוֹ. וּשְׁאָר כָּל הַמְּקוֹמוֹת כּוֹפִין עָלָיו פְּסַכְתֵּר. רַבִּי שִׁמְעוֹן אוֹמֵר, מְקוֹם שֶׁהִתִּירוּ לְךָ חֲכָמִים. מִשֶּׁלְּךָ נָתְנוּ לְךָ, שֶׁלֹּא הִתִּירוּ לְךָ אֶלָּא מִשּׁוּם שְׁבוּת:

Muthwillen[100]) mit Ausrottung und das Versehen mit einem Sühnopfer[101]) büsst, von dort trägt man es hinaus[102]). An allen übrigen Stellen[103]) aber stülpt man einen Kübel[104]) darüber[105]). R. Simon sagt: Wo die Weisen dir ein Zugeständnis machten, haben sie von dem Deinigen Dir gegeben[106]), denn sie haben dir nur gestattet, was vom Begriff des Ruhegebotes abgeleitet ist[107]).

---

betrug die Entfernung 22 E. [100]) Prägnant für: die muthwillige Uebertretung des Verbotes, welches dem Unreinen das Betreten des Heiligthums untersagt (Num. 19, 20). [101]) Dem sogenannten steigenden und fallenden Opfer קרבן עולה ויורד (Lev. 5, 1—13). [102]) R. ʿAkiba fügt zu den in Anm. 99 bezeichneten Räumen noch die ʿAzara hinzu, jene grosse Opferhalle, welche dem Vorhof des von Mosche errichteten Zeltes entsprach; in einer Länge von 187 und einer Breite von 135 Ellen sich erstreckend, umgab sie das eigentliche Heiligthum von allen vier Seiten und führte im Osten durch das Nikanorthor mittels einer Treppe von 15 Stufen in die Frauenhalle hinab. [103]) Des Tempelbezirks, selbst in der Frauenhalle und nach R. S. b. N. sogar in der Opferhalle. [104]) פסכתר ist das griechische ψυκτήρ, der Kühler, ein grosses Gefäss, welches dazu diente, den Wein kühl zu erhalten. Bei den Juden, die beiläufig ψυχθήρ gesprochen zu haben scheinen, finden wir die mit dem Etymon des Wortes (ψύχω = kühlen) zusammenhängende Bedeutung schon ganz verwischt und zu der allgemeinen Bedeutung eines voluminösen Kübels verblasst. Der Psykter des Tempels diente einem dreifachen Zwecke (Tamid V 5;; aber nichts erinnert dabei auch nur im Entferntesten mehr an den Stamm des Wortes. Er hatte den Rauminhalt eines halben Kor, konnte mithin nahezu 1¼ Hektoliter fassen (vgl. K. VII Anm. 49. [105]) Aber hinaustragen durfte man es nicht von dort. Also wiederum eine Ausnahme von der Regel אין שבות במקדש (Anm. 60)! [106]) Oder: »Den Spielraum, den die Weisen dir gestattet, haben sie von dem Deinigen dir gewährt.« Der Sinn bleibt derselbe. [107]) Mit anderen Worten: Zugeständnisse machten sie dir nur hinsichtlich jener Verbote, welche sie selbst auf Grund des Gebotes der Arbeitseinstellung (שבות) erlassen haben. Die Worte des R. S. bilden ein zusammenfassendes Urtheil über die letzten 5 Mischnajoth. Wenn dieselben im Heiligthume einigen Spielraum zu freierer Bewegung offenlassen, so gestatten sie nur einiges von dem, was nach dem Gesetz der Tora ganz erlaubt wäre, und auch dieses wenige nur mit gewissen Einschränkungen. Du darfst wohl eine Thür verriegeln, aber nur wenn der Riegel an der Thür befestigt ist; die Thürangel darfst du wiedereinfügen, aber nur die untere; ein abgenommenes Wundpflaster auf's Neue befestigen, aber kein neues auflegen; eine gerrissene Seite zusammenknoten, aber nur wenn sie am Sabbat erst entzwei gerissen; eine Blatter beseitigen, doch nicht mit einem Instrument; einen Verband anlegen, aber nicht fest anziehen; ein unreines Thier hinaustragen, aber nur aus den inneren Räumen des Tempels. Alle diese Einschränkungen sind gleichwohl nichts als שבות. Also nicht einmal שלך haben sie dir im Heiligthum gewährt, sondern nur משלך. Allerdings sollte man nun אמר רבי שמעון erwarten (vgl. den Schluss von Kelim); doch findet sich eine Wortstellung wie רבי שמעון אומר oft genug auch da, wo keine Polemik in der Absicht lag, wie Heller mit erstaunlicher Belesenheit zu Bikkurim III 6 erschöpfend nachgewiesen hat. — Babli z. St. bezieht die Worte des R. S. zum Theil auf den mittlern Satz der 13. Mischna, zum Theil gar auf den Schluss des 4. Kapitels. Daran nimmt schon Edels (מהרש״א) Anstoss. Er betrachtet dieselben als Schlusswort zum ganzen Tractat und lässt durchblicken, dass die Beziehung im Babli nicht buchstäblich zu nehmen ist. R. S. mochte immerhin einen speziellen Fall im Auge gehabt haben; er hat jedoch seinen Worten eine so allgemeine Wendung gegeben, dass sie sehr wohl als Schlusswort an das Ende von ʿErubin gesetzt werden konnten, wo sie auf mancherlei Bestimmungen des Tractats und insbesondere auf die letzten 5 Mischnajoth passende Anwendung finden. Nun aber entsteht die Frage: Wozu erst einen Anknüpfungspunkt in der Ferne suchen, da sich doch

das Schlusswort so leicht und ungesucht an das unmittelbar Vorhergehende anschliesst? Ich glaube daher der Bemerkung des Babli eine ernstere Bedeutung beimessen zu müssen, zumal der Ausdruck משלך thatsächlich viel besser auf die 15 Ellen in IV 11 als auf die אסורי שבות in X 11—15 passt. Die Lösung der in Rede stehenden und manch anderer Schwierigkeit finde ich in einer Beobachtung, die sich dem aufmerksamen Leser sicherlich gleich mir aufgedrängt hat, in der Wahrnehmung, dass in unserm Tractate viele Halachoth, ja ganze Kapitel eine Umstellung erfahren haben. Es ist bekannt, dass an dem Aufbau der Mischna viele Geschlechter gearbeitet haben, bis R. Juda der Heilige das Werk gekrönt hat. Die Bausteine waren von Alters her gegeben; aber ihre kunstgerechte Zusammenfügung ist ein Meisterstück minutiöser Musivarbeit, welches nur allmählich durch die Bemühungen mehrerer Jahrhunderte zustande kam. Die Mischna wurde nicht allein von den Vorgängern des R. Juda, sondern zuletzt noch von ihm selbst wiederholt überarbeitet, ehe sie die Form erhielt, in der sie uns jetzt vorliegt. Dieselbe weicht ohne Zweifel sehr wesentlich von den früheren Bearbeitungen ab. Manches ist gestrichen, anderes hinzugefügt worden, und vieles hat infolgedessen eine andere Anordnung erhalten müssen. Das zeigt sich nirgends augenfälliger als in ‘Erubin. Schon ein oberflächlicher Blick auf K. IV—V belehrt uns durch ein rein äusserliches Merkmal, dass die ersten 6 Mm. des K. V nicht hingehören. Fast sämmtliche Halachot beginnen hier — und das ist kein Zufall, sondern, wie wir bald sehen werden, in dem casuistischen Inhalte begründet — mit dem Wörtchen מי; nur diese sechs nicht! Und forschen wir nach der Ursache dieser Erscheinung, so verrathen sie sich uns sofort als Eindringlinge an diesem Orte, die den Zusammenhang auf eine gewaltsame Art durchbrechen. Im ganzen 4. und im Rest des 5. Kapitels werden lauter Specialfälle erörtert; dazwischen tritt V 1—5 eine allgemeine Vorschrift über die Bemessung und Abgrenzung des Sabbatbezirks. Und nun gar M. 6, die sich in diese wildfremde Umgebung, man weiss nicht wie, verirrt zu haben scheint (s. das. Anm. 35)! Frappanter noch ist die seltsame Gruppirung des Stoffes. Es herrscht hier ein Durcheinander wie in keinem Tractate mehr der sonst so wohlgeordneten und durch Uebersichtlichkeit sich auszeichnenden Sammlung. Unsere Massichta behandelt — wenn wir vom letzten Perek absehen, welcher an den ersten von »Sabbat« anknüpfend den innern Zusammenhang dieser beiden, im Grunde ein einheitliches Ganzes bildenden Tractate auch äusserlich bekundet — in zwei Hauptstücken (A u. B) die Verschmelzung der Höfe und Strassen einerseits und die der Sabbatbezirke andererseits. Jedes dieser Stücke zerfällt in 2 Abschnitte (α u. β), und ausserdem hat B einen Anhang (C), welcher Spezialfälle enthaltend in dieselben 2 Abschnitte sich scheidet. Diese Eintheilung ergibt sich ganz von selbst aus dem Wesen und der Verfassung unseres Tractats. Zu A α gehören K. I, II, IX u. V 6 (Vorbedingungen des Schittuf), zu A β (Ausführung desselben) VII 10, 8—9, 7, 6, 11, 1—5, VIII 6—11, VI 1—10, VIII 3—5; zu B α (über die Sabbatbezirke) V 1—5, 8a (bis כיצד), zu B β (über die Verschmelzung derselben) VIII 1—2, III 1—9; zu C (Specialfälle) IV 11a, 1—3, 11b, 4—10, V 7, 8b, 9, wovon IV 11 u. 1—8 auf α entfallen, V 7—9 auf β, während IV 9—10 den Uebergang bildet. In dieser Anordnung schliessen sich die einzelnen Halachot in logischer Folge so passend aneinander, dass die Vermuthung begründet ist, es könnte diese Gruppirung in den älteren Mischnasammlungen thatsächlich durchgeführt gewesen sein. Natürlich fehlten dort noch einige der hier angeführten Mischnajot, andere wieder, über deren Inhalt jüngere Tanaïm streiten, mochten einen abweichenden Wortlaut haben; in den allgemeinen Grundzügen aber und insbesondere in ihren äusseren Umrissen dürfte die entworfene Skizze dem ursprünglichen Plane unserer Massichta sehr nahe kommen. In der gegenwärtigen Anlage des Tractats erschöpfen die beiden ersten Kapitel der Erwartung gemäss das Wesentliche des ersten Abschnitts (הכשר מבוי, היקף קנים, קרפף, וחבלים, פסי ביראות), und schon hat K. III einen Anlauf zu A β genommen (בכל מערבין), als es plötzlich, statt wie VII 10 fortzufahren, zu B β übergeht, worauf in K. IV—V zuerst C α, dann B α, zuletzt C β erörtert und schliesslich in VI—IX A β erledigt wird, so dass die Abhandlung über den תחום mitten in diejenige über den Schittuf gekeilt ist. Diese Umstellung wurde vermuthlich bei einer spätern Redaction mit Rücksicht auf K. X vorgenommen, welches eigentlich zu „Sabbat" gehört. In den älteren Sammlungen war ‘Erubin wahrscheinlich ein Bestandtheil dieser Massichta, bis es in fortschreitendem Wachsthum zu einem selbständigen Tractate sich entwickelte. Um aber das ursprüngliche Verhältniss einigermassen wiederherzustellen, wurde zuletzt פרק המוצא תפלין zu ‘Erubin herübergenommen.

Nun galt es für dieses Kapitel einen passenden Anschluss zu schaffen. Zu diesem Behufe wurde die ursprüngliche Anlage in der Weise geändert, dass A β an's Ende gerückt und פרק כל גגות, welcher diesem Abschnitt voranging, hinter denselben gesetzt wurde. So war durch K. IX die gesuchte Verbindung mit X 4 ff. hergestellt. (X 1—3 mochte damals noch in Sabbat XXIV zwischen מי שהחשיך und מפירין נדרים seinen Platz haben, so dass dieses Kapitel eine verwandte Gruppe von Vorschriften in sich schloss, und wurde vielleicht erst bei der Schlussredaction, durch neu hinzugekommene Halachot — מחתכין, אין אונכסין, מתירין — von seiner Stelle verdrängt, nach 'Erubin versetzt.) Diese Umstellung und insbesondere die Versetzung des פרק כל גגות von der 3. an die 9. Stelle konnte indessen nicht ohne Einfluss sein auf die Anordnung der übrigen Kapitel, sie hatte hier einige Schiebungen im Gefolge, deren Gründe zum Theil auf der Oberfläche, zum Theil aber so tief liegen, dass sie kaum noch erkennbar sind. Ja, es erstreckte sich sogar die Wirkung der mit dem ersten Hauptstück vorgenommenen Aenderung auch auf das zweite. Da A β mit בכל מערבין anfing und sich in B eine gleichlautende Mischna fand, so stellte man dieselbe, um es beim ursprünglichen Anfang bewenden zu lassen, an die Spitze. So erklärte es sich, dass die Abhandlung über ערוב תחומין, statt mit B α anzuheben, mit B β einsetzt. Alle diese Umwälzungen dürften das Werk einer der letzten Redactionen gewesen sein. Noch in der Mischnasammlung des R. Meïr hat wohl unser Tractat mit C geendet, nur dass nach der Regel, laut welcher gern an das zuletzt Besprochene (hier B β) angeknüpft wird (במאי דסליק מינה קא פתח), C β vor C α gestanden hat, zumal jener Abschnitt viel kürzer ist als dieser (vgl. Schebuot 3a: אידי דזוטרין מיליהו וכו'). Ich denke mir die Reihenfolge innerhalb dieser Abhandlung in der erwähnten Sammlung wie folgt: V 1—5, 8a (B α); hierauf zunächst VIII 1—2, III 1—7 (8—9), wo durchweg vom ערוב mittels einer Speise die Rede ist, und dann העני מערב ברגליו (IV 9) u. IV 10, womit B β erschöpft ist. Hieran schloss sich V 7, 8b, 9 (C β) so dass 7a an III 5—7 anknüpft, während 7b auf III 3—4 zurückgreift, wodurch die Schwierigkeit sich löst, welche in der Zusammenstellung zwei so ungleichartiger Halachot wie 7a und 7b liegt; zuletzt folgte C α, vertreten durch IV 11a, 1—8, 11b. Bei 11b war nun der Satz angefügt: אמר ר' שמעון מקום שהתירו לך הכמים משלך נתנו לך, welcher somit den Schluss unserer Massichta bildete. Als später, um die Verbindung mit Sabbat wiederherzustellen, K. X hinzukam, wurde derselbe vermöge seiner Anwendbarkeit auf X 11—15 als Schlusswort beibehalten, verschmolzen mit einem andern Ausspruch desselben Autors (ר' שמעון אומר לא התירו לך אלא משום שבות), welcher sich auf X 13b bezog. Zugleich wurden IV 11a und IV 11b vereinigt und IV 9—10 nebst V 7, 8b u. 9, welche in der ältern Sammlung vor C α aufeinander folgten, aus naheliegenden Gründen hinter diesen Abschnitt versetzt; IV 9—10 wurde mit dem Zusatz זו היא שאמרו an IV 7—8 angeschlossen, die übrigen an die nächstfolgende Mischna (IV 11), deren zweite Hälfte zur ersten von V 7 in Beziehung steht. Ferner wurde, wie bereits erwähnt, בכל מערבין (III 1) an die Spitze der Abhandlung über den Sabbatbezirk gestellt, wodurch nicht nur V 1—5 nebst 8a, von ihrem Platze verdrängt, an das Ende derselben kamen, sondern auch noch andere Umstellungen herbeigeführt wurden. Bisher folgte auf אנשי עיר הגדולה (V 8a) die Erörterung der Frage: Wie stellt man es an, dass auch אנשי עיר הקטנה durch die ganze עיר גדולה gehen können? Jetzt mussten beide Nachbarn das Feld räumen. כיצד משתתפין בתחומין fand ein Unterkommen in der Abhandlung über den Schittuf (VIII 1—2), aber dorthin konnte ihm V 8a nicht folgen, und zu בכל מערבין hatte es wieder keine rechte Beziehung — so wurde es denn, einmal von seinem Zusammenhange losgelöst und mit V 1—5 nur in loser Verbindung stehend, lieber mit V 8b vereinigt. Von der ehemaligen Nachbarschaft zeugt indessen noch eine zurückgelassene Spur. Das Wörtchen כיצד, welches am Schlusse von V 8a so grosse Schwierigkeit bereitet, ist vielleicht dasselbe כיצד, mit welchem VIII 1 beginnt. So wurde auch bei der Trennung des Buches 'Ezra von der Chronik der Anfang des einen an das Ende des andern Buches gesetzt, um dort die frühere Zusammengehörigkeit zu bekunden. Endlich erfuhr auch die Abhandlung über den Schittuf manche Aenderungen ihrer ursprünglichen Anlage, welche zumeist durch die Hinzufügung des K. X veranlasst wurden. Um für dasselbe einen bessern Anschluss zu gewinnen, hatte man, was wir ebenfalls schon auseinandergesetzt haben, die beiden ersten Abschnitte auseinandergerissen und die einzelnen Kapitel und Halachot so geschoben, dass כל גגות an's Ende trat. Den Schluss dieses Perek hatte früher V 6 gebildet, den Uebergang vermittelnd von מערבין למבוי המפולש (IX 4) zu בכל מערבין

(VII 10); jetzt wurde diese Mischna unbequem, denn sie war für die neugeschaffene Verbindung nur störend, und da sie auch vor VII 10 nicht mehr untergebracht werden konnte, weil sie da ebenfalls den Zusammenhang unterbrochen hätte, so wies man der heimathslos Gewordenen wenigstens die Stelle an, die sie früher am Schlusse von A α inne gehabt, indem man sie an das Ende desjenigen Abschnitts setzte, welcher jetzt A β voranging, also zwischen אפילו עבר (V 5) und הדר (VI 1), obgleich sie sich dort nichts weniger als en pays de connaissance befindet. So hatte denn der Tractat jetzt folgende Anordnung: I—IV, V 7—9, 1—6, VI—X Noch später, vielleicht bei der Schlussredaction erst, wurde zum bessern Verständnis der in IV 11 angeführten Ansicht des R. Simon, gleichsam als Illustration zu seiner Behauptung, dass bei der Bemessung des Sabbatbezirkes Ungenauigkeiten kaum zu vermeiden sind, V 1—6 zwischen den Schluss des 4. und den Anfang des 5. Kapitels geschoben, wodurch freilich die עיר של יחיד (V 6), welche soeben noch an der Grenze wenigstens von A lag, völlig dem Gebiete von B einverleibt wurde. — Das alles ist selbstverständlich nur Vermuthung, aber doch eine Hypothese, die vieles erklärt, was sonst unbegreiflich erscheint, und gerade die auffallendsten und widerspenstigsten Schwierigkeiten unserer Massichta mit einem Zuge beseitigt.

Traktat Pesachim. מַסֶּכֶת פְּסָחִים.

In der Reihe der Feste steht dasjenige, welchem unser Tractat gewidmet ist, an der Spitze. Die heilige Schrift nennt es nie anders als חג המצות, Fest der ungesäuerten Brote; die Bezeichnung פסח (nur ein einziges Mal — Ex. 34,25 — חג הפסח), von dem gleichnamigen Opfer übertragen, beschränkt sich dort auf die Feier, welche dieses Fest einleitet. In der Mischna dagegen ist dieselbe auf das ganze Fest ausgedehnt, dessen ursprünglichen Namen sie bereits völlig verdrängt hat.

Die eigentliche Pesachfeier bestand wesentlich in dem Genusse des Ueberschreitungsopfers (פסח) nebst ungesäuertem Brot (מצה) und Bitterkraut (מרור) und in der Erzählung der geschichtlichen Ereignisse, in denen das Fest seinen Grund hat (הגדה). Später wurden Lobgesänge hinzugefügt und die Vorschrift, entsprechend dem vierfachen Gute, das uns der Auszug aus Egypten brachte (Freiheit, Rettung, Erlösung, Erwählung — Ex. 6, 6—7), nach einer gewissen Ordnung vier Becher Wein (Symbol der Freude) zu trinken. Diese Feier fand alljährlich in der Nacht zum 15. des ersten Monats (Nîsân) im Kreise der Familie statt, welche zu diesem Zwecke rechtzeitig ein Opferthier (Lamm oder Ziege) vorzubereiten hatte und für den Fall, dass dessen Fleischgewicht ihren Bedarf überstieg, sich mit anderen Familien zum gemeinsamen Festmahl vereinigen konnte. Das Thier wurde am Nachmittage des 14. Nisan in der Tempelhalle unter feierlichen Lobgesängen als Ueberschreitungsopfer geschlachtet, Blut und Fett am Altare dargebracht, das Fleisch zu Hause am Feuer gebraten und nach Anbruch der Nacht von den Theilnehmern verzehrt; bis zum Morgen durfte von demselben nichts übrig bleiben. Wer aus irgend welcher Veranlassung unterlassen hatte, am 14. des ersten Monats das Pesachopfer zu bereiten, konnte und musste ein solches am 14. des zweiten Monats (Ijar) darbringen und das gebratene Fleisch in der folgenden Nacht nebst מצה und מרור verzehren (פסח שני, zweite Pesachfeier).

Während der ganzen Dauer des siebentägigen (ausserhalb des heiligen Landes achttägigen) Festes ist der Genuss und selbst die Nutzniessung, ja sogar der Besitz von Châmêsz verboten. Unter Châmêsz (חמץ) versteht man Getreidestoffe (Körner, Schrot, Mehl, Kleie von Weizen, Roggen, Gerste, Hafer oder Dinkel, in denen durch Berührung mit Wasser oder einer wasserhaltigen Flüssigkeit eine Gährung hervorgerufen wurde. Da die ungesäuerten Brote aus Getreidemehl mit Wasser bereitet werden müssen, so ist bei ihrer Herstellung das Hauptaugenmerk darauf zu richten, dass die nothwendigen Arbeiten thunlichst beschleunigt und, noch ehe im Teig ein Gährungsprozess sich entwickeln konnte, zu Ende geführt werden. — Seinem vollen Umfange nach erlangt das Chamesz-

verbot erst mit dem Beginn des Festes, also mit Anbruch der dem 15. Nisan vorangehenden Nacht seine Geltung. Die Pflicht aber, alles Chamesz aus dem Hause zu schaffen, tritt gleichzeitig mit dem Verbote des Genusses und der Nutzniessung schon am Mittage des 14. Nisan in Kraft. Gemäss einer vorbeugenden Anordnung der Rabbinen darf indessen eine Stunde vorher kein Nutzen mehr aus Chamesz gezogen und zwei Stunden vorher keines mehr gegessen werden. Der Begriff einer Stunde, wie ihn die Alten auffassten, deckt sich aber nicht ganz mit der Vorstellung, welche wir mit diesem Worte verbinden. Wie die meisten Völker des Alterthums, insbesondere die Babylonier und Egypter, die Griechen und Römer, unterschieden auch die Juden zwischen astronomischer und bürgerlicher Zeit. In der Lehre vom Kalender z. B. entspricht eine Stunde der Zeit, welche die Sonne braucht, um auf der Bahn, die sie täglich um die Erde beschreibt, einen Weg von 15 Grad zurückzulegen (Gradstunde); im bürgerlichen Leben dagegen ist die Stunde der zwölfte Theil des Zeitraumes, in welchem die Sonne ihren Tag- bezw. Nachtbogen vollendet (Bogenstunde). Je grösser der Tagbogen, je länger also die Sonne über unserm Horizonte steht, desto grösser die Bogenstunde am Tage und desto kleiner in der Nacht. Niemals sind nach bürgerlicher Zeit die Stunden des einen Tages denen des folgenden oder des vorhergehenden vollkommen gleich, und nur zweimal im Jahre, in den Aequinoctien, fallen die Bogenstunden mit den Gradstunden zusammen. An diesen beiden Tagen sind die Tagesstunden genau so gross wie die Stunden der Nacht; an allen übrigen Tagen des Jahres sind jene entweder grösser (im Sommerhalbjahre) oder kleiner (im Wintersemester) als diese. Wegen dieser Abhängigkeit von der Jahreszeit heissen in der jüd. Literatur die Stunden, die wir auf gut Glück Bogenstunden genannt haben, nach dem Griechischen (*ὧραι καιρικαί*) שעות זמניות; die von uns mit dem Namen Gradstunden belegten heissen daselbt entsprechend der lat. und der gr. Bezeichnung (horae aequinoctiales, *ὧραι ἰσημεριναί*) שעות השוי (spr. haschiwwûj), weil sie jahraus jahrein genau denselben Zeitraum umfassen, welchen sie in den Tagundnachtgleichen mit den von der Jahreszeit abhängenden gemein haben. Der Kalendertag beginnt wie bei den Atheniensern mit Anbruch der Nacht und mit diesem Zeitpunkte zugleich die erste Nachtstunde, mit Tagesanbruch hat die zwölfte Nachtstunde ihr Ende erreicht und die erste Tagesstunde ihren Anfang genommen. Wenn also in der Mischna z. B. von $8^1/_2$ Uhr (wie am Anfang des 5. Kapitels) die Rede ist, so müssen wir darunter $2^1/_2$ Uhr Nm. verstehen, sofern es sich um eine Tagesstunde in den Aequinoctien handelt, 3 Uhr 20 M. Nm., wenn an dem betreffenden Tage die Sonne um 4 Uhr auf- und um 8 Uhr untergeht, 1 Uhr 40 M. Nm., falls dieselbe nur von 8 bis 4 Uhr über unserm Horizonte weilt. Die Grösse des Tagbogens hängt bekanntlich nicht allein von der Jahreszeit ab, sondern auch von der Breite, unter welcher ein Ort liegt, und von der Neigung, welche die Erdbahn in einem gegebenen Zeitabschnitt zum Aequator hat. In den gemässigten Zonen sind im Sommer die Tage und im Winter die Nächte erheblich länger als in der Nähe des Aequators, gegenwärtig um eine Kleinigkeit kürzer als vor 1000 Jahren. Die Schiefe der Ekliptik unterliegt nämlich periodischen Schwankungen. Seit 4 Jahrtausenden ist sie in fortwährender, jedoch ungleichmässiger Abnahme begriffen, die sich jetzt auf $29'''$ jährlich, durchschnittlich aber in je 100 Jahren auf $43''$ beläuft. Heute misst die Schiefe $23^\circ\ 27'\ 14''$, zur Zeit des Abschlusses der Mischna betrug sie $23^\circ\ 40'\ 30''$. Bezeichnet man diesen Winkel mit ε und die Breite mit β, so lautet die Formel für die Berechnung des halben Tagbogens am kürzesten Tage des Jahres: $\cos\frac{\varphi}{2} = \operatorname{tg}\beta\,.\,\operatorname{tg}\varepsilon$*). Für die

*) Es würde zu weit führen, hier diese Formel zu entwickeln. Ohne Zweifel ist dieselbe längst bekannt. Es fehlt mir aber an den nöthigen Fachschriften, um nachschlagen und den Leser auf dieselben hinweisen zu können Ich muss ihn daher auf die Einleitung zu Rosch haschana vertrösten, wo ich den Weg, auf welchem ich diese Formel gefunden, anzugeben und ihre Richtigkeit zu erweisen beabsichtige.

heilige Stadt, welche unter 31° 47′ nördl. Breite liegt, wäre demnach der Werth von φ gegenwärtig (log tg β = 9,7921280, log tg ε = 9,6378454) 148° 48′ 40″ und beim Abschluss der Mischna (log tg. ε = 9,6419191) 148° 28′ 20″, mithin der grösste Tagbogen (360° — φ) = 211° 11′ 20″ bzw. = 211° 31′ 40″. Vertheilt man die Differenz zwischen dem grössten und kleinsten Tagbogen gleichmässig auf die Zwischenzeit, so kann man für jeden beliebigen Zeitpunkt die Tagesdauer annähernd bestimmen; zu einem genauen Ergebnis gelangt man auf diesem Wege nicht, weil der Lauf der Erde kein gleichmässiger ist (sie bewegt sich im Perihel rascher fort als im Aphel), und weil die Zunahme der Tages- bzw. Nachtlänge um die Solstitien geringer ist als um die Aequinoctien.

Der Stoff, den unser Tractat behandelt, ist sozusagen chronologisch geordnet. Das erste Kapitel beginnt mit der Nacht vom 13. zum 14. Nisan, in welcher alle Räume beim Scheine eines Lichtchens nach Chamesz durchsucht werden müssen. Im Anschluss hieran werden bis zum Ende des 3. Kapitels die Vorschriften über Chamesz erledigt. Das 4. Kapitel handelt vom 14. Nisan, dem Rüsttage des Festes, an welchem die Sitte mancher Gegenden die Einstellung aller Erwerbsthätigkeit verlangte, und führt bei dieser Gelegenheit eine Reihe anderer Vorschriften auf, deren Verbindlichkeit gleichfalls vom Ortsgebrauch abhängig ist. Der Nachmittag des genannten Tages ist die Zeit der Darbringung des Pesachopfers, welchem die 4 folgenden Kapitel gewidmet sind. K. IX erörtert hierauf die Vorschriften des zweiten Pesach. K. X endlich beschreibt die häusliche Feier in der Nacht zum 15. Nisan.—Zum Schluss noch einige Worte über den Namen unserer Massichta. Da derselbe kein Appellativ ist wie z. B. שקלים עירובין u. a. (der Tractat handelt ja nicht blos vom Pesachopfer!), sondern wie שבת, ראש השנה oder יום הכפורים der Eigenname eines Festes ist, und dieses פסח heisst, so sollte unser Tractat den Titel מסכת פסח führen. (Wenn wir in unserer Ordnung Ueberschriften wie סכה und מגלה finden, wo wiederum der Plural am Platze wäre, da beide Appellativa sind, der Name des Hüttenfestes aber gerade סכות lautet, so erklärt sich dies wie bei ביצה aus dem Worte, mit welchem diese Tractate beginnen; der Titel des 9. Tractates ist תעניות, wie es im Jeruschalmi richtig heisst, nicht תענית.) Heller rechtfertigt den Plural in Pesachim mit den zweierlei Pesachfesten, von denen die Rede ist. Allein der פסח שני ist kein Feiertag, sondern gleich dem פסח ראשון lediglich eine Festfeier; Pesachim beschäftigt sich aber nicht allein mit diesen beiden feierlichen Veranstaltungen, umfasst vielmehr das ganze siebentägige Fest. Die ebenfalls von Heller angeführte Zerlegung unserer Massichta in zwei Theile, deren erster — das Pesachfest behandelnd — פסח ראשון, deren zweiter — mit dem Pesachopfer sich befassend — פסח שני genannt wurde, gäbe eine treffliche Erklärung für den Gesammttitel פסחים, wenn nur diese Eintheilung genügend gerechtfertigt wäre. Sie ist aber nicht im Geringsten begründet. Vielmehr gehört zu den Satzungen des Pesachfestes auch, ja in erster Reihe das Pesachopfer. Vielleicht erklärt sich die Mehrzahl durch die ursprünglich appellative Bedeutung des Wortes. Obgleich die Bezeichnung פסח bereits als Eigennamen auf das Fest übertragen war, dachte man dabei zur Zeit der Namengebung noch immer zunächst an das Opfer, weshalb das Wort in den Plural gesetzt wurde. — Noch mehr aber als die Mehrzahl in Pesachim ist die Einzahl in dem Namen der Ordnung befremdlich, zu welcher diese Massichta gehört. מועד bildet in dieser Beziehung unter allen sechs Ordnungen der Mischna die einzige Ausnahme, und ich wundere mich, dass Heller, dessen scharfem Auge dergleichen nicht zu entgehen pflegt, an dieser Schwierigkeit vorübergeht. Dieselbe ist um so auffallender, als wir auch einen Tractat מועד haben, dem man zum Unterschiede den Beinamen קטן beilegen musste. Das wäre überflüssig gewesen, wenn man die Ordnung מועדות genannt hätte. Vermuthlich wurde hier die Einzahl darum gewählt, weil man mit סדר מועדות die Lehre vom Kalender bezeichnete, wie aus Jeruschalmi ʻErubin III 9 ersichtlich. Auch Onkelos scheint das Kalenderwesen im Auge zu haben, wenn er Lev. 23,44 מעדי mit סדר מועדיא übersetzt und ואלפנון hinzufügt.

ABSCHNITT I.

1. Iu der Nacht[1]) zum Vierzehnten[2]) suche man das Chamesz
zusammen[3]) beim Scheine eines
Lämpchens[4])! Jeder Raum, iu welchen man Chamesz nicht bringt,
bedarf keiner Durchsuchung. Und
warum sagten sie: Zwei Schichten
im Weinlager[5])? Sie sind ein
Raum, in den man Chamesz bringt[6]).
Bet Schammai sagen: Zwei Schichten an den freien Flächen des ganzen
Weinlagers[7]); Bet Hillel aber sagen:
Die zwei äussersten Schichten, welche
die obersten sind[8]). **2.** Man befürchtet nicht, dass etwa ein Wiesel
vou einem Hause[9]) ins andere Haus[10]),
von einem Raum in den audern
Raum verschleppt haben köunte;
wenn dem so wäre[11]), so hätte — von Hof zu Hof und vou Ortschaft
zu Ortschaft — die Sache gar kein Eude[12]). **3.** R. Juda sagt: Man

פרק א.

א אוֹר לְאַרְבָּעָה עָשָׂר בּוֹדְקִין
אֶת הֶחָמֵץ לְאוֹר הַנֵּר. כָּל מָקוֹם
שֶׁאֵין מַכְנִיסִין בּוֹ חָמֵץ, אֵין צָרִיךְ
בְּדִיקָה. וְלָמָה אָמְרוּ שְׁתֵּי שׁוּרוֹת
בַּמַּרְתֵּף, מָקוֹם שֶׁמַּכְנִיסִין בּוֹ חָמֵץ.
בֵּית שַׁמַּאי אוֹמְרִים, שְׁתֵּי שׁוּרוֹת עַל
פְּנֵי כָל הַמַּרְתֵּף, וּבֵית הִלֵּל אוֹמְרִים,
שְׁתֵּי שׁוּרוֹת הַחִיצוֹנוֹת שֶׁהֵן הָעֶלְיוֹנוֹת:
ב אֵין חוֹשְׁשִׁין, שֶׁמָּא גָרְרָה חֻלְדָּה
מִבַּיִת לְבַיִת וּמִמָּקוֹם לְמָקוֹם, אִם
כֵּן מֵחָצֵר לְחָצֵר וּמֵעִיר לָעִיר אֵין
לַדָּבָר סוֹף: ג רַבִּי יְהוּדָה אוֹמֵר.

---

[1]) אור (eig. Licht) steht hier nach aram. Sprachgebrauch (אורתא) für Anfang
der Nacht. Die Benennung ist entweder eine Euphemie (Babli z. St. 3a) oder
eine Bezeichnung des schwachen Dämmerlichts (daher die weibl. Form; Gegensatz שחר
u. עפר das erste Morgengrauen von שחור u. اصفر dunkelfarbig) oder endlich der Name
des Abendsterns. Von der Venus (נוגהא, نجم) als Abendstern ist ja auch der Ausdruck
נגה, نجه auf die Abendzeit übertragen. Es scheint, dass אורתא die noch zum
Tage, נגהא die schon zur Nacht gehörende Hälfte des Abends bezeichnet; daher z. B.
אורתא דתליסר דנגהי ארביסר (das. 4a). Viell. ist auch Jes. 60,19 = לנגה nachts. [2]) So wird
schlechthin der Rüsttag des Pesachfestes genannt, weil er den 14. Tag des Monats ist.
Fällt er auf einen Sabbat, findet die Durchsuchung in der Nacht zum Freitag, also schon am
13. statt. [3]) Um es am nächsten Vormittage zu verbrennen. Der Begriff des Chamesz ist in
der Einl. genau definirt worden. [4]) Mit welchem man in die dunkelsten Winkel,
selbst in etwaige Löcher und Ritzen hineinleuchten kann. Eine Fackel wie überhaupt jede grössere Flamme eignet sich zur בדיקה nicht. [5]) Ist der Weinkeller
ein Raum, in welchen das Jahr über Chamesz gebracht wird, müsste sich ja die
Durchsuchung auf alle Ecken und Enden erstrecken; ist er kein solcher Raum,
warum soll gerade in den beiden Schichten gesucht werden? [6]) In diesen beiden
Schichten könnten, obgleich der Weinkeller im Uebrigen keineswegs im Verdachte
steht Chamesz zu beherbergen, Brotreste liegen geblieben sein, welche der Diener
dort vergessen, als er während der Mahlzeit Wein holte. Die lose Satzverbindung
und das holperige Wortgefüge sind in ihrer Seltsamkeit ein Beweis für das hohe
Alter dieses Satzes. [7]) פני heisst sowohl Vorderseite als Oberfläche. Die Vorderseite ist diejenige Fläche, welche dem Eingange am nächsten ist und von unten
nach oben sich erstreckt, die Oberfläche dagegen diejenige, welche der Decke am
nächsten ist, und von vorn nach hinten sich erstreckt. Beide Flächen, die senkrecht
auf einander stehen, müssen genau durchsucht werden. [8]) Nach den Hilleliten sind
die שתי שורות nicht zwei Flächen, sondern sinngemässer nur zwei Reihen: 1. die
oberste und zugleich vorderste Reihe, in welcher die zwei Flächen der Schammaiten
rechtwinckelig aneinanderstossen, und die daher beiden gemeinsam ist; 2. die ihr
benachbarte Reihe, u. z. nicht die hinter ihr befindliche (das hiesse: העליונות שהן
חיצונות), sondern diejenige, welche unter ihr liegt. [9]) Welches noch nicht durchsucht ist. [10]) Welches bereits von allem Chamesz gereinigt ist. [11]) Wenn diese Befürchtung begründet wäre. — Die Lesart כן דאם ist verdächtig; die Mischna würde
wohl dafür שאם כן sagen. [12]) Man müsste immer wieder sein Gebiet aufs Neue

בּוֹדְקִין אוֹר אַרְבָּעָה עָשָׂר, וּבְאַרְבָּעָה עָשָׂר שַׁחֲרִית, וּבִשְׁעַת הַבִּעוּר. וַחֲכָמִים אוֹמְרִים, לֹא בָדַק אוֹר אַרְבָּעָה עָשָׂר, יִבְדּוֹק בְּאַרְבָּעָה עָשָׂר. לֹא בָדַק בְּאַרְבָּעָה עָשָׂר, יִבְדּוֹק בְּתוֹךְ הַמּוֹעֵד. לֹא בָדַק בְּתוֹךְ הַמּוֹעֵד, יִבְדּוֹק לְאַחַר הַמּוֹעֵד. וּמַה שֶּׁמְּשַׁיֵּר יַנִּיחֶנּוּ בְצִנְעָה, כְּדֵי שֶׁלֹּא יְהֵא צָרִיךְ בְּדִיקָה אַחֲרָיו:

ד רַבִּי מֵאִיר אוֹמֵר, אוֹכְלִין כָּל חָמֵשׁ, וְשׂוֹרְפִין בִּתְחִלַּת שֵׁשׁ. רַבִּי יְהוּדָה אוֹמֵר, אוֹכְלִין כָּל אַרְבַּע, וְתוֹלִין כָּל חָמֵשׁ, וְשׂוֹרְפִין בִּתְחִלַּת שֵׁשׁ:

ה וְעוֹד אָמַר רַבִּי יְהוּדָה שְׁתֵּי חַלּוֹת שֶׁל תּוֹדָה פְּסוּלוֹת מֻנָּחוֹת עַל גַּג

suche in der Nacht des Vierzehnten [9]) oder am Vierzehnten morgens oder in der Stunde des Wegschaffens [13]) Die Weisen aber sagen: Hat man in der Nacht des Vierzehnten nicht gesucht, suche man am Vierzehnten [14]) hat man am Vierzehnten nicht gesucht, suche man im Laufe des Festes; hat man im Laufe des Festes nicht gesucht, suche man nach dem Feste [15]). Und was man zurückbehalten will [16]), das lege man in Verwahrung, damit nicht hinterher eine Nachsuchung nöthig werde. **4.** R. Meïr sagt: Man darf die ganze Fünfte [17]) essen, und verbrenne am Anfange der Sechsten [18]). R. Juda sagt: Man darf die ganze Vierte essen [19]), die ganze Fünfte setze man aus [20]) und verbrenne am Anfange der Sechsten. **5.** Ferner sagte R. Juda: Zwei unbrauchbare Dankopferkuchen [21]) lagen auf dem Dache des Säulen-

---

untersuchen; denn wenn auch im eigenen Hofe, ja in der ganzen Ortschaft sämmtliche Räume gleichzeitig nach Chamesz durchsucht worden wären, so könnte doch welches aus dem Nachbarhofe eines Nichtjuden oder aus der nächsten Ortschaft wieder hereingeschmuggelt worden sein. [13]) Am Vierzehnten vormittags bis zu der Zeit, in welcher das Chamesz verbrannt werden muss (s. die folg. M.); nach dieser Zeit suche man nicht mehr nach Chamesz, damit man nicht aus Versehen davon esse. [14]) Selbst am Nachmittage noch; die Befürchtung des R. Juda theilen sie, wie aus dem nächsten Satze ersichtlich, nicht einmal am Feste selbst, wo der Chameszgenuss eine viel schwerere Sünde als am Rüsttagsnachmittag ist. [15]) Auch nach dem Feste muss ja das Chamesz, welches über Pesach in unserm Besitze war, noch vernichtet werden (K. II M. 2, Anm. 6)! [16]) Um es bis zum nächsten Morgen zu verzehren, zu verschenken, zu verkaufen oder in der »Zeit des Wegschaffens« zu verbrennen. [17]) Stunde (שעות) ist hinzuzudenken. Man darf also am Vormittage des Vierzehnten noch bis 11 Uhr (s. Einl. Abs. 3) Chamesz essen. Im Hebräischen steht die Cardinalzahl (חמש, שש) an Stelle der Ordinalzahl (חמשית, ששית) nicht allein bei Angaben des Monatsdatums wie im Französischen, sondern auch bei denen der Tageszeit. [18]) Obgleich nach dem Worte der Schrift das Chameszverbot erst mittags in Kraft tritt, soll man all sein Chamesz doch lieber eine Stunde früher vernichten, weil man sich in der Tageszeit leicht irren kann. [19]) An einem trüben Tage bei bewölktem Himmel kann man sich wohl auch um zwei Stunden irren, darum esse man Chamesz allemal nur bis 10 Uhr. [20]) Das Essen sowohl wie das Verbrennen. — תולין = hängen, schweben; daher: 1. aussetzen wie das lat. suspendo (franz. suspendre), 2. zweifelhaft sein, schwanken wie im Deutschen und Lateinischen. Während der Stunde des »Schwebens«, in welcher es zweifelhaft ist, ob nur 1 oder noch 2 Stunden bis Mittag fehlen, darf man das Chamesz noch verkaufen oder seinen Thieren vorsetzen weil das Verbot der Nutzniessung kein so strenges ist wie das des Genusses. Das Schwanken besteht also darin, dass man das Chamesz in dieser Stunde einerseits nicht essen darf, andererseits wieder noch nicht zu vernichten braucht. [21]) Zu jedem Dankopfer gehörten vierzig Kuchen, von denen dreissig aus je 0,1 Maass Mehl (0,83 Liter; s. ʿErubin K. VII Anm. 49) ungesäuert, zehn dagegen aus je 0,3 Maass (2,49 Liter) Chamesz waren. Wegen dieser letzteren konnte vom 14—21 Nisan kein Dankopfer dargebracht werden. War aber das Fest vorüber,

ganges [22]); solange sie lagen, ass
alles Volk; wurde die eine fortgenommen, setzte man aus: man
ass nicht und man verbrannte nicht;
waren beide fortgenommen, fing
alles Volk zu verbrennen an [23]).
Rabban Gamliel sagt: Ungeweihtes [24]) wird die ganze Vierte gegessen, Teruma [25]) die ganze Fünfte,
und man verbrennt am Anfange
der Sechsten. **6.** R. Chanina Segan
Hak-Kohanim berichtet [26]): Ihr
Lebtage haben die Priester kein

הָאִצְטְבָא. כָּל זְמַן שֶׁמֻּנָּחוֹת. כָּל
הָעָם אוֹכְלִין. נִטְּלָה אַחַת תּוֹלִין.
לֹא אוֹכְלִין וְלֹא שׂוֹרְפִין. נִטְּלוּ
שְׁתֵּיהֶן. הִתְחִילוּ כָל הָעָם שׂוֹרְפִים.
רַבָּן גַּמְלִיאֵל אוֹמֵר. חֻלִּין נֶאֱכָלִין כָּל
אַרְבַּע. וּתְרוּמָה כָּל חָמֵשׁ. וְשׂוֹרְפִין
בִּתְחִלַּת שֵׁשׁ: ו רַבִּי חֲנִינָה סְגַן
הַכֹּהֲנִים אוֹמֵר. מִימֵיהֶן שֶׁל כֹּהֲנִים

---

und man hatte das Dankopfer noch nicht dargebracht, welches man im Laufe des
Winterhalbjahrs auf sich genommen, so hatte man sich einer Unterlassungssünde
schuldig gemacht; denn man ist verpflichtet, seine Opfergelübde spätestens am
nächsten Feste zu erfüllen. Daher kam es, dass am 13. Nisan die Dankopfer sich
übermässig häuften. Die Folge davon war, dass die Priester, welche von jedem
solchen Opfer vier Kuchen erhielten, unmöglich alle bis Mitternacht verzehren konnten, ein grosser Theil vielmehr übrig blieb und dadurch »unbrauchbar« wurde; denn was vom Dankopfer übernachtete, das durfte nicht mehr gegessen, es musste verbrannt werden. Zwei dieser unbrauchbar gewordenen
Chameszkuchen wurden nun als Merkzeichen auf dem Tempelberge öffentlich ausgelegt. [22]) Nach Kidduschin 70 a ist אצטבא ein vulgärer Ausdruck für ספסל (lat.
subsellium) Bank; auch bei den Arabern heisst die Bank مصطبة Dennoch ist
an eine solche hier aus mehreren Gründen nicht zu denken: 1. gab es auf dem
Tempelberge sicherlich nicht blos eine Bank; 2. hat eine Bank kein Dach; 3. ist
אצטבא in diesem Sinne, wie a. a. O. ersichtlich, kein rabbinischer Ausdruck
Unsere אצטבא ist vielmehr identisch mit der אסטוונית in der Gemara z. St. (13 b
und diese wieder mit der اسطوانة der Araber, welche darunter einen Säulengang
verstehen. Das Wort ist persischen Ursprungs (ustûn = Säule) und tritt uns auch
in der griechischen Stoa (στοά) entgegen, während مصطبة und das vulgäre
אצטבא sehr verrätherisch nach der مصطبة duften, einer Herberge für allerlei
Gesindel, welche wieder ihrerseits vermuthlich vom lat. stabulum (rabb. אצטבלא
syr. ܐܣܛܒܠܐ arab. اصطبل Stall ihren Namen ableitet, und deren vornehmstes, vielleicht einziges Möbelstück die »Schlafbank« ist. Der Tempelberg besass eine
Doppelstoa (סטיו לפנים מסטיו das.), drei Säulenreihen, welche ein gemeinschaftliches
Dach trugen. Auf diese wurden am Morgen des Vierzehnten die beiden Kuchen gelegt,
von denen die eine dann um 10, die andere um 11 Uhr entfernt wurde, damit die
Leute wissen, wann es Zeit sei mit dem Essen aufzuhören und mit dem Verbrennen zu
beginnen. [23]) התחילו: Denominativ von תחלה (Stamm חלל); תחל also Secundärstamm der
Wurzel חל. — Die Construction התחילו שורפין (ήρχοντο κατακαίοντες) statt לשרף התחילו
— in der Bibel (vgl. 1. Sam. 3, 2, Jes. 33, 1) äusserst selten — ist im Rabbinischen wie im
Syrischen, wohl unter dem Einfluss des Griechischen, fast zur Regel geworden [24]) Chullin
(Profanes, Ungeweihtes) bildet den Gegensatz zu allem, was einen — sei es hohen, sei es
niedern — Grad von Heiligkeit besitzt, insbesondere zu Opferfleisch, Priesterhebe und
zweitem Zehnt. [25]) Teruma ist der dem Priester zu übergebende Theil des Ernteertrages
und des Brotteiges. Sie ist Gott geweiht und darf daher, solange es sich irgend
vermeiden lässt, nicht der Vernichtung preisgegeben werden. [26]) Zum Verständnis
seiner Worte sind einige Vorbemerkungen über das Wesen der טומאה nothwendig.
Das Wort wird im Hebräischen niemals von der materiellen, stets nur von einer
ideellen Unreinheit gebraucht, u. z. bald in hosiologischem, bald in hierologischem
Sinne. In der Heiligungslehre ist sie gleichbedeutend mit Befleckung der Seele
durch Unzucht, Götzendienst, verbotene Speisen u. dgl., insbesondere auch ein
Attribut derjenigen Thiere, deren Fleisch die Tora verbietet; in der Heiligkeitslehre

לא נִמְנְעוּ. מִלִּשְׂרֹף אֶת הַבָּשָׂר שֶׁנִּטְמָא בְּוְלַד הַטֻּמְאָה. עִם הַבָּשָׂר שֶׁנִּטְמָא בְּאַב הַטֻּמְאָה. אַף עַל פִּי שֶׁמּוֹסִיפִין טֻמְאָה עַל טֻמְאָתוֹ. הוֹסִיף רַבִּי עֲקִיבָה וְאָמַר. מִימֵיהֶם שֶׁל כֹּהֲנִים לֹא נִמְנְעוּ. מִלְּהַדְלִיק אֶת הַשֶּׁמֶן שֶׁנִּפְסַל בִּטְבוּל יוֹם. בְּנֵר

Bedenken getragen Fleisch [27]) zu verbrennen, welches durch übertragene Unreinheit [28]) entweiht wurde, zusammen mit solchem Fleische [27]), das durch einen Herd der Unreinheit [29]) entweiht wurde, obgleich sie dadurch Unreinheit zu seiner Unreinheit hinzufügen [30]). Noch mehr! R. Akiba berichtet gar: Ihre Lebtage haben die Priester kein Bedenken getragen Oel [31]) zu brennen, welches durch einen Tebul-Jom [32]) untauglich gemacht worden, in einer Lampe,

ist unrein dasjenige, was von der Schwelle des Heiligthums verbannt ist und mit allem, was zum Tempeldienst in Beziehung steht, in keinerlei Berührung kommen darf. Mit dieser Art von Unreinheit haben wir es hier zu thun. Sie ist im Gegensatz zur hosiologischen übertragbar. Die Uebertragung vollzieht sich durch unmittelbare Berührung, zum Theil auch in anderer Weise, ist jedoch keine unbegrenzte; sie wird vielmehr bei jeder neuen Infection um einen Grad schwächer, und verliert beim vierten Grad endlich ihre Wirkung ganz und gar. Während die primäre Uebertragung selbst Menschen, Kleiderstoffe und Geräthe verunreinigt, sind für die secundäre Uebertragung nur noch Nahrungsmittel empfänglich; für der tertiäre gar sind nur schon heilige Speisen und Getränke veranlagt, und derjenigen des vierten Grades endlich sind blos noch die äusserst empfindlichen Opfer ausgesetzt. Damit ist aber auch die Kraft der Infection erloschen. Und da man nur das unrein nennt, was noch zu inficiren im Stande ist, dasjenige dagegegen, was selber so schwach inficirt ist, dass es die empfangene Unreinheit nur noch auf höhergeartete, empfindlichere Gegenstände, nicht aber auf seinesgleichen zu übertragen vermag, mit dem Namen פסול (untauglich; vgl. ʻErubin VIII Anm. 18) bezeichnet, so kann man diesen Satz auch in folgende einfache Formel bringen: Chullin (Anm. 24) ist im zweiten, Teruma (Anm. 25) im dritten, Geopfertes noch im vierten Grade der Uebertragung untauglich; Menschen, Kleiderstoffe und Geräthe sind blos für primäre Infection empfänglich. Die Uebertragbarkeit erschöpft sich jedoch im vierten Gliede nicht, wenn dasselbe eine Flüssigkeit ist; sie verjüngt sich vielmehr sozusagen in ihr zu einem ולד הטומאה ersten Grades, welche noch ein fünftes, sechstes und siebentes Glied inficiren kann und, wenn dieses wieder eine Flüssigkeit ist, auch noch ein achtes, neuntes und zehntes u. s. f. bis ins Unendliche. [27]) Opferfleisch; solches muss, wenn es entweiht ist, verbrannt werden (vgl. Anm. 21). [28]) Die Infection erstreckt sich nach Anmerkung 26 beim Opferfleische bis auf's vierte Glied. Man unterscheidet daher bei der übertragenen Unreinheit Entweihungen ersten, zweiten, dritten und vierten Grades. Hier ist von einem שני, einer secundären Infection oder ולד הטומאה zweiten Grades die Rede; s. Anm. 38. [29]) אב הטומאה; so nennt man den Infectionsherd, von welchem aus durch stufenweise Uebertragung die Unreinheit sich gradatim auf die einzelnen Glieder der ולדות הטומאה fortpflanzt. [30]) Das Fleisch, welches von einem ולד הטומאה des zweiten Grades verunreinigt wurde, hatte bisher nur eine Unreinheit dritten Grades; jetzt bei der Verbrennung erlangt es den zweiten Grad der Unreinheit, da es mit Fleisch in Berührung kommt, welches unmittelbar von einem Herde der Unreinheit inficirt, mithin durch primäre Uebertragung ein ראשון oder ולד הטומאה ersten Grades ist. Die טומאה wird also um einen Grad gesteigert. [31]) Welches sie vom Ertrage der Oelernte als Hebe erhalten hatten. Entweihte Teruma darf nicht gegessen, wohl aber während des Verbrennens verwerthet werden (Getreide zum Heizen, Oel zur Beleuchtung) im Gegensatz zu entweihtem Opferfleisch, von welchem selbst beim Verbrennen jede Nutzniessung verboten ist; daher hier מלהדליק, oben מלשרף. [32]) טבול יום ist ein Unreiner, welcher das Reinigungsbad genommen. Durch dieses wird seine Unreinheit nicht sofort hinweggespült, sondern vorläufig — bis zum Anbruch der Nacht — nur zu einer טומאה zweiten Grades abgeschwächt. Und da Teruma noch für eine tertiäre Uebertragung empfänglich

שֶׁנִּטְמָא בִּטְמֵא מֵת, אַף עַל פִּי שֶׁמּוֹסִיפִין טֻמְאָה עַל טֻמְאָתוֹ:
ז אָמַר רַבִּי מֵאִיר, מִדִּבְרֵיהֶם לָמַדְנוּ, שֶׁשּׂוֹרְפִין תְּרוּמָה טְהוֹרָה עִם הַטְּמֵאָה בְּפֶסַח. אָמַר לוֹ רַבִּי יוֹסֵי, אֵינָהּ הִיא הַמִּדָּה. וּמוֹדִים רַבִּי אֱלִיעֶזֶר וְרַבִּי

welche durch einen an einer Leiche Verunreinigten [33]) entweiht wurde, obgleich sie dadurch Unreinheit zu seiner Unreinheit hinzufügen [34]).
7. Da sagte R. Meïr: Aus ihren Worten lernen wir, dass man reine Teruma [35]) zusammen mit unreiner am Pesach [36]) verbrennen darf [37]). R. Jose entgegnete ihm aber: Das ist nicht der rechte Schluss [38]), und es stimmen R. Eli'ezer und R.

---

ist, so macht er dieselbe den ganzen Rest des Tages bis Sonnenuntergang durch seine Berührung zu einem שלישי, einem וולד הטומאה dritten Grades. Zwar werden Flüssigkeiten in der Regel selbst durch tertiäre Infection zu einem ראשון; aber gerade der Tebul-Jom bildet hierin eine Ausnahme. Seine Berührung erzeugt selbst in Flüssigkeiten keinen höhern als den dritten Grad der Unreinheit, und da bei Teruma die Infection sich im dritten Gliede erschöpft (Anm 26), wird hier der Ausdruck »untauglich« (שנפסל) angewendet (ebend.) [33]) Der durch eine Leiche Verunreinigte ist אב הטומאה, ein Herd der Unreinheit. Deshalb nennen Einige (selbst Raschi; s. z. St. 14b Z. 1, Baba K. 2b Z. 1) die Leiche selbst einen Urherd der Unreinheit, אבי אבות הטומאה. Diese Bezeichnung könnte jedoch zu dem Irrthum verführen, als könnten auch Nahrungsmittel und Thongefässe durch die Leiche zum Herde einer Unreinheit gemacht werden. Das ist aber nicht der Fall. Sie werden vielmehr durch die Berührung nur zu einem ראשון, einem וולד הטומאה ersten Grades. Der menschliche Leichnam ist also im Grunde auch nur ein אב הטומאה, obgleich es Menschen, Kleiderstoffe und — von den Thongefässen abgesehen — auch Geräthe, welche mit ihm in Berührung kommen, ebenfalls sind. In Metallgeräthen (nach Maimonides und Anderen auch in Kleiderstoffen und den übrigen Geräthen mit Ausnahme der Thongefässe) erleidet die primäre Uebertragung eines der obengenannten אבות הטומאה keinerlei Abschwächung ihrer Infectionskraft. Die Lampe, welche von dem durch eine Leiche Verunreinigten berührt wurde, ist also gleichfalls ein Herd der Unreinheit, sofern es eine Metalllampe, bezw. sofern es nur keine Thonlampe ist. [34]) In der Lampe, die ein Herd der Unreinheit ist, sinkt ja das Oel, das bisher nur ein וולד הטומאה dritten Grades war, durch primäre Uebertragung zu einem solchen ersten Grades hinab; die Unreinheit wird mithin sogar um zwei Grade gesteigert. [35]) Sofern sie Chamesz ist. [36]) Genauer: am Vierzehnten um 11 Uhr. [37]) Da man die reine Teruma infolge des Chameszverbotes doch vernichten muss, darf man sie auch verunreinigen, ebenso wie es gestattet ist die Unreinheit geheiligter Gegenstände, welche infolge ihrer Entweihung verbrannt werden müssen, nach R. Ch. um einen und nach R. 'A. auch um zwei Grade zu erhöhen. [38]) אינה היא המדה = אין זאת המדה oder לא זו המדה, was dem allgemeinen Sprachgebrauche mehr entspräche היא steht zur Verstärkung und schärfern Betonung des Suffixes in אינה. Durch המדה mit dem Artikel wird prägnant der rechte Schluss bezeichnet; vgl. ה׳ הוא האלהים: H. ist der wahre Gott. So heisst auch im Arabischen Ilâh Gott, Allâh der wahre Gott. מדה endlich bedeutet Maass, hier soviel als Schlussfolgerung. Ist doch jeder Schluss mehr oder weniger das Ergebniss einer Vergleichung, und was ist ein Vergleich anderes als das Maass, mit welchem eine Behauptung an einer andern, feststehenden gemessen wird? Deshalb werden auch die Interpretationsregeln מדות genannt. Es sind nicht 7 oder 13 oder 32 Methoden (מדות=modi?), nach welchen, sondern ebensoviel Arten von Schlussfolgerungen, durch welche die Tora zu interpretiren ist. Es kann aber auch אינה היא המדה den Sinn haben: Das ist nicht derselbe Maassstab R. Meïr legt hier den Maassstab, mit welchen R. Ch. und R. 'A. gemessen, auch an die reine Teruma an; R. Jose aber findet, dass diese Dinge incommensurabel sind, dass man an beide nicht denselben Maassstab legen darf. Grade aus dem Umstande, dass jene beiden Gesetzeslehrer darüber streiten, ob beim Verbrennen geweihter Gegenstände die Unreinheit um zwei oder nur um einen Grad gesteigert werden darf, ist doch der umgekehrte Schluss zu ziehen, dass reine Teruma mit unreiner zu verbrennen niemals gestattet sein kann. Das kann selbstverständlich

Josua darin überein, dass man diese besonders und diese besonders verbrennen muss; worüber streiten

יְהוֹשֻׁעַ שֶׁשּׂוֹרְפִין זוֹ לְעַצְמָהּ וְזוֹ לְעַצְמָהּ. עַל מָה נֶחְלְקוּ. עַל הַתְּלוּיָה

---

einem R. Meïr, dessen Scharfsinn sprichwörtlich war, unmöglich entgangen sein Er ist jedoch der Ansicht, dass R. Ch. und R. A. garnicht streiten, sondern nur Thatsachen berichten wollen. Die Schlussfolgerung, die er aus ihren Worten zieht, stützt sich im Grunde nicht so sehr auf das, was in ihren Berichten steht, als vielmehr auf das, was dort zwischen den Zeilen zu lesen ist. R. Ch. drückt sich unbestimmt aus. Er spricht ganz allgemein von einem וולד הטומאה, ohne den Grad desselben näher zu bezeichnen. Dieser lässt sich indessen auf einem kleinen Umwege ermitteln. Der Ausdruck שנטמא schliesst zunächst den dritten Grad der Unreinheit aus; denn durch Berührung eines שלישי würde das Fleisch nur פסול, nicht aber טמא (s. Anm. 26 u. 32). Aber auch von einem ראשון kann hier nicht die Rede sein, weil sonst die Worte שמוסיפין טומאה על טומאתו keinen Sinn hätten; durch die Verbrennung mit einem ראשון, wie es בשר שנטמא באב הטומאה ist, erführe ja die bereits vorhandene טומאה des durch ein ראשון verunreinigten Fleisches keine Steigerung. Es bleibt also nichts übrig als die Annahme, dass es sich um ein שני handelt (Anm. 28 u. 30). Nun ist es bereits aus Anm. 26 bekannt, dass für die secundäre Uebertragung bloss Speisen und Flüssigkeiten empfänglich sind Geräthe, Kleidungsstücke und Menschen können nach dem Gesetze der Tora niemals ein שני sein, wohl aber nach dem von den Rabbinen erweiterten Reinheitsgesetze. Durch Uebertragung jedoch (וולד) können selbst nach diesem Gesetze nur Geräthe und Bekleidungsgegenstände ein שני werden und auch diese nur, wenn sie mit unreinen Flüssigkeiten in Berührung kommen. Dabei ist es gleichgiltig, durch welchen Grad der Uebertragung die Flüssigkeit inficirt wurde; dieselbe hat stets den Charakter und die Wirkung eines ראשון (vgl. Anm. 26). Nehmen so die Flüssigkeiten in den Erweiterungen der Rabbinen eine sozusagen bevorzugte Stellung ein, so weist ihnen dafür R. Meïr in dem Reinheitsgesetze der Tora eine desto niedrigere Stelle zu. Wenn er auch nicht so weit geht, sich der Ansicht derer anzuschliessen, welche vom Standpunkte der Tora den Flüssigkeiten die Empfänglichkeit für טומאה überhaupt absprechen, so behauptet er doch im Gegensatze zu R. Jose, dass sie ihre Fähigkeit, die empfangene Unreinheit weiter zu übertragen, lediglich den Verschärfungen der Rabbinen verdanken. Welcher Art ist nun das in Rede stehende שני? Wir haben die Wahl zwischen Speisen, Flüssigkeiten und Geräthen oder Kleiderstoffen. [Man könnte einwenden, dass Flüssigkeiten durch die Worte שמוסיפין טומאה על טומאתו ausgeschlossen sind. Da solche stets die Wirkung eines ראשון haben, so wäre ja das Fleisch von Hause aus, noch ehe es beim Verbrennen mit dem andern Fleische in Berührung kommt, bereits ein שני! Allerdings liegt auch in der Umwandlung einer טומאה דרבנן zu einer טומאה דאורייתא eine Steigerung; aber nur eine qualitative. Da es indessen kürzer lauten könnte: שמוסיפין לו טומאה, so scheint doch in dem Zusatze על טומאתו die Andeutung einer quantitativen (graduellen) Steigerung zu liegen. Diesem Einwande begegnen wir am besten mit der in den Tosafot hier öfter wiederholten Behauptung, dass die Verordnung כל הפוסל את התרומה מטמא משקין להיות תחלה erst spätern Datums ist.] Nur in dem einen Falle. wenn das וולד הטומאה eine Speise war, wäre das davon inficirte Opferfleisch mit einer auch von der Tora anerkannten Unreinheit (טומאה דאורייתא) behaftet, in allen übrigen Fällen wäre seine Unreinheit ausschliesslich in den Verordnungen der Rabbinen begründet (טומאה דרבנן). Da nun R. Ch. auch nicht die leiseste Andeutung darüber macht, welche Art von שני er eigentlich im Sinne hat, so müssen wir e silentio schliessen, dass eben für die Sache, um die es sich handelt, ein Unterschied zwischen טומאה דאורייתא und טומאה דרבנן nicht besteht. Und so folgert R Meïr mit Recht: Wenn die Priester ohne Bedenken eine טומאה דרבנן zugleich mit einer טומאה דאורייתא verbrannt, mithin (unter dem Gesichtspunkte der Tora betrachtet) ganz reines Opferfleisch gradezu verunreinigt haben, wie sollte man nicht reine Teruma zugleich mit unreiner verbrennen dürfen, zumal die Fähigkeit selbst der festen Nahrungsmittel, die empfangene Unreinheit auf ihres gleichen zu übertragen, in der Tora auf Opferspeisen beschränkt ist und erst von den Rabbinen auf Teruma, ja sogar auf Unheiliges ausgedehnt wurde (כרב אדא בר אהבה משמיה דרבא), so dass im Grunde — wenn man sich auf den Standpunkt der Tora stellt — die reine Teruma beim Verbrennen durch die unreine nicht im Geringsten inficirt wird! Dieselbe Folgerung ergiebt sich aus

וְעַל הַטְּמֵאָה, שֶׁרַבִּי אֱלִיעֶזֶר אוֹמֵר, תִּשָּׂרֵף זוֹ לְעַצְמָהּ וְזוֹ לְעַצְמָהּ. וְרַבִּי יְהוֹשֻׁעַ אוֹמֵר, שְׁתֵּיהֶן כְּאַחַת:

sie? Ueber zweifelhafte [39]) und unreine; denn R. Eliʽezer sagt, dass diese besonders und diese besonders verbrannt werde [40]), R. Josua aber sagt: Beide zusammen [40]).

---

dem Berichte des R. ʽAkiba, wenn man das Wörtchen הוסיף beachtet, mit welchem derselbe sich einführt. Er will also den des R. Ch übertrumpfen. Das ist aber nur dann der Fall, wenn es gleichfalls nur eine טומאה דרבנן war, von der sich sein Tebul-Jom zu reinigen hatte. [S. Jeruschalmi z. St. — In תפארת ישראל wird die Existenz eines טבול יום דרבנן bezweifelt. Der Vrf. meint, eine טומאה דרבנן erfordere nach Babli gar kein הערב שמש und stützt sich dabei auf Sabbat 14b, wo auf die Frage הכא במאי עסקינן בטבול יום טבול יום דאורייתא הוא die Antwort nicht etwa lautet: סמי מכאן טבול יום, sondern: סמי מכאן טומאת גויה (וכדומה טומאה דרבנן). Er scheint angenommen zu haben, dass die Worte טבול יום aus der Mischna (סוף זבים), welche sonst nur טומאות דרבנן aufführt, gestrichen werden sollen, hat jedoch übersehen, dass sich סמי מכאן lediglich auf die שמנה עשר דבר beziehen kann, obgleich die Tosafot das. ד״ה סמי zum Ueberflusse noch besonders darauf aufmerksam machen. Unter die 18 Verordnungen kann aber טבול יום als besondere גזרה nicht gezählt werden, denn haben die Rabbinen einmal irgend eine טומאה aus eigener Machtvollkommenheit statuirt, so liegt darin schon implicite die Forderung des הערב שמש, sofern nicht ausdrücklich davon abgesehen wird, wie dies z. B. gerade bei טומאת גויה der Fall ist (s. weiter unten). Mit gleichem Rechte könnte man ja auch für die הזאת שלשי ושביעי bei ארץ העמים und ähnlichen טומאות דרבנן einen Platz unter den »Achtzehn« beanspruchen! Was der Vrf. ausserdem anführt und was sich sonst noch einwenden lässt, insbesondere der Haupteinwand aus Para XI 5, der festeste Stützpunkt für seine Ansicht, den er sich indessen entgehen liess — alles das ist mit erschöpfender Gründlichkeit bereits in den Tosafot zu Chagiga 21a und im Commentar des R. Simson zu Toharot I 3 ausführlich erörtert. Merkwürdig, dass diese lichtvollen Abhandlungen auch der mit immenser Belesenheit gepaarten Achtsamkeit eines Karo (s. כסף משנה zu שאר אבות הטומאה X 2) sich לפי שעה entziehen konnten. Auf sehr einfache Weise räumt Maim. alle Schwierigkeiten aus dem Wege. Er unterscheidet, wie man bei genauer Vergleichung aller einschlägigen Stellen seines grossen Werkes leicht erkennen wird, zwischen אבות הטומאה מדברי סופרים, deren er in seiner berühmten Einl. zur 6. Mischnaordnung 29 aufzählt, und den übrigen טומאות דרבנן; nur jene erfordern הערב שמש, diese nicht Das ist eine sehr einleuchtende Unterscheidung. Durch das Reinigungsbad wird die Unreinheit jedenfalls abgeschwächt, wie wir in Anm. 32 bemerkt haben. Wer durch בית הפרס, ארץ העמים u. dgl. ein ראשון geworden, ist nach der טבילה immer noch ein שני. Dagegen ist טומאת גויה von Hause aus nur eine טומאה zweiten Grades; hier muss also die טבילה sofort eine völlige Reinheit bewirken, denn eine Unreinheit dritten Grades gibt es beim Menschen nicht.] — Nach R. Jose dagegen hat R. Chanina keineswegs die Frage offengelassen, welche Art von ולד הטומאה gemeint ist. An Geräthe und Kleiderstoffe ist gar nicht zu denken. Denn Opferfleisch, welches durch ein שני dieser Art verunreinigt wurde, darf zwar nicht gegessen, aber auch nicht verbrannt werden (Bechorot 38a; vgl. Jer. zur vor. Mischna). Bleiben also nur noch Speisen und Flüssigkeiten übrig. Mit welcher dieser beiden Arten aber das Fleisch auch immer in Berührung gekommen, in jedem Falle ist es mit einer טומאה דאורייתא behaftet; denn R. Jose vertritt hier im Gegensatz zu R. Meïr die Ansicht, dass auch die den Flüssigkeiten innewohnende Kraft, die empfangene Unreinheit weiter zu übertragen, bereits in dem Gesetze der Tora begründet ist. Ist aber in dem Berichte des R. Ch. eine טומאה דרבנן völlig ausgeschlossen, so nöthigt uns nichts eine solche bei dem Tebul-Jom des R. ʽAkiba zu supponiren; vielmehr ist auch hier wie sonst überall, wo von טבול יום schlechthin die Rede ist, an eine טומאה דאורייתא zu denken. Mithin kann R. Jose in beiden Berichten nur Zeugnisse dafür erblicken, dass die Unreinheit eines heiligen Gegenstandes der verbrannt werden soll, hierbei um einen oder mehrere Grade gesteigert werden darf, nicht aber dafür, dass ganz reine Heiligthümer, weil sie aus irgend einem Grunde verbrannt werden müssen, darum auch durch Verunreinigung entweiht werden dürfen. Er kann daher die Schlussfolgerung des R. Meïr nicht anerkennen—אינה היא המדה. [39]) תלוי=suspensus; s. Anm. 20. Zweifelhafte Teruma ist diejenige, von der es ungewiss ist, ob sie verunreinigt wurde oder nicht. [40]) Vgl. Terumot VIII 8.

ABSCHNITT II

פֶּרֶק ב.

א כָּל שָׁעָה שֶׁמֻּתָּר לֶאֱכוֹל, מַאֲכִיל לַבְּהֵמָה לַחַיָּה וְלָעוֹפוֹת, וּמוֹכְרוֹ לַנָּכְרִי, וּמֻתָּר בַּהֲנָאָתוֹ. עָבַר זְמַנּוֹ, אָסוּר בַּהֲנָאָתוֹ, וְלֹא יַסִּיק בּוֹ תַּנּוּר וְכִירַיִם. רַבִּי יְהוּדָה אוֹמֵר, אֵין בִּעוּר חָמֵץ אֶלָּא שְׂרֵפָה. וַחֲכָמִים אוֹמְרִים, אַף מְפָרֵר וְזוֹרֶה לָרוּחַ אוֹ מַטִּיל לַיָּם: ב חָמֵץ שֶׁל נָכְרִי, שֶׁעָבַר עָלָיו הַפֶּסַח, מֻתָּר בַּהֲנָאָה, וְשֶׁל יִשְׂרָאֵל, אָסוּר בַּהֲנָאָה, שֶׁנֶּאֱמַר לֹא יֵרָאֶה לְךָ: ג נָכְרִי שֶׁהִלְוָה אֶת יִשְׂרָאֵל עַל חֲמֵצוֹ, אַחַר הַפֶּסַח מֻתָּר בַּהֲנָאָה. וְיִשְׂרָאֵל שֶׁהִלְוָה אֶת

1. Solange es gestattet ist davon zu essen[1]), darf man dem Vieh, dem Wild und dem Geflügel davon zu fressen geben und einem Nichtisraeliten es verkaufen; überhaupt ist seine Nutzniessung gestattet. Ist diese Frist vorüber[2]), so ist auch jede Nutzniessung verboten und man darf nicht einmal Ofen oder Herd damit heizen[3]). R. Juda sagt: Fortschaffen von Chamesz ist nichts anderes als Verbrennen. Die Weisen aber sagen: Man kann es auch zerbröckeln und dann in den Wind streuen oder ins Wasser werfen. **2**. Chamesz eines Nichtisraeliten, über welches das Pesachfest dahingegangen, ist zur Nutzniessung gestattet[4]), das eines Israeliten aber ist zur Nutzniessung verboten; denn es heisst[5]): Es werde bei dir nicht gesehen[6]). **3**. Hat ein Nichtisraelit einem Israeliten auf sein Chamesz ein Darlehen gegeben, so ist es nach Pesach zur Nutzniessung gestattet[7]); hat aber ein Israelit einem Nichtisraeliten auf sein

---

[1]) Nicht solange er selbst Chamesz essen darf (כל שעה שאוכל מאכיל), sondern solange es überhaupt erlaubt ist welches zu essen, also nicht blos bis 10 Uhr, sondern bis 11 Uhr, um welche Zeit erst das Chameszverbot sich auch auf Teruma erstreckt. Die Mischna knüpft hier an die Worte R. Gamaliel's K. I M. 5 an. [2]) Um 11 Uhr. [3]) Selbst von dem verbrennenden Chamesz darf man nach 11 Uhr keinen Nutzen mehr ziehen, es wäre denn noch vor dieser Zeit in den Ofen geworfen und bis 11 Uhr so stark versengt worden, dass es nicht einmal der Hund mehr fressen kann. [4]) Es darf nach Pesach sogar gegessen werden; weil aber in der Antithese, in welcher solches Chamesz eines Israeliten verboten wird, auf »Nutzniessung« der Ton ruht, wird das Wort auch hier, wo באכילה sich allerdings wirksamer abheben würde, der Concinnität wegen angewendet. Nach Jeruschalmi steht hier מותר בהנאה statt מותר באכילה mit Rücksicht auf diejenigen Gegenden, in denen es für unstatthaft gilt Brot eines nichtjüdischen Bäckers überhaupt zu essen. [5]) 2. B. M. 13, 7. [6]) Und weil er dies Verbot übertreten, sei es aus Missachtung, sei es aus Fahrlässigkeit, aus Versehen, ja selbst ohne sein Verschulden, so ist das Chamesz als Gegenstand der Gesetzesverletzung nicht blos zum Essen, sondern sogar zu jeder Art von Nutzniessung verboten. [7]) Vorausgesetzt, dass der Nichtjude dasselbe noch vor dem Inkrafttreten des Chameszverbotes als Unterpfand zu sich ins Haus genommen (הרהינו; arab. رهن = Pfand) unter der ausdrücklichen Bedingung, dass es »schon von jetzt ab« מעכשיו ihm gehören soll, falls der Schuldner das Darlehen nicht innerhalb einer bestimmten Frist zurückerstattet hat. Selbst wenn diese Frist erst nach dem Feste abläuft, so dass während desselben die Frage, ob der Schuldner sein Pfand einlösen wird oder nicht, und die damit zusammenhängende Frage, ob der Jude oder der Nichtjude augenblicklicher Eigenthümer des חמץ ist, noch unentschieden war, ist es uns dennoch sogar zum Essen gestattet, sofern nur der Israelit seine Schuld zur festgesetzten Zeit nicht getilgt hat; denn es stellt sich nun heraus, dass dasselbe bereits vor dem Feste Eigenthum des nichtjüdischen Gläubigers und somit den Wirkungen des Chameszverbotes ent-

הַנָּכְרִי עַל חֲמֵצוֹ, אַחַר הַפֶּסַח אָסוּר בַּהֲנָאָה. חָמֵץ שֶׁנָּפְלָה עָלָיו מַפֹּלֶת, הֲרֵי הוּא כִמְבֹעָר. רַבָּן שִׁמְעוֹן בֶּן גַּמְלִיאֵל אוֹמֵר, כָּל שֶׁאֵין הַכֶּלֶב יָכוֹל לְחַפֵּשׂ אַחֲרָיו: ד הָאוֹכֵל תְּרוּמַת חָמֵץ בְּפֶסַח, בְּשׁוֹגֵג מְשַׁלֵּם קֶרֶן וָחֹמֶשׁ. בְּמֵזִיד פָּטוּר מִתַּשְׁלוּמִים וּמִדְּמֵי עֵצִים: ה אֵלּוּ דְבָרִים, שֶׁאָדָם יוֹצֵא בָהֶן יְדֵי חוֹבָתוֹ בְּפֶסַח, בְּחִטִּים וּבִשְׂעוֹרִין בְּכֻסְּמִין וּבְשִׁבֹּלֶת שׁוּעָל

Chameszgeborgt, so ist es nach Pesach zur Nutzniessung verboten[8]). Chamesz, auf welches ein Trümmerhaufe gefallen, ist wie fortgeschafft[9]). R. Simon b. Gamliel sagt: Sofern kein Hund es aufspüren kann[10]). **4.** Wer Chameszhebe[11]) am Pesach aus Versehen[12]) isst, muss Hauptsumme nebst Fünftel[13]) bezahlen; wer aus Frevelmuth[14])—ist frei von Ersatzleistungen[15]), auch von denen des Holzwerthes[16]). **5.** Dies sind die Dinge, mit denen man am Pesach seiner Pflicht genügt[17]): Weizen, Gerste, Dinkel, Hafer, Roggen (?).

---

zogen war. Wurde dagegen nicht vorausbedungen, dass das Unterpfand schon am Tage der Uebergabe dem Gläubiger gehören soll, falls der Schuldner den Zahlungstermin nicht innehält, so ist das Chamesz selbstverständlich nur dann erlaubt, wenn der Verfalltag noch vor dem 14. Nissan eintritt, und das Unterpfand zu dieser Zeit bereits in Händen des Nichtjuden war. [Also בהרהינו entweder מעכשיו oder הגיע זמנו קודם הפסח! Nach Maimonides (הלכות חמץ ומצה IV 5) dagegen ist beides conditio sine qua non; denn ohne מעכשיו hat der נכרי das Unterpfand auch am Verfalltage nicht rechtskräftig erworben, und bei לא הגיע זמנו קודם הפסח war die Eigenthumsfrage innerhalb der Geltungsdauer des Chameszverbotes kürzere oder längere Zeit in der Schwebe.] [8]) Auch hier gilt die Voraussetzung dass der Gläubiger das Unterpfand zu sich in's Haus genommen unter der Bedingung, dass es im Falle der Nichteinlösung schon mit dem Augenblick der Uebernahme und nicht erst nach dem Feste am Verfalltage in seinen Besitz übergehen soll; sonst wäre es ja während der ganzen Dauer des Chameszverbotes noch Eigenthum des nichtjüdischen Schuldners und mithin nach Pesach erlaubt. [9]) Es braucht also nicht ausgegraben und vernichtet zu werden; doch soll der Eigenthümer wenigstens seinem Besitzrecht auf dasselbe förmlich entsagen und es als herrenloses Gut preisgeben. [10]) Und das ist der Fall, wenn es unter dem Schutte drei Handbreiten tief begraben liegt. [11]) Teruma (K. 1 Anm. 25) von einer der fünf Getreidearten, welche durch Wasser in Gährung gerathen ist. [12]) בשוגג bezieht sich lediglich auf das nomen regens, also auf תרומה, nicht auch auf חמץ. Er wusste im Augenblicke nicht, das es Teruma war, was er ass; dagegen kommt es nicht im Geringsten darauf an, ob er auch hinsichtlich ihres Chameszcharakters im Irrthum war oder nicht. [13]) 3. B. M. 22, 14. [14]) במזיד bezieht sich ebenfalls nur auf תרומה. Ob er hinsichtlich des חמץ ein Irrender oder ein Frevelnder war, kommt auch hier nicht in Betracht. [15]) Chamesz eines Israeliten ist am Pesach ein ganz werthloser Gegenstand, denn es darf ja auch nach dem Feste zu nichts mehr gebraucht werden (M. 2). Er hat also dem Priester, dessen Eigenthum die Teruma war, keinerlei Schaden zugefügt, als er sie verzehrte. Ein Nichtpriester aber, der Teruma absichtlich isst, braucht nur Schadenersatz zu leisten; er hat diese Verpflichtung lediglich dem Geschädigten gegenüber, dieser kann daher verzichten und muss im vorliegenden Falle auf jeden Ersatz verzichten, da er keinen Verlust erlitten hat. Anders wer Teruma aus Versehen isst! Ein solcher muss fünf Viertel ihres Werthes bezahlen, nicht etwa als Schadenersatz, sondern als Busse, zu welcher er Gott gegenüber verpflichtet ist, die ihm daher der geschädigte Priester auch nicht erlassen kann. Aus diesem Grunde muss er קרן nebst חומש selbst dann bezahlen, wenn die Teruma als Chamesz nicht den geringsten Werth hat. Vgl. in Terumot VI 1 mit VII 1. [16]) Blossen Holzwerth hat unreine Teruma (K. 1 Anm. 26), insofern sie nur noch zum Heizen verwendet werden kann (das. Anm. 31). Als Chamesz hat sie am Pesach nicht einmal diesen Werth mehr (M. 1) [17]) Die Getreidearten, aus denen man die ungesäuerten Brote (2. B. M 12, 18) anfertigen kann. — שיפון (aram. דישרא, eine den כוסמין (aram. גולבא von גלב = כסם abscheeren) nahe verwandte (Kilajim I 1) und wie diese zwischen Gerste und Weizen schwankende

וּבְשִׁיפוֹן. וְיוֹצְאִין בִּדְמַאי, וּבְמַעֲשֵׂר רִאשׁוֹן שֶׁנִּטְּלָה תְּרוּמָתוֹ, וּבְמַעֲשֵׂר שֵׁנִי וְהֶקְדֵּשׁ שֶׁנִּפְדּוּ, וְהַכֹּהֲנִים בְּחַלָּה וּבִתְרוּמָה. אֲבָל לֹא בְטֶבֶל, וְלֹא בְמַעֲשֵׂר רִאשׁוֹן שֶׁלֹּא נִטְּלָה תְּרוּמָתוֹ, וְלֹא בְמַעֲשֵׂר שֵׁנִי וְהֶקְדֵּשׁ שֶׁלֹּא נִפְדּוּ. חַלּוֹת תּוֹדָה וּרְקִיקֵי נָזִיר, עֲשָׂאָן לְעַצְמוֹ, אֵין יוֹצְאִין בָּהֶן, עֲשָׂאָן לִמְכּוֹר בַּשּׁוּק, יוֹצְאִין בָּהֶן: ו וְאֵלּוּ יְרָקוֹת, שֶׁאָדָם יוֹצֵא בָהֶן יְדֵי חוֹבָתוֹ בְּפֶסַח, בַּחֲזֶרֶת וּבְעֻלְשִׁין וּבְתַמְכָּה וּבְחַרְחֲבִינָה וּבְמָרוֹר. יוֹצְאִין בָּהֶן בֵּין

Man genügt ihr mit Demoi, mit erstem Zehnt, dessen Teruma abgehoben ist, mit zweitem Zehnt und Geweihtem, sofern sie ausgelöst sind, die Priester auch mit Challa und Teruma; aber nicht mit Tebel und nicht mit erstem Zehnt, dessen Teruma nicht abgehoben ist und nicht mit zweitem Zehnt und Geweihtem, die nicht ausgelöst sind[18]. Mit Dankopferkuchen[19]) und Nasiräerfladen[20]), die man für sich gemacht, genügt man ihr nicht[21]); hat man sie aber zur Feilbietung auf dem Markte gemacht, so genügt man derselben mit ihnen[22]). **6.** Und dies sind die Gemüse, durch welche man am Pesach seiner Pflicht genügt[23]): חזרת, עולשין, תמכה, חרחבינה, מרור[24]). Man genügt ihr durch dieselben sowohl

---

(vgl. Babli z. St. u. Menachot 70a mit Jer. Challa I 1 u. IV 2) Getreideart, ist wahrscheinlich von שוף glätten (Kêlim XIV 5) abzuleiten (vgl. כידון, חיצון, אישון); also שעורה die **haarige** Gerste (mit langen Borsten oder Grannen), כוסמת d. **geschorene** G. (mit kurzen Grannen), שיפון d. **glatte** G. (ohne Borsten). Möglich ist auch die Ableitung von שוף, שפף reiben, zermalmen (vgl. lat. triticum v. tero) oder von שפן = ثفن stossen, schlagen u. med. i dickhäutig, schwielig sein (vgl. כישור u. קיטור bzw. גבור u. שבור); mithin wäre שיפון (schîphôn oder schippôn?) = **beschalte** Gerste (im Gegensatz zur **nackten**) bzw. **Dreschfrucht** (im Gegensatz zu den verwandten כוסמין, die man nicht ordentlich dreschen kann, weil die Körner nicht aus den Spelzen herausfallen). Aehnlich das aram. דישרא (دسر stossen, دوسر dick). Nach Jer. Challa I 1 ist נסמן (Jes. 28, 25) = שיפון. Raschi übersetzt שיפון mit seigle = Roggen. Diese Getreideart war aber in Palästina zur Zeit der Mischna schwerlich schon bekannt. [18]) Von בדמאי bis שלא נפדו derselbe Wortlaut wie in 'Erubin III 2. Daselbst findet sich auch in den Anmerkungen 13—20 eine erschöpfende Erklärung aller dieser Begriffe. Wie viel von dem, was dort ausser den Definitionen noch zur Begründung in Bezug auf den 'Erub gesagt ist, auch hier Anwendung findet, wird der aufmerksame Leser unschwer beurtheilen können. [19]) K. I Anm. 21 Anf.; 3. B. M. 7, 12. [20]) 4. B. M. 6, 15. [21]) Weil sie nicht im Hinblick auf das Fest angefertigt wurden, und man in der Pesachnacht nur mit solchen Broten seiner Pflicht genügt, bei deren Zubereitung man von Anfang an den Zweck im Auge behalten, dem sie nun dienen sollen. [22]) Weil der Verkäufer **von vornherein** die Absicht hat, die Brote für den Pesachabend zu verwenden, sofern sie auf dem Markte keinen Absatz finden. [23]) Bitterkraut zu essen (2. B. M. 12, 8). [24]) Von diesen fünf Pflanzennamen lässt sich leider nur die Bedeutung der zwei ersten mit der wünschenswerthen Sicherheit feststellen. חזרת übersetzt die Gemara mit חסא. So heisst im aramäischen der **Lattich** (arab. ebenso خس, eine Pflanzengattung aus der Familie der Compositen. Ihre Heimath ist das Morgenland, von wo sie zu uns verpflanzt wurde. Eine Abart derselben ist der Kopfsalat. Die jungen, zarten Blätter haben einen angenehmen Geschmack; bei fortschreitendem Wachsthum und zunehmender Reife wird derselbe jedoch immer herber und bitterer. Ein treffliches Symbol für das perfide Verfahren der Egypter, welche das junge Israel mit süssen Worten lockten, um ihm später in demselben Maasse, als es sich entwickelte, wuchs und zum Volke heranreifte, durch immer härtere Knechtschaft das Leben mehr und mehr zu vergällen (Babli z. St.). — עולשין erklärt Babli durch הינדבי (intybus), Jeruschalmi durch טרוקסימון (τρώξιμον). Intybus ist der lat. Name für **Cichorie**; dasselbe be-

לַחִין בֵּין יְבֵשִׁין, אֲבָל לֹא כְבוּשִׁין וְלֹא שְׁלוּקִין וְלֹא מְבֻשָּׁלִין, וּמִצְטָרְפִין לִכְזַיִת, וְיוֹצְאִין בְּקֶלַח שֶׁלָּהֶן, וּבִדְמַאי, וּבְמַעֲשֵׂר רִאשׁוֹן שֶׁנִּטְּלָה תְרוּמָתוֹ, וּבְמַעֲשֵׂר שֵׁנִי וְהֶקְדֵּשׁ שֶׁנִּפְדּוּ: ז אֵין שׁוֹרִין אֶת הַמֻּרְסָן לַתַּרְנְגֹלִים, אֲבָל חוֹלְטִין. הָאִשָּׁה לֹא תִשְׁרֶה אֶת הַמֻּרְסָן שֶׁתּוֹלִיךְ בְּיָדָהּ לַמֶּרְחָץ, אֲבָל שָׁפָה הִיא עַל בְּשָׂרָהּ יָבֵשׁ. לֹא יִלְעֹס אָדָם חִטִּין וְיַנִּיחַ עַל מַכָּתוֹ בְּפֶסַח, מִפְּנֵי שֶׁהֵן מַחְמִיצוֹת: ח אֵין נוֹתְנִין קֶמַח לְתוֹךְ הַחֲרֹסֶת אוֹ לְתוֹךְ הַחַרְדָּל. וְאִם נָתַן יֵאָכֵל מִיָּד, וְרַבִּי מֵאִיר אוֹסֵר. אֵין מְבַשְּׁלִין אֶת הַפֶּסַח לֹא בְמַשְׁקִין וְלֹא בְמֵי פֵרוֹת, אֲבָל סָכִין וּמַטְבִּילִין אוֹתוֹ

in frischem als in trockenem[25]) Zustande, nicht aber wenn sie eingelegt[26]), gekocht oder sonst gar gemacht sind. Sie ergänzen einander zum Oelbeervolumen[27]). Man kann sich auch mit deren Stengel begnügen, desgleichen mit Demoi[28]), erstem Zehnt, dessen Teruma abgehoben ist[29]), zweitem Zehnt und Geweihtem, sofern sie ausgelöst sind[30]). **7.** Man darf die Kleie für die Hühner, nicht einweichen, wohl aber brühen[31]). Die Frau weiche die Kleie nicht ein, die sie ins Badehaus mitnehmen will; sie darf sie aber trocken auf ihren Leib reiben. Man darf nicht am Pesach Weizenkörner kauen und auf seine Wunde legen, weil sie in Gährung übergehen. **8.** Man gebe kein Mehl in Essigmus[32]) oder Senf[33]). Hat man jedoch welches hineingegeben[34]), kann er sofort gegessen werden[35]). R. Meïr aber verbietet es[36]). Man darf das Pesachopfer in keiner Flüssigkeit, auch nicht in Fruchtsaft kochen[37]), man darf es aber damit bestreichen und darin eintunken[38]).

deutet das gr. τρώξιμον. Dem Sinne nach bezeichnet dies Wort freilich alles, was roh gegessen werden kann, wie Levy (chald. Wörterbuch II 222a) richtig bemerkt; er hätte aber hinzufügen können, dass die Griechen unter Troximon vorzugsweise die σέρις verstehen, welche sie ihres bittern Geschmackes wegen auch πικρίς nennen. Die Cichorie stammt ebenfalls aus dem Orient, wird aber jetzt auch in Europa sehr kultivirt und ist bei uns schon ganz heimisch geworden. — חמכה ist nach Babli = חמכתא, nach Jer. = גנגדין. Das Gingidion (γιγγίδιον) ist ein in Syrien heimisches Gemüse, welches von lat. und gr. Schriftstellern erwähnt und zum Theil beschrieben wird; doch bietet die Beschreibung zu wenig Anhaltspunkte, um die Pflanze genau zu bestimmen. Wenn man einer Notiz bei Henricus Stephanus (Thesaurus s. v. γιγγίδιον), welche dieses Gemüse mit dem λεπίδιον identificirt, Vertrauen schenken darf, so ist unser חמכה die breitblätterige Kresse, frnz. passerage. Raschi übersetzt es durch marrube (Marrubium, Andorn), die Ueberlieferung der osteuropäischen Juden hält es für Meerrettig. — Ueber חרחבינה und מרור wissen wir so gut wie gar nichts. [25]) Jer. liest כמושין (welk); es ist aber zwischen כמושין und יבשין ein Unterschied. Dieses ist nach Tosefta K. II g. E. controvers, jenes unbestritten; ebenso nach Babli z. St., wo in der mit תנו רבנן eingeführten Baraita כמושין beidemal in כבושין zu emendiren sein dürfte. Die erwähnte Tosefta lautet nämlich correct: יוצאין בהן בין לחין בין כמושין ואין יוצאין בהן יבשין ר' אלעזר ברי צדוק אומר אף יוצאין בהן יבשין ר' מאיר אומר אף יוצאין בהן כבושין. [26]) In Essig [s. חק יעקב 473 Anm. 20] [27]) Den Rauminhalt einer Oelbeere (s. K. III Anm. 55) muss man von den bitteren Kräutern ebenso wie von den ungesäuerten Broten und vom Pesachopfer essen, um seiner Pflicht zu genügen. [28]) ‘Erubin Kap. III Anm. 13. [29]) Das. Anm. 14—15. [30]) Das. Anm. 4 und 16. [31]) Heisses Wasser erregt keine Gährung. [32]) S. K. X Anm. 15. [33]) Sofern Wasser darin ist. [34]) In den Senf. [35]) Weil die Schärfe des Senfs die Gährung hintanhält und ihren Eintritt verzögert; Essigmus dagegen, welchem Mehl beigemengt wurde, darf nicht einmal sofort gegessen werden. [36]) Er mag sich nicht auf Unterscheidungen einlassen, die zu Missbrauch Anlass geben könnten. Was heisst auch sofort? Das ist doch ein sehr dehnbarer Begriff! Wer will da die Grenze ziehen?! [37]) 2. B.M. 12, 9. [38]) Streng

Das Wasser für den Gebrauch des Bäckers[39]) muss weggegossen werden[40]), weil es in Gährung übergeht.

בָּהֶן. מֵי תַשְׁמִישׁוֹ שֶׁל נַחְתּוֹם יִשָּׁפְכוּ. מִפְּנֵי שֶׁהֵן מַחְמִיצִין:

ABSCHNITT III.

פרק ג.

1. Folgendes muss am Pesach fortgeschafft werden[1]): Babylonischer Milchbrei [2]), medisches Bier[3]), römischer Essig[4]), egyptischer Gerstenwein[5]); ferner[6]) die Färberbrühe[7]), der Stärkekuchen der Köche[8]) und der Schreiberleim[9]). R. Eli'ezer sagt: Auch die Kosmetika der Frauen[10]); dies ist die Regel: Alles

א אֵלּוּ עוֹבְרִין בְּפֶסַח, כּוּתָּח הַבַּבְלִי, וְשֵׁכָר הַמָּדִי, וְחֹמֶץ הָאֲדוֹמִי, וְזִיתוֹם הַמִּצְרִי, וְזוֹמָן שֶׁל צַבָּעִים, וַעֲמִילָן שֶׁל טַבָּחִים, וְקוֹלָן שֶׁל סוֹפְרִים. רַבִּי אֱלִיעֶזֶר אוֹמֵר, אַף תַּכְשִׁיטֵי נָשִׁים, זֶה הַכְּלָל, כָּל שֶׁהוּא

---

genommen gehört diese Vorschrift nicht hierher in den Rahmen der Ausführungen über das Chameszverbot; sie ist hier nur beiläufig erwähnt, weil sie, insofern auch sie vom Anfeuchten handelt, in losem Zusammenhang mit dem Vorhergehenden steht. [39]) In welches er bei der Brotbereitung von Zeit zu Zeit seine Hände taucht, wodurch es viel Mehl und Teig in sich aufnimmt. [40]) U. z. auf eine schräge Fläche, damit es ein Gefälle habe und sich nicht ansammele.

[1]) עוברין; das Intransitiv für das Passivum des Transitivs ist bei Verben der Bewegung nicht selten. Vgl. מעות חוזרין (muss zurückgegeben werden) Baba M. 15b Mitte, שומא הדר (kann rückgängig gemacht werden) das. 35a unten, יוצאת בדיינין (wird entrissen) das. 61b unten. [2]) كثخ = etwas bis zur Sättigung essen; im Aramäischen ist כותח eine Milchspeise, wie aus Pesachim 76b und Chullin 111b ersichtlich. Des babylonische Milchbrei bestand aus Molke, Salz und Brot. [Das verschimmelte Brot des Bartinora, welches der Vrf. von תפארת ישראל, um es geniessbar zu machen, in angeschimmeltes verwandelt hat, beruht auf einer אגב חריפתא missverstandenen Bemerkung Raschi's z. St.] [3]) In Palästina wurde das Bier ohne jede Beimischung aus Datteln gebraut, es war daher kein Chamesz; in Medien wurde hingegen Malz dazu verwendet. [4]) In Rom wurde Malz in den Wein gethan, wenn man ihn in Essig verwandeln wollte. [5]) זיתום ('Aruch) od. זיתום (Ausgaben), bei griechischen Schriftstellern *ζύθος* od *ζῦθος* (auch *ζῆθος*), bei lateinischen zythum, ist ein aus Gerste bereiteter Wein, welcher in Egypten sehr beliebt war. Schon Herodot erzählt im 2. Buche seines Geschichtswerkes § 77, dass man in dem Theile Egyptens, in welchem die Rebe nicht gedeiht, aus Gerste Wein bereitet (*οἴνῳ δ' ἐκ κριθέων πεποιημένῳ διαχρέονται*). Diodor I 20, 34 berichtet, dass sie dieses Getränk, welches dem Weine an Wohlgeschmack nur wenig nachsteht, Zythos nennen (. . . . *πόμα λειπόμενον οὐ πολὺ τῆς περὶ τὸν οἶνον εὐωδίας, ὃ καλοῦσι ζῦθος*). Ueber die Art der Zubereitung s. bei Henricus Stephanus (Thesaurus ed. Hase und Dindorf Paris 1831—1863) den Auszug aus einer Gothaer Handschrift. Dieselbe weicht hinsichtlich der Bestandtheile von der im Talmud angegebenen ab. Kein Wunder! In Palästina wuchs der vortrefflichste Wein, das Zythum wurde dort nur als Heilmittel getrunken. Um seine Wirkung zu erhöhen, nahm man dazu Gerste, Salz und Safran zu gleichen Theilen, liess die Mischung längere Zeit im Wasser weichen, röstete sie dann und mahlte sie. Ein angenehmer Trunk wird das wohl kaum gewesen sein. Officinell ist das Zythum übrigens auch bei Plinius. [6]) Das bisher Angeführte ist geniessbares Chamesz in einer Mischung (חמץ גמור על ידי תערובת), das Folgende ist ungeniessbares Chamesz in unvermischtem Zustande (חמץ נוקשה בעיניה). [7]) זום, זומא ist das gr. *ζωμός* Brühe, nicht *ζύμη* Sauerteig. Die Färberbrühe ist ein Absud von Kleie in Wasser. [8]) עמילה, auch פת עמילה, gr. *ἄμυλος*, ist ein Kuchen aus Kraftmehl. Eigentlich ein Leckerbissen! Wie ihn jedoch die Köche bereiteten, um ihn als Topfdeckel zu benutzen, welcher den widerlichen Brodem ihrer dampfenden Kunstwerke aufsaugen sollte, war er von Anfang an ungeniessbar. [9]) קולא ist das gr. *κόλλα* Leim. Der gewöhnliche Leim wird aus thierischen Stoffen, zumeist aus Knochen hergestellt; der Schreiberleim (Kleister) jedoch ist ein vegetabilischer, dessen Hauptbestandtheil Stärkemehl ist. [10]) Discrete Schönheitsmittel des weiblichen Toilettentisches, welche die Haut

מִמִּין דָּגָן, הֲרֵי זֶה עוֹבֵר בַּפֶּסַח. הֲרֵי אֵלּוּ בְּאַזְהָרָה, וְאֵין בָּהֶן מִשּׁוּם כָּרֵת: **ב** בָּצֵק שֶׁבְּסִדְקֵי הָעֲרֵבָה, אִם יֵשׁ כְּזַיִת בְּמָקוֹם אֶחָד, חַיָּב לְבָעֵר. פָּחוּת מִכֵּן, בָּטֵל בְּמִעוּטוֹ. וְכֵן לְעִנְיַן הַטֻּמְאָה, אִם מַקְפִּיד עָלָיו חוֹצֵץ, וְאִם רוֹצֶה בְקִיּוּמוֹ, הֲרֵי הוּא כָעֲרֵבָה. בָּצֵק הַחֵרֵשׁ, אִם יֵשׁ כְּיוֹצֵא בוֹ שֶׁהֶחֱמִיץ, הֲרֵי זֶה אָסוּר: **ג** כֵּיצַד

was aus einer Getreideart bereitet ist[11]), das muss am Pesach fortgeschafft werden[1]). Sie[12]) sind in das Verbot[13]) eingeschlossen, doch ist bei ihnen von Ausrottungsstrafe[14]) keine Rede[15]). **2.** Teig in den Ritzen eines Backtrogs ist man, wenn sich davon ein Oelbeervolumen an einer Stelle findet, fortzuschaffen verpflichtet; weniger als soviel[16]) ist in seiner Geringfügigkeit nichtig. Aehnlich verhält es sich hinsichtlich der Unreinheit[17]): Wenn man Anstoss an ihm nimmt[18]), so bildet er eine Scheidung[17]); will man dagegen sein dauerndes Verbleiben, so ist er dem Troge gleichzuachten[17]). Ein tauber Teig[19]) ist, wenn ein ihm gleicher[20]) vorhanden ist, der bereits Chamesz geworden, verboten. **3.** Wie

weiss, zart und geschmeidig machen sollen. Selbstverständlich ist deren Zusammensetzung für uns ein unnahbares Räthsel; nur so viel ist uns davon verrathen worden, dass sie auch Mehl enthalten. Also ungeniessbares Chamesz und auch dieses nicht in reinem, unvermischtem Zustande — und dennoch von R. E. am Pesach nicht geduldet! [11]) U. z. mit Wasser. Eier, Milch, Wein, Fruchtsaft u dgl. erregen die Gährung nicht. [12]) Die oben namhaft gemachten Dinge, wie überhaupt alles Chamesz, welches zu einer der beiden von ihnen vertretenen Gruppen (s. Anm 6) gehört. [13]) Des Chameszgenusses. Geniessbares Chamesz unterliegt ausserdem selbst in vermischtem Zustande dem Verbote des Chameszbesitzes sofern es den Hauptbestandtheil einer homogenen oder mehr als den sechzigsten Theil einer heterogenen Mischung ausmacht. [14]) כָּרֵת -- gekürzt aus הִכָּרֵת; dieselbe Verstümmelung wie in לְוָיָה (Sota IX 6) für הַלְוָיָה. [15]) Mit Ausrottung ist lediglich der Genuss von unvermischtem und zugleich geniessbarem Chamesz bedroht. [16]) Soweit es zur Ausfüllung der Ritzen dient. [17]) Geräthe sind, wie wir K. 1 Anm. 26 gesehen haben, nur für primäre Infection empfänglich. Ist daher der Teig in der Trogspalte mit einem Herd der Unreinheit in Berührung gekommen, so kann er die empfangene Unreinheit nicht mehr dem Troge mittheilen; bildet er indessen einen Bestandtheil des Troges, so ist dieser zugleich mit dem Teige in primärer Uebertragung vom אב הטומאה verunreinigt worden Ein Bestandtheil des Troges ist der Teig dann, wenn er dem Eigenthümer als Fuge dort willkommen ist; stört ihn jedoch der Anblick, und wird sein Schönheitssinn durch ihn beleidigt, so ist der Eindringling ein fremder Körper in dem Troge und bildet somit für diesen bei der Infection eine schützende Scheidewand gegen den Träger der Unreinheit. Die Aehnlichkeit der Beziehungen zu חמץ und zu טומאה besteht nun darin, dass es bei beiden auf die Quantität des Teiges ankommt, nur dass dieselbe hier subjectiv, dort objectiv begrenzt ist; auch ist פחות מכן nach Anm. 16 gleichbedeutend mit רוצה בקיומו. Am Pesach aber, wo Teig vom Rauminhalt einer Olive, da er fortgeschafft werden muss, unmöglich als Bestandtheil des Troges angesehen werden und der Besitzer überdies sein »dauerndes Verbleiben« ohne eine Sünde zu begehen nicht »wollen« kann, deckt sich auch מקפיד עליו genau mit כזית במקום אחד, und die Aehnlichkeit ist eine vollständige. [18]) So glaube ich am besten den Sinn von מקפיד wiederzugeben, einem Worte, welches so viele Nuancen hat, dass es schliesslich sogar zwei fast entgegengesetzte Bedeutungen in sich vereinigt. Es heisst nämlich הקפיד sowohl missbilligen als auch Werth auf etwas legen. Die Grundbedeutung ist sich zusammenziehen (daher קפוד Igel) wie sprungbereit (קפץ, קפד) zum Angriff. Durch fortwährende Abschwächung verblasst dieselbe immer mehr, bis sie am Ende nach mehreren Wandlungen und Häutungen in ihr Gegentheil umschlägt. Die Reihenfolge dieser Abstufungen dürfte folgende sein: losfahren, auffahren, aufbrausen, heftig werden, zürnen, ungehalten sein, übel nehmen, Aergerniss nehmen, missbilligen, sich an etwas stossen, sich darüber aufhalten, es sehr genau nehmen, Gewicht darauf legen, Werth darauf legen. [19]) An welchem keine Zeichen der Gährung (M. 5) hervortreten. [20]) D. i. ein gleichzeitig mit ihm

מַפְרִישִׁין חַלָּה בְּטֻמְאָה בְּיוֹם טוֹב. רַבִּי אֱלִיעֶזֶר אוֹמֵר, לֹא תִקְרָא לָהּ שֵׁם עַד שֶׁתֵּאָפֶה. רַבִּי יְהוּדָה בֶּן בְּתֵירָה אוֹמֵר, תַּטִּיל בְּצוֹנֵן. אָמַר רַבִּי יְהוֹשֻׁעַ, לֹא זֶה הוּא חָמֵץ שֶׁמֻּזְהָרִים עָלָיו בְּבַל יֵרָאֶה וּבְבַל יִמָּצֵא, אֶלָּא מַפְרַשְׁתָּהּ וּמַנִּחָתָהּ עַד הָעֶרֶב, וְאִם הֶחֱמִיצָה הֶחֱמִיצָה: ד רַבָּן גַּמְלִיאֵל אוֹמֵר, שָׁלֹשׁ נָשִׁים לָשׁוֹת כְּאַחַת וְאוֹפוֹת בְּתַנּוּר אֶחָד זוֹ אַחַר זוֹ. וַחֲכָמִים אוֹמְרִים, שָׁלֹשׁ נָשִׁים עוֹסְקוֹת בְּבָצֵק, אַחַת לָשָׁה וְאַחַת עוֹרֶכֶת וְאַחַת אוֹפָה. רַבִּי עֲקִיבָה אוֹמֵר, לֹא

sondert man die Brothebe in Unreinheit am Festtage ab[21])? R. Eli'ezer sagt: Sie[22]) gebe ihr den Namen nicht eher, als bis sie gebacken ist[23]). R. Juda b. Bethera sagt: Sie werfe sie in kaltes Wasser[24]). Da sagte R. Josua: Das ist kein Chamesz, auf welches die Verbote[25]): »es soll nicht gesehen werden«, »es soll nicht gefunden werden« Anwendung finden[26]); sie sondere sie vielmehr ab und lasse sie bis zum Abend liegen[27]), und wenn sie Chamesz geworden, mag sie Chamesz sein[28]). **4.** Rabban Gamliel sagt: Drei Frauen dürfen gleichzeitig kneten und eine nach der andern in einem Ofen backen[29]). Die Weisen aber sagen: Drei Frauen dürfen bei dem Teig[30]) beschäftigt sein, eine knetend, eine zurichtend und eine backend. R. 'Akiba sagt:

---

aus derselben Getreideart in derselben Weise zubereiteter Teig. [21]) Ein interessantes Problem! Wenn der Teig während des Knetens unrein geworden, ist natürlich auch die Brothebe (4. B. M. 15, 20) unrein, welche später von ihm abgesondert wurde. Ereignet sich das an einem gewöhnlichen Tage, so wird sie einfach ins Ofenfeuer geworfen, denn unreine Hebe muss verbrannt werden (K. II Anm. 16); ereignet es sich an einem Feiertage, an welchem Heiliges nicht verbrannt werden darf, so lässt man sie ruhig bis zum nächsten Tage liegen und wirft sie dann ins Feuer. Wie aber, wenn das am 15. Nisan vorkommt? Soll man sie ungesäumt verbrennen? Unmöglich! Der Fünfzehnte ist ja ein Feiertag! Soll man sie bis zum Anbruch der Nacht liegen lassen? So geht sie unfehlbar in Gährung über, und man darf am Pesach kein Chamesz im Hause haben! Soll man sie, um die Gährung zu verhindern, vorläufig backen und nach Ausgang des heiligen Tages verbrennen? Geht auch nicht! Denn man darf an einem Feiertage nur das backen, was zum Essen für denselben Tag bestimmt ist, unreine Hebe aber darf überhaupt nicht gegessen werden. [22]) Das Absondern der Brothebe ist Sache der Frauen, daher das weibl. Fürwort. [23]) Das Einfachste wäre, die Hebe erst nach dem Backen abzusondern. Es ist jedoch Vorschrift, dieselbe vom Teige abzuheben. Daher schneide sie diesen in Stücke, bestimme aber zunächst noch keines derselben zur Challa! Sie darf nun den ganzen Teig backen, da ihr ja in Bezug auf jedes der Stücke noch die Wahl offen steht, es für sich zu behalten, und ein anderes als Hebe zu weihen. Die gebackenen Stücke vereinige sie in einem Korbe (vgl. Challa II 4), spreche über eines derselben den Segen, lege es beiseite und werfe es bei Anbruch der Nacht ins Feuer! [24]) Um die Gährung hintanzuhalten, bis es gestattet sein wird die Challa zu verbrennen. [25]) 2. B. M. 13, 7 und 12, 19. [26]) Diese Verbote beziehen sich nur auf unser eigenes Chamesz; die Challa aber ist als gottgeweihter Gegenstand nicht unser Eigenthum. [27]) Um sie dann nach Ausgang des Feiertages zu verbrennen. [28]) Vgl. 1. B. M. 43, 14 u. Ester 4, 16. [29]) Obgleich der dritte Teig liegen muss, bis der erste und der zweite gebacken sind. In so kurzer Zeit, meint er, tritt die Gährung nicht ein. [30]) Gleichzeitig; כאחת ist aus den Worten des R. G. zu ergänzen. Die Mischna begnügt sich in ihrem wunderbaren Lapidarstil mit der Hervorhebung des Gegensatzes. Nicht mit dem Kneten der Teige dürfen drei Frauen zu gleicher Zeit sich beschäftigen, wenn ihnen blos ein Ofen zur Verfügung steht, sondern mit der Brotbereitung überhaupt; d. h. die zweite darf erst dann ihren Teig zu kneten beginnen, wenn die erste den ihrigen bereits zurichtet, die dritte aber erst dann, wenn die

כָּל הַנָּשִׁים וְלֹא כָּל הָעֵצִים וְלֹא כָּל הַתַּנּוּרִים שָׁוִין. זֶה הַכְּלָל, תָּפַח תִּלְטֹשׁ בְּצוֹנֵן: ה שִׂיאוּר יִשָּׂרֵף, וְהָאוֹכְלוֹ פָּטוּר. סִדּוּק יִשָּׂרֵף, וְהָאוֹכְלוֹ חַיָּב כָּרֵת. אֵיזֶהוּ שִׂיאוּר, כְּקַרְנֵי חֲגָבִים. סִדּוּק, שֶׁנִּתְעָרְבוּ סְדָקָיו זֶה בָּזֶה. דִּבְרֵי רַבִּי יְהוּדָה. וַחֲכָמִים אוֹמְרִים, זֶה וָזֶה הָאוֹכְלוֹ חַיָּב כָּרֵת. וְאֵיזֶהוּ שִׂיאוּר, כֹּל שֶׁהִכְסִיפוּ פָּנָיו כְּאָדָם שֶׁעָמְדוּ שַׂעֲרוֹתָיו: ו אַרְבָּעָה עָשָׂר שֶׁחָל לִהְיוֹת בַּשַּׁבָּת, מְבַעֲרִים אֶת הַכֹּל מִלִּפְנֵי הַשַּׁבָּת. דִּבְרֵי רַבִּי מֵאִיר. וַחֲכָמִים אוֹמְרִים בִּזְמַנָּן. רַבִּי

Nicht alle Frauen, nicht alles Holz und nicht alle Oefen sind gleich [31]); dies ist die Regel: Schwillt er an, soll sie ihn mit kaltem Wasser pätscheln [32]). **5.** Aufgehender Teig muss verbrannt werden, aber wer ihn isst, ist frei [33]); rissiger Teig muss verbrannt werden, und wer ihn isst, macht sich der Ausrottungsstrafe schuldig. Welches ist der aufgehende Teig? Wie Heuschreckenhörner [34]); der rissige Teig? Dessen Risse sich einer mit dem andern vereinigen [35]). So die Worte des R. Juda. Die Weisen aber sagen: Hier wie dort macht sich, wer davon isst, der Ausrottungsstrafe schuldig [36]); und wann ist es aufgehender Teig? Sowie sein Aussehen blass wird wie das eines Menschen, dessen Haare sich sträuben. **6.** Fällt der Vierzehnte [37]) auf einen Sabbat, muss man alles [38]) vor Sabbat [39]) wegschaffen. So die Worte des R. Meïr. Die Weisen aber sagen: zu seiner Zeit [40]).

erste schon beim Backen und die zweite beim Zurichten hält. [31]) Es kann daher die dritte, wenn sie geschickter ist, mit Kneten und Zurichten fertig sein, während die Zweite noch immer mit dem Zurichten beschäfigt ist, und wenn das Holz oder der Ofen von schlechter Beschaffenheit ist, können beide noch lange warten, ehe die erste mit dem Backen zu Ende kommt. Hauptsächlich richtet sich jedoch der Einwand des R. ʿA. gegen R. G. Allerdings ist es richtig, dass die Gährung eine gewisse Zeit erfordert; daraus folgt indessen noch nicht, dass drei Frauen zugleich mit dem Kneten beginnen dürfen. Es kommt hier alles auf die Geschicklichkeit und Emsigkeit der Arbeiterinnen, auf die Qualität des Holzes und die Beschaffenheit des Ofens an; der Erfolg hängt also von zu vielen Nebenumständen und Zufälligkeiten ab, die jeder Berechnung spotten, und mit denen wir gleichwohl rechnen müssen, als dass es rathsam wäre, den Versuch zu wagen. [32]) תפח, Secundärbildung von נפח; s. Tamid II 2 לטש = لطس etwas mit einem flachen Gegenstande schlagen, davon ملطس ein Hammer mit breitem Ende; daher לטש hämmern, schmieden und in weiterer Entwicklung: schärfen. Hier steht das Wort noch in seiner ursprünglichen Bedeutung: mit der flachen Hand auf den Teig schlagen, franz. escocher (vgl. auch لطم eine Ohrfeige geben). Schon dieser Umstand lässt auf ein hohes Alter dieser Regel schliesen. Die Bestätigung finden wir in einer Baraita (s. Babli z. St.), in welcher R. G. dieselbe als eine von den Weisen überkommene anführt. Die Worte des R. ʿA. sind demnach so zu verstehen: Zwar haben wir es hier mit lauter unberechenbaren Factoren zu thun. Das schadet indessen nichts. Es ist ja eine alte Regel, dass man den Teig, wenn er aufgehen will, mit kaltem Wasser benetzen soll! Wir haben somit, wenn die Zubereitung einmal etwas länger dauern sollte, ein bequemes Mittel die Gährung zu verhüten. [33]) Von Ausrottungs- und Geisselstrafe. [34]) Wenn an der Oberfläche des Teiges sich Risse bilden, welche wie die Fühler einer Heuschrecke gegen einander geneigt sind, so ist das ein Zeichen des eingetretenen Gährungsprocesses. [35]) Zeichen der vollendeten Gährung. [36]) Denn mit dem Auftreten der Risse hat der Process schon sein Ende erreicht. [37]) Des Monats Nisan. [38]) Was man an Chamesz besitzt, gleichviel ob Chullin (K. I Anm. 24) oder Teruma (das. Anm. 25), natürlich mit Ausnahme des für die Sabbatmahlzeiten Reservirten. [39]) Am Dreizehnten, weil etwaige Ueberreste am Sabbat nicht verbrannt, noch sonst vernichtet werden könnten. [40]) Am Vierzehnten um 11 Uhr; denn man darf nicht

R. El'azar b. R. Szadok sagt: Teruma [41]) vor Sabbat, Chullin [42]) zu
seiner Zeit. **7.** Wer [43]) auf dem
Wege ist, sein Pesachopfer zu
schlachten, seinen Sohn zu beschneiden das Eheschliessungsmahl
im Hause seines Schwiegervaters
einzunehmen, und sich erinnert,
dass er Chamesz zu Hause hat, der
muss, wenn er umkehren, es fortschaffen und dann noch zu seiner
Pflichterfüllung [44]) zurückgehen kann,
heimkehren und es fortschaffen, wo
nicht, vernichte er es in seinem
Herzen [45]); Hilfe zu leisten gegen eine
Kriegerhorde [46]), gegen Wassers-
noth, Räuber, Feuersgefahr, Einsturz
— der vernichte es in seinem
Herzen [47]); das Fest an einem Orte
seines Beliebens [48]) zu feiern der
muss sofort umkehren [49]). **8.** Aehn-

אֶלְעָזָר בֶּן רַבִּי צָדוֹק אוֹמֵר. תְּרוּמָה
מִלִּפְנֵי הַשַּׁבָּת וְחֻלִּין בִּזְמַנָּן: ז הַהוֹלֵךְ
לִשְׁחֹט אֶת פִּסְחוֹ. וְלָמוּל אֶת בְּנוֹ.
וְלֶאֱכֹל סְעֻדַּת אֵרוּסִין בְּבֵית חָמִיו.
וְנִזְכָּר שֶׁיֵּשׁ לוֹ חָמֵץ בְּתוֹךְ בֵּיתוֹ. אִם
יָכֹל לַחֲזֹר וּלְבַעֵר וְלַחֲזֹר לְמִצְוָתוֹ.
יַחֲזֹר וִיבַעֵר. וְאִם לָאו מְבַטְּלוֹ בְלִבּוֹ.
לְהַצִּיל מִן הַגַּיִס וּמִן הַנָּהָר וּמִן
הַלִּסְטִם וּמִן הַדְּלֵקָה וּמִן הַמַּפֹּלֶת.
יְבַטֵּל בְּלִבּוֹ. וְלִשְׁבּוֹת שְׁבִיתַת הָרְשׁוּת.
יַחֲזֹר מִיָּד: ח וְכֵן מִי שֶׁיָּצָא
מִירוּשָׁלַיִם. וְנִזְכָּר שֶׁיֵּשׁ בְּיָדוֹ בְּשַׂר
קֹדֶשׁ. אִם עָבַר צוֹפִים שׂוֹרְפוֹ בִמְקוֹמוֹ.
וְאִם לָאו חוֹזֵר. וְשׂוֹרְפוֹ לִפְנֵי הַבִּירָה

lich verhält es sich mit dem, der aus Jerusalem hinausgeht und sich
erinnert, dass er heiliges Fleisch [50]) bei sich hat: hat er die Szofim [51])
schon hinter sich, so kann er es an Ort und Stelle verbrennen, wo
nicht, kehre er um und verbrenne es im Angesichte der Bira [52]) mit

---

Teruma ohne Noth vernichten, und es ist ja immerhin möglich, dass sie bis Sabbat 11
bzw. 10 Uhr (K. I M. 4-5) bei einigem guten Willen aufgegessen wird; ist dies trotz
redlicher Mühe nicht gelungen, nun so werden die Reste versteckt und an den Mittelfeiertagen verbrannt. Was aber Chullin betrifft, so hat man überhaupt keine Veranlassung
ängstlich zu sein; es werden sich für dasselbe Abnehmer genug finden, schlimmsten
Falls schenkt man es noch in elfter Stunde einem Nichtjuden. — בומן steht für בומנו,
weil bei הכל an die Gegensätze חולין und תרומה zu denken ist. [41]) Die ja nur den Aha-
roniden und ihren Hausleuten, also einem scharf abgegrenzten und sehr eng gezogenen
Kreise gestattet ist. [42]) Dessen Consumentenkreis dagegen ein weit ausgedehnter, un-
begrenzter ist. [43]) Am Vormittag des 14. Nisan. [44]) Die Theilnahme am Eheschliessungs-
mahle gilt ebenfalls als religiöse Pflicht. [45]) Durch die Erklärung: Alles Chamesz
meines Besitzes sei nichtig und werthlos und dem Staube gleichgeachtet. Dadurch
begibt er sich seines Eigenthumsrechtes auf dasselbe, und es hört auf, Chamesz seines
Besitzes zu sein. Selbstverständlich nützt ihm diese Erklärung nur vor Eintritt des
Chameszverbotes; nachher ist ja sein Chamesz eo ipso herrenloses Gut, und er kann
doch nicht auf etwas verzichten, was ihm gar nicht mehr gehört. [46]) A. L. מן הנכרים —
גיים (syr. gajsa ܓܝܣܐ, arab. ḡajś جَيْش) ist gajis (nicht gajjâs) und im Pl. (גייסות)
gejâsôt zu lesen! Vgl. עין (עינות) חיש (הישים); gajjâs ist arab. das angespornt sich
bäumende Ross. [47]) Selbst wenn er noch umkehren und rechtzeitig wieder zu-
rückkommen könnte. [48]) Wohin ihn kein Gebot der Pflicht ruft, keine edle That,
kein gutes Werk, kein frommer Brauch, sondern lediglich sein eigener Wunsch.
שביתה oder Sabbatwohnsitz ('Erubin IV 7—8) ist der Ort, an welchem man den
Sabbat oder Festtag verlebt. [49]) Auch wenn sein Reiseplan dadurch zu nichte wird.
[50]) Welches nur innerhalb der Mauern der heiligen Stadt gegessen werden darf. Hat
es dieselben einmal verlassen, darf es überhaupt nicht mehr gegessen, muss vielmehr
verbrannt werden. [51]) צופים (Jeru. הצופים) von צפה schauen; צופה ist der Wächter,
die Warte צופים also, wenn es kein Ortsname ist, entweder die Citadellen oder der
Höhengürtel, der sich um Jerusalem zieht, eine Hügelkette, von der man die ganze
Stadt überschauen kann. [52]) So hiess die Tempelburg im Norden des Heiligthums,

dem Holze für den Altarherd[53]). Und wieviel muss es[54]) sein, wenn er umkehren soll? R. Meïr sagt: Hier wie dort von Eiesgrösse. R. Juda sagt: Hier wie dort von Olivengrösse[55]). Die Weisen aber sagen: Heiliges Fleisch von Olivengrösse, Chamesz dagegen von Eiesgrösse.

מְעַצֵּי הַמַּעֲרָכָה. וְעַד כַּמָּה הֵן חוֹזְרִין. רַבִּי מֵאִיר אוֹמֵר, זֶה וָזֶה בְּכַבֵּיצָה. רַבִּי יְהוּדָה אוֹמֵר, זֶה וָזֶה בִּכְזַיִת. וַחֲכָמִים אוֹמְרִים, בְּשַׂר קֹדֶשׁ בִּכְזַיִת וְחָמֵץ בְּכַבֵּיצָה:

ABSCHNITT IV.

1. Wo es Brauch ist an den Rüsttagen zum Pesachfeste bis Mittag Arbeit[1]) zu verrichten, darf man welche verrichten; wo es der Brauch ist keine zu verrichten, darf man keine verrichten. Wer von einem Orte, an dem man welche verrichtet, nach einem Orte geht, an dem man keine verrichtet, oder von einem Orte, an welchem man keine verrichtet, nach einem Orte, an dem man welche verrichtet, dem legt man[2]) die Erschwerungen des Ortes auf, aus dem er gezogen, wie auch die Erschwerungen des Ortes, in welchen er gekommen. Nie aber mache man sich auffällig[3]) — wegen des Zwiespalts. **2.** Desgleichen ist, wer Früchte des siebenten Jahres[4]) von einem Orte, an welchem sie zu Ende gegangen, nach einem Orte bringt, an welchem sie noch nicht zu Ende gegangen, oder von einem Orte, an welchem sie nicht zu Ende gegangen, nach

פֶּרֶק ד.

א מְקוֹם שֶׁנָּהֲגוּ לַעֲשׂוֹת מְלָאכָה בְּעַרְבֵי פְסָחִים עַד חֲצוֹת, עוֹשִׂין. מְקוֹם שֶׁנָּהֲגוּ שֶׁלֹּא לַעֲשׂוֹת, אֵין עוֹשִׂין. הַהוֹלֵךְ מִמְּקוֹם שֶׁעוֹשִׂין לִמְקוֹם שֶׁאֵין עוֹשִׂין, אוֹ מִמְּקוֹם שֶׁאֵין עוֹשִׂין לִמְקוֹם שֶׁעוֹשִׂין, נוֹתְנִין עָלָיו חָמְרֵי הַמָּקוֹם שֶׁיָּצָא מִשָּׁם וְחָמְרֵי הַמָּקוֹם שֶׁהָלַךְ לְשָׁם. וְאַל יְשַׁנֶּה אָדָם, מִפְּנֵי הַמַּחֲלֹקֶת: **ב** כַּיּוֹצֵא בוֹ. הַמּוֹלִיךְ פֵּרוֹת שְׁבִיעִית מִמְּקוֹם שֶׁכָּלוּ לִמְקוֹם שֶׁלֹּא כָלוּ, אוֹ מִמְּקוֹם שֶׁלֹּא

---

die Baris (βᾶρις) der Septuaginta. [53]) מערכה (Richt. 6, 26) ist derjenige Theil der obern Altarfläche, auf welchem das Holz zum Verbrennen der Opferstücke geschichtet (ערוך) liegt, zuweilen auch die Holzschicht selbst. [54]) Das Chamesz in der vorigen und das Opferfleisch in dieser Mischna. [55]) Ein halbes Ei ungefähr (שלחן ערוך I 486; s. מג״א u. ח״י das.) Beachtenwerth ist, dass im Jeruschalmi entsprechend der Umkehrung des R. Jochanan (Babli ברכות 49b) R. Meïr בכזית und R. Juda בכביצה sagt.

[1])Es handelt sich um solche Arbeiten, welche in den Mittelfeiertagen verboten sind; s. darüber die Einl. zu Mo'ed Katan. [2]) Falls er die Absicht hat wieder zurückzukehren. [3]) So glaube ich am zutreffendsten den Sinn von ישנה an dieser Stelle wiederzugeben. Von der Ortssitte abzuweichen ist wohl gestattet, mitunter sogar geboten — die Mischna selbst hat ja soeben erst gesagt, dass man dem Heimathsbrauche, sofern er eine Erschwerung enthält, auch in der Fremde treu bleiben muss — man vermeide nur vorsichtig es in Aufsehen erregender oder gar herausfordernder Art zu thun, weil das leicht zu Zwist und Streitigkeiten führen kann. Es ist daher in Orten, in denen man am Vierzehnten bis Mittag arbeitet, dem Einzelnen zu feiern gestattet, da ja in der Unthätigkeit keine Demonstration liegt. Uebrigens hat die Sentenz auch eine allgemeine Bedeutung: Man spiele sich nirgends und niemals als Sonderling auf! Daher das sonst überflüssige אדם. [4]) Des Brachjahres (3 B. M. 25, 1—7), in welchem die Landwirthschaft ihren Sabbat feiert. Was in diesem Jahre auf Aeckern und Bäumen wächst, ist herrenlos. Die Vorräthe, die man davon gesammelt, dürfen nur so lange gegessen werden, als von derselben Pflanzengattung auf dem Felde noch vorhanden ist; nachher muss man etwaige Reste „fortschaffen"

כָּלוּ לַמָּקוֹם שֶׁכָּלוּ. חַיָּב לְבָעֵר. רַבִּי יְהוּדָה אוֹמֵר. (אוֹמְרִים לוֹ) צֵא וְהָבֵא לָךְ אַף אַתָּה: ג מָקוֹם שֶׁנָּהֲגוּ לִמְכּוֹר בְּהֵמָה דַקָּה לְנָכְרִים. מוֹכְרִין. מָקוֹם שֶׁנָּהֲגוּ שֶׁלֹּא לִמְכּוֹר. אֵין מוֹכְרִין. וּבְכָל מָקוֹם אֵין מוֹכְרִין לָהֶם בְּהֵמָה גַסָּה עֲגָלִים וּסְיָחִים. שְׁלֵמִים וּשְׁבוּרִין. רַבִּי יְהוּדָה מַתִּיר בִּשְׁבוּרָה. בֶּן בְּתֵירָה מַתִּיר בְּסוּס: ד מָקוֹם שֶׁנָּהֲגוּ לֶאֱכוֹל צָלִי בְּלֵילֵי פְסָחִים. אוֹכְלִין. מָקוֹם

einem Orte, an dem sie schon zu Ende gegangen, sie fortzuschaffen verpflichtet. R. Juda sagt: (Man spricht zu ihm:) Geh, hole du dir auch [5])! **3.** Wo es Gebrauch ist Kleinvieh an Nichtjuden zu verkaufen, verkaufe man; wo es der Brauch ist nicht zu verkaufen [6]), verkaufe man nicht! Nirgends darf man ihnen Grossvieh, Kälber und Eselfüllen [7]) verkaufen, gleichviel ob gesunde oder Krüppel [8]). Rabbi Juda gibt die Krüppel frei, Ben Bethera gibt die Pferde frei [9]). **4.** Wo es der Brauch ist in den Pesachnächten gebratenes Fleisch zu essen, darf man welches essen;

(vernichten — Maim. הל׳ שמטה VII 3; s. jedoch כ״מ). [5]) Die eingeklammerten Worte stehen nur in den Mischnaausgaben, in den Talmudausgaben finden sie sich nicht — weder im Babli noch im Jeruschalmi — auch in der Discussion nicht, so oft der Satz auch wiederholt wird; ebenso fehlen sie in Alfasi und Ascheri. Von Beibehaltung oder Preisgabe derselben hängen aber die zwei entgegengesetzten Auffassungen ab, von denen die eine in dem Einwand des R. Juda eine Erschwerung, die andere eine Erleichterung sieht. — Ist nämlich אומרים לו als echt verbürgt, so will R. J. sagen, dass zum „Fortschaffen" der Früchte nicht nur der verpflichtet ist, welcher sie ממקום שכלו למקום שלא כלו oder umgekehrt bringt, sondern auch derjenige, der sie aus einem Orte, wo diese Art noch auf dem Felde zu finden, nach einem Orte führt, wo dieselbe gleichfalls im Freien noch vorhanden sind, sofern sie inzwischen am Ursprungsorte zu Ende gegangen: Man spricht zu ihm (ironisch): Geh hole dir auch jetzt noch (wahrscheinlich ist nun auch עתה st. אתה zu lesen)! Mit anderen Worten: du bist nicht besser dran, als wenn du jetzt zuhause wärest (Babli). Lassen wir אומרים לו fallen — und in der That ist dieses Einschiebsel mehr als verdächtig — so bestreitet R. Juda, dass derjenige, welcher Früchte ממקום שלא כלו mit sich führt, dieselben במקום שכלו um des lieben Friedens willen nicht essen darf. Warum denn nicht? Wer will es ihm übel nehmen? Es hängt ja doch der Genuss dieser Früchte nicht von der Ortssitte ab, sondern von den localen Verhältnissen. Oder ist es etwa wegen חומרי המקום שיצא משם dem Fremden verboten, sich Früchte vom Felde zu pflücken, weil für dieselben in seiner fernen Heimath schon die Zeit der „Fortschaffung" gekommen? Gewiss nicht! Also kann es ihm auch wegen חומרי המקום שהלך לשם nicht verboten sein dort, wo solche Früchte schon zu Ende gegangen, von seinem mitgebrachten Vorrath zu essen. Wollte ihn ein Ortsangehöriger darob zur Rede stellen, so könnte er ihm einfach erwidern: Geh, hole auch du dir welche aus meiner Heimat, dort wirst du sie noch auf dem Felde finden (Jeruschalmi. — Vermuthlich ist bei dieser Lesart zwischen אומר und צא ein zweites אומר zu ergänzen, wie ja auch in der Gemara, wo zwei אומר aufeinanderstossen, stets das eine weggelassen wird). [6]) S. Anm. 8. [7]) סייחים, Einz. סיח (Baba M. V 5, Baba B. V 3), v. ساح (med. ی) umherschweifen; der Name סיחון ist Koseform und bedeutet Füllen (s. Rosch Hasch. 3a; die Ableitung in Gesenius Handwtb. 8. Aufl. ist sehr gezwungen). Die Mehrz. ist wie שורים v. שור u. עיירות (Meg. I 1) v. עיר gebildet und daher Sejachim (sing. Siach) zu lesen, nicht Sajjachim, obgleich sich hie und da die Einzahl סייח findet. [8]) Wenn es erlaubt sein wird ihnen Arbeitsvieh zu verkaufen, wird wird man es ihnen auch vermiethen, und sie werden es am Sabbat arbeiten lassen, wir sind aber dafür verantwortlich, dass unser Vieh am Sabbat ruhe (2. B. M. 20, 10). Darum haben die Rabbinen verboten einem Nichtjuden Arbeitsthiere zu verkaufen und dieses Verbot auch auf diejenigen ausgedehnt, welche vorläufig (Kälber) oder selbst dauernd (Krüppel) zur Arbeit unfähig sind. Einige Gegenden hatten dies Verbot noch weiter ausgedehnt, indem sie auch Schafe und Ziegen — obschon keine Arbeitsthiere — in dasselbe einschlossen. [9]) Im Orient werden die Pferde meist zum

wo es der Brauch ist keines zu essen[10]), esse man keines. Wo es der Brauch ist in den Nächten des Versöhnungstages Licht zu brennen[11]), zünde man welches an; wo es der Brauch ist, keines zu brennen, zünde man keines an, doch brenne man welches in Synagogen und Lehrhäusern, in dunklen Strassen und bei Kranken! **5.** Wo es der Brauch ist am neunten Ab[12]) Arbeit zu verrichten, mag man welche verrichten; wo der Brauch ist keine zu verrichten, verrichte man keine! Allerorten feiern die Gelehrten. R. Simon b. Gamliel sagt: Man betrachte sich nur immer als Gelehrten[13]). — — Die Weisen hingegen sagen[14]): In Judäa hat man an den Rüsttagen des Pesachfestes bis Mittag Arbeit verrichtet, in Galiläa aber hat man durchaus keine verrichtet. Was die Nacht[15]) betrifft, so verbieten Bet Schammai[16]), während Bet Hillel bis Sonnenaufgang gestatten. **6.** R. Meïr sagt: Jede Arbeit, die man vor dem Vierzehnten in Angriff genommen, darf man am Vierzehnten[17]) zu Ende führen[18]); man darf aber keine am Vierzehnten erst beginnen, obgleich man sie[19]) vollenden kann. Die Weisen dagegen sagen: Drei Handwerke dürfen am Rüsttage zum Pesachfeste bis Mittag Arbeit verrichten[20]); es sind die folgenden: Die Schneider, die Barbiere und die Wäscher. R. Jose

שֶׁנָּהֲגוּ שֶׁלֹּא לֶאֱכוֹל, אֵין אוֹכְלִין. מָקוֹם שֶׁנָּהֲגוּ לְהַדְלִיק אֶת הַנֵּר בְּלֵילֵי יוֹם הַכִּפּוּרִים, מַדְלִיקִין. מָקוֹם שֶׁנָּהֲגוּ שֶׁלֹּא לְהַדְלִיק, אֵין מַדְלִיקִין. וּמַדְלִיקִין בְּבָתֵּי כְנֵסִיּוֹת וּבְבָתֵּי מִדְרָשׁוֹת וּבִמְבוֹאוֹת אֲפֵלִים וְעַל גַּבֵּי הַחוֹלִים: ה מָקוֹם שֶׁנָּהֲגוּ לַעֲשׂוֹת מְלָאכָה בְּתִשְׁעָה בְּאָב, עוֹשִׂין. מָקוֹם שֶׁנָּהֲגוּ שֶׁלֹּא לַעֲשׂוֹת, אֵין עוֹשִׂין. וּבְכָל מָקוֹם תַּלְמִידֵי חֲכָמִים בְּטֵלִים. רַבָּן שִׁמְעוֹן בֶּן גַּמְלִיאֵל אוֹמֵר, לְעוֹלָם יַעֲשֶׂה אָדָם עַצְמוֹ תַּלְמִיד חָכָם. וַחֲכָמִים אוֹמְרִים, בִּיהוּדָה הָיוּ עוֹשִׂין מְלָאכָה בְּעַרְבֵי פְסָחִים עַד חֲצוֹת, וּבְגָלִיל לֹא הָיוּ עוֹשִׂין כָּל עִקָּר. וְהַלַּיְלָה, בֵּית שַׁמַּאי אוֹסְרִין, וּבֵית הִלֵּל מַתִּירִין עַד הָנֵץ הַחַמָּה: ו רַבִּי מֵאִיר אוֹמֵר, כָּל מְלָאכָה שֶׁהִתְחִיל בָּהּ קוֹדֶם לְאַרְבָּעָה עָשָׂר, גּוֹמְרָהּ בְּאַרְבָּעָה עָשָׂר, אֲבָל לֹא יַתְחִיל בָּהּ בַּתְּחִלָּה בְּאַרְבָּעָה עָשָׂר, אַף עַל פִּי שֶׁיָּכֹל לְגָמְרָהּ. וַחֲכָמִים אוֹמְרִים, שָׁלֹשׁ אֻמָּנִיּוֹת עוֹשִׂין מְלָאכָה בְּעַרְבֵי פְסָחִים עַד חֲצוֹת. וְאֵלּוּ הֵן, הַחַיָּטִים הַסַּפָּרִים וְהַכּוֹבְסִין. רַבִּי יוֹסֵי בֶּן רַבִּי

Reiten, zur Arbeit fast gar nicht verwendet. [10]) Seit der Tempel in Trümmern liegt und das Pesachopfer, welches man gebraten essen musste (2. B. M. 12, 8-9), nicht mehr dargebracht werden kann. [11]) Vorschrift ist das Lichteranzünden nur für die Sabbat- und Feiertage, an denen nachts ein Festmahl stattfindet. [12]) Dem Tage der Tempelzerstörung, welcher ganz der Klage und der Trauer gewidmet sein soll. [13]) Und enthalte sich der Arbeit ohne Rücksicht darauf, dass es als eitle Selbstgefälligkeit, dünkelhafte Ueberhebung oder gar als Anmassung ausgelegt werden könnte. — יעשה hier in demselben Sinne, in welchem der Nif'al sehr oft gebraucht wird (נעשה es wird betrachtet). [14]) Die Mischna knüpft hier wieder an den ersten Satz dieses Kapitels an. Arbeitsverrichtung und Arbeitseinstellung, behaupten die »Weisen«, hängt am vierzehnten Nisan nicht, wie es dort heisst, vom Ortsbrauch ab, sondern von einer Meinungsverschiedenheit zwischen den Schriftgelehrten in Judäa und denen in Galiläa. [15]) Vom 13 auf den 14. Nisan. [16]) Den Galiläern jede Arbeit in derselben. [17]) Wenn es sich bis Mittag bewerkstelligen lässt. [18]) Selbst da, wo es Brauch ist am Vormittage nicht mehr zu arbeiten, sofern nur die Arbeit für das Fest nothwendig ist. [19]) Bis Mittag [20]) Auch

b. R. Juda sagt: Auch die Schuh-
macher. **7.** Man darf am Vierzehnten Brutgitter[21]) hinsetzen für die
Hühner, und ist eine Henne ent-
laufen[22]), darf man sie[23]) an ihren
Ort zurückbringen, und wenn sie
gestorben, eine andere an ihre Stelle
setzen. Man darf am Vierzehnten
unter den Füssen des Viehes aus-
schaufeln[24]) und am Feste[25]) zur
Seite fegen. Man darf Gebrauchsgegenstände[26]) aus dem Hause des
Handwerkers holen und hintragen,
auch wenn sie nicht für den Bedarf
des Festes sind. **8.** Sechs Dinge
thaten die Bewohner Jericho's[27]);
drei verwies man ihnen, drei aber
verwies man ihnen nicht. Die
folgenden sind die, die man ihnen
nicht verwies: Sie befruchteten Pal-
men[28]) den ganzen Tag[29]), sie verschlangen das Schma'[30]), sie mähten

יְהוּדָה אוֹמֵר. אַף הָרַצְעָנִים: זמוֹשִׁיבִין
שׁוֹבְכִין לַתַּרְנְגוֹלִים בְּאַרְבָּעָה עָשָׂר.
וְתַרְנְגֹלֶת שֶׁבָּרְחָה. מַחֲזִירִין אוֹתָהּ
לִמְקוֹמָהּ. וְאִם מֵתָה. מוֹשִׁיבִין אַחֶרֶת
תַּחְתֶּיהָ. גּוֹרְפִין מִתַּחַת רַגְלֵי הַבְּהֵמָה
בְּאַרְבָּעָה עָשָׂר. וּבַמּוֹעֵד מְסַלְּקִין
לַצְּדָדִין. מוֹלִיכִין וּמְבִיאִין כֵּלִים מִבֵּית
הָאֻמָּן. אַף עַל פִּי שֶׁאֵינָם לְצֹרֶךְ
הַמּוֹעֵד: ח שִׁשָּׁה דְבָרִים עָשׂוּ אַנְשֵׁי
יְרִיחוֹ. עַל שְׁלֹשָׁה מִחוּ בְיָדָם. וְעַל
שְׁלֹשָׁה לֹא מִחוּ בְיָדָם. וְאֵלּוּ הֵן שֶׁלֹא
מִחוּ בְיָדָם. מַרְכִּיבִין דְּקָלִים כָּל הַיּוֹם.
וְכוֹרְכִין אֶת שְׁמַע. וְקוֹצְרִין וְגוֹדְשִׁין

---

wenn sie nicht früher schon damit begonnen haben.   [21]) Schubbâk (شباك) heisst
im Arab. Gitterwerk, Gitterfenster. Dasselbe bedeutet das hebr. אֲרֻבָּה, welches
das Targum zu Jes. 60, 8 duch שובך wiedergiebt. Dort bezeichnet es insbesondere
den Taubenschlag, desgl. ביצה I 3; dass es aber gleich dem hebr. ארבה ganz allgemein
jeden Gitterverschlag bezeichnen kann, beweist unsere Stelle. Was die Aussprache
betrifft, so liest man gewöhnlich שׁוֹבֵך. Entsprechend der arab. Form ist vielleicht שֶׁבָךְ
zu lesen (für arab. Schin steht in der Regel im Hebr. Sin, so auch hier שבכה u.
שבכים); s. jedoch Sota 42 b unten (vgl. auch 'Erubin IX Anm. 22).   [22]) Von den
Eiern, über denen sie schon einige Zeit gebrütet.   [23]) Innerhalb dreier Tage.
[24]) Den Unrath aus dem Stall hinausschaffen.   [25]) Natürlich nur an den unheiligen
Tagen desselben, aber weder am Sabbat noch am Feiertage.   [26]) Der Begriff כלים
umfasst Geräthe, Kleidungsstücke, Schmucksachen, Möbel, Werkzeug, Kleiderstoffe
u. s. w., mit einem Worte alles, was wir in Gegensatze zu den Verbrauchsartikeln
als Gebrauchsgegenstände bezeichnen.   [27]) Gegen die Vorschrift.   [28]) דקל ist der
arab. (دقل) und aram. (דקלא) Name der Palme, hebr. תמר. Um eine reichere
Dattelernte zu erzielen, wendet man die künstliche Befruchtung an, indem man
Stücke des männlichen Blüthenkolbens, wenn der Blüthenstaub zur Reife gekommen,
in die geöffnete Scheide der weiblichen Blüthe zwängt.   [29]) Des vierzehnten Nisan,
wenn derselbe, was wohl unter normalen Verhältnissen meist der Fall war, mit
dem für diese Arbeit angezeigten Datum zusammenfiel, dessen Verabsäumung
für die »Palmenstadt« ebenso berträchtlichen wie unwiederbringlichen Schaden im
Gefolge hätte.   [30]) So bezeichnet man den mit diesem Worte beginnenden
Abschnitt 5. B. M. 6, 4—9 und im weitern Sinne auch noch die Abschnitte 5. B.
M. 11, 13—21 und 4. B. M. 15, 37—41. Dieselben müssen täglich zweimal —
morgens und abends — bedächtig und achtsam gelesen werden. In den Synagogen
wurden sie in kurze Sätzchen zerlegt, in deren Vortrag sich Vorbeter und Gemeinde
alternirend theilten. Entweder fiel diese jedesmal, wenn jener seinen Satz beendet
hatte, sofort mit dem nächsten Satze ein, oder sie wiederholte zunächst die von
jenem vorgesprochene Vershälfte, um dann gemeinsam mit ihm den zweiten Halb-
vers zu recitiren (Tosefta Sota VI, Jeru. das. V 5, Babli das. 30 b, Mechilta, Jalkut u.
Tanchuma zu Ex. 15,1). In Jericho 'nun wurde nicht abgesetzt (לא היו מפסיקין), sondern
das Ganze ähnlich wie bei uns in einem Zuge heruntergesagt. An sich wäre das noch
nicht so arg; es wurden aber infolge dessen die einzelnen Satztheile nicht scharf

und schichteten[31]) vor dem 'Omer[32])
— und man wehrte ihnen nicht;
diese aber wehrte man ihnen: Sie
erklärten egyptische Feigen des
Heiligthums für erlaubt[33]), sie assen
am Sabbat von dem, was unter

לִפְנֵי הָעֹמֶר. וְלֹא מִחוּ בְיָדָם. וְאֵלּוּ
שֶׁמִּחוּ בְיָדָם. מַתִּירִין גִּמְזִיּוֹת שֶׁל
הֶקְדֵּשׁ. וְאוֹכְלִין מִתַּחַת הַנְּשָׁרִים

genug gegen einander abgegrenzt, ja sie haspelten das Schma' mit solcher Ueber-
stürzung ab, dass sie z. B. ganz sinnwidrig חיים על לבבך sagten, obgleich היום zu
מצוך gehört und nicht zu על לבבך. Es liegt in der Wahl des Ausdrucks zugleich eine
scherzhafte Anspielung auf das Unwürdige eines solchen Vortrags. כרך bedeutet
nämlich nicht nur winden, umwickeln, zusammenbinden, sondern auch
essen, speisen, eine Mahlzeit halten, tafeln. Es ist in diesem Sinne die
Abkürzung von כרך רפתא Brot umwickeln, einer Redensart, welche freilich ihrerseits
wieder der Erklärung bedarf. Levy (chald. Wrtrb. ü d. Targumim I 386b) glaubt
diesen Sprachgebrauch dadurch entstanden, »dass man, um eine Mahlzeit ohne
Händewaschen abhalten zu dürfen, sich die Hände mit einer Serviette umwickelte,
und dass man der Halacha, dass dieses gestattet sei, durch diesen Sprachgebrauch
Nachdruck verschaffen wollte«. Eine merkwürdige Begründung das! Als ob jemals
die Gelehrten den Sprachgebrauch gemacht hätten! Und davon abgesehen, wie ist das
alles so gezwungen und gewunden, so gesucht und weithergeholt, da doch das Richtige
so nahe liegt! Man braucht nur an das bekannte היה כורך (פסח) מצה ומרור ואוכל ביחד
zu denken, und man erräth sofort, worin sich כרך רפתא von אכל רפתא unterscheidet.
Dieses bedeutet Brot essen, jenes aber Brot mit anderen Speisen verbinden,
es zusammen mit seinen Beilagen geniessen. Dieselben bestanden in Fleisch,
Gemüse und Mehlspeisen, vorzugsweise in Rüben, deren Name לפת (syr. ܠܦܬܐ
lafta u. lefta, arab. لفت lift) zugleich eine allgemeine Bezeichnung für Zukost
wurde; man bildete sogar ein Verb לפת und verstand unter לפת את חפת (eig. das
Brod mit Rüben belegen) Brod nebst Zukost essen. Daher sagt (Ber. 44b)
Raba zu seinem Diener: Wenn du Rüben auf dem Markt siehst, frage mich erst gar
nicht: במאי כרכת רפתא, was willst du heute speisen. Diese Stelle gibt den erwünschten
Aufschluss über die Entstehung des seltsamen Sprachgebrauchs; hier ist es klar, dass
לפת את רפתא ähnlich wie כרך רפתא eigentlich das Brot belegen heisst. Und da man
dafür auch schlechthin כרך sagte, so denkt man bei כורכין את שמע (Gegensatz פורטין; Meg.
IV 5-6) nicht allein an ein Verknoten des Schma', sondern unwillkürlich auch an
ein Verschlucken desselben. Wir suchten diesen Doppelsinn durch das Wort verschlingen in unserer Uebersetzung wiederzugeben. Merkwürdig ist, dass auch das
hebr. בלע diesen Doppelsinn hat, nur dass er hier ebenso wie im Deutschen auf
zwei verschiedene Wurzeln zurückzuführen ist. Schlingen = schlucken ist ahd.
slintan, mhd. slinden (davon noch heute Schlund) und בלע in derselben Bedeutung von der Wurzel לע (davon לוע Schlund); in der Bedeutung verwirren
dagegen ist בלע (vgl. Jes. 28, 7 u. Ps. 55, 10) mit בלל von derselben Wurzel בל und
schlingen ahd. wie mhd. slingen. [31]) נודשין, Denom. von גדיש, Garben übereinander
schichten. [32]) Am 16. Nisan wurde ein 'Omer (drei Zehntel eines סאה, ungefähr
2,5 Liter; 'Erubin VII Anm. 49) der neuen Gerste als Opfer dargebracht. Derselbe
wird 3. B. M. 23, 10 ראשית קציר, der Beginn der Ernte genannt; vorher durfte
daher in Gegenden, deren Gerste sich zum Erstlingsopfer eignete, nicht gemäht
werden. Jericho gehört nun allerdings zu diesen Orten nicht; dennoch hätten sie
vor dem 'Omer die Garben wenigstens nicht schichten sollen, denn es konnte das
ohne Schaden auch später geschehen. [33]) של חרוב ושל שקמה fügt eine im Babli
angeführte Baraita hinzu. In der Tosefta fehlt aber dieser Zusatz Die Worte
sind also vermuthlich eine Glosse aus dem unbekannten גמזיות. Im Arab. ist Dschum-
maiz جميز der egyptische Feigenbaum (hebr. שקמה, ficus sycomorus), Charûb
(neuhbr. חרוב) der Karobenbaum, dessen Früchte ebenfalls unter dem Namen »egyptische Feigen« auf den griechischen Markt kamen. In Jericho fielen diese Bäume,
deren Holz sehr kostbar, deren Frucht dagegen kaum geniessbar ist, sehr häufig
ruchlosen Händen zum Opfer, welche die werthvollen Stämme fällten und widerrecht-
lich sich aneigneten. Um diesem Vandalismus zu steuern, schenkten sie ihre Besitzer
dem Heiligthume, als dessen Eigenthum sie unantastbar waren. Das hinderte jedoch
deren Nachkommen nicht, die Früchte (s. Jeruschalmi) als ihr Eigenthum zu betrachten;

בַּשַּׁבָּת, וְנוֹתְנִין פֵּאָה לַיָּרָק; וּמִחוּ בְיָדָם חֲכָמִים:

den Bäumen abgefallen lag[34]), sie gaben Pea von Gemüse[35]) — aber die Weisen verwiesen es ihnen.

ברייתא.

ששה דברים עשה חזקיהו המלך, על שלשה הודו לו, ועל שלשה לא הודו לו. גרר עצמות אביו על מטה של חבלים והודו לו. כתת נחש הנחושת והודו לו. גנז ספר רפואות והודו לו. ועל שלשה לא הודו לו. קצץ דלתות של היכל ושגרן למלך אשור ולא הודו לו. סתם מי גיחון העליון ולא הודו לו. עבר ניסן בניסן ולא הודו לו.

פרק ה.

ABSCHNITT V.

א תָּמִיד נִשְׁחָט בִּשְׁמֹנֶה וּמֶחֱצָה, וְקָרֵב בְּתֵשַׁע וּמֶחֱצָה. בְּעַרְבֵי פְסָחִים נִשְׁחָט בְּשֶׁבַע וּמֶחֱצָה, וְקָרֵב בִּשְׁמֹנֶה וּמֶחֱצָה, בֵּין בְּחֹל בֵּין בְּשַׁבָּת. חָל

1. Das ständige Opfer[1]) wird um achteinhalb geschlachtet und um neuneinhalb dargebracht[2]). An den Vorabenden des Pesach wird es um siebeneinhalb geschlachtet und um achteinhalb dargebracht[3]), es sei Wochentag oder Sabbat[4]).

---

sie behaupteten, ihre Väter hätten ausschliesslich die Stämme dem Heiligthum gewidmet, um sie dadurch gegen Raub und Diebstahl zu feien, nicht aber die fast werthlosen Früchte. Es ist jedoch selbst der Nachtrieb geweihter Bäume verboten. [34]) נשר (bibl. נשל, vgl. 5. B. M. 28, 40; aram. נתר) wird vom Abfallen der Früchte gebraucht. Das Hauptw. נֶשֶׁר, welches sonst die abgefallenen Früchte oder Blätter bezeichnet, scheint hier, da es nicht מבין, sondern מתחת heisst, auf die Bäume übertragen, die ihre Früchte abwerfen. Darauf deutet auch der Pl. נשרים (vgl. Sukka I 3; ‘Aruch liest jedoch auch hier נשירה). Früchte, die man am Sabbat unter einem Baume abgefallen findet, soll man am selben Tage nicht essen; denn es könnten welche darunter sein, die erst am heiligen Tage abgefallen und daher bis zu dessen Ausgang verboten sind. [35]) Pea ist die Feldecke, deren Ertrag der Grundherr nach 3. B. M. 19, 9—10 den Armen preisgeben muss. Dieselbe ist frei vom Zehent und den übrigen Abgaben. Von Gemüsefeldern braucht man die Ecke nicht stehen zu lassen. Die Grundbesitzer von Jericho aber thaten es dennoch. Darin läge freilich noch kein Unrecht. Dadurch aber, dass sie es ausnahmslos thaten, konnte sich leicht der Irrthum festsetzen, dass auch diese Pea gleich der pflichtmässigen von allen Abgaben befreit wäre, ein Irrthum, der dazu führen musste, dass die Armen Tebel (‘Erubin III Anm. 16) assen. Ihre menschenfreundliche Absicht konnten die Herren auf andere, minder bedenkliche Weise verwirklichen.

[1]) An jedem Tage wurden im Tempel zwei Opfer dargebracht, das eine mor- mor-
gens, das andere nachmittags. 4. B. M. 28, 1—8. An Sabbat-, Neumonds- und Festtagen wurde zwischen diesen beiden noch ein drittes Opfer dargebracht (daselbst 9—31 und Kap. 29), welches Musaf genannt wird. Im Gegensatze zu diesem heisst jedes der zwei täglichen Opfer תמיד. Hier ist vom Nachmittagsopfer die Rede, welches zwar schon in der zweiten Hälfte der ersten Nachmittagsstunde in Angriff genommen werden konnte, in der Regel aber wegen der freiwilligen Opfer, die vorher erledigt sein mussten, und deren es täglich eine bald grössere, bald kleinere Anzahl gab, um zwei Stunden verschoben wurde. Die nun folgenden Zeitangaben sind Nachmittagsstunden. Um die unserm Sprachgebrauche entsprechenden Zahlen zu erhalten, müssen wir hier jedesmal 6 abziehen; denn in der Mischna beginnt die Reihe der Stunden nicht mit Mittag und Mitternacht, sondern mit Sonnenauf- und Sonnenuntergang (s. d. Einl. S. 167). [2]) Auf das Altarfeuer gelegt. — Auch hier steht das Intransitivum (וקרב) für das Passiv des transitiven Thätigkeitswortes; vgl. K. III Anm. 1. [3]) Damit nachher noch hinreichend Zeit bleibe, um die grosse Zahl der Pesachopfer zu erledigen. [4]) Obgleich am Sabbat freiwillige Opfer (s. Anm. 1) nicht dargebracht werden

עֶרֶב פֶּסַח לִהְיוֹת בְּעֶרֶב שַׁבָּת. נִשְׁחָט בְּשֵׁשׁ וּמֶחֱצָה, וְקָרֵב בְּשֶׁבַע וּמֶחֱצָה. וְהַפֶּסַח אַחֲרָיו: ב הַפֶּסַח שֶׁשְּׁחָטוֹ שֶׁלֹּא לִשְׁמוֹ, וְקִבֵּל וְהִלֵּךְ וְזָרַק שֶׁלֹּא לִשְׁמוֹ, אוֹ לִשְׁמוֹ וְשֶׁלֹּא לִשְׁמוֹ. אוֹ שֶׁלֹּא לִשְׁמוֹ וְלִשְׁמוֹ. פָּסוּל. כֵּיצַד לִשְׁמוֹ וְשֶׁלֹּא לִשְׁמוֹ, לְשֵׁם פֶּסַח

Fällt der Vorabend des Pesach auf den Vorabend des Sabbat[5]), so wird es um sechseinhalb geschlachtet und um siebeneinhalb dargebracht. Nach ihm das Pesachopfer! **2.** Das Pesachopfer, das man nicht für seine Bestimmung geschlachtet, oder dessen Blut man nicht für seine Bestimmung, oder für seine Bestimmung und nicht für seine Bestimmung, oder nicht für seine Bestimmung und für seine Bestimmung aufgefangen, hingetragen und gesprengt hat, ist untauglich[6]). Wieso für seine Bestimmung und nicht für seine Bestimmung? Als Pesachopfer und

---

durften, wurde das תמיד dennoch, um keine unnöthigen Ausnahmen zu bilden, am Vorabend des Pesach um eine und sonst um zwei Stunden verschoben. [5]) Wenn der 14. Nisan, an welchem das Pesachlamm nachmittags vor Sonnenuntergang geopfert werden muss (2. B. M. 12, 6; 5. B. M. 16, 6), auf einen andern Tag fällt, so kann dasselbe auch nach Sonnenuntergang noch gebraten werden, da ja die Zubereitung der Speisen am Feiertage gestattet ist (2. B. M. 12, 16); fällt er aber auf einen Freitag, so ist es nothwendig, dass die Opferung eine Stunde früher als sonst beginne, damit bis zum Sonnenuntergang, mit welchem des Sabbats wegen jede Werkthätigkeit, selbst die Speisebereitung eingestellt werden muss, noch hinlänglich Zeit bleibe, das Pesachlamm zu braten. [6]) Vier Opferhandlungen sind es, welche ganz mit dem Gedanken an Zweck und Bestimmung des Opfers (לשמו), sowie ferner an die Person des Darbringers (לשם בעליו) ausgeführt werden sollen: 1. Die שחיטה (Schlachten durch den Halsschnitt), 2. der קבול (Auffangen des aus der Schnittwunde strömenden Blutes in einem dazu bestimmten Gefässe; daher קבל schlechthin, auch ohne Hinzufügung von הדם, das Blut auffangen), 3. der הילוך (mit dem Blute zum Altar sich begeben; davon הילך das Blut hintragen und nicht, wie man erwarten sollte, הוליך), 4 die זריקה (Sprengen des Blutes auf dem Altar). Eine Bestimmungsänderung oder eine Personenverwechslung können beim Pesachopfer im Gegensatz zu den meisten anderen Opfern gar Untauglichkeit herbeiführen. Wenn z. B. der Priester, oder wer sonst das Opfer schlachtet, bei dieser heiligen Handlung die Erklärung abgibt, er schlachte es zum Friedensopfer, oder wenn er als Person, für die er es schlachtet, einen Namen nennt, der einem Andern als dem Eigenthümer des Opferthieres angehört, so ist das Opfer untauglich, vorausgesetzt dass er nicht etwa in gutem Glauben so handelte, in welchem Falle das Opfer tauglich wäre. Dasselbe gilt von den drei übrigen Opferhandlungen zwar nicht hinsichtlich der Personenverwechslung (שלא לשם בעליו) — diese ist nur bei der שחיטה von beeinträchtigendem Einfluss — wohl aber hinsichtlich der Bestimmungsänderung (שלא לשמו). Wenn auch das Schlachten des Opferthieres ganz mit dem Gedanken an seine Bestimmung zum Pesachopfer für die betheiligten Personen, also לשמו und לשם בעליו vollzogen wurde, es hat aber der Priester den קבול, den הילוך und die זריקה durchweg שלא לשמו, oder nur theilweise לשמו, im übrigen aber שלא לשמו, oder auch nur zum Theil שלא לשמו, sonst jedoch לשמו verrichtet, so ist das Opfer dennoch untauglich. Nach dieser, wie es scheint, ebenso einfachen als zutreffenden Auffassung könnte die Mischna zwar das, was sie sagen will, viel kürzer ausdrücken (הפסח ששחטו או קבל או הילך או זרק שלא לשמו); sie bewegt sich aber dafür in einer sehr ansprechenden Klimax: Nicht allein bei der שחיטה, wo ja שלא לשם בעליו ebenfalls פסול ist, beeinträchtigt eine Bestimmungsänderung die Giltigkeit, sondern auch bei den übrigen Opferhandlungen, und nicht nur wenn diese sammt und sonders oder doch wenigstens ihrer Mehrzahl nach שלא לשמו ausgeführt wurden, sondern selbst dann, wenn es nur bei einer einzigen unter ihnen der Fall war, die übrigen aber gleich der שחיטה des Opferthieres ganz mit dem Gedanken an dessen wahre, von den Eigenthümern ihm gewordene Bestimmung verrichtet wurden. Obgleich diese rhetorische Form (לא זו אף זו) in der Mischna sehr beliebt ist, zieht es

וּלְשֵׁם שְׁלָמִים. שֶׁלֹּא לִשְׁמוֹ וְלִשְׁמוֹ.
לְשֵׁם שְׁלָמִים וּלְשֵׁם פֶּסַח: ג שְׁחָטוֹ
שֶׁלֹּא לְאוֹכְלָיו וְשֶׁלֹּא לִמְנוּיָו לַעֲרֵלִים
וְלִטְמֵאִים. פָּסוּל. לְאוֹכְלָיו וְשֶׁלֹּא
לְאוֹכְלָיו. לִמְנוּיָו וְשֶׁלֹּא לִמְנוּיָו.
לְמוּלִים וְלַעֲרֵלִים. לִטְמֵאִים
וְלִטְהוֹרִים. כָּשֵׁר. שְׁחָטוֹ קוֹדֶם לַחֲצוֹת
פָּסוּל. מִשּׁוּם שֶׁנֶּאֱמַר. בֵּין הָעַרְבָּיִם.
שְׁחָטוֹ קוֹדֶם לַתָּמִיד. כָּשֵׁר. וּבִלְבַד

als Friedensopfer [7]); nicht für seine Bestimmung und für seine Bestimmung? Als Friedensopfer und als Pesachopfer [8]). **3.** Hat man es für Essensunfähige [9]) geschlachtet oder für Unbetheiligte [10]), für Unbeschnittene [11]) oder Unreine [12]), so ist es untauglich [13]); für Essensfähige und Essensunfähige, für Betheiligte und Unbetheiligte, für Beschnittene und Unbeschnittene [14]), für Unreine und Reine, so ist es tauglich [15]). Hat man es vor Mittag geschlachtet, so ist es untauglich; denn es heisst [16]): »zwischen den Abenden« [17]). Hat man es vor dem ständigen Opfer geschlachtet, so ist es tauglich [18]); nur muss jemand

---

die Gemara doch vor unserer Stelle eine Erklärung zu geben, durch welche die Worte או לשמו ושלא לשמו או שלא לשמו ולשמו sachlich begründet erscheinen. Sie bezieht dieselben auch auf שחטו im ersten Satze und findet in ihnen eine Bestätigung dafür, dass das Pesachopfer selbst dann ungiltig ist, wenn in einer der vier Opferhandlungen, gleichviel welcher, die Gegensätze לשמו und שלא לשמו einander kreuzen, sei es dass der Opfernde beim Schlachten z. B. gesagt hat, „ich schlachte dieses Lamm zum Pesach- und zum Friedensopfer, bezw. zum Friedens- und zum Pesachopfer“, sei es dass er erklärt hat: „ich schlachte es zum Pesachopfer, um dann sein Blut als Friedensopfer zu sprengen“, obgleich er diese Absicht nicht ausführte, thatsächlich vielmehr die זריקה seinerzeit לשמו vornahm. Eine Stütze findet diese Auffassung in der folgenden Mischna, in welcher sich die entsprechenden Gegensätze לאוכליו ושלא לאוכליו ebenfalls auf eine und dieselbe Opferhandlung beziehen. [7]) 3. B. M. K. 3. — Selbstverständlich ist שלמים nur beispielsweise angeführt. Dass grade das Friedensopfer als Beispiel gewählt wurde, erklärt sich aus der Halacha, laut welcher nach dem Vierzehnten die zu Pesachopfern bestimmten Thiere als שלמים zu gelten haben. Gleichwohl ist ein Pesachopfer, welches am Vierzehnten zum Friedensopfer geschlachtet worden, als שלא לשמו geopfert zu betrachten. [8]) Obgleich die spätere Erklärung als Widerruf aufgefasst werden könnte, durch welchen die frühere aufgehoben wird, ist doch das Opfer, bei welchem auch nur eine der vier Verrichtungen שלא לשמו und לשמו ausgeführt wurde, ebenso ungiltig als dasjenige, bei welchem sie לשמו und שלא לשמו vorgenommen wurde. [9]) Für schwächliche Personen, die vom Opferfleische nicht einmal das vorgeschriebene Oelbeervolumen verzehren können, für Kranke, Greise u. dgl. [10]) Die Zahl der Theilnehmer musste für jedes Pesachopfer vor dem Schlachten bereits feststehen (K. VIII M. 3). Entsprechend dem Schriftausdruck 2. B. M. 12, 4 heissen die Theilhaber מנויו die Zugezählten, Zugerechneten. [11]) Welche vom Pesachopfer nicht essen dürfen (das. 48). [12]) Ein Unreiner (K. 1 Anm 26) darf überhaupt kein Opferfleisch geniessen. [13]) Weil die Opferung שלא לשם בעליו geschah (Anm. 6); denn Personen, die nicht in der Lage sind davon zu essen, kommen als Eigenthümer nicht in Betracht. [14]) Bei der זריקה indessen ist diese Combination von beeinträchtigender Wirkung auf die Giltigkeit des Pesachopfers. [15]) לשמו ושלא לשמו sind Gegensätze, die einander ausschliessen, es kann doch ein Opfer unmöglich פסח und שלמים zugleich sein, darum ist's פסול; לאוכליו ושלא לאוכליו dagegen sind Gegensätze, die sehr wohl nebeneinander bestehen können, es kann ja ein Opfer zugleich für Gesunde und Kranke, für Zugezählte und Nichtzugerechnete bestimmt sein, darum ist's כשר. [16]) 2. B. M. 12, 6. [17]) Zwischen der δείλη πρωΐη (Herodot VIII 9) und der δείλη ὀψίη (das. 6), dem Frühabend, welcher nach der Culmination eintritt, und dem Spätabend, welcher mit Sonnenuntergang beginnt. [18]) In der Regel aber soll es erst nach dem ständigen Nachmittagsopfer geschlachtet werden (M. 1); denn auch bei diesem heisst es בין הערבים (4. B. M. 28, 4), beim Pesachopfer aber ausserdem noch gegen Sonnen-

שֶׁיְּהֵא אֶחָד מְמָרֵס בְּדָמוֹ עַד שֶׁיִּזָּרֵק דַּם הַתָּמִיד. וְאִם נִזְרַק כָּשֵׁר׃
ד הַשּׁוֹחֵט אֶת הַפֶּסַח עַל הֶחָמֵץ. עוֹבֵר בְּלֹא תַעֲשֶׂה. רַבִּי יְהוּדָה אוֹמֵר אַף הַתָּמִיד. רַבִּי שִׁמְעוֹן אוֹמֵר. הַפֶּסַח בְּאַרְבָּעָה עָשָׂר לִשְׁמוֹ. חַיָּב. וְשֶׁלֹּא לִשְׁמוֹ. פָּטוּר. וּשְׁאָר כָּל הַזְּבָחִים. בֵּין לִשְׁמָן וּבֵין שֶׁלֹּא לִשְׁמָן. פָּטוּר. בַּמּוֹעֵד. לִשְׁמוֹ פָּטוּר. שֶׁלֹּא לִשְׁמוֹ חַיָּב. וּשְׁאָר כָּל הַזְּבָחִים בֵּין לִשְׁמָן בֵּין שֶׁלֹּא לִשְׁמָן חַיָּב. חוּץ מִן הַחַטָּאת שֶׁשְּׁחָטָהּ שֶׁלֹּא לִשְׁמָהּ׃

dessen Blut umrühren [19]), bis man das Blut des ständigen Opfers gesprengt hat; ist es [20]) auch bereits gesprengt worden [21]), so ist es doch tauglich. **4.** Wenn man das Pesachopfer bei Chamesz [22]) schlachtet, übertritt man ein Verbot [23]). R. Juda sagt: Auch das ständige Opfer [24]). R. Simon sagt: Das Pesachopfer am Vierzehnten für seine Bestimmung . . ., so ist man strafbar, nicht für seine Bestimmung . . ., so ist man frei [25]), alle anderen Opfer aber, gleichviel ob für ihre Bestimmung oder nicht für ihre Bestimmung . . ., so ist man frei [26]); am Feste für seine Bestimmung [27]) . . ., ist man frei [28]), nicht für seine Bestimmung.. , ist man strafbar [29]), alle anderen Opfer aber, gleichviel ob für ihre Bestimmung oder nicht für ihre Bestimmung . . ., so ist man strafbar, das Sündopfer [30]) ausgenommen, das man nicht für seine Bestimmung geschlachtet.

---

untergang (כבוא השמש) 5. B M. 16, 6. [19]) Damit es nicht gerinne, מרים ist das Targum zu מרוח (3. B. M. 21, 20) und מעוך (das 22, 24) zerdrückt, zerrieben, davon מרסן Kleie. Vgl. im Arab. مرش in Wasser zerweichen und zerrühren, مرس und مرث dasselbe, مرص heftig drücken. Das Wort scheint ein Secundärstamm von רסס zu sein, welches gleich רצץ (arab. رض), zerschlagen, zertrümmern, aber auch gleich رش benetzen heisst (davon רסיסים Trümmer und Thautropfen). Beide Bedeutungen vereinigen sich in unserm מרס: zerrühren und flüssig erhalten. [20]) Das Blut des Pesachopfers. [21]) Vor dem Blute des ständigen Opfers. [22]) Während man selbst oder der das Blut sprengende Priester oder einer der Theilhaber Chamesz in seinem Besitze hat. [23]) 2. B. M. 34, 25. — Ueber den substantivirten Imperativ s. Erubin X Anm. 30. [24]) am Nachmittag des 14. Nissan [25]) Ein Pesachopfer, שלא לשמו geschlachtet, ist nach M. 2 kein Opfer, folglich ist derjenige straffrei, der es bei Chamesz geschlachtet. [26]) Denn die Tora verbietet für den Nachmittag des Vierzehnten nur das Schlachten des Pesachopfers, solange einer der Betheiligten noch Chamesz in seinem Gebiete hat. Für die Dauer des Festes dagegen verbietet sie unter dieser Voraussetzung die Darbringung eines jeden Opfers; es macht sich daher derjenige strafbar, der am Pesachfeste irgend ein Opfer bei Chamesz schlachtet, sofern es nur giltig ist (vgl. vor. Anm.), ein Grundsatz, welcher im Folgenden näher beleuchtet wird. Durch die Uebertretung des in Rede stehenden Verbotes wird das Opfer in keinem Falle ungiltig; vielmehr stehen Strafbarkeit und Giltigkeit in einer gewissen Wechselbeziehung: Ist der Opfernde strafbar, so ist das Opfer giltig; ist dagegen das Opfer ungiltig, so ist der Opfernde straffrei. [27]) Es war zum Pesachopfer bestimmt, wurde aber am Vierzehnten nicht dargebracht, weil der Eigenthümer mittlerweile unrein geworden. Dieser hat nun die Wahl, es entweder für die zweite Pesachfeier am 14. Ijar (IX, 1) zurückzustellen oder unter Aufhebung seiner frühern Bestimmung als Friedensopfer darzubringen [28]) Denn ein für seine Bestimmung noch geeignetes Pesachopfer, welches zur Unzeit als solches geschlachtet wird, ist ungiltig (vgl. M. 3). [29]) Wurde es nämlich als Friedensopfer geschlachtet, so ist es nach Anm. 27 giltig; wurde es aber nicht als שלמים geschlachtet, sondern unter irgend einem andern Namen, durch welchen seine frühere Bestimmung aufgehoben wurde, so ist es gemäss der in Anm. 7 erwähnten Halacha höchstens als שלא לשמו dargebrachtes Friedensopfer zu betrachten, und ein solches ist, wie aus dem Folgenden ersichtlich, ebenfalls giltig. [30]) Pesach- und Sündopfer sind die einzigen

5. Das Pesachopfer wird in drei Gruppen[31])geschlachtet; denn es heisst[32]):
Und es sollen es schlachten
die ganze Versammlung der
Gemeinde Israel‹ — Versammlung, Gemeinde, Israel[33])! Es tritt
die erste Gruppe ein, die Vorhalle
füllt sich, man schliesst die Thüren
der Halle. Ein gedehnter, ein
schmetternder und wieder ein gedehnter Posaunenruf! Die Priester
stellen sich in Reihen auf, in ihren
Händen silberne Schalen und goldene
Schalen, die eine Reihe ganz Silber,
die andere Reihe ganz Gold. Da
war kein durcheinander. Auch
hatten die Schalen keinen Fuss,
damit sie dieselben nicht hinstellen
und das Blut gerinne. **6.** Ein
Israelite schlachtet, und der Priester
fängt das Blut auf; er gibt es
seinem Nebenmanne, der Nebenmann
wieder seinem Nebenmanne, und
nimmt das Volle und gibt zurück
das Leere. Der Priester, der dem Altar am nächsten ist, sprengt es eine
Sprengung gegen den Altargrund.
7. Jetzt kommt die erste Gruppe

ה הַפֶּסַח נִשְׁחָט בִּשָׁלשׁ כִּתּוֹת.
שֶׁנֶּאֱמַר. וְשָׁחֲטוּ אוֹתוֹ כָּל קְהַל עֲדַת
יִשְׂרָאֵל. קָהָל וְעֵדָה וְיִשְׂרָאֵל. נִכְנְסָה
כַת הָרִאשׁוֹנָה. נִתְמַלְאָה הָעֲזָרָה.
נָעֲלוּ דַּלְתוֹת הָעֲזָרָה. תָּקְעוּ וְהֵרִיעוּ
וְתָקְעוּ. הַכֹּהֲנִים עוֹמְדִים שׁוּרוֹת
שׁוּרוֹת. וּבִידֵיהֶם בָּזִכֵי כָסֶף וּבָזִכֵי
זָהָב. שׁוּרָה שֶׁכֻּלָּהּ כֶּסֶף כֶּסֶף. וְשׁוּרָה
שֶׁכֻּלָּהּ זָהָב זָהָב. לֹא הָיוּ מְעֹרָבִין.
וְלֹא הָיוּ לַבָּזִכִים שׁוּלַיִם. שֶׁמָּא יַנִּיחוּם
וְיִקְרַשׁ הַדָּם: ו שָׁחַט יִשְׂרָאֵל וְקִבֵּל
הַכֹּהֵן. נוֹתְנוֹ לַחֲבֵרוֹ. וַחֲבֵרוֹ לַחֲבֵרוֹ.
וּמְקַבֵּל אֶת הַמָּלֵא. וּמַחֲזִיר אֶת הָרֵיקָן.
כֹּהֵן הַקָּרוֹב אֵצֶל הַמִּזְבֵּחַ. זוֹרְקוֹ
זְרִיקָה אַחַת כְּנֶגֶד הַיְסוֹד: ז יָצְתָה
כַּת הָרִאשׁוֹנָה. וְנִכְנְסָה כַּת שְׁנִיָּה.
יָצְתָה שְׁנִיָּה. נִכְנְסָה שְׁלִישִׁית.
כְּמַעֲשֵׂה הָרִאשׁוֹנָה כָּךְ מַעֲשֵׂה הַשְּׁנִיָּה

heraus, und die zweite Gruppe tritt ein; es kommt die zweite heraus, die
dritte tritt ein. Wie das Verfahren der ersten, so das Verfahren der zwei-

---

unter den Schlachtopfern (חטאת מנחת und חטאת סוטה sind Mehlopfer), deren
Giltigkeit durch die Bestimmungsänderung beeinträchtigt wird; alle übrigen sind,
auch לשמן שלא geopfert, für die ihnen vom Eigenthümer gewordene Bestimmung
tauglich. [31]) כת ist dem Anscheine nach von כתת zerschlagen (3. B.. M. 22, 24),
zersplittern (4. B. M. 14, 45) abgeleitet, also = Abtheilung, Partei. Vielleicht ist
es jedoch aus כנת (syr. ‏ܟܢܬܐ‎) contrahirt wie בת aus בנת אף aus אנף u. v. a.; כנת
(syr. ‏ܟܢܘܬܐ‎) sind Amtsbrüder, Berufsgenossen u. dgl., überhaupt Personen, welche
irgend ein כנוי, ein gemeinsamer Titel oder Beiname von Anderen unterscheidet,
daher כת = Genossenschaft, Secte und allgemein Gruppe. Die Ableitung aus
dem lat. coetus ist wohl kaum ernst zu nehmen. [32]) 2. B. M. 12, 6. [33]) Alles
coordinirte Begriffe von genau demselben Umfang. Ihr Genitivverhältnis ist daher
nur ein formelles, kein eigentliches. Wozu also sonst die Häufung von Ausdrücken,
von denen drei nicht mehr sagen als einer? — Es folgt nun eine Schilderung,
welche in ihrer erhabenen Einfacheit einen so tiefen Eindruck auf das empfängliche
Herz macht, dass wir es nicht über uns gewinnen können, die schwungvolle Darstellung durch unsere nüchternen Anmerkungen zu unterbrechen. So nothwendig
auch hie und da ein erläuterndes Wort scheinen mochte, wir haben es gern unterdrückt, um durch keinen Zwischenruf den unnennbaren Zauber zu zerstören, der
vor unserm sehnsuchtsfeuchten Blicke Bilder einer schönen, längstentschwundenen
Vergangenheit zu lebensvoller Gestaltung sich verdichten lässt. Uns ist von jenen
herrlichen, unvergesslichen Tagen nichts übrig geblieben als wehmuthsvolle Erinnerung, für uns ist etwas in jener Schilderung, was uns mächtig ergreift und

וְהַשְּׁלִישִׁית. קָרְאוּ אֶת הַהַלֵּל. אִם גָּמְרוּ שָׁנוּ. וְאִם שָׁנוּ שִׁלֵּשׁוּ. אַף עַל פִּי שֶׁלֹּא שִׁלְּשׁוּ מִימֵיהֶם. רַבִּי יְהוּדָה אוֹמֵר. מִימֶיהָ שֶׁל כַּת שְׁלִישִׁית לֹא הִגִּיעָה לְאָהַבְתִּי כִּי יִשְׁמַע ה'. מִפְּנֵי שֶׁעַמָּהּ מֻעָטִין: ח כְּמַעֲשֵׂהוּ בְּחֹל כָּךְ מַעֲשֵׂהוּ בְּשַׁבָּת. אֶלָּא שֶׁהַכֹּהֲנִים מְדִיחִים אֶת הָעֲזָרָה שֶׁלֹּא בִרְצוֹן חֲכָמִים. רַבִּי יְהוּדָה אוֹמֵר. כּוֹס הָיָה מְמַלֵּא מִדַּם הַתַּעֲרוֹבֶת. זְרָקוֹ זְרִיקָה אַחַת עַל גַּבֵּי הַמִּזְבֵּחַ. וְלֹא הוֹדוּ לוֹ חֲכָמִים: ט כֵּיצַד תּוֹלִין וּמַפְשִׁיטִין. אֻנְקְלָיוֹת שֶׁל בַּרְזֶל הָיוּ קְבוּעִים בַּכְּתָלִים וּבָעַמּוּדִים. שֶׁבָּהֶן תּוֹלִין וּמַפְשִׁיטִין. וְכָל מִי שֶׁאֵין לוֹ מָקוֹם לִתְלוֹת וּלְהַפְשִׁיט. מַקְלוֹת דַּקִּים חֲלָקִים הָיוּ שָׁם. מַנִּיחַ עַל כְּתֵפוֹ וְעַל כֶּתֶף חֲבֵרוֹ. וְתוֹלֶה וּמַפְשִׁיט. רַבִּי אֱלִיעֶזֶר אוֹמֵר. אַרְבָּעָה עָשָׂר שֶׁחָל לִהְיוֹת בְּשַׁבָּת. מַנִּיחַ יָדוֹ עַל

ten und der dritten. Sie lesen das Hallel. Haben sie es vollendet, so wiederholen sie es, haben sie es wiederholt, so beginnen sie zum dritten Male, obgleich sie es im Leben nicht dreimal sagten. R. Juda sagt: Im Leben ist die dritte Gruppe nicht zu Ahabti ki jischma'[34]) gelangt, weil bei ihr[35]) nur wenige waren. **8.** Wie das Verfahren am Wochentage, so ist das Verfahren am Sabbat, nur dass die Priester da gegen den Willen der Weisen die Vorhalle abspülten[36]). R. Juda sagt: Einen Becher füllte man mit dem Blute des Gemenges und sprengte eine Sprengung auf den Altar[37]); doch stimmten ihm die Weisen nicht bei. **9.** Auf welche Art hängt man auf[38]) und zieht die Haut ab? Eiserne Haken[39]) waren an den Wänden und Säulen befestigt, an denen man aufhängte und abhäutete; und für jeden der keinen Platz mehr hatte anzuhängen und abzuhäuten, waren dort dünne, glatte Stäbe, davon legte er auf seine Schulter und die Schulter seines Genossen, hängte an und zog die Haut ab. R. Eli'ezer sagt: Wenn der Vierzehnte auf einen Sabbat fällt[40]), so legt er seine Hand auf die Schulter

---

schlummernde Saiten unseres Herzens in wundersamen Schwingungen erzittern macht. [34]) Das Hallel, welches die Leviten während der heiligen Handlung sangen, besteht aus den Psalmen 113—118; אהבתי כי ישמע ist der 116. Psalm. [35]) Statt שֶׁעַמָּהּ kann man auch שֶׁעַמָּהּ lesen. [36]) Ein Wasserarm ging durch die Halle, welcher bei seinem Austritt durch eine Stauvorrichtung abgesperrt wurde, so oft der mit Marmor ausgelegte Fussboden vom Blute gereinigt werden sollte. Das in seinem Abfluss gehemmte Wasser staute sich, trat aus seinen Ufern und überfluthete die Halle. Dann wurde das Wehr wieder geöffnet, und alles Blut von dem ausströmenden Wasser hinweggespült. Dasselbe Verfahren beobachteten die Priester auch am Sabbat, nur dass es die Schriftgelehrten da nicht billigten. [37]) Auf dem Marmor des Fussbodens war das Blut der Tausende von Opfern durcheinandermengt. Von diesem Blute nahm der Priester jedesmal nach Beendigung der Opferfeier einen Becher voll und goss es gegen den Altargrund, damit auch denjenigen Opfern die זריקה nicht fehle, deren Blut etwa bei der sich überstürzenden Hast zu Boden gegossen wurde, mit welcher die in Reihen aufgestellten Priester einander die vollen Opferschalen reichten, um sie wieder gegen die leeren umzutauschen. [38]) Zum Zwecke der Abhäutung wurden die Thiere an den Sehnen ihrer Hinterbeine mit dem Kopfe nach unten aufgehängt. [39]) אונקליות entweder = ἄγκυραι oder wahrscheinlicher noch = unculi, Pl. eines vielleicht nur der Volkssprache angehörenden Dimin. von uncus. [40]) an welchem man nach seiner Meinung die Stäbe

seines Nebenmannes und die Hand
seines Nebenmannes auf die eigene
Schulter⁴¹), hängt an und zieht die
Haut ab. **10.** Hat man es aufgerissen und seine Opfertheile herausgenommen, so legt man sie in eine
Schüssel⁴²) und lässt sie⁴³) auf dem
Altare verbrennen. Die erste
Gruppe kam heraus und liess sich⁴⁴)
auf dem Tempelberge nieder, die
zweite am Chêl⁴⁵), die dritte ver-
harrte an ihrer Stelle. Mit Anbruch der Nacht gingen sie hinweg und
brieten ihre Pesachopfer.

כָּתֵף חֲבֵרוֹ, וְיַד חֲבֵרוֹ עַל כְּתֵפוֹ.
וְתוֹלֶה וּמַפְשִׁיט: י קְרָעוֹ וְהוֹצִיא
אֵמוּרָיו, נְתָנָן בְּמָגֵס וְהִקְטִירָן עַל גַּבֵּי
הַמִּזְבֵּחַ. יָצְתָה כַּת הָרִאשׁוֹנָה וְיָשְׁבָה
לָהּ בְּהַר הַבַּיִת, שְׁנִיָּה בַּחֵיל,
וְהַשְּׁלִישִׁית בִּמְקוֹמָהּ עוֹמֶדֶת. חָשְׁכָה
יָצְאוּ וְצָלוּ אֶת פִּסְחֵיהֶן:

---

nicht in die Hand nehmen durfte. ⁴¹) So konnten beide gleichzeitig abhäuten, indem
jeder seine rechte Schulter als Stützpunkt für die Linke des andern darbot, mit der
freien Hand aber seinem Opferthiere das Fell abzog. ⁴²) Die Lautähnlichkeit
zwischen unserm מגיס und dem griechischen μαγίς ist verführerisch. Sie ist indes
nicht grösser als die zwischen מזג und μίσγω, מסך und misco, מסתרין und Mysterien.
Abgesehen davon, dass μαγίς (von μάσσω Kneten) nicht Schüssel, sondern Backtrog
bedeutet, weist schon die Doppelform מגיס und מגיסים, die sich in den Targumim
findet, auf echt semitische Abstammung hin. Dazu kommt, dass im Talmud (מכשירין
V 11; מעילה 17a) auch ein Verbum הגיס vorkommt. Wäre dieses ein Denominativ
von מגיס, so müsste es המגיס lauten; und hielt man מגיס irrthümlich für ein hebr.
Nomen vom Stamme גוס oder נגם, so würde sich הגיס als Denominativ auch nur
dann rechtfertigen, wenn in dem Verbum die Bedeutung des Nomens klar hervor-
träte. Aber הגיס heisst umrühren und מגיס ist nicht etwa ein Quirl, sondern wie
gesagt eine Schüssel. Das Verb ist gleichbedeutend mit מרם und בחש, deren Grundbedeutung schlagen ist. Ueber מרם s. Anm.19; zu בחש vgl. بخت schlagen. [In
der Bedeutung suchen dagegen hängt בחש mit باحت (forschen, untersuchen, eig.
scheiden, sondern; vgl. בקר u. בדק) zusammen, welches wieder mit باحت(rein, un-
vermischt) verwandt ist und mithin einen Sinn hat, welcher dem von בחש umrühren fast entgegensetzt ist.] Dass הגיס dieselbe Grundbedeutung hat, zeigt das

arab. جش, welches zunächst schlagen, prügeln und, in den Formen جاش
und جاش auf Gemüthserschütterungen übertragen, auch von Furcht oder Angst
ergriffen, aufgeregt, verwirrt sein bedeutet (daher נגם von der Todesangst des
Sterbenden); in weiterer Entwickelung ist جش zerschlagen, zerstückeln (daher מגיסא
in den Targumim = פת od. פרומה Brocken, s. Jon. 4. B. M. 11, 6, Ps. 123, 2 und
Ez. 13, 19 Textwort ובפתותי), insbesondere = جشب mahlen u. z. mit dem aus جس
und נשש herüberspielenden Nebenbegriff des Greifbaren, Massiven und Groben (daher
جشيش grob gemahlenes Korn, גם dick und grob im Gegensatz zu רק fein und
zart, חרוח גסות aufgeblasenes, hochfahrendes Wesen, لحم und ניסא das Dickbein, der

Oberschenkel und ניסא übertragen wie יד, כתף und hauptsächlich ירך auch Seite). Demnach bedeuten מרם, בחש und הגיס eig. eine Flüssigkeit oder einen Brei mit dem Löffel
oder einem dazu bestimmten Küchengeräth (בחש Pesachim 111b) schlagen und
dadurch umrühren; מגיס ist die Schüssel, in welcher die Speisen eingerührt werden.
Vgl. מחבת Pfanne (מחבתים heissen im Talmud die täglichen nach Lev. 6, 14 auf
flacher Pfanne in Oel eingerührten Mehlopfer des Hohenpriesters) und תמחוי Schüssel
von חבת und מחה schlagen; s. auch 'Erubin V Anm. 31. Die Formen מֵגֵס, מֵגֵם,
מַנַסָא und مجس (magsa) sind aus נגם nach der Analogie von מַן, מַנַע, מַנָּה und
مجا (magna) aus נגן gebildet. ⁴³) durch den Priester. ⁴⁴) wenn der Vierzehnte
auf einen Sabbat fiel, so dass man die Opferlämmer vor Anbruch der Nacht nicht
nach Hause schaffen durfte ('Erubin Einl. Abs. 1). ⁴⁵) So hiess der 10 Ellen breite
Raum um die Tempelmauer; s Middot II 3.

ABSCHNITT VI

1. Folgende Verrichtungen am Pesachopfer verdrängen den Sabbat[1]) Das Schlachten desselben, das Sprengen seines Blutes, das Abschaben[2]) seiner Eingeweide und das Verbrennen seiner Fetttheile. Hingegen können das Braten desselben und das Ausspülen seiner Eingeweide den Sabbat nicht verdrängen[3]). Das Hintragen[4]), die Herbeischaffung von ausserhalb des Sabbatbezirkes[5]), das Abschneiden einer etwaigen Blatter[6]) verdrängen den Sabbat nicht[7]). R. Eliezer sagt: sie verdrängen ihn[8]). **2.** Es sagte R. Eli'ezer: Es ist ja nur folgerecht[9]). Wie? wenn das Schlachten, das doch von der Kategorie »Werkthätigkeit« ist, den Sabbat verdrängt, sollten jene, die von der Kategorie »Ruhegebot« sind, den Sabbat nicht verdrängen können[10])? Da sagte R. Josua zu ihm: der Festtag entscheide, an

פרק ו.

א אֵלּוּ דְבָרִים בַּפֶּסַח דּוֹחִין אֶת הַשַּׁבָּת. שְׁחִיטָתוֹ וּזְרִיקַת דָּמוֹ וּמְחוּי קְרָבָיו וְהֶקְטֵר חֲלָבָיו. אֲבָל צְלִיָּתוֹ וַהֲדָחַת קְרָבָיו אֵינָן דּוֹחִין אֶת הַשַּׁבָּת. הַרְכָּבָתוֹ וַהֲבָאָתוֹ מֵחוּץ לַתְּחוּם וַחֲתִיכַת יַבַּלְתּוֹ אֵין דּוֹחִין אֶת הַשַּׁבָּת. רַבִּי אֱלִיעֶזֶר אוֹמֵר. דּוֹחִין: ב אָמַר רַבִּי אֱלִיעֶזֶר. וַהֲלֹא דִין הוּא. מָה אִם שְׁחִיטָה שֶׁהִיא מִשּׁוּם מְלָאכָה. דּוֹחָה אֶת הַשַּׁבָּת. אֵלּוּ שֶׁהֵן מִשּׁוּם שְׁבוּת. לֹא יִדְחוּ אֶת הַשַּׁבָּת אָמַר לוֹ רַבִּי יְהוֹשֻׁעַ. יוֹם טוֹב יוֹכִיחַ.

---

[1]) Es sind Verrichtungen, die sonst am Sabbat verboten, beim Pesachopfer jedoch, auch wenn der 14. Nisan auf Sabbat fällt, gestattet sind. [2]) Ueber מיחוי s. Erubin V Anm. 31. [3]) Weil es damit keine Eile hat; das Abschaben der Eingeweide darf dagegen nicht bis Eintritt der Dunkelheit verschoben werden, wenn dieselben nicht verstinken sollen. Mit dem Verbrennen der Fettstücke könnte man zwar bis Sabbatausgang warten; es ist dies aber eine Opferhandlung, und daher mit Rücksicht darauf, dass die Tora das Pesachopfer hinsichtlich der Collision seiner Darbringung mit dem Sabbatgesetz genau den Sabbatopfern gleichgestellt hat, hier wie dort gestattet. [4]) zum Tempel. Da man Lämmer auf den Schultern zu tragen pflegte, ist hier der Ausdruck הרכיב (rittlings tragen, von רכב reiten) gewählt. [5]) 'Erubin Einl. Abs. 4. Als Stammwort von תחום vermuthe ich ein Verbum חום (arab. حام umkreisen) welches uns noch in dem Nomen חומה Mauer (wie קומה von קום gebildet) erhalten geblieben ist. Daher kann תחום sowohl die Grenze wie das Gebiet bezeichnen, wie ja auch unser Kreis bald die Kreislinie, bald die Kreisfläche bedeutet. Das ת ist präformativ (vgl. תחום v. הום tosen, brausen), und wenn wir ein Verbum תחם, syr. ܬܚܡ in der Bedeutung umgrenzen finden, so ist dieses als Denominativ zu erklären nach der Analogie der Secundärbildungen התחיל, תרם u. v. a. [6]) Blattern an Opfertieren sind ein Makel, der ihre Altarfähigkeit suspendirt (3. B. M. 22, 22). Waren es trockene Blattern, die sich leicht abschälten, so wurden sie selbst am Sabbat im Heiligthume abgekneipt ('Erubin X 13); hier aber ist von feuchten die Rede. S. übrigens das. Anm. 78. [7]) Denn alles dies konnte schon am Freitag besorgt werden. [8]) Die nothwendigen Vorbereitungen zur Erfüllung eines Gebotes, das den Sabbat verdrängt, verdrängen ihn auch ihrerseits nach seiner Meinung, und wären sie auch vor Eintritt desselben ausführbar gewesen, und wären die entgegenstehenden Verbote auch biblischen Ursprungs. Vgl. Sabbat XIX 1. [9]) דין = Richterspruch Urtheil; in der Logik = Folgerung, Schluss. [10]) Neununddreissig Verrichtungen, darunter auch das Schlachten, sind Sabbat VII 2 als Stammthätigkeiten (אבות מלאכות) aufgezählt, deren jede ein Gattungsname ist für eine bald grössere, bald kleinere Anzahl ähnlicher oder verwandter Verrichtungen, welche deshalb Zweigthätigkeiten (תולדות) heissen. Sie alle und nur sie fallen unter den Begriff „Werkthätigkeit"; sie alle und nur sie sind unter diesem Namen (משום מלאכה) am Sabbat von der Tora verboten. Die Bibel stellt aber neben das Verbot der

שֶׁהִתִּירוּ בוֹ מִשּׁוּם מְלָאכָה, וְאָסְרוּ בוֹ מִשּׁוּם שְׁבוּת. אָמַר לוֹ רַבִּי אֱלִיעֶזֶר. מַה זֶּה יְהוֹשֻׁעַ, מָה רְאָיָה רְשׁוּת לְמִצְוָה. הֵשִׁיב רַבִּי עֲקִיבָה וְאָמַר. הַזָּאָה תוֹכִיחַ, שֶׁהִיא מִצְוָה וְהִיא מִשּׁוּם שְׁבוּת, וְאֵינָהּ דּוֹחָה אֶת הַשַּׁבָּת. אַף אַתָּה אַל תִּתְמַהּ עַל אֵלּוּ, שֶׁאַף עַל פִּי שֶׁהֵן מִצְוָה וְהֵן מִשּׁוּם שְׁבוּת, לֹא יִדְחוּ

welchem man aus der Kategorie »Werkthätigkeit« Zugeständnisse gemacht, aus der Kategorie des »Ruhegebots« dagegen Verbote erlassen hat[11]). Da sagte zu ihm R. Eli'ezer: Was ist das, Josua! Wie soll Anheimgestelltes ein Beweis[12]) sein für Pflichtmässiges[13])? Nun erwiderte R. 'Akiba; er sprach: Die Besprechung[14]) entscheide! Sie ist Pflicht[15]), ist ferner aus der Kategorie des »Ruhegebots«[16]), und kann doch den Sabbat nicht verdrängen[17]); so wundre dich du auch über jene nicht, dass sie — obschon pflichtmässig und aus der Kategorie des »Ruhegebotes« — den

---

Werkthätigkeit auch noch das Gebot der Sabbatruhe. Nun kann man sehr wohl aller verbotenen Verrichtungen sich enthalten, ohne den heiligen Tag in vollkommener Ruhe nach dem Willen des Gesetzes zu feiern. Darum haben die Rabbinen, eingedenk ihres Berufes, als Hüter des Gotteswortes seinen Sinn zu ergründen und seine Absichten zur Geltung zu bringen, alle diejenigen Thätigkeiten, welche, ohne unter den Begriff der מלאכה zu fallen, dem der Sabbatruhe widerstreben, sorgfältig ermittelt und dieselben, gestützt auf das Ruhegebot, unter seinem Namen (משום שבות) untersagt. Zu ihnen gehört u. a. die Ueberschreitung der Sabbatgrenze. Im weitern Sinne umfasst diese Benennung das ganze Sabbatgesetz, soweit es rabbinischen Ursprungs ist, also auch die Vorbeugungsmassregeln, welche einem Zaune gleich die göttliche Satzung umgeben, um dieselbe gegen fahrlässige Uebertretung und Verletzung zu schützen. Hierher gehört sowohl das Verbot, eine feuchte Blatter am Sabbat mit den Fingernägeln abzukneipen (die Schrift untersagt nur das Abschneiden einer solchen mittels Werkzeugs), als auch das Verbot, am Sabbat die Pesachlämmer in die Opferhalle zu tragen, welches auf biblischer Grundlage eine Berechtigung hätte, wenn die heilige Stadt nicht von Mauern umschlossen, mithin רשות הרבים ('Erubin IX 14) gewesen wäre, nun aber die Strassen Jerusalems רשות היחיד waren (das. Einl. Abs. 1), lediglich auf dem Mangel eines von den Rabbinen angeordneten Schittuf (das. Abs. 3), also auf rabbinischer Grundlage fusste. [Nach Raschi z. St. handelt es sich um רשות הרבים (vgl. Tosafot 66a ד"ה חותב), und dennoch ist das Verbot mit Rücksicht auf חי נושא את עצמו nur rabbinisch begründet. Diese Erklärung beruht auf Babli 'Erubin 105a; allein die Halacha, welche diesen Grundsatz nicht auf alle Lebewesen ausdehnt, sondern auf Menschen beschränkt, nöthigt zu der auch sonst sich bestätigenden Annahme, dass Jerusalem keine רשות הרבים war, wodurch jeder Widerspruch und jede Schwierigkeit beseitigt ist.] — Wenn nun, so folgert R. Eli'ezer die Satzungen des Pesachopfers stark genug sind, ein sich ihnen entgegenstellendes Bibelgesetz, wie es das Schlachtverbot ist, zu verdrängen, wie sollten ihnen jene drei rabbinischen Sabbatverbote Stand halten können!

[11]) Auch am Feiertage ist ja das Schlachten eines Thieres gestattet, während es verboten ist, ein solches von jenseits der Sabbatgrenze herbeizuschaffen. [12]) ראיה ist vermuthlich eine Uebersetzung des gr. δεῖγμα und des lat. demonstratio, also eine Akürzung von הֲרָאָיָה; vgl. כרת und לויה K. III Anm. 14. [13]) Am Feiertage Fleisch zu essen, ist unserem Belieben überlassen; am Vierzehnten ein Pesachopfer darzubringen, ist heilige Pflicht. [14]) Mit dem Sprengwasser (4. B. M. 19, 9), durch welches sich jeder durch eine menschliche Leiche Verunreinigte am dritten und am siebenten Tage seiner Unreinheit „entsündigen" musste, um am achten seine Reinheit wiederzuerlangen (das. 11—12). [15]) Wenn der siebente Tag seiner Unreinheit auf den 13. Nissan oder einen frühern Zeitpunkt fiel, so war es seine Pflicht, sich der Besprengung zu unterziehen, damit er am Vierzehnten wieder rein sei und das Pesachopfer darbringen könne. [16]) Am Sabbat ist die Besprengung auf Grund einer rabbinischen Verordnung nicht statthaft. [17]) Sie ist sogar am 13. Nissan, sofern

Sabbat nicht verdrängen. Da sagte R. Eli'ezer zu ihm: Auch auf sie dehne ich meinen Schluss aus[18]). Wie? wenn das Schlachten, das doch von der Kategorie »Werkthätigkeit« ist[19]), den Sabbat verdrängt, ist es da nicht folgerichtig, dass die Besprengung, die von der Kategorie »Ruhegebot« ist[20]), den Sabbat verdrängt? Da sprach zu ihm R. 'Akiba: Oder umgekehrt! Wie? wenn die Besprengung, die ja nur von der Kategorie des »Ruhegebotes« ist, den Sabbat nicht verdrängen kann, ist es da nicht folgerecht, dass das Schlachten, welches doch aus der Kategorie »Werkthätigkeit« ist, den Sabbat nicht verdrängen kann? Da sagte ihm R. Eli'ezer: 'Akiba, willst du herausreissen, was in der Tora geschrieben steht[21]): »Zwischen den Abenden zur festgesetzten Zeit«, gleichviel ob am Wochentage oder am Sabbat? Da sprach er zu ihm: Mein Lehrer, bringe mir »festgesetzte Zeit« für jene gleich der »festgesetzten Zeit« fürs Schlachten[22])! Als allgemeine Regel sagte R. 'Akiba: Jede Verrichtung, welche am Vorabend des Sabbat auszuführen möglich war, verdrängt den Sabbat nicht[23]). Das Schlachten, welches am Vorabend des Sabbat auszuführen unmöglich war, verdrängt den Sabbat. **3.** Wann bringt man

אֶת הַשַּׁבָּת. אָמַר לוֹ רַבִּי אֱלִיעֶזֶר, וַעֲלֶיהָ אֲנִי דָן. וּמָה אִם שְׁחִיטָה, שֶׁהִיא מִשּׁוּם מְלָאכָה, דּוֹחָה אֶת הַשַּׁבָּת, הַזָּאָה שֶׁהִיא מִשּׁוּם שְׁבוּת, אֵינוֹ דִין שֶׁתִּדְחֶה אֶת הַשַּׁבָּת. אָמַר לוֹ רַבִּי עֲקִיבָה, אוֹ חִלּוּף. מָה אִם הַזָּאָה, שֶׁהִיא מִשּׁוּם שְׁבוּת, אֵינָהּ דּוֹחָה אֶת הַשַּׁבָּת, שְׁחִיטָה שֶׁהִיא מִשּׁוּם מְלָאכָה, אֵינוֹ דִין שֶׁלֹּא תִדְחֶה אֶת הַשַּׁבָּת. אָמַר לוֹ רַבִּי אֱלִיעֶזֶר, עֲקִיבָה, עָקַרְתָּ מַה שֶּׁכָּתוּב בַּתּוֹרָה, בֵּין הָעַרְבַּיִם בְּמוֹעֲדוֹ. בֵּין בְּחֹל בֵּין בְּשַׁבָּת. אָמַר לוֹ, רַבִּי, הָבֵא לִי מוֹעֵד לָאֵלּוּ כְּמוֹעֵד לַשְּׁחִיטָה. כְּלָל אָמַר רַבִּי עֲקִיבָה, כָּל מְלָאכָה שֶׁאֶפְשָׁר לַעֲשׂוֹתָהּ מֵעֶרֶב שַׁבָּת, אֵינָהּ דּוֹחָה אֶת הַשַּׁבָּת. שְׁחִיטָה שֶׁאִי אֶפְשָׁר לַעֲשׂוֹתָהּ מֵעֶרֶב שַׁבָּת, דּוֹחָה אֶת הַשַּׁבָּת: ג אֵימָתַי מְבִיאִין עִמּוֹ חֲגִיגָה,

---

dieser auf einen Sabbat fällt, nicht zulässig, obgleich es der siebente Tag seiner Unreinheit ist, so dass er vor Eintritt des Sabbat sich gar nicht „entsündigen" konnte, und daher ohne sein Verschulden lediglich durch ein rabbinisches Sabbatverbot an der Bereitung des Pesachopfers verhindert wird. [18]) Oder: „darum handelt sich's ja eben"! Was du als entscheidend anführst, ist selber noch unentschieden; gerade dieser Punkt ist Gegenstand der Controverse. [19]) dem also ein Bibelverbot entgegensteht. [20]) also nur mit einem rabbinischen Verbote collidirt. [21]) 4. B. M. 9, 3. [22]) Zeige mir einen Schriftvers, welcher für das Hintragen des Pesachlammes nach der Opferhalle einen bestimmten Tag festsetzt, wie es der angeführte Vers für das Schlachten thut! Diese Verrichtung kann unmöglich vor dem Vierzehnten ausgeführt werden, selbst wenn er auf einen Sabbat fällt, wohl aber können es die Verrichtungen, um welche sich zunächst der Streit dreht. Die Besprengung, welche später in die Controverse gezogen wurde, ist allerdings insofern an eine bestimmte Zeit gebunden, als sie wohl nach dem siebenten Tage der Unreinheit, aber nicht vorher stattfinden kann; doch steht diese Verrichtung nicht in unmittelbarer Beziehung zum Pesachopfer, und kann daher aus diesem Grunde wieder den Sabbat nicht verdrängen. [23]) Hat man daher die nöthigen Vorbereitungen am Freitag zu treffen verabsäumt, so ist man am Sabbat das Pesachopfer darzubringen verhindert und auf die zweite Pesachfeier (K IX

בִּזְמַן שֶׁהוּא בָא בְחֹל וּבְטָהֳרָה
וּבְמֻעָט. וּבִזְמַן שֶׁהוּא בָא בְשַׁבָּת
בִּמְרֻבֶּה וּבְטֻמְאָה. אֵין מְבִיאִין עִמּוֹ
חֲגִיגָה: ד חֲגִיגָה הָיְתָה בָאָה מִן
הַצֹּאן וּמִן הַבָּקָר. מִן הַכְּבָשִׂים וּמִן
הָעִזִּים. מִן הַזְּכָרִים וּמִן הַנְּקֵבוֹת.
וְנֶאֱכֶלֶת לִשְׁנֵי יָמִים וְלַיְלָה אֶחָד:
ה הַפֶּסַח שֶׁשְּׁחָטוֹ שֶׁלֹּא לִשְׁמוֹ
בְּשַׁבָּת. חַיָּב עָלָיו חַטָּאת. וּשְׁאָר כָּל
הַזְּבָחִים שֶׁשְּׁחָטָן לְשׁוּם פֶּסַח. אִם
אֵינָן רְאוּיִן חַיָּב. וְאִם רְאוּיִן הֵן. רַבִּי
אֱלִיעֶזֶר מְחַיֵּב חַטָּאת. וְרַבִּי יְהוֹשֻׁעַ
פּוֹטֵר. אָמַר רַבִּי אֱלִיעֶזֶר, מָה אִם

daneben ein Festopfer[24]) dar? Wenn es[25]) an einem Wochentage und in Reinheit und in Unzulänglichkeit[26]) dargebracht wird[27]). Wird es aber am Sabbat, in Ausgiebigkeit[28]) oder in Unreinheit[29]) dargebracht, so bringt man neben ihm kein Festopfer dar. **4.** Das Festopfer kon..te genommen werden[27]) von Kleinvieh und von Rindvieh, von Lämmern und von Ziegen, sowohl männlichen als weiblichen Geschlechts, und darf während zweier Tage und einer Nacht gegessen werden[30]). **5.** Hat jemand das Pesachopfer am Sabbat nicht für seine Bestimmung geschlachtet, so ist er darob ein Sündopfer schuldig. Was aber alle die anderen Opfer betrifft, die jemand mit der Bestimmung zum Pesachopfer geschlachtet hat, so ist er, wenn sie sich dazu nicht eignen, schuldig; wenn sie dagegen geeignet sind, verurtheilt R. Eli'ezer zu einem Sündopfer, während R. Josua freispricht[31]). Da sagte R. Eli'ezer: Wie? wenn er hinsichtlich

---

M. 1) angewiesen. [24]) Nicht zu verwechseln mit dem Festopfer, von welchem Chagiga I 2 6 die Rede ist, und welches an einem der sieben Festtage, womöglich am ersten, dargebracht werden muss! Hier handelt es sich um ein dem eigenen Ermessen anheimgegebenes Opfer, welches vor dem Feste dargebracht wurde und in der Pesachnacht den Hunger der Tischgenossen zu stillen bestimmt war, damit sie sich nachher am Fleische des Pesachopfers leichter sättigen könnten. [25]) das Pesachopfer. [26]) bei so grosser Zahl der Tischgenossen, dass das Pesachlamm nicht hinreicht. [27]) Wiederum das Intransitiv eines Verbums der Bewegung (בא) an Stelle des Transitivs in leidender Form! K. III, Anm. 1. [28]) wenn der Tischgenossen so wenig sind, dass schon das Pesachlamm allein vollauf genügt sie alle zu sättigen. [29]) Wenn der grössere Theil des Volkes oder die Priesterschaft am 14. Nisan unrein ist, wird das Pesachopfer dennoch an diesem Tage dargebracht (K. VII M. 6). — Auffallend ist die Umkehrung der Reihenfolge. Oben heisst es בטהרה ובמועט, hier dagegen in der Antithese במרובה ובטומאה. Es scheint in beiden Sätzen das minder Häufige dem Häufigern den Vortritt eingeräumt zu haben. בטהרה ist die Regel, die Unzulänglichkeit des Pesachlammes aber eine Ausnahme von der Regel. Umgekehrt kam es wohl häufig vor, dass ein ganzes Lamm für die Familie zu viel war (2 B. M. 12, 4); dass dagegen ein Pesachopfer בטומאה dargebracht wurde, war ein äusserst seltener Fall. [30]) während der beiden Tage des 14. und des 15. Nissan und in der dazwischen liegenden Nacht; das Pesachopfer dagegen darf nur in dieser Nacht gegessen und nur von Kleinvieh männlichen Geschlechts genommen werden. [31]) Zum bessern Verständnis dieser Stelle sei hier eine kurze Vorbemerkung gestattet: Zu einem Sündopfer (3. B. M. 4, 27—35) ist verpflichtet, wer ohne im Augenblicke der That sich der Sündhaftigkeit seiner Handlung bewusst zu werden, ein Bibelverbot übertritt, dessen muthwillige Verletzung mit Ausrottung oder Todesstrafe bedroht ist; entschuldigt sich aber das Versehen, der Fehlgriff, die Uebereilung durch seinen frommen Eifer in einer nicht ganz erfolglosen Bethätigung seiner Pflicht, so ist die Frage, ob ein Sündopfer erforderlich, ein Gegenstand des Streites zwischen R. Eli'ezer, der sie bejaht, und R. Josua, der sie verneint. Diese principielle und bei ihrer weitreichenden Bedeutung auf die verschiedensten Gebiete hinübergreifende Streitfrage wird hier zwischen den beiden Gegnern an einem sehr lehrreichen Bei-

des Pesachopfers, bei welchem er für seine Bestimmung die Erlaubnis hat[32]), bei Abänderung seiner Bestimmung schuldig ist, ist es da hinsichtlich solcher Opfer, bei welchen es für ihre Bestimmung verboten ist[32]), nicht folgerichtig, dass er bei Abänderung ihrer Bestim-

הַפֶּסַח שֶׁהוּא מֻתָּר לִשְׁמוֹ. כְּשֶׁשִּׁנָּה אֶת שְׁמוֹ חַיָּב. זְבָחִים שֶׁהֵן אֲסוּרִין לִשְׁמָן. כְּשֶׁשִּׁנָּה אֶת שְׁמָן אֵינוֹ דִין

---

spiele ausgefochten, von welchem dieselbe eine votreffliche Beleuchtung empfängt. Auf die Sabbatentweihung ist Todesstrafe gesetzt. Die Darbringung des Pesachopfers ist jedoch am Nachmittage des Vierzehnten, auch wenn er auf einen Sabbat fällt, nicht allein gestattet, sondern Pflicht. Andere Privatopfer dürfen am Sabbat nicht geschlachtet werden. Hat nun jemand, der am Sabbat 14. Nisan nachmittags im Begriffe ist sein Pesachopfer darzubringen, infolge einer Verwechslung oder in der irrigen Annahme, es könnten hierzu auch einem andern Zwecke bereits geweihte Thiere anstandslos verwendet werden (s. Jeruschalmi), ein Böcklein als Pesachopfer geschlachtet, welches zu einem andern Opfer bestimmt war, so muss er nach R. Eli'ezer seinen Fehlgriff durch ein Sündopfer sühnen, weil er seine Absicht, ein Pesachopfer darzubringen, durch eigene Schuld vereitelt hat, in der Opferung eines Thieres aber, welches am Sabbat nicht dargebracht werden darf, trotz der Giltigkeit des Opfers nun einmal eine Entweihung des heiligen Tages liegt; nach R. Josua dagegen bedarf es dieser Sühne nicht, da er in der Ausübung eines Gebotes, welches die entgegenstehenden Sabbatverbote ausser Kraft setzt, die Heiligkeit des Tages nur durch eine Uebereilung verletzt hat, welche man seinem übermässigen Eifer zu gute halten kann, zumal die Giltigkeit des Opfers weder durch die Sabbatentweihung noch durch die Bestimmungsänderung in Frage gestellt wird (K. V, Anm. 30), die Darbringung eines solchen aber, wenn sie auch den Sabbat nicht verdrängt, als vollendete Thatsache immerhin etwas Verdienstliches ist, so dass die Opferhandlung, wenn sie auch ihren eigentlichen Zweck verfehlte, doch nicht ganz erfolglos war. War es ein Sündopfer, das er aus Versehen als Pesachopfer geschlachtet, so ist das Opfer freilich ganz und gar untauglich (ebend.) und es würde ihm daher selbst R. Josua wegen der unnützen Sabbatentweihung eine Sühne auferlegen; dasselbe ist aber ohnehin bereits durch die Bedingung אם ראויין הן aus der Reihe „aller übrigen Opfer" ausgeschlossen, denn zum Sündopfer kann nur Kleinvieh weiblichen, zum Pesachopfer nur Kleinvieh männlichen Geschlechts verwendet werden. — Bisher war die Rede von einer Uebereilung bei Opferthieren, welche auch zum Pesachopfer sich eignen und daher leicht mit ihm verwechselt werden können. Hat er aber am Sabbat ein Mutterschaf, eine Ziege oder gar ein Kalb, die zu einem andern Opfer bestimmt waren, aus Unachtsamkeit oder aus Unwissenheit als Pesachopfer geschlachtet, so muss er, da diese Thiere schon von Natur für den angestrebten Zweck nicht geeignet sind, der Fehlgriff also nur durch eine an Leichtsinn streifende, nicht zu entschuldigende Fahrlässigkeit möglich war, selbst nach R. J. ein Sündopfer darbringen. Desgleichen wenn er zur angegebenen Zeit einem Pesachopfer während des Schlachtens eine andere Bestimmung gegeben in dem Glauben, es wäre kein Sabbat, oder in der irrigen Annahme, man dürfe ein Pesachlamm auch mit veränderter Bestimmung am Sabbat opfern. Hier ist das Versehen noch viel unverzeihlicher als in dem zuletzt erörterten Falle. Denn hier handelt es sich nicht mehr um eine blosse Fahrlässigkeit, hier liegt in der muthwilligen Bestimmungsänderung, auch wenn ihm deren beeinträchtigende Wirkung nicht bekannt war, auf alle Fälle ein sträflicher Leichtsinn, der unstreitig an sich schon eine Sühne heischt, und nun kommt noch als sehr gravirendes Moment hinzu, dass das unter Entweihung des Sabbats geschlachtete Opfer infolge der Bestimmungsänderung hier ganz untauglich ist (K. V, M. 2), die Opferhandlung also völlig erfolglos war, so dass die Sabbatschändung durch nichts aufgewogen, durch nichts gemildert wird. Ist jedoch die Bestimmungsänderung keine muthwillige, war er vielmehr in dem Irrthum befangen, das von ihm geschlachtete Thier solle nicht als Pesachopfer, sondern grade dem Zwecke dienen, für den er es geopfert, hat er gar nur sich versprochen oder die Begriffe verwechselt, so wird er selbst von R. E. freigesprochen, weil eine in gutem Glauben oder irrthümlich verübte Bestimmungsänderung auf die Giltigkeit des Pesachopfers ohne Einfluss ist, eine Sabbatentweihung somit gar nicht stattgefunden hat. [32]) am

שֶׁיְּהֵא חַיָּב. אָמַר לוֹ רַבִּי יְהוֹשֻׁעַ, לֹא. אִם אָמַרְתָּ בַּפֶּסַח, שֶׁשִּׁנָּהוּ לְדָבָר הָאָסוּר, תֹּאמַר בַּזְּבָחִים, שֶׁשִּׁנָּן לְדָבָר הַמֻּתָּר. אָמַר לוֹ רַבִּי אֱלִיעֶזֶר, אֵמוּרֵי צִבּוּר יוֹכִיחוּ, שֶׁהֵן מֻתָּרִין לִשְׁמָן, וְהַשּׁוֹחֵט לִשְׁמָן חַיָּב. אָמַר לוֹ רַבִּי יְהוֹשֻׁעַ. לֹא. אִם אָמַרְתָּ בְּאֵמוּרֵי צִבּוּר, שֶׁיֵּשׁ לָהֶן קִצְבָה, תֹּאמַר בַּפֶּסַח, שֶׁאֵין לוֹ קִצְבָה. רַבִּי מֵאִיר אוֹמֵר, אַף

mung verurtheilt werde? Da sagte zu ihm R. Josua: Nein! Wenn du hinsichtlich des Pesachopfers so urtheilst, welches man zu etwas Verbotenem abgeändert hat[33]), willst du auch hinsichtlich der Opfer so urtheilen, die man zu etwas Erlaubtem geändert hat[34])? Da sagte R. Eli'ezer zu ihm: die Gemeindeopfer mögen entscheiden! Sie sind gestattet für ihre Bestimmung, und doch ist schuldig, wer unter ihrem Namen schlachtet[35]). Da sagte R. Josua zu ihm: Wenn du hinsichtlich der Gemeindeopfer so urtheilst, die doch eine Grenze haben, willst du auch hinsichtlich des Pesachopfers so urtheilen, das keine Grenze hat[36])? R. Meïr sagt: Auch derjenige, welcher unter dem

---

Sabbat zu schlachlten. [33]) indem man es zu einem Opfer schlachtete, welches am Sabbat darzubringen untersagt ist. [34]) indem man sie als Pesach schlachtete, dessen Opferung die entgegenstehenden Sabbatverbote aufhebt. [35]) Wer aus Versehen am Sabbat nach Erledigung des Tamid oder des Musaf (K. V Anm. 1) unter jenem bez. diesem Namen ein anderes Opfer schlachtet, muss die unvorsätzliche Sabbatentweihung nach der übereinstimmenden Ansicht des R. E. und des R. J. durch ein Sündopfer sühnen; nur R. Meïr ist am Ende unserer Mischna anderer Meinung. [36]) Die Zahl der an jedem Tage darzubringenden Gemeindeopfer ist genau vorgeschrieben (4. B. M. K. 28 u. 29), sie beschränkt sich auf einige wenige und ist daher leicht zu überschauen; nirgends aber steht geschrieben, wieviel Pesachopfer darzubringen sind, ihre Menge ist eine unbegrenzte, sie richtet sich nach der Bevölkerungsziffer und zählt nach unübersehbaren Tausenden (Jeruschalmi). Darum ist es ein sehr verzeihlicher Irrthum, wenn jemand am Nachmittage des 14. Nisan, selbst nachdem sämmtliche Opfer einer Gruppe bereits dargebracht sind, in der Eile auch noch ein für eine andere Bestimmung geweihtes Opferthier, welches er da stehen sieht und für ein Pesachopfer hält, als solches schlachtet, sofern es von Natur dazu geeignet ist; dagegen ist es eine unverzeihliche Fahrlässigkeit, wenn jemand ein beliebiges Opferthier, nachdem die vorgeschriebene Zahl der Gemeindeopfer bereits dargebracht ist, noch als solches schlachtet. Hat er sich aber während der Opferung vergriffen, und statt des zum Gemeindeopfer bestimmten ein für einen andern Zweck geweihtes Opferthier am Sabbat geschlachtet, so ist er nach R. J. in der That einer Sühne enthoben. [Ganz allgemein sagt Maimonides פ״ב מהל׳ שגגות הל׳ י״ג: Wer am Sabbat mehr Opfer schlachtet, als für den Tag vorgeschrieben, ist wegen der überzähligen zu einem Sündopfer verpflichtet. Da er nicht von Opferthieren spricht, welche ursprünglich zu einem andern Zwecke bestimmt waren, so können unter den „Ueberzähligen" natürlich nur diejenigen verstanden werden, welche er nach Erledigung der festgesetzten Zahl noch geschlachtet hat. In הל׳ ח׳ dagegen, wo von zwei am Sabbat beschnittenen Kindern die Rede ist, von denen nur eines an diesem Tage beschnitten werden durfte, ist das Versehen nur dann erklärlich, wenn der am Freitag oder Sonntag geborene Knabe zuerst beschnitten wurde und nach ihm erst, als man den Irrthum erkannte, das zweite am Sabbat geborene Kind; darum entscheidet Maim. daselbst, dass ein Sündopfer nicht erforderlich ist. Was dem Verf. von לחם משנה hier schwierig und widerspruchsvoll erschien, habe ich nach alledem nicht zu ergründen vermocht. Auch was מהרש״א in Tosafot z. St ד״ה שקדם ומל Anfechtbares findet, ist auf den ersten Blick nicht recht klar. Die Tosafot meinen, es wäre nicht nöthig anzunehmen, dass der am Sabbat geborene Knabe schon am Freitag beschnitten wurde, es genügte zur Erklärung der Baraita, wenn im ersten Falle der am Sabbat geborene, im zweiten der am Freitag bezw. am Sonntag geborene zuerst, jeder derselben aber am Sabbat selbst beschnitten wurde. Vermuthlich mochte sich מהרש״א mit dieser auf der Oberfläche liegenden Auffassung

Namen der Gemeindeopfer schlachtet, ist frei[37]). 6. Hat er es[38]) für
Essensunfähige[39]) geschlachtet oder
für Unbetheiligte[40]), für Unbeschnittene[41]) oder Unreine[42]) so ist
er schuldig[43]); für Essensfähige und
Essensunfähige, für Betheiligte und
Unbetheiligte, für Beschnittene und
Unbeschnittene, für Reine und Unreine, so ist er frei[44]). Hat er es
geschlachtet, und es wird als fehlerhaft[45]) befunden, so ist er schuldig[46]);
hat er es geschlachtet, und es wird
als innerlich verletzt[47]) befunden, so
ist er frei[48]). Hat er es geschlachtet,
und es stellt sich heraus, dass[49])
die Eigenthümer ihre Hände zu-

הַשּׁוֹחֵט לְשֵׁם אֲמוּרֵי צִבּוּר פָּטוּר:
ו שְׁחָטוֹ שֶׁלֹּא לְאוֹכְלָיו וְשֶׁלֹּא
לִמְנוּיָו. לַעֲרֵלִים וְלִטְמֵאִים. חַיָּב.
לְאוֹכְלָיו וְשֶׁלֹּא לְאוֹכְלָיו. לִמְנוּיָו
וְשֶׁלֹּא לִמְנוּיָו. לְמוּלִים וְלַעֲרֵלִים.
לִטְהוֹרִים וְלִטְמֵאִים. פָּטוּר. שְׁחָטוֹ
וְנִמְצָא בַעַל מוּם חַיָּב. שְׁחָטוֹ וְנִמְצָא
טְרֵפָה בַסֵּתֶר. פָּטוּר. שְׁחָטוֹ וְנוֹדַע
שֶׁמָּשְׁכוּ הַבְּעָלִים אֶת יְדֵיהֶם. אוֹ
שֶׁמֵּתוּ. אוֹ שֶׁנִּטְמְאוּ. פָּטוּר מִפְּנֵי
שֶׁשָּׁחַט בִּרְשׁוּת:

rückgezogen hatten[50]) oder gestorben oder unrein geworden waren[51]), so
ist er frei, weil er mit Erlaubnis geschlachtet hat[52]).

ABSCHNITT VII.

1. Wie soll man das Pesachopfer
braten[1])? Man bringe einen Spiess[2])

א כֵּיצַד צוֹלִין אֶת הַפֶּסַח. מְבִיאִין

---

darum nicht befreunden, weil dann nach der in Rede stehenden Ansicht des R. Meïr
auch im ersten Falle, הואיל ונתנה שבת לדחות אצלו. ein Sündopfer ebensowenig am
Platze wäre wie bei der irrthümlichen Darbringung eines überzähligen Gemeinde-
opfers; s. Anm. 35]. [37]) S. Anm. 35. [38]) das Pesachopfer. [39]) K. V Anm. 9. [40]) das. 10.
[41]) das. 11. [42]) das. 12. [43]) ein Sündopfer darzubringen, falls der 14. Nisan ein
Sabbat war, an welchem er dieses nach K. V M. 3 untaugliche Pesach in dem
Wahne geschlachtet hat, es wäre kein Sabbat oder das Schlachten wäre am Sabbat
überhaupt nicht verboten, oder das Opfer wäre trotz des begangenen Verstosses
tauglich; vgl. Anm. 31 g. E. (»desgleichen — wird«). [44]) weil das Pesach in diesem
Falle nach K. V M. 3 tauglich ist. [45]) mit einem jener äusserlich erkennbaren
Leibesfehler behaftet, die nach 3. B. M. 22, 17—25 ein Thier zur Opferung untauglich machen. [46]) die unvorsätzliche Sabbatentweihung durch ein Sündopfer zu
sühnen; denn er hätte bei Anwendung der erforderlichen Achtsamkeit die Untauglichkeit des Opferthieres noch vor dem Schlachten bemerken müssen. [47]) Jede die
Lebensfähigkeit in Frage stellende, sei es angeborene, sei es später durch Krankheit
oder einen eingedrungenen fremden Körper entstandene Verletzung beeinträchtigt
die Altarfähigkeit des damit behafteten Thieres. [48]) weil er — wie es am Schlusse
heisst — »mit Erlaubniss geschlachtet hat«; er konnte doch vor dem Schlachten
nicht wissen, dass das Thier an einem innern Organ verletzt ist. [49]) noch vor dem
Schlachten. [50]) von der Betheiligung an dem betreffenden Opferthiere zurückgetreten waren, um sich an einem andern zu betheiligen. [51]) Unreine sind vom
Pesachopfer ausgeschlossen. [52]) Als er es am Sabbat schlachtete, war er nach dem
Gesetz der Tora dazu befugt, denn er konnte damals nicht ahnen, dass er es unnütz
schlachtet.

[1]) mit Rücksicht auf die Vorschrift (Ex. 12, 8—9), dass dasselbe weder roh
noch gekocht, sondern nur צלי אש gegessen werden soll, unmittelbar am Feuer
gebraten. [2]) שפוד syr. ܫܦܘܕ u. arab. سَفُّود, saffûd) ist vielleicht mit שבב (Stab,
auch Spiess wie II. Sam. 18, 14) verwandt Als Wurzel vermuthe ich פר, dessen
Grundbedeutung gleich der der Wurzeln פת, פם, בת, כם, בד u. מת scheiden (trennen,
sondern) ist; vgl. פרה, فَلَّ, בּَלَّ (Stück), בטל בדל (spalten) פמא den Mund aufthun, daher fast immer mit dem Zusatz בשפתים und als Hauptwort מבטא שפתים: das
Oeffnen der Lippen), פטר u. فطر (spalten, scheiden, auseinandergehen)

فطم entwöhnen) בטיש ,بتل (absondern) בתר, בתולה, פתת, פות فوت flïehen, entschlüpfen),
فوت (Abstand, Zwischenraum), פתח (öffnen), פתה (offen stehen, Spr. 20, 19) u.
v. a. Der Begriff der Offenheit geht bei dem letztgenannten Worte in den der Empfänglichkeit, Leichtgläubigkeit und Arglosigkeit über, und wie diese beiden Bedeutungen von פתח zu einander, so verhält sich vielleicht במה (= במא öffnen) zu בטח
(Leichtsinn, Sorglosigkeit und Sicherheit), wenn nicht etwa, was wohl vorzuziehen
wäre, der Begriff der Sicherheit, welcher dann einerseits in den des Vertrauens,
andererseits in den der Sorglosigkeit sich abzweigte, unmittelbar aus dem Begriffe
des Abgesondertseins abgeleitet werden kann (vgl. בטח כדד Deut. 33, 28 u. לבדד
לבטח Ps. 4, 9). Ist nun שבט aus der Wurzel בט (sich absondern) herausgewachsen,
so bezeichnet das Wort gleich מטה (Ez. 19, 11 ff.) ursprünglich einen Ast, (vgl. auch
בדים Zweige und Stangen), und die Uebertragung auf die sogenannten 12 Stämme
Israels, die in Wahrheit soviel Zweige desselben Stammes waren, träte dadurch
in das rechte Licht. Im Arabischen wird سبط von schlichtem (auseinandergehen-
dem) im Gegensatz zu krausem Haar gebraucht; umgekehrt wird in der Mischna das
Geäst eines Baumes שיער (Haar) genannt (Pea II 3, Kilajim III 5, IV 9, V 3; vgl.
das gr. κόμη und das lat. coma.) Im Aramäischen wird mit כוכבא דשבים der Komet
bezeichnet (Berachot 58b); das wäre also die wörtliche Uebersetzung von κομήτης,
stella crinita, Haarstern. Auch der Sprache der Mischna ist diese Bedeutung von
שבט nicht ganz fremd. Es ist dort (vgl. die in Sabbat 75b aus einer Baraita
angeführten Worte des R. Juda) ein Kunstausdruck der Weberei und hat ungefähr
den Sinn von kämmen, schlichten. Das am Webstuhl angebrachte Rieth oder
Blatt, welches durch den doppelten Zweck hat, durch seine pendelartigen Schwingungen
nach jedem Durchgang der Schiffchens einerseits die infolge der „Fachbildung"
(Kreuzung) etwa in Verwirrung gekommenen Kettenfäden zu schlichten und andererseits den eingeschossenen Faden fest an das Gewebe zu drücken, heisst bei den
Griechen: κτείς, bei den Römern: pecten und so auch in manchen Gegenden
Deutschlands: der Kamm. In der Hausweberei und insbesondere beim aufrechten
Webstuhl der Alten, an welchem die Hausfrau nicht sitzend, sondern stehend
arbeitete, wurde das Rieth durch ein spindelförmiges Stäbchen ersetzt, welches bei
Homer κερκίς heisst, später den Namen σπάθη führt. Die Frau hielt es in der Hand,
bald mit dem flachen Ende auf die Schussfäden schlagend, damit sie sich enger an
einander schliessen, bald wieder mit dem spitzen Ende zwischen die Kettenfäden
fahrend, um sie da, wo sie durcheinander gerathen, zu entwirren. Für dieses
Schlichten oder Kämmen des Aufzugs ist der Weberausdruck: שבט, für das Zusammendrängen des Einschlages: דקדק (von דקק stossen, drücken und daher auch in
ähnlicher Uebertragung wie צמצם: genau nehmen; vgl. aus 'Erubin IV Anm. 66),
und nun werden wir es verstehen, wenn dem R. Juda a. a. O. erwidert wird:
Die Verrichtung des שובט fällt unter den Begriff des Aufbäumens (Anzettelns, die
des מדקדק aber unter den des Webens. Von שבט = Stab kann jener Kunstausdruck
(etwa in dem Sinne: schlagen, klopfen) unmöglich abgeleitet sein; denn erstens hat
eher die Thätigkeit des מדקדק zu dieser Bedeutung eine Beziehung als die des
שובט, zweitens nennt sich das fragliche Stäbchen gar nicht שבט, sondern כרכד
(Sabbath 92b unten), d. i. das oben erwähnte κερκίς od. κερκίδιον. [Der שובט בקולמוס
in Levy's Wtb ü. d Targumim ist das Kind einer falschen Construction. Der betr.
Satz lautet: שנים שחיו אוחזין . . . בכרכד ו שובטין — בקולמוס וכותבין.] — Der bislang
etymologisch noch nicht genügend aufgeklärte (s. Gesenius Handwb. 8. Auflage
Leipzig 1878) Stamm שפט, welcher im Hebräischen und im Phönizischen richten
heisst (daher Sufet, die höchste obrigkeitliche Person in Carthago), hat sich
wahrscheinlich ebenso aus der Wurzel שפ entwickelt, wie שבט aus בט oder שפור aus
שפ und bedeutet demnach ganz einfach schlichten, entscheiden. Das syr. ܫܦ
durchbohren ist gleich dem arab. سفل spiessen (im obscönen Sinne) erst von

שפד u. سفون abgeleitet, nicht aber ist umgekehrt שפוד von سفل gebildet, wie Fleischer
in seinen Nachträgen zu Levy's Wtb. ü. d. Targ. meint. Der Stamm שפד heisst
nicht stechen, sondern sich absondern, abzweigen, davon שפור ursprünglich
wie מטה der Ast, dann wie שבט der Spiess. Es ist möglich, dass שפוד hier noch
die ursprüngliche Bedeutung hat, und daher vielleicht richtiger mit „Ast" zu übersetzen ist (s. Anm. 7). Ob das deutsche Spiess, ahd. spioz, mhd. spiez (in der
Bedeutung „Bratspiess") von spitz abzuleiten und das span. espada, das ital.
spada (Degen) und spiedo (Bratspiess) wie das franz. espade und épée (früher

שַׁפּוּד שֶׁל רִמּוֹן, תּוֹחֲבוֹ מִתּוֹךְ פִּיו
עַד בֵּית נְקֻבָתוֹ. וְנוֹתֵן אֶת כְּרָעָיו וְאֶת
בְּנֵי מֵעָיו לְתוֹכוֹ. דִּבְרֵי רַבִּי יוֹסֵי
הַגְּלִילִי. רַבִּי עֲקִיבָה אוֹמֵר. כְּמִין
בִּשּׁוּל הוּא זֶה. אֶלָּא תּוֹלִין חוּצָה
לוֹ: ב אֵין צוֹלִין אֶת הַפֶּסַח לֹא

von Granatapfelbaum, stecke [3]) ihn durch dessen Maul bis in die Gegend [4]) der Afteröffnung und lege dessen Kniestücke und Eingeweide in sein Inneres. So die Worte des R. Jôsê aus Galiläa. R. ʻAkiba sagt: Das wäre gewissermassen eine Art des Kochens [5]); man hänge sie vielmehr ausserhalb desselben auf [6]).
2. Man brate das Pesach nicht am

---

espée) aus dem Deutschen zu erklären ist, oder aber alle diese offenbar nahe verwandten Bezeichungen aus dem Orient eingewandert sind, wage ich nicht zu entscheiden; doch wollte ich auch nicht unterlassen, auf ihre immerhin verlockende Aehnlichkeit mit unserm שפוד wenigstens aufmerksam zu machen, eine Aehnlichkeit, die um so bestechender ist, als die Uebereinstimmung so vieler Sprachen auf einen gemeinsamen, fremdländischen Ursprung hinzuweisen scheint. [3]) „Warum grade von Granatapfelbaum? R. Chija b. Akiba meint: Alles andere Holz schwitzt Flüssigkeiten aus, das des Granatapfelbaumes schwitzt keine Flüssigkeiten aus. Wie stehen wir? Handelt es sich um frisches, so schwitzt auch das des Granatapfelbaumes aus, handelt es sich um trockenes, schwitzt ja keinerlei Holz aus. Die Sache liegt aber so: (כיני = כן היא): Alles andere Holz kann von aussen trocken und von innen feucht sein, Granatapfelbaum aber ist, wenn von aussen trocken, auch inwendig trocken" (Jeruschalmi). Feuchtes Holz eignet sich darum nicht zum Bratspiess, weil die ihm umgebende Fleischschicht statt zu braten durch das ausgeschwitzte Nass gekocht würde; ein eherner Spiess wieder ist darum unzulässig, weil dieselbe statt unmittelbar am Feuer durch die Gluth des Metalls gebraten würde. Beides widerspricht der Forderung צלי אש (s. Anm. 1). [4]) תחב gehört zu den Wörtern, welche ausschliessliches Sprachgut des Talmud sind und sich weder im Althebräischen noch in einer der verwandten Sprachen finden. Levy vergleicht in seinem chld. Wrtb. ü. d. Targ. bei חכברא das syr. חכב, dass er unter Hinweis auf Peschita zu Spr. 25, 17 mit hineinstecken verdeutscht. Die Stelle lautet: לא תחכב רגלך לבית רחמך und ist die Uebersetzung von הקר רגלך מבית רעך. Das soll also heissen: Stecke deinen Fuss nicht hinein in das Haus deines Freundes. In Wahrheit heisst das von einem Extrem ins andere fallen. Wenn der grosse Menschenkenner davor warnt, dem Freunde durch allzuhäufige Besuche lästig zu fallen, so will er damit noch keineswegs empfehlen, dass man keinen Fuss über seine Schwelle setze. Solche Vernachlässigung ist mindestens ebenso verkehrt wie jene Aufdringlichkeit. Das syr. חכב hat mit unserm תחב zwei Buchstaben gemein, weiter aber auch nichts; es entspricht vielmehr dem talm. תכף, welches die rasche Aufeinanderfolge bezeichnet (שלש תכיפות הן Ber. 42a, תכפוהו אבליו זה אחר זה Mo'ed K. 17b), so dass לא תחכב in negativer Form dasselbe sagt, was הוקר positiv ausdrückt. Eher könnte man תכיפת התוכף (Kilajim IX 10), was Bart. durch תחיבה erklärt, zum Vergleich heranziehen. Allein diese Erklärung ist nur dem Sinn nach richtig; der Bedeutung nach ist die Radix תכף auch dort = aneinanderheften u. z. räumlich, wie sie es in den oben angeführten Beispielen zeitlich ist. תחב aber ist wohl eine secundäre Bildung von חבא od. חבה verstecken. [4]) בית (eig. Haus) findet sich häufig zu der allgemeinen Bedeutung von מקום verblasst, so schon in der Bibel העיר בית קברות אבותי (Neh. 2, 3), בית סאתים (1. Kön. 18, 32), בית נתיבות (Scheideweg, Spr. 8, 2), im Talmud besonders bei Körpertheilen wie hier und in בית הערוה, בית השחיטה, בית השחי. [5]) Dieselben liegen ja in der Bauchhöhle wie in einem Topfe. [6]) auf den Bratspiess. [7]) Unter שפוד versteht man schlechthin einen Bratspiess aus Metall. Immerhin muss es befremden, dass nachdem in M. 1 ein שפוד של רמון empfohlen wurde, der Gegensatz hier nicht schärfer betont wird durch den Zusatz של מתכת. Findet sich derselbe doch in Sukka 14b unten, wo es auf eine Unterscheidung weniger ankommt. Es ist daher nicht unwahrscheinlich, dass שפוד in M. 1 gar nicht Spiess, sondern Ast bedeutet. Der Hebr. liebt es, den Aesten verschiedener Bäume neben der allgemeinen Bezeichnung לולב (von der Palme wie von der Rebe, von der Eiche wie vom Dornbusch — שביעית VII, 5) je nach ihrer

Spiesse[7]) und nicht auf dem Roste[8])! Es geschah bei Rabban Gamliel, dass er zu seinem Knechte Tabi sagte: Geh und brate uns das Pesachopfer auf dem Roste[9])! Berührte es die Kachel[10]) des Ofens, so schäle[11]) man die Stelle ab[12]); wenn von seinem Safte auf die Kachel[10]) tropfte und wieder zurückspritzte, nehme man die Stelle weg[13]); tropfte von seinem Safte auf Mehl, so greife man die Stelle heraus[14]). **3.** Hat man es mit Oel von Teruma[15]) bestrichen, so können sie, wenn es eine Genossenschaft[16]) von Priestern ist, es geniessen; wenn aber von

עַל הַשִּׁפּוּד וְלֹא עַל הָאַסְכְּלָה. אָמַר רַבִּי צָדוֹק, מַעֲשֶׂה בְּרַבָּן גַּמְלִיאֵל שֶׁאָמַר לְטָבִי עַבְדּוֹ. צֵא וּצְלֵה לָנוּ אֶת הַפֶּסַח עַל הָאַסְכְּלָה. נָגַע בְּחַרְסוֹ שֶׁל תַּנּוּר, יִקְלוֹף אֶת מְקוֹמוֹ. נָטַף מֵרָטְבּוֹ עַל הַחֶרֶס וְחָזַר אֵלָיו, יִטּוֹל אֶת מְקוֹמוֹ. נָטַף מֵרָטְבּוֹ עַל הַסּוֹלֶת, יִקְמוֹץ אֶת מְקוֹמוֹ: ג סָכוֹ בְשֶׁמֶן תְּרוּמָה, אִם חֲבוּרַת כֹּהֲנִים, יֹאכֵלוּ.

Form auch noch besondere Namen zu geben. So findet sich vom Feigenbaume יחור, vom Weinstock זמורה, von der Sykomore קורה (Kilajim I 8 u. VI 4), von der Palme חריות (Sukka IV 6), von der Bachweide, der wilden Feige, dem Nussbaum und dem Oleaster מורביות (das. 5 u. Tamid II 3), und so mögen auch die Aeste des Granatapfelbaumes שמורין genannt worden sein. Dadurch erklärt sich auch der Ausdruck מביאין in M. 1. Wäre der שפוד של רמון ein fertiger Bratspiess und ein solcher ist ein vorräthiger Gegenstand der Kücheneinrichtung, so hiesse es נוטלין; ist derselbe aber nur ein einfacher trockener Ast, so muss er erst aus dem Garten oder vom Felde gebracht werden. [8]) אסכלא ist das gr ἐσχάρα (Herd, Rost), nicht das lat. scala e (Leiter). Besteht auch zwischen Rost und Leiter eine äussere Aehnlichkeit, so ist doch deren grundverschiedene Bestimmung so unverkennbar (scalae kommt her von scando steigen), dass man ohne zwingenden Grund — und ein solcher ist der Uebergang von ρ in ל noch lange nicht — eine Uebertragung der Begriffe im fremden Lande gegen den Sprachgebrauch in der Heimath des Wortes nicht annehmen darf. Ueberdies ist אסכלא, wie aus Babli ersichtlich, nicht grade der aus Stäben, die wie die Sprossen einer Leiter von einander abstehen, zusammengesetzte Rost (ein solcher darf vielmehr zum Braten des Pesach verwendet werden, sofern dasselbe an einem auf den Stäben ruhenden שפוד של רמון zwischen denselben so hinabhängt, dass es von ihnen gar nicht berührt wird), sondern vorwiegend der aus einer einzigen Metallplatte bestehende Herd, welcher hier darum verboten ist, weil das Pesach dann durch die unmittelbare Wirkung des Feuers gebraten werden muss; vgl. Anm. 3. Aus demselben Grunde ist es auch unzulässig, auf den Stäben eines Rostes zu braten; die anliegenden Fleischtheile würden ja in diesem Falle durch das erhitzte Metall gar gemacht. [9]) R. G. ist entweder der Meinung, dass die Forderung אש צלי (Anm. 1) sich nur auf das Pesach in Egypten bezieht, oder dass sie — wenn schon für alle Zeiten giltig — die mittelbare Einwirkung des Feuers doch nicht ausschliesst (Jeruschalmi). [10]) die heisse Kachel. [11]) קלף abschälen, syr. ܡܠܚ, arab. قلف ist Denom. von קליפה = χελύφη Schale. Die Uebereinstimmung mit dem Griechischen ist vielleicht nur eine zufällige wie die von מסתרין mit Mysterien (μυστήρια), denn קליפה beurkundet durch eine ausgebreitete Verwandtschaft im Arabischen seine semitische Herkunft mit ungefähr derselben Evidenz wie χελύφη sein griechisches Heimatsrecht. [12]) Denn sie darf nicht gegessen werden, weil sie nicht אש צלי (Anm. 1, 3 u. 8), sondern an der Kachel gebraten ist, und da sie nicht gegessen werden darf, so muss sie verbrannt werden (vgl. M. 9). [13]) Man muss so weit und so tief herausschneiden, als der zurückgespritzte Tropfen, der ja ebenfalls nicht אש צלי ist, nach gewissenhafter Schätzung in das Fleisch eingedrungen sein mochte, und das Herausgeschnittene laut vor. Anm. verbrennen. [14]) sofern das Mehl heiss genug war, um den hineingefallenen Tropfen gar zu machen. Aus dem in vor. Anm. angedeuteten Grunde darf dasselbe, so weit der Saft sich darin verbreitet hat, nicht gegessen werden; man muss es sogar (nach Raschi) wegen des einen Tropfens vom Safte des Pesach, mit welchem es durchtränkt ist, gleich ungeniessbar gewordenem Opferfleisch verbrennen (nach Maim. Hil. K. P. VIII 13 kann es weggeworfen werden). [15]) von demjenigen Theil des Ernteertrages, welcher als Priesterhebe abgesondert wurde und nur von Kohanim oder ihren Angehörigen gegessen werden darf. [16]) Genossen-

Israeliten[17]), so muss man, sofern es noch roh ist, es abspülen[18]), falls es aber schon gebraten ist, das Aeussere abschälen[19]). Hat man es mit Oel von zweitem Zehnt[20]) bestrichen, kann man es den Genossen nicht in Rechnung stellen[21]), denn man darf zweiten Zehnt in Jerusalem nicht auslösen[22]). **4.** Fünf Dinge werden in Unreinheit dargebracht[23]),

אִם שֶׁל יִשְׂרָאֵל, אִם חַי הוּא, יְדִיחֶנּוּ, וְאִם צָלִי הוּא, יִקְלֹף אֶת הַחִיצוֹן. סָכוּ בְשֶׁמֶן שֶׁל מַעֲשֵׂר שֵׁנִי, לֹא יַעֲשֶׂנּוּ דָמִים עַל בְּנֵי חֲבוּרָה, שֶׁאֵין פּוֹדִין מַעֲשֵׂר שֵׁנִי בִּירוּשָׁלַיִם: ד חֲמִשָּׁה דְבָרִים בָּאִין בְּטֻמְאָה,

---

schaft. חבורה heisst die Vereinigung der an einem Pesachopfer betheiligten Personen (s. Einl. Abs. 2); die Mitglieder derselben heissen בני החבורה Genossen. [17]) Nichtpriestern. [18]) um das an der Oberfläche haftende Oel, das dem Nichtpriester verboten ist, gehörig zu beseitigen. [19]) weil warmes Fleisch das Oel einsaugt. [20]) Nachdem man vom Ertrag der Ernte die Teruma für den Priester und den ersten Zehent für die Leviten ausgeschieden, muss man auch noch einen zweiten Zehnt absondern, welcher eine gewisse Heiligkeit besitzt und nur innerhalb der Mauern Jerusalems verzehrt werden darf Wer die dazu erfoderliche Zeit seinem Hause uicht fernbleiben mag, ist genöthigt denselben an Bewohner der heiligen Stadt zu verschenken. [vgl. Raschi zuBaba M. 26a oben u. d. W. מעשר. Nach Bart מעשר שני I 1 ist auch das nicht zulässig und nur Gäste dazu einzuladen gestattet; s. auch Jer. u. ר״ש daselbst. Maim. scheint die Ansicht Raschi's zu theilen שדקדק בלשונו וכתב בהל׳ מ״ש פ״ג הי״ז מעשר שני ממון גבוה הוא . . . לפיכך אינו נקנה במתנה ולא כתב לפיכך אין נותנין אותו כמתנה כדקאמר בתר הכי ואין מוכרין אותו משמע דאיסורא מיהא ליכא אלא שאין מתנתו מתנה לפוטרו מן החומש כשנפדה ע״י הנותן ולחייבו בחומש כשנפדה ע״י המקבל כהחיא דפרק ח׳ ה״א וה״י ומשום הכי גבי מעות מע״ש דלא שייך בהו פדיון חשמיט דין מתנה לגמרי בפ״ג ה״כ והכי מוכח נמי בבבלי קדושין נ״ד: דפריך מפרק ד׳ דמ״ש ולא פריך מהא דתנן בראש המסכתא אבל נותנין זה לזה מתנת חנם והכי נמי מסתברא אטו משום דממון גבוה הוא יהא אסור לתנו לחברו כל היכא דאיתא בי גזא דרחמנא איתא]. Verkauft darf zweiter Zehnt nicht werden; wohl aber kann man ihn ausserhalb Jerusalems gegen Geld auslösen, wodurch er seine Heiligkeit, die sofort auf das Geld übergeht, verliert und ein Gegenstand der freien Verfügung wird, den der Eigenthümer nach Belieben verkaufen darf. Das Lösegeld muss man in der heiligen Stadt auf Nahrungsmittel ausgeben, auf die sich dann die Heiligkeit des zweiten Zehnt überträgt, die daher in Jerusalem vom Besitzer verzehrt oder verschenkt werden müssen, in keinem Falle aber verkauft werden dürfen. »Oel von zweitem Zehent« ist demnach sowohl solches Oel, welches man ursprünglich schon von den Erträgnissen der Oelernte abgesondert und in natura nach Jerusalem gebracht hat, als auch solches, welches erst nachträglich von etwaigem Lösegelde in der heiligen Stadt gekauft wurde. [21]) Wörtlich: zu Geld machen. [22]) Die Begründung ist auf den ersten Blick unverständlich. Wenn für das Oel Bezahlung gefordert wird, so kann doch höchstens von Verkauf die Rede sein, aber nicht von Auslösung; das Oel verliert ja dadurch seine Heiligkeit nicht! In der That lesen einige Hndschr. מוכרין statt פודין. Aber schon Jer. bekundet, dass unsere Lesart die richtige ist. Was hätte auch sonst בירושלים für einen Sinn? Verkaufen darf man ja zweiten Zehnt nirgends, auch nicht ausserhalb Jerusalems! Um so auffallender ist, dass Bart., der richtig 'פודין' liest, dieses Wort mit מוכרין erklärt, als ob beide Begriffe sich deckten. Nach den Ausführungen jedoch, die wir in vor. Anm. vorausgeschickt haben, ebnen sich alle Schwierigkeiten von selbst. Die Mischna will zeigen, wie es keine Möglichkeit gibt, das Oel den Genossen anzurechnen. Sie setzt dabei als bekannt voraus, dass man zweiten Zehnt nicht verkaufen darf. Beginnt doch gleich der erste Satz im Traktat מעשר שני mit diesem Verbot! Noch gibt es aber einen Ausweg. Ein pfiffiger Kauz könnte auf den Gedanken kommen, das Oel, um nur nichts schenken zu müssen, gegen einen entsprechenden Geldbetrag auszulösen und es sich nachher von den Genossen bezahlen zu lassen. In Jerusalem ist indessen auch dieser Ausweg versperrt: »denn man darf zweiten Zehnt in Jerusalem nicht auslösen.« [23]) Wenn die Gesammtheit der zur Verfügung stehenden Priester [ור״מ ז״ל כתב בהל׳ ביאת המקדש פ״ד חי״ד אם היו רוב הכהנים נכנסים שם בירושלים בזמן הקבוע טמאים יעשו בטומאה וכיוצא בו כתב גם בפי׳ המשנה הכא ובריש פ״ב דתמורה ואחריו ר״ע מברטנורא שם בתמורה ואני בכל כחי יגעתי לתור אחר מקור הדברים ולא עלתה בידי

וְאֵין נֶאֱכָלִין בְּטֻמְאָה, הָעֹמֶר וּשְׁתֵּי

aber nicht in Unreinheit gegessen[24]): Das ‘Omer und die beiden

---

חגשתי ולא מצאתי ואדרבה תיובתא קא חזינא בב"ק ק"י ע"א דפריך אי דאיכא טהורים טמאים מי מצו עבדי ואם איתא לישני ליה הכא במאי עסקינן דאיכא רוב טמאים ומעוט טהורים וצע"ג. ומדברי רש"י ז"ל משמע התם דסגי אם כל הכהנים שבאותה משמרת טמאים (ועיין מהרש"א שנדחק ליישב) ואפשר משום דכהנים של שאר משמרות מותרין לשתות יין (תעניות פ"ב מ"ז) סתמן לא חזיין לעבודה ועיין רש"י בפסחים ע"ז ע"א בד"ה דחוייה שכתב היכא דלא משתכחי טהורים וביומא מ"ו ריש ע"ב שכתב אם אין כהן טהור משמע הא יש טהור לא יעשה בטומאה מיהו בזבחים צ"ט ע"א בד"ה מהו שיחלקו כתב רש"י ובקרבן צבור שהקריבוהו טהורים קא מיבעי ליה והשתא קשה אי דאיכא טהורים האי כהן טמא לאו בר חטוי הוא וצ"ל דרש"י לשיטתו אזיל דסגי אם כל הכהנים שבאותה משמרת טמאים ומיירי שהקריבוהו טהורים של משמרת אחרת] oder der ganze Vorrath an geeigneten Opfergeräthen unmittelbar oder mittelbar durch eine Leiche unrein geworden (4. B. M. 19, 14—16), so werden zwar alle Opfer, die an keine bestimmte Zeit gebunden sind, bis zur wiederhergestellten Reinheit aufgeschoben, diejenigen aber, für welche der Tag der Darbringung festgesezt ist, und welche daher selbst am Sabbat nicht unterbleiben, nicht allein trotz dieser Unreinheit vollzogen, sondern sogar in solcher Unreinheit; d. h. es können auch unreine Geräthe zur Verwendung kommen, wenn die Priester, und es können unreine Priester dabei ihres Amtes walten, wenn die Geräthe mit einer durch eine Leiche verursachten Unreinheit (טומאת מת) behaftet sind. Was die anderen Arten der Unreinheit betrifft, so hat jede derselben, sie habe welchen Namen sie wolle, für den inficirten Menschen — ob Laie oder Priester — unter allen Umständen und ohne Ausnahme den unbedingten Ausschluss vom Heiligthum sowie den unbedingten Ausschluss von jeglicher Opferhandlung zur unausbleiblichen Folge. Und wären alle dienstfähigen Priester mit einer solchen Unreinheit behaftet, so müssten sämmtliche Opfer, auch die öffentlichen, bis zur wiedererlangten Reinheit unterbleiben. Anders wenn solche Unreinheit auf den Opfergeräthen lastet. In diesem Falle werden die unaufschiebbaren Opfer trotz dieser Unreinheit dargebracht, aber dennoch nicht in Unreinheit; es dürfen vielmehr nur reine Priester den Dienst verrichten Dieselben werden ja durch Berührung der Opfergeräthe nicht verunreinigt, da Menschen nach K. I, Anm. 26 nur für die primäre Uebertragung empfänglich sind, unter den in Betracht kommenden Geräthen aber kein einziges anders als durch טומאת מת zu einem Infectionsherd (אב הטומאה das. Anm. 29) werden kann. [Wenn also Maim in Hil. Biat Hamikdasch IV 12 היו כלי השרת טמאים למת ויתעסקו sagt, so kann er למת nur mit Rücksicht auf den Nachsatz הרי זה יעשה בטומאה כו הטמאים והטהורים כאחד hinzugefügt haben; der Hauptsatz aber setzt keineswegs eine טומאת מת voraus, wie aus Babli Pesachim 79a נטמאת הסכין כטומאת שרץ .... טהורים עבדי klar hervorgeht.] Dagegen giebt es eine Möglichkeit auf anderm Wege אב הטומאה zu werden für die Priestergewänder, zwar nicht für alle, aber doch für diejenigen unter ihnen — und das sind die meisten — die aus weissen Stoffen gemacht sind — ich meine den Aussatz (נגעי בגדים 3. B. M. 13, 47—59). [אבל טומאת מדרס אפשר דלא שייך בבגדי כהונה ויש לי בזה אריכות דברים אבל אין כאן מקומן].

[24]) Von all den Opfern, welche laut vor. Anm. auch in Unreinheit vollzogen werden, sind die meisten Ganzopfer, die überhaupt nicht gegessen werden. Ausser dem Pesach, von welchem am Schluss der Mischna gesprochen wird, giebt es unter ihnen nur fünf, von denen nach Darbringung gewisser Opfertheile der Rest gegessen wird Dieselben werden hier aufgezählt. Ihre »Reste« dürfen im Gegensatz zum Pesach (s. Anm. 29) nur sofern sie rein sind und auch dann nur von reinen Priestern gegessen werden. Der auf den ersten Blick an dieser Stelle überflüssige Zusatz בטומאה ist aus zwei Gründen nöthig. Erstens wegen der Zahl חמשה. Der דברים הבאים בטומאה ואינם נאכלים giebt es mehr, aber nur fünf, die blos בטומאה nicht gegessen werden. Zweitens, weil sonst der Irrthum entstehen könnte, dass von einem in Unreinheit dargebrachten Opferthier das Fleisch auch dann nicht gegessen werden darf, wenn dieses rein geblieben. Es ist sehr wohl denkbarr, dass sämmtliche dienstfähigen Priester unrein sind, mithin das Blut und das Fett des Opfers in Unreinheit dargebracht werden musste, dennoch aber das Fleisch nicht unrein geworden und daher gegessen werden darf; denn einerseits kann das Schlachten, Abhäuten und Zergliedern des Opfers auch durch Laien geschehen, sodass die unreinen Priester mit dem Fleische desselben nicht einmal in mittelbare Berührung zu kommen brauchen, andererseits dürfen auch mit Leibesfehlern behaftete und somit dienstuntaugliche Priester (3. B. M. 21, 16—21), sofern sie nur rein sind, Operfleisch essen (das. 22). [וזהו שכתב הר"ם ז"ל בהל' מעשה הקרבנות סוף פ"י קרבן צבור הבא בטומאה אע"פ שהטמאים מקריבים

Brote[25]), das innere Brot[26]), die öffentlichen Friedensopfer[27]) und die Neumondsböcke[28]). Das Pesach, welches in Unreinheit dargebracht wird, wird in Unreinheit gegessen[29]),

הַלֶּחֶם וְלֶחֶם הַפָּנִים זִבְחֵי שַׁלְמֵי צִבּוּר וּשְׂעִירֵי רָאשֵׁי חֳדָשִׁים. הַפֶּסַח שֶׁבָּא בְטֻמְאָה נֶאֱכָל בְּטֻמְאָה, שֶׁלֹּא

אותו און חולקים עם הטהורים לאכול לערב כלומר אותם הטמאים שהקריבו הלבו ודמו ולא נגעו בבשר אינם חולקים לאכול לערב כשיטהרו עם בעלי מומים הטהורים ולא כמו שנדחקו מהר״י קורקוס ומהר״י קארו ז״ל (שם בכ״מ) לפרש דבריו ומקור הדברים בסוגיא דזבחים צ״ט ע״א הנ״ל אבל לא כמו שפי׳ רש״י ז״ל דאיירי בקרבן צבור שהקריבוהו טהורים אלא מיירי שהקריבוהו כהנים טמאים ולא נגעו בבשר כמו שאתה צריך לפרש על כרחך מימרא דרב ששת בב״ק ק״י ע״א דמוקים ליה רבא דליכא טהורים כלל לשרת ואכילתה לבעלי מומים הטהורים שבאותו משמר ואם לא שנזהרו הטמאים המקריבים סלינע בבשר אף הטהורים לא מצו אכלי ליה דהוי ליה בשר קדש שנטמא כן נראה לי ברור בס״ד בפי׳ דברי רמב״ם ז״ל.] [25]) 3. B. M. 23, 9—11 und 15—17. Das ʻOmer war das jährliche Erstlingsopfer von der Gerste, die beiden Brote waren das jährliche Erstlingsopfer vom Weizen; jenes wurde gemäss der pharisäischen Tradition am 16. Nisan, dieses 49 Tage später am Wochenfeste dargebracht. Vom ʻOmer wurde ein Theil auf dem Altar verbrannt, der Rest von den Priestern gegessen; von den beiden Broten durfte freilich, da dieselben nach der Vorschrift der Tora (das.) Chamesz waren, nichts auf den Altar gethan werden (3. B. M. 2, 11—12), sie wurden vielmehr vollständig von den Kohanim verzehrt, aber erst dann, wenn vom Friedensopfer (Anm. 27), mit welchem sie zusammen dargebracht wurden, die Opfertheile auf den Altar gekommen waren. [26]) Die zwölf sog. Schaubrote (2. B. M. 25, 30 und 3. B. M. 24, 5—9), welche wöchentlich vor Sabbat gebacken und am Sabbat, in zwei Reihen geordnet, nebst zwei Schalen voll Weihrauch auf den inneren Tisch שלחן הפנים (4. B. M. 4,7) des Heiligthums gestellt wurden, wo sie die ganze Woche hindurch lagen, um am nächsten Sabbat durch neue ersetzt zu werden. Der Weihrauch wurde als Opfertheil verbrannt, das Brot selbst unter die Priester vertheilt. Es ist das einzige Opferbrot, welches in das Innere des Heiligthums gelangte. [27]) Wie es unter den aus Mehl bereiteten Gemeindeopfern nur die drei hier angeführten giebt, von denen gegessen werden darf, so giebt es unter den öffentlichen Thieropfern nur die folgenden drei, deren Fleisch nicht dem Altarfeuer übergeben, sondern nach Darbringung der Opfertheile (Blut und Fett) von Menschen verzehrt wird: Das Pesach, das Sündopfer der Fest- und Neumondstage (s. d. folg. Anm.) und die beiden Lämmer, welche am Wochenfeste zugleich mit den eben erwähnten zwei Broten als Friedensopfer dargebracht wurden (3. B. M. 23, 19—20). [28]) Das nach 4. B. M. 28, 15 an jedem Neumondstage aus öffentlichen Mitteln für die Gemeinde darzubringende Sündopfer. Ein solches wird aber in demselben Kapitel (Vv. 22, 24, 30) und im folgenden (Vv. 5, 11, 16, 19, 22, 25, 28, 31, 34, 38) auch für die übrigen Feste des Jahres angeordnet. Man sollte daher zu ושעירי ראשי חדשים den Zusatz ושל מועדות erwarten. Vielleicht sind die Neumondstage der Kürze wegen aus der Reihe der übrigen Feste nur als Beispiel hervorgehoben, weil sie an der angeführten Bibelstelle den Reigen derselben eröffnen. So werden in Z'baḥim 9b u. 48b und M'naḥot 55b u. 92b die von den Fürsten Israels zur Einweihung des Altars geopferten Böcke (4. B. M. 7. Vv. 16, 22, 28, 34 etc.) als שעיר נחשון oder חטאת נחשון bezeichnet, weil dieser Fürst, wie Raschi erklärt, daselbst an erster Stelle genannt wird. Allerdings könnte dort der allgemeine Ausdruck שעירי הנשיאים zu dem Missverständnis führen, es wäre das im 3. B. M. 4, 22—26 vorgeschriebene Opfer gemeint, während hier, parallel der vorangehenden Benennung זבחי שלמי צבור, die Bezeichnung חטאות הצבור besser am Platze schiene, zumal nach der Definition in Z'baḥim V, 3: אלו הן חטאות הצבור שעירי ראשי חדשים ושל מועדות. In Wahrheit aber wäre dieser Ausdruck nicht präzis genug (ועיין רש״י זבחים נ״ב ע״ב בפי׳ המשנה), denn er könnte auch auf das im 3. B. M. das. 13—21 erwähnte Sündopfer bezogen werden, welches in M'naḥot IX 7 zu den קרבנות הצבור gezählt, jedoch weder gegessen, noch in Unreinheit dargebracht wird. Ja sogar die genauere Bezeichnung שעירי חטאות הצבור könnte noch im Hinblick auf 4. B. M. 15, 24 zu einer falschen Auffassung verleiten. Nach all dem ist es nicht unmöglich, dass der vermisste Zusatz ושל מועדות mit Absicht weggelassen ist, weil derselbe auch den nach 3. B. M. 16, 9 am Versöhnungstage zu opfernden Bock einschliessen würde; dieser gehört indessen nicht zu den hier aufgezählten fünf Opferarten, denn er wird zwar auch in Unreinheit geopfert, aber niemals gegessen. In Sch'bu'ot I,4 steht שעירי הרגלים ושעירי ראשי חדשים, weil dort R. Simon zwischen beiden unterscheidet. [29]) Gleichviel ob das Pesach bei der Opferung unrein geworden oder nicht, dürfen

בא מתחלתו אלא לאכילה׃ ה נטמא הבשר והחלב קים, אינו זורק את הדם. נטמא החלב והבשר קים, זורק את הדם. ובמקדשין אינו כן, אלא אף על פי שנטמא הבשר, והחלב קים, זורק את הדם׃ ו נטמא קהל או רבו, או שהיו הכהנים טמאים והקהל טהורים, יעשה בטמאה. נטמא מעוט הקהל,

denn es wird von Anfang an nur zum Genusse dargebracht[30]). **5.** Ist das Fleisch unrein geworden[31]), das Fett aber erhalten geblieben, so sprengt man das Blut nicht[32]); ist das Fett unrein geworden, das Fleisch aber erhalten geblieben, so sprengt man das Blut[33]). Bei den übrigen Opfern[34]) ist es nicht so, sondern auch wenn das Fleisch unrein geworden und nur das Fett erhalten ist, sprengt man das Blut[35]). **6.** Ist die Gemeinde oder ihre Mehrheit unrein geworden[36]), oder wenn die Priesterschaft unrein und die Gemeinde rein ist, so wird es in Unreinheit bereitet[37]); ist die Minderheit der Gemeinde unrein geworden,

---

nicht allein reine, sondern auch unreine Personen Abends von seinem Fleische essen. Sonst ist der Genuss unreinen Opferfleisches streng verboten; noch schwerer aber ist die Sünde, wenn unreine Personen Opferfleisch geniessen. [30]) Der Hauptzweck des Pesach ist nicht die Opferhandlung, sondern das Opfermahl; vgl. die folg. Mischna. [31]) Die Rede ist vom Pesachopfer, aber nicht mehr von dem in Unreinheit dargebrachten (dessen Blut auf alle Fälle gesprengt wird), sondern von einem durch Zufall verunreinigten. Die Mischna knüpft hier nur an den Schlusssatz der vorigen an, um denselben durch ein Beispiel zu beleuchten. Der Gedanke, dass die eigentliche Bedeutung des Pesach im Opfermahle gipfelt, findet beredten Ausdruck in der Vorschrift, das Blut nicht zu sprengen und somit das Opfer für untauglich zu erklären, sobald das Fleisch unrein und dadurch ungeniessbar geworden, während es sonst genügt, wenn nur das auf dem Altar zu verbrennende Fett rein geblieben. [32]) und bringt auch das Fett nicht auf den Altar, lässt vielmehr ein neues Pesach darbringen. [33]) und das Fleisch wird Abends verzehrt, obschon das Fett nicht geopfert werden konnte. [34]) Da das Pesach zu den Opfern gehört, dürfte die Gegenüberstellung von פסח und מוקדשין (hier und M. 12, desgl. חפסח שנתערב בזבחים IX 8, פסח וקדשים VIII 8 u. Ḥullin 12a oben) Befremden erregen. Dem Kundigen fällt es kaum auf. Schon in der heil. Schrift findet man בישראל ובאדם (Jer. 32, 20) u. ä., im Gebetbuch בין ישראל לעמים u. dgl.; im Talmud ist die Verbindung solcher Begriffe, von denen der eine den andern umschliesst, unter Weglassung des Wörtchens שאר fast die Regel. Hier nur wenige Beispiele: את הראש ואת האברים (Joma III 4), בהר הבית — בירושלים (Sch'ḳalim VII 2. Dagegen ebend. בשעת הרגל מעשר ובשאר ימות השנה חולין, ebenso in dem Zitat Babli P'saḥim 7a, umgekehrt aber in Baba M. 26a: בשאר ימות השנה חולין בשעת הרגל מעשר, eine Wortstellung, bei welcher der Zusatz בשאר nöthig ist, weil der umfassendere Begriff vorangeht; vgl. שאר ירקות—מרור P'saḥim X 4), הכהנים והעם (Joma VI 2 u. Ta'anijot IV, 5) קרבנות — חטאת (Nazir VI 10) u. a. m. Vielleicht gehört hierher auch כהנים לויים וישראלים (Kidduschin IV 1) und die stehende Redensart דברי ר׳ פלוני וחכמים אומרים. [35]) Desgleichen kann das Blut gesprengt werden und folglich der Opferzweck als erfüllt gelten, wenn das Fett unrein geworden und daher dem Altar nicht zugewendet werden durfte, sofern nur das Fleisch rein geblieben. Ist beides unrein geworden, so wird das Blut nur gesprengt, wenn es sich um ein öffentliches Opfer (mit Ausnahme des Pesach) handelt. [36]) Das Verhältnis der Reinen zu den Unreinen kann natürlich nicht durch eine genaue Volkszählung ermittelt werden, denn eine solche müsste schon Tage vorher abgeschlossen sein, wenn das Ergebnis am 14. Nisan festgestellt werden soll, und würde daher den Zweck derselben eher beeinträchtigen als fördern, da doch inzwischen ohne Zweifel noch mehr Personen durch Leichen (s. Anm. 23) unrein geworden. Es werden vielmehr die Bevollmächtigten, die das Pesach im Namen ihrer Tischgenossen darbrachten, und von denen mancher eine Gesellschaft von 20 Personen und darüber vertrat, kurz bevor sich die Pforten der Opferhalle vor der ersten Gruppe öffnen (K. V, M. 5), einander gegenübergestellt, wonach sofort — meist auf den ersten Blick, in zweifelhaften Fällen durch Auszählung — entschieden wird, ob die Zahl der Reinen oder die der Unreinen überwiegt. [37]) Es dürfen, obwohl reine

הַטְּהוֹרִין עוֹשִׂין אֶת הָרִאשׁוֹן, וְהַטְּמֵאִין עוֹשִׂין אֶת הַשֵּׁנִי׃ ז הַפֶּסַח שֶׁנִּזְרַק דָּמוֹ, וְאַחַר כָּךְ נוֹדַע שֶׁהוּא טָמֵא, הַצִּיץ מְרַצֶּה, נִטְמָא הַגּוּף,

so bereiten die Reinen das erste und die Unreinen bereiten das zweite[38]. **7.** Ist das Blut eines Pesach gesprengt, und es stellt sich nachträglich heraus, dass es[39]) unrein ist, so sühnt die Priesterbinde[40]),

Priester in genügender Zahl zu Gebote stehen, auch Unreine an den Opferhandlungen sich betheiligen, wenn die Mehrheit der Gemeinde unrein ist, und es dürfen, obgleich die Mehrheit der Gemeinde rein ist, auch Unreine am Opfermahl theilnehmen, sofern die Priester unrein sind. Sind die Opfergeräthe mit einer durch eine Leiche verursachten Unreinheit behaftet, so sind auch unreine Personen sowohl zu den Opferhandlungen als zum Opfermahle zuzulassen; denn da Geräthe nur für primäre Uebertragung empfänglich sind (K. I, Anm. 26), die in Rede stehenden aber hierbei eine Abschwächung des Unreinheitsgrades nicht erleiden (das. Anm. 33), würden ja nothwendig durch die Handhabung derselben auch reine Personen noch vor der Opferhandlung unrein, so dass es auf genau dasselbe herauskommt, ob die Priester oder die Geräthe in der angegebenen Weise verunreinigt sind. Ist es dagegen eine andere Art der Unreinheit, die auf den Opfergeräthen lastet, so dürfen, wie schon oben (Anm. 23) auseinandergesetzt wurde, nur reine Personen den Dienst verrichten; die Frage aber, ob wenigstens am Opfermahle auch Unreine sich betheiligen dürfen, ist Gegenstand eines Meinungsstreites im Babli z. St. [wo statt בטמא מת entweder כמת (nach סמ״ג מ״ע ס״ם רכ״ד und ילקום פ׳ צו ס״ס תצ״ט) oder, entsprechend dem Gegensatze דרחסנא אמר בחלל חרב, vielleicht בטומאת מת zu lesen ist, die Worte aber בטומאת שרץ חרב הרי הוא כחלל ganz zu streichen sind. עיין רמב״ם פ״ג מהל׳ ביאת מקדש הט״ו ובפי׳ ר״ש בריש מס׳ אהילות שהובא במשנה למלך פ״ח מהל׳ טומאת מת ה״ג בד״ה ודע ומבואר שם יפה אלא שנעלם מעיניו סוגיא דידן ואי״ת ארחיב דברי בסוף הספר]. Ebenso gehen die Ansichten darüber auseinander, ob die Unreinen, wenn sie an Zahl den Reinen gleich sind, das Pesach, welches diese unstreitig in Reinheit bereiten müssen, ihrerseits in Unreinheit darbringen und verzehren, oder auf das zweite Pesach am 14. des nächsten Monats verwiesen werden, oder aber in diesem Jahre überhaupt kein Pesach feiern. — Statt יַעֲשׂה lesen einige יַעֲשׂוּ, was sachlich dasselbe ist. [38]) 4. B. M. 9, 6–11. [39]) Es ist unklar, ob dieses Fürwort auf das Pesach oder auf das Blut hinweist [s. Raschi und Tosafoth z. St. ומדברי הירושלמי דקאמר מתניתא בשנטמא משירד לאוירו של כלי אבל אם נטמא עד שהוא כלמעלן נעשה כמקבל מים אין הכרע דאיכא למימר אסיפא קאי הציץ מרצה על טומאת הדם]. Maimonides bezieht es in seinem Kodex (Hil. Korban Pesaḥ IV 2), wohl infolge seiner Entscheidung daselbst (Hil. Tum'at Ochâlin X 16), dass Opferblut gar nicht unrein werden kann [ובהל׳ מעשה הקרבנות פ״ח ה״ט כשגגה שיצא מלפני השליט דוק ותשכח ועיין כ״מ ול״ם שלא הרגישו בזה כלום], auf jenes, in seinem Kommentar zu unserer Mischna dagegen, die ja in der mit מפני שאמרו eingeführten Begründung ausdrücklich von „Unreinheit des Blutes spricht [וצ״ע בבבלי פסחים ט״ו ע״ב אדמתיב ליה לרב משלש ברייתות ליתיביה ממתניתן], auf dieses. Ein Beweis indessen ist dieser Hinweis keineswegs. Die Begründung braucht durchaus nicht auf unsere Stelle ausgedehnt zu werden, kann sich vielmehr auf den nächsten Satz beschränken (s. Anm. 43). Umgekehrt glaube ich in dem Wörtchen שהוא selbst, um dessen Deutung es sich handelt, wenn auch nicht im genus, so doch im tempus desselben, eine Stütze dafür zu finden, dass es auf das Pesach sich bezieht. Auf das bereits gesprengte Blut bezogen, müsste es שהיה lauten („dass es unrein war"). Es scheint, dass ebenso wie die sechste an die vierte nun wieder die siebente an die fünfte Mischna anknüpft. Dort wurde gelehrt, dass das Blut des Pesach nicht gesprengt werden soll, wenn das Fleisch unrein geworden. Es muss also in diesem Falle von den Genossen ein neues Opferthier herbeigeschafft oder, wenn das nicht mehr möglich ist, im nächsten Monat ein „zweites Pesach" dargebracht werden. Wie aber, wenn erst nach der Sprengung des Blutes entdeckt wird, dass das Fleisch schon vorher unrein gewesen? In diesem Falle, erfahren wir nun hier, haben die Genossen ihrer Pflicht genügt und sind daher, obgleich sie auf das Opfermahl verzichten müssen, zur Feier des zweiten Pesach weder verpflichtet noch befugt. [40]) Der Stirnbinde des Hohenpriesters (2. B. M. 28, 36–38) wohnt nach dem Wortlaut der Schrift die Kraft inne, einen den Opfern anhaftenden Makel aufzuheben (ונשא אהרן את עון הקדשים) und ihnen dadurch das göttliche Wohlgefallen zu sichern (לרצון להם — daher auch hier der Ausdruck מרצה; vgl. נרצה עונה

אֵין הַצִּיץ מְרַצֶּה. מִפְּנֵי שֶׁאָמְרוּ, נָזִיר וְעוֹשֶׂה פֶסַח, הַצִּיץ מְרַצֶּה עַל טֻמְאַת הַדָּם, וְאֵין הַצִּיץ מְרַצֶּה עַל טֻמְאַת הַגּוּף. נִטְמָא טֻמְאַת

… dass die Person[41]) unrein geworden, so sühnt die Priesterbinde nicht[42]); denn sie haben gesagt: Beim Nazir und dem Darbringer des Pesach sühnt die Priesterbinde die Unreinheit des Blutes, nicht aber sühnt die Priesterbinde die Unreinheit der Person[43]); war diese durch

---

Jes. 40, 2), welches das angestrebte Ziel jeder Opferhandlung ist (vgl. 3. B. M. 1, 8; 22, 19—21 u. ö.). Diese Wirkung, welche sich nach der Ueberlieferung nur auf den Makel der Unreinheit erstreckt, äussert sich in verschiedener Weise: Sind es die für den Altar bestimmten Theile, die nachträglich als unrein erkannt wurden, so zeigt sie sich darin, dass das rein gebliebene Fleisch gegessen werden darf; hat sich dagegen nur dieses als unrein herausgestellt, so kommt sie dadurch zur Geltung, dass jene dem Altar zugewendet werden dürfen. In allen Fällen aber, selbst wenn beides unrein gewesen, hat sie zur Folge, dass das Opfer als vollzogen gilt und durch kein anderes ersetzt zu werden braucht. Dass jedoch das unrein gewordene Opferfleisch zum Genuss erlaubt sei, kann die Sühne nicht einmal beim Pesach bewirken. Es heisst zwar oben (M. 4), dass ein in Unreinheit dargebrachtes Pesach auch in Unreinheit gegessen wird; das gilt aber nur von einem solchen, das die ganze Gemeinde in Unreinheit darbringt, während hier von Einzelnen blos die Rede ist. — מרצה ist als Hif'il nicht als Pi'el zu lesen, denn das Passiv lautet הורצה (Tosefta Z'baḥim IV g. A. u. ö., Babli das. 45b u. ö.) [41]) eines Theilhabers. [42]) Er wird vielmehr auf das zweite Pesach verwiesen. Ist er aber erst nach der Sprengung unrein geworden, so feiert er — obschon vom Opfermahle ausgeschlossen — das zweite Pesach nicht. Demnach ist נטמא הגוף dem vorangehenden ואחר כך נודע zwar syntaktisch beigeordnet, logisch aber untergeordnet. Es müsste eigentlich שנטמא הגוף heissen. [43]) In der Tosefta lautet dieser Satz, welcher nach Maim. z. St. aus einer Zeit stammt, die noch hinter der des Jose b. Jo'ezer (st. vor dem Makkabäerkriege) weit zurückliegt, ausführlicher: כל קרבנות הצבור והיחיד הציץ מרצה על טומאת הדם ועל טומאת הגוף חוץ מנזיר ועושה פסח שמרצה על טומאת הדם ואין מרצה על טומאת הגוף (P'saḥim VI u. N'zirut VI). Wir sehen hier den Nachdruck auf die Unreinheit der Person gelegt, die des Blutes aber, für welche ja keine Ausnahme besteht, nur so nebenbei angeführt, und gewinnen dadurch einen Anhalt, um die Betonung von נזיר ועושה פסח in der Mischna zu verstehen. Bei allen anderen Opfern kommt es auf die Reinheit des Darbringers nicht sehr an, wenn nur diejenigen nicht unrein waren, welche die Opferhandlungen vornahmen. Nicht so beim Pesach und dem Naziropfer. Von jenem wissen wir bereits aus K. V, M. 3 (s. das. Anm. 12—13), dass es untauglich ist und daher verbrannt werden muss, wenn es für Unreine geschlachtet wurde [ועיין תוס׳ פסחים ס׳ ע״א ד״ה שחטו ונראה שרש״י ז״ל מפרש שלא למנויו היינו לשם חבורה אחרת אבל שלא לאוכליו לערלים ולטמאים היינו ששחטו לשם בעליו א״א שכל החבורה היו חולים או ערלים או טמאים והא גופא קמשמע לן שכל אלה לא חשיבי בעלים דאע״ג דתנן ספ״ג דזבחים שיאכלוהו טמאים . . . שיאכלוהו ערלים . . . כשר ואפילו בפסח כדמשמע התם היינו דווקא טמאים וערלים דעלמא אבל אם כל בני החבורה טמאים או ערלים אין כאן בעלים ופסול]; dasselbe gilt von einem Pesach, dessen Inhaber erst nach dem Schlachten, aber vor der Sprengung des Blutes sämmtlich unrein geworden. In beiden Fällen wird das Opferblut weggegossen, das Fett nicht dargebracht, das Fleisch nicht gegessen, und die Theilhaber müssen im nächsten Monat das Pesach auf's Neue bereiten. Genau dieselben Bestimmungen finden entsprechende Anwendung auf den Nazir (4. B. M. 6, 1—21). Wenn sich herausstellt, dass er zur Zeit, als er die vorgeschriebenen Opfer (das. 13—15) darbrachte, mit einer durch eine Leiche herbeigeführten Unreinheit behaftet war, sind dieselben ebenfalls untauglich [לא מצאתי דבר זה בפירוש אבל מאחר שסותר את נזרו נראה לי לדמותו למביא קרבנותיו תוך מלאות (עיין תוס׳ נזיר מ״ז. ד״ה ונטמא) דתני לוי אשם נזיר ואשם מצורע ששחטן . . . מחוסר זמן בבעלים . . . פסולין (מנחות מ״ח:) והוא הדין לחטאת הנזיר דמאי שני אבל בעולתו ושלמיו אכתי איכא לספוקי דתניא בתוספתא ריש זבחים עולת נזיר ועולת יולדת ועולת מצורע . . . ששחטן מחוסר זמן בבעלים יעלו לגבי מזבח ומעונין נסכים והכי משמע קצת ממתניתן דנזיר פ״ו מ״י דקתני וזבחיו לא עלו לו כשמע דכשרים מיהת הוויין ואפילו תימא בדין הוא דהות ליה למתני פסולין ואיידי דבעי למתני סיפא להודיעך כחו דר׳ שמעון תני נמי רישא לא עלו לו אכתי יש לחשיב ממתניתן דזבחים פי״ד מ״ג שהרי לא השוו שם חכמים מחוסר זמן בבעלים למחוסר זמן בגופו אלא אצל חטאות ואשמות אבל לא אצל עולות ושלמים שאין פסולין אלא מחוסרי זמן בגופן אבל משום מחוסרי זמן בבעלים אין בהן הואיל ואף בנדבה הן באין

הַתְּהוֹם, הַצִּיץ מְרַצֶּה: **ח** נִטְמָא שָׁלֵם אוֹ רֻבּוֹ, שׂוֹרְפִין אוֹתוֹ לִפְנֵי

„Unreinheit des Abgrundes"[44]) verunreinigt, sühnt die Priesterbinde[45]). **8.** Ist es ganz oder grössern Theils unrein geworden, so verbrennt man

---

מיהו יש לחלק דהתם במתניתן ותוספתא דזבחים היינו מטמא שעולותיהן ושלמיהן כשרין משום שהקריבום מדעתם תוך מלאת מסתמא לשם נדבת הביאום והואיל ואף בנדבה הן באין אין כאן משום מחוסר זמן בבעלים ובנזיר נמי אם גלח על החטאת ונמצאת פסולה ואף על פי כן הקריב עולתו ושלמיו שאין עולים לו לחובתו וודאי לשם נדבה הביאן מה שאינו כן הכא שנודע לו אחר תגלחתו שנטמא כבר קודם לכן הוי ליה הקדש טעות ודומה קצת למי שנשאל לחכם והתירו (נזיר פ״ה מ״ג) ואף על גב דהתם תצא ותרעה בעדר ואלו הכא לא יצאו לחולין אלא יקריבן לתגלחתו אחר שיטהר וישלים נזירתו סוף סוף אלו היה יודע בשעת הפרשה שנטמא לא היה מקדיש בהמה זו לעת כזאת לאסור על נפשו גיזתה ועבודתה כל הזמן הרב הזה אלא היה ממתין עד שיטהר וישלים נזירתו ואז היה מפריש בהמות אחרות אשתכח דמעיקרא בטעות הקדישן והוו להו חולין שנשחטו בעזרה ויקברו ועיין בסמך עוד ראיה]. Weder dürfen die für den Altar bestimmten Theile demselben zugewendet, noch die übrigen gegessen werden; er selbst aber muss nach wiedererlangter Reinheit sein Gelübde auf's Neue erfüllen (das. 9—12) und dann dieselben Opfer noch einmal darbringen. Aehnlich verhält es sich, wenn er auch nur einen Augenblick vor Sprengung des Opferblutes durch eine Leiche unrein geworden. Der Nazir ist nämlich auch nach Ablauf der in seinem Gelübde festgesetzten Zeit noch solange an dasselbe gebunden, bis am folgenden Tage wenigstens von einem seiner Opfer das Blut in gehöriger Weise gesprengt ist. Wird er vorher unrein, sind seine Opfer in dem eben erläuterten Sinne untauglich [גם את זאת לא מצאתי בפירוש ויש מקום לבעל דין לחלוק אבל הנראה לי כתבתי מידי דהוה אמביא אשמו ומשנשחט נודע לו שלא חטא הרי זה יקבר (כריתות פ״ו מ״ב) ואם תשיבני מה לאשם וודאי שתחלתו הקדש טעות ובשעת שחיטתו כבר לא היה ראוי תאמר בנזיר שנטמא קודם זריקה שקרבנותיו הקדש גמור ובשעת שחיטה עדיין היו ראויין אשם תלוי יוכיח (שם מ״א) שדומה ממש לנדון זה שהרי גם הוא אם עד שלא נשחט נודע לו אינו יוצא לחולין אלמא הקדש גמור הוא ואם משנזרק דמו הבשר יאכל (כמו גבי נזיר שנטמא לאחר שנזרק אחד מן הדמים שעלתה לו תגלחתו וקרבנותיו כשרים) ואעפ״כ אם משנשחט נודע לו ישפך הדם והבשר יצא לבית השרפה מכלל שהזבח פסול אע״ג דבשעת שחיטה עדיין ראוי היה אף אני אביא קרבנות הנזיר שנטמא אחר שחיטה שאע״פ שבשעת שחיטתן ראויין היו לתגלחת טהרתו הואיל ונדחו קודם זריקה יצאו לבית השרפה ומה שכתבה״י בסמוך שאם נודע אחר זריקה שכבר נטמא בימי נזרו קרבנותיו פסולין ואילו אשם תלוי אם נודע אחר זריקה שלא חטא או שחטא יקרבו האמורים והבשר יאכל שאני אשם תלוי שמתחלתו על הספק בא כיפר ספקו והלך לו מה שאין כן בקרבנות הנזיר שאין באין אלא לתגלחתו והרי תגלחתו בטעות היתה הא לא דמיא אלא לאשם וודאי דתנן התם שיוצא לבית השרפה אם נודע אחר זריקת דמו שלא חטאו בעליו] mit dem einzigen Unterschiede, dass er in diesem Falle nach wiedererlangter Reinheit nur dreissig Tage lang den Pflichten seines Gelübdes noch unterworfen ist. Wird er jedoch erst nachher unrein, so hat das weiter nichts auf sich, immer vorausgesetzt, dass kein Verstoss vorgekommen, der die Giltigkeit des Opfers beeinträchtigt, in welchem Falle dasselbe als nicht vollzogen angesehen werden müsste, was für ihn all die schlimmen Folgen nach sich zöge, welche seine Verunreinigung vor Darbringung desselben herbeigeführt hätte. Die Sprengung unreinen Blutes ist nun ein solcher Verstoss. Wurde indessen die Unreinheit erst nach erfolgter Sprengung entdeckt, so bewirkt die sühnende Kraft der Priesterbinde, dass das Opfer trotz des Versehens als tauglich gilt und die angeführten Folgen für den Nazir nicht mehr eintreten können, dieser vielmehr seines Gelübdes entbunden ist und fortan ohne Bedenken Leichen berühren darf. [44]) Schulausdruck für Leichentheile oder auch ganze Leichen, welche allem Anscheine nach bisher menschlicher Kenntnis so verborgen waren wie die Untiefe oder der Meeresgrund. Das ist der Fall, wenn alle Umstände der Auffindung die Annahme rechtfertigen, dass vor ihrer Entdeckung ebenso wenig wie die Person, die dort arglos vorübergegangen und um deren in Frage gestellte Reinheit es sich jetzt handelt, auch kein anderer Mensch je eine Ahnung hatte von dem Verhandensein derselben an diesem Orte, z. B. wenn die Lage des Todten vermuthen lässt, dass er nicht von Menschenhänden dort begraben, sondern durch einen Erdrutsch verschüttet wurde. Die immerhin seltsame Bezeichnung lässt darauf schliessen, dass auch dieser Satz aus älterer Zeit stammt und mithin den Schluss der Anführung bildet, obgleich er in unserer Mischna eine selbständige Stellung einnimmt. In der Tosefta folgt er unmittelbar auf die an der Spitze der vorigen Anmerkung wiedergegebenen Worte. Vielleicht hat derselbe ursprünglich in der Mischna zweimal gestanden, ist aber später vor כפני שאמרו von Abschreibern aus Versehen fortgelassen oder gar als verdächtige Wiederholung eigenmächtig gestrichen worden. [45]) Ist daher solche Un-

הַבִּירָה מֵעֲצֵי הַמַּעֲרָכָה. נִטְמָא מִעוּטוֹ וְהַנּוֹתָר, שׂוֹרְפִין אוֹתוֹ בְּחַצְרוֹתֵיהֶן אוֹ עַל גַּגּוֹתֵיהֶן מֵעֲצֵי עַצְמָן. הַצַּיְקָנִין שׂוֹרְפִין אוֹתוֹ לִפְנֵי הַבִּירָה בִּשְׁבִיל לֵהָנוֹת מֵעֲצֵי הַמַּעֲרָכָה: ט הַפֶּסַח

es Angesichts des Bira[46]) mit dem Holze für den Altarherd[47]); einen unrein gewordenen kleinern Theil und Uebriggebliebenes[48]) verbrennt man auf dem eigenen Hofe oder Dache mit eigenem Holze. Engherzige[49]) verbrennen es vor der Bira, um sich das Holz für den Altarherd zu Nutze zu machen. **9.** Ein Pesach, das hinausgeschafft

---

reinheit erst nach Sprengung des Blutes erkannt worden, so gelten die Opfer als gehörig vollzogen; desgleichen, wenn sie zwar schon vorher entdeckt, das Blut aber trotzdem, sei es aus Versehen, sei es mit Absicht, gesprengt wurde (כלשנא בתרא דמר בר רב אשי בפסחים פ״א:). Von vornherein soll jedoch das Blut im letztern Falle nicht gesprengt werden; der Darbringende wird vielmehr, wenn es sich um das Pesach handelt, auf das zweite Pesach verwiesen, und wenn er ein Nazir ist, zu nochmaliger Erfüllung seines Gelübdes nach wiedererlangter Reinheit angehalten. [Tosefta a. a. O. ואין שום חלוק בין נזיר ועושה פסח לענין טומאת התהום אלא שרמז״ל לא פירש דבריו כל הצורך בפ״ו מהל׳ נזירות הל׳ ט״ז וי״ז אבל אין כאן סתירה כלל כמו שעלה על דעת בעל כ״ם ובעל ל״ם דמה שכתב שם ואם עד שלא נזרק . . . . . בטומאת התהום סותר הכל היינו דלכתחלת לא יזרק וכדברי התוספתא מיהו אם זרק אפילו במזיד אין הכי נמי שאינו סותר כדברי מר בר רב אשי שפסק כמותו בביאת מקדש פ״ד ה״ו ומה שכתב בפ״ו מהל׳ קרבן פסח הי״א ושוחט ואוכל פסחו אפילו לכתחלה היינו שאפשר שלא נגע כלל בטומאת התהום כמו שכתב שם בפירוש והוא הדין נמי בנזיר ספק נגע ספק לא נגע בטומאת התהום מגלח לכתחלת ונראה שרבנו ז״ל סובר שלשון הציץ מרצה דיעבד משמע אבל לא שיזרק לכתחלת ופשטא דלשנא בתרא דמר בר רב אשי נמי משמע שזורק כבר אלא שזרק במזיד ותא דאמרינן כאן בבבלי וכל טמא וטהור להבא הוא ומשמע אף לכתחלה עושה פסחו ותגלחת מהרתו היינו בספק טומאת התהום כפרישית וכדמוכח התם מסיפא דהך ברייתא על פי גירס׳ תרסז״ל (עיין בכ״ם שנדחק לפרש ולי נראה שרבנו ז״ל גרס בר״א שיש מקום לעבור אבל אין לו מקום לעבור טמא) והכי קא מתיב כיון דבספק נגע עושה לכתחלת אמאי בודאי נגע אפילו דיעבד לא תורצה אי אמרת בשלמא בדיעבד הורצה אמטו להכי ספק נגע יעשה לכתחלת שאפילו יבוא אלי׳ ויטמאנו הרי הורצה אלא אי אמרת אפילו דיעבד לא הורצה היך יעשה לכתחלה על הספק שמא יודע אחר זריקה שנגע ונמצא שהביא חולין לעזרה ומן התימה על בעל כ״ם שכתב בהל׳ ביאת מקדש שם ובהל׳ קרבן פסח שם שרבינו מחלק בין קרבן פסח לשאר קרבנות. גם מה שכ׳ בכ״ם ובל״ם בהל׳ נזירות שם לישב דברי ר״ם ז״ל ע״פ דברי התוס׳ קשה מאוד שהם לא כתבו דווקא פסח אלא לר״א אבל לרבנן הוא הדין נזיר דכל העומד לזרוק כזרוק כדמוכח מדבריהם בפסחים פ״א: ד״ה אלא]. [46]) Nach R. Simon b. Lakisch (Jer. z. St. u. Babli Z'baḥim 104 b), der seine Ansicht auf 1. Chronik 29,19 stützt, wird der ganze Tempelberg mit dem Namen Bira bezeichnet; nach R. Joḥanan (ebend.), für dessen Auffassung wieder Nehemja 2, 8 (הבירה אשר לבית) zu sprechen scheint, versteht man darunter nur die Tempelburg (s. K. III Anm. 52 u. Josephus Ant. 15, 11, 4, nach welchem die Baris erst von den Makkabäern erbaut wurde). [47]) K. III Anm. 53. — Diese zunächst im Interesse der Mittellosen getroffene Anordnung wurde, um denselben das kränkende Gefühl einer Zurücksetzung zu ersparen, auch auf die Reichen ausgedehnt. Obgleich die öffentliche Verbrennung im Angesichte des Tempels eine Strafe war, durch welche die Unachtsamen beschämt werden sollten, wurde doch selbst bei dieser Gelegenheit auf das leicht verletzte Zartgefühl der Armen schonende Rücksicht genommen. [48]) 2. B. M. 12, 10. [49]) ציקן ist von צוק wie בישן von בוש gebildet. In der Bibel ist diese Form (Endung ân) bei Eigennamen ziemlich häufig (יקטן 1. B. M. 10, 25; זמרן יקשן מדין das. 25, 2; דישן חמדן אשבן יתרן בלהן זעון das. 36, 27—28), sonst aber recht selten (אבדן אלמן דרבן קרבן). Im Talmud ist das Verhältnis ein umgekehrtes. Bei Eigennamen äusserst selten — mir fällt augenblicklich blos נחמן ein, was vielleicht nur ein verkürztes נחמני (Neh. 7,7) ist — begegnet uns diese Form dort sehr oft als nomen agentis, um eine Thätigkeit, die das Participium als vorübergehend hinstellt, als gewohnheitsmässig zu bezeichnen (גזלן דרשן שקדן ספדן סרבן קפדן u. v. a.), zuweilen auch wie in הורבן oder פורקן als nomen actionis. Selbst von Hauptwörtern werden solche Formen gebildet, z. B. לפתן מקבן צידן מאושכן (Bechorot VII); ja es hat sich diese Endung so eingebürgert, dass man sie auch in späterer Zeit zu Neubildungen benutzt hat (כעסן Heisssporn, עקשן Querkopf, קמצן Geizhals u. a. m.) und noch heute verwendet. Im Arabischen findet sich diese Wortform ebenfalls, u. z. als nomen agentis mit den Vokalen a od. o über dem ersten Stammbuchstaben, als nomen actionis auch mit i. In der Bibel hat dieselbe als nomen actionis gewöhnlich o an dieser Stelle (אָבְדָן, קָרְבָּן), seltener a

oder unrein wurde, wird sofort verbrannt[50]). Sind die Eigenthümer unrein geworden oder gestorben[51]), so lässt man sein Aussehen verkommen und verbrennt es am Sechzehnten[52]). R. Joḥanan b. B'roka sagt: Auch dieses

שֶׁיָּצָא אוֹ שֶׁנִּטְמָא, יִשָּׂרֵף מִיָּד. נִטְמְאוּ הַבְּעָלִים אוֹ שֶׁמֵּתוּ, תְּעֻבַּר צוּרָתוֹ וְיִשָּׂרֵף בְּשִׁשָּׁה עָשָׂר. רַבִּי יוֹחָנָן בֶּן בְּרוֹקָא אוֹמֵר, אַף זֶה יִשָּׂרֵף

(קָרְבָּן Ez. 40, 48 und אֲבַדּוֹן Ester 9, 5), im Talmud ausschlichlich o; es fragt sich nur, wie es sich in dieser Beziehung mit dem nomen agentis verhält. Der Volksmund hat sich entsprechend der Vokalisation von אַלְמָן (Jirm. 51, 5) und דָּרְבָן (1. Sam. 13, 21) für die Aussprache mit Patach entschieden; im Jeruschalmi aber steht hinter dem ersten Stammbuchstaben meist ein Wâw als Lesemutter für o z. B. רוצְנים (oben IV 7) רוצחנים (Sota IX 8, auch im Babli das. 47a unten u. 47b Mitte), בויישן (zu Kidduschin IV 1 zweimal und zu Synh. VI 9 dreimal) und so auch hier צוייקן (dreimal; im Mischnatext jedoch חציקנים). Bei גזלן schwankt die Schreibung (zu Kid. II 1 mit Wâw, zu Baba M. VI 3 ohne dasselbe, zu Baba K. I 1 und Synh. VIII 3 bald גוזלן, bald גזלן). רחמן (syr. מרחמן) wird ebenso wie סרבן stets ohne ו geschrieben, dagegen תורגמן und מתורגמן (syr. תרגמן) stets mit ו. Im vierten Segensprache der T'fillat Jom hakkippurim beten wir כי אתה סולחן לישראל ומוחלן לשבטי ישורון, was natürlich nicht, wie ältere Ausgaben punktieren, סוֹלְחָן und מוֹחֲלָן (ihr Verzeiher u. Vergeber), sondern סָלְחָן und מָחֳלָן (od. מָחֳלָן = moḥ°lân) auszusprechen ist. Nach alldem glaube ich, dass bei der in Rede stehenden Wortform der erste Stammbuchstabe mit kurzem o zu vokalisieren wäre, wenn sich dieselbe vom Part. Kal, in welchem dieses o lang ist, herleiten lässt (daher שָׁקְדָנִים und דָּרְשָׁנִים Sota IX 15, קָפְּדָן Abot II 5, nicht aber קַפְּדָן, noch weniger קַפְּדָן), mit a dagegen und folgendem Dagesch, wenn sie vom Pi'el gebildet ist (daher קַבְּלָן, רַחֲמָן od. רַחְמָן, סַרְבָן; vermuthlich ist auch אלמן, obgleich das ל nicht verdoppelt erscheint, ebenso wie דרבן auf den Pi'el zurückzuführen, da das Dagesch, sofern es sich nicht um die Buchstaben בגדכפת handelt, nach einer bekannten Regel gern ausfällt). Bei den aus Quadriliteris wie תרגם geschaffenen Neubildungen dieser Art hat man zwischen a und o die Wahl. Die Denominativa sind nach denselben Grundsätzen zu vokalisieren, also לַפְּתָן (Rübekopf, v. לֶפֶת), מַקְבָן (Hammerkopf, v. מַקָּב) u. ä. [50]) Das Fleisch des Pesach darf am Nachmittag des Vierzehnten die Mauern Jerusalems nicht verlassen, in der Nacht zum Fünfzehnten nicht einmal das Haus, in welchem es gegessen wird (2. B. M. 12, 46); ist es dennoch geschehen, so muss es ebenso wie unrein gewordenes verbrannt werden. Hier ist selbstverständlich vom Vierzehnten die Rede, sonst könnte das Fleisch nicht sofort vernichtet werden, da am Fünfzehnten, wie die folgende Mischna lehrt, Opferfleisch nicht verbrannt werden darf. — Zu יצא vgl. K. III Anm. 1.

[51]) in welchem Falle das Fleisch nach Anm. 54 gleichfalls nicht gegessen werden darf.

[52]) Da am Fleische selbst kein Makel haftet, kann man es nicht ohne weiteres verbrennen, weil man Geweihtes, solange es seine Weihe nicht eingebüsst hat, nicht vernichten darf. Man muss es also zunächst dahin bringen, dass das Fleisch verdirbt oder wenigstens unansehnlich wird, worüber der Nachmittag sicher zu Ende geht, so dass die Verbrennung, da solche am Feiertage nicht zulässig ist, erst am Sechzehnten stattfinden kann. Im Jer. ist die Lesart תעבר צורתו ויצא לבית השרפה; s. auch דקדוקי סופרים z. St. — Die Form תעובר צורתו findet sich auch Mischna Z'baḥim VIII 4, ferner Jer. P'saḥim VI Ende u. Babli das. 34a u. b, 73b, 82b sowie M'naḥot 48a u. b wohl an die zehn Mal. Maimonides schreibt in seinem Kodex an allen diesen Stellen konsequent תעבור צורתו (Bet habbeḥira II 14, T'midim umusafim VIII 16 u. P'sule hammokdaschin IV 26, VI 19—20, XIX 2—4). In der Tosefta schwankt die Lesart zwischen תעובר (P'saḥim IX Mitte u. Z'baḥim I g. A.), תעבר (das. IV Anf., VII g. A. und VIII Mitte, M'naḥot VI g. E. und P'saḥim VI Mitte), תיעבר (Z'baḥim VIII Mitte); die Zuckermandel'sche Ausgabe hat an diesen Stellen 5 Mal

wird sofort verbrannt[53]), da es keine Verzehrer hat[54]). **10.** Die Knochen[55]), die Sehnen[56]) und das Uebriggebliebene[57]) werden am Sechzehnten verbrannt[58]). Trifft es sich, dass der Sechzehnte am Sabbat ist, so werden sie am Siebzehnten verbrannt, weil sie weder den Sabbat noch den Feiertag verdrängen[59]). **11.** Alles was am alten Ochsen geniessbar ist, wird vom zarten Böcklein gegessen[60]),

מִיָּד, לְפִי שֶׁאֵין לוֹ אוֹכְלִין: י הָעֲצָמוֹת וְהַגִּידִין וְהַנּוֹתָר יִשָּׂרְפוּ בְשִׁשָּׁה עָשָׂר. חָל שִׁשָּׁה עָשָׂר לִהְיוֹת בְּשַׁבָּת, יִשָּׂרְפוּ בְשִׁבְעָה עָשָׂר. לְפִי שֶׁאֵינָן דּוֹחִין לֹא אֶת הַשַּׁבָּת וְלֹא אֶת יוֹם טוֹב: יא כָּל הַנֶּאֱכָל בְּשׁוֹר הַגָּדוֹל, יֵאָכֵל בַּגְּדִי הָרַךְ, וְרָאשֵׁי כְנָפַיִם וְהַסְּחוּסִים.

(S. 165 Z. 19—20, S. 171 Z. 14, S. 479 Z. 18, S. 484 Z. 32) תעיבר(?), 3 Mal תעבר (S. 489 Z. 29, S. 492 Z. 3, S. 520 Z. 37) und 1 Mal תיעבר (S. 492 Z. 5). In Babli B'rachot 40b wie an der Parallelstelle Baba B. 95b unten lesen wir תבשיל שעברה צורתו, ebenso Tosefta T'rumot IX g. E. (ed. Zuck. S. 42 Z. 3 jedoch שעיברה); wo der Ausdruck aber in hierologischem Sinne gebraucht wird, hat Babli durchweg statt des Kal die Pu'alform, eine Lesart, welche durch das an den oben aus Babli P'saḥim angeführten Stellen oft wiederholte Substantiv עיבור צורה gesichert ist. Es scheint also, dass man es nicht der Zeit überliess, das frische Aussehen der Gegenstände zu verändern, sondern bemüht war, diesen Prozess künstlich zu fördern. In der That finden wir, dass man gewisse untauglich gewordene Vogelopfer zu diesem Zwecke in ein Loch warf, das sich an der Westseite der zum äussern Altar führenden schiefen Ebene befand; vgl. Mischna Tamid III 3 mit Tosefta Z'baḥim VII g. A. (S. 489 Z. 27f). Vielleicht wurde auch anderes Opferfleisch und Opferbrot, das unbrauchbar geworden und doch nicht sofort verbrannt werden durfte, in ähnlicher Weise behandelt, damit es schneller verdürbe. [53]) Nach der einen Auffassung im Babli z. St. selbst wenn die Eigenthümer erst nach der Opferung unrein geworden oder gestorben sind; nach einer andern Erklärung dagegen nur dann, wenn der Tod oder die Unreinheit noch vor der Sprengung des Blutes eintrat, weil nun infolge der gesetzwidrigen Opferung am Fleische selbst ein Makel haftet. [54]) da kein Unbetheiligter (K. V, Anm. 10) an Stelle der unreinen oder verstorbenen Theilhaber vom Pesach essen darf (s. K. VIII Anm. 2). [55]) deren Mark geniessbar ist, aber nicht gegessen werden kann, weil man die Knochen des Pesach nach 2. B. M. 12, 46 nicht öffnen darf. Marklose Knochen werden überhaupt nicht verbrannt, sondern wie alles Ungeniessbare weggeworfen [Maimonides spricht in Hil. P'sulê hammokdaschin XIX 9 nicht von marklosen, sondern von markleeren Knochen]. [56]) die man essen kann, aber aus religiösen, in der Tora nicht begründeten Bedenken nicht essen mag. Von der Tora verbotene Sehnen werden ebenso wie die ungeniessbaren einfach weggeworfen. [57]) was von den geniessbaren und erlaubten Theilen des Pesach bis Mitternacht nicht verzehrt wurde. [58]) 2. B. M. 12, 10. [59]) Verbrennen gehört zu den am Sabbat verbotenen Handlungen und ist auch am Feiertage nur zum Zwecke der Speisebereitung gestattet. Nun gilt es allerdings als Regel, dass Gebote die ihnen entgegenstehenden Verbote zurückdrängen; hier indessen trifft diese Regel nicht zu. [60]) Dieser Satz kann verschieden aufgefasst werden. Man kann ihn als Einleitung zur zweiten Hälfte der Mischna betrachten: Alles was am alten Ochsen geniessbar ist, darf auch vom Pesach gegessen werden, selbst Knorpel und Knochenenden; wer aber einen Knochen zerbricht, also auch derjenige, der einen Knochen zerbeisst, den man eben nur bei einem so zarten Lämmchen, nicht aber bei einem ältern Thiere essen kann, ist strafbar. (Maimonides Hil. Korban Pesaḥ X 9). Man kann ihn aber auch als Ergänzung der vorigen Mischna auffassen, in welcher mit dem Worte נותר auf das Verbot in 2. B. M. 12, 10 hingedeutet wurde: Nur solche Theile des Pesach muss man essen, die auch am ältesten Ochsen geniessbar sind, auch Knorpel u. dgl.; Knochen aber und Sehnen unterliegen dem Verbot des „Uebriglassens“ nicht, obschon sie im vorliegenden Falle geniessber sind (R. Abraham b. Dawid das.). Nach einer dritten, von Raschi herrührenden und von R. 'Obadja adoptierten Erklärung, laut welcher dieser Satz lehren will, dass man der Vorschrift nicht genügt, wenn man vom Pesach nur solche Theile isst, die bei älteren Thieren ungeniessbar sind, fügt sich

הַשּׁוֹבֵר אֶת הָעֶצֶם בְּפֶסַח הַטָּהוֹר, הֲרֵי זֶה לוֹקֶה אַרְבָּעִים. אֲבָל הַמּוֹתִיר בַּטָּהוֹר, וְהַשּׁוֹבֵר בַּטָּמֵא, אֵינוֹ לוֹקֶה אֶת הָאַרְבָּעִים: יב אֵבֶר שֶׁיָּצָא מִקְצָתוֹ, חוֹתֵךְ עַד שֶׁמַּגִּיעַ לָעֶצֶם, וְקוֹלֵף עַד שֶׁמַּגִּיעַ לַפֶּרֶק, וְחוֹתֵךְ.

auch die Enden der Schulterblätter[61]) und die Knorpel[62]). Wer am reinen Pesach einen Knochen zerbricht, wird mit vierzig Geisselhieben bestraft[63]); wer aber vom reinen[64]) übriglässt oder am unreinen[65]) zerbricht, erleidet die vierzig Geisselhiebe nicht[66]). **12.** Wenn ein Glied zum Theil hinausragt[67]), so schneidet man, bis man auf den Knochen stösst, und schält ab, bis man das Gelenk erreicht, wo man durchschneidet[68]). Bei den übrigen

derselbe minder gut in den Zusammenhang; sein eigentlicher Platz wäre vielmehr VIII 3—4. [61]) כנפים sind nach Maimuni's Mischnakommentar die Gelenkbänder, welche die Knochen mit einander verbinden. Er scheint das Wort vom Verbum כנף abgeleitet zu haben, welches in Targum u. Talmud ziemlich oft in dem Sinne von Vereinigen gebraucht wird. Ein Substantiv כנף kommt aber in dieser Bedeutung nicht vor. Auch muss Maimonides selbst diese Erklärung später verworfen haben, da er in seinem Kodex (s. d. vor. Anm.) die Stelle so auffasst, dass sie sich auf das Verbot in 2. B. M. 12, 46 E. bezieht, dieses Verbot aber, wie Maim. das. § 5 ausdrücklich bemerkt, sich auf Sehnen und Bänder nicht erstreckt. Gewöhnlich bezeichnet כנפים die Flügel des Vogels, zuweilen auch die Arme und Hände des Menschen [מקבלין לטהרות (פלטרין) לכנפים ואחר כך מקבלין (מקריבין) Tos. Demoi II g. Mitte (ed. Zuck. S. 48 Z. 6), Jer. das. II 3 und Babli B'chorot 30 b; ebenso das gleichbedeutende אגפים in חברותיה נושאות אותה כאגפיה Sabbat 129 a]; auf die Vorderfüsse der Säugethiere wird wohl der Ausdruck ידים, aber meines Wissens weder כנפים noch אגפים angewendet. Auch ist nicht einzusehen, warum grade die Enden der Vorder- und nicht auch die der Hinterfüsse? Ich vermuthe, dass כנפים, auch sonst auf Flügelartiges übertragen (vgl. Kêlim XI 6 u. XIV 4—5), hier die Schulterblätter bedeutet, welche sowohl ihrer Form als ihrer Lage nach am ehesten als „Flügel" bezeichnet werden können. [62]) חסחוס (im Syr. auch חסום) ist eine Palpelform des Stammes חס, der ursprünglich das Zarte, Weiche bezeichnet, in der Bibel aber nur in der übertragenen Bedeutung schonender Milde und Zärtlichkeit vorkommt. [63]) auf Grund des Verbotes in 2. B. M. 12, 46 und 4. B. M. 9, 12. [64]) geschweige denn vom unreinen, selbst wenn es in Unreinheit dargebracht wurde und daher gegessen wird (oben Mischna 4). [65]) sofern es von vornherein in Unreinheit geopfert wurde. [66]) Es ist zwar 2. B. M. 12, 10 verboten vom Pesach etwas Geniessbares übrig zu lassen, die Uebertretung wird aber aus zwei Gründen nicht bestraft: 1. weil sie nicht in einer Handlung, sondern in einer Unterlassung besteht (לאו שאין בו מעשה); 2. weil sie durch Erfüllung des daselbst unmittelbar folgenden Gebots, das Uebriggebliebene zu verbrennen, wieder gut gemacht werden kann (מצות לא תעשה שיש בה קום עשה Hullin XII 4, oder nach späterer Terminologie לאו הניתק לעשה). Das Verbot ferner, einen Knochen des Pesach zu zerbrechen, beschränkt sich nach der Ueberlieferung auf die in Reinheit dargebrachten Opfer dieser Art. Ist ein solches später unrein oder sonst unbrauchbar geworden, so ist die Frage, ob ein Verstoss gegen das in Rede stehende Verbot strafbar ist, Gegenstand einer Meinungsverschiedenheit zwischen den Tannaim R. Jakob und R. Simon in der Tosefta (P'saḥim VI g. E., ed. Zuck. S. 165 Z. 24 f; s. auch Babli 83 a u. Jer. ed. Wien VII 10 S. 27 a, ed. Kr. VII 9 S. 35 a סתר לה כר׳ יעקב und später סבר שמואל כר׳ יעקב). Von den Amoraim bejaht R. Abun im Jer. z. St. diese Frage schlechthin, während Abaje sie im Babli z. St. zu verneinen scheint. Maimonides entscheidet dieselbe in bejahendem Sinne (Hil. Korban Pesaḥ X 6). [67]) aus der Mauer Jerusalems bzw. dem Raume, in welchem das Pesach gegessen wird; vgl. Anm. 50. In Sifra (zu 3. B. M. 7, 19; ed. Weiss S. 37 c) lautet zwar das Zitat: מכן אמרו אבר שיצא חוץ לחומה בפסחים חותך עד שמגיע לעצם וקולף עד שמגיע לפרק ומתירו מן הפרק וחותך ובמוקדשים חותך בקופיץ וכו׳; dort erfordert aber die Wortstellung, in welcher sich אבר שיצא nicht nur auf בפסחים, sondern auch auf במוקדשים bezieht, den Zusatz חוץ לחומה, während derselbe hier nicht so sehr am Platze ist, da die Umgebung, in der unsere Mischna steht, darauf schliessen lässt, dass es sich schon um die häusliche Feier in der Nacht zum Fünfzehnten handelt. [68]) Opferfleisch, welches die ihm vom Gesetz angewiesenen Schranken verlassen hat (בשר שיצא חוץ

וּבְמֻקְדָּשִׁין קוֹצֵץ בְּקָפִיץ, שֶׁאֵין בָּהֶן מִשּׁוּם שְׁבִירַת הָעֶצֶם. מִן הָאֲגַף וְלִפְנִים כְּלִפְנִים, מִן הָאֲגַף וּלְחוּץ כִּלְחוּץ, הַחַלּוֹנוֹת וְעֳבִי הַחוֹמָה כִּלְפְנִים: יג שְׁתֵּי חֲבוּרוֹת שֶׁהָיוּ אוֹכְלוֹת בְּבַיִת אֶחָד, אֵלּוּ הוֹפְכִין אֶת פְּנֵיהֶם הֵילָךְ וְאוֹכְלִין, וְאֵלּוּ הוֹפְכִין אֶת פְּנֵיהֶם הֵילָךְ וְאוֹכְלִין, וְהַמֵּחַם

Opfern[69]) haut man mit dem Hackmesser ab[70]), denn bei diesen findet das Bedenken der Knochenverletzung nicht statt. Von der Schwelle[71]) einwärts ist es wie innen, von der Schwelle auswärts wie aussen[72]), die Fenster und die Dicke der Mauer[73]) sind dem Innern gleich. **13.** Wenn zwei Gesellschaften in einem Raume essen, wenden die einen ihr Antlitz hierher, so lange sie essen, und die andern wenden ihr Antlitz dorthin, solange sie essen[74]); der Kessel[75]) steht in der

---

(למחיצתו), darf nicht gegessen werden. Diese Schranken sind: 1. für alle Opfer die Mauern Jerusalems, 2. für solche von höherer Heiligkeit die Mauern des Tempels, 3. für das Pesach in der Nacht zum Fünfzehnten das Haus, in welchem es von den Festgenossen verzehrt werden soll. Befand sich ein Stück theils inner- und theils ausserhalb der Schranke, so ist nur der hinausragende Theil verboten, der daher abgeschnitten und verbrannt werden muss, der Rest ist zum Genusse erlaubt. War es nun irgend ein Glied des Pesach, das ein wenig hinausragte, so kann man den verbotenen Theil nicht einfach weghauen, weil nach 2. B. M. 12, 46 die Knochen nicht verletzt werden dürfen. Man mache daher an der Grenzlinie zwischen dem Gestatteten und dem Verbotenen einen Einschnitt in das Fleisch rings um den Knochen, löse das erlaubte Fleisch so ab, dass der Knochen bis zum Gelenk blosgelegt ist, schneide dort die Gelenkbänder durch, trenne den Knochen ab und verbrenne ihn mit dem an seinem Ende haftenden Fleische. [69]) s. Anm. 34. [70]) Man entfernt den zu verbrennenden Theil, indem man ihn einfach abschneidet, wenn auch der Schnitt mitten durch den Knochen geht. קופיץ ist das gr. *κοπίς*. [71]) אגף, in Jer. z. St. konsequent אנוף geschrieben, ist weder Thürflügel, wie Levy will, noch Schloss, wie Kohut meint, sondern die Oberschwelle. Nur so ist es zu verstehen, wenn im Jer. hier so oft von תחת האגוף gesprochen wird und im Babli die Frage erörtert wird, wie es denn mit dem אגף selbst zu halten ist, ob derselbe als innerhalb oder ausserhalb des Hauses liegend anzusehen sei? Demnach hängt das Wort weder mit גף (Flügel) noch mit גוף (schliessen) zusammen; es ist vielmehr von נגף (stossen, schlagen) abzuleiten, אֲגַף bezw. אֲגוּף (vgl. אֲבוּב von נבוב) zu lesen und bezeichnet genau so wie משקוף (שקף = schlagen) zunächst wohl die innere Kante der Oberschwelle, auf welche die sich schliessende Thür stösst oder anschlägt (so in N'darim VII 5; s. Babli das. 56b) und in weiterm Sinne die Oberschwelle überhaupt. Für die Unterschwelle hat die Mischna den Ausdruck אסקופה (s. K. IX M. 2). [72]) Die Schwelle selbst und die ganze Thüröffnung werden bei den Thoren des Tempels mit Ausnahme des Nikanorthores dem Innern gleich geachtet, bei den Stadtthoren Jerusalems und ebenso (nach Maim. Hil. Korban Pesaḥ IX 1 — ואע״פ שאין ראיה לדבר זכר לדבר בנדרים פ״ז מ״ה) bei Privaträumen als aussen befindlich angesehen. [73]) die Oberfläche der Mauer oder etwaige Löcher in den Wänden, nicht aber die Dächer. [74]) damit sie deutlich gesondert erscheinen und kein Durcheinander entstehe, in welchem jemand aus Versehen von dem Pesach der andern Gruppe essen könnte, während man der Pflicht nur durch dasjenige Pesach genügt, an dem man sich seinen Antheil noch vor dem Schlachten gesichert hat (K. VIII Anm. 26; s. auch Anm. 2 das.). Da sich in alter Zeit die Tischgenossen nicht um eine Tafel gruppierten, jeder einzelne vielmehr, auf einem Ruhebette gelagert, sein eigenes Tischchen vor sich hatte, so konnte eine Trennung zweier Gesellschaften nur dadurch augenfällig bewirkt werden, dass sie sich gegenseitig den Rücken kehrten. Heute würden wir das Ziel einfacher dadurch erreichen, dass wir sie an zwei möglichst weit von einander entfernten Tafeln speisen lassen. — הילך ist zusammengezogen aus הי לכא. [75]) in welchem das Wasser erwärmt wird, mit dem der Wein gemischt werden soll. In מיחם ist י wohl nur Lesemutter, nicht Stammbuchstabe. Das Wort ist wahrscheinlich von חם (warm) wie מֵצַר von צר gebildet und nicht von יחם wie מיטב von יטב, denn יחם scheint eher

בְּאֶמְצַע. וּכְשֶׁהַשַּׁמָּשׁ עוֹמֵד לִמְזוֹג, קוֹפֵץ אֶת פִּיו וּמַחֲזִיר אֶת פָּנָיו. עַד שֶׁמַּגִּיעַ אֵצֶל חֲבוּרָתוֹ וְאוֹכֵל. וְהַכַּלָּה הוֹפֶכֶת אֶת פָּנֶיהָ וְאוֹכֶלֶת:

Mitte, und wenn der Diener[76]) sich erhebt um einzuschenken,[77]) schliesst er den Mund[78]) und wendet das Gesicht zurück[79]), bis er wieder zu seiner Gesellschaft gelangt, wo er weiter isst. Eine Neuvermählte mag während des Essens ihr Antlitz abwenden[80]).

פרק ח.

ABSCHNITT VIII.

א הָאִשָּׁה בִּזְמַן שֶׁהִיא בְּבֵית בַּעְלָהּ, שָׁחַט עָלֶיהָ בַּעְלָהּ וְשָׁחַט עָלֶיהָ אָבִיהָ, תֹּאכַל מִשֶּׁל בַּעְלָהּ. הָלְכָה

1. Die Frau soll, sofern sie im Hause ihres Mannes ist[1]), wenn ihr Mann für sie geschlachtet hat und ihr Vater für sie geschlachtet hat, von dem (Pesach) ihres Mannes essen[2]).

---

zu den ש״פ als zu den פ״ש zu gehören. [76]) der am Pesach der einen Gesellschaft betheiligt ist, aber beide bedient. [77]) der andern Gesellschaft die Becher zu füllen, während er einen Bissen im Munde hat. מזג, eigentl. mischen, steht wie das lat. misceo auch prägnant für mischend zurechtmachen, einschenken; daher מזג את הכוס = poculum miscere. [78]) damit es nicht aussehe, als ässe er auch mit der andern Gesellschaft (שלא יראה אוכל משני פסחים Tosefta K VI Ende. [79]) nach seiner eigenen Gruppe hin. [80]) wenn sie sich durch die Blicke der Tischgenossen belästigt fühlt; denn es ist ja klar, dass sie der Gaffer wegen der Gesellschaft den Rücken kehrt, nicht aber, um sich von derselben abzusondern und auszuschliessen. Vermuthlich ist auch hier wie in Joma VIII 1 (s. Babli das. 78b und K'ṭubot 4a) der Begriff כלה nicht auf die Hochzeitswoche beschränkt, sondern auf einen ganzen Monat nach der Heimführung auszudehnen.

[1]) Am Nachmittage des 14. Nisan um die Zeit der Darbringung des Pesachopfers. [2]) Vom Pesach dürfen nur diejenigen essen, die sich noch vor dem Schlachten des betreffenden Opferthieres in die Zahl seiner Theilhaber haben aufnehmen lassen [Z'baḥim V 8, ein Grundsatz, der sich merkwürdigerweise im Maimuni's Kodex an mehreren Stellen vorausgesetzt, aber nirgends klar ausgesprochen findet; s. jedoch Anm. 6 u. K. IX Anm. 48]. Ist ein Theilnehmer das Haupt einer Familie, so gelten seine Hausgenossen stillschweigend als mitbetheiligt, u. z. die unmündigen Kinder und die Sklaven in jedem Falle, die Ehefrau, die mündigen Kinder und das Gesinde, solange sie nicht durch eine entsprechende Erklärung oder Handlung Widerspruch erheben. Gehören nun Schwiegervater und Eidam zu zwei verschiedenen Festgenossenschaften, so kann es unter Umständen zweifelhaft sein, ob die verheirathete Tochter zu den Hausgenossen ihres Vaters oder zu denen ihres Gatten zählt. Es wird zunächst darauf ankommen, wo sich die junge Frau am Rüsttage des Pesachfestes befindet. Ging sie gegen Mittag schon ins Elternhaus, um daselbst das Fest zu verleben, so hat sie damit deutlich genug zu erkennen gegeben, dass sie am Opfermahl ihres Vaters theilnehmen will. Von einem solchen Falle, in welchem der Ehemann — gleichviel ob am ersten Feste nach der Hochzeit, welches die jungen Frauen der Sitte gemäss im Elternhause zuzubringen pflegen, oder in späteren Jahren — vernünftigerweise auf die Betheiligung seiner Frau nicht rechnen und das Pesach erst gar nicht für sie schlachten wird, spricht die Mischna nicht. Wie aber, wenn sie Nachmittags zur Zeit der Opferung noch im Hause des Gatten weilt? Wird sie bei ihm das Pesach feiern, oder wird sie sich noch vor Einbruch der Nacht ins Elternhaus begeben? Vater und Gatte, beide rechnen auf sie, beide haben für sie geschlachtet; da sie aber so wenig Ungeduld verrieth und so geringes Verlangen nach ihren Angehörigen, so ist laut unserer Mischna selbst am ersten Feste nach ihrer Vermählung anzunehmen, dass sie im entscheidenden Augenblicke entschlossen war, dasselbe gegen die allgemeine Sitte bei ihrem Gatten zuzubringen. Hatte sie aber bereits ein Fest im Elternhause verlebt, so kann man in der Folgezeit aus ihrem Mangel an Eifer keinerlei Schlüsse ziehen, denn es ist nur natürlich, dass ihre Sehnsucht nicht mehr so stürmisch ist. Da ist es, wie der nächste Satz der Mischna uns belehrt, in der That zweifelhaft, ob der Gatte oder der Vater mit grösserm Rechte auf ihre Betheiligung rechnen

War sie am ersten Feste[3]) fortgegangen um es im Hause ihres Vaters zu feiern[4]), so kann sie[5]), wenn ihr Vater für sie geschlachtet hat und ihr Mann für sie geschlachtet hat, dort essen, wo sie will[6]): Eine Waise,

רֶגֶל הָרִאשׁוֹן לַעֲשׂוֹת בְּבֵית אָבִיהָ, שָׁחַט עָלֶיהָ אָבִיהָ וְשָׁחַט עָלֶיהָ בַּעְלָהּ, תֹּאכַל בִּמְקוֹם שֶׁהִיא רוֹצָה.

---

darf. [So nach Maimonides (s. Anm. 5). Nach R. Tam (s. Tos. z. St.) ist es grade umgekehrt: Hat die Ehefrau bereits ein Fest im Hause des Vaters verlebt, so ist sie in der Folge unzweifelhaft Theilhaberin an dem Pesach des Gatten; hat sie dagegen bis jetzt noch kein Fest im Elternhause zugebracht, so ist die Entscheidung zweifelhaft]. [3]) nach ihrer Vermählung. [4]) Ein Fest feiern wird hebräisch durch עשה (machen) ausgedrückt; vgl. 5. B. M. 5, 15. 16, 13. [5]) an jedem folgenden Pesachfeste. [Nach Raschi und allen anderen Kommentatoren ist auch im Nachsatze noch vom ersten Feste die Rede. In dieser Auffassung befangen, konnte sich R. Josef Karo in Hil. Korban Pesaḥ II 11 nicht zurechtfinden (s. auch לחם משנה, dessen Erklärung nicht befriedigt). Ich vermuthe, dass Maimuni die Form הלכה als Plusquamperfekt auffasst, so dass der Hauptsatz תאכל במקום שהיא רוצה nicht mehr vom רגל ראשון spricht, sondern von späteren Festen gleich der Baraita im Babli z. St. מכאן ואילך רוצה אוכלת משל אביה רוצה משל בעלה. Hätte הלכה an dieser Stelle blos Perfektbedeutung, so wäre der ganze Vordersatz ebenso überflüssig wie בזמן שהיא בבית בעלה gleich zu Anfang. Die Mischna hätte das, was sie nach Raschi sagen will, viel kürzer und auch deutlicher mit den Worten ausdrücken können: האשה ששחט עליה בעלה ושחט עליה אביה תאכל משל בעלה ורגל ראשון במקום שהיא רוצה. Ist nun unsere Vermuthung begründet, so stimmt die Mischna im Grunde mit der im Babli angeführten Baraita überein, und wenn dort ורמינהי gefragt wird, so liegt der angebliche Widerspruh nicht in den Bestimmungen über מכאן ואילך, sondern nur in denen über רגל ראשון, für welchen die Baraita אוכלת משל אביה, die Mischna dagegen schlechthin תאכל משל בעלה anordnet, ein Widerspruch, der sehr einfach durch den Hinweis auf die Voraussetzung בזמן שהיא בבית בעלה gelöst wird, laut welcher in der Mischna von dem Ausnahmefall einer אינה רדופה die Rede ist. Dass die Bestimmung תאכל במקום שהיא רוצה nur die späteren Feste im Auge hat, ist auch die Ansicht von R. Tam (s. Tos. z. St.), der deshalb den Worten הלכה רגל ראשון im Vordersatze die sehr gezwungene Deutung giebt: ראשון להליכה. Um so mehr muss es auffallen, dass er es nicht vorgezogen hat, הלכה als Plusquamperfekt anzusehen, wodurch sich alle die Schwierigkeiten von selbst heben, mit denen er vergebens ringt, und die er zum Theil erst durch Textesänderung beseitigen kann. Freilich hätte er dann auch in der Sache selbst seine der Entscheidung Maimuni's entgegengesetzte Ansicht (vgl. Anm. 2) aufgeben müssen.] [6]) Da es nach Mischna 3 erforderlich ist, noch vor dem Schlachten des Pesach den Beitritt anzumelden (s. Anm. 26), so könnte es befremden, dass hier der Frau die Entscheidung für die eine oder die andere Gesellschaft bis zum letzten Augenblicke, dem Beginne des Mahles vorbehalten bleibt. Beachtet man indessen, dass im weitern Verlaufe unserer Mischna noch von Minderjährigen (vgl. Anm. 8) und Sklaven die Rede ist, so wird man aus dieser Zusammenstellung den Schluss ziehen können, dass die Mischna hier den Standpunkt vertritt, den Frauen sei die Theilnahme am Pesachmahle nicht geboten, sondern nur anheimgestellt, weshalb es bei ihnen nicht so genau darauf ankommt, ob sie rechtzeitig ihren Beitritt erklärt haben [והכי משמע קצת בירושלמי וצע"ק בתוס' פ"ח. ד"ה שה ועיין תוס' נדרים ל"ו. ד"ה אמר ר' זירא וכר"ן שם ואפשר נמי לפרש הא דתנן הפסח אינו נאכל אלא למנויו כלומר שאין יוצאין בו אלא מנויו ומשום הכי אינו נאכל מסתמא אלא להם אבל איסורא ליכא לאחריני ותיינו טעמא שלא הביא הרמז"ל הך מתניתן בשום מקום ועיין לקמן פ"ט אות ס"ה], obschon sie, wenn dies der Fall war, an ihren durch Wort oder That kundgegebenen Entschluss gebunden sind. Nach der Halacha erstreckt sich aber das Gebot des Pesachopfers in allen seinen Bestimmungen auch auf das weibliche Geschlecht. Demnach muss die Frau in zweifelhaften Fällen wie hier noch vor dem Schlachten ihre Wahl treffen. Unter dieser Voraussetzung darf sie zwar auch in dem an der Spitze unserer Mischna erörterten Falle da essen, wo sie will; während sie aber dort, wenn eine Willensäusserung unterblieben, eo ipso an dem Pesach ihres Gatten betheiligt ist, kann sie hier ohne ihre ausdrückliche Zustimmung weder vom Vater noch vom Ehemanne als Mitbetheiligte angesprochen werden und ist daher, wenn sie sich nicht rechtzeitig entschieden und ihren Entschluss, sei es auch nur durch Widerspruch

יָתוֹם שֶׁשָּׁחֲטוּ עָלָיו אַפִּטְרָפִּין, יֹאכַל בִּמְקוֹם שֶׁהוּא רוֹצֶה. עֶבֶד שֶׁל שְׁנֵי שׁוּתָפִין, לֹא יֹאכַל מִשֶּׁל שְׁנֵיהֶם. מִי שֶׁחֶצְיוֹ עֶבֶד וְחֶצְיוֹ בֶּן חוֹרִין לֹא יֹאכַל מִשֶּׁל רַבּוֹ: ב הָאוֹמֵר לְעַבְדּוֹ, צֵא וּשְׁחוֹט עָלַי אֶת הַפֶּסַח, שָׁחַט גְּדִי, יֹאכַל, שָׁחַט טָלֶה, יֹאכַל. שָׁחַט גְּדִי וְטָלֶה, יֹאכַל מִן הָרִאשׁוֹן. שָׁכַח מָה אָמַר לוֹ רַבּוֹ, כֵּיצַד יַעֲשֶׂה, יִשְׁחַט טָלֶה וּגְדִי וְיֹאמַר, אִם גְּדִי אָמַר לִי

für welche die Vormünder[7]) geschlachtet haben, kann dort essen, wo sie will[8]). Ein Sklave zweier Theilhaber darf von dem (Pesach) beider nicht essen[9]). Wer halb Sklave und halb frei ist[10]), darf von dem seines Herrn nicht essen[11]). **2.** Wer zu seinem Diener spricht: Geh und schlachte für mich das Pesach[12]), der darf, wenn er ein Ziegenböckchen geschlachtet, es essen[13]), und wenn er ein Lämmchen geschlachtet, es essen[14]); hat er ein Böckchen und ein Lämmchen geschlachtet, so esse er von dem ersten[15]). Wenn er aber vergessen hat, was sein Herr ihm sagte[16]), wie verfahre er da? Er schlachte ein Lämmchen und ein Böckchen und spreche: Wenn mein Herr mir

---

gegen ihre Zuziehung zur andern Gesellschaft, geäussert hat, vom Pesachmahl in beiden Häusern ausgeschlossen. [7]) אפיטרופוס ist das gr. ἐπίτροπος [8]) Der in Anm. 2 an die Spitze gestellte Grundsatz gilt nur für Grossjährige, die zur Betheiligung am Pesach verpflichtet sind, nicht für Unmündige (R. Nissim zu N'darim 36a), die ja ohnehin nicht verfügungsfähig sind und rechtsgiltige Erklärungen nicht abgeben können. [9]) d. h. er darf weder bei beiden essen, weil es unzulässig ist, an zwei verschiedenen Gesellschaften theilzunehmen (vgl. VII 13 Anm. 78), noch soll er bei einem der beiden ohne Zustimmung des andern essen, weil die Herren eines gemeinsamen Sklaven gewöhnlich eifersüchtig auf einander sind und jeder von ihnen selbst den Schein der Preisgabe eines seiner Rechte so ängstlich meidet dass er sogar in der Zuziehung des Sklaven zum Pesachmahl des andern eine Schmälerung seines eigenen Besitztitels argwöhnen könnte. [10]) Das ist ein Sklave, der ursprünglich mehreren Eigenthümern gehörte, später aber von einem derselben freigelassen wurde. Ein solcher kann nach Giṭṭin IV 5 seine übrigen Herren zwingen, ihm ebenfalls die Freiheit zu geben, er steht daher nicht mehr unter ihrer Botmässigkeit, ja er zählt nicht einmal zu ihrem „Gesinde“ im Sinne des Pesachgesetzes (s. Anm. 2) und ist an ihrem Opfer auch dann nicht betheiligt, wenn er gegen seine Zuziehung keinen Widerspruch erhoben hat. [11]) es sei denn, dass er sich noch vor dem Schlachten ausdrücklich zur Theilnahme bereit erklärt hat. [12]) ohne anzudeuten, welche von den beiden Thierarten, unter denen man die Wahl hat, er nehmen soll. [13]) obgleich er selbst ein Lämmchen vorgezogen hätte. [14]) weil er ihm die Auswahl überlassen hat. [15]) von dem zuerst geschlachteten Thiere. Die Rede ist von einem sehr vornehmen Herrn, wie ja schon daraus ersichtlich, dass er einen Diener mit der Besorgung des Pesach beauftragt. Minder vornehme Leute lassen sich in der Erfüllung eines göttlichen Gebotes nicht gern vertreten und bemühen sich wohl selber. Die grossen Herren nun kümmern sich in der Regel nicht viel um Minutien selbst des Küchenzettels. Das ist Sache ihres chef de cuisine. Findet dieser es für gut, seiner Herrschaft ein gebratenes Böcklein als Pesach vorzusetzen, so kann er — vorausgesetzt, dass es gut zubereitet ist — ihres Beifalls sicher sein, und wenn er trotzdem nachträglich noch ein Lämmchen schlachtete, so that er es nur, um seine Vorsorge für alle Ansprüche und Geschmacksrichtungen ins hellste Licht zu setzen. In einem fürstlichen Haushalt kommt es ja auf ein Lämmchen nicht an. In Wahrheit hat er kraft seiner unumschränkten Machtvollkommenheit das Böckchen für seine Herrschaft zum Pesach bestimmt. Wenn aber der Diener eines gewöhnlichen Mannes in ähnlicher Lage zweierlei Thiere schlachtete, so geschah es in ängstlicher Ablehnung der seinem Gutdünken anheimgestellten Auswahl; es ist also keines derselben mit der nöthigen Bestimmtheit als Pesachopfer geweiht, keines derselben darf daher gegessen, vielmehr müssen beide verbrannt werden (Babli z. St.). [16]) Ob er ihm ein Böckchen oder ein Lämmchen zu schlachten aufgetragen [ובבלי חוי מצי לאוקמא מתניתן בעבד עברי ולא קשה]

רַבִּי, גְּדִי שֶׁלּוֹ וְטָלֶה שֶׁלִּי, וְאִם טָלֶה אָמַר לִי רַבִּי, טָלֶה שֶׁלּוֹ וּגְדִי שֶׁלִּי. שָׁכַח רַבּוֹ מָה אָמַר לוֹ, שְׁנֵיהֶם יֵצְאוּ לְבֵית הַשְּׂרֵפָה, וּפְטוּרִין מִלַּעֲשׂוֹת פֶּסַח שֵׁנִי: ג הָאוֹמֵר לְבָנָיו, הֲרֵינִי שׁוֹחֵט אֶת הַפֶּסַח עַל מִי שֶׁיַּעֲלֶה מִכֶּם רִאשׁוֹן לִירוּשָׁלַיִם, כֵּיוָן שֶׁהִכְנִיס הָאֶחָד רֹאשׁוֹ וְרֻבּוֹ, זָכָה בְחֶלְקוֹ וּמְזַכֶּה אֶת אֶחָיו עִמּוֹ. לְעוֹלָם נִמְנִין

ein Böckchen aufgetragen hat, so sei das Böckchen für ihn und das Lämmchen für mich; wenn mir dagegen mein Herr ein Lämmchen aufgetragen hat, so sei das Lämmchen für ihn und das Böckchen für mich. Hat auch sein Herr vergessen, was er ihm sagte, kommt[17]) beides nach dem Verbrennungsort[18]), sie aber sind der Feier des zweiten Pesach enthoben[19]). **3.** Wenn jemand zu seinen Kindern spricht: Ich will das Pesach auf den Namen desjenigen von euch schlachten, der als erster nach Jerusalem heraufkommt[20]), so hat in dem Augenblicke, in welchem der eine seinen Kopf und seines Körpers grössern Theil hineinbringt, dieser seinen Antheil erworben, muss aber seinen Brüdern gleiches Anrecht neben sich einräumen[21]). Immerzu kann man seinen

---

כידי אלא דסרח למצוא תקנה אפלו בעבר בנעני]. [17]) Zu יצאו s. K. III Anm. 1. [18]) Vermuthlich (s. K. IX Anm. 40) ein Tempelraum, in welchem Opferfleisch, das erst nach einiger Zeit verbrannt werden kann, inzwischen verwahrt wird; vgl. VII 9, wo in den Jeruschalmiausgaben die Lesart ebenfalls ויצא לבית השרפה statt וישרף בששה עשר lautet. In unserm Falle würde auch R. Johanan b. B'roka (ebend.) nicht gestatten, die beiden Pesach sofort dem Feuer zu übergeben, da es doch immerhin möglich ist, dass sich noch im letzten Augenblicke kurz vor Mitternacht der Herr oder der Diener wieder erinnert, wie der Auftrag gelautet hat, so dass die beiden Thiere doch noch verzehrt werden können. [19]) Der Fall ist nicht mit שנג או נאנס (IX 1) zu vergleichen, weil hier auch ohne Opfermahl der Satzung des Pesach Genüge geschah. Die Person des Eigenthümers war ja für jedes der beiden Thiere bei der Darbringung mit genügender Bestimmtheit präzisiert, der Zweifel, der den Genuss unmöglich macht, ist erst später eingetreten, als auch der Auftraggeber vergass. Hatte dieser aber noch vor der Sprengung des Blutes den Wortlaut seines Auftrages vergessen, sind Herr und Diener nach einem Berichte im Babli z. St. trotz der Möglichkeit einer Wiedererinnerung zur Feier des zweiten Pesach verpflichtet, weil zur Zeit der Darbringung ein Zweifel über die Person des Inhabers schwebte und mithin das Opfer untauglich ist; laut einer andern Ueberlieferung das. haben sie auch in diesem Falle ihrer Pflicht genügt, weil dem Allwissenden gegenüber, vor dem der Zweifel nicht besteht, der ihnen den Genuss des Pesach unmöglich macht, die Person des Eigenthümers genau bestimmt war. Maimonides entscheidet (Hil. Korban Pesaḥ III 2) gemäss der ersten Ansicht, ohne auch nur andeutungsweise die auch im Talmud nicht auftauchende, nun aber auf der Hand liegende Frage zu streifen, wie es denn zu halten ist, wenn der eine oder der andere sich thatsächlich noch in zwölfter Stunde erinnert hat? Folgerichtig wär's, das Fleisch beider Thiere trotzdem zu verbrennen und die Inhaber auf das zweite Pesach zu verweisen. Indessen könnte man einwenden, dass solange die Erinnerung nicht völlig erloschen ist, sondern nur gewissermassen im Gedächtniss schlummert, von einem „Vergessen" im eigentlichen Sinne nicht die Rede sein kann. [20]) Wie aus dem Folgenden ersichtlich, heisst שיעלה hier nicht hinaufziehen, sondern heraufkommen, d. i. in der heiligen Stadt eintreffen. — הריני = הרי אני. [21]) מזכה את אחיו ist nicht zu verwechseln mit זוכה לאחיו. Dieses bedeutet zueignen, jenes beglücken und im engern Sinne jemand die Ausführung einer guten That, die Erfüllung eines Gebotes ermöglichen. Eine förmliche Zueignung kann hier nicht gemeint sein, denn eine solche wäre, wenn es sich um grossjährige Kinder handelt, nach dem Schlachten erfolglos (Anm. 2), und wenn um minderjährige, überflüssig (Anm. 8). In der That hatte die Kundgebung des Vaters nur den Zweck, die Kinder zu grösserm Eifer anzuspornen, damit sie rechtzeitig zur häuslichen Pesachfeier in Jerusalem eintreffen, in Wahrheit aber hat er das Opfer für sie alle geschlachtet. Deshalb hat der zuerst Eingetroffene, obschon dem Namen nach allein-

עָלָיו. עַד שֶׁיְּהֵא בוֹ כְּזַיִת לְכָל אֶחָד וְאֶחָד. נִמְנִין וּמוֹשְׁכִין אֶת יְדֵיהֶן מִמֶּנּוּ עַד שֶׁיִּשְׁחָט. רַבִּי שִׁמְעוֹן אוֹמֵר, עַד שֶׁיִּזְרֹק עָלָיו אֶת הַדָּם: ד הַמְמַנֶּה עִמּוֹ אֲחֵרִים בְּחֶלְקוֹ, רַשָּׁאִין בְּנֵי חֲבוּרָה לִתֵּן לוֹ אֶת שֶׁלּוֹ, וְהוּא אוֹכֵל מִשֶּׁלּוֹ, וְהֵן אוֹכְלִין מִשֶּׁלָּהֶן: ה זָב שֶׁרָאָה שְׁתֵּי רְאִיּוֹת, שׁוֹחֲטִין עָלָיו בַּשְּׁבִיעִי. רָאָה שָׁלֹשׁ, שׁוֹחֲטִין עָלָיו בַּשְּׁמִינִי שֶׁלּוֹ. שׁוֹמֶרֶת יוֹם כְּנֶגֶד יוֹם,

Beitritt anmelden[22]), solange noch eine Oelbeervolumen für jeden Einzelnen zu Gebote steht[23]). Man kann den Beitritt sowohl erklären als widerrufen[24]), bis man es zu schlachten sich anschickt. R. Simon sagt: Bis man das Blut für dasselbe[25]) zu sprengen im Begriffe steht[26]). **4.** Wenn jemand auf seinen Antheil andere zu sich eingeladen hat, dürfen ihm die Mitglieder der Genossenschaft das Seinige herausgeben[27]), so dass er von dem Seinigen isst, und sie von dem Ihrigen essen[28]). **5** Für einen Flüssigen, der zwei Ergiessungen[29]) wahrgenommen hat, schlachtet man an seinem[30]) siebenten Tage; hat er deren drei beobachtet, schlachtet man für ihn an seinem achten Tage[31]). Für die Tag gegen Tag abzuwarten Verpflichtete[32]) schlachtet man an

---

berechtigter Inhaber des ganzen Pesach, in Wirklichkeit doch nur „seinen Antheil erworben"; immerhin sind die Brüder in gewissem Sinne seine Gäste. die es ihm zu danken haben, dass sie an seiner Tafel die Pesachpflicht erfüllen. [22]) zu der an einem Opferthiere betheiligten Gesellschaft. Ueber den Ausdruck נמנין s. K. V Anm. 10.– Im Jer. ist die Lesart: לעולם אין נמנין עליו. Der Sinn wird dadurch nicht geändert. [23]) Soviel muss jeder Theilnehmer mindestens vom Pesach essen, um das Gebot zu erfüllen. [24]) Wörtlich: seine Hände davon zurückziehen. [25]) עליו steht hier in der Bedeutung „seinetwegen". Im Babli fehlt das Wort. [26]) kann man seinen Austritt erklären; den Beitritt aber muss man selbst nach R. Simon noch vor dem Schlachten anmelden (Tosefta VII g. A., ed. Zuck. S. 166 Z. 18-19). [27]) damit sie nicht durch seine Gäste an ihrem Antheil beeinträchtigt werden. [28]) denn es ist zulässig, dass ein Pesach auf mehrere Genossenschaften vertheilt wird. [29]) Wörtlich: zwei Beobachtungen. Die Ableitung der Worte ראה und ראייה vom gr. ῥέω halte ich nicht für zutreffend. [30]) שלו am Schluss des nächsten Satzes ist auch hierher zu beziehen. Im Jer. fehlt indessen das Possessiv durchweg. [31]) Ein Flüssiger (3. B M. 15,1—15), der nur eine Ergiessung wahrgenommen, wird noch mit Ausgang desselben Tages wieder rein, sofern er das vorschriftsmässige Reinigungsbad genommen. Für ihn kann daher, selbst wenn er am 14. Nisan unrein geworden, so dass ihm der Zutritt zum Heiligthum Nachmittags noch verwehrt ist, das Pesach dargebracht werden, das ja erst in der Nacht zu verzehren ist, zu welcher Zeit er seine Reinheit bereits wieder erlangt hat. Hat er dagegen zwei Ergiessungen an sich beobachtet, gleichviel ob hintereinander oder an zwei aufeinanderfolgenden Tagen, so ist er auch die nächsten sieben Tage noch unrein, kann aber, sofern er in dieser ganzen Zeit keine Ergiessung mehr wahrgenommen, am siebenten Tage das Reinigungsbad nehmen und nach Anbruch der Nacht Opferfleisch geniessen. Hat er gar drei Ergiessungen bemerkt, ohne das zwischen der ersten und zweiten oder der zweiten und dritten ein voller Kalendertag verstrich, so muss er nach dem Reinigungsbad noch zwei Tauben opfern, die er aber erst am folgenden Tage nach Sonnenaufgang darbringen kann, weshalb ihm nur dann die Möglichkeit sich am Pesach zu betheiligen offensteht, wenn der 14. Nisan schon der achte Tag nach der letzten Ergiessung ist. [32]) Zum Verständnis dieses Begriffes ist vorauszuschicken, dass eine Frau, die ausserhalb ihrer Menstruationszeit Blutfluss wahrnimmt, für den Rest des Tages und die folgende Nacht unrein ist, u. z. nicht allein im hierologischen Sinne gleich dem Gegenstande der vorigen Anm., sondern auch im hosiologischen (Kap. I Anm. 26), d. h. sie muss sich nicht nur von allem Heiligen, sondern ebenso gewissenhaft von ihrem Manne fernhalten. Am nächsten Morgen nimmt sie das vorgeschriebene Bad, durch welches sie indessen nur dann die Reinheit erlangt, wenn sie den ganzen Tag über von Blutfluss verschont bleibt. Stellt sich dagegen ein solcher auch nur gegen Abend ein, so hat derselbe insofern rückwirkende Kraft, als alles das, womit sie nach ihrem Bade in Berührung ge-

ihrem zweiten Tage[33]); hat sie an beiden Tagen wahrgenommen, schlachtet man für sie am dritten Tage[34]). Für eine Flüssige[35]) schlachtet man am achten Tage[36]). **6.** Für einen Leidtragenden[37]), für jemand, der einen Steinhaufen lichtet[38]), sowie für einen, dem man die Entlassung aus dem Gefängnisse zugesichert hat, ferner für einen Kranken und einen Greis, die ein Oelbeerquantum zu verzehren im Stande sind, soll man wohl schlachten; doch schlachtete man

שׁוֹחֲטִין עָלֶיהָ בַּשֵּׁנִי שֶׁלָּהּ. רָאֲתָה שְׁנֵי יָמִים, שׁוֹחֲטִין עָלֶיהָ בַּשְּׁלִישִׁי. וְהַזָּבָה, שׁוֹחֲטִין עָלֶיהָ בַּשְּׁמִינִי:

ו הָאוֹנֵן וְהַמְפַקֵּחַ אֶת הַגַּל, וְכֵן מִי שֶׁהִבְטִיחוּהוּ לְהוֹצִיאוֹ מִבֵּית הָאֲסוּרִים וְהַחוֹלֶה וְהַזָּקֵן שֶׁהֵן יְכוֹלִין לֶאֱכוֹל כַּזַּיִת, שׁוֹחֲטִין עֲלֵיהֶן. עַל כֻּלָּן אֵין שׁוֹחֲטִין

---

kommen, ebenso unrein ist, wie wenn sie gar nicht gebadet hätte. Daraus ergiebt sich für sie die Nothwendigkeit, sich während des ganzen zweiten Tages „abwartend" zu verhalten, d. h. sich wegen der schwebenden oder imminenten Unreinheit aus Vorsicht dieselbe Enthaltsamkeit aufzuerlegen, die ihr am ersten Tage infolge der an ihr haftenden oder, wenn man will, immanenten Unreinheit das Gesetz zur Pflicht machte. — Der Ausdruck erklärt sich am besten, wenn man שמר in der Bedeutung „warten" nimmt. Die in Rede stehende Frau wartet dem gestrigen unreinen Tage gegenüber heute einen reinen Tag ab. In Horajot 4a wird derselbe Begriff durch סופרת אחד לאחד ausgedrückt. [33]) Weil sie, wenn im Laufe dieses Tages kein Blutfluss eingetreten, in der Nacht vom Pesach essen darf. Hat sich ein solcher nachträglich eingestellt, darf sie natürlich am Opfermahl nicht theilnehmen; die Frage aber, ob sie im nächsten Monat das sog. zweite Pesach (IX 1) feiern kann. ist zu verneinen, wenn sie denselben erst nach Anbruch der Nacht, zu bejahen (vgl. Anm 44), wenn sie ihn vorher wahrgenommen hat. [ורמז״ל פסק בהל׳ ק״פ פ״ו ה״ג שאם ראתה אחר שנזרק דם הפסח פטורה מלעשות פסח שני והיינו כר׳ יוסי בפסחים פ״א. דס״ל מכאן ולהבא היא טמאה וזה סותר למה שפסק בהל׳ אסורי ביאה פ״ו הי״ד שהיא טמאה למפרע מן התורה מיהו י״ל דרמז״ל לשיטתיה אזיל שפסק בהל׳ ק״פ פ״ה ח״ח נשים בשני רשות אבל מה נעשה בזב בעל שתי ראיות ששחטו וזרקו עליו בשביעי שלו ואחר כך ראה שרמז״ל פוטרו גם כן התם מפסח שני כר׳ יוסי ובהל׳ מחוסרי כפרה פ״ג ה״ד כשמע להדיא שראייה זו סותרת מן התורה שהרי פוטרתו מן הקרבן ואפשר שרבנו ז״ל סמך אשנוייא דגמרא בנזיר ס״ו: לעולם אימא לך טומאה דאורייתא תהום דזיבה התירו ועי״ג דתניא התם ס״ג: לא אמרו טומאת התהום אלא למת בלבד לשיטתו אזיל שפירש בהל׳ נזירות פ״ו הי״ת דלא אתא למעוטי זיבת אלא הרוג מיהו קשה לפרש כן בפסחים פ׳. ובזבחים כ״ג. וצ״ע] [34]) Wenn eine Frau zwei Tage hintereinander Blutfluss wahrgenommen hat, braucht sie nicht etwa den beiden unreinen gegenüber zwei reine Tage aufweisen zu können (s. Sifra zu 15, 25, ed. Weiss 79a), sie darf vielmehr schon am Morgen des dritten das Reinigungsbad nehmen und Nachts, sofern sie rein geblieben, Opferfleisch geniessen. [35]) So wird die Frau bezeichnet, die an drei aufeinander folgenden Tagen ausserhalb ihrer Menstruationszeit Blutfluss bemerkt hat. (Nach späterer Terminologie heisst sie zum Unterschiede von der שומרת יום כנגד יום, die kürzer זבה קטנה genannt wird, זבה גדולה). Dieselbe erlangt die volle Reinheit erst wieder, wenn sie sieben Kalendertage hindurch von Blutfluss ganz verschont geblieben, frühestens am siebenten Tage nach Sonnenaufgang das vorgeschriebene Bad genommen und am nächsten Morgen oder später zwei Tauben als Opfer dargebracht hat (3. B. M. 15, 25—30). [36]) nach Aufhören des Blutflusses; dagegen ist oben „der zweite" bezw. „dritte Tag" von der ersten Wahrnehmung an zu rechnen. [37]) Wem der Vater oder die Mutter, der Bruder oder die Schwester, der Gatte oder die Gattin, der Sohn oder die Tochter durch den Tod entrissen wurde, der darf am Sterbetage nach einem Gesetz der Tora von keinem Opfer essen, selbst wenn er mit der Leiche in keiner Weise, auch nicht mittelbar in Berührung gekommen, so dass er vollständig rein geblieben ist. Eine rabbinische Verordnung dehnt zwar dieses Verbot auch auf die folgende Nacht aus (s. Anm. 54), erstreckt sich aber nicht auf das Fleisch des Pesach. — Das Wort אונן ist offenbar mit אנה (wehklagen) verwandt, wovon תאניה ואניה und vermuthlich auch אוני (5. B. M. 26, 14) u. אונים (Hosea 9, 4). [38]) um Verschüttete zu retten. — פקח steht hier in seinem ursprünglichen Sinne: aufthun, öffnen (vgl. בן פקועה u. בקע). In der Bibel fast ausschliesslich vom Oeffnen des Auges gebraucht, hat das Wort im Talmud gewöhnlich die übertragene Bedeutung der Fürsorge (s. B. Sabbat XXIII 4 לפקח

עֲלֵיהֶן בִּפְנֵי עַצְמָן, שֶׁמָּא יָבִיאוּ אֶת הַפֶּסַח לִידֵי פְסוּל. לְפִיכָךְ אִם אֵרַע בָּהֶן פְּסוּל, פְּטוּרִין מִלַּעֲשׂוֹת פֶּסַח שֵׁנִי, חוּץ מִן הַמְפַקֵּחַ בַּגַּל, שֶׁהוּא טָמֵא מִתְּחִלָּתוֹ: ז אֵין שׁוֹחֲטִין אֶת הַפֶּסַח עַל הַיָּחִיד. דִּבְרֵי רַבִּי יְהוּדָה, וְרַבִּי יוֹסֵי מַתִּיר. אֲפִלּוּ חֲבוּרָה שֶׁל

für alle diese nicht besonders[39]), da sie es leicht dahin bringen könnten, dass das Pesach unbrauchbar wird[40]). Wenn daher[41]) eine Störung bei ihnen eingetreten[42]), sind sie der Feier des zweiten Pesach enthoben[43]) mit Ausnahme desjenigen, der den Steinhaufen gelichtet hat, da dieser von Anfang an unrein war[44]). **7** Man schlachte kein Pesach für einen Einzelnen. So die Worte des R. Juda. R. Jose dagegen gestattet es[45]). Selbst wenn es eine Gesellschaft

---

על עסקי כלה u. Babli das. 150a (פקוח נפש ופקוח חרבים) und der Einsicht (daher פיקח; vgl. das arab. فقه). Jeruschalmi liest hier וחמפקח בגל, wonach das Verbum auch an dieser Stelle ein Denominativ von פקוח נפש sein könnte; doch wird schon in Tos. Jom Tob mit Recht auf das Targum zu Kohelet 3, 5 (לפקחא דגור אבנין) hingewiesen. [39]) Selbst wenn ihrer eine grössere Anzahl ist, sollen sie doch für sich kein besonderes Pesach darbringen lassen, sondern sich lieber anderen Gesellschaften anschliessen. [40]) Die Leidtragenden könnten unversehens noch nachträglich durch die Leiche unrein werden [וכה שהקשה בתו׳ יו״ט התינח קודם קבורה אבל אם בשעת שחיטת הפסח כבר נקבר המת מאי איכא למימר אפשר ליישב לדעת רע״ב ז״ל דאכתי יש לחוש שמא מתוך צערו וטרדת לבו ישכח ויכנס ויטמא בכלים שהיו שם באהל המת אע״ג דלשון שמא יטמא למתו לא משמע הכי], die Verschütteten tot aufgefunden, die Gefangenen doch nicht entlassen werden, die Kranken und die Greise am Abend nicht mehr im Stande sein vom Pesach zu essen, so dass dieses übrig bliebe und verbrannt werden müsste, da Unbetheiligte nach Anm. 2 davon nicht essen dürfen. Für die Verhafteten ist diese Befürchtung nach Babli nur dann begründet, wenn sie von Nichtjuden gefangen gehalten werden, jedoch hinfällig, wenn ein jüdischer Gerichtshof sie verurtheilt und ihnen zur Pesachfeier einen Urlaub nach Jerusalem versprochen hat, in welchem Falle mithin auch ein besonderes Pesach unbedenklich für sie geschlachtet werden darf; nach Jeruschalmi dagegen ist in unserer Mischna grade von einem jüdischen Gefängnis die Rede, so dass man auf Gefangene, die in der Gewalt der Heiden sich befinden, überhaupt nicht „zählen" könnte — trotz der zugesicherten Freilassung, und für solche, die von Israeliten gefangen gehalten werden, nicht besonders schlachten dürfte, da immerhin mit der Möglichkeit zu rechnen ist, dass ihnen infolge eines Verschuldens oder wegen später aufgetauchten Fluchtverdachts der verheissene Urlaub nach Jerusalem doch nicht gewährt wird. Befindet sich indessen das Gefängnis innerhalb der Mauern der heiligen Stadt, so kann man in allen Fällen sogar ein besonderes Pesach für sie bereiten, da sie es ja im Gefängnisse verzehren können. [41]) לפיכך bezieht sich auf שוחטין עליהן im ersten Satze. Da man bei der Darbringung des Pesach befugt war, auf ihre Betheiligung zu rechnen, so haben sie ihrer Pflicht genügt, auch wenn ihnen durch unverhofften Eintritt der in vor. Anm erwähnten Hindernisse die Theilnahme am Opfermahl nachträglich verwehrt wird. [42]) אירע (l. era') ist westaram. Form der 3. P. m. s. pf. Kal für ostaram. ארע (ara'), erweicht aus ערע (arab. عرض) wie אע aus עע (hebr. עץ); י und ו finden sich als Lesemütter in unpunktierten Texten auch bei Halbvokalen; vgl. עומרים, איברים, אימורים. [43]) Vgl. Anm. 19. [44]) Da die Verschütteten als Leichen herausgezogen wurden, so müssen wir, solange nicht das Gegentheil erwiesen ist, auf Grund des gegenwärtigen Befundes (כל הטומאות כשעת מציאתן) annehmen, dass sie schon tot waren, als der zur ihrer Rettung Herbeigeeilte zu graben anfing, dieser also bei der Darbringung seines Pesach bereits unrein war und mithin nach 4. B. M. 9, 10—11 zur Feier des zweiten Pesach verpflichtet ist; denn nicht nur derjenige ist unrein, der einen Toten trägt oder berührt, sondern ebenso derjenige, der unter einem Dache mit ihm weilt oder selbst ein Dach über denselben bildet, indem er sich über ihn oder sein Grab neigt. War jedoch der Steinhaufen von einiger Ausdehnung und lagen die verschütteten an dem einen Ende, während er sein Rettungswerk am andern Ende begann, so dass mit der Möglichkeit zu rechnen ist, er könnte während der Darbringung seines Pesach noch rein geblieben sein, ist auch er von der Bereitung des zweiten Pesach befreit. [45]) vorausgesetzt, dass der

מְאָה שֶׁאֵין יְכֹלִים לֶאֱכֹל כַּזַּיִת, אֵין שׁוֹחֲטִין עֲלֵיהֶן, וְאֵין עוֹשִׂין חֲבוּרַת נָשִׁים וַעֲבָדִים וּקְטַנִּים: ח אוֹנֵן טוֹבֵל וְאוֹכֵל אֶת פִּסְחוֹ לָעֶרֶב, אֲבָל לֹא בַקֳּדָשִׁים. הַשּׁוֹמֵעַ עַל מֵתוֹ, וְהַמְלַקֵּט לוֹ עֲצָמוֹת, טוֹבֵל וְאוֹכֵל בַּקֳּדָשִׁים. גֵּר שֶׁנִּתְגַּיֵּר בְּעֶרֶב פֶּסַח, בֵּית שַׁמַּאי

von Hunderten ist, und sie können nicht[46] ein Oelbeervolumen verzehren, schlachte man es nicht für sie[47]. Man bilde keine Genossenschaft von Frauen, Sklaven und Minderjährigen[48]. **8.** Ein Leidtragender darf Abends, nachdem er gebadet hat[49], sein Pesach essen[50], aber nicht von anderen Opfern[51]. Wer den Tod eines Angehörigen erfährt[52] oder dessen Gebeine sammeln lässt[53], kann nach dem Bade von allen Opfern essen[54]. Ein Bekehrter, der am Rüsttage des Pesach übergetreten, darf nach Ansicht der Schule Schammai's, sofern

---

Inhaber es allein verzehren kann. [46]) Das kann bedeuten: es ist keiner von ihnen im Stande; es kann aber auch den Sinn haben: es ist nicht jeder von ihnen im Stande. Letztere Auffassung dürfte im Hinblick auf Kap. V Anm. 9 als die richtigere erscheinen. Wenn kein einziger der Theilhaber das vorgeschriebene Minimum verzehren kann, ist ja das Opfer sogar untauglich. Da ist es doch selbstverständlich, dass man es unter dieser diesen Umständen nicht darbringen darf. [וכן נראה דעת רמז״ל שכ׳ בחל׳ ק״פ פ״ב ה״ג ואין כל אחד מהם יכול לאכול כזית ואע״ג שגם בהל׳ ה׳ שם כתב כלשון הזה והתם אין ספק שר״ל אין גם אחד בחוכם שיכול לאכול כזית אעפ״כ כשם ראיה שבמקום הזה אין לפרש דבריו כן דאי לא תימא הכי מאי קמשמע לן פשיטא ולגי׳ רש״י ז״ל שכ׳ מאה ואין יכולין לאכול כזית בין כולם צריך לפרש הא דתנן לעיל פ״ה מ״ג שחטו שלא לאוכליו פסול היינו שאין יכולין לאכול כלל ודחוק הוא דכל פחות מכזית לאו כלום הוא ועוד דבתוספתא פ״ד ובמכילתא בוא פ״ג איתא להדיא שאין יכולין לאכול כזית ועוד נראה לי שכה שכ׳ רמז״ל שם אין שוחטין את הפסח אלא על מי שראוי לאכול וכו׳ עד אין שוחטין עליו מקורו לעיל פ״ה מ״ג לאוכליו שלא לאוכליו כשר הא לכתחלה לא]. [47]) Das sind nicht mehr Worte des R. Jose, das ist vielmehr eine allgemeine Ansicht, der auch R. Juda beistimmen kann. [ורע״ב שנמשך אחר פי׳ רש״י ז״ל לא שם לבו אל דברי התוס׳ ד״ה עשרה ועיין מהרש״א]. [48]) Weil die Sklaven durch schlüpfrige Reden das Ohr der Frauen verletzen und durch zuchtloses Betragen die Herzen der Kinder vergiften könnten. [49]) Obgleich er sich von der Leiche gänzlich fern gehalten hat -- andernfalls dürfte er ja als Unreiner das Pesach nicht einmal berühren -- muss er doch vor dem Opfermahle ein Bad nehmen, weil er als Leidtragender nichts Heiliges geniessen durfte, und daher anzunehmen ist, dass er sich nicht mit der Achtsamkeit von allem Unreinen fernhielt, welche diejenigen anwenden müssen, die von Opfern zu essen befugt sind (s. Hagiga III 3). [50]) gleichviel ob sein Angehöriger am Vor- oder am Nachmittag des 14. Nisan starb, da das Pesach nun einmal für ihn bereitet ist. Doch wird es von vornherein nur dann für die Hinterbliebenen dargebracht, wenn der Tod erst Nachmittags eintrat, als die Pflicht des Pesach bereits auf ihnen ruhte (V 3); war das Leben schon Vormittags erloschen, soll erst gar nicht für sie geschlachtet werden, sie feiern dann das Pesach im nächsten Monat. [51]) s. Anm. 37. — Ueber die Gegenüberstellung zweier Begriffe wie פסח und קדשים, von denen der eine in dem andern enthalten ist, s. Kap. VII Anm. 34. [52]) Wörtlicher: Wer die Nachricht über einen ihm nahestehenden Toten empfängt. Vorausgesetzt wird bei diesem Schulausdruck, dass die Trauerkunde erst nach dem Todestage, aber noch vor Ablauf von dreissig Tagen eintraf. [53]) Die kausative Bedeutung von המלקט ergiebt sich zwar nicht aus der Form des Wortes, wohl aber auf Grund sachlicher Erwägungen aus dem Zusammenhange. Wenn er die Gebeine selbst exhumiert hätte, wäre er ja sieben Tage unrein und dürfte daher diese ganze Zeit nichts Heiliges berühren. Mit der Bezeichnung המלקט לו עצמות soll hier nur ganz allgemein die Veranlassung angedeutet werden, aus welcher er den Vorschriften über Leidtragende unterworfen ist. [54]) Das Gesetz, welches Leidtragenden von Opfern zu essen verbietet und sich ursprünglich auf den Todestag beschränkt, ist von den Rabbinen auf die folgende Nacht, und falls die Bestattung erst später stattfindet, auf die ganze zwischen dem Hinscheiden und dem Ende des Beerdigungstages liegende Zeit ausgedehnt worden, ferner auf den Tag der Exhumation und des Eintreffens einer Trauerbotschaft, jedoch mit Ausschluss der folgenden Nacht, in welcher die Angehörigen demnach von Opfern jeder Art essen können, sofern sie das Bad genommen haben, welches mit

er gebadet hat[55]), Abends sein Pesach essen; die Schule Hillel's aber lehrt: Wer sich von der Vorhaut trennt, trennt sich gleichsam vom Grabe[56]).

ABSCHNITT IX.

1. Wer unrein oder auf fernem Wege war und deshalb das erste (Pesach) nicht gefeiert hat, bereite das zweite[1]). Wer infolge eines Versehens oder einer Zwangslage das erste nicht gefeiert hat, bereite das zweite. Warum heisst es demnach[2]): unrein oder auf fernem Wege[3])? Weil die einen von der Ausrottungsstrafe frei, die anderen aber der Ausrottung verfallen sind[4]). **2.** Welches ist ein ferner Weg?

אוֹמְרִים, טוֹבֵל וְאוֹכֵל אֶת פִּסְחוֹ לָעֶרֶב, וּבֵית הִלֵּל אוֹמְרִים, הַפּוֹרֵשׁ מִן הָעָרְלָה כְּפוֹרֵשׁ מִן הַקֶּבֶר:

פרק ט.

א מִי שֶׁהָיָה טָמֵא אוֹ בְדֶרֶךְ רְחֹקָה, וְלֹא עָשָׂה אֶת הָרִאשׁוֹן, יַעֲשֶׂה אֶת הַשֵּׁנִי. שָׁגַג אוֹ נֶאֱנַס, וְלֹא עָשָׂה אֶת הָרִאשׁוֹן, יַעֲשֶׂה אֶת הַשֵּׁנִי. אִם כֵּן לָמָּה נֶאֱמַר, טָמֵא אוֹ בְדֶרֶךְ רְחֹקָה, שֶׁאֵלּוּ פְּטוּרִין מֵהִכָּרֵת, וְאֵלּוּ חַיָּבִין בְּהִכָּרֵת: **ב** אֵיזוֹ הִיא דֶרֶךְ

Rücksicht darauf, dass ihnen bis zum Abend der Opfergenuss verwehrt war, erforderlich ist (vgl. Anm. 49). [55]) Das Proselytenbad genügt nicht zu diesem Behufe, weil es einen andern Zweck als den der Reinheit im Sinne des Opfergesetzes hat (vgl. Hagiga II, 6); er muss vielmehr ein besonderes Bad mit dem Vorsatze nehmen, sich durch dasselbe für die Opferspeise vorzubereiten und sich nach demselben aufs Peinlichste von allem Unreinen fernzuhalten. [56]) Der Satz hat das Gepräge eines Sinnspruchs, dessen ethischer Hintergrund nicht erst erklärt zu werden braucht. Wohl aber fordert die halachische Bedeutung desselben eine längere Auseinandersetzung. Aus 4 B. M. 19. 11 ff. ist bekannt, dass die durch eine Leiche oder ein Grab (das. 16) verursachte Unreinheit nicht weniger als sieben Tage anhält und auch nach Ablauf dieser Frist nur dann weicht, wenn dem allgemeinen Reinigungsbade die daselbst (17—19) vorgeschriebenen besonderen Sprengungen vorangegangen sind. Wurde die erste Besprengung am dritten Tage verabsäumt, so kann sie auch später vorgenommen werden; erfolgt am vierten Tage nach derselben die zweite Sprengung und das Reinigungsbad, so ist mit Anbruch der Nacht die Unreinheit erloschen. Sämtliche Reinheitsgesetze gelten aber nur für Israeliten, Nichtjuden sind für die übertragene Unreinheit (Kap. I Anm. 26) überhaupt nicht empfänglich. Demnach könnte der zum Judenthum bekehrte Fremdling, obgleich er in seinem Leben oft genug mit Leichen in Berührung gekommen, bald nach seinem Uebertritt ohne Weiteres vom Pesach essen. Das ist auch in der That die Ansicht der Schammaiten. Die Schule Hillel's aber befürchtet, er würde es im nächsten Jahre ebenso halten und Abends am Opfermahl theilnehmen, wenn er auch am Tage eine Leiche berührt hat. Darum stellt sie den Satz auf: Der Proselyt darf erst am siebenten Abend nach seiner Aufnahme in den Bund Israels zum Pesach zugelassen werden, als hätte er im Augenblick des Uebertritts eine Leiche berührt. Der ungewöhnliche Ausdruck כפורש מן הקבר (statt כפורש מן המת oder noch einfacher כנוגע במת) lässt die Absicht erkennen, dem Satze eine allgemeinere Bedeutung zu geben (der Bekehrte gleichsam ein vom Grabe Auferstandener oder, da קֶבֶר auch den Mutterschoss bezeichnet, ein zu neuem Leben Erwachter). Es ist aber auch möglich, dass wir es hier umgekehrt mit der halachischen Anwendung einer ältern ethischen Sentenz zu thun haben. Einer ähnlichen Redewendung bedient sich R. Tarfon, wenn er (Kidduschin 66b u. Zebaḥim 13a) zu R. ʻAkiba sagt: „Von dir sich trennen heisst sich vom Leben trennen" (כל הפורש ממך כפורש מן החיים).

[1]) 4. B. M. 9, 9—11. [2]) Da es doch nicht darauf ankommt, aus welcher Ursache die Feier des ersten Pesach unterblieb. [3]) Das. 10. Die von uns bevorzugte Lesart (andere Ausgaben haben או שהיה בדרך רחוקה) findet sich im Jeruschalmi. [4]) Wenn das zweite Pesach aus Muthwillen nicht gefeiert wurde, ist derjenige straffrei, der am 14. Nisan unrein oder abwesend war, strafbar dagegen, wer

רְחוֹקָה, מִן הַמּוֹדִעִית וּלְחוּץ וּכְמִדָּתָהּ לְכָל רוּחַ, דִּבְרֵי רַבִּי עֲקִיבָה. רַבִּי אֱלִיעֶזֶר אוֹמֵר, מֵאַסְקֻפַּת הָעֲזָרָה וּלְחוּץ. אָמַר רַבִּי יוֹסֵי, לְפִיכָךְ נָקוּד עַל הֵ״י לוֹמַר, לֹא מִפְּנֵי שֶׁרְחוֹקָה וַדַּאי, אֶלָּא מֵאַסְקֻפַּת הָעֲזָרָה וּלְחוּץ. **ג** מַה בֵּין פֶּסַח הָרִאשׁוֹן לַשֵּׁנִי. הָרִאשׁוֹן אָסוּר בְּבַל יֵרָאֶה וּבַל יִמָּצֵא, וְהַשֵּׁנִי מַצָּה וְחָמֵץ עִמּוֹ בַּבַּיִת. הָרִאשׁוֹן טָעוּן הַלֵּל בַּאֲכִילָתוֹ, וְהַשֵּׁנִי אֵינוֹ טָעוּן הַלֵּל בַּאֲכִילָתוֹ. זֶה וָזֶה טְעוּנִין הַלֵּל בַּעֲשִׂיָּתָן, וְנֶאֱכָלִין צָלִי

Ueber Moda'it[5]) hinaus und dieselbe Entfernung nach jeder Richtung. So die Worte des R. 'Akiba. R. Eli'ezer meint: Ausserhalb der Schwelle der Opferhalle[6]). R. Jose sagte, es stände deshalb über dem Hê[7]) ein Punkt, um anzudeuten: Nicht weil es wirklich fern[8]), sondern ausserhalb der Schwelle der Opferhalle[9]). **3.** Worin unterscheidet sich das erste Pesach vom zweiten? Das erste ist an die Vorschrift gebunden: „Es werde nicht gesehen" und „es finde sich nicht"[10]), beim zweiten aber ist ungesäuertes Brot und Châmêsz bei ihm im Hause; das erste erfordert[11]) Lobgesänge während des Essens, das zweite dagegen erheischt beim Essen keinen Lobgesang. Dies wie jenes erfordert

---

aus anderer Ursache an der Bereitung des ersten Pesach verhindert war. Lag aber für die Unterlassung der zweiten Pesachfeier ein triftiger Entschuldigungsgrund vor, so hat man nur in dem Falle eine Strafe verwirkt, wenn das erste Pesach muthwillig verabsäumt wurde. [5]) Eine 15 Mil (etwa 15 km; s. Joma VI, 4) von Jerusalem entfernte Ortschaft, wahrscheinlich mit dem aus den Makkabäerbüchern bekannten Modeïn identisch und Geburtsort des R. El'azar ham-Moda'i. Die Schreibung des auch Hagiga III, 5 vorkommenden Namens schwankt zwischen מודעית (Aruch), מודיעים, מודיעין, סודיעית. [6]) Nach ihm gilt jeder, der aus welchem Anlass immer an der Bereitung des ersten Pesach ernstlich verhindert war, sofern er sich nicht innerhalb der Opferhalle befand, als abwesend im Sinne von Anm. 4. Nach R. 'Akiba dagegen ist er in diesem Falle nur entschuldigt und daher strafbar, wenn er das zweite Pesach vernachlässigt hat; als abwesend kann er erst dann betrachtet werden, wenn er am Mittage [כך פרשו ר״ח ורש״י ז״ל אבל רמז״ל פסק בחי׳ ק״ם פ״ה ה״ב: עם עליית השמש ועי׳ בכ״מ שכ׳ פשטא דסוגיא הכי מוכחא ונפלאת היא בעיני ובהדיא איתא בספרי בהעלתך ר״ם ס״ט כל שהיה בשעת שחיטת הפסח מן המודי׳ ול׳] des 14. Nisan noch 15 Mil von der heiligen Stadt entfernt war, in welchem Falle er unter allen Umständen straffrei ist, auch wenn sich ihm Gelegenheit bot, zu Pferde noch rechtzeitig einzutreffen und er für die Unterlassung der zweiten Pesachfeier keine Entschuldigung vorbringen kann. [7]) dem letzten Buchstaben des Wortes רחקה a. a. O. — In den ältesten Ausgaben steht ausdrücklich על הי שברחוקה; s. auch דקדוקי סופרים. [8]) Abgebrochener Satz. Zu ergänzen ist etwa: wird dieser Ausdruck gebraucht. [9]) In alten Handschriften findet man als Zeichen, dass ein Buchstabe zu streichen ist, über demselben einen Punkt. Solchen Punkten begegnet man auch in der Bibel an einigen Stellen. In Abot d. R. Natan Kap. 34 u. Bemidbar rabba P. III g. E. werden dieselben auf 'Ezra zurückgeführt. Da דרך öfter auch weiblich vorkommt, mithin רחקה an dieser Stelle ebenso richtig ist wie רחק, können es nicht sprachliche Gründe gewesen sein, welche für die Beanstandung des Hê massgebend waren, wohl aber solche der Textvergleichung (vgl. Jer. Ta'aniot IV, 2 g. E. u. Tr. Soferim VI, 4). R. Jose scheint jedoch anzunehmen, dass dieses Hê mit Absicht geschrieben und wieder gestrichen wurde, damit man רחק nicht auf דרך beziehe, sondern auf איש am Anfange des Satzes: Nicht der Weg an sich ist fern, allein der Mann ist es, da ihm der Zutritt zum Heiligthum aus welcher Ursache immer verwehrt ist (איש רחוק ואין דרך רחוקה — Jer.). Grade weil דרך auch männlich ist, wäre mit einfacher Fortlassung des Hê nichts gewonnen; es musste durchaus gesetzt und zugleich als fehlerhaft bezeichnet werden, damit die Beziehung auf איש klar hervortrete. [10]) „Sieben Tage finde sich kein Sauerteig in eueren Häusern" (2. B. M. 12, 19). „Sieben Tage soll in Deinem ganzen Gebiete kein Sauerteig gesehen werden" (5. B. M. 16, 4). [11]) טען belasten wird 1. B. M.

Lobgesänge bei der Bereitung[12]), beide werden in gebratenem Zustande mit ungesäuertem Brot und Bitterkraut gegessen, und beide verdrängen den Sabbat[13]). **4.** Von einem in Unreinheit dargebrachten Pesach[14]) dürfen Samenflüssige[15]) und Blutflüssige[16]), Menstruierende[17]) und Wöchnerinnen[18]) nicht essen[19]); haben sie aber davon gegessen, sind sie von der Ausrottungsstrafe frei[20]). R. Eliʿezer erklärt sie auch für straflos in Beziehung auf den Eintritt ins Heiligthum[21]). **5** Worin unterscheidet sich das Pesach in Egypten[22]) vom Pesach aller Zeiten[23])? Das Pesach in Egypten musste am Zehnten beschafft werden[24]), erforderte Besprengung der Oberschwelle und beider Pfosten mittels eines Ysopbündels[25]), wurde in Hast verzehrt[26]) und war auf eine Nacht beschränkt[27]), während das

עַל מַצּוֹת וּמְרוֹרִים, וְדוֹחִין אֶת הַשַּׁבָּת:
ד הַפֶּסַח שֶׁבָּא בְטֻמְאָה, לֹא יֹאכְלוּ
מִמֶּנּוּ זָבִין וְזָבוֹת נִדּוֹת וְיוֹלְדוֹת, וְאִם
אָכְלוּ פְּטוּרִין מֵהַכָּרֵת. רַבִּי אֱלִיעֶזֶר
פּוֹטֵר אַף עַל בִּיאַת מִקְדָּשׁ: ה מַה
בֵּין פֶּסַח מִצְרַיִם לְפֶסַח דּוֹרוֹת, פֶּסַח
מִצְרַיִם מִקָּחוֹ מִבֶּעָשׂוֹר, וְטָעוּן הַזָּיָה
בַּאֲגֻדַּת אֵזוֹב עַל הַמַּשְׁקוֹף וְעַל שְׁתֵּי
הַמְּזוּזוֹת, וְנֶאֱכָל בְּחִפָּזוֹן, וְלַיְלָה אֶחָד,

45, 17 im eigentlichen Sinne (Lastthiere beladen), im Talmud aber meist in übertragener Bedeutung (strafrechtlich mit folg. על wie הנטען על השפחה = beschuldigen, zivilrechtlich mit dopp. Akk. wie טענו חטים = belangen und absolut in weiterer Entwickelung = plädiren) angewendet. Die Form טעון, welche aktive Bedeutung hat und sich von טוען nur darin unterscheidet, dass sie eine dauernde Thätigkeit ausdrückt (wie אחוזי חרב Hl. 3,8 = haltend, dagegen אוחז = ergreifend; vgl. auch בטוח, זכור und Erubin VI, Anm. 30) bezeichnet im weitesten Sinne jeden Anspruch und jede Forderung. [12]) Vgl. Kap. V, M. 7. [13]) S. Kap. VI, M. 1. [14]) S. Kap. VII, M. 6. [15]) 3. B. M. 15, 1—15. [16]) Das. 25—30. [17]) Das. 19. [18]) Das. 12, 1—8. [19]) Obgleich nach Kap. VII, M. 4 auch Unreine von einem solchen Pesach essen, sind doch alle diejenigen ausgeschlossen, bei denen die Unreinheit nicht durch Uebertragung von aussen herrührt, sondern wie bei den hier genannten aus dem eigenen Körper fliesst. Ob dieselben nach wiedererlangter Reinheit das Pesach im nächsten Monat feiern, ist eine Streitfrage (s. Babli 80a unten), in der sich Maimonides (Hil. Ḳorban Pesaḥ VII, 5) für die Ansicht entscheidet, es fände überhaupt kein zweites Pesach statt, wenn das erste in Unreinheit dargebracht wurde. Aus der Umgebung, in welcher unsere Mischna unversehens hier auftaucht (in der Tosefta dieselbe Erscheinung!), könnte man das Gegentheil schliessen. Wie käme sie sonst hierher in das Kapitel vom zweiten Pesach? Ihre rechte Stelle wäre doch wohl in Kap. VII, etwa hinter M. 6 oder noch besser im Anschluss an M. 4, während sie hier, eingekeilt zwischen M. 3 und M. 5, die offenbar zu einander gehören, gewaltsam den Zusammenhang zerstört. Doch lässt sich diese Thatsache viel einfacher durch die Annahme erklären, dass in M. 3 ursprünglich der Schlusssatz ודוחין את השבת ואת הטומאה gelautet hat (s. Babli z. St.), woran sich sehr passend in M. 4 die Einschränkung knüpfte, dass nicht alle Unreinen von einem in Unreinheit dargebrachten Pesach, ob es nun das erste oder das zweite ist, essen dürfen. In einer späteren Bearbeitung, deren Urheber der Meinung war, das zweite Pesach dürfte nicht in Unreinheit bereitet werden, wurden die beiden letzten Worte (ואת הטומאה) gestrichen, M. 4 aber trotzdem, wie stets in solchen Fällen, an ihrer alten Stelle beibehalten (ומשנה לא זזה ממקומה). In der Tosefta, die nach dem Plane der Mischna geordnet ist, wurde dann dieselbe Reihenfolge beobachtet, obgleich es hier ausdrücklich heisst: הראשון דוחה את הטומאה והשני אינו דוחה את הטומאה. [20]) welche nach 3. B. M. 7, 20—21 dem Unreinen droht, der Opferfleisch geniesst. [21]) wenn das Pesach in Unreinheit dargebracht wurde. — Ein Unreiner, der sonst das Heiligthum betritt, hat die Strafe der Ausrottung verwirkt (s. Erubin X, 15 und Anm. 100 bis 102 das.) [22]) 2. B. M. 12, 1 (בארץ מצרים) bis 11. [23]) Das. 13 (לדורותיכם) bis 20. [24]) Das. 3. [25]) Das. 7. (Ueber טעון s. Anm. 11.) [26]) Das. 11. [27]) Die Lesart im Jeruschalmi (ולילה אחד) ist der aller anderen Ausgaben (בלילה אחד) entschieden vor-

ופסח דורות נוהג כל שבעה: ו אמר רבי יהושע שמעתי שתמורת הפסח קרבה, ותמורת הפסח אינה קרבה, ואין לי לפרש. אמר רבי עקיבה אני אפרש. הפסח שנמצא קודם

Pesach aller Zeiten ganze sieben Tage dauert[28]). **6.** R. Josua sagte: Ich habe gehört[29]), dass die Ablösung eines Pesach[30]) dargebracht wird[31]), und wiederum, dass die Ablösung eines Pesach nicht dargebracht wird[32]), kann es aber nicht erklären. Da sagte R. ʻAkiba: Ich will es erklären[33]). Wenn ein Pesach[34]) noch vor dem Schlachten des Pesach[35]) gefunden wurde, so

zuziehen. [28]) Das Wort פסח wird in dieser Mischna von Anfang an in seinem Doppelsinne (*Opfer* und *Fest*) gebraucht. Was das Pesach*opfer* betrifft, so konnte es in späteren Jahren noch in letzter Stunde ausgewählt werden (bei einem Händler z. B., der die feilgebotenen Thiere an den vorhergegangenen vier Tagen auf Leibesfehler hin untersucht hatte, denn diese Untersuchung war beim ersten Pesach zu allen Zeiten unerlässlich — עיין ר״ח רש״י ותוס׳ אבל רבו״ל לא הצריך בקור לפסח), sein Blut wurde am Altar direkt aus dem Becken ausgegossen und sein Fleisch in behaglicher Ruhe verzehrt. Was das Pesach*fest* anlangt, so erstreckte sich dasselbe, wenigstens soweit das Chameszverbot in Betracht kommt, später auf volle sieben Tage (das. 15 u. 19), in Egypten dagegen auch in dieser Beziehung nur auf die Nacht vor dem Auszuge. Es ist die Ansicht des R. Jose hag-Gelili (Tosefta Kap. VIII Ende: אומר אני שלא נאסר חמץ במצרים אלא יום אחד. Nach Babli freilich bedeutet das, dass Chamesz den *ganzen* Tag verboten war: Jer. aber scheint das Wort יום nicht buchstäblich zu nehmen), während andere der Meinung sind, dass auch unseren Vorfahren noch sechs Tage nach ihrem Auszuge alles Chamesz untersagt war. [29]) Wahrscheinlich von R. Joḥanan b Zakkai, seinem Lehrer. Der Vortrag im Lehrhause wird hebr. sehr angemessen mit שמועה bezeichnet, da in der Schule der Vortrag nur das Mittel ist, der eigentliche Zweck aber die Aufnahme des Gehörten. — Eine ähnliche Mischna s. Jebamot VIII 4. [30]) Unter Ablösung (תמורה) eines Opfers versteht man ein gegen Opfervieh in der Weise ausgetauschtes Thier, dass der Inhaber etwa erklärte, dieses solle an Stelle des andern treten. Nach 3. B. M. 27, 10 sind in solchem Falle beide geweiht, es muss daher auch die Ablösung geopfert, und wenn das infolge eines Leibesfehlers oder aus anderm Grunde nicht angeht, deren Erlös dem Altar zugeführt werden. Die Ablösung eines Pesach oder deren Erlös ist nicht als Pesach, sondern als Friedensopfer darzubringen. [31]) Zu קרבה vgl. Kap. III Anm. 1. [32]) Sondern der Erlös derselben. [33]) Die nun folgende Erklärung ist so kurz gefasst, dass sie selbst einer Erklärung bedarf. Zunächst ist in den Worten des R. ʻAkiba von der Ablösung noch keine Rede, sondern vorläufig nur von einem verloren gegangenen Pesach, welches sich später, nachdem es durch ein anderes ersetzt worden, wieder einfand. Dieses andere ist als Pesach dargebracht worden, und es entsteht jetzt die Frage, was mit dem ersten Pesach geschehen soll? Da kommt es nun darauf an, ob dasselbe noch vor dem Schlachten des Ersatzopfers oder erst nachher gefunden wurde. Im letztern Falle hat es, da es zu spät zum Vorschein kam, den Charakter eines Pesach verloren und ist daher genau so wie ein erst nach dem 14. Nisan zum Pesach bestimmtes Thier (Kap. V Anm. 7) als Friedensopfer darzubringen; im andern Falle aber kann dasselbe, da es mit gleichem Rechte wie das Ersatzopfer als Pesach geschlachtet werden konnte, ja sogar vor diesem vielleicht (עיין חלי ק״פ פ״ד ה״ו בכ״מ בשם הר״י קורקוס ובלחם משנה) den Vorzug verdient hätte, nicht ohne Weiteres als Friedensopfer dargebracht werden, es muss vielmehr erst abgewartet werden, bis es sich ein Gebrechen zuzieht, das es für den Altar ungeeignet macht, dann erst kann es verkauft und für den Erlös ein Friedensopfer beschafft werden. Dieselbe Vorschrift gilt aber merkwürdigerweise — und nun kommen wir zu dem von R. Josua nicht verstandenen Satze — auch für die *Ablösung* des Pesach. Wird das wiedergefundene Lämmchen früher oder später gegen ein anderes ausgetauscht, so hängt die Entscheidung der Frage, ob dieses selbst oder nur dessen Erlös geopfert werden darf, ebenfalls von dem Zeitpunkt ab, in welchem jenes wieder zum Vorschein kam. Obgleich nach Anm. 30 die Ablösung des Pesach niemals als Pesach dargebracht werden kann, mithin der Grund fortfällt, der für das umständliche Verfahren bei einem abhanden gekommenen und noch vor dem Schlachten des Ersatzopfers gefundenen Pesach massgebend war, richtet sich die Behandlung des einen dennoch ganz nach der des andern Lämmchens. [34]) das verloren gegangen war. [35]) d. h. ehe

שְׁחִיטַת הַפֶּסַח, יִרְעֶה עַד שֶׁיִּסְתָּאֵב, וְיִמָּכֵר וְיָבִיא בְדָמָיו שְׁלָמִים. וְכֵן תְּמוּרָתוֹ. אַחַר שְׁחִיטַת הַפֶּסַח, קָרֵב שְׁלָמִים. וְכֵן תְּמוּרָתוֹ: ז הַמַּפְרִישׁ נְקֵבָה לְפִסְחוֹ אוֹ זָכָר בֶּן שְׁתֵּי שָׁנִים, יִרְעֶה עַד שֶׁיִּסְתָּאֵב, וְיִמָּכֵר וְיָבִיא בְדָמָיו שְׁלָמִים. הַמַּפְרִישׁ פִּסְחוֹ וּמֵת, לֹא יְבִיאֶנּוּ בְנוֹ אַחֲרָיו לְשֵׁם פֶּסַח, אֶלָּא לְשֵׁם שְׁלָמִים: ח הַפֶּסַח שֶׁנִּתְעָרֵב בִּזְבָחִים, כֻּלָּן יִרְעוּ עַד שֶׁיִּסְתָּאֲבוּ, וְיִמָּכְרוּ וְיָבִיא בִדְמֵי הַיָּפֶה שֶׁבָּהֶן מִמִּין זֶה, וּבִדְמֵי הַיָּפֶה שֶׁבָּהֶן מִמִּין זֶה, וְיַפְסִיד הַמּוֹתָר מִבֵּיתוֹ.

weide es, bis es sich einen Makel zuzieht[36]), dann verkaufe man es und kaufe für den Erlös Friedensopfer, welches Verfahren auch für dessen Ablösung zu beobachten ist; wenn aber erst nach dem Schlachten des Pesach, so wird es selbst als Friedensopfer dargebracht und ebenso seine Ablösung. **7.** Wenn jemand ein Weibchen als sein Pesach absondert oder ein Männchen im zweiten Lebensjahre[37]), so weide es, bis es einen Makel sich zuzieht, dann verkaufe er es und bringe aus dem Erlöse Friedensopfer dar[38]). Ist einer, der sein Pesach schon bereitgestellt hatte, gestorben, so bringe es sein Sohn nach ihm nicht als Pesach, sondern als Friedensopfer dar[39]). **8.** Wurde ein Pesach mit anderen[40]) Opfern vermengt, müssen alle weiden, bis sie sich einen Makel zuziehen, dann verkaufe man sie und bringe für den Erlös des werthvollsten unter ihnen ein Opfer der einen Gattung dar und ebenso für den Erlös des werthvollsten unter ihnen ein Opfer der andern Gattung, wobei man den Zuschuss aus der eigenen Tasche einbüsst[41]); wurde es je-

das zum Ersatz gewählte Pesach noch geschlachtet war. [Nach anderer Auffassung im Babli: vor dem für die Bereitung der Pesachopfer gesetzlich angeordneten Zeitpunkte, also Vormittags.] [36]) Von כאב ist die Grundbedeutung wahrscheinlich fleckig sein, daher im Kal. شاب (= סיב und hebr. שיב) altern (vom gefleckten Haar), im Piel beflecken u. z. im weitesten, doch meist übertragenen Sinne. Hier wird das Wort auf die in der Tora als schwerer Makel (משחתם בהם) bezeichneten Leibesfehler (3. B. M. 22, 21–25) angewendet, ohne welche ein zum Opfer geweihtes Thier nicht verkauft werden darf. [37]) Zum Pesach eignet sich nur ein männliches Thier, welches das erste Lebensjahr noch nicht überschritten hat (2. B. M. 12, 5; בן שנה heisst nicht „ein Jahr alt", sondern „im ersten Lebensjahre"). [38]) ויביא בדמיו שלמים. So liest Raschi z. St. und so zitieren auch Tosafot sowohl in Zebaḥim 9b als in Menaḥot 83b u. d. W. חד; in unserm Bablitexte steht dafür ויפלו דמיו לנדבה לשלמים, in Jeruschalmi und den Mischnaausgaben ebenso bis auf das Wort לשלמים, das hier fehlt. Eine in Temura (19a) angeführte, den Gegenstand ausführlicher behandelnde Baraita lehrt, dass er den Erlös nur dann zu Friedensopfern verwenden muss, wenn er sein Pesach bereits dargebracht hat, wenn das Thier aber vorher schon einen Leibesfehler bekam, soll er aus dessen Erlös ein Pesach beschaffen. [39]) Es geht nicht an, dass er es nachträglich zu seinem Pesach bestimme, da es inzwischen einen Augenblick ohne Inhaber gewesen (s. Anm. 59); war aber vor Eintritt des Todes der Sohn schon mitbetheiligt, so schlachtet dieser es als Pesach, u. z. am 14. Nisan, wenn der Vater an diesem Tage erst Nachmittags starb, einen Monat später, wenn derselbe am Vormittage aus dem Leben schied (s. Kap. VIII Anm. 50). [40]) s. Kap. VII Anm. 34. [41]) Es wurde z. B. ein Pesachlamm [אבל בגדי משכחת לה שימותו כולם כגון שנתערב בחטאות ועד שלא נפל מום בכולם מתו בעליה של אחת מהן או נתכפרו באחרת כדתנן בזבחים רפ״ח בשלמא טלה אי אפשר להתערב בחטאת שאין חטאת באה מן הכבשים אלא נקבה אבל גדי האיכא חטאת נשיא ולמ״ד ביומא רפ״ו חטאת צבור מחה איכא נמי שעירי המועדות ושעירים הנשרפים] mit vier Lämmern einer andern Opfergattung so vermengt, dass man das Pesach nicht erkennt. Wird nun beim Verkaufe für das wohlfeilste ein Preis von 8 Denaren und für jedes folgende immer 1 Denar mehr, für alle fünf demnach ein Preis von 50 Denaren erzielt, so muss er zwei Lämmer im Werthe von je 12 und drei im

נִתְעָרֵב בִּבְכוֹרוֹת, רַבִּי שִׁמְעוֹן אוֹמֵר, אִם חֲבוּרַת כֹּהֲנִים, יֹאכֵלוּ: ט חֲבוּרָה שֶׁאָבַד פִּסְחָהּ, וְאָמְרָה לְאֶחָד, צֵא וּבַקֵּשׁ וּשְׁחֹט עָלֵינוּ, וְהָלַךְ וּמָצָא וְשָׁחַט. וְהֵם לָקְחוּ וְשָׁחֲטוּ, אִם שֶׁלּוֹ נִשְׁחַט רִאשׁוֹן, הוּא אוֹכֵל מִשֶּׁלּוֹ, וְהֵם אוֹכְלִים עִמּוֹ מִשֶּׁלּוֹ, וְאִם שֶׁלָּהֶן נִשְׁחַט רִאשׁוֹן, הֵם אוֹכְלִין מִשֶּׁלָּהֶן, וְהוּא אוֹכֵל מִשֶּׁלּוֹ. וְאִם אֵין יָדוּעַ אֵיזֶה מֵהֶן נִשְׁחַט רִאשׁוֹן, אוֹ שֶׁשְּׁחָטוּ שְׁנֵיהֶם כְּאֶחָד, הוּא אוֹכֵל מִשֶּׁלּוֹ, וְהֵם אֵינָם אוֹכְלִים עִמּוֹ, וְשֶׁלָּהֶן יֵצֵא

doch mit Erstgeborenen vermengt[42]), so kann man, meint R. Simon, wenn es um eine Genossenschaft von Priestern sich handelt[43]), es verzehren[44]). **9.** Hat eine Genossenschaft, deren Pesach verloren gegangen, zu einem gesagt: Geh und suche und schlachte es für uns, worauf er wegging, es fand und es schlachtete, während sie ein anderes nahmen und schlachteten, so isst er, wenn das Seinige zuerst geschlachtet wurde, von dem Seinigen, und sie essen mit ihm von dem Seinigen[45]); wenn dagegen das Ihrige früher geschlachtet wurde, so essen sie von dem Ihrigen[46]), und er isst von dem Seinigen[47]). Wenn es aber unbekannt ist, welches von beiden zuerst geschlachtet wurde, oder wenn man beide zu gleicher Zeit geschlachtet hat, so isst er von dem Seinigen, und sie essen nicht mit ihm[48]), das Ihrige kommt

---

Werthe von 9, 10 und 11 Denaren darbringen, mithin aus seiner Tasche einen Zuschuss von 4 Denaren leisten. Gehörten die übrigen Lämmer gar vier verschiedenen Opfergattungen an, in welchem Falle er fünf Lämmer im Werthe von je 12 Denaren opfern muss, so beträgt seine Einbusse gar 10 Denare. Im Uebrigen gilt vom Erlös des Pesach auch hier die in Anm. 38 erwähnte Vorschrift, dass derselbe zu einem Friedensopfer zu verwenden ist, wenn der Verkauf erst stattfinden konnte, als man sein Pesach schon bereitet hatte. [42]) Das Erstgeborene vom Vieh wird bei der Darbringung in allen wesentlichen Punkten genau so wie das Pesach behandelt. [43]) Vom Opferfleische erstgeborener Thiere dürfen nur Priester essen. [44]) Man braucht daher, wenn das vermengte Pesach einer Priestergesellschaft gehörte, nicht sämmtliche Lämmer erst weiden zu lassen, bis sie einen Leibesfehler bekommen, sondern opfere sie am 14. Nîsan Nachmittags und verzehre sie sämmtlich in der folgenden Nacht. Es ist zwar Vorschrift, die vier Opferhandlungen (Kap. V Anm. 6) mit dem Gedanken an Zweck und Bestimmung des einzelnen Opfers vorzunehmen, doch ist es nich durchaus nöthig, dass die Bestimmung bekannt sei; der Priester braucht nicht sagen zu können, er schlachte dieses Thier als Pesach, als Friedens-, als Sünd- oder Schuldopfer, es genügt vielmehr, wenn er erklärt: Ich schlachte es für seine Bestimmung. Gleichwohl fand der praktische Ausweg des R. Simon nicht die Zustimmung der anderen Gesetzeslehrer, weil diese mit Rücksicht auf das Verbot, vom Opferfleische übrig zu lassen, es für bedenklich hielten, die Zeit noch mehr zu beschränken, innerhalb deren solches gegessen werden darf. Für ein Erstgeborenes erstreckt sich diese Frist auf 2 Tage und die dazwischen liegende Nacht, während das Pesach in einer halben Nacht verzehrt sein muss. Im vorliegenden Falle müssten alle fünf Lämmer in dieser kurzen Zeit aufgegessen werden, da man von keinem derselben weiss, ob es nicht das Pesach ist. [45]) Zwar haben sie durch die Darbringung eines andern Pesach ihre Betheiligung an dem abhanden gekommenen widerrufen, der Rücktritt ist aber erst nach dem Schlachten des letztern, also zu spät erfolgt (s. VIII 3 g. E. — והוא הדין לר' שמעון אם שלו נזרק ראשון). Das von ihnen dargebrachte Pesach ist nach Kap. V Anm. 13 untauglich und wird daher laut VII 9 noch am selben Tage verbrannt [46]) weil sie von dem abhanden gekommenen Pesach, bevor es noch geschlachtet worden, also rechtzeitig zurückgetreten waren. [47]) da er ihnen doch keine Vollmacht gegeben, das Pesach für ihn zu schlachten. [48]) Infolge des Zweifels, ob ihr Rücktritt vom wiedergefundenen Pesach noch rechtzeitig oder zu spät erfolgte, ob mithin das von ihnen selbst geschlachtete Pesach tauglich oder untauglich ist, dürfen sie weder von dem einen noch vom andern essen. וכן פסק הרמב״ל בה׳ ק״פ פ״ג ה״ד שהם אין אוכלין עמו וכיוצא בו שם הלכה ה׳ משמע דסבירא ליה אין

לְבֵית הַשְּׂרֵפָה, וּפְטוּרִין מִלַּעֲשׂוֹת פֶּסַח שֵׁנִי. אָמַר לָהֶן, אִם אִחַרְתִּי צְאוּ וְשַׁחֲטוּ עָלַי, הָלַךְ וּמָצָא וְשָׁחַט. וְהֵן לָקְחוּ וְשָׁחֲטוּ, אִם שֶׁלָּהֶן נִשְׁחַט רִאשׁוֹן, הֵן אוֹכְלִין מִשֶּׁלָּהֶן, וְהוּא אוֹכֵל עִמָּהֶן, וְאִם שֶׁלּוֹ נִשְׁחַט רִאשׁוֹן,

nach dem Verbrennungsorte[49]), und sie sind der Feier des zweiten Pesach enthoben[50]). Sagte er zu ihnen: Wenn ich mich verspäte, gehet und schlachtet ihr für mich[51]), worauf er wegging, es fand und es schlachtete, während sie ein anderes nahmen und schlachteten, so essen sie, wenn das Ihrige zuerst geschlachtet wurde, von dem Ihrigen, und er isst mit ihnen; wenn dagegen das Seinige früher geschlachtet wurde, so isst

הפסח נאכל אלא למנויו וכן משמע שם בפ״ב ה״ג והי״ד ועיין מה שכתבתי לעיל פ״ח אות ב׳ ואות ו׳ מיהו אין ראיה כל כך דלעולם איכא לך אין הכי נמי שמותרין לאכול אבל כאחר שאין יוצאין באכילה זו למה יאכלו ואפילו מכה שפסק שם בפ״ג ה״ב שכח השולח מה אמר לו שניהן יצאו לבית השרפה אין להוכיח שאסורין באכילה דאי לא תימא הכי למה ישרפו הואיל ודזבח כשר יאכל שלא למנויו וכן אם נטמאו הבעלים אחר זריקה למה ישרף יאכל לטהורים שלא נמנו עליו כל זה אין ראיה ברורה שהרי גדולה מזו כתב שם בפ״ד ה״ג אע״פ שלא נטמאו אלא מקצת בני החבורה אם התחילו כולם לאכול חלק הטמאים ישרף ועיין בהל׳ מעשה הקרבנות פ״ט שכתב שאר בשר הבכור נאכל לכהנים ושאר בשר המעשר נאכל לבעלים ושאר בשר הפסח נאכל למנויו ואין כאן הכרע אי למנויו דוקא כמו לכהנים גבי בכור או לאו דוקא כמו לבעלים גבי מעשר שנאכל לכל אדם]. [49]) Für die Verbrennung untauglicher Opfer, welche auf dem Gebiete des Heiligthums stattfinden musste, waren daselbst zwei Orte bestimmt, der eine vor der Bira (III 8 u. VII 8), der andere in der Opferhalle selbst. Für die ausserhalb Jerusalems zu verbrennenden Opfer gab es eine dritte Feuerstelle, die בית הדשן heisst (Z'baḥim V 2 und XII 5). Wenn nun etwa בית השריפה zum Unterschied von dieser die beiden Verbrennungsstätten auf dem Tempelberge bezeichnen soll (im Babli das. 104b werden alle drei בית הדשן genannt), so passt der Ausdruck יצא (hinaus geschafft werden) nicht auf diejenigen Opfer, die in der Halle selbst verbrannt werden mussten, und doch findet sich diese Formel auch auf solche angewendet, z. B. K'retot VI 1—2, Z'baḥim VIII 4, Tosefta das. 1 g. A. u. M'naḥot VI g. E. (ed. Zuckermandel 479 18 u. 520 37). Zieht man ferner in Erwägung, dass es sich an allen diesen Stellen, zu denen noch viele andere wie Tosefta P'saḥim VI u. IX, Z'baḥim VI u. VII (ed. Zuck. 165 19-21, 171 14, 489 29, 492 3) hinzukommen, ebenso wie oben VIII 2 (s. das. Anm. 18) und VII 9 (s. die Jeruschalmiausgaben) um Opfer handelt, bei denen עבור צורה erforderlich ist, deren Fleisch, mit anderen Worten, erst nach einiger Zeit, wenn es bereits seine Frische und sein gutes Aussehen eingebüsst hat, dem Feuer übergeben werden darf, ja dass die fragliche Redewendung meist nicht blos in begrifflicher, sondern in ausdrücklicher Verbindung mit עִבּוּר צורה vorkommt (so an allen oben angeführten Orten mit Ausnahme von K'retot VI 1 2 u. P'saḥim VIII 2), so könnte man wohl zu der Annahme gelangen, dass בית השרפה ein Raum war, in welchem die erst später zu verbrennenden Opfer inzwischen verwahrt wurden. Auch in unserer Mischna, die sich dieses Ausdrucks dreimal bedient, fände solche Auffassung eine Stütze. Da das zu verbrennende Pesach hier wie weiter unten nicht mit Sicherheit als untauglich bezeichnet werden kann, darf man es nicht sofort dem Feuer übergeben, sondern erst nachdem es unansehnlich geworden (s. Maim. Hil. P'sulê hammokdaschin XIX 2). Doch findet sich die Formel יצא לבית השרפה auch hie und da an Stellen, an denen kein Grund zu erkennen ist, aus welchem die Verbrennung einen Aufschub erleiden müsste, z. B. Z'baḥim XII 4. Wenn demnach בית השרפה doch die Verbrennungsstätte selbst bezeichnen sollte, was ja auch dem einfachen Wortsinn besser entspricht, so steht יצא hier in uneigentlicher Bedeutung; vgl. היוצא לידון Giṭṭin III 4. [50]) Wenn sie auch von keinem der beiden Pesachopfer essen dürfen, weil nicht feststeht, an welchem sie betheiligt sind, so ist doch andererseits soviel sicher, dass sie auf alle Fälle an einem derselben betheiligt sind. Da sie mithin das Pesach zur rechten Zeit bereiteten, so haben sie ihrer Pflicht genügt, obgleich sie am Opfermahl verhindert sind. vgl. Kap. VIII Anm. 19 u. 41. [51]) Sie aber hatten ihn nicht beauftragt, das abhanden gekommene Pesach für sie zu schlachten, sondern nur es zu suchen und herbeizuschaffen, damit sie es selbst darbringen. Der Fall liegt nun umgekehrt wie im ersten Theil unserer Mischna, er hat ihnen Vollmacht gegeben,

הוּא אוֹכֵל מִשֶּׁלּוֹ וְהֵן אוֹכְלִין מִשֶּׁלָּהֶן. וְאִם אֵין יָדוּעַ אֵיזֶה מֵהֶן נִשְׁחַט רִאשׁוֹן, אוֹ שֶׁשָּׁחֲטוּ שְׁנֵיהֶם כְּאֶחָד, הֵן אוֹכְלִין מִשֶּׁלָּהֶן, וְהוּא אֵינוֹ אוֹכֵל עִמָּהֶן, וְשֶׁלּוֹ יֵצֵא לְבֵית הַשְּׂרֵפָה, וּפָטוּר מִלַּעֲשׂוֹת פֶּסַח שֵׁנִי. אָמַר לָהֶן וְאָמְרוּ לוֹ, אוֹכְלִין כֻּלָּם מִן הָרִאשׁוֹן. וְאִם אֵין יָדוּעַ אֵיזֶה מֵהֶן נִשְׁחַט רִאשׁוֹן שְׁנֵיהֶן יוֹצְאִין לְבֵית הַשְּׂרֵפָה. לֹא אָמַר לָהֶן וְלֹא אָמְרוּ לוֹ, אֵינָן אַחֲרָאִין זֶה לָזֶה: י שְׁתֵּי חֲבוּרוֹת שֶׁנִּתְעָרְבוּ פִּסְחֵיהֶן, אֵלּוּ מוֹשְׁכִין לָהֶן אֶחָד, וְאֵלּוּ מוֹשְׁכִין לָהֶן אֶחָד. אֶחָד מֵאֵלּוּ בָּא לוֹ אֵצֶל אֵלּוּ, וְאֶחָד מֵאֵלּוּ בָּא לוֹ אֵצֶל אֵלּוּ, וְכָךְ הֵם אוֹמְרִים. אִם שֶׁלָּנוּ הוּא הַפֶּסַח הַזֶּה, יָדֶיךָ מְשׁוּכוֹת

er von dem Seinigen, und sie essen von dem Ihrigen. Wenn es aber unbekannt ist, welches von beiden zuerst geschlachtet wurde, oder wenn man beide zu gleicher Zeit geschlachtet hat, so essen sie von dem Ihrigen, und er isst nicht mit ihnen, das Seinige kommt nach dem Verbrennungsorte, und er ist der Feier des zweiten Pesach enthoben. Wenn er ihnen und sie ihm Auftrag gegeben, essen alle von dem ersten[52]), und wenn es nicht bekannt ist, welches von beiden zuerst geschlachtet wurde, kommen beide nach dem Verbrennungsorte[53]). Wenn er ihnen und sie ihm keinen Auftrag gegeben[54]), gehen sie einander nichts an[55]). **10.** Haben zwei Genossenschaften ihre Pesachopfer vertauscht[56]), so wählen die einen sich das eine, und die anderen nehmen sich das andere, jemand von diesen verfügt sich zu jenen, und einer von jenen begiebt sich zu diesen, worauf sie also sprechen[57]): Wenn uns dieses Pesach gehört, so sei dein Anspruch auf das Deine

---

sie aber haben ihm keinen Auftrag ertheilt, weshalb auch die in den vorstehenden Anmerkungen erläuterten Bestimmungen im Folgenden entgegengesetzte Anwendung finden. [52]) Da sie sich gegenseitige Vollmacht ertheilten und nach dem Schlachten ein Rücktritt nicht mehr möglich ist, sind beide Parteien an dem zuerst geopferten Pesach betheiligt, während das andere untauglich und sofort zu verbrennen ist. [53]) weil man nicht weiss, welches tauglich und welches untauglich ist; doch können sie erst am 16. Nisan verbrannt werden (s. Anm. 49 u. VII 9). Selbstverständlich sind beide Parteien der Feier des zweiten Pesach enthoben; vgl. Anm. 50. [54]) obgleich eine gegenseitige Vollmacht aus der ganzen Sachlage vermuthet oder gar aus unklaren Aeusserungen und halben Andeutungen hergeleitet werden kann. [55]) Wörtlich: sie haften nicht für einander, sind für einander nicht verantwortlich. Der Ausdruck ist der Rechtssprache entlehnt und von אחר (der Andere) abzuleiten. Ursprünglich ist אחראי wie noch jetzt in der sicherlich sehr alten Formel כלהון יהון אחראין וערבאין wohl der Bürge (der Andere, der für den Schuldner eintritt), davon אחריות, zunächst = Bürgschaft und Gewähr (נכסים שיש להם אחריות = Gewähr bietende Güter), später = Haftpflicht und Ersatz (חייב באחריותו = zum Ersatze verpflicht). Man kann aber auch den umgekehrten Weg einschlagen, indem man אחריות = Ersatz unmittelbar von אחר ableitet (das Andere, das an Stelle des Verlorenen oder Beschädigten tritt), um dann, von diesem Begriffe zu dem der Ersatzpflicht und Gewährleistung übergehend, schliesslich zu אחראי = verantwortlich zu gelangen. [56]) so dass niemand weiss, welches der einen und welches der andern Gesellschaft gehört. Entstand der Zweifel erst nach dem Schlachten, so haben beide zwar ihrer Pflicht genügt und sind daher der Feier des zweiten Pesach enthoben, sie sind jedoch vom Opfermahle ausgeschlossen, weil sie nicht wissen, an welchem der beiden Thiere jeder seinen Antheil hat, und daher von keinem derselben essen dürfen. War dagegen die Verwechslung schon vor dem Schlachten entdeckt, also zu einer Zeit, da die Beitrittserklärung noch zurückgezogen werden konnte (s. VIII 3), so öffnet sich ihnen der in der Mischna beschriebene Ausweg, der ihnen auch die häusliche Feier des Pesach ermöglicht. [57]) Jede der beiden Genossenschaften spricht so zu dem herübergekommenen Mitgliede

מִשֶּׁלָּךְ וְנִמְנֵיתָ עַל שֶׁלָּנוּ, וְאִם שֶׁלָּךְ הוּא הַפֶּסַח הַזֶּה, יָדֵינוּ מְשׁוּכוֹת מִשֶּׁלָּנוּ וְנִמְנִינוּ עַל שֶׁלָּךְ. וְכֵן חָמֵשׁ חֲבוּרוֹת שֶׁל חֲמִשָּׁה חֲמִשָּׁה וְשֶׁל עֲשָׂרָה עֲשָׂרָה, מוֹשְׁכִין לָהֶן אֶחָד מִכָּל חֲבוּרָה וַחֲבוּרָה, וְכֵן הֵם אוֹמְרִים: **יא** שְׁנַיִם שֶׁנִּתְעָרְבוּ פִסְחֵיהֶם, זֶה מוֹשֵׁךְ לוֹ אֶחָד, וְזֶה מוֹשֵׁךְ לוֹ אֶחָד. זֶה מְמַנֶּה עִמּוֹ אֶחָד מִן הַשּׁוּק, וְזֶה מְמַנֶּה עִמּוֹ אֶחָד מִן הַשּׁוּק. זֶה בָּא אֵצֶל זֶה, וְזֶה בָּא אֵצֶל זֶה, וְכָךְ הֵם אוֹמְרִים. אִם שֶׁלִּי הוּא הַפֶּסַח הַזֶּה, יָדֶיךָ מְשׁוּכוֹת מִשֶּׁלָּךְ וְנִמְנֵיתָ עַל שֶׁלִּי, וְאִם שֶׁלָּךְ הוּא הַפֶּסַח הַזֶּה,

zurückgezogen, wofür du an dem Unsern betheiligt sein sollst; ist dagegen dieses Pesach dein[58]), so sei unser Anspruch auf das Unsere zurückgezogen, wofür wir an dem Deinen betheiligt sein sollen[59]). So auch fünf Genossenschaften von je fünf oder je zehn Personen; sie ziehen je einen aus jeder Genossenschaft hinzu[60]) und sprechen ebenso[61]). **11.** Haben zwei Personen ihre Pesachopfer vertauscht, so wählt der eine sich das eine, und der andere nimmt sich das andere, dieser sucht jemand von der Strasse als Theilhaber zu gewinnen, und jener trachtet einen von der Strasse zum Beitritt zu bewegen[62]), dann geht der eine zu diesem, und der andere kommt zu jenem[63]), worauf sie also sprechen[64]): Gehört dieses Pesach mir, so sei dein Anspruch auf das Deine zurückgezogen, wofür du an dem Meinen betheiligt sein sollst; ist dagegen dieses Pesach dein, so

---

der andern Gesellschaft. — וכך ist verkürzt aus וְכָכָה. [58]) unser Pesach mithin in den Händen deiner Genossen, für welchen Fall dieselben ihrem Anrecht auf das ihnen gehörige, irrthümlich von uns gewählte Pesach hier entsagen, so dass du nun dessen alleiniger Inhaber bist. [59]) Minder umständlich wäre freilich der Rath, dass jede der beiden Genossenschaften ihre Betheiligung einfach zurückziehe und, nachdem sie eines der Thiere gewählt, aufs Neue erkläre. Es ist jedoch nicht zulässig, dass sämmtliche Theilhaber sich zurückziehen, ehe sich neue angemeldet haben. Das einmal bestimmte Pesach soll keinen Augenblick ohne Inhaber bleiben (vgl. Anm. 39). [60]) Wenn alle fünf Pesachopfer vertauscht sind, begiebt sich aus jeder der fünf Gesellschaften je ein Mitglied zu den übrigen vier Genossenschaften, so dass zu jeder der auf diese Weise neu gruppierten fünf Gesellschaften vier neue und ein, bezw. sechs frühere Mitglieder gehören. Der scheinbar überflüssige Zusatz ושל עשרה עשרה soll uns, wenn nicht etwa ועשר של עשרה עֲשָׂרָה gemeint oder gar zu lesen ist, vielleicht andeuten, dass die Zahl der Mitglieder sämmtlicher fünf Gesellschaften wohl mehr, aber auf keinen Fall weniger als fünf betragen darf. Hätte eine derselben blos vier Mitglieder, so wäre dieser Ausweg verschlossen, weil in dem Augenblicke, in welchem jeder derselben, um bei einer der vier anderen Gruppen eintreten zu können, seinen Austritt aus der eigenen Genossenschaft erklärt, das Pesach der letztern herrenlos würde. In solchem Falle bleibt daher nichts anderes übrig, als einen fünften Theilhaber von der Strasse heranzuziehen (vgl. die folg. Mischna). [61]) In jeder der fünf Gesellschaften sagen alle der Reihe nach zu jedem einzelnen: Wenn dies Pesach dein ist, erkläre ich hiermit meinen Austritt aus der Genossenschaft, der ich bisher angehört habe, um mich bei dir als Theilhaber anzumelden. [62]) Die Zuziehung eines Theilhabers ist erforderlich, damit die beiden Pesachopfer nicht herrenlos bleiben (Anm 59), wenn deren Inhaber falsch gewählt haben sollten, für welchen Fall jeder derselben durch die folgende Erklärung dem Pesach entsagt; sie ist möglich, obschon der Eigenthümer nicht in der Lage ist, seinem Partner das Pesach zu bezeichnen, an welchem dieser sich betheiligen soll. [63]) Jeder der beiden Besitzer geht zum Partner des andern Eigenthümers oder jeder der beiden Partner zum Herrn des andern Pesach, oder es begeben sich beide Inhaber zu einander und beide Theilhaber zu einander. [64]) In beiden Genossenschaften spricht der eine so zum andern. Der Plural steht, weil es zwei Personen sind, die reden, in jeder Gruppe eine.

יְדֵי מְשׁוּכוּת מִשֶּׁלִּי, וְנִמְנֵיתִי עַל שֶׁלָּךְ:

sei mein Anspruch auf das Meine zurückgezgoen, wofür ich an dem Deinen beth(e)iligt sein soll.

פרק י. ABSCHNITT X.

א עַרְבֵי פְסָחִים סָמוּךְ לַמִּנְחָה,

1. An den Rüsttagen der Pesachfeste[1]) soll mann, wenn der Spätnachmittag[2])

---

1) Andere Lesart: ערב פסחים (Babli- u. Jeruschalmiausgaben, ebenso Tosefta ed. Zuck. 172 12): s. Tosafot u. die Zusätze in Mord'chai z. St. 2) Man unterscheidet einen längern (מנחה גדולה) und einen kürzern Nachmittag (מנחה קטנה); jener beginnt, wenn das Tagesgestirn sich schon augenscheinlich und für jedermann deutlich erkennbar zum Untergange wendet, d. i. eine halbe Stunde, nachdem es seine Mittagshöhe überschritten hat; dieser fängt $2^{1}/_{2}$ bürgerliche Stunden (s. Einl. S. 167) vor Ablauf des Tages an, wenn die Sonne dem Horizont schon merklich näher als dem Scheitelpunkte steht, d. i. eine halbe Stunde, nachdem sie in das letzte Viertel ihres Tagbogens eingetreten ist. In der Regel ist unter מנחה schlechthin der Spätnachmittag zu verstehen. So auch hier. Maimonides meint zwar in seinem Mischnakommentar zu B'rachot IV 1, dass מנחה nur den Augenblick bezeichnet, mit welchem der Spätnachmittag einsetzt; diese Annahme findet aber ihre Widerlegung sofort an Ort und Stelle in dem Ausdruck פלג המנחה. Man kann wohl von der Hälfte eines Zeitraumes, nicht aber von der Mitte eines Zeitpunktes sprechen. Er selbst erklärt diese Bezeichnung mit den Worten: $5^{1}/_{4}$ Stunden vor Tagesende; demnach müsste der Begriff מנחה die letzten $2^{1}/_{2}$ Stunden voll umfassen und ganz einschliessen. Ausdrücklich heisst es in einer Baraita (s. Babli das. 26 b): איזו היא מנחה גדולה משש שעות ומחצה ולמעלה ואיזו היא מנחה קטנה מתשע שעות ומחצה ולמעלה. Wenn sich daher Stellen finden, in denen die Redewendung מן המנחה ולמעלה die Ansicht Maimuni's zu unterstützen scheint, so kann das fragliche Wort in solcher Verbindung nur das Nachmittagsgebet bezeichnen, welches ebenfalls kurzweg מנחה (statt תפלת המנחה; Ta'aniot IV 1. u. ö) genannt wird. Die Tosafot (107 a u. d. W. סמוך) sind der Meinung, dass auch an unserer Stelle unter Minḥa das Gebet zu verstehen ist, auf welches sich dieser Name von dem Mehlopfer (מנחה) übertragen hätte, das jeden Nachmittag im Heiligthume dargebracht wurde (4. B. M. 28, 8). Auf den Einwand, dass ja die Minḥa auch einen Bestandtheil des täglichen Morgenopfers bildete (das. 5), haben sie keine befriedigende Antwort. Nachmani leitet in seinem Pentateuchkommentar (zu 2. B. M. 12, 16) das Wort unter Hinweis auf מנח יומא im Targum (O. u. J. zu 1. B. M. 3, 8) vom Stamme נוח ab. Es ist die Zeit, in welcher die Sonne zur Ruhe geht und ihre Glut sich mildert (מנוחת השמש והשקט אורו הגדול). Widerspricht auch die Form, welche hiernach מנוחה oder מנחא (m'nuḥa oder m'naḥa) lauten müsste, solcher Ableitung, so halte ich doch den Grundgedanken für richtig, dass unser Minḥa ganz verschieden ist von demjenigen, welches Geschenk und vorzugsweise Opfergabe bedeutet. In diesem gehört מ zum Stamme, es ist von מנח (arab. منح = schenken) nach der Form שמחה gebildet und wird daher einer richtigen Ueberlieferung gemäss in der Mehrzahl M'naḥot gesprochen, während jenes meines Erachtens vom Stamme נחה abzuleiten und demgemäss im Plural ebenso wie מצוה zu vokalisieren ist. Im Arabischen entspricht נחה (نحى = sich neigen, wenden) dem hebr. פנה und die Präposition نحو dem hebr. מול, dessen Grundbedeutung dieselbe ist [daher אתמול (gestern)=את פנים=לפנים (wie לפני=את פני) im Gegensatz zu מחר (morgen, zsgz. aus מָאֳחָר) = לאחור, eine Anschauung, nach welcher nicht wir der Zukunft entgegengehen, vielmehr die Zeit an uns vorüberzieht, so dass die Vergangenheit nicht hinter uns, sondern vor unseren Augen (לפנים), und der „kommende" Tag (היום הבא) nicht vor uns, sondern unsichtbar hinter unserm Rücken (לאחור) sich befindet]. Es liegt in der Natur der Sache, dass wir beim Worte Neigen vorallem an eine Wendung nach unten denken; daher נחת hinuntersteigen, מנחה die Tageszeit, in welcher die Sonne sich zum Untergange wendet (vgl. כי פנה היום כי ינטו צללי ערב Jirm. 6, 4). שטח לגוים וינחם (Ijob 12, 23) er breitet Völker aus und beugt sie nieder, lässt sie untergehen (parallel משגיא לגוים ויאבדם), فنى dahinschwinden, ebenso כל ימינו פנו בעברתך (Ps. 90, 9), أفنى vernichten, ebenso פנה איבך (Sz'fanja 3, 15), לערב

לא יאכל אָדָם עַד שֶׁתֶּחְשַׁךְ. וַאֲפִלּוּ עָנִי שֶׁבְּיִשְׂרָאֵל לא יאכל עַד שֶׁיָּסֵב.

herannaht,[3]) kein Mahl einnehmen[4]), bis es Nacht geworden[5]). Auch der Aermste[6]) in Israel esse nicht anders als hingelagert[7]), und man

---

ימולל ויבש (Ps. 90, 6) sich neigen, dahinsiechen, אמילם (Ps. 118, 10—12) ich beuge, vernichte sie. Vermuthlich bedeutet auch in ʻEzra 9, 4–5 מנחת הערב den Spätnachmittag (מנחה קטנה). – נחה im gewöhnlichen Sinne entspricht dem arab. نحى (fortbewegen); doch dürfte auch hier die Grundbedeutung die von نحا sein, so dass נחה nicht eigentlich führen (הוליך), sondern – ursprünglich wenigstens — lenken hiesse. [3]) d. i. eine halbe Stunde vor Beginn dieser Tageszeit, also gegen drei Uhr Nachmittags. – סמוך (Part. v. סמך = stützen) heisst eigentlich angelehnt und daher sowohl nahe (vom Ort wie von der Zeit) als auch dicht (סומכא = Dicke). [4]) auch wenn man das Nachmittagsgebet schon verrichtet hat. Vorher darf man sich auch sonst nicht zu Tische setzen (Sabbat I 2); Früchte aber und anderes Naschwerk (מיני תרגימא, τραγήματα) darf man auch an diesem Tage selbst in später Stunde noch essen (Babli 107b). Das Verbot hat nur den Zweck, die Esslust für das Festmahl am Abend rege zu erhalten. [5]) An anderen Feiertagen kann man ebenso wie am Sabbat das Festmahl auch vor Sonnenuntergang einnehmen, am Pessach aber soll man es mit Rücksicht auf 2. M. 12, 8 nicht vor Eintritt der Dunkelheit beginnen [R. Ascher z. St. ומה שהקשה מה״ר יחיאל (תוס׳ צט: ד״ה עד) דאם כן מאי פריך בגמרא אפלו ערבי שבתות וימים טובים נמי אשר לי ליישב דלא פריך אלא אהא דתנן סמוך למנחה ולא שנה בלשון קצרה לילי פסחים לא יאכל אדם עד שתחשך ואע״ג דבזבחים ספ״ה נמי תנן הפסח אינו נאכל אלא בלילה קתני הכי עד שתחשך לאשמעינן שאף מצה ומרור לא ליכל איניש אלא בלילה כדתניא בתוספתא ספ״ב החזרת והמצה והפסח . . . מאימתי אוכלן משתחשך אי נמי בזמן הזה שאין כאן פסח אפלו הכי לא יאכל עד שתחשך כמו שכ׳ בצל״ח אלא שדבריו תמוהין במה שכ׳ שם דהוה ליה למתני ערבי פסחים לא יאכל אדם עד שתחשך וזה אי אפשר דאם כן הוה משמע שכל היום אסור לאכול ואפלו תימא שאין כאן מקום לטעות אכתי מאי פריך בגמרא דלמא אגב אורחיה נקט סמוך למנחה בקוצר כמו שכ׳ בתוס׳ שם אבל לדידי ניחא דהכי קא פריך אי סלקא דעתך דכתניתן עד שתחשך אתיא לאשמעינן מאי איריא ערבי פסחים ליתני לילי פסחים לא יאכל עד שתחשך אלא לאו דעיקר המשנה בא להודיענו שלא יאכל בערב פסח סמוך למנחה ועד שתחשך מלתא אגב אורחיה ואם כן מאי איריא ערבי פסחים אפלו שאר ימים טובים נמי. ומשמע קצת מדברי הרא״ש שבערב חג השבועות אין צריך להמתין עד הלילה כמו שחדשו האחרונים (עיין מג״א וט״ז ר״ס תצ״ד) ואסמכוה אקרא דתמימות תהיינה אלא יקדש ויאכל בעוד יום אם ירצה והכי משמע במנחות ס״ו ע״א דלא ממעטינן מתמימות אלא שאין קוצרין וסופרין ביום אבל אשעות לא קפדינן דאי לא תימא הכי תמה על עצמך היך כל הלילה כשר לקצירת העומר כדתנן במגלה ספ״ב ותורה אמרת מהחל חרמש בקמה תחל לספר אלא וודאי לא בעינן תמימות ממש אלא ראויות להיות תמימות ועיין תוס׳ שם במנחות ד״ה זכר למקדש ונפלאת היא בעיני איך קפדו האחרונים אסוף הספירה ולא קפדו אתחלתה שיהיו סופרין מיד כשתחשך והרי מנהג פשוט שמתפללין בליל שני של פסח ערבית בזמנה ואחר כך סופרין אלמא לא קפדינן אשעות ונקוט סימן זה בידך תמימת חסר כתיב]. [6]) der sonst sein dürftiges Mahl sitzend einzunehmen gewohnt ist. [7]) Wie bei den Griechen und Römern der klassischen Zeit hatte sich auch bei den Israeliten die Sitte eingebürgert, sich zu den Hauptmahlzeiten auf Ruhebetten (מטות, κλῖναι lecti) so zu lagern, dass der linke Ellbogen sich auf das Polster stützte (הסבה Kataklisis, Accubitio). Bei Gastmählern ruhten alle Tischgenossen auf solchen Betten, nur die Sklaven und die Parasiten sassen auf Stühlen oder Bänken. Für die Pesachnacht wurde diese vermuthlich von den Persern übernommene Sitte (Ester 1, 6 u. 7, 8; Babli B'rachot 46b) zur Vorschrift, zunächst wohl, um dem Festmahl den Charakter einer Hauptmahlzeit zu sichern (vgl. Jer. zu Ma'asrot IV 1 עשה היסב בשדה טובל אם לא היסב אינו טובל), dann aber auch, um das Gefühl für Freiheit und Menschenwürde lebendig zu erhalten (להודיע שיצאו מעבדות לחרות — Jer. z. St.). — Der Ausdruck הסב (v. סבב = umgeben) stammt noch aus der Zeit, in welcher die Tischgenossen sich um eine gemeinsame Tafel setzten (1. B. M. 43, 33; 1. Sam. 20, 5, 24—25, 34; 1 Kön. 13, 20), wie es auch bei den Griechen und Römern ursprünglich der Brauch war. In diesem Sinne wird 1 Sam. 16, 11 נסב (Plural und Ḳal) schon als feststehender Ausdruck gebraucht, bei welchem der Zusatz את השלחן (od. על) entbehrlich ist, während die Kataklisis, welche unter König Uzia noch nicht allgemeine Sitte, vielmehr ein Merkmal sybaritischer Verweichlichung und Ueppigkeit gewesen zu sein scheint (ʻAmos 6, 4), mit שכב und סרח bezeichnet wird (das.), vielleicht gar mit dem üblichen ישב (Jeḥezkêl 23, 41). Die Sprache hatte für diese eigenthümliche, halb sitzende und halb liegende Körperhaltung noch kein

וְלֹא יִפְחֲתוּ לוֹ מֵאַרְבַּע כּוֹסוֹת שֶׁל יַיִן, וַאֲפִלּוּ מִן הַתַּמְחוּי: ב מָזְגוּ לוֹ

reiche ihm[8]) nicht weniger als vier Becher Wein[9]), wäre es selbst aus der Armenschüssel[10]). **2.** Nachdem

---

besonderes Wort geprägt. Als aber bei den aus Persien zurückgekehrten Juden der fremde Brauch heimisch geworden, wurde die Bezeichnung מסב für das Gastmahl beibehalten, obgleich sie nicht mehr ganz angemessen war, seit man aufgehört hatte an gemeinsamer Tafel zu speisen (K. VII Anm. 74). Der Ausdruck blieb zunächst wohl nach wie vor auf den Plural beschränkt (vgl. B'rachot VI 6), bis er auf die Kataklisis, wie sie beim Convivium in erster Reihe üblich war, schlechthin übertragen und nun auch (wie hier) in der Einzahl angewendet wurde. Befremdlich ist es allerdings, dass mit dem Wechsel der Bedeutung auch ein Uebergang des Ḳal in den Hif'il, in welcher Form das Wort in diesem Sinne stets im Talmud erscheint, sich vollzogen haben soll. Der Hif'il findet sich bei intransitiven Verben, wenn dieselben von einem Nomen gebildet sind (העשיר, העני, הלבין, האדים, השחיר, השריש, העריב, הגדיל, הפסיק u. v. a.). Besonders lehrreich ist in dieser Beziehung das Verbum גדל, welches im Ḳal aufwachsen (Abot I 17; Jebamot XIII, 12 יגדלו זה עם זה = sie können mit einander aufwachsen, d. h. sie dürfen weiter zusammenleben trotz der Möglichkeit, dass sich ihre Ehe später als unstatthaft erweist — s. Babli z. St. u. Raschi zu Ḥullin 11a s. v. קטן וקטנה), im Hif'il aber grossjährig (גדול) werden bedeutet (Jebamot X 9, XI 3–5, XIII 1 u. ö.; in Baba batra V 4 ist הגדילו transitiv, da ענפים zu ergänzen ist). Demnach wäre הסב von מסב (Sabbat 63a Z. 1) abzuleiten, einem andern Ausdruck für die מטה, auf die man sich zum Schmause lagert. Wie ist aber מסב zu dieser Bedeutung gekommen? Sinngemäss bezeichnet das Wort im Hohenliede (1, 12) die Tafelrunde, das Gastmahl (wie מסבה in מסבת כותים פתח B'rachot 52b unten); man kann doch aber nicht so ohne Weiteres den Begriff eines Gelages auf das Lager übertragen! Dass man ursprünglich die einzelnen Polster, auf denen man rings um die Tafel sass, מסב nannte, ist etymologisch wohl denkbar, lexikalisch aber nicht nachzuweisen. Ebensowenig lässt sich מסב als Ruhebett unter Hinweis auf das sinnverwandte מטה (und das gr. κλίνη) unmittelbar auf den in der Bedeutung „sich wenden" mit נטה übereinstimmenden Stamm סבב zurückführen; denn in diesem Sinne drückt סבב stets eine Bewegung aus, sei es zu einem Orte hin (Hab. 2, 16; 1 Sam. 5, 8) oder von einem Orte weg (das. 15, 27; 1 B. M. 42, 24), während נטה gleich dem gr. κλίνω auch „neigen" heisst. Ihrer Grundbedeutung nach sind סבב (sich krümmen) und נטה (sich strecken) sogar Gegensätze. Vielleicht ist zum Unterschiede von der מטה (dem in erster Reihe zum Schlafen in gestreckter Lage bestimmten Bette) das Speisesofa (im Hinblick auf die gekrümmte Haltung bei der Benutzung desselben) מסב genannt und von diesem Nomen später das Verbum הסב gebildet worden. Aehnlich ist יטו (Hif'il) in Amos 2, 8 von מטה abgeleitet, denn die zweite Vershälfte ויין ענושים ישתו בית אלהיהם weist deutlich darauf hin, dass bei ועל בגדים חבלים יטו אצל כל מזבח an die Kataklisis zu denken ist. [8]) Wenn dies Fürwort sich auf den Armen bezieht, so hat man sich die Vorsteher als Subjekt des Satzes zu denken; bezieht es sich aber wie in der folgenden und der vierten Mischna gleich לפניו in M. 3 auf אדם im ersten Satze, so sind die ihn bedienenden Hausgenossen das nicht genannte Subjekt. [9]) Ueber die Bedeutung der vier Becher s. Einleitung, Absatz 2. — פחת heisst im Syr. aushöhlen (Uebers. von נקב Hab. 3, 14), im Arab. (فخت) abschneiden. Die gemeinsame, in der Sprache des Talmud noch erhaltene Grundbedeutung ist vermindern. Dieselbe zeigt sich auch bei der Wurzel פח in פחי הזהב (Goldplatten, 2. B. M. 39, 3) und פוחח (mangelhaft bekleidet, M'gilla IV 6). Vgl. גרע = verringern (2 B. M. 5, 11 u. ö.) und = abscheeren (Jirm. 48, 37; im Aram. häufiger), aus dessen Wurzel wohl auch (mit theilweisem Uebergang des ל in ר und des ג in כ od. ק) die Stämme גלח, גלב, קרח, (abscheeren), קרץ, קרע, כרת (zerschneiden), גלם, כרה (graben), גרר, גרם (zerkleinern) hervorgegangen sind. Das Verbum פחת findet sich in der Bibel nicht, wohl aber die nomina פחת (Grube) und פחתת (Vertiefung). [10]) Die Schüssel (תמחוי) und der Korb (קופה = fiscus) sind verwandte Zweige der Gemeindeverwaltung auf dem Gebiete der Armenpflege. Aus dem „Korbe" wurden wöchentliche Unterstützungen (jeden Freitag) an die Armen des Ortes vertheilt; aus der „Schüssel", für welche die Beiträge an Lebensmitteln täglich eingesammelt wurden, erhielten die Aermsten unter den Armen (auch auswärtige Bettler), die nicht einmal Brot für zwei Mahlzeiten hatten, ihren Tagesbedarf (s. Pea VIII 7 und Jer. das.). — Ueber die

כּוֹס רִאשׁוֹן, בֵּית שַׁמַּאי אוֹמְרִים, מְבָרֵךְ עַל הַיּוֹם וְאַחַר כָּךְ מְבָרֵךְ עַל הַיָּיִן. וּבֵית הִלֵּל אוֹמְרִים, מְבָרֵךְ עַל הַיַּיִן וְאַחַר כָּךְ מְבָרֵךְ עַל הַיּוֹם: ג הֵבִיאוּ לְפָנָיו (יְרָקוֹת וַחֲזֶרֶת), מְטַבֵּל בַּחֲזֶרֶת. עַד שֶׁמַּגִּיעַ לְפַרְפֶּרֶת הַפַּת,

sie ihm den ersten Becher gefüllt haben[11]), spricht er — so lehrt die Schule Schammai's — den Segen über den Tag und hernach den Segen über den Wein; die Schule Hillel's aber lehrt, er spreche den Segen über den Wein und nachher den Segen über den Tag[12]). **3** Nachdem man ihm (Gemüse und Lattich) aufgetragen, isst er den Lattich eingetunkt[13]). Sowie er bei der Zukost des Brotes angelangt ist[14]),

---

Etymologie des Wortes חמרוי s. Kap. V Anm. 42 u. ʻErubin V Anm. 31. [11]) Ueber מזג (eigentl. mischen) s. Kap. VII Anm. 77. Das Fürwort לו ist hier nicht mehr auf den Armen zu beziehen, sondern ganz allgemein aufzufassen; vgl. Anm. 8. כוס, in der Bibel weiblich, ist hier und weiter unten (M. 4 u. 7) männlich, oben aber (M. 1), wo das Wort im Plural steht, weiblich; Jeruschalmi ed. Kr. (S. 37b l. Z. u. 37c Z. 6, 16, 30) hat freilich: ארבעה כוסות (dagegen Z. 3 u. 12: ארבע כוסות). [12]) Diese Meinungsverschiedenheit, welche schon einmal (in B'rachot VIII 1) erwähnt wurde, beschränkt sich nicht grade auf den Pesachabend, erstreckt sich vielmehr auf den Eingang aller Sabbate und Feste, an denen es Vorschrift ist, das Mahl mit einer feierlichen Begrüssung des heiligen Tages bei einem vollen Becher Weines zu eröffnen. Dieselbe besteht aus zwei Segensprüchen (einem über die Frucht der Rebe und einem über die Bedeutung des Tages), deren Reihenfolge den Gegenstand des hier angeführten Streites bildet. Die Begründung beider Ansichten findet sich in der Tosefta hier Kap. X und B'rachot V (ed. Zuckermandel S. 13 Z. 6–9 u. S. 172 Z. 14–17) und mit unwesentlichen Abweichungen auch im Babli wie im Jeruschalmi sowohl zu unserer Stelle als zu B'rachot VIII 1. Nach der Meinung der Schammaiten gebührt dem Segen über den Tag aus zwei Gründen der Vorrang: Erstens ist der heilige Tag die Veranlassung, dass überhaupt der Wein das Mahl einleitet; zweitens geht der Eintritt des Festes auch zeitlich dem Beginne des Mahles voran. Die Schule Hillels macht dagegen zwei andere Gründe geltend, aus denen der Segen über den Wein an die Spitze gestellt zu werden verdient: Zunächst bietet der Wein erst die Möglichkeit, den heiligen Tag an der Tafel zu begrüssen, ohne ihn müsste man sich mit der Begrüssung im Abendgebete begnügen; überdies wird der Segen über den Tag nur an Sabbaten und Festen gesprochen, der andere dagegen, so oft man Wein trinkt, und es ist daher auch hier die bekannte Regel anzuwenden: Das Häufigere geht dem Seltenern vor (תדיר ושאינו תדיר תדיר קודם). [13]) הביאו לפניו ירקות וחזרת מטבל בחזרת lautet die Lesart in Jeruschalmi und älteren Mischnaausgaben (s. דקדוקי סופרים S. 355, Anm. 5); in Maimunis Mischnakommentar und mehreren von Rabbinowicz verglichenen Hndss. (s. דקדוקי סופרים das.) fehlt das Wort וחזרת, in unseren Ausgaben der Mischna sowohl als des Babli und Alfasi auch das Wort ירקות. R. Ḥananel und nach ihm R. Natan aus Rom (s. ʻAruch unter פרפרת ergänzt in seiner Erklärung z. St. als Objekt zu הביאו לפניו das Wort שלחן; er hat also weder ירקות noch וחזרת gelesen. Auch aus Raschi (s. v. מטבל) und Tosafot (s. v. הביאו), noch deutlicher aber aus R. Nissim (Alfasikommentar z. St.) geht hervor, dass ihnen die Lesart הביאו לפניו מטבל בחזרת vorgelegen, die ʻAruch sowohl unter חזר als unter טבל hat. Allerdings ist הביא in der Bedeutung „auftragen" sonst nicht nachzuweisen. Ein etwaiger Vergleich mit וישימו 1. B. M. 43, 32 würde bedenklich hinken, weil dort das Objekt leicht entbehrt werden kann, da es unmittelbar vorher steht (שימו לחם), während die Weglassung hier sehr befremdlich ist. — טבל mit folg. ב, im Ḳal = eintunken (im Talmud auch intransitiv: untertauchen) in eine Flüssigkeit, hat im Piʻel die prägnante Bedeutung: eine Speise mit einer Tunke geniessen. Eigenthümlicherweise wird in diesem Sinne die feste Speise mit ב konstruiert, während eine Bezeichnung der Flüssigkeit ganz fehlt. — Ueber חזרת s. Kap. II Anm. 24; über Zweck und Bedeutung der ganzen Vorschrift s. weiter unten Anm. 27. [14]) פרפרת, im Plural פרפרות (Sabbat XXIII 2) und פרפיאות (Tosefta B'rachot IV, ed. Zuckermandel S. 9 Z. 11—14; so auch Abot III Ende, wo das Wort freilich von R. Natan im ʻAruch s. v. קן III als Purpur, von Musafia aber das. s. v. פרפריות als Peripherie aufgefasst wird), ist trotz der hebr. Form griechischen Ursprungs. Mit

setzt man ihm ungesäuertes Brot und Lattich und Essigmus[16]) (und zwei Ge-

הֵבִיאוּ לְפָנָיו מַצָּה וַחֲזֶרֶת וַחֲרֹסֶת (וּשְׁנֵי תַבְשִׁילִין). אַף עַל פִּי שֶׁאֵין

περιφορά bezeichnete man zunächst das Herumreichen der Speisen, dann auch die herumgereichten Speisen selbst. Hier kann פרפרת die eine wie die andere Bedeutung haben. In B'rachot VI 5 aber kann es nur konkret genommen werden. Es steht dort im Gegensatz zu Brot (פת) wie auch zu gekochter Mehlspeise (מעשה קדרה) und bezeichnet die rohen Gemüse, Eier, Früchte und Leckereien, welche theils vor der Mahlzeit (פרפרת שלפני המזון), theils nach derselben (פרפ״ת שלאחר המזון) gereicht wurden. Zum Unterschied von diesen werden hier die während des Mahles aufgetragenen Speisen genauer als Zukost zum Brote (פרפרת הפת) bezeichnet. Dieselbe Bedeutung hat das Wort in Abot a. a. O. Die Halacha ist dort das Brot, Astronomie und Mathematik sind nur die Zukost. — Schwierigkeiten bereitet die Konjunktion עד. In ihrer gewöhnlichen Bedeutung kann sie hier nicht genommen werden, denn es wäre geschmacklos zu sagen: er soll so lange Lattich essen, bis die Zukost oder das Herumreichen des Brotes an die Reihe kommt. R. Ḥananel, dessen Erklärung z. St. sich wörtlich im 'Aruch unter פרפרת findet, ergänzt ומפסיק vor עד. Raschi versteht unter פרפרת הפת den Lattich, welcher der Vorschrift gemäss als Bitterkraut nach dem ungesäuerten Brote zu nehmen ist, und erklärt: man esse Lattich, bevor man noch zu jener Zukost des Brotes gelangt, damit es den Kindern auffalle und sie zu einer Frage nach dem Grunde dieser seltsamen Tischordnung veranlasse. In dieser Bedeutung steht zwar in der Regel עד שלא (z. B. עד שלא נברא העולם = ehe die Welt erschaffen war, wörtlich: solange d. W. noch nicht erschaffen war; vgl. Mischlê 8, 26 u. Ḳohelet 12, 1 2) zuweilen aber, wenn auch nur sehr selten, עד allein, wie in Baba kamma 55a oben עד שאתה שואלני (ehe du mich fragst) und vielleicht auch im Hohenliede 2, 17 עד שיפוח היום ונסו הצללים (ehe der Tag verhaucht und die Schatten entfliehen). Indessen ist es, wenn man einmal genöthigt ist, die Konjunktion ihrer gewöhnlichen Bedeutung zu entkleiden, viel einfacher und sinngemässer, den von ihr eingeleiteten Nebensatz zum folgenden statt zum vorhergehenden Hauptsatze zu ziehen und עד die Bedeutung „wenn" (sobald, sowie) beizulegen. Vgl. עד דכפנת אכיל עד דצחית שתי עד דרתחא קדרך שפיך (B'rachot 62b oben) = wenn du hungrig wirst, iss; wenn du durstest, trink; wenn dein Topf kocht (vermuthlich: wenn der Geschlechtstrieb sich regt; anders Raschi z. St. und 'Aruch s. v. כפן), giess' aus. Die landläufige Auffassung (während du noch Hunger hast u. s. w. — s. Raschi u. 'Aruch) giebt keinen rechten Sinn; denn solange man nicht isst und trinkt, wird man immer hungrig und durstig sein. Der Sinn ist vielmehr entweder: ehe du Hunger bekommst, iss u. s. w., oder noch wahrscheinlicher: iss nur dann, wenn der Hunger dich mahnt u. s. w. Im Schlusssatz aber fordert das Bild zweifellos die Bedeutung „sobald" für עד: damit der Topf nicht überlaufe, leere ihn, sowie er kocht (nicht aber: ehe er kocht — das wäre zu früh, noch weniger: solange er kocht — das wäre zu spät). Die Entstehung dieser Bedeutung erklärt sich durch die elliptische Anwendung von עד in seinem ursprünglichen Sinne (warte, bis du Hunger spürst, dann iss), wie solche uns z. B. in dem Satze עד יגמל הנער והביאתיו (1 Sam. 1, 22) entgegentritt (sobald der Knabe entwöhnt ist, werde ich ihn hinbringen), wo aus dem vorhergehenden וחנה לא עלתה der Gedankengang der Mutter leicht zu errathen ist: „ich ziehe nicht hinauf, bis der Knabe entwöhnt ist; dann erst will ich ihn hinbringen". Vgl. auch עד אור הבקר והרגנוהו (Richter 16, 2) und שבו בירחו עד יצמח זקנכם ושבתם (2 Sam. 10, 5), wo die Akzentuation עד יצמח זקנכם mit Recht zu ושבתם und nicht zu שבו בירחו zieht. [16]) חרוסת ist ein aus Früchten und Gewürzen bereiteter Mus, der mit Essig verdünnt wurde. Der Stamm חרס bedeutet wahrscheinlich „stechen" gleich seinen Vettern חרט, חרץ, חרש, חרת (und wohl auch חרז = aufreihen, eig. durchstecken); daher vielleicht die beiden grundverschiedenen Bedeutungen des Hauptworts חרס, welches einerseits die Sonne (wegen ihrer stechenden Strahlen, die קרנים, d. i. Hörner genannt werden), andererseits eine schmerzhafte, mit Jucken (חכוכא; Targ. J. zu 5. B. M. 28, 27) verbundene Hautkrankheit bezeichnet. Demnach wäre חרוסת dem Wortsinne nach eine Tunke von herbem (säuerlichem) Geschmack (daher auch חרצנים = Weinbeerkerne und möglicherweise selbst חומץ = Essig und חמץ = Gesäuertes), ähnlich dem lautverwandten חרסנא (Joma 84a, Baba batra 60b u. 144a, 'Aboda zara 38a u. ö.), einer Fischsauce aus Mehl und Essig, wenn die im 'Aruch (s. v. הרסנא; Kohut leitet dieses Wort von خراسن ab, dem arab. Namen irgend eines Fisches) erhaltene Lesart richtig ist. Was die Wortform betrifft, so ist

richte)[16]) vor, obschon der Essigmus nicht vorgeschrieben ist[17]). R. Eli'ezer b. R. Szadok sagt: Er ist vorgeschrieben[18]). In der heiligen Stadt[19]) setzte man ihm das vollständige Pesach vor[20]). **4.** Man füllt ihm

חֲרוֹסֶת מִצְוָה. רַבִּי אֱלִיעֶזֶר בֶּן רַבִּי צָדוֹק אוֹמֵר, מִצְוָה. וּבַמִּקְדָּשׁ הָיוּ מְבִיאִים לְפָנָיו גּוּפוֹ שֶׁל פֶּסַח: ד מָזְגוּ

---

dieselbe zwar dem Infinitiv eigenthümlich (vgl. כתובת, חרושת, יבושת 1. B. M. 8, 7; 2. B. M. 31, 5; 3. B. M. 19, 28), aber auch bei konkreten Begriffen nicht selten (סולת, נעורת, כתנת, קטורת). [16]) Die eingeklammerten Wörter fehlen in einigen älteren Mischnaausgaben (s. דקדוקי סופרים) ebenso wie in Jeruschalmi und Alfasi. Dass dies nicht auf ein Versehen zurückzuführen ist, ergiebt sich aus Babli 114b, wo die Erörterung über die שני תבשילין nicht an die Mischna anknüpft, sondern mitten in einer Abhandlung über das Bitterkraut an eine gelegentlich angeführte Baraita. — Von den beiden Gerichten soll das eine an das Pesach- und das andere an das fakultative Festopfer (Kap. VI Anm. 24) erinnern (Babli u. Jer. z. St.). [17]) Er hat nur den Zweck, den Lattich verdaulicher zu machen. [18]) Er soll nämlich in Farbe und Aussehen an den Lehm erinnern, aus dem unsere Väter in Egypten Ziegel herstellen mussten (2. B. M. 1, 14), und durch seine Gewürzfasern an den Häckerling durch dessen Beschaffung ihr hartes Los später (das. 5, 6—18) noch drückender gestaltet wurde (Babli 116a). [19]) Wenn מקדש hier das Heiligthum bezeichnete, so könnte, da das Pesach nicht im Tempel verzehrt wurde, במקדש nur „zur Zeit des Heiligthums" bedeuten. Dann müsste es aber בזמן המקדש oder בפני הבית heissen. Eine im Jeruschalmi z. St. offenbar als Ergänzung zur Mischna (s. Anm. 16) angeführte Baraita lautet: ובגבולין צריכין שני תבשילין אחד זכר לפסח ואחד זכר לחגיגה. Da nun גבולין die Provinz im Gegensatze zu Jerusalem bezeichnet, so muss der Begriff מקדש hier die ganze heilige Stadt umfassen [eine Stütze für die von Maimonides in seinem Mischnakommentar zu Rosch haschana IV 1 vertretene Auffassung; vgl. auch ולירושלים בית מקדשך im Mûsâfgebet der Neumonds- und Festtage]. Allerdings stammt dieser Theil unserer Mischna aus einer Zeit, in welcher der Tempel bereits in Trümmern lag; andernfalls hätte derselbe gelautet: הביאו לפניו מצה וחזרת ופסח ובגבולין שני תבשילין, da es doch die Regel war, dass man den 15. Nisan, wie das Gesetz es verlangte, in Jerusalem feierte. Dennoch steht hier במקדש und nicht, wie man erwarten sollte בזמן המקדש, weil es auch zur Zeit des Tempels vorkam, dass manche Familien, an einer Reise nach der heiligen Stadt verhindert, bei der häuslichen Feier auf das Pesach verzichten und sich mit ungesäuertem Brot und Bitterkraut begnügen mussten. [20]) גופו של פסח ist die Lesart aller von Rabbinowicz (s. דקדוקי סופרים) verglichenen Ausgaben und Handschriften bis auf eine einzige, welche גופו של nicht hat. Auch die Tosefta liest גופו של פסח (ed. Zuckermandel S. 173 Z. 7). Demnach hat es den Anschein, als ob die Lesart ושני תבשילין oben (s. Anm. 16) doch berechtigt wäre. Indessen ist zu beachten, dass גופו ebenso wie עצמו, wenn es den Vertreter ausschliessen soll, dem zu betonenden Worte nachgesetzt wird (הוא גופו, הוא עצמו). Wenn also die Absicht war, das Pesach den zwei Gerichten gegenüberzustellen, die zur Erinnerung an die Zeit des Tempels dienen, so hätte — ganz abgesehen davon, dass das Festopfer (חגיגה) gar nicht erwähnt wird — הפסח גופו oder הפסח עצמו stehen müssen. Wo גופו dem hervorzuhebenden Begriffe vorangeht, will es den Kern von der Schale trennen, das Wesentliche von dem nebensächlichen Beiwerk scheiden. So bedeutet גופו של פרוזבול (Sch'bi'it X 4), גופו של גט (Giṭṭin IX 3) גופו של גט שחרור (das.) den wesentlichen Kern der Urkunde zum Unterschied von den zwar üblichen, im Grunde aber nebensächlichen Formeln. Diese Bedeutung wäre jedoch hier nur dann angemessen, wenn פסח das ganze Festmahl bezeichnete, in welchem Falle durch גופו של פסח das Pesachlamm ganz im Sinne des Verses ומצות על מרורים יאכלהו (2. B. M. 12, 8) als Mittelpunkt der Feier gegenüber dem früher in der Mischna erwähnten Beiwerk von מצה וחזרת hervorgehoben würde. So aber muss man annehmen, dass גופו hier überhaupt nichts betonen, sondern wörtlich genommen werden will: den Körper des Pesach (nicht blos Stücke desselben). Es war wohl Sitte, das Pesachlämmchen, das ja noch in dieser Nacht verzehrt werden musste, ganz aufzutragen und erst bei Tische zu zerlegen, während man vom Festopfer, welches auch am folgenden Tage noch gegessen werden durfte, nur einzelne Fleischstücke auf den Tisch brachte. So scheint es auch Maimonides in seinem Kodex aufgefasst zu haben [שכתב בהל' חמץ ומצה פ"ח ה"א ומביאין שלחן ערוך ועליו מרור וירק' אחר ומצה וחרוסת וגופו

לוֹ כּוֹס שֵׁנִי. וְכָאן הַבֵּן שׁוֹאֵל אָבִיו,
וְאִם אֵין דַּעַת בַּבֵּן אָבִיו מְלַמְּדוֹ. מַה
נִּשְׁתַּנָּה הַלַּיְלָה הַזֶּה מִכָּל הַלֵּילוֹת.
שֶׁבְּכָל הַלֵּילוֹת אָנוּ מַטְבִּלִין פַּעַם
אַחַת. הַלַּיְלָה הַזֶּה שְׁתֵּי פְעָמִים.

den zweiten Becher[21]), und nun[22]) richtet das Kind an seinen Vater[23]) folgende Fragen[24]), die ihm, wenn das Kind den Verstand dazu nicht hat[25]), vom Vater eingeübt werden[26]): Was ist diese Nacht anders als alle Nächte, dass wir alle anderen Nächte Eingetunktes nur einmal essen, diese Nacht aber zweimal[27]),

---

של כבש הפסח ובשר חגיגה של יום ארבעה עשר ובזמן הזה מביאין על השלחן שני מיני בשר אחד זכר לפסח ואחד זכר לחגיגה. מדלא קאמר גופו של כבש הפסח ושל חגיגת יום ארבעה עשר שמע מינה דלא נקט גופו של פסח אלא כנגד בשר החגיגה אבל לא כנגד שני המינים שמביאין על השלחן בזמן הזה לזכרון בעלמא]. Dass in unserer Mischna des Festopfers keine Erwähnung geschieht, erklärt sich aus dem Umstande, dass dasselbe, wie aus VI 3 ersichtlich, kein regelmässiger Bestandtheil des Festmahles war. [21]) Da es sich hier nicht wie z. B. oben V 5—10 um einen geschichtlichen Bericht handelt, dürfte das Perfekt in מזגו auffällig erscheinen. In M. 2 und M. 7 ist dieses Tempus in dem Verhältnis des Nebensatzes zu dem mit מברך alsbald folgenden Hauptsatze begründet (hat man ihm eingeschenkt, so spricht er den Segen); hier aber bildet מזגו einen selbständigen Satz. Ebenso verhält es sich mit den beiden הביאו in voriger Mischna. Das erste hängt von מכבל ab, und somit ist das Perfekt berechtigt; das zweite aber schwebt in der Luft. weshalb das Tempus Befremden erregen muss. Wir haben indes schon oben (S. 164 Z. 8 ff.) darauf hingewiesen, dass die Mischnasammlung in der uns vorliegenden Gestalt das Produkt der Geistesarbeit mehrerer Jahrhunderte darstellt, die Krönung eines Werkes, dessen Grundstock noch zur Zeit des zweiten Tempels geschaffen wurde. In ihrer ältesten Fassung dürften die Worte vom zweiten הביאו bis היו und von וכאן bis zum zweiten מלמדו gar nicht gestanden, unsere Stelle vielmehr wie folgt gelautet haben: עד שמגיע לפרפרת הפת מביאים לפניו גופו של פסח מזגו לו כוס שני מתחיל בגנות ומסיים בשבח ודורש מארמי אובד אבי עד שהוא גומר כל הפרשה כלה. Später, nachdem R. Gamliel (wahrscheinlich der Aeltere; s. Anm. 35) die Forderung in M. 5 aufgestellt hatte, dass man sich am Pesachabend die Bedeutung von פסח מצה ומרור zu Bewusstsein bringen müsse, und infolge dessen die Einrichtung getroffen war, darauf bezügliche Fragen den Kleinen in den Mund zu legen, wurde zwischen כוס שני und מתחיל der immerhin noch aus der Zeit des Tempels stammende (s. Anm. 29) Zusatz וכאן הבן שואל אביו bis ולפי דעתו של בן אביו מלמדו eingefügt, der sich schon durch das einleitende וכאן als Einschiebsel zu erkennen giebt (s. Anm. 22). Um die Zeit der Tempelzerstörung wurde מביאים in הביאו geändert, noch später endlich zwischen הביאו לפניו und גופו של פסח der ganze Wortlaut von ובמקדש היו מביאים לפניו bis מצה וחזרת וחרוסת eingeschaltet, den man Wort für Wort in der Tosefta wiederfindet, wo er jedoch ausserhalb jedes Zusammenhanges steht und in seiner abrupten Form gradezu den Eindruck einer Randbemerkung zu Mischna 2 in ihrer frühern Fassung macht. [22]) Auf וכאן ruht kein besonderer Nachdruck. Die Partikel hätte auch ruhig wegbleiben können und ist vielleicht nur gesetzt, weil die Fassung מזגו לו כוס שני הבן שואל אביו den Irrthum erwecken würde, als hätte der gefüllte Becher irgend eine Beziehung zu den Fragen des Kindes, etwa wie er sie zu den Segensprüchen in M. 2 und M. 7 hat. S. auch die vor. Anm. [23]) אביו fehlt in manchen Ausgaben und Handschriften. [24]) Dieselben sind mit Rücksicht auf 2. B. M. 12, 26 eingeführt worden. [25]) aus eigenem Antrieb die Fragen zu stellen. Alfasi liest ausdrücklich: אם אין דעת בבן לשאול אביו מלמדו. [26]) s. Anm. 30. [27]) Diese Frage, welche übrigens in vielen Ausgaben nicht an erster, sondern an letzter Stelle steht, hat in einer im Jeruschalmi angeführten Baraita folgenden Wortlaut: Alle anderen Nächte geniessen wir es mit dem Brote und diesmal für sich allein (שבכל הלילות אנו מטבילין אותו עם הפת וכאן אנו מטבילין אותו בפני עצמו). In Babylonien hat dieselbe später die Fassung erhalten: Alle anderen Nächte geniessen wir Eingetunktes auch nicht einmal und diese Nacht zweimal (שבכל הלילות אין אנו מטבילין אפילו פעם אחת הלילה הזה שתי פעמים). Die Frage bezieht sich offenbar auf die Vorschrift in voriger Mischna, laut welcher an diesem Abend der Lattich zweimal aufgetragen wird, einmal als Vorkost (בפני עצמו) und bald darauf noch einmal als Zukost (עם הפת) zusammen mit der מצה (über den Ausdruck מטבלין, für welchen die meisten Ausgaben hier מטבילין haben, s. oben Anm. 13). Was ist nun

alle anderen Nächte gesäuertes oder ungesäuertes Brot geniessen, diese Nacht aber durchaus ungesäuertes,

שֶׁבְּכָל הַלֵּילוֹת אָנוּ אוֹכְלִין חָמֵץ וּמַצָּה, הַלַּיְלָה הַזֶּה כֻּלּוֹ מַצָּה.

---

der Zweck dieser Bestimmung? Nach Babli 114b soll dadurch die Aufmerksamkeit der Kinder erregt werden (כי היכי דליהוי היכירא לתינוקות), was bisher so verstanden wurde, dass man diese Einrichtung nur getroffen hat, damit sie eben den Kindern auffalle und ihnen Veranlassung gebe nach dem Grunde dieser Abweichung von der gewöhnlichen Tischordnung zu fragen. Was aber dann, wenn das Ziel glücklich erreicht ist, und die Kleinen uns wirklich fragen: Warum essen wir das Eingetunkte heute vor der Mahlzeit, oder wie es ihnen von der Mischna in den Mund gelegt wird: Wie kommt es, dass es uns heute zweimal gereicht wird? Was sollen wir da unseren Lieblingen zur Antwort geben? Wir können ihnen doch unmöglich sagen: Es geschieht blos deshalb, damit ihr was zu fragen habet; weiter hat's keinen Zweck! Da wäre es doch entschieden vernünftiger die Sitte einzuführen, dass man mit gegürteten Lenden, die Schuhe an den Füssen und den Wanderstab in der Rechten, das Mahl einnehme gleich jenem ersten Pesach damals in Egypten (2. B. M. 12, 11). Das würde doch sicherlich den Kindern noch mehr auffallen und stärker ihre Wissbegierde reizen, die wir dann wenigstens durch eine lebendige Schilderung jener heiligen, erwartungsvollen Stunde, jener ewig denkwürdigen, schicksalsschweren Mitternacht, in welcher nach langen, qualvollen Wehen das Volk Israel geboren wurde, befriedigen könnten. Es unterliegt keinem Zweifel, dass die räthselhafte Vorschrift an der Spitze der vorigen Mischna irgend eine Beziehung zur Geschichte des Pesachfestes hat, eine Beziehung, die uns nur darum nicht sofort klar ist, weil unsere Kenntnis der bei den Juden zur Zeit der Mischna üblichen Speiseordnung sehr lückenhaft ist. Indessen stimmt das Wenige, was wir darüber wissen, so sehr bis auf die kleinsten Einzelheiten mit den Sitten der Griechen und Römer überein, dass wir da, wo die jüdischen Quellen versagen, zu der Annahme berechtigt sind, dass der Brauch jener Völker auch bei den Juden heimisch war. Diese wie jene nahmen täglich nur zwei Mahlzeiten ein, einen Morgenimbiss, der aus Brot und kalter Zukost bestand, in den letzten Vormittagsstunden (Sabbat 10a, P'saḥim 12b) und eine grössere Mahlzeit des Abends nach vollbrachtem Tagewerk. Dieses Hauptmahl wurde im Speisesaal (טריקלין, triclinium) aufgetragen, dessen Höhe — wie es bei allen Räumen von der Form eines Rechtecks sein soll – die Hälfte des Maasses betrug, welches aus Länge und Breite zusammen gebildet wurde (Baba batra VI 4, Vitruvius VI 3, 8). Der Saal war mit Ruhebetten ausgestattet, auf denen sich die Theilnehmer, nachdem sie die Sandalen abgelegt und sich die Füsse gewaschen hatten, in der oben (Anm. 7) beschriebenen Weise zum Mahle niederliessen. Nun wurden Waschgefässe und Tücher zur Reinigung der Hände herumgereicht, worauf die Diener jedem Einzelnen ein Tischchen hinstellten, auf welchem alle die Speisen, die zu einem Gange gehörten, hübsch geordnet waren. Das Mahl bestand bei den Griechen und ebenso bei den Römern der ältern Zeit nur aus zwei Gängen, einem „ersten Tisch“, welcher Brot, rohe Gemüse und einen Mehlbrei (*μάζα*, puls), zuweilen auch ein Fleischgericht brachte, und einem Nachtisch mit allerlei Naschwerk (מיני תרגימא *τραγήματα*) wie Obst, Gebäck (*πέμματα*, bellaria), Süssigkeiten und andere Leckereien. In der Kaiserzeit wurden bei den Römern drei Gänge (tria fercula) aufgetragen: zunächst als Vorkost ein sogenannter g u s t u s, welcher die Esslust zu erwecken bestimmt war, und dessen regelmässige, immer wiederkehrende Bestandtheile Eier (daher die Redensart: ab ovo ad malum = von A bis Z; noch heute herrscht bei den Juden der verschiedensten Länder der Brauch, am Pesachabend das Mahl mit dem Genuss von Eiern zu beginnen) und rohe Kräuter bildeten, insbesondere der sehr beliebte Lattich (lactuca); dann folgten als Zukost zum Brote Ziegenfleisch, Fische und Geflügel, worauf Nüsse, Mandeln und andere Früchte als Nachtisch gereicht wurden. Nach diesem letzten Gange wurden die Tischchen hinausgeschafft, der Saal wurde ausgefegt, und wieder brachten die Diener Waschgefässe und Tücher zur Reinigung der Hände. An das Mahl, bei welchem die Römer wenig, die Griechen gar keinen Wein tranken, schloss sich nun ein oft bis in die späte Nacht ausgedehntes Zechgelage (*κῶμος*, comissatio), dessen Freuden durch anregende Gespräche, durch Gesang, Spiel und Tanz, durch Vorträge und allerlei Kurzweil erhöht wurden. Brachen die Zechgenossen endlich auf, so besuchten sie nicht selten noch die Gelage anderer Gesellschaften, oder sie schwärmten lärmend und johlend durch die nächtlich stillen Strassen (אפיקומן, *ἐπίκωμον*). — In Palästina herrschte

(alle anderen Nächte beliebige Kräuter, (שבכל הלילות אנו אוכלין שאר

---

zur Zeit der Mischna die römische Sitte der tria fercula. Das schliessen wir nicht nur aus der oben (Anm. 14) aus B'rachot angeführten Stelle הפרפרת שלפני המזון und הפרפרת שלאחר המזון, sondern auch aus der vorigen Mischna, in welcher der Ausdruck עד שמגיע לפרפרת הפת eine bestimmte Speisenfolge voraussetzt, laut welcher dem Hauptgange regelmässig ein aus Kräutern bestehender Gustus voranging. Am Pesachabend gab es jedoch nur zwei Gänge; den Gustus bildete diesmal das vorgeschriebene Bitterkraut, das eigentliche Mahl aber bestand aus Brot und Fleisch. Das Brot war selbstverständlich מצה, und als Zukost (פרפרת הפת) wurde das Fleisch des Pesachopfers gereicht. Das ist der klare Sinn der vorigen Mischna in ihrer ursprünglichen Fassung (s. Anm. 21): הביאו לפניו מטבל בחזרת, עד שמגיע לפרפרת הפת מביאים לפניו גופו של פסח. Im Hause Hillels wurde sogar nur ein einziger Gang aufgetragen, in welchem das Bitterkraut mit מצה und פסח vereint war [וזהו שאמרו עליו על הלל הזקן (פסחים קט״ו. וזבחים ע״ט.) שהיה כורכם בבת אחת ואוכלם כלומר שבשעת המזון היה כורך אף המרור עם המצה והפסח ולא כחבריו שכרכו ריפתא עם הפסח לבדו וטבלו בחזרת קודם המזון]. Einen Nachtisch gab es an diesem Abend überhaupt nicht (s. Anm. 73). Reichte das Fleisch zur Sättigung der Tischgenossen nicht aus, so wurde noch ein Festopfer geschlachtet (s. oben VI 3—4), dessen Fleisch am Abend ebenfalls auf den Tisch kam. Ausserhalb Jerusalems (und nach Zerstörung des Tempels auch in der heiligen Stadt selbst), wurden als Zukost zum ungesäuerten Brote beliebige Speisen aufgetragen; es mussten aber zwei Gerichte sein, entsprechend dem Fest- und Pesachopfer in Jerusalem zur Zeit des Tempels (ובגבולין צריכין שני תבשילין וכו׳ — s. Anm. 19; der Ton ruht auf שני). Nun wissen wir aus ʿAboda zara 11 a, dass der Lattich wegen seiner der Verdauung förderlichen Eigenschaften bei den Juden nicht minder beliebt war als bei den Römern. Andererseits steht der Lattich unter all den Gemüsearten, die als Bitterkraut im Hinblick auf das Gesetz in 2. B. M. 12, 8 in Betracht kommen, in allererster Reihe (s. oben II 6); wenn irgend möglich, soll Lattich zur Erfüllung des Gebotes verwendet werden (Babli 39 a; vgl. K. II Anm. 24). Wie soll es demnach den Kindern zum Bewusstsein gebracht werden, dass dem Genuss dieses Krautes heute eine besondere Bedeutung innewohnt, da es auch sonst sehr häufig als Vorgericht auf die Tafel kam? Deshalb wurde später, als man Werth darauf legte, die Aufmerksamkeit der Kleinen zu erregen, die Einrichtung getroffen, dass man beim nächsten Gange zugleich mit dem פסח und der מצה noch einmal Lattich auftrage. Das würde den Kindern auffallen und sie zu der Frage veranlassen: Wir haben doch eben erst rohe Gemüse gegessen; warum wird denn nun schon wieder Lattich auf den Tisch gebracht? Worauf die Antwort lauten wird: Das zweite Mal geschieht es zur Erinnerung an die bitteren Leiden, die unsere Väter in Egypten erdulden mussten. — In späterer Zeit scheint man in Palästina zu der frühern Einfachheit zurückgekehrt zu sein und auf den Gustus verzichtet zu haben. Nur am Pesachabend wurde die aus der Mischnazeit stammende Sitte beibehalten, wie sie sich ja für diese Nacht bis auf den heutigen Tag bei uns behauptet hat, obgleich rohe Kräuter längst nicht mehr zu den ständigen Genüssen unserer Tafel gehören. Nun war aber nicht mehr der Lattich des zweiten Ganges das Auffällige, er bildete ja die alltägliche Zukost zum Brote; vielmehr war es jetzt der als Vorgericht aufgetragene Lattich, der als Bitterkraut diente, um die Erinnerung an die Leiden in Egypten zu wecken. Ob man damals überhaupt noch dieses oder ein anderes Gemüse mit dem ungesäuerten Brote auftrug, ist zweifelhaft. Aber selbst wenn es geschah — und wahrscheinlich war das der Fall — konnte man dem Kinde nicht mehr die Frage in den Mund legen, warum in dieser Nacht das Eingetunkte zweimal gegessen wird; denn in dieser Fassung erscheint offenbar der wiederholte Genuss des Lattichs als das Befremdliche, während in Wahrheit nicht dessen zweite Verwendung als Zukost, sondern grade die erste als Vorkost ungewöhnlich war. Deshalb gab man der Frage den Wortlaut, den uns Jeruschalmi in der oben angeführten Baraita des Bar Ḳappara erhalten hat: Sonst essen wir das Eingetunkte zugleich mit dem Brote, und jetzt geniessen wir es für sich allein. [ועיין ירושלמי הל׳ ג׳ אלא שהנוסח משובש ויש למחוק תיבות מתניתא פליגא על בר קפרא והכי פירושא דשמעתא. חבריא בשם ר׳ יוחנן צריך לטבל בחזרת שתי פעמים דסבירא ליה מטבל בחזרת דקתני במתניתין חזרת דוקא קתני. ר׳ זעירה בשם ר׳ יוחנן אין צריך לטבל בחזרת שתי פעמים דחזרת דרישא לאו דווקא אלא הוא הדין שאר ירקות ולתרווייהו עיקר מצות מרור בטבול שני. ר׳ שמעון בן לקיש אמר אם לא טבל פעם ראשונה בחזרת אלא בשאר ירקות צריך לטבל פעם שניה בחזרת מיהו לכתחלה עיקר המצוה בטבול ראשון. מתניתא פליגא על ר׳ שמעון בן לקיש שבכל הלילות אנו מטבילין פעם אחת והלילה הזה שתי פעמים אלמא על הפעם השנית הוא שואל ולא על הפעם הראשונה. ומשני סבר ר׳ שמעון בן לקיש כהדא דבר

ירקות׳ הלילה הזה מרור). שֶׁבְּכָל הַלֵּילוֹת אָנוּ אוֹכְלִין בָּשָׂר צָלִי שָׁלוּק

diese Nacht Bitterkraut)[28], alle anderen Nächte gebratenes, gesottenes oder gekochtes Fleisch essen, diese Nacht

---

קפרא שבכל הלילות אנו מטבילין אותו עם הפת וכאן אנו מטבילין אותו בפני עצמו אלמא אטבול ראשון הוא שואל. מתניתא פליגא על ר׳ יוחנן יוצאין במצת בין שכיוון בין שלא כיוון ובמרור עד שיכוון כן צריך לומר וחיינו טעמא משום דמצה בשאר ימות השנה לא שכיחא הלכך הכוונה מאליה אתיא אבל חזרת שכיחא תדיר ואם לא שכוון דעתו מעיקרא אין כאן אכילת מרור אלא אכילת ירק בלבד והשתא בשלמא לר׳ שמעון בן לקיש שצריך לכוון בטבול ראשון ליכא למיחש דלמא לא כוון דעתו דהא איכא היכירא הואיל ובשאר הלילות אין כאן טבול ראשון כלל אלא לר׳ יוחנן דטבול ראשון אינו אלא משום היכירא לתינוקות ומצות ומרור בטבול שני ובו צריך לכוון דעתו מאי היכירא איכא בטבול זה כדי שלא ישכח לתתכוון לשם מרור הואיל וכל הלילות נמי קא מטבל אותו עם הפת. וכ״פני ראית כאן היכירא בהסיבה שבכל הלילות מטבל אותו כשהוא מיסב והכא מכיון שלא תיסב (כן צריך לומר) חזקה כיוון וכדאמרינן בבבלי (קי״ח.) מרור אין צריך הסיבה ומסתמא כך היה המנהג ואין לחוש שמא ישכח ויסב שחביריו יזכירוהו וקצת קשה דעדיפא מינה הוה מצי לשנויי הכא מכיון שבירך על אכילת מרור חזקת כיוון ואפשר משום דלאו כולא עלמא ידעי לברוכי. מתיב ר׳ ירמיה קומי ר׳ זעירה מתניתא פליגא על ר׳ שמעון בן לקיש הביאו לפניו מצה וחזרת וחרוסת אע״פ שאין חרוסת מצוה חזרת מצוה אלמא עיקר המצוה בטבול שני. אמר ליה שכן רב מטבל בתירדין פעם שנית ואם כן חזרת דסיפא לאו דווקא.] — In Babylonien bildeten rohe Gemüse keinen regelmässigen Bestandtheil aller Mahlzeiten. Daher liess man die Kinder dort nicht sagen שבכל הלילות אנו מטבילין פעם אחת, sondern שבכל הלילות אין אנו מטבילין אפילו פעם אחת. Dennoch hielt man sich so streng an die Vorschrift der vorigen Mischna, dass man sogar, um den Gustus als besondern Gang kenntlich zu machen, nach demselben das Tischchen hinausschaffen und alsbald wieder, beladen mit ungesäuertem Brot, Lattich, Essigmus und zwei Gerichten, hereinbringen liess. Dies geschah in der ausgesprochenen Absicht (Babli 115b), dass die Kinder aufmerksam werden und fragen (כדי שיכירו תינוקות וישאלו). Die erwartete Frage sollte natürlich lauten: Schon wieder rohe Gemüse, die sonst fast gar nicht auf den Tisch kommen und heute schon das zweite Mal? Dass einmal ein geweckter Knabe (der später so berühmt gewordene Abaje) etwas voreilig, ohne die weitere Entwickelung der Dinge abzuwarten, mit der Frage herausplatzte: Warum nehmt ihr denn schon den Tisch weg, wir haben ja kaum zu essen angefangen — ist noch kein Beweis dafür, dass es auf diese Frage, wie viele annehmen (עיין טור וב״י א״ח תע״ג), von vornherein abgesehen war. Im Gegentheil! Es wäre der ergötzliche Vorfall wohl schwerlich überliefert und verewigt worden, wenn der Erfolg, den die Entfernung des Tisches in diesem einen Falle hatte, nicht gar so unerwartet und verblüffend gewesen wäre. — Auffallend ist, dass sich in einem Punkte doch der alte Brauch geändert hat. Seit Jahrhunderten werden die als Vorkost dienenden Kräuter nicht mehr für sich allein auf den Tisch gebracht, sondern zugleich mit dem Bitterkraute und dem ungesäuerten Brote aufgetragen (וכן הוא ברמב״ם חל׳ ח״וכ פ״ח ה״א ובטור שם). Das entspricht nicht dem Wortlaut der vorigen Mischna, in welcher die Wiederholung der Worte חביאו לפניו wohl zu beachten ist, und noch weniger, wie wir gezeigt haben, dem Zweck der ganzen Einrichtung. Warum lässt man denn nun die Kleinen erst beim zweiten Becher, nachdem sie von den rohen Kräutern schon gegessen haben, ihre Fragen stellen und nicht vorher schon, sobald die Schüssel mit all den Dingen, nach deren Bedeutung sie sich erkundigen sollen, auf die Tafel gesetzt ist? Es wäre sehr zu empfehlen, dass man zur uralten Sitte zurückkehre und genau nach der Vorschrift der Mischna zunächst, nachdem man vom ersten Becher getrunken, nur die zum Vorgericht bestimmten Kräuter auftrage und erst, wenn diese abgeräumt sind, die Schüssel mit dem Bitterkraut und dem Essigmus, dem ungesäuerten Brote und den zwei Gerichten auf die Festtafel bringe. [וכי תאכר אלא מעתה היך נקיים עקירת השלחן איעצך לחסיר מלפני מי שאומר הגדה כל כלי האכילה חקערות והכפות הסכינים והמולגים]. Noch besser ist's, beide Gänge auf einem tragbaren Tischchen, wie es sich in jedem Haushalt findet, aufzutragen. [28]) Das Eingeklammerte fehlt im Jeruschalmi und bei R. Ascher, desgl. in den beiden von Rabbinowicz benützten Münchener Hndsch. (s. דקדוקי סופרים). Die Frage hatte zur Zeit der Mischna auch gar keinen Sinn; denn man ass damals auch in den anderen Nächten nicht bloss שאר ירקות, sondern eben so gern den Lattich, der ja das am Pesachabend gebräuchlichste und am meisten bevorzugte Bitterkraut war, wie wir in voriger Anm. gezeigt haben. Der Zusatz stammt aus einer sehr späten Zeit, in welcher die alte Tischordnung längst nicht mehr herrschte und daher die wahre Bedeutung der ersten Frage nicht richtig erkannt wurde. Da man nicht wusste, dass dieselbe auf das Gebot des Bitterkrautes gemünzt ist, vermisste man neben den Fragen über das ungesäuerte Brot und das gebratene Fleisch eine solche über das bittere Gemüse,

aber durchaus gebratenes[29])? Und dem Verständnis des Kindes angemessen belehrt es der Vater[30]); er beginnt mit Schimpf[31]) und schliesst mit Lob[32]), indem er die

וּמְבֻשָּׁל, הַלַּיְלָה הַזֶּה כֻּלּוֹ צָלִי. וּלְפִי דַעְתּוֹ שֶׁל בֵּן אָבִיו מְלַמְּדוֹ. מַתְחִיל בִּגְנוּת וּמְסַיֵּם בְּשֶׁבַח, וְדוֹרֵשׁ

---

und um diese scheinbare Lücke auszufüllen, wurden die eingeklammerten Worte eingeschoben. [29]) Die Frage bezieht sich auf das Fleisch des Pesachopfers, welches nur in gebratenem Zustande gegessen werden durfte (2. B. M. 12, 8-9). Das Festopfer (Kap. VI Anm. 24) konnte man zwar kochen; es war aber Vorschrift, die für den Abend bestimmten Stücke desselben gleichwohl zu braten, damit den Kindern erst recht auffiele, dass nur gebratenes Fleisch auf die Tafel kam. [כן נראה לי לתריץ תרי סתמי דסתרי להדדי (חך דהכא והך דמ"ד בפ"ו ועיין בבלי ע'.) ולהסיר מעל רמז"ל את תלונת הרב בעל לחם משנה (חל' חו"ם פ"ח ה"ב ד"ה שבכל) ולפרש דברי התוספות (פסחים קיד: ד"ה שני) שנעלמו לפי שעה מעיני הרב ההוא. Seit der Zerstörung des Tempels wird diese Frage natürlich weggelassen. – שלק drückt (auch im Aram.) einen höhern Grad des Kochens aus, desgl. سلق und صلق im Arabischen (سليقة und صليقة = weich Gekochtes; vgl. auch صلج = Metalle schmelzen), wo diese Wörter auch schreien bedeuten. Es scheint, dass alle drei hier zusammengetroffenen Stämme (בשל, שלק, צלה) auf dieselbe Wurzel צל (صل) zurückgehen, welche im Hebr. ebenso wie im Arab. schallnachahmend einen schrillen Ton bezeichnet (vgl. צלל, צלצל, صل, صلصل, صلد). Wegen des eigenthümlichen Geräusches, welches das kochende Wasser und der zischende Braten hervorbringen, ist diese ursprüngliche Bedeutung auf die genannten Arten der Speisebereitung übertragen worden. Vielleicht hängt auch die Bedeutung des Betens, die צלי im Arab. wie im Aram. hat, mit der des Schreiens zusammen; vgl. צעק, זעק, שוע. [30]) Er erklärt ihm die Bedeutung von פסח מצה ומרור, wie sie in der folg. Mischna kurz angedeutet ist, indem er ihm die Geschichte des Auszuges möglichst ausführlich und eindringlich erzählt. Die Worte אביו מלמדו haben demnach hier einen andern Sinn als oben am Anfang der Mischna. Indessen lassen dieselben auch dort die allerdings weniger einleuchtende Auffassung zu: Hier richtet das Kind Fragen an den Vater; und wenn das Kind noch nicht den Verstand hat zu fragen, erklärt ihm der Vater, was diese Nacht anders ist als alle Nächte ... und je nach der Fassungskraft des Kindes erklärt er es ihm. Auch Maimonides scheint die Stelle so zu verstehen, denn er lässt (הל' חמץ ומצה פ"ח ה"ב) die Fragen vom Familienhaupte vortragen (וכאן הבן שואל ואומר הקורא מה נשתנה); vielleicht ist aber zu lesen וכאן הבן שואל הקורא ואומר מה נשתנה הלילה הזה וכו', wenn nicht etwa הקורא ganz zu streichen ist. [ועיין היטב שם פ"ז ה"ג. מיהו מדברי ר' ספרא (כאן בבבלי) שאמר חיובא לדרדקי משמע שהבן אומר כל זה]. [31]) „Ursprünglich waren unsere Väter Götzendiener" (nach Rab im Babli 116 a) oder „Sklaven waren wir dem Pharao in Egypten" (nach Samuel das.). — גנה (schmähen, tadeln) und כנה (rühmen, schmeicheln) sind offenbar verwandt. Die gemeinschaftliche Grundbedeutung, welche ein extremer Vertreter des Gesetzes der Lautverwandtschaft in קרא (nennen) finden könnte, ist die Beilegung eines Namens, nur dass sich in den Sprachgebrauch allmählich für כנה der Nebenbegriff des Ehrennamens, für גנה aber der des Schimpfnamens eingeschlichen und im Laufe der Zeit festgesetzt hat. [32]) Ueber das Lob, das den Abschluss bilden soll, giebt weder Rab noch Samuel (s. vor. Anm.) irgendwelche Auskunft. Ihnen mag die Haggada bereits in ihren Hauptbestandtheilen vorgelegen haben, so dass über die Stelle, welche die Mischna hier im Auge hat, kein Zweifel waltete. Streitig war nur, ob unter מתחיל בגנות der Vorwurf der Knechtschaft oder der des Götzendienstes zu verstehen ist, mit anderen Worten: ob die eigentliche Erzählung schon bei עבדים היינו beginnt, oder dieses Stück nur als Vorwort anzusehen ist, in welchem auf die Pflicht einer möglichst ausführlichen Darstellung hingewiesen wird, diese selbst aber erst später mit מתחלה עובדי זרים היו אבותינו einsetzt. Aus Alfasi's Entscheidung, dass man beiden Ansichten gerecht werde (והאידנא עבידנא כתרוייהו), geht jedoch hervor, dass dieselben darüber auseinander gingen, welches der beiden Stücke in die Haggada aufzunehmen wäre, diese also zur Zeit Rabs und Samuels noch keineswegs das feste Gefüge hatte, welche eine Andeutung über den Schluss, der das Lob enthalten soll, entbehrlich machen konnte. Warum also haben sie es an jedem Fingerzeig nach dieser Richtung hin fehlen lassen? Vermuthlich, weil sich ein solcher aus dem Gegensatz von selbst ergiebt. So scheint es Maimonides aufgefasst zu haben, der

Auslegung von „Ein verlorener Arammite war mein Vater vor- מְאַרַמִּי אוֹבֵד אָבִי עַד שֶׁהוּא גוֹמֵר

das Lob in dem einen Falle darin findet, dass wir die Sklavenketten zerbrochen haben, in dem andern darin, dass wir gewürdigt wurden, dem Heiligen anbetend nahen zu dürfen (הל׳ חמץ ומצה פ״ז ה״ד). Dieses Lob (ועכשיו קרבנו המקום לעבודתו) steht aber nicht am Schlusse der Erzählung; es folgt vielmehr so unmittelbar auf den „Schimpf", dass sich die Worte ומסיים בשבח unmöglich auf dasselbe beziehen können. Ebensowenig kann der in Mischna 6 (s. Anm. 54) angedeutete Segen gemeint sein, der den Schluss des ganzen Vortrages bildet und thatsächlich aus einem Lobspruch besteht; denn er feiert nicht den Ruhm Israels, sondern den Namen Gottes, während hier unter שבח als Gegensatz zu גנות zweifellos das Lob Israels zu verstehen ist. Der allen Voraussetzungen am besten entsprechende Psalmvers (114, 2): „Da ward Juda ihm zum Heiligthum, Israel zu seinem Reiche", kann auch nicht in Betracht kommen; denn abgesehen davon, dass es weiter unten (M. 6; s. Anm. 52—53) noch streitig ist, ob der 114. Psalm vor dem Mahle überhaupt gesungen wird, bildet das Hallel, dem dieser Vers entnommen ist, einen besondern Theil der Feier und gehört nicht mehr zur eigentlichen Haggada. Diese schliesst vielmehr mit der am Ende der nächsten Mischna angeführten Anerkennung all der idealen Güter, die wir der Gnade des Allgütigen zu danken haben (לפיכך אנחנו חייבים), einer Anerkennung, die zwar in einen schwungvollen Lobgesang ausklingt, aber wieder nicht auf die Hoheit Israels und seine sittliche Würde, sondern auf die Herrlichkeit des Ewigen. Man müsste denn in den Worten מאפלה לאור גדול, welche freilich in einigen Handschriften und mehreren Ausgaben fehlen (s. Anm. 49 u. דקדוקי סופרים), ein Lob Israels erblicken, indem man unter der „Dunkelheit" das Heidenthum, unter dem „Lichte" die Offenbarung versteht, oder gar auf die der Auslegung von ארמי אובד אבי unmittelbar vorangehende und so den Schluss der Einleitung bildende Betrachtung zurückgreifen, in welcher die Verheissung des göttlichen Schutzes als der Jungbrunnen gepriesen wird, der Israel auf seinem dornenvollen Wege durch die Jahrtausende begleitet, aus dem es immer wieder den Muth und die Kraft schöpft, den in keinem Zeitalter ausbleibenden Anfechtungen zu widerstehen, und der ihm allen tödlichen Angriffen zum Trotze Unsterblichkeit und ewige Jugend sichert (והיא שעמדה לאבותינו ולנו). Am wahrscheinlichsten ist jedoch die Annahme, dass Rab und Samuel die Erklärung für מתחיל בגנות ומסיים בשבח in dem sofort folgenden Satze ודורש מארמי אובד אבי עד שהוא גומר כל הפרשה כלה, also in dem Vortrage über 5. B. M. 26, 5—9 gefunden haben. Dieser Bibelabschnitt schliesst mit den Worten: Er brachte uns an diesen Ort und gab uns dieses Land, ein von Milch und Honig fliessendes Land. Die Auslegung der ersten Vershälfte lautet in Sifrê: Er brachte uns an diesen Ort — das ist das Heiligthum . . . und gab uns dieses Land — das ist Palästina . . . als Lohn dafür, dass wir hierher in seinen Tempel kommen, giebt er uns dieses Land. In unserer Haggada endet der Vortrag, welcher im Uebrigen dem genannten Buche Wort für Wort entlehnt ist, mit dem achten Verse; der neunte ist vermuthlich in Babylonien, wo man weder המקום הזה noch הארץ הזאת sagen konnte, gestrichen worden. Es ist aber schlechterdings nicht einzusehen, warum man ihn in Palästina, wenigstens so lange der Tempel stand, nicht hätte vortragen sollen. Die Vorschrift עד שהוא גומר כל הפרשה כלה lässt im Gegentheil darauf schliessen, dass man auch den letzten Vers mit der erwähnten Auslegung las, in welcher es Israel zum Ruhme angerechnet wird, dass es zur Gottesverehrung im Heiligthum berufen wurde, und dieser Vorzug von so hoher Bedeutung erscheint, dass lediglich aus ihm das Recht auf den Besitz des gelobten Landes hergeleitet wird. So erklärten sich die Worte ומסיים בשבח von selbst; dagegen verursachte das Sätzchen מתחיל בגנות noch immer einige Schwierigkeit. Es auf den Anfang des Abschnittes, auf die Worte ארמי אובד אבי zu beziehen, ging nicht an; denn es kann doch Jakob nicht zum Schimpfe oder auch nur zum Vorwurf gereichen, dass er in Aram den Ränken seines Oheims schier erlag. Auch in der Auslegung dieser Stelle (s. folg. Anm.) findet sich nichts, was zu Ungunsten des Patriarchen gedeutet werden könnte. Und davon abgesehen, man mochte dem Worte גנות den mildesten Sinn geben, so sträubte sich doch das Gefühl dagegen, dasselbe auf den Stammvater anzuwenden. Daher sahen sich Rab und Samuel veranlasst, im Midrasch nach einer andern Beziehung Umschau zu halten. Natürlich suchten sie eine solche in der Richtung des Gegentheils von dem, was am Schlusse als Israels Ruhm verkündet wird. War doch der Zweck der seltsamen Vorschrift, von der unrühmlichen Vorgeschichte auszugehen, offenbar kein anderer als der, dass sich von diesem dunkeln Grunde die glorreiche Entwickelung um so leuchtender abhebe. Als Ziel dieser Entwickelung werden nun am Ende des Vortrages zwei Thatsachen hervorgehoben: Die Errichtung des Heilig-

trägt[33]), bis er mit dem ganzen Abschnitt zu Ende kommt[34]). **5.** Rabban Gamliel[35]) sagte: Wer folgende drei Worte am Pesach nicht spricht, hat seiner Pflicht nicht Genüge geleistet[36]); sie betreffen das Pesachopfer, das ungesäuerte Brot

כָּל הַפָּרָשָׁה כֻלָּהּ: ה רַבָּן גַּמְלִיאֵל הָיָה אוֹמֵר, כָּל שֶׁלֹּא אָמַר שְׁלשָׁה דְבָרִים אֵלּוּ בַּפֶּסַח, לֹא יָצָא יְדֵי חוֹבָתוֹ, וְאֵלּוּ הֵן, פֶּסַח מַצָּה וּמָרוֹר.

---

thums und die Begründung eines eigenen Staatswesens auf reich gesegnetem Boden. So ergab sich denn als Ausgangspunkt entweder die Götzenanbetung der Vorfahren Abrahams oder die Sklaverei unserer Väter in Egypten. Nach Rab's Meinung war es der dogmatische und sittliche Fortschritt (von Heidenthum zu reinstem Monotheismus), den die Mischna hier in ein helleres Licht rücken wollte, während Samuel es für angemessener hielt, am Feste der Erlösung den politischen, sozialen und wirthschaftlichen Aufschwung (von Knechtschaft und Elend zu kraftvollem Staatsleben und blühendem Wohlstand) in den Vordergrund zu stellen. Ob diese Männer die betreffenden Stücke erst in die Haggada einführten, wie Alfasi annahm, oder dieselben dort schon vorgefunden haben, was wohl das Wahrscheinlichere ist, kann füglich dahingestellt bleiben. [33]) 5. B. M. 26, 5 ff. Die hier angeführten Anfangsworte werden in der Haggada so verstanden, als hätte Laban beabsichtigt Jakob zu vernichten. Um zu dieser Auffassung zu gelangen, muss man keineswegs mit Onkelos ארמי auf Laban beziehen und אובר gegen den Sprachgebrauch transitiv nehmen; es ergiebt sich derselbe Sinn, wenn man gemäss der Auslegung in Sifrê (מלמד שלא ירד יעקב לארם אלא לאובר ומעלה על לבן הארמי כאלו איבדו), der auch Jonathan gefolgt zu sein scheint, mit Ibn 'Ezra erklärt: Als Arammite (d. i. während seines Aufenthaltes bei Laban) ging mein Vater dem Verderben entgegen. Die Form לאובר in Sifrê ist Infinitiv, wie לומר von אמר gebildet. — דרש heisst zunächst nur suchen, forschen, daher מדרש die Erforschung und Auslegung der heiligen Schrift, aus welchem besondern Sinne sich wieder für דרש die engere Bedeutung entwickelt hat: eine Bibelstelle auslegen, eine Schrifterklärung vortragen. [34]) Trotz der nachdrücklichen Betonung des Wortes כל durch seine Wiederholung dürfte doch nicht der Vortrag des ganzen Abschnittes hier gefordert werden, sondern nur die Auslegung des auf die Erlösung bezüglichen Theiles, zu welchem die beiden letzten Verse des Abschnitts nicht mehr gehören. — פרשה lautet im Volksmunde Parscha; die Gebildeten aber sagen preciös nicht anders als Parascha, natürlich weil es im Buche Ester (4, 7 u. 10, 2) so vokalisiert ist. Dort aber bezeichnet das Wort eine genaue Darlegung oder ausführliche Schilderung, welchen Sinn das Verbum פרש fast nur im Pi'el hat, aus dem die Substantiva von der Form Parascha abgeleitet sind (vgl. בקשה, כפרה). Die Bedeutung aber, die dem Stamme an dieser Stelle innewohnt (scheiden, trennen, sondern) hat derselbe im Kal, aus welchem solche Formen wie Parscha gebildet werden (vgl. פרסה, מלכה). — Statt עד שהוא גומר haben manche Ausgaben עד שיגמור. [35]) Unter Rabban Gamliel ist nach Tosafot (Nidda 6b s. v. כשפחתו), sofern der Zusatz הזקן fehlt, stets der Jüngere zu verstehen, der erst nach der Zerstörung des Tempels zu Ansehen gelangte. Dennoch dürfte hier wie oben VII 2 von dessen Grossvater die Rede sein. Es ist nicht wahrscheinlich, dass der Satz über das Pesachopfer von vornherein den Wortlaut hatte: Das Pesach, von dem unsere Väter assen, als das Heiligthum noch stand, hat seinen Grund u. s. w. Auch wäre der Enkel wohl kaum so weit gegangen, zu behaupten, dass man seine Pflicht nicht erfüllt hat, wenn man sich die Bedeutung eines Gebotes nicht vor Augen hielt zu einer Zeit, da dasselbe bereits gegenstandslos geworden war. Endlich ist am Anfang der folgenden Mischna eine Meinungsverschiedenheit zwischen den Schulen Schammai's und Hillel's redaktionell an eine Fortsetzung der Worte des Rabban Gamliel geknüpft (s. Anm. 46), was ebenfalls dafür spricht, dass hier nicht der Jüngere dieses Namens gemeint ist (s auch das Ende der folg. Anm.). [36]) Wörtlich: Er ist den Händen seiner Pflicht noch nicht entgangen; sie hält ihn also noch fest, er ist noch immer an dieselbe gebunden (vgl. לצאת ידי הבריות, לצאת ידי המקום Sch'kalim III 2). Oefter steht in diesem Sinne bloss יצא (frei ausgehen; vgl. והעם יצאו 1. Sam. 14, 41 — Gegensatz: וילכד יונתן ושאול — und in der Mischna נשבע ויוצא Baba M. III 1). An manchen Stellen schien es mir indessen, als wäre zwischen dem vollern und dem verkürzten Ausdruck ein feiner Unterschied. Während לא יצא das Gebot als unerfüllt bezeichnet und die Ausübung aufs Neue fordert, hat der Zusatz ידי חובתו oft den mildernden Sinn von די חובתו: die Pflicht ist zwar erfüllt, aber nicht in der ge-

פֶּסַח, עַל שׁוּם שֶׁפָּסַח הַמָּקוֹם עַל

und das Bitterkraut[87]): Das Pesachopfer hat seinen Grund darin, dass Gott[88]) über die Häuser unserer

---

hörigen Weise (s. R. Nissim z. St.). — Dass die Uebung einer religiösen Satzung an Adel und sittlicher Würde gewinnt, je vollkommener man sich Zweck und Bedeutung der Vorschrift zum Bewusstsein bringt, ist ein in der rabbinischen Literatur häufig wiederkehrender, am schärfsten in dem lapidaren Sinnspruch רחמנא לבא בעי (Gott verlangt das Herz) ausgeprägter Gedanke. Man darf indessen auch den ethischen Werth des Gehorsams nicht zu niedrig anschlagen (גדול מצווה ועושה ממי שאינו מצווה ועושה); viel weniger aber kann man behaupten, dass derjenige der religiösen Forderung nicht Genüge thut, der ein Gebot, ohne sich die Idee desselben klar zu machen, aus blossem Pflichtgefühl erfüllt. Von den meisten Gesetzen der Tora kennen wir ja die Gründe gar nicht. Es ist daher anzunehmen, dass hier nicht gemeint ist, man hätte die Vorschrift, Fleisch vom Pesachopfer nebst ungesäuertem Brot und bitteren Kräutern zu essen, nicht gehörig befolgt, wenn man alles dies ohne Andacht gethan hat; vielmehr dürfte an dieser Stelle, wie ja aus dem Zusammenhang ersichtlich und aus dem Ausdruck כל שלא אמר שלשה דברים אלו noch deutlicher hervorgeht, lediglich von der Pflicht, den Kindern die Bedeutung des Festes eindringlich ans Herz zu legen, die Rede sein. Es genügt nicht, ihnen die geschichtlichen Ereignisse vorzutragen, man muss sie auch über die wichtigsten Momente der heiligen Feier aufklären. Diese Forderung erscheint allerdings jetzt überflüssig, nachdem schon in voriger Mischna angeordnet war, dass die Kinder nach der Bedeutung der drei Vorschriften, die das Festmahl auszeichnen, fragen und von den Eltern eine erschöpfende Antwort erhalten sollen. Wir haben aber bereits oben (Anm. 21) die Vermuthung ausgesprochen, dass diese Einrichtung erst infolge des von Rabban Gamliel hier aufgestellten Satzes getroffen wurde, und dass die Stelle וכאן הבן שואל einer spätern Bearbeitung der Mischna angehört. Da nun dieser Zusatz zweifellos aus der Zeit des zweiten Tempels stammt (s. Anm. 29), so wäre dies eine neue Stütze für die in vor. Anm. verfochtene Ansicht, dass es R. Gamliel der Aeltere ist, von dem dieser Ausspruch herrührt.

87) ואלו הן fehlt in Jeruschalmi; statt ומרור steht daselbst ומרורים. 88) המקום (der Ort) ist eine Bezeichnung Gottes; „denn er ist der Ort der Welt, nicht aber ist die Welt sein Ort“ (מפני מה מכנין שמו של הקדוש ברוך הוא וקוראין אותו מקום שהוא מקומו של עולם ואין עולמו מקומו B'reschit rabba Absch. 68 zu Gen. 28, 11). Fast mit denselben Worten sagt Philo im 1. Buche seiner Schrift „Ueber die gottgesandten Träume“ (eig. im zweiten; es sind aber von den 5 Büchern dieser Abhandlung nur das 2 und 3. erhalten geblieben): *αὐτὸς ὁ θεὸς καλεῖται τόπος τῷ περιέχειν μὲν τὰ ὅλα, περιέχεσθαι δὲ πρὸς μηδενός ἁπλῶς* (Frankf. 1691 S. 575 Z. 2ff; vgl. Allegor. I, das. S. 48 Z. 17ff.). Diese nachträgliche Begründung ist aber noch keine Erklärung für die Entstehung dieser immerhin seltsamen Bezeichnung, welche schwerlich von der Philosophie geprägt wurde. Vermuthlich ist המקום nur die Erweiterung des Begriffes השמים (der Himmel), der schon in der Makkabäerzeit als Gottesname eingebürgert zu sein scheint. In M'gillat Ta'anit (s. auch Rosch haschana 18b) ist nämlich der 3. Tischri als Freudentag verzeichnet, weil an ihm die Erwähnung Gottes aus den Urkunden schwand (בתלתה בתשרי אתנטילת (בטילת) אדכרתא מן שטריא), was in der Baraita damit erklärt wird, dass es an diesem Tage gelang dem Missbrauch zu steuern, der mit dem heiligen Namen dadurch getrieben wurde, dass man ihn in Schuldscheinen und ähnlichen Dokumenten einflocht, die später, wenn sie ihren Zweck erfüllt hatten, zerrissen und achtlos weggeworfen wurden. Dieser Unfug hatte sich nach den Siegen der Makkabäer eingeschlichen, als man in der ersten Freude über die Beseitigung des Religionszwanges, unter welchem bis dahin auch den Namen Gottes zu erwähnen streng untersagt war, diesen gar nicht oft genug aussprechen zu können glaubte. Es ist anzunehmen, dass unter der Herrschaft jenes Verbotes das Wort השמים als Ersatz eingeführt wurde. Der Feind hatte gegen diese Benennung um so weniger einzuwenden, als das entsprechende griechische Wort (Uranos) der Name eines seiner Götter war; aber auch das religiöse Empfinden nahm an derselben keinen Anstoss, nachdem schon der Prophet den Himmel als Gottes Thron bezeichnet hatte (Jes. 66, 1). So hat sich dieser Ausdruck bis auf den heutigen Tag in seiner übertragenen Bedeutung erhalten; die Gelehrten jedoch, insbesondere die philosophisch geschulten, mochten eine Uebertragung bedenklich finden, die das höchste Wesen mit dem Himmel identifiziert, während seine Herrlichkeit den Weltenraum erfüllt. Sie setzten daher an Stelle der mehr poëtischen Bezeichnung השמים die mehr philosophische המקום, konnten aber jene aus dem Munde des Volkes nicht mehr ver-

בָּתֵּי אֲבוֹתֵינוּ בְּמִצְרַיִם. מַצָּה, עַל שׁוּם שֶׁנִּגְאֲלוּ אֲבוֹתֵינוּ מִמִּצְרַיִם. מָרוֹר, עַל שׁוּם שֶׁמֵּרְרוּ הַמִּצְרִים אֶת

Väter in Egypten hinwegschritt[39]), das ungesäuerte Brot darin, dass unsere Väter aus Egypten erlöst wurden[40]), das Bitterkraut darin, dass die Egypter das Leben unserer

drängen. — Der Seltsamkeit wegen sei hier noch die überraschende Erklärung eines geistreichen Kabbalisten angeführt, der mit scharfem Blick gefunden hat, dass der Zahlenwerth des Wortes מקום ($40 + 100 + 6 + 40 = 186$) genau der Summe entspricht, welche die Quadrate der einzelnen Buchstaben des allerheiligsten Namen zusammen ergeben ($10^2 + 5^2 + 6^2 + 5^2 = 100 + 25 + 36 + 25 = 186$). [39]) Im Babli folgt hier der auf 2. B. M. 12, 27 verweisende Zusatz: שנאמר ואמרתם זבח פסח הוא לה׳ אשר פסח וגו׳. — Der innere Zusammenhang zwischen dem Pesachopfer und der Verschonung der Häuser Israels in Egypten besteht darin, dass mit dem Opferblute Pfosten und Schwelle bestrichen wurden, um das Verderben abzuwehren, welches unter den Erstgeborenen der Egypter wüthete. Um die Bedeutung dieses Blutzeichens würdigen zu können, muss man sich vergegenwärtigen, dass im Lande der Pharaonen jedem der Tod drohte, der es wagte ein Thier zu opfern, das der Bevölkerung heilig war. „Wenn wir den Abgott der Egypter vor ihren Augen schlachten, wird man uns da nicht steinigen?“ — hatte Mosche erst kurz vorher zum Könige gesagt (2. B. M. 8,22), und nun wurde der Befehl ertheilt, ein solches Opfer schon am 10. des Monats bereit zu halten, es 4 Tage später mitten im Lande am hellen Tage darzubringen, und mit seinem Blute wie zum Hohn die Häuser zu zeichnen. Es sollte eine Probe auf Israels Glaubensmuth sein, eine schwere Prüfung, die unsere Väter glänzend bestanden. Und wie in der ersten Stunde, in welcher unser Volk auf den Schauplatz der Geschichte trat, so sollte es auf seinem fernern Lebenswege gar oft noch, den drohendsten Gefahren unerschrocken trotzend, seine Treue gegen Gott bewähren. Darum musste jeder Vater am Erlösungsfeste dem kindlichen Gemüthe durch den Hinweis auf das Pesachopfer tief die Lehre einzuprägen suchen, dass um des Blutzeichens willen, weil unsere Vorfahren damals ihr Leben hingaben, das Verderben an ihren Häusern vorüberschritt, und dass auch für alle Zukunft Israel nur durch Opfermuth sich vor dem Untergang bewahren kann. Mag es noch so sehr für seinen Glauben bluten, es wird sich nie verbluten. In der todesmuthigen Hingabe an seine Sendung liegt das Geheimnis seiner unverwüstlichen Lebenskraft, in der Bereitwilligkeit, jederzeit für seinen Gott zu sterben, die Gewähr für seine Unsterblichkeit. בדמיך חיי (Ez. 16, 6), das ist mit zwei Worten die Mahnung und zugleich die Verheissung des Pesach: „In deinem Blute sollst du leben“! Zwei kurze, aber bedeutungsvolle Worte, die schon in alter Zeit (vgl. M'chilta zu 12, 6) auf das Blutzeichen sowohl der Beschneidung als des Pesach bezogen wurden. Dieses war damals in Egypten ebenso eine Bethätigung des Glaubensmuthes, wie jenes noch heute ein Ausdruck der Opferfreude ist. Noch heute wird im frohen Kreise der Familie festlich der Tag begangen, an welchem der jüdische Knabe in den heiligen Bund aufgenommen wird, auf den der Midrasch das Psalmwort anwendet: Für dich sind wir jeden Tag bereit den Tod zu erleiden (Ps. 44, 23). In trüben Zeiten, am häufigsten im finstern Mittelalter haben Tausende und Abertausende jene Opferfreude auch bewiesen, die sich keinen Augenblick besinnt alles hinzugeben, wenn es gilt den Willen Gottes zu erfüllen, nicht das eigene Leben nur, sondern auch, was uns noch theuerer ist, das Leben unserer Kinder. Zu solcher Glaubensstärke will Rabban Gamliel das Herz der Jugend begeistern durch den Hinweis auf die Bedeutung des Pesachopfers. [40]) Im Mischnatext des Babli ist hier auf 2. B. M. 12, 39 mit den Worten hingewiesen: שנאמר ויאפו את הבצק אשר הוציאו ממצרים וגו׳. In der Haggada haben die Worte des Rabban Gamliel eine wesentliche Aenderung erfahren (vgl. Maim. הל׳ חמץ ומצה VII 5 mit VIII 4). Es wird dort das Gebot über die ungesäuerten Brote damit begründet, dass unsere Väter, als sie aus Egypten ziehen sollten, nicht mehr die Musse hatten, ihren Teig gähren zu lassen (על שום שלא הספיק בצקם של אבותינו להחמיץ; s. auch R. Ascher z. St.). Da aber auch ihnen befohlen war, in der Stunde der Befreiung solches Brot zu essen (2. B. M. 12, 8), und diese Vorschrift ihnen schon mehrere Tage vorher mitgetheilt worden war, ist jene Begründung wenig stichhaltig; vielmehr scheint es, dass Rabban Gamliel mit Vorbedacht dieses Gebot mit der blossen Thatsache der Erlösung und nicht mit ihrem plötzlichen Eintritt in Verbindung brachte. Das ungesäuerte Brot, welches wegen seiner Reizlosigkeit und seines Mangels an jeglicher Würze als „Brot der Armuth“ oder „elendes Brot“ (לחם עני)

Väter in Egypten verbitterten[41]). Von Geschlecht zu Geschlecht ist jedermann verpflichtet, sich so anzusehen, als ob er selbst aus Egypten gezogen wäre; denn es heisst[42]): Erzähle deinem Sohne an

חַיֵּי אֲבוֹתֵינוּ בְּמִצְרָיִם. בְּכָל דּוֹר וָדוֹר חַיָּב אָדָם לִרְאוֹת אֶת עַצְמוֹ, כְּאִלּוּ הוּא יָצָא מִמִּצְרָיִם. שֶׁנֶּאֱמַר, וְהִגַּדְתָּ

in der Schrift (5. B. M. 16, 3) bezeichnet wird, sollte unseren Vätern und allen folgenden Geschlechtern den Gedanken zum Bewusstsein bringen, dass die edle Blume der Freiheit am schönsten auf der kahlen Höhe der Entsagung, am reinsten auf dem rauhen Felsen der Bedürfnislosigkeit gedeiht, in den Niederungen des Genusses aber bald verwelkt. Manch stolzer Geist hat das unselige Verlangen nach eitlem Glanz und Ueberfluss mit schmählicher Knechtschaft, das ungezügelte Streben nach falschem Ruhm und Anerkennung mit bitterer Selbstverachtung büssen müssen; Ueppigkeit und Schwelgerei hat schon das Lebensmark der mächtigsten Nationen schnell verzehrt und die entnervten Völker unter das verhasste Joch der Fremdherrschaft gekrümmt. Der wird am besten seine Unabhängigkeit behaupten, der wunschlos durch das Leben geht und nicht sein Herz an Güter hängt, die trügerisch das Dasein schmücken; am längsten wird ein Volk die Freiheit sich bewahren, wenn es, durch keinen Ueberfluss verweichlicht, die härteste Entbehrung leicht erträgt, wenn selbst „das Brot des Elends" es nicht schreckt. [41]) Auch hier findet sich im Babli eine Belegstelle aus der heil. Schrift, welche mit den Worten שנאמר וימררו את חייהם וגו׳ eingeführt wird. Es wird also auf 2. B. M. 1, 14 Bezug genommen, wo von den aufreibenden Arbeiten erzählt wird, mit denen die Egypter erbarmungslos das Leben unserer Väter verbitterten, wo aber auch zugleich berichtet wird, dass das Volk, je mehr es gepeinigt wurde, desto mehr an Grösse und Bedeutung wuchs. Es bewährte sich auch hier der Segen der Arbeit. Weit entfernt durch dieselbe gebrochen oder auch nur erschöpft zu werden, wurde vielmehr die Lebenskraft Israels nur gesteigert und erhöht. Zwar wird in der Geschichte des ersten Menschenpaares die Arbeit als eine Strafe dargestellt; aber auch die Strafe ist ja ein Ausfluss der väterlichen Liebe Gottes. Das thatenlose Leben in dem Garten Eden war solange wohl erträglich, als dem Menschen all das Können, das in seiner Brust noch schlummerte, verborgen war; sowie er aber zum Bewusstsein seiner schöpferischen Kraft erwachte, war im Paradiese nicht mehr seines Bleibens. Er musste hinaus, um seine Stärke im Kampfe mit der Natur zu erproben und die Herrschaft über dieselbe zu erringen, zu der er durch seine Ueberlegenheit berufen war. Aus Mangel an Bethätigung verkümmern die reichsten Gaben, die schönsten und verheissungsvollsten Fähigkeiten; die Noth jedoch ist eine treffliche Erzieherin. Keine Schule bringt die besten Kräfte des Geistes wie des Körpers so zu vollster Blüthe und Entfaltung wie diese unwillkommene, von vielen doch gesegnete Lehrmeisterin. In ihrer harten Wiege ward auch Israel zum Volke grossgezogen, in jener Leidensschule, die die heiligen Bücher einen eisernen Schmelzofen nennen (5. B. M. 4, 20; Jirm. 11,4), ward der Gottesknecht geläutert und gestählt, der schon im Mutterschoss berufen war zum Lichte der Nationen, zum Erlöser für die ganze Menschheit (Jes. 49, 1—6). In der Erfüllung dieses göttlichen Berufes hat unser Volk bisher nur Hohn und Spott und kälteste Zurückweisung geerntet, nicht selten auch die grausamsten Verfolgungen erdulden müssen von dem blinden Hasse derer, denen es die Bruderhand entgegenstreckte, um sie zur Höhe des Horêb mit sich emporzutragen, und die es mit dem beseligenden Licht erfüllen wollte, das ihm am Sinai aufgegangen. Wie sollte es durch soviel bittere Erfahrungen nicht entmuthigt werden, nach soviel schmerzlichen Enttäuschungen und schnödem Undank an dem endlichen Erfolge seiner unfruchtbaren Arbeit nicht verzweifeln? Darum werden die nachwachsenden Geschlechter von Jahr zu Jahr am Feste der Erlösung durch das Bitterkraut daran erinnert, welch herbes Weh, welch schweres Leid die Väter überwunden, ehe sie gewürdigt wurden, dem Fuss des Sinai sich zu nahen, um aus Gottes Hand die Priesterweihe zu empfangen, wie unser Volk im zartsten Alter schon für eine fremde, undankbare Macht, die nur Verachtung für dasselbe hatte und sein Verderben plante, harte Frohnarbeit verrichtet hat, die über seine Kraft zu gehen schien, in Wahrheit aber seine Lebensenergie erhöhte und vermehrte. „Heilsam ist's dem Manne, in der Jugend Tagen schon ein Joch zu tragen" (Klgl. 3, 27). [42]) 2. B. M. 13, 8. Voran geht (das. 5) die Einleitung: Wenn dich der Herr in das Land . . . bringt, das er deinen Vätern zugeschworen u. s. w. Die Satzung wendet sich mithin an ein späteres

jenem Tage[43]) also: Deswegen[44]) ist der Herr für mich eingetreten, als ich aus Egypten zog[45]). Darum schulden wir[46]) Dank, Lob, Preis, Verherrlichung, Huldigung, Verehrung und Anbetung[47]) Ihm, der für unsere Väter und für uns[48]) all diese Wunder gethan, uns von Knechtschaft zu Freiheit, von Kummer zu Freude, von Trauer zu Festesfeier, von Dunkelheit zu

לְבִנְךָ בַּיּוֹם הַהוּא לֵאמֹר, בַּעֲבוּר זֶה עָשָׂה יְיָ לִי בְּצֵאתִי מִמִּצְרָיִם. לְפִיכָךְ אֲנַחְנוּ חַיָּבִים, לְהוֹדוֹת לְהַלֵּל לְשַׁבֵּחַ לְפָאֵר לְרוֹמֵם לְהַדֵּר וּלְבָרֵךְ, לְמִי שֶׁעָשָׂה לַאֲבוֹתֵינוּ וְלָנוּ אֶת כָּל הַנִּסִּים הָאֵלּוּ, הוֹצִיאָנוּ מֵעַבְדוּת לְחֵרוּת, מִיָּגוֹן לְשִׂמְחָה,

---

Geschlecht, das die Wunder in Egypten nicht mit eigenen Augen gesehen hat; und dennoch lässt die Schrift den Vater eine Form der Darstellung wählen, deren man sich nur bei der Erzählung von Ereignissen bedient, die man selbst erlebt hat. [43]) an welchem du die Erinnerung an den Auszug feierst (vgl. das. 3). [44]) Nach dem Midrasch (s. M'chilta z. St.) bezieht sich das Demonstrativum auf das Pesach nebst den ungesäuerten Broten und den bitteren Kräutern, die auf dem Tische liegen (בשעה שיש [פסח] מצה ומרור מונחים לפניך על שלחנך), und auf welche der Erzähler mit dem Finger deutet. (Aehnlich ist auch in dem Satze וזה לך האות כי אנכי שלחתיך — 2. B. M. 3, 12 — das Fürwort זה als ein Hinweis auf das Wunder des brennenden Dornbusches aufzufassen, den Mose vor Augen hatte; s. Raschi, Raschbam und Ibn ʿEzra z. St.). Selbstverständlich kann nicht gemeint sein, dass wir lediglich zu dem Ende befreit wurden, damit wir am Pesachabend die genannten Speisen essen; der Midrasch will vielmehr nur sagen, dass die Verehrung Gottes durch kindlichen Gehorsam, wie wir ihn z. B. durch die Feier des Pesach bekunden, der Zweck unserer Erlösung war. Wird doch der Genuss des ungesäuerten Brotes und die Enthaltung von allem Gesäuerten während der ganzen Dauer des Festes an unserer Stelle (13, 5) ausdrücklich als Gottesdienst (עבדה) bezeichnet. Der Gedanke aber, dass uns die Freiheit nur gegeben wurde, damit wir uns dem Dienste des Höchsten widmen, liegt der Tora gar nicht fern. Er ist schon in den ersten Worten ausgesprochen, die Mose an Pharao richten sollte, in dem Befehle Gottes: Entlasse meinen Sohn, dass er mir diene (das. 4, 23: שלח את בני ויעבדני). [45]) Maimonides hat diese Belegstelle nicht vor sich gehabt (הל׳ חמץ ומצה פ״ז ה״ו ונוסח ההגדה שם); in seinem Exemplar muss hier entweder überhaupt kein Hinweis auf die Bibel gestanden haben, oder 5. B. M. 6, 23 (שנאמר ואותנו הוציא משם וגו׳) angeführt gewesen sein [ולפי זה הא דאמר רבא בפסחים קי״ו: צריך שיאמר ואותנו הוציא משם הכי קאמר האי קרא דמתניתן לאו לראיה בעלמא קא מייתי ליה אלא צריך לאמרו בפה]. Bei Alfasi und R. Ascher fehlt die ganze Stelle von בכל דור ודור bis בצאתי ממצרים. Da aber die Dankesschuld, von der im nächsten Satz die Rede ist, nicht gut mit den bitteren Leiden begründet werden kann, die unsere Väter erdulden mussten, wurde die Reihenfolge im vorigen Satze in der Weise geändert, dass auf die Erklärung des פסח zunächst die des מרור und dann erst die der מצה folgt, obgleich in der Einleitung die Reihenfolge auch bei ihnen פסח מצה ומרור lautet. לפיכך אנחנו חייבים להודות schliesst sich nun passender an den Satz מצה על שום שנגאלו an (Lesart Alfasi's), bezw. an die Worte עד שנגלה עליהם מלך מלכי המלכים הקדוש ברוך הוא וגאלם (Lesart des R. Ascher) Maimonides hat in seinem Kodex (הל׳ חמץ ומצה) an zwei Stellen (VII 5 u. VIII 4 die Reihenfolge Alfasi's, in seiner Haggada dagegen die unserer Mischnaausgaben). [46]) Die Wahl der ersten Person beweist, dass wir es hier noch mit einer Fortsetzung der Worte zu thun haben, welche nach Rabban Gamliel jedermann am Pesach sprechen soll. Allerdings ist in seiner Einleitung ausdrücklich von nur drei Worten die Rede, und es ist daher wohl möglich, dass die Fortsetzung aus späterer Zeit stammt; immerhin dürfte sie wohl kaum später als im folgenden Geschlechte hinzugefügt worden sein, da an dieselbe in der nächsten Mischna (s. Anm. 51) eine Meinungsverschiedenheit zwischen den Schulen Schammai's und Hillel's wenn auch nur äusserlich anknüpft. [47]) Die Lesarten sind hier sehr verschieden. Allen gemeinsam sind nur die vier ersten Ausdrücke: להודות להלל לשבח לפאר; dann folgt im Jeruschalmi: לרומם לגדל לנצח, im Babli: לרומם להדר לברך לעלה ולקלס, bei Alfasi: לרומם לגדל ולברך (s. דקדוקי סופרים), bei R. Ascher: לברך לרומם לעלה ולקלס, im Gebetbuch des Gaon R. ʿAmram: לרומם להדר ולקלס, in Maimuni's Haggada: לרומם לגדל להדר ולנצח, in dessen Kodex (הל׳ חמץ ומצה VIII 5): להדר לרומם לגדל ולנצח. [48]) Statt לאבותינו ולנו hat Jer. blos לנו. [49]) שעבוד (von עבד) und

grossem Licht und von Dienstbarkeit zu Erlösung geführt hat[49]) Lasst uns ihm das Halleluja[50]) anstimmen! **6.** Wie weit trägt man es[51]) vor? Die Schule Schammai's lehrt: Bis „es freut sich die Mutter der Kinder“[52]); die Schule Hillel's aber meint: Bis „den Kiesel zur Wasserquelle“[53]). Man schliesst mit Erlösung[54]). R. Tarfon sagt: „Der uns und unsere Väter aus Egypten erlöst hat und uns diese Nacht erleben liess[55]), dass wir in derselben Brot und Bitterkraut geniessen“[56]); ein Schlussgebet aber spricht man nicht[57]). R. ‘Akiba

וּמֵאֵבֶל לְיוֹם טוֹב, וּמֵאֲפֵלָה לְאוֹר גָּדוֹל, וּמִשִּׁעְבּוּד לִגְאֻלָּה, וְנֹאמַר לְפָנָיו הַלְלוּיָהּ: ו עַד הֵיכָן הוּא אוֹמֵר. בֵּית שַׁמַּאי אוֹמְרִים, עַד אֵם הַבָּנִים שְׂמֵחָה. וּבֵית הִלֵּל אוֹמְרִים, עַד חַלָּמִישׁ לְמַעְיְנוֹ מָיִם. וְחוֹתֵם בִּגְאֻלָּה. רַבִּי טַרְפוֹן אוֹמֵר, אֲשֶׁר גְּאָלָנוּ וְגָאַל אֶת אֲבוֹתֵינוּ מִמִּצְרַיִם, וְהִגִּיעָנוּ הַלַּיְלָה הַזֶּה, לֶאֱכוֹל בּוֹ מַצָּה וּמָרוֹר, וְאֵינוֹ חוֹתֵם. רַבִּי עֲקִיבָה מוֹסִיף, כֵּן יְיָ

sein Gegensatz שחרור (von חרר) gehören zu den wenigen Beispielen einer Schaf‘elform im Hebräischen. — Bei R. Ascher fehlen übrigens die Worte ומשעבוד לגאולה. in Maimuni's Haggada folgen sie unmittelbar hinter מעבדות לחרות; im Jeruschalmi und bei Alfasi fehlt sogar die ganze Stelle von מינון bis לגאלה. [50]) Ps. 113–118, gewöhnlich „Hallel“ (הלל) genannt. [51]) Das am Ende der vorigen Mischna erwähnte Hallel, von welchem vor dem Mahle nur der erste Theil gesungen wurde. [52]) Ende des 113. Psalms. Der folgende Psalm, der mit den Worten beginnt: Als Israel aus Egypten zog“, soll nach ihrer Meinung erst um Mitternacht, den Zeitpunkt der Erlösung, vorgetragen werden (Tosefta und Jeruschalmi, von Heller — תוספות יום טוב s. v. בית שמאי — merkwürdigerweise übersehen), während das Mahl noch vor Mitternacht beendet sein muss, da vom Pesach nachher nicht gegessen werden darf (Anm. 76). [53]) Ende des 114. Psalms. Das Argument der andern Schule schien den Hilleliten nicht stichhaltig, weil der Auszug ja doch erst am hellen Mittag stattgefunden, mithin der Anfang dieses Psalms auch dann noch nicht der Tageszeit entspräche, wenn man den Gesang bis auf den letzten Augenblick, bis zum Beginn der Morgendämmerung verschöbe (Tosefta u. Jeruschalmi). Ein positiver Grund wird nicht angegeben. Wahrscheinlich, weil derselbe klar zu Tage liegt. Da das Hallel durch die Erklärung eingeleitet wird, dass wir es als Pflicht empfinden, unserm Danke für die Befreiung aus dem Sklavenjoche durch ein Loblied Ausdruck zu geben, und ferner auch nach Schluss des ersten Theiles ein Segenspruch für die Erlösung folgen soll (s. folg. Anm.) so kann aus diesem Theil am wenigsten der Psalm ausgeschlossen werden, in dem der Auszug Israels besungen wird. Vielleicht ist das auch der Sinn der Worte מכיון שהתחיל במצוה אומר לו מרק im Jeruschalmi z. St. [54]) etwa mit den Worten: Gepriesen seist du, Herr unser Gott, König der Welt, der du uns aus Egypten erlöst hast. חותם (= Siegel) ist Kunstausdruck für den kurzen Segenspruch, der ein Gebet (hier den Vortrag der Haggada) beschliesst; vgl. B'rachot IX g. E. [55]) Die Hif‘ilform הגיע bedeutet: erreichen, mit doppeltem Akkusativ aber: erreichen lassen; vgl. מצמיח חציר לבהמה = hervorbringen (Ps. 104,14) mit המצמיח הרים חציר = hervorbringen lassen (Ps. 147,8). [56]) והגיענו הלילה הזה לאכול בו מצה ומרור (ומרורים) (so bei Alfasi und R. Ascher wie auch im Maimuni's Kodex הל׳ חמץ ומצה פ״ח ה״ה), sind die Worte, die R. Tarfon hinzufügt. Im Babli wie in den meisten Mischnaausgaben fehlen dieselben; sie können aber nicht entbehrt werden, weil der Zusatz des R. ‘Akiba כן . . . הגיענו למועדים ולרגלים אחרים, der offenbar an jene Worte anknüpft, ohne dieselben völlig in der Luft schwebt. Im Jeruschalmi fehlen nur die Worte לאכול בו מצה ומרור; aber auch diese sind schwerlich ein späterer Zusatz, denn es geschah wohl im Hinblick auf die verhängnisschwere Lücke in dieser Danksagung, in welcher die Erwähnung des Pesachopfers schmerzlich vermisst wurde, wenn der grosse Freiheitskämpfer in das Gebet um Erlösung vom römischen Joche den Wunsch einflocht: ונאכל שם מן הזבחים ומן הפסחים. Seltsam, dass Maimonides, der a. a. O. die Formel des R. Tarfon für die Zeit des Tempels gelten lässt, ebenfalls des Opfers nicht gedenkt. Damals hätte man doch sicherlich gesagt: לאכול בו פסח מצה ומרורים. [57]) Obgleich der ursprünglich ganz kurze Segenspruch durch ihn zu einem kleinen Dankgebet erweitert

אֱלֹהֵינוּ (וֵאלֹהֵי אֲבוֹתֵינוּ), הַגִּיעֵנוּ לְמוֹעֲדִים וְלִרְגָלִים אֲחֵרִים, הַבָּאִים לִקְרָאתֵנוּ לְשָׁלוֹם, שְׂמֵחִים בְּבִנְיַן עִירֶךָ, וְשָׂשִׂים בַּעֲבוֹדָתֶךָ, וְנֹאכַל שָׁם מִן הַזְּבָחִים וּמִן הַפְּסָחִים, אֲשֶׁר הִגִּיעַ דָּמָם עַל קִיר מִזְבַּחֲךָ לְרָצוֹן, וְנוֹדֶה

fügt hinzu[58]): „So lasse uns, o Herr, unser Gott (und Gott unserer Väter)[59]), noch andere Feste und Feiertage[60]) erleben[61]), denen wir in Frieden entgegengehen mögen[62]), beglückt durch den Wiederaufbau deiner Stadt[63]) und beseligt durch deinen Dienst[64]); dort werden wir dann auch von den Festopfern und den Pesachopfern[65]) essen, deren Blut die Wand Deines Altars zum Wohl-

wurde, hält es dieser Lehrer doch nicht für angebracht, dasselbe nunmehr auch mit einem „Siegel" („Gepriesen seist du Herr, der du Israel erlöst hast"), wie es sein Freund 'Akiba will, zu versehen. ואינו חותם, wofür es im Babli ולא היה חותם heisst, steht nicht im Gegensatz zu dem vorangehenden וחותם בגאלה, sondern zu den folgenden Worten des R. 'Akiba. [58]) In den meisten Ausgaben steht אומר an Stelle von מוסיף. Da aber R. 'Akiba von den Worten seines Lehrers und Freundes keines streicht und keines ändert, sondern nur hinzufügt, ist der Ausdruck אומר hier nicht am Platze. Die ursprüngliche Lesart ist vielleicht die der Oxforder Handschrift (s. דקדוקי סופרים): ר״ע עקיבא אומר מוסיף = R. 'Akiba sagt: Man füge hinzu. Das Subjekt zu מוסיף ist offenbar wie in den vorangehenden Sätzen (ואינו חותם, וחותם בגאולה, עד היכן הוא אומר) der Vortragende. Irrthümlicherweise aber bezog man das Verbum auf R. 'Akiba, wodurch entweder אומר oder מוסיף als störend empfunden wurde, weshalb die Einen dieses, die Anderen jenes strichen. Vermuthlich hat auch Maimonides מוסיף oder אומר מוסיף gelesen (s. הל׳ חמץ ומצה VIII 5). [59]) Die eingeklammerten Worte fehlen sowohl im Jeruschalmi als bei Alfasi, Maimonides und R. Ascher. [60]) רגל (= Fuss) bezeichnet ebenso wie פעם (= Schritt), auf die ziellos eilende, nimmer weilende Zeit übertragen, einen Zeitpunkt. שלש רגלים (2. B. M. 23, 14) übersetzen die Targumim ebenso wie שלש פעמים (das. 34,23) mit תלת זמנין. Unter זמנים versteht man aber ebenso wie unter מועדים, obgleich beide Wörter nur Zeiten schlechthin bedeuten, vorzugsweise die heiligen Zeiten. Während jedoch מועדים alle Feste bezeichnet, ist der Name רגלים durch den an 2. B. M. 23, 14 sich anlehnenden Sprachgebrauch auf die drei Chaggim (פסח, שבועות, סכות) beschränkt. Im Jeruschalmi fehlt übrigens sowohl למועדים als אחרים; die Stelle lautet dort: יגיענו לרגלים הבאים לקראתנו לשלום. [61]) הגיענו ist die Lesart der Oxforder Handschrift (s. דקדוקי סופרים); die beiden anderen von Rabbinowicz benutzten Mss. haben יגיענו, desgleichen sämmtliche von ihm verglichenen alten wie neuen Editionen, ebenso die Haggada-Ausgaben. Dass die Segensprüche, obgleich sie mit ברוך אתה, also der zweiten Person beginnen, im nächsten Relativsatze zur dritten Person übergehen, ist die allgemeine Regel und durch die Bezugnahme auf מלך העולם oder auch nur den blossen Gottesnamen sprachlich gerechtfertigt. So heisst es auch oben אשר גאלנו וגאל . . . והגיענו. Umsoweniger wäre die Wahl der dritten Person hier anstössig, wo mit כן ein neuer Satz beginnt; auffallend ist nur, dass sich in den bald folgenden Worten שמחים בבנין עירך וששים בעבודתך wieder die zweite Person geltend macht. Solcher Personenwechsel ist recht selten, wenn es auch an etlichen Beispielen nicht fehlt, von denen wir nur auf das krasseste kurz hinweisen wollen, auf die Worte, die beim Eintritt in den Friedhof gebetet werden: ברוך אתה ... אשר יצר אתכם בדין. [62]) Wörtlich: die uns entgegenkommen. Wir haben bereits in Anm. 2 darauf hingewiesen, dass der Hebräer nicht gleich uns der Zukunft entgegengeht, sondern sich selbst als den stille stehenden Beobachter ansieht, an dem die rastlos dahinschreitende Zeit (vgl. Anm. 60) vorüberzieht. – Statt לשלום hat Alfasi בשלום. [63]) Statt בבנין עירך hat die Oxforder Hnds. בציון עירך (s. דקדוקי סופרים); diese Lesart findet sich auch im Gebetbuch des Gaon R. 'Amram. [64]) Jeruschalmi hat hier den Zusatz: ובחידוש בית מקדשך = und durch die Erneuerung deines Heiligthums. [65]) Jeruschalmi und Alfasi haben die umgekehrte Reihenfolge מן הפסחים ומן הזבחים, so dass זבחים hier die gewöhnliche Bedeutung haben könnte, in der es alle Arten des Thieropfers, auch das Pesach umfasst. Man müsste demnach übersetzen: von Pesach- und von anderen Opfern (vgl. K. VII Anm. 34). Wahrscheinlicher aber ist, dass das Wort hier in der besondern Bedeutung steht, die es in der letzten Mischna dieses Kapitels, am Ende des Traktates hat, und in der es das Festopfer bezeichnet, von welchem oben (VI 3—4, s. Anm. 24 das.) die Rede war. Da dasselbe

gefallen berührt hat[66]), und dir (mit neuem Liede) danken für unsere Erlösung und die Befreiung unserer Seele[67]). Gepriesen seist du, Herr, der du Israel erlöst hast. **7.** Hat man den dritten Becher ihm gefüllt, spricht er den Segen über sein Mahl[68]); beim vierten vollendet er das Hallel[69]), und spricht den Segen über den Gesang[70]). Zwischen all diesen Bechern darf man trinken, wenn man trinken mag, nur zwischen dem dritten und dem vierten trinke man nicht[71]).

לְךָ (שיר חדש) עַל גְּאֻלָּתֵנוּ וְעַל פְּדוּת נַפְשֵׁנוּ, בָּרוּךְ אַתָּה יְיָ גָּאַל יִשְׂרָאֵל׃ ז מָזְגוּ לוֹ כוֹס שְׁלִישִׁי, מְבָרֵךְ עַל מְזוֹנוֹ. רְבִיעִי, גּוֹמֵר עָלָיו אֶת הַהַלֵּל, וְאוֹמֵר עָלָיו בִּרְכַּת הַשִּׁיר. בֵּין הַכּוֹסוֹת הַלָּלוּ, אִם רוֹצֶה לִשְׁתּוֹת יִשְׁתֶּה, בֵּין שְׁלִישִׁי לָרְבִיעִי לֹא יִשְׁתֶּה׃

---

vor dem Pesach gegessen wurde, geht es diesem in der Reihenfolge voran. [66]) Statt אשר הגיע (Jeruschalmi) lesen Andere שהגיע (Alfasi), שיגיע (Maimonides u. R. 'Amram), אשר יגיע (R. Ascher). [67]) Jeruschalmi hat weder שיר חדש noch ועל פדות נפשנו. Jenes ist sicher ein später Zusatz; denn נודה לך שיר חדש ist eine ganz unmögliche Konstruktion. [68]) Der zweite Becher wurde nach dem Dankgebete, das auf den ersten Theil des Hallel folgte, geleert und darauf das Mahl eingenommen, welches schon vor dem Vortrage aufgetragen worden war, damit die Kinder durch ihre Fragen dem Vater Gelegenheit geben vom Auszuge zu erzählen. Das Mahl bestand in alter Zeit wahrscheinlich blos aus dem ungesäuerten Brote, dem rohen Lattich und dem Fleisch der beiden Opfer, bezw. den beiden Gerichten, welche zur Erinnerung an dieselben (Anm. 16) gegessen wurden. Einen Nachtisch gab es nicht; vielmehr wurde, nachdem das Pesach verzehrt war, bei einem dritten Becher das Tischgebet gesprochen, nach dessen Beendigung das Glas geleert wurde. [69]) Ps. 114—118 nach den Schammaiten, Ps. 115—118 nach den Hilleliten; s. Anm. 50—53. [70]) Darunter ist nach R. Juda (im Babli) der Segenspruch zu verstehen, der auch sonst auf das Hallel zu folgen pflegt (יהללוך), nach R. Johanan (das.) aber derjenige, welcher den Vortrag des von Mose und Israel am Meere gesungenen Liedes (2. B. M. 15, 1—18) an Sabbat- und Feiertagen beschliesst (נשמת כל חי). [71]) „Warum nicht? Etwa, damit man nicht trunken werde? Man ist ja doch schon berauscht! Ist denn ein Unterschied zwischen dem während der Mahlzeit und dem nach derselben gereichten Weine? Allerdings; dieser macht trunken, jener hat diese Wirkung nicht!“ So die Begründung im Jeruschalmi, angeführt von Alfasi und Raschbam, der hinzufügt, dass man durch den Rausch verhindert würde, das Hallel zu vollenden oder, wie man ergänzen muss, nach Beendigung desselben die übrigen Gesänge, die noch beim vierten Becher vorzutragen sind. Demnach dürfte man zwischen dem ersten und dem zweiten Glase erst recht keinen Wein trinken, damit man nicht des Guten zu viel thue und dadurch unfähig werde, den Kindern vom Auszuge zu erzählen. Ein solches Verbot widerspricht jedoch dem klaren Sinn der Mischna, die von allen Erklärern, auch von Raschbam, so aufgefasst wurde, dass es nicht nur im Verlauf des Mahles, sondern auch während des Vortrags der Haggada gestattet wäre, nach Belieben Wein zu trinken. Man sah sich daher zu der Ausflucht genöthigt, dass auch der vor der Mahlzeit genossene Wein keine berauschende Wirkung hat, eine Annahme, die aller Erfahrung Hohn spricht. Der Schlüssel zur Lösung des Räthsels liegt im ersten Satze der nächsten Mischna verborgen, wo er nur darum nicht entdeckt wurde, weil man ihn dort gar nicht erst gesucht, ja nicht einmal vermuthet hat, nachdem eine ungeschickte Hand diesen Satz von unserer Mischna, wo er hingehört, losgerissen und der nächsten Mischna, zu der er keinerlei Beziehung aufweist, gewaltsam angehängt hatte. Man soll nach dem Mahle ausser den vorgeschriebenen Bechern aus dem einfachen Grunde keinen Wein trinken, damit die schöne Feier nicht schliesslich in ein Epikomon ausarte (s. Anm. 73). Vor der Mahlzeit und während derselben sprach man auch sonst dem Wein nur mässig zu, (daher אם רוצה לשתות ישתה und nicht wie sonst einfach שותין), der überdies mit Wasser stark verdünnt war. Das Trinkgelage (κῶμος, comissatio) nahm seinen Anfang erst beim Nachtisch, dauerte jedoch bis in die späte Nacht hinein. Lieder und Gesänge wechselten mit anregenden Gesprächen, um den Zechern die Zeit zu kürzen. Am Pesachabend wurden nach dem Mahle, das um Mitternacht beendet war, ebenfalls beim Weine Lieder vorgetragen; zwischendurch unterhielt man sich über das Wunder der Erlösung noch mehrere Stunden, mitunter bis der Morgen graute (Tosefta X

8. Man schliesse[72]) nach dem Pesach nicht mit einem Trinkgelage[73]).

ח אֵין מַפְטִירִין אַחַר הַפֶּסַח אֲפִיקוֹמָן.

---

g. E., ed. Zuckermandel S. 173 Z. 9—11). Das alles hatte eine bedenkliche Aehnlichkeit mit dem üblichen Trinkgelage. Damit die heilige Feier nicht zu einem solchen herabsinke, damit sie von ihrer erhebenden Wirkung nichts verliere und ihre Weihe durch keinen unreinen Hauch getrübt werde, musste Vorsorge getroffen werden, dass sich die Festgenossen nicht berauschten; der kürzeste und sicherste Weg zu diesem Ziele war unstreitig das Verbot, ausser den vorgeschriebenen Bechern überhaupt noch etwas nach dem Tischgebet zu trinken. [72]) פטר heisst ursprünglich: spalten, (vgl. فطر), daher פטר רחם = Durchbruch, יפטירו בשפה (Ps. 22, 8) = den Mund aufreissen. Aus dem Begriff der Trennung, der in dieser Grundbedeutung liegt, hat sich der des Abschieds entwickelt; daher ויפטר מפני שאול (1. Sam. 19, 10) = scheiden, weggehen; transitiv: פטר . . . את המחלקות (2. Chr. 23, 8) = verabschieden, entlassen; auf leblose Dinge übertragen: פוטר מים (Spr. 17, 14) = loslassen, befreien. In der talmudischen Literatur ist diese Bedeutung vorherrschend; vgl. z. B. פוטרין את הרבים (Mo'ēd katan III 7) = verabschieden, wegschicken; ונפטרו והלכו להם (Joma I 5) = sich verabschieden, scheiden; מפטירין בנביא (Megilla IV 1) = mit einem Prophetenvortrag Abschied nehmen von der Toravorlesung. So auch hier אין מפטירין אפיקומן = man veranstalte kein Epikomon zum Abschied von dem Festmahle, d. i. als Abschluss der Pesachfeier. In der Gerichtssprache ist entlassen = freisprechen, wodurch das Wort פטר die allgemeinere Bedeutung einer Befreiung (von Pflichten und dergl.) erlangt hat. Vielleicht hängt damit auch פטיר (aram. u. arab. = Ungesäuertes, frei von Sauerteig) zusammen. [73]) Für das Wort אפיקומן geben Tosefta, Jeruschalmi und Babli drei verschiedene Erklärungen. Nach der einen bezeichnet es den Nachtisch, mag dieser nun aus Früchten (wie Datteln, Nüsse, geröstete Körner) oder aus allerhand Zuckerwerk (מיני מתיקה) oder auch aus anderen Leckerbissen wie Trüffeln und Tauben (ערדילי וגוזליא) bestehen [ושפיר גרסינן בבבלי כגון אורדילאי לי וגוזליא לאבא ור׳ חנינא בר שילא ור׳ יוחנן אמ׳ כגון תמרים קליות ואגוזים ואין להגיה אמרו במקום אמר כמו שהגיהו במקצת ספרים במצות כי באמת ר׳ חנינא בר שילא מחובר עם מה שלמעלה ולא עם מה שלמטה כדאיתא בירושלמי שמואל אמר כגון ערדילי וגוזליא דחנניא בר שילת]; nach der zweiten versteht man darunter musikalische Darbietungen (מיני זמר), nach der dritten den Einbruch in eine andere Tischgesellsachaft (שלא יעקרו מחבורה לחבורה). Die zuletzt angeführte Erklärung wird im Babli von Rab mitgetheilt, im Jeruschalmi aber an diesem Orte gar nicht erwähnt, an anderer Stelle dagegen (oben zu M. 4) anonym und unbestritten angeführt (מיפש מה הוא אומר כה זאת אף את לסדו חלכות הפסח שאין מפטירין אחר הפסח אפיקומן שלא יהא עומד מחבורה זו ויכנס לחבורה אחרת). Das Wort ist offenbar dem Griechischen (*ἐπίκωμον*) entlehnt und bezeichnet in seiner Heimath alles, was zum Trinkgelage (*κῶμος*) gehört; insbesondere versteht man unter *ἐπικωμάζειν* das stürmische Eindringen der Zechgenossen in eine fremde Gesellschaft, um bei dieser das unterbrochene Gelage fortzusetzen. Es unterliegt wohl keinem Zweifel, dass Epikomon hier im weitern Sinne gemeint ist und das ganze mit dem Nachtisch beginnende, von Musik begleitete und meist in wüstem Unfug endigende Trinkgelage umfasst, so dass alle drei Erklärungen richtig sind, wenn auch die von Rab dem griechischen Sprachgebrauch am besten gerecht wird. Durch die glückliche Wahl des fremden Ausdrucks wird das Verbot am Anfang dieser und am Ende voriger Mischna in ein so helles Licht gerückt, dass es sich von selbst versteht und zu seiner Begründung keines weitern Wortes bedarf. Man verpönte den Genuss des Weines zwischen dem dritten und dem vierten Becher, weil man die Trunkenheit fürchtete, den schlimmen Rausch mit seinem hässlichen Gefolge von gemeinem Scherz und grober Ausschreitung, von rohem Uebermuth und zügellosem Laster. Man verpönte selbst den harmlosen Nachtisch nach dem Pesachmahle, weil im Hintergrunde schon das widerliche Zerrbild grinste, in welches oft genug das feierlichste Trinkgelage zu entarten pflegte. Es ist das Fest der Freiheit, das gefeiert wird. Freiheit ist aber nicht Ungebundenheit. Im Gegentheil! חרות על הלוחות (Abot Anh. 2): die Freiheit spriesset aus den Tafeln des Gesetzes. Wahrhaft frei ist nur, wer willig sich dem göttlichen Gesetze unterordnet, auch der schwersten Forderung der Sittlichkeit sich freudig unterwirft. Unser Vater hat uns nicht aus schnödem Joch erlöst, damit wir in noch schmählichere Dienstbarkeit versinken; er hat aus Egypten uns geführt, damit wir seine Knechte werden (3. B. M. 25, 55), und nicht Sklaven unserer Leidenschaften. So erklärt sich auch die oben angeführte Jeruschalmistelle auf die einfachste Weise. Wenn das einfältige Kind, so heisst es

Waren etliche eingeschlummert, so können sie weiter essen, waren es

יָשְׁנוּ מִקְצָתָן, יֹאכֵלוּ, כֻּלָּם, לֹא יֹאכֵלוּ.

---

dort, die Frage an dich richtet: was bedeutet dies? — so lehre es die Vorschriften des Pesach, dass man das Opfermahl nicht mit einem Epikomon beschliessen soll. Wieviel Scharfsinn ist nicht schon an die Erklärung dieser sonderbaren Antwort verschwendet worden [die sich übrigens auch in unserer Haggada und in der Mechilta (zu 2. B. M. 13, 14) findet, nur dass sie hier auf die Frage des verständigen Kindes erfolgt, was auch vermutlich das Richtige ist, da auf מה זאת im Pentateuch selbst die nach Jeruschalmi dem חכם zu gebende Antwort erteilt wird: בחזק יד הוציאנו ה׳ ממצרים מבית עבדים]! Eine auf den ersten Blick sehr einleuchtende Lösung, die den Knoten einfach durchhaut, um dann die Enden durch das Wörtchen עד wieder zu verknüpfen, teilt M. Friedmann in seiner Mechilta-Ausgabe mit (S. 22b Anm. 23). Durch diese Operation erhält der Satz den folgenden Sinn: Wenn dich dein Kind fragt, so lehre es alle Vorschriften des Pesach **bis** אין מפטירין אחר הפסח אפיקומן, d. i. bis zur letzten Halacha unseres Traktats. Allein, abgesehen von der Gewaltsamkeit des Verfahrens, ist diese Halacha keineswegs die letzte, es folgen ihr vielmehr noch drei allerletzte (ברך ברכת הפסח, הפסח אחר חצות, ישנו מקצתן). Ferner stimmt diese Lösung nicht zu der Darstellung im Jeruschalmi, wo die Frage nicht מה העדות והחקים והמשפטים lautet, sondern מה זאת, was sich nur auf Sinn, Zweck oder Bedeutung, niemals aber auf den Inhalt der Gesetze beziehen kann. Ueberdies gibt unsere Haggada in der Hauptsache dieselbe Antwort (ואף אתה אמור לו כהלכות הפסח אין מפטירין אחר הפסח אפיקומן), und hier ist die Lesart so gut bezeugt, dass an ihrer Richtigkeit füglich nicht gezweifelt werden kann. Vollends aber muss dieser Erklärungsversuch an dem Wortlaut in der Mechilta (אף אתה **פתח** לו בהלכות הפסח אין מפטירין אחר הפסח אפיקומן) scheitern, denn man kann den Begriff פתח (eröffnen, beginnen) unmöglich auf eine Unterweisung über den ganzen Inhalt eines Traktats anwenden; vielmehr ist פתיחה ein Kunstausdruck für das Textwort, das einen Vortrag einleitet. Wenn daher empfohlen wird, für die Behandlung der Frage nach Zweck und Ziel all der zahlreichen, von der Religion uns auferlegten Pflichten (in der Mechilta bezieht sich ebenso wie in der Haggada die Frage des Kindes laut 5. B. M. 6, 20 auf sämmtliche Gesetze der Tora und nicht bloss auf die Vorschriften über Pesach und Erstgeburt) das Verbot des Epikomon zum Ausgangspunkt zu wählen, so kann das nur den Sinn haben, dass diese Halacha homiletisch als eine passende Einleitung verwertet werde, von der schon ein helles Schlaglicht auf den eigentlichen Gegenstand der Erörterung fällt. Einen Fingerzeig zur Lösung dieser Aufgabe finden wir in dem Worte Rab's: Die Gesetze sind nur gegeben worden, um die Menschen durch sie zu läutern und zu festigen (לא נתנו המצוות אלא לצרף בהן את הבריות — B'rêschît Rabba Absch. 44, Anf. — צרף heisst sowohl läutern als härten). Hier ist die erzieherische Bedeutung der göttlichen Gebote und Verbote mit klaren Worten ausgesprochen. Die einen sollen uns von unlautern Begierden reinigen, die andern in der Betätigung des Guten stärken, beide unsere Widerstandskraft gegen jede Art von Verführung stählen. Die Entwickelung dieses grossen Gedankens aus dem tiefern Sinne unserer Halacha ergibt sich nach dem oben Dargelegten fast von selbst. Das Epikomon ist am Pesachabend untersagt, weil es mit dem Charakter des Erlösungsfestes in Widerspruch steht, denn die grösste Feindin wahrer Freiheit ist die Zügellosigkeit. Wie schwer ist es jedoch, stets Maass zu halten im Genuss, und wie leicht, die Herrschaft zu verlieren über sich, wenn die Versuchung in berückender Gestalt uns naht, die Sünde mit verführerischer Stimme lockt. Darum hat in seinem heiligen Gesetze der Allgütige so viele Schranken aufgerichtet, soviele Uebungen uns auferlegt, damit wir schon in früher Jugend lernen, unsern Willen dem Gebote Gottes unterordnen, im zarten Kindesalter uns gewöhnen zu entsagen, wo die Erfüllung nicht im Einklang wäre mit der Forderung der Sittlichkeit. Der höchste Adel, den uns Gott verliehen, ist unsere sittliche Freiheit; die höchste Herrscherwürde, die wir erlangen können, ist die Selbstbeherrschung. Zum Schutze dieser heiligsten Güter ist uns „das Gesetz" gegeben, ein zuverlässiger Führer durch die Wirrnisse des Lebens, dass wir des Weges nicht verfehlen, der zu Gott emporführt. רצה הקדוש ברוך הוא לזכות את ישראל לפיכך הרבה להם תורה ומצוות (Makkot III 16). Im Grunde ist das die Antwort, die die Tora selbst (5. B. M. 6, 24—25) auf die Frage nach der Bedeutung ihrer Zeugnisse, Gesetze und Vorschriften gibt; ויצונו ה׳ לעשות את כל החקים האלה ליראה את ה׳ אלקינו לטוב לנו כל הימים לחיותנו כיום הזה וצדקה תהיה לנו כי נשמר לעשות את כל המצוה הזאת לפני ה׳ אלקינו כאשר צונו. Vgl. auch meinen Vortrag

רַבִּי יוֹסֵי אוֹמֵר, נִתְנַמְנְמוּ, יֹאכֵלוּ, נִרְדְּמוּ, לֹא יֹאכֵלוּ: ט הַפֶּסַח אַחַר חֲצוֹת, מְטַמֵּא אֶת הַיָּדָיִם. הַפִּגּוּל וְהַנּוֹתָר מְטַמְּאִין אֶת הַיָּדָיִם. בֵּרַךְ

alle, so dürfen sie nicht mehr essen[74]). R. Jose sagt: Waren sie nur eingenickt, so dürfen sie weiter essen; waren sie aber eingeschlafen, so dürfen sie nicht mehr essen[75]). **9.** Das Pesach macht nach Mitternacht die Hände unrein[76]); Verschmähtes[77]) und Uebriggebliebenes verunreinigt die Hände[78]). Hat man

---

„Der Sederabend" (Berlin 1904, M. Poppelauer) S. 42—44. [74]) Alles „Heilige" (קדש) darf nur solange gegessen werden, als es gegen Verunreinigung gesichert ist. War es eine kurze Zeit weder in Verwahrung noch unter Aufsicht, so ist es durch die blosse Tatsache, dass es der Aufmerksamkeit entrückt war (היסח הדעת, oder היסע הדעת), unbrauchbar geworden (s. Jeruschalmi K. I g. Ende). Wenn daher nur ein Teil der Tischgenossen eingeschlummert war, so darf das Pesach noch gegessen werden, solange es von den übrigen im Auge behalten wurde; waren aber alle eingeschlummert, so ist es dadurch, dass es einen Augenblick unbewacht geblieben, untauglich geworden [נטיתי מפירוש רשב״ם ורע״ב שכתבו הטעם מפני שנראה כאוכל פסחו בשני מקומות והוא דוחק גדול ועיין סימן הבא]. [75]) Nur wenn die ganze Gesellschaft in tiefen Schlaf gesunken war, darf sie nach dem Erwachen nicht mehr vom Opferfleische essen; war jedoch auch nur ein Einziger in wenigstens halbwachem Zustand geblieben, so hat das Pesach unter genügender Aufsicht gestanden [עיין רמב״ם וראב״ד סוף הל׳ חמץ ומצה. ורשב״ם פירש איפכא דרבי יוסי לח״מ״א שאפלו מקצתן שנרדמו לא יאכלו וכן פירש רע״ב]. [76]) „Das Pesach darf nur bis Mitternacht gegessen werden" (Zebaḥim V Ende). Nach R. ʿAkiba ist diese Beschränkung nur rabbinischen Ursprungs, die Bibel aber gestattet, im Laufe der ganzen Nacht es zu verzehren; um jedoch zu verhüten, dass aus Nachlässigkeit vom Opferfleische bis zum Morgen übrig bleibe, ist die Frist von den Weisen verkürzt worden (vgl. Berachot 1, 1). Nach R. Elʿazar b. ʿAzarja, dessen Ansicht hier zur Geltung kommt, ist diese Beschränkung schon in der Tora begründet; was daher bis Mitternacht nicht verzehrt ist, hat den Charakter des „Uebriggebliebenen" (נותר), durch dessen Berührung die Hände unrein werden (s. Anm. 78). [77]) פגול (3. B. M. 7, 16 u. 19, 7 ist nach der Definition der Mischna (Zebaḥim II 2—3 u. Menaḥot I 3) ein Opfer dann, wenn eine der wesentlichen Opferhandlungen in der ausgesprochenen [עיין ספרי שופטים י״ז א׳ ורש״י שם ותוס׳ פסחים ס״ג ע״א ד״ה ר״מ סבר ובבא מציעא מ״ג ע״ב ד״ה החושב. ועיין תוס׳ יו״ט בבא מציעא פרק ג׳ הלכה י״ב שחלק על ר׳ אליהו מזרחי ומשניהם נעלמו דברי רש״י בפסחים ס״ג ע״א ד״ה והכא במאי עסקינן] Absicht ausgeführt wurde, einen Teil der übrigen Opferhandlungen erst nach abgelaufener Frist vorzunehmen, oder einen Teil des Opfers erst nach abgelaufener Frist zu verzehren. Auch wenn die Absicht nicht zur Tat geworden, darf man von solchem Opfer nichts geniessen. [78]) Nach dem Gesetze der Tora können Menschen nur durch einen „Herd der Unreinheit" (אב הטומאה — s. Kap. I Anm. 29) hierologisch unrein werden (das. Anm. 26). In diesem Falle verbreitet sich die Unreinheit sofort über den ganzen Körper. Nach rabbinischer Anordnung werden in gewissen Fällen, zu denen auch die hier erwähnten gehören, die Hände und zwar ausschliesslich diese (bis zum Handgelenk) von einer Unreinheit zweiten Grades ergriffen, die sich durch Berührung auf heilige Speisen überträgt (ebend.), so dass der mit ihr Behaftete kein Opferfleisch geniessen darf, ehe seine Hände im Tauchbade (Ḥagiga III 2) die Reinheit wieder erlangt haben. Solche Unreinheit haben nun die Rabbinen über die mit פגול in Berührung gekommenen Hände verhängt, damit nicht leichtfertige Priester (חשדי כהונה), nachdem sie die ihnen vom Volke anvertrauten Opfer in böser Absicht und durch böse Absicht (s. die vorige Anmerkung) untauglich gemacht haben, noch grössere Schuld dadurch auf sich laden, dass sie, um sich nicht zu verraten, von diesen Opfern essen. Die Scheu vor Unreinheit war bei den Priestern so gross und so allgemein, dass selbst die gewissenlosesten unter ihnen, die vor keinem Verbrechen zurückschreckten, vor einer solchen sich in Acht nahmen (Tosafot 85a s. v. משום חשדי כהונה unter Hinweis auf Joma 23a). Aus ähnlichem Grunde wurde diese Bestimmung auf נותר ausgedehnt, dessen Genuss mit derselben harten Strafe (3. B. M. 19, 18) wie פגול bedroht ist. Wenn auch nicht anzunehmen war, dass irgend ein Priester aus purem Uebermut das Opferfleisch liegen lassen würde, um

בִּרְכַּת הַפֶּסַח, פָּטַר אֶת שֶׁל זֶבַח. בֵּרֵךְ אֶת שֶׁל זֶבַח, לֹא פָטַר אֶת שֶׁל פֶּסַח, דִּבְרֵי רַבִּי יִשְׁמָעֵאל. רַבִּי עֲקִיבָה אוֹמֵר, לֹא זוֹ פוֹטֶרֶת זוֹ, וְלֹא זוֹ פוֹטֶרֶת זוֹ:

über das Pesach den Segen gesprochen, so hat man den über das Festopfer überflüssig gemacht[79]); hat man über das Festopfer den Segen gesprochen, so hat man den über das Pesach nicht überflüssig gemacht. Dies die Worte des R. Isma'el. R. 'Akiba aber sagt: Dieser macht jenen nicht überflüssig und jener nicht diesen[80]).

---

es erst nach abgelaufener Frist zu verzehren (gewiss ist es wahr, dass „gestohlenes Wasser — um ein biblisches Sprichwort zu gebrauchen — süss schmeckt"; aber ebenso wahr ist es andererseits, dass frische Speisen besser munden als verdorbene), so war doch zu befürchten, dass die Nachlässigen (עצלי כהונה), die alles bis zum letzten Augenblick verschieben, in ihrem Eifer, dass nur ja nichts übrig bleibe, die vorgeschriebene Zeitgrenze nicht beachten würden [מאחר שלא עשו הרחקה לקדשים הנאכלים לשני ימים ולילה אחד כמו שעשו לכל הנאכלים ליום ולילה שלא יאכלו אלא עד חצות גזרו טומאה על הנותר כדי שיזהרו מלאכול אחר שקיעת החמה ומשום לא פלוג גזרו טומאה זו גם על הנותר מן הנאכלים ליום ולילה. ורש״י פירש משום חשדי כהונה שלא יפגלו במזיד ור״ח פירש שלא יבואו הכהנים לידי נגיעה ויחשדו אותם שנגעו בו כדי לאכלו ולתרווייהו קשה תרתי לרש״י קשה למה גזרו טומאה על הפגול שהוא מחשבת חוץ לזמנו ולא גזרו נמי על מחשבת חוץ למקומו ועוד הא אפשר לפגל בלא נגיעה ומה הועילו הכמים בתקנתן ולר״ח קשה מה ראו על ככה לגזור טומאה משום חשד רחוק כזה ומה הגיע אליהם לבקש טעם אחר לטומאת נותר הא טעמא דפגול שייך גם בנותר. ומה שכתוב בערוך (ערך חשד) דבנותר לא שייך חשדא הואיל ולא אכלו אותו תוך זמנו וודאי לא יאכלוהו אחר זמנו נראה קצת דחוק ואף גם זאת שפירש בענין עצלי כהונה דמשום הכי קנסו טומאה בנותר שלא יבואו להתעצל לא ידעתי מאי קנסא איכא לכהן המותיר שהנגיעה מטמאה את ידיו וכי מה כופה אותו לנגוע בו ועוד אם גזרו טומאה אנותר כדי שלא יותירו למה לא קנסו גם כן במחשבת חוץ למקומו שכמו שאסור להותיר כך אסור לחשוב מחשבה פוסלת. ולי נראה ברור שלפיכך גזרו דווקא בפגול ונותר משום דתרוייהו אכילתן בכרת ולכן פרשתי כמו שפרשתי]. [79]) Wörtlich: man hat ihn „verabschiedet" (s. Anm. 72), so dass er nicht mehr auf dem Gegenstande lastet. [80]) Mit זבח ist hier dasselbe Opfer gemeint, das oben (VI 3—4) חגיגה genannt wurde. Eine eigene Bezeichnung gibt es für dieses Opfer nicht. Den Namen חגיגה teilt es nämlich mit den Friedensopfern, die an den drei Festen, an denen die männliche Bevölkerung sich in der heiligen Stadt einfinden musste, von den Erschienenen dargebracht wurden (Ḥagiga I 2); und was vollends den Ausdruck זבח betrifft, so umfasst dieser gar sämtliche Arten von Tieropfern. Immerhin steht חגיגה wenigstens in einem gewissen Gegensatz zu פסח, während die Bezeichnung זבח in der Tora (2. B. M. 23, 18 und 34, 25) auch für das פסח gebraucht wird. Erwägt man indessen, dass einerseits זבח nicht nur vorzugweise — im Sprachgebrauch der Bibel wenigstens — in Verbindung mit den Friedensopfern vorkommt (man vergleiche nur z. B. im 3. B. M. 6, 1 bis 7, 8 mit 7, 11—37 und beachte insbesondere den letztgenannten Vers: זאת התורה לעלה למנחה ולחטאת ולאשם ולמלואים ולזבח השלמים), sondern auch in diesem Sinne öfter (z. B. 4. B. M. 15, 3 u. 5) der עולה, die ja auch ein Tieropfer ist, gegenübergestellt wird, und dass andererseits das פסח sich in mehr als einer Beziehung von den שלמים unterscheidet, zu denen auch das hier schlechthin als זבח angeführte Opfer gehört, so wird man es gerechtfertigt finden, dass diese Bezeichnung hier mit Rücksicht auf den aus älterer Zeit stammenden Segenspruch gewählt ist, der nach der Tosefta den Wortlaut hat: ברוך . . . . אשר קדשנו במצותיו וצונו לאכול את הזבח, während über das Pesach nach derselben Quelle folgender Segen gesprochen wird: ברוך . . . . אשר קדשנו במצותיו וצונו לאכול את הפסח. — Gemäss der Vorschrift soll das Pesach erst nach dem Festopfer gegessen werden, so dass nach allen Ansichten beide Benediktionen zu sprechen sind; hat man aber zufällig vom Pesach zuerst genommen und über dieses Opfer den Segen gesprochen, so braucht man über das andere, da es nur nebensächlich ist (s. VI 3), laut dem in Berachot VI 7 ausgesprochenen Grundsatze nach R. Isma'el keinen Segen mehr zu sprechen. R. 'Akiba dagegen ist der Ansicht, dass die Benediktion über das זבח wohl das פסח in sich schliessen könnte, nicht aber umgekehrt, denn der letztere Begriff ist zwar dem erstern als dem weitern, nicht aber dieser jenem untergeordnet; andererseits überragt das פסח an Bedeutung so sehr das andere Opfer, dass es einen besondern Segen für sich in Anspruch nimmt, auch wenn man vorher לאכול את הזבח

ורמז״ל כתב בהל׳ חמץ ומצה פ״ח ה״ז בנוסח הברכה על אכילת הזבח — על] gesagt hat אכילת הפסח כעין הברכות שאנו מברכים על אכילת מצה ועל אכילת מרור ואולם על פי הכללים שהמציא בהל׳ ברכות פ׳ י״א הל׳ ט״ו עד הל׳ י״א לא היה לו לסור מנוסח התוספתא ואדרבא היה לנו לברך אף לאכול מצה וגם לאכול מרור וצ״ע].

TRAKTAT SCHEKALIM. מַסֶּכֶת שְׁקָלִים.

Auf den Traktat Pesaḥim folgt in den Mischnaausgaben und ebenso in der Tosefta (s. ed. Zuckermandel S. 109) Massechet Schekalim, in den Jeruschalmiausgaben dagegen Massechet Joma. Die Traktate der Mischna sind nicht nach ihrem Inhalte, sondern nach der Anzahl ihrer Kapitel geordnet [1]). Das zeigt sich nirgends deutlicher als in unserm Seder Moed, in welchem z. B. die Vorschriften des Hüttenfestes (Sukka mit 5 Kapp.) denen des Neujahrsfestes (Rosch Haschana mit nur 4 Kapp.) vorangehen. An Massechet Sabbat, die mit 24 Kapp. an der Spitze steht, schliesst sich 'Erubin mit 10 Kapp. an, die zu Sabbat eine enge innere Beziehung haben. Nun folgen aber nicht etwa die Traktate Jom Tob (5 Kapp.) Moed Ḳaṭan (3 Kapp.) und Ḥagiga (3 Kap.), die die allgemeinen Vorschriften der Feste enthalten, sondern zunächst Pesaḥim, weil diese Massichta gleich 'Erubin 10 Kapp. hat, dann Schekalim und Joma mit je 8 Kapp. Da nun beide Traktate dieselbe Kapitelzahl haben, und keiner zum Vorangehenden eine besondere Beziehung aufweist, war es zweifelhaft, wem von ihnen der Vorrang zukäme. Einer ähnlichen Unsicherheit begegnen wir im Seder Naschim, in welchem drei Abhandlungen je 9 Kapp. haben: Nezirut, Soṭa und Giṭṭin. Dass Nezirut sich an Nedarim (11 Kapp.) anschliessen müsse, war selbstverständlich, da beide Traktate von den Gelübden handeln und daher ebenso zusammenhängen wie Sabbat und 'Erubin; die Reihenfolge der beiden anderen aber war in der Tat schwankend. In der allgemeinen Einleitung zu seinem Mischnakommentar lässt Maimonides Soṭa auf Giṭṭin folgen und diese Massichta sich unmittelbar an Nezirut anschliessen, während aus einer Bemerkung in Babli (Anf. Soṭa), die jedenfalls ein späterer Zusatz ist und Maimuni nicht vorgelegen hat, klar hervorgeht, dass Soṭa an Nezirut anknüpft. Auf eine Anfrage, die R. Jakob b. Nissim in dieser Angelegenheit an R. Scherira gerichtet hatte („Warum steht Joma vor Schekalim, Sukka vor Jom Tob und beide vor Rosch Haschana?") antwortete der Gaon: „Uns lehrte man in der Schule erst Schekalim und dann Joma, mag sein, dass ihr die umgekehrte Reihenfolge habt; immerhin lesen auch wir Sukka vor Jom Tob und dann erst Rosch Haschana. Mann kann wohl annehmen, dass Sabbat und 'Erubin wegen der überragenden Bedeutung des Sabbats an der Spitze stehen, worauf Pesaḥ als erstes aller Feste folgt und im Anschluss Schekalim, weil die Tempelsteuer dem Pesachfeste zeitlich vorangeht (dieses wird im Nisan gefeiert, jene im Adar entrichtet) und zwischen beiden gewissermassen eine ähnliche Beziehung wie zwischen 'Erubin und Sabbat besteht (Schekalim handelt von der Tempelverwaltung, ein grosser Teil des Traktats Pesaḥim vom Opferdienste). Auf Sabbat zurückgreifend, folgt nun

---

[1]) Die Einteilung der einzelnen Traktate in Kapitel ist sehr alt und schon dem Talmud bekannt, wio aus folgenden Stellen ersichtlich: כל ההיא הלכתא דרישיה דפרקא אחרייא דגרה (Jeruschalmi Berachot II 6), ופרקן המפקיד היה (Babli Baba M. 35a), ותנן באידך פרקן (Babli Zebaḥim 26b).

die Abhandlung über den Versöhnungstag, weil dieser dem Sabbat gleicht, obgleich er in der Reihenfolge des Jahres dem Neujahrsfeste nachsteht“ u. s. w. [2]). Auch Maimonides lässt in seiner oben erwähnten Einleitung J o m a auf S c h e ḳ a l i m und diesen Traktat unmittelbar auf P e s a ḥ i m folgen.

Den Gegenstand unserer Massichta bildet die Tempelsteuer, die jeder Erwachsene jährlich vor dem 1. Nisan im Betrage eines Scheḳel (Silbermünze im Werte von etwa 1,30 M., die Hälfte eines „heiligen Schekel“) entrichten musste, und die dazu bestimmt war, die Kosten der öffentlichen Opfer im neuen Jahre zu decken. Es werden aber auch noch andere gesetzliche Bestimmungen, die mit dem Tempeldienst zusammenhängen, gelegentlich angefügt. Die beiden ersten Kapitel regeln die Einziehung, die zwei folgenden die Verwendung dieser Steuer, das fünfte handelt von der Tempelverwaltung, das sechste von den dreizehn Toren, Tischen und Opferbüchsen des Heiligtums, die beiden letzten erörtern die Frage, wann gefundene Gegenstände als heilig und wann als unheilig, wann als rein nnd wann als unrein zu gelten haben.

M a s s e c h e t S c h e ḳ a l i m ist in unserer „Ordnung“ der einzige Traktat, der in den babylonischen Hochschulen nicht kommentiert wurde. Wir sind hier lediglich auf Jeruschalmi angewiesen. Die ganze Abhandlung steht mit Seder Mo‘ed nur in sehr loser Verbindung. Jedenfalls wäre sie in der fünften „Ordnung“, die von den Opfern handelt, eher am Platze als hier. Vermutlich war in der ursprünglichen, wohl schon von Hillel herrührenden Anlage von S c h e ḳ a l i m nichts weiter vorhanden als die erste Mischna, welche dort den Anfang von M e g i l l a bildete. Erst nach der Zerstörung des Tempels wurde auf diesem Grundstein allmählich unser Traktat aufgebaut, damit die Erinnerung an die Vergangenheit den späteren Geschlechtern nicht verloren gehe. Die wichtigsten Stücke dieser Abhandlung tragen die Spuren einer spätern Abfassung unverkennbar an der Stirne (התרומה מה היו עושין בה IV 1, אלו הן הממונין שהיו במקדש V 1, שלשה עשר שופרות היו במקדש VI 1 usw.) Aehnlich erklärt sich auch die Zugehörigkeit der M a s s e c h e t A b o t zur vierten „Ordnung.“ In der von Hillel angelegten Sammlung schloss sich die erste Mischna (משה קבל תורה מסיני) nebst den folgenden Sätzen, in denen die Traditionskette bis auf seine Lehrer fortgeführt wurde, unmittelbar an Synhedrin X (XI) 1 (והאומר אין תורה מן השמים) an. Als aber die Zusätze, die jedes folgende Geschlecht machte, um die Sinnsprüche seiner Lehrer zu verewigen, immer zahlreicher wurden, hob man dieselben aus dieser Verbindung heraus, in der sie wegen ihres grossen Umfanges den Zusammenhang nur störten, und vereinigte sie zu einem besondern Traktate.

---

[2]) Die richtige Lesart der stark korrumpierten Stelle lautet wohl: ודאמריתון מאי טעמא תקדימו כפורים לשקלים אנן הכי תנינן בי רבנן שקלים ואחר כך כפורים ואפשר דתניתון בחילוף אבל וודאי סכה קמי יום טוב תנינא ובתר הכין ראש השנה מיהו איתא למימר דאקדים שבת ועירובין הואיל וחשיבה שבת טובא ובתרה פסח הואיל ואיתיה ראשון לכל מועדים וחגים ובתריה שקלים שהן מלפניו וכאחד מעניניו כעירובין דבתר שבת והדר לענין שבת ותני סדר יומא משום דכשבתא דמי ואף על פי שבסדור שנת אחר ראש השנה איתיה וכו׳.

ABSCHNITT I.

1. Am ersten Adar werden Bekanntmachungen in Bezug auf die Tempelsteuer und die gemischten Arten [1]) erlassen. Am fünfzehnten liest man die „Rolle" [2]) in befestigten Städten, setzt Wege und Strassen und Wasserbehältnisse [3]) wieder in Stand [4]), erledigt alle öffentlichen Angelegenheiten, bezeichnet die Gräber [5]) und veranstaltet auch Streifzüge wegen der gemischten Arten. **2.** R. Juda sagte: Anfangs riss man sie aus und warf sie ihnen vor die Füsse [6]); als die Gesetzesübertreter überhand nahmen, warf man das Ausgerissene auf die Strassen; später [7]) führte man ein, dass das ganze Feld als herrenlos erklärt werde. **3.** Am fünfzehnten liessen sich Banken in der Provinz nieder [8]), am fünfundzwanzigsten liessen sich welche im Heiligtum nieder. Sowie sich solche im Heiligtum niedergelassen hatten, fing man zu pfänden an [9]). Wen pfändet man? Leviten und [andere] Israeliten, Proselyten und freigelassene Sklaven [10]), nicht aber Frauen, Sklaven und Minderjährige [11]). Hat ein Vater für sein minderjähriges Kind einmal die Steuer zu entrichten begonnen, so setzt er nicht mehr aus [12]). Priester werden aus Rücksichten der Billigkeit [13]) nicht gepfändet.

פרק א.

א בְּאֶחָד בַּאֲדָר מַשְׁמִיעִין עַל הַשְּׁקָלִים וְעַל הַכִּלְאָיִם. בַּחֲמִשָּׁה עָשָׂר בּוֹ קוֹרִין אֶת הַמְּגִלָּה בִּכְּרַכִּין, וּמְתַקְּנִין אֶת הַדְּרָכִים, וְאֶת הָרְחוֹבוֹת, וְאֶת מִקְוְאוֹת הַמַּיִם, וְעוֹשִׂין כָּל צָרְכֵי הָרַבִּים, וּמְצַיְּנִין אֶת הַקְּבָרוֹת, וְיוֹצְאִין אַף עַל הַכִּלְאָיִם: **ב** אָמַר רַבִּי יְהוּדָה, בָּרִאשׁוֹנָה הָיוּ עוֹקְרִין וּמַשְׁלִיכִין לִפְנֵיהֶם, מִשֶּׁרַבּוּ עוֹבְרֵי עֲבֵרָה, הָיוּ עוֹקְרִין וּמַשְׁלִיכִין עַל הַדְּרָכִים, הִתְקִינוּ שֶׁיְּהוּ מַפְקִירִין כָּל הַשָּׂדֶה כֻלָּהּ: **ג** בַּחֲמִשָּׁה עָשָׂר בּוֹ שֻׁלְחָנוֹת הָיוּ יוֹשְׁבִין בַּמְּדִינָה, בְּעֶשְׂרִים וַחֲמִשָּׁה יָשְׁבוּ בַמִּקְדָּשׁ. מִשֶּׁיָּשְׁבוּ בַמִּקְדָּשׁ, הִתְחִילוּ לְמַשְׁכֵּן. אֶת מִי מְמַשְׁכְּנִין, לְוִיִּם וְיִשְׂרְאֵלִים גֵּרִים וַעֲבָדִים מְשֻׁחְרָרִים, אֲבָל לֹא נָשִׁים וַעֲבָדִים וּקְטַנִּים. כָּל קָטָן שֶׁהִתְחִיל אָבִיו לִשְׁקוֹל עַל יָדוֹ, שׁוּב אֵינוֹ פוֹסֵק. וְאֵין מְמַשְׁכְּנִין אֶת הַכֹּהֲנִים, מִפְּנֵי

---

1) 3. B. M. 19, 19; 5. B. M. 22, 9. 2) Das Buch Ester; s. Megilla I 1. 3) in denen Unreine badeten, um die Reinheit wieder zu erlangen. 4) sofern sie durch die Regengüsse im Winter gelitten hatten. 5) Damit Priester und Nasiräer sich ihnen nicht nähern, werden die im Winter verblassten Kalkzeichen (Ma'aser scheni V 1) mit dem Beginn des Frühlings erneuert. 6) um die Besitzer zu beschämen. 7) als auch das nicht mehr half, die Besitzer sich vielmehr freuten, dass man ihnen die Arbeit des Jätens abnahm. 8) bei denen man die Scheidemünze oder ausländisches Geld gegen Schekel umwechseln konnte. Die Steuer musste nämlich in einem Schekelstück gezahlt werden. 9) משכן ist Denominativ von משכון (arab. Miskân) = Pfand. Musafia, Levy und Kohut leiten משכון von שכן ab (wohnen, ruhen). Mir scheint die Ableitung von משך (arab. Masaka) = ergreifen, an sich nehmen wahrscheinlicher. 10) wenn sie die Steuer bis dahin noch nicht entrichtet hatten. 11) weil diese der Steuer nicht unterliegen. 12) פוסק bezieht sich auf אביו und nicht auf קטן. 13) מפני דרכי שלום (wörtlich: wegen der Wege des Friedens, d. h. um der guten Sitte willen) ist ein weiterer Begriff als מפני השלום (um des lieben Friedens willen.) In Giṭṭin V 8 9 beruhen die mit דרכי שלום begründeten Vorschriften durchweg auf Erwägungen der Billigkeit. Allerdings gehört die Friedensliebe ebenfalls zu den guten Sitten. Hier wäre es ein Verstoss gegen die

4. R. Juda sagte: Ben Boḥri bekundete in Jabne, dass der Priester, der den Schekel entrichtet, keine Sünde begeht, worauf ihm Rabban Joḥanan b. Zakkai erwiderte: Nicht so, vielmehr sündigt jeder Priester, der diese Steuer nicht entrichtet; aber die Priester legen folgenden Schriftvers [14]) zu ihren Gunsten aus: „Jedes Mehlopfer eines Priesters soll ein Ganzopfer sein, es darf nicht gegessen werden." Wären nun das 'Omer [15]), die beiden Brote [16]) und das innere Brot [17]) unser, wie könnten sie gegessen werden [18]) ? **5.** Obwohl sie gesagt haben [19]), dass man Frauen, Sklaven und Minderjährige nicht pfändet, nimmt man den Schekel, wenn sie ihn freiwillig entrichten, von ihnen an; wenn aber ein Heide oder ein Kutäer [20]) die Steuer entrichten wollen, nimmt man sie von ihnen nicht an. Auch Vogelopfer [21]) der flusssüchtigen Männer [22]) Vogelopfer der flusssüchtigen Frauen [23]) und Vogelopfer der Wöchnerinnen [24]) Sünd- und Schuldopfer nimmt man

דַּרְכֵי שָׁלוֹם: ד אָמַר רַבִּי יְהוּדָה הֵעִיד בֶּן בְּכָרִי בְּיַבְנֶה, שֶׁכָּל כֹּהֵן שֶׁשּׁוֹקֵל אֵינוֹ חוֹטֵא. אָמַר לוֹ רַבָּן יוֹחָנָן בֶּן זַכַּאי, לֹא כִי, אֶלָּא כָּל כֹּהֵן שֶׁאֵינוֹ שׁוֹקֵל חוֹטֵא. אֶלָּא שֶׁהַכֹּהֲנִים דּוֹרְשִׁים מִקְרָא זֶה לְעַצְמָן, וְכָל מִנְחַת כֹּהֵן כָּלִיל תִּהְיֶה לֹא תֵאָכֵל. הוֹאִיל וְהָעֹמֶר וּשְׁתֵּי הַלֶּחֶם וְלֶחֶם הַפָּנִים שֶׁלָּנוּ, הֵיאַךְ נֶאֱכָלִים: ה אַף עַל פִּי שֶׁאָמְרוּ, אֵין מְמַשְׁכְּנִין נָשִׁים וַעֲבָדִים וּקְטַנִּים, אִם שָׁקְלוּ מְקַבְּלִים מִיָּדָן. הַנָּכְרִי וְהַכּוּתִי שֶׁשָּׁקְלוּ אֵין מְקַבְּלִין מִיָּדָן. וְאֵין מְקַבְּלִין מִיָּדָן קִנֵּי זָבִים, וְקִנֵּי זָבוֹת, וְקִנֵּי יוֹלְדוֹת, וְחַטָּאוֹת וַאֲשָׁמוֹת. אֲבָל נְדָרִים וּנְדָבוֹת מְקַבְּלִין מִיָּדָן. זֶה הַכְּלָל, כָּל שֶׁנִּדָּר וְנִדָּב מְקַבְּלִין מִיָּדָן. וְכָל שֶׁאֵינוֹ לֹא נִדָּר

nicht aus ihrer Hand, wohl aber nimmt man Spenden und Geschenke [25]) von ihnen an. Die Norm ist: Was gespendet und geschenkt werden kann [26]), wird aus ihrer Hand angenommen, was aber nicht gespendet

---

gute Sitte, wenn man die Priester zu einer Steuerleistung nötigte, die sie, wenn auch mit Unrecht, als einen Gewissenszwang ansehen (s. folgende Mischna, besonders Anm. 18). Jeruschalmi korrigiert hier מפני דרך הכבור (= מפני דרך הכבור = aus Ehrerbietung). Vielleicht ist es auch keine Berichtigung, sondern nur eine Erklärung. Man kann es ja wohl als einen Mangel an Billigkeitsgefühl auffassen, wenn man die Ehrerbietung gegen die Priester, die den Opferdienst unentgeltlich verrichten, so weit ausser Acht lässt, dass man von ihnen gewaltsam eine Steuer eintreibt, aus deren Erträgnissen der Opferdienst bestritten wird. [14]) 3. B. M. 6, 16. [15]) das. 23, 9—11. [16]) ebend. 15—17. [17]) 2. B. M. 25, 30; 3. B. M. 24, 5—9. [18]) Mit anderen Worten: da diese drei Mehlopfer wie alle öffentlichen Opfer aus der Tempelsteuer bestritten werden, so folgt daraus, dass Priester den Schekel nicht entrichten dürfen. Sonst hätten sie ja einen Anteil an diesen Opfern, welche daher als „Mehlopfer eines Priesters" völlig auf dem Altar verbrannt werden müssten, was gegen die Vorschrift ist. [19]) oben Mischna 3. [20]) Kutäer ist die allgemeine Bezeichnung für die von den Assyrern im Reiche Israel angesiedelten Völkerschaften, die sich später zu Gott bekehrten, aber zugleich auch ihre Götzen anbeteten. (2. B. Könige 17, 24—41). [21]) קן (eig. Nest) ist die Bezeichnung für das Taubenpaar, von dem das eine Tier als Sünd-, das andere als Ganzopfer dargebracht wird. [22]) 3. B. 15, 14—15. [23]) ebend. 29—30. [24]) das. 12. 8. [25]) Zwischen Spenden und Geschenken besteht ein feiner Unterschied. Spenden sind Opfer, zu denen man sich durch ein Gelübde verpflichtet (z. B. הרי עלי עולה); Geschenke sind Tiere, die man freiwillig zu einem Opfer bestimmt (z. B. הרי זו עולה). Ist das zur Erfüllung des Gelübdes bestimmte Tier abhanden gekommen, muss man an seiner Stelle ein anderes darbringen; ist aber ein als Geschenk geweihtes Tier verloren gegangen, so braucht man es nicht zu ersetzen. [26]) Ganz- und Friedensopfer, Mehl, Wein, Weih-

oder geschenkt werden kann [27]), nimmt man von ihnen nicht an. Das wurde schon von ‘Ezra klar ausgesprochen, denn es heisst [28]): „Nicht sollt ihr mit uns ein Haus unserm Gotte bauen.“ **6.** Folgende sind zu einem Aufgeld [29]) verpflichtet: Leviten und [andere] Israeliten, Proselyten und freigelassene Sklaven, nicht aber Priester und Frauen, Sklaven und Minderjährige [11]). Wer im Auftrage eines Priesters, einer Frau, eines Sklaven oder eines Minderjährigen die Steuer entrichtet, ist [vom Aufgeld] befreit. Zahlt er für sich und einen Andern, ist er zu einfachem Aufgeld verpflichtet; R. Meïr meint, zu zweifachem [30]).

וְלֹא נָדָב אֵין מְקַבְּלִין מִיָּדָן. וְכֵן הוּא מְפֹרָשׁ עַל יְדֵי עֶזְרָא, שֶׁנֶּאֱמַר לֹא לָכֶם וָלָנוּ לִבְנוֹת בַּיִת לֵאלֹהֵינוּ׃ ו וְאֵלּוּ שֶׁחַיָּבִין בְּקָלְבּוֹן, לְוִיִּם וְיִשְׂרְאֵלִים וְגֵרִים וַעֲבָדִים מְשֻׁחְרָרִים, אֲבָל לֹא כֹהֲנִים וְנָשִׁים וַעֲבָדִים וּקְטַנִּים. הַשּׁוֹקֵל עַל יְדֵי כֹהֵן, עַל יְדֵי אִשָּׁה, עַל יְדֵי עֶבֶד, עַל יְדֵי קָטָן, פָּטוּר. וְאִם שָׁקַל עַל יָדוֹ, וְעַל יַד חֲבֵרוֹ, חַיָּב בְּקָלְבּוֹן אֶחָד. רַבִּי מֵאִיר אוֹמֵר, שְׁנֵי קָלְבּוֹנוֹת. הַנּוֹתֵן סֶלַע

---

rauch, Holz. [27]) D. h. was nicht für den Altar gespendet werden kann (pflichtmässige Opfer), wenn man es auch der Tempelverwaltung schenken kann (Geld, Geräte u. dgl.). [28]) ‘Ezra 4, 3. [29]) קולבון scheint ein aus der Fremde verändert heimgekehrtes semitisches Wort zu sein. Es ist das gr. κόλλυβον, welches vermutlich phönizischen Ursprungs und mit dem hebr. חלף (wechseln, tauschen) verwandt ist. [30]) Um diese Meinungsverschiedenheit zu verstehen, muss man sich zunächst den Sinn dieses Aufgeldes klar machen und zu diesem Behufe auch die übrigen Streitpunkte zwischen R. Meïr und den Weisen in Betracht ziehen. Am Schlusse dieses Kapitels sagt R. Meïr das Aufgeld betrage 1 Mâ‘â (= $^1/_{12}$ Schekel), also rund 8 %, während die Weisen es auf die Hälfte, also 4 vom Hundert herabsetzen. In der Tosefta z. St. begegnen wir noch folgenden Meinungsverschiedenheiten: Wer die Steuer in einem Schekelstück entrichtet, muss nach R. M. das Aufgeld hinzufügen, nach d. W. aber nicht. Wer sie in einem Doppelschekel (Sela‘) entrichtet und sich einen Schekel herauszahlen lässt, zahlt nach R. M. das einfache, nach d. W. das zweifache Aufgeld (s. Anm. 31). Nach R. Meïr dient das Aufgeld denselben Zwecken wie die Schekelsteuer, nach der Ansicht seiner Freunde wurde es entweder für die Zwecke der Spendenkasse (s. unten VI, 6) oder zur Bekleidung des Allerheiligsten mit Goldplatten oder aber zur Besoldung der Geldwechsler verwendet. Diese fünf Streitfragen lassen sich sämtlich aus e i n e m Gesichtspunkte erklären. Nach R. M. ist das Aufgeld die Differenz zwischen dem Rauh- und dem Feingewicht (Schrot und Korn) des Schekel. „Eine Münze aus Feuer zeigte Gott unserm Lehrer Mosche, als er zu ihm sagte: Eine solche sollen sie geben“ (Jeruschalmi z. St.). Da man aber keine Münze aus reinem Silber ohne Legierung herstellen kann, so ist bei der Entrichtung des Schekel das Vollgewicht zu ergänzen, daraus ergibt sich: 1. Der Zuschlag ist auch dann zu entrichten, wenn man den Schekel in e i n e m Stück bezahlt. 2. Der Zuschlag beträgt 8 $^1/_3$ vom Hundert (was ein Feingehalt von 91 $^2/_3$ % oder 0,916 $^2/_3$ voraussetzt. In den meisten Staaten beträgt dieses jetzt bei Silbermünzen 0,900—0,925; die britischen Goldmünzen haben genau wie der Schekel 0,916 $^2/_3$ Feingehalt). 3. Der Zuschlag ist ein integrierender Bestandteil des Schekel und darf daher nur für die Zwecke der Tempelsteuer Verwendung finden. 4. Wer für sich und seinen Freund einen Doppelschekel (Sela‘) entrichtet, muss auch den doppelten Zuschlag zahlen. 5. Wer dagegen einen Sela‘ hingibt und einen Schekel herausbekommt, zahlt bloss den einfachen Zuschlag. Nach den Weisen ist das Aufgeld die Differenz zwischen dem Kurse und dem Nennwert des Schekel. Da die Steuer in Schekelstücken zu entrichten war (Anm. 8), ist es selbstverständlich, dass diese im Adar erheblich im Kurse stiegen, so dass zwei Einzelschekel teuerer waren als selbst ein Doppelschekel, geschweige denn als vier Denare, die ja als kleinere Münze i m m e r niedriger im Preise standen als die Schekelstücke. Aus dieser Auffassung folgt nun: 1. der Zuschlag ist nicht zu entrichten, wenn die Steuer

Gibt er einen Sela' und bekommt einen Schekel heraus, ist er zu doppeltem Aufgeld verpflichtet [31]). **7.** Wer für einen Armen, für seinen Nachbar, für seinen Ortsgenossen den Schekel entrichtet, ist [zu einem Aufgeld] nicht verpflichtet, wohl aber, wenn er ihnen denselben nur geliehen hat. Brüder und Gesellschafter sind, wenn sie zu Aufgeld verpflichtet sind, von der Verzehntung ihres Viehstandes befreit, und wenn sie zur Verzehntung des Viehstandes verpflichtet sind, vom Aufgeld befreit [32]). Wie viel beträgt das Aufgeld? Einen Silbergroschen nach den Worten des R. Meïr, nach Ansicht der Weisen aber die Hälfte.

וְנוֹטֵל שֶׁקֶל, חַיָּב שְׁנֵי קָלְבּוֹנוֹת:
ז הַשּׁוֹקֵל עַל יְדֵי עָנִי, וְעַל יְדֵי
שְׁכֵנוֹ, וְעַל יְדֵי בֶן עִירוֹ, פָּטוּר. וְאִם
הִלְוָם, חַיָּב. הָאַחִין וְהַשּׁוּתָפִין שֶׁחַיָּבִין
בְּקָלְבּוֹן, פְּטוּרִין מִמַּעֲשֵׂר בְּהֵמָה,
וְשֶׁחַיָּבִין בְּמַעֲשֵׂר בְּהֵמָה, פְּטוּרִין מִן
הַקָּלְבּוֹן. וְכַמָּה הוּא קָלְבּוֹן, מָעָה
כֶסֶף, דִּבְרֵי רַבִּי מֵאִיר, וַחֲכָמִים
אוֹמְרִים חֲצִי:

mit einem Schekel gezahlt wird. 2. Entsprechend dem Agio beträgt der Zuschlag nur 4⅙ vom Hundert. 3. Er ist kein Bestandteil der Tempelsteuer und kann daher auch zu anderen Zwecken als diese, selbst zur Besoldung der Geldwechsler, deren rechtmässiger Geschäftsgewinn er eigentlich ist, verwendet werden. 4. Wer für sich und seinen Freund einen Doppelschekel hingibt, braucht nur den einfachen Zuschlag zu entrichten, weil das Agio beim Verkauf des Sela' nicht höher ist als beim Umtausch zweier Denare. 5. Lässt er sich aber einen Schekel herauszahlen, so muss er für diesen aufs Neue das Agio entrichten, das derjenige zu zahlen hätte, dem er den Schekel verkaufen wird. [31]) In der Tosefta ist das die Ansicht des R. Meïr, während die Weisen sich mit dem einfachen Aufgeld begnügen. Wäre diese Lesart richtig, so hätte die Mischna unsern Satz nicht vom vorhergehenden getrennt, sondern beide zusammenfassend sich etwa wie folgt ausgedrückt: ואם שקל על ידו ועל יד חברו וכן הנותן סלע וְנוֹטֵל שֶׁקֶל חייב בקולבון אחד רבי מאיר אומר שני קולבנות. Wahrscheinlich ist in der Tosefta umgekehrt zu lesen (nach R. M. einfacher, nach d. W. doppelter Zuschlag). Da nun das einfache Aufgeld des R. M. genau so viel beträgt wie das zweifache der W., mithin in der Höhe des Betrages Uebereinstimmung herrscht, übergeht die Mischna hier den Meinungsstreit, der ja doch nur formeller oder höchstens prinzipieller Natur ist und keinerlei praktische Bedeutung hat. Jeruschalmi ist leider an dieser Stelle so unheilbar verstümmelt, dass sich kein sicherer Schluss aus ihm ziehen lässt. [32]) In diesem noch zweimal (Hullin I, 7 und Bechorot IX, 3) wiederholten Satze begegnen wir zum ersten Male dem Begriff der juristischen Person in schärfster Ausprägung. Die Erbschaftsverwaltung und die Handelsgesellschaft treten hier gegenüber den physischen Personen der einzelnen Brüder oder Gesellschafter als besondere, rechtsfähige Personen auf. Wie die Tempelsteuer laut dem Anfang unserer Mischna vom Aufgeld befreit ist, wenn eine physische Person sie für eine andere entrichtet, so auch, wenn die Erbschaftsverwaltung sie für die Brüder oder die Handelsgesellschaft für die Gesellschafter zahlt, vorausgesetzt dass nicht deren Privatkonto, sondern die Hinterlassenschaft bezw. das Gewinnkonto mit der Steuer belastet wird. Noch deutlicher kommt dieses Prinzip im Gesetz über den Viehzehnten (3. B. M. 27, 82) zur Geltung. Diesem Gesetz unterliegt nur das in eigenem Besitz geborene Vieh, nicht aber gekauftes oder sonstwie erworbenes. Haben sich nun einige Herdenbesitzer zu einer Handelsgesellschaft vereinigt, so braucht von dem Augenblicke an, in welchem der Gesellschaftsvertrag geschlossen ist, das als Geschäftseinlage übergebene Vieh nicht mehr verzehntet zu werden, genau so als wenn eine physische Person es von den Besitzern erworben hätte; dagegen müssen die Lämmer, die während der Dauer des Vertrages geboren sind, ebenso verzehntet werden, als wären sie im Besitz einer physischen Person geboren. Aus denselben Gründen braucht hinterlassenes Vieh nicht verzehntet zu werden, wohl aber das im gemeinsamen Besitz der Erben geborene. Ist das den gemeinschaftlichen Gewinn bildende Vieh bereits dem Privatkonto der einzelnen Erben oder Gesellschafter gutgeschrieben, so wird es nicht mehr verzehntet, da es den Besitzer gewechselt hat. Wir sehen also,

ABSCHNITT II.

1. Man darf die Schekelstücke mit Rücksicht auf die Last der Reise in Dareiken[1]) umwechseln[2]). Wie es Büchsen[3]) im Heiligtum gab[4]), waren solche auch in der Provinz vorhanden. Hatten die Bewohner einer Ortschaft ihre Schekel abgeschickt, diese aber sind gestohlen worden oder abhanden gekommen, so leisten [die Boten], wenn die Teruma[5]) schon abgehoben war[6]), den Schatzmeistern den Eid[7]), andernfalls leisten sie ihn den Ortsleuten, und diese müssen dann die Schekel aufs Neue entrichten[8]). Wurden sie wieder gefunden oder von den Dieben zurückgegeben, sind diese wie jene als Tempelsteuer zu behandeln, ohne ihnen fürs nächste Jahr angerechnet zu werden. **2.** Gibt jemand seinen Schekel einem Andern, damit ihn dieser für ihn entrichte,

פרק ב.

א מְצָרְפִין שְׁקָלִים לְדַרְכּוֹנוֹת מִפְּנֵי מַשּׂוֹי הַדֶּרֶךְ. כְּשֵׁם שֶׁהָיוּ שׁוֹפָרוֹת בַּמִּקְדָּשׁ, כָּךְ הָיוּ שׁוֹפָרוֹת בַּמְּדִינָה. בְּנֵי הָעִיר שֶׁשָּׁלְחוּ אֶת שִׁקְלֵיהֶן, נִגְנְבוּ אוֹ שֶׁאָבְדוּ, אִם נִתְרְמָה הַתְּרוּמָה, נִשְׁבָּעִין לַגִּזְבָּרִים, וְאִם לָאו, נִשְׁבָּעִין לִבְנֵי הָעִיר, וּבְנֵי הָעִיר שׁוֹקְלִין תַּחְתֵּיהֶן. נִמְצְאוּ אוֹ שֶׁהֶחֱזִירוּם הַגַּנָּבִים, אֵלּוּ וְאֵלּוּ שְׁקָלִין, וְאֵין עוֹלִין לָהֶן לַשָּׁנָה הַבָּאָה: ב הַנּוֹתֵן שִׁקְלוֹ לַחֲבֵרוֹ לִשְׁקוֹל עַל יָדוֹ, וּשְׁקָלוֹ עַל יְדֵי עַצְמוֹ, אִם נִתְרְמָה תְרוּמָה, מָעַל. הַשּׁוֹקֵל שִׁקְלוֹ מָעוֹת הֶקְדֵּשׁ, אִם נִתְרְמָה תְרוּמָה וְקָרְבָה

er aber entrichtet ihn für sich selbst, so hat er, wenn die Teruma schon abgehoben war[9]), eine Veruntreuung an Tempelgut begangen[10]). Entrichtet jemand seinen Schekel vom Gelde des Heiligtums[11]), so begeht er, wenn die Teruma schon abgehoben und ein Opfer dargebracht war, eine Veruntreuung an Tempelgut[12]); [hat er ihn] vom Gelde des

---

dass Brüder und Gesellschafter, solange der Nachlass bezw. der Gewinn noch nicht verteilt ist, vom Aufgeld befreit, zur Verzehntung aber verpflichtet sind, dass sie dagegen nach erfolgter Auseinandersetzung das Aufgeld entrichten müssen, der Verzehntung aber enthoben sind.

[1]) Persische Goldmünze im ungefähren Werte von 16 Schekel. [2]) צרף (eig. vereinigen, zusammenfügen) ist die Bezeichnung für den Umtausch kleinerer Münzen gegen grössere. Das umgekehrte Verfahren heisst פרט (scheiden, spalten; vielleicht auch Denom. von פרוטה, einer sehr kleinen Münze). [3]) שופרות sind Büchsen mit breiterem Boden und schmaler Oeffnung, die sich also dem Schofar ähnlich nach oben verjüngen. [4]) um die Schekelstücke hineinzuwerfen. [5]) s. unten III, 1. [6]) als das Geld abhanden kam. [7]) durch den sie sich von der Ersatzleistung befreien. [8]) Durch die Teruma, die aus den eingelaufenen zugleich für die noch ausstehenden Steuerbeträge abgehoben wird, gehen diese, wo immer sie sein mögen, in den Besitz des Tempelschatzes über. Nach erfolgter Hebung trägt daher die Kammer den Schaden des Verlustes, vorher der Steuerzahler. [9]) als er den Schekel entrichtete, sodass er seine Steuer mit Tempeleigentum bezahlt hat (vgl. Anm 8). [10]) Dieser Ausdruck, dessen Tragweite aus 3. B. M. 5, 14—16 ersichtlich, bedeutet hier, ähnlich wie נשבעין לגזברים in der vorigen Mischna, nichts weiter, als dass der Auftraggeber den Schekel nicht aufs Neue zu entrichten braucht. Die strafrechtlichen Folgen für den Beauftragten treten erst ein, wenn aus der Teruma das erste Opfer dargebracht wurde. s. Anm. 12. [11]) Er hatte solches in Verwahrung und verwandte einen Teil zur Zahlung seines Schekel. [12]) Wer Tempelgut für sich verwendet, aber nicht zu profanen, sondern zu heiligen Zwecken (zu Privatopfern oder zur Tempelsteuer), unterliegt den Folgen der Veruntreuung nach R. Juda (s. Mo'ila 19 a oben) erst dann, wenn das Blut des Privatopfers bezw. des ersten Opfers aus d eser Tempelsteuer

zweiten Zehent [13]) oder vom Gelde des siebenten Jahres [14]) [entrichtet], so verzehre er einen entsprechenden Betrag [15]). **3.** Wenn man Geld zusammenspart und spricht dabei [16]):

הַבְּהֵמָה, מָעַל. מִדְּמֵי מַעֲשֵׂר שֵׁנִי וּמִדְּמֵי שְׁבִיעִית, יֹאכַל כְּנֶגְדָּן׃ ג הַמְכַנֵּס מָעוֹת, וְאָמַר הֲרֵי אֵלּוּ

---

auf den Altar gesprengt wird. Es ist daher auffallend, dass im vorhergehenden Satze an die Voraussetzung אם נתרמה תרומה nicht ebenfalls die Bedingung וקרבה הבהמה geknüpft wird. Fasst man jedoch die Stelle genauer ins Auge, so schwindet die Schwierigkeit sehr bald. Man findet dann, dass נתרמה hier nicht Plusquamperfekt ist wie oben, sondern etwa Futurum exaktum. Oben wo נשבעין לגזברים wie auch מעל den Sinn hat, dass der Auftraggeber keinen Schaden erleidet (s. Anm. 8 und 10), muss die Teruma schon abgehoben worden sein, bevor noch das Geld abhanden kam, oder der treulose Bote den Schekel abgeliefert hatte, sonst hätten die Auftraggeber den Schaden zu tragen. Hier aber, wo das Geld von vornherein Eigentum des Tempelschatzes ist, braucht die Abhebung der Teruma keineswegs vor der Entrichtung des Schekel zu erfolgen; vielmehr treten, auch wenn die Veruntreuung schon im Adar stattgefunden, die Folgen derselben am 1. Nisan mit dem Augenblicke ein, in welchem das erste öffentliche Opfer aus der neuen Teruma dargebracht sein wird. [Mit Vorbedacht sagt daher Maimonides Hil. Me'ila VI 12: נתן שקלו ממעות הקדש כשיתרמו התרומה ויקנו ממנה אלו בהמה אחת ויזרק דמה ימעול השוקל, dagegen ebend. 13: נתנו לחברו לשקלו על ידו והלך ושקלו על ידי עצמו אם כבר נתרמה התרומה מעל; und ebenso, wenn auch weniger präzis, Hil. Schekalim III 10: הנותן חצי שקל לחברו . . . והלך ושקלו על ידי עצמו...אם נתרמה התרומה מעל השוקל, dagegen ebend. 11: הנותן מחצית השקל מן ההקדש ונתרמה התרומה ממנו כשיסתפקו ממנה יתחייב במעילה (nicht: אם נתרמה)]. Wäre nun den Worten אם נתרמה תרומה auch im ersten Satze unserer Mischna die Bedingung וקרבה הבהמה hinzugefügt, so könnte das gerade zu einem Missverständnis führen. Man würde entweder beide Verben als Plusquamperfektum oder beide als Futurum exaktum auffassen. Das eine wäre ebenso falsch wie das andere. Denn die Abhebung der Teruma muss bei Entrichtung des Schekel unbedingt schon erfolgt sein, sonst ist eine Versündigung an Tempelgut hier für alle Zukunft ausgeschlossen, da sich der treulose Bote dann nur an Privateigentum vergriffen hätte; die Darbringung des Opfers aber kann noch bevorstehen, da einerseits der Beauftragte nun den Folgen seiner Versündigung nicht mehr entgeht, andererseits der Auftraggeber durch die Untreue seines Boten keinen Schaden mehr erleidet, auch wenn das Blut des ersten Opfers noch nicht auf den Altar gesprengt ist, sofern nur die Teruma schon abgehoben war. Dazu kommt, dass wohl im zweiten Satze, wo נתרמה תרומה in der Zukunft liegt, וקרבה הבהמה hinzugefügt werden muss, weil erst mit der Sprengung des Blutes die Folgen der Veruntreuung eintreten, nicht aber im ersten Satze, wo נתרמה תרומה in der Vergangenheit liegt. Denn die Teruma wurde am 1. Nisan in aller Frühe abgehoben, und an diesem Tage mussten die öffentlichen Opfer schon aus der neuen Hebe bestritten werden. Wenn er nun den Schekel erst nach erfolgter Hebung entrichtet hat, ist doch wohl ohne weiteres vorauszusetzen, dass das Morgenopfer bereits dargebracht ist. [Eine geistvolle Erklärung, die in תקלין חדתין z. St. im Namen des R. Elija Wilna mitgeteilt wird, konstruiert auf Grund von Me'ila V 1 einen künstlichen Unterschied zwischen den beiden Sätzen, indem sie das Geld als der Abnutzung (פגם) ausgesetzt ansieht, wenn es ursprünglich Eigentum des Tempelschatzes gewesen, nicht aber, wenn es von Anfang an zur Tempelsteuer bestimmt war. Das ist wenig einleuchtend und sehr anfechtbar.] [13]) Der zweite Zehnt der Feld- und Baumfrüchte ist in der heiligen Stadt zu verzehren, kann aber bei zu grosser Entfernung gegen Geld ausgelöst werden, das seinerseits in Jerusalem verbraucht werden muss. [14]) Die Früchte des siebenten oder Brachjahres dürfen je nach ihrer Eignung nur als Nahrungs-, Salbungs-, Beleuchtungs- oder Färbemittel Verwendung finden. Werden sie verkauft, so darf auch der Erlös keinen anderen als den genannten Zwecken dienen. [15]) Er nehme den Betrag eines Schekel und spreche: Das als Tempelsteuer entrichtete Geld, wo immer es sei, werde durch diesen Schekel ausgelöst. Dadurch geht die Heiligkeit des zweiten Zehnt bezw. des Erlöses aus den Früchten des Brachjahres auf jenen Betrag über, der dann nach den in Ma'aser scheni II 1—4 bezw. Schebi'it VIII 1—5 u. IX 8 gegebenen Vorschriften zu verzehren ist. [16]) wenn man den ersten Pfennig in die Sparbüchse

dies sei für meine Tempelsteuer, so fällt nach Ansicht der Schule Schammais ein etwaiger Ueberschuss der Spendenkasse [17]) zu, während die Schule Hillels meint, der Ueberschuss sei Privatbesitz; [sagt man dagegen:] damit ich davon meine Tempelsteuer entrichte, so stimmen sie überein, dass der Ueberschuss Privateigentum ist. [Sagt man:] dies sei zu meinem Sündopfer, stimmen sie überein, dass der Ueberschuss der Spendenkasse zufällt; [sagt man dagegen:] damit ich davon mein Sündopfer darbringe, stimmen sie überein, dass der Ueberschuss Privatbesitz ist. **4.** Dazu bemerkte R. Simon: Was ist der Unterschied zwischen Tempelsteuer und Sündopfer? Für die Tempelsteuer gilt ein fester Betrag [18]), für das Sündopfer dagegen ist kein Betrag festgesetzt [19]). R. Juda aber meinte: Auch für die Tempelsteuer gibt es keinen festgesetzten Betrag; denn als Israel aus der Verbannung heraufkam [20]), bildeten Dareiken [21]) die Tempelsteuer, später Doppelschekel [22]), dann wieder Schekelstücke [23]), zuletzt wollten sie Denare [24]) entrichten (was jedoch nicht angenommen wurde) [25]). Darauf entgegnete R.

לְשִׁקְלִי. בֵּית שַׁמַּאי אוֹמְרִים, מוֹתָרָן נְדָבָה, וּבֵית הִלֵּל אוֹמְרִים, מוֹתָרָן חֻלִּין. שֶׁאָבִיא מֵהֶן שִׁקְלִי, שָׁוִין שֶׁהַמּוֹתָר חֻלִּין. אֵלּוּ לְחַטָּאתִי, שָׁוִין שֶׁהַמּוֹתָר נְדָבָה. שֶׁאָבִיא מֵהֶן חַטָּאתִי, שָׁוִין שֶׁהַמּוֹתָר חֻלִּין: **ד** אָמַר רַבִּי שִׁמְעוֹן, מַה בֵּין שְׁקָלִים לְחַטָּאת, שֶׁלַּשְּׁקָלִים יֵשׁ לָהֶן קִצְבָּה, וְלַחַטָּאת אֵין לָהּ קִצְבָּה. רַבִּי יְהוּדָה אוֹמֵר, אַף לַשְּׁקָלִים אֵין לָהֶן קִצְבָּה. שֶׁכְּשֶׁעָלוּ יִשְׂרָאֵל מִן הַגּוֹלָה הָיוּ שׁוֹקְלִים דַּרְכּוֹנוֹת, חָזְרוּ לִשְׁקוֹל סְלָעִים, חָזְרוּ לִשְׁקוֹל טְבָעִים, וּבִקְּשׁוּ לִשְׁקוֹל דִּינָרִים (וְלֹא קִבְּלוּ מֵהֶם). אָמַר רַבִּי שִׁמְעוֹן, אַף עַל פִּי כֵן יַד כֻּלָּן שָׁוֶה, אֲבָל חַטָּאת, זֶה מֵבִיא בְּסֶלַע, וְזֶה מֵבִיא בִּשְׁתַּיִם, וְזֶה מֵבִיא בְּשָׁלֹשׁ: **ה** מוֹתַר שְׁקָלִים חֻלִּין. מוֹתַר עֲשִׂירִית הָאֵפָה, מוֹתַר קִנֵּי זָבִין קִנֵּי זָבוֹת, וְקִנֵּי יוֹלְדוֹת, וְחַטָּאוֹת וַאֲשָׁמוֹת, מוֹתְרֵיהֶן נְדָבָה. זֶה הַכְּלָל,

Simon: Immerhin war die Leistung Aller dieselbe; was aber das Sündopfer betrifft, so bringt der Eine ein solches für einen Sela', ein Anderer für zwei, ein Dritter für drei. **5.** Der Ueberschuss über die Tempelsteuer ist Privateigentum, der Ueberschuss [über den Preis] des Efazehntels [26]), des Vogelopfers der flusssüchtigen Männer [27]), der flusssüchtigen Frauen [28]) und der Wöchnerinnen [29]), des Sünd- und Schuldopfers fällt der Spendenkasse zu. Die Norm ist: Was für den

---

tut. [17]) s. weiter unten VI 6. [18]) Darum ist nach den Hilleliten ein etwaiger Ueberschuss in keinem Falle heilig. [19]) Darum geben sie zu, dass ein etwaiger Ueberschuss zu Opferzwecken verwendet werden muss, wenn jemand von vornherein erklärte: dies sei zu meinem Sündopfer. Er konnte doch nicht von Anfang an wissen, welcher Betrag für die Beschaffung des Sündopfers erforderlich sein würde. [20]) unter Koresch. [21]) Vermutlich nicht die am Anfange dieses Kapitels erwähnte Goldmünze (s. Anm. 1), sondern die persische Silbermünze gleichen Namens, deren Wert dem des Doppelschekel nahekommt. [22]) 1 סלע = 2 שקל. [23]) טבע (eig. Münze) bezeichnet vorzugsweise den Schekel. [24]) 1 Silberdenar = ¹/₂ Schekel. [25]) Das Eingeklammerte fehlt in den meisten Ausgaben der Mischna und des Jeruschalmi. [26]) s. 3 B. M. 5, 11—13. [27]) das. 15, 14—15. [28]) ebend. 28—30. [29]) das. 12, 8. Ueber

כָּל שֶׁהוּא בָא לְשֵׁם חַטָּאת, וּלְשֵׁם אָשָׁם, מוֹתָרָן נְדָבָה. מוֹתַר עוֹלָה, לְעוֹלָה. מוֹתַר מִנְחָה, לְמִנְחָה. מוֹתַר שְׁלָמִים, לִשְׁלָמִים. מוֹתַר פֶּסַח, לִשְׁלָמִים. מוֹתַר נְזִירִים, לִנְזִירִים. מוֹתַר נָזִיר, לִנְדָבָה. מוֹתַר עֲנִיִּים, לַעֲנִיִּים. מוֹתַר עָנִי, לְאוֹתוֹ עָנִי. מוֹתַר שְׁבוּיִם, לִשְׁבוּיִם. מוֹתַר שָׁבוּי, לְאוֹתוֹ שָׁבוּי. מוֹתַר הַמֵּתִים, לְמֵתִים. מוֹתַר מֵת, לְיוֹרְשָׁיו. רַבִּי מֵאִיר אוֹמֵר, מוֹתַר הַמֵּת יְהֵא מֻנָּח עַד שֶׁיָּבֹא אֵלִיָּהוּ. רַבִּי נָתָן אוֹמֵר, מוֹתַר הַמֵּת, בּוֹנִין לוֹ נֶפֶשׁ עַל קִבְרוֹ:

Zweck eines Sündopfers oder eines Schuldopfers bestimmt ist, dessen Ueberschuss fällt der Spendenkasse zu. Der Ueberschuss [über die Kosten] eines Ganzopfers ist zu einem Ganzopfer, eines Mehlopfers zu einem Mehlopfer, eines Friedensopfers zu Friedensopfern, eines Pessachopfers zu Friedensopfern zu verwenden [30]). Was von [einer Geldsammlung für] Nasiräeropfer übrigbleibt, ist für Nasiräeropfer auszugeben; Ueberschüsse des einzelnen Nasiräers [31]) fallen dagegen der Spendenkasse zu. Ueberschüsse [aus einer Geldsammlung] zu Gunsten Armer sind für andere Arme, zu Gunsten eines bestimmten Armen, nur für diesen zu verwenden, zur Befreiung Gefangener, für andere Gefangene, zur Befreiung eines bestimmten Gefangenen, nur für diesen Gefangenen, zur Bestattung von Leichen, für andere Leichen, zur Bestattung eines bestimmten Toten, nur für dessen Erben. R. Meïr sagt: Was [von einer Geldsammlung] für einen Toten übrigbleibt, liege bis Elijahu kommt [32]). R. Natan sagt: Man verwendet es zu einem Denkmal auf seinem Grabe.

פרק ג.

ABSCHNITT III.

א בִּשְׁלשָׁה פְּרָקִים בַּשָּׁנָה תּוֹרְמִין אֶת הַלִּשְׁכָּה. בִּפְרוֹס הַפֶּסַח, בִּפְרוֹס הָעֲצֶרֶת, בִּפְרוֹס הֶחָג, וְהֵן גְּרָנוֹת

1. In drei Abschnitten vollzieht man jährlich die Kammerhebe [1]), im Halbmonat [2]) des Pesachfestes, im Halbmonat des Wochenfestes [3]), im Halbmonat des Hüttenfestes [4]). Dies sind zugleich die Fälligkeitszeiten [5]) für die Verzehntung des Vieh-

---

קן s. Kap. 1 Anm. 21. [30]) vgl. Pesaḥim IX 6—7. [31]) aus den Ersparnissen, die er mit der Absicht angesammelt hat, sie zum Ankauf seiner Opfer zu verwenden: אלו לקרבנותי; vgl. Mischna 8: אלו לחטאתי. [32]) d. h. es ist zweifelhaft, ob das Geld zu Gunsten seiner Hinterbliebenen oder zur Errichtung eines Grabmals verwendet werden darf; es muss daher unberührt bleiben, bis der Prophet diesen Zweifel löst.

[1]) תרם ist ein sekundärer Stamm, aus תרומה von רום gebildet wie התחיל aus תחלה von חלל und in der Bibel תאב aus תאבה von אבה oder תעב aus תועבה von ועב = עיב (Klagel. 2,1; vgl. عاب). — לשכה ist die Kammer, in der die Tempelsteuer aufbewahrt wurde. [2]) פרוס (von פרס = teilen, halbieren) bezeichnet die Hälfte der dreissig Tage, die einem Feste als Vorbereitungszeit vorangehen. [3]) Mit עצרת wird in der Bibel der an das Hüttenfest sich anschliessende Feiertag bezeichnet; in der Mischna ist עצרת stets das Wochenfest (als Schlussfeier zu Pesach). [4]) Das Fest (חג) schlechthin ist das Hüttenfest. [5]) גורן ist ein dem Ackerbau entlehnter und auf die Viehzucht übertragener Schulausdruck. Das Wort bedeutet Tenne oder Scheune, also den Ort, an welchem das Getreide die Vollendung erlangt, mit welcher die Pflicht der Verzehntung eintritt. [ומחלוקת רמב״ם וראב״ד ז״ל בדבר זה ידועה עיין הל׳ מעשר רפ״ג]. „Das ist die Tenne für diese oder jene Frucht", bedeutet daher: sie unterliegt nach dieser Handlung bereits der Verzehntung. Die bez. Vorschriften finden sich Ma'aserot I 5ff. Der Ausdruck גורן, der dort auch von Gemüse, ja selbst

לְמַעְשַׂר בְּהֵמָה, דִּבְרֵי רַבִּי עֲקִיבָה. בֶּן עַזַּאי אוֹמֵר, בְּעֶשְׂרִים וְתִשְׁעָה בַּאֲדָר, וּבְאֶחָד בְּסִיוָן, וּבְעֶשְׂרִים וְתִשְׁעָה בְּאָב. רַבִּי אֶלְעָזָר וְרַבִּי שִׁמְעוֹן אוֹמְרִים, בְּאֶחָד בְּנִיסָן, בְּאֶחָד בְּסִיוָן, בְּעֶשְׂרִים וְתִשְׁעָה בֶּאֱלוּל. מִפְּנֵי מָה אָמְרוּ, בְּתִשְׁעָה וְעֶשְׂרִים בֶּאֱלוּל, וְלֹא אָמְרוּ בְּאֶחָד בְּתִשְׁרִי מִפְּנֵי שֶׁהוּא יוֹם טוֹב, וְאִי אֶפְשָׁר לְעַשֵּׂר בְּיוֹם טוֹב, לְפִיכָךְ הִקְדִּימוּהוּ לְעֶשְׂרִים וְתִשְׁעָה בֶּאֱלוּל: **ב** בִּשְׁלֹשׁ קֻפּוֹת שֶׁל שָׁלֹשׁ שָׁלֹשׁ סְאִין תּוֹרְמִין אֶת הַלִּשְׁכָּה, וְכָתוּב בָּהֶן אָלֶף, בֵּית, גִּימֶל. רַבִּי יִשְׁמָעֵאל אוֹמֵר, יְוָנִית כָּתוּב בָּהֶן, אַלְפָא, בֵּיתָא, גַּמָּא. אֵין הַתּוֹרֵם נִכְנָס, לֹא בְּפַרְגּוֹד חָפוּת, וְלֹא בְּמִנְעָל, וְלֹא בְסַנְדָּל, וְלֹא בִתְפִלִּין, וְלֹא בְקָמֵעַ, שֶׁמָּא יַעֲנִי, וְיֹאמְרוּ, מֵעֲוֹן הַלִּשְׁכָּה הֶעֱנִי, אוֹ שֶׁמָּא יַעֲשִׁיר, וְיֹאמְרוּ, מִתְּרוּמַת הַלִּשְׁכָּה הֶעֱשִׁיר. לְפִי שֶׁאָדָם צָרִיךְ לָצֵאת יְדֵי הַבְּרִיּוֹת, כְּדֶרֶךְ שֶׁצָּרִיךְ לָצֵאת יְדֵי הַמָּקוֹם,

standes[6]) nach den Worten des R. ʻAkiba. Ben Azzai sagt: Der neunundzwanzigste Adar, der erste Siwan und der neunundzwanzigste Ab. R. Elʻazer und R. Simon meinen: Der erste Nisan, der erste Siwan und der neunundzwanzigste Elul. Warum sagten sie: der neunundzwanzigste Elul? warum sagten sie nicht: der erste Tischri? Weil dieser ein Feiertag ist und man am Feiertage nicht verzehnten kann [7]); darum haben sie es auf den neunundzwanzigsten Elul zurückgeschoben. **2.** In drei Körben von je drei Seâ [8]) vollzieht man die Kammerhebe. Dieselben waren mit Alef, Bet, Gimel bezeichnet [9]). R. Ismaʻel sagt: Sie waren griechisch [10]) mit Alpha, Beta, Gamma [11]) bezeichnet. Der mit der Hebung Betraute geht nicht in einem Aermelkleide [12]) hinein, nicht in Schuhen, nicht in Sandalen, nicht mit Tefillin und nicht mit einem Amulet[13]); vielleicht wird er arm [14]), und man wird sagen, dass er ob der Versündigung an der Kammer verarmte [14]), oder er wird reich, und man wird sagen, dass er sich an der Kammerhebe bereicherte. Man muss nämlich den Menschen [15]) ebenso Genüge tun, wie man Gott Genüge tun muss [16]); denn es heisst:

---

von Wein und Oel gebraucht wird, findet hier und in Bechorot IX 5 sogar auf das Vieh Anwendung. [6]) 3. B. M. 27, 32. [7]) weil je das zehnte Tier mit roter Farbe bezeichnet wurde. [8]) 3 Seâ = 1 Efa = 10 ʻOmer, etwa 28 Liter. [9]) Damit sie in der Reihenfolge der Hebung verbraucht würden (s. Tosefta K. II Anf.). [10]) Aus welchem Grunde, ist nicht zu erkennen. [11]) גמא ist die Lesart in der Mischna des Jeruschalmi. In allen anderen Ausgaben liest man dafür גמלא (Gamla). Es ist wahrscheinlicher, dass גמלא ein Schreibfehler, als dass גמא eine Berichtigung ist. [12]) פרגוד = paragauda, ein verbrämtes Oberkleid. חפת ist nach ʻAruch der Aermel (vgl. besonders ובלבד שלא יוציא ידו מתחת חפת חלוקו Joma 77b Mitte), also חפות = mit Aermeln versehen. Die Wurzel חף bedeutet überdachen; davon חפה bedecken, حفظ verwahren, חפיסא Handtasche. Dass der Aermel als Tasche benutzt werden konnte, geht aus Sabbat X 3 hervor, wenn die Lesart ובחפת חלוקו (statt ובשפת חלוקו; s. Aruch unter חפת) richtig ist. [13]) Auch unterhielt man sich mit ihm fortwährend, damit er kein Geld in den Mund stecken könne (Jeruschalmi). [14]) יעני und העני sind z. T. nach aram. Art gebildete Hifʻilformen eines Denom. von עני = arm. [15]) בריות = בריאות (eig.: Geschöpfe, doch vorzugsweise: Menschen). [16]) יצא mit dem Akkus. (vgl. Pesaḥim X Anm. 36) ist in der Bibel selten (s. z. B. 1. B. M. 44, 4, 2. B. M. 9, 29 u. 33 und besonders Ḳohelet 7, 18) und kommt in der

שֶׁנֶּאֱמַר, וִהְיִיתֶם נְקִיִּם מֵה׳ וּמִיִּשְׂרָאֵל. וְאוֹמֵר, וּמְצָא חֵן וְשֵׂכֶל טוֹב בְּעֵינֵי אֱלֹהִים וְאָדָם: ג שֶׁל בֵּית רַבָּן גַּמְלִיאֵל הָיָה נִכְנָס, וְשִׁקְלוֹ בֵּין אֶצְבְּעוֹתָיו, וְזוֹרְקוֹ לִפְנֵי הַתּוֹרֵם, וְהַתּוֹרֵם מִתְכַּוֵּן וְדוֹחֲפוֹ לַקֻּפָּה. אֵין הַתּוֹרֵם תּוֹרֵם, עַד שֶׁיֹּאמַר לָהֶם אֶתְרוֹם, וְהֵן אוֹמְרִים לוֹ, תְּרוֹם, תְּרוֹם, תְּרוֹם, שָׁלֹשׁ פְּעָמִים: ד תָּרַם אֶת הָרִאשׁוֹנָה וּמְחַפֶּה בְּקַטַּבְלָאוֹת. שְׁנִיָּה וּמְחַפֶּה בְּקַטַּבְלָאוֹת. שְׁלִישִׁית לֹא הָיָה מְחַפֶּה, שֶׁמָּא יִשְׁכַּח וְיִתְרוֹם מִן הַדָּבָר הַתָּרוּם. תָּרַם אֶת הָרִאשׁוֹנָה לְשֵׁם אֶרֶץ יִשְׂרָאֵל, וְהַשְּׁנִיָּה לְשֵׁם כְּרַכִּים הַמֻּקָּפִין לָהּ, וְהַשְּׁלִישִׁית לְשֵׁם בָּבֶל וּלְשֵׁם מָדַי וּלְשֵׁם מְדִינוֹת הָרְחוֹקוֹת:

... wenn ihr rein sein werdet vor Gott und vor Israel [17]. Ferner heisst es: Und finde Gunst und Anerkennung in den Augen Gottes und der Menschen [18]. **3.** Die Angehörigen des Hauses Rabban Gamliel traten mit dem Schekel zwischen den Fingern ein und warfen ihn vor den mit der Hebung Betrauten, der es sich angelegen sein liess, ihn in den Korb zu schieben. Der Beauftragte hebt nicht ab, ehe er gefragt hat: Soll ich abheben? und man ihm antwortet: Hebe ab, hebe ab, hebe ab! Dreimal. **4.** Nach der ersten Hebung [19] legte er eine Decke [20] auf, nach der zweiten legte er abermals eine Decke auf, nach der dritten legte er keine mehr auf [21]. Er könnte sonst aus Vergesslichkeit von dem Teil abheben, an welchem die Hebe bereits vollzogen wurde. Die erste Hebung [19] erfolgte im Hinblick auf das Land Israels, die zweite im Hinblick auf die benachbarten [23] Städte, die dritte im Hinblick auf Babylonien, Medien und die entfernten Gebiete.

Mischna, abgesehen von der Verbindung mit ידי, gar nicht vor. Dieser Ausnahme begegnet man auch nur dort, wo dem Worte wie hier und in יצא ידי חובתו die Bedeutung G e n ü g e t h u n, g e r e c h t w e r d e n innewohnt; dagegen steht auch in übertragenem Sinne יצא מ י ד י, wenn der Begriff der Befreiung vorherrscht wie in מ י ד י עברה (מוציאתו) מוציאתה (Jebamot XV 6-7) und in יוצא מ י ד י רפיו (Pesaḥim 30 b).

[17] Der ganze Satz lautet: Wenn jeder Wehrhafte unter euch vor dem Herrn über den Jarden zieht . . . und das Land erobert sein wird vor dem Herrn, wenn ihr dann erst heimkehren und rein sein werdet vor dem Herrn und vor Israel, soll dieses Gebiet euch zum Besitze werden vor dem Herrn; wenn ihr aber nicht so handelt, so sündigt ihr vor dem Herrn . . ." (4. B. M. 32, 21–23). Da es aber zweifelhaft ist, ob sich der Satz: „so sündigt ihr" auch auf die Worte: „und rein sein werdet" bezieht, so wird zum Beweise dafür, dass es P f l i c h t ist, auch vor den Menschen rein dazustehen, ein zweiter Bibelvers angeführt [ועיין תוס׳ יו״ט ד״ה ואומר]. [18] Sprüche 3, 4. [19] Zu את הראשונה ist hier und weiter unten aus תרם das Nomen התרומה zu ergänzen, ebenso zu שניה und שלישית. [20] קטבלא = *καταβολή*, eine Unterlage, auf welche die später einlaufenden Steuerbeträge getan wurden, um sie von den darunter befindlichen zu trennen, von denen die Teruma schon abgehoben war. [21] weil dies die letzte Hebe war; s. die folgende Anm. [22] Die Begründung bezieht sich nicht auf den letzen Satz, sondern auf die beiden vorangegangenen: Er bedeckte nach der ersten Hebung im Nisan den Rest mit einer Unterlage, damit von diesem nicht aufs Neue vor dem Wochenfeste abgehoben werde, sondern ausschliesslich von den inzwischen eingezahlten Schekalim. Aus demselben Grunde verdeckte er den Rest bei der zweiten Hebung vor dem Wochenfeste. Bei der letzten Hebung im Tischri war das nicht mehr nötig, da nun keine Steuern mehr einkamen. Jeruschalmi liest ausdrücklich: ולמה היה מחפה שמא ישכח וכ׳. [23] Man erwartet: המקיפין = die sie umgebenden; aber חקף hat auch die Bedeutung n ä h e r n, daher מוקף = סמוך b e n a c h b a r t.

ABSCHNITT IV.

פרק ד.

1. Was geschieht nun mit der Hebe[1])? Man verwendet sie zum Ankauf der täglichen[2]) und der Musafopfer[3]) nebst ihren Mehl- und Weinopfern[4]), des ‘Omer[5]), der beiden Brote[6]), des innern Brotes[7]) und all der [übrigen] öffentlichen Opfer[8]). Die zur Bewachung des Nachwuchses im siebenten Jahre bestellten Feldhüter[9]) erhielten ihren Lohn aus der Kammerhebe. R. Jose meinte: Wer da will, kann sich auch als unbesoldeter Hüter zur Verfügung stellen[10]). Man entgegnete ihm aber: Auch du behauptest doch, dass all das[11]) nur aus öffentlichen Mitteln dargebracht werden darf[12]). **2.** Die Kuh[13]), der zu verschickende Bock[14]) und das Kermesband[15]) werden aus der Kammerhebe beschafft. Der Brückensteg für die Kuh[16]), der Brückensteg

א הַתְּרוּמָה מָה הָיוּ עוֹשִׂין בָּהּ. לוֹקְחִין בָּהּ תְּמִידִין וּמוּסָפִין וְנִסְכֵּיהֶם, הָעֹמֶר וּשְׁתֵּי הַלֶּחֶם וְלֶחֶם הַפָּנִים וְכָל קָרְבְּנוֹת הַצִּבּוּר. שׁוֹמְרֵי סְפִיחִים בַּשְּׁבִיעִית, נוֹטְלִין שְׂכָרָן מִתְּרוּמַת הַלִּשְׁכָּה. רַבִּי יוֹסֵי אוֹמֵר, אַף הָרוֹצֶה מִתְנַדֵּב שׁוֹמֵר חִנָּם. אָמְרוּ לוֹ, אַף אַתָּה אוֹמֵר, שֶׁאֵינָן בָּאִין אֶלָּא מִשֶּׁל צִבּוּר: ב פָּרָה וְשָׂעִיר הַמִּשְׁתַּלֵּחַ וְלָשׁוֹן שֶׁל זְהוֹרִית בָּאִין מִתְּרוּמַת הַלִּשְׁכָּה. כֶּבֶשׁ פָּרָה, וְכֶבֶשׁ שָׂעִיר

[1]) von der im ganzen vorigen Kapitel die Rede war. [2]) 4. B. M. 28, 1—8. [3]) der besonderen Opfer für die Sabbat- Neumonds- und Festtage (das. 28, 9—31 u. 29, 1—39). [4]) wie aus den angeführten Stellen ersichtlich, wurden zu all den täglichen und Musafopfern auch Mehl- und Weinopfer (מנחה ונסך) dargebracht. Zum Unterschied von den Mehlopfern (מנחות), mit denen ein Weinopfer nicht verbunden war, werden die anderen als מנחות נסכים bezeichnet, meistens aber der Kürze wegen zugleich mit dem Weinopfer unter dem Namen נסכים zusammengefasst. [5]) Das öffentliche Erstlingsopfer, das am 16. Nisan von der Gerstenernte dargebracht wurde (3. B. M. 23, 9ff.). [6]) Das Erstlingsopfer vom Weizen, das die Gemeinde am Wochenfeste darbrachte (das. 16—17). [7]) Die zwölf Brote, die jeden Sabbat in zwei Abteilungen auf dem goldenen Tische des Heiligthums über einander geschichtet wurden (s. Pesaḥim VII Anm. 26). [8]) z. B. das Räucherwerk (2. B. M. 30, 34—36) und die weiter unten (VII 5—7) erwähnten aus öffentlichen Mitteln zu bestreitenden Opfer. [9]) Im siebenten Jahre (שמטה) durfte der Boden nicht bestellt werden (3. B. M. 25, 2—4). Was wild wuchs, war herrenlos (das. 5—7). Um nun für die in Anm. 5—6 bezeichneten Erstlingsopfer, die nur von n e u e m Getreide dargebracht werden konnten (Menaḥot VIII 1), das erforderliche Mehl zu erhalten, wurden auf einem geeigneten Acker Feldhüter aufgestellt, welche die jungen Saaten vor der Beschädigung durch Tiere schützten und Personen, die sie etwa für sich mähen wollten, auf deren heilige Bestimmung aufmerksam machten. [10]) Die herrenlosen Früchte gehen zwar durch die Tätigkeit des Feldhüters in seinen Besitz über, und öffentliche Opfer dürfen nur aus öffentlichen Mitteln dargebracht werden; dieses Bedenken kann aber sehr leicht dadurch beseitigt werden; dass er die Früchte der Gemeinde zum Geschenk macht. [11]) die im ersten Teil der Mischna aufgezählten Dinge, also auch die ספיחים für das ‘Omer und die beiden Brote. [12]) Darum ist es angemessener, dem Feldhüter die Früchte abzukaufen, oder, was auf dasselbe herauskommt, ihn für seine Tätigkeit zu besolden. [13]) Die „rote Kuh“, deren Asche in den durch eine Leiche herbeigeführten Fällen hierologischer Unreinheit zur Wiedererlangung der Reinheit nothwendig war (4. B. M. 19, 1—22). [14]) 3. B. M. 16, 10 u. 21f. [15]) Damit die beiden Böcke des Versöhnungstages (3. B. M. 16, 5—10) nicht verwechselt würden, legte man ein rotes Band dem einen um den Hals, dem andern um den Kopf (Joma IV 2). [עיין תוס׳ ישנים יומא ס״ז. ד״ה חולק ור׳ יוחנן שאמר שם מ״א: בסוף העמוד שלוש לשונות שמעתי ולא מנה ארבע אפשר ששתי הלשונות של שעיר המשתלח משקלן שוה אבל ר׳ עובדיה מפרש כאן לשון של זהורית הוא שני תולעת של פרה אדומה ונדחק ליישב למה לא נקט עץ ארז ואזוב]. [16]) Der Viadukt, auf welchem die „rote Kuh“

הַמִּשְׁתַּלֵּחַ, וְלָשׁוֹן שֶׁבֵּין קַרְנָיו, וְאַמַּת הַמַּיִם, וְחוֹמַת הָעִיר וּמִגְדְּלוֹתֶיהָ, וְכָל צָרְכֵי הָעִיר בָּאִין מִשְּׁיָרֵי הַלִּשְׁכָּה. אַבָּא שָׁאוּל אוֹמֵר, כֶּבֶשׁ פָּרָה, כֹּהֲנִים גְּדוֹלִים עוֹשִׂין אוֹתוֹ מִשֶּׁל עַצְמָן: ג מוֹתַר שְׁיָרֵי הַלִּשְׁכָּה, מֶה הָיוּ עוֹשִׂין בָּהֶן. לוֹקְחִין בָּהֶן יֵינוֹת שְׁמָנִים וּסְלָתוֹת, וְהַשָּׂכָר לְהֶקְדֵּשׁ, דִּבְרֵי רַבִּי יִשְׁמָעֵאל. רַבִּי עֲקִיבָה אוֹמֵר, אֵין מִשְׂתַּכְּרִין מִשֶּׁל הֶקְדֵּשׁ, וְלֹא מִשֶּׁל עֲנִיִּים: ד מוֹתַר תְּרוּמָה מֶה הָיוּ עוֹשִׂין בָּהּ, רִקּוּעֵי זָהָב צִפּוּי לְבֵית קֹדֶשׁ הַקֳּדָשִׁים. רַבִּי יִשְׁמָעֵאל אוֹמֵר, מוֹתַר הַפֵּרוֹת לְקַיִץ הַמִּזְבֵּחַ, וּמוֹתַר הַתְּרוּמָה לִכְלֵי שָׁרֵת. רַבִּי עֲקִיבָה אוֹמֵר, מוֹתַר הַתְּרוּמָה לְקַיִץ הַמִּזְבֵּחַ, וּמוֹתַר נְסָכִים לִכְלֵי שָׁרֵת.

für den zu verschickenden Bock [17]) und das Band zwischen seinen Hörnern [18]), der Wasserarm [19]), die Stadtmauer und ihre Türme wie überhaupt alle Bedürfnisse der Stadt werden aus den Ueberschüssen der Kammer [20]) bestritten. Abba Saul meint: Den Brückensteig für die Kuh bauten die Hohenpriester aus eigenen Mitteln. **3.** Was geschah mit dem Rest der Kammerüberschüsse? Man verwandte ihn zum Ankauf von Wein, Oel und Mehl, deren Erlös dem Heiligtum zufiel [21]). So die Worte des R. Isma'el, R. 'Akiba dagegen sagt: Man macht keine Geschäfte mit Tempelgut, noch mit Armengeld [22]). **4.** Wie verwendet man den Rest der Hebe [23])? Zu Goldplatten für die Bekleidung des Allerheiligsten. R. Isma'el sagt: Die Ueberschüsse der Früchte [24]) sind für den Nachtisch des Altars [25]) bestimmt, der Rest der Hebe dient zur Anschaffung von Dienstgeräten. R. 'Akiba sagt: Der Rest der Hebe für den Nachtisch des Altars, der Ueberschuss der Wein- und Mehlopfer [26]) für

---

zum Oelberg gelangte, wo sie geschlachtet und verbrannt wurde (Para III 6). [17]) Der Viadukt, auf welchem der „Sündenbock" am Versöhnungstage aus der Stadt geführt wurde (Joma VI 4). [18]) Joma VI 6. [19]) der durch die Opferhalle des Tempels ging und zur Reinigung derselben diente. [20]) von dem Gelde, das nach der Hebe als Rest der Tempelsteuer in der Kammer zurückblieb. [21]) Die Tempelverwaltung verkaufte diese Gegenstände wieder an Personen, die ihrer zu ihren Privatopfern bedurften (V 3—4), und unterhielt aus dem erzielten Gewinne einen ständigen Altardienst (s. Anm. 25). [22]) Weil die Aussicht auf Gewinn zugleich die Gefahr des Verlustes in sich schliesst. Auch ist ein Handelsbetrieb des Tempels unwürdig, und was die Armenkasse betrifft, so könnte das Streben nach reicherem Gewinn immer grössere Beträge ihrer nächsten Bestimmung entziehen. Nach R. 'Akiba werden die Kammerüberschüsse thesaurirt, bis man ihrer bedarf. [23]) Wenn die in Mischna 1 und im ersten Satz der 2. Mischna angeführten Bedürfnisse schon gedeckt sind. [24]) Der Gewinn, der aus dem Mehl-, Oel- und Weinhandel erzielt wird, den er selbst (im Gegensatz zu R. 'Akiba) in der vorigen Mischna empfohlen hat. [25]) קיץ bezeichnet nach Nedarim 61b (unten) das mit der Hand gepflückte Obst, insbesondere die Feigen, die nach der Mahlzeit als Dessert auf die Tafel kamen. Hier ist es ein bildlicher Ausdruck für die Ganzopfer, die aus öffentlichen Mitteln nach den Pflichtopfern dargebracht wurden, wenn keine Privatopfer vorhanden waren, um einen ununterbrochenen Altardienst aufrecht zu erhalten. [26]) Ueber den Umfang des Begriffes נסכים s. Anm. 4. Im Heiligtum wurden Wein- und Mehlopfer, in vollkommener Reinheit hergestellt, für etwaige Käufer bereitgehalten (V 4). Fand sich bei der abendlichen Abrechnung ein Ueberschuss, so hatte die Kasse den Vorteil, während ein etwaiger Fehlbetrag von dem Beamten ersetzt werden musste (das.). Ferner verkaufte zwar die Verwaltung das Mehl, das Oel und den Wein zum Marktpreise, hatte aber auch dabei, wie aus dem Ende unseres

Dienstgeräte; R. Hananja, der Priestervorsteher sagt: Der Ueberschuss der Mehl- und Weinopfer für den Nachtisch des Altars, der Rest der Hebe für Dienstgeräte. Dieser wie jener räumt [einen Handel] mit Früchten nicht ein[27]). **5.** Wie verfährt man mit dem Rest des Räucherwerks[28])? Man sondert davon den Lohn der Handwerker[29]) ab, gibt es diesen, nachdem es gegen den ihnen zukommenden Geldbetrag[30]) ausgelöst worden, als ihren Lohn und kauft es aus der neuen Hebe, wieder zurück[31]). War die neue [Tempelsteuer][32]) rechtzeitig eingekommen, kaufte man es aus der neuen Hebe, sonst aus der alten. **6.** Weiht jemand sein Eigentum dem Heiligtum, und es befinden sich darunter Gegenstände, die sich

רבי חנניה סגן הכהנים אומר,
מותר נסכים לקיץ המזבח, ומותר
התרומה לכלי שרת. זה וזה לא
היו מודים בפרות: ה מותר
הקטרת מה היו עושין בה, מפרישין
ממנה שכר האמנין, ומחללין אותה
על מעות האמנין, ונותנין אותה
לאמנין בשכרן, וחוזרין ולוקחין
אותה מתרומה חדשה. אם בא
החדש בזמנו, לוקחין אותה מתרומה
חדשה, ואם לאו מן הישנה:
ו המקדיש נכסיו והיו בהן דברים

Kapitels ersichtlich, den Vorteil, dass sie durch etwaige Preisschwankungen nur gewinnen, niemals verlieren konnte. Endlich wurden die Waren in gehäuften Maassen von den Lieferanten übernommen, an die Käufer aber in gestrichenem Maasse abgegeben. Aus diesen kleinen Einkünften setzten sich die hier erwähnten Ueberschüsse zusammen. [27]) Weder R. ‘Akiba noch R. Hananja stimmt mit R. Isma‘el darin überein, dass neben dem in Anm. 26 erwähnten Verkauf von Mehl, Oel und Wein noch ein schwunghafter, auf Gewinn abzielender Handel mit diesen Waren betrieben wurde, dessen Ueberschüsse „für den Nachtisch des Altars“ Verwendung gefunden hätten. [28]) Vom Räucherwerk wurde morgens und abends je eine halbe Mine, täglich also e i n e Mine auf dem goldenen Altare dargebracht. Der ganze Jahresbedarf wurde auf einmal hergestellt. Das gewöhnliche Jahr hatte durchschnittlich 354, das ‘Ibburjahr 384 Tage. Da man aber vor Ende Adar nicht mit Sicherheit wissen konnte, ob die zuständige Behörde die Einschaltung eines dreizehnten Monats beschliessen würde, bereitete man jahraus jahrein 365 Minen und verwahrte die Ueberreste der Gemeinjahre für die ‘Ibburmonate. Wie verfuhr man nun mit diesen Resten beim Jahreswechsel am 1. Nisan, um der Vorschrift gerecht zu werden, laut welcher alle Opfer des neuen Jahres, wenn irgend möglich, aus der neuen Tempelsteuer bestritten werden sollen? [29]) deren Ansprüche aus der Hebe zu befriedigen sind, z. B. die Künstler, die das Räucherwerk und das innere Brot verfertigen, oder die in Mischna 1 erwähnten Feldhüter. [30]) der selbstverständlich der Hebe entnommen wurde. [31]) Der kürzeste Ausweg wäre wohl, das Räucherwerk den Handwerkern in Zahlung zu geben und es ihnen aus den Mitteln der neuen Hebe wieder abzukaufen. Man zieht es aber vor, das heilige Gut in der Weise auszulösen, dass seine Heiligkeit auf einen andern Gegenstand übergeht und sucht daher das Ziel auf einem kleinen Umwege zu erreichen, indem man im Laufe des Jahres der Hebe die Geldbeträge entnimmt, die den Handwerkern auszuzahlen sind, und jedesmal einen entsprechenden Teil des Räucherwerks gegen diese Beträge auslöst, auf die nun dessen Heiligkeit sich überträgt. Das Geld fällt in die Hebe zurück und das Räucherwerk wird Eigentum der Handwerker, von denen man es beim Jahreswechsel aus der neuen Hebe zurückkauft. [ור׳ עובדיה שמפרש מפרישין מ מ נ ה כלומר מן הלשכה לא ידעתי מה יעשה במשנה הבאה ששם שנינו מפרישין מ ה ן לשון רבים ועוד לשכה מאן דכר שמה אלא על כרחך מ מ נ ה על הקטורת קאי והא דנקט הך לישנא ולא אמר מפרישין אותו (כלומר המותר) לשכר האומנין משום שלא הפרישו את המותר אלא מן הקטורת היו מפרישין מדי חדש בחדשו או מדי שבת בשבתו כל אימת דמתרמי לשלם לאומנין שכרן וכשנתרמה התרומה החדשה חוזרין ולוקחין מהם את כל הקטורת שבידם בבת אחת]. [32]) החדש ist neutrum (= das Neue) und bezieht sich auf die neue Tempelsteuer, welche die Voraussetzung für die neue

רְאוּיִין לְקָרְבְּנוֹת הַצִּבּוּר, יִנָּתְנוּ
לָאֻמָּנִין בִּשְׂכָרָן, דִּבְרֵי רַבִּי עֲקִיבָה.
אָמַר לוֹ בֶּן עַזַּאי, אֵינָהּ הִיא הַמִּדָּה,
אֶלָּא מַפְרִישִׁין מֵהֶן שְׂכַר הָאֻמָּנִין,
וּמְחַלְּלִין אוֹתָן עַל מְעוֹת הָאֻמָּנִין,
וְנוֹתְנִין אוֹתָן לָאֻמָּנִין בִּשְׂכָרָן, וְחוֹזְרִין
וְלוֹקְחִין אוֹתָן מִתְּרוּמָה חֲדָשָׁה:
ז הַמַּקְדִּישׁ נְכָסָיו וְהָיְתָה בָהֶן בְּהֵמָה
רְאוּיָה לְגַבֵּי הַמִּזְבֵּחַ, זְכָרִים וּנְקֵבוֹת,
רַבִּי אֱלִיעֶזֶר אוֹמֵר, זְכָרִים יִמָּכְרוּ
לְצוֹרְכֵי עוֹלוֹת, וּנְקֵבוֹת יִמָּכְרוּ
לְצוֹרְכֵי זִבְחֵי שְׁלָמִים, וּדְמֵיהֶן יִפְּלוּ
עִם שְׁאָר נְכָסִים לְבֶדֶק הַבַּיִת. רַבִּי
יְהוֹשֻׁעַ אוֹמֵר, זְכָרִים עַצְמָן יִקְרְבוּ

zu öffentlichen Opfern eignen [33]), sollen sie den Handwerkern [34]) in Zahlung gegeben werden [35]). So die Worte des R. ʻAkiba. Da sagte Ben ʻAzzai zu ihm: Das ist nicht dasselbe Maass [36])! Vielmehr sondert man von ihnen den Lohn der Handwerker ab, gibt sie diesen, nachdem man sie gegen den ihnen zukommenden Geldbetrag ausgelöst hat, als ihren Lohn und kauft sie aus der neuen Hebe wieder zurück [37]).

7. Wenn jemand sein Eigentum dem Heiligtum weiht, und es befindet sich Vieh darunter, das für den Altar geeignet ist [38]), Männchen und Weibchen, so werden nach Ansicht des R. Eliʻezer die Männchen an Leute verkauft, die Ganzopfer brauchen [39]), und die Weibchen an solche, die Friedensopfer brauchen [40]), der Erlös aber fällt mit den übrigen Gütern dem Tempelschatze [41]) zu [42]). R. Josua dagegen meint, die Männchen werden ohne weiteres als Ganzopfer [43])

Hebe (תרומה חדשה) bildet. [33]) Zu den öffentlichen Opfern wurde nur das in seiner Art Beste und Auserlesenste verwendet. [34]) Mit Absicht wird hier die Frage offen gelassen, welche Handwerker gemeint sind, die aus dem Tempelschatze zu entlohnenden oder die aus der Hebe zu befriedigenden? Die Antwort hängt von der Meinungsverschiedenheit zwischen R. Eliʻezer und R. Josua in der folgenden Mischna ab. [35]) worauf man sie ihnen mit dem Gelde der Hebe wieder abkauft. Sie ohne weiteres als Gemeindeopfer darzubringen, geht nicht an, weil öffentliche Opfer nur aus öffentlichen Mitteln zu beschaffen sind; vgl. Anm. 12. [36]) das in der vorigen Mischna beim Räucherwerk zur Anwendung kam. Wenn sich also die Gemeinde zum Ankauf entschliesst, muss das dort angezeigte Verfahren auch hier beobachtet werden. [37]) Der Schlusssatz וחוזרין ולוקחין אותן מתרומה חדשה bezieht sich auch auf R. ʻAkiba (s. Anm. 34). Das Wort חדשה steht wohl, wenn es nicht irrtümlich aus der vorigen Mischna herübergenommen ist, nur der Gleichmässigkeit wegen da. Oben, wo das Problem zu lösen war, wie die Ueberreste des alten Jahres im n e u e n zu verwerten sind, bedurfte man der n e u e n Hebe; hier dagegen, wo es sich nur um die Frage handelt, wie Privatgeschenke in öffentliches Eigentum verwandelt werden können, hat die תרומה חדשה keinen Sinn. Nach Kerêtot 6a (unten) ist der ganze Schlusssatz zu streichen. [38]) fehlerlose Tiere, die als Privatopfer allen Anforderungen genügen, aber nicht so tadellos sind, dass sie wie in der vorigen Mischna als Gemeindeopfer dargebracht werden könnten. [39]) Da לְצָרְכֵי עולות (= für die Zwecke der Ganzopfer) keinen guten Sinn gibt, so ist wohl לְצוֹרְכֵי zu lesen, und die Form als Partizip aufzufassen. Einige Handschriften haben לצריכי, was richtiger ist, da צרך im Ḳal nur selten vorkommt. [40]) Weibliche Tiere kommen als Ganzopfer nicht in Betracht (3. B. M. 1, 3). [41]) Nach R. Eliʻezer sind alle Weihgeschenke im Sinne des Spenders für den Tempelschatz bestimmt. Nur dürfen altarfähige Tiere, auch wenn sie ausdrücklich dem Tempelschatz geweiht wurden, zu keinem andern Zwecke als zu Opfern verwendet werden. Deshalb wird das für den Altar geeignete Vieh zu Gunsten des Tempelschatzes an Privatpersonen zu Opferzwecken verkauft. [42]) לבדק הבית: nach 2. Kön. 12, 8 das für die Instandsetzung des Tempels bestimmte Geld, in erweitertem Sinne: der Tempelschatz. [43]) als freiwillige Privatopfer des Spen-

עולות, ונקבות ימכרו לצורכי זבחי שלמים, ויביא בדמיהן עולות, ושאר נכסים יפלו לבדק הבית. רבי עקיבה אומר, רואה אני את דברי רבי אליעזר מדברי רבי יהושע, שרבי אליעזר השוה את מדתו, ורבי יהושע חלק. אמר רבי פפיס, שמעתי כדברי שניהם, שהמקדיש בפרוש, כדברי רבי אליעזר, והמקדיש סתם, כדברי רבי יהושע: **ח** המקדיש נכסיו, והיו בהן דברים ראויין על גבי המזבח, יינות ושמנים וסלתות ועופות, רבי אלעזר אומר, ימכרו לצורכי אותו המין, ויביא בדמיהם עולות, ושאר נכסים יפלו לבדק הבית: **ט** אחת לשלשים יום משערין את הלשכה. כל המקבל עליו לספק סלתות מארבע, עמדו משלש יספק מארבע, משלש ועמדו מארבע, יספק מארבע, שיד הקדש

dargebracht, die Weibchen aber an Personen, die Friedensopfer brauchen, verkauft und für den Erlös Ganzopfer [43]) beschafft, während die übrigen Güter dem Tempelschatze zufallen [44]). Dazu bemerkte R. ʻAkiba: Ich finde die Worte des R. Eliʻezer einleuchtender als die des R. Josua; denn R. Eliʻezer führt sein Prinzip gleichmässig durch [45]), R. Josua aber macht Unterschiede [46]). R. Pappaios sagte: Ich hörte eine Ansicht, die beiden gerecht wird. Hat man nämlich mit ausdrücklicher Bestimmung [47]) geweiht, so ist nach R. Eliʻezer zu verfahren; hat man dagegen schlechthin geweiht, so ist die Meinung des R. Josua zu befolgen. **8.** Weiht jemand sein Vermögen dem Heiligtum, und es sind Dinge darunter, die sich für den Altar eignen [48]): Wein, Oel, Mehl, Geflügel [49]), so werden diese gemäss einer Entscheidung des R. Elʻazar an Leute, die ein entsprechendes Opfer brauchen, verkauft und für den Erlös Ganzopfer [43]) dargebracht, während die übrigen Güter dem Tempelschatze zufallen. **9.** Alle dreissig Tage [50]) macht die Kammer ihre Abschlüsse [51]). Wer die Lieferung des Mehls zu vier übernimmt, muss es auch dann, wenn es zu drei verkauft wird, zu vier liefern; [übernimmt er] zu drei, und man bekommt es später zu vier, so muss er fortan zu vier liefern [52]). Denn das Heiligtum hat

ders; daher später ויביא auf המקדיש bezogen. [44]) Nach R. Josua bestimmt derjenige, der seine Habe dem Heiligtum weiht, die altarfähigen Tiere zu Ganzopfern. Darum müssen die Weibchen, die sich dazu nicht eignen (Anm. 40), verkauft und aus dem Erlöse Ganzopfer dargebracht werden. [45]) indem er sämtliche Güter, auch den Erlös der Tiere dem Tempelschatze zuerkennt. [46]) indem er einen Teil des Weihgeschenks dem Tempelschatze, einen andern dem Altar zuspricht und hierbei noch einen Unterschied zwischen männlichen und weiblichen Tieren macht. [47]) für den Tempelschatz. [48]) aber nicht von solcher Beschaffenheit, dass man sich entschliessen könnte, sie zu öffentlichen Opfern zu verwenden (s. Anm. 33 und vgl. Anm. 38). [49]) In einigen Exemplaren fehlt וסלתות, in anderen ועופות (s. Tos. Jom Tob z. St.). Geflügel eignet sich übrigens überhaupt nicht zu Gemindeopfern. [50]) אחת: für פעם אחת. [51]) משערין: eigentlich = den Preis (שער) festsetzen. Befremdlich ist die Konstruktion mit dem Akkusativ. Man erwartet משערין על גב הלשכה. [52]) Verpflichtet er sich den ganzen Monat hindurch 4 Sea Mehl für 1 Selaʻ zu liefern (Maimonides liest ausdrücklich: מארבע סאין בסלע), also 1 Sea = 1/4 Selaʻ, im Laufe des Monats aber steigt der Preis auf 1/3 Selaʻ, so dass man jetzt für 1 Selaʻ auf dem Markte nur 3 Sea bekommt, muss er bis Ablauf der Vertragsfrist für den vereinbarten Preis liefern. Hat er dagegen die Lieferung zu 1/3 Selaʻ übernommen und der Marktpreis fällt auf 1/4 Selaʻ, so muss er fortan 4 Sea für den Selaʻ liefern.

die Oberhand. Ist das Mehl wurmig geworden, ist es **ihm** wurmig geworden; ist der Wein Essig geworden, ist er **ihm** Essig geworden. Er bekommt sein Geld erst, wenn der Altar die Sühne bewirkt hat[53]).

עַל הָעֶלְיוֹנָה. וְאִם הִתְלִיעָה סֹלֶת, הִתְלִיעָה לוֹ, וְאִם הֶחֱמִיץ יַיִן, הֶחֱמִיץ לוֹ. וְאֵינוֹ מְקַבֵּל אֶת מְעוֹתָיו, עַד שֶׁיְּהֵא הַמִּזְבֵּחַ מְרַצֶּה:

ABSCHNITT V.

1. Dies sind die Beamten, die im Heiligtum waren[1]): Joḥanan ben Pineḥas über die Marken[2]), Aḥija über die Mehl- und Weinopfer, Matitja ben Schemuel über die Auslosungen[3]), Petaḥja über die Vogelopfer[4]) [Petaḥja ist Mordechai[5]). Warum wurde

פרק ה.

א אֵלּוּ הֵן הַמְמֻנִּין שֶׁהָיוּ בַמִּקְדָּשׁ. יוֹחָנָן בֶּן פִּינְחָס עַל הַחוֹתָמוֹת, אֲחִיָּה עַל הַנְּסָכִים, מַתִּתְיָה בֶּן שְׁמוּאֵל עַל הַפְּיָסוֹת, פְּתַחְיָה עַל הַקִּנִּים (פְּתַחְיָה זֶה מָרְדְּכַי. לָמָּה נִקְרָא שְׁמוֹ פְּתַחְיָה,

---

[53]) Mit anderen Worten: wenn das betreffende Opfer vorschriftsmässig vollzogen ist. Zu מרצה s. Pesachim Kap. VII Anm. 40 Ende; vgl. auch ונרצה לו לכפר עליו (3. B. M. 1, 4). Im Kal heisst רצה m. Akk. = gut aufnehmen (1. B. M. 33, 10), im Nif'al = freundlich aufgenommen werden, also im Hif'il = gute Aufnahme verschaffen.

[1]) Es werden hier fünfzehn Aemter aufgezählt und die zeitweiligen Inhaber nach einer vermutlich aus der Zeit des zweiten Tempels stammenden Liste mit Namen angeführt. Einige dieser Namen treten uns auch später als typische Vertreter ihres Amtes entgegen. [2]) s. Mischna 3—4. [3]) Der öffentliche Opferdienst wurde täglich durch das Los unter die zuständigen Priester verteilt (s. Joma II 1—4). [4]) Unter קן (Nest) versteht man gewöhnlich ein Taubenpaar, die einzelne Taube wird mit פרידה bezeichnet. Von den pflichtmässigen Vogelopfern war die eine Taube zum Sünd- die andere zum Ganzopfer bestimmt, während die freiwilligen lauter Ganzopfer waren. Durch Verwechslung, Vermischung und andere Zufälle können hier (wie aus Ḳinnim II—III ersichtlich) sehr verwickelte Probleme auftauchen, zu deren Lösung besondere Sachkenntnis, viel Uebung und grosse Aufmerksamkeit erforderlich ist. [5]) Wahrscheinlich ist der aus dem Buche Ester bekannte Staatsmann gemeint. Von einem geistvollen Forscher (R. Elija aus Wilna?) wurde unter Bezugnahme auf das Schriftwort והיה ראשיתך מצער ואחריתך ישגה מאד (Dein Anfang ist klein, dein Ende um so grösser — Ijob 8, 7) auf die merkwürdige Tatsache hingewiesen, dass jeder der drei ersten Buchstaben von מרדכי in seinem Zahlenwert die **Hälfte** der entsprechenden Buchstaben von פתחיה beträgt (מ = 40, פ = 80; ר = 200, ת = 400; ד = 4, ח = 8), während die beiden letzten Buchstaben das umgekehrte Verhältnis zeigen, also in מרדכי **doppelt** so viel zählen als in פתחיה (כ = 20, י = 10; י = 10, ה = 5). Solch auffallende Erscheinung kann kein Spiel des Zufalls sein. Vielmehr ist anzunehmen, dass dies Zusammentreffen die Veranlassung für die Identifikation der beiden Namen war. [Dass der Zahlenwert (גמטריא) im Midrasch eine nicht unbedeutende Rolle spielt, kann als bekannt vorausgesetzt werden; hat er doch sogar unter den 32 Regeln des R. El'azar b. R. Jose aus Galiläa Aufnahme gefunden, und selbst die Halacha verschmäht es nicht, ihn manchmal zu verwerten (z. B. יהיה בגמטריא תלתין, Nazir 5 a; אלה הדברים... אלף חד למד תלתין הא תמשה, Jeruschalmi Schabbat VII 2, vgl. auch Babli das. 70 a). Ich habe gefunden, dass dieses Hilfsmittel eine weit grössere Beachtung verdient, als ihm bisher zuteil geworden. Es ist geeignet, uns das Verständnis manch dunkler Stelle in der Aggada zu erschliessen. Hier nur einige Beispiele. Wenn dem Propheten Elijahu ein sehr hohes Alter zugeschrieben wird, so erklärt sich das vielleicht aus seinen Worten: **Lass es nun genug sein**, o Gott, nimm mein Leben, **denn ich bin nicht besser als meine Väter** (1 Kön. 19, 4); wenn er aber geradezu mit Pineḥas, dem Enkel Aharons, identifiziert wird, so liegt der Grund dafür wahrscheinlich in der Erwägung, dass der Zahlenwert von אליהו (= 52) den vierten Teil des Zahlenwertes von פינחס (= 208) ausmacht. Wenn

שֶׁהָיָה פוֹתֵחַ דְּבָרִים וְדוֹרְשָׁן, וְיוֹדֵעַ שִׁבְעִים לָשׁוֹן), בֶּן אֲחִיָּה עַל חֳלִי מֵעַיִם, נְחוּנְיָה חוֹפֵר שִׁיחִין, גְּבִינִי כָּרוֹז, בֶּן גֶּבֶר עַל נְעִילַת שְׁעָרִים, בֶּן בֵּבַי עַל הַפָּקִיעַ, בֶּן אַרְזָה עַל הַצִּלְצָל, הֻגְרוֹס בֶּן לֵוִי עַל הַשִּׁיר, בֵּית גַּרְמוּ עַל מַעֲשֵׂה לֶחֶם הַפָּנִים, בֵּית אַבְטִינָס עַל מַעֲשֵׂה הַקְּטֹרֶת, אֶלְעָזָר עַל הַפָּרֹכוֹת, וּפִינְחָס עַל הַמַּלְבּוּשׁ: **ב** אֵין פּוֹחֲתִין מִשְּׁלֹשָׁה גִזְבָּרִים וּמִשִּׁבְעָה אֲמַרְכָּלִין, וְאֵין עוֹשִׂין שְׂרָרָה עַל הַצִּבּוּר בְּמָמוֹן, פָּחוֹת מִשְּׁנַיִם, חוּץ מִבֶּן אֲחִיָּה שֶׁעַל חֳלִי מֵעַיִם, וְאֶלְעָזָר שֶׁעַל הַפָּרֹכוֹת, שֶׁאוֹתָן קִבְּלוּ (רֹב) הַצִּבּוּר עֲלֵיהֶם: **ג** אַרְבָּעָה חוֹתָמוֹת הָיוּ בַמִּקְדָּשׁ, וְכָתוּב עֲלֵיהֶן,

er Petaḥja genannt? Weil er die Worte zu erschliessen und auszulegen pflegte [6]), da er siebenzig Sprachen verstand [7])], Ben Aḥija über die Krankheiten der Eingeweide [8]), Neḥunja der Brunnengräber, Gabini der Herold [9]), Ben Geber über die Schliessung der Tore, Ben Bêbai über die Beleuchtung [10]), Ben Arza über die Musik, Hygros ben Lewi über den Gesang, das Haus Garmo über die Bereitung des innern Brotes [11]), das Haus Abtinos über die Herstellung des Räucherwerks, El'azar über die Vorhänge, Pineḥas über die Bekleidung. **2.** Die Zahl der Schatzmeister beträgt nicht weniger als drei und die der Vorsteher [12]) nicht weniger als sieben. Man setzt über die Gemeinde keine zur Vermögensverwaltung berufene Behörde, die aus weniger als zwei Personen besteht. Eine Ausnahme bilden Ben 'Aḥija, der Pharmazeut für Krankheiten der Eingeweide [13]), und El'azar, der Verwalter der Vorhänge, mit denen die (Mehrheit der) [14]) Gemeinde sich einverstanden erklärte. **3.** Vier Marken gab es im Heiligtum [15]), mit folgender Aufschrift:

---

ferner in Schabbat (14 b unten) die Einrichtung des 'Erub und der Händewaschung auf Salomo zurückgeführt und dabei auf die Verse בני אם חכם לבך ישמח לבי ג ם א נ י und חכם בני ו ש מ ח לבי ואשיבה חרפי דבר (Spr. 23, 15 u. 27, 11) hingewiesen wird, so ist zu beachten, dass עירובין und שמח ebenso den gleichen Zahlenwert haben (348) wie נטילה und גם אני (104). Wenn endlich die Worte: Ich dachte, ich könnt's ergründen, doch ist es mir zu fern (Ḳohelet 7, 23), im Midrasch z. St. auf die widerspruchsvollen Vorschriften über die „rote Kuh" bezogen werden, so ist auch hier vielleicht der Anstoss in dem Umstande zu suchen, dass פרה אדומה und והיא רחוקה in ihrem Zahlenwert (341) übereinstimmen]. [6]) Vermöge seiner ausgedehnten Sprachkenntnisse und seiner Beherrschung der volkstümlichen Dialekte gelang es ihm, die Bedeutung dunkler oder mehrdeutiger Ausdrücke festzustellen und Missverständnisse aufzuklären, sowie die Zeichensprache der Blinden zu deuten (vgl. Jeruschalmi z. St.). — Die meisten Ausgaben lesen: פותח בדברים, was aber keinen guten Sinn gibt. [7]) Der eingeklammerte Satz, der den Zusammenhang der Liste stört, ist offenbar ein späteres Einschiebsel: Wie aus Jeruschalmi ersichtlich, ist es nicht einmal ein Bestandteil der Mischna, sondern eine Baraita. [8]) Er verwaltete die Heilmittel für diese Krankheiten, an denen die Priester infolge der Erkältungen, die sie sich dadurch zuzogen, dass sie barfuss und leichtgekleidet auf dem kalten Pflaster der Opferhalle sich bewegten, wie auch infolge der überreichen Fleischnahrung, zu der sie genötigt waren, sehr häufig litten. [9]) כרוז = κῆρυξ. [10]) פקיע bedeutet nach Jeruschalmi die Bereitung der Dochte. Im Babli (Joma 23 a Mitte) findet sich noch eine andere Erklärung, nach welcher פקיע die Knute bezeichnet. [11]) s. Kap. IV Anm. 7. [12]) אמרכל — dunkles Wort, gewöhnlich von arab. אמיר (Emir) und כל (alles) abgeleitet (Generaldirektor). [13]) s. Anm. 8. [14]) In einigen Ausgaben fehlt רוב. [15]) Nach 4. B. M. 15, 1—12 sind zu jedem Ganz- oder Friedensopfer auch Mehl- und Weinopfer darzubringen, und zwar zu Kleinvieh (mit Ausnahme des Widders): 1 'Omer

עֵגֶל זָכָר גְּדִי חוֹטֵא. בֶּן עַזַּאי אוֹמֵר, חֲמִשָּׁה הָיוּ, וַאֲרָמִית כָּתוּב עֲלֵיהֶן, עֵגֶל זָכָר גְּדִי חוֹטֵא דַל וְחוֹטֵא עָשִׁיר. עֵגֶל מְשַׁמֵּשׁ עִם נִסְכֵּי בָקָר, גְּדוֹלִים וּקְטַנִּים זְכָרִים וּנְקֵבוֹת. גְּדִי מְשַׁמֵּשׁ עִם נִסְכֵּי צֹאן, גְּדוֹלִים וּקְטַנִּים זְכָרִים וּנְקֵבוֹת, חוּץ מִשֶּׁל אֵילִים. זָכָר מְשַׁמֵּשׁ עִם נִסְכֵּי אֵילִים בִּלְבָד. חוֹטֵא מְשַׁמֵּשׁ עִם נִסְכֵּי שָׁלֹשׁ בְּהֵמוֹת שֶׁל מְצוֹרָעִין: ד מִי שֶׁהוּא מְבַקֵּשׁ נְסָכִים, הוֹלֵךְ לוֹ אֵצֶל יוֹחָנָן, שֶׁהוּא מְמֻנֶּה עַל הַחוֹתָמוֹת, וְנוֹתֵן לוֹ מָעוֹת, וּמְקַבֵּל מִמֶּנּוּ חוֹתָם, בָּא לוֹ אֵצֶל אֲחִיָּה, שֶׁהוּא מְמֻנֶּה עַל הַנְּסָכִים, וְנוֹתֵן לוֹ חוֹתָם, וּמְקַבֵּל מִמֶּנּוּ נְסָכִים. וְלָעֶרֶב בָּאִין זֶה אֵצֶל זֶה, וַאֲחִיָּה מוֹצִיא אֶת הַחוֹתָמוֹת, וּמְקַבֵּל כְּנֶגְדָּן

Kalb, Widder, Böcklein, Sünder[16]). Ben Azzai sagt: Es waren ihrer fünf und die Aufschrift war aramäisch: Kalb, Widder, Böcklein, unbemittelter Sünder, wohlhabender Sünder[17]). „Kalb“ bedeutet die Mehl- und Weinopfer zu altem oder jungem, männlichem oder weiblichem Rindvieh; „Böcklein“ entspricht den Mehl- und Weinopfern zu altem oder jungem, männlichem oder weiblichem Kleinvieh mit Ausnahme der Widder; „Widder“ bezeichnet ausschliesslich die Mehl- und Weinopfer zu Widdern; „Sünder“ bezieht sich auf die Mehl- und Weinopfer zu den drei Opfertieren der Aussätzigen[18]).

4. Wer Mehl- und Weinopfer wünscht, begibt sich zu Johanan, der über die Marken gesetzt ist, zahlt das Geld ein[19]) und erhält dafür eine Marke, mit welcher er zu Aḥija geht, der wieder die Mehl- und Weinopfer verwaltet, und dem er die Marke überreicht, um von ihm die Mehl- und Weinopfer in Empfang zu nehmen. Abends kamen sie zusammen, Aḥija zeigte die Marken vor und bekam den entsprechenden Geldbetrag[20]). Er-

---

(= $^1/_{10}$ Efa) Mehl und je 3 Log (= $^1/_4$ Hin) Oel und Wein, zu einem Widder (über 13 Monate alt): 2 ‘Omer Mehl und je 4 Log Oel und Wein, zu Rindvieh (Stier, Kuh oder Kalb): 3 ‘Omer Mehl und je 6 Log Oel und Wein; nach 3. B. M. 14, 10 u. 21 bringt der Aussätzige, wenn er wohlhabend ist, 3 Lämmer als Reinigungsopfer dar, dagegen wenn er arm ist, nur 1 Lamm und 2 Tauben, im ersten Falle also 3 ‘Omer Mehl und je 9 Log Wein und Oel, im andern aber 1 ‘Omer Mehl und je 3 Log Wein und Oel. Das Mehl, der Wein und das Oel wurden im Heiligtume an Privatpersonen abgegeben. (s. Kap. IV Anm. 26), aber nicht gegen direkte Bezahlung, sondern nur gegen Marken, die man der Kontrolle wegen bei Johanan kaufen und bei Aḥija abliefern musste (s. die folgende Mischna). [16]) Bezeichnung für den Aussätzigen, dessen Krankheit als göttliche Strafe für seine Sünden — in erster Reihe für die böse Zunge — betrachtet wurde (vgl. ‘Arachin 16 a: על שבעה דברים נגעים באים על לשון הרע ועל שפיכות דמים ועל שבועת שוא ועל גילוי עריות ועל גסות הרוח ועל חגול ועל צרות העין). Vielleicht ist auch das daselbst (15 b) von Resch Lakisch angeführte Wortspiel: מצורע = מוציא (שם) רע ältern Ursprungs. [17]) Zwar könnte man dem unbemittelten Sünder die mit der Aufschrift „Böcklein“ versehene Marke einhändigen, die ja für 1 ‘Omer Mehl und je 3 Log Wein und Oel galt; Ben ‘Azzai aber war der Meinung, dass dem Aussätzigen für seine Marke auch das besondere Log Oel geliefert wurde, dessen er nach 3. B. M. 14, 10 u. 21 ausser dem zur Bereitung des Mehlopfers erforderlichen Oel bedurfte. Demnach bekam der wohlhabende Sünder 10 Log und der unbemittelte 4 Log Oel, woraus sich ergibt, dass fünf Marken notwendig waren. [18]) Mit anderen Worten: eine Marke mit der Aufschrift „Kalb“ begründet einen Anspruch auf 3 ‘Omer Mehl und je 6 Log Oel und Wein, die Aufschrift „Böckchen“ auf 1 ‘Omer Mehl und je 3 Log Wein und Oel u. s. w. [19]) Die verschiedenen Marken haben natürlich verschiedene Preise. [20]) Hier wird

מָעוֹת. וְאִם הוֹתִירוּ הוֹתִירוּ לְהֶקְדֵּשׁ, וְאִם פָּחֲתוּ הָיָה מְשַׁלֵּם יוֹחָנָן מִבֵּיתוֹ, שֶׁיַּד הֶקְדֵּשׁ עַל הָעֶלְיוֹנָה: ה מִי שֶׁאָבַד מִמֶּנּוּ חוֹתָמוֹ מַמְתִּינִין לוֹ עַד הָעֶרֶב, אִם מָצְאוּ לוֹ כְּדֵי חוֹתָמוֹ, נוֹתְנִין לוֹ, וְאִם לָאו, לֹא הָיָה לוֹ. וְשֵׁם הַיּוֹם כָּתוּב עֲלֵיהֶן, מִפְּנֵי

gab sich ein Ueberschuss, so fiel er dem Tempelschatze zu [21]); ergab sich ein Fehlbetrag, so musste Joḥanan aus seiner Tasche ergänzen [22]), denn der Tempelschatz hat die Oberhand [23]). **5.** Verliert jemand seine Marke, so vertröstet man ihn [24]) auf den Abend; findet sich dann [ein Ueberschuss] entsprechend seiner Marke, so befriedigt man ihn, wo nicht, so hatte er keine [25]). Wegen der Betrüger war das Tagesdatum auf ihnen bezeichnet [26]).

---

schon stillschweigend vorausgesetzt, dass die Marken mit dem Ende des Tages ihre Giltigkeit verlieren (s. die folgende Mischna); sonst würden heute die überschüssigen Beträge dem Tempelschatz zufallen, morgen aber die entsprechenden, jetzt überzähligen Marken von Joḥanan bezahlt werden müssen. Ohne diese Voraussetzung wäre eine allabendliche Abrechnung überhaupt nicht denkbar. [21]) weil anzunehmen ist, dass der Käufer zuviel bezahlt hat oder seine Marke aus irgend einem Grunde verfallen liess. [22]) denn es wird vermutet, dass er aus Versehen entweder zu wenig Geld genommen oder zuviel Marken ausgegeben oder aber einen Teil der Einnahme verloren hat. [23]) Sonst würde man ihm etwaige Ueberschüsse als Entschädigung für die unvermeidlichen Verluste zugebilligt haben. [24]) Wörtlich: m a n w a r t e t i h m. Das kann auch bedeuten, dass er nur bis zum Abend Zeit hat, die Marke zu suchen; wenn er sie bis dahin nicht findet, so hat sie ihren Wert verloren. Es kann ferner den Sinn haben, dass man ihm bis zum Abend Frist gewährt, seinen Verlust anzumelden; am andern Morgen hat er auf Rückerstattung des für die Marke gezahlten Betrages keinen Anspruch mehr. Beide Auffassungen passen aber nicht recht in den Zusammenhang. [25]) Andere Lesart: ואם לאו לא היו נותנין לו. [26]) Damit nicht jemand Marken verwerte, deren Giltigkeit schon abgelaufen ist, wodurch Joḥanan schweren Schaden erleiden würde (vgl. Anm. 20). Diese Erklärung wäre die einfachste und naheliegendste, wenn dieser Satz am Ende der vorigen Mischna sich fände. So aber scheint er mit der Einrichtung, laut welcher verlorene Marken ersetzt wurden, in Verbindung zu stehen. Derselbe Einwand lässt sich auch gegen Maimunis Auffassung (Jad haḥazaḳa, Hil. K'lê ham-Miḳdasch VII) geltend machen, nach welcher man befürchtete, der Käufer würde seine Marke liegen lassen, bis die Waren im Preise steigen. Und es kommt hier noch die Schwierigkeit hinzu, dass ein solches Verfahren, so sehr es auch den Tempelschatz zu schädigen geeignet ist, darum noch nicht als „B e t r u g" gebrandmarkt werden darf. Besser ist eine andere Erklärung desselben Autors (in seinem Mischnakommentar z. St.), ein unehrlicher Finder könnte eine Marke missbrauchen, die Aḥija oder Joḥanan nach der Abrechnung fallen liess und zu vernichten vergass, oder aber ein Käufer verloren hatte, dem der entsprechende Betrag inzwischen zurückerstattet wurde, so dass Joḥanan durch verzeihliche Achtlosigkeit oder gar durch fremde Fahrlässigkeit zu Schaden käme. [כן נראה לי לפרש דברי רמז״ל שכתב כדי שלא ימצא חותם שנפל קודם לכן לבעליו או לאחיה או ליוחנן ויגבה בו כלומר שחשו להפסד יוחנן היכא דלא פשע אבל היכא דפשע כגון שאבד ממנו בעוד היום גדול חותם עובר לסוחר והלך המוצאו וגבה נסכים בו ביום לא חשו להפסדו וכמו כן אם אבד החותם מיד הקונה אותו וגבה בו המוצאו בטרם יבא השמש ויעריב איהו הוא דאפסיד אנפשיה שהיה לו לשמור חותמו ולא שמרו (ולא כמו שנדחקו ר׳ עובדיה והבאים אחריו לפרש כוונת רמז״ל שביום שמוצאו אינו רשאי להוציאו שתאוכב מחזר אחריו והלא כל החותמות שוין זה לזה ולמה יירא המוצאו להוציאו בו ביום) ומה שחזר בו רבנו הגדול מפירושו זה בחבורו רצה בעל כסף משנה ליישב משום דאם כן למה להם לכתוב שם היום יכתבו שם בעליו ודיו ולכאורה מאי אולמא דהאי תקנתא מהך תקנתא ואפשר לי לומר דהאי תקנתא עדיפא כדי שלא יפסיד קונה החותם את מעותיו אם שכח או נאנס ולא גבה ביום אצל אחיה אף לא לערב אצל יוחנן אבל אי קשיא הא קשיא מה יועיל שם בעליו וכי אפשר לו לאחיה שיכיר את כל היהודים מנער ועד זקן אנשים ונשים גם יחד ולפיכך נראה לי שרמז״ל חזר בו מפני שאבדה לא שכיחא ומשום מלתא דלא שכיחא לא עבדו חכמים תקנתא שהיא טורח גדול ליוחנן וקרובה להפסר לכל מי שאינו יכול לגבות בו ביום.] Am meisten aber leuchtet die Erklärung des R. Abraham b. Dawid ein (Berichtigungen zu Jad haḥazaḳa a. a. O.), es könnte ein Betrüger, der sich die heute ge-

6. Zwei Kammern waren im Tempel: erstens die Kammer der Verschwiegenen, zweitens die Kammer der Geräte. In die Kammer der Verschwiegenen taten zartfühlende[27]) Leute heimlich ihre Gaben, und aus ihr erhielten Bedürftige aus guter Familie heimlich ihren Unterhalt. In die Kammer der Geräte warf jeder das Gerät, das er spenden wollte, und alle dreissig Tage wurde sie von den Schatzmeistern geöffnet, die jedes Gerät, das sie für die Zwecke des Tempelschatzes geeignet fanden, liegen liessen[28]), während sie die übrigen verkauften und den Erlös der Kammer des Tempelschatzes zuwiesen.

הַרַמָּאִין: ו שְׁתֵּי לְשָׁכוֹת הָיוּ בַמִּקְדָּשׁ, אַחַת לִשְׁכַּת חֲשָׁאִים, וְאַחַת לִשְׁכַּת הַכֵּלִים. לִשְׁכַּת חֲשָׁאִים, יִרְאֵי חֵטְא נוֹתְנִים לְתוֹכָהּ בַּחֲשַׁאי, וַעֲנִיִּים בְּנֵי טוֹבִים מִתְפַּרְנְסִין מִתּוֹכָהּ בַּחֲשַׁאי. לִשְׁכַּת הַכֵּלִים, כָּל מִי שֶׁהוּא מִתְנַדֵּב כְּלִי, זוֹרְקוֹ לְתוֹכָהּ. וְאֶחָד לִשְׁלֹשִׁים יוֹם גִּזְבָּרִין פּוֹתְחִין אוֹתָהּ, וְכָל כְּלִי, שֶׁמָּצְאוּ בוֹ צֹרֶךְ לְבֶדֶק הַבַּיִת, מַנִּיחִין אוֹתוֹ, וְהַשְּׁאָר נִמְכָּרִין, וּדְמֵיהֶן נוֹפְלִין לְלִשְׁכַּת בֶּדֶק הַבָּיִת:

ABSCHNITT VI.

1. Dreizehn Büchsen[1]), dreizehn Tische[2]), dreizehn Verneigungen gab es im Heiligtum. Das Haus des Rabban Gamliel und das Haus des Rabbi Ḥananja, des Priestervorstehers, machte vierzehn Verbeugungen. Und wo die besondere[3])? Gegenüber dem Holzstoss[4]). Sie besassen

פרק ו.

א שְׁלֹשָׁה עָשָׂר שׁוֹפָרוֹת, שְׁלֹשָׁה עָשָׂר שֻׁלְחָנוֹת, שְׁלֹשׁ עֶשְׂרֵה הִשְׁתַּחֲוָיוֹת הָיוּ בַמִּקְדָּשׁ. שֶׁל בֵּית רַבָּן גַּמְלִיאֵל וְשֶׁל בֵּית רַבִּי חֲנַנְיָה סְגַן הַכֹּהֲנִים הָיוּ מִשְׁתַּחֲוִים אַרְבַּע עֶשְׂרֵה. וְהֵיכָן הָיְתָה יְתֵרָה, כְּנֶגֶד דִּיר

---

kaufte Marke in den Beutel gesteckt hat, am Abend unter falscher Vorspiegelung ihres Verlustes den eingezahlten Betrag, der sich ja bei der Abrechnung als Ueberschuss ergeben muss, zurückfordern und so unentgeltlich in den Besitz einer Marke gelangen, die er jederzeit gegen die entsprechenden Waren einzulösen in der Lage wäre. Diesem Gaunerkniff wird nun dadurch wirksam vorgebeugt, dass die Marke am Abend bei der Rückerstattung des Geldbetrages bereits durch den Wechsel des Datums entwertet ist. Indessen lässt sich auch die Eingangs von mir versuchte Erklärung, der ich wegen ihrer Einfachheit immer noch den Vorzug geben möchte, zwanglos aufrechterhalten. Im Grunde ist ja die in Rede stehende Vorsichtsmassregel doch nur durch die Einrichtung des Ersatzes für verlorene Marken notwendig geworden. Um dem unvorsichtigen Käufer möglichst bald Gewissheit über eine etwaige Entschädigung zu verschaffen, hat man statt der für alle Teile viel bequemern monatlichen oder wöchentlichen Abrechnung die abendliche eingeführt; infolgedessen musste die lästige Bestimmung getroffen werden, dass die Marken nur für den Tag der Ausstellung gelten sollen und dieser, um jede Täuschung auszuschliessen, deutlich auf ihnen vermerkt werde. [27]) Wörtlich: sündenscheue. [28]) d. h. sie behielten und verwendeten es.

[1]) Sie heissen Schofarot, weil sie einem Horn ähnlich waren: rund, gekrümmt, an einem Ende schmal, am andern breit, damit nicht jemand, der sich den Anschein gibt Geld hineinzuwerfen, welches herausnehme. Ueber die Bestimmung der einzelnen Büchsen wird am Ende des Kapitels berichtet (M. 5–6) [2]) s. Mischna 4. [3]) Ueber die dreizehn übrigen folgen weiter unten (M. 3) die genaueren Angaben. [4]) דיר eig. = Pferch (vgl. הכונס צאן לדיר — Baba ḳamma VI 1; davon המדייר את שדהו — Schebi'it III, 4), hier = Holzstoss, davon מדורה = Scheiterhaufen

הָעֵצִים, שֶׁכֵּן מְסֹרֶת בְּיָדָם מֵאֲבוֹתֵיהֶם, שֶׁשָּׁם הָאָרוֹן נִגְנַז: ב מַעֲשֶׂה בְּכֹהֵן אֶחָד שֶׁהָיָה מִתְעַסֵּק, וְרָאָה הָרִצְפָּה שֶׁהִיא מְשֻׁנָּה מֵחֲבֵרוֹתֶיהָ, בָּא וְאָמַר לַחֲבֵרוֹ, לֹא הִסְפִּיק לִגְמוֹר אֶת הַדָּבָר עַד שֶׁיָּצְתָה נִשְׁמָתוֹ, וְיָדְעוּ בְּיִחוּד שֶׁשָּׁם הָאָרוֹן נִגְנַז: ג וְהֵיכָן הָיוּ מִשְׁתַּחֲוִים. אַרְבַּע בַּצָּפוֹן, וְאַרְבַּע בַּדָּרוֹם, שָׁלֹשׁ בַּמִּזְרָח, וּשְׁתַּיִם בַּמַּעֲרָב, כְּנֶגֶד שְׁלֹשָׁה עָשָׂר שְׁעָרִים. שְׁעָרִים דְּרוֹמִיִּים סְמוּכִים לַמַּעֲרָב, שַׁעַר הָעֶלְיוֹן, שַׁעַר הַדֶּלֶק, שַׁעַר הַבְּכוֹרוֹת, שַׁעַר הַמַּיִם. וְלָמָּה נִקְרָא שְׁמוֹ שַׁעַר הַמַּיִם, שֶׁבּוֹ מַכְנִיסִין צְלוֹחִית שֶׁל מַיִם שֶׁל נִסּוּךְ בֶּחָג. רַבִּי אֱלִיעֶזֶר בֶּן יַעֲקֹב אוֹמֵר, בּוֹ הַמַּיִם מְפַכִּים וַעֲתִידִין לִהְיוֹת יוֹצְאִין מִתַּחַת מִפְתַּן

nämlich eine Ueberlieferung [5]) von ihren Vätern, dass dort die Lade verborgen liegt [6]). **2.** Einst bemerkte ein dort beschäftigter [7]) Priester, dass einer der Pflastersteine sich von den übrigen unterschied [8]); er eilte und erzählte es einem Genossen, hatte aber die Mitteilung noch nicht vollendet, als er den Geist aufgab. Nun wusste man bestimmt, dass dort die Lade verborgen ruht. **3.** Wo verneigte man sich? Viermal im Norden, viermal im Süden, dreimal im Osten und zweimal im Westen, gegenüber den dreizehn Toren [9]). Die südlichen Tore waren, von Westen aus gezählt [10]): das oberste Tor [11]), das Feuertor [12]), das Tor der Erstgeborenen, das Wassertor [Warum nannte man es das Wassertor? Weil man durch dieses den Kelch mit Opferwasser [13]) am Hüttenfeste hereinbrachte. R. Eli'ezer b. Jacob meint [14]): Weil hier das Wasser sprudelt, das dereinst unter der Schwelle des Tempels hervorquellen

---

Die Holzkammer, in welcher die zum Opferdienst untauglichen Priester das Holz für den Altar auswählten, hatte 40 Ellen im Gerviert und lag in der nordöstlichen Ecke der Frauenhalle (Middot II 5). [5]) מסורת und מסורה, wie קטורת und קטורה von מסר (im Kal = überliefern) gebildet, ist Mesoret und Mesora zu lesen, nicht Massoret und Massora, wie man gewöhnlich schreibt und spricht, obgleich zu einer Pi'elform gar keine Veranlassung ist, noch weniger Mâsoret, wie Abraham Geiger (Nachgelassene Schriften IV 341) vokalisiert. In Ez. 20, 37 bedeutet מָסֹרֶת nicht Ueberlieferung, wie Raschi meint, sondern Fessel, wie schon R. Dawid Ḳimḥi richtig erkannt hat. Es ist dort aus מַאֲסֹרֶת zusammengezogen. [6]) Die heilige Lade mit den Bundestafeln, die ihren Platz im Allerheiligsten hatte, wurde vor der Zerstörung des ersten Tempels nach dieser Ueberlieferung in einem unterirdischen Gewölbe tief unter der Holzkammer verborgen. Nach einer andern Ueberlieferung versank sie an Ort und Stelle, nach einer dritten wurde sie vom Eroberer nach Babel gebracht (Jeruschalmi z. St. und Babli Joma 53b unten f.). [7]) Mit der Auslese des Opferholzes (s. Anm. 4). [8]) Es sah so aus, als ob der Stein herausgehoben und wieder eingefügt worden wäre. [9]) Ebenso Middot II g. Ende, wo diese Ansicht von Abba Jose ben Ḥanan vertreten wird. Nach einer andern Ansicht (das. I 4) gab es nur sieben Tore in der Opferhalle, und die dreizehn Verneigungen entsprachen den dreizehn Breschen, welche die Syrer in die Tempelmauer gebrochen und die Makkabäerfürsten wieder vermauert hatten (das. II 3). [10]) סמוכים למערב = dem Westen benachbart (Plural), d. h. in einer an den Westen „sich anlehnenden" Reihenfolge. [11]) Der Tempelberg stieg von Ost nach West in die Höhe. [12]) Uebersetzung unsicher. דלק heisst brennen und wird wie das deutsche Wort sowohl vom Schadenfeuer als von der Lichtflamme gebraucht; in der Bibel bedeutet דלק nachsetzen, verfolgen und דלקת Fieberhitze. [13]) s. Sukka IV 9. [14]) In Joma (77b l. Z.—78a 1. Z.) ist die Lesart: מים מפכים עתידין להיות יוצאין מתחת

הַבַּיִת. לְעֻמָּתָן בַּצָּפוֹן סְמוּכִין לַמַּעֲרָב, שַׁעַר יְכָנְיָה, שַׁעַר הַקָּרְבָּן, שַׁעַר הַנָּשִׁים, שַׁעַר הַשִּׁיר. וְלָמָּה נִקְרָא שְׁמוֹ שַׁעַר יְכָנְיָה, שֶׁבּוֹ יָצָא יְכָנְיָה בְּגָלוּתוֹ. בַּמִּזְרָח שַׁעַר נִקָּנוֹר, וּשְׁנֵי פִשְׁפָּשִׁין הָיוּ לוֹ, אֶחָד בִּימִינוֹ, וְאֶחָד בִּשְׂמֹאלוֹ. וּשְׁנַיִם בַּמַּעֲרָב, שֶׁלֹּא הָיָה לָהֶן שֵׁם:

ד שְׁלֹשָׁה עָשָׂר שֻׁלְחָנוֹת הָיוּ בַמִּקְדָּשׁ. שְׁמוֹנָה שֶׁל שַׁיִשׁ בְּבֵית הַמִּטְבָּחַיִם, שֶׁעֲלֵיהֶן מְדִיחִין אֶת הַקְּרָבִים. וּשְׁנַיִם בְּמַעֲרַב הַכֶּבֶשׁ, אֶחָד שֶׁל שַׁיִשׁ, וְאֶחָד שֶׁל כָּסֶף. עַל שֶׁל שַׁיִשׁ נוֹתְנִים אֶת הָאֵבָרִים, וְעַל שֶׁל כֶּסֶף כְּלֵי שָׁרֵת. וּשְׁנַיִם בָּאוּלָם מִבִּפְנִים עַל פֶּתַח הַבַּיִת, אֶחָד שֶׁל שַׁיִשׁ, וְאֶחָד שֶׁל זָהָב. עַל שֶׁל שַׁיִשׁ נוֹתְנִין לֶחֶם הַפָּנִים בִּכְנִיסָתוֹ, וְעַל שֶׁל זָהָב בִּיצִיאָתוֹ, שֶׁמַּעֲלִין בַּקֹּדֶשׁ וְלֹא מוֹרִידִין. וְאֶחָד שֶׁל זָהָב

wird [15])]; ihnen gegenüber waren im Norden, von Westen aus gezählt [10]), das Jechonjator, das Opfertor, das Frauentor, das Liedertor [Und woher der Name Jechonjator? Weil Jechonja [16]) aus ihm heraustrat, als er in die Verbannung ging [17])]; im Osten war das Nikanortor, das zwei Seitenpforten hatte, eine zur Rechten und eine zur Linken; im Westen endlich waren zwei Tore, die aber keinen Namen hatten.

4. Dreizehn Tische waren im Heiligtum: acht aus Marmor im Schlachthause [18]), auf denen man die Eingeweide spülte; zwei im Westen der Rampe [19]), einer aus Marmor und einer aus Silber [auf den marmornen legte man die Opferteile [20]) und auf den silbernen die Dienstgeräte]; zwei im Ulam innen [21]) am Eingang zum Hause, einer aus Marmor und einer aus Gold [auf den marmornen tat man das innere Brot [22]), bevor es hineingetragen wurde [23]), auf den goldenen, wenn man es hinaustrug [24]), da in Bezug auf Heiliges eine Erhöhung des Ranges, aber nicht eine Erniedrigung

---

מפתן הבית (also מים ohne ה und עתידין ohne ו, בו aber fehlt gänzlich). [15]) In Ez. 47, 1—5 schildert der Prophet eine Vision, in der ihm ein Bächlein gezeigt wird, das unter der Schwelle des Heiligtums durchsickert, nach Osten vordringt, an der Südseite schon wie aus der Mündung eines Krügleins sprudelt (so wird der dort gebrauchte und hier entlehnte Ausdruck מים מפכים als mit פך zusammenhängend im Babli a. a. O. und im Jeruschalmi z. St. erklärt), in seinem weitern Laufe aber, immer mächtiger anschwellend, zu einem gewaltigen Strome wird. [16]) oder Jojachin, der vorletzte König von Juda, der mit den Edelsten und Tapfersten des Volkes von Nebuchadnezar nach Babel in die Gefangenschaft geführt wurde (2. Kön. 24, 8—16; 2 Chr. 36, 9—10). [17]) und vom Heiligtum Abschied nahm. [18]) nördlich vom Opferaltar (Tamid III 5 u. Middot III 5). Die Tische standen dort zwischen den Ringen und den Zwergsäulen (Middot V 2). [19]) die schiefe Ebene, auf der man zum Altar emporstieg, an dessen Südseite sie errichtet war. Sie hatte eine Länge von 32 und eine Breite von 16 Ellen (das. III 2). [20]) bevor sie zum Altar befördert wurden. Auf dem kalten Marmor erhielt das Fleisch sich frischer. [21]) in der Vorhalle zum Hêchal, in welchem die drei goldenen Geräte (Altar, Tisch und Leuchter) standen. Sie mass von Nord nach Süd 100 Ellen und von Ost nach West 11 Ellen (das. IV 7). Demnach bedeutet באולם מבפנים an der innern, d. i. westlichen Seite der Vorhalle. Manche Ausgaben lesen מבחוץ statt מבפנים. Nach dieser Lesart ist מבחוץ zum folgenden על פתח הבית zu ziehen und „am äussern Eingang zum Hause" zu übersetzen. In der Sache selbst ist zwischen beiden Lesarten kein Unterschied. Unter dem Hause ist hier der Hêchal zu verstehen. [22]) s. Pesachim VII Anm. 26. [23]) Es wurde erst am Sabbat auf den goldenen Tisch im Hêchal gelegt, aber schon vorher gebacken. Deshalb tat man es inzwischen auf kalten Marmor, damit es länger frisch bleibe (vgl. Anm. 20). [24]) am nächsten Sabbat, damit die Priester es unter sich

מִכִּפְנִים, שֶׁעָלָיו לֶחֶם הַפָּנִים תָּמִיד׃
ה שְׁלֹשָׁה עָשָׂר שׁוֹפָרוֹת הָיוּ בַמִּקְדָּשׁ.
וְכָתוּב עֲלֵיהֶן, תִּקְלִין חַדְתִּין, וְתִקְלִין
עַתִּיקִין, קִנִּין, וְגוֹזָלֵי עוֹלָה, עֵצִים,
וּלְבוֹנָה, זָהָב לְכַפֹּרֶת, שִׁשָּׁה לִנְדָבָה.
תִּקְלִין חַדְתִּין, שֶׁבְּכָל שָׁנָה וְשָׁנָה.
וַעַתִּיקִין, מִי שֶׁלֹּא שָׁקַל אֶשְׁתָּקַד,
שׁוֹקֵל לַשָּׁנָה הַבָּאָה. קִנִּין הֵן תּוֹרִין.
וְגוֹזָלֵי עוֹלָה הֵן בְּנֵי יוֹנָה. וְכֻלָּן עוֹלוֹת,
דִּבְרֵי רַבִּי יְהוּדָה. וַחֲכָמִים אוֹמְרִים,
קִנִּין אֶחָד חַטָּאת וְאֶחָד עוֹלָה, וְגוֹזָלֵי
עוֹלָה כֻּלָּן עוֹלוֹת׃ ו הָאוֹמֵר הֲרֵי

angemessen ist[25])]; endlich ein goldner im Innern[26]), auf dem das innere Brot ständig lag[27]). **5.** Dreizehn Büchsen waren im Heiligtum[28]), [je eine] mit der Aufschrift: Neue Schekelsteuern, alte Schekelsteuern, Vogelopfer, Tauben zum Ganzopfer, Hölzer, Weihrauch, Gold zum Deckel[29]) und sechs [mit der Aufschrift] Spende. „Neue Schekelsteuern“: die Jahr für Jahr zu entrichtenden[30]); „alte“: wer im vergangenen Jahre keine entrichtet hat, entrichtet sie im folgenden Jahre[31]). „Vogelopfer“ sind Turteltauben und „Tauben zum Ganzopfer“ junge Tauben, beides aber Ganzopfer. So die Worte des R. Jehuda. Die Weisen dagegen sagen: „Vogelopfer“ bestehen aus je einem Sünd- und einem Ganzopfer, „Tauben zum Ganzopfer“ sind lauter Ganzopfer[32]). **6.** Sagt jemand: „Ich gelobe

---

teilen. [25]) Es wäre für das heilige Brot eine Herabsetzung wenn mann es auf einen Marmortisch täte, nachdem es eine Woche lang auf goldenem Tische gelegen hatte. [26]) im Hêchal. [27]) 2. B. M. 25, 23—30. [28]) zur Aufnahme des Geldes, welches dem durch ihre Aufschrift bezeichneten Zwecke dienen sollte. [29]) כפורת hiess der goldene Deckel auf der Bundeslade (2. B. M. 25, 17—21). Er war 2 ½ Ellen lang, 1 ½ Ellen breit und (nach Nidda 26b oben) ⅙ Elle hoch, aus lauterm Golde und uberaus kostbar. Im zweiten Tempel gab es keine Bundeslade (oben Anm. 6 u. Joma V 2). Es scheint aber, dass die Absicht bestand, eine solche anzufertigen, und dass zu diesem Zwecke Gold gespendet wurde. Nach R. ʿObadja sind hier die in Ezra 1, 10 und 1 Chr. 28, 17 als כפורי זהב bezeichneten Opferbecken gemeint. Demnach wäre לִכְפוֹרוֹת zu lesen. [30]) Wer bis zur ersten Hebe (III 1) seinen Schekel noch bei keiner Bank (I 3) abgeliefert hatte, übergab ihn später dem Schatzmeister, der das Geld vorläufig in die Büchse warf, damit es bis zur nächsten Hebe dort verwahrt liege. [31]) Diese Beträge wurden den Ueberschüssen der Kammer (IV 2, Anm. 20) hinzugefügt. [32]) Nach ihrer Ansicht konnte jeder, der ein pflichtmässiges Vogelopfer (3. B. M. 5, 7; 12, 8: 14, 12; 15, 14 u. 29) darzubringen hatte, den entsprechenden Betrag in die mit קנין bezeichnete Büchse werfen und sicher sein, dass sein Opfer unverzüglich von den Priestern dargebracht werden wird, wer aber ein freiwilliges Vogelopfer darbringen wollte, warf das Geld dafür in die mit גוזלי עולה bezeichnete Büchse. Nach R. Jehuda dagegen musste derjenige, der ein pflichtmässiges Vogelopfer darzubringen hatte, die erforderlichen Tauben selbst besorgen und dem Priester übergeben; die beiden Büchsen standen nur denen zur Verfügung, die ein freiwilliges Vogelopfer darbringen wollten, und zwar die eine (קנין) für Turteltauben, die andere (גוזלי עולה) für junge Tauben. Wie aus den angegebenen Bibelstellen ersichtlich, bestanden die pflichtmässigen Vogelopfer aus zwei Turteltauben oder zwei jungen Tauben, von denen die eine zum Sündopfer, die andere zum Ganzopfer bestimmt war. Schuld- und Sündopfer konnten nicht gespendet, Friedensopfer nicht aus dem Reiche der Vögel gewählt werden; freilich konnten freiwillige Vogelopfer nur als Ganzopfer geweiht sein. Turteltauben waren nur in reiferem, andere Tauben nur in zartem Alter als Opfer geeignet (Hullin I, 5). Es muss angenommen werden, dass die Tauben einen festen Preis hatten. Wie hätten sonst die Priester wissen können, wieviel Opfer aus den der Büchse entnommenen Beträgen darzubringen sind? Es ist aber kaum anzunehmen, dass Turteltauben und junge Tauben zu

עֲלֵי עֵצִים, לֹא יִפְחוֹת מִשְּׁנֵי גְזִירִין. לְבוֹנָה, לֹא יִפְחוֹת מִקֹּמֶץ. זָהָב, לֹא יִפְחוֹת מִדִּינַר זָהָב. שִׁשָּׁה לִנְדָבָה. נְדָבָה מָה הָיוּ עוֹשִׂין בָּהּ. לוֹקְחִין בָּהּ עוֹלוֹת, הַבָּשָׂר לַשֵּׁם וְהָעוֹרוֹת לַכֹּהֲנִים. זֶה מִדְרָשׁ דָּרַשׁ יְהוֹיָדָע כֹּהֵן גָּדוֹל, אָשָׁם הוּא אָשֹׁם אָשַׁם לַה׳, זֶה הַכְּלָל כָּל שֶׁהוּא בָּא מִשּׁוּם חֵטְא וּמִשּׁוּם אַשְׁמָה יִלָּקַח בּוֹ עוֹלוֹת, הַבָּשָׂר לַשֵּׁם וְהָעוֹרוֹת לַכֹּהֲנִים. נִמְצְאוּ שְׁנֵי כְתוּבִים קַיָּמִים, אָשָׁם לַה׳ וְאָשָׁם לַכֹּהֲנִים. וְאוֹמֵר, כֶּסֶף אָשָׁם וְכֶסֶף חַטָּאוֹת לֹא יוּבָא בֵּית ה׳ לַכֹּהֲנִים יִהְיוּ:

„Hölzer", soll er nicht weniger als zwei Scheiter geben; „...Weihrauch", nicht weniger als eine Handvoll; „...Gold", nicht weniger als einen Golddenar. „Sechs [mit der Aufschrift] Spende": Wie wurde die Spende verwendet? Man kaufte dafür Ganzopfer — das Fleisch für Gott, die Felle für die Priester. Folgende Schriftauslegung trug der Hohepriester Jojada' vor: „Ein Schuldopfer ist es, dem Ewigen schuldet er die Busse"[33]). Das bedeutet den Grundsatz, dass für alles, was wegen einer Sünde und wegen einer Schuld einkommt[34]), Ganzopfer gekauft werden sollen, deren Fleisch dem Ewigen geweiht ist, während die Felle den Priestern zufallen, so dass beide Schriftstellen bewährt werden: „Dem Ewigen schuldet er's" und „Ein Schuldopfer ist es", den Priestern gehörig[35]). In diesem Sinne heisst es[36]): Geld vom Schuldopfer und Geld von Sündopfern soll nicht dem Hause des Ewigen zugeführt werden; den Priestern soll es gehören[37]).

---

genau dem gleichen Preise verkauft wurden. Wie konnte man also nach derjenigen Ansicht, welche die Beträge für beide Arten in eine und dieselbe Büchse werfen lässt, die Zahl der darzubringenden Opfer feststellen? Vielleicht hatten diese als „Hörner" bezeichneten Büchsen keinen Boden, so dass die aussen durch die enge Oeffnung hineingeworfenen Münzen, innen aus der weiten Oeffnung in einen Kasten fielen, vor dem ein Priester stand, der sie sofort herausnahm und ihrer Bestimmung zuführte. Die Aufstellung dieser beiden Büchsen (und wohl auch der übrigen mit Ausnahme der für die Schekelsteuer bestimmten, bei denen eine Ueberwachung der Steuerpflichtigen notwendig war) hätte dann nur den Zweck gehabt, die Abfertigung zu beschleunigen und eine gewisse Verschwiegenheit zu sichern. Der Priester musste zwar die Opfer mit dem Gedanken an ihre Eigentümer darbringen, er brauchte aber deren Namen nicht zu kennen; es genügte, wenn er sagte: ich bringe dieses Opfer für die Person dar, die es geweiht hat. [33]) 3. B. M. 5, 19. [34]) Gemeint sind etwaige Restbeträge, die von Sünd- oder Schuldopfern herrühren. Wenn jemand, der zu einem solchen Opfer infolge einer Sünde oder einer Schuld verpflichtet ist, zur Aufbringung der Kosten mehr Geld, als nötig war, gespart hat, soll der Ueberschuss nicht etwa liegen bleiben, bis er wieder in die Lage kommt, ein gleiches Opfer darzubringen, sondern zu einem freiwilligen Ganzopfer verwendet werden, obgleich von diesem nur die Haut den Priestern zu Teil wird, während sie von den Sünd- und Schuldopfern auch das Fleisch bekommen. [35]) Die erste Satzhälfte (אשם הוא) verlangt, dass die Priester einen Teil daran haben, da es ja als Schuldopfer bezeichnet wird (vgl. 3. B. M. 6, 22 u. 7, 6); die zweite Satzhälfte aber (אשם אשם לה׳) schreibt vor, dass es ganz dem Ewigen gehören soll. Beiden Forderungen wird man gerecht, wenn das Fleisch dem Altar und die Haut den Priestern übergeben wird, wie es beim Ganzopfer der Fall ist. [36]) 2. Kön. 12, 17. [37]) Nach dem ganzen Zusamenhange kann dort לא יובא בית ה׳ („es soll nicht in das Haus Gottes gebracht werden") keineswegs den Sinn haben, dass es nicht zu Opfern verwendet werden darf. Der König Joas hatte gewisse Einnahmen des Heiligtums, insbesondere die freiwilligen Geschenke an den Tempelschatz zur Ausbesserung des Gotteshauses bestimmt. Da die Priester sich saumselig zeigten, stellte der Hohepriester Jojada'

ABSCHNITT VII.

פרק ז.

א מָעוֹת שֶׁנִּמְצְאוּ בֵּין הַשְּׁקָלִים לַנְּדָבָה, קָרוֹב לַשְּׁקָלִים, יִפְּלוּ לַשְּׁקָלִים, קָרוֹב לַנְּדָבָה, יִפְּלוּ לַנְּדָבָה, מֶחֱצָה לְמֶחֱצָה, יִפְּלוּ לַנְּדָבָה. בֵּין עֵצִים לַלְּבוֹנָה, קָרוֹב לָעֵצִים, יִפְּלוּ לָעֵצִים, לַלְּבוֹנָה, יִפְּלוּ לַלְּבוֹנָה, מֶחֱצָה לְמֶחֱצָה, יִפְּלוּ לַלְּבוֹנָה. בֵּין קִנִּין לְגוֹזָלֵי עוֹלָה, קָרוֹב לְקִנִּין, יִפְּלוּ לְקִנִּין, לְגוֹזָלֵי עוֹלָה, יִפְּלוּ לְגוֹזָלֵי עוֹלָה, מֶחֱצָה לְמֶחֱצָה, יִפְּלוּ לְגוֹזָלֵי עוֹלָה. בֵּין חֻלִּין לְמַעֲשֵׂר שֵׁנִי, קָרוֹב לְחֻלִּין, יִפְּלוּ לְחֻלִּין, לְמַעֲשֵׂר שֵׁנִי, יִפְּלוּ לְמַעֲשֵׂר שֵׁנִי, מֶחֱצָה לְמֶחֱצָה,

1. Geld, das zwischen der Schekel- und der Spendenbüchse [1]) gefunden wird, fällt der Schekelkasse zu, wenn es dieser näher liegt [2]); liegt es der Spendenkasse näher, so fällt es dieser zu; ist es von beiden gleich weit entfernt, so fällt es der Spendenkasse zu [3]). Wird es zwischen der Holz- und der Weihrauchkasse [1]) gefunden, so ist es, wenn es jener näher liegt, für Holz, wenn dieser, für Weihrauch, bei gleicher Entfernung aber für Weihrauch auszugeben [4]). Findet es sich zwischen der mit „Vogelopfer" und der mit „Tauben zum Ganzopfer" bezeichneten Büchse [1]), so wird es, wenn es jener näher liegt, zu Vogelopfern, wenn es dieser näher liegt, zu Taubenganzopfern, und wenn es zwischen beiden in der Mitte liegt, ebenfalls zu Taubenganzopfern verwendet [5]). Wird es zwischen Unheiligem und zweitem Zehnt [6]) gefunden, so ist es, wenn es jenem näher liegt, als Unheiliges, wenn diesem, als zweiter Zehnt, bei

---

einen verschlossenen Kasten, in dessen Tür er eine schmale Oeffnung geschnitten hatte, in der Nähe des Altars auf und sorgte dafür, dass die reichlich zuströmenden Spenden keinem andern Zwecke zugeführt wurden als der Bezahlung der Maurer und Zimmerer, die den Tempel wieder in Stand setzten (das. 5—16). „Geld vom Schuldopfer aber sowie Geld von Sündopfern sollte nicht dem Hause des Ewigen zugeführt werden, das sollte den Priestern zu Gute kommen". Dass man das zum Ankauf von Opfertieren geweihte Geld nicht seiner Bestimmung entziehen und dem Tempelschatze zuwenden darf, ist zu selbstverständlich, als dass Jojada' es bei dieser Gelegenheit ausdrücklich zu betonen Veranlassung gehabt hätte. Es kann sich also nur um die Ueberschüsse solchen Geldes handeln. Sie dürfen ebenfalls nicht zur Ausbesserung des Tempels benutzt und so den Priestern völlig entzogen werden; vielmehr müssen auch diese einen kleinen Anteil an ihnen haben. Sie können daher nur zu Ganzopfern Verwendung finden.

[1]) s. VI 5. [2]) Weil die grössere Wahrscheinlichkeit dafür spricht, dass es aus der Schekelbüchse gefallen ist. [3]) Das Geld der Spendenbüchse wurde nur zum Ankauf von Ganzopfern verwendet (VI 6), die Schekelsteuer aber auch zur Befestigung der Stadt und ähnlichen gemeinnützigen Zwecken (IV 2). Folglich wohnt der „Spende" eine höhere Heiligkeit inne. Im Zweifel aber ist in erschwerendem Sinne zu entscheiden, wie es am Schluss der Mischna heisst. [4]) Weihrauch wurde als Opfer auf den Altar gebracht, Holz aber nur als Brennstoff für die Opfer. [5]) Aus der einen Kasse wurden nur Ganzopfer, aus der andern auch Sündopfer dargebracht; diese aber, deren Fleisch von den Priestern verzehrt wurde, haben eine geringere Heiligkeit als jene, deren Fleisch vom Altarfeuer verzehrt wurde. [6]) Von Getreide, Wein und Oel wurde ausser der „Priesterhebe" und dem den Leviten gebührenden „ersten Zehnt" noch ein „zweiter Zehnt" (מעשר שני) abgesondert, der in Jerusalem verzehrt werden musste. War die Entfernung zu gross, so konnte es gegen geprägte Münzen ausgelöst werden, auf die sich dann die Heiligkeit des „zweiten Zehnt" übertrug (5. B. M. 14, 22—26). Daher wurde dieses

יִפְּלוּ לְמַעֲשֵׂר שֵׁנִי. זֶה הַכְּלָל, הוֹלְכִין
אַחַר הַקָּרוֹב לְהָקֵל, מֶחֱצָה לְמֶחֱצָה
לְהַחְמִיר: ב מָעוֹת שֶׁנִּמְצְאוּ לִפְנֵי
סוֹחֲרֵי בְהֵמָה, לְעוֹלָם מַעֲשֵׂר. בְּהַר
הַבַּיִת, חֻלִּין, בִּירוּשָׁלַיִם, בִּשְׁעַת הָרֶגֶל
מַעֲשֵׂר, וּבִשְׁאָר כָּל יְמוֹת הַשָּׁנָה
חֻלִּין: ג בָּשָׂר שֶׁנִּמְצָא בָעֲזָרָה, אֵבָרִין
עוֹלוֹת, וַחֲתִיכוֹת חַטָּאוֹת, בִּירוּשָׁלַיִם,
זִבְחֵי שְׁלָמִים. זֶה וָזֶה, תְּעֻבַּר צוּרָתוֹ,
וְיֵצֵא לְבֵית הַשְּׂרֵפָה. נִמְצָא בַגְּבוּלִין,

gleicher Entfernung aber als zweiter Zehnt zu behandeln [7]). Im allgemeinen richtet man sich nach der grössern Nähe [selbst] in erleichterndem Sinne, bei gleicher Entfernung aber ist zu erschweren. **2.** Wird Geld vor den Viehhändlern [8]) gefunden, so ist es stets [9]) als Zehnt zu behandeln [10]), auf dem Tempelberge, so ist es als Unheiliges zu betrachten [11]); findet man es in Jerusalem [12]) zur Festzeit [13]), so ist es als zweiter Zehnt, an allen anderen Tagen des Jahres, so ist es als Unheiliges anzusehen [14]). **3.** Findet man Fleisch in der Opferhalle, so sind in den ganzen Gliedern Ganzopfer, in den zerschnittenen Stücken Sündopfer zu vermuten [15]); findet man welches in Jerusalem [16]), so ist es als Friedensopfer anzusehen [17]). Ob so oder so [18]), lässt man sein Aussehen verkommen [19]) und schafft es hernach in den Verbrennungsraum [20]). Wird in der Provinz welches gefunden, so sind

---

Geld getrennt von anderm Gelde aufbewahrt. [7]) Es muss also nach der heiligen Stadt gebracht und dort für Nahrungsmittel ausgegeben werden (das. 25—26). [8]) in Jerusalem. Für Geld von zweitem Zehnt wurde gewöhnlich Vieh zu Friedensopfern gekauft. [9]) nicht bloss während der Festzeit (vgl. Anm. 13). [10]) Obgleich einer der Verkäufer es verloren haben könnte, in deren Händen seine Heiligkeit durch Uebergang auf die Ware schon erloschen ist, darf es doch des Zweifels wegen, zumal die Käufer die Mehrheit bilden, nur zum Ankauf in Jerusalem zu verzehrender Lebensmittel verwendet werden; denn die Fremden, die zur Festzeit ihr heiliges Geld nach der auserwählten Stadt bringen, überlassen es, wenn sie selbst es nicht verbrauchen konnten, ihren dort lebenden Freunden und Verwandten, die es im Laufe des Jahres nach und nach in Friedensopfern ausgeben. [11]) selbst während der Festzeit, weil man mit einem Geldbeutel (סונדה = f u n d a) den Tempelberg nicht betreten durfte (Mischna Berachot g. Ende, noch deutlicher Tosefta das.: במעות הצרורות לו בסדינו). Es ist daher anzunehmen, dass das gefundene Geld einem der Kaufleute und Handwerker abhanden gekommen, die es aus der Tempelkasse für ihre Lieferungen oder Leistungen erhalten hatten (s. Jeruschalmi z. St.; anders Raschi in Pesaḥim 7a). [12]) d. h. in den ü b r i g e n Teilen der Stadt, ausser dem Viehmarkte und dem Tempelberge. [13]) in der die Männer aus allen Teilen des Landes nach der heiligen Stadt strömten (5. B. M. 16, 16), bei welcher Gelegenheit sie auch ihr Geld vom „zweiten Zehnt" mitbrachten. [14]) selbst unmittelbar nach dem Feste, weil die Strassen Jerusalems täglich gefegt wurden. [15]) Das Ganzopfer wurde nach der in Tamid (IV 2—3) beschriebenen Anordnung zerlegt. Die einzelnen Glieder mussten unzerschnitten auf den Altar gebracht werden. Dagegen wurde das Fleisch der Sündopfer (und ebenso der Schuldopfer) von den Priestern, die es unter sich teilten, in beliebige Stücke zerschnitten. Fleisch von Friedensopfern bildete in der Opferhalle die Minderheit. [16]) im ü b r i g e n Jerusalem, ausserhalb der Opferhalle (vgl. Anm. 12). [17]) Andere Opfer durften ausserhalb des Heiligtums nicht gegessen werden. [18]) Wo immer und wie immer es in der heiligen Stadt gefunden wurde, ob inner- oder ausserhalb der Opferhalle, ob in ganzen Gliedern oder in Stücke geschnitten, ob es nun von Ganz-, Sünd- oder Friedensopfern herrührt, kann es niemals seiner mutmasslichen Bestimmung zugeführt werden, da es inzwischen durch Unreinheit oder einen ähnlichen Makel unbrauchbar geworden sein kann. Da dies aber nicht sicher ist, kann man es auch nicht ohne weiteres wie untaugliche Opfer verbrennen, weil man Heiliges, solange es seine Weihe nicht eingebüsst hat, nicht vernichten darf. Man lässt es daher liegen, bis es sein gutes Aussehen verliert, und verbrennt es nachher. [19]) s. Pesaḥim VII Anm. 52. [20]) s. das. VIII

אֶבָרִין נְבֵלוֹת, חֲתִיכוֹת מֻתָּרוֹת. וּבִשְׁעַת הָרֶגֶל, שֶׁהַבָּשָׂר מְרֻבֶּה, אַף אֶבָרִין מֻתָּרִין: ד בְּהֵמָה שֶׁנִּמְצֵאת מִירוּשָׁלַיִם וְעַד מִגְדַּל עֵדֶר, וּכְמִדָּתָהּ לְכָל רוּחַ, זְכָרִים עוֹלוֹת, נְקֵבוֹת זִבְחֵי שְׁלָמִים. רַבִּי יְהוּדָה אוֹמֵר, הָרָאוּי לִפְסָחִים, פְּסָחִים, קוֹדֶם לָרֶגֶל שְׁלֹשִׁים יוֹם: ה בָּרִאשׁוֹנָה הָיוּ מְמַשְׁכְּנִין אֶת מוֹצְאֶיהָ, עַד שֶׁהוּא מֵבִיא נְסָכֶיהָ. חָזְרוּ לִהְיוֹת מַנִּיחִין אוֹתָהּ וּכוֹרְחִין, הִתְקִינוּ בֵּית דִּין, שֶׁיְּהוּ נְסָכֶיהָ בָּאִין מִשֶּׁל צִבּוּר: ו אָמַר רַבִּי שִׁמְעוֹן, שִׁבְעָה דְבָרִים הִתְקִינוּ בֵית דִּין, וְזֶה אֶחָד מֵהֶן. נָכְרִי שֶׁשָּׁלַח עוֹלָתוֹ מִמְּדִינַת הַיָּם, וְשָׁלַח עִמָּהּ נְסָכִים, קְרֵבִין מִשֶּׁלּוֹ, וְאִם לָאו, קְרֵבִין מִשֶּׁל צִבּוּר. וְכֵן גֵּר שֶׁמֵּת וְהִנִּיחַ זְבָחִים, אִם יֵשׁ לוֹ נְסָכִים, קְרֵבִין מִשֶּׁלּוֹ, וְאִם לָאו, קְרֵבִין מִשֶּׁל

ganze Glieder als Gefallenes anzusehen [21]), zerschnittene Stücke aber erlaubt [22]); zur Festzeit jedoch, wo es viel Fleisch gibt, sind auch ganze Glieder erlaubt. **4**. Findet man Vieh von Jerusalem bis Migdal ‘Eder [23]) oder in gleicher Entfernung nach jeder Himmelsrichtung, sind die Männchen als Ganzopfer und die Weibchen als Friedensopfer zu betrachten [24]). R. Jehuda sagt: Was sich zum Pesachopfer eignet [25]), ist als solches anzusehen, wenn es innerhalb der dreissig Tage vor dem Feste gefunden wird [26]). **5.** Früher wurde der Finder gepfändet, damit er die zugehörigen Wein- und Mehlopfer [27]) bringe. Als man aber dazu überging, den Fund im Stiche zu lassen und zu entfliehen, ordnete der Gerichtshof [28]) an, dass die Mehl- und Weinopfer aus öffentlichen Mitteln [29]) gedeckt werden sollen. **6.** R. Simon sagte: Sieben Einrichtungen hat der Gerichtshof getroffen, und diese war eine von ihnen. Hat ferner ein Nichtjude, der sein Ganzopfer aus überseeischem Lande hersendet, die Mehl- und Weinopfer mitgeschickt, so werden sie von seinem Eigentum dargebracht, wo nicht, so werden sie aus öffentlichen Mitteln dargebracht. Desgleichen, wenn bei einem Bekehrten, der bei seinem Tode Schlachtopfer hinterlässt, Wein- und Mehlopfer vorhanden sind [30]), so werden sie von seinem Eigentum dargebracht, wo nicht, so werden sie aus öffentlichen Mitteln dargebracht [31]). Auch ist es eine

---

Anm. 18 und IX Anm. 49. [21]) Sie sind wahrscheinlich gar nicht verloren, sondern weggeworfen worden. — „Gefallenes“ (man versteht darunter jedes tote Tier, das nicht vorschriftsmässig geschlachtet wurde) darf nicht gegessen werden (5. B. M. 14, 21); wer es berührt oder trägt, ist unrein (3. B. M. 11, 39—40). [22]) Verbotenes Fleisch würde man sich nicht erst zu zerschneiden die Mühe genommen haben. Voraussetzung ist, dass die meisten Einwohner Israeliten sind. [23]) 1. B. M. 35, 21. [24]) Das in der Umgebung Jerusalems weidende Vieh bestand zum grössten Teil aus Opfertieren. Unter diesen waren die männlichen meist Ganzopfer, die weiblichen aber, da sie sich zu Ganzopfern nicht eigneten (3. B. M. 1, 3), meist Friedensopfer. [ובבבלי קדושין ריש דף נ״ה מקשינן עלה אלא זכרים עולות חוא דהוו זבחי שלמים לא הוו ומוקי לה רבי אושעיא בבא לחוב בדמיהן וקאמר ר׳ יוחנן (ריש עמוד ב׳) שממתינן לה עד שתומם ומייתי שתי בחמות ומתנח ומסקינן דמייתי נמי תודה ומייתי נמי לחם ולא זכיתי להבין הא תנן עלה בראשונה היו ממשכנין את מוצאיה ואיך אפשר לומר בבא לחוב בדמיה .עסקינן אם בדמי נסכים אינו רוצה לחוב בדמי שלש בהמות ולחמי תודה על אחת כמה וכמה] [25]) zum Pesachopfer eignet sich nur männliches Kleinvieh im ersten Lebensjahre (2. B. M. 12, 5). [26]) Dreissig Tage vor dem Pesachfeste pflegte man schon das Pesachopfer auszuwählen und seinem Zwecke zu weihen. [27]) s. Kap. V Anm. 15. [28]) die höchste Behörde in religiösen Angelegenheiten. [29]) aus der Kammerhebe (IV 1). [30]) die er vor seinem Tode diesem Zwecke geweiht hat. [31]) War es aber ein

Verfügung [32]) des Gerichtshofes, dass nach dem Tode des Hohenpriesters [33]) sein Mehlopfer [34]) aus öffentlichen Mitteln dargebracht werde. [R. Jehuda dagegen meint: aus den Mitteln der Erben.] Es wurde übrigens ganz dargebracht [35]). **7.** Ferner bezüglich des Salzes und des Holzes [36]), dass den Priestern ihre Benutzung freistehe [37]); hinsichtlich der Kuh [38]), dass ihre Asche nicht dem Gesetz über Veruntreuung [39]) unterliege; endlich in Betreff der untauglich gewordenen Vogelopfer [40]), dass sie aus öffentlichen Mitteln ersetzt werden. R. Jose sagt: Wer die Vogelopfer liefert, muss die untauglich gewordenen ersetzen [41]).

צִבּוּר. וּתְנַאי בֵּית דִּין הוּא עַל כֹּהֵן גָּדוֹל שֶׁמֵּת, שֶׁתְּהֵא מִנְחָתוֹ קְרֵבָה מִשֶּׁל צִבּוּר. רַבִּי יְהוּדָה אוֹמֵר, מִשֶּׁל יוֹרְשִׁין. וּשְׁלֵמָה הָיְתָה קְרֵבָה: ז עַל הַמֶּלַח וְעַל הָעֵצִים שֶׁיְּהוּ הַכֹּהֲנִים נֵאוֹתִים בָּהֶן, וְעַל הַפָּרָה שֶׁלֹּא יְהוּ מוֹעֲלִין בְּאֶפְרָהּ, וְעַל הַקִּנִּין הַפְּסוּלוֹת שֶׁיְּהוּ בָאוֹת מִשֶּׁל צִבּוּר. רַבִּי יוֹסֵי אוֹמֵר, הַמְסַפֵּק אֶת הַקִּנִּין, מְסַפֵּק אֶת הַפְּסוּלוֹת:

ABSCHNITT VIII.

1. Aller Speichel, der sich in Jerusalem — mit Ausnahme des obern Marktes — vorfindet, ist rein [1]).

פרק ח.

א כָּל הָרְקִין הַנִּמְצָאִין בִּירוּשָׁלַיִם טְהוֹרִין, חוּץ מִשֶּׁל שׁוּק הָעֶלְיוֹן, דִּבְרֵי

---

im Judentum Geborener oder auch ein Bekehrter, dem nach seinem Uebertritt noch Kinder geboren wurden, so bestreiten seine Erben die Kosten der Mehl- und Weinopfer. [ולכאורה יש לדקדק למה מנה אותן שלש תקנות הא כולא חדא תקנתא היא בכל מקום שאי אפשר לתביא הנסכים מנכסי בעל הקרבן שיהיו באין משל צבור דמה לי מציאה מה לי נכרי מה לי גר ואפשר לומר דדוקא בהנך תלתא עבדי תקנתא אבל לא בכל מקום תדע מדקתני נכרי ששלח עולתו ממדינת הים משמע אבל ישראל לא].

[32]) תנאי eig. = Bedingung. Ihr Verfügungsrecht über die Tempelsteuer beruht nämlich darauf, dass sie die Verwaltung unter der stillschweigenden Bedingung übernommen haben, die öffentlichen Mittel, wo es ihnen notwendig erscheint, auch Privatzwecken zuwenden zu dürfen. [33]) bis zur Einsetzung seines Nachfolgers. [34]) s. 3. B. M. 6, 13—15. Nach der Ueberlieferung wird dieses Opfer von den gewöhnlichen Priestern am Tage ihrer Weihe, vom Hohenpriester aber täglich dargebracht. [35]) Das ist ein selbständiger Satz, der nicht mehr von R. Jehuda herrührt. Es ist vielmehr die allgemeine und unbestrittene Ansicht, dass das Mehlopfer des Hohenpriesters, das er täglich in zwei Hälften, die eine morgens, die andere abends darbringt, nach seinem Tode, sei es von seinen Erben, sei es aus öffentlichen Mitteln, ungeteilt dargebracht wird, also ein ganzes ‘Omer (= $^1/_{10}$ Efa) morgens und ein ganzes ‘Omer abends. [36]) das aus den öffentlichen Mitteln der Kammerhebe beschafft wurde. [37]) zur Bereitung ihrer Speisen, jedoch nur solcher, die ihnen als ihr Anteil an den Opfern zugewiesen werden. [38]) s. 4. B. M. 19, 1—9. [39]) s. 3. B. M. 5, 14—16. [40]) Wer ein Vogelopfer darzubringen verpflichtet war, warf einen entsprechenden Geldbetrag in die zu diesem Zwecke im Heiligtum aufgestellte Büchse (Kap. VI Anm. 32) und brauchte sich weiter nicht darum zu kümmern. Die Priester besorgten alles übrige. Wenn nun eine der Tauben vor vollendeter Opferhandlung untauglich wurde, und eine andere an ihrer Stelle dargebracht werden musste, wer soll die Kosten tragen, da die Person, der das Opfer gilt, nicht mehr festgestellt werden kann? Nach R. Simon die Kammer, nach R. Jose der Lieferant. [41]) Ebenso wie er (oben Kap. IV Ende) für Wein und Oel Ersatz leistet, selbst wenn diese Waren erst nach der Uebergabe verdarben.

[1]) In der Provinz legten die unrein Gewordenen mit Ausnahme der Priesterfamilien und einiger durch besondere Frömmigkeit ausgezeichneter Häuser (der sogenannten Ḥaberim; s. Demai II, 3) ausserhalb der Festzeiten wenig Wert auf die

רַבִּי מֵאִיר. רַבִּי יוֹסֵי אוֹמֵר, כִּשְׁאָר
יְמוֹת הַשָּׁנָה, שֶׁבָּאֶמְצַע טְמֵאִין
וְשֶׁבַּצְּדָדִין טְהוֹרִין, וּבִשְׁעַת הָרֶגֶל,
שֶׁבָּאֶמְצַע טְהוֹרִין וְשֶׁבַּצְּדָדִין טְמֵאִין,
שֶׁמִּפְּנֵי שֶׁהֵן מוּעָטִין מִסְתַּלְּקִין
לַצְּדָדִין: ב כָּל הַכֵּלִים הַנִּמְצָאִים
בִּירוּשָׁלַיִם, דֶּרֶךְ יְרִידָה לְבֵית
הַטְּבִילָה, טְמֵאִין, דֶּרֶךְ עֲלִיָּה, טְהוֹרִין,
שֶׁלֹּא כְּדֶרֶךְ יְרִידָתָן עֲלִיָּתָן, דִּבְרֵי רַבִּי
מֵאִיר. רַבִּי יוֹסֵי אוֹמֵר, כֻּלָּן טְהוֹרִין,
חוּץ מִן הַסַּל וְהַמַּגְרֵפָה וְהַמַּרְצֵּה,
הַמְיוּחָדִין לַקְּבָרוֹת: ג סַכִּין שֶׁנִּמְצֵאת
בְּאַרְבָּעָה עָשָׂר, שׁוֹחֵט בָּהּ מִיָּד:
בִּשְׁלֹשָׁה עָשָׂר, שׁוֹנֶה וּמַטְבִּיל.

Dies die Worte des R. Meïr. R. Jose sagt: An den übrigen Tagen des Jahres gehen die Unreinen in der Mitte [der Strasse] und die Reinen an den Seiten [2]), zur Festzeit aber gehen die Reinen in der Mitte und die Unreinen an den Seiten, denn weil ihrer nur wenige sind, ziehen sie sich nach den Seiten zurück. **2.** Alle Geräte, die in Jerusalem gefunden werden, sind unrein, wenn sie so daliegen, wie man sie zum Reinigungsbade hinabträgt; liegen sie aber so da, wie man sie hinaufzutragen pflegt, sind sie rein. Denn nicht so, wie sie hinunterkommen, kommen sie wieder herauf [4]). So die Worte des R. Meïr. R. Jose meint: Sie alle sind rein mit Ausnahme des Korbes, der Schaufel [5]) und des Spatens [6]), die ausschliesslich zur Leichenbestattung dienen. **3.** Findet man ein Schlachtmesser am „Vierzehnten“ [7]), darf man damit ohne weiteres schlachten; findet man es am Dreizehnten, so muss es nochmals ins Reinigungsbad getaucht werden [8]).

Wiedererlangung ihrer Reinheit. Darum musste dort jeder Speichel unbekannter Herkunft als unrein gelten. In Jerusalem dagegen, wo sehr viel Opferfleisch gegessen wurde (vgl. Kap. VII Anm. 8 u. 10), achtete die jüdische Bevölkerung, die in allen Stadtvierteln mit Ausnahme des „obern Marktes“ die überwiegende Mehrheit bildete, mit grossem Eifer darauf, die etwa verlorene Reinheit so bald als möglich wiederzuerlangen. [2]) Wörtlich: sind die in der Mitte Befindlichen unrein und die an den Seiten Befindlichen rein. Es liegt wohl nahe, diese Bezeichnungen nicht auf Personen, sondern auf die im ersten Satze erwähnten רוקין zu beziehen; die Schlussworte aber (שמפני שהן מועטין מסתלקין לצדדין), in denen von Personen die Rede ist, lassen es als wahrscheinlich erscheinen, dass auch unter שבאמצע und שבצדדין solche zu verstehen sind. [3]) An den Festtagen waren auch die zahlreich aus der Provinz herbeiströmenden Fremden frei von jeder Unreinheit. [4]) Andere Lesart: שלא כירידתן עלייתן. Auf dem Wege zum Reinigungsbade sind die Geräte trocken, auf dem Rückwege nass. Auch pflegt man sie in der Regel mit der Spitze nach vorn zu tragen, so dass man meistens schon aus der Richtung des oberen Endes erkennen kann, ob sie auf dem Hin- oder Rückwege verloren wurden (vgl. Maimunis Kommentar z. St.). Nach Raschi (Pesaḥim 19b) ist hier דרך wörtlich zu nehmen und demgemäss zu übersetzen: „Alle Geräte, die in Jerusalem gefunden werden, sind unrein, wenn sie auf dem Wege liegen, der zum Reinigungsbade hinabführt; liegen sie aber auf dem aufwärts führenden Wege, sind sie rein. Man trägt sie nämlich nicht auf demselben Wege hinauf, auf dem man sie hinunterträgt“. Nach dieser Auffassung erwartet man aber im Hauptsatze: בדרך ירידה und בדרך עלייה mit ב sowie in der Begründung: שאין דרך ירידתו דרך עלייתו, das Suffix auf בית הטבילה bezogen. [5]) מגרפה v. גרף (Schabbat III, 1, Pesaḥim IV, 7, Jom tob IV 5 u. ö.) = zusammenscharren. [6]) מרצה v. רצץ = spalten, zerschlagen. [7]) des Monats Nisan. [8]) Unreine Geräte werden in der Regel (vgl. Anm. 18 u. 21) erst nach Ablauf des Tages, an welchem sie ins Reinigungsbad getaucht wurden, wieder rein. Daher müssen die Schlachtmesser, die am Nachmittage des 14. Nisan zum Pesachopfer verwendet werden sollen, schon am vorhergehenden Tage ins Bad getaucht werden. Findet man also ein solches am Rüsttage des Pesachfestes, so darf man annehmen, dass es schon ge-

וְקֻפִּיץ בֵּין בָּזֶה וּבֵין בָּזֶה שׁוֹנֶה וּמַטְבִּיל. חָל אַרְבָּעָה עָשָׂר לִהְיוֹת בְּשַׁבָּת, שׁוֹחֵט בָּהּ מִיָּד. בַּחֲמִשָּׁה עָשָׂר שׁוֹחֵט בָּהּ מִיָּד. נִמְצֵאת קְשׁוּרָה לְסַכִּין הֲרֵי זוֹ כְסַכִּין: ד פָּרֹכֶת שֶׁנִּטְמֵאת בְּוְלַד הַטֻּמְאָה, מַטְבִּילִין אוֹתָהּ בִּפְנִים, וּמַכְנִיסִין אוֹתָהּ מִיָּד. וְאֵת שֶׁנִּטְמֵאת בְּאַב הַטֻּמְאָה, מַטְבִּילִין אוֹתָהּ בַּחוּץ, וְשׁוֹטְחִין אוֹתָהּ בַּחֵיל, מִפְּנֵי שֶׁצְּרִיכָה הֶעֱרֵב שֶׁמֶשׁ. וְאִם הָיְתָה חֲדָשָׁה, שׁוֹטְחִין אוֹתָהּ עַל גַּג הָאִצְטְבָא, כְּדֵי שֶׁיִּרְאוּ הָעָם אֶת מְלַאכְתָּהּ, שֶׁהִיא נָאָה: ה רַבָּן שִׁמְעוֹן בֶּן גַּמְלִיאֵל אוֹמֵר מִשּׁוּם רַבִּי

Ein Hackmesser [9]) muss man in diesem wie in jenem Falle nochmals untertauchen [10]). Fällt der Vierzehnte auf einen Sabbat, so darf man ohne weiteres damit schlachten [11]); [findet man es] am Fünfzehnten [12]), darf man ohne weiteres damit schlachten [13]); findet es sich mit einem Schlachtmesser zusammengebunden, so ist es diesem gleich zu achten [14]). **4.** Wurde der Vorhang [15]) unrein, so wird er, wenn es durch übertragene Unreinheit [16]) geschah, drinnen [17]) ins Reinigungsbad getaucht und sofort wieder hereingebracht [18]); geschah es aber durch einen Herd der Unreinheit [16]), so wird er draussen [19]) untergetaucht und im Ḥêl [20]) ausgebreitet, da er des Sonnenuntergangs bedarf [21]). Ist es ein neuer Vorhang, breitet man ihn auf das Dach des Säulenganges [22]), damit die Leute das schöne Kunstwerk bewundern können. **5.** Rabban Simon ben Gamliel

---

reinigt ist; findet man es aber am 13. Nisan, so kann man das nicht voraussetzen, da die Person, die es verlor, ja noch bis zum Abend Zeit hatte die Reinigung vorzunehmen. Der Ausdruck שונה ומטביל (nochmals untertauchen) ist mit Rücksicht auf die Möglichkeit gewählt, dass der Eigentümer es doch schon gereinigt hatte, als es ihm abhanden kam. [9]) קופיץ (= κοπίς) ist ein Küchenmesser, mit dem man insbesondere Knochen durchhackt (s. z. B. Pesaḥim VII 12), das aber auch als Schlachtmesser dienen kann. [10]) wenn man es nach Anbruch der Nacht benutzen will. Selbst wenn es am 14. Nisan gefunden wird, ist nicht anzunehmen, dass es schon am Tage vorher gereinigt wurde, weil es in der Regel nicht zum Schlachten am Rüsttage des Festes, sondern erst in der Festnacht selbst gebraucht wird, so dass der Eigentümer, der es verlor, mit der Reinigung bis zum Vorabend warten konnte. [11]) Am Sabbat darf man wohl das Pesachopfer schlachten, aber keine Geräte reinigen. Wenn daher der Eigentümer das Hackmesser am Feste benutzen wollte, musste er es schon am Freitag, dem 13. Nisan, gereinigt haben. Folglich darf der Finder es am 14. sofort in Gebrauch nehmen, um sein Pesachopfer damit zu schlachten. [12]) Der 15. Nisan ist ein Feiertag, an dem man unreine Geräte ebensowenig wie am Sabbat ins Bad tauchen darf. [13]) Am Feiertage ist im Gegensatz zum Sabbat das Schlachten privater Festopfer und beliebiger, zum Genuss erlaubter Tiere gestattet. Vom Pesachopfer ist selbstverständlich an dieser Stelle nicht mehr die Rede. [14]) Man darf also das Hackmesser in diesem Falle sofort in Gebrauch nehmen, auch wenn der Fund am 14. Nisan gemacht wurde und dieser nicht auf Sabbat fiel. [15]) des Heiligtums. [16]) s. Pesaḥim Kap. I Anm. 26—29. [17]) in einem dazu eingerichteten Raume des Heiligtums. [18]) Nach biblischer Satzung kann sich solche Unreinheit auf Geräte nicht mehr weiter übertragen. Mithin ist der Vorhang nur auf Grund rabbinischer Bestimmung unrein und kann daher sofort nach dem Reinigungsbade wieder an seinem Orte aufgehängt werden, ohne dass man erst den Sonnenuntergange abzuwarten brauchte. [19]) in einem ungeweihten Teile des Tempelberges. Unreine Geräte wurden ebensowenig wie unreine Menschen im Heiligtum und seinem Vorhofe geduldet. [20]) So hiess der Raum zwischen der Gitterwand und der Frauenhalle ausserhalb des Vorhofs zum Heiligtume (Middot II, 3). [21]) Wurde ein Gerät durch einen Herd der Unreinheit infiziert, so war es nach biblischer Satzung unrein und konnte daher durch das Reinigungsbad erst mit Ablauf des Tages die verlorene Reinheit wiedererlangen (s. z. B. 4. B. M. 11, 32). [22]) s. Pesaḥim I Anm. 22.

berichtet im Namen des Vorstehers R. Simon: Der Vorhang hatte die Dicke einer Handbreite [23]) und war auf zweiundsiebenzig Schnüren [24]) gewoben, deren jede aus vierundzwanzig Fäden bestand; er hatte eine Länge von vierzig Ellen, eine Breite von zwanzig Ellen [25]) und wurde von zweiundachtzig jungen Mädchen [26]) angefertigt. Jährlich machte man zwei, und dreihundert Priester tauchten ihn ins Bad [27]). **6.** Wenn das Fleisch hochheiliger Opfer [28]) unrein wurde, sei es durch einen Herd der Unreinheit [16]) sei es durch übertragene Unreinheit [16]), sei es drinnen, sei es draussen, so muss es nach Ansicht der Schule Schammais in allen Fällen drinnen verbrannt werden, mit Ausnahme des Falles, in welchem es durch einen Herd der Unreinheit draussen unrein würde, während es nach Ansicht der Schule Hillels in allen Fällen draussen zu verbrennen ist, mit Ausnahme des Falles, in welchem es durch eine übertragene Unreinheit drinnen unrein geworden. **7.** R. Eli'ezer meint: Was durch einen Herd der Unreinheit, sei es drinnen, sei es draussen, unrein

שִׁמְעוֹן הַסְּגָן, פָּרֹכֶת עָבְיָהּ טֶפַח, וְעַל שִׁבְעִים וּשְׁנַיִם נִימִין נֶאֱרֶגֶת, וְעַל כָּל נִימָא וְנִימָא אַרְבָּעָה וְעֶשְׂרִים חוּטִין, אָרְכָּהּ אַרְבָּעִים אַמָּה, וְרָחְבָּהּ עֶשְׂרִים אַמָּה, וּמִשְּׁמוֹנִים וּשְׁתַּיִם רִיבוֹת נַעֲשֵׂית, וּשְׁתַּיִם עוֹשִׂין בְּכָל שָׁנָה, וּשְׁלֹשׁ מֵאוֹת כֹּהֲנִים מַטְבִּילִין אוֹתָהּ:
ו בְּשַׂר קָדְשֵׁי הַקֳּדָשִׁים שֶׁנִּטְמָא, בֵּין בְּאַב הַטֻּמְאָה בֵּין בִּוְלַד הַטֻּמְאָה, בֵּין בִּפְנִים בֵּין בַּחוּץ, בֵּית שַׁמַּאי אוֹמְרִים, הַכֹּל יִשָּׂרֵף בִּפְנִים, חוּץ מִשֶּׁנִּטְמָא בְּאַב הַטֻּמְאָה בַּחוּץ. וּבֵית הִלֵּל אוֹמְרִים, הַכֹּל יִשָּׂרֵף בַּחוּץ, חוּץ מִשֶּׁנִּטְמָא בִּוְלַד הַטֻּמְאָה בִּפְנִים:
ז רַבִּי אֱלִיעֶזֶר אוֹמֵר, אֶת שֶׁנִּטְמָא בְּאַב הַטֻּמְאָה, בֵּין בִּפְנִים בֵּין בַּחוּץ,

---

[23]) etwa 8 cm. [24]) In Ḥullin 90 b lesen unsere Ausgaben: גירין, das sind die Litzen, durch deren Ringe oder Schleifen die Kettenfäden gezogen werden. [25]) Demnach können die Schnüre nicht rund gewesen sein. 20 Ellen sind nämlich = 120 Handbreiten; folglich musste jede der 72 Schnüre, welche die Kette des Gewebes bildeten, eine Breite von $1\frac{2}{3}$ Handbreiten ($13\frac{1}{3}$ cm.) haben. Wäre dies ihr Durchmesser, so hätte die Dicke des Vorhangs ebenfalls $1\frac{2}{3}$ und nicht blos 1 Handbreite betragen. Vielleicht waren die Schnüre so geflochten, dass von den 24 Fäden je vier auf die Dicke und je 6 auf die Breite entfielen. Hatte nun jeder Faden einen Durchmesser von 2 cm (= $\frac{1}{4}$ טפח) so betrug die Dicke 8 cm (= 1 טפח) und die Breite 12 cm (= $1\frac{1}{2}$ טפח). Es fehlt nur noch ein $\frac{1}{6}$ טפח (= $1\frac{1}{3}$ cm), das wohl auf Rechnung des Zwischenraumes zu setzen ist, welcher zwischen je zwei Schnüren für den Einschlag offen blieb. [26]) Die Lesart ריבוא (= Myriaden), die mit Unrecht bevorzugt wird, fordert eine nähere Bestimmung, welche die Mischna vermissen lässt, und die Kommentatoren teils durch „Denare" teils durch „Fäden" ergänzen. 820000 Denare sind eine grosse Summe, wenn es auch nur Silberdenare und nicht, wie R. 'Obadja will, Golddenare wären (1 Golddenar = 25 Silberdenare, etwa 16 Mark); 820000 Fäden kann man noch weniger hinnehmen, wenn man erwägt, dass zur Kette nur deren 1728 erforderlich waren. [27]) d. h. wegen seiner Schwere musste die vereinte Kraft von 300 Männern in Anspruch genommen werden, so oft er in das Reinigungsbad getaucht werden sollte. Der Talmud (Ḥullin 90 b) führt diesen Bericht als Beispiel dafür an, dass auch die Mischnalehrer mitunter an Uebertreibungen Gefallen finden. Nach Raschi (daselbst) bezieht sich diese Bemerkung auf die Zahl dreihundert, nach Maimuni (hier) auf unsere ganze Mischna. [28]) Opfer höherer Ordnung sind: Ganzopfer, Sünd- und Schuldopfer, öffentliche Friedensopfer. Wenn ihr Fleisch für seine Bestimmung untauglich wurde, musste es im Heiligtum selbst durch Feuer vernichtet werden. Andererseits durfte man nichts Unreines im Heiligtume dulden. Wie soll

יִשָּׂרֵף בַּחוּץ. וְאֵת שֶׁנִּטְמָא בִּוְלַד הַטֻּמְאָה, בֵּין בִּפְנִים בֵּין בַּחוּץ, יִשָּׂרֵף בִּפְנִים. רַבִּי עֲקִיבָה אוֹמֵר, מְקוֹם טֻמְאָתוֹ שָׁם שְׂרֵפָתוֹ: ח אֶבְרֵי הַתָּמִיד נִתָּנִין מֵחֲצִי כֶּבֶשׁ וּלְמַטָּה בַּמַּעֲרָב, וְשֶׁל מוּסָפִין נִתָּנִין מֵחֲצִי כֶּבֶשׁ וּלְמַטָּה בַּמִּזְרָח, וְשֶׁל רָאשֵׁי חֳדָשִׁים נִתָּנִין עַל כַּרְכֹּב הַמִּזְבֵּחַ מִלְמַעְלָה. הַשְּׁקָלִים וְהַבִּכּוּרִים אֵין נוֹהֲגִין אֶלָּא בִּפְנֵי הַבַּיִת, אֲבָל מַעְשַׂר דָּגָן וּמַעְשַׂר בְּהֵמָה וְהַבְּכוֹרוֹת, נוֹהֲגִין בֵּין בִּפְנֵי הַבַּיִת בֵּין שֶׁלֹּא בִּפְנֵי הַבַּיִת. הַמַּקְדִּישׁ שְׁקָלִים וּבִכּוּרִים הֲרֵי זֶה קֹדֶשׁ. רַבִּי שִׁמְעוֹן אוֹמֵר, הָאוֹמֵר בִּכּוּרִים קֹדֶשׁ, אֵינָן קֹדֶשׁ:

geworden, wird draussen verbrannt; was aber durch übertragene Unreinheit, sei es drinnen, sei es draussen, unrein wurde, wird drinnen verbrannt. R. 'Akiba sagt: Wo es unrein wurde, dort soll es verbrannt werden [29]. **8.** Die Glieder des täglichen Opfers [30] wurden auf der untern Hälfte der Rampe [31] im Westen [32] niedergelegt, die der Musafopfer [33] auf der untern Hälfte der Rampe im Osten [34], die der Neumondsopfer [35] oben auf dem Rande des Altars [36]. [Die Gesetze über] die Schekelsteuer und die Erstlinge [37] gelten nur angesichts des Tempels [38]; dagegen sind [die Bestimmungen über] Getreidezehnt [39], Viehzehnt [40] und Erstgeborene [41] vom Bestande des Tempels unabhängig. Wenn jemand Schekelsteuern und Erstlinge weiht [42], so sind sie heiliges Gut. R. Simon meint: Wenn jemand Erstlinge als heiliges Gut erklärt [43], sind sie dennoch nicht geweiht [44].

---

man nun verfahren, wenn dieses Fleisch durch Unreinheit unbrauchbar wurde? Darüber gehen die Ansichten in unserer und der folgenden Mischna auseinander. 29) gleichviel, wodurch es unrein wurde. 30) 4. B. M. 28, 3—4. Das geschlachtete Opfer wurde in der aus Tamid IV 2—3 ersichtlichen Weise in seine Glieder zerlegt, die aber nicht sofort von den durch das Los (Joma II 3) dazu bestimmten Priestern dargebracht, sondern zunächst auf die zum Altar hinaufführende Rampe gelegt wurden, um erst später zum Altar emporgetragen und dort verbrannt zu werden. 31) s. oben Kap. VI Anm. 19. 32) Andere Lesart: במזרח = „im Osten". 33) An Sabbat-, Fest- und Neumondstagen wurden ausser dem täglichen noch besondere Opfer dargebracht (4. B. M. 28, 9—29, 39). Diese werden Musafim genannt. 34) Andere Lesart: במערב = „im Westen". 35) 4. B. M. 28, 11. 36) Die Oberfläche des Opferaltars mass 28 Ellen im Geviert, die Feuerstätte aber nur 24 Ellen. Es blieb also ringsum nach aussen hin ein Rand von 2 Ellen Breite, der an den vier Ecken mit je einem 1 Elle messenden Würfel (den sogenannten „Hörnern") besetzt war, so dass immer noch ein freier Raum von der Breite einer Elle auf jeder Seite des Altars zur Verfügung stand, auf dem die Priester sich bewegen konnten. (Middot III 1). Eine andere Lesart lautet: מתחת כרכוב המזבח מלמטה = „unterhalb des untern Altarrandes". Dieser war ebenfalls 1 Elle breit und wurde durch den Sockel gebildet, auf dem der obere Teil des Altars ruhte und dessen Querschnitt 30 Ellen im Geviert hatte (Middot das.). Doch wurden die Glieder des Musafopfers nach dieser Lesart nicht etwa auf dem freien Rande des Sockels, sondern unterhalb desselben auf der obern Hälfte der Rampe vorläufig niedergelegt. 37) 5. B. M. 26, 1—10. 38) d. h. solange das Heiligtum in Jerusalem steht. 39) Zusammenfassende Bezeichnung für alle von der Getreide-, Wein- und Oelernte zu entrichtenden Abgaben (Priesterhebe, erster und zweiter Zehnt). 40) 3. B. M. 27, 32. 41) 2. B. M. 13, 11—13; 4. B. M. 18, 15—18. 42) Sie bleiben in Kraft, wenn auch das Heiligtum in Trümmern liegt. 43) in unserer Zeit, nach der Zerstörung des Tempels. 44) können also auch von Nichtpriestern, selbst von unreinen gegessen werden.

Traktat Jom hak-Kippurim (Joma) (מַסֶּכֶת יוֹם הַכִּפֻּרִים (יוֹמָא

Am Zehnten des Monats Tischri wird das Versöhnungsfest gefeiert. Es ist ein strenger Fasttag, an welchem Speise und Trank vom Abend bis zum Abend verboten ist. An ihm muss jede Arbeit und jede Verrichtung unterbleiben, die am Sabbat untersagt ist; die für die übrigen Feiertage eingeräumten Ausnahmen haben an diesem Feste keine Geltung. Der Tag ist dazu bestimmt, von unsern Sünden uns zu reinigen, deren Vergebung jedem zugesichert ist, der sich durch ernste Ein- und Umkehr dieser Gnade würdig macht.

Solange der Tempel stand, erhielt dieses Fest eine besondere Weihe und Bedeutung durch den Opferdienst. Es war der einzige Tag im Jahre, an welchem der Hohepriester das Allerheiligste betrat. Eine ganze Woche bereitete er sich in stiller Zurückgezogenheit auf alle die heiligen Handlungen vor, die er am Versöhnungsfeste vorzunehmen hatte; denn nur er allein durfte an diesem bedeutsamen Tage den Dienst verrichten, der ihn vom frühen Morgen bis zum späten Abend voll in Anspruch nahm. Die kostbaren, goldstrotzenden Gewänder seiner Amtskleidung legte er nur an, um das tägliche und das Festopfer darzubringen; so oft er aber zu dem besondern Dienste des Versöhnungstages überging, vertauschte er den prunkenden Ornat mit einem schlichten Gewande aus weissem Linnen. Fünfmal wechselte er auf diese Weise die Kleider, und jedesmal stieg er ins Bad und wusch sich sowohl beim Ablegen des einen als nach dem Anlegen des andern Gewandes Hände und Füsse mit heiligem Wasser aus goldenem Becken.

Den Höhepunkt der Feier bildete die Darbringung des Räucherwerkes im Allerheiligsten vor der Bundeslade. In goldener Schaufel holte der Hohepriester glimmende Kohlen vom Opferaltar, tat Räucherwerk in einen goldenen Löffel, nahm die Schaufel in die Rechte und den Löffel in die Linke, setzte jene zwischen die Stangen der heiligen Lade, schüttete aus diesem das Räucherwerk auf die Kohlen und sprach auf dem Rückwege, während der innere Raum mit Rauch sich füllte, draussen im Hêchal ein kurzes Gebet. Die Ṣadokäer waren der Ansicht, dass der Hohepriester, sowie er den Vorhang erreicht hat, das Räucherwerk auf die Kohlen schütten soll, damit er das Allerheiligste mit rauchender Pfanne betrete. Deshalb musste er später, als diese Sekte im Kreise der Priester viel Anhänger zählte, jedesmal vor dem Versöhnungstage einen feierlichen Eid leisten, dass er nach der pharisäischen Ueberlieferung verfahren werde.

Aber auch unter den Mischnalehrern selbst herrschen über etliche Punkte Meinungsverschiedenheiten, die hauptsächlich darauf zurückzuführen sind, dass im Pentateuch die Dienstordnung für diesen Tag auf zwei Stellen verteilt ist. Ueber die Sühnopfer finden sich die Vorschriften im dritten Buche (16, 1—34), über die Festopfer aber im vierten (29, 7—11). Es fragt sich nun, in welcher Reihenfolge diese Opfer darzubringen sind. Dass die Feier mit dem täglichen Morgenopfer beginnt und mit dem täglichen Abendopfer schliesst, unterliegt keinem Zweifel; streitig ist nur, ob die Festopfer (Musafim), die an anderen Feiertagen zwischen den beiden täglichen ihren Platz hatten, diesmal gleich nach dem Morgenopfer, also vor dem Sühnopfer an die Reihe kamen, oder erst nach diesem, also nachmittags vor dem Abendopfer dargebracht wurden. Eine andere Streitfrage ist, ob der im dritten Buche (16, 5) geforderte Widder mit dem im vierten Buche (29, 8) erwähnten identisch ist, oder ob es zwei verschiedene Opfer sind.

Zur bessern Orientierung wollen wir hier den Opferdienst des Versöhnungstages in grossen Strichen skizzieren. Sowie der Morgen anbrach und der östliche
Himmel sich erhellte, schlachtete der mit seinem Amtsgewand bekleidete Hohepriester das zum Morgenopfer bestimmte Lamm, fing dessen Blut in einer Schale
auf und sprengte es auf den äussern Altar. Dann begab er sich in den
Hêchal, wo er das tägliche Räucherwerk auf dem goldenen Altare verbrannte und
auf dem goldenen Leuchter die Lampen in Ordnung brachte, worauf er zum äussern
Altar zurückkehrte, um auf ihm das inzwischen zergliederte Lamm nebst dem zugehörigen Mehl- und Weinopfer (4. B. M. 28, 5 u. 7) wie auch sein persönliches
Brotopfer (3. B. M. 6, 13—15; s. Schekalim VII Anm. 34) darzubringen. Damit war
der erste Teil des Tagesdienstes zu Ende. Es folgen nun (nach R. 'Aḳiba) die im
vierten Buche (29, 7—11) vorgeschriebenen Festopfer oder Musafim mit Ausnahme
des Widders und des Bockes, die erst später nach dem „Sündopfer des Versöhnungstages", auf welchen daselbst (Vers 11) Bezug genommen wird, an die
Reihe kamen. Jetzt legte der Hohepriester die weissen Gewänder an, um zum
dritten, bedeutsamsten Teil des Tagesdienstes zu schreiten. Er näherte sich dem
jungen Stiere, den er aus eigenen Mitteln als Sündopfer darbrachte, legte seine
Hände auf dessen Kopf und sprach das Sündenbekenntnis für sich und sein Haus.
Und die Priester und das Volk, die in der Halle sich drängten, beugten das Knie
und warfen sich nieder, als sie aus geweihtem Munde mit voller Deutlichkeit den
heiligen Namen Gottes vernahmen, den man sonst sich auszusprechen scheute, und
riefen begeistert: Gepriesen sei der Name der Herrlichkeit seines Reiches für und
für. Nun begab sich der Hohepriester an die Nordseite des Opferaltars, wo zwei
Böcke seiner harrten, von denen er den einen für den Ewigen, den andern für
'Azazel durch das Los bestimmte. Nachdem er diesem Bock ein rotes Band zum
Kennzeichen um die Hörner, jenem um den Hals gebunden hatte, legte er die
Hände zum zweiten Male auf den Kopf seines Stieres und sprach das Sündenbekenntnis für das ganze Haus Aharons. Und wieder fiel die tausendköpfige Menge
aufs Angesicht und stimmte in den Ruf ein: Gepriesen sei der Name der Herrlichkeit
seines Reiches für und für. Darauf schlachtete der Hohepriester den Stier und fing
das Blut in einer Schale auf, die er vorläufig auf die Erde setzte. Nun war der
grosse, weihevolle Moment gekommen, da er das Allerheiligste betreten sollte,
um vor dem goldenen Schrein, der die steinernen Tafeln des Bundes in seinem
Innern barg, das Räucherwerk darzubringen. Auch im zweiten Tempel, dem jenes
unvergleichliche Erbteil einer glorreichen Vergangenheit, das ehrwürdigste Denkmal aus Israels stolzer Jugendzeit schon fehlte, war dieser Augenblick sogar für
die dichtgedrängte, in angstvoller Spannung draussen harrende Menge noch so
aufregend, dass der Hohepriester seine Rückkehr beschleunigte und selbst im Vor-
raume, dem Hêchal, nur ein kurzes Gebet sprach. Dann nahm er die Schale, die
er vorhin auf den Boden gestellt hatte, und begab sich aufs neue in das Allerheiligste,
wo er in das Blut seines Opferstieres achtmal den Finger tauchte, um es gegen die
Bundeslade hin einmal nach oben und siebenmal nach unten zu sprengen. Darauf
schlachtete er in der Opferhalle den Bock, auf den das Los „für den Ewigen" gefallen war, fing das Blut in einer zweiten Schale auf und ging zum dritten Male in das
Allerheiligste, wo er wie vorhin achtmal von dem Blute in der Richtung der Bundeslade
sprengte. Dieselben sechzehn Sprengungen führte er dann im Hêchal gegen die
Mitte des Vorhanges aus, acht mit dem Blute des Stieres und wieder acht mit dem
Blute des Bockes, worauf er die beiden Gefässe in einander leerte und mit dem
gemischten Blute die vier „Hörner" des innern, goldenen Altars je einmal, die
Oberfläche aber siebenmal besprengte. Nachdem er den Rest des Blutes auf den

Grund des äussern Altars gegossen, trat er an den zweiten, für 'Azazel bestimmten Bock heran, legte seine Hände auf dessen Kopf und sprach das Sündenbekenntnis im Namen des ganzen Volkes. Und tieferschüttert sanken die Andächtigen, die in dichter Schar die Halle füllten, in die Knie, den Boden mit dem Angesicht berührend; und als der Hohepriester nun zum letzten Male in Heiligkeit und Reinheit den erhabenen Namen Gottes klar und deutlich aussprach, fielen sie wieder mit den Worten ein: Gepriesen sei der Name der Herrlichkeit seines Reiches für und für. Nun wurde der Sündenbock seinem Führer übergeben, der ihn nach der Wüste bringen sollte. Viele der Edelsten Jerusalems begleiteten ihn bis zur ersten der zehn Hütten, die auf seinem Wege lagen. In der Wüste angelangt, bestieg der Führer einen Felsen, teilte ein rotes Band in zwei Hälften, befestigte die eine am Felsen und die andere an den Hörnern des Bockes, den er sodann von der Höhe des Felsens hinabstürzte. Inzwischen hatte der Hohepriester das Fett der beiden Sündopfer, des Stieres nämlich und des Bockes, deren Blut im Innern des Heiligtums gesprengt worden war, nebst dem Zwerchfell und den Nieren herausgeschnitten und in eine Schüssel getan. Während ihr Fleisch samt der Haut ausserhalb der Stadt verbrannt wurde, las er aus einer Torarolle, die man ihm feierlich hinreichte, die auf das Fest bezüglichen Stellen des dritten Buches, trug den Abschnitt aus dem vierten Buche auswendig vor und schloss mit einigen Segenssprüchen. Darauf legte er wieder sein golddurchwirktes Amtskleid an, um zunächst das im vierten Buche (29, 7—11) vorgeschriebene Festopfer (Musaf), von dem bisher nur der Stier und die sieben Lämmer dargebracht waren, mit den beiden zurückgestellten Opfertieren, dem Ziegenbocke und dem Widder, zu vollenden und zugleich den eigenen Widder zu opfern, den er nach 3. B. M. 16, 3 als Ganzopfer darzubringen hatte. Dann nahm er die in der Schüssel aufbewahrten Opferteile und übergab sie dem Feuer des äussern Altars, wonach er zum vierten und letzten Abschnitt seines Tagesdienstes, zum Abendopfer überging. Dieses bestand wie das Morgenopfer aus einem Lamm im ersten Lebensjahre und dem zugehörigen Mehl- und Weinopfer, dem der Hohepriester noch sein persönliches Brotopfer hinzufügte. Nachdem er auch dieses vollzogen hatte, vertauschte er wieder die acht Gewänder seiner Amtstracht mit den vier weissen Kleidern und begab sich zum letzten Male in das Allerheiligste, um die Kohlenschaufel und den Löffel herauszuholen, worauf er wieder das prächtige, mit Edelsteinen reich besetzte Priestergewand anlegte, in welchem er nun den Hêchal betrat, wo er das abendliche Räucherwerk auf dem goldenen Altare darbrachte und auf dem siebenarmigen goldenen Leuchter die Lampen anzündete. Damit war sein schweres Tagewerk vollbracht.

Das ist in grossen Zügen das Bild, das uns in der Mischna von der Tempelfeier des Versöhnungstages entrollt wird. Die Darstellung der Einzelheiten nimmt in unserm Traktate, der gewöhnlich schlechthin „Joma“ (der Tag) genannt wird, den breitesten Raum ein. Die übrigen Vorschriften des Versöhnungsfestes sind auf ein einziges Kapitel, das letzte beschränkt. Im ersten Kapitel werden die sieben Tage der Vorbereitung behandelt, im zweiten die täglichen Opfer beschrieben. Alle übrigen beschäftigen sich — von gelegentlichen Abschweifungen und Unterbrechungen abgesehen — mit dem besondern Opferdienste, der diesen Tag der Sühne auszeichnet. Den Schluss bildet eine erhebende Betrachtung über die läuternde Kraft dieses eigenartigen Festes, die jeder in seinem Innersten erlebt, der mit aufrichtiger Reue den festen Willen zur Rückkehr verbindet.

פֶּרֶק א.

א שִׁבְעַת יָמִים קוֹדֶם יוֹם הַכִּפּוּרִים, מַפְרִישִׁין כֹּהֵן גָּדוֹל מִבֵּיתוֹ לְלִשְׁכַּת פַּלְהֶדְרִין, וּמַתְקִינִין לוֹ כֹּהֵן אַחֵר תַּחְתָּיו, שֶׁמָּא יֶאֱרַע בּוֹ פְּסוּל. רַבִּי יְהוּדָה אוֹמֵר, אַף אִשָּׁה אַחֶרֶת מַתְקִינִין לוֹ, שֶׁמָּא תָּמוּת אִשְׁתּוֹ, שֶׁנֶּאֱמַר, וְכִפֶּר בַּעֲדוֹ וּבְעַד בֵּיתוֹ, בֵּיתוֹ זוֹ אִשְׁתּוֹ. אָמְרוּ לוֹ, אִם כֵּן אֵין לַדָּבָר סוֹף: ב כָּל שִׁבְעַת הַיָּמִים, הוּא זוֹרֵק אֶת הַדָּם, וּמַקְטִיר אֶת הַקְּטֹרֶת, וּמֵטִיב אֶת הַנֵּרוֹת, וּמַקְרִיב אֶת הָרֹאשׁ וְאֶת הָרֶגֶל. וּשְׁאָר כָּל הַיָּמִים, אִם רָצָה לְהַקְרִיב, מַקְרִיב. שֶׁכֹּהֵן גָּדוֹל מַקְרִיב חֵלֶק בָּרֹאשׁ,

ABSCHNITT I.

1. Sieben Tage vor dem Versöhnungsfeste lässt man den Hohenpriester aus seinem Hause nach der Kammer der Beisitzer[1]) sich zurückziehen und hält einen andern Priester als seinen Stellvertreter in Bereitschaft für den Fall, dass ihm etwa ein Makel[2]) zustösst. R. Jehuda sagt: Auch eine andere Gattin hält man ihm in Bereitschaft für den Fall, dass seine Frau etwa stirbt[3]); denn es heisst: „Er entsündige sich und sein Haus“[4]), sein Haus aber — das ist seine Gattin. Man erwiderte ihm jedoch: Wenn man so weit ginge, dann wäre gar kein Ende abzusehen[5]). **2.** In all den sieben Tagen sprengt er das Blut[6]), verbrennt er das Räucherwerk[7]), bringt er die Lampen in Ordnung[8]), opfert er den Kopf und den Hinterfuss[9]); an allen anderen Tagen opfert er, so oft es ihm beliebt. Denn der Hohepriester nimmt als Erster am Opferdienste teil[10]) und

---

[1]) פלהדרין = πάρεδροι. Nach Abba Schaul (Middot V 4) war es die als לשכת העץ bekannte Kammer, die im nordwestlichen Teil der Opferhalle lag. Der Eingang war vermutlich von aussen, so dass sie nicht die Heiligkeit der Halle besass; sonst hätte der Hohepriester dort weder sitzen noch schlafen dürfen, also auch nicht wohnen können. [2]) der ihn für den Dienst untauglich macht, hierologische Unreinheit oder schwere Körperverletzung. [3]) Nach Jom Tob V 2 sind Trauungen am Feiertage untersagt. Will man nicht annehmen, dass dieses rabbinische Verbot zur Zeit des zweiten Tempels noch nicht bestand, so bleibt nur die Erklärung übrig, dass die Ehe vor dem Feste unter der Bedingung geschlossen wurde, dass sie erst mit dem Tode der andern Frau in Kraft trete [ואף על פי שלא כנסת קרואה אשתו דהא מן התורה אוכלת בתרומה ובבבלי (דף י״ג עמוד א׳ וב׳) דחיק לאוקמה כגון דנסיב לה והדר תריך לה על תנאי ומיהו כולא שקלא וטריא דהתם אינו אלא לחדודא כאשר יראה המעיין ואף לשנא דמתקינין לו אשה אחרת לא משמע שהיה נושאה ובברייתא שהביא הירושלמי (סוף הלכה א׳) אמר רבי יהודה בפירוש שמקדשין לו אשה אחרת על תנאי אלא שבמסקנא משמע התם שאינו מקדשה אלא ביום הכפורים עצמו לאחר מיתת אשתו ושבות שהתירו במקדש הוא]. [4]) 3. B. M. 16, 6. [5]) Man müsste dann auch mit dem noch unwahrscheinlichern Falle rechnen, dass beide Frauen von einem plötzlichen Tode ereilt werden. Dagegen empfiehlt es sich, dem Hohenpriester einen Nebenbuhler an die Seite zu setzen, damit es für ihn ein Sporn zu grösserer Achtsamkeit sei, um jeder Möglichkeit einer Verunreinigung oder Verstümmelung aus dem Wege zu gehen. [6]) des täglichen Morgen- und Abendopfers (2. B. M. 29, 38—42) auf dem äussern Altar. [7]) morgens und abends auf dem innern, goldenen Altar (das. 30, 1—8). [8]) auf dem siebenarmigen goldenen Leuchter (das. 27, 20—21; 30, 7—8). Jeden Abend wurden die Lämpchen von einem der Priester angezündet, jeden Morgen aber gereinigt, mit Oel gefüllt und neuem Docht versehen (auch das Anzünden wird mit הטבת הנרות bezeichnet; vgl. weiter unten VII 4). In diesen sieben Tagen hatte der Hohepriester all das zu verrichten. [9]) Das geschlachtete Opferlamm wurde in bestimmte Teile zerlegt (Tamid IV 2—3), die sonst von den durch das Los dazu berufenen Priestern dem Altar übergeben wurden (das. und hier II 3—4). Kopf und rechter Hinterfuss waren die Teile, die zuerst dargebracht wurden. S. auch Tamid VII 3. [10]) Während die anderen Priester nur in

וְנוֹטֵל חֵלֶק בָּרֹאשׁ: ג מָסְרוּ לוֹ
זְקֵנִים מִזִּקְנֵי בֵית דִּין, וְקוֹרִין לְפָנָיו
בְּסֵדֶר הַיּוֹם, וְאוֹמְרִים לוֹ, אִישִׁי כֹּהֵן
גָּדוֹל, קְרָא אַתָּה בְּפִיךָ, שֶׁמָּא שָׁכַחְתָּ
אוֹ שֶׁמָּא לֹא לָמַדְתָּ. עֶרֶב יוֹם הַכִּפֻּרִים
שַׁחֲרִית, מַעֲמִידִין אוֹתוֹ בְּשַׁעַר
הַמִּזְרָח, וּמַעֲבִירִין לְפָנָיו פָּרִים וְאֵילִים
וּכְבָשִׂים, כְּדֵי שֶׁיְּהֵא מַכִּיר וְרָגִיל
בַּעֲבוֹדָה: ד כָּל שִׁבְעַת הַיָּמִים, לֹא
הָיוּ מוֹנְעִין מִמֶּנּוּ מַאֲכָל וּמִשְׁתֶּה.
עֶרֶב יוֹם הַכִּפֻּרִים עִם חֲשֵׁכָה, לֹא הָיוּ
מַנִּיחִים אוֹתוֹ לֶאֱכוֹל הַרְבֵּה, מִפְּנֵי
שֶׁהַמַּאֲכָל מֵבִיא אֶת הַשֵּׁנָה:
ה מְסָרוּהוּ זִקְנֵי בֵית דִּין לְזִקְנֵי כְהֻנָּה,
וְהֶעֱלוּהוּ לַעֲלִיַּת בֵּית אַבְטִינָס,
וְהִשְׁבִּיעוּהוּ, וְנִפְטְרוּ וְהָלְכוּ לָהֶם,
וְאוֹמְרִים לוֹ, אִישִׁי כֹּהֵן גָּדוֹל, אָנוּ
שְׁלוּחֵי בֵית דִּין, וְאַתָּה שְׁלוּחֵנוּ
וּשְׁלִיחַ בֵּית דִּין, מַשְׁבִּיעִין אָנוּ עָלֶיךָ,
בְּמִי שֶׁשִּׁכֵּן אֶת שְׁמוֹ בַּבַּיִת הַזֶּה,
שֶׁלֹּא תְשַׁנֶּה דָבָר, מִכָּל מַה שֶּׁאָמַרְנוּ
לָךְ. הוּא פוֹרֵשׁ וּבוֹכֶה, וְהֵם פּוֹרְשִׁים

empfängt als Erster seinen Anteil [11]). **3.** Man stellte ihm einige von den Aeltesten des Gerichtshofes zur Verfügung, die ihm den Festabschnitt [12]) vorlasen und dann zu ihm sprachen: Mein Herr Hoherpriester, lies nun mit deinem Munde; vielleicht hast du schon vergessen oder überhaupt nicht gelernt [13]). Am Rüsttage des Versöhnungsfestes stellt man ihn morgens an das östliche Tor, wo man ihm Stiere, Widder und Lämmer vorführt [14]), damit er mit dem Dienste bekannt und vertraut werde. **4.** All die sieben Tage hindurch verweigerte man ihm weder Speise noch Trank; am Rüsttage des Versöhnungstages aber liess man ihn vor Eintritt der Dunkelheit nicht viel essen, weil Nahrung Schlaf im Gefolge hat [15]). **5.** Die Aeltesten des Gerichtshofes übergaben ihn den Aeltesten der Priesterschaft und geleiteten ihn zum Söller des Hauses Abtinas hinauf [16]), wo sie Abschied nahmen und sich entfernten, nachdem sie ihn mit folgenden Worten beschworen hatten: Mein Herr Hoherpriester! Wir sind die Bevollmächtigten des Gerichtshofes, du bist unser und des Gerichtshofes Bevollmächtigter; wir beschwören dich bei dem, der seinen Namen in diesem Hause thronen lässt, dass du in nichts abweichest von allem, was wir dir gesagt haben [17]). Er wandte sich ab und weinte [18]), und sie wandten

---

ihrer Dienstwoche (s. Kap. II Anm. 1) Opfer darbringen dürfen, öffentliche Opfer auch dann nur, wenn das Los sie begünstigt, hat der Hohepriester jederzeit das Recht, nach Belieben zu bestimmen, welches Opfer oder welchen Teil eines solchen er darbringen will. [11]) an dem Opferfleisch, das unter den Priestern verteilt wird. Er kann sich das Beste auswählen. [12]) S. weiter unten VII 1. [13]) Zur Zeit des zweiten Tempels wurde das Amt des Hohenpriesters nicht selten von den Machthabern einem Günstling übertragen oder an den Meistbietenden verkauft. Daher gab es öfter sehr unwissende Träger dieser Würde. [14]) Vermutlich zwei Stiere, zwei Widder und neun Lämmer in der Reihenfolge, in der er sie am Versöhnungstage darzubringen hatte. [15]) Im Schlafe könnte eine Pollution eintreten, die ihn für den ganzen Tag aus dem Heiligtum verbannen würde (3. B. M. 15, 16). [16]) im südwestlichen Teil der Opferhalle. Dort wurde von der Famile Abtinas das Räucherwerk bereitet, und dort sollte der Hohepriester jetzt von dem Aeltesten der Priesterschaft die schwere Kunst lernen, es so abzuheben, dass seiner gefüllten Hand kein Körnchen entfiel. [17]) s. Einleitung, Absatz 3. [18]) weil man ihn im Verdacht hatte.

sich ab und weinten [19]). **6.** War er ein Gelehrter, hielt er einen Vortrag [20]); wenn nicht, wurden ihm von gelehrten Männern Vorträge gehalten. Wenn er in der heiligen Schrift bewandert war, las er in ihr; wenn nicht, las man ihm vor. Und was las man ihm vor? Aus Ijob, 'Ezra und der Chronik [21]). Zecharja ben Kebuṭal berichtet: Oftmals habe ich ihm aus Daniel vorgelesen. **7.** Wollte er einnicken, so schlugen junge Priester [22]) mit dem Mittelfinger vor ihm ein Schnippchen [23]), indem sie sprachen: Mein Herr Hoherpriester, steh auf und ermuntere [24]) dich einmal [25]) auf dem Pflaster [26]). Und man zerstreut ihn [27]), bis die Zeit des Schlachtens heranrückt. **8.** Gewöhnlich hebt man beim Hahnenruf oder um diese Zeit, sei es vorher, sei es nachher, die Altarasche ab [28]), am Versöhnungstage schon

וּבוֹכִים: ו אִם הָיָה חָכָם, דּוֹרֵשׁ, וְאִם לָאו, תַּלְמִידֵי חֲכָמִים דּוֹרְשִׁין לְפָנָיו. אִם רָגִיל לִקְרוֹת, קוֹרֵא, וְאִם לָאו, קוֹרִין לְפָנָיו. וּבַמֶּה קוֹרִין לְפָנָיו, בְּאִיּוֹב וּבְעֶזְרָא וּבְדִבְרֵי הַיָּמִים. זְכַרְיָה בֶּן קְבוּטָל אוֹמֵר, פְּעָמִים הַרְבֵּה קָרִיתִי לְפָנָיו בְּדָנִיֵּאל: ז בִּקֵּשׁ לְהִתְנַמְנֵם, פִּרְחֵי כְהֻנָּה מַכִּין לְפָנָיו בְּאֶצְבַּע צְרָדָה, וְאוֹמְרִים לוֹ, אִישִׁי כֹּהֵן גָּדוֹל, עֲמוֹד וְהָפֵג אַחַת עַל הָרִצְפָּה. וּמַעֲסִיקִין אוֹתוֹ עַד שֶׁיַּגִּיעַ זְמַן הַשְּׁחִיטָה: ח בְּכָל יוֹם תּוֹרְמִין אֶת הַמִּזְבֵּחַ, בִּקְרִיאַת הַגֶּבֶר אוֹ סָמוּךְ לוֹ, בֵּין לְפָנָיו בֵּין לְאַחֲרָיו, וּבְיוֹם

---

[19]) weil sie ihm mit ihrem kränkenden Verdachte weh tun mussten. [20]) damit er nicht einschlafe; vgl. Anm. 15. [21]) Warum grade diese Bücher gewählt wurden, ist schwer zu erraten; vielleicht nur, weil sie am wenigsten bekannt waren. [22]) פרחים sind Blüten, auf Menschen übertragen, Jünglinge. In der Form פרחח findet sich diese Uebertragung, allerdings in verächtlichem Sinne, schon in der Bibel (Ijob 30, 12). [23]) Dass אצבע צרדה den Mittelfinger und nicht, wie Raschi z. St. meint, den Zeigefinger bezeichnet, haben die Tosafot (Menaḥot 35 b s. v. וכמה) überzeugend nachgewiesen. Die Volksetymologie erklärt das Wort צרדה als צרת דרא (Babli Joma 19 b) = die Nebenbuhlerin dieses Fingers (unter diesem ist der Zeigefinger zu verstehen, den man beim Gebrauch des Demonstrativs auszustrecken pflegt). Es scheint aber, dass צרדה (vielleicht von τρίζω, strideo = zischen?) ein Schnippchen bedeutet, und dass man den Mittelfinger darum אצבע צרדה nennt, weil durch sein Abschnellen vom Daumen das eigentümliche Geräusch des Schnippchens entsteht. Der hier gebrauchte Ausdruck מכין wird übrigens auch auf Musikinstrumente angewendet, z. B. auf das Flötenspiel (Bikkurim III 4). Demnach könnte מכין לפניו באצבע צרדה auch bedeuten: sie spielten vor ihm mit dem Schnippfinger, um ihn dadurch zu ermuntern. Wahrscheinlich aber ist, dass sie ihre Aufforderung mit einem Schnippchen begleiteten, das ja auch bei den Römern (crepitus digitorum) als Zeichen eines Befehles galt [וזה הוא שיסד רבי מאיר ברבי יצחק בתחנת המתחלת תפלה תקח (סליחות לערב ראש השנה כמנהג פולין) צרדה מקיש לשמע צלצל לוים דברו וכו׳ כלומר לשמע קול הצלצל שתכה בן ארזא (תמיד ז׳ ג׳) היה הוגרוס (שקלים ה׳ א׳) מקיש באצבע צרדה סימן לאחיו הלוים שיתחילו בשיר]. [24]) פוג bedeutet: aufhören (vgl. אל תתני פוגת לך, Klagelieder 2, 18), daher הפג: beseitigen. In Verbindung mit יין heisst הפג: den Rausch beseitigen; הפג schlechthin ist = הפג את חשנה den Schlaf vertreiben. [25]) אחת = einmal (vgl. אחת בשנה 3. B. M. 16, 34), ist hier ohne Betonung, ein blosses Flickwort, das noch heute im Volksmund vieler Länder gebraucht wird. [26]) Das Marmorpflaster war sehr kühl und der Fuss des Hohenpriesters unbekleidet. [27]) durch Gesang und allerlei Kurzweil. [28]) Nach 3. B. M. 6, 3 ist es Vorschrift, jeden Morgen die Asche vom Altar abzuheben und sie neben den Altar zu legen. Man entfernte aber nicht die ganze Asche, sondern nur etwa eine Handvoll mittels einer silbernen Pfanne, die man im Osten der zum Altar emporführenden schiefen Ebene ausschüttete.

um Mitternacht [29]), an den Erscheinungsfesten beim ersten Wechsel der Nachtwache [30]); und noch war die Zeit des Hahnenrufes nicht angebrochen, als schon die Opferhalle von Israeliten voll war.

הַכִּפֻּרִים מֵחֲצוֹת, וּבָרְגָלִים מֵאַשְׁמֹרֶת הָרִאשׁוֹנָה. וְלֹא הָיְתָה קְרִיאַת הַגֶּבֶר מַגַּעַת, עַד שֶׁהָיְתָה עֲזָרָה מְלֵאָה מִיִּשְׂרָאֵל:

ABSCHNITT II.

פרק ב.

1. Anfangs konnte jeder [1]), der die Altarasche abheben wollte [2]), diesen Dienst verrichten. Waren ihrer mehrere, liefen sie die Rampe [3]) hinauf, und wer den andern bei der vierten Elle [4]) voraus war, der hatte gesiegt. Wenn zwei sie zugleich erreichten, sprach der Beamte [5]) zu ihnen [6]): Erhebet die Finger [7]). Und wieviel streckten sie aus? Einen oder zwei [8]); den Daumen

א בָּרִאשׁוֹנָה, כָּל מִי שֶׁרוֹצֶה לִתְרוֹם אֶת הַמִּזְבֵּחַ, תּוֹרֵם. בִּזְמַן שֶׁהֵן מְרֻבִּין, רָצִין וְעוֹלִין בַּכֶּבֶשׁ, וְכָל הַקּוֹדֵם אֶת חֲבֵרוֹ לְתוֹךְ אַרְבַּע אַמּוֹת זָכָה. אִם הָיוּ שְׁנַיִם שָׁוִין, הַמְמֻנֶּה אוֹמֵר לָהֶם הַצְבִּיעוּ. וּמָה הֵן מוֹצִיאִין. אַחַת אוֹ שְׁתַּיִם. וְאֵין מוֹצִיאִין אֲגֻדָּל

Der Rest wurde auf der Oberfläche des Altars zusammengefegt und in deren Mitte nach und nach zu einem abgestumpften Kegel aufgetürmt, den man als „A p f e l“ (תפוח) bezeichnete und für eine Zierde des Opferaltars hielt. Er wurde daher so lange als möglich stehen gelassen, und erst dann (gemäss 3. B. M. 6, 4) hinweggeschafft, wenn er auf dem Altar keinen Raum mehr hatte. — Das Verbum תרם (Sekundärbildung von ת ר ו מ ה, Stamm: ר ו ם) mit folgendem Akkusativ bezieht sich bald auf das, was abgehoben wird (z. B. Terumot III 1), bald wie hier und Schekalim III 1 auf das, wovon abgehoben wird. [29]) um den Hohenpriester zu beschäftigen und ihn dadurch wach zu erhalten. Keineswegs war diese Verrichtung auf ihn angewiesen; vielmehr konnten auch am Versöhnungstage andere Priester die Aschenhebe vornehmen (s. darüber eine sehr interessante Abhandlung in den Milḥamot des R. Mose b. Naḥman zu Joma Kap. II; s. auch Tosafot z. St. u. zu Zebaḥim 86 b s. v. משום חולשא). [30]) Zum Pesach-, Wochen- und Hüttenfeste zog man nach der heiligen Stadt, um daselbst Ganz- und Friedensopfer darzubringen. Es sammelte sich daher täglich so viel Asche an, dass die Herstellung des „Apfels“ trotz der grossen Zahl der Priester geraume Zeit in Anspruch nahm, weshalb man schon sehr früh ans Werk gehen musste. Die „N a c h t w a c h e“ entspricht nach einer Ansicht dem dritten, nach einer andern dem vierten Teil der Nacht (s. Tosefta Berachot Kap. I Anf.).

[1]) von den Priestern, deren Familie an der Reihe war. Die Priester waren nämlich in 24 W a c h e n (M i s c h m a r o t) eingeteilt, deren jede aus 4—9 F a m i l i e n (Batê Abot) bestand. Jede Woche hatte eine andere Wache den Dienst im Heiligtum. Am Sabbat lösten sie einander ab, und für die einzelnen Tage der Woche verteilten sie den Dienst unter den Familien, aus denen sie sich zusammensetzten (Tosefta Ta'anijot Kap. II). [2]) s. Kap. I, Anm. 28. [3]) die im Süden des Altars zu diesem emporführte. Sie war 32 Ellen lang, 16 Ellen breit und 8 $^{5}/_{6}$ Ellen hoch; die Länge des Weges betrug demnach 33,2 Ellen, die Steigung etwa 1 : 3 $^{3}/_{4}$ oder 27 Prozent, der Winkel am Boden 15° 26′. [4]) vom Altar aus gerechnet. Mit anderen Worten: Wer sich zuerst dem Altar bis auf vier Ellen näherte. [5]) Matitja ben Sch'muel (s. Schekalim V 1). [6]) nicht etwa zu den zweien, sondern zu a l l e n am Wettbewerb Beteiligten. [7]) damit das Los entscheide. Die Priester stellten sich zu diesem Zwecke in der Quaderhalle in einer Reihe auf und erhoben einen oder zwei Finger der rechten Hand, der Vorsteher nannte eine grössere Zahl, nahm dem ersten besten die Kopfbedeckung ab und fing bei diesem an, die Finger oder Fingerpaare zu zählen. Das Los fiel auf den Priester, bei dem die Zahl zu Ende ging. — הצביעו ist Denominativ von אצבע (= Finger). [8]) mit Rücksicht auf die Schwachen und Kränklichen, denen es schwer fällt, einen Finger allein aus-

בַּמִּקְדָּשׁ׃ ב מַעֲשֶׂה שֶׁהָיוּ שְׁנַיִם
שָׁוִין, וְרָצִין וְעוֹלִין בַּכֶּבֶשׁ, וְדָחַק
אֶחָד מֵהֶן אֶת חֲבֵרוֹ, וְנָפַל וְנִשְׁבְּרָה
רַגְלוֹ. וְכֵיוָן שֶׁרָאוּ בֵית דִּין, שֶׁבָּאִין
לִידֵי סַכָּנָה, הִתְקִינוּ, שֶׁלֹּא יְהוּ תוֹרְמִין
אֶת הַמִּזְבֵּחַ אֶלָּא בַּפַּיִס. אַרְבָּעָה
פְיָסוֹת הָיוּ שָׁם, וְזֶה הַפַּיִס הָרִאשׁוֹן׃
ג הַפַּיִס הַשֵּׁנִי, מִי שׁוֹחֵט, מִי זוֹרֵק,
מִי מְדַשֵּׁן מִזְבֵּחַ הַפְּנִימִי, וּמִי מְדַשֵּׁן
אֶת הַמְּנוֹרָה, וּמִי מַעֲלֶה אֵבָרִים
לַכֶּבֶשׁ, הָרֹאשׁ וְהָרֶגֶל, וּשְׁתֵּי הַיָּדַיִם,
הָעֹקֶץ וְהָרֶגֶל, הֶחָזֶה וְהַגֵּרָה, וּשְׁתֵּי
הַדְּפָנוֹת וְהַקְּרָבַיִם, וְהַסֹּלֶת, וְהַחֲבִתִּין,

aber streckte man im Heiligtume nicht hervor [9]). **2.** Da ereignete es sich, dass zwei, die einander gewachsen waren, die Rampe hinaufliefen, und der eine seinen Mitbewerber so beengte, dass dieser hinunterfiel und den Fuss brach. Als der Gerichtshof sah, dass sie in Gefahr gerieten, ordnete er an, dass man die Altarasche nur nach dem Lose abheben soll. Vier Auslosungen fanden dort [10]) statt, und das war die erste unter ihnen. **3.** Die zweite Auslosung [bestimmte] [11]), wer schlachten soll, wer sprengen, wer den innern Altar entaschen [12]), wer den Leuchter entaschen [13]) und wer die Opferglieder auf die Rampe [8]) tragen soll: Kopf nebst Hinterfuss [14]), die beiden Vorderfüsse, Schweif [15]) nebst Hinterfuss [16]), Brust nebst Schlund [17]), die beiden Flanken [18]) und die Eingeweide [19]), ferner das Mehl [20]), die Opferbrote [21]) und den

---

zustrecken. [9]) weil man imstande ist, den Daumen sehr weit vom Zeigefinger zu entfernen, so dass der Beamte, da es gestattet war, zwei Finger zu erheben, einen Priester für zwei zählen konnte. [10]) im Heiligtum und zwar täglich. [11]) Der Priester, bei dem die Zahl endete (Anm. 7), schlachtete das Opfer, sein rechter Nachbar fing das Blut auf und sprengte es auf den äussern Altar, dessen Nebenmann zur Rechten entfernte die Asche vom innern Altar u. s. w. [ור"ם ז"ל מפרש שזה שיצא אצלו חשבון הוא זורק את הדם והסמוך לו שוחט אבל בחבורו הל' תמידין ומוספין פ"ד הל"ו פסק שזה שעלה עליו הגורל הוא שוחט והסמוך לו זורק וכן כתב גם בפרושו לריש פרק ג' דתמיד ומן התימה על בעל תוי"ט שלא הרגיש בכל זה. וזה לשון ר"ם ז"ל שם בתמיד: והסכימו שיהיה מי שיצא בגורל תחלה שוחט כפי מה שזכר כאן והאיש הסמוך לו זורק והוא הכהן השני . . . ושם במסכת כפורים הקדים זורק לשוחט ופרשו בתלמוד טעם הדבר מפני שהשחיטה כשרה בזרים (ולפי שהעתקה הנדפסת משובשת הנני נותן לפני הקורא את נוסח הערבי על פי כ"י: ויתפקון עלי אן יכון אלדי יכרג פי אלקרעה אולא שוחט עלי מא דכר הנא ואלשכץ אלדי יליה זורק והו אלכהן אלתאני . . . ותנאך פי כפורים קדם זורק עלי שוחט ובינוא פי אלתלמוד עלה דלך לכון שחיטה כשרה בזרים) נראה מדבריו אלה שגרס כאן במשנה מי זורק מי שוחט ושם בתמיד אפכא — ומשמע בירושלמי שזה העומד לימינו הוא הזורק וכן כלם ור"ם ז"ל אף בחבורו סתם הדברים ולא פרש מי הוא הסמוך לו אם זה שלפניו או זה שלאחריו אם העומד לימינו או העומד לשמאלו]. Am Versöhnungstage wurden fast alle die hier aufgezählten gleich den in der folgenden Mischna erwähnten Verrichtungen durch den Hohenpriester allein ausgeführt. Eine Auslosung war also überflüssig. Fand eine solche dennoch statt, worüber die Ansichten auseinandergehen, so konnte sie nur den Zweck haben, die Priester zu bestimmen, die den Vorzug haben sollten, dem Hohenpriester hilfreiche Hand zu leisten (s. z. B. Kap. III Anm. 20). [12]) Auf dem innern Altar wurde jeden Morgen und jeden Abend das Räucherwerk dargebracht. Die erforderlichen glühenden Kohlen entnahm man dem äussern Altar. Die zurückgebliebene Asche wurde am nächsten Tage beseitigt. Diesen Dienst konnte auch am Versöhnungsfest ein gewöhnlicher Priester verrichten. [13]) s. Kap. I Anm. 8. Auch diese Verrichtung konnte selbst am Versöhnungstage von einem andern als dem Hohenpriester vollzogen werden. Dieser brauchte nur die Lämpchen anzuzünden. [14]) Gemeint ist der rechte Hinterfuss, den der Priester in der Linken hielt, während er den Kopf in der Rechten trug. Die genaueren Angaben findet man in Tamid (IV 3). [15]) עוקץ (eigentlich = Spitze oder auch Stiel) bezeichnet das untere Ende der Wirbelsäule mit dem Schweife. [16]) Hier ist wieder der linke Hinterfuss gemeint. [17]) samt Herz und Lunge. [18]) nebst Milz und Leber. [19]) sämtliche Verdauungsorgane. [20]) 4. B. M. 28, 5. [21]) das tägliche Opfer des Hohenpriesters (3. B. M. 6, 13—15 u. Schekalim

וְהַיַּיִן. שְׁלֹשָׁה עָשָׂר כֹּהֲנִים זוֹכִין בּוֹ. אָמַר בֶּן עַזַּאי לִפְנֵי רַבִּי עֲקִיבָה מִשּׁוּם רַבִּי יְהוֹשֻׁעַ, דֶּרֶךְ הִלּוּכוֹ הָיָה קָרֵב: ד הַפַּיִס הַשְּׁלִישִׁי, חֲדָשִׁים לִקְטֹרֶת בּוֹאוּ וְהָפִיסוּ. וְהָרְבִיעִי, חֲדָשִׁים עִם יְשָׁנִים, מִי מַעֲלֶה אֵבָרִים מִן הַכֶּבֶשׁ לַמִּזְבֵּחַ: ה תָּמִיד קָרֵב בְּתִשְׁעָה, בַּעֲשָׂרָה, בְּאַחַד עָשָׂר, בִּשְׁנֵים עָשָׂר, לֹא פָחוֹת וְלֹא יוֹתֵר. כֵּיצַד, עַצְמוֹ בְּתִשְׁעָה, בֶּחָג בְּיַד אֶחָד צְלוֹחִית שֶׁל מַיִם, הֲרֵי כָאן עֲשָׂרָה. בֵּין הָעַרְבַּיִם בְּאַחַד עָשָׂר, הוּא עַצְמוֹ בְּתִשְׁעָה, וּשְׁנַיִם בְּיָדָם שְׁנֵי גִזְרֵי עֵצִים. בְּשַׁבָּת, בְּאַחַד עָשָׂר, הוּא עַצְמוֹ בְּתִשְׁעָה, וּשְׁנַיִם בְּיָדָם שְׁנֵי

Wein [22]). Dreizehn Priester waren dabei beteiligt [23]). Ben ʻAzzai erklärte vor R. ʻAkiba im Namen des R. Josua: In der natürlichen Reihenfolge [24]) wurde dargebracht. **4.** Das dritte Los: Neulinge, kommet und loset ums Räucherwerk [25]). Das vierte: Neulinge und Erfahrene, wer soll die Opferglieder von der Rampe zum Altar emportragen [26])? **5.** Das tägliche Opfer wird durch neun oder zehn oder elf oder zwölf [Priester] dargebracht, nicht durch weniger und nicht durch mehr. Wie so? An und für sich durch neun [27]); am Hüttenfeste, da einer einen Kelch mit Wasser in der Hand trug [28]), waren es zehn; am Nachmittag [29]) waren ihrer elf, neun wie sonst und zwei, die zwei Scheiter Holz in der Hand hatten [30]); am Sabbat elf, neun wie gewöhnlich und zwei, die in ihrer Hand die beiden

---

VII Anm. 34). [22]) 4. B. M. 28, 7. [23]) Zwei beim Schlachten und Sprengen, zwei bei der Reinigung des goldenen Altars und Leuchters, sechs beim Hinauftragen der Glieder und der Eingeweide, drei bei den Mehl- und Weinopfern. [24]) Wörtlich: in der Art seines Ganges, d. h. in der Reihenfolge der an der Fortbewegung des Tieres beteiligten Glieder, also zuerst der Kopf (mit dem rechten Hinterfusse), dann Brust und Schlund, hernach die beiden Vorderfüsse, darauf die beiden Flanken, zuletzt der Schweif mit dem linken Hinterfusse. [25]) Oder: Neulinge in Bezug aufs Räucherwerk, kommt und loset. Die Darbringung des Räucherwerks war die bevorzugteste und am meisten begehrte Opferhandlung. Deshalb wurden die Priester, die es schon einmal dargebracht hatten, solange ausgeschlossen, als es noch welche gab, denen diese Gunst noch nicht zuteil geworden. Nur diese „Neulinge" wurden aufgefordert, sich zur Auslosung einzufinden. [26]) Die Glieder des Opfertieres wurden nicht sofort nach der Zerlegung auf den Altar hinaufgeschafft, sondern zunächst auf die schiefe Ebene gebracht und von hier erst später weiter befördert (Schekalim VIII 8; s. das. Anm. 30). [27]) Wie die einzelnen Teile des Opferlammes von sechs und die Mehl- und Weinopfer von drei Priestern zur Rampe getragen wurden (Anm. 23), in derselben Reihenfolge und durch dieselbe Zahl von Priestern wurden sie auch auf den Altar gebracht. [לפי פשוטו תמיד קרב בתשעה אדלעיל מינה קאי מי מעלה אברים מן הכבש ולמזבח דסתם הקרבה היינו על גבי מזבח ולא על גבי כבש ולפי זה מתניתן דכולא עלמא היא ואין צורך כלל לפרש דרבי אליעזר בן יעקב היא כמו שפ׳ רש״י ז״ל וכבר הקשו עליו בתוספות כ״ו. ד״ה דתנן וכו׳ רישא רבנן וסיפא ראב״י ונדחקו לפרש בענין אחר מפני שגם הם סוברים כרש״י ז״ל שכהן אחד הוא המעלה את הכל מן הכבש למזבח ולא תשעה כהנים כבתחלה כמו שנראה מדבריהם לחלן מעבר לדף בד״ה היא ולא ידעתי מה הכריחם לכך ואדרבה אם נאמר שתשעה כהנים זכו בפיס הרביעי אין צריך לשבש הספרים ולהגית כמו שעשה רש״י ז״ל בסוף הסוגיא אף לא לקיים הגרסא בדוחק כמו שמצאנו בתוספות שפרשו דהנך תרי ברייתות דרמי אהדדי בתרי עניני קא מיירי וזה לא מסתבר כלל ולדידי הכל ניחא דהא דתני ר׳ חייא הפיס השני י״ג י״ד ט״ו ט״ז אתיא ככולא עלמא ואידך דתניא י״ד ט״ו ט״ז י״ז שמוסיף כהן אחד למחתה אתיא דלא כראב״י ולא כר׳ יהודה דאלו לראב״י היה למחתה פיס בפני עצמה ואלו לר״י לא היה למחתה פיס כלל ותשתא אתי נמי שפיר מה שהקשו התוס׳ בסוף הדבור מהא דאמר לעיל אי משכחת תנא דתני חמש דהא לפי דבריט אף בברייתא השניה בפיס שני קא מיירי ואף לדידה לא היו אלא ארבעה פיסות. שוב מצאתי עיקר דברי אלה בתוספות ישנים ד״ה דלא ונתקררה דעתי אלא שהראיות שהביאו שם ממ״ג פ״ו דתמיד אפשר לדחותה דלמא ראב״י היא ועוד משום יקרא דכהן גדול שאני.]
[28]) Sukka IV 9. [29]) täglich beim Abendopfer. [30]) um sie dem Holzstoss auf

Weihrauchschalen des innern Brotes hielten [31]; am Sabbat des Hüttenfestes trug ausserdem einer [32]) einen Kelch mit Wasser in der Hand [28]).
6. Ein Widder wird durch elf [Priester] dargebracht: das Fleisch durch fünf [33]), die Eingeweide, das Mehl und der Wein durch je zwei [34]).
7. Ein Stier wird durch vierundzwanzig [Priester] dargebracht: Kopf und Hinterfuss [35]), jener durch einen, dieser durch zwei: Schweif und Hinterfuss, jener durch zwei und dieser durch zwei; Brust und Schlund, jener durch einen, dieser [17]) durch drei; die beiden Vorderfüsse durch zwei; die beiden Flanken durch zwei; die Eingeweide, das Mehl [36]) und der Wein [37]) durch je drei. Indessen gilt das [38]) nur von öffentlichen Opfern; was dagegen die Privatopfer betrifft, so kann jeder, der sich dazu bereit erklärt, den ganzen Dienst allein verrichten [39]). Hinsichtlich der Enthäutung und Zerlegung sind diese und jene einander gleich [40]).

בְּזִיכֵי לְבוֹנָה שֶׁל לֶחֶם הַפָּנִים.
וּבְשַׁבָּת שֶׁבְּתוֹךְ הֶחָג, בְּיַד אֶחָד
צְלוֹחִית שֶׁל מָיִם: ו אַיִל קָרֵב בְּאַחַד
עָשָׂר. הַבָּשָׂר בַּחֲמִשָּׁה. הַקְּרָבַיִם
וְהַסֹּלֶת וְהַיַּיִן, בִּשְׁנַיִם שְׁנָיִם: ז פַּר
קָרֵב בְּעֶשְׂרִים וְאַרְבָּעָה. הָרֹאשׁ
וְהָרֶגֶל, הָרֹאשׁ בְּאֶחָד, וְהָרֶגֶל בִּשְׁנַיִם.
הָעֹקֶץ וְהָרֶגֶל, הָעֹקֶץ בִּשְׁנַיִם, וְהָרֶגֶל
בִּשְׁנַיִם. הֶחָזֶה וְהַגֵּרָה, הֶחָזֶה בְּאֶחָד,
וְהַגֵּרָה בִּשְׁלֹשָׁה. שְׁתֵּי הַיָּדַיִם בִּשְׁנַיִם.
שְׁתֵּי הַדְּפָנוֹת בִּשְׁנַיִם. הַקְּרָבַיִם וְהַסֹּלֶת
וְהַיַּיִן, בִּשְׁלֹשָׁה שְׁלֹשָׁה. בַּמֶּה דְבָרִים
אֲמוּרִים, בְּקָרְבְּנוֹת צִבּוּר. אֲבָל
בְּקָרְבְּנוֹת הַיָּחִיד, אִם רָצָה לְהַקְרִיב
מַקְרִיב. הַפְשֵׁטָן וְנִתּוּחָן שֶׁל אֵלּוּ
וָאֵלּוּ שָׁוִין:

ABSCHNITT III

1. Der Beamte sprach zu ihnen [1]): Gehet hinaus und sehet, ob die Zeit des Schlachtens schon gekommen

פרק ג.

א אָמַר לָהֶם הַמְמֻנֶּה, צְאוּ וּרְאוּ,
אִם הִגִּיעַ זְמַן הַשְּׁחִיטָה. אִם הִגִּיעַ.

---

dem Opferaltar hinzuzufügen. [31]) 3. B. M. 24, 7—8. Als „Azkara", wie der Weihrauch dort bezeichnet wird, wurde er auf dem Opferaltar verbrannt (vgl. das. 2, 2). [32]) der Zwölfte. [33]) wie beim Lamm des täglichen Opfers. [34]) Das zum täglichen Opfer bestimmte Lamm durfte nicht älter als ein Jahr sein, während ein Widder 13—24 Monate zählen musste, um dargebracht werden zu können; seine Eingeweide waren daher schwerer als die des Lämmchens. Ferner betrug das zugehörige Mehl- und Weinopfer bei einem Widder 2 ʻOmer und 4 Log, bei einem Lamme nur 1 ʻOmer und 3 Log (4. B. M. 15, 4—7; s. auch Schekalim V Anm. 15). [35]) Diese Nominativa absoluta sind gleich den folgenden (החזה והגרה, העוקץ והרגל) im Grunde überflüssig und nur mit Rücksicht auf Mischna 3 vorangestellt. Der Sinn ist: Was den Kopf und den rechten Hinterfuss betrifft, die sonst durch eine Person dargebracht werden, so sind hier drei Priester dabei beteiligt; was Schweif und linken Hinterfuss betrifft, u. s. w. [36]) 3 ʻOmer (4. B. M. 15, 9). [37]) 6 Log (das. 10). [38]) die Verteilung der einzelnen Verrichtungen durch das Los. [39]) sofern er nur zu den diensthabenden Priestern gehört und der Eigentümer ihn damit betraut hat. [40]) In Bezug auf diese Verrichtungen, die auch durch Nichtpriester ausgeführt werden dürfen, fand selbst bei öffentlichen Opfern keine Auslosung statt. Anders beim Schlachten der öffentlichen Opfer, das zwar ebenfalls durch jeden Israeliten vorgenommen werden konnte, in der Regel aber von den Priestern für sich in Anspruch genommen wurde und darum auch der Entscheidung des Loses unterworfen war.

[1]) Die Mischna knüpft hier an Kap. II 1—4 an. Was hier berichtet wird, gilt also nicht allein vom Versöhnungsfeste, sondern in gleicher Weise von allen

הָרוֹאֶה אוֹמֵר, בַּרְקַאי. מַתִּתְיָה בֶּן
שְׁמוּאֵל אוֹמֵר, הֵאִיר פְּנֵי כָל הַמִּזְרָח.
עַד שֶׁבְּחֶבְרוֹן, וְהוּא אוֹמֵר הֵן:
ב וְלָמָּה הֻצְרְכוּ לְכָךְ, שֶׁפַּעַם אַחַת
עָלָה מְאוֹר הַלְּבָנָה, וְדִמּוּ שֶׁהֵאִיר
הַמִּזְרָח, וְשָׁחֲטוּ אֶת הַתָּמִיד,
וְהוֹצִיאוּהוּ לְבֵית הַשְּׂרֵפָה. הוֹרִידוּ
כֹּהֵן גָּדוֹל לְבֵית הַטְּבִילָה. זֶה הַכְּלָל

ist [2]). Sowie sie eintritt, sagt der Beobachter: „Es tagt [3])". Matitja ben Schemuel [4]) berichtet: „Es hat sich der ganze Ostrand erhellt." „Bis gen Hebron [5])?" Worauf er mit „Ja" antwortet.
2. Und warum sah man sich dazu genötigt? Weil man einmal [6]), als das Licht des Mondes aufstieg, in der Meinung, dass der Morgen aufleuchte [7]), das tägliche Opfer schlachtete, das man hernach in den Verbrennungsraum schaffen musste [8]). — Man führte den Hohenpriester ins Badehaus [9]). Folgende Regel

---

Tagen des Jahres. Der hier erwähnte Beamte ist vermutlich derselbe, der auch die Auslosungen überwachte (das. 1; s. auch Anm. 5 das.). [2]) Das tägliche Morgenopfer durfte vor Anbruch des Tages nicht dargebracht werden; wurde es vorher geschlachtet, so musste es durch ein anderes ersetzt und wie untauglich gewordenes Opferfleisch fern vom Altar verbrannt werden. [3]) ברקאי, aramäische Form, vielleicht aus ברקא היא zusammengezogen oder aus ברקא איח verkürzt: es zeigt sich ein Schimmer (ברק = Blitz, Lichtschein, Glanz). [4]) vgl. Schekalim V 1. [5]) So lautet die Frage des Beamten. Es scheint, dass Frage und Antwort nicht mehr zum Berichte Matitja's gehören, sondern auch nach der Ansicht erfolgten, laut welcher der Beobachter „Barkai" gerufen hat. Matitja setzt nur an Stelle dieses Wortes den Satz האיר פני כל המזרח. Dieser Ausdruck lässt es unbestimmt, ob der Lichtschein sich vom Nordpunkte bis zum Südpunkte, also über die ganze östliche Hälfte des Gesichtskreises erstreckt, oder nur von Nordost bis Südost über den vierten Teil des Horizontes. „Der ganze Ostrand" kann beides bedeuten. Noch unbestimmter ist Barḳai: Es tagt. Darum fragt der Beamte: „Bis gen Hebron?" Diese Stadt liegt im Süden Jerusalems beinahe auf demselben Meridian wie der Tempel. War daher der Lichtstreif bis zu dem Punkte des Horizontes vorgedrungen, hinter welchem man Hebron vermutete, so dehnte er sich bereits über die ganze östliche Hälfte des Gesichtskreises aus. Dass man vom Tempelberge aus selbst bei vollem Sonnenlicht die Türme von Hebron gesehen haben konnte, ist ausgeschlossen. Nach Bechorot 54 b (קים להו לרבנן דשתסר מילי קא שלטא בה עינא דרועה — ומסתברא דהוא באמצען קאמר תדע מדלא אמר שלטא בהו אלא בה שמע מינה דאצאן קאי) reicht das Auge des Hirten bis auf eine Entfernung von 8 Mil (etwa 8 km; s. Kap. VI Anm. 26). Allerdings sind die Türme einer Stadt nicht mit einer Viehherde zu vergleichen; aber Hebron ist 28 km von Jerusalem entfernt und liegt in einem Tale, von Bergen eingeschlossen, welche die Aussicht versperren. Wenn man dennoch grade diese Stadt erwähnte und nicht lieber eine nähere, südlich oder nördlich gelegene und vom Tempelberge sichtbare Ortschaft, so geschah es, wie Jeruschalmi z. St. erklärt, weil in Hebron die Gräber der Patriarchen und der Stammmütter sich befinden. Ich verstehe nur nicht, warum die Frage nicht einfach עד חברון lautete. Warum עד שבחברון? Oder gar עד שהוא בחברון, wie es in Tamid III 2 heisst und Raschi auch hier liest? In einer Baraita (Babli Joma 28b oben) findet sich auch die Lesart עד בחברון, nirgends aber עד חברון. [6]) natürlich nicht am Versöhnungsfeste (vgl. Anm. 1), an welchem ja der Mond ums Morgengrauen längst untergangen ist, sondern an einem der letzten Tage eines Monats, in denen der Mond westlich von der Sonne sich befindet und daher vor dem Tagesgestirn aufgeht. [7]) Bei bewölktem Himmel kann der vom Monde ausgehende Lichtschimmer mit dem der Sonne verwechselt werden. Niemals aber kann er sich soweit erstrecken wie der von der Sonne herrührende Lichtstreifen. Darum fragte der Beamte, ob der Horizont bis gen Hebron hin erhellt ist. [8]) s. Anm. 2; über בית השרפה s. Pesaḥim VIII Anm. 18 u. IX Anm. 49). [9]) Hier beginnt der Bericht über den Opferdienst des Versöhnungstages, der aber sogleich durch eine kleine Abschweifung unterbrochen wird, um in M. 4 wieder aufgenommen zu werden.

הָיָה בַמִּקְדָּשׁ. כָּל הַמֵּסֵךְ אֶת רַגְלָיו, טָעוּן טְבִילָה, וְכָל הַמֵּטִיל מַיִם, טָעוּן קִדּוּשׁ יָדַיִם וְרַגְלָיִם׃ ג אֵין אָדָם נִכְנָס לָעֲזָרָה לָעֲבוֹדָה, אֲפִלּוּ טָהוֹר, עַד שֶׁיִּטְבֹּל. חָמֵשׁ טְבִילוֹת וַעֲשָׂרָה קִדּוּשִׁין, טוֹבֵל כֹּהֵן גָּדוֹל וּמְקַדֵּשׁ בּוֹ בַיּוֹם, וְכֻלָּן בַּקֹּדֶשׁ עַל בֵּית הַפַּרְוָה חוּץ מִזּוֹ בִלְבָד׃ ד פֵּרְסוּ סָדִין שֶׁל בּוּץ בֵּינוֹ לְבֵין הָעָם, פָּשַׁט, יָרַד וְטָבַל, עָלָה וְנִסְתַּפָּג. הֵבִיאוּ לוֹ בִגְדֵי זָהָב וְלָבַשׁ, וְקִדֵּשׁ יָדָיו וְרַגְלָיו. הֵבִיאוּ לוֹ אֶת הַתָּמִיד, קְרָצוֹ וּמֵרַק אַחֵר שְׁחִיטָה עַל יָדוֹ, קִבֵּל אֶת הַדָּם וּזְרָקוֹ. נִכְנַס לְהַקְטִיר קְטֹרֶת שֶׁל שַׁחַר, וּלְהֵטִיב אֶת הַנֵּרוֹת, וּלְהַקְרִיב אֶת הָרֹאשׁ וְאֶת

galt im Heiligtum: Wer seine Füsse bedeckt[10]), muss baden[11]); wer Wasser auswirft[12]), muss sich Hände und Füsse heiligen[13]).
3. Keiner darf die Opferhalle zu einer Dienstverrichtung betreten, wenn er auch rein ist, ehe er ein Bad genommen[11]). An diesem Tage musste der Hohepriester fünfmal ins Bad steigen und zehnmal die „Heiligung“ vornehmen[14]), alles dies im Heiligtum auf dem Parwahause[15]) mit Ausnahme dieses ersten Bades[16]).
4. Man breitete zwischen ihm und dem Volke ein Tuch aus Byssus aus, worauf er sich entkleidete, um ins Bad hinabzusteigen. Nachdem er heraufgestiegen war und sich abgetrocknet hatte[17]), brachte man ihm die goldenen Gewänder[18]); er legte sie an und heiligte sich Hände und Füsse. Nun brachte man ihm das tägliche Opferlamm[19]), er schlachtete es[20]), und während ein anderer an seiner Seite den Schnitt vollendete[21]), fing er das Blut auf[22]), um es sogleich zu sprengen[23]). Dann ging er dazu über[24]), das Morgenräucherwerk zu verbrennen[25]), die Lämpchen in Ordnung zu bringen[26]) und den Kopf nebst den übrigen

---

[10]) Euphemie für Darmentleerung (vgl. Richter 3, 24 und 1 Sam. 24, 4). [11]) Wo der Ausdruck טבילה von Menschen oder Geräten gebraucht wird, bedeutet er stets ein völliges Untertauchen im Wasser. [12]) Spätere Bezeichnung für die Entleerung der Harnblase. [13]) d. h. mit dem Wasser des heiligen Beckens waschen (2. B. M. 30, 17—21). Was den Hohenpriester betrifft, s. weiter unten (IV 5). [14]) s. Einleitung Absatz 2. [15]) Eine Kammer im südlichen Teile der Opferhalle (s. Middot V 3). [16]) das er an ungeweihter Stätte über dem Wassertore (Schekalim VI 3) nahm. [17]) נסתפג ist Denominativ von ספוג (σπόγγος od. σφόγγος) = Schwamm. [18]) Die acht Kleidungsstücke, die das Dienstgewand des Hohenpriesters bilden (כתנת מכנסים מצנפת אבנט חשן אפוד מעיל וציץ; s. 2. B. M. 28, 2—42). [19]) das. 29, 38—39. [20]) Der ungewöhnliche Ausdruck קרצו (statt שחטו) wird hier wahrscheinlich darum gewählt, weil der Hohepriester sich damit begnügte, Luft- und Speiseröhre des Opfertieres zu durchschneiden, die Trennung der Halsadern einem andern, ihm zur Seite stehenden Priester überlassend. [21]) damit der Hohepriester Zeit gewinne, das Messer aus der Hand zu legen und die Schale zu ergreifen. Sonst schlachtete der eine Priester, und ein anderer fing das Blut auf (II 3); an diesem Tage aber verrichtete der Hohepriester beides. [22]) in heiliger Schale. [23]) auf den äussern Altar in der Opferhalle. [24]) Der Ausdruck נכנס passt im eigentlichen Sinne (hineingehen) nur auf die beiden zunächst angeführten Diensthandlungen (לחקטיר קטרת של שחר ולהיטיב את הנרות), die er im Hêchâl zu vollziehen hatte, aber nicht mehr zu den folgenden Verrichtungen (ולהקריב את הראש ואת האברים ואת החבתין ואת היין), deren Schauplatz wieder die Opferhalle war. Es müsste demnach heissen: „Er ging hinein, um das Morgenräucherwerk zu verbrennen und die Lämpchen in stand zu setzen, worauf er zurückkehrte, um den Kopf etc. darzubringen.“ Also ein Zeugma? Ich glaube eher, dass נכנס hier wie z. B. auch in Berachot I 1 (משעה שהכהנים נכנסין לאכול בתרומתן) eine allgemeinere Bedeutung hat, etwa: sich anschicken, zu etwas übergehen; vgl. בא לו (VII 1 und Soṭa II 3) und das frnz. aller. [25]) 2. B. M. 30, 7. [26]) sie zu reinigen und aufs neue mit Oel und Docht zu versehen, nach

הָאֵבָרִים, וְאֶת הַחֲבִתִּין וְאֶת הַיָּיִן׃
ה קְטֹרֶת שֶׁל שַׁחַר הָיְתָה קְרֵבָה בֵּין דָּם לְאֵבָרִים, שֶׁל בֵּין הָעַרְבַּיִם בֵּין אֵבָרִים לִנְסָכִים. אִם הָיָה כֹהֵן גָּדוֹל זָקֵן אוֹ אִסְטְנִיס, מְחַמִּין לוֹ חַמִּין, וּמְטִילִין לְתוֹךְ הַצּוֹנֵן, כְּדֵי שֶׁתָּפוּג צִנָּתָן׃ ו הֱבִיאוּהוּ לְבֵית הַפַּרְוָה, וּבַקֹּדֶשׁ הָיְתָה. פָּרְסוּ סָדִין שֶׁל בּוּץ בֵּינוֹ לְבֵין הָעָם. קִדֵּשׁ יָדָיו וְרַגְלָיו וּפָשַׁט. רַבִּי מֵאִיר אוֹמֵר, פָּשַׁט קִדֵּשׁ יָדָיו וְרַגְלָיו. יָרַד וְטָבַל, עָלָה וְנִסְתַּפַּג, הֵבִיאוּ לוֹ בִגְדֵי לָבָן, לָבַשׁ וְקִדֵּשׁ יָדָיו וְרַגְלָיו׃ ז בַּשַּׁחַר הָיָה לוֹבֵשׁ פִּלּוּסִין שֶׁל שְׁנֵים עָשָׂר מָנֶה, וּבֵין הָעַרְבַּיִם הִנְדְּוִיִּין שֶׁל שְׁמֹנֶה מֵאוֹת זוּז. דִּבְרֵי רַבִּי מֵאִיר. וַחֲכָמִים אוֹמְרִים, בַּשַּׁחַר הָיָה לוֹבֵשׁ שֶׁל שְׁמֹנָה עָשָׂר מָנֶה, וּבֵין הָעַרְבַּיִם שֶׁל שְׁנֵים עָשָׂר מָנֶה, הַכֹּל שְׁלֹשִׁים מָנֶה. אֵלּוּ מִשֶּׁל

Gliedern [27]) samt den Opferbroten [28]) und dem Weine [29]) darzubringen. **5.** Das Morgenräucherwerk [25]) wurde zwischen dem Blut und den Gliedern dargebracht, das Abendräucherwerk [30]) zwischen den Gliedern und dem Weinopfer. — War der Hohepriester alt oder schwächlich [31]), bereitete man heisses Wasser vor [32]), welches in das kalte gegossen wurde [33]), damit dessen Kälte sich mildere [34]). **6.** Darauf brachte man ihn in das Parwahaus [15]), das auf geheiligtem Boden stand [35]), und breitete ein Tuch aus Byssus zwischen ihm und dem Volke aus. Er heiligte Hände und Füsse [19]) und entkleidete sich. R. Meïr meint, dass er zuerst sich entkleidet und nachher Hände und Füsse geheiligt habe. Nachdem er ins Bad gestiegen [11]), wieder heraufgekommen war und sich abgetrocknet hatte [17]), brachte man ihm die weissen Gewänder [36]), nach deren Anlegung er aufs neue seine Hände und Füsse heiligte. **7.** Am Morgen legte er pelusisches Linnen an im Werte von zwölf Minen [37]), nachmittags indisches Linnen im Werte von achthundert Denaren [37]). Dies die Worte des R. Meïr. Die Weisen [38]) sagen: Am Morgen legte er Gewänder im Werte von achtzehn Minen an, nachmittags solche, die zwölf Minen kosteten. Der Gesamtwert betrug dreissig Minen [39]). Soviel wurde aus öffentlichen Mitteln

---

Maimuni (הל׳ תמידין ומוספין פ״ג ה״י וי״ב) auch anzuzünden; s. übrigens Kap. II Anm. 13. [27]) des Opferlammes. [28]) dem täglichen Opfer des Hohenpriesters (3. B. M. 6, 13—15: s. Schekalim VII Anm. 34). [29]) 2. B. M. 29, 40. Das ebendaselbst vorgeschriebene Mehlopfer, sonst in dem Ausdruck נסכים inbegriffen (s. Schekalim Kap. IV Anm. 4), scheint hier durch יין mitbezeichnet. [30]) 2. B. M. 30, 8. [רמב״ם ז״ל לא הביא הלכה זו בחבורו הגדול ואדרבה בהל׳ תמידין ומוספין סוף פ״ו כתב וכסדר שעושין בכל יום בבקר כך עושין בין הערבים חוץ מתרומת הדשן ממזבח החיצון וסדור המערכות והפייסות שאין עושין דברים אלו אלא בכל יום בשחר לבד ולא הזכיר חלוק זה שבין קטרת של שחר לקטרת של בין הערבים ואף בהל׳ עבודת יום הכפורים סוף פ״ד סתם הדברים ולא פרש שהיתה הקטרת מפסקת בין אברים לנסכים]. [31]) אסטניס = ἀσθενής. [32]) מחמין ist Hif'il von חמם; חמין steht elliptisch für מים חמין. [33]) מטילין ist Hif'il von טול (= werfen), nicht von נטל; ebenso מטיל oben S. 305 Z. 2. [34]) Wörtlich: aufhöre (s. Kap. I Anm. 24). [35]) im Gegensatz zum Wassertore, wo er das erste Bad genommen hatte (s. Anm. 16). [36]) die für den besondern Dienst des Versöhnungstages vorgeschriebenen vier Kleidungsstücke (כתנת מכנסים מצנפת ואבנט — 3. B. M. 16, 4). [37]) 1 Mine = 100 Denare, etwa 65 Mark. [38]) s. S. 210 Anm. 34. [39]) Damit will die Mischna sagen, dass es auf das Verhältnis von 18 : 12 nicht so genau ankommt. Man darf den zur Verfügung stehenden Betrag auch anders einteilen, nur soll man im ganzen nicht weniger als 30 Minen aufwenden und für das Morgenkleid mehr ausgeben als für das Abendgewand; denn dieses legte der Hohepriester nur an, um Löffel und Schaufel aus dem Allerheiligsten wieder herauszuschaffen (VII 4), während er in jenem

צבור, ואם רצה להוסיף, מוסיף משלו: **ח** בא לו אצל פרו, ופרו היה עומד בין האולם ולמזבח, ראשו לדרום, ופניו למערב. והכהן עומד במזרח, ופניו למערב, וסומך שתי ידיו עליו ומתודה, וכך היה אומר. אנא השם, עויתי פשעתי חטאתי לפניך אני וביתי. אנא השם, כפר נא לעונות ולפשעים ולחטאים, שעויתי ושפשעתי ושחטאתי לפניך, אני וביתי. ככתוב בתורת משה עבדך, כי ביום הזה יכפר עליכם לטהר אתכם, מכל חטאתיכם לפני ה׳ תטהרו. והם עונין אחריו. ברוך שם כבוד מלכותו לעולם ועד: **ט** בא לו למזרח לצפון המזבח, הסגן מימינו, וראש בית אב משמאלו, ושם שני שעירים, וקלפי היתה שם, ובה שני גורלות. של

bewilligt[40]); wollte er aber mehr aufwenden, so musste er aus eigenem Vermögen hinzufügen. **8.** Zunächst begab er sich zu seinem Stiere[41]). Dieser stand zwischen dem Ulam[42]) und dem Altar[43]) mit dem Kopfe nach Süden und dem Gesichte nach Westen[44]). Der Priester stand im Osten, das Antlitz nach Westen gerichtet[45]). Er stützte beide Hände auf ihn[46]) und sprach das Sündenbekenntnis Und so sprach er: Ach, Ewiger! ich habe vor dir gesündigt, gefrevelt und gefehlt, ich und mein Haus. O, Ewiger! Verzeihe doch die Sünden, Frevel und Verfehlungen, wie sehr ich auch vor dir gesündigt, gefrevelt und gefehlt haben mag, ich und mein Haus, wie geschrieben steht in der Tora deines Dieners Mosche[47]): Denn an diesem Tage wird er euch verzeihen, um euch zu reinigen; von all euren Sünden vor Gott sollt ihr rein werden. Sie aber[48]) stimmten mit den Worten ein: Gepriesen sei der Name der Herrlichkeit seines Reiches für und für. **9.** Darauf trat er nach Osten zurück an die Nordseite des Altars, der Vorsteher zu seiner Rechten und das Familienoberhaupt[49]) zu seiner Linken. Dort standen zwei Ziegenböcke[50]), und eine Urne[51]) befand sich daselbst, in der zwei Lose[52])

---

den ganzen Dienst verrichtete, der den Versöhnungstag vor den anderen Festen auszeichnet. [40]) Andere Lesart: אלו נוטל מן ההקדש = Soviel bekam er aus dem Tempelschatze. [41]) Es waren an diesem Tage zwei Stiere darzubringen, der eine, von welchem später (VII 3) die Rede sein wird, beim Musafopfer (4. B. M. 29, 8) aus öffentlichen Mitteln, der andere, um den es sich hier handelt, aus dem Vermögen des Hohenpriesters (3. B. M. 16, 3 u. 6), weshalb er stets als sein Stier bezeichnet wird. [42]) So hiess der Vorsaal, der den Hêchâl (Anm. 58) von der Opferhalle trennte. [43]) dem äussern Altar in der Opferhalle. Der Raum zwischen diesem und dem Ulam mass von Ost nach West 22 Ellen (Middot III 6 u. V 1). [44]) Ein Priester drehte dessen Kopf in der Richtung zum Hêchâl, so dass die Hörner, zwischen denen der Hohepriester seine Hände aufstützte, diesem zugekehrt waren. Hätte man den Stier mit dem Kopf nach Westen aufgestellt, so müsste der Hohepriester beim Sündenbekenntnis entweder, vor ihm stehend, dem Allerheiligsten den Rücken zukehren, oder aber, hinter ihm stehend, sich der Länge nach über den Rücken des Tieres legen. Beides wäre unangemessen. [ובגמרא דחיק לתרץ דחיישינן שמא ירביץ גללים ולא ידעתי למה הוצרכו לכך]. [45]) Er stand also zur Seite des Stieres mit dem Rücken zum Altar, das Antlitz dem Allerheiligsten zugewandt. [46]) auf dessen Kopf zwischen den Hörnern. [47]) 3. B. M. 16, 30. [48]) Die Priester und das Volk, die in der Opferhalle standen und sich niederwarfen, als sie den heiligen Namen Gottes aus dem Munde des Hohenpriesters vernahmen (vgl. weiter unten VI 2). Aus Maimunis Mischnakommentar ist ersichtlich, dass er auch hier statt והם עונין אחריו die ganze Stelle von והכהנים והעם bis ונופלים על פניהם ואומרים gelesen hat. [49]) s. Kap. II Anm 1. [50]) s. 3. B. M. 16, 5 u. 7. [51]) קלפי ist das griechische κάλπη. [52]) Der Zweck dieser Lose

אֶשְׁכְּרוֹעַ הָיוּ. וְעָשָׂאָן בֶּן גַּמְלָא שֶׁל
זָהָב, וְהָיוּ מַזְכִּירִין אוֹתוֹ לְשֶׁבַח:
י בֶּן קָטִין עָשָׂה שְׁנֵים עָשָׂר דַּד
לַכִּיּוֹר, שֶׁלֹּא הָיוּ לוֹ אֶלָּא שְׁנַיִם. וְאַף
הוּא עָשָׂה מוּכְנִי לַכִּיּוֹר, שֶׁלֹּא יִהְיוּ
מֵימָיו נִפְסָלִין בְּלִינָה. מוֹנְבַז הַמֶּלֶךְ
עָשָׂה כָּל יְדוֹת הַכֵּלִים שֶׁל יוֹם
הַכִּפֻּרִים שֶׁל זָהָב. הֵילְנִי אִמּוֹ עָשְׂתָה
נִבְרֶשֶׁת שֶׁל זָהָב עַל פִּתְחוֹ שֶׁל הֵיכָל.
וְאַף הִיא עָשְׂתָה טַבְלָא שֶׁל זָהָב
שֶׁפָּרָשַׁת סוֹטָה כְּתוּבָה עָלֶיהָ. נִיקָנוֹר
נַעֲשׂוּ נִסִּים לְדַלְתוֹתָיו, וְהָיוּ מַזְכִּירִין
אוֹתוֹ לְשֶׁבַח: יא וְאֵלּוּ לִגְנַאי. שֶׁל
בֵּית גַּרְמוּ לֹא רָצוּ לְלַמֵּד עַל מַעֲשֵׂה
לֶחֶם הַפָּנִים. שֶׁל בֵּית אַבְטִינָס לֹא

lagen. Sie waren aus Buchsbaum; Ben Gamla aber machte welche aus Gold, wofür man ihn lobend erwähnte. **10.** Ben Ḳâṭîn liess zwölf Hähne am Waschbecken[53]) anbringen, das früher deren nur zwei hatte; auch liess er für das Waschbecken eine Vorrichtung[54]) herstellen, dass sein Wasser nicht durch Uebernachten unbrauchbar werde[55]). König Monobaz[56]) liess die Griffe aller für den Versöhnungstag bestimmten Geräte[57]) aus Gold anfertigen. Seine Mutter Helenê liess über dem Eingang des Hêchâl[58]) einen goldenen Leuchter anbringen; auch liess sie eine goldene Tafel anfertigen, auf welcher der Schriftabschnitt von der des Ehebruchs Verdächtigen[59]) verzeichnet war. Nikanor erfuhr an seinen Türen Wunder[60]), und man erwähnte ihn zum Lobe. **11.** Folgende aber zum Tadel: Die Angehörigen des Hauses Garmo wollten in Bezug auf die Bereitung des innern Brotes nichts lehren[61]), die des Hauses Abtinas nichts über

---

wird am Anfange des nächsten Kapitels erklärt. [53]) mit dessen Wasser die Priester Hände und Füsse wuschen, ehe sie das Heiligtum betraten oder zu einer Dienstverrichtung sich anschickten (2. B. M. 30, 18—21). Sie traten vor das Becken, öffneten einen Hahn und liessen das Wasser über ihre Hände und Füsse laufen. [54]) מוכני = μηχανή. [55]) Die Tempelgeräte heiligen alle mit ihnen in Berührung kommenden Gegenstände, zu deren Aufnahme sie bestimmt sind (2. B. M. 30, 29; Zebaḥim IX 7); was aber durch ein heiliges Gefäss die Weihe erlangt hat, wird über Nacht zu fernerem Gebrauche untauglich. Infolgedessen musste das Waschbecken, das ein sehr umfangreiches und schweres Tempelgerät war, jeden Morgen geleert und wieder gefüllt werden. Ben Ḳaṭin liess es nun an der Welle eines Rades befestigen, mit dessen Hilfe es nachts in den Brunnen versenkt wurde, um am Morgen wieder heraufgezogen zu werden. [56]) Fürst von Adiabene in den letzten Jahren vor der Zerstörung des zweiten Tempels. [57]) die nicht selbst aus Gold hergestellt werden konnten, wie Messer u. dgl. [58]) So hiess der Raum, in welchem der goldene Altar, der goldene Leuchter und der goldene Tisch standen. Ein Vorhang trennte ihn vom Allerheiligsten. [59]) 4. B. M. 5, 11—31. Auf der Tafel standen vermutlich nur die Beschwörungsformeln, die nach Vorschrift des 23. Verses bei der Wasserprobe, der die Verdächtige unterzogen wurde, abzuschreiben waren. Was die edle Königin zu diesem Geschenke bewogen haben mag, das uns wie ein schlechter Witz mit beleidigender Spitze anmutet, ist rätselhaft. Ein dringendes, „längst und tief empfundenes" Bedürfnis war es gewiss nicht, dem endlich abgeholfen werden musste. [60]) Laut einem Berichte der Tosefta (II 4, S. 183) brachte er für das Heiligtum zwei Türen aus Alexandria. Da ein Meeresstrudel das Schiff zu verschlingen drohte, warfen die Seeleute eine der Türen über Bord. Als sie aber auch die andere ergriffen, um sie der ersten nachfolgen zu lassen, umklammerte er sie mit seinen Armen, indem er sprach: Werfet mich mit ihr in die Brandung. In diesem Augenblicke glättete sich die aufgeregte Meeresfläche, und als man glücklich in ʿAkko landete, sah man die versenkte Tür unter dem Kiel des Schiffes emportauchen. [61]) Die zwölf ungesäuerten Brote, die im Innern des Heiligtums von Sabbat zu Sabbat auf goldenem Tische

die Anfertigung des Räucherwerks; Hygros ben Lewi war ein Meister der Kadenz im Gesange [62]), wollte sie aber nicht lehren; Ben Kamṣar wollte niemand in seiner Schreibkunst unterweisen [63]). Von den Erstgenannten [64]) heisst es: das Andenken des Gerechten ist zum Segen[65]); von diesen aber[64]) heisst es: der Name der Ruchlosen vergeht[66]).

רָצוּ לְלַמֵּד עַל מַעֲשֵׂה הַקְּטֹרֶת. הֻגְרוֹס בֶּן לֵוִי הָיָה יוֹדֵעַ פֶּרֶק בַּשִּׁיר, וְלֹא רָצָה לְלַמֵּד. בֶּן קַמְצָר לֹא רָצָה לְלַמֵּד עַל מַעֲשֵׂה הַכְּתָב. עַל הָרִאשׁוֹנִים נֶאֱמַר, זֵכֶר צַדִּיק לִבְרָכָה, וְעַל אֵלּוּ נֶאֱמַר, וְשֵׁם רְשָׁעִים יִרְקָב:

ABSCHNITT IV.

פרק ד.

1. Er schüttelte die Urne und entnahm ihr die beiden Lose [1]). Auf dem einen stand: „Für den Ewigen", auf dem andern: „Für

א טָרַף בַּקַּלְפִּי וְהֶעֱלָה שְׁנֵי גוֹרָלוֹת, אֶחָד כָּתוּב עָלָיו לַשֵּׁם, וְאֶחָד

---

ruhten (2. B. M. 25, 30 u. 3. B. M. 24, 5—9), waren sehr zerbrechlich. Sie wurden aus je 5 Liter Mehl hergestellt (2 עשרונים = 0,6 סאה; 1 סאה = 8, 3 l — s. Erubin Kap. VII Anm. 49) und hatten eine Länge von 80 cm, eine Breite von 40 cm (Menahot XI 4; 1 טפח = 8 cm — s. ʿErubin Kap. IV Anm. 36). Ihre Dicke konnte daher nicht viel mehr als 1½ cm betragen (80. 40. 1, 5 = 4800 ccm; 5 l = 5000 ccm). Ueber ihre Form gehen die Ansichten auseinander. Nach der einen hatten sie die Gestalt einer runden, nach der andern die einer eckigen Klammer (Babli Menaḥot 94 b oben), deren Seitenwände nach R. Juda je 20 cm, nach R. Meïr je 16 cm in die Höhe ragten (Menaḥot XI 5) und überdies an den vier freien Enden mit je einem „Hörnchen" von 14 cm Länge verziert waren. Sie wurden wöchentlich am Freitag, mitunter schon am Mittwoch gebacken und erst am Sabbat der folgenden Woche von den Priestern verzehrt. Nur die Familie Garmo verstand es, sie so zu bereiten, dass sie acht bis zehn Tage lang ihren Wohlgeschmack bewahrten, und sie so aus dem Ofen zu heben, dass ihre Seitenwände nicht zerbrachen. — למד mit על (statt einfachem Akkusativ) = über etwas Unterricht erteilen.

[62]) פרק בשיר ist sehr dunkel. Nach dem Talmud scheint es den Triller zu bedeuten. Da nun פרק einen Abschnitt bezeichnet, so ist vielleicht die Kadenz gemeint, die dem Sänger am Schluss der Melodie beliebige Variationen und Tonschnörkel gestattet. Diese Bedeutung könnte פרק auch am Ende des Traktats Tamid haben, wo es vom Gesange der Leviten heisst: הגיעו לפרק תקעו והשתחוו העם על כל פרק תקיעה ועל כל תקיעה השתחויה. [In Rosch haschana 31a unten s. v. והיו חולקים הפרקים בנעימת הקול להפסיק meint Raschi ebenfalls: כולהו].

[63]) Von ihm wird erzählt, dass er mit vier Federn, die er sich zwischen die fünf Finger steckte, gleichzeitig vier verschiedene Buchstaben schreiben konnte. Da die hebräische Schrift auf Vokale verzichtet, so bietet dieses Verfahren eine Tachystenographie, die einen geübten Schreiber in den Stand setzt, dem schnellsten Redner mit Leichtigkeit zu folgen. Freilich erfordert solche Kunstfertigkeit nicht nur grosse Gelenkigkeit der Finger, sondern eine noch grössere Elastizität des Geistes.

[64]) d. h. von Männern gleich ihnen. Man kann aber נאֹמַר lesen und dann על הראשונים und על אלו wörtlich nehmen: Von jenen sagen wir... von diesen sagen wir...

[65]) Sprüche 10, 7.

[66]) daselbst.

[1]) Damit wird der oben (III 9) abgebrochene Bericht wieder aufgenommen: Der Hohepriester tritt an die Nordseite des Altars, wo die beiden Böcke stehen und eine Urne mit zwei Losen sich befindet. Er schüttelt die Urne, greift mit beiden Händen hinein und zieht in jeder Hand ein Los heraus. — טרף heisst in der Sprache der Mischna schütteln, umrühren, verwirren, überhaupt durcheinander mischen (נטרפה דעתו, ביצה טרופה, ספינה המטרפת בים). Die Kommentatoren, an ihrer Spitze Raschi, fassen gleichwohl die Stelle anders auf: Hastig griff er in die Urne. Man muss zugeben, dass sich nun והעלה שני גורלות besser anschliesst; das ist aber noch kein Grund, ein Wort seiner gewöhnlichen Bedeutung

'Azazel". Der Vorsteher war zu seiner Rechten, das Oberhaupt der Familie[2]) zu seiner Linken. Wenn das Los mit dem heiligen Namen in seine Rechte geraten war, sprach der Vorsteher zu ihm: Mein Herr Hoherpriester, erhebe deine Rechte; war es in seine Linke geraten, so sprach das Familienhaupt zu ihm: Mein Herr Hoherpriester, erhebe deine Linke. Dann legte er sie auf die zwei Böcke, indem er sprach: „Dem Ewigen ein Sündopfer". R. Isma'el meint, er brauchte nicht ein „Sündopfer" zu sagen, sondern nur: „Dem Ewigen". Sie aber[3]) fielen mit den Worten ein: Gepriesen sei der Name der Herrlichkeit seines Reiches für und für. **2.** Darauf befestigte er[4]) ein Band von Kermeswolle[5]) sowohl am Kopfe des fortzuschickenden Bockes[6]), den er einstweilen an den Ort seiner Wegschaffung[7]) stellte, als auch dem zu schlachtenden[8]) an der Schlachtstelle[9]). Dann näherte er sich zum zweiten Male[10]) seinem[11]) Stiere, stützte auf ihn[12]) die beiden Hände und sprach das Sündenbekenntnis. Und so sprach er: Ach, Ewiger! ich habe vor dir gesündigt, gefrevelt und gefehlt, ich und mein Haus und die Söhne Aharons, der Stamm der dir Geweihten. O Ewiger, verzeihe doch die Sünden, Frevel und Verfehlungen, wie sehr ich auch vor dir gesündigt, gefrevelt und gefehlt

כָּתוּב עָלָיו לַעֲזָאזֵל. הַסְּגָן מִימִינוֹ, וְרֹאשׁ בֵּית אָב מִשְּׂמֹאלוֹ. אִם שֶׁל שֵׁם עָלָה בִּימִינוֹ, הַסְּגָן אוֹמֵר לוֹ, אִישִׁי כֹּהֵן גָּדוֹל הַגְבַּהּ יְמִינֶךָ, וְאִם שֶׁל שֵׁם עָלָה בִשְׂמֹאלוֹ, רֹאשׁ בֵּית אָב אוֹמֵר לוֹ, אִישִׁי כֹּהֵן גָּדוֹל הַגְבַּהּ שְׂמֹאלֶךָ. נְתָנָן עַל שְׁנֵי הַשְּׂעִירִים, וְאוֹמֵר, לַה' חַטָּאת. רַבִּי יִשְׁמָעֵאל אוֹמֵר, לֹא הָיָה צָרִיךְ לוֹמַר חַטָּאת אֶלָּא לַה'. וְהֵם עוֹנִין אַחֲרָיו, בָּרוּךְ שֵׁם כְּבוֹד מַלְכוּתוֹ לְעוֹלָם וָעֶד: ב קָשַׁר לָשׁוֹן שֶׁל זְהוֹרִית בְּרֹאשׁ שָׂעִיר הַמִּשְׁתַּלֵּחַ, וְהֶעֱמִידוֹ כְּנֶגֶד בֵּית שִׁלּוּחוֹ, וְלַנִּשְׁחָט כְּנֶגֶד בֵּית שְׁחִיטָתוֹ. בָּא לוֹ אֵצֶל פָּרוֹ שְׁנִיָּה, וְסוֹמֵךְ שְׁתֵּי יָדָיו עָלָיו וּמִתְוַדֶּה. וְכָךְ הָיָה אוֹמֵר, אָנָּא הַשֵּׁם, עָוִיתִי פָּשַׁעְתִּי חָטָאתִי לְפָנֶיךָ, אֲנִי וּבֵיתִי וּבְנֵי אַהֲרֹן עַם קְדוֹשֶׁיךָ. אָנָּא הַשֵּׁם, כַּפֶּר נָא לַעֲוֹנוֹת וְלַפְּשָׁעִים וְלַחֲטָאִים, שֶׁעָוִיתִי וְשֶׁפָּשַׁעְתִּי וְשֶׁחָטָאתִי לְפָנֶיךָ, אֲנִי וּבֵיתִי וּבְנֵי אַהֲרֹן עַם קְדוֹשֶׁיךָ. כַּכָּתוּב בְּתוֹרַת מֹשֶׁה עַבְדֶּךָ, כִּי בַיּוֹם הַזֶּה יְכַפֵּר עֲלֵיכֶם לְטַהֵר אֶתְכֶם, מִכֹּל

haben mag, ich und mein Haus und die Söhne Aharons, der Stamm der dir Geweihten, wie geschrieben steht in der Tora deines Dieners Mosche[13]): Denn an diesem Tage wird er euch verzeihen, um euch zu reinigen;

---

zu entkleiden. Die Konstruktion mit ב erklärt sich dadurch, dass es eigentlich die Lose sind, die er mittels der Urne durcheinander schüttelt. [2]) s. Kap. II Anm. 1. [3]) die in der Opferhalle versammelte Menge, die bei der Nennung des heiligen Namens in die Kniee sank, den Boden mit der Stirne berührend. Vgl. weiter unten (VI 2). [4]) um einer Verwechslung der beiden Böcke sowohl unter einander als auch mit dem dritten zum Musafopfer bestimmten Ziegenbocke (4. B. M. 29, 11) vorzubeugen. [5]) von roter, mit Kermes gefärbter Wolle, [6]) des für 'Azazel bestimmten, der in die Wüste geführt und dort von einem Felsen hinabgestürzt wurde. [7]) an das Tor, durch das er aus dem Tempel hinausgeführt wurde. [8]) dem durchs Los dem Ewigen geweihten. נשחט hat hier wie המשתלח gerundive Bedeutung. [9]) d. i. am Halse (s. S. 205 Anm. 5). [10]) s. III 8. [11]) das. Anm. 41. [12]) das. Anm. 46. [13]) 3. B. M.

חַטֹּאתֵיכֶם לִפְנֵי ה' תִּטְהָרוּ. וְהֵם עוֹנִין אַחֲרָיו. בָּרוּךְ שֵׁם כְּבוֹד מַלְכוּתוֹ לְעוֹלָם וָעֶד: ג שְׁחָטוֹ וְקִבֵּל בְּמִזְרָק אֶת דָּמוֹ. וּנְתָנוֹ לְמִי שֶׁהוּא מְמָרֵס בּוֹ עַל הָרֹבֶד הָרְבִיעִי שֶׁבַּהֵיכָל. כְּדֵי שֶׁלֹּא יִקְרוֹשׁ. נָטַל אֶת הַמַּחְתָּה. וְעָלָה

von all euren Sünden vor Gott sollt ihr rein werden. Sie aber [3]) fielen mit dem Rufe ein: Gepriesen sei der Name der Herrlichkeit seines Reiches für und für. **3.** Nun schlachtete er ihn[14]), fing sein Blut in einer Schale auf und übergab sie dem, der es auf der vierten Pflasterreihe im Hêchal umrühren sollte, damit es nicht gerinne[15]). Dann nahm er die Schaufel,

---

16, 30. [14]) den Stier. [15]) Es sollte nämlich erst später, nachdem der Hohepriester das Räucherwerk im Allerheiligsten dargebracht hatte, daselbst und im Hêchâl zur Verwendung gelangen. — Die Auffassung, die in unserer Uebersetzung hier zum Ausdruck kommt, zwingt den Talmud zu einer Emendation. Da sich niemand im Hêchâl (Kap. III Anm. 58) aufhalten durfte, während der Hohepriester im Allerheiligsten den Dienst verrichtete (3. B. M. 16, 17), so ist nicht שבהיכל, sondern שלהיכל zu lesen, was zur Not so verstanden werden kann, dass das Blut in der Opferhalle auf der vierten Pflasterreihe, vom Hêchâl aus gerechnet (wörtlich: die zum Hêchâl führt), umgerührt wurde. Diese Textänderung, die am Ende nicht einmal genügt [es müsste mindestens שמן ההיכל ולחוץ korrigiert werden, genauer aber: שמן האולם ולחוץ, da ja zwischen Hêchâl und Opferhalle noch der Ulam (Kap. III Anm. 42) sich befand], liesse sich vermeiden, wenn man dem Satzbau ein wenig Gewalt antut, על הרובד הרביעי שבהיכל statt auf ממרס lieber auf נתנו bezieht und demgemäss übersetzt: er stellte sie für den, der es umrühren sollte, damit es nicht gerinne, auf die vierte Pflasterreihe im Hêchâl. Er würde demnach die Schale, bevor er die Schaufel zur Hand nahm, um Kohlen für das Räucherwerk zu holen, auf die vierte Pflasterreihe des Hêchâl getan haben, von wo sie bald ein anderer Priester holte, um das Blut in der Opferhalle umzurühren. Dass der Hohepriester sie erst hineintrug, statt sie sofort an Ort und Stelle neben dem äussern Altar, an dessen Fusse er das Blut eben aufgefangen hatte, und den er nun sogleich mit der Kohlenschaufel in der Hand besteigen sollte, dem ersten besten Priester zu übergeben, könnte man damit erklären, dass es ihm wünschenswert erschien, die Schale an dieser Stelle wieder in Empfang zu nehmen, wenn er nach der Darbringung des Räucherwerks aus dem Allerheiligsten trat, im Hêchâl ein kurzes Gebet sprach und sogleich wieder in das Allerheiligste zurückkehrte, um mit dem Blute des Stieres die vorgeschriebenen Sprengungen vor der heiligen Bundeslade auszuführen. Doch darf man nicht vergessen, dass von der Opferhalle zum Ulam zwölf Stufen emporführten (Middot III 6). Was nötigte ihn, sie hinauf- und alsbald wieder hinunterzusteigen? Es wäre doch viel zweckmässiger gewesen, die Schale einem Priester in der Opferhalle mit dem Auftrage zu übergeben, sie ihm nach angemessener Zeit in den Hêchâl entgegenzubringen. Die einfachste Lösung aller Schwierigkeiten bietet Jeruschalmi z. St., der בהיכל kurzerhand in בעזרה verbessert. Will man die überlieferte Lesart, die durch beide Talmude gut bezeugt ist, aufrecht erhalten, so muss man annehmen, dass das Opferblut tatsächlich aus dem angegebenen Grunde (damit der Hohepriester nicht nötig habe, nach dem Verlassen des Allerheiligsten die erwähnten zwölf Stufen hinab- und wieder hinaufzusteigen, um die Schale aus der Opferhalle zu holen) im Hêchâl umgerührt wurde, den der damit betraute Priester nur für die kurze Zeit verliess, welche die Darbringung des Räucherwerks in Anspruch nahm. Der Vorgang hätte sich demnach wie folgt abgespielt: Nachdem der Hohepriester den Stier in der Opferhalle geschlachtet und dessen Blut in einer Schale aufgefangen hatte, reichte er diese an Ort und Stelle einem Priester, der sich nun in den Hêchâl begab und dort das Blut umrührte, während jener in der Opferhalle die goldene Schaufel auf dem äussern Altar mit glühenden Kohlen füllte und das Räucherwerk mit seinen Händen abhob, um es in den goldenen Löffel zu tun. Sowie der Hohepriester mit Löffel und Schaufel im Hêchâl erschien, entfernte sich der andere bis zur obersten Treppenstufe, wo er vor dem Eingange des Ulam sehr wohl in der Lage war, den Hohenpriester in demselben Moment zu erblicken, in welchem er aus dem Allerheiligsten heraustrat (vgl. Kap. V Anm. 15). Während dieser sein kurzes

לְרֹאשׁ הַמִּזְבֵּחַ, וּפִנָּה גֶחָלִים אֵילָךְ וְאֵילָךְ, וְחָתָה מִן הַמְעֻכָּלוֹת הַפְּנִימִיּוֹת, וְיָרַד וְהִנִּיחָהּ עַל הָרֹבֶד הָרְבִיעִי שֶׁבָּעֲזָרָה: ד בְּכָל יוֹם הָיָה חוֹתֶה בְּשֶׁל כֶּסֶף, וּמְעָרֶה בְּתוֹךְ שֶׁל זָהָב, וְהַיּוֹם חוֹתֶה בְּשֶׁל זָהָב וּבָהּ הָיָה מַכְנִיס. בְּכָל יוֹם חוֹתֶה בְּשֶׁל אַרְבָּעָה קַבִּין, וּמְעָרֶה בְּתוֹךְ שֶׁל שְׁלֹשָׁה קַבִּין, וְהַיּוֹם חוֹתֶה בְּשֶׁל שְׁלֹשָׁה קַבִּין, וּבָהּ הָיָה מַכְנִיס. רַבִּי יוֹסֵי אוֹמֵר, בְּכָל יוֹם חוֹתֶה בְּשֶׁל סְאָה, וּמְעָרֶה בְּתוֹךְ שֶׁל שְׁלֹשָׁה קַבִּין, וְהַיּוֹם חוֹתֶה בְּשֶׁל שְׁלֹשָׁה קַבִּין, וּבָהּ הָיָה מַכְנִיס. בְּכָל יוֹם הָיְתָה כְבֵדָה, וְהַיּוֹם קַלָּה. בְּכָל יוֹם הָיְתָה יָדָהּ קְצָרָה וְהַיּוֹם אֲרֻכָּה. בְּכָל יוֹם הָיָה זְהָבָהּ יָרֹק, וְהַיּוֹם אָדֹם, דִּבְרֵי רַבִּי מְנַחֵם. בְּכָל יוֹם מַקְרִיב פְּרָס בְּשַׁחֲרִית, וּפְרָס בֵּין הָעַרְבַּיִם, וְהַיּוֹם מוֹסִיף מְלֹא חָפְנָיו. בְּכָל יוֹם

stieg zur Oberfläche des Altars empor, schob einige Kohlen rechts und links zur Seite und nahm von den durchglühten [16]) in der Tiefe die Schaufel voll, stieg dann wieder hinab und setzte sie auf die vierte Pflasterreihe in der Opferhalle [17]). **4.** Täglich benutzte man dazu eine silberne Schaufel, die man in eine goldene leerte [18]), heute aber benutzte er gleich die goldene, in der er (die Kohlen) hineintragen sollte. Täglich nahm man eine Schaufel von vier Kab und leerte sie in eine solche von drei Kab [19]); heute aber nahm er gleich eine drei Kab fassende, mit der er später hineinging. R. Jose sagt: Er benutzte sonst eine Schaufel von einer Sea, die er in eine solche von drei Kab leerte, während er heute eine solche von drei Kab nahm, die er dann auch hineintrug. Sonst war sie schwer, heute leicht. Sonst hatte sie einen kurzen Stiel, heute einen langen [20]). Sonst war ihr Gold gelb, heute rötlich. So die Worte des R. Menaḥem. Täglich brachte man [vom Räucherwerk] eine halbe Mine [21]) morgens und eine halbe Mine nachmittags dar; heute fügte er seine beiden Hände voll hinzu [22]).

Gebet sprach, kehrte jener auf seinen Platz im Hêchâl zurück und wartete daselbst, bis der Hohepriester, der sich nach Vollendung seines Gebetes an den Eingang des Ulam begeben und dort dem unten versammelten Volke gezeigt hatte, wieder in den Hêchâl kam, um von ihm die Schale in Empfang zu nehmen, mit der er nun aufs neue das Allerheiligste betreten sollte. [Dass hier הרובד הרביעי שבהיכל (nach Middot III 6) den obersten der vier Treppenabsätze, also den vier bis fünf Ellen breiten Raum vor dem Eingange des Ulam bedeuten könnte — was ebenfalls eine glückliche Lösung aller Schwierigkeiten wäre — ist leider ausgeschlossen, weil es dann weiter unten am Ende unserer Mischna על הרובד הראשון שבעזרה heissen müsste]. [16]) המעוכלות, von ע כ ל = א כ ל (verzehren), sind die Kohlen, deren Holzteile schon ganz vom Feuer verzehrt sind. Sie glühen nur noch, geben aber keine Flamme mehr. Keineswegs bedeutet das Wort erloschene oder fast verglimmte Kohlen, wie diejenigen meinen, die es an dieser Stelle streichen wollen (s. תוספות יום טוב z. St.). Wenn מן המעוכלות הפנימיות fehlt, hat das vorangehende ופנה גחלים אילך ואילך keinen rechten Sinn. [17]) um zunächst das Räucherwerk mit seinen Händen abzuheben und es in den goldenen Löffel zu tun. [18]) s. Tamid V 5. [19]) Die silberne Schaufel, in der die Kohlen vom Opferaltar geholt wurden, fasste 4 Kab, die goldene, aus der sie auf den innern Altar im Hêchal geschüttet wurden, nur 3 Kab, beim Umleeren fiel der Rest der Kohlen auf das Pflaster der Opferhalle, von wo sie in die Wasserleitung gefegt wurden (Tamid V 5). 1 Kab = $^1/_6$ Sea ist ungefähr 1,4 Liter (s. ʿErubin Kap. VII Anm. 49). [20]) Alles dies mit Rücksicht auf die Schwäche des Hohenpriesters und seinen unausgesetzten Dienst. [21]) c. 170 g. [22]) Auch das tägliche Räucherwerk (2.B.M. 30,7—8) wurde am Versöhnungstage morgens

Täglich vom feinsten, heute vom allerfeinsten[23]). **5.** Sonst gehen die Priester an der Ostseite der Rampe[24]) hinauf und an der Westseite wieder hinunter; heute steigt der Hohepriester in der Mitte hinauf und in der Mitte wieder hinab[25]). R. Juda meint, der Hohepriester gehe stets in der Mitte hinauf und in der Mitte wiederum hinab. Sonst heiligte[26]) der Hohepriester seine Hände und Füsse aus dem Waschbecken, heute aber[27]) aus goldener Schüssel[28]). R. Juda meint, der Hohepriester heilige stets seine Hände und Füsse aus goldener Schüssel. **6.** Gewöhnlich waren dort[29]) vier Feuerstätten[30]), heute fünf[31]). So die Worte des R. Meïr. R. Jose sagt: Gewöhnlich drei[32]), heute vier. R. Juda sagt: Gewöhnlich zwei[33]), heute drei.

הָיְתָה דַקָּה, וְהַיּוֹם דַּקָּה מִן הַדַּקָּה: ה בְּכָל יוֹם כֹּהֲנִים עוֹלִים בְּמִזְרָחוֹ שֶׁל כֶּבֶשׁ, וְיוֹרְדִים בְּמַעֲרָבוֹ, וְהַיּוֹם כֹּהֵן גָּדוֹל עוֹלֶה בָאֶמְצַע, וְיוֹרֵד בָּאֶמְצַע. רַבִּי יְהוּדָה אוֹמֵר, לְעוֹלָם כֹּהֵן גָּדוֹל עוֹלֶה בָאֶמְצַע, וְיוֹרֵד בָּאֶמְצַע. בְּכָל יוֹם כֹּהֵן גָּדוֹל מְקַדֵּשׁ יָדָיו וְרַגְלָיו מִן הַכִּיּוֹר, וְהַיּוֹם מִן הַקִּיתוֹן שֶׁל זָהָב. רַבִּי יְהוּדָה אוֹמֵר לְעוֹלָם כֹּהֵן גָּדוֹל מְקַדֵּשׁ יָדָיו וְרַגְלָיו מִן הַקִּיתוֹן שֶׁל זָהָב: ו בְּכָל יוֹם הָיוּ שָׁם אַרְבַּע מַעֲרָכוֹת, וְהַיּוֹם חָמֵשׁ, דִּבְרֵי רַבִּי מֵאִיר. רַבִּי יוֹסֵי אוֹמֵר, בְּכָל יוֹם שָׁלֹשׁ, וְהַיּוֹם אַרְבַּע. רַבִּי יְהוּדָה אוֹמֵר, בְּכָל יוֹם שְׁתַּיִם, וְהַיּוֹם שָׁלֹשׁ:

ABSCHNITT V.

פרק ה.

1. Man brachte ihm[1]) Löffel und Pfanne[2]). Aus dieser füllte er seine beiden Hände [mit Räucherwerk] und tat es in den Löffel, ein Hochgewachsener gemäss seiner Grösse, ein Kleinerer gemäss seinem geringern Umfang[3]), und dem entsprach auch das Maass[4]). Nun

א הוֹצִיאוּ לוֹ אֶת הַכַּף וְאֶת הַמַּחְתָּה, וְחָפַן מְלֹא חָפְנָיו, וְנָתַן לְתוֹךְ הַכַּף. הַגָּדוֹל לְפִי גָדְלוֹ, וְהַקָּטָן לְפִי קָטְנוֹ, וְכָךְ הָיְתָה מִדָּתָהּ. נָטַל אֶת

---

und abends von keinem andern als dem Hohenpriester auf dem goldenen Altar im Hechal dargebracht, ausserdem aber noch ein besonderes Räucherwerk auf goldener Schaufel im Allerheiligsten. [28]) d. h. das Räucherwerk war heute noch feiner zerrieben als sonst (2. B. M. 30, 36). [24]) Zum äussern Altar, der beinahe 9 Ellen hoch war, führten keine Stufen empor (2. B. M. 20 Ende), sondern eine schiefe Ebene, der sogenannte „Kebesch" (s. Kap. II Anm. 3), der im Süden des Altars errichtet war. Die Priester stiegen mithin auf der rechten Seite hinauf und auf der linken wieder hinunter. [25]) Andere Lesart: והיום עולים באמצע ויורדים באמצע. [26]) s. Kap. III Anm. 13. [27]) s. oben III 3 und Einleitung Absatz 2. [28]) קיתון = *χώθων*, *κήθιον* od. *κυάθιον*. [23]) auf dem äussern Altar. [30]) die erste zum Verbrennen der Opfer, die zweite, um Kohlen für das tägliche Räucherwerk zu gewinnen, die dritte, um ein ewiges Feuer auf dem Altar zu unterhalten (3. B. M. 6, 6), die vierte zum Verbrennen solcher Opferteile, die in der vergangenen Nacht nicht ganz zu Asche verzehrt worden waren. [31]) die fünfte, um ihr die Kohlen für das im Allerheiligsten darzubringende Räucherwerk zu entnehmen. [32]) nur die drei ersten. [33]) nur die ersten beiden.

[1]) dem Hohenpriester. [2]) Die Pfanne enthielt 3 Minen (c. 1020 g) Räucherwerk. [3]) d. h. es gab für das darzubringende Räucherwerk kein bestimmtes Maass; dessen Menge hing vielmehr vom Umfang der Hände des jeweiligen Hohenpriesters ab. [4]) Mit anderen Worten: Der Rauminhalt des Löffels war so bemessen, dass er nicht mehr und nicht weniger aufnahm, als beide Hände des Hohenpriesters

fasste er die Schaufel [5]) mit der Rechten, den Löffel mit der Linken und durchschritt den Hêchâl [6]), bis er zwischen die beiden Vorhänge gelangte [7]), die das Heilige vom Allerheiligsten trennen, und deren Zwischenraum eine Elle betrug. [R. Josê sagt: Es gab da nur einen Vorhang; denn es heisst: [8]) Der Vorhang soll euch das Heilige vom Allerheiligsten trennen.] Der äussere war an der Südseite zurückgeschlagen [9]), der innere an der Nordseite. Er schreitet zwischen beiden dahin, bis er das nördliche Ende erreicht, und wendet, sowie er im Norden angelangt ist, sein Gesicht nach Süden, geht dann den Vorhang links entlang, bis er die Lade [10]) erreicht, und setzt die Schaufel, sobald er bei der Lade angelangt ist, zwischen ihre beiden Stangen [11]). Jetzt häuft er das Räucherwerk auf die Schaufel [12]), der ganze Raum füllt sich mit Rauch, er geht in derselben Weise, wie er gekommen, wieder zurück [13]) und betet im äussern Raume [14]) ein kurzes Gebet. Er hielt sich aber bei dem Gebet nicht lange auf, damit er Israel nicht in Angst setze [15]). **2.** Nach der Ent-

הַמַּחְתָּה בִּימִינוֹ, וְאֶת הַכַּף בִּשְׂמֹאלוֹ.
הָיָה מְהַלֵּךְ בַּהֵיכָל עַד שֶׁמַּגִּיעַ לְבֵין
שְׁתֵּי הַפָּרֹכוֹת הַמַּבְדִּילוֹת בֵּין הַקֹּדֶשׁ
וּבֵין קֹדֶשׁ הַקֳּדָשִׁים. וּבֵינֵיהֶן אַמָּה.
רַבִּי יוֹסֵי אוֹמֵר, לֹא הָיְתָה שָׁם אֶלָּא
פָּרֹכֶת אַחַת בִּלְבָד, שֶׁנֶּאֱמַר וְהִבְדִּילָה
הַפָּרֹכֶת לָכֶם בֵּין הַקֹּדֶשׁ וּבֵין קֹדֶשׁ
הַקֳּדָשִׁים. הַחִיצוֹנָה הָיְתָה פְּרוּפָה מִן
הַדָּרוֹם, וְהַפְּנִימִית מִן הַצָּפוֹן. מְהַלֵּךְ
בֵּינֵיהֶן עַד שֶׁמַּגִּיעַ לַצָּפוֹן. הִגִּיעַ
לַצָּפוֹן, הוֹפֵךְ פָּנָיו לַדָּרוֹם, מְהַלֵּךְ
לִשְׂמֹאלוֹ עִם הַפָּרֹכֶת, עַד שֶׁהוּא
מַגִּיעַ לָאָרוֹן. הִגִּיעַ לָאָרוֹן, נוֹתֵן אֶת
הַמַּחְתָּה בֵּין שְׁנֵי הַבַּדִּים. צָבַר אֶת
הַקְּטֹרֶת עַל גַּבֵּי גֶחָלִים, וְנִתְמַלֵּא כָל
הַבַּיִת כֻּלּוֹ עָשָׁן, יָצָא וּבָא לוֹ בְּדֶרֶךְ
בֵּית כְּנִיסָתוֹ, וּמִתְפַּלֵּל תְּפִלָּה קְצָרָה
בַּבַּיִת הַחִיצוֹן. וְלֹא הָיָה מַאֲרִיךְ
בִּתְפִלָּתוֹ, שֶׁלֹּא לְהַבְעִית אֶת יִשְׂרָאֵל:
ב מִשֶּׁנִּטַּל הָאָרוֹן, אֶבֶן הָיְתָה שָׁם

---

fassen konnten, obgleich er des Löffels eigentlich nur bedurfte, weil er sonst keine Hand frei gehabt hätte, um gleichzeitig mit dem Räucherwerk auch die Schaufel voll Kohlen hineinzutragen. Keineswegs schüttete er dieses im Allerheiligsten aus dem Löffel unmittelbar auf die glühenden Kohlen; er leerte ihn vielmehr zunächst, nachdem er die goldene Schaufel zwischen den Stangen niedergelegt hatte, mit grosser Geschicklichkeit wieder in seine beiden Hände, was in der Baraita (Joma 49 b oben) als eine der schwierigsten Aufgaben des Opferdienstes bezeichnet wird. War schon das Abheben des Räucherwerks aus der Pfanne nicht leicht (s. Kap. I Anm. 16), so erforderte diese Leistung noch grössere Uebung und Gewandtheit. [5]) die er vorhin, mit glühenden Kohlen vom Altar gefüllt, auf die vierte Pflasterreihe der Opferhalle gesetzt hatte (IV 3 Ende; vgl. Anm. 17 das.). [6]) s. Kap. III Anm. 58. [7]) Das untere Ende des äussern Vorhangs war, wie gleich berichtet wird, an der Südseite zurückgeschlagen, so dass er sofort zwischen die Vorhänge gelangte. [8]) 2. B. M. 26, 33. [9]) פרף ist Denominativ von פורפא (πόρπη) = Spange (s. Targum O. zu 2. B. M. 26, 11). Das umgestülpte Ende wurde mittels einer Spange festgehalten (vgl. Schabbat VI 7). [10]) den heiligen Schrein, in welchem die Bundestafeln aufbewahrt lagen. [11]) 2. B. M. 25, 13—15. [12]) nicht etwa mittels des Löffels, sondern mit seinen beiden Händen (s. Anm. 4). [13]) das Gesicht nach Süden, den Vorhang zur Linken. Er geht also rückwärts hinaus. [Unsere Lesart (בדרך בית כניסתו) ist nicht so gut wie die des Jeruschalmi (s. auch Babli 53 a u. Hullin 10 b), welche דרך כניסתו lautet]. [14]) im Hêchâl. [15]) Die draussen harrende Menge könnte glauben, es sei ihm im Allerheiligsten ein Unglück widerfahren, weil er nicht würdig genug war, es zu betreten. Im Hêchâl wie im Ulam (Kap. III Anm. 42) durfte

מִימוֹת נְבִיאִים רִאשׁוֹנִים, וּשְׁתִיָּה הָיְתָה נִקְרֵאת, גְּבוֹהָה מִן הָאָרֶץ שָׁלֹשׁ אֶצְבָּעוֹת. וְעָלֶיהָ הָיָה נוֹתֵן: ג נָטַל אֶת הַדָּם מִמִּי שֶׁהָיָה מְמָרֵס בּוֹ, נִכְנַס לְמָקוֹם שֶׁנִּכְנַס, וְעָמַד בְּמָקוֹם שֶׁעָמַד, וְהִזָּה מִמֶּנּוּ אַחַת לְמַעְלָה, וְשֶׁבַע לְמַטָּה, וְלֹא הָיָה מִתְכַּוֵּן לְהַזּוֹת, לֹא לְמַעְלָה וְלֹא לְמַטָּה, אֶלָּא כְמַצְלִיף. וְכָךְ הָיָה מוֹנֶה. אַחַת, אַחַת וְאַחַת, אַחַת וּשְׁתַּיִם, אַחַת וְשָׁלֹשׁ, אַחַת וְאַרְבַּע, אַחַת וְחָמֵשׁ, אַחַת וָשֵׁשׁ,

fernung der Lade [16]) befand sich dort ein Stein aus den Zeiten der früheren Propheten. Er wurde Schetija [17]) genannt und ragte aus der Erde drei Daumenbreiten hoch empor. Auf diesen setzte er sie [18]).
3. Darauf nahm er das Blut von dem, der es umrührte [19]), betrat aufs neue den Raum, den er vorher betreten hatte [20]), stellte sich wieder auf den Ort, auf dem er eben gestanden [21]), und sprengte davon einmal aufwärts und siebenmal abwärts, nicht als ob er es darauf abgesehen hätte, sei es nach oben, sei es nach unten zu sprengen, sondern wie jemand, der zum Schlage ausholt [22]). Dabei zählte er wie folgt: Eins, eins und eins, eins und zwei, eins und drei, eins und vier, eins und fünf, eins und sechs, eins

---

sich niemand aufhalten, während der Hohepriester im innersten Raum den Dienst verrichtete (3. B. M. 16, 17); von der Opferhalle aus konnte man ihn aber nicht sehen, solange er im Hêchâl betete. Zwar waren dessen Flügeltüren vom Morgen bis zum Abend weit geöffnet (Tamid III 7), und der Eingang des Ulam hatte überhaupt keine Türen (Middot II 3); beide Räume lagen jedoch um sechs Ellen (c. 3 m) höher als die Opferhalle, von welcher zwölf Stufen emporführten (Middot III 6). Erst wenn der Hohepriester, sich dieser Treppe nähernd, im Ulam erschien, konnte die unten stehende Menge ihn erblicken. [Die Vorhänge aber, die an den Eingängen des Hêchâl und des Ulam sich befanden (Joma 54a unten, Ketubot 106a unten), dürften schwerlich die Aussicht versperrt haben; denn es ist sehr wahrscheinlich, dass sie zurückgeschlagen waren. Wie hätte sonst die Frage aufgeworfen werden können (Zebaḥim 55b Mitte), ob ein Friedensopfer als vorschriftsmässig geschlachtet gilt, wenn der Eingang zum Hêchâl zufällig durch einen Vorhang verdeckt war? Und wie konnte der Priester auf dem Oelberge (Middot II 4) den Eingang des Hêchâl sehen, wenn die Vorhänge keinen Durchblick gestatteten?] [16]) s. Schekalim VI 1 Ende und Anm. 6 daselbst. [17]) Fundament. [18]) die Schaufel. [19]) s. IV 3 Anfang und Anm. 15 daselbst. [20]) das Allerheiligste. [21]) vor die Bundeslade. [22]) Nach der Vorschrift der Tora (3. B. M. 16, 14) soll das Blut des Stieres zunächst gegen die vordere Fläche des Deckels (על פני הכפרת קדמה) und dann siebenmal vor den Deckel hin (לפני הכפרת) gesprengt werden. Das ist nicht so aufzufassen, als wäre bei der ersten Sprengung die obere, später aber die untere Hälfte des Deckels als Ziel ins Auge zu fassen. Die Bundeslade war nach 2. B. M. 25, 10 nur $1^1/_2$ Ellen hoch (etwa 72 cm) reichte also dem Priester kaum bis zur Hüfte. Die Höhe (Dicke) des Deckels betrug nach der Ueberlieferung (Jeruschalmi Sabbat I 1, Babli daselbst 92a u. ö.) $^1/_6$ Elle (c. 8 cm). Unter diesen Umständen wäre es kein grosser Unterschied, ob das Blut gegen die obere oder die untere Kante des Deckels gesprengt würde; in beiden Fällen müsste es der Hohepriester von oben nach unten sprengen. Der Gegensatz zwischen על פני und לפני liegt vielmehr darin, dass er das erste Mal aufwärts, nachher dagegen abwärts sprengte. Bei der ersten Sprengung richtete er die Spitze des ins Blut getauchten Fingers zur Erde und fuhr dann mit dem ausgestreckten Arm schnell in die Höhe; bei den sieben folgenden Sprengungen tauchte er den Finger jedesmal aufs neue in das Blut, erhob den Arm soweit als möglich und senkte ihn darauf mit raschem Schwung zur Erde (Baraita in Babli z. St. 55a oben). Die Handbewegungen, die er dabei ausführte, hatten grosse Aehnlichkeit mit denen eines Mannes, der jemand bald mit dem Handrücken, bald mit dem Handteller einen Streich versetzen will, weshalb auch R. Juda (s. Babli z. St. 54b unten) auf die Frage, wie das Wort מַצְלִיף in

אַחַת וָשֶׁבַע, יָצָא וְהִנִּיחוֹ עַל כַּן הַזָּהָב שֶׁהָיָה בַהֵיכָל: ד הֵבִיאוּ לוֹ אֶת הַשָּׂעִיר, שְׁחָטוֹ וְקִבֵּל בַּמִּזְרָק אֶת דָּמוֹ. נִכְנַס לַמָּקוֹם שֶׁנִּכְנַס, וְעָמַד בַּמָּקוֹם שֶׁעָמַד, וְהִזָּה מִמֶּנּוּ אַחַת לְמַעְלָה וְשֶׁבַע לְמַטָּה, וְלֹא הָיָה מִתְכַּוֵּן לְהַזּוֹת, לֹא לְמַעְלָה וְלֹא לְמַטָּה, אֶלָּא כְמַצְלִיף. וְכָךְ הָיָה מוֹנֶה, אַחַת, אַחַת וְאַחַת, אַחַת וּשְׁתַּיִם, אַחַת וְשָׁלשׁ, אַחַת וְאַרְבַּע, אַחַת וְחָמֵשׁ, אַחַת וָשֵׁשׁ, אַחַת וָשֶׁבַע. יָצָא וְהִנִּיחוֹ עַל

und sieben. Während er hinausging [23]), tat er es auf den goldenen Untersatz, der sich im Hêchâl befand. **4.** Hernach brachte man ihm den Ziegenbock. Er schlachtete ihn, fing sein Blut in einer Schale auf und begab sich aufs neue in den Raum, den er vorhin betreten hatte [20]), nahm wieder den Platz ein, auf dem er damals gestanden [21]), und sprengte davon einmal aufwärts und siebenmal abwärts [24]), nicht als ob er es darauf abgesehen hätte, sei es nach oben, sei es nach unten zu sprengen, sondern wie man zu einem Schlage ausholt [22]). Dabei zählte er wie folgt: Eins, eins und eins, eins und zwei, eins und drei, eins und vier, eins und fünf, eins und sechs, eins und sieben. Als er heraustrat,

---

unserer Mischna zu verstehen wäre, mit einer stummen Geste antworten konnte, indem er wie zum Schlage ausholte — eine Erklärung die deutlicher als Worte spricht, und deren Richtigkeit auch durch zwei Targumstellen (zu Ps. 74, 5 u. Jonatan zu 5. B. M. 25, 3) belegt werden kann. [וסרה תמיהת התוספות ביומא ט"ו ע"א ובזבחים ל"ח ע"א ד"ה כמצליף דהא בהדיא תנן במתניתן כמצליף ואם כן המקשה במאי טעה ונראה שסבר כי מצליף הוא המכה את מי שנתחייב מלקות בבית דין והוא מכה אותו שליש מלפניו ושתי ידות מלאחריו כמו ששנינו במכות ג' י"ג ולפי זה פירוש משנתנו כך הוא נטל את הדם . . . . והזה ממנו אחת למעלה כנגד חציו העליון של עובי הכפורת ושבע למטה כנגד חציו התחתון ולא היה מתכוון להזות לא למעלה ולא למטה כלומר לא כוון את המקום להזות בין למעלה בין למטה דווקא באמצע אורך פני הכפורת אי נמי למעלה דווקא כנגד חודה העליון ולמטה דווקא כנגד חודה התחתון אלא כמצליף שאינו מקפיד באיזו מקום תפול הרצועה על גוף חלוקה אבל על כל פנים מתכוון הוא להכותו שליש מלפניו דהיינו מלמטה ושתי ידות מלאחריו דהיינו מלמעלה והכי נמי היה כהן גדול מתכוון על כל פנים שתהיה הזאה ראשונה למעלה מחצי עובי הכפורת ושבע האחרונות מחציו ולמטה ומשני כמצליף ומאי כמצליף מחוי רב יהודה כמנגדנא כלומר שהרים את ידו בכח כאדם שרוצה להכות בגב ידו את הגבוה ממנו ואחר כך השפיל ידו בכח כאדם שרוצה להכות בכף ידו את מי שהוא נמוך ממנו והיינו דקאמר מחוי רב יהודה שהראה הדבר בתנועת היד ולא אמר בפיו כמנגדנא מפני שיש בלשון זה מקום לטעות כמו שטעה המקשה וכעין זה צריך נמי לפרש הברייתא בבבלי יומא נ"ה ע"א שנחלקו רבנו חננאל ורבנו שלמה ז"ל בפירושה דתניא התם כשהוא מזה למעלה מצדד ידו למטה וכשהוא מזה למטה מצדד ידו למעלה כלומר בהזאה ראשונה נוטה ידו לצד הרצפה תחלה ואחר כך מגביהה פתאם והדם נזרק למעלה ובשבע אחרונות נוטה ידו לצד התקרה תחלה ואחר כך משפילה במהרה והדם נזרק למטה ואתי נמי שפיר הא דאפלגו אמוראי בירושלמי אם צריך הדם לנגוע בכפורת אם לא אבל לפירוש רשיי במשנתנו קשה וכי ר' זעירה שאמר צריך שיהא נוגע פליג אמתניתן דתנן בהדיא ולא היה מתכוון . . . אלא כמצליף]. So erklärt sich auch die sonderbare Art, in der die Sprengungen gezählt wurden. Es geschah nach einer sowohl im Babli wie im Jeruschalmi z. St. vertretenen Ansicht, damit er sich nicht irre. Da der Hohepriester jedesmal, auch wenn er abwärts sprengte, die Hand erhob, konnte es ihm leicht widerfahren, dass das Blut infolge einer aus Versehen zu energisch ausgeführten Bewegung nach oben spritzte, bevor er noch den Arm zu senken sich anschickte. Darum zählte er: eins und eins, eins und zwei, eins und drei u. s. w., zerlegte also jede der sieben Sprengungen in zwei Handlungen. Erhob er den Arm, zählte er „eins", liess er ihn wieder sinken, nannte er die laufende Zahl. Es ist eine psychologisch begründete Erfahrung, dass man in solchem Falle auf die zweite Zahl den Nachdruck legt, die erste aber unwillkürlich bedächtiger ausspricht, was wieder auf die Bewegungen des Arms in der Weise einwirkt, dass die Hand sich langsam hebt, um dann desto schneller niederzufahren. Die erste Sprengung dagegen begleitete er nur, während er den Arm erhob, mit einem kurzen energischen „Eins", weil er hier tatsächlich nach oben sprengen sollte. [23]) um den durchs Los für Gott bestimmten Bock (IV 1) in der Opferhalle zu schlachten. [24]) 3. B. M.

tat er es auf den zweiten Untersatz, der im Hêchâl war. R. Juda sagt: Es gab da nur einen Untersatz. Er nahm daher [25]) erst das Blut des Stieres fort und setzte dann das Blut des Bockes an seine Stelle, worauf er von jenem gegen den Vorhang sprengte, und zwar von aussen [26]) gegenüber der Lade [27]), einmal aufwärts und siebenmal abwärts[28]), nicht als ob er es darauf abgesehen hätte, sei es nach oben, sei es nach unten zu sprengen, sondern wie man zu einem Schlage ausholt [22]). Dabei zählte er wie folgt: Eins, eins und eins, eins und zwei, eins und drei, eins und vier, eins und fünf, eins und sechs, eins und sieben. Dann nahm er wieder das Blut des Bockes, setzte das Blut des Stieres an dessen Stelle [25]) und sprengte von jenem nach dem Vorhang gegenüber der Lade [27]) von aussen [26]) einmal aufwärts und siebenmal abwärts [28]), nicht als ob er es darauf abgesehen hätte, sei es nach oben, sei es nach unten zu sprengen, sondern wie man zu einem Schlage ausholt [22]). Dabei zählte er wie folgt: Eins, eins und eins, eins und zwei, eins und drei, eins und vier, eins und fünf, eins und sechs, eins und sieben. Darauf goss er das Blut des Stieres in das Blut des Bockes und leerte das volle [Gefäss] in das leere. **5.** Sodann begab er sich „zum Altar, der vor Gott steht“ [29]), das ist der goldene Altar. Wenn er nun abwärts zu sprengen beginnen will [30]), wo soll er den Anfang machen?

כֵּן הַשֵּׁנִי שֶׁהָיָה בַהֵיכָל. רַבִּי יְהוּדָה אוֹמֵר, לֹא הָיָה שָׁם אֶלָּא כֵן אֶחָד בִּלְבָד. נָטַל דַּם הַפָּר, וְהִנִּיחַ דַּם הַשָּׂעִיר, וְהִזָּה מִמֶּנּוּ עַל הַפָּרֹכֶת שֶׁכְּנֶגֶד הָאָרוֹן מִבַּחוּץ, אַחַת לְמַעְלָה וְשֶׁבַע לְמַטָּה, וְלֹא הָיָה מִתְכַּוֵּן לְהַזּוֹת, לֹא לְמַעְלָה וְלֹא לְמַטָּה, אֶלָּא כְמַצְלִיף. וְכָךְ הָיָה מוֹנֶה, אַחַת, אַחַת וְאַחַת, אַחַת וּשְׁתַּיִם, אַחַת וְשָׁלשׁ, אַחַת וְאַרְבַּע, אַחַת וְחָמֵשׁ, אַחַת וָשֵׁשׁ, אַחַת וָשֶׁבַע. נָטַל דַּם הַשָּׂעִיר, וְהִנִּיחַ דַּם הַפָּר, וְהִזָּה מִמֶּנּוּ עַל הַפָּרֹכֶת שֶׁכְּנֶגֶד הָאָרוֹן מִבַּחוּץ, אַחַת לְמַעְלָה וְשֶׁבַע לְמַטָּה, וְלֹא הָיָה מִתְכַּוֵּן לְהַזּוֹת, לֹא לְמַעְלָה וְלֹא לְמַטָּה, אֶלָּא כְמַצְלִיף. וְכָךְ הָיָה מוֹנֶה. אַחַת, אַחַת וְאַחַת, אַחַת וּשְׁתַּיִם, אַחַת וְשָׁלשׁ, אַחַת וְאַרְבַּע, אַחַת וְחָמֵשׁ, אַחַת וָשֵׁשׁ, אַחַת וָשֶׁבַע. עֵרָה דַם הַפָּר לְתוֹךְ דַּם הַשָּׂעִיר, וְנָתַן אֶת הַמָּלֵא בָרֵיקָן: ה וְיָצָא אֶל הַמִּזְבֵּחַ אֲשֶׁר לִפְנֵי ה׳, זֶה מִזְבַּח הַזָּהָב. הִתְחִיל מְחַטֵּא וְיוֹרֵד, מֵהֵיכָן הוּא מַתְחִיל.

16, 15. [25]) Hier kommt die Ansicht des R. Juda zur Geltung. [26]) im Hêchâl. [27]) also gegen die Mitte des Vorhangs, der die ganze Breite des Raumes (20 Ellen) einnahm. [28]) 3. B. M. 16, 16. [29]) Zitat aus 3. B. M. 16, 18. [30]) התחיל מחטא ויורד (statt: התחיל לחטא ולירד) ist eine griechische Konstruktion, die sich in der Mischna ziemlich eingebürgert hat (vgl. Pesaḥim I Anm. 23). מחטא (eig. entsündigen) wird schon im Pentateuch öfter vom Besprengen des Altars mit Opferblut gebraucht (z. B. 2. B. M. 29, 36). Insbesondere scheint das Wort die Besprengung der Altarhörner zu bezeichnen (3. B. M. 8, 15), wie sie beim Sündopfer und nur bei diesem zum Zwecke der Entsündigung vorgeschrieben ist. Liesse sich diese Vermutung mit Sicherheit feststellen, so brauchte man hier התחיל מחטא ויורד nicht als Vordersatz zu מהיכן הוא מתחיל zu ziehen, könnte es vielmehr als selbständigen Satz auffassen: Er begibt sich zum goldenen Altar und beginnt zunächst damit, dass er dessen Hörner von oben nach unten besprengt, um nachher (Mischna 6) auch die Oberfläche des Altars siebenmal

מקרן מזרחית צפונית, צפונית
מערבית, מערבית דרומית, דרומית
מזרחית. מקום שהוא מתחיל
בחטאת על מזבח החיצון, משם
היה גומר על מזבח הפנימי. רבי
אליעזר אומר, במקומו היה עומד
ומחטא, ועל כלן היה נותן מלמטה
למעלה, חוץ מזו שהיתה לפניו,
שעליה היה נותן מלמעלה למטה:
ו הזה על טהרו של מזבח שבע
פעמים, ושירי הדם היה שופך על
יסוד מערבי של מזבח החיצון, ושל
מזבח החיצון היה שופך על יסוד
דרומי. אלו ואלו מתערבין באמה,
ויוצאין לנחל קדרון, ונמכרין לגננין
לזבל, ומועלין בהן: ז כל מעשה
יום הכפרים האמור על הסדר, אם
הקדים מעשה לחברו, לא עשה
כלום. הקדים דם השעיר לדם הפר,
יחזור ויזה מדם השעיר לאחר דם
הפר. ואם עד שלא גמר את המתנות
שבפנים נשפך הדם, יביא דם אחר,
ויחזור ויזה בתחלה מבפנים, וכן
בהיכל, וכן במזבח הזהב, שכלן

An dem nordöstlichen Würfel[31]), auf welchen der nordwestliche, dann der südwestliche und endlich der südöstliche folgt. Wo man beim Sündopfer auf dem äussern Altar anfängt[32]), dort hört er am innern Altar auf. R. Eli'ezer meint, er habe bei den Sprengungen an einer und derselben Stelle gestanden[33]), und sie alle von unten nach oben ausgeführt mit Ausnahme der vor ihm befindlichen Ecke, auf die er von oben nach unten sprengte[34]). **6.** Nachdem er noch siebenmal die Oberfläche[35]) des Altars besprengt hatte, goss er den Rest des Blutes auf den westlichen Grund des äussern Altars[36]). Das am äussern Altar übrig gebliebene[37]) goss man auf den südlichen Grund[38]). Beides vermengt sich im Wasserarm[39]) und fliesst in den Kidronbach. Es wird den Gärtnern als Dünger verkauft und unterliegt dem Gesetze über die Veruntreuung[40]). **7.** Der ganze Dienst des Versöhnungstages ist hier der Reihe nach beschrieben. Wurde eine Verrichtung im Verhältnis zu einer andern zu früh vorgenommen, so ist sie als nicht vollzogen anzusehen. Hatte das Blut des Ziegenbocks den Vorrang vor dem Blute des Stieres, so muss vom Blute des Bockes noch einmal nach dem Blute des Stieres gesprengt werden. Wurde das Blut vergossen, ehe die Sprengungen im Innern[41]) vollendet waren, muss anderes Blut herbeigeschafft[42]) und die Sprengung im Innern wieder von vorne begonnen werden. Ebenso im Hêchâl und ebenso auf dem goldenen Altare[43]); denn sie alle sind je eine Sühne

---

zu besprengen. [31]) Auch der goldene Altar hatte „H ö r n e r" (2. B. M. 30,2) die aus goldbelegten, an den oberen vier Ecken angebrachten Würfeln bestanden. [32]) s. Zebaḥim V 3. [33]) Da der goldene Altar nur e i n e Elle im Geviert hat, so kann er sämtliche Sprengungen von e i n e r Stelle aus vollziehen und braucht nicht wie beim äussern Altar, dessen Oberfläche 28 Ellen im Geviert misst, von einer Ecke zur andern zu gehen. [34]) damit ihm nicht das Blut in den Aermel rinne. [35]) ט ה ר ist die aram. Form des arab. ظهر = R ü c k e n. [36]) vgl. 3. B. M. 4,7: אל יסוד מזבח העלה אשר פתח אהל מועד. Die dem Eingange des Zeltes zugekehrte Seite des Opferaltars ist die westliche. [37]) d. h. die Reste des auf den äussern Altar gesprengten Blutes. [38]) s. Zebaḥim V 3. [39]) der die Opferhalle durchschneidet. [40]) 3. B. M. 5,14—16 [41]) im Allerheiligsten. [42]) also aufs neue ein Opfertier derselben Art geschlachtet werden. [43]) Wenn das Blut während der Sprengungen im Hêchâl oder am goldenen

für sich [41]). R. El'azar und R. Simon dagegen meinen: Wo er sie abgebrochen hat, dort nimmt er sie wieder auf.

ABSCHNITT VI.

1. Die beiden Böcke des Versöhnungstages [1]) sollen in Farbe, Wuchs und Kaufpreis einander gleich sein und zusammen angeschafft werden. Gleichen sie einander nicht, so eignen sie sich dennoch. Wurde der eine an diesem, der andere am folgenden Tage gekauft, sind sie trotzdem zu verwenden. Stirbt einer von ihnen, so schafft man, wenn der Tod, noch ehe das Los gefallen [2]), eingetreten ist, einen andern herbei, um ihn dem zweiten zu gesellen [3]); ist aber der Tod erst nach der Entscheidung des Loses eingetreten, muss man ein neues Paar herbeischaffen und aufs neue losen. Ist nun der für Gott bestimmte umgekommen, so sagt er [4]): Dieser hier, auf den jetzt das Los für Gott gefallen, trete an seine Stelle; ist aber der für 'Azazel bestimmte umgekommen, so sagt er [4]): Dieser hier, auf den das Los für 'Azazel jetzt gefallen, trete an seine Stelle. Den zweiten [5]) schickt man auf die Weide, bis er untauglich wird [6]); dann wird er verkauft, und der Erlös fällt der Spendenkasse [7]) zu. Denn ein öffentliches Sündopfer lässt man nicht umkommen [8]). R. Juda sagt: Man lässt es umkommen [9]). Ferner sagte R. Juda:

כַּפָּרָה בִּפְנֵי עַצְמָן. רַבִּי אֶלְעָזָר וְרַבִּי שִׁמְעוֹן אוֹמְרִים. מִמְּקוֹם שֶׁפָּסַק. מִשָּׁם הוּא מַתְחִיל:

פרק ו.

א שְׁנֵי שְׂעִירֵי יוֹם הַכִּפֻּרִים. מִצְוָתָן שֶׁיִּהְיוּ שְׁנֵיהֶן שָׁוִין בְּמַרְאֶה וּבְקוֹמָה וּבְדָמִים. וּלְקִיחָתָן כְּאֶחָד. וְאַף עַל פִּי שֶׁאֵינָן שָׁוִין. כְּשֵׁרִין. לָקַח אֶחָד הַיּוֹם וְאֶחָד לְמָחָר. כְּשֵׁרִין. מֵת אֶחָד מֵהֶן. אִם עַד שֶׁלֹּא הִגְרִיל מֵת. יִקַּח זוּג לַשֵּׁנִי. וְאִם מִשֶּׁהִגְרִיל מֵת. יָבִיא זוּג אַחֵר. וְיַגְרִיל עֲלֵיהֶם בַּתְּחִלָּה. וְיֹאמַר אִם שֶׁל שֵׁם מֵת. זֶה שֶׁעָלָה עָלָיו הַגּוֹרָל לְשֵׁם. יִתְקַיֵּם תַּחְתָּיו. וְאִם שֶׁל עֲזָאזֵל מֵת. זֶה שֶׁעָלָה עָלָיו הַגּוֹרָל לַעֲזָאזֵל. יִתְקַיֵּם תַּחְתָּיו. וְהַשֵּׁנִי יִרְעֶה עַד שֶׁיִּסְתָּאֵב. וְיִמָּכֵר וְיִפְּלוּ דָמָיו לַנְּדָבָה. שֶׁאֵין חַטַּאת צִבּוּר מֵתָה. רַבִּי יְהוּדָה אוֹמֵר. תָּמוּת. וְעוֹד אָמַר רַבִּי יְהוּדָה. נִשְׁפַּךְ הַדָּם. יָמוּת

Altar vergossen wurde, muss man sie dort bezw. hier von vorne beginnen, braucht sie aber nicht im Allerheiligsten und bezw. im Hechal zu wiederholen. [44]) Ist aber eine Sühne vollzogen, so kann sie durch etwaige Störungen, die bei einer spätern Sühnehandlung eintreten, nicht mehr beeinträchtigt werden.
     [1]) d. h. die dem Versöhnungstage eigentümlichen zwei Böcke zum Unterschied vom Ziegenbock des Musafopfers, der auch an anderen Festtagen dargebracht wird. [2]) s. IV 1. [3]) und nun das Los entscheiden zu lassen, welcher von beiden für den Ewigen, und welcher für Azazel bestimmt sein soll. [4]) der Hohepriester, der die Lose zum zweiten Male zieht. [5]) vom z w e i t e n Paare. [6]) durch einen Leibesfehler (3. B. M. 22, 17—20). — Die eigentliche Bedeutung von מסאב ist u n r e i n, w i d e r w ä r t i g. [7]) deren Mittel zum Ankauf von Ganzopfern verwendet werden (s. Schekalim VI 5—6). [8]) im Gegensatz zum Sündopfer einer Einzelperson, das in ähnlichen Fällen (wenn es z. B. abhanden kam und erst gefunden wurde, nachdem der Eigentümer schon ein anderes an dessen Stelle dargebracht hatte) in einen Stall gesperrt wird, wo man es umkommen lässt (vgl. Temura IV 3 Ende). [9]) in allen den Fällen, in denen man das Privatopfer umkommen lässt, soweit diese für öffentliche

הַמִּשְׁתַּלֵּחַ, מֵת הַמִּשְׁתַּלֵּחַ, יִשָּׁפֵךְ הַדָּם: **ב** בָּא לוֹ אֵצֶל שְׂעִיר הַמִּשְׁתַּלֵּחַ, וְסוֹמֵךְ שְׁתֵּי יָדָיו עָלָיו וּמִתְוַדֶּה, וְכָךְ הָיָה אוֹמֵר, אָנָּא הַשֵּׁם, עָווּ פָּשְׁעוּ חָטְאוּ לְפָנֶיךָ עַמְּךָ בֵּית יִשְׂרָאֵל. אָנָּא בַשֵּׁם, כַּפֶּר נָא לַעֲוֹנוֹת וְלַפְּשָׁעִים וְלַחֲטָאִים, שֶׁעָווּ וְשֶׁפָּשְׁעוּ וְשֶׁחָטְאוּ לְפָנֶיךָ, עַמְּךָ בֵּית יִשְׂרָאֵל. כַּכָּתוּב בְּתוֹרַת מֹשֶׁה עַבְדֶּךָ, כִּי בַיּוֹם הַזֶּה יְכַפֵּר עֲלֵיכֶם לְטַהֵר אֶתְכֶם, מִכֹּל חַטֹּאתֵיכֶם לִפְנֵי ה׳ תִּטְהָרוּ. וְהַכֹּהֲנִים וְהָעָם הָעוֹמְדִים בָּעֲזָרָה, כְּשֶׁהָיוּ שׁוֹמְעִים שֵׁם הַמְפֹרָשׁ שֶׁהוּא יוֹצֵא מִפִּי כֹהֵן גָּדוֹל, הָיוּ כוֹרְעִים וּמִשְׁתַּחֲוִים וְנוֹפְלִים עַל פְּנֵיהֶם, וְאוֹמְרִים, בָּרוּךְ שֵׁם כְּבוֹד מַלְכוּתוֹ לְעוֹלָם וָעֶד: **ג** מְסָרוֹ לְמִי שֶׁהָיָה מוֹלִיכוֹ. הַכֹּל כְּשֵׁרִין לְהוֹלִיכוֹ, אֶלָּא שֶׁעָשׂוּ הַכֹּהֲנִים קֶבַע, וְלֹא הָיוּ מַנִּיחִין אֶת יִשְׂרָאֵל

Wurde das Blut [10]) ausgegossen [11]), so lässt man den wegzuschickenden Bock umkommen [12]); ist der wegzuschickende Bock umgekommen [11]), so giesst man das Blut weg [12]). **2.** Er nähert sich nun [13]) dem wegzuschickenden Bocke, stützt beide Hände auf ihn [14]) und spricht das Sündenbekenntnis. Und also spricht er: Ach, Ewiger! Gesündigt, gefrevelt, gefehlt hat dein Volk, das Haus Israels, vor dir. O, bei dem Ewigen [15]), verzeihe doch die Sünden, Frevel und Verfehlungen, wie sehr sie auch vor dir gesündigt, gefrevelt und gefehlt haben mögen, dein Volk, das Haus Israels, wie geschrieben steht in der Tora deines Dieners Mosche [16]): Denn an diesem Tage wird er euch verzeihen, um euch zu reinigen; von all euren Sünden vor Gott sollt ihr rein werden. Und die Priester und das Volk, die in der Opferhalle standen, als sie den deutlich ausgesprochenen Namen hörten [17]), wie er aus dem Munde des Hohenpriesters sich vernehmen liess, sanken sie ins Knie, warfen sich nieder und fielen auf ihr Angesicht, indem sie sprachen: Gepriesen sei der Name der Herrlichkeit seines Reiches für und für. **3.** Dann übergab er ihn dem, der ihn wegführen sollte [18]). Jeder eignet sich zum Führer; aber die Priester [19]) hatten es zur Norm gemacht, dass sie einem [gewöhnlichen] Israeliten [20]) ihn wegzuführen nicht gestatteten.

Sündopfer überhaupt zutreffen. In unserm Falle würde man aber nach R. Juda, wie aus dem folgenden Satze ersichtlich, nicht den zweiten Bock des zweiten, sondern den des ersten Paares umkommen lassen. [10]) des für den Ewigen bestimmten Bockes. [11]) bevor sämtliche Sprengungen (V 4—6) vollzogen waren. [12]) schafft zwei andere Böcke herbei, lässt aufs neue das Los entscheiden, vollendet mit dem Blute des einen die Sprengungen und schickt den zweiten in die Wüste. [13]) Fortsetzung von V 6. [14]) auf seinen Kopf zwischen den Hörnern. [15]) Im Jeruschalmi wird ausdrücklich bezeugt, dass im Sündenbekenntnis des Hohenpriesters der erste Satz mit אנא ה׳, der zweite mit אנא בה׳ anfängt. Demnach wären unsere Ausgaben, die oben (III 8 u. IV 2) auch den zweiten Satz mit אנא ה׳ einleiten, zu berichtigen. — בה׳ ist eine Schwurformel, zu der man sich נשבעתי oder השבעתיך hinzudenkt. Ist Gott selbst der Angerufene, so hat בה׳ den Sinn: Bei deinem heiligen Namen beschwöre ich dich, flehe ich dich an. [16]) 3. B. M. 16, 30. [17]) den heiligen Namen Gottes, den man sonst sich auszusprechen scheute. Im Tempel wurde er zwar täglich von den Priestern ausgesprochen, wenn sie das Volk segneten (Soṭa VII 6), aber nicht so klar wie heute durch den Hohenpriester; denn der Priestersegen wurde gesungen, und im vielstimmigen Gesange kommen die Worte nicht so deutlich zu Gehör (vgl. Ḳidduschin 71a unten). [18]) 3. B. M. 16, 21. [19]) andere Lesart: כהנים גדולים = die Hohenpriester. [20]) der nicht dem Stamm der Priester angehörte.

לְהוֹלִיכוֹ. אָמַר רַבִּי יוֹסֵי מַעֲשֶׂה וְהוֹלִיכוֹ עַרְסְלָא מִצִּפּוֹרִין וְיִשְׂרָאֵל הָיָה: ד וְכֶבֶשׁ עָשׂוּ לוֹ מִפְּנֵי הַבַּבְלִיִּים, שֶׁהָיוּ מְתַלְּשִׁין בִּשְׂעָרוֹ, וְאוֹמְרִים לוֹ, טֹל וָצֵא, טֹל וָצֵא. מִיַּקִּירֵי יְרוּשָׁלַיִם הָיוּ מְלַוִּין אוֹתוֹ עַד סֻכָּה הָרִאשׁוֹנָה. עֶשֶׂר סֻכּוֹת מִירוּשָׁלַיִם וְעַד צוּק, תִּשְׁעִים רִיס. שִׁבְעָה וּמֶחֱצָה לְכָל מִיל: ה עַל כָּל סֻכָּה וְסֻכָּה אוֹמְרִים לוֹ, הֲרֵי מָזוֹן וַהֲרֵי מַיִם. וּמְלַוִּין אוֹתוֹ מִסֻּכָּה לְסֻכָּה, חוּץ מֵאַחֲרוֹנָה שֶׁבָּהֶן, שֶׁאֵינוֹ מַגִּיעַ עִמּוֹ לַצּוּק, אֶלָּא עוֹמֵד מֵרָחוֹק, וְרוֹאֶה אֶת מַעֲשָׂיו: ו מֶה הָיָה עוֹשֶׂה. חוֹלֵק לָשׁוֹן שֶׁל זְהוֹרִית, חֶצְיוֹ קוֹשֵׁר בַּסֶּלַע, וְחֶצְיוֹ קוֹשֵׁר בֵּין קַרְנָיו, וּדְחָפוֹ לַאֲחוֹרָיו, וְהוּא מִתְגַּלְגֵּל וְיוֹרֵד. וְלֹא הָיָה מַגִּיעַ לַחֲצִי הָהָר, עַד שֶׁנַּעֲשָׂה אֵבָרִים אֵבָרִים.

R. Jose berichtet: Einst führte ihn ʻArsela aus Sepphoris, der nichts anderes als Israelit war. **4.** Und ein Brückensteg [21]) wurde für ihn angefertigt wegen der Babylonier [22]), die ihn an den Haaren zerrten, indem sie riefen: Da nimm und geh, da nimm und geh! Von den Edlen Jerusalems begleiteten ihn einige bis zur ersten Hütte. Zehn Hütten waren von Jerusalem bis zur Felsenkluft [23]), neunzig Rês, je siebenundeinhalb auf ein Mil [24]). **5.** Bei jeder einzelnen Hütte sagte man zu ihm: Hier ist Speise, hier ist Wasser [25]). Man geleitete ihn von Hütte zu Hütte bis auf die letzte, deren Gäste nicht mit ihm zur Schlucht gelangten [26]), sondern von ferne standen und seinem Tun zuschauten. **6.** Wie ging er vor? Er teilte ein Kermesband, befestigte die eine Hälfte am Felsen [27]), die andere zwischen den Hörnern [des Bockes], und stiess diesen rückwärts, dass er hinabrollte und, ehe er noch die Mitte des Berges erreicht hatte, in lauter Stücke gerissen wurde. Dann kehrte er um [28]) und verweilte in der

[21]) כבש hiess auch die schiefe Ebene, die zum Altar emporführte (Middot III 3). Es scheint, dass man mit diesem Worte jede künstlich hergestellte Strasse bezeichnete. Die Grundbedeutung des Stammes ist wohl z u s a m m e n d r ü c k e n (מכבש = Presse), woraus sich in übertragenem Sinne b e z w i n g e n, e r o b e r n ergibt; daher דרך כבושה: ein g e b a h n t e r Weg, aber auch: ein u s u r p i e r t e r Weg (vgl. das hübsche Wortspiel in ʻErubin 53b: אמרתי לה הלא דרך כבושה היא אמרה לי לסטים כמותך כבשוה). [22]) Landläufige Bezeichnung für rohes Gesindel. [בָּבֶל ist keine Segolatform; also nicht בַּבְלִי sondern בָּבְלִי wie כַּרְמְלִי von כַּרְמֶל]. [23]) צוק kann nicht die Felsen s p i t z e sein, sonst müsste es am Ende der 6. Mischna דחייתו מן חצוק heissen. Maimuni hält צוק für einen Ortsnamen. Ist es aber ein nomen appelativum, so kann es nur, da der Stamm die E n g e bezeichnet, eine Schlucht oder Kluft bedeuten. [24]) also 90 Rês = 12 Mil. Ein Mil ist ungefähr 1 km (s. Anm. 26). [25]) Es war demnach dem Führer gestattet, trotz des strengen Fasttages sich durch Speise und Trank zu erquicken. [26]) Man darf sich an Sabbat- und Feiertagen von dem Orte, an dem man sich beim Eintritt des heiligen Tages befindet, nicht weiter als 2000 Ellen in einer Richtung entfernen. Die zehn Hütten waren nun so auf die Strecke verteilt, dass die Entfernung zwischen ihnen je ein Mil betrug, genau soviel wie die der ersten von Jerusalem, die letzte aber 2 Mil vom Endziel entfernt war. Die Begleiter hatten schon vor dem Versöhnungstage die ihnen angewiesenen Hütten bezogen. Daher konnten sie den Führer bis zur nächsten Hütte begleiten, mit Ausnahme der Inhaber der letzten Hütte, die nur bis zur Mitte der letzten Wegstrecke mit ihm gehen konnten. Es folgt daraus, dass ein Mil = 2000 Ellen ist. Misst nun die Elle 48 cm (ʻErubin Kap. IV Anm. 36), so entspricht das Mil ziemlich genau unserm Kilometer. Allerdings darf man sich in der Diagonale des „Weltquadrats“ (s. ʻErubin, Einleitung Abs. 4) bis auf 2800 Ellen entfernen (das.); es ist doch aber nicht anzunehmen, dass sämtliche Hütten in dieser Diagonale gelegen haben. [27]) oder: a n e i n e m S t e i n e. [28]) Wer die Sabbatgrenze über-

בָּא וְיָשַׁב לוֹ תַּחַת סֻכָּה אַחֲרוֹנָה, עַד
שֶׁתֶּחְשַׁךְ. וּמֵאֵמָתַי מְטַמֵּא בְגָדִים,
מִשֶּׁיֵּצֵא חוּץ לְחוֹמַת יְרוּשָׁלָיִם. רַבִּי
שִׁמְעוֹן אוֹמֵר, מִשְּׁעַת דְּחִיָּתוֹ לַצּוּק:
ז בָּא לוֹ אֵצֶל פַּר וְשָׂעִיר הַנִּשְׂרָפִין,
קְרָעָן וְהוֹצִיא אֶת אֵמוּרֵיהֶן. נְתָנָן
בְּמָגֵס, וְהִקְטִירָן עַל גַּבֵּי הַמִּזְבֵּחַ.
קְלָעָן בְּמַקְלָעוֹת, וְהוֹצִיאָן לְבֵית
הַשְּׂרֵפָה. וּמֵאֵמָתַי מְטַמְּאִין בְּגָדִים,

letzten Hütte[29]), bis die Nacht hereinbrach. Und wann tritt bei ihm die Unreinheit der Kleider ein[30])? Sowie er die Mauern Jerusalems verlässt. R. Simon sagt: Mit dem Augenblick des Stosses in die Schlucht. **7.** Er[31]) wendet sich wieder dem Stiere und dem Bocke zu[32]), die nun verbrannt werden sollen[33]). Er öffnet ihnen den Leib, nimmt die Opferteile heraus[34]), legt diese in eine Schüssel[35]) und bringt sie auf dem Altar dar[36]). Sie selbst aber schlingt er in einander[37]) und lässt sie nach dem Verbrennungsorte[38]) hinausschaffen. Und wann tritt

---

schritten hat, darf sonst vor Ausgang des heiligen Tages den Rückweg nicht einmal antreten ('Erubin IV 1), und wenn ihm wie in unserm Falle der Hinweg gestattet war, so darf er sich von seinem Reiseziele nicht weiter als 2000 Ellen entfernen (das. 3). Die nächste Hütte war aber 4000 Ellen vom Felsen entfernt (Anm. 26). Dennoch wurde dem Führer dieses Zugeständnis gemacht, weil es für ihn mit Lebensgefahr verbunden war, in der öden, menschenleeren Gegend des Nachts allein den Weg zurückzulegen. Darum durfte er noch am Tage bis zur ersten Hütte zurückkehren, in der er sich geborgen fühlen konnte. Vermutlich erwarteten ihn dort seine Begleiter, um sich nach Eintritt der Dunkelheit gemeinsam mit ihm auf den Heimweg zu begeben. [29]) Der Hebräer sagt: תחת סכה אחרונה, weil er bei סכה hauptsächlich an das Dach denkt. — Gemeint ist hier die letzte der zehn Hütten, von Jerusalem aus gerechnet. Für ihn war es die erste Hütte auf dem Rückwege. [30]) 3. B. M. 16, 26. [31]) der Hohepriester. [32]) deren Blut er im Allerheiligsten, im Hêchâl und auf den goldenen Altar gesprengt hatte (oben V 3—6). [33]) 3. B. M. 16, 27. [34]) das Fett, die Nieren und das Zwerchfell (3. B. M. 4, 8—10 u. 26; vgl. das. 3, 3—4 u. 14—15). — Zum Unterschied vom Partizip A m u r i m (אמורים) wird das Substantiv E m u r i m (אימורים = das Vorgeschriebene) gelesen. [Die Ableitung vom gr. *μηρία* halte ich aus formalen wie aus sachlichen Gründen nicht für glücklich. Aus m e r i a wäre wohl kaum אימורים geworden. Auch hätte man einen Ausdruck, der zur Bezeichnung heidnischer Opfer diente, nicht auf die Fettstücke übertragen, die auf dem gottgeweihten Altar dargebracht wurden. Die Erklärung von B. J. Lipschütz (תפארת ישראל פסחים ה׳ ס״ו), nach dessen sprachlich unhaltbarer Ansicht das Wort aus *εὖ* (= gut) und *μέρος* (= Teil) zusammengesetzt wäre, ist nicht viel besser als die seines Vaters, der es mit אמיר (= Wipfel), und die des 'Aruch (Art. מר 2), der es mit מר (= Herr) in Verbindung bringt, indem er darauf hinweist, dass die Opferteile die Herren über alle Glieder sind und dem Herrn der Welt dargebracht werden. Am meisten befriedigt mich noch immer die Ableitung von אמר, die Maimonides in seinem Mischnakommentar (Einl. zur 5. Ordnung) mit den Worten gibt: והדה כלהא תחסמי אימורין יעני אלאשיא אלתי אמר בחרקהא (Alles dies wird א י מ ו ר י ן genannt, d. h. die Dinge, die er zu verbrennen vorgeschrieben hat). Dass diese Erklärung richtig ist, ergibt sich aus Sukka V 7, wo unter אימורי הרגלים nicht wie sonst die Fettstücke, sondern die v o r g e s c h r i e b e n e n Festopfer im weitesten Sinne zu verstehen sind (s. das. Anm. 37), und wo auch der bab. Talmud den Ausdruck durch מה שא מ ו ר ברגלים erklärt. Uebrigens haben die Handschriften sehr oft אמורים statt אימורים; vgl. auch Pesaḥim VIII Anm. 42.] [35]) Ueber מגים s. Pesaḥim Kap. V Anm. 42. [36]) Nach dem Wortlaut der heiligen Schrift (3. B. M. 16, 23—25) wurden sie nicht jetzt schon dargebracht, sondern erst später, nachdem der Hohepriester die weissen Gewänder mit den goldenen vertauscht hatte (weiter unten VII 3); s. Einleitung Abs. 4 und Kap. VII Anm. 22. Der Talmud korrigiert hier והקטירן in להקטירן: Er tat sie vorläufig in eine Schüssel, um sie später auf dem äussern Altar zu verbrennen. Das ist sehr einleuchtend. Wozu sollte er auch die Opferteile in eine Schüssel legen, wenn er sie sofort darzubringen hätte. [37]) Andere Lesart: קלען במקלות, er flocht die beiden Tiere mit Stäben ineinander. [38]) ausserhalb der

hier die Unreinheit der Kleider ein [39])? Sobald sie die Mauern der Opferhalle verlassen. R. Simon sagt: Wenn das Feuer den grössten Teil ihrer Leiber ergriffen hat. **8.** Man meldete dem Hohenpriester, dass der Bock die Wüste erreicht habe [40]). Woher wusste man aber, dass der Bock die Wüste erreicht hatte? Es wurden Posten [41]) aufgestellt, die Fahnen schwenkten, und so erfuhr man, wann der Bock die Wüste erreichte. R. Jehuda meinte: Sie hatten ja ein vortreffliches Zeichen. Von Jerusalem bis Bêt Haroro [42]) sind drei Mil; ein Mil Hinweg, ein Mil Rückweg, ein Mil Aufenthalt [43]), und man wusste, dass der Bock die Wüste erreicht hatte. R. Isma'el sagte: Sie hatten ja ein anderes Zeichen. Ein Kermesband [44]) war am Eingang des Hêchâl befestigt, und sowie der Bock die Wüste erreichte, wurde das Band weiss; denn es heisst [45]): Wenn euere Sünden wie Kermes sind, sollen sie weiss wie Schnee werden.

מִשֶּׁיֵּצְאוּ חוּץ לְחוֹמַת הָעֲזָרָה. רַבִּי שִׁמְעוֹן אוֹמֵר, מִשֶּׁיֻּצַּת הָאוּר בְּרֻבָּן׃ **ח** אָמְרוּ לוֹ לְכֹהֵן גָּדוֹל, הִגִּיעַ שָׂעִיר לַמִּדְבָּר. וּמִנַּיִן הָיוּ יוֹדְעִין, שֶׁהִגִּיעַ שָׂעִיר לַמִּדְבָּר. דִּירְכָיוֹת הָיוּ עוֹשִׂין, וּמְנִיפִין בְּסוּדָרִין, וְיוֹדְעִין שֶׁהִגִּיעַ שָׂעִיר לַמִּדְבָּר. אָמַר רַבִּי יְהוּדָה, וַהֲלֹא סִימָן גָּדוֹל הָיָה לָהֶם, מִירוּשָׁלַיִם וְעַד בֵּית חֲרוֹרוֹ שְׁלֹשָׁה מִילִין, הוֹלְכִין מִיל, וְחוֹזְרִין מִיל, וְשׁוֹהִין כְּדֵי מִיל, וְיוֹדְעִין שֶׁהִגִּיעַ שָׂעִיר לַמִּדְבָּר. רַבִּי יִשְׁמָעֵאל אוֹמֵר, וַהֲלֹא סִימָן אַחֵר הָיָה לָהֶם, לָשׁוֹן שֶׁל זְהוֹרִית הָיָה קָשׁוּר עַל פִּתְחוֹ שֶׁל הֵיכָל, וּכְשֶׁהִגִּיעַ שָׂעִיר לַמִּדְבָּר, הָיָה הַלָּשׁוֹן מַלְבִּין, שֶׁנֶּאֱמַר, אִם יִהְיוּ חֲטָאֵיכֶם כַּשָּׁנִים, כַּשֶּׁלֶג יַלְבִּינוּ׃

ABSCHNITT VII.

1. Jetzt [1]) schickt der Hohepriester sich zum Vortrag an [2]).

פרק ז.

א בָּא לוֹ כֹהֵן גָּדוֹל לִקְרוֹת. אִם

---

heiligen Stadt. [39]) 3. B. M. 16, 28. [40]) Früher wollte er mit der Toravorlesung (Anfang des nächsten Kapitels) nicht beginnen, weil in dem vorzutragenden Abschnitt eine Stelle sich findet, laut welcher der Bock die Sünden des Volkes in die Wüste fortträgt (3. B. M. 16, 22). [41]) דירכאות ist die Lesart des Jeruschalmi. Das ist wahrscheinlich der Plural von *διαδοχή* (= Ablösung der Schildwachen, wörtlich = Uebernahme; daher die Erklärung im pal. Talmud: (מאי דירכיות קבלן). 'Aruch liest דרכאות, was Musafia als *διδαχαί* aufgefasst zu haben scheint, da er es als Zeichen erklärt. Die gewöhnliche Lesart lautet דרכיות, was Wegweiser bedeuten könnte, grosse Steinhaufen, auf die sich die mit Fahnen ausgerüsteten Leute stellten, um das Zeichen zu geben. Da aber solche Wegweiser stets vorhanden waren, passt nicht der Ausdruck דרכיות היו עושין. Wäre das Wort von דרך abzuleiten, so übersetzte man besser: Es wurden Stationen eingerichtet. [42]) Andere Lesarten: בית חדודו und בית חורון. [43]) Vermutlich warteten die Begleiter in der ersten Hütte, bis deren Inhaber die zweite erreicht hatten u. s. w. (קרבן עדה); sonst blieben ja die Hütten, während die Begleiter sich gegenseitig den Rücken zukehrten, längere Zeit ohne Aufsicht. — כדי מיל ist verkürzt aus כדי הלוך מיל: so viel Zeit, als man braucht, um 1 Mîl zu gehen. [44]) Ein Band aus roter, mit Kermes gefärbter Wolle. [45]) Jes. 1, 18.

[1]) Nachdem man ihm gemeldet, dass der „Sündenbock" die Wüste erreicht hat (Kap. VI 8; s. Anm. 40 das.). [2]) zur Toravorlesung, die in der „Frauenhalle" (עזרת נשים) stattfand und die folgenden drei auf das Versöhnungsfest bezüglichen Schriftabschnitte umfasste: 1. Aḥarê Môt (3. B. M. 16, 1—34), 2. Ach be'asôr (das.

Wenn er will, liest er in den Byssuskleidern [3]; wenn nicht, liest er in einem weissen Gewande [4] aus eigenem Besitz. Der Synagogendiener holt eine Torarolle und übergibt sie dem Synagogenverwalter, der sie wieder dem Vorsteher reicht, damit er sie dem Hohenpriester aushändige. Der Hohepriester erhebt sich, nimmt sie in Empfang (und liest stehend)[5]. Er liest Aḥarê Môt und Ach be'asôr, rollt das Buch der Tora zusammen, legt es auf seinen Schoss und spricht: Mehr als ich euch vorgelesen, ist hier verzeichnet [6]). Ube'asôr aber, im Buche der Musterungen [7]), trägt er auswendig vor [8]), worauf er acht Benediktionen spricht: über die Tora, über den Tempeldienst und ein Dankgebet, ferner über die Sündenvergebung, über das Heiligtum besonders, über Israel besonders, über die Priester besonders und endlich ein allgemeines Gebet [9]).

2. Wer den Hohenpriester während seiner Vorlesung sah, konnte dem Verbrennen des Stieres und des

רָצָה לִקְרוֹת בְּבִגְדֵי בוּץ, קוֹרֵא, וְאִם לָא, קוֹרֵא בְּאִצְטְלִית לָבָן מִשֶּׁלוֹ. חַזַּן הַכְּנֶסֶת נוֹטֵל סֵפֶר תּוֹרָה, וְנוֹתְנוֹ לְרֹאשׁ הַכְּנֶסֶת, וְרֹאשׁ הַכְּנֶסֶת נוֹתְנוֹ לַסְּגָן, וְהַסְּגָן נוֹתְנוֹ לְכֹהֵן גָּדוֹל, וְכֹהֵן גָּדוֹל עוֹמֵד וּמְקַבֵּל, (וְקוֹרֵא עוֹמֵד,) וְקוֹרֵא אַחֲרֵי מוֹת וְאַךְ בֶּעָשׂוֹר, וְגוֹלֵל סֵפֶר תּוֹרָה, וּמַנִּיחוֹ בְּחֵיקוֹ, וְאוֹמֵר, יוֹתֵר מִמַּה שֶּׁקָּרָאתִי לִפְנֵיכֶם, כָּתוּב כָּאן. וּבֶעָשׂוֹר שֶׁבְּחֻמַּשׁ הַפְּקוּדִים קוֹרֵא עַל פֶּה, וּמְבָרֵךְ עָלֶיהָ שְׁמֹנֶה בְרָכוֹת, עַל הַתּוֹרָה, וְעַל הָעֲבוֹדָה, וְעַל הַהוֹדָאָה, וְעַל מְחִילַת הֶעָוֹן, וְעַל הַמִּקְדָּשׁ בִּפְנֵי עַצְמוֹ, וְעַל יִשְׂרָאֵל בִּפְנֵי עַצְמָן, וְעַל הַכֹּהֲנִים בִּפְנֵי עַצְמָן, וְעַל שְׁאָר הַתְּפִלָּה: ב הָרוֹאֶה כֹּהֵן גָּדוֹל כְּשֶׁהוּא קוֹרֵא, אֵינוֹ רוֹאֶה פַּר וְשָׂעִיר הַנִּשְׂרָפִין. וְהָרוֹאֶה פַּר וְשָׂעִיר

23, 26—32), 3. Ube'asôr (4. B. M. 29, 7—11). Zur Zeit des zweiten Tempels war die Volkssprache aramäisch, und nur wenige verstanden noch die heiligen Urkunden. Darum wurden die drei Abschnitte, die der Hohepriester in der Ursprache vorlas, Vers um Vers ins Aramäische übersetzt. Die beiden ersten Abschnitte, die einander benachbart sind, las er aus der Torarolle; den dritten aber trug er auswendig vor, damit nicht durch die Notwendigkeit, diese entferntere Stelle in der Rolle erst aufzusuchen, eine unliebsame Pause in der Vorlesung einträte. Man hätte ihm freilich eine zweite Torarolle reichen können, in welcher der vorzulesende Abschnitt schon vorher aufgeschlagen war. Ein solches Verfahren würde aber als eine Zurücksetzung der ersten Torarolle empfunden werden, weshalb man es stets vermeidet, eine und dieselbe Person aus zwei Torarollen vorlesen zu lassen. [3]) die er vor dem ersten Sündenbekenntnis angelegt (III 6—8) und bis jetzt noch nicht abgelegt hat. [4]) אצטלית oder אסטלית (= στολή, stola) ist ein langes, vom Halse bis zur Ferse reichendes Gewand. [5]) Das Eingeklammerte fehlt in den Ausgaben des bab. Talmud sowohl hier wie in Soṭa VII 7. וקורא עומד und bald darauf ומניחו בחיקו stimmen schlecht zu einander. [6]) Mit anderen Worten: Auch der Abschnitt, den ich euch jetzt auswendig vortragen werde, ist in diesem Buche niedergeschrieben. [7]) Mit חומש (ein Fünftel) wird jedes der fünf Bücher des Pentateuch bezeichnet. חומש הפקודים heisst das vierte Buch (Numeri), weil es mit einer Volkszählung beginnt. [8]) Den Grund s. Anm. 2. [9]) So nach Maimuni (הל׳ עבודת יום הכפורים ג׳ י״א). Die Lesarten weichen an dieser Stelle erheblich von einander ab. — Die erste Benediktion ist der gewöhnliche, auch sonst übliche Segenspruch nach der Toravorlesung, die drei folgenden sind bekannte Bestandteile unserer Gebetordnung (כסדרן, wie Tosefta K. III g. E. sich ausdrückt), die nächsten drei sind für diesen Zweck wie auch für die Vorlesung des Königs (Soṭa VII Ende) besonders eingerichtet (daher der Zusatz: בפני עצמו bezw. בפני עצמן), die letzte ist ein Gebet um Hilfe und Beistand, das mit ברוך אתה ה׳ שומע תפלה

הַנִּשְׂרָפִין, אֵינוֹ רוֹאֶה כֹּהֵן גָּדוֹל כְּשֶׁהוּא קוֹרֵא. לֹא מִפְּנֵי שֶׁאֵינוֹ רַשַּׁאי, אֶלָּא שֶׁהָיְתָה דֶּרֶךְ רְחוֹקָה, וּמְלֶאכֶת שְׁנֵיהֶם שָׁוָה כְּאַחַת׃
ג אִם בְּבִגְדֵי בוּץ קוֹרֵא, קִדֵּשׁ יָדָיו וְרַגְלָיו, פָּשַׁט יָרַד וְטָבַל, עָלָה וְנִסְתַּפֵּג, הֵבִיאוּ לוֹ בִגְדֵי זָהָב וְלָבַשׁ, וְקִדֵּשׁ יָדָיו וְרַגְלָיו, וְיָצָא וְעָשָׂה אֶת אֵילוֹ, וְאֶת אֵיל הָעָם, וְאֶת שִׁבְעַת כְּבָשִׂים תְּמִימִים בְּנֵי שָׁנָה. דִּבְרֵי רַבִּי אֱלִיעֶזֶר. רַבִּי עֲקִיבָה אוֹמֵר, עִם תָּמִיד שֶׁל שַׁחַר הָיוּ קְרֵבִין, וּפַר הָעוֹלָה וְשָׂעִיר הַנַּעֲשֶׂה בַחוּץ, הָיוּ קְרֵבִין עִם תָּמִיד שֶׁל בֵּין הָעַרְבַּיִם׃
ד קִדֵּשׁ יָדָיו וְרַגְלָיו וּפָשַׁט, וְיָרַד

Widders[10]) nicht zuschauen, und wer der Verbrennung des Stieres und des Widders zuschaute, konnte den Hohenpriester während der Vorlesung nicht sehen; nicht etwa, dass er es nicht durfte, sondern weil die Entfernung zu gross war und beides zur selben Zeit sich abspielte. **3.** Hatte er in den Byssusgewändern vorgelesen, so heiligte er nun seine Hände und Füsse[11]), entkleidete sich und stieg ins Bad hinunter[12]). Nachdem er wieder heraufgekommen war und sich abgetrocknet hatte[13]), brachte man ihm die goldenen Kleider[14]). Er legte sie an und heiligte sich Hände und Füsse, um draussen[15]) seinen Widder[16]) und den Widder des Volkes[17]) darzubringen nebst den sieben fehlerlosen Lämmern, die das erste Lebensjahr noch nicht überschritten hatten[18]). So die Worte des Rabbi Eli'ezer. R. 'Akiba meint, dass diese im Anschluss an das tägliche Morgenopfer dargebracht wurden, während der zum Ganzopfer bestimmte Stier[19]) sowie der im Aussenraume zu opfernde Ziegenbock[20]) erst zur Zeit des täglichen Abendopfers[21]) dargebracht wurde[22]). **4.** Und wieder heiligte er sich Hände und

---

schliesst. [10]) s. oben VI 7. [11]) Hatte er dagegen in der Stola gelesen und somit das Byssusgewand schon vorher abgelegt, so hatte er bei dieser Gelegenheit schon seine Hände und Füsse geheiligt und brauchte daher jetzt nur noch zu baden. [12]) Ueber טבילה und קדוש s. oben Kap. III Anm. 11 und 13. [13]) das. Anm. 17. [14]) die am Ende unseres Kapitels aufgezählten acht Gewänder. [15]) in der Opferhalle. — ויצא ועשה steht hier in Anlehnung an die Schriftstelle ויצא ועשה את עלתו ואת עלת העם (3. B. M. 16, 24). Dort ist ויצא berechtigt, im Hinblick auf das vorherstehende ובא אהרן אל אהל מועד sowie im Gegensatz zu den vorausgegangenen Opferhandlungen, die sich im Innern des Heiligtums vollzogen. [16]) den er aus eigenen Mitteln als Ganzopfer darbrachte (das. 3). [17]) Nach R. Jehuda han-Nasi ist dieser Widder (das. 5) identisch mit dem im vierten Buche (29, 8) als Teil des Musafopfers geforderten; nach R. El'azar b. R. Simon sind es zwei verschiedene Widder (Babli Joma 3 a). [18]) 4. B. M. 29, 8. [19]) ebend. — Er wird hier als פר העולה bezeichnet zum Unterschied von dem Stiere, den der Hohepriester aus eigenen Mitteln als Sündopfer darbringt (פר החטאת: 3. B. M. 16, 3, 11, 14, 27). [20]) 4. B. M. 29, 11. — Gleich dem Bocke, auf den das Los „für den Ewigen" gefallen (3. B. M. 16, 9), ist auch dieser Bock ein Sündopfer, unterscheidet sich aber von jenem dadurch, dass sein Blut nicht im Allerheiligsten, im Hêchâl und am goldenen Altar (V 4—6), sondern nur auf den äussern Altar gesprengt wurde, weshalb er hier als שעיר הנעשה בחוץ bezeichnet wird. [21]) Das tägliche Abendopfer bestand ebenso wie das tägliche Morgenopfer (III 4) aus einem Lamm zum Ganzopfer, einem Omer Mehl, drei Log Wein und einem halben 'Omer Gebäck als persönlichem Opfer des Hohenpriesters. [22]) Wie die Mischna vor uns liegt, können die Schlussworte (ופר העולה bis בין הערבים) nur R. 'Akiba angehören. Es scheint jedoch, dass Babli in diesem Satze die beiden Worte היו קרבין nicht gelesen hat. Wie könnte er sonst fragen, ob ופר העולה hinauf oder hinunter zu ziehen ist, da ja in jenem Falle ein Prädikat im Plural (היו קרבין) auf ein einziges Subjekt im Singular (שעיר

וְטָבַל, וְעָלָה וְנִסְתַּפֵּג, הֵבִיאוּ לוֹ בִּגְדֵי לָבָן וְלָבַשׁ, וְקִדֵּשׁ יָדָיו וְרַגְלָיו. נִכְנַס לְהוֹצִיא אֶת הַכַּף וְאֶת הַמַּחְתָּה. קִדֵּשׁ יָדָיו וְרַגְלָיו וּפָשַׁט, יָרַד וְטָבַל, עָלָה וְנִסְתַּפֵּג, הֵבִיאוּ

Füsse, entkleidete sich und stieg ins Bad hinunter [12]). Nachdem er wieder heraufgekommen war und sich abgetrocknet hatte [13]), brachte man ihm das weisse Gewand [23]). Er legte es an, heiligte seine Hände und Füsse und ging hinein [24]), um den Löffel nebst der Schaufel herauszuholen [25]), worauf er sich aufs neue Hände und Füsse heiligte, das Gewand ablegte und ins Bad stieg. Nachdem er ihm wieder entstiegen

---

הנעשה בחוץ) beschränkt wäre. Streicht man aber (mit Tosefot Jeschanim z. St.) die beiden Worte, so könnte man die abweichende Meinung des R. ʻAkiba als Einschiebsel seiner Schüler und den Schlusssatz als unangefochtene, von keiner Meinungsverschiedenheit berührte Fortsetzung des ursprünglichen Berichtes auffassen. Die Mischna hätte dann folgenden Wortlaut: ויצא ועשה את אילו ואת איל העם ואת שבעת כבשים תמימים בני שנה (דברי רבי אליעזר רבי עקיבה אומר עם תמיד שלשחר היו קרבין) ופר העולה ושעיר הנעשה בחוץ עם תמיד של בין הערבים, so dass nach R. Eliʻezer das ganze Mussafopfer (פר ואיל ושבעה כבשים לעולה ושעיר לחטאת) hintereinander zwischen dem Tagesdienste und dem täglichen Abendopfer dargebracht wurde, während nach R. ʻAkiba die sieben Lämmer noch vor dem Tagesdienste an die Reihe kamen, im übrigen aber gemäss der Ueberlieferung des R. Eliʻezer verfahren wurde (s. auch Anm. 29). Viel weiter gehen die Ansichten dieser Mischnalehrer in der Tosefta (Kap. III gegen Ende) auseinander. Dort folgen auf das Morgenopfer nach R. E. zunächst der Stier und der Bock des Musaf, dann der Stier und der Bock des Tagesdienstes, hierauf die beiden Widder und die sieben Lämmer, endlich das Abendopfer; nach R. ʻA. dagegen zunächst Stier und Lämmer des Musaf, dann Stier und Bock des Tagesdienstes, hierauf der Bock des Musaf und die beiden Widder, endlich das Abendopfer. Zwei im Babli (70 a unten und 70 b oben) mitgeteilte Berichte, denen Raba daselbst wegen ihrer grössern Klarheit und Uebersichtlichkeit vor unserer Mischna den Vorzug gibt, haben folgende Reihenfolge: 1. nach R. E.: Morgenopfer, Tagesdienst, Darbringung der beiden Widder, Verbrennung der Opferteile vom Stier und Bock des Tagesdienstes auf dem äussern Altar, Musafopfer mit Ausnahme des bereits dargebrachten Widders, Abendopfer [כך גרס רבנו חננאל ופר העולה ולא כמו שהגיהו בתוספות ד״ה דתנא אבל פר העולה]; 2) nach R. ʻA.: Morgenopfer, erster Teil des Musaf (Stier und Lämmer). Tagesdienst, Rest des Musaf (Bock und Widder) nebst dem Widder des Hohenpriesters, Verbrennung der Opferteile vom Stier und Bock des Tagesdienstes, Abendopfer. [כסדר הזה גורסין כל הספרים וכן גרסו רבנו חננאל ורש״י ותוספות ורמב״ם ורא״ש אלא שהגר״א הגיה ואחר כך אילו ואיל העם ואימורי חטאת ואחר כך שעיר הנעשה בחוץ ואחר כך תמיד של בין הערבים משום דקראי מוכחי הכי שנאמר ויצא ועשה את עלתו ואת עלת העם משמע דמיד ביציאה הראשונה עשה אילו ואיל העם כמו שכתוב בספר יפה עינים ואי משום הא לא איריא דקראי בקרבן מוסף לא קמיירי הכא כמו שכתבו התוספות בדבור השני המתחיל ואחר כך]. Nach einer im Jeruschalmi (z. St.) erwähnten Ansicht werden alle Ganzopfer hintereinander und alle Sündopfer hintereinander dargebracht; es folgten daher auf das Morgenopfer zunächst die übrigen Ganzopfer (also die beiden Widder und das ganze Musaf mit Ausnahme des Bockes), dann die drei Sündopfer (Stier und Bock des Tagesdienstes und der Ziegenbock des Musaf), zuletzt das Abendopfer, das wieder ein Ganzopfer ist, während R. ʻAkiba, der im Grunde dasselbe Prinzip befolgt, die darzubringenden Ganzopfer so verteilt, dass die zum Musaf gehörigen auf das Morgenopfer folgen, die beiden Widder aber dem Abendopfer unmittelbar vorangehen. Demnach stimmen Tosefta, Babli und Jeruschalmi, soweit wenigstens R. ʻA. in Betracht kommt, völlig überein, nur dass Jeruschalmi von der Voraussetzung ausgeht, dass „der Widder des Volkes" mit dem des Musaf **nicht** identisch ist (s. oben Anm. 17), mithin im ganzen drei Widder an diesem Tage geopfert wurden. Eine andere Streitfrage unter den Schülern des R. ʻA. bezieht sich auf die sieben Lämmer des Musaf. Nach R. Jehuda wird nach dem Morgenopfer nur eins von ihnen dargebracht, die übrigen sechs erst später vor dem Abendopfer; nach R. Elʻazar b. R. Simon umgekehrt, sechs vor und eines nach dem Tagesdienste; andere wieder meinen, dass alle sieben des Morgens vor dem Tagesdienste geopfert wurden (Tosefta und babli a. a. O.). [23]) aus indischem Byssus (III 7) [24]) in das Allerheiligste. [25]) die er bei der Darbringung des Räucherwerks zurückgelassen hatte.

לוֹ בִּגְדֵי זָהָב וְלָבַשׁ, וְקִדֵּשׁ יָדָיו וְרַגְלָיו, וְנִכְנַס לְהַקְטִיר קְטֹרֶת שֶׁל בֵּין הָעַרְבַּיִם, וּלְהֵיטִיב אֶת הַנֵּרוֹת, וְקִדֵּשׁ יָדָיו וְרַגְלָיו וּפָשַׁט. הֵבִיאוּ לוֹ בִּגְדֵי עַצְמוֹ וְלָבַשׁ, וּמְלַוִּין אוֹתוֹ עַד בֵּיתוֹ. וְיוֹם טוֹב הָיָה עוֹשֶׂה לְאוֹהֲבָיו בְּשָׁעָה שֶׁיָּצָא בְשָׁלוֹם מִן הַקֹּדֶשׁ:

ה כֹּהֵן גָּדוֹל מְשַׁמֵּשׁ בִּשְׁמֹנָה כֵלִים, וְהַהֶדְיוֹט בְּאַרְבָּעָה, בִּכְתֹנֶת וּמִכְנָסַיִם וּמִצְנֶפֶת וְאַבְנֵט, מוֹסִיף עָלָיו כֹּהֵן גָּדוֹל, חֹשֶׁן וְאֵפוֹד וּמְעִיל וְצִיץ. בְּאֵלּוּ נִשְׁאָלִין בְּאוּרִים וְתֻמִּים.

und abgetrocknet war, reichte man ihm die goldenen Kleider [14]), nach deren Anlegung er die Heiligung der Hände und Füsse wiederholte. Dann ging er hinein [26]), um das Abendräucherwerk darzubringen [27]) und die Lämpchen anzuzünden [28]), wonach er seine Hände und Füsse heiligte und sich entkleidete [29]). Nunmehr brachte man ihm seine eigenen Kleider. Nachdem er diese angezogen hatte, begleitete man ihn bis zu seinem Hause, wo er seinen Freunden ein Fest bereitete, da er in Frieden aus dem Heiligtume heimgekehrt war [30]). **5.** Der Hohepriester verrichtet den Dienst in acht Gewändern, ein anderer Priester [31]) in vieren, dieser in Leibrock, Beinkleid, Kopfbund und Gürtel [32]), zu denen der Hohepriester Brustzier, Schurz, Oberkleid und Stirnbinde [33]) hinzufügt. In diesen befragen sie die Urîm und Tummîm [34]);

---

[26]) in den Hêchâl. [27]) auf dem goldenen Altar (2. B. M. 30, 8). [28]) auf dem goldenen Leuchter (das. 26, 37 u. 27, 21). [29]) Es fällt auf, dass hier am Schlusse des Berichtes noch immer vom Abendopfer (Anm. 21) keine Rede ist (s. Tosafot 71 a s. v. נכנס). Es herrscht daher auch Unklarheit darüber, wann dieses eigentlich dargebracht wurde. Nach Raschi und Tosafot ging es unmittelbar dem Abendräucherwerk voran, kam also erst an die Reihe, nachdem der Hohepriester Löffel und Schaufel aus dem Allerheiligsten entfernt und zum letzten Mal die goldenen Gewänder angelegt hatte; nach Maimuni wurde es schon früher dargebracht, bevor noch der Hohepriester das goldene mit dem weissen Gewande vertauschte, um Löffel und Schaufel aus dem Allerheiligsten zu holen. Die Schwierigkeit löst sich und jeder Zweifel schwindet, wenn im Schlusssatze der vorigen Halacha die beiden Worte היו קרבין gestrichen werden (vgl. Anm. 22). Die Mischna hat dann folgenden Wortlaut: „Nachdem er die goldenen Kleider [zum zweiten Male] angelegt, brachte er draussen seinen und des Volkes Widder dar, wie auch die sieben Lämmer (so nach R. E.; R. ʻA. dagegen meint, dass diese unmittelbar dem Morgenopfer folgten); ferner den zum Ganzopfer bestimmten Stier und den im Aussenraume zu opfernden Bock nebst dem täglichen Abendopfer. Hierauf nahm er das vorgeschriebene Bad, um nach vorangegangener und nachfolgender Heiligung der Hände und Füsse das goldene Gewand mit dem weissen zu vertauschen, in welchem er nun das Allerheiligste betrat, den Löffel und die Schaufel herauszuholen. Dann vertauschte er wieder unter den vorgeschriebenen Waschungen das weisse mit dem goldenen Gewande, um im Hêchâl das Abendräucherwerk auf dem goldenen Altar zu verbrennen und auf dem goldenen Leuchter die Lämpchen anzuzünden". Demnach hat Maimuni recht. Uebrigens sagt R. Joḥanan im Jeruschalmi z. St. ausdrücklich: Alle Welt stimmt darin überein, dass Löffel und Schaufel erst nach dem täglichen Abendopfer herausgeschafft wurden (הכל מודין בהוצאת כף ומחתה שהיא לאחר תמיד של בין הערבים), und es ist mir unbegreiflich, wie der Verfasser der Tosefot Jom Tob, der Maimuni zu rechtfertigen sich bemüht, diese Stelle sich entgehen lassen konnte, zumal er bald darauf einen andern Satz des Jeruschalmi anführt, der jenem benachbart ist und im selben Zusammenhange steht. [30]) vgl. Kap. V Anm. 15. [31]) הדיוט = ἰδιώτης. [32]) 2. B. M. 29, 40 u. 42. Die Kopfbedeckung heisst dort מגבעת, während מצנפת die des Hohenpriesters bezeichnet (das. 4). [33]) Diese vier den Hohenpriester auszeichnenden Gewänder sind a. a. O. (6—38) ausführlich beschrieben. [34]) d. h. der Hohepriester muss mit sämtlichen acht Gewändern bekleidet sein, wenn er mittels der Urim und Tummim (das. 30) das Schicksal befragt. Beispiele solcher Fragen

man befragt sie aber (nicht auf Wunsch einer Privatperson [31]), sondern) [35]) nur im Auftrage des Königs, des Gerichtshofes oder eines Mannes, auf den die Gesamtheit angewiesen ist.

וְאֵין נִשְׁאָלִין (כֹּהֵן לְהֶדְיוֹט,) אֶלָּא לַמֶּלֶךְ, וּלְבֵית דִּין, וּלְמִי שֶׁהַצִּבּוּר צָרִיךְ בּוֹ:

ABSCHNITT VIII.

פרק ח.

1. Am Versöhnungstage ist es verboten [1]) zu essen und zu trinken, sich zu waschen und zu salben, Sandalen anzuziehen [2]) und das Bett zu benutzen [3]). Ein König und eine Neuvermählte [4]) dürfen sich das Gesicht waschen, eine Wöchnerin [5]) darf Sandalen anziehen. Dies die Worte des R. Eli'ezer. Die Weisen aber verbieten es. **2.** Wer das Quantum einer grossen Dattel, ihren und ihres Kerns Rauminhalt [6]) isst, oder einen Mundvoll trinkt, ist straffällig [7]). Alle Speisen ergänzen einander zum Quantum einer Dattel und alle Getränke zum Rauminhalt seines Mundes. Speise und Trank ergänzen einander nicht [8]). **3.** Hat man in einem Versehen gegessen und getrunken, so ist man nur zu einem Sündopfer verpflichtet, . . . gegessen und Arbeit verrichtet, so ist man zu zwei Sündopfern verpflichtet [9]). Hat man ungeniessbare Speisen gegessen oder ungeniessbare

א יוֹם הַכִּפּוּרִים אָסוּר בַּאֲכִילָה, וּבִשְׁתִיָּה, וּבִרְחִיצָה, וּבְסִיכָה, וּבִנְעִילַת הַסַּנְדָּל, וּבְתַשְׁמִישׁ הַמִּטָּה. וְהַמֶּלֶךְ וְהַכַּלָּה יִרְחֲצוּ אֶת פְּנֵיהֶם, וְהַחַיָּה תִּנְעוֹל אֶת הַסַּנְדָּל. דִּבְרֵי רַבִּי אֱלִיעֶזֶר. וַחֲכָמִים אוֹסְרִין: **ב** הָאוֹכֵל כְּכוֹתֶבֶת הַגַּסָּה, כָּמוֹהָ וּכְגַרְעִינָתָהּ, וְהַשּׁוֹתֶה מְלֹא לֻגְמָיו, חַיָּב. כָּל הָאֳכָלִין מִצְטָרְפִין לְכַכּוֹתֶבֶת, וְכָל הַמַּשְׁקִין מִצְטָרְפִין לִמְלֹא לֻגְמָיו. הָאוֹכֵל וְשׁוֹתֶה, אֵין מִצְטָרְפִין: **ג** אָכַל וְשָׁתָה בְּהֶעְלֵם אֶחָד, אֵינוֹ חַיָּב אֶלָּא חַטָּאת אַחַת. אָכַל וְעָשָׂה מְלָאכָה, חַיָּב שְׁתֵּי חַטָּאוֹת. אָכַל אֳכָלִין שֶׁאֵינָן רְאוּיִין

finden sich in der Bibel ziemlich häufig (Richter 1, 1; 20, 18, 23, 27—28; 1 Sam. 10, 22; 22, 10; 23, 2, 4, 9—12; 28, 6; 30, 7—8; 2 Sam. 2, 2; 5, 19 u. 23). Dass sie durch den Hohenpriester an dies geheimnisvolle Kleinod gerichtet wurden, ist aus 4. B. M. 27, 21 ersichtlich. Auch werden an mehreren der angeführten Stellen ausdrücklich Efod, Urim oder Priester erwähnt (Richter 20, 27—28; 1 Sam. 22, 10; 23, 9—12; 28, 6; 30, 7—8). [35]) Das Eingeklammerte fehlt in manchen Ausgaben.

[1]) Wörtlich: der Versöhnungstag ist gebunden in Bezug auf Speise und Trank etc. Der Begriff der Unfreiheit ist hier von der Person auf den Tag übertragen. [2]) oder sonst eine Fussbekleidung aus Leder, nach Tosefta (Kap. IV Anf.) auch nicht aus gewebten Stoffen (אפלו באנפליא של בגדים). [3]) Euphemie für den Geschlechtsverkehr. Das Verbum ist vom Nomen abgeleitet und lautet daher nicht השתמש בממה, sondern שמש את המטה, wofür bei Frauen noch diskreter שמש את הבית steht (z. B. Nidda I 7 u. X 8). Häufig findet sich in diesem Sinne שמש schlechthin, und zwar mit dem Akkus. der Person bei Suffixen (z. B. Nedarim Ende), sonst mit עם (z. B. Schebu'ot II 4). [4]) innerhalb der ersten dreissig Tage nach der Heimführung. [5]) Wörtlich: eine Genesende (so auch im Deutschen: eines Kindes genesen). [6]) d. i. das Volumen einer grossen Dattel, aus welcher der Kern noch nicht entfernt ist. [7]) 3. B. M. 23, 29. [8]) Wörtlich: wenn jemand isst und trinkt, vereinigt es sich nicht. [9]) Wer ein Verbot, dessen mutwillige Verletzung mit der Strafe der Ausrottung oder noch schwerer bedroht ist, aus Versehen übertritt, muss seinen Irrtum durch ein Sündopfer sühnen (3. B. M. 4, 27—35). Hat er dieselbe Sünde

Flüssigkeiten getrunken, selbst wenn man Salzlake oder Pökelbrühe [10]) getrunken hat [11]), so ist man frei [12]). **4.** Kinder lässt man am Versöhnungstag nicht fasten; doch soll man sie ein Jahr oder zwei Jahre vorher [13]) einweihen, damit sie mit den Geboten vertraut seien [14]). **5.** Einer Schwangern [15]), die durch Gerüche erregt ist [16]), gibt man zu essen, bis sie wieder zu sich kommt. Einem Kranken gibt man auf Anordnung Sachkundiger zu essen, und wenn keine Fachleute anwesend sind, gibt man ihm auf eigenes Verlangen so lange zu essen, bis er erklärt, es sei genug [17]). **6.** Wird jemand von Heisshunger [18]) ergriffen, gibt man ihm selbst unreine Dinge [19]) zu essen, bis seine Augen wieder

לַאֲכִילָה, וְשָׁתָה מַשְׁקִין שֶׁאֵינָן רְאוּיִין לַשְׁתִיָּה, וְשָׁתָה צִיר אוֹ מוּרְיֵס, פָּטוּר: ד הַתִּינוֹקוֹת אֵין מְעַנִּין אוֹתָם בְּיוֹם הַכִּפּוּרִים, אֲבָל מְחַנְּכִין אוֹתָם לִפְנֵי שָׁנָה וְלִפְנֵי שְׁנָתַיִם, בִּשְׁבִיל שֶׁיִּהְיוּ רְגִילִין בְּמִצְוֹת: ה עֻבָּרָה שֶׁהֵרִיחָה, מַאֲכִילִין אוֹתָהּ עַד שֶׁתָּשׁוּב נַפְשָׁהּ. חוֹלֶה מַאֲכִילִין אוֹתוֹ עַל פִּי בְקִיאִין. וְאִם אֵין שָׁם בְּקִיאִין, מַאֲכִילִין אוֹתוֹ עַל פִּי עַצְמוֹ, עַד שֶׁיֹּאמַר דָּי: ו מִי שֶׁאֲחָזוֹ בוּלְמוֹס, מַאֲכִילִין אוֹתוֹ אֲפִלּוּ דְבָרִים טְמֵאִים, עַד

---

wiederholt begangen, ohne dass ihm der Irrtum inzwischen zu Bewusstsein kam, so genügt e i n Sündopfer; waren es aber v e r s c h i e d e n e Uebertretungen, die aus demselben Irrtum flossen, so muss er ebensoviel Sündopfer darbringen, als er Gesetze verletzt hat. Essen und Trinken gilt nun als e i n e fortgesetzte Handlung, weil beides im Gesetz unter e i n e m Begriff zusammengefasst ist; wenn man daher, uneingedenk des Versöhnungstages, Speisen und Getränke genossen hat, so ist man nur zu e i n e m Sündopfer verpflichtet. Hat man dagegen unter derselben Voraussetzung gegessen und Arbeit verrichtet, so sind zwei Sündopfer erforderlich, weil jede dieser Handlungen unter ein anderes Verbot fällt (3. B. M. 16, 29 u. 23, 27—28, 29—30). – Unter Arbeit sind hier all die Verrichtungen zu verstehen, die am Sabbat unter dieser Bezeichnung verboten sind (s. Schabbat VII 2). [10]) מוריים = m u r i e s. [11]) also Flüssigkeiten, die man zwar nicht trinkt, aber doch als Tunke geniesst. [12]) von Strafe, bezw. von der Verpflichtung der Sühne durch ein Opfer. [13]) vor Eintritt der Volljährigkeit, die ein Knabe mit Vollendung des dreizehnten, ein Mädchen mit Vollendung des zwölften Lebensjahres erlangt. [14]) Diese Halacha lässt verschiedene Auffassungen zu. Sie kann den Sinn haben: Minderjährige lässt man nicht fasten, aber zur Erfüllung anderer Gebote hält man sie an. Sie kann auch sagen wollen, dass man nur kleinere Kinder nicht fasten lässt, wohl aber solche, die in wenigen Jahren das Alter der Grossjährigkeit erreicht haben werden. Man kann sie aber auch dahin erklären, dass man Minderjährige den ganzen Tag nicht fasten lässt, wohl aber je nach ihrer körperlichen und geistigen Entwickelung mehrere Stunden. Im Babli wie in Jeruschalmi gehen die Meinungen hierüber auseinander, und dazu kommt, dass an einigen Stellen die Lesart nicht feststeht. Der herrschende Brauch ist hierzulande gemäss der letzten Auffassung, Kinder vor Eintritt der Volljährigkeit nur wenige Stunden fasten zu lassen. [15]) עוברה ist verkürzt aus מעוברה wie מועט (Ggstz. v. מרובה) aus ממועט. [16]) Der Duft von Speisen hat durch Ueberreizung der Nerven einen Schwächeanfall bei ihr ausgelöst. [17]) Im Talmud wird dieser Satz so aufgefasst: Einem Kranken gibt man auf ärztliche Anordnung zu essen, auch wenn er selbst es nicht für erforderlich hält, ohne ärztliche Vorschrift aber nur dann, wenn er es selbst als nötig erachtet. Gestatten ihm die Aerzte zu fasten, er selbst aber fühlt, dass er der Nahrung ohne Gefahr für sein Leben nicht entbehren kann, so folgt man ihm. Jeruschalmi fügt noch hinzu, dass man ihm selbst dann zu essen gibt, wenn er selbst es für überflüssig hält, der Arzt aber im Zweifel ist. [18]) בולמוס (βούλιμος = Ochsenhunger) ist ein krankhafter Zustand, der Lebensgefahr im Gefolge haben, aber durch Nahrungsaufnahme schnell beseitigt werden kann. [19]) wenn keine erlaubten Speisen zur Hand sind. U n r e i n steht

שֶׁיֵּאוֹרוּ עֵינָיו. מִי שֶׁנְּשָׁכוֹ כֶּלֶב שׁוֹטֶה, אֵין מַאֲכִילִין אוֹתוֹ מֵחֲצַר כָּבֵד שֶׁלּוֹ, וְרַבִּי מַתְיָה בֶּן חָרָשׁ מַתִּיר. וְעוֹד אָמַר רַבִּי מַתְיָה בֶּן חָרָשׁ, הַחוֹשֵׁשׁ בִּגְרוֹנוֹ, מַטִּילִין לוֹ סַם בְּתוֹךְ פִּיו בַּשַּׁבָּת, מִפְּנֵי שֶׁהוּא סְפֵק נְפָשׁוֹת, וְכָל סְפֵק נְפָשׁוֹת דּוֹחֶה אֶת הַשַּׁבָּת: ז מִי שֶׁנָּפְלָה עָלָיו מַפֹּלֶת, סָפֵק הוּא שָׁם, סָפֵק אֵינוֹ שָׁם, סָפֵק חַי, סָפֵק מֵת, סָפֵק נָכְרִי, סָפֵק יִשְׂרָאֵל. מְפַקְּחִין עָלָיו אֶת הַגַּל. מְצָאוּהוּ חַי, מְפַקְּחִין עָלָיו, וְאִם מֵת, יַנִּיחוּהוּ: ח חַטָּאת וְאָשָׁם וַדַּאי מְכַפְּרִין, מִיתָה וְיוֹם הַכִּפּוּרִים מְכַפְּרִין עִם הַתְּשׁוּבָה. תְּשׁוּבָה מְכַפֶּרֶת עַל עֲבֵרוֹת קַלּוֹת, עַל עֲשֵׂה וְעַל לֹא תַעֲשֶׂה. וְעַל הַחֲמוּרוֹת הִיא תוֹלָה, עַד שֶׁיָּבֹא יוֹם הַכִּפּוּרִים וִיכַפֵּר: ט הָאוֹמֵר אֶחֱטָא וְאָשׁוּב, אֶחֱטָא וְאָשׁוּב, אֵין מַסְפִּיקִין בְּיָדוֹ לַעֲשׂוֹת תְּשׁוּבָה. אֶחֱטָא וְיוֹם הַכִּפּוּרִים מְכַפֵּר, אֵין

aufleuchten. Wurde jemand von einem tollen Hunde gebissen, so darf man ihm nicht von dessen Zwerchfell zu essen geben[20]). R. Matja ben Ḥeresch aber gestattet es[21]). Ferner sagt R. Matja ben Ḥeresch: Wenn jemand Halsschmerzen hat, so darf man ihm am Sabbat Arzenei in den Mund einflössen, denn es liegt die Möglichkeit einer Lebensgefahr vor, und schon die Möglichkeit einer Lebensgefahr lässt den Sabbat zurücktreten. **7.** Wenn Trümmer über jemand zusammengestürzt sind, und es ist zweifelhaft, ob er noch dort ist oder nicht, ob er lebt oder tot ist, ob es ein Heide oder ein Israelit ist[22]), so lichtet man den Schutthaufen über ihm[23]). Findet man ihn am Leben, erweitert man ihm die Oeffnung; ist er aber tot, lässt man ihn liegen. **8.** Das Sündopfer[24]) und das zweifellose Schuldopfer[25]) haben sühnende Kraft. Der Tod wie der Versöhnungstag sühnt in Verbindung mit Umkehr[26]). Umkehr sühnt geringere Vergehen, [Uebertretung einfacher] Gebote oder Verbote[27]), und bewirkt bei schwereren einen Aufschub[28]), bis der Versöhnungstag kommt und sühnt. **9.** Wenn jemand sagt: ich werde sündigen und Busse tun, sündigen und Busse tun, so wird ihm nicht vergönnt, Busse zu tun[29])

---

hier in hosiologischem Sinne (s. Pesaḥim Kap. I Anm. 26). [20]) Hier ist nicht vom Versöhnungsfest die Rede, sondern von allen Tagen des Jahres. Der Hund gehört zu den „unreinen" Tieren (3. B. M. 11, 3), und das in Frage stehende Heilmittel ist nicht wissenschaftlich erprobt, sondern vom Aberglauben empfohlen. [21]) weil bei schweren Krankheiten durch den Widerstand, den man dem Willen des Kranken entgegensetzt, leicht eine Verschlimmerung eintreten kann. [22]) Um einen Glaubensgenossen zu retten, entweiht man den Sabbat auch dann, wenn das Rettungswerk durch Nichtjuden vollbracht werden kann. [23]) selbst wenn alle diese Zweifel insgesammt in Betracht kommen. [24]) 3. B. M. 4, 27—35). [25]) So heisst das Schuldopfer, das in einigen Fällen (z. B. 3. B. M. 5, 15 u. 25) zur Sühne einer entschiedenen Gesetzesverletzung dient, im Gegensatz zum „schwebenden" Schuldopfer (אשם תלוי, das. 17—19), das derjenige darbringt, der nicht mit Sicherheit weiss, dass er aus Versehen eine schwere Sünde begangen hat. Dieses Opfer hat nur aufschiebende Kraft. Nach erlangter Gewissheit muss man zur vollen Sühne ein Sündopfer weihen. [26]) d. i. aufrichtige Reue und entschlossener Wille zur Besserung. Beim Sünd- und Schuldopfer des vorangehenden Satzes wurde die Umkehr, die auch dort Voraussetzung der Sühne ist, als selbstverständlich vorausgesetzt. Sonst hätte ja der Sünder kein Opfer dargebracht. [27]) deren Verletzung nicht mit schwerer Strafe bedroht ist. [28]) der göttlichen Strafe. [29]) Da er nicht aufrichtig

יוֹם הַכִּפֻּרִים מְכַפֵּר. עֲבֵרוֹת שֶׁבֵּין אָדָם לַמָּקוֹם, יוֹם הַכִּפֻּרִים מְכַפֵּר, עֲבֵרוֹת שֶׁבֵּין אָדָם לַחֲבֵרוֹ, אֵין יוֹם הַכִּפֻּרִים מְכַפֵּר, עַד שֶׁיְּרַצֶּה אֶת חֲבֵרוֹ. אֶת זוֹ דָּרַשׁ רַבִּי אֶלְעָזָר בֶּן עֲזַרְיָה, מִכֹּל חַטֹּאתֵיכֶם לִפְנֵי ה׳ תִּטְהָרוּ, עֲבֵרוֹת שֶׁבֵּין אָדָם לַמָּקוֹם, יוֹם הַכִּפֻּרִים מְכַפֵּר, עֲבֵרוֹת שֶׁבֵּין אָדָם לַחֲבֵרוֹ, אֵין יוֹם הַכִּפֻּרִים מְכַפֵּר, עַד שֶׁיְּרַצֶּה אֶת חֲבֵרוֹ. אָמַר רַבִּי עֲקִיבָה, אַשְׁרֵיכֶם יִשְׂרָאֵל, לִפְנֵי מִי אַתֶּם מִטַּהֲרִים, מִי מְטַהֵר אֶתְכֶם, אֲבִיכֶם שֶׁבַּשָּׁמַיִם. שֶׁנֶּאֱמַר, וְזָרַקְתִּי עֲלֵיכֶם מַיִם טְהוֹרִים וּטְהַרְתֶּם. וְאוֹמֵר, מִקְוֵה יִשְׂרָאֵל ה׳, מַה מִּקְוֶה מְטַהֵר אֶת הַטְּמֵאִים, אַף הַקָּדוֹשׁ בָּרוּךְ הוּא מְטַהֵר אֶת יִשְׂרָאֵל:

... ich werde sündigen und der Versöhnungstag wird es sühnen, so hat der Versöhnungstag keine sühnende Wirkung. Sünden des Menschen gegen Gott [30]) sühnt der Versöhnungstag, Sünden des Menschen gegen seinen Nebenmenschen sühnt der Versöhnungstag nicht, bis man dessen Verzeihung erlangt hat. Das leitete R. El'azar ben 'Azarja aus der Schriftstelle ab: „Von all euren Sünden vor Gott sollt ihr rein werden [31]). Sünden des Menschen gegen Gott sühnt der Versöhnungstag, Sünden des Menschen gegen den Nebenmenschen sühnt der Versöhnungstag nicht, ehe man dessen Vergebung erlangt hat. R. 'Akiba sprach: Heil euch, Israel! Wer ist's, vor dem ihr euch reinigt, und wer ist's, der euch reinigt? Euer Vater im Himmel. Denn so heisst es [32]): „Ich werde reines Wasser auf euch sprengen und ihr werdet rein werden. Und ferner heisst es [33]): Israels Reinheitsquell [34]) ist der Ewige. Wie die Quelle den Unreinen die Reinheit wiedergibt, so lässt auch der Heilige, gelobt sei er, Israel wieder rein werden.

---

bereut, schiebt er die Besserung so lange hinaus, bis er abberufen wird und es zu spät ist.
[30]) s. Pesahim Kap. X Anm. 38. [31]) 3. B. M. 16, 30. — Er zieht לפני ה׳ nicht zu תטהרו („von allen euren Sünden sollt ihr vor Gott euch reinigen"), sondern zu חטאתיכם. [32]) Ez. 36, 25. [33]) Jirm. 17, 13. [34]) Ein im Deutschen nicht wiedergebendes Wortspiel. מקוה bedeutet Hoffnung (1 Chr. 29, 15) und zugleich Wasseransammlung (2. B. M. 7, 19), insbesondere das Reinigungsbad.

TRAKTAT SUKKA. מַסֶּכֶת סֻכָּה.

Einleitung.

Auf den Versöhnungstag folgt Sukkot, das Hüttenfest. Es beginnt am 15. Tischri und dauert sieben Tage, nach deren Verlauf sogleich ein anderes Fest gefeiert wird, das die heilige Schrift (3. B. M. 23, 36; 4. B. M. 29, 35; Nehemja 8, 18; 2 Chr. 7, 19) als עצרת bezeichnet. Im 5. B. M. 16, 8 wird der siebente Tag dés Pesachfestes so genannt, und in der Mischna trägt das Wochenfest diesen Namen, während das Hütten- und das Schlussfest hier schlechthin unter der Bezeichnung חג zusammengefasst werden. Der erste Tag heisst יום טוב הראשון של חג, der achte יום טוב האחרון של חג. Es war dies wahrscheinlich die landläufige Benennung, die sich im Volke eingebürgert hatte. Dass aber der achte Tag ein besonderes Fest für sich bildet, wird im Talmud scharf betont und lässt sich, wenn man die Opfervorschriften dieses Tages (4. B. M. 29, 36) mit denen der vorangehenden Tage (das. 13—32) vergleicht, auch gar nicht verkennen.

Während des siebentägigen Festes ist jeder Israelit verpflichtet, wenn das Wetter es gestattet, in einer Hütte zu wohnen, d. h. in einem Raume zu essen und zu schlafen, der nach oben nicht durch ein festes Dach, sondern nur durch eine lose aufliegende Pflanzendecke abgeschlossen ist. Mit Ausnahme der Früchte dürfen alle Teile einer Pflanze, sofern sie von der Erde abgeschnitten und nicht etwa zu Geräten oder Geweben verarbeitet sind, zur Herstellung der Decke verwendet werden. Am besten eignet sich „der Abfall der Tenne und der Kelter", also Stroh, Weinrankén, Baumzweige u. ä. Die Festhütte kann jede beliebige Form haben, wenn sie nur wenigstens zehn Handbreiten (80 cm) hoch ist und ihr Querschnitt ein Quadrat umschliesst, dessen Seite mindestens sieben Handbreiten (56 cm) misst. Die Wände müssen fest genug sein, um mässigen Winden zu widerstehen, dürfen aber im übrigen aus jedem Material bestehen, aus Holz, Eisen oder Mauerwerk ebenso wie aus Teppichen oder anderen Geweben. Drei Wände genügen auch für eine viereckige Hütte, da die vierte, offene Seite als Eingang betrachtet wird. Im Notfalle reichen zwei Wände aus, wenn sie einen rechten Winkel bilden und ein etwas mehr als vier Daumen (8 cm) breites Brett parallel der einen Wand so aufgestellt wird, dass es vom freien Rande der andern Wand weniger als drei Handbreiten (24 cm) absteht. Die drei Buchstaben, aus denen das Wort סכה besteht, veranschaulichen diese Vorschrift. Das ס bietet den Grundriss der vollkommenen, aus vier Wänden bestehenden Festhütte; das כ zeichnet die aus drei Wänden hergestellte, deren vierte Seite offen steht; das ה endlich gewährt ein Bild der mangelhaften Hütte, die nur zwei rechtwinkelig aneinander gefügte Wände hat, während die dritte nur durch ein schmales Brett angedeutet wird.

Ein ferneres Gebot des Hüttenfestes ist es, den Feststrauss zur Hand zu nehmen, der sich aus einem Palmzweig, aus Myrten- und Bachweidenruten sowie aus der Frucht des Etrogbaumes (einer Zitronenart) zusammensetzt. Ursprünglich galt diese Vorschrift nur im Heiligtume für das ganze Fest, sonst aber nur für

den ersten Tag. Nach der Zerstörung des zweiten Tempels wurde jedoch von Rabban Joḥanan ben Zakkai angeordnet, dass sie überall während der ganzen Dauer des Festes täglich geübt werde.

Zur Zeit des Tempels wurde an allen Tagen des Festes beim Morgendienste ausser dem täglichen Weinopfer auch ein Becher Wasser über dem Altar ausgegossen. An den Abenden, mit Ausnahme des Sabbats und der Feiertage, erstrahlte der Tempel im Lichte zahlloser Lampen, und es herrschte in seinen Räumen grosser Jubel. Eine Beschreibung dieser festlichen Veranstaltung findet sich im letzten Kapitel unseres Traktats. Von den übrigen vier Kapiteln handelt das erste über den Bau und das zweite über die Benutzung der Festhütte, das dritte über den Feststrauss und das vierte über die Festesfeier im Tempel zu Jerusalem.

ABSCHNITT I.

1. Eine Festhütte, deren Höhe mehr als zwanzig Ellen[1] beträgt, ist unbrauchbar[2]. R. Juda erklärt sie für geeignet[3]. Ist sie weniger als zehn Handbreiten[4] hoch, besitzt sie keine drei Wände[5], hat sie mehr Sonne als Schatten, so ist sie untauglich. Eine alte Hütte erklärt die Schule Schammais für ungeeignet[6], die Schule Hillels für geeignet[7]. Und wann gilt eine Hütte als alt? Wenn sie dreissig Tage vor dem Feste hergestellt wurde[8]. Hat man sie aber für das Fest errichtet, wäre es auch am Anfang des Jahres[9], so ist sie brauchbar. **2.** Macht man die Hütte unter einem Baume, so ist es genau so, als ob man sie im Hause errichtet hätte[10]. Von zwei über einander

פרק א.

א סֻכָּה שֶׁהִיא גְבוֹהָה לְמַעְלָה מֵעֶשְׂרִים אַמָּה, פְּסוּלָה, רַבִּי יְהוּדָה מַכְשִׁיר. וְשֶׁאֵינָהּ גְּבוֹהָה עֲשָׂרָה טְפָחִים, וְשֶׁאֵין לָהּ שָׁלשׁ דְּפָנוֹת, וְשֶׁחַמָּתָהּ מְרֻבָּה מִצִּלָּתָהּ, פְּסוּלָה. סֻכָּה יְשָׁנָה, בֵּית שַׁמַּי פּוֹסְלִין וּבֵית הִלֵּל מַכְשִׁירִין. וְאֵיזוֹ הִיא סֻכָּה יְשָׁנָה, כָּל שֶׁעֲשָׂאָהּ קֹדֶם לֶחָג שְׁלשִׁים יוֹם. אֲבָל אִם עֲשָׂאָהּ לְשֵׁם חָג, אֲפִלּוּ מִתְּחִלַּת הַשָּׁנָה, כְּשֵׁרָה:
ב הָעוֹשֶׂה סֻכָּתוֹ תַּחַת הָאִילָן, כְּאִלּוּ עֲשָׂאָהּ בְּתוֹךְ הַבַּיִת. סֻכָּה

[1]) Beinahe 10 m. [2]) weil ein Gebäude von solcher Höhe nicht mehr dem Begriff einer Hütte entspricht. [3]) Nach seiner Meinung soll die Festhütte ebenso dauerhaft und festgefügt sein wie das Wohnhaus und sich von diesem nur durch die besondere Art der Decke unterscheiden. [4]) etwa 80 cm. [5]) s. Einleitung Abs. 2. [6]) Sie ist der Ansicht, dass die Festhütte in dem Gedanken an ihren Zweck errichtet sein muss. Wurde sie in den letzten dreissig Tagen vor dem Feste fertiggestellt, so gilt diese Bedingung als stillschweigend erfüllt; hat man sie aber vorher vollendet, so ist sie zur Erfüllung des Festgebotes nur dann verwendbar, wenn sie von vornherein oder wenigstens beim Auflegen der Decke ausdrücklich für diesen Zweck bestimmt wurde. [7]) Sie hält jede Hütte für brauchbar, welchem Zwecke sie auch bisher gedient haben mag, sofern nur ihre Beschaffenheit den für die Festhütte geltenden Vorschriften entspricht; s. jedoch Anm. 31. [8]) Unter der Herstellung ist hier die Ausrüstung mit der ordnungsmässigen Decke zu verstehen. [9]) Da das Jahr mit dem ersten Tischri beginnt, so liegt der Anfang des Jahres nur fünfzehn Tage vor dem Hüttenfeste. Offenbar ist מתחלת השנה nur eine Redensart, die nichts anderes als „vor vielen Monaten" bedeutet. [10]) Die Zweige eines Baumes eignen sich sehr wohl zur Decke

על גבי סכה, העליונה כשרה, והתחתונה פסולה. רבי יהודה אומר, אם אין דיורין בעליונה, התחתונה כשרה: ג פרס עליה סדין מפני החמה, או תחתיה מפני הנשר, או שפרס על גבי הקינוף, פסולה. אבל פורס הוא על גבי נקליטי המטה: ד הדלה עליה את הגפן ואת הדלעת ואת הקיסוס,

befindlichen Hütten[11] ist die obere brauchbar, die untere ungeeignet[12]. R. Juda meint: Wenn die obere keine Einwohner hat[13], kann die untere benutzt werden. **3.** Hat man oberhalb[14] wegen der Sonne[15] oder unterhalb[16] wegen des Blätterfalls[17] ein Tuch[18] ausgebreitet, desgleichen wenn man ein solches über das Mückennetz[19] spannt, ist sie untauglich[20]; wohl aber darf man es über die Winkelstangen des Bettes breiten[21]. **4.** Hat man einen Weinstock, einen Kürbis oder Epheu[22] über sie gerankt[23] und [geeignete Stoffe] darüber gedeckt, so ist sie

---

einer Festhütte, aber erst dann, wenn man sie abgeschnitten hat (vgl. Mischna 4). Solange sie am Baume wachsen, ist ihr Laubdach nicht anders als die feste Decke eines gewöhnlichen Wohnhauses zu beurteilen. [11]) deren jede den gesetzlichen Anforderungen gerecht wird, so dass die untere insofern eine „Doppelhütte" darstellt, als sie eine zwiefache Decke über sich hat. [12]) Ist aber die obere weniger als zehn Handbreiten hoch, oder bietet sie nicht ausreichenden Schatten, so ist sie selbst untauglich, die untere aber brauchbar. Haben beide zusammen eine Höhe von weniger als zwanzig Ellen und jede derselben eine solche von mindestens zehn Handbreiten, so eignen sich beide zur Festhütte, sofern die obere genügenden Schatten gewährt, die untere aber ohne die andere mehr Sonne als Schatten hätte. Bietet jede der beiden mehr Schatten als Sonne, die obere aber hat eine Höhe von zwanzig Ellen und darüber, sind beide unbrauchbar, die obere wegen ihrer übermässigen Höhe, die untere als „Doppelhütte". [13]) Nach der Auffassung des Talmud (Babli 10a Mitte) ist das so zu verstehen, dass die obere unbewohnbar ist, weil ihr Boden, der die Decke der untern bildet, so schwach ist, dass er sich schon unter der Last der Teppiche und Ruhekissen biegt. [14]) über der Decke. [15]) sei es, damit die Halme, Ranken oder Zweige, welche die Decke bilden, durch die Sonnenglut nicht verdorren und zusammenschrumpfen, sei es, damit die Bewohner von den eindringenden Sonnenstrahlen nicht belästigt werden. [16]) unter der Decke. Das Suffix in תחתיה bezieht sich zwar ebenso wie vorher in עליה auf das Wort סכה; aber man denkt bei diesem Ausdruck, da er vom Verbum סכך (bedecken) stammt, hauptsächlich an die Decke der Hütte. Vgl. בא וישב לו תחת סכה אחרונה (Joma VI 6 und Anm. 29 das.). [17]) Damit die Blätter oder sonstige Bestandteile der Decke nicht in die Speisen und Getränke fallen. [18]) Gewebe sind für Unreinheit empfänglich und können daher als Decke für die Festhütte nicht verwendet werden; s. die folg. Mischna und Einleitung Abs. 2. [19]) קנוף (griechisch *κωνωπεῖον*, von *κώνωψ* = Mücke) ist ein zum Schutze gegen Mücken rings um das Ruhebett angebrachtes feinmaschiges Netz oder durchsichtiges Gewebe, welches an vier Säulen, die sich aus dem Bettpfosten erheben, befestigt ist. [20]) weil durch das Tuch die vorschriftsmässige Decke der Hütte illusorisch gemacht wird. [21]) נקליטין (vermutlich vom griechischen *κλιτός*, *ἀνάκλιτος* oder *ἐγκλιτός* = geneigt) sind schräg am Bett befestigte Stangen, deren freie Enden oben zusammenstossen. Ob nun alle vier Stangen sich in einem Punkte treffen und somit eine vierseitige Pyramide begrenzen, oder nur je zwei derselben einen Winkel bilden, oder überhaupt nur zwei Stangen vorhanden sind, die aus der Mitte der Vorder- und der Hinterwand emporragen, in allen diesen Fällen bildet das darüber gebreitete Tuch nicht wie beim Konopeum oder Mückennetz ein plattes, sondern ein schräges Dach über dem Ruhebette. Ein festes Dach aber, dessen First weniger als $1/_6$ Elle (c. 8 cm) breit ist, macht die darüber befindliche Decke der Festhütte nur dann unwirksam, wenn es zehn Handbreiten (c. 80 cm) hoch ist. [22]) קסוס = *κισσός*. [23]) הדלה (von דלה = herabhängen) findet sich in der Bibel nicht, wohl aber die davon abzuleitenden Substantive דלי (Eimer) und דלית (Ranke). Die Verwandschaft mit תלה (aufhängen) ist offenbar; vgl. arab. دلا und تلّ (den Krug bezw. das Seil in den

וְסִכֵּךְ עַל גַּבָּן פְּסוּלָה. וְאִם הָיָה סִכּוּךְ הַרְבֵּה מֵהֶן, אוֹ שֶׁקְּצָצָן, כְּשֵׁרָה. זֶה הַכְּלָל, כָּל דָּבָר שֶׁהוּא מְקַבֵּל טֻמְאָה, וְאֵין גִּדּוּלוֹ מִן הָאָרֶץ, אֵין מְסַכְּכִין בּוֹ. וְכָל דָּבָר שֶׁאֵינוֹ מְקַבֵּל טֻמְאָה, וְגִדּוּלוֹ מִן הָאָרֶץ, מְסַכְּכִין בּוֹ: ה חֲבִילֵי קַשׁ וַחֲבִילֵי עֵצִים, וַחֲבִילֵי זְרָדִין, אֵין מְסַכְּכִין בָּהֶן. וְכֻלָּן שֶׁהִתִּירָן, כְּשֵׁרוֹת. וְכֻלָּן כְּשֵׁרוֹת לְדְפָנוֹת: ו מְסַכְּכִין בִּנְסָרִים, דִּבְרֵי רַבִּי יְהוּדָה, וְרַבִּי מֵאִיר אוֹסֵר. נָתַן עָלֶיהָ נֶסֶר, שֶׁהוּא

unbrauchbar[24]; wenn aber diese Stoffe überwiegen[25], oder man hat die Ranken abgeschnitten[26], so ist sie geeignet. Die Regel lautet: Was für Unreinheit empfänglich ist[27] oder nicht aus der Erde wächst[28], kann als Decke nicht verwendet werden; was dagegen für Unreinheit unempfänglich und aus der Erde hervorgewachsen ist[29], eignet sich als Decke[30]. **5.** Strohbündel, Holzbündel oder Reisigbündel kann man als Decke nicht gebrauchen[31]; wenn man sie aber aufgelöst hat[32], sind sie dazu verwendbar. Zu Wänden eignet sich alles dieses[33]. **6.** Man kann die Decke aus Brettern[34] herstellen. Das ist die Meinung des R. Juda; R. Meïr aber verbietet es[35]. Hat man ein

---

Brunnen hinablassen). Auch das hebr. דלה bezeichnet zunächst das Hinablassen des Schöpfgefässes mittels eines Seiles, zum Unterschied von dem allgemeinern Ausdruck שאב, der das (unmittelbare) Eintauchen des Kruges ins Wasser bedeutet. 24) weil Pflanzen oder Pflanzenteile, die aus dem Boden noch Nahrung ziehen, als Decke nicht verwendbar sind. 25) und das Geranke so mit ihnen vermengt ist, dass man es nicht sieht. 26) und aufs neue hinaufgelegt (s. Anm. 52). 27) Geräte, Gewebe, Nahrungsmittel. Unter Unreinheit ist hier die hierologische (Pesaḥim I Anm. 26) zu verstehen. 28) Mineralien und animalische Stoffe (Felle, Knochen und dgl.). 29) insbesondere Stroh und Reisig, die Abfälle in Tenne und Kelter (פסולת גרן ויקב). 30) Streng genommen, gehört diese Regel nicht hierher. Nach dem Anfang der Mischna sollte man vielmehr erwarten, dass in der allgemeinen Norm Vegetabilien, die noch in der Erde wurzeln, ausgeschlossen werden sollen, also etwa: זה הכלל כל המחובר לקרקע אין מסככין בו. Alfasi lässt die Worte כל דבר שהוא מקבל טומאה ואין גדולו מן הארץ אין מסככין בו weg und liest nur: זה הכלל דבר שאינו מקבל טומאה וגדולו מן הארץ מסככין בו. Dann bezieht sich die Regel bloss auf das vorangehende כשרה und verallgemeinert die angeführten Beispiele: גפן דלעת וקסוס. Nicht allein Weinlaub als Abfall der Kelter, sondern auch Ranken von Kürbis und Epheu wie überhaupt alles, was aus der Erde wächst und für hierologische Unreinheit nicht empfänglich ist, eignet sich, wenn es abgeschnitten ist, als Decke für die Festhütte. 31) Wenn auch die Schule Hillels der Ansicht ist, dass die Festhütte nicht für ihre religiöse Bestimmung hergestellt zu sein braucht (Anm. 7), so fordert sie doch, dass die Decke wenigstens zu dem Zwecke aufgelegt werde, dass sie die Sonnenstrahlen abwehre und Schatten spende. Diese Bündel aber werden gewöhnlich nur zum Trocknen hinaufgetan, um später als Brennstoff dienen zu können. So nach Babli. Jeruschalmi begründet das Verbot damit, dass eine solche Hütte nicht wie ein für Menschen bestimmter Wohnraum, sondern wie eine Vorratskammer aussieht. 32) Statt וכולן שהתירן liest Jeruschalmi besser: אם התירן. 33) was in den vorangehenden Sätzen als zur Decke ungeeignet bezeichnet wurde (in Bündeln vereinigte wie im Boden wurzelnde Gewächse, Mineralien und tierische Stoffe, Geräte, Gewebe und Früchte). 34) נסר (Pl. נסרים) = Brett, von נסר = sägen abgeleitet; vgl. משור (Jes. 10, 15) = Säge. 35) An sich erfüllen Bretter alle Bedingungen, die in der vierten Mischna hinsichtlich der Decke aufgestellt sind. Aber auch in den gewöhnlichen Wohnhäusern besteht die Zimmerdecke meist aus Brettern, und die Festhütte soll sich doch grade durch die besondere Art der Decke von jenen unterscheiden. Daher stimmen alle Ansichten darin überein, dass Bretter von vier טפח oder 32 cm Breite nicht verwendet werden dürfen. Andererseits herrscht nur eine Meinung darüber, dass Bretter von weniger als drei טפח oder 24 cm Breite sich eben so gut wie Latten eignen. Der Streit zwischen R. Juda und R. Meïr beschränkt sich demnach

רָחָב אַרְבָּעָה טְפָחִים, כְּשֵׁרָה. וּבִלְבַד שֶׁלֹּא יִישַׁן תַּחְתָּיו: ז תִּקְרָה שֶׁאֵין עָלֶיהָ מַעֲזִיבָה, רַבִּי יְהוּדָה אוֹמֵר, בֵּית שַׁמַּי אוֹמְרִים, מְפַקְפֵּק וְנוֹטֵל אַחַת מִבֵּינָתַיִם. וּבֵית הִלֵּל אוֹמְרִים, מְפַקְפֵּק אוֹ נוֹטֵל אַחַת מִבֵּינָתַיִם. רַבִּי מֵאִיר אוֹמֵר, נוֹטֵל אַחַת מִבֵּינָתַיִם וְאֵינוֹ מְפַקְפֵּק: ח הַמְקָרֶה סֻכָּתוֹ בְּשַׁפּוּדִין, אוֹ בַּאֲרֻכּוֹת הַמִּטָּה, אִם יֵשׁ רֶוַח בֵּינֵיהֶן כְּמוֹתָן, כְּשֵׁרָה.

Brett aufgelegt[36], dessen Breite vier Handbreiten misst, so ist sie[37] brauchbar; doch darf man unter diesem nicht schlafen[38] **7.** Was ein Gebälk betrifft, über welchem kein Estrich ist[39], so meint R. Juda, das Haus Schammais lehre, man müsse[40] es lockern[41] und einen Balken zwischen je zweien entfernen[42], während das Haus Hillels lehre, man brauche nur zu lockern oder einen Balken zwischen je zweien zu entfernen[43]; R. Meïr dagegen meint, man müsse je einen zwischen zweien beseitigen, brauche aber im übrigen nicht zu lockern[44]. **8.** Verwendet man Bratspiesse[45] oder Seitenwände eines Bettes[46] zum Gebälk[47] der Hütte in der Weise, dass zwischen ihnen ein Abstand ist, der ihnen gleichkommt[48], so ist sie brauchbar[49].

---

auf Bretter von drei bis vier טפח Breite. [36]) am Rande der Decke, in welchem Falle es als Fortsetzung der Wand angesehen wird und die Hütte erst dann unbrauchbar macht, wenn es vier Ellen breit ist (s. Anm. 60). [37]) die Hütte. [38]) und ebensowenig eine Mahlzeit einnehmen. Die Vorschrift, in der Hütte zu wohnen, bezieht sich nur auf den Schlaf und die regelmässigen Mahlzeiten. [39]) Der Estrich besteht in der Hauptsache aus einer Lehmschicht und ist daher nach Mischna 4 (s. Anm. 28) im Gegensatz zum Gebälk (vgl. Anm. 35) an sich schon ungeeignet, der Festhütte als Decke zu dienen. — Zur Erklärung des Wortes מעזבה verweist schon Raschi z. St. (15 a oben) auf Neh. 3, 8, wo עזב wahrscheinlich pflastern bedeutet. [40]) wenn man den Raum als Festhütte benutzen will [41]) die Nägel herausziehen, durch welche die Bretter und Balken befestigt sind. — פקפק ist Palpel von פוק (schwanken, schlottern). [42]) um die Zwischenräume mit geeigneteren, unanfechtbaren Stoffen (Anm. 29) auszufüllen. [43]) Von vornherein ist es zwar auch nach R. Juda nicht gestattet, die Decke der Festhütte aus Brettern und Balken herzustellen, wie sie zu festen Häusern gebraucht werden (Anm. 35), weil dann zwischen Hütte und Wohnzimmer kein erkennbarer Unterschied wäre. Etwas anderes ist es aber, wenn man einen Wohnraum zur Festhütte umgestalten will. Da genügt schon eine kleine Veränderung wie das Herausziehen der Nägel, um den Unterschied zu betonen [כך היא שיטת ר״ח ורש״י ורד״ה ורמב״ן ורא״ש ז״ל אבל רמב״ם ז״ל מוקי לה בנסרים שאין בהם רוחב ארבעה ועיין ר״ן]. [44]) Nach seiner Meinung stimmen die Schulen Hillels und Schammais darin überein, dass die Entfernung der Nägel ganz unerheblich ist. Hat man die Balken abwechselnd einen um den andern beseitigt und vorschriftsmässig ersetzt, so braucht man die übrigen nicht zu lockern; hat man das nicht getan, so nützt auch das Herausziehen sämtlicher Nägel nichts. [45]) Zu שפוד vgl. Pesaḥim VII Anm. 2 u. 7. [46]) deren Breite weniger als vier Handbreiten beträgt (s. Anm. 65). — ארוכות (die langen) sind die beiden Seitenwände des Bettes; die anderen beiden Wände heissen קצרות (die kurzen). S. Kêlim XVIII 5, wo zwischen ארוכות und קצרות ein sachlicher Unterschied gemacht wird. Hier besteht ein solcher nicht. ארוכות ist nur als Beispiel gewählt, weil die Seitenwände vermöge ihrer grössern Länge sich vermutlich besser als die קצרות zum „Gebälk" eignen. [47]) Gemeint sind die Querstangen, die man in gewissen Abständen von einander über die Hütte legt, damit an ihnen die kurzen Halme oder Zweige, welche die Decke bilden (Anm. 29), einen Halt finden. — Eherne Spiesse sind wegen ihres Materials (Anm. 28) und ihrer Empfänglichkeit für טומאה, Bettwände sind als Teile von Geräten (Anm. 27) für die Decke unbrauchbar. [48]) so dass keine dieser Querstangen breiter ist als die Lücke zwischen ihr und der benachbarten. [49]) sofern man die Lücken mit geeignetem Material (Anm. 29) ausfüllt, das man quer über die Spiesse oder Bettwände legt,

Höhlt man einen Garbenhaufen aus[50], um eine Hütte in ihm herzustellen[51], so ist das keine Hütte[52]. **9.** Lässt man die Wände von oben hinab[53], so ist sie[37], wenn der Abstand vom Boden drei Handbreiten[54] beträgt, untauglich; [zieht man jene] von unten hinauf, so ist sie, wenn die Höhe (über dem Boden)[55] zehn Handbreiten misst, brauchbar[56]. R. José meint: Wie von unten nach oben zehn Handbreiten, so von oben nach

הַחוֹטֵט בִּגְדִישׁ לַעֲשׂוֹת בּוֹ סֻכָּה, אֵינָהּ סֻכָּה: **ט** הַמְשַׁלְשֵׁל דְּפָנוֹת מִלְמַעְלָה לְמַטָּה, אִם גָּבוֹהַּ מִן הָאָרֶץ שְׁלֹשָׁה טְפָחִים, פְּסוּלָה. מִלְמַטָּה לְמַעְלָה, אִם גָּבוֹהַּ (מִן הָאָרֶץ) עֲשָׂרָה טְפָחִים, כְּשֵׁרָה. רַבִּי יוֹסֵי אוֹמֵר, כְּשֵׁם שֶׁמִּלְמַטָּה לְמַעְלָה עֲשָׂרָה טְפָחִים, כָּךְ מִלְמַעְלָה לְמַטָּה

sodass seine Enden auf ihnen ruhen. [50]) חטט = graben, aushöhlen; syr. ܚܛܛ dasselbe; arab. خط = Linien ziehen, schreiben (ursprünglich wohl = eingraben). [51]) Statt בו liest Babli wie Jeruschalmi לו: um sich eine Hütte herzurichten. [52]) Hier haben wir ein treffliches Beispiel für die allgemein gültige Norm: תעשה ולא מן העשוי. Mit diesem Schulausdruck bezeichnet man die Forderung, laut welcher überall, wo die Anfertigung eines religiösen Zwecken dienenden Gegenstandes vorgeschrieben ist, dieser durch Menschenhand direkt hergestellt werden muss und daher für seine Bestimmung untauglich ist, wenn er von selbst entstanden oder durch eine indirekte Handlung aus einem vorschriftswidrigen Zustande in den ordnungsmässigen übergeführt wurde. Wenn man aus der Mitte eines Garbenhaufens einige Bündel herausnimmt, so hat man zwar den Innenraum der Festhütte hergestellt, die Wände aber und vor allem die Decke, auf die es hauptsächlich ankommt, sind von selbst entstanden. Wenn man wie in Mischna 4 die Ranken einer noch in der Erde wurzelnden Schlingpflanze über eine Laube zieht, die man als Festhütte benutzen will, so genügt es nicht, die Ranken nachträglich abzuschneiden, man muss sie vielmehr nach ihrer Trennung vom Boden aufs neue hinauflegen (Anm. 26). In Mischna 7 meinen einige Erklärer, man müsse ebenfalls nach Entfernung der Nägel die Bretter und Balken erst abheben und wieder hinauftun; wenn die meisten und maassgebendsten davon absehen, so erklärt es sich dadurch, dass jene Stoffe an sich als Decke der Festhütte geeignet sind (vgl. Anm. 35). [53]) z. B. einen Rollvorhang. — שלשל ist Palpel von שול; der Hif'il findet sich in derselben Bedeutung (hinablassen) Jom Tob V 1, wo משילין schwerlich von נשל abzuleiten ist. Im Arab. wird سيل vom Hinabfliessen des Wassers gebraucht. In der Bibel bezeichnet שול den Kleidersaum, die Schleppe. Wir hätten demnach, da שלשל nur zu מלמעלה למטה, nicht aber zu dem folgenden מלמטה למעלה passt, ein regelrechtes Zeugma vor uns. Aus diesem Grunde haben manche, verleitet durch Raschi's שהתחיל לארוג [vorher sagt Raschi ausdrücklich: כל מלמעלה למטה קרי שלשל], das Wort an dieser Stelle mit „flechten" übersetzt. Man könnte zur Bekräftigung dieser Auffassung auf das arab. سلسل (verketten) hinweisen; doch lässt sich diese Bedeutung in der rabbinischen Literatur nicht nachweisen. [54]) Eine Lücke von weniger als drei Handbreiten (= ½ Elle, c. 24 cm) wird als unerheblich nicht beachtet. Für diesen im Talmud häufiger vorkommenden Begriff (vgl. 'Erubin I 9—10 und Anm. 80 daselbst) ist die Bezeichnung לבוד geprägt worden, etwa: zusammenhängend, kompakt [syr. ܠܒܟ = verdichten, zusammendrängen; arab. لبد = anhaften, IV zusammenfügen; davon לברים (Kilajim IX 9) = Filz, arab. Libd]. [55]) מן הארץ fehlt in einigen Ausgaben. [56]) Man könnte meinen, das stände bereits in Mischna 1. Indessen wird dort nur gesagt, dass die Hütte nicht höher als zehn Handbreiten zu sein braucht; hier aber wird gelehrt, dass die Wände nicht bis zur Decke reichen müssen. Wenn sie nur 10 טפח hoch sind, mögen sie in vertikaler Richtung noch so weit (sogar 18 Ellen) von der Decke abstehen, kann die Hütte am Feste benutzt werden. Dieser Gedanke tritt noch deutlicher hervor, wenn die Lesart מלמטה למעלה כיון שהגיע לעשרה כשרה, wie sie R. 'Obadja vorgelegen

unten zehn Handbreiten[57]. Hat man die Decke drei Handbreiten[58] von den Wänden entfernt, so ist sie[37] untauglich. **10.** Hat man über einem schadhaften Gebäude ein Hüttendach hergestellt[59], so ist es, wenn die Decke vier Ellen von der Mauer absteht, ungeeignet[60]. Dasselbe gilt von einem Hofraum, der von einem Säulengang umgeben ist[61]. Hat man eine grössere Hütte[62] rings[63] mit Stoffen umgeben, die sich als Decke nicht eignen[64], so ist sie, wenn sie einen Raum von vier Ellen[65] einnehmen, unbrauchbar[66]. **11.** Wenn man die Hütte kegelförmig macht[67]

עֲשָׂרָה טְפָחִים. הִרְחִיק אֶת הַסִּכּוּךְ מִן הַדְּפָנוֹת שְׁלֹשָׁה טְפָחִים, פְּסוּלָה׃ י בַּיִת שֶׁנִּפְחַת וְסִכֵּךְ עַל גַּבָּיו, אִם יֵשׁ מִן הַכֹּתֶל לַסִּכּוּךְ אַרְבַּע אַמּוֹת, פְּסוּלָה. וְכֵן חָצֵר שֶׁהִיא מֻקֶּפֶת אַכְסַדְרָה. סֻכָּה גְדוֹלָה, שֶׁהִקִּיפוּהָ בְּדָבָר שֶׁאֵין מְסַכְּכִים בּוֹ, אִם יֵשׁ תַּחְתָּיו אַרְבַּע אַמּוֹת, פְּסוּלָה׃ יא הָעוֹשֶׂה סֻכָּתוֹ כְּמִין צְרִיף, אוֹ שֶׁסְּמָכָהּ לַכֹּתֶל,

---

zu haben scheint, richtig ist. Raschi schreibt: כיון שהגביה עשרה כשרה. Vielleicht sind das Worte des Mischnatextes. [57]) Nach seiner Ansicht dürfen die Wände auch vom Boden der Hütte beliebig weit abstehen, wenn nur die Decke nicht höher als 20 Ellen liegt. [58]) in horizontaler Richtung. [59]) Aus dem Zusammenhang ist ersichtlich, dass es sich um ein Wohnhaus handelt, dessen Dach nebst Boden zum Teil abgetragen und an dieser Stelle durch eine für die Festhütte geeignete Decke ersetzt wurde. — פחת (gew. = verringern, abnehmen) ist im Syr. = graben, im Arab. (فخت) = abtrennen und = abdecken; vgl. das bibl. פחת (Grube) und פחתת (Vertiefung, schadhafte Stelle — 3. B. M. 13, 55). [60]) Wenn zwischen Wand und Decke wie in der vorigen Mischna ein leerer Raum sich befindet, so genügt schon eine Breite von drei טפח (c. 24 cm), um die Hütte als ungeeignet erscheinen zu lassen; wenn aber wie hier der Zwischenraum durch vorschriftswidriges Material ausgefüllt ist, muss dessen Breite schon vier Ellen (ca. 192 cm), also das Achtfache betragen, um die Benutzung auszuschliessen. Bei geringerer Breite werden die Reste der alten Decke als Fortsetzungen oder rechtwinkelige Verlängerungen der Wände angesehen. Man hat dafür den Kunstausdruck דופן עקומה (gekrümmte Wand.) [61]) Die Exedra (אכסדרה = gr. ἐξέδρα) ist ein mit festem Dach versehener Säulengang, dessen Hinterwand von den Mauern der den Hofraum einschliessenden Häuser gebildet wird, während die vordere, dem Hofe zugekehrte Seite überhaupt keine Wand hat. Misst nun die Breite des Daches weniger als vier Ellen, so kann man den Hofraum dadurch zu einer Festhütte umgestalten, dass man von einem Dache zum gegenüberliegenden Stangen legt, die dem Stroh oder Reisig, welches die Decke der Hütte bilden soll, als Stütze dienen. Die Hinterwände und Dächer der Exedra stellen in diesem Falle die „gekrümmten Wände" der Hütte dar. [62]) die das vorgeschriebene Mindestmaass (sieben Handbreiten im Geviert) übersteigt [63]) um die ordnungsmässige Decke. [64]) s. Anm. 24, 27 u. 28. [65]) Befinden sich diese Stoffe aber in der Mitte der Decke (d. i. vier Ellen vom äussern Rande entfernt), so genügen schon vier Handbreiten (= $^2/_3$ Elle, ca. 32 cm) an einer Stelle, um die Hütte unbrauchbar zu machen. [66]) Die drei Sätze dieser Mischna zeigen sämtlich nur die Anwendung des einen als דופן עקומה bezeichneten Prinzips. Es liegt aber in den einzelnen Beispielen eine fortschreitende Steigerung. Im ersten Satze gehören die Reste der eingestürzten Decke und die darunter befindlichen Wände wenigstens demselben Gebäude an und sind überdies mit einander verbunden, während im zweiten das Dach der Exedra und die dahinter stehenden Mauern eine Einheit bilden, obschon sie nicht mit einander verbunden sind, ja nicht einmal demselben Bauwerk angehören; in beiden Sätzen aber handelt es sich immerhin um Stoffe, die an sich zur Decke einer Festhütte Verwendung finden könnten (das Dach des Säulenganges besteht gleich der schadhaften Zimmerdecke aus Balken und Brettern; s. Anm. 43), während im dritten ausdrücklich von völlig ungeeigneten Stoffen die Rede ist. [67]) צריף ist eine ganz aus Ruten oder anderen zur Decke geeigneten Stoffen hergestellte Hütte, deren Querprofil ein gleichschenkeliges, mit dem Scheitel nach oben gerichtetes Dreieck bildet. Nach Raschi (z. St. und noch deut-

רַבִּי אֱלִיעֶזֶר פּוֹסֵל, מִפְּנֵי שֶׁאֵין לָהּ גָּג, וַחֲכָמִים מַכְשִׁירִין. מַחְצֶלֶת קָנִים גְּדוֹלָה, עֲשָׂאָהּ לִשְׁכִיבָה, מְקַבֶּלֶת טֻמְאָה, וְאֵין מְסַכְּכִין בָּהּ. לְסִכּוּךְ, מְסַכְּכִין בָּהּ, וְאֵינָהּ מְקַבֶּלֶת טֻמְאָה. רַבִּי אֱלִיעֶזֶר אוֹמֵר, אַחַת קְטַנָּה וְאַחַת גְּדוֹלָה, עֲשָׂאָהּ לִשְׁכִיבָה מְקַבֶּלֶת טֻמְאָה, וְאֵין מְסַכְּכִין בָּהּ. לְסִכּוּךְ, מְסַכְּכִין בָּהּ, וְאֵינָהּ מְקַבֶּלֶת טֻמְאָה:

oder an eine Mauer lehnt[68], so ist sie nach R. Eli'ezer untauglich, weil sie kein Dach hat[69], nach den Weisen aber brauchbar[70]. Eine grosse Schilfmatte[71] ist, wenn sie zum Lager bestimmt wurde, für Unreinheit empfänglich und als Decke ungeeignet; wurde sie aber zur Decke bestimmt, kann sie als solche verwendet werden und ist für Unreinheit nicht empfänglich[72]. R. Eli'ezer sagt: Ob klein oder gross[73], wurde sie zum Lager bestimmt, so ist sie für Unreinheit empfänglich und als Decke ungeeignet; wurde sie dagegen zur Decke bestimmt, so kann sie als solche gebraucht werden und ist für Unreinheit nicht empfänglich[74].

---

licher zu Baba M. 42a) bezeichnet das Wort eine runde Jägerhütte. Selbstverständlich kommt es hier auf die Kegelgestalt nicht an, die Hütte könnte ebenso gut die Form eines dreiseitigen Prisma oder einer Pyramide haben; wesentlich ist nur, dass Decke und Wand der Hütte ineinander übergehen, so dass man nicht unterscheiden kann, wo die eine aufhört und die andere anfängt. [68]) d. h. man stellt eine vorschriftsmässige Decke mit dem untern Rande auf die Erde in mässiger Entfernung von einer Mauer, an die sich dann die obere Kante der Decke stützt, so dass die beiden Seitenwände (und ebenso das Querprofil) die Form eines rechtwinkeligen Dreiecks haben und die Hütte einem Pultdach ähnlich sieht. Das wesentliche Merkmal ist auch hier, dass Wand und Decke unmerklich ineinanderfliessen. [69]) Ist aber ein Dach vorhanden (wenn also im ersten Falle der Kegel oben abgestumpft ist, oder im zweiten Falle der obere Rand der Decke von der Wand absteht), und hätte es auch nur die Breite eines טפח, so ist die Hütte brauchbar. [70]) vorausgesetzt, dass sie geräumig genug ist, um ein Parallelepipedon von 10 טפח Höhe und einer Grundfläche von 7 טפח im Geviert einschliessen zu können (s. Einl. Abs. 2). [71]) Andere Lesart: מחצלת קנים מחצלת גדולה. [72]) Es gab zweierlei Matten: Kleinere (etwa von der Länge und Breite eines Menschen) zum Schlafen und grössere zum Zwecke der Bedachung. Diese entsprechen in jeder Beziehung den an die Decke der Festhütte gestellten Anforderungen; jene aber sind als Geräte für Unreinheit empfänglich (Anm. 27; s. besonders 3. B. M. 15, 4, 20, 26) und daher als Decke nicht verwendbar. [73]) Aeltere Lesart: אחת גדולה ואחת קטנה (s. Raschi 20a s v. אי הכי). [74]) Wie die Mischna vor uns liegt, könnte sie den Sinn haben, dass nach der ersten Ansicht kleinere Matten auch dann nicht als Decke Verwendung finden dürfen, wenn sie zu diesem Zwecke angefertigt wurden, weil sie in der Regel als Lager dienen und daher zu befürchten ist, dass die unwissende Menge keinen Unterschied machen und auch die ohne Zweckbestimmung hergestellten Matten zur Festhütte verwenden wird, während R. Eli'ezer, der dieser Besorgnis keine Bedeutung beimisst, zwischen grösseren und kleineren Matten keinen Unterschied macht. Immerhin ist es befremdlich, dass die Mischna, was sonst nicht ihre Art ist, mit einem Satze beginnt, der einen Gegensatz erwarten lässt, diesen aber unterdrückt. Nach dem bab. Talmud scheint es, dass die Mischna nicht korrekt überliefert ist [ודברי התוספות בד״ה וכאן לא זכיתי להבין דהא בהדיא חנן גדולה ברישא ועיין מהרש״א]. Sie müsste eigentlich lauten: מחצלת הקנים גדולה עשאה לשכיבה מקבלת טומאה ואין מסככין בה והקטנה עשאה לסכוך מסככין בה ואינה מקבלת טומאה רבי אליעזר אומר וכו׳. Demnach wäre die grössere Matte schlechthin für Unreinheit unempfänglich und für die Festhütte als Decke geeignet, solange sie nicht ausdrücklich zum Lager bestimmt wurde, während die kleinere Matte umgekehrt ohne weiteres für Unreinheit empfänglich und daher zur Decke ungeeignet ist, sofern sie nicht ausdrücklich zum Zwecke der Bedachung angefertigt wurde; R. Eli'ezer dagegen meint, dass beide nur dann unempfänglich sind und verwendet werden dürfen,

ABSCHNITT II.

1. Wer in der Hütte unter dem Bette schläft, hat seiner Pflicht nicht genügt [1]. R. Juda sagte: Es war bei uns der Brauch, dass wir in Gegenwart der Aeltesten unter dem Bette schliefen, ohne dass sie uns ein Wort sagten. R. Simon berichtet: Es kam vor, dass Tabi, der Sklave Rabban Gamliels, unter dem Bette schlief, worauf Rabban Gamliel zu den Aeltesten sprach: Seht ihr meinen Knecht Tabi? Er ist ein gelehrter Schüler und weiss, dass Sklaven von der Hütte befreit sind [2]; darum schläft er unter dem Bette. Beiläufig lernten wir, dass derjenige, der unter dem Bette schläft, seiner Pflicht nicht genügt. **2.** Stützt man die Hütte mit den Füssen des Bettes, ist sie tauglich. R. Juda sagt: Wenn sie nicht durch sich selbst stehen kann, ist sie untauglich. Eine lückenhafte Decke, die gleichwohl mehr Schatten als Sonne bietet, ist tauglich [3]. Ist sie dicht nach Art eines Hauses, obgleich die Sterne

פֶּרֶק ב.

א הַיָּשֵׁן תַּחַת הַמִּטָּה בַּסֻּכָּה, לֹא יָצָא יְדֵי חוֹבָתוֹ. אָמַר רַבִּי יְהוּדָה, נוֹהֲגִין הָיִינוּ, שֶׁהָיִינוּ יְשֵׁנִים תַּחַת הַמִּטָּה בִּפְנֵי הַזְּקֵנִים, וְלֹא אָמְרוּ לָנוּ דָבָר. אָמַר רַבִּי שִׁמְעוֹן, מַעֲשֶׂה בְּטָבִי עַבְדּוֹ שֶׁל רַבָּן גַּמְלִיאֵל, שֶׁהָיָה יָשֵׁן תַּחַת הַמִּטָּה, וְאָמַר לָהֶם רַבָּן גַּמְלִיאֵל לַזְּקֵנִים, רְאִיתֶם טָבִי עַבְדִּי, שֶׁהוּא תַלְמִיד חָכָם, וְיוֹדֵעַ שֶׁעֲבָדִים פְּטוּרִים מִן הַסֻּכָּה, לְפִיכָךְ יָשֵׁן הוּא תַּחַת הַמִּטָּה. וּלְפִי דַרְכֵּנוּ לָמַדְנוּ, שֶׁהַיָּשֵׁן תַּחַת הַמִּטָּה, לֹא יָצָא יְדֵי חוֹבָתוֹ: **ב** הַסּוֹמֵךְ סֻכָּתוֹ בְּכַרְעֵי הַמִּטָּה, כְּשֵׁרָה. רַבִּי יְהוּדָה אוֹמֵר, אִם אֵינָהּ יְכוֹלָה לַעֲמוֹד בִּפְנֵי עַצְמָהּ, פְּסוּלָה. סֻכָּה הַמְדֻבְלֶלֶת, וְשֶׁצִּלָּתָהּ מְרֻבָּה מֵחַמָּתָהּ, כְּשֵׁרָה. הַמְעֻבָּה כְּמִין בַּיִת, אַף עַל פִּי שֶׁאֵין

---

wenn sie ausdrücklich bei der Herstellung zur Decke bestimmt wurden, denn gewöhnlich werden sie als Bettunterlage angefertigt. Allerdings ist nach dieser Erklärung das Wort לשכיבה im Satze des R. Eli'ezer anstössig, da ja von ihnen מקבלת טומאה ואין מסככין בה auch dann gilt, wenn sie nicht ausdrücklich לשכיבה gemacht sind.

[1]) Vgl. das Konopaion oben I, 3. [2]) s. M. 8. [3]) Ueber die Bedeutung des Wortes מדובללת herrschte schon unter den ersten Amoräern eine Meinungsverschiedenheit. Rab, dessen Auffassung unsere Uebersetzung folgt, leitet es von der Wurzel דל (armselig, dürftig, spärlich) mit eingeschobenem ב ab und sieht in ושצלתה מרובה מחמתה einen Relativsatz: Eine Hütte, deren sonst vorschriftsmässige Decke mangelhaft ist, kann trotz der Lücken, die sie aufweist (sofern nur die einzelnen Zwischenräume nicht volle drei Handbreiten betragen; vgl. K. I. M. 9 Ende), benutzt werden, wenn sie mehr Schatten als Sonne hat. Samuel dagegen, dessen Erklärung sich Maimonides und die späteren Kommentatoren zu eigen gemacht haben, vermutet in מדובללת den Stamm בלל (vermengen, verwirren, durcheinanderwerfen) mit vorgesetztem ד und erblickt in ושצלתה מרובה מחמתה einen besondern Satzgegenstand: Eine Hütte, deren sonst vorschriftsmässige Decke unordentlich aufliegt (die einzelnen Bestandteile befinden sich nicht in gleicher Ebene, sondern drunter und drüber, bald höher bald niedriger, wodurch die Hütte zuviel Sonne hat; sie würden aber genügenden Schatten gewähren, wenn sie alle in gleicher Höhe lägen — Raschi), ist ebenso brauchbar wie eine, die gerade noch mehr Schatten als Sonne hat (wenn ihre Decke auch noch so dürftig ist). Für Rabs Auffassung spricht der Gegensatz zwischen סכה המדובללת und dem folgenden המעובה כמין בית, für Samuels Erklärung die Lesart ושצלתה, wofür Rab wahrscheinlich שצלתה oder

הַכּוֹכָבִים נִרְאִים מִתּוֹכָהּ, כְּשֵׁרָה: **ג** הָעוֹשֶׂה סֻכָּתוֹ בְּרֹאשׁ הָעֲגָלָה, אוֹ בְּרֹאשׁ הַסְּפִינָה, כְּשֵׁרָה וְעוֹלִין לָהּ בְּיוֹם טוֹב. בְּרֹאשׁ הָאִילָן, אוֹ עַל גַּבֵּי הַגָּמָל, כְּשֵׁרָה וְאֵין עוֹלִין לָהּ בְּיוֹם טוֹב. שְׁתַּיִם בָּאִילָן וְאַחַת בִּידֵי אָדָם, אוֹ שְׁתַּיִם בִּידֵי אָדָם וְאַחַת בָּאִילָן, כְּשֵׁרָה וְאֵין עוֹלִין לָהּ בְּיוֹם טוֹב. שְׁלֹשָׁה בִּידֵי אָדָם וְאַחַת בָּאִילָן, כְּשֵׁרָה וְעוֹלִין לָהּ בְּיוֹם טוֹב. זֶה הַכְּלָל, כָּל שֶׁיִּנָּטֵל הָאִילָן, וִיכוֹלָה לַעֲמוֹד בִּפְנֵי עַצְמָהּ, כְּשֵׁרָה וְעוֹלִין לָהּ בְּיוֹם טוֹב: **ד** הָעוֹשֶׂה סֻכָּתוֹ בֵּין הָאִילָנוֹת, וְהָאִילָנוֹת דְּפָנוֹת לָהּ, כְּשֵׁרָה. שְׁלוּחֵי מִצְוָה פְּטוּרִין מִן הַסֻּכָּה. חוֹלִים וּמְשַׁמְּשֵׁיהֶם פְּטוּרִין מִן הַסֻּכָּה. אוֹכְלִין וְשׁוֹתִין עֲרַאי חוּץ לַסֻּכָּה: **ה** מַעֲשֶׂה וְהֵבִיאוּ לוֹ לְרַבָּן יוֹחָנָן בֶּן זַכַּאי לִטְעוֹם אֶת הַתַּבְשִׁיל, וּלְרַבָּן גַּמְלִיאֵל שְׁתֵּי כוֹתָבוֹת וּדְלִי שֶׁל מַיִם, וְאָמְרוּ

nicht durchschimmern, ist sie tauglich [4]. **3.** Macht jemand seine Hütte oben auf dem Wagen oder oben auf dem Boote, so ist sie tauglich, und man darf am Feiertage zu ihr hinaufsteigen; [macht man sie dagegen] auf dem Baume oben oder auf dem Rücken eines Kamels, so ist sie tauglich [5], aber man darf sie am Feiertage nicht besteigen [6]. Sind zwei [Seiten] durch einen Baum und eine durch Menschenhand [gestützt] oder zwei durch Menschenhand und eine durch einen Baum [7], so ist sie tauglich, aber man darf sie am Feiertage nicht betreten [8]; sind jedoch deren drei durch Menschenhände und eine durch einen Baum [gestützt], so ist sie tauglich und man darf sie am Feiertage benutzen. Die Regel lautet: Sofern sie nach Entfernung des Baumes durch sich selbst stehen kann, ist sie tauglich und darf am Feiertage betreten werden [9]. **4.** Errichtet man seine Hütte zwischen Bäumen, so dass die Bäume ihre Wände bilden [10], ist sie tauglich. Sendboten eines frommen Werkes sind von der Hütte befreit. Kranke und deren Pfleger sind von der Hütte befreit. Gelegentlich [11] darf man auch ausserhalb der Hütte essen und trinken. **5.** Als man einmal Rabban Joḥanan ben Zakkai eine Speise zu kosten und Rabban Gamliel zwei Datteln und einen Eimer Wasser brachte, be-

---

וצלתה überlieferte. [4]) Ist sie aber so dicht, dass nicht einmal ein Sonnenstrahl durchdringt, so ist sie, wie eine Baraita lehrt, zwar nach der Schule Hillels immer noch brauchbar, nach den Schammaiten jedoch untauglich. Kann indessen selbst der Regen nicht durchsickern, so ist sie, wie neuere Dezisoren meinen, nach allen Ansichten unbrauchbar. [5]) und an den Mittelfesttagen auch benutzbar. [6]) s. Jom Ṭob V 2. [7]) שתים באילן ואחת בידי אדם או שתים בידי אדם ואחת באילן hängt noch von העושה סכתו an der Spitze des Satzes ab. Er hat die Hütte in der Weise hergestellt, dass sich die Decke an zwei Seiten auf einen Baum stützt, während die dritte auf einer durch Menschen errichteten Wand ruht, oder umgekehrt. [8]) Gewöhnlich befand sich die Festhütte auf dem platten Dache des Hauses, wodurch sich der Ausdruck עולין (hinaufsteigen) eingebürgert hat, der an dieser wie an mancher andern Stelle nicht buchstäblich zu nehmen ist. [9]) Demnach wäre sie auch dann am Feiertage zu benutzen, wenn sie im Ganzen nur drei Wände hat, von denen zwei durch Menschenhand errichtet wurden, sofern diese nicht einen Winkel bilden, sondern einander gegenüberstehen, sodass man von der einen zur andern Stangen legen kann, auf denen die Decke auch nach Entfernung der dritten Wand noch sicher ruht. [10]) ohne dass die Decke sich auf diese stützt (sie ruht z. B. auf Säulen). [11]) einen kleinen Imbiss

הָעֲלוּם לַסֻּכָּה. וּכְשֶׁנָּתְנוּ לוֹ לְרַבִּי
צָדוֹק אֹכֶל פָּחוֹת מִכְּבֵיצָה, נְטָלוֹ
בְּמַפָּה, וַאֲכָלוֹ חוּץ לַסֻּכָּה, וְלֹא
בֵרַךְ אַחֲרָיו: ו רַבִּי אֱלִיעֶזֶר אוֹמֵר,
אַרְבַּע עֶשְׂרֵה סְעֻדּוֹת חַיָּב אָדָם
לֶאֱכוֹל בַּסֻּכָּה, אַחַת בַּיּוֹם וְאַחַת
בַּלַּיְלָה. וַחֲכָמִים אוֹמְרִים, אֵין לַדָּבָר
קִצְבָּה, חוּץ מִלֵּילֵי יוֹם טוֹב הָרִאשׁוֹן
(שֶׁל חָג) בִּלְבָד. וְעוֹד אָמַר רַבִּי
אֱלִיעֶזֶר, מִי שֶׁלֹּא אָכַל בְּלֵילֵי יוֹם
טוֹב הָרִאשׁוֹן, יַשְׁלִים בְּלֵילֵי יוֹם
טוֹב הָאַחֲרוֹן. וַחֲכָמִים אוֹמְרִים,
אֵין לַדָּבָר תַּשְׁלוּמִין. עַל זֶה נֶאֱמַר,
מְעֻוָּת לֹא יוּכַל לִתְקֹן, וְחֶסְרוֹן לֹא
יוּכַל לְהִמָּנוֹת: ז מִי שֶׁהָיָה רֹאשׁוֹ
וְרֻבּוֹ בַּסֻּכָּה, וְשֻׁלְחָנוֹ בְתוֹךְ הַבַּיִת,
בֵּית שַׁמַּאי פּוֹסְלִין, וּבֵית הִלֵּל
מַכְשִׁירִין. אָמְרוּ לָהֶם בֵּית הִלֵּל
לְבֵית שַׁמַּאי, לֹא כָךְ הָיָה מַעֲשֶׂה,
שֶׁהָלְכוּ זִקְנֵי בֵית שַׁמַּאי וְזִקְנֵי בֵית
הִלֵּל, לְבַקֵּר אֶת (רַבִּי) יוֹחָנָן (בֶּן)
הַחוֹרוֹנִי, וּמְצָאוּהוּ שֶׁהָיָה יוֹשֵׁב

fahlen sie, es nach der Hütte hinaufzutragen [12]. Und als man Rabbi Sadok eine Speise von weniger als Eiesgrösse reichte, nahm er sie mittels eines Tuches [13], ass sie ausserhalb der Hütte und sprach nachher nicht den Segen [14]. **6.** R. Eli'ezer sagt: Vierzehn Mahlzeiten ist man in der Hütte zu essen verpflichtet [15], eine am Tage und eine in der Nacht; die Weisen aber sagen: Es gibt dafür keine bestimmte Zahl, abgesehen von der Nacht zum ersten Feiertage (des Festes) allein [16]. Ferner sagte R. Eli'ezer: Wer in der Nacht des ersten Feiertages nicht gegessen hat, soll es in der Nacht des letzten Feiertages nachholen [17]; die Weisen aber sagen: Es gibt dafür keinen Ersatz; davon heisst es [18]: Verkrümmtes lässt sich nicht verbessern, Fehlendes lässt sich nicht zählen. **7.** Wenn jemand mit Kopf und grösserm Teil des Körpers in der Hütte sich befindet, während sein Tisch im Zimmer steht, so erklärt das Haus Schammai das für gesetzwidrig, das Haus Hillel aber für ausreichend [19]. Da sagten die Hilleliten zu den Schammaïten: Ist es nicht eine Tatsache, dass die Aeltesten des Hauses Schammai und die Aeltesten des Hauses Hillel sich aufgemacht hatten, um (R.) Jochanan (ben) Haḥoroni zu besuchen, und dass

---

und ähnliches. [12]) obschon sie es auch ausserhalb geniessen konnten. Ihr Beispiel wird hier angeführt, um es der Nacheiferung zu empfehlen. [13]) weil er sich die Hände nicht gewaschen hatte. Verpflichtet ist man zur Händewaschung nur dann, wenn die zu geniessende Speise den Rauminhalt eines Hühnereies hat. [14]) Wohl aber hatte er vor dem Genusse den entsprechenden Segen gesprochen; denn dieser setzt kein bestimmtes Quantum voraus, während es vom nachfolgenden Segensspruche heisst: Wenn du gegessen hast und satt geworden bist (5. B. M. 8, 10). [15]) an den sieben Tagen des Festes. [16]) In dieser muss man in der Hütte essen; sonst aber braucht man nur dann in der Festhütte zu speisen, wenn man überhaupt eine Mahlzeit halten will. — של חג fehlt in Jeruschalmi. [17]) in der Nacht des Schlussfestes. Auffallend ist, dass R. Eli'ezer hier die erste Nacht betont (בלילי יום טוב הראשון). Da man nach seiner Meinung täglich zwei Mahlzeiten in der Hütte einnehmen muss, hätte er sagen sollen: Wer eine Mahlzeit versäumt hat, soll sie am Schlussfeste nachholen (מי שלא אכל סעודה אחת ישלים ביום טוב אחרון). Und wie, wenn er mehrere Mahlzeiten versäumt hat? Wann soll er sie ergänzen? Der Talmud meint, dass R. Eli'ezer seine frühere Ansicht widerrufen und später eingeräumt hat, dass man nur in der ersten Nacht in der Hütte zu speisen brauche [כן נראה לי לפרש קושית התלמוד אף על פי שאיני כדי לחלוק על רש"י ותוספות]. [18]) Kohelet 1, 15. [19]) פוסלין heisst eigentlich nicht für „gesetzwidrig", sondern für untauglich, מכשירין nicht für „ausreichend", sondern für

sie ihn mit Kopf und grössern Teil des Körpers in der Hütte sitzend fanden, während sein Tisch im Zimmer stand (und sie sagten ihm kein Wort)[20]? Darauf antworteten die Schammaïten: Das ist ein Beweis[21]? Sie sagten ja zu ihm: Wenn das deine Gepflogenheit ist, hast du dein Leben lang das Gebot der Hütte nicht erfüllt. **8.** Frauen, Sklaven und Minderjährige sind von der Hütte befreit[22]. Ein Knabe, welcher der Mutter nicht mehr bedarf, ist zur Hütte verpflichtet[23]. Als es sich traf, dass die Schwiegertochter des alten Schammai niederkam[24], machte dieser einen Ausschnitt im Estrich[25] und stellte über dem Bette ein Hüttendach her[26] um des Kindes willen[27]. **9.** Während der vollen sieben Tage macht man seine Hütte zum dauernden und sein Haus zum gelegentlichen Aufenthalt. Wann ist es, falls es etwa regnet, von dannen zu gehen gestattet? Wenn der Brei verderben würde. Sie haben ein Gleichnis vorgetragen[28]. Womit ist das zu vergleichen? Mit einem Diener, der sich anschickt, seinem Herrn den Becher zu mischen, dieser aber giesst ihm eine Schüssel[29] übers Angesicht.

רֹאשׁוֹ וְרֻבּוֹ בַסֻּכָּה, וְשֻׁלְחָנוֹ בְתוֹךְ הַבַּיִת (וְלֹא אָמְרוּ לוֹ דָבָר). אָמְרוּ לָהֶם בֵּית שַׁמַּי, מִשָּׁם רְאָיָה, אַף הֵם אָמְרוּ לוֹ, אִם כֵּן הָיִיתָ נוֹהֵג, לֹא קִיַּמְתָּ מִצְוַת סֻכָּה מִיָּמֶיךָ:
ח נָשִׁים וַעֲבָדִים וּקְטַנִּים, פְּטוּרִים מִן הַסֻּכָּה. קָטָן שֶׁאֵינוֹ צָרִיךְ לְאִמּוֹ, חַיָּב בַּסֻּכָּה. מַעֲשֶׂה וְיָלְדָה כַלָּתוֹ שֶׁל שַׁמַּי הַזָּקֵן, וּפִחֵת אֶת הַמַּעֲזִבָה, וְסִכֵּךְ עַל גַּבֵּי הַמִּטָּה, בִּשְׁבִיל הַקָּטָן:
ט כָּל שִׁבְעַת הַיָּמִים, אָדָם עוֹשֶׂה סֻכָּתוֹ קֶבַע וּבֵיתוֹ עֲרַאי. יָרְדוּ גְשָׁמִים מֵאֵמָתַי מֻתָּר לְפַנּוֹת, מִשֶּׁתִּסְרַח הַמִּקְפָּה. מָשְׁלוּ מָשָׁל, לְמָה הַדָּבָר דּוֹמֶה, לְעֶבֶד שֶׁבָּא לִמְזוֹג כּוֹס לְרַבּוֹ, וְשָׁפַךְ לוֹ קִיתוֹן עַל פָּנָיו:

ABSCHNITT III.

פרק ג.

1. Ein unrechtmässig erworbener oder vertrockneter Palmzweig ist untauglich[1]; ein vom Götzenhain oder aus einer abtrünnigen Stadt herrührender ist untauglich[2]. Ist seine

א לוּלָב הַגָּזוּל וְהַיָּבֵשׁ פָּסוּל. שֶׁל אֲשֵׁרָה וְשֶׁל עִיר הַנִּדַּחַת פָּסוּל.

---

brauchbar erklären. Es sind hier zwei Sätze ineinandergeflossen: Wenn jemand (an der Schwelle einer geräumigen Festhütte) so sitzt oder liegt, dass sich sein Kopf und der grössere Teil seines Körpers zwar in der Hütte befinden, seine Beine aber nebst dem Tische in dem anstossenden Wohnzimmer, [so hat er nach Bêt Hillel seiner Pflicht genügt, nach Bêt Schammai aber nicht; ist die Hütte so klein, dass sie überhaupt nicht mehr als den grössern Teil eines mittelgrossen Menschenkörpers fasst,] so ist sie nach der Schule Schammais untauglich, nach der Schule Hillels aber brauchbar. (Babli 3a unten). [20]) Die eingeklammerten Worte, die in einigen Handschriften fehlen, sind mit Rücksicht auf das folgende אף הם אמרו לו besser zu streichen. [21]) Raschi fasst diese Entgegnung als Fragesatz auf. Mann kann indessen auch übersetzen: Grade dieser Vorfall ist ein Beweis für uns. [22]) Frauen und Sklaven sind von den meisten Pflichten, deren Erfüllung an eine bestimmte Zeit geknüpft ist (מצות עשה שהזמן גרמא), befreit; Minderjährige haben wie Unzurechnungsfähige überhaupt keine Pflichten. [23]) Die Eltern haben die Pflicht, ihn in der Festhütte essen und schlafen zu lassen. [24]) während des Hüttenfestes oder kurz vorher. [25]) פחת = vermindern, verringern. [26]) Er entfernte also einen Teil des Estrichs an der Zimmerdecke der Wochenstube und verfuhr mit dem darunter befindlichen Gebälk nach K. I M. 7. [27]) Schammai war der Meinung, dass die Erziehungspflicht der Eltern mit des Kindes erstem Lebenstage beginnt. [28]) um den Uebereifer derjenigen ins rechte Licht zu setzen, die trotz des eindringenden Regens in der Festhütte verharren möchten. [29]) Zu קיתון s. Joma Kap. IV Anm. 28.

[1]) hinsichtlich des Gebotes in 3. B. M. 23, 40. [2]) Ein dem Götzendienste ge-

נִקְטַם רֹאשׁוֹ, נִפְרְצוּ עָלָיו, פָּסוּל. נִפְרְדוּ עָלָיו, כָּשֵׁר. רַבִּי יְהוּדָה אוֹמֵר, יֶאֶגְדֶנּוּ מִלְמַעְלָה. צִנֵּי הַר הַבַּרְזֶל כְּשֵׁרוֹת. לוּלָב שֶׁיֵּשׁ בּוֹ שְׁלשָׁה טְפָחִים, כְּדֵי לְנַעְנֵעַ בּוֹ, כָּשֵׁר:

ב הֲדַס הַגָּזוּל וְהַיָּבֵשׁ פָּסוּל. שֶׁל אֲשֵׁרָה וְשֶׁל עִיר הַנִּדַּחַת פָּסוּל. נִקְטַם רֹאשׁוֹ, נִפְרְצוּ עָלָיו, אוֹ שֶׁהָיוּ עֲנָבָיו מְרֻבּוֹת מֵעָלָיו, פָּסוּל. וְאִם מִעֲטָן כָּשֵׁר. וְאֵין מְמַעֲטִין בְּיוֹם טוֹב:

ג עֲרָבָה גְזוּלָה וִיבֵשָׁה פְּסוּלָה. שֶׁל אֲשֵׁרָה וְשֶׁל עִיר הַנִּדַּחַת פְּסוּלָה. נִקְטַם רֹאשָׁהּ, נִפְרְצוּ עָלֶיהָ, וְהַצַּפְצָפָה, פְּסוּלָה. כְּמוּשָׁה, וְשֶׁנָּשְׁרוּ מִקְצַת עָלֶיהָ, וְשֶׁל בַּעַל, כְּשֵׁרָה:

ד רַבִּי יִשְׁמָעֵאל אוֹמֵר, שְׁלשָׁה הֲדַסִּים, וּשְׁתֵּי עֲרָבוֹת, לוּלָב אֶחָד, וְאֶתְרוֹג

Spitze abgebrochen, sind seine Blätter gespalten[3], ist er untauglich. Spreizen sich die Blätter, ist er tauglich; R. Juda meint: Man binde ihn oben zusammen[4]. Stachelzweige des Eisenberges[5] sind tauglich. Ein Palmzweig, der drei Handbreiten misst, dass man ihn schütteln kann[6], ist tauglich.

2. Ein unrechtmässig erworbener oder vertrockneter Myrtenzweig ist untauglich[1]; ein vom Götzenhain oder aus einer abtrünnigen Stadt herrührender ist untauglich[2]. Ist seine Spitze abgebrochen, sind seine Blätter abgetrennt oder seine Beeren zahlreicher als seine Blätter, ist er untauglich. Hat man sie vermindert[7], ist er tauglich; am Feiertage aber darf man sie nicht vermindern[8].

3. Ein unrechtmässig erworbener oder vertrockneter Bachweidenzweig ist untauglich[1]; ein vom Götzenhain oder aus einer abtrünnigen Stadt herrührender ist untauglich[2]. Ist seine Spitze abgebrochen, sind seine Blätter abgetrennt, so ist er gleich der Bergweide[9] untauglich. Ist er welk, ist ein Teil seiner Blätter abgefallen[10], ist er auf dem Felde gewachsen[11], so ist er tauglich.

4. R. Isma'el sagt: Drei Myrten- und zwei Bachweidenzweige, einen Palmzweig und einen Etrog[12], wenn auch von

---

weihter Baum muss verbrannt werden, ebenso die Habe einer zum Heidentum abgefallenen Stadt (5. B. M. 12, 3 und 13, 17). [3]) Das Palmblatt ist in der Mitte gefaltet; wird es am Rücken aufgerissen, so spaltet sich das Doppelblatt zu zwei einfachen Blättern. Raschi erklärt נפרצו עליו in Uebereinstimmung mit demselben Ausdruck in der folgenden Mischna: die Blätter sind von der Mittelrippe abgetrennt und künstlich (mittels eines Ringes oder Bindfadens) wieder befestigt. [4]) damit sie wie die gewöhnlichen Palmblätter einander anliegen. [5]) eines Berges an der Benhinnomschlucht in Jerusalem, dessen Palmen so kurze Blätter hatten, dass die Spitze des einen kaum die Wurzel des nächsten bedeckte [daher צינים (S t a c h e l n, D o r n e n) im Gegensatz zu לולבים, was eigentlich B l ä t t e r bedeutet]. Sind sie noch kürzer, so sind die Zweige unbrauchbar. [6]) Der Talmud meint, man müsse וכדי lesen (drei Handbreiten und ausserdem noch so viel, dass man schütteln kann), weil Samuel verlangt, dass der Lulab vier Handbreiten messe, und nach R. Johanan die Mittelrippe („das Rückgrat des Palmzweiges") allein schon vier Handbreiten lang sein muss. [7]) indem man soviel Beeren abgerissen hat, dass nunmehr die Zahl der Blätter überwiegt. [8]) weil man am Feiertage wie am Sabbat keinen Gebrauchsgegenstand in Stand setzen darf. [9]) Die Bergweide unterscheidet sich darin von der Bachweide, dass diese rote Zweige mit länglichen, glattrandigen Blättern hat, jene aber weisse Zweige mit runden zackigen Blättern. [10]) und zwar der kleinere Teil. [11]) Der Ausdruck B a c h w e i d e n (3. B. M. 23, 40) will nur die Art bezeichnen, fordert aber nicht, dass der Baum tatsächlich am Bache stehe. — Unter שדה הבעל versteht man sonst im Gegensatz zu בית השלחים (dem dürren Lande, das künstliche Bewässerung heischt) ein Feld, das vom Regen ausreichend getränkt wird. Hier kommt es auf diesen Unterschied nicht an. Wahrscheinlich gab es auf בית השלחים überhaupt keine Bachweiden. [12]) Frucht von der Gattung der Orangen, in der Tora (3. B. M. 23, 40)

zweien[13] die Spitze abgebrochen und nur einer unversehrt ist. R.Tarfon sagt: Selbst wenn von allen dreien die Spitze abgebrochen ist. R.'Akiba sagt: Wie einen Palmzweig und einen Etrog, so auch einen Myrten- und einen Bachweidenzweig. **5.** Ein unrecht- mässig erworbener oder vertrock- neter Etrog ist untauglich[1]; ein vom Götzenhaine oder aus einer abtrün- nigen Stadt herrührender ist untaug- lich[2]. Ist er 'Orla[14] oder unreine Hebe[15], so ist er untauglich. Ist er reine Hebe, soll man ihn nicht nehmen; hat man ihn aber genom- men, so ist er ja im Grunde taug- lich[16]. Ist er Demai[17], erklärt ihn die Schule Schammais für untaug- lich[18], die Schule Hillels für taug- lich[19]. Ist er zweiter Zehnt[20], soll man ihn [selbst] in Jerusalem nicht nehmen; hat man ihn aber genom- men, so ist er ja im Grunde taug- lich[21]. **6.** Hat ein Ausschlag seinen grössern Teil überzogen, ist seine Rosette[22] entfernt, ist er abgeschält oder geplatzt, hat er ein Loch und es fehlt ein noch so kleines Stückchen, so ist er untauglich, hat ein

אֶחָד, אֲפִלּוּ שְׁנַיִם קְטוּמִיב, וְאֶחָד אֵינוֹ קָטוּם. רַבִּי טַרְפוֹן אוֹמֵר, אֲפִלּוּ שְׁלָשְׁתָּן קְטוּמִים. רַבִּי עֲקִיבָה אוֹמֵר, כְּשֵׁם שֶׁלּוּלָב אֶחָד, וְאֶתְרוֹג אֶחָד, כֵּן הֲדַס אֶחָד, וַעֲרָבָה אֶחָת: ה אֶתְרוֹג הַגָּזוּל וְהַיָּבֵשׁ פָּסוּל. שֶׁל אֲשֵׁרָה וְשֶׁל עִיר הַנִּדַּחַת פָּסוּל. שֶׁל עָרְלָה, פָּסוּל. שֶׁל תְּרוּמָה טְמֵאָה, פָּסוּל. שֶׁל תְּרוּמָה טְהוֹרָה, לֹא יִטּוֹל, וְאִם נָטַל, כָּשֵׁר. שֶׁל דְּמַאי, בֵּית שַׁמַּי פּוֹסְלִין, וּבֵית הִלֵּל מַכְשִׁירִין. שֶׁל מַעֲשֵׂר שֵׁנִי בִּירוּשָׁלַיִם, לֹא יִטּוֹל, וְאִם נָטַל, כָּשֵׁר: ו עָלְתָה חֲזָזִית עַל רֻבּוֹ, נִטְּלָה פִּטְמָתוֹ, נִקְלַף, נִסְדַּק, נִקַּב וְחָסַר כָּל שֶׁהוּא. פָּסוּל.

---

als Frucht des Prachtbaumes bezeichnet, gewöhnlich Paradiesapfel genannt. ¹³) der drei Myrtenzweige. ¹⁴) So heissen die Früchte, die ein Baum in den ersten drei Jahren trägt. Sie sind nach 3. B. M. 19,23 verboten. ¹⁵) Hebe ist die Ab- gabe, die vom Ertrage der Ernte an die Priester zu entrichten ist. Sie darf nur von diesen und ihren Angehörigen gegessen werden. Ist sie aber durch hierologische Unreinheit (Pesaḥim 1 Anm. 26) entweiht, so darf sie überhaupt nicht gegessen, muss vielmehr verbrannt werden. ¹⁶) Mit anderen Worten: man hat seiner Pflicht genügt. — Der Ausdruck כשר scheint hier nicht am Platze (vgl. K. II Anm. 19). Der Sinn ist aber: An sich ist ja der Etrog tauglich, da er als reine Hebe dem Priester wenigstens gestattet ist, und wenn die Rabbinen gleichwohl bestimmt haben, dass man ihn von vornherein nicht wählen soll, so geschah das nur aus dem Grunde, weil seine zarte Schale durch den Gebrauch schmutzig und unansehnlich wird, die Hebe aber als geweihter Gegenstand nicht mutwillig entwertet werden darf. ¹⁷) Be- zeichnung für die von einem unzuverlässigen Landmann erworbenen Früchte, von denen man vermutet, dass sie nicht verzehntet sind. ¹⁸) weil es verboten ist, solche Früchte zu essen, ehe man sie des Zweifels wegen verzehntet hat. ¹⁹) weil es nach ihrer Ansicht armen Leuten gestattet ist, Demai zu essen. ²⁰) Nachdem man von der Ernte die Hebe an den Priester und den ersten Zehnt an den Leviten ent- richtet hat, wird noch ein zweiter Zehnt abgesondert, der entweder ausgelöst oder nach Jerusalem gebracht und dort verzehrt werden muss. Ausserhalb der heiligen Stadt darf er unausgelöst nicht gegessen werden. ²¹) Auch hier (vgl. Anm. 16) ist der Ausdruck כשר anstössig, und auch hier ist der Sinn: Man hat seiner Pflicht genügt, da ja der Etrog an sich mit Rücksicht darauf, dass er in Jerusalem gegessen wer- den darf, auch ausserhalb tauglich ist, ebenso wie mit אתרוג של תרומה als einer dem Priester erlaubten Frucht auch jede andere, der ihn zur Erfüllung des Gebotes ver- wendet, seiner Pflicht genügt. Wenn trotzdem angeordnet wurde, dass man von vornherein nicht einmal in der heiligen Stadt einen Etrog von zweitem Zehnt benutzen soll, so liegt der Grund auch hier in der Heiligkeit dieser Abgabe und der empfind- lichen Zartheit der Frucht. ²²) Das Nägelchen, das die Wölbung an seinem obern

עָלְתָה חֲזָזִית עַל מִעוּטוֹ, נִטַּל עֻקְצוֹ,
נִקַּב וְלֹא חָסֵר כָּל שֶׁהוּא, כָּשֵׁר.
אֶתְרוֹג הַכּוּשִׁי פָּסוּל. וְהַיָּרוֹק כְּכַרְתִּי,
רַבִּי מֵאִיר מַכְשִׁיר, וְרַבִּי יְהוּדָה פוֹסֵל:
ז שִׁעוּר אֶתְרוֹג הַקָּטָן, רַבִּי מֵאִיר
אוֹמֵר כָּאֱגוֹז. רַבִּי יְהוּדָה אוֹמֵר
כַּבֵּיצָה. וְהַגָּדוֹל, כְּדֵי שֶׁיֹּאחַז שְׁנַיִם
בְּיָדוֹ אֶחָת, דִּבְרֵי רַבִּי יְהוּדָה. רַבִּי
יוֹסֵי אוֹמֵר, אֲפִלּוּ אֶחָד בִּשְׁתֵּי יָדָיו:
ח אֵין אוֹגְדִין אֶת הַלּוּלָב אֶלָּא
בְמִינוֹ, דִּבְרֵי רַבִּי יְהוּדָה. רַבִּי מֵאִיר
אוֹמֵר, אֲפִלּוּ בִמְשִׁיחָה. אָמַר רַבִּי
מֵאִיר, מַעֲשֶׂה בְאַנְשֵׁי יְרוּשָׁלַיִם,
שֶׁהָיוּ אוֹגְדִין אֶת לוּלְבֵיהֶן בְּגִמוֹנִים
שֶׁל זָהָב. אָמְרוּ לוֹ, בְּמִינוֹ הָיוּ אוֹגְדִין
אוֹתוֹ מִלְּמַטָּה: ט וְהֵיכָן הָיוּ
מְנַעְנְעִין. בְּהוֹדוּ לַה' תְּחִלָּה וָסוֹף,
וּבְאָנָּא ה' הוֹשִׁיעָה נָּא, דִּבְרֵי בֵּית
הִלֵּל. בֵּית שַׁמַּי אוֹמְרִים, אַף בְּאָנָּא
ה' הַצְלִיחָה נָא. אָמַר רַבִּי עֲקִיבָה,
צוֹפֶה הָיִיתִי בְּרַבָּן גַּמְלִיאֵל וְרַבִּי
יְהוֹשֻׁעַ, שֶׁכָּל הָעָם הָיוּ מְנַעְנְעִין אֶת
לוּלְבֵיהֶן, וְהֵם לֹא נִעְנְעוּ, אֶלָּא
בְּאָנָּא ה' הוֹשִׁיעָה נָּא. מִי שֶׁבָּא
בַדֶּרֶךְ, וְלֹא הָיָה בְיָדוֹ לוּלָב לִטּוֹל,
לִכְשֶׁיִּכָּנֵס לְבֵיתוֹ יִטּוֹל עַל שֻׁלְחָנוֹ.

Ausschlag seinen kleinern Teil überzogen, ist sein Stiel entfernt, hat er ein Loch, ohne dass das geringste fehlt [23], so ist er tauglich. Ein mohrenfarbener Etrog ist untauglich, einen lauchgrünen erklärt R. Meïr für tauglich und R. Juda für untauglich. **7.** Das Mindestmass des Etrogs ist, wie R. Meïr meint, die Grösse einer Nuss; R. Juda behauptet dagegen: die Grösse eines Eies. Was das Höchstmass betrifft, so muss man deren zwei mit einer Hand fassen können [24]. So die Worte R. Judas; R. Jose aber meint: Selbst einen mit beiden Händen. **8.** Man darf den Feststrauss [25] nur mit Gleichartigem binden [26]. So die Worte R. Judas; R. Meïr meint: Selbst mit einer Schnur. R. Meir sagte: Es ist doch Tatsache, dass die Männer Jerusalems ihre Feststräusse mit Goldfäden banden. Worauf man ihm erwiderte: Sie haben sie darunter mit Gleichartigem gebunden. **9.** Und wo schüttelten sie ihn [27]? Bei „Danket dem Ewigen" am Anfang und am Ende [28], sowie bei „O, Ewiger, hilf doch" [29]. So die Worte der Hillelschen Schule; die Schule Schammais aber meint: Auch bei „O, Ewiger, lass es glücken" [30]. R. ʻAḳiba sagte: Ich pflegte Rabban Gamliel und R. Josua zu beobachten, alle Welt schüttelte ihre Feststräusse, sie aber schüttelten ihn nicht, es sei denn bei „O, Ewiger, hilf doch". Wenn sich jemand auf der Reise befand und keine Gelegenheit hatte, den Feststrauss zu nehmen, soll er ihn, sowie er nach Hause kommt, selbst an seiner Tafel nehmen [31]. Hat er ihn am Morgen

---

Ende krönt. 23) Man hat z. B. einen spitzen Gegenstand hineingebohrt und wieder herausgezogen. Durch den Druck auf die Umgebung ist ein Loch entstanden, ohne dass die Frucht einen Verlust erlitten hat. 24) Andere Lesart: שניהם בידו אחת = beide (Lulab und Etrog) mit einer Hand. 25) Das Wort לולב bezeichnet hier wie an vielen anderen Stellen den ganzen Feststrauss, dessen hervorragendsten Bestandteil eben der Palmzweig bildet. 26) also nur mit Stoffen, die von den vier zum Feststrauss gehörigen Pflanzen (Etrog, Palme, Myrte, Bachweide) herrühren. 27) Diese Frage, die vermutlich zu den ältesten Bestandteilen der Mischnasammlung gehört, knüpft an das Ende der ersten Mischna unseres Kapitels an. 28) des 118. Psalms. 29) Ps. 118, 25. 30) daselbst. 31) d. h. wenn er es bei seiner Heimkehr vergessen und erst

לֹא נָטַל שַׁחֲרִית, יִטּוֹל בֵּין הָעַרְבַּיִם, שֶׁכָּל הַיּוֹם כָּשֵׁר לַלּוּלָב: י מִי שֶׁהָיָה עֶבֶד אוֹ אִשָּׁה אוֹ קָטָן מַקְרִין אוֹתוֹ, עוֹנֶה אַחֲרֵיהֶם מַה שֶׁהֵם אוֹמְרִים, וּתְהִי לוֹ מְאֵרָה. אִם הָיָה גָדוֹל מַקְרִיא אוֹתוֹ, עוֹנֶה אַחֲרָיו הַלְלוּיָהּ: יא מְקוֹם שֶׁנָּהֲגוּ לִכְפּוֹל, יִכְפּוֹל. לִפְשׁוֹט, יִפְשׁוֹט. לְבָרֵךְ אַחֲרָיו, יְבָרֵךְ אַחֲרָיו. הַכֹּל כְּמִנְהַג הַמְּדִינָה. הַלּוֹקֵחַ לוּלָב מֵחֲבֵרוֹ בַּשְּׁבִיעִית, נוֹתֵן לוֹ אֶתְרוֹג בְּמַתָּנָה, לְפִי שֶׁאֵין רַשַּׁאי לְלָקְחוֹ בַּשְּׁבִיעִית: יב בָּרִאשׁוֹנָה הָיָה לוּלָב נִטָּל בַּמִּקְדָּשׁ שִׁבְעָה, וּבַמְּדִינָה יוֹם אֶחָד. מִשֶּׁחָרַב בֵּית הַמִּקְדָּשׁ, הִתְקִין רַבָּן יוֹחָנָן בֶּן זַכַּאי, שֶׁיְּהֵא לוּלָב נִטָּל בַּמְּדִינָה שִׁבְעָה זֵכֶר לַמִּקְדָּשׁ, וְשֶׁיְּהֵא יוֹם

nicht genommen, soll er ihn nachmittags nehmen, denn der ganze Tag[32] ist dem Feststrauss vorbehalten. **10.** Wem ein Sklave, ein Weib oder ein Minderjähriger vorliest[33], der muss ihnen nachsprechen, was sie ihm vorsagen[34], und er sei verwünscht[35]; wenn ein Erwachsener ihm vorliest, fällt er mit Halleluja ein[36]. **11.** Wo es Brauch ist zu wiederholen, wiederhole man[37], zu vereinfachen[38], vereinfache man, einen Segensspruch folgen zu lassen[39], lasse man ihn folgen, alles nach Ortsgebrauch. Kauft jemand[40] im siebenten Jahre[41] einen Feststrauss[25] von seinem Nächsten, gibt ihm dieser einen Etrog als Geschenk, weil man ihn im siebenten Jahre nicht kaufen darf[42]. **12.** Anfangs wurde der Feststrauss[25] im Heiligtume sieben Tage[43] und in der Provinz[44] nur einen Tag[45] genommen. Nach der Zerstörung des Tempels ordnete Rabban Joḥanan ben Zakkai an, dass der Feststrauss in der Provinz sieben Tage zur Erinnerung an das Heiligtum genommen werde und dass der ganze Tag der Schwingung dem

bei Tische sich erinnert, muss er sein Mahl unterbrechen, um über den Feststrauss den Segen zu sprechen. [32]) im engern Sinne, mit Ausschluss der Nacht. [33]) Es handelt sich um das Hallel (Ps. 113 - 118), von welchem soeben die Rede war. [34]) weil die genannten Personen das Hallel zu lesen nicht verpflichtet sind und der Vortrag eines Nichtverpflichteten den verpflichteten Zuhörer seiner Pflicht nicht entledigen kann. [35]) dass er nicht lesen gelernt hat. [36]) so oft der Vorleser einen Vers beendet. [37]) die letzten neun Verse des 118. Psalms. [38]) sie nur einmal zu lesen. [39]) Der Segenspruch vor dem Hallel aber ist vorgeschrieben und keinem Ortsbrauch unterworfen. [40]) Dieser Satz stand wohl ursprünglich im Anschluss an Mischna 5. [41]) 3. B. M. 25. 1—7. [42]) Wenn hier das Verbot des Handeltreibens mit Früchten des siebenten Jahres (Schebi'it VII 3) gemeint wäre, so müsste die Begründung lauten: weil er ihn im siebenten Jahr nicht verkaufen (למכרו) darf. Auch ist, wie aus dem Schlusssatz der angeführten Stelle ersichtlich, nur ein ständiger Handel, nicht aber ein gelegentlicher Verkauf untersagt. Vielmehr ist hier von einem in religiöser Beziehung nicht ganz einwandsfreien Verkäufer die Rede, von dem man fürchtet, dass er von dem empfangenen Gelde, welches als Erlös von Früchten des siebenten Jahres hinsichtlich seiner Verwendung gewissen Beschränkungen unterworfen ist (das. VIII 4, 5, 8), einen gesetzwidrigen Gebrauch machen könnte. Beim Palmzweig, der schon vor Beginn des siebenten Jahres gewachsen sein muss, wenn er am Hüttenfeste benutzt werden soll, fällt dieses Bedenken fort; beim Etrog aber richten sich, wie unsere Mischna im Gegensatz zu Bikkurim II 6 annimmt, die Vorschriften des siebenten Jahres nicht wie bei anderen Bäumen nach dem Jahre der Fruchtbildung, sondern wie beim Gemüse nach dem Jahre des Pflückens. [43]) an jedem Tage des Hüttenfestes. [44]) ausserhalb Jerusalems. Wie man es innerhalb gehalten, ist zweifelhaft und hängt davon ab, ob man die Bezeichnung Heiligtum (מקדש) im engern Sinne auf den Tempel beschränkt oder im weitern Sinne auf die heilige Stadt ausdehnt. [45]) am ersten Festtage.

Verbote unterliege[46]. **13**. Fiel der erste Feiertag des Festes auf einen Sabbat[47], trugen alle Leute ihre Feststräusse[25] zur Synagoge[48]. Am andern Morgen fanden sie sich früh dort ein, jedermann erkannte den seinigen und nahm ihn; denn die Weisen lehrten: Am ersten Feiertage des Festes kann man sich mit dem Feststrauss eines andern seiner Pflicht nicht entledigen, an den übrigen Tagen des Festes aber kann man sich auch mit dem Feststrauss eines andern seiner Pflicht entledigen. **14**. R. Jose sagt: Wenn der erste Feiertag des Festes auf einen Sabbat fiel, und es trug jemand aus Versehen den Feststrauss in öffentliches Gebiet,[49] so ist er frei,[50] weil er ihn mit Fug[51] hinausgetragen hat. **15** Eine Frau[52] darf ihn[53] am Sabbat[54] aus der Hand ihres Sohnes oder ihres Mannes in Empfang nehmen, um ihn ins Wasser zurückzustellen.[55]

הָנֵף כֻּלּוֹ אָסוּר: יג יוֹם טוֹב הָרִאשׁוֹן שֶׁל חָג, שֶׁחָל לִהְיוֹת בַּשַּׁבָּת, כָּל הָעָם מוֹלִיכִין אֶת לוּלְבֵיהֶן לְבֵית הַכְּנֶסֶת. לַמָּחֳרָת מַשְׁכִּימִין וּבָאִין, כָּל אֶחָד וְאֶחָד מַכִּיר אֶת שֶׁלּוֹ וְנוֹטְלוֹ. מִפְּנֵי שֶׁאָמְרוּ חֲכָמִים, אֵין אָדָם יוֹצֵא יְדֵי חוֹבָתוֹ, בְּיוֹם טוֹב הָרִאשׁוֹן שֶׁל חָג, בְּלוּלָבוֹ שֶׁל חֲבֵרוֹ. וּשְׁאָר יְמֵי הֶחָג, אָדָם יוֹצֵא יְדֵי חוֹבָתוֹ, בְּלוּלָבוֹ שֶׁל חֲבֵרוֹ: יד רַבִּי יוֹסֵי אוֹמֵר, יוֹם טוֹב הָרִאשׁוֹן שֶׁל חָג, שֶׁחָל לִהְיוֹת בַּשַּׁבָּת, וְשָׁכַח וְהוֹצִיא אֶת הַלּוּלָב לִרְשׁוּת הָרַבִּים, פָּטוּר, מִפְּנֵי שֶׁהוֹצִיאוֹ בִרְשׁוּת: טו מְקַבֶּלֶת אִשָּׁה מִיַּד בְּנָהּ, וּמִיַּד בַּעְלָהּ, וּמַחֲזֶרֶת לַמַּיִם בַּשַּׁבָּת. רַבִּי

---

[46]) Gemeint ist das Verbot in 3. B. M. 23, 14. Solange der Tempel stand, durfte man bis zur Darbringung des Erstlingsopfers von der Gerstenernte, der sogenannten Omerschwingung (das. 10—11) am 16. Nisan, kein neues Getreide essen. Mit der Zerstörung des Tempels schwand das Erstlingsopfer, und das Verbot erstreckte sich nunmehr nur noch bis zum Sonnenaufgang des genannten Tages. Rabban Johanan ben Zakkai aber dehnte es auf den ganzen Tag aus, weil er fürchtete, das Volk würde nach dem Wiederaufbau des Tempels seine Gewohnheit beibehalten und nicht erst die Omerschwingung abwarten wollen. Nach einer andern Ansicht im Talmud ist seit der Zerstörung des Tempels der Genuss des neuen Getreides den ganzen Tag gesetzlich verboten. Die Anordnung des R. J. b. Z. bestand darin, dass er das Volk, das sich bis dahin nur am Vormittage des neuen Getreides enthalten hatte, in öffentlichen Vorträgen auf die veränderte Sachlage aufmerksam machte. [47]) in welchem Falle der Segen über den Feststrauss auch am Sabbat gesprochen wurde (s. K. IV M. 2). [48]) vor Beginn des Sabbat, wie aus dem folgenden Satze ersichtlich. Fiel der Feiertag auf einen andern Tag der Woche, trug man den Feststrauss am Feiertage selbst zur Synagoge; am Sabbat aber darf man ausser den Kleidern, die man anhat, keinerlei Gegenstände vom Hause auf die Strasse und umgekehrt tragen. Es ist dies einer der Punkte, in denen sich der Feiertag vom Sabbat unterscheidet. [49]) um ihn nach der Synagoge zu schaffen, wo er über ihn den Segen sprechen wollte, ohne daran zu denken, dass es Sabbat ist, oder dass man ihn am Sabbat aus privatem nicht in öffentliches Gebiet tragen darf. [50]) Er braucht nicht sein Versehen durch ein Sündopfer zu sühnen. [51]) Der Ausdruck ברשות ist schwer zu deuten. Es sollte heissen: in guter Absicht; denn was ihn der Sühnepflicht enthebt, ist der Umstand, dass ihm das Versehen in der Ausübung eines göttlichen Gebotes zugestossen (טעה בדבר מצוה). Vielleicht bezieht sich ברשות auf die Befugnis, den Feststrauss am Sabbat in die Hand zu nehmen, wenn es der erste Tag des Hüttenfestes ist, während man ihn an den anderen Tagen des Festes, wenn sie auf einen Sabbat fallen, nicht einmal von der Stelle rühren darf. [52]) obgleich das Gebot des Feststrausses für sie nicht gilt (vgl. K. II Anm. 22). [53]) den Palmzweig nebst den Myrten- und Bachweidenzweigen. [54]) wenn es der erste Tag des Festes ist (s. Anm. 51). [55]) damit er nicht welke.

R. Juda sagt: Am Sabbat stellt man zurück,[56] am Feiertage giesst man zu,[57] am Mittelfeste wechselt man.[58] Ein Knabe, der zu schütteln versteht, muss einen Feststrauss haben.[59]

ABSCHNITT IV.

1. Für den Feststrauss[1] und den Weidenumzug[2] kommen bald sechs, bald sieben Tage in Betracht,[3] für das Hallel und die Freude acht Tage,[4] für die Hütte und den Wasserguss[5] sieben, für das Flötenspiel bald fünf, bald sechs.[6] **2.** „Für den Feststrauss sieben"[7] — in welchem Falle? Trifft der erste Feiertag des Festes auf Sabbat, kommen für den Feststrauss sieben Tage in Betracht, sonst nur sechs.[8] **3.** „Für den Weidenumzug sieben"[9] — in welchem Falle? Trifft der siebente Tag des Weidenumzugs auf Sabbat, kommen für den Weidenumzug sieben Tage in Betracht, sonst nur sechs.[10] **4.** Wie hält man es[11] mit der Vorschrift über den Feststrauss? Fällt der erste Feiertag des Festes auf Sabbat, trägt man[12] die Feststräusse nach dem Tempelberge, die Beamten nehmen sie in Empfang und ordnen sie auf der Säulenhalle, Greise aber legen die ibrigen in die

יְהוּדָה אוֹמֵר, בַּשַּׁבָּת מַחֲזִירִין, בְּיוֹם טוֹב מוֹסִיפִין, וּבַמּוֹעֵד מַחֲלִיפִין. קָטָן הַיּוֹדֵעַ לְנַעֲנֵעַ, חַיָּב בְּלוּלָב:

פרק ד.

א לוּלָב וַעֲרָבָה שִׁשָּׁה וְשִׁבְעָה, הַהַלֵּל וְהַשִּׂמְחָה שְׁמוֹנָה, סֻכָּה וְנִסּוּךְ הַמַּיִם שִׁבְעָה, וְהֶחָלִיל חֲמִשָּׁה וְשִׁשָּׁה: ב לוּלָב שִׁבְעָה כֵּיצַד. יוֹם טוֹב הָרִאשׁוֹן שֶׁל חַג, שֶׁחָל לִהְיוֹת בַּשַּׁבָּת, לוּלָב שִׁבְעָה. וּשְׁאָר כָּל הַיָּמִים, שִׁשָּׁה: ג עֲרָבָה שִׁבְעָה כֵּיצַד. יוֹם שְׁבִיעִי שֶׁל עֲרָבָה, שֶׁחָל לִהְיוֹת בַּשַּׁבָּת, עֲרָבָה שִׁבְעָה. וּשְׁאָר כָּל הַיָּמִים, שִׁשָּׁה: ד מִצְוַת לוּלָב כֵּיצַד. יוֹם טוֹב הָרִאשׁוֹן שֶׁל חַג, שֶׁחָל לִהְיוֹת בַּשַּׁבָּת, מוֹלִיכִין אֶת לוּלְבֵיהֶם לְהַר הַבַּיִת, וְהַחַזָּנִים מְקַבְּלִין מֵהֶם, וְסוֹדְרִין אוֹתָן עַל גַּג הָאִצְטַבָּא, וְהַזְּקֵנִים מַנִּיחִין אֶת שֶׁלָּהֶן

---

[56]) in dasselbe Wasser. [57]) frisches Wasser. [58]) das Wasser. [59]) Die Eltern sind verpflichtet, ihn zur Erfüllung des Gebotes anzuhalten (vgl. K. II Anm. 23).

[1]) s. K. III Anm. 25. [2]) An den einzelnen Tagen des Hüttenfestes machten die Priester Umzüge um den Altar, wobei die Bachweide eine wesentliche Rolle spielte. Nach einigen trugen die Priester grosse Aeste dieses Baumes beim feierlichen Umzuge in den Händen, um sie nachher rings um den Altar aufzustellen; nach anderen wurden die Aeste schon vorher aufgerichtet, und der Zug, bei welchem die Priester den Feststrauss in den Händen hielten, bewegte sich um den so geschmückten Altar. [3]) s. M. 2 und 3. [4]) s. M. 8. [5]) s. M. 9. [6]) s. K. V M. 1 ff. [7]) R. Ascher hat die bessere Lesart: לולב ששה ושבעה כיצד. [8]) Es ist ein rabbinisches Verbot, den Feststrauss am Sabbat in die Hand zu nehmen. Nur für den ersten Tag des Festes, auf den das göttliche Gebot in 3. B. M. 23, 40 beschränkt ist, haben die Rabbiner ihr Verbot aufgehoben, für die übrigen Tage aber haben sie es selbst im Heiligtum aufrecht erhalten, wo der Feststrauss nach der überlieferten Auffassung der Worte ושמחתם לפני ה' אלהיכם שבעת ימים an allen sieben Tagen von der Tora vorgeschrieben ist. [9]) Auch hier liest R. Ascher: ערבה ששה ושבעה כיצד. [10]) Aus Rücksicht für den Feststrauss wurde auch in Bezug auf den Weidenumzug von den Rabbinen verordnet, dass er nur dann am Sabbat stattfinde, wenn dieser mit dem bedeutsamsten Tage der Feier, dem siebenten also, an welchem sieben Umzüge gemacht wurden (s. M. 5) zusammenfällt. [11]) am Sabbat. [12]) vor Eintritt des

בַּלִּשְׁכָּה, וּמְלַמְּדִים אוֹתָם לוֹמַר, כָּל מִי שֶׁמַּגִּיעַ לוּלָבִי בְּיָדוֹ, הֲרֵי הוּא לוֹ בְמַתָּנָה. לְמָחָר מַשְׁכִּימִין וּבָאִין, וְהַחַזָּנִים זוֹרְקִין אוֹתָן לִפְנֵיהֶם, וְהֵם מְחַטְּפִין וּמַכִּין אִישׁ אֶת חֲבֵרוֹ. וּכְשֶׁרָאוּ בֵּית דִּין, שֶׁבָּאוּ לִידֵי סַכָּנָה, הִתְקִינוּ, שֶׁיְּהֵא כָל אֶחָד וְאֶחָד נוֹטֵל בְּבֵיתוֹ: **ה** מִצְוַת עֲרָבָה כֵּיצַד. מָקוֹם הָיָה לְמַטָּה מִירוּשָׁלַיִם, וְנִקְרָא מוֹצָא, יוֹרְדִין לְשָׁם, וּמְלַקְּטִין מִשָּׁם מֻרְבִּיּוֹת שֶׁל עֲרָבָה, וּבָאִין וְזוֹקְפִין אוֹתָן בְּצִדֵּי הַמִּזְבֵּחַ, וְרָאשֵׁיהֶן כְּפוּפִין עַל גַּבֵּי הַמִּזְבֵּחַ. תָּקְעוּ וְהֵרִיעוּ וְתָקְעוּ. בְּכָל יוֹם הָיוּ מַקִּיפִין אֶת הַמִּזְבֵּחַ פַּעַם אַחַת, וְאוֹמְרִין אָנָּא ה׳ הוֹשִׁיעָה נָּא (אָנָּא ה׳ הַצְלִיחָה נָא), רַבִּי יְהוּדָה אוֹמֵר, אֲנִי וָהוֹ הוֹשִׁיעָה נָּא (אֲנִי וָהוֹ הוֹשִׁיעָה נָּא).

Kammer.[13] Die Leute werden angewiesen zu erklären: Wem immer mein Feststrauss in die Hände fällt, er sei ihm geschenkt[14]. Am andern Morgen finden sie sich früh dort[15] ein, die Beamten werfen sie[16] vor sie hin, sie greifen danach und schlagen einander wohl gar. Als die Gerichtsbehörde sah, dass sie in Gefahr kamen, ordnete sie an, dass jeder ihn[17] in seinem Hause nehme[18].

5. Wie hält man es mit dem Weidenumzug? Abwärts von Jerusalem gibt es einen Ort, der Môṣâ heisst, dorthin begibt man sich und schneidet daselbst Aeste von Bachweiden ab[19], die man, zurückgekehrt, an den Seiten des Altars so aufrichtet, dass ihre Spitzen sich über den Altar neigen[20], wobei ein gedehnter, ein schmetternder und wieder ein gedehnter Ton geblasen wurde. An jedem Tage[21] umkreist man den Altar einmal und spricht: „O, Ewiger, hilf doch“! („O, Ewiger, lass es glücken“!)[22] Rabbi Juda meint: „Ani Waho[23], hilf doch!“ („Ani Waho, hilf

---

Sabbat. [13]) damit sie am andern Morgen nicht ins Gedränge kommen. [14]) S. die Begründung im vorigen Kapitel, M. 13. Dort war eine ähnliche Erklärung überflüssig, weil die Synagoge, von der daselbst die Rede ist, nur von wenigen Personen besucht wird, von denen jede mit Leichtigkeit den eigenen Feststrauss herausfinden kann. [15]) auf dem Tempelberge. [16]) die Feststräusse. [17]) den Feststrauss. [18]) dass er ihn gar nicht erst am Freitag nach dem Tempelberge bringe, sondern sich am Sabbatmorgen zu Hause seiner Pflicht entledige. [19]) לקט (eigentlich = s a m m e l n, a u f l e s e n) bedeutet im Neuhebräischen oft: p f l ü c k e n, a b s c h n e i d e n. Am ersten Tage, der ein Feiertag ist, wurden die Aeste selbstverständlich nicht abgeschnitten, mussten vielmehr schon am Vorabend vorbereitet werden (vgl. die folgende Mischna). [20]) Der äussere Altar, der in der Opferhalle stand, hatte von der Basis bis zur Oberfläche eine Höhe von 8 Ellen; die Aeste wurden auf die Basis gestellt und hatten eine Länge von 11 Ellen. [21]) vom ersten bis zum sechsten Festtage. [22]) Ps. 118, 25. [23]) אני והו scheint aus אנא ה׳ zusammengezogen. Beide haben auch, worauf schon Raschi hinweist, denselben Zahlenwert (= 78). — Man scheute sich, den Gottesnamen auszusprechen, und selbst im Heiligtum brachte man ihn nur bei besonders feierlichen Gelegenheiten wie beim Priestersegen und beim Sündenbekenntnis des Hohenpriesters am Versöhnungstage in weihevoller Andacht und heiligem Schauer über die Lippen. Darum meint R. Juda, dass man ihn bei diesem Umzuge nicht klar und deutlich erwähnte, sondern mit dem Worte אנא so verschmolz, dass er nur durchklang. Da wir heute nicht mehr wissen, wie der Gottesname lautet (die Punktatoren setzten unter die Buchstaben, aus denen er sich zusammensetzt, die Vokale des stellvertretenden Namens אדני oder אלהים), so können wir auch nicht sagen, wie das Wort והו auszusprechen ist. Wir können nur aus der Endung j a h u, mit der viele Eigennamen schliessen, und aus der Vorsilbe j e h o, mit welcher andere beginnen, die Vermutung schöpfen, dass es W a h u oder W e h o zu lesen ist, während אני nach dieser Auffassung A n n a j auszusprechen wäre. Gewöhnlich liest man A n i W a h o. [Da diese Lösung des schwierigen Problems nicht jedermann befriedigen dürfte, seien auch

doch!“) An diesem Tage aber[24] umkreist man den Altar siebenmal. Was sagen sie beim Abschiede? „Schönheit[25] dir, o Altar! Schönheit dir, o Altar“! R. Eli‘ezer meint: „Gott und dir, o Altar! Gott und dir, o Altar“[26]! **6.** Wie man an Werktagen verfuhr, so verfuhr man auch am Sabbat[27], nur dass man sie[28] schon am Vorabend des Sabbat abschnitt und in goldene Tonnen stellte[29], damit sie nicht welkten. R. Joḥanan ben Broḳa meint: Palmwedel brachte man[30]; sie schlugen damit[31] den Boden an den Seiten des Altars, und dieser Tag wurde Tag des W e d e l s c h l a g e n s genannt. **7.** Sogleich[32] lösen die kleinen Knaben ihre Palmzweige[33] und verzehren ihre Etrogim. **8.** „Für das Hallel und die Freude acht“ — wie ist das gemeint? Das will sagen, dass man am letzten Feiertage des Festes[34] ebenso zum Hallel[35], zur Freude[36] und zur Ehrung[37] verpflichtet ist wie an all den anderen Tagen des Festes.

וְאוֹתוֹ הַיּוֹם מַקִּיפִין אֶת הַמִּזְבֵּחַ שֶׁבַע פְּעָמִים. בִּשְׁעַת פְּטִירָתָן מָה הֵם אוֹמְרִים, יֳפִי לְךָ מִזְבֵּחַ, יֳפִי לְךָ מִזְבֵּחַ. רַבִּי אֱלִיעֶזֶר אוֹמֵר, לְיָהּ וּלְךָ מִזְבֵּחַ, לְיָהּ וּלְךָ מִזְבֵּחַ: ו כְּמַעֲשֵׂהוּ בְּחֹל, כָּךְ מַעֲשֵׂהוּ בְּשַׁבָּת, אֶלָּא שֶׁהָיוּ מְלַקְּטִים אוֹתָן מֵעֶרֶב שַׁבָּת, וּמַנִּיחִים אוֹתָן בְּגִגִּיּוֹת שֶׁל זָהָב, כְּדֵי שֶׁלֹּא יִכְמְשׁוּ. רַבִּי יוֹחָנָן בֶּן בְּרוֹקָה אוֹמֵר, חֲרָיוֹת שֶׁל דֶּקֶל הָיוּ מְבִיאִין, וְחוֹבְטִין אוֹתָן בְּקַרְקַע בְּצִדֵּי הַמִּזְבֵּחַ, וְאוֹתוֹ הַיּוֹם נִקְרָא יוֹם חִבּוּט חֲרָיוֹת: ז מִיָּד הַתִּינוֹקוֹת שׁוֹמְטִין אֶת לוּלְבֵיהֶן, וְאוֹכְלִין אֶתְרוֹגֵיהֶן: ח הַהַלֵּל וְהַשִּׂמְחָה שְׁמוֹנָה כֵּיצַד. מְלַמֵּד שֶׁחַיָּב אָדָם בְּהַלֵּל וּבְשִׂמְחָה וּבְכָבוֹד יוֹם טוֹב הָאַחֲרוֹן שֶׁל חָג, כִּשְׁאָר

---

noch andere Erklärungen angeführt. Raschi macht auf die immerhin beachtenswerte Tatsache aufmerksam, dass die drei aufeinanderfolgenden Verse ויסע ויבא וים (2. B. M. 14, 19—21) je 72 Buchstaben zählen. Stellt man die einzelnen Buchstaben sowohl des ersten wie des letzten Verses untereinander, die des mittlern aber in umgekehrter Folge zwischen die beiden Reihen, so erhält man den grossen aus 72 Gliedern bestehenden Gottesnamen, dessen erstes Glied והו und dessen siebenunddreissigstes אני lautet (so dass אני והו an der Spitze der beiden Hälften stehen). Nach einem der Gaonen (angeführt in Maimunis Mischnakommentar z. St.) deutet אני והו auf das Psalmwort (91, 15) עמו אנכי בצרה („Der du Israels Leiden mitempfindest, hilf doch!“); nach Maimonides selbst ist es eine Anspielung auf אני הוא in 5. B. M. 32, 39, nach Tosafot endlich ein Hinweis auf ואני בתוך הגולה in Ez. 1, 1 und והוא אסור באזקים in Jer. 40, 1 („Der Du unsere Verbannung teilst und unsere Fesseln trägst, hilf doch!“) nach Echa rabba, Einleitungen 34.] 24) dem siebenten, den schon Mischna 3 als den bedeutendsten hervorgehoben hat. 25) יופי steht hier wohl im Sinne des griechischen *κάλλος* (H u l d i g u n g), von dem das Verbum קלס (preisen, verherrlichen) gebildet wurde. 26) sei Huldigung und Preis! יופי ist aus dem vorhergehenden Satze zu ergänzen. 27) wenn er mit dem siebenten Tage zusammenfiel. 28) die Weidenäste. 29) die mit Wasser gefüllt waren. 30) Es ist zweifelhaft, ob ausser den Weidenästen (תוס׳ מ״ח : ד״ה אחת) oder anderen Stelle (ר״ע ברטנורא), ob an allen Tagen des Festes oder nur am siebenten (תוס׳ שם). 31) am siebenten Tage [הכי משמע מדקתני בחריה ואותו היום וכו׳ ודברי התוס׳ דלשון זה לאו דוקא דחוקים מאד וכי תעלה על דעתך שהיו קורין לכל ימי החג יום חבוט חריות]. 32) nach den Umzügen des siebenten Tages. [Nach Raschi, der sich auf Wajjikra rabba (Abs. 37) stützt, wäre מיד mit kurzem [illegible] zu lesen und der ganze Satz wie folgt zu übersetzen: Aus der Hand der Knaben rissen sie (die Erwachsenen im Uebermut des Festjubels) deren Palmzweige und verzehrten deren Etrogim. 33) Sie reissen sie aus ihren Feststräussen heraus, um damit zu spielen (sie vielleicht als Steckenpferd zu benutzen). 34) am achten Tage, dem sogenannten Schlussfeste. 35) zum Vortrage der Psalmen 113 bis 118. 36) die durch bessere und reichlichere Mahlzeiten, insbesondere durch den Genuss des Opferfleisches angeregt wird. 37) durch

כָּל יְמוֹת הֶחָג. סֻכָּה שִׁבְעָה כֵּיצַד. גָּמַר מִלֶּאֱכוֹל לֹא יַתִּיר סֻכָּתוֹ, אֲבָל מוֹרִיד אֶת הַכֵּלִים מִן הַמִּנְחָה וּלְמַעְלָה, מִפְּנֵי כְבוֹד יוֹם טוֹב הָאַחֲרוֹן שֶׁל חָג: ט נִסּוּךְ הַמַּיִם שִׁבְעָה כֵּיצַד. צְלוֹחִית שֶׁל זָהָב מַחֲזֶקֶת שְׁלֹשָׁה לֻגִּים, הָיָה מְמַלֵּא מִן הַשִּׁלֹחַ הִגִּיעוּ לְשַׁעַר הַמַּיִם, תָּקְעוּ וְהֵרִיעוּ וְתָקְעוּ, עָלָה בַכֶּבֶשׁ וּפָנָה לִשְׂמֹאלוֹ, וּשְׁנֵי סְפָלִים שֶׁל כֶּסֶף הָיוּ שָׁם, רַבִּי יְהוּדָה אוֹמֵר, שֶׁל סִיד הָיוּ, אֶלָּא שֶׁהָיוּ מוּשְׁחָרִין פְּנֵיהֶם מִפְּנֵי הַיַּיִן, וּמְנֻקָּבִין כְּמִין שְׁנֵי חֳטָמִין דַּקִּין, אֶחָד מְעֻבֶּה, וְאֶחָד דַּק, כְּדֵי שֶׁיְּהוּ שְׁנֵיהֶם כָּלִין בְּבַת אֶחָת. מַעֲרָבִי שֶׁל מַיִם, מִזְרָחִי שֶׁל יַיִן. עֵרָה שֶׁל מַיִם לְתוֹךְ שֶׁל יַיִן, וְשֶׁל יַיִן לְתוֹךְ שֶׁל מַיִם, יָצָא. רַבִּי יְהוּדָה אוֹמֵר, בְּלֹג הָיָה מְנַסֵּךְ כָּל שְׁמוֹנָה. וְלַמְנַסֵּךְ אוֹמְרִים לוֹ, הַגְבַּהּ יָדֶךָ. שֶׁפַּעַם אַחַת נִסֵּךְ אֶחָד עַל גַּבֵּי רַגְלָיו, וּרְגָמוּהוּ כָל

„Für die Hütte sieben" — wie verhält es sich damit? Wenn man das Mahl[38] beendet hat, soll man die Hütte nicht auflösen[39]; doch darf man vom Eintritt des Nachmittags an zu Ehren des letzten Feiertages des Festes die Einrichtung[40] hinuntertragen[41]. **9.** „Für den Wasserguss sieben[42]" — was hat es damit für eine Bewandtnis? Ein goldener Kelch, der drei Log[43] fasste, wird aus dem Schiloaḥ[44] gefüllt. Sowie man zum Wassertore[45] gelangt, wird ein gedehnter, ein schmetternder und wieder ein gedehnter Ton geblasen. Er[46] steigt die Rampe[47] hinauf und wendet sich zur Linken[48], wo zwei silberne Schalen sich befinden[49]. R. Juda meint, dass sie aus Kalk waren, ihr dunkles Aussehen[50] aber vom Wein herrührte. Sie hatten je einen Spalt in der Form zweier feiner Schnäbel[51], die eine einen breitern, die andere einen schmälern, damit sich beide gleichzeitig entleerten[52]. Die westliche war für das Wasser, die östliche für den Wein bestimmt[53]. Leerte er den Wasserkelch in die Weinschale und den Weinkelch in die Wasserschale, so hat er der Pflicht genügt. R. Juda sagt: Mit e i n e m Log[54] vollzieht er das Gussopfer volle a c h t Tage[55]. Vor dem Ausgiessen ruft man ihm „H a n d h o c h !" zu[56]; denn einmal goss es einer auf seine Füsse[57] und es bewarfen ihn alle

---

schönere Kleidung, Ausschmückung der Wohnräume u. dgl. [38]) die letzte Mahlzeit des siebenten Tages gegen 9 Uhr morgens. [39]) auseinandernehmen. [40]) Teppiche und Kissen, Ruhebetten, Tische und Stühle. [41]) Die Festhütte wurde gewöhnlich auf dem Dache errichtet (vgl. K. II Anm. 8). [42]) In vielen Ausgaben fehlt das Wort שבעה. [43]) 1 Log = $^1/_4$ Kab, ungefähr 0,35 Liter. [44]) einer Quelle in Jerusalem. [45]) dem vierten Tore auf der Südseite des Tempels (s. Schekalim VI 3). [46]) der diensttuende Priester. [47]) die schiefe Ebene an der Südseite des Altars. Sie war 32 Ellen lang und 16 Ellen breit. [48]) also nach Westen. [49]) eine für die täglichen Weinopfer und eine für das besondere Wasseropfer des Hüttenfestes. Man nahm es aber nicht so genau und goss den Wein häufig auch durch die andere Schale. [50]) Die Farbe des Silbers ist matter als die des Kalks. [51]) durch die der Wein und das Wasser auf den Altar flossen, von wo sie durch eine gemeinsame Oeffnung in die Tiefe strömten. [52]) Der Wein war dickflüssig und ergoss sich daher langsamer als das Wasser. Das Wasseropfer und das erste tägliche Weinopfer wurden am Hüttenfeste von zwei Priestern im selben Augenblicke dargebracht. [53]) Beide Schalen waren indessen nebeneinander an der südwestlichen Ecke des Altars angebracht (vgl. Anm. 47 u. 48). [54]) und nicht mit 3. [55]) und nicht bloss 7. [56]) damit die Zuschauer sich überzeugen, dass er das Wasser in die Schale giesst. [57]) Er gehörte

Leute mit ihren Etroggim. **10.** Wie man es am Werktage vollzog, so vollzog man es am Sabbat, nur dass man schon am Vorabend des Sabbat[58] eine goldene ungeweihte Kanne[59] aus dem Schiloaḥ füllte und in eine Kammer stellte. Wurde es ausgegossen oder aufgedeckt, so schöpfte man aus dem Becken[60]; denn Wein und Wasser, die unbedeckt gestanden haben, sind für den Altar unbrauchbar[61].

הָעָם בְּאֶתְרוֹגֵיהֶן׃ י כְּמַעֲשֵׂהוּ בַחֹל, כָּךְ מַעֲשֵׂהוּ בַשַּׁבָּת, אֶלָּא שֶׁהָיָה מְמַלֵּא מֵעֶרֶב שַׁבָּת חָבִית שֶׁל זָהָב שֶׁאֵינָהּ מְקֻדֶּשֶׁת מִן הַשִּׁלֹחַ, וּמַנִּיחָהּ בַּלִּשְׁכָּה. נִשְׁפְּכָה אוֹ נִתְגַּלְּתָה, הָיָה מְמַלֵּא מִן הַכִּיּוֹר, שֶׁהַיַּיִן וְהַמַּיִם הַמְגֻלִּין פְּסוּלִים לְגַבֵּי מִזְבֵּחַ׃

ABSCHNITT V.

פרק ה.

1. „Für das Flötenspiel bald fünf bald sechs"[1] — das ist das Flötenspiel von Bêt Hasche'ûba[2], das weder den Sabbat noch den Feiertag verdrängt[3]. Man sagte: Wer den Jubel von Bêt Hasche'ûba nicht gesehen, hat in seinem Leben keinen Jubel noch gesehen. **2.** Am Ausgange des ersten Feiertages des Festes stieg man in die Frauen-

א הֶחָלִיל חֲמִשָּׁה וְשִׁשָּׁה, זֶהוּ הֶחָלִיל שֶׁל בֵּית הַשּׁוֹאֵבָה, שֶׁאֵינוֹ דוֹחֶה לֹא אֶת הַשַּׁבָּת וְלֹא אֶת יוֹם טוֹב. אָמְרוּ, כָּל מִי שֶׁלֹּא רָאָה שִׂמְחַת בֵּית הַשּׁוֹאֵבָה, לֹא רָאָה שִׂמְחָה מִיָּמָיו׃ ב בְּמוֹצָאֵי יוֹם טוֹב הָרִאשׁוֹן שֶׁל חָג הָיוּ יוֹרְדִין לְעֶזְרַת הַנָּשִׁים,

---

zur Sekte der Sadokäer, die das Wasseropfer verwarfen. Der Name wird hier verschwiegen. Es ist nicht unwahrscheinlich, dass Alexander Jannai gemeint ist, von dem Josephus (Altert. XIII, 13, 5) ähnliches berichtet. [58]) Am Sabbat selbst durfte man das Wasser nicht in den Tempel schaffen (vgl. K. III Anm. 48). [59]) In einer geweihten Kanne würde das Wasser über Nacht zur Darbringung untauglich werden (s. Joma K. III Anm. 55). חבית (von חבא = חבה, bergen) ist ein grösserer Krug, eine Kanne; aram.: חביתא, arab.: خَابِيَة. [60]) dem grossen Wasserbecken, das im Vorhof des Heiligtums stand (2. B. M. 30, 18–21). [61]) Wenn diese Flüssigkeiten unbeaufsichtigt so lange offen standen, dass eine Schlange aus nächster Nähe herankriechen, davon trinken und sich wieder unbemerkt zurückziehen konnte, sind sie wegen der Vergiftungsgefahr dem Menschen verboten (Terumot VIII 4). Was aber ungeniessbar und daher minderwertig ist, darf im allgemeinen auch nicht geopfert werden.

[1]) s. K. IV M. 1. [2]) Der Sinn dieser Bezeichnung ist recht dunkel. Schon die Lesart steht nicht fest. Sie schwankte bereits in alter Zeit, wie wir aus dem babyl. Talmud wissen, zwischen בית השואבה (richtiger בית השאובה, wie einige Mischna-Handschriften lesen) und בית חשובה. Nach allgemeiner Annahme steht das hier in den folgenden Sätzen geschilderte Fest mit dem im vorigen Kapitel beschriebenen Wasseropfer in engster Verbindung (s. Anm. 15), obschon in der Mischna selbst ein solcher Zusammenhang mit keinem Worte angedeutet ist. שואבה wäre demnach wie שומרה (Wächterhütte) gebildet und bedeutete den Ort des Wasserschöpfens. Der pal. Talmud kennt ebenfalls die Ableitung von שאב, bringt sie aber nicht zum Wasseropfer in Beziehung, sondern zu der heiligen Begeisterung und der prophetischen Inspiration, die aus diesem Feste geschöpft wurde. Nach Maimunis Mischnakommentar ist בית חשואבה der Ort, an welchem der Festjubel sich abspielte. Er heisst so im Hinblick auf ושאבתם מים בששון (Jes. 12, 3). Beachtenswert ist eine neuere Erklärung, nach welcher בית השואבה (das Haus der Beleuchtung) den illuminierten Tempelraum bezeichnen soll. Im Syrischen bedeutet nämlich שובא Hitze, Glut (v. שוב = brennen; vgl. hebr. שביב = Flamme). [3]) Instrumentalmusik ist am Sabbat und an Feiertagen verboten. Es können also für das Flötenspiel von vornherein nur die sechs mittleren Tage des Festes in Betracht kommen. Trifft nun aber der Sabbat auf einen derselben (und das ist immer der Fall, wenn

halle[4] hinab, um daselbst eine wichtige Einrichtung herzustellen[5]. Dort waren goldene Leuchter mit je vier goldenen Schalen am obern Ende und vier Leitern[6] vor jedem Leuchter und vier Jünglinge aus der Blüte der Priesterschaft mit Oelkrügen von hundertundzwanzig Log[7] in den Händen, welche die einzelnen Schalen füllten. **3.** Aus den abgetragenen Röcken der Priester und aus ihren Gürteln[8] hatte man Dochte gemacht; diese zündete man an, und es war kein Hof in Jerusalem, der vom Licht von Bêt Hasche'ûba nicht widerstrahlte[9]. **4.** Die Frommen und die Männer der Tat führten vor ihnen[10], die brennenden Fackeln in den Händen, einen Tanz auf und trugen ihnen Lieder und Gesänge vor; zahllose Leviten spielten die Harfe, die Leier, die Zimbel, die Trompete und andere Instrumente auf den fünfzehn Stufen, die entsprechend den fünfzehn Stufenliedern[11] des Psalters von der Halle der Israeliten[12] nach der Frauenhalle hinabführten. Auf ihnen standen die Leviten mit Musikinstrumenten und sangen Lieder[13]. Zuletzt treten zwei Priester in das obere Tor[14], das von der Halle der

וּמְתַקְּנִין שָׁם תִּקּוּן גָּדוֹל. וּמְנוֹרוֹת שֶׁל זָהָב הָיוּ שָׁם, וְאַרְבָּעָה סְפָלִים שֶׁל זָהָב בְּרָאשֵׁיהֶן, וְאַרְבָּעָה סֻלָּמוֹת עַל כָּל מְנוֹרָה וּמְנוֹרָה, וְאַרְבָּעָה יְלָדִים מִפִּרְחֵי כְהֻנָּה, וּבִידֵיהֶם כַּדֵּי שֶׁמֶן שֶׁל מֵאָה וְעֶשְׂרִים לֹג, שֶׁהֵן מְטִילִין לְכָל סֵפֶל וָסֵפֶל: ג מִבְּלָאֵי מִכְנְסֵי הַכֹּהֲנִים וּמֵהֶמְיָנֵיהֶן, מֵהֶן הָיוּ מַפְקִיעִין וּבָהֶן הָיוּ מַדְלִיקִין. וְלֹא הָיְתָה חָצֵר בִּירוּשָׁלַיִם, שֶׁאֵינָהּ מְאִירָה מֵאוֹר בֵּית הַשּׁוֹאֵבָה: ד חֲסִידִים וְאַנְשֵׁי מַעֲשֶׂה הָיוּ מְרַקְּדִים לִפְנֵיהֶם בַּאֲבוּקוֹת שֶׁל אוֹר שֶׁבִּידֵיהֶן, וְאוֹמְרִין לִפְנֵיהֶן דִּבְרֵי שִׁירוֹת וְתִשְׁבָּחוֹת. וְהַלְוִיִּם בְּכִנּוֹרוֹת וּבִנְבָלִים וּבִמְצִלְתַּיִם וּבַחֲצוֹצְרוֹת וּבִכְלֵי שִׁיר בְּלֹא מִסְפָּר, עַל חֲמֵשׁ עֶשְׂרֵה מַעֲלוֹת, הַיּוֹרְדוֹת מֵעֶזְרַת יִשְׂרָאֵל לְעֶזְרַת הַנָּשִׁים, כְּנֶגֶד חֲמִשָּׁה עָשָׂר שִׁיר הַמַּעֲלוֹת שֶׁבַּתְּהִלִּים, שֶׁעֲלֵיהֶן הַלְוִיִּם עוֹמְדִין בִּכְלֵי שִׁיר וְאוֹמְרִים שִׁירָה. עָמְדוּ שְׁנֵי כֹהֲנִים בַּשַּׁעַר הָעֶלְיוֹן, הַיּוֹרֵד

er nicht grade mit dem ersten und dem letzten Feiertage zusammenfällt), so kann sich der Jubel nur an f ü n f von den acht Tagen des Festes äussern. [4]) die äusserste Halle im Osten des Tempels. Sie war 135 Ellen lang und 135 Ellen breit (Middot II 5). [5]) Die Galerie, die sich innen auf drei Seiten um die Halle zog (Middot das. u. Tosefta hier), wurde als Zuschauerraum für die Frauen hergerichtet, damit die Geschlechter bei dieser Veranstaltung getrennt wären. [6]) Die Leuchter waren nämlich 50 Ellen (etwa 24 m) hoch. [7]) 42 Liter ungefähr. Nach einer Baraita war das der Inhalt aller vier Krüge, von denen jeder einzelne 30 Log (rund 10 l) fasste. [8]) Es ist nicht klar, warum die Hemden der Priester und ihre Kopfbedeckungen ausgeschlossen waren, und wenn sie es nicht waren, warum es nicht einfach heisst: Aus den abgetragenen Priesterkleidern (מבלאי בגדי הכהנים). — Zu המיין s. 'Erubin K. X Anm. 94. [9]) Da die Leuchter so hoch waren und die östliche Mauer eine geringe Höhe besass (Middot II 4), konnte das Lichtmeer, das der Frauenhalle entströmte, ungehindert über die ganze Stadt dahinfluten. [Zu beachten ist die aktive Form מאירה statt der passiven מוארה: die Höfe waren nicht nur hell erleuchtet, sie reflektierten sogar noch ein starkes Licht]. [10]) den Zuschauern. [11]) Ps. 120 bis 134. [12]) Sie lag zwischen der Priester- und der Frauenhalle und war wie diese 135 Ellen lang (von Nord nach Süd), hatte aber gleich jener nur eine Breite von 11 Ellen (von Ost nach West); s. Middot II 6. [13]) der eine Teil spielte, der andere sang. [14]) das sogenannte Nikanortor, nicht zu verwechseln mit dem „oberen Tor", das in Schekalim VI 3 erwähnt wird; s. Anm. 25.

מֵעֶזְרַת יִשְׂרָאֵל לְעֶזְרַת הַנָּשִׁים, וּשְׁתֵּי חֲצוֹצְרוֹת בִּידֵיהֶן. קָרָא הַגֶּבֶר, תָּקְעוּ וְהֵרִיעוּ וְתָקְעוּ. הִגִּיעוּ לְמַעֲלָה עֲשִׂירִית, תָּקְעוּ וְהֵרִיעוּ וְתָקְעוּ. הִגִּיעוּ לָעֲזָרָה, תָּקְעוּ וְהֵרִיעוּ וְתָקְעוּ, הָיוּ תוֹקְעִין וְהוֹלְכִין, עַד שֶׁמַּגִּיעִין לַשַּׁעַר הַיּוֹצֵא לַמִּזְרָח. הִגִּיעוּ לַשַּׁעַר הַיּוֹצֵא לַמִּזְרָח, הָפְכוּ פְנֵיהֶם לַמַּעֲרָב וְאָמְרוּ, אֲבוֹתֵינוּ שֶׁהָיוּ בַּמָּקוֹם הַזֶּה, אֲחוֹרֵיהֶם אֶל הֵיכַל ה׳ וּפְנֵיהֶם קֵדְמָה, וְהֵמָּה מִשְׁתַּחֲוִים קֵדְמָה לַשָּׁמֶשׁ. וְאָנוּ לְיָהּ עֵינֵינוּ. רַבִּי יְהוּדָה אוֹמֵר, הָיוּ שׁוֹנִין וְאוֹמְרִין, אָנוּ לְיָהּ וּלְיָהּ עֵינֵינוּ: ה אֵין פּוֹחֲתִין מֵעֶשְׂרִים וְאַחַת תְּקִיעָה בַּמִּקְדָּשׁ, וְאֵין מוֹסִיפִין עַל אַרְבָּעִים וּשְׁמוֹנֶה. בְּכָל יוֹם הָיוּ שָׁם עֶשְׂרִים וְאַחַת תְּקִיעָה, שָׁלֹשׁ לִפְתִיחַת שְׁעָרִים, תֵּשַׁע לַתָּמִיד שֶׁל שַׁחַר, וְתֵשַׁע לַתָּמִיד שֶׁל בֵּין הָעַרְבַּיִם. וְלַמּוּסָפִין הָיוּ מוֹסִיפִין עוֹד תֵּשַׁע. וּבְעֶרֶב שַׁבָּת הָיוּ מוֹסִיפִין עוֹד שֵׁשׁ, שָׁלֹשׁ לְהַבְטִיל הָעָם מִמְּלָאכָה, וְשָׁלֹשׁ לְהַבְדִּיל בֵּין קֹדֶשׁ לְחֹל. עֶרֶב שַׁבָּת שֶׁבְּתוֹךְ הֶחָג הָיוּ שָׁם אַרְבָּעִים וּשְׁמוֹנֶה, שָׁלֹשׁ לִפְתִיחַת שְׁעָרִים, שָׁלֹשׁ לַשַּׁעַר הָעֶלְיוֹן, וְשָׁלֹשׁ

Israeliten zur Frauenhalle hinabführt, in ihren Händen zwei Trompeten, aus denen beim ersten Hahnenruf ein gedehnter, ein schmetternder und wieder ein gedehnter Ton erschallt[15]. Man gelangt zur zehnten Stufe — ein gedehnter, ein schmetternder und wieder ein gedehnter Ton[16]. Man gelangt zur Halle — ein gedehnter, ein schmetternder und wieder ein gedehnter Ton. Und so bliesen sie weiter, bis man an das nach Osten hinausführende Tor gelangte. War man bei dem nach Osten hinausführenden Tore angelangt, wandte man das Antlitz nach Westen[17] und sprach: Unsere Väter[18], wenn sie an diesem Orte standen, kehrten sie dem Tempel des Ewigen den Rücken zu, ihr Gesicht aber dem Osten, und sie warfen sich ostwärts vor der Sonne nieder[19]; wir aber, unsere Augen sind auf Gott gerichtet. R. Juda meint: Sie wiederholten[20], indem sie sprachen: Wir aber sind Gottes, und auf Gott sind unsere Augen gerichtet. **5.** Man bläst nicht weniger als einundzwanzig Töne im Heiligtum und nicht mehr als achtundvierzig. Täglich blies man daselbst einundzwanzig Töne: drei beim Oeffnen der Tore, neun beim Morgenopfer und neun beim Nachmittagsopfer[21]. Bei den Musafopfern fügte man noch neun hinzu. Am Vorabend des Sabbat[22] fügte man noch sechs hinzu: drei, damit das Volk die Arbeit einstelle[23], und drei, um das Heilige vor dem Unheiligen auszuzeichnen[24]. Am Vorabend des Sabbat, der in die Festwoche fiel, gab es deren achtundvierzig: drei beim Oeffnen der Tore, drei am obern Tore[25], drei am

---

15) Das war nach denen, die diese Feier mit dem Wasseropfer in Verbindung bringen (s. Anm. 2), das Signal zum Aufbruch nach dem Schiloaḥ. 16) R. Eli'ezer b. Jakob ist, wie aus einer Baraita (Babeli 54 a) ersichtlich, der Ansicht, dass auf der zehnten Stufe nicht geblasen wurde. 17) dem Heiligtum zu. 18) zur Zeit des ersten Tempels. 19) אחריהם bis לשמש ist ein Zitat aus Ez. 8, 16, wo aber משתחויתם statt משתחוים steht. 20) den Gottesnamen. 21) s. Tamid VII, 3. 22) um die Zeit des Sonnenuntergangs. 23) Beim ersten Tone hört man mit der Feldarbeit auf, beim zweiten werden die Kaufläden geschlossen, beim dritten entfernt man die Speisen vom Feuer und zündet die Lampen an. 24) den Eintritt des Sabbat zu verkünden. 25) am Nikanortore, durch welches man aus der

untern Tore[26], drei beim Wasserschöpfen[27], drei am Altare[28], neun beim Morgenopfer, neun beim Abendopfer, neun beim Musafopfer, drei, damit das Volk die Arbeit einstelle, und drei, um das Heilige vor dem Unheiligen auszuzeichnen.

6. Am ersten Feiertage des Festes gab es dreizehn Farren, zwei Widder und einen Ziegenbock[29]; es blieben dann noch vierzehn Lämmer für acht Abteilungen zurück[30], von denen sechs am ersten Tage je zwei und die übrigen je eines darbrachten[31]. Am zweiten Tage brachten fünf je zwei dar und die übrigen je eines. Am dritten brachten vier je zwei dar und die übrigen je eines. Am vierten brachten drei je zwei dar und die übrigen je eines. Am fünften brachten zwei je zwei dar und die übrigen je eines. Am sechsten brachte eine zwei dar und die übrigen je eines. Am siebenten waren alle in gleicher Weise beteiligt[32]. Am achten[33] kehrte man zur Auslosung wie an den anderen Festen

לְשַׁעַר הַתַּחְתּוֹן, שָׁלֹשׁ לְמִלּוּי הַמַּיִם, וְשָׁלֹשׁ עַל גַּבֵּי מִזְבֵּחַ, תֵּשַׁע לַתָּמִיד שֶׁל שַׁחַר, וְתֵשַׁע לַתָּמִיד שֶׁל בֵּין הָעַרְבַּיִם, וְתֵשַׁע לַמּוּסָפִין, שָׁלֹשׁ לְהַבְטִיל אֶת הָעָם מִן הַמְּלָאכָה, וְשָׁלֹשׁ לְהַבְדִּיל בֵּין קֹדֶשׁ לְחֹל:

ו יוֹם טוֹב הָרִאשׁוֹן שֶׁל חָג הָיוּ שָׁם שְׁלֹשָׁה עָשָׂר פָּרִים וְאֵילִים שְׁנַיִם וְשָׂעִיר אֶחָד. נִשְׁתַּיְּרוּ שָׁם אַרְבָּעָה עָשָׂר כְּבָשִׂים לִשְׁמֹנָה מִשְׁמָרוֹת. בַּיּוֹם הָרִאשׁוֹן שִׁשָּׁה מַקְרִיבִין שְׁנַיִם שְׁנַיִם, וְהַשְּׁאָר אֶחָד אֶחָד. בַּשֵּׁנִי חֲמִשָּׁה מַקְרִיבִין שְׁנַיִם שְׁנַיִם, וְהַשְּׁאָר אֶחָד אֶחָד. בַּשְּׁלִישִׁי אַרְבָּעָה מַקְרִיבִין שְׁנַיִם שְׁנַיִם, וְהַשְּׁאָר אֶחָד אֶחָד. בָּרְבִיעִי שְׁלֹשָׁה מַקְרִיבִין שְׁנַיִם שְׁנַיִם, וְהַשְּׁאָר אֶחָד אֶחָד. בַּחֲמִישִׁי שְׁנַיִם מַקְרִיבִין שְׁנַיִם שְׁנַיִם, וְהַשְּׁאָר אֶחָד אֶחָד. בַּשִּׁשִּׁי אֶחָד מַקְרִיב שְׁנַיִם, וְהַשְּׁאָר אֶחָד אֶחָד. בַּשְּׁבִיעִי כֻּלָּן שָׁוִין. בַּשְּׁמִינִי חָזְרוּ לַפַּיִס כִּבְרְגָלִים.

Halle der Israeliten in die Frauenhalle hinabsteigt. Es wird hier wie in der vorigen Mischna das obere Tor genannt, weil es 7 ½ Ellen höher lag als das „untere“, welches in der vorigen Mischna als das nach Osten hinausführende Tor bezeichnet wurde. [26]) Die Mischna vertritt hier die Ansicht des R. Eli ezer ben Jakob (Anm. 16); daher werden die auf der zehnten Stufe geblasenen Töne nicht mitgezählt. [27]) K. IV M. 9. [28]) das. M. 5. [29]) als Musafopfer darzubringen (4. B. M. 29, 13 u. 16). [30]) Die Priester waren in 24 Abteilungen geordnet, die den Tempeldienst abwechselnd in einer bestimmten Reihenfolge (I Chr. 24, 7—18) je eine Woche lang verrichteten. Nur bei den besonderen Opfern (dem sogenannten Mûsâf) der Festtage waren sie alle gleichberechtigt (s. M. 7). Die diensttuenden Priester wurden durch das Los bestimmt (s. oben S. 153 u. 300 f.) und zu diesem alle anwesenden zugelassen, sie mochten zu welcher Abteilung immer gehören. Am Hüttenfeste aber wurden die darzubringenden Tiere wegen ihrer grössern Zahl unter den einzelnen Abteilungen nach dem nun folgenden Modus verteilt. [31]) Zunächst erhielten 13 Abteilungen je einen der 13 Farren und 3 Abteilungen die beiden Widder und den Bock; es waren dann noch 14 Lämmer an 8 Abteilungen abzugeben, von denen die 6 ersten je 2 Lämmer bekamen und die beiden letzten je eines. [32]) Am zweiten Tage waren nur 12 Farren darzubringen, während die Zahl der übrigen Opfer unverändert blieb. Es gab also nicht mehr 30 Tiere zum Musaf wie am ersten Tage, sondern bloss 29 (4. B. M. 29, 17—19), so dass nur 5 übrig blieben und daher nur 5 Abteilungen je zwei Lämmer erhielten. Und da die Zahl der Farren mit jedem Tage um 1 abnahm (das. 20—31), verringerte sich in demselben Verhältnis auch die Zahl der mit 2 Lämmern bedachten Abteilungen. Am siebenten Tage waren nur 7 Farren, 2 Widder, 1 Bock und 14 Lämmer darzubringen (das. 32—34), im ganzen also 24 Tiere, so dass auf jede Abteilung nur eines kam. [33]) an welchem es nur 1 Farren, 1 Widder, 1 Bock und

אָמְרוּ, מִי שֶׁהִקְרִיב פָּרִים הַיּוֹם, לֹא
יַקְרִיב לְמָחָר, אֶלָּא חוֹזְרִין חֲלִילָה:
ז בִּשְׁלשָׁה פְרָקִים בַּשָּׁנָה, הָיוּ כָּל
הַמִּשְׁמָרוֹת שָׁוִים בְּאֵמוּרֵי הָרְגָלִים
וּבְחִלּוּק לֶחֶם הַפָּנִים. בָּעֲצֶרֶת אוֹמְרִים
לוֹ, הֵא לְךָ מַצָּה הֵא לְךָ חָמֵץ. מִשְׁמָר
שֶׁזְּמַנּוֹ קָבוּעַ, הוּא מַקְרִיב תְּמִידִין
נְדָרִים וּנְדָבוֹת וּשְׁאָר קָרְבְּנוֹת צִבּוּר,

zurück[34]. Es wurde bestimmt, dass diejenigen, die heute die Stiere darbrachten, sie morgen nicht darbringen, dass sie vielmehr die Runde machen[35]. **7.** Dreimal im Jahre[36] waren alle Abteilungen gleichberechtigt bei den Festopfern[37] und bei der Verteilung des innern Brotes[38]. Am Wochenfeste[39] sagt man ihm: Da nimm Ungesäuertes, da nimm Gesäuertes[40]. Die Abteilung, deren Dienstzeit an der Reihe ist[41], bringt die täglichen Opfer[42] dar, desgleichen gelobte und gespendete[43], wie auch die übrigen öffentlichen Opfer[44];

---

7 Lämmer darzubringen gab (das. 35—38), zusammen also 10 Tiere. [34]) s. Anm. 30. [35]) Von den 13 Abteilungen, die am ersten Tage je einen Farren dargebracht hatten, erhielt am zweiten Tage, an welchem es deren bloss 12 gab, nur die erste wieder einen Farren; die übrigen 11 bekamen die anderen 11 Abteilungen. Am dritten Tage wurden die 10 Farren von den Abteilungen 2—11 dargebracht, am vierten die 9 Farren von den Abteilungen 12—20 u. s. w. Im ganzen waren es 70 Farren, die an den 7 Tagen des Festes geopfert wurden. Es kamen mithin je 3 auf die ersten 22 Abteilungen und je 2 auf die beiden letzten. — Wenn חלילה = תחלה ist, so heisst חוזרין חלילה: s i e k e h r e n w i e d e r z u m A n f a n g z u r ü c k. Wahrscheinlicher aber ist, dass חלילה den K r e i s bezeichnet und der Stamm חלל (als Nebenform von חול und חיל) s i c h d r e h e n, w i n d e n bedeutet: vgl. ולבי חלל בקרבי (Ps. 109, 22). [36]) Am Pesach-, am Wochen- und am Hüttenfeste. [37]) bei der Darbringung der besonderen Opfer, die durch das Fest veranlasst sind, und bei der Verteilung ihres Fleisches, ihrer Felle, ihres Brotes. אימורים steht hier in weiterm Sinne und bezeichnet nicht wie sonst die auf dem Altar zu verbrennenden Fettstücke, sondern die „v o r g e s c h r i e b e n e n" Opfer überhaupt (s. Joma VI Anm. 34). [38]) der zwölf Brote (2. B. M. 25, 30 u. 3. B. M. 24, 5—9), welche die ganze Woche hindurch auf dem goldenen Tisch im Innern des Heiligtums (שלחן הפנים — 4. B. M. 4, 7) lagen und am Sabbat unter die Priester verteilt wurden (s. die folgende Mischna). Fiel ein Festtag auf Sabbat, so erhielten sämtliche anwesenden Priester, welcher Abteilung sie auch angehörten, gleichen Anteil, obschon dieses Brot keinerlei Beziehung zum Feste hat. [39]) עצרת, in der Bibel die Bezeichnung für das auf das Hüttenfest folgende S c h l u s s f e s t, bedeutet in der Mischna überall das Wochenfest, das ja nicht wie die übrigen Feste an einen bestimmten Monatstag gebunden ist, sondern als S c h l u s s f e s t zum Pesachfeste 50 Tage nach dessen Eintritt gefeiert wird (3. B. M. 23, 15 ff.), gleichviel ob die Monate Nisan und Ijar 58, 59 oder 60 Tage haben. [40]) Zu den besonderen Opfern des Wochenfestes gehören auch zwei Brote aus g e s ä u e r t e m Teig, die als Erstlingsopfer vom Weizen dargebracht wurden (das. 16—17). Das innere Brot war ungesäuert. Fiel nun das Fest auf Sabbat, so wurde nicht etwa zunächst das innere Brot an einen Teil der Priester und dann das Erstlingsopfer an die übrigen verteilt, vielmehr erhielt jeder Priester gleichen Anteil sowohl vom ungesäuerten als vom gesäuerten Brote. [41]) wörtlich: d e r e n Z e i t f e s t g e s e t z t i s t, nämlich für die Woche, in die der Festtag fällt. [42]) das Morgen- und das Abendopfer (4. B. M. 28, 1—8). [43]) G e l o b t e Opfer sind solche, die man auf Grund eines vorangegangenen Gelübdes (הרי עלי עולה) darbringt; g e s p e n d e t e sind solche, die man freiwillig dem Altar weiht (הרי זו עולה). Geht ein g e l o b t e s Opfer vor der Darbringung verloren, so muss man es, um das Gelübde zu erfüllen, durch ein anderes Tier ersetzen; trifft dies ein g e s p e n d e t e s Opfer, so ist es dem Altar abhanden gekommen, und man hat nicht nötig, es zu ersetzen. [44]) und zwar nicht allein die ständigen, wie z. B. das besondere Sabbatopfer (4 B. M. 28, 9—10), wenn der Festtag auf Sabbat fällt, sondern selbst die kasualen, wie z. B. das im 3. B. M. (4, 13—21) vorgeschriebene Sündopfer der Gemeinde. שאר bezieht sich

וּמַקְרִיב אֶת הַכֹּל. יוֹם טוֹב הַסָּמוּךְ לַשַּׁבָּת בֵּין מִלְּפָנֶיהָ בֵּין מִלְּאַחֲרֶיהָ, הָיוּ כָל הַמִּשְׁמָרוֹת שָׁוִים בְּחִלּוּק לֶחֶם הַפָּנִים: ח חָל יוֹם אֶחָד לְהַפְסִיק בֵּינְתַיִם, מִשְׁמָר שֶׁזְּמַנּוֹ קָבוּעַ, הָיָה נוֹטֵל עֶשֶׂר חַלּוֹת, וְהַמִּתְעַכֵּב נוֹטֵל שְׁתַּיִם. וּבִשְׁאָר יְמוֹת הַשָּׁנָה, הַנִּכְנָס נוֹטֵל שֵׁשׁ, וְהַיּוֹצֵא נוֹטֵל שֵׁשׁ. רַבִּי יְהוּדָה אוֹמֵר, הַנִּכְנָס נוֹטֵל שֶׁבַע, וְהַיּוֹצֵא נוֹטֵל חָמֵשׁ. הַנִּכְנָסִין חוֹלְקִין בַּצָּפוֹן, וְהַיּוֹצְאִין בַּדָּרוֹם. בִּלְגָּה לְעוֹלָם חוֹלֶקֶת בַּדָּרוֹם, וְטַבַּעְתָּהּ קְבוּעָה, וְחַלּוֹנָהּ סְתוּמָה:

sie bringt überhaupt alles dar[45]. An dem einem Feiertage benachbarten Sabbat, sei es ein vorangehender, sei es ein nachfolgender, sind alle Abteilungen bei der Verteilung des innern Brotes gleichberechtigt[46]. **8.** Fällt aber ein Tag trennend dazwischen[47], so nimmt die Abteilung, deren Dienstzeit an der Reihe ist[41], zehn Brote und die als Gast verweilende[48] deren zwei. An den übrigen Tagen des Jahres[49] nimmt die eintretende sechs und die austretende sechs[50]. R. Juda sagt: Die eintretende nimmt sieben und die austretende nimmt fünf. Die Eintretenden teilen im Norden, die Austretenden im Süden. Bilga[51] teilte stets im Süden[52], ihr Ring war unbeweglich[53] und ihre Nische vermauert[54].

---

auf חמידין, die öffentliche Opfer sind; נדרים ונדבות dagegen sind Privatopfer. [45]) sogar die für den „Nachtisch des Altars" (s. Schekalim IV Anm. 25) bestimmten Opfer. [46]) Beginnt das Fest mit einem Sonntag, so müssen die Priester aller Abteilungen spätestens Freitag in Jerusalem eintreffen, da man am Sabbat nicht reisen darf; schliesst es mit einem Freitag, so müssen sie aus demselben Grunde den Sabbat in der heiligen Stadt zubringen. Darum erhalten sie in beiden Fällen ihren Anteil genau so, wie wenn der Festtag mit dem Sabbat zusammenfällt. [47]) Das Fest beginnt am Montag, die Priester hätten also Zeit gehabt, am Sonntag einzutreffen, sind aber dennoch schon am Freitag angelangt; oder es endet das Fest am Donnerstag, die Priester konnten Freitag abreisen, sind aber gleichwohl über Sabbat geblieben. [48]) מתעכב (zögernd, säumig) scheint hier in einem weitern Sinne zu stehen und im Gegensatz zu קבוע (dauernd) den vorübergehenden Aufenthalt, das gastliche Verweilen zu bedeuten; denn es soll ja nicht allein die später als nötig Abgereisten, sondern auch die zu früh Eingetroffenen bezeichnen. [49]) ausserhalb der drei Festzeiten. [50]) Die Abteilungen wechselten am Sabbat. Die austretende verrichtete den Morgen- und den Musafdienst, die eintretende den Abenddienst. [51]) 1 Chr. 24, 14. [52]) Als Grund für diese Zurücksetzung wird angegeben, dass die Priester dieser Abteilung meist unpünktlich erschienen und dadurch ihren geringen Eifer für den Tempeldienst bekundeten. Laut einem andern Bericht hätte eine Frau aus diesem Geschlecht, die vom Glauben der Väter abgefallen war und einen syrisch-griechischen Soldaten geheiratet hatte, beim Einzug der Feinde in den Tempel mit ihrer Sandale auf den Altar geschlagen, indem sie rief: Du Wolf, du Wolf, wie lange noch wirst du Israels Habe fressen, ohne ihm in der Stunde der Not zur Seite zu stehen. [53]) Der Hohepriester Joḥanan hatte 24 Ringe nach Anzahl der Priesterabteilungen nördlich vom Altar am Boden befestigen lassen, um die zu schlachtenden Opfertiere fesseln zu können (Middot III 5, Soṭa 48 a). Später wurde Bilga's Ring so befestigt, dass er seinem Zwecke nicht mehr dienen konnte, wodurch diese Abteilung genötigt war, einen fremden Ring zu benutzen. Zwar kamen für das tägliche Opfer immer nur dieselben zwei Ringe in Betracht (Tamid IV 1); aber diese Bestimmung galt eben nur für das Morgen- und das Abendopfer; alle übrigen Opfer schlachtete jede Abteilung (ausser Bilga) an ihrem eigenen Ringe. [54]) In einer neben dem Nikanortor befindlichen Kammer (Middot I 4) waren verschliessbare Nischen mit je vier Fächern, in denen die Priestergewänder aufbewahrt wurden (Tamid V 3). Jede Abteilung hatte ihre eigene Nische (Tosefta z. St.). Später wurde die für Bilga bestimmte aufgehoben, so dass diese Abteilung nunmehr auf die Priesterkleider der anderen angewiesen war. [רש"י ז"ל והנמשכים אחריו פרשו שלסכינים היו חלונות בלשכת בית החלפות ואני לא מצאתי חלונות לסכינים אלא לבגדים וכן פירש ר"ם ז"ל.]

TRAKTAT JOM TOB (BÊSZA) מַסֶּכֶת יוֹם טוֹב (בֵּיצָה)

Einleitung.

Der Traktat Jom Ṭob, nach dem Worte, mit dem er beginnt, auch Bêsza genannt, enthält die allgemeinen Vorschriften über die Feiertage, während die Traktate Pesaḥim, Rosch haschana, Jom hakkippurim (Joma) und Sukka die besonderen Gebote jedes einzelnen dieser Feste behandeln. Warum unser Traktat trotzdem erst hinter Sukka seine Stelle hat und nicht sofort auf ʻErubin folgt, ist bereits in der Einleitung zum Traktat Scheḳalim (S. 260) erklärt worden.

Der Feiertag unterscheidet sich vom Sabbat hauptsächlich dadurch, dass an ihm einige zur Speisebereitung erforderliche Tätigkeiten gestattet sind, die am Sabbat nicht verrichtet werden dürfen (s. Sabbat VII 2), insbesondere Schlachten, Enthäuten, Kneten, Kochen, Backen. Andere, wie Mähen, Dreschen, Mahlen, Sieben, Jagen bleiben verboten, wenn sie auch zur Beschaffung der Nahrung für den Feiertag notwendig wären. Wieder andere, wie Seihen, Auslesen, Zerstossen, Holzspalten, Messerschleifen sind in der gewöhnlichen Weise untersagt, in einer von dem werktäglichen Verfahren abweichenden Art erlaubt. Das Feueranzünden und der Transport auf öffentlichem Gebiet sowie aus privatem in öffentliches und umgekehrt ist auch dann gestattet, wenn es nicht dem Zwecke der Speisebereitung dient. Ein klares, konsequent durchgeführtes Prinzip lässt sich in diesen Bestimmungen nicht erkennen. Maimonides meint (Hil. Jom Ṭob I 5), dass alle Verrichtungen, die ohne Schaden für den Wohlgeschmack der Speise vor Eintritt des Festes erledigt werden können, verboten blieben, damit man diese Arbeiten nicht auf den geschäftsfreien Feiertag verschiebe und schliesslich an einer würdigen Feier des heiligen Tages gehindert werde. Leider reicht dieses vortreffliche und logisch begründete Unterscheidungsmerkmal nicht aus. So ist z. B. Fische zu fangen untersagt, Tiere zu schlachten erlaubt, obschon das Fleisch der Fische noch schneller als das der Rinder verdirbt (allerdings kann man Fische in einem Gefäss mit Wasser kurze Zeit am Leben erhalten). Auch darf man Obst nicht vom Baume pflücken, Gemüse nicht aus der Erde reissen, weil Getreide zu mähen verboten ist, obgleich frisches Obst und Gemüse besser als altes schmeckt; dagegen ist Salz, das doch gewiss nicht verdirbt, wenigstens auf eine sonst nicht übliche Art zu zerstossen gestattet, obwohl man Getreide unter keinen Umständen mahlen darf und Zerstossen ebenso zum Begriffe des Mahlens gehört wie Früchte pflücken zu dem des Mähens.

Die Speisebereitung ist am Feiertage nur für diesen Tag gestattet. Ist der folgende Tag ein Sabbat, darf man für diesen nur dann am Feiertage kochen, backen, warmstellen oder Licht anzünden, wenn man schon vor Eintritt des Festes eine Speise für den Sabbat hergestellt hat. Mit anderen Worten: Man darf am Feiertage die Vorbereitungen für den Sabbat nicht erst in Angriff nehmen, wohl aber fortsetzen und vollenden. Den Namen ʻErub Tabschilin (wörtlich: Vermengung der Gerichte), mit dem man diese Speise bezeichnet, kann man zur Not damit erklären, dass die am Feiertage herzustellenden Gerichte mit der vorher hergestellten Speise zum Sabbatmahl vereinigt werden; denn wenn diese am Feiertage aufgegessen wurde oder sonstwie abhanden kam, darf man im weitern Verlaufe des Tages nichts mehr für den Sabbat kochen. Wahrscheinlicher ist die Annahme, dass wir es hier mit einer Uebertragung des aus dem Traktat ʻErubin bekannten Begriffes zu tun haben. Schon dort wird die Bezeichnung ʻErub

weniger auf die Verbindung der Höfe und die Verschmelzung der Sabbatbezirke (Einleitung daselbst Abs. 1 u. 4) als auf die Speise angewendet, durch
welche diese Vereinigung bewirkt wird (s. das. Kap. III Anm. 21). So hat das
Wort 'Erub mit der Zeit die Bedeutung einer Speise erlangt, die die Umgehung
eines rabbinischen Verbotes ermöglicht, und so wurde dieser Begriff später auch
auf die Speise übertragen, durch die das rabbinische Verbot, am Feiertage für den
Sabbat zu kochen und zu backen, ausser Kraft gesetzt wird. Nach beiden Talmuden
entsprang dieses Verbot der Befürchtung, die unwissende Menge könnte zu dem
Irrtum geführt werden, dass man am Feiertage nach Belieben kochen und backen
dürfe, also auch für den folgenden Tag, selbst wenn dieser ein Werktag ist. Durch
den 'Erub wird nun den Leuten eingeprägt, dass man nicht einmal für den heiligen
Sabbat ohne weiteres Speisen bereiten darf. Nach einer andern Erklärung, die sich
nur im bab. Talmud findet, ist der 'Erub eingeführt worden, damit man über den
Vorbereitungen zum Feste nicht des unmittelbar sich anschliessenden Sabbat vergesse, sondern schon am Rüsttage des Feiertages die für den Sabbat erforderlichen
Nahrungsmittel rechtzeitig herbeischaffe.

Was am Feiertage verwendet werden soll, sei es ein Verbrauchs- oder ein
Gebrauchsgegenstand, muss schon vor Eintritt des Festes für diesen Zweck bereit
stehen (מוכן). Daher darf man in Freiheit lebende Tiere wie Tauben u. ä. nur
dann schlachten, Bauhölzer nur dann zum Heizen benutzen, zum Verkauf bestimmte
Geräte nur dann in Gebrauch nehmen, wenn man sie schon am Rüsttage dazu aus-
ersehen hat. Andernfalls sind sie nicht מוכן, sondern מוקצה (dem Gebrauch
entzogen, wörtlich: abgesondert) und dürfen am heiligen Tage nicht
nur nicht verwendet, sondern nicht einmal von der Stelle gerührt werden. Das Wort
מוקצה bezeichnet in erster Reihe die zum Trocknen ausgebreiteten Feigen (vgl.
Ma'serot II, 7—8 und III, 1), also Früchte, die man in der Absicht, sie vorläufig
nicht zu geniessen, bei Seite gelegt hat. Neben diesem eigentlichen מוקצה
(מוקצה דדחייה בידים) unterscheidet man noch folgende Arten: 1) נולד, alles was am
heiligen Tage erst entstanden oder gebrauchsfertig geworden ist; 2) מוקצה מחמת
חסרון כיס, was durch die Benutzung mehr oder minder entwertet wird, wie Waren
und besonders feine oder empfindliche Instrumente; 3) מוקצה מחמת מאוס, alles
Widerliche und Ekelerregende, z. B. schmutzige Gefässe; 4) מוקצה מחמת אסור, was
einer verbotenen Tätigkeit dient wie Nähnadel, Schreibfeder u. dgl. — Gegenstände
der letzten Art dürfen, wenn es Geräte sind, am heiligen Tage zu erlaubten Zwecken
verwendet werden; auch darf man sie, wenn man den Platz braucht, auf dem sie
liegen, entfernen und anderwärts hintragen; man darf sie nur nicht zu ihrem eigenen
Schutze von ihrer Stelle bewegen.

Aus dem Begriffe des מוכן und seines Gegensatzes מוקצה erklärt sich ein beträchtlicher Teil der Vorschriften unseres Traktates. Diese sind freilich nicht übersichtlich an einander gereiht, sondern fast über alle fünf Kapitel verstreut. Mit
מוקצה beginnt der Traktat, und mit מוקצה schliesst er. Dazwischen befasst er sich
insbesondere mit dem Gesetze über die Speisebereitung an Feiertagen. In der
Hauptsache behandeln die beiden ersten Kapitel einige Streitfragen, in denen die
Schulen Hillels und Schammais auseinander gingen, das dritte und vierte die Bedingungen, unter denen die Speisebereitung gestattet ist, und die Einschränkungen,
denen sie unterworfen ist, während das letzte sich grösstenteils mit dem Sabbatbezirk (s. 'Erubin, Einl. Abs. 4) solcher Gegenstände beschäftigt, an denen mehrere
Personen einen Anteil oder ein Anrecht haben.

ABSCHNITT I.

1. Ein am Feiertage gelegtes Ei, meint die Schule Schammais, darf[1] gegessen werden; die Schule Hillels aber meint, es dürfe nicht gegessen werden[2]. Die Schule Schammais lehrt: Sauerteig von Olivengrösse und Gesäuertes von Dattelgrösse; die Schule Hillels aber lehrt: Beides von Olivengrösse[3]. **2.** Wer am Feiertage Wild oder Geflügel schlachtet[4], grabe nach Ansicht der Schule Schammais mit dem Spaten und bedecke; die Schule Hillels aber lehrt, man solle nicht schlachten,

פרק א.

א בֵּיצָה שֶׁנּוֹלְדָה בְּיוֹם טוֹב, בֵּית שַׁמַּי אוֹמְרִים תֵּאָכֵל, וּבֵית הִלֵּל אוֹמְרִים לֹא תֵאָכֵל. בֵּית שַׁמַּי אוֹמְרִים, שְׂאוֹר בִּכְזַיִת וְחָמֵץ בִּכְכוֹתֶבֶת, וּבֵית הִלֵּל אוֹמְרִים, זֶה וָזֶה בִּכְזַיִת: **ב** הַשּׁוֹחֵט חַיָּה וָעוֹף בְּיוֹם טוֹב, בֵּית שַׁמַּי אוֹמְרִים, יַחְפּוֹר בְּדֶקֶר וִיכַסֶּה, וּבֵית הִלֵּל אוֹמְרִים, לֹא יִשְׁחוֹט אֶלָּא אִם כֵּן הָיָה לוֹ

---

[1]) noch am selben Tage. [2]) ehe der Feiertag zu Ende gegangen. — Wie aus Mischna 4 ersichtlich, darf man am Feiertage nichts geniessen, was nicht schon vor Eintritt des Festes dazu bestimmt und vorbereitet war (Einl. Abs. 4.) Dazu gehört in erster Reihe alles, was erst am heiligen Tage entstanden ist (נולד). Daher darf man z. B. am Feiertage keine Milch verwenden, die erst an diesem Tage gemolken wurde Eier dagegen, die man in einer am Feiertage geschlachteten Henne findet, sind auch dann, wenn sie schon vollkommen ausgebildet, mithin nicht mehr als Bestandteile der Henne anzusehen sind, am Feiertage zum Genusse gestattet, weil sie schon vor Eintritt des Festes in geniessbarem Zustande vorhanden waren. Es entsteht nun die Frage: Wie verhält es sich in dieser Beziehung mit frisch gelegten Eiern? Sind sie als etwas Neuentstandenes zu betrachten oder nicht? Die Schule Schammais verneint die Frage, weil sie zwischen gelegten und ungelegten Eiern keinen wesentlichen Unterschied erkennt; beide waren, worauf es nach ihrer Meinung allein ankommt, schon am Rüsttage reif für den Genuss. Die Schule Hillels bejaht die Frage, weil das Ei erst in dem Augenblicke, da es heraustritt, seine volle Reife erlangt; es unterscheidet sich vom ungelegten nicht allein im Geschmack, sondern auch dadurch, dass es ausgebrütet werden kann, jenes aber nicht. So die Begründung im Jeruschalmi. Von den vier verschiedenen Erklärungen, die der bab. Talmud gibt, sei hier nur eine, die des R. Josef, angeführt: Früchte, die am Feiertage vom Baume gefallen sind, haben die Rabbinen für den ganzen Tag verboten, damit man nicht am heiligen Tage Früchte vom Baume pflücke, was einen schweren Verstoss gegen ein Gesetz der Tora in sich schliesst. Nach der Schule Hillels wäre nun in dem Verbot der herabgefallenen Früchte auch das am Feiertage gelegte Ei inbegriffen, obgleich der Grund für jene rabbinische Bestimmung hier nicht zutrifft; die Schule Schammais dagegen ist der Ansicht, dass das Verbot nicht auf alle ähnlichen Fälle auszudehnen, sondern auf diejenigen zu beschränken ist, in denen die Verletzung eines göttlichen Gesetzes zu befürchten steht. [3]) Es handelt sich hier um das Verbot, am Pesachfeste Gesäuertes und Sauerteig zu b e s i t z e n (2. B. M. 13, 7). Da die Tora das Verbot des Sauerteigs besonders erwähnt, obgleich es aus dem Verbote des Gesäuerten sich von selbst ergibt, so muss das straffällige Quantum bei Sauerteig kleiner sein als bei Gesäuertem. Dies die Ansicht der Schammaïten, die jedoch von den Hilleliten mit dem Hinweis darauf bekämpft wird, dass das Verbot des Sauerteigs nicht ohne weiteres aus dem allgemeinen Verbot des Gesäuerten erschlossen werden konnte, da dieses geniessbar, jener aber ungeniessbar ist, wie auch umgekehrt das Verbot des Gesäuerten nicht aus dem des Sauerteigs gefolgert werden konnte, da dieser einen höhern Grad der Gärung darstellt als jenes. Hinsichtlich des Verbotes, am Pesach Gesäuertes und Sauerteig zu e s s e n, räumt auch die Schule Schammais ein, dass die Strafbarkeit bei beiden schon mit Olivengrösse eintritt. — Die ganze Streitfrage gehört im Grunde nicht hierher; sie wird hier nur angeführt, weil sie auch in ʿEdujot (IV 1), wo die Fälle aufgezählt werden, in denen Bêt Schammai der erleichternden und Bêt Hillel der erschwerenden Ansicht huldigt, im Anschluss an den ersten Satz unserer Mischna vorgetragen wird. [4]) deren Blut

עָפָר מוּכָן מִבְּעוֹד יוֹם. וּמוֹדִים שֶׁאִם
שָׁחַט שֶׁיַּחְפּוֹר בְּדֶקֶר וִיכַסֶּה, שֶׁאֵפֶר
כִּירָה מוּכָן הוּא: ג בֵּית שַׁמַּאי אוֹמְרִים,
אֵין מוֹלִיכִין אֶת הַסֻּלָּם מִשּׁוֹבָךְ
לְשׁוֹבָךְ, אֲבָל מַטֵּהוּ מֵחַלּוֹן לְחַלּוֹן,
וּבֵית הִלֵּל מַתִּירִין. בֵּית שַׁמַּאי אוֹמְרִים,
לֹא יִטּוֹל אֶלָּא אִם כֵּן נִעְנַע מִבְּעוֹד
יוֹם. וּבֵית הִלֵּל אוֹמְרִים, עוֹמֵד וְאוֹמֵר
זֶה וָזֶה אֲנִי נוֹטֵל: ד זִמֵּן שְׁחוֹרִים
וּמָצָא לְבָנִים, לְבָנִים וּמָצָא שְׁחוֹרִים,
שְׁנַיִם וּמָצָא שְׁלשָׁה, אֲסוּרִים. שְׁלשָׁה

wenn man keine Erde hat, die vom vorangegangenen Tage her vorbereitet ist — räumt also ein, dass man, wenn man doch geschlachtet hat, mit dem Spaten graben und bedecken soll[6] — denn die Asche des Herdes liegt ja bereit[7]. **3.** Die Schule Schammais sagt: Man darf die Leiter nicht von einem Taubenschlag zum andern tragen[8], wohl aber von einem Flugloch zum andern[9] neigen; die Schule Hillels aber erlaubt beides. Die Schule Schammais ist der Ansicht, dass man nicht herausnehmen darf, was man nicht, solange es noch Tag war, geschüttelt hat; die Schule Hillels aber erklärt, man brauche sich nur hinzustellen und zu sagen: Diese und diese will ich herausnehmen[10]. **4.** Hat man schwarze bestimmt und findet weisse, weisse und findet schwarze, zwei und findet drei, sind sie verboten[11];

---

nach 3. B. M. 17, 13 mit Erde bedeckt werden muss. 5) מבעוד יום (wörtlich: solange es noch Tag war) fehlt in ʿEdujot (IV 2) und im Jeruschalmi z. St. 6) Da es nicht kurz heisst: ובית הלל אסרין (= die Schule Hillels aber verbietet es), so ergibt sich, dass einerseits die Schammaïten sogar von vornherein zu schlachten und die erforderliche Erde auszugraben gestatten, andererseits die Hilleliten der vollzogenen Tatsache gegenüber ihre Bedenken zurückstellen. 7) Diese Begründung findet schon der bab. Talmud befremdlich. Vielleicht sind die Worte ומודים bis ויכסה nur eine Parenthese des Mischnaordners, so dass der Satz שאפר כירה מוכן הוא noch zu den Worten der Schule Hillels gehört, die damit einem naheliegenden Einwande vorbeugen will: Wenn die Tora schon das Schlachten am Feiertage erlaubt hat, warum soll es wegen des Mangels an vorbereiteter Erde unterbleiben müssen? Darauf die Antwort: Es braucht ja gar nicht zu unterbleiben, da ja die Asche des Herdes in jedem Haushalt schon vor Eintritt des Festes zu diesem Zweck bereit liegt. Nun verstehen wir auch den Streit der beiden Schulen. Die Schammaïten halten nämlich, wie aus einer Baraita in Ḥullin 88 b ersichtlich, die Asche nicht für geeignet, im Sinne des Gesetzes das Blut zu bedecken. Es bleibt also, wenn man am Feiertage Wild oder Geflügel schlachten will und keine Erde vorbereitet hat, nichts anderes übrig, als sich mit dem Spaten welche zu verschaffen, während man nach den Hilleliten zu diesem äussersten Mittel nicht zu greifen braucht, da nach ihrer daselbst ausgesprochenen Ansicht auch Asche ein geeigneter Stoff ist. [ונראה לי שזהו גם כוונת התלמוד דפריך אפר כירה מאן דכר שמיה ואלו לדעת המפרשים הוה ליה למפרך מאי קאמר מאחר שטעם המשנה אין לו שום טעם אבל לדידי שפיר קא פריך דהכי הוה ליה למימר בית שמאי אומרים יחפור בדקר ויכסה ובית הלל אומרים יכסה באפר שאפר כירה מוכן הוא אי נמי ובית הלל אומרים לא ישחוט אלא אם כן היה לו עפר מוכן או אפר שאפר כירה מוכן הוא אבל השתא אפר כירה מאן דכר שמיה ועוד מדקא משני רבה הכי קאמר ואפר כירה מוכן הוא ולא קא משני תני ואפר כירה מוכן הוא משמע שלא בא להגיה כמשנתנו אלא פרושא קמפרש לה כלומר דהך לישנא שאפר כירה מוכן הוא סיומא דמלתא דבית הלל הוא ולהשמיענו שמכסין גם באפר כירה כהך ברייתא דחולין פ״ח: והכי קאמרי לא ישחוט אלא אם כן היה לו עפר מוכן דאין לחוש שמתוך כך אתי לאמנועי משמחת יום טוב כדחיישי בית שמאי שהרי אפר כירה מוכן הוא ואם אין לו מאתמול יכול לחסיק תנור וכירים ולהכין לו אפר חם קודם שישחוט ומודים שאם כבר שחט ואין לו עפר מוכן ולא אפר כירה ועד שיסיק את התנור לצלות את העוף או החיה יבלע הדם בקרקע שיחפור בדקר ויכסה.] 8) um die zu schlachtenden Tauben am Feiertage herunterzuholen. 9) desselben Taubenschlages. 10) Man darf am Feiertage nur solche Tauben schlachten, die man noch vor Eintritt des Festes, also vor Anbruch der Nacht, ausgewählt und zu diesem Zwecke bestimmt hat (s. Einl. Abs. 4). Nach Bêt Hillel genügt dazu ein Wort, nach Bêt Schammai muss es handgreiflich geschehen. — נענע ist Iterativ von נוע = bewegen, schütteln. 11) Selbst wenn man schwarze und weisse Tauben vor dem Feste zum Schlachten bestimmt hat, diese in dem einen und jene in dem andern Neste, am Feiertage aber findet man weisse

וּמָצָא שְׁנַיִם, מֻתָּרִים. בְּתוֹךְ הַקֵּן
וּמָצָא לִפְנֵי הַקֵּן, אֲסוּרִים. וְאִם אֵין
שָׁם אֶלָּא הֵם, הֲרֵי אֵלּוּ מֻתָּרִים:
ה בֵּית שַׁמַּי אוֹמְרִים, אֵין מְסַלְּקִין
אֶת הַתְּרִיסִין בְּיוֹם טוֹב, וּבֵית הִלֵּל
מַתִּירִין אַף לְהַחֲזִיר. בֵּית שַׁמַּי
אוֹמְרִים, אֵין נוֹטְלִין אֶת הֶעֱלִי לְקַצֵּב
עָלָיו בָּשָׂר, וּבֵית הִלֵּל מַתִּירִין. בֵּית
שַׁמַּי אוֹמְרִים, אֵין נוֹתְנִין אֶת הָעוֹר
לִפְנֵי הַדַּרְסָן, וְלֹא יַגְבִּיהֶנּוּ אֶלָּא
אִם כֵּן יֵשׁ עִמּוֹ כְּזַיִת בָּשָׂר,
וּבֵית הִלֵּל מַתִּירִין. בֵּית שַׁמַּי אוֹמְרִים,
אֵין מוֹצִיאִין לֹא אֶת הַקָּטָן, וְלֹא
אֶת הַלּוּלָב, וְלֹא אֶת סֵפֶר תּוֹרָה,
לִרְשׁוּת הָרַבִּים, וּבֵית הִלֵּל מַתִּירִין:
ו בֵּית שַׁמַּי אוֹמְרִים, אֵין מוֹלִיכִין
חַלָּה וּמַתָּנוֹת לַכֹּהֵן בְּיוֹם טוֹב, בֵּין
שֶׁהוּרְמוּ מֵאֶמֶשׁ, בֵּין שֶׁהוּרְמוּ מֵהַיּוֹם,

drei und findet zwei, sind sie erlaubt. Im Neste — und findet vor dem Neste, sind sie verboten; wenn aber ausser ihnen keine vorhanden sind, so sind sie erlaubt. **5.** Die Schule Schammais lehrt, man dürfe die Klappen[12] am Feiertage nicht abnehmen[13], während die Schule Hillels sogar sie wieder anzubringen gestattet[14]. Die Schule Schammais lehrt, man dürfe die Mörserkeule[15] nicht nehmen, um Fleisch auf ihr zu hacken; die Schule Hillels erlaubt es. Die Schule Schammais lehrt, man dürfe die Haut nicht vor den Treter hinlegen[16] und sie nur dann aufheben, wenn noch Fleisch von Olivengrösse an ihr haftet[17]; die Schule Hillels aber erlaubt es[18]. Die Schule Schammais lehrt, man dürfe ein Kind, einen Feststrauss[19], eine Torarolle nicht auf öffentliches Gebiet hinaustragen[20]; die Schule Hillels aber erlaubt es[21]. **6.** Die Schule Schammais behauptet, man dürfe nicht Brothebe[22] und Abgaben[23] dem Priester am Feiertage hintragen, ob sie nun gestern oder erst heute abgehoben wurden[24];

---

im Neste der schwarzen und schwarze im Neste der weissen, sind sie verboten, weil wir annehmen, dass die ausgewählten davongeflogen und fremde an ihre Stelle getreten sind. Findet man drei Tauben, wo man nur zwei vorbereitet hat, so sind wegen der fremden Taube, sofern man sie von den beiden anderen nicht unterscheiden kann, auch diese verboten. 12) תריסין sind die an den Gewürzschränken der Krämer mittels einer Angel in der Mitte befestigten Türen, die abgenommen und während der Verkaufszeit als Ladentisch benutzt werden. Sonst ist תרים gewöhnlich der Schild. Es ist das gr. θυρεός, das im Grunde alles Türförmige bezeichnet, sowohl den Stein, der den Hauseingang schliesst, als den grossen, länglichen, viereckigen Schild. Hier steht das Wort in seiner ursprünglichen Bedeutung, wenn nicht etwa θυρίς (= die kleine Tür, Dimin. v. θύρα) zu lesen ist. 13) weil dies unter das Verbot der Bautätigkeit fällt. 14) da der Schrank kein Bauwerk, sondern ein Gerät ist. 15) עלי ist ein schwerer Stössel, mit dem man die Körner zu Graupe stampft (Spr. 27, 22), also ein Gerät, dessen eigentliche Bestimmung einer am Feiertage verbotenen Tätigkeit dient (s. Einl. Abs. 2 u. 4). 16) Durch das Treten, das die Wirkung des Gerbens hat (s. Ḥullin IX 2), soll verhütet werden, dass die vom eben geschlachteten Tiere abgezogene Haut verderbe. – Andere Lesart: לפני בית הדריסה, לפני הדריסה. 17) weil man am Feiertage nichts von seiner Stelle fortbewegen darf, was nicht zur Nahrung, zur Speisebereitung oder als Gebrauchsgegenstand dient (s. Einleitung Abs. 4). Das Wort כזית fehlt im Jeruschalmi. 18) damit man sich nicht durch die Besorgnis, das Fell könnte Schaden erleiden, zurückhalten lasse, zu Ehren des Festes ein Tier zu schlachten. 19) s. Sukka K. III Anm. 25. 20) Nach ihrer Ansicht sind die am Sabbat verbotenen, am Feiertage aber erlaubten Handlungen nur zum Zwecke der Speisebereitung gestattet. 21) Nach ihrer Meinung ist die Beförderung aus privatem in öffentliches Gebiet oder umgekehrt (über diese Begriffe s. ʿErubin K. IX Anm. 14), da sie einmal für die Speisebereitung gestattet ist, auch zu jedem andern Zwecke erlaubt. 22) 4. B. M. 15, 17—21. 23) 5. B. M. 18, 3. 24) also nicht einmal die Hebe von dem am

וּבֵית הִלֵּל מַתִּירִין. אָמְרוּ לָהֶם בֵּית שַׁמַּי גְזֵרָה שָׁוָה, חַלָּה וּמַתָּנוֹת מַתָּנָה לַכֹּהֵן, וּתְרוּמָה מַתָּנָה לַכֹּהֵן, כְּשֵׁם שֶׁאֵין מוֹלִיכִין אֶת הַתְּרוּמָה, כָּךְ אֵין מוֹלִיכִין אֶת הַמַּתָּנוֹת. אָמְרוּ לָהֶם בֵּית הִלֵּל לֹא. אִם אֲמַרְתֶּם בִּתְרוּמָה שֶׁאֵינוֹ זַכַּי בַּהֲרָמָתָהּ, תֹּאמְרוּ בְּמַתָּנוֹת שֶׁזַּכַּי בַּהֲרָמָתָן: ז בֵּית שַׁמַּי אוֹמְרִים, תְּבָלִין נִדּוֹכִין בְּמָדוֹךְ שֶׁל עֵץ, וְהַמֶּלַח בְּפַךְ וּבְעֵץ הַפָּרוּר, וּבֵית הִלֵּל אוֹמְרִים תְּבָלִין נִדּוֹכִין כְּדַרְכָּן בְּמָדוֹךְ שֶׁל אֶבֶן, וְהַמֶּלַח בְּמָדוֹךְ שֶׁל עֵץ: ח הַבּוֹרֵר קִטְנִיּוֹת בְּיוֹם טוֹב, בֵּית שַׁמַּי אוֹמְרִים, בּוֹרֵר אֹכֶל וְאוֹכֵל. וּבֵית הִלֵּל אוֹמְרִים, בּוֹרֵר כְּדַרְכּוֹ בְּחֵיקוֹ בְּקָנוֹן וּבְתַמְחוּי, אֲבָל לֹא בְטַבְלָא וְלֹא בְנָפָה וְלֹא בִכְבָרָה. רַבָּן גַּמְלִיאֵל אוֹמֵר, אַף מֵדִיחַ וְשׁוֹלֶה: ט בֵּית שַׁמַּי אוֹמְרִים, אֵין מְשַׁלְּחִין בְּיוֹם טוֹב אֶלָּא מָנוֹת. וּבֵית הִלֵּל אוֹמְרִים, מְשַׁלְּחִין בְּהֵמָה חַיָּה וָעוֹף, בֵּין חַיִּין בֵּין שְׁחוּטִין. מְשַׁלְּחִין יֵינוֹת שְׁמָנִים וּסְלָתוֹת וְקִטְנִיּוֹת, אֲבָל

die Schule Hillels aber erlaubt es. Die Schammaïten hielten ihnen eine gleiche Bestimmung entgegen[25]: Brothebe und Abgaben sind an den Priester abzuliefern, und Fruchthebe[26] ist an den Priester abzuliefern; wie man die Fruchthebe nicht hintragen darf, darf man auch nicht die Abgaben hintragen. Worauf die Hilleliten ihnen antworteten: Keineswegs! Was ihr von der Fruchthebe anführt, die man abzuheben nicht befugt ist, wollt ihr auf die Abgaben ausdehnen, die man abzuheben befugt ist[27]? **7.** Die Schule Schammais sagt: Gewürz wird mit hölzernem Stössel, Salz jedoch im Kruge und mit dem Topfquirl gestossen; die Schule Hillels sagt: Gewürz wird wie sonst mit dem steinernen und Salz mit dem hölzernen Stössel gestossen. **8** Wer Hülsenfrüchte am Feiertage liest, muss nach Ansicht der Schammaïten das Geniessbare auslesen, um es sogleich zu essen; die Hilleliten aber sagen: Er lese wie sonst[28] in seinem Schosse, im Körbchen[29], in der Schüssel, doch nicht auf einer Tafel, in einer Schwinge, einem Sieb[30]. Rabban Gamliel sagt: Man darf sogar spülen und abschöpfen[31]. **9.** Die Schule Schammais meint, man dürfe am Feiertage nur Portionen schicken[32]; die Schule Hillels aber lehrt, man dürfe Vieh, Wild und Geflügel schicken, sowohl lebendes als geschlachtetes. Man darf Wein, Oel, Mehl und Hülsenfrüchte schicken, aber nicht Getreide[33].

Feiertage hergestellten Teige und die Abgaben von dem am Feiertage geschlachteten Vieh. [25]) גזרת שוה bedeutet in der spätern Terminologie die Auslegung eines Gesetzes auf Grund eines gleichlautenden Ausdrucks in einem andern Gesetze. Hier steht das Wort noch in seinem ursprünglichen Sinne und bezeichnet die Anwendung eines Gesetzes auf einen strittigen Fall auf Grund sachlicher Uebereinstimmung (ubi eadem ratio legis, ibi eadem dispositio). [26]) 4. B. M. 18, 12. [27]) Die Abgabe von den Feldfrüchten kann am Feiertage nie zur Abhebung gelangen, weil sie erst mit der Vollendung solcher Arbeiten fällig wird, die am heiligen Tage unstatthaft sind, während die Abgabe vom Brotteig und vom Schlachtvieh auch am Feiertage fällig werden kann, da Kneten und Schlachten an diesem Tage erlaubt ist. [28]) d. h. er scheide das aus, was den kleinern Teil ausmacht und die geringere Mühe verursacht, sei es das Untaugliche, sei es das Geniessbare. [29]) קנון = κανοῦν. [30]) weil es den Anschein erweckt, dass er auf Vorrat für den folgenden Tag liest. [31]) Wasser auf die Hülsenfrüchte giessen und den oben schwimmenden Abfall entfernen. [32]) von denen man annehmen kann, dass der Empfänger der Gabe sie noch vor Ausgang des Festes verzehren wird. [33]) das meistens zur Brotbereitung verwendet wird, diesem Zwecke aber heute nicht dienen kann, weil es am Feiertage nicht gemahlen

Rabbi Simon erlaubt Getreide[34]. **10**. Man darf Kleider schicken, sowohl genähte[35] als ungenähte[36], selbst wenn beiderlei Stoffe[37] darunter sind, sofern sie nur dem Bedarf des Festes dienen können[38], aber keine genagelte Sandale[39] und keinen ungenähten Schuh. Rabbi Juda sagt: Auch keinen weissen Schuh, weil er einen Handwerker erfordert[40]. Die Regel ist: Was man benutzen kann, darf man am Feiertage schicken.

לֹא תְבוּאָה. וְרַבִּי שִׁמְעוֹן מַתִּיר בִּתְבוּאָה: י מְשַׁלְּחִין כֵּלִים בֵּין תְּפוּרִין בֵּין שֶׁאֵינָן תְּפוּרִין, וְאַף עַל פִּי שֶׁיֵּשׁ בָּהֶן כִּלְאַיִם, וְהֵן לְצֹרֶךְ הַמּוֹעֵד. אֲבָל לֹא סַנְדָּל מְסֻמָּר, וְלֹא מִנְעָל שֶׁאֵינוֹ תָפוּר. רַבִּי יְהוּדָה אוֹמֵר, אַף לֹא מִנְעָל לָבָן, מִפְּנֵי שֶׁצָּרִיךְ אֻמָּן. זֶה הַכְּלָל, כֹּל שֶׁנָּאוֹתִין בּוֹ, בְּיוֹם טוֹב מְשַׁלְּחִין אוֹתוֹ:

ABSCHNITT II.

1. Wenn ein Feiertag auf den Rüsttag des Sabbat fällt, koche man nicht von Anfang an am Feiertage für den Sabbat, sondern man kocht für den Feiertag und lässt das, was etwa übrig geblieben, für den Sabbat stehen, oder man bereitet am Rüsttage des Feiertages ein Gericht, auf das man sich für den Sabbat stützt[1]. Die Schule Schammais lehrt: zwei Gerichte, die Schule Hillels lehrt: ein Gericht; sie stimmen aber darin überein, dass ein mit Ei bestrichener Fisch ein Doppelgericht ist. Hat man es[2] aufgegessen, oder ist es abhanden gekommen, so koche man daraufhin nicht von Anfang an; hat man aber noch so wenig davon übrig behalten, so stützt man sich darauf für den Sabbat. **2.** Fällt er[3] auf den Tag nach Sabbat, so muss man nach der Ansicht der Schule Schammais alles[4] vor Sabbat ins Reinigungsbad tauchen[5];

פרק ב.

א יוֹם טוֹב שֶׁחָל לִהְיוֹת עֶרֶב שַׁבָּת, לֹא יְבַשֵּׁל אָדָם בַּתְּחִלָּה מִיּוֹם טוֹב לַשַּׁבָּת, אֲבָל מְבַשֵּׁל הוּא לְיוֹם טוֹב, וְאִם הוֹתִיר הוֹתִיר לַשַּׁבָּת. וְעוֹשֶׂה תַבְשִׁיל מֵעֶרֶב יוֹם טוֹב, וְסוֹמֵךְ עָלָיו לַשַּׁבָּת. בֵּית שַׁמַּאי אוֹמְרִים שְׁנֵי תַבְשִׁילִין, וּבֵית הִלֵּל אוֹמְרִים תַּבְשִׁיל אֶחָד. וְשָׁוִין בְּדָג וּבֵיצָה שֶׁעָלָיו, שֶׁהֵן שְׁנֵי תַבְשִׁילִין. אֲכָלוֹ אוֹ שֶׁאָבַד, לֹא יְבַשֵּׁל עָלָיו בַּתְּחִלָּה. וְאִם שִׁיֵּר מִמֶּנּוּ כָּל שֶׁהוּא, סוֹמֵךְ עָלָיו לַשַּׁבָּת: **ב** חָל לִהְיוֹת אַחַר הַשַּׁבָּת, בֵּית שַׁמַּאי אוֹמְרִים, מַטְבִּילִין אֶת הַכֹּל מִלִּפְנֵי הַשַּׁבָּת,

---

werden darf (s. Einl. Abs. 2). 34) da es ja ungemahlen gekocht werden kann. 35) die man anziehen kann. 36) die man als Hülle benutzen kann. 37) Wolle und Leinen (3. B. M. 19, 19; 5. B. M. 22, 11). 38) als Tischdecke z. B. 39) die man am Feiertage ebensowenig anziehen darf wie am Sabbat (Sabbat VI 2). 40) der ihn schwärzen soll.

1) Mit anderen Worten: Man soll die Speisebereitung für den Sabbat nicht erst am Feiertage beginnen, sondern schon am Vorabend des Festes einen kleinen Anfang machen, auf den man sich dann stützen kann, um am Feiertage selbst, auch nach beendetem Festmahl, die Vorbereitungen für den Sabbat zu Ende zu führen. Hat man diese „Verbindung der Gerichte“ (ערוב תבשלין, s. Einl. Abs. 3) unterlassen, so kann man am Feiertage das Festmahl reichlicher bereiten, damit etwas für den Sabbat übrig bleibe, darf aber für den Sabbat keine besondere Speise herrichten. 2) das am Vorabend des Festes bereitete Sabbatgericht. 3) der Feiertag. 4) was in hierologischem Sinne (Pesaḥim K. I. Anm. 26) unrein ist. 5) die Reinigung ist der Wiederherstellung oder Instandsetzung

וּבֵית הִלֵּל אוֹמְרִים, כֵּלִים מִלִּפְנֵי
הַשַּׁבָּת, וְאָדָם בַּשַּׁבָּת: ג וְשָׁוִין
שֶׁמַּשִּׁיקִין אֶת הַמַּיִם בִּכְלִי אֶבֶן
לְטַהֲרָן, אֲבָל לֹא מַטְבִּילִין, וּמַטְבִּילִין
מִגַּב לְגַב, וּמֵחֲבוּרָה לַחֲבוּרָה:
ד בֵּית שַׁמַּי אוֹמְרִים, מְבִיאִין שְׁלָמִים
וְאֵין סוֹמְכִין עֲלֵיהֶן, אֲבָל לֹא עוֹלוֹת,
וּבֵית הִלֵּל אוֹמְרִים, מְבִיאִין שְׁלָמִים
וְעוֹלוֹת וְסוֹמְכִין עֲלֵיהֶן: ה בֵּית שַׁמַּי
אוֹמְרִים, לֹא יָחֵם אָדָם חַמִּין לְרַגְלָיו,
אֶלָּא אִם כֵּן רְאוּיִין לִשְׁתִיָּה, וּבֵית

die Schule Hillels aber meint: Geräte vor Sabbat, Menschen am Sabbat[6]. **3.** Und sie stimmen darin überein, dass man mit Wasser, um es zu reinigen, die Haschaḳa[7] in einem Gefässe aus Stein vornehmen darf, aber nicht die Ṭebila[8], und dass jede Reinigung, die nur für eine andere Bestimmung oder wegen einer andern Gesellschaft erfolgt, gestattet ist[9]. **4.** Die Schule Schammais lehrt: Man bringt Friedensopfer dar, ohne ihnen die Hände aufzustützen[10], aber nicht Ganzopfer[11]; die Schule Hillels lehrt: Man bringt sowohl Friedens- als Ganzopfer[12] dar und stützt ihnen die Hände auf[13]. **5.** Die Schule Schammais lehrt: Man bereite kein warmes Wasser für die Füsse, wenn es sich nicht auch zum Trinken eignet[14]; die

---

eines Gerätes ähnlich und daher an Sabbat- und Feiertagen unstatthaft. [6]) Zum Vergnügen darf man selbst am Sabbat in kaltem Wasser baden; darum dürfen auch unreine Menschen an diesem Tage ein Reinigungsbad nehmen. [7]) Speisen und Getränke, die unrein geworden sind (Anm. 4), können nie wieder rein werden. Eine Ausnahme bildet nur das Wasser. Wird es in einem Gefässe so tief in das Reinigungsbad getaucht, dass seine Oberfläche mit der des Bades in Berührung kommt, so erlangt es wieder seine frühere Reinheit. Diese Berührung nennnt man H a - s c h a k a (den K u s s). Am heiligen Tage ist dieses Verfahren nur in einem Gefässe zulässig, das gleich dem steinernen für hierologische Unreinheit nicht empfänglich ist. Ein anderes Gefäss würde ja durch das unreine Wasser selbst unrein und durch das Bad wieder gereinigt, also gewissermassen instandgesetzt werden (vgl. Anm. 5). [8]) d. h. man darf das unreine Wasser nicht in ein unreines Gefäss füllen, um gelegentlich der Haschaḳa auch dieses zu reinigen; denn nur Wasser darf am heiligen Tage gereinigt werden, weil es ein unentbehrliches Getränk ist (das Wasser des Reinigungsbades selbst eignet sich aus irgend einem Grunde, z. B. wegen seines Geschmackes, nicht zum Trinken), nicht aber ein Kleid oder Gerät. [9]) Aus Ḥagiga II 6—7 ist ersichtlich, dass die mit Rücksicht auf niedrigere Grade der Heiligkeit vorgenommene Reinigung für Gegenstände von höherer Heiligkeit nicht ausreicht, und dass die Reinheit gewisser Gruppen von Personen für andere, die sich strengerer Reinheit befleissigen, nicht genügt. Daher müssen z. B. die zur Benutzung für Teruma (על גב תרומה) gereinigten Gefässe aufs neue ins Bad getaucht werden, wenn man sie für Opferfleisch (על גב קודש) verwenden will, ebenso die Kleider der Priester, die Teruma essen, wenn sie von Personen, die Opferfleisch essen, in Gebrauch genommen werden sollen. Diese Reinigung ist nun auch am heiligen Tage gestattet; denn die Gefässe und die Kleider sind ja im Grunde rein, und sie werden nur ins Reinigungsbad getaucht, um ihnen für die neue, höhere Bestimmung oder die andere, strengere Gesellschaft die Weihe zu geben. — In dem Ausdruck מגב לגב steht גב für על גב = f ü r, w e g e n. [10]) Wer ein Opfer darbringt, muss ihm, bevor es geschlachtet wird, die Hände auflegen (3. B. M. 1,4; 3,2 u. öfter). Dies kann nach der Meinung der Schammaïten auch am vorhergehenden Tage geschehen und muss mit Rücksicht darauf am Feiertage unterbleiben, an dem es laut einem rabbinischen Verbote nicht gestattet ist, sich auf ein lebendes Tier zu stützen. [11]) deren Fleisch dem Altarfeuer geweiht, mithin im Gegensatze zu den Friedensopfern dem Genusse des Menschen entzogen ist. Am Feiertage aber darf nur geschlachtet werden, was zur menschlichen Nahrung dient. Selbstverständlich ist hier von Privatopfern die Rede. Oeffentliche Ganzopfer werden ja sogar am Sabbat dargebracht. [12]) jedoch nur die vorgeschriebenen (Ḥagiga I 2—6) Privatopfer, nicht aber freiwillige. [13]) Nach ihrer Ansicht muss das Aufstützen der Hände dem Schlachten unmittelbar vorangehen. [14]) Man darf

הִלֵּל מַתִּירִין. עוֹשֶׂה אָדָם מְדוּרָה וּמִתְחַמֵּם כְּנֶגְדָּהּ: ו שְׁלשָׁה דְבָרִים רַבָּן גַּמְלִיאֵל מַחְמִיר כְּדִבְרֵי בֵית שַׁמַּאי. אֵין טוֹמְנִין אֶת הַחַמִּין מִיּוֹם טוֹב לְשַׁבָּת, וְאֵין זוֹקְפִין אֶת הַמְּנוֹרָה בְּיוֹם טוֹב, וְאֵין אוֹפִין פִּתִּין גְּרִיצִין אֶלָּא רְקִיקִין. אָמַר רַבָּן גַּמְלִיאֵל, מִימֵיהֶן שֶׁל בֵּית אַבָּא, לֹא הָיוּ אוֹפִין פִּתִּין גְּרִיצִין אֶלָּא רְקִיקִין. אָמְרוּ לוֹ, מַה נַּעֲשֶׂה לְבֵית אָבִיךָ, שֶׁהָיוּ מַחְמִירִין עַל עַצְמָן, וּמְקִלִּין לְכָל יִשְׂרָאֵל, לִהְיוֹת אוֹפִין פִּתִּין גְּרִיצִין וְחֹרִי: ז אַף הוּא אָמַר שְׁלשָׁה דְבָרִים לְהָקֵל. מְכַבְּדִין בֵּין הַמִּטּוֹת, וּמַנִּיחִין אֶת הַמֻּגְמָר בְּיוֹם טוֹב, וְעוֹשִׂין גְּדִי מְקֻלָּס בְּלֵילֵי פְסָחִים. וַחֲכָמִים

Schule Hillels aber erlaubt es[15]. Man darf Feuer machen, um sich daran zu wärmen[16]. **6.** In drei Dingen erschwert Rabban Gamliel[17] gemäss den Worten der Schule Schammais: Man darf am Feiertage kein heisses Wasser für den Sabbat warmstellen[18]; man richtet am Feiertage keinen Leuchter auf[19]; man bäckt das Brot nicht in grossen Laiben[20], sondern in dünnen Kuchen. Rabban Gamliel sagte: Ihre Lebtage haben die Leute meines Vaterhauses ihr Brot nicht in grossen Laiben, sondern nur in dünnen Kuchen gebacken. Man erwiderte ihm: Was fangen wir mit deinem Vaterhause an? Sie legten sich selbst Erschwerungen auf, gewährten aber ganz Israel die Erleichterung, das Brot in grossen Laiben und als Kohlenkuchen[21] zu backen. **7.** Er trug aber auch drei Sätze in erleichterndem Sinne vor: Man darf am Feiertage zwischen den Ruhebetten[22] fegen und die Kohlenpfanne hinstellen[23] und in den Pesachnächten ein Böcklein in seiner Ganzheit zubereiten[24],

---

zwar nach ihrer Meinung nur das am Feiertage kochen, was man essen oder trinken will (K. I Anm. 20); es ist jedoch gestattet, eine grössere Menge Trinkwassers zu kochen, um den Rest zum Waschen einzelner Körperteile zu verwenden. [15]) Vgl. K. I Anm. 21. [16]) Wie aus einer im Talmud z. St. angeführten Baraita ersichtlich, ist das die Ansicht der Hilleliten, die von der Schule Schammais folgerichtig bekämpft wird. [17]) obschon ein Nachkomme Hillels. [18]) Während es nach der Schule Hillels auf Grund des ʻErub Tabschilin (Anm. 1) nicht allein gestattet ist, am Feiertage für den Sabbat zu backen und zu kochen, sondern auch einen Kessel heissen Wassers so einzuhüllen, dass es noch am Sabbat warm bleibt, ist dies nach Ansicht der Schammaïten nur dann erlaubt, wenn man schon vor Eintritt des Festes damit begonnen hat. [19]) d. h. man darf einen aus einzelnen Teilen bestehenden Leuchter nicht zusammensetzen. Die Schule Hillels erlaubt es, weil der Begriff des Bauens auf Geräte keine Anwendung findet (vgl. K. I Anm. 12—14). [20]) die beim Kneten einen übermässigen, am Feiertage tunlichst zu vermeidenden Kraftaufwand erfordern. — Nach Jeruschalmi ist umgekehrt die Herstellung mehrerer kleinerer Brötchen mühsamer als die eines grossen Brotes, und man wird daher von jenen nicht mehr bereiten, als für den Bedarf des Feiertages nötig ist, wodurch die Heiligkeit des Tages, die jegliche Speisebereitung für den Werktag verbietet, besser gewahrt wird. — Mit גריצא wird im Targum das hebr. חלה übersetzt. [21]) חורי (von חרה = חרר brennen), vermutlich ebenso wie חררה = Kohlenkuchen. Nach einer Ansicht im Jeruschalmi z. St. ist es das im 1. B. M. 40, 16 erwähnte Gebäck. [22]) des Speisesaales. Nach der Lesart des bab. Talmud (בית חכמות; s. auch Raschi u. R. Ascher) hat Rabban Gamliel das ganze Speisezimmer auszufegen gestattet und nicht bloss, wie einige Erklärer betonen, den kleinen Raum zwischen den einzelnen Ruhebetten, auf denen man sich nach dem Brauche jener Zeit zum Essen lagerte. [23]) um wohlriechende Gewürze auf ihr zu verbrennen, wie es in vornehmen Häusern damals nach jeder Mahlzeit Sitte war. — Der Ausdruck מוגמר ist vom aram. גומרא (= Kohle) gebildet. [24]) גדי מקולס

אוֹסְרִין: ח שְׁלשָׁה דְבָרִים רַבִּי
אֶלְעָזָר בֶּן עֲזַרְיָה מַתִּיר, וַחֲכָמִים
אוֹסְרִין. פָּרָתוֹ יוֹצְאָה בִּרְצוּעָה שֶׁבֵּין
קַרְנֶיהָ, וּמְקָרְדִין אֶת הַבְּהֵמָה בְּיוֹם
טוֹב, וְשׁוֹחֲקִין אֶת הַפִּלְפְּלִין בָּרֵחַיִם
שֶׁלָּהֶן. רַבִּי יְהוּדָה אוֹמֵר, אֵין מְקָרְדִין
אֶת הַבְּהֵמָה בְּיוֹם טוֹב, מִפְּנֵי שֶׁעוֹשָׂה
חַבּוּרָה, אֲבָל מְקַרְצְפִין. וַחֲכָמִים
אוֹמְרִים, אֵין מְקָרְדִין אַף לֹא מְקַרְצְפִין:
ט הָרֵחַיִם שֶׁל פִּלְפְּלִין טְמֵאָה מִשּׁוּם
שְׁלשָׁה כֵלִים. מִשּׁוּם כְּלִי קִבּוּל,
וּמִשּׁוּם כְּלִי מַתֶּכֶת, וּמִשּׁוּם כְּלִי

was die Weisen verbieten[25]. **8.** Drei Dinge gestattet Rabbi El'azar ben 'Azarja, während die Weisen sie verbieten: Eine Kuh darf mit dem Riemen zwischen ihren Hörnern ausgehen[26]; man darf das Vieh am Feiertage striegeln; man darf Pfeffer in der dazu bestimmten Mühle mahlen[27]. Rabbi Juda sagt: Man darf das Vieh am Feiertage nicht striegeln, weil man eine Verletzung herbeiführt; doch darf man es kratzen[28]. Die Weisen aber sagen: Man darf es weder striegeln noch kratzen[29]. **9.** Die Pfeffermühle[30] kann wegen dreier Geräte unrein sein: wegen des Aufnahmegerätes, wegen des Metallgerätes und wegen des siebartigen Gerätes[31].

---

ist nach der Erklärung der Tosefta (s. auch Jer. z. St. und Bab. Pesahim 74a) ein Böcklein, das mit Kopf und Rumpf, mit Füssen und Eingeweiden zusammen am Feuer gebraten wird, also in der Weise, wie es beim Pesachopfer die Vorschrift ist (2. B. M. 12, 9), bei dem der Kopf nicht wie sonst vom Rumpfe getrennt wurde und die Kniestücke zwar abgeschnitten, aber dennoch gleich den Eingeweiden mitgebraten wurden (Pesaḥim VII 1). Zur Worterklärung verweist Raschi auf קולסא, ein aram. Lehnwort, das dem Targum zur Uebersetzung des hebr. כובע dient, mithin den H e l m bezeichnet. Die Eingeweide hingen nebst den Kniestücken so am Bratspiess, dass sie den Kopf des Pesachopfers wie ein H e l m umgaben (So zu Pesaḥim 74a; ein wenig anders lautet Raschis Erklärung das. 53a und hier z. St.). [25]) Den Fussboden darf man nicht fegen, weil man leicht dazu gelangen könnte, ihn durch Ausfüllen etwaiger Löcher zu ebnen, was unter das Verbot der Bautätigkeit fällt. Räucherwerk darf man nicht anzünden, weil die zur Speisebereitung notwendigen Handlungen nur dann auch zu anderen Zwecken gestattet sind, wenn diese einem a l l g e m e i n e n Bedürfnis entsprechen. Ein Böcklein darf man in den Pesachnächten seit der Zerstörung des Tempels nicht nach Art des Pesachopfers zubereiten, damit man nicht zu dem Irrtum verleitet werde, als dürften ausserhalb des Heiligtums Opfer dargebracht werden. [26]) selbst am Sabbat (s. Sabbat V Ende), weil der Riemen sie schmückt und daher nicht als Last betrachtet werden kann. [27]) wenn er am Feiertage gebraucht wird. Nach den Weisen darf man ihn nur zerstossen, aber nicht mahlen. [28]) mit einem Holzkamm, der die Haut des Tieres nicht verletzt. — קרצף setzt das Targum (Ijob 2, 8) für das hebr. גרד = k r a t z e n, s c h a b e n. — Maimonides versteht unter מקרדין die Entfernung kleiner Insekten, unter מְקַרְצְפִין die Beseitigung grössern Ungeziefers aus den Haaren der Haustiere. [29]) denn erlaubt man das Kratzen, wird man sich auch zu striegeln gestatten. [30]) von der in der vorigen Mischna die Rede war. [31]) Die Mühle besteht aus drei Teilen. Der obere enthält die eiserne Mahlvorrichtung, der mittlere das hölzerne Sieb, der untere das zur Aufnahme des gemahlenen Pfeffers bestimmte Schüsselchen. Da diese drei Geräte mit einander verbunden sind, so wird die ganze Mühle unrein, wenn auch nur einer ihrer Teile mit einem Herd der Unreinheit (Pesaḥim K. I Anm. 26 u. 29) in Berührung kam. Wird ein unreines Gerät so beschädigt, dass es seiner Bestimmung nicht mehr entspricht, verliert es seine Unreinheit. Bei unserer Mühle tritt dieser Fall erst dann ein, wenn kein einziges ihrer drei Geräte mehr für seinen Zweck zu gebrauchen ist. Entfernt man einen seiner Bestandteile, so behält dieser seine Unreinheit, und auch die Mühle bleibt wegen der beiden anderen Teile unrein, obgleich sie ihrem eigentlichen Zwecke nicht mehr dienen kann. Wird die ganze Mühle auseinandergenommen und in ihre drei Bestandteile zerlegt, so behalten diese ihre Unreinheit, weil jeder

10. Ein Kinderwagen[92] kann als Midrâs[93] unrein werden und darf am Sabbat in die Hand genommen[94], aber nur über Geräten geschleift werden[95]. Rabbi Juda sagt: Kein Gerät darf geschleift werden, mit Ausnahme des Wagens, weil er nur eindrückt[96].

כְּבָרָה: י עֲגָלָה שֶׁל קָטָן טְמֵאָה מִדְרָס, וְנִטֶּלֶת בְּשַׁבָּת, וְאֵינָהּ נִגְרֶרֶת אֶלָּא עַל גַּבֵּי כֵלִים. רַבִּי יְהוּדָה אוֹמֵר, כָּל הַכֵּלִים אֵין נִגְרָרִין, חוּץ מִן הָעֲגָלָה, מִפְּנֵי שֶׁהִיא כוֹבֶשֶׁת:

ABSCHNITT III.

פרק ג.

1. Man darf am Feiertage keine Fische aus den Vivarien fangen[1] und ihnen kein Futter vorsetzen[2]; wohl aber darf man Wild und Geflügel aus den Vivarien fangen[3] und ihnen Futter vorsetzen. Rabban Simon ben Gamliel sagt: Nicht alle Vivarien sind einander gleichzustellen; die Regel lautet vielmehr: Wenn erst gejagt werden muss, ist es verboten[4]; braucht nicht erst gejagt zu werden[5], so ist es erlaubt[6]. **2.** Hat man Wild-, Vogel- oder Fischnetze am Vorabend des Feiertages aufgestellt, darf man aus ihnen am Feiertage nur das nehmen, wovon man weiss, dass es sich schon am Vorabend des Festes ge-

א אֵין צָדִין דָּגִים מִן הַבִּיבָרִין בְּיוֹם טוֹב, וְאֵין נוֹתְנִין לִפְנֵיהֶם מְזוֹנוֹת, אֲבָל צָדִין חַיָּה וָעוֹף מִן הַבִּיבָרִין, וְנוֹתְנִין לִפְנֵיהֶם מְזוֹנוֹת. רַבָּן שִׁמְעוֹן בֶּן גַּמְלִיאֵל אוֹמֵר, לֹא כָל הַבִּיבָרִין שָׁוִין, זֶה הַכְּלָל, כָּל הַמְחֻסָּר צֵידָה אָסוּר, וְשֶׁאֵינוֹ מְחֻסָּר צֵידָה מֻתָּר: ב מְצוּדוֹת חַיָּה וָעוֹף וְדָגִים, שֶׁעֲשָׂאָן מֵעֶרֶב יוֹם טוֹב, לֹא יִטּוֹל מֵהֶן בְּיוֹם טוֹב, אֶלָּא אִם כֵּן יוֹדֵעַ, שֶׁנִּצּוֹדוּ

Teil für sich ein Gerät darstellt, das für Unreinheit empfänglich ist. Das Schüsselchen ist ein zur Aufnahme fester oder flüssiger Stoffe geeignetes Gefäss und als solches, auch wenn es nicht aus Metall, sondern aus Holz oder Ton gefertigt ist, für Unreinheit empfänglich. Das Sieb kann zwar als Aufnahmegerät nicht angesprochen werden, es ist ja umgekehrt dazu bestimmt, das Feingemahlene durchzulassen; da ihm aber andererseits die Aufgabe zufällt, das Grobkörnige zurückzuhalten, so ist es ebenfalls für Unreinheit empfänglich. Die Mahlvorrichtung endlich kann, obschon sie zur Aufnahme von Gegenständen weder bestimmt noch geeignet ist, gleichwohl unrein werden, weil Metallgeräte, auch wenn sie wie Messer, Schwerter und dgl. keinerlei Behältnis aufweisen, für Unreinheit empfänglich sind. [92]) Ein Rädergestell, auf das sich die Kleinen stützen, wenn sie gehen lernen. [93]) Midrâs (von דרס = drücken) ist ein häufig angewandter Kunstausdruck für einen Gegenstand, der durch den Druck unrein wird, den eine menstruierende Frau, eine Wöchnerin, eine mit Fluss oder mit Aussatz behaftete Person durch ihre Körperschwere auf ihn geübt hat, sei es dass sie auf ihm stand, sass oder lag, sei es dass sie an ihm lehnte oder hing (Zabim II 4), sofern nur der Gegenstand für eine dieser Benutzungsarten bestimmt war, wie es bei unserm Wagen der Fall ist. [94]) da er ein Hausgerät ist. [95]) weil er, über die blosse Erde gezogen, Einschnitte machen würde. — Unter כלים (Geräte) versteht die Mischna auch Gewebe (s. z. B. I 10; vgl. auch 5. B. M. 22, 5). Hier ist in erster Reihe an Teppiche zu denken. [96]) aber nicht die Erde aufreisst.

[1]) ביבר (das lat. Vivarium) ist ein Aufbewahrungsort für lebende Tiere: ein Wasserbehälter für Fische, ein kleiner umhegter Park für Wild, eine Volière für Vögel. Die Jagd gehört zu den Tätigkeiten, die einen so werktäglichen Charakter tragen, dass sie am Feiertage selbst zum Zwecke der Speisebereitung verboten sind (s. Einl. Abs. 2). [2]) weil Fische nicht täglich gefüttert zu werden brauchen. [3]) da sie sich leichter mit der Hand fangen lassen als Fische, die rasch entschlüpfen, wenn man nach ihnen greift. [4]) sie zu fangen. [5]) kann man sie vielmehr auf den ersten Griff fangen. [6]) wenn man sie schon vor Eintritt des Festes zum Schlachten

מֵעֶרֶב יוֹם טוֹב. וּמַעֲשֶׂה בְּנָכְרִי אֶחָד
שֶׁהֵבִיא דָגִים לְרַבָּן גַּמְלִיאֵל, וְאָמַר
מֻתָּרִין הֵן, אֶלָּא שֶׁאֵין רְצוֹנִי לְקַבֵּל
הֵימֶנּוּ: ג בְּהֵמָה מְסֻכֶּנֶת לֹא יִשְׁחֹט,
אֶלָּא אִם כֵּן יֵשׁ שָׁהוּת בַּיּוֹם, לֶאֱכוֹל
מִמֶּנָּה כְּזַיִת צָלִי. רַבִּי עֲקִיבָה אוֹמֵר,
אֲפִלּוּ כְּזַיִת חַי מִבֵּית טְבִיחָתָהּ.
שְׁחָטָהּ בַּשָּׂדֶה, לֹא יְבִיאֶנָּה בְמוֹט
וּבְמוֹטָה, אֲבָל מְבִיאָהּ בְּיָדוֹ אֵבָרִים
אֵבָרִים: ד בְּכוֹר שֶׁנָּפַל לְבוֹר, רַבִּי
יְהוּדָה אוֹמֵר, יֵרֵד מֻמְחֶה וְיִרְאֶה,
אִם יֶשׁ בּוֹ מוּם, יַעֲלֶה וְיִשְׁחוֹט, וְאִם
לָאו, לֹא יִשְׁחוֹט. רַבִּי שִׁמְעוֹן אוֹמֵר,
כָּל שֶׁאֵין מוּמוֹ נִכָּר מִבְּעוֹד יוֹם, אֵין
זֶה מִן הַמּוּכָן: ה בְּהֵמָה שֶׁמֵּתָה, לֹא

fangen hat[7]. Es ereignete sich aber, dass ein Heide Rabban Gamliel Fische brachte, wobei dieser äusserte: Erlaubt sind sie[8], nur habe ich keine Lust, etwas von ihm anzunehmen. **3.** Vieh darf man, selbst wenn es dem Tode nahe ist, nur schlachten, wenn die Zeit noch ausreicht, am selben Tage Gebratenes von der Grösse einer Oelbeere davon zu essen[9]. Rabbi 'Akiba meint: wenn auch nur Rohes von Olivengrösse aus der Schlachtstelle[10]. Hat man es[11] auf dem Felde geschlachtet, soll man es nicht an einer Stange oder auf einer Bahre hereinbringen[12], sondern man schaffe es gliederweise in der Hand herein[13]. **4.** Ist ein erstgeborenes Tier[14] in eine Grube gefallen, soll nach der Meinung des Rabbi Juda ein Sachkundiger[15] hinabsteigen und es untersuchen; hat es einen Leibesfehler, holt man es herauf und schlachtet es[16]; wenn aber nicht, darf man es nicht schlachten[17]. Rabbi Simon lehrt: Sofern sein Leibesfehler nicht schon, solange es noch Tag war[18], erkannt wurde, gilt es nicht als vorbereitet[19]. **5.** Ver-

---

bestimmt hat (s. Kap. I Anm. 10). [7]) Alles Zweifelhafte dagegen darf man am Feiertage nicht nur nicht essen, sondern nicht einmal in die Hand nehmen. [8]) Es ist streitig, wie das gemeint ist, ob man sie auch essen oder nur in Empfang nehmen darf. Auf alle Fälle tritt Rabban Gamliel mit diesen Worten der im ersten Satze unserer Mischna vertretenen Ansicht entgegen. [9]) denn man darf am Feiertage keine Speise für den Ausgang des Festes bereiten. [10]) wenn auch bis zum Anbruch der Nacht nur soviel Zeit übrig bleibt, dass man das Tier schlachten und nach seinem Tode ein Stückchen Fleisch von der Schnittstelle am Halse, wo die Haut nicht erst abgezogen zu werden braucht, roh verzehren kann. [11]) gleichviel ob gesundes oder dem Tode nahes. [12]) wie es an Werktagen geschieht. [13]) obgleich das anstrengender ist und der Weg öfter gemacht werden muss. [14]) Ein solches darf ausserhalb des Tempels nur geschlachtet werden, wenn es einen Leibesfehler hat, der es für den Altar untauglich macht (5. B. M. 15, 19—22). [15]) Zur Worterklärung von מומחה s. 'Erubin V Anm. 81. [16]) am Feiertage. [17]) man erwartet: לא יעלה (= darf man es nicht heraufschaffen). Ohne Leibesfehler darf man es ja ausserhalb des Tempels überhaupt nicht schlachten, auch nicht am Werktage. Es kann demnach hier nicht von einem Leibesfehler die Rede sein, der erst durch den Sturz in die Grube entstanden sein könnte, sondern nur von einem solchen, der schon vor Eintritt des Festes vorhanden, aber noch von keinem Sachverständigen untersucht worden war. Nun fällt das Tier am Feiertage in die Grube. Findet der hinabsteigende Fachmann, dass der Leibesfehler ausreicht, um es vom Opferaltar auszuschliessen, so kann es heraufgeholt und geschlachtet werden; andernfalls darf man es trotz des Leibesfehlers, den es sich beim Sturze zugezogen, am Feiertage wenigstens nicht schlachten, weil dieser Fehler, der es allerdings für den Altar untauglich macht, erst im Laufe des Tages entstanden ist, mithin das Fleisch des Tieres beim Beginne des Festes verboten war. Was aber beim Eintritt des heiligen Tages dem Genusse oder sonstiger Verwendung entzogen ist, bleibt nach einer allgemeinen Regel den ganzen Tag von der Benutzung ausgeschlossen. [18]) v o r Einbruch der Nacht, mit der das Fest beginnt. [19]) Nach seiner Ansicht

endetes Vieh darf man nicht von der Stelle rühren[16]. Von Rabbi Tarfon wird erzählt, dass er darüber und über verunreinigte Brothebe[20] befragt wurde, worauf er ins Lehrhaus ging, um anzufragen, wo man ihm sagte: Man rühre sie nicht von der Stelle. **6.** Man darf am Feiertage keine Bestellungen[21] auf Vieh von Anfang an machen[22], aber sie können es schlachten und unter sich verteilen, wenn sie schon am Vorabend des Festes ihre Bestellung angemeldet hatten[23]. Rabbi Juda sagt: Man darf Fleisch gegen ein Gerät oder ein Hackmesser wägen[24]. Die Weisen aber sagen: Man darf auf die Wagschale überhaupt nicht schauen. **7.** Man darf am Feiertage kein Messer schleifen, man darf es aber an einem andern Messer abziehen[25]. Man sage nicht zum Metzger: Verkaufe[26] mir für einen Denar Fleisch[27], sondern er schlachtet und sie teilen unter sich. **8.** Man darf zum Krämer[28] sagen: Fülle mir dieses Gefäss, aber nicht: mit dem Maasse[29]. Rabbi Juda meint: Wenn es ein Maassgefäss ist, soll er es nicht vollgiessen. Von Abba Schâûl ben Boṭnit wird erzählt, dass er seine Maasse am Vorabend des Feiertages füllte und am

יְזִיזֶנָּה מִמְּקוֹמָהּ. וּמַעֲשֶׂה וְשָׁאֲלוּ אֶת רַבִּי טַרְפוֹן עָלֶיהָ וְעַל הַחַלָּה שֶׁנִּטְמָאָה, וְנִכְנַס לְבֵית הַמִּדְרָשׁ וְשָׁאַל, וְאָמְרוּ לוֹ, לֹא יְזִיזֵם מִמְּקוֹמָם: ו אֵין נִמְנִין עַל הַבְּהֵמָה לְכַתְּחִלָּה בְּיוֹם טוֹב, אֲבָל נִמְנִין עָלֶיהָ מֵעֶרֶב יוֹם טוֹב, וְשׁוֹחֲטִין וּמְחַלְּקִין בֵּינֵיהֶן. רַבִּי יְהוּדָה אוֹמֵר, שׁוֹקֵל אָדָם בָּשָׂר כְּנֶגֶד הַכְּלִי אוֹ כְנֶגֶד הַקּוֹפִיץ. וַחֲכָמִים אוֹמְרִים, אֵין מַשְׁגִּיחִין בְּכַף מֹאזְנַיִם כָּל עִקָּר: ז אֵין מַשְׁחִיזִין אֶת הַסַּכִּין בְּיוֹם טוֹב, אֲבָל מַשִּׁיאָהּ עַל גַּבֵּי חֲבֶרְתָּהּ. לֹא יֹאמַר אָדָם לַטַּבָּח, מְכֹר לִי בְדִינָר בָּשָׂר, אֲבָל שׁוֹחֵט וּמְחַלְּקִין בֵּינֵיהֶן: ח אוֹמֵר אָדָם לַחֶנְוָנִי, מַלֵּא לִי כְלִי זֶה, אֲבָל לֹא בַמִּדָּה. רַבִּי יְהוּדָה אוֹמֵר, אִם הָיָה כְלִי שֶׁל מִדָּה, לֹא יְמַלְאֶנּוּ. מַעֲשֶׂה בְאַבָּא שָׁאוּל בֶּן בָּטְנִית, שֶׁהָיָה מְמַלֵּא מִדּוֹתָיו מֵעֶרֶב יוֹם

---

genügt es nicht, dass der Fehler beim Eintritt des Feiertages schon bekannt war; er musste vielmehr zu dieser Zeit schon als solcher erkannt sein, der das Tier vom Altar ausschliesst, weil es nur in diesem Falle am Vorabend mit Sicherheit für den Bedarf des Feiertages bestimmt werden konnte (s. Einl. Abs. 4). [20]) Wenn die Brothebe (4. B. M. 15, 17—21) unrein geworden, darf sie selbst der Priester nicht mehr essen; sie muss vielmehr verbrannt werden, was jedoch am Feiertage auch dann nicht gestattet ist, wenn man die Flamme zur Speisebereitung benutzen wollte (s. Pesaḥim K. III Anm. 21). [21]) bei denen Gewichte oder Geldbeträge genannt werden. [22]) wohl aber dürfen zu den ersten Bestellern, die sich schon am Vorabend gemeldet hatten, am Feiertage neue Teilnehmer hinzutreten (Jeruschalmi), die da erklären, sie wollten ebensoviel Fleisch nehmen wie dieser oder jener. [23]) wenn sie schon vor Eintritt des Feiertages vereinbart hatten, für welchen Betrag oder wieviel Pfund von dem zu schlachtenden Tiere jeder erhalten soll. [24]) aber nicht gegen die üblichen Gewichte, wie es am Werktage geschieht. — Zu קופיץ s. Schekalim K. VIII Anm. 9. [25]) um es zu reinigen oder zu polieren, nach der Meinung anderer selbst in der Absicht, es zu schärfen (s. Talmud z. St.). — משיאין (v. נשא) eigentlich = heben, anlegen; vgl. 2 Sam. 17, 13. [26]) Andere Lesart: שקול = wäge. [27]) weil man beim Einkauf von Lebensmitteln, der am Feiertage selbstverständlich nur auf Kredit erfolgen kann, keinen Preis nennen darf. [28]) Andere Lesart: לחברו. [29]) Man darf nicht das Verlangen stellen, dass der Krämer es mit dem Maasse fülle, ja man darf eine Maassbezeichnung nicht einmal erwähnen, sondern nur das Gefäss füllen lassen und es nach Ablauf des

טוֹב. וְנוֹתְנָן לַלְּקוּחוֹת בְּיוֹם טוֹב. אַבָּא שָׁאוּל אוֹמֵר, אַף בְּמוֹעֵד עוֹשֶׂה כֵן, מִפְּנֵי בֵּרוּרֵי הַמִּדּוֹת. וַחֲכָמִים אוֹמְרִים, אַף בְּחֹל עוֹשֶׂה כֵן, מִפְּנֵי מִצּוּיֵי הַמִּדּוֹת. הוֹלֵךְ אָדָם אֵצֶל חֶנְוָנִי הָרָגִיל אֶצְלוֹ, וְאוֹמֵר לוֹ, תֶּן לִי בֵּיצִים וֶאֱגוֹזִים בְּמִנְיָן, שֶׁכֵּן דֶּרֶךְ בַּעַל הַבַּיִת, לִהְיוֹת מוֹנֶה בְתוֹךְ בֵּיתוֹ:

Feiertage den Käufern[30] übergab. Abba Schâûl berichtet, dass er auch am Zwischenfeste[31] so verfuhr, wegen der Klärung der Maasse[32]. Die Weisen meinen, dass er auch an Werktagen so verfuhr, wegen der Genauigkeit der Maasse[33]. Man darf zum Krämer, mit dem man vertraut ist[34], hingehen und ihm sagen: Gib mir Eier oder Nüsse nach Zahl[35], denn es ist auch die Art des Privatmannes, zu Hause zu zählen[36].

פרק ד.

א הַמֵּבִיא כַדֵּי יַיִן מִמָּקוֹם לְמָקוֹם, לֹא יְבִיאֵם בְּסַל וּבְקֻפָּה, אֲבָל מֵבִיא הוּא עַל כְּתֵפוֹ אוֹ לְפָנָיו. וְכֵן הַמּוֹלִיךְ אֶת הַתֶּבֶן, לֹא יַפְשִׁיל אֶת הַקֻּפָּה לַאֲחוֹרָיו, אֲבָל מְבִיאָהּ הוּא בְיָדוֹ. מַתְחִילִין בַּעֲרֵמַת הַתֶּבֶן, אֲבָל לֹא בָעֵצִים שֶׁבַּמֻּקְצֶה: ב אֵין נוֹטְלִין עֵצִים מִן הַסֻּכָּה, אֶלָּא מִן הַסָּמוּךְ לָהּ. מְבִיאִין עֵצִים מִן הַשָּׂדֶה מִן

ABSCHNITT IV.

1. Wenn man Krüge Wein von einem Ort zum andern bringt, trage man sie nicht in einem Korbe oder einer Kiepe[1]; wohl aber darf man sie auf der Schulter oder vor sich her tragen[2]. Desgleichen soll man, wenn man Stroh holt[3], die Kiepe nicht über den Rücken hängen[1]; wohl aber darf man sie in der Hand tragen. Man darf einen Strohhaufen anbrechen, aber nicht das Holz im Hinterhofe[4]. **2.** Man darf nicht vom Holz der Hütte nehmen, sondern nur von dem anliegenden[5]. Man darf vom Felde nur Holz holen,

---

Feiertages messen. 30) Zur Form לקוחות vgl. נכושות (lies: n e m o s c h o t; Pea VIII 1) und משוחות ('Erubin IV 11 ; s. auch Anm. 65 das.). In der Einzahl zieht man die Form לוקח vor. 31) an den Werktagen des Pesach- und des Sukkotfestes. 32) An diesen Tagen, an denen die Leute weniger beschäftigt waren, hielt er öffentliche Vorträge. Deshalb füllte er die Maasse schon in der Nacht, damit der Wein oder das Oel sich inzwischen kläre, wodurch sich nicht allein der Verkauf nach Schluss des Vortrages rascher abwickelte, sondern auch — worauf es ihm hauptsächlich ankam — der Käufer keine schäumende Ware bekam, wie es sonst bei dem grossen Andrang unvermeidlich gewesen wäre. — In einigen Ausgaben fehlen die Worte מפני ברורי חמדות. 33) Wenn dem Kunden in sein eigenes Gefäss gemessen wird, bleiben immer einige Tropfen im Maasse zurück. Darum füllte er in seiner Gewissenhaftigkeit schon vorher die Gefässe, die er dann den Käufern nach Hause gab. — Zum Worte מיצוי s. 'Erubin K. IV Anm. 66. 34) bei dem man das Vertrauen geniesst, dass es wegen des Preises, den man ja am Feiertage nicht nennen darf, später nicht zu Meinungsverschiedenheiten kommen wird. 35) aber nicht nach Maass oder Gewicht. 36) Daher hat das Zählen nicht so sehr den Charakter der Geschäftsmässigkeit wie das Messen und Wägen.

1) wie es an Werktagen geschieht. — קופה (arab. قفة), von קפף, einer Nebenform zu קוף (תקופה) und נקף (הקיף) = u m g e b e n, u m s c h l i e s s e n, ist ein grosser Korb, den man auf dem Rücken trägt. 2) indem man sie in der Hand hält. 3) für das Vieh oder zum Heizen. 4) Das dort aufgestapelte Holz ist nicht allein zum Heizen bestimmt, sondern findet auch beim Bau Verwendung; deshalb darf man es am Feiertage nur dann benutzen, wenn ein Teil davon schon vorher zum Heizen gebraucht wurde (Einl. Abs. 4). Das Stroh dagegen eignet sich zu keiner am Feiertage unstatthaften Verwendung; darum darf man es auch von einem bisher noch unberührten Haufen zum Heizen nehmen. 5) Wenn es auch zur Verstärkung der Wand dient, darf man es

wenn es gesammelt ist[6], vom Holzplatz[7] aber, selbst wenn es zerstreut liegt. Was ist hier ein Holzplatz[8]? Ein solcher, der der Ortschaft nahe ist[9]. Dies die Worte des Rabbi Juda. Rabbi Jose aber meint: Jeder, in den man nur mit dem Schlüssel eintreten kann[10], läge er auch an der Sabbatgrenze[11]. **3.** Man darf von den Balken[12] kein Holz abhauen, auch nicht von einem am Feiertage zerbrochenen Balken[13]. Man spalte es[14] weder mit einem Beil, noch mit einer Säge, noch mit einer Sense[15], sondern mit einem Hackmesser[16]. Wenn in einem mit Früchten gefüllten Hause, das zugestopft war, eine Oeffnung entsteht[17], darf man durch die schadhafte Stelle herausnehmen. Rabbi Meïr meint: Man darf sogar von vornherein ein Loch machen[18] und herausnehmen. **4.** Man darf keine Lampe aushöhlen[19], weil man damit ein Gerät herstellt; man darf keine Kohlen anfertigen[20] und keinen Docht entzweischneiden. Rabbi Juda sagt: Man darf ihn durch die Flamme mittels zweier Lampen teilen[21]. **5.** Man darf nicht Scherben zerbrechen oder Papier zuschneiden, um Salzfische darauf zu braten[22]. Man darf nicht Ofen und Herd aus-

הַמְכֻנָּס, וּמִן הַקַּרְפֵּף אֲפִלּוּ מִן הַמְפֻזָּר. אֵיזֶהוּ קַרְפֵּף, כֹּל שֶׁסָּמוּךְ לָעִיר, דִּבְרֵי רַבִּי יְהוּדָה. רַבִּי יוֹסֵי אוֹמֵר, כֹּל שֶׁנִּכְנָסִין לוֹ בְּפוֹתַחַת, וַאֲפִלּוּ בְּתוֹךְ תְּחוּם שַׁבָּת: ג אֵין מְבַקְּעִין עֵצִים לֹא מִן הַקּוֹרוֹת, וְלֹא מִן הַקּוֹרָה שֶׁנִּשְׁבְּרָה בְיוֹם טוֹב. וְאֵין מְבַקְּעִין לֹא בְקַרְדֹּם וְלֹא בִמְגֵרָה וְלֹא בְמַגָּל, אֶלָּא בְקוֹפִיץ. בַּיִת שֶׁהוּא מָלֵא פֵרוֹת, סָתוּם וְנִפְחַת, נוֹטֵל מִמְּקוֹם הַפְּחַת. רַבִּי מֵאִיר אוֹמֵר, אַף פּוֹחֵת לְכַתְּחִלָּה וְנוֹטֵל: ד אֵין פּוֹחֲתִין אֶת הַנֵּר מִפְּנֵי שֶׁהִיא עוֹשָׂה כֵלִי, וְאֵין עוֹשִׂין פֶּחָמִין, וְאֵין חוֹתְכִין אֶת הַפְּתִילָה לִשְׁנַיִם. רַבִּי יְהוּדָה אוֹמֵר, חוֹתְכָהּ בָּאוּר לִשְׁנֵי נֵרוֹת: ה אֵין שׁוֹבְרִין אֶת הַחֶרֶס, וְאֵין חוֹתְכִין אֶת הַנְּיָר לִצְלוֹת בּוֹ מָלִיחַ. וְאֵין גּוֹרְפִין תַּנּוּר וְכִירַיִם,

doch am Feiertage wegnehmen, um damit den Ofen zu heizen, sofern nur die Wand dadurch nicht zerstört wird. [6]) vor Beginn des Festes. [7]) קרפף ist ein von einer Mauer, einem Zaune oder einer Hecke umgebener Platz, gewöhnlich hinter dem Hause (ʿErubin K. IX Anm. 5). Das Wort ist vermutlich von קפף (s. Anm. 1) durch die auch sonst beobachtete (דמשק — דרמשק, Massilia — Marseille, כסא — כרסא, vielleicht auch שבט — שרביט) Einschiebung eines ר gebildet. [8]) Muss er durchaus in der Nähe des Hauses sich befinden, oder darf er auch ausserhalb der Ortschaft liegen? [9]) nicht weiter als 70⅔ Ellen von ihr entfernt ist (vgl. ʿErubin K. V Anm. 12). [10]) Er braucht also nur gleich dem Hofe verschlossen zu sein. [11]) s. ʿErubin Einleitung Abs. 4. [12]) die ja in der Regel zum Bau bestimmt sind. [13]) weil er beim Eintritt des Festes nicht zum Heizen vorbereitet war (Einl. Abs. 4). [14]) das für den Ofen bestimmte Holz. [15]) da dieses Werkzeug im allgemeinen zu Arbeiten verwendet wird, die am Feiertage verboten sind. [16]) קופיץ = κοπίς, ein Küchengerät (s. Schekalim K. VIII Anm. 9). [17]) Die Türen und Fenster waren z. B. durch Ziegel verstopft, von denen einige am Feiertage herausfielen, so dass man durch die entstandene Oeffnung einige Früchte herausholen kann. [18]) indem man einige der lose auf einander liegenden Ziegelsteine herauszieht; sind aber die Türen und Fenster vermauert, darf man selbstverständlich keinen Stein entfernen, um Früchte herauszunehmen. [19]) nicht einmal mit dem Finger, den man in weichen Lehm bohrt. [20]) wie sie in der Industrie (bei Goldschmieden z. B.) Verwendung finden. [21]) indem man seine beiden Enden in zwei Lampen steckt und ihn in der Mitte anzündet. [22]) Damit die Fische auf dem heissen Rost nicht anbrennen, werden geeignete Scherbenstücke oder ölgetränkte Papierstreifen untergelegt. Der Grund

אֲבָל מְכַבְּשִׁין. וְאֵין מַקִּיפִין שְׁתֵּי חָבִיּוֹת, לִשְׁפּוֹת עֲלֵיהֶן אֶת הַקְּדֵרָה. וְאֵין סוֹמְכִין אֶת הַקְּדֵרָה בְּבִקַּעַת, וְכֵן בְּדֶלֶת. וְאֵין מַנְהִיגִין אֶת הַבְּהֵמָה בְּמַקֵּל בְּיוֹם טוֹב. וְרַבִּי אֶלְעָזָר בֶּן רַבִּי שִׁמְעוֹן מַתִּיר: ו רַבִּי אֱלִיעֶזֶר אוֹמֵר, נוֹטֵל אָדָם קֵסָם מִשֶּׁלְּפָנָיו, לַחֲצוֹץ בּוֹ שִׁנָּיו, וּמְגַבֵּב מִן הֶחָצֵר וּמַדְלִיק, שֶׁכָּל מַה שֶּׁבֶּחָצֵר מוּכָן הוּא. וַחֲכָמִים אוֹמְרִים, מְגַבֵּב מִשֶּׁלְּפָנָיו וּמַדְלִיק: ז אֵין מוֹצִיאִין אֶת הָאוּר לֹא מִן הָעֵצִים, וְלֹא מִן הָאֲבָנִים, וְלֹא מִן הֶעָפָר, וְלֹא מִן הַמַּיִם, וְאֵין מְלַבְּנִין אֶת

kratzen[23], wohl aber ebnen[24]. Man darf nicht zwei Krüge einander nähern, um den Topf auf sie zu setzen[25]. Man darf den Topf nicht mit einem Scheit stützen[26] und ebensowenig eine Tür[27]. Man darf kein Vieh am Feiertage mit dem Stock treiben[28], was Rabbi El'azar ben Rabbi Simon gestattet. **6.** Rabbi Eli'ezer sagt: Es darf jemand ein Spänchen von denen, die vor ihm liegen, zum Reinigen seiner Zähne nehmen[29]; auch darf man welche aus dem Hofe zusammenlesen, um Feuer zu machen, denn alles, was im Hofe ist, gilt als vorbereitet. Die Weisen aber sagen: Nur von dem, was vor ihm[30] liegt, darf er zusammenlesen, um Feuer zu machen[31]. **7.** Man darf aus Hölzern kein Feuer hervorbringen, auch nicht aus Steinen, auch nicht aus Erde, auch nicht aus Wasser[32], und man darf Lehmziegel

---

des Verbotes ist in der vorigen Mischna angegeben: „weil man damit ein Gerät herstellt". [23]) um die Asche zu entfernen. [24]) die Asche niederdrücken (כבש = pressen) und gleichmässig verteilen. [25]) weil es einer Bautätigkeit ähnlich sieht. [26]) weil man Holz nur zum Heizen am Feiertage verwenden darf. [27]) Jeruschalmi hat הרלת. Die Lesart בדלת wird aber durch den bab. Talmud bezeugt, der schon an ihr Anstoss nimmt. Eine ähnliche Konstruktion findet sich in Bechorot VIII 8: אין פודין (בכור אדם) לא בעבדים ולא בשטרות ולא בקרקעות ולא בהקדשות (statt ההקדשות). [28]) wie es an Werktagen geschieht, wenn man das Vieh zum Verkaufe auf den Markt führt. [29]) Er ist der Meinung, dass man Brennholz am Feiertage nicht bloss zum Heizen, sondern auch zu anderen erlaubten Zwecken in die Hand nehmen darf, und setzt sich damit in Widerspruch zur vorigen Mischna (s. Anm. 26). [30]) im Hause. [31]) Wenn auch das Holz im Hofe als vorbereitet gilt (Mischna 2), darf man in ihm doch nicht kleine Späne auf Vorrat für mehrere Tage zu einem Haufen zusammentragen. [32]) Man darf am Feiertage nur Feuer machen, indem man das Holz an einer schon von früher her brennenden Flamme oder an glühenden Kohlen anzündet; man darf aber nicht das Feuer am Feiertage erst erzeugen, sei es dass man zwei Holzstücke durch Reibung aneinander entzündet, sei es dass man einen trockenen Ast solange in festes Gestein oder harte Erde bohrt, bis er durch die schnelle Drehung Feuer fängt. Vermutlich aber bedeuten hier אבנים und עפר (Stein und Erde) nicht nur andere Mittel, sondern auch andere Methoden der Feuererzeugung. Man hat demnach bei אבנים an Steine zu denken, aus denen man mittels harter Metalle Funken schlägt. Freilich ist es nicht der Feuerstein, dessen losgelöste Teilchen den Zunder in Brand setzen, sondern der Stahl; allein noch im spätern Mittelalter galt ja der im Steine schlummernde Funke, der durch den Stahl nur geweckt wird, als Schulbeispiel für den Unterschied zwischen einer in der Möglichkeit und einer in der Wirklichkeit vorhandenen Eigenschaft. Unter עפר wären wieder leicht entzündliche Mineralien (Schwefel u. ä.) zu verstehen, die durch Druck, Stoss oder Schlag in Flammen gesetzt werden können. Wie aber soll man Feuer aus Wasser hervorbringen? Maimonides (Mischne Tora, Hil. Jom Tob IV, 1) denkt zunächst an wasserhelle (lies כמים st. בכמים), besonders starke Naphtha (Aether), die sich entzündet, wenn sie geschüttelt wird. Dann meint er (das.), dass Flachs und ähnliche Stoffe in Brand geraten, wenn man sie in den Brennpunkt eines mit Wasser gefüllten und den Sonnenstrahlen ausgesetzten Glases bringt. Aehnlich lautet die Erklärung, die Raschi z. St. aus Donolo's Kommentar

הָרְעָפִים לִצְלוֹת בָּהֶן. וְעוֹד אָמַר רַבִּי אֱלִיעֶזֶר, עוֹמֵד אָדָם עַל הַמֻּקְצֶה עֶרֶב שַׁבָּת בַּשְּׁבִיעִית, וְאוֹמֵר מִכָּאן אֲנִי

nicht glühend machen, um auf ihnen zu braten[33]. Ferner[34] sagte Rabbi Eli'ezer: Man darf sich am Vorabend des Sabbat im siebenten Jahre[35] auf den Trockenplatz[36] stellen und sagen: Hiervon will ich morgen essen[37].

---

zum Sefer Jeszira anführt. Auch Plinius spricht gelegentlich (historia naturalis XXXVI, 199) von Glasballons (vitreae pilae), die sich, mit Wasser gefüllt (addita aqua), so sehr an der Sonne erhitzen, dass sie Kleider verbrennen. Ausführlicher erörtert Lactantius (de ira dei X, 18—19) diese Beobachtung in seiner Polemik gegen den Atomismus: „Wenn die härtesten Stoffe von einem heftigen Stosse getroffen werden, schlägt Feuer heraus. Sind etwa in Eisen oder Kiesel Atome des Feuers verborgen? Warum brechen sie nicht von selbst hervor? Und wie konnten sie in einem so kalten Stoffe sich aufhalten? Hält man eine Glaskugel voll Wasser (orbem vitreum plenum aquae) in die Sonne, so kann an dem vom Wasser zurückgestrahlten Lichte (de lumine, quod ab aqua refulget) selbst in der grössten Kälte Feuer angezündet werden. Soll man denn annehmen, dass auch im Wasser Feuer ist, da man doch an der Sonne nicht einmal im Sommer Feuer anzünden kann?" Welche Rolle spielt nun das Wasser bei diesem Vorgang? Das ist die Frage. die uns hier am meisten interessiert. Dass man mit Hilfe einer bikonvexen Linse (eines sogenannten Brennglases) einen hohen Grad von Wärme erzielt, weiss jedes Kind. Diese Wirkung beruht auf der nach dem Einfallslot hin gerichteten Ablenkung, welche die Sonnenstrahlen an der Grenzfläche zweier durchsichtiger Mittel erleiden, wenn sie aus dem optisch dünnern in das optisch dichtere übergehen. Sie ist um so stärker, je mehr Sonnenstrahlen die Linse auffängt und je kleiner der Raum ist, auf den sie sie vereinigt, mit anderen Worten: je grösser ihre Oberfläche und je geringer ihre Brennweite ist. Eine entgegengesetzte Wirkung hat die bikonkave Linse; sie sammelt nicht die Sonnenstrahlen, sie zerstreut sie vielmehr. Ist eine Linse auf der einen Seite gewölbt, auf der andern hohl, so hat die stärker gekrümmte Fläche das Uebergewicht. Ein leeres (d. h. mit Luft gefülltes) Trinkglas würde daher, da seine innere, konkave Fläche vermöge ihres kleinern Radius stärker als die äussere, konvexe gekrümmt ist, als Zerstreuungslinse wirken. Füllt man es aber mit Wasser, so bildet dieses eine bikonvexe Linse, durch welche die Sonnenstrahlen gesammelt und zu sehr starker Brennwirkung vereinigt werden. Allerdings ist das Brechungsverhältnis an der Grenzfläche zwischen Luft und Wasser nur annähernd 4 : 3, während es zwischen Luft und Glas einen höhern Wert hat (etwa 3 : 2). Es wäre demnach eine bikonvexe Linse aus massivem Glase einem mit Wasser gefüllten Trinkglase vorzuziehen. Da aber grössere Glasmassen nicht in der erforderlichen Klarheit und Durchsichtigkeit hergestellt werden können, so hat man auch in neuerer Zeit noch zu Schmelzversuchen lieber hohle, mit Flüssigkeiten gefüllte Brenngläser benutzt. — Im bab. Talmud ist zwischen Erde und Wasser ולא מן הרעפים eingeschaltet. So wird auch in Bereschit Rabba (Abs. 11) und in Jeruschalmi Berachot (VIII 5 Ende) dem ersten Menschen die Erfindung zugeschrieben, Feuer durch Aneinanderschlagen von Ziegeln (רעפים) hervorzubringen. Der bab. Talmud meint dagegen (Pesaḥim 54 a unten), Adam hätte Steine (אבנים) an einander gerieben. [33]) weil sie dadurch gehärtet werden. — Im Arabischen heisst رغف kneten (Teig, Lehm u. dgl.). Vielleicht bezeichnet daher רעפים nur die ungebrannten, an der Sonne getrockneten Lehmziegel zum Unterschiede von לבנים, welches Wort vermutlich seiner Grundbedeutung nach (לבן = weiss machen, glühen) vorzugsweise auf Backsteine angewendet wurde. [34]) s. Mischna 6, wo R. Eli'ezer ebenfalls den Weisen gegenüber die erleichternde Ansicht vertritt. [35]) dem sogenannten Brachjahre (2. B. M. 23, 10—11; 3. B. M. 25, 1—7). [36]) מוקצה (von הקצה = absondern, entfernen, beseitigen) ist eine Stelle im Hinterhofe ('Erubin II 3 und X 8) oder auf dem Dache, auf die man Weintrauben oder Feigen zum Trocknen legt. In frischem wie in getrocknetem Zustande sind diese Früchte an Sabbat- und Feiertagen ohne weiteres gestattet; in der Zwischenzeit aber, während des Trocknens, sind sie dem Genusse entzogen und müssen daher (Einl. Abs. 4), wenn sie am heiligen Tage gegessen werden sollen, am Vorabend für diesen Zweck bestimmt werden. — Vielleicht ist מוקצה hier mit e (statt â) am Ende zu lesen, so dass nicht der Trockenplatz, sondern die Früchte selbst gemeint wären und על neben bedeutete. [37]) Eine genauere Bezeichnung wie in Kap. I Mischna 3 ist nach

אוֹכֵל לְמָחָר. וַחֲכָמִים אוֹמְרִים, עַד שֶׁיִּרְשׁוֹם וְיֹאמַר, מִכָּאן וְעַד כָּאן:

פרק ה.

א מַשִׁילִין פֵּרוֹת דֶּרֶךְ אֲרֻבָּה בְּיוֹם טוֹב, אֲבָל לֹא בְשַׁבָּת. וּמְכַסִּים פֵּרוֹת בְּכֵלִים מִפְּנֵי הַדֶּלֶף, וְכֵן כַּדֵּי יַיִן וְכַדֵּי שֶׁמֶן. וְנוֹתְנִין כְּלִי תַּחַת הַדֶּלֶף בְּשַׁבָּת: ב כֹּל שֶׁחַיָּבִין עָלָיו מִשּׁוּם שְׁבוּת מִשּׁוּם רְשׁוּת מִשּׁוּם מִצְוָה בְּשַׁבָּת, חַיָּבִין עָלָיו בְּיוֹם טוֹב. וְאֵלּוּ הֵן מִשּׁוּם שְׁבוּת, לֹא עוֹלִין בָּאִילָן, וְלֹא רוֹכְבִין עַל גַּבֵּי בְהֵמָה, וְלֹא שָׁטִין עַל פְּנֵי הַמַּיִם. וְלֹא מְטַפְּחִין, וְלֹא מְסַפְּקִין, וְלֹא מְרַקְּדִין. וְאֵלּוּ הֵן

Die Weisen aber meinen: Er muss genauer bezeichnen, indem er sagt: von hier bis her.

ABSCHNITT V.

1. Man darf am Feiertage Früchte durch das Bodengitter hinunterlassen[1], aber nicht am Sabbat[2]. Man darf Früchte[3] vor der Traufe mit Geräten zudecken, desgleichen Krüge Wein und Krüge Oel[4]. Man darf auch am Sabbat ein Gefäss unter die Traufe stellen. **2.** Alles, was am Sabbat strafbar ist[5], sei es aus dem Begriffskreise des Ruhegebotes[6], sei es aus dem Begriffskreise des Anheimgestellten oder aus dem Begriffskreise des Gottgefälligen[7], ist auch am Feiertage strafbar[8]. Folgendes gehört zum Begriffskreise des Ruhegebotes: Man darf keinen Baum besteigen[9], auf keinem Tiere reiten[10], auch nicht auf dem Wasser schwimmen[11]; man darf nicht mit den Händen klatschen[12], nicht musizieren[13], nicht tanzen[14]. Folgendes gehört zum

---

seiner Meinung nur bei Lebewesen erforderlich. Was hier vom siebenten Jahre gilt, ist auch auf die Früchte der übrigen Jahre anwendbar, sofern sie verzehntet sind. In der Regel werden jedoch die Abgaben von den zum Trocknen bestimmten Früchten erst nach Vollendung dieses Prozesses abgehoben. Sie können also, da die Verzehntung an Sabbat- und Feiertagen verboten ist (Kap. V Mischna 2), ohnehin an diesen Tagen nicht gegessen werden ('Erubin Kap. II Anm. 18). Anders im Brachjahre, dessen Früchte von allen Abgaben befreit sind.

¹) Wenn Früchte auf dem Dache ausgebreitet liegen und Regen droht, darf man sie durch eine Oeffnung im Fussboden oder eine Falltür in die unteren, geschützten Räume fallen lassen, aber nicht auf einer Leiter oder Treppe hinunter befördern. — משילין könnte נשל zum Stamme haben, ist aber wahrscheinlicher Hif'il von שול (s. Sukka K. I Anm. 58). Die Lesart schwankte schon in alter Zeit (s. den bab. Talmud z. St.) zwischen משילין, משחילין, משירין, משחירין u. מנשירין. ²) Die Worte אבל לא בשבת fehlen im Jeruschalmi. ³) die durch Nässe Schaden leiden. ⁴) obgleich hier der durch die Regentropfen entstehende Schaden nur gering ist. — Jeruschalmi liest: וכן כדי יין וכן כדי שמן. ⁵) Zwar handelt es sich hier nur um rabbinische Verbote; dennoch wird der Ausdruck חייבין עליו gebraucht, weil auch die Uebertretung rabbinischer Vorschriften bestraft wurde. ⁶) s. 'Erubin K. X Anm. 30 u. Pesaḥim K. VI Anm. 10. ⁷) מצוה, eigentlich das Gebotene, bezeichnet im weitern Sinne jedes gute Werk und jede fromme Handlung, auch wenn sie nicht vorgeschrieben sind. ⁸) Jeruschalmi liest: כל שהוא משום שבות משום רשות משום מצוה חייבין עליו ביום טוב. ⁹) damit man keinen Zweig abbreche. ¹⁰) weil man an den heiligen Tagen auch dem Tiere Ruhe gewähren muss (Jeruschalmi) ¹¹) damit man keine Schwimmgeräte anfertige. ¹²) um den Takt anzugeben. — Das Verbum ist Denominativ von טפח = innere Handfläche. ¹³) So nach Maimunis Mischnakommentar z. St. Nach Raschi heisst מספקין: mit den Händen auf die Hüften schlagen (vgl. Jer. 31,19 [18] und Ez. 21,17). Nach Jeruschalmi bezeichnet sowohl מטפחין als מספקין das Zusammenschlagen der Hände, dieses aber als Gebärde des Zornes (vgl. 4. B. M. 24, 10), jenes dagegen als Ausdruck des Behagens. ¹⁴) Diese drei rabbinischen Verbote begründet der b. Talmud mit der Befürchtung, man könnte sich verleiten lassen, ein Musik-

מִשּׁוּם רְשׁוּת, לֹא דָנִין, וְלֹא מְקַדְּשִׁין, וְלֹא חוֹלְצִין, וְלֹא מְיַבְּמִין. וְאֵלּוּ הֵן מִשּׁוּם מִצְוָה, לֹא מַקְדִּישִׁין, וְלֹא מַעֲרִיכִין, וְלֹא מַחֲרִימִין, וְלֹא מַגְבִּיהִין תְּרוּמָה וּמַעֲשֵׂר. כָּל אֵלּוּ בְּיוֹם טוֹב אָמְרוּ, קַל וָחֹמֶר בַּשַּׁבָּת. אֵין בֵּין יוֹם טוֹב לַשַּׁבָּת אֶלָּא אֹכֶל נֶפֶשׁ בִּלְבָד: ג הַבְּהֵמָה וְהַכֵּלִים כְּרַגְלֵי הַבְּעָלִים. הַמּוֹסֵר בְּהֶמְתּוֹ לִבְנוֹ

Begriffskreise des Anheimgestellten: Man darf nicht rechtsprechen, keine Ehe schliessen, von der Schwagerehe nicht entbinden[15], noch die Schwagerehe vollziehen[16]. Folgendes gehört zum Begriffskreise des Gottgefälligen: Man darf keine Weih-, Tax- oder Banngelübde tun[17] und weder Priesterhebe[18] noch Zehnten[19] absondern[20]. Alles dies haben sie in Bezug auf den Feiertag gesagt; um so mehr gilt es für den Sabbat[21]. Der Feiertag unterscheidet sich vom Sabbat nur hinsichtlich der Speisebereitung allein[22]. **3.** Haustiere und Geräte richten sich nach den Füssen des Eigentümers[23]. Hat man das Vieh dem Sohne oder

---

instrument herzustellen oder ein schadhaft gewordenes instand zu setzen. [15]) 5. B. M. 25, 7—9. [16]) das. 5—6. — Der Grund dieser vier Verbote liegt in der Gepflogenheit, über die genannten Akte Urkunden auszustellen, die man am heiligen Tage nicht schreiben darf. Auffallen muss es, dass diese Handlungen hier zu den anheimgestellten Dingen gezählt werden, während sie in Wahrheit nicht nur ein gutes Werk, sondern gradezu eine Pflicht darstellen. Dem Belieben überlassen ist die Rechtsprechung nur dann, wenn ein Würdigerer und Berufenerer das Richteramt übernehmen könnte, die Eheschliessung nur für den, der schon eine Frau hat, die Schwagerehe nur unter der Voraussetzung, dass ein älterer Bruder da ist, der sie in erster Reihe zu vollziehen hat. Der bab. Talmud meint, dass die Mischna in der Tat diese Fälle vor Augen hatte. [17]) W e i h g e l ü b d e sind solche, durch die man einen Gegenstand dem Heiligtum weiht. Durch T a x g e l ü b d e verpflichtet man sich zur Zahlung der im 3. B. M. 27, 1—7 je nach Alter und Geschlecht festgesetzten Taxe an den Tempelschatz. Die B a n n g e l ü b d e beziehen sich bald auf eine Gabe an das Heiligtum, bald auf ein Geschenk für die Priester. Hat man sich nicht näher erklärt, so hat nach Raschi (z. St.) der Tempelschatz, nach Maimonides dagegen (Hil. ʻArachin VI 1) die Priesterschaft Anspruch auf die Gabe. Die Meinungsverschiedenheit beruht auf dem Streit in ʻArachin VIII 6 [ועיין כסף משנה ולחם משנה ומשנה למלך שם] — Das Verbot beruht auf der Aehnlichkeit dieser Eigentumsübertragung mit dem Besitzwechsel durch Verkauf. [18]) 4. B. M. 18, 12 u. 28. [19]) das. 21 u. 5. B. M. 14, 22—29. [20]) Wie man an den heiligen Tagen unbrauchbare Geräte nicht gebrauchsfähig machen darf, so haben die Rabbinen auch verboten, Früchte, die man, weil die vorgeschriebenen Abgaben noch nicht entrichtet sind, nicht geniessen darf, durch Abhebung dieser Abgaben geniessbar zu machen. Aus demselben Grunde darf man auch die Brothebe (4. B. M. 15, 17—21) nicht absondern, es sei denn, dass der Teig erst am Feiertage geknetet worden. [21]) Die hier aufgezählten Verbote wurden ausdrücklich für die Feiertage mit stillschweigender, weil selbstverständlicher Ausdehnung auf den Sabbat festgesetzt. Daneben gibt es indessen auch umgekehrt eine grosse Zahl rabbinischer Verbote, die im Traktate Sabbat (zum Teil auch in ʻErubin) vorgetragen wurden, aber auch, wie der Anfang unserer Mischna lehrt, für die Feiertage gelten. So löst sich am einfachsten der scheinbare Widerspruch zwischen diesem und dem ersten Satze der Mischna. [22]) An allen Feiertagen mit Ausnahme des Versöhnungstages ist es gestattet zu schlachten, Feuer anzuzünden, zu kneten, zu backen, zu kochen und ähnliche dem Zwecke der Speisebereitung dienende Arbeiten zu verrichten, die am Sabbat verboten sind (Einl. Abs. 2). Alle übrigen am Sabbat untersagten Tätigkeiten sind auch am Feiertage unstatthaft. Dass die Entweihung des Sabbat vom Gesetze schwerer geahndet wird als die des Feiertages, kommt hier nicht in Betracht. Der Ausdruck אוכל נפש ist aus 2. B. M. 12, 16 entlehnt; gemeint ist מלאכת אוכל נפש. [23]) Sie dürfen am Sabbat oder Feiertage nur dorthin gebracht werden, wohin auch der Besitzer gehen darf, also nicht über seinen Sabbatbezirk (ʻErubin

אוֹ לְרוֹעֶה, הֲרֵי אֵלּוּ כְּרַגְלָיו. כֵּלִים הַמְיֻחָדִין לְאֶחָד מִן הָאַחִין שֶׁבַּבַּיִת, הֲרֵי אֵלּוּ כְּרַגְלָיו, וְשֶׁאֵינָן מְיֻחָדִין, הֲרֵי אֵלּוּ כִּמְקוֹם שֶׁהוֹלְכִין: ד הַשּׁוֹאֵל כְּלִי מֵחֲבֵרוֹ מֵעֶרֶב יוֹם טוֹב, כְּרַגְלֵי הַשּׁוֹאֵל, בְּיוֹם טוֹב, כְּרַגְלֵי הַמַּשְׁאִיל. הָאִשָּׁה שֶׁשָּׁאֲלָה מֵחֲבֶרְתָּהּ תְּבָלִין וּמַיִם וּמֶלַח לְעִסָּתָהּ, הֲרֵי אֵלּוּ כְּרַגְלֵי שְׁתֵּיהֶן. רַבִּי יְהוּדָה פּוֹטֵר בַּמַּיִם. מִפְּנֵי שֶׁאֵין בָּהֶם מַמָּשׁ: ה הַגַּחֶלֶת כְּרַגְלֵי הַבְּעָלִים, וְהַשַּׁלְהֶבֶת בְּכָל מָקוֹם. גַּחֶלֶת שֶׁל הֶקְדֵּשׁ

Hirten übergeben, richtet es sich nach seinen Füssen[24] Geräte, die für einen der Brüder im Hause bestimmt sind, richten sich nach seinen Füssen, unbestimmte nach dem Orte, der allen zugänglich ist[25]. **4.** Entleiht man von einem andern ein Gerät am Vorabend des Feiertages, so richtet es sich nach den Füssen des Entleihers[26]; ...am Feiertage, so richtet es sich nach den Füssen des Verleihers. Hat eine Frau von einer andern Gewürze, Wasser oder Salz für ihren Teig geborgt, so richtet sich dieser nach den Füssen beider[27]. Rabbi Juda befreit hinsichtlich des Wassers[28], weil davon nichts Greifbares zurückbleibt [29]. **5.** Die Kohle hat den Sabbatbezirk des Besitzers[30], die Flamme hat den ihren überall[31]. Die Kohle des

Einl. Abs. 4) hinaus befördert werden. [24]) Es geht aus der Mischna nicht klar hervor, nach wessen Füssen es sich richtet. Auch über die Auffassung im bab. Talmud gehen die Meinungen auseinander. Nach Maimonides (Hil. Jom Ṭob V 11) hat das dem Sohne übergebene Vieh unter allen Umständen den Sabbatbezirk des Vaters, das dem Hirten anvertraute dagegen nur dann den Sabbatbezirk des Eigentümers, wenn es mehr als e i n e m Hirten übergeben wurde, andernfalls richtet es sich nach dem Hirten, selbst wenn es ihm erst am Feiertage übergeben wurde. Nach Jeruschalmi gilt der Sabbatbezirk des Hirten, wenn es nur einen einzigen im Orte gibt, sonst aber der des Besitzers, sofern er das Vieh nicht schon vor Eintritt des heiligen Tages übergeben hat. Nach Raschi ist dies auch die Auffassung des bab. Talmud. [25]) Wenn daher die Brüder verschiedene Sabbatbezirke haben, dürfen die Geräte nur innerhalb einer Fläche, die allen diesen Bezirken gemeinsam ist, unter Umständen also überhaupt nicht transportiert werden [26]) selbst wenn er es erst am heiligen Tage abgeholt hat. [27]) Vgl. Anm. 25. [28]) d. h. er befreit die Besitzerin des Teiges von der Verpflichtung, auf den Sabbatbezirk der Frau, die ihr das Wasser geliehen, Rücksicht zu nehmen. [29]) Es ist ja im gekneteten Teige nicht mehr wahrzunehmen. — ממש stammt von משש = b e t a s t e n, g r e i f e n. Es wäre daher m e m e s c h (wie ממר v. מרר) oder m â m â s c h (wie מסך v. סכך) zu lesen. Die übliche Aussprache lautet jedoch m a m m a s c h, und so haben es auch die Punktatoren des Targum Jer. (5. B. M. 32, 17) vokalisiert. Demnach wäre eine Nebenform נמש (arab. لمس) anzunehmen, der wir vermutlich in נמושות (Pea VIII 1) begegnen, wofür Abba Schâûl (s. Jer. das.) משושות gesetzt hat. Solche Uebergänge sind nicht selten. Man vergleiche נפץ mit פצץ, נקב mit קבב, נשל mit שלל, נהם mit הכם, כסכה (v. נסך) mit כסך (v. סכך). Vielleicht gehört auch נאר und das noch nicht befriedigend erklärte נאף hierher. נ א ר (Ps. 89, 40 u. Klagel. 2, 7) wäre dann gleich ארר mit v e r f l u c h e n zu übersetzen, und נ א ף (das im Targum mit גוף [verwandt mit גפף = umarmen] wiedergegeben wird) könnte gleich אסף u m s c h l i e s s e n, u m f a n g e n bedeuten. נאפופים (Hoseʿa 2, 4) ist nicht notwendig von נאף, sondern eben so gut von אסף (nach der Form נפתולים) abzuleiten und als U m a r m u n g e n (dem Sinne nach allerdings = E h e b r u c h) aufzufassen. [30]) Man darf sie daher nur soweit am heiligen Tage tragen, als auch ihr Eigentümer gehen darf (vgl. Anm. 28). [31]) Wenn also jemand an einer fremden Kohle seine Lampe angezündet hat, so darf er diese innerhalb seines eigenen Sabbatbezirks nach Belieben transportieren, ohne auf den Besitzer der Kohle Rücksicht nehmen zu müssen. Die Flamme birgt ja keinen Teil der Kohle in sich, wie etwa das Salz in der vorigen Mischna ein verborgener Bestandteil des Teiges ist; sie

מועלין בה, והשלהבת לא נהנין ולא מועלין. (המוציא גחלת לרשות הרבים חיב, ושלהבת פטור.) בור של יחיד כרגלי היחיד, ושל אנשי אותה העיר כרגלי אנשי אותה העיר, ושל עולי בבל כרגלי הממלא: ו מי שהיו פרותיו בעיר אחרת, וערבו בני אותה העיר,

Heiligtums unterliegt dem Gesetze über Veruntreuung[32]; die Flamme dagegen darf man zwar nicht benutzen[33], aber sie unterliegt nicht dem Gesetze über die Veruntreuung[34]. (Trägt man eine Kohle in öffentliches Gebiet[35] hinaus, so ist man strafbar[36]; verfährt man ähnlich mit einer Flamme[37], so ist man straffrei.) Die Zisterne eines Privatmannes hat den Sabbatbezirk des Privatmannes[38], die der Bewohner einer Ortschaft hat den Sabbatbezirk der Bewohner dieser Ortschaft[39], die der babylonischen Rückwanderer[40] hat den Sabbatbezirk des Wasserschöpfers[41]. **6.** Hat jemand Früchte in einer fremden Ortschaft, und die Bewohner dieser Ortschaft

---

besteht vielmehr aus den brennenden Gasen und festen Stoffen des Lampenöls, durch welches sie genährt und unterhalten wird. Aus demselben Grunde ist wieder die Kerze, die etwa an der Lampe entzündet wurde, weder an deren Sabbatbezirk noch an den der Kohle gebunden. Genau genommen ist die Flamme nicht einmal כרגלי המדליק, wie z. B. das Wasser am Schlusse unserer Mischna כרגלי הממלא ist; sie ist nur insofern von dem Sabbatbezirk dessen, der sie angezündet hat, abhängig, als sie untrennbar an einen Gegenstand gebunden ist, der einen Besitzer hat. An und für sich aber ist sie בכל מקום, gibt es für sie überhaupt keine Sabbatgrenze. [32]) Wer heiliges Gut frevelhaft benutzt, wird bestraft und muss den Schaden ersetzen; geschah es aus Versehen, so muss er ein Schuldopfer darbringen und erhöhten Schadenersatz leisten (3. B. M. 5, 14—16). [33]) weder als Licht- noch als Wärmequelle. [34]) die mutwillige Benutzung wird nicht geahndet, die irrtümliche braucht nicht gesühnt zu werden. [35]) s. ʽErubin Kap. IX Anm. 14. [36]) wenn es am Sabbat geschah; am Feiertage ist ja die Beförderung aus Privatgebiet in öffentliches und umgekehrt sogar gestattet (Einleitung Abs. 2). [37]) indem man z. B. ein im Zimmer brennendes Feuer nach dem offenen Fenster hin weht, so dass die Flamme zur Strasse hinaus züngelt [בבבלי איתא כגון דאדייה ארויי לרשות הרבים ולמאן דמפרש שהשליך את השלהבת לחוץ קשיא למה אינו חייב משום מכבה ואפילו לא השליך כולה לחוץ ועדיין האש דולקת ברשות היחיד מכל מקום לא גרע מהמסתפק מן השמן שבנר שחייב משום מכבה (ביצה כ״ב.) ונראה לפרש שנפח בשלהבת עד שיצא ראשה לחוץ ולרבי עקיבא אצטרכא ליה דסבר קלוטה כמי שהונחה ועקירה נמי הויא כיון שבכל רגע שלהבת נודדת ממקומה ובאה אחרת תחתיה והוה אמינא לחייב קמשמע לן דפטור הואיל ובשלהבת אין בה ממש]. — Bei Alfasi fehlt der eingeklammerte Satz vollständig; im Jeruschalmi und ebenso bei R. Ascher steht er nicht in der Mischna, sondern nur in einer im Anschluss an diese angeführten Baraita (Tosefta). [38]) über dessen Sabbatgrenze hinaus das Wasser daher nicht geschafft werden darf, wenn es auch jedermann zur Verfügung steht. [39]) Diese Bestimmung lässt verschiedene Deutungen zu. Es kann der natürliche Sabbatbezirk der Ortschaft gemeint sein, wie er ein für alle Mal nach der im Traktat ʽErubin gegebenen Anleitung (s. das. Einl. Abs. 4) von den Sachverständigen festgesetzt wurde. Man kann aber auch den Sabbatbezirk der einzelnen Ortsbewohner darunter verstehen, so dass jeder derselben, der seinen Sabbatwohnsitz durch ʽErub verlegt hat (s. daselbst), befugt wäre, das von ihm geschöpfte Wasser so weit zu tragen, wie er selbst gehen darf. Endlich kann כרג׳ אנשי אותה העיר denselben Sinn haben wie כרגלי שתיהן in der vorigen und במקום שהולכין in der vorletzten Mischna, so dass das Wasser nur innerhalb des allen Ortsbewohnern gemeinsamen Bezirks transportiert werden dürfte, mithin der ʽErub des einen alle übrigen beschränken würde. [40]) Die unter Zerubabel aus Babylonien zurückgekehrten Juden hatten im heiligen Lande Brunnen und Zisternen auf öffentlichen Wegen für die Reisenden angelegt. [41]) Da sie herrenlos sind, kann jeder das Wasser, das er aus ihnen geschöpft hat, innerhalb seines eigenen Sabbatbezirks nach Belieben transportieren.

לְהָבִיא אֶצְלוֹ מִפֵּרוֹתָיו, לֹא יְבִיאוּ לוֹ. וְאִם עֵרֵב הוּא, פֵּרוֹתָיו כָּמוֹהוּ: ז מִי שֶׁזִּמֵּן אֶצְלוֹ אוֹרְחִים, לֹא יוֹלִיכוּ בְיָדָם מָנוֹת, אֶלָּא אִם כֵּן זִכָּה לָהֶם מְנוֹתֵיהֶם מֵעֶרֶב יוֹם טוֹב. אֵין מַשְׁקִין וְשׁוֹחֲטִין אֶת הַמִּדְבָּרִיּוֹת, אֲבָל מַשְׁקִין וְשׁוֹחֲטִין אֶת הַבֵּיתִיּוֹת. אֵלּוּ הֵן בֵּיתִיּוֹת, הַלָּנוֹת בָּעִיר, מִדְבָּרִיּוֹת, הַלָּנוֹת בָּאֲפָר:

haben einen ʻErub[42] gemacht, um ihm von seinen Früchten zu bringen, so dürfen sie ihm keine bringen[43]. Hat er einen ʻErub gemacht, so richten sich seine Früchte nach ihm[44]. **7.** Hat jemand Gäste zu sich eingeladen, so dürfen sie keine Portionen nach Hause tragen[45], es sei denn, dass er ihnen schon am Vorabend des Festes ihre Portionen zugeeignet hat[46]. Man darf nicht Steppentiere tränken und schlachten[47], wohl aber darf man Haustiere[48] tränken und schlachten[49]. Haustiere sind solche, die in der Ortschaft übernachten, Steppentiere solche, die auf der Heide[50] übernachten.

---

42) Verschmelzung der Sabbatbezirke durch Verlegung des Wohnsitzes (s. ʻErubin Einl. Abs. 4 g. Ende). 43) Da die Früchte Privateigentum sind, haben sie den Sabbatbezirk ihres Besitzers. 44) Er darf sie also von dort holen. 45) sofern ihr Heim jenseits der Sabbatgrenzen des Gastgebers liegt und die Gäste auf Grund eines ʻErub zu ihm gekommen sind. 46) indem er sie einem Dritten mit den Worten überreichte: Erwirb diese und jene Portion für diesen und jenen meiner Gäste. 47) weil sie beim Eintritt des Festes nicht zum Schlachten bestimmt waren (vgl. Kap. I Mischna 3). 48) An Stelle von ביתיות hat Jeruschalmi בייתות (lies: bajjatot). 49) Man pflegte die Tiere kurze Zeit vor dem Schlachten zu tränken, damit sich nachher die Haut leichter abziehen lasse. Um aber ihren Durst zu stillen, darf man auch Steppentiere selbst am Sabbat tränken. 50) ausserhalb des Sabbatbezirks. — Mit Efra (אפרא) übersetzt Targum Jer. zu 2. B. M. 2, 3 das hebr. סוּף, das Jon. daselbst ebenso wie אחו (1. B. M. 41, 2) durch גומייא wiedergibt. Demnach wäre Schilf die eigentliche Bedeutung von אפר, Heide nur die übertragene.

TRAKTAT ROSCH HASCHANA. מַסֶּכֶת רֹאשׁ הַשָּׁנָה.

Einleitung.

Mit dem Namen Rosch Haschana (Jahresanfang) bezeichnet die Mischna das Fest, das in der Tora שבתון זכרון תרועה (3. B. M. 23, 24) und יום תרועה (4. B. M. 29, 1) genannt wird. Was diesem Feiertage das besondere Gepräge gibt, sind also die Töne des Schofar, die wir an ihm zu vernehmen und auf uns wirken zu lassen verpflichtet sind. Mit ihnen stehen drei Einschaltungen in Zusammenhang, die das Musafgebet dieses Tages vor dem der anderen Feste auszeichnen: Malchujjot, Zichronot, Schofarot. Es sind drei stimmungsvolle, herzerhebende Betrachtungen über die dreifache Bedeutung des Tages als Jahresanfang, als Gerichtstag und als Schofarfest. Sie bilden den Rahmen für je zehn Bibelverse, von denen vier dem Pentateuch, drei den Hagiographen, drei den Propheten entnommen sind. In den Huldigungsversen (מלכויות) wird Gott im Hinblick auf die Schöpfung, mit der unser Fest als Jahresanfang in Verbindung gebracht wird, als Weltenkönig gefeiert; in den Erinnerungsversen (זכרונות) wird er als der liebevolle Weltenrichter dargestellt, der seiner Geschöpfe

in Gnade und Barmherzigkeit gedenket; in den Schofarversen (שופרות) wird auf die erschütternde und erweckende Kraft der Schofartöne hingewiesen, wie sie insbesondere bei der Offenbarung am Sinai in die Erscheinung trat und dereinst wieder bei der Rückkehr Israels in seine Heimat sich bewähren wird.

Die Vorschriften über den Schofar und die drei Einschaltungen bilden den wesentlichen Inhalt der letzten zwei Kapitel unseres Traktats. Die beiden ersten behandeln das Kalenderwesen. Zur Zeit der Mischna gab es den festen Kalender noch nicht, nach dem wir uns heute richten; vielmehr wurde damals und auch später noch der Monatsanfang von Fall zu Fall durch ein autoritatives Kollegium gelehrter Fachmänner auf Grund von Zeugenaussagen über das Erscheinen des neuen Mondes in öffentlicher Gerichtsverhandlung festgesetzt. Erschienen die Zeugen an dem Tage, an dessen Vorabend der neue Mond nach astronomischer Berechnung zum ersten Male sichtbar wurde, so wurden sie vom Gerichtshofe vernommen, zwei von ihnen sogar einem eingehenden Verhör unterzogen, und wenn ihre Aussagen sowohl unter einander als mit den Tatsachen am Himmel übereinstimmten, ward dieser Tag in feierlicher Weise als Monatsanfang proklamiert. War der Himmel an diesem Abend bedeckt, so wurde der nächstfolgende Tag als erster des Monats festgesetzt, gleichviel ob Zeugen an ihm erschienen oder nicht. Daher konnten sich Zeugen, die weiter als eine Tagesreise vom Sitz des Gerichtshofes entfernt waren, den Weg dahin ersparen, zumal man sich nur ungern entschloss, den einmal verkündeten Monatsanfang nachträglich auf Grund späterer Vernehmungen zu berichtigen; innerhalb dieses Umkreises aber durften Personen, die am Freitag abend das erste Erscheinen des Mondes beobachtet hatten, selbst die Sabbatgesetze, soweit als nötig, übertreten, um rechtzeitig vor dem Kollegium eintreffen zu können. War der Monatsanfang festgesetzt, so wurde er durch optische Signale Feuerzeichen), später durch Boten, die jedoch nur in den Festmonaten sowie im Ab und im Elul ausgesandt wurden, den Gemeinden mitgeteilt. Die Monate waren, wie aus dem Vorhergehenden ersichtlich, nicht von gleicher Länge; sie zählten bald 29, bald 30 Tage. Da die durchschnittliche Dauer des synodischen Monats rund $29\frac{1}{2}$ Tage beträgt, so löste meist ein „voller“ Monat (מְעֻבָּר oder כלא) mit 30 Tagen einen „mangelhaften“ (חסר) mit 29 Tagen ab; doch konnten, zumal wenn der Himmel um die Zeit des Neumondes öfter bedeckt war, auch mehrere volle Monate und später wieder mehrere mangelhafte unmittelbar hinter einander folgen. Indessen vermied man es, einem Jahre weniger als vier oder mehr als acht volle Monate zu geben (ʻArachin II 2). Immerhin schwankte auf diese Art die Zahl der Tage eines Jahres zwischen 352 und 356. Aber auch in Bezug auf die Zahl der Monate waren die Jahre nicht einander gleich. Denn die Feste waren an bestimmte Jahreszeiten gebunden, insbesondere die Pesachfeier an den Frühlingsmonat (5. B. M. 16, 1), das sogenannte Mondjahr aber ist um mindestens 10 Tage kleiner als das Sonnenjahr. Man schaltete daher von Zeit zu Zeit zwischen Adar und Nisan einen dreizehnten Monat ein. Dies geschah ebenfalls durch eine mit höchster Autorität bekleidete Gerichtsbehörde, nicht nach einer bestimmten Richtschnur, sondern nach freiem Ermessen, so oft die Notwendigkeit es erheischte.

In dem Kalender dagegen, dessen wir uns jetzt seit etwa 1500 Jahren bedienen, sind sowohl die Monatsanfänge als die Schaltjahre ein für allemal nach festen Normen geregelt, die für jedes beliebige Jahr der Vergangenheit und Zukunft eine Berechnung und Festsetzung ermöglichen. Er beruht auf der Annahme, dass die Länge des tropischen Jahres 365 Tage 5 Stunden 55 Minuten $25\frac{25}{57}$ Sekunden, die des synodischen Monats im Durchschnitt 29 Tage 12 Stunden 44 Minuten $3\frac{1}{3}$ Sekunden beträgt, so dass 19 tropische Jahre genau 235 ($= 12 \times 12 + 7 \times 13$)

mittleren Monaten entsprechen. Es müssen daher, wenn je 19 Jahre einen Zyklus bilden, der aus 12 Gemeinjahren (פשוטות) mit je 12 Monaten und 7 Schaltjahren (מעוברות) mit je 13 Monaten besteht, die Feste nach Ablauf eines jeden Zyklus immer wieder auf dieselbe Jahreszeit fallen, und sie können auch innerhalb des Zyklus nicht allzusehr vom Normaljahre abweichen, sofern nur die Schaltjahre möglichst gleichmässig verteilt sind. Als solche sind das 3., 6., 8., 11., 14., 17. und 19. festgesetzt. Die mittlere Konjunktion des Mondes (das ist der Augenblick, in welchem er zwischen Sonne und Erde hindurchgehen würde, wenn seine Bewegung eine gleichmässige wäre) bezeichnet man mit dem Worte Molad (מולד=Geburt). Kennt man den Molad irgend eines Monats, so kann man jeden andern leicht berechnen. Ist nämlich der bekannte Molad (also die Epoche) = E, die Zahl der seither verflossenen Monate = n, die mittlere Länge des synodischen Monats = m, so ist, wenn der zu berechnende Molad (M) auf die Epoche folgt, $M = E + n\,m$, und wenn er hinter ihr zurückliegt, $M = E - n\,m$. Gewöhnlich wählt man das erste Jahr unserer Zeitrechnung als Epoche, in welchem Molad Tischri auf Sonntag 11 Uhr 11 Minuten 20 Sekunden nachts fiel. Man bezeichnet die Wochentage (d) von Sonntag bis Sabbat mit den Ordinalzahlen 1 bis 7, beginnt den Tag um 6 Uhr abends und zählt von da an die Stunden (h) fortlaufend von 0 bis 23. Mithin ist

$$E = 2^d\ 5^h\ 11^m\ 20^s$$

In der Regel soll der Jahresanfang (Rosch haschana) auf den Tag des Molad Tischri festgesetzt werden. Er wird jedoch aus Gründen, deren Erörterung hier zu weit führen würde, auf den folgenden Tag verschoben, wenn die mittlere Konjunktion erst mittags (18h) oder noch später eintritt, wenn sie ferner auf einen Sonntag (1d), Mittwoch (4d) oder Freitag (6d) trifft, und wenn sie endlich nach einem Schaltjahre (שנה מעוברת) an einem Montage (2d) später als 15h 32m 40s stattfindet; er wird sogar um zwei Tage verschoben, wenn der Molad in einem Gemeinjahre (שנה פשוטה) an einem Dienstage (3d) später als 9h 11m 19s oder überhaupt an einem Dienstag (3d), Donnerstag (5d) oder Sabbat (7d) erst mittags (18h) oder gar nachmittags eintritt. Infolge dieser Verschiebungen hat das Gemeinjahr bald 353, bald 354, bald 355, das Schaltjahr bald 383, bald 384, bald 385 Tage. Ein Jahr mit 353 bezw. 383 Tagen heisst ein verkürztes (חסרה), ein solches mit 354 oder 384 Tagen ein ordnungsmässiges (כסדרה), ein Jahr mit 355 bezw. 385 Tagen ein verlängertes (שלמה). Die Namen der Monate sind: Nisan, Ijar, Siwan, Tammuz, Ab, Elul, Tischri, Marḥeschwan, Kislew, Ṭebet, Schebaṭ, Adar. Im Schaltjahre heisst der zwölfte Monat Adar rischon, der dreizehnte aber Adar scheni. In einem ordnungsmässigen Jahre folgt immer auf einen vollen ein mangelhafter Monat in der Weise, dass Nisan 30, Ijar nur 29 Tage zählt u. s. w. mit Ausnahme des Adar rischon im Schaltjahre, der stets 30 Tage hat, während Adar scheni wie Adar im Gemeinjahre ein mangelhafter Monat ist; in einem verkürzten Jahre hat sowohl Marḥeschwan als Kislew nur je 29 Tage, in einem verlängerten sind beide volle Monate. Hat ein Monat 30 Tage, so wird sein letzter Tag neben dem ersten des folgenden Monats als dessen Rosch hachodesch mitgefeiert und auch in Urkunden so bezeichnet, z. B. שלשים יום לחדש ניסן שהוא ראש חדש אייר.

Um nun den Kalender eines gegebenen Jahres zu bestimmen, braucht man nur folgende drei Fragen zu beantworten: 1. Ist es ein Gemein- oder ein Schaltjahr? פשוטה oder מעוברת (abgekürzt: פ oder מ)? 2. Auf welchen Wochentag fällt sein Rosch haschana? Da der erste Neujahrstag, wie oben gesagt wurde, niemals auf einen Sonntag, Mittwoch oder Freitag festgesetzt wird, so kann die

Antwort nur aus einem der Buchstaben בגהז bestehen, die den 2., 3., 5. und 7. Wochentag bezeichnen. 3. Ist das Jahr ein verkürztes, ein ordnungsmässiges oder ein verlängertes? חסרה, כסדרה oder שלמה (abgekürzt: ח, כ oder ש)? Die drei Buchstaben, die die Antwort auf diese drei Fragen geben, bilden das Kalenderzeichen (קביעות), das den Charakter des Jahres vollständig bestimmt. Man findet die Antwort auf die erste Frage, indem man die Jahreszahl durch 19 dividiert. Ergibt sich als Rest eine der Zahlen 3, 6, 8, 11, 14, 17 oder 0, so ist das Jahr מ, sonst ist es פ. Um die zweite Frage zu beantworten, berechnet man zunächst Molad Tischri des gegebenen Jahres nach der Formel: M = E + n m und bestimmt sodann auf Grund der Verschiebungsgesetze, ob Rosch haschana am Tage der Konjunktion, oder erst am folgenden, bezw. dem zweitnächsten Tage zu feiern ist. Die dritte Frage endlich löst man, indem man in gleicher Weise den Anfang des nächsten Jahres und damit das Ende des gegebenen ermittelt. Je nachdem zwischen seinem ersten und seinem letzten Tage in einem Gemeinjahre 1, 2 oder 3 und in einem Schaltjahre 3, 4 oder 5 Wochentage liegen, ist das zu bestimmende Jahr ח, כ oder ש.

Wir wollen z. B. den Kalender des Jahres 5674 feststellen. 5674 : 19 = 298, Rest 12. Demnach ist 5674 das 12. Jahr des 299. Zyklus, also ein Gemeinjahr (פ). In 298 Zyklen sind 298 × 235 = 70030 Monate, in den 11 verflossenen Jahren des laufenden Zyklus waren 7 Gemein- und 4 Schaltjahre, zusammen also 136 Monate; mithin n = 70030 + 136 = 70166. Folglich ist

$$M = E + nm = 2^d\,5^h\,11^m\,20^s + 70166\,(29^d\,12^h\,44^m\,3\tfrac{1}{3}{}^s).$$

Da wir nur den Wochentag des Molad zu berechnen haben, so können wir 28 Tage (= 4 Wochen) von den 29 bei m ausser Acht lassen und uns mit dem Reste $1^d\,12^h\,44^m\,3\frac{1}{3}{}^s$ begnügen. Nennen wir diese Zahl r, und setzen wir der Kürze halber $3\frac{1}{3}$ s = 1 p, so erhalten wir, wenn wir immer wieder die vollen Wochen ausschalten,

r (=	1^d	12^h	44^m	1^p) =	$1{,}5^d$	$0{,}7^h$	2^m	1^p
10 r (=	15	7	20	10) =	1	7,3	2,5	1
100 r (=	10	73	25	10) =	—1	1,4	1,5	1
1000 r (=	—10	14	15	10) =	—2,5	2,3	—2,5	1
10000 r (=	—25	23	—25	10) =	—3	—1,4	—0,5	1

Mit Hilfe dieser Tabelle, die uns die Multiplikation wesentlich erleichtert, führen wir die Rechnung wie folgt aus:

E =	2^d	5^h	11^m	6^p
6 r =	9	4,2	12	6
60 r =	6	43,8	15	6
100 r =	—1	1,4	1,5	1
70000 r =	—21	—9,8	—3,5	7
M = E + 70166 r =	—5	44,6	36	26
=	2	45	12	26
=	3	21	13	08

Molad Tischri 5674 fällt demnach auf Dienstag 3 Uhr 13 Minuten $26\frac{2}{3}$ Sekunden nachmittags, so dass der erste Neujahrstag um 2 Tage auf Donnerstag (ה) verschoben werden muss. Addieren wir zu dem eben gefundenen Molad, da 5674 ein Gemeinjahr ist, 12 Monatsreste, so ergibt sich

M =	3^d	21^h	13^m	08^p
12 r =	4	8	48	12
Molad Tischri 5675:	1	6	2	2

und Jahresanfang: Montag.

Somit ist das Jahr 5674, da es mit Donnerstag beginnt und mit Sonntag endet, zwischen diesen beiden Wochentagen aber 2 Tage liegen, ein ordnungsmässiges (כ). Sein Kalenderzeichen ist פ׳ה׳כ׳. Seine Neumondstage sind: Tischri: Do., Marḥeschwan: Fr. u. Sa., Kislew: So., Ṭebet: Mo. u. Di., Schebaṭ: Mi., Adar: Do. u. Fr., Nisan: Sa., Ijar: So. u. Mo., Siwan: Di., Tammuz: Mi. u. Do., Ab: Fr., Elul: Sa. u. So.

Ein anderes Beispiel. Maimonides starb am 20. Ṭebet des Jahres 4965. Wir wollen den Wochentag dieses Datums ermitteln. 4965 : 19 = 261, Rest 6, also ein Schaltjahr (מ). 261 × 235 m = 61335 m, 4 Gemeinjahre = 48 m, 1 Schaltjahr = 13 m, zusammen = 61396 m.

E	=	2^d	5^h	11^m	6^p
6 r	=	9	4,2	12	6
90 r	=	9	65,7	22,5	9
300 r	=	—3	4,2	4,5	3
1000 r	=	—2,5	2,3	—2,5	1
60000 r	=	—18	—8,4	—3	6
M = E + 61396 r	=	—3,5	73	44,5	31
	=	—0,5	1	46	4
	=	6	13	46	4

Da also der Molad auf Freitag fiel, war Rosch haschana 4965 am Sabbat (ז).

M =	6^d	13^h	46^m	4^p
13 r =	5	21	32	13
folglich Molad Tischri 4966:	4	11	18	17

und Jahresanfang: Donnerstag.

Zwischen Sabbat, dem ersten, und Mittwoch, dem letzten Tage des Jahres 4965 liegen 3 Wochentage; es ist daher ein verkürztes Schaltjahr mit dem Kalenderzeichen מ׳ז׳ח׳. Maimonides starb demnach an einem Montag. Merkwort: ימי בכי אבל משה (ב = Montag, כ = 20. Tag, י = 10. Monat, בכי אבל = 65. Jahr des 50. Jahrhunderts).

Bei manchem Vorzug, den dieser Kalender besitzt, leidet er an einem grossen Fehler, der im alten System, das sich nicht auf Berechnung, sondern auf Beobachtung stützte, glücklich vermieden wurde. Er nimmt das tropische Jahr um 6, 6 Minuten grösser an, als es tatsächlich ist, eine Differenz, die schon in 100 Jahren 11 Stunden und in 218 Jahren einen vollen Tag ausmacht. Auch sonst weicht er in wesentlichen Punkten von dem frühern Verfahren ab. Nicht mehr bestimmt das erste Erscheinen des jungen Mondes den Anfang des Monats, sondern der Molad, und nicht etwa der wahre Molad, sondern nur die mittlere Konjunktion, und auch diese nur für den Monat Tischri, dem alle übrigen Monate auf Grund einer rein mechanischen Einteilung untergeordnet sind. Eine solche regelt auch die Festsetzung der Schaltjahre, die nun nicht mehr nach Maassgabe des Bedürfnisses mit Rücksicht auf Naturverhältnisse erfolgt. Beachtenswert ist ferner, dass hier die Tage nicht wie sonst mit Sonnenuntergang beginnen, sondern regelmässig, im Sommer wie im Winter, um 6 Uhr abends, und dass im bürgerlichen Leben wie bei den übrigen Kulturvölkern des Altertums die Tagesstunde dem zwölften Teil des Tagbogens und die Nachtstunde dem zwölften Teil des Nachtbogens entsprach, diese also im Winter, jene im Sommer grösser war als die Aequinoktialstunde, während hier die Stunden stets die gleiche Länge haben. Als ob sich die Moladrechnung auf den Aequator bezöge und nicht, wie man annehmen sollte, auf die heilige Stadt! Natürlich ist diese Einrichtung in dem Streben begründet, die Rechnung so viel als möglich zu vereinfachen. Ein Uebelstand kann daraus nicht erwachsen; denn wenn z. B. der Molad Tischri auf Sabbat 6 Uhr

Nm. fällt und wir diesen Zeitpunkt schon als Sonntag bezeichnen, obgleich es noch heller Tag ist, so hat das doch auf die Festsetzung des Rosch haschana keinen Einfluss, da wir ja selbst dann, wenn der Molad schon am Sabbat m i t t a g einträte, den Jahresanfang auf Montag verschieben würden. Auch ist im Tischri, auf den es ja hautpsächlich ankommt, der Unterschied zwischen 6 Uhr abends und der Zeit des Sonnenuntergangs wie auch zwischen der bürgerlichen und der Aequinoktialstunde nur gering. In den Solstitien freilich ist die Differenz zwischen der Länge des Tages und der Nacht in Jerusalem nicht unerheblich; sie beträgt dort rund 4 Stunden, so dass im Beginne des Sommers die Tagesstunde um zwei Fünftel grösser ist als die Nachtstunde, und diese wieder im Anfang des Winters um ebensoviel grösser ist als jene. Wir haben diese Verhältnisse schon in der Einleitung zum Traktat P'saḥim ausführlich erörtert und daselbst auch die Formel mitgeteilt, nach welcher der Zeitunterschied zwischen dem längsten und dem kürzesten Tage des Jahres für jeden Punkt der Erdoberfläche berechnet werden kann. Ehe wir diese Formel hier entwickeln, wollen wir zunächst die zu lösende Aufgabe zur Anschauung bringen.

Fig. 1

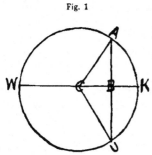

In nebenstehender Figur 1 stelle der Kreis mit dem Mittelpunkte C und dem Durchmesser WK den Wendekreis des Krebses dar. A sei der Punkt, in welchem die Sonne über dem Horizont eines bestimmten Ortes a u f g e h t, U der Punkt ihres U n t e r g a n g s; die Linie AU schneide den Durchmesser in B. Bezeichnen wir den Radius CA mit r, die Linie CB mit d, den Winkel ACU mit φ und demnach den Winkel ACK mit $\frac{\varphi}{2}$, so ist φ der Nachtbogen jenes Ortes und $\frac{d}{r} = \cos\frac{\varphi}{2}$.

Es wird nun behauptet, dass $\cos\frac{\varphi}{2} = \operatorname{tg}\beta \,.\, \operatorname{tg}\varepsilon$, wenn β die geographische Breite des Ortes und ε die Schiefe der Ekliptik ist.

Fig. 2

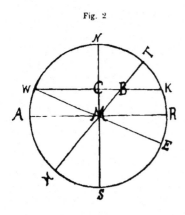

B e w e i s: In nebenstehender Figur 2 sei der Kreis der Ortsmeridian, M der Mittelpunkt der Erde, AR der Durchmesser des Himmelsäquators, N der Nordpol, S der Südpol, HT der Durchmesser des Horizontes, WE der der Ekliptik und WK der des nördlichen Wendekreises, den HT in B und die Weltachse NS in C schneidet, so dass C sein Mittelpunkt wäre und WC sein Radius = r. Bezeichnen wir den Winkel MWC = AMW (die Schiefe der Ekliptik) mit ε, den Winkel NMT (die Polhöhe oder geographische Breite) mit β, die Linie CB mit d und die

Linie CM mit a, so ist im rechtwinkeligen Dreieck MCB:

$$\frac{d}{a} = \operatorname{tg} \beta$$

und im rechtwinkeligen Dreieck MCW: $\frac{a}{r} = \operatorname{tg} \varepsilon$

folglich $\frac{d}{r} = \operatorname{tg} \beta \cdot \operatorname{tg} \varepsilon.$

Da nun, wie oben bei Figur 1 gezeigt wurde, $\frac{d}{r} = \cos \frac{\varphi}{2}$, so ist $\cos \frac{\varphi}{2} = \operatorname{tg} \beta \cdot \operatorname{tg} \varepsilon.$

Für Leser, die auch mit der sphärischen Trigonometrie vertraut sind, sei hier zum Schluss noch eine andere, kürzere und einfachere Lösung erwähnt.

Fig. 3

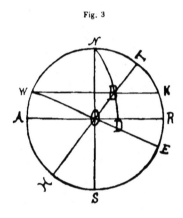

Wenn die nebenstehende Figur 3 die halbe Himmelskugel darstellt, AR einen Halbkreis des Aequators, HT einen solchen des Horizontes, WE einen Halbkreis der Ekliptik und WK einen solchen des nördlichen Wendekreises, B den Punkt, in welchem die Sonne einem Bewohner der gemässigten Zone am längsten Tage des Jahres aufgeht (also BK $= \frac{\varphi}{2}$), O den Ostpunkt, in welchem sie in den Aequinoktien über seinem Gesichtskreise emportaucht und D den Fusspunkt eines vom Nordpol N auf den Aequator AR durch B gezogenen Quadranten, so ist im rechtwinkeligen Kugeldreieck BDO der Bogen BD = WA = ε (Schiefe der Ekliptik) und der Winkel BOD als Komplement des Winkels NOT (geographische breite) $= 90^0 - \beta$. Nun ist in jedem rechtwinkeligen Kugeldreieck, wenn a und b die den rechten Winkel einschliessenden Seiten sind und α den der Seite a gegenüber liegenden Winkel bezeichnet, $\sin b = \operatorname{ctg} \alpha \cdot \operatorname{tg} a$, also in unserm Falle:

$$\sin DO = \operatorname{ctg} (90^0 - \beta) \cdot \operatorname{tg} \varepsilon = \operatorname{tg} \beta \cdot \operatorname{tg} \varepsilon.$$

Da aber $\sin DO = \cos DR = \cos BK = \cos \frac{\varphi}{2}$, so ist auch

$$\cos \frac{\varphi}{2} = \operatorname{tg} \beta \cdot \operatorname{tg} \varepsilon.$$

ABSCHNITT I.

1. Vier Jahresanfänge gibt es: Mit dem ersten Nisan beginnt das Regierungs-[1] und das Festjahr[2]. Der erste Elul ist der Jahresanfang für den Zehnt vom Vieh[3]; Rabbi El'azar und Rabbi Simon sagen: Der erste Tischri[4]. Der erste Tischri bildet den Jahresanfang hinsichtlich der Zeitrechnung[5], der Brach- und Jobeljahre[6], der Baumpflanzungen[7] und der Gemüse[8]. Mit dem ersten

פרק א.

א אַרְבָּעָה רָאשֵׁי שָׁנִים הֵם. בְּאֶחָד בְּנִיסָן רֹאשׁ הַשָּׁנָה לַמְּלָכִים וְלָרְגָלִים. בְּאֶחָד בֶּאֱלוּל רֹאשׁ הַשָּׁנָה לְמַעְשַׂר בְּהֵמָה, רַבִּי אֶלְעָזָר וְרַבִּי שִׁמְעוֹן אוֹמְרִים, בְּאֶחָד בְּתִשְׁרֵי. בְּאֶחָד בְּתִשְׁרֵי רֹאשׁ הַשָּׁנָה לַשָּׁנִים וְלַשְּׁמִטִּין וְלַיּוֹבְלוֹת, לַנְּטִיעָה וְלַיְרָקוֹת.

---

1) Urkunden, in denen das Datum nach Regierungsjahren israelitischer Könige angegeben wird, beginnen mit dem ersten Tage des Monats Nisan ein neues Jahr, wenn auch die Thronbesteigung erst in den letzten Tagen des Adar erfolgt ist. 2) Die praktische Bedeutung des Festjahres ergibt sich aus dem Gesetz in 5. B. M. 23, 22, das nach der Ueberlieferung erst dann verletzt ist, wenn seit dem Gelübde die drei Feste Pesaḥ, Schabu'ot und Sukkot vorübergegangen sind, ohne dass man es erfüllt hat. Gemäss der Ansicht eines Mischnalehrers müssen die Feste auch in dieser Reihenfolge verflossen sein. Wer also zwischen dem 15. Tischri und dem 14. Nisan ein Gelübde tut, übertritt das Verbot schon mit Ablauf des nächsten Hüttenfestes; wer aber später einen Gegenstand dem Heiligtum gelobt, übertritt es erst mit Ablauf des folgenden Hüttenfestes, weil eben das Festjahr mit Nisan beginnt, mithin Pesaḥ in der Reihe der Feste an der Spitze steht. 3) 3. B. M. 27, 32. Es kann also, da man vom Vieh des einen Jahrgangs nicht den Zehnt für Vieh eines andern Jahrgangs absondern darf, das vor Beginn des Elul zur Welt gekommene Vieh nicht mit dem später geworfenen zusammen verzehntet werden. 4) s. B'chorot IX 5–6. 5) Urkunden, die nach einer andern als der in Anm. 1 erwähnten Zeitrechnung (vgl. Giṭṭin VIII 5), insbesondere nach Regierungsjahren nichtjüdischer Landesherren ausgestellt sind, beginnen das neue Jahr mit dem ersten Tischri. Der Monatsname תשרי ist von שרי (beginnen) abzuleiten und bedeutet daher den Jahresanfang. 6) 3. B. M. 25, 1—13. Die Einstellung jeglicher Feldarbeit im siebenten und die Freilassung der Knechte im Jobeljahre erfolgt am ersten Tischri. 7) Die Früchte, die der Baum in den ersten drei Jahren nach seiner Pflanzung (oder Umpflanzung) hervorbringt, sind verboten; die des vierten Jahres sind geweiht und müssen daher entweder in der heiligen Stadt verzehrt oder ausgelöst werden (נטע רבעי); erst die Früchte des fünften wie aller folgenden Jahre sind bedingungslos erlaubt (das. 19, 23—25). Wurde nun ein Baum am 15. Ab gepflanzt, so tritt er bereits mit dem nächsten Tischri, also schon nach 44 Tagen (14 Tage dauert die Wurzelfassung, und von da an muss noch mindestens ein Monat bis zum Beginn des neuen Jahres verstreichen) in sein zweites Jahr, mit dem folgenden Tischri in sein drittes und mit dem darauf folgenden in sein viertes. Die Früchte, die er im Sch'baṭ (s. Anm. 9) dieses Jahres ansetzt, gelten schon als solche des vierten Jahres (נטע רבעי), und die ein volles Jahr später (d. i. $3^1/_2$ Jahre nach der Pflanzung) angesetzten sind bereits ohne weiteres gestattet. Ist er dagegen erst in der zweiten Hälfte des Ab oder im Elul gepflanzt worden, so sind die Früchte, die er volle drei Jahre hindurch bis zum ersten Tischri (nach einigen Autoren sogar bis zum 15. Sch'baṭ) des vierten Jahres ansetzt, für immer verboten. Erst die nach dieser Zeit angesetzten Früchte sind נטע רבעי und erst die nach Verlauf eines weitern vollen Jahres angesetzten bedingungslos erlaubt. Hat man ihn in der Zeit zwischen dem ersten Tischri und dem 15. Ab gepflanzt, sind seine Früchte nicht anders zu behandeln, als wenn er erst am 15. Ab gepflanzt worden wäre. 8) Das Wort „Gemüse" (ירקות) steht hier im weitern Sinne und umfasst im Gegensatz zu den eben erwähnten Baumpflanzungen (נטיעות) alle Erzeugnisse des Feld- und Gartenbaues (die Sprache

בְּאֶחָד בִּשְׁבָט רֹאשׁ הַשָּׁנָה לָאִילָן, כְּדִבְרֵי בֵית שַׁמַּאי, בֵּית הִלֵּל אוֹמְרִים, בַּחֲמִשָּׁה עָשָׂר בּוֹ: ב בְּאַרְבָּעָה פְּרָקִים הָעוֹלָם נִדּוֹן. בְּפֶסַח עַל הַתְּבוּאָה, בַּעֲצֶרֶת עַל פֵּרוֹת הָאִילָן, בְּרֹאשׁ הַשָּׁנָה כָּל בָּאֵי הָעוֹלָם עוֹבְרִין לְפָנָיו כִּבְנִימְרִין, שֶׁנֶּאֱמַר, הַיּוֹצֵר

Sch'baṭ beginnt für den Baum ein neues Jahr[9] nach Ansicht der Schule Schammais; die Schule Hilles aber meint: Mit dem fünfzehnten. **2.** In vier Jahresabschnitten wird die Welt gerichtet: Am Pesaḥ[10] in Bezug auf das Getreide, am Wochenfeste[10] in Bezug auf die Baumfrüchte, am Neujahrstage[10] ziehen alle zur Welt Gekommenen wie bei einer Heerschau[11] an ihm vorüber,

---

der Bibel dehnt den Begriff ירק sogar auf das Laub der Bäume aus — 2. B. M. 10, 15), die der Verzehntung unterliegen. Der erste Tischri hat für sie eine doppelte Bedeutung: Zunächst im Hinblick auf das Verbot, die vorgeschriebenen Abgaben (Priesterhebe, ersten und zweiten Zehnt) für die Ernte des einen Jahres aus den Erträgnissen eines andern zu leisten; sodann mit Rücksicht auf das Gesetz, nach welchem der zweite Zehnt in jedem dritten und sechsten Jahre eines siebenjährigen Zyklus an die Armen zu entrichten ist. Mithin dürfen landwirtschaftliche Produkte, die vor dem ersten Tischri geerntet wurden, nicht aus solchen, die man später vom Boden getrennt hat, und diese wieder nicht aus jenen verzehntet werden. Ebenso bildet der erste Tischri die Grenze zwischen dem zweiten und dritten oder dem fünften und sechsten Jahre, so dass der zweite Zehnt aus dem vorher Geernteten auszulösen oder in der heiligen Stadt zu verzehren ist, dagegen aus dem später Gewonnenen den Armen gegeben werden muss. [9]) Was der erste Tischri für den Feld- und Gartenbau (s. die vorige Anmerkung), das bedeutet der erste Sch'baṭ nach der Schule Schammais oder der fünfzehnte nach der Schule Hillels für den Obstbau: Die Früchte, die der Baum vorher angesetzt hat, dürfen nicht aus den später angesetzten und diese nicht aus jenen verzehntet werden; aus diesen muss der zweite Zehnt im dritten und sechsten Jahre den Armen gegeben, aus jenen entweder in Jerusalem verzehrt oder ausgelöst werden. Aber auch in Bezug auf das Gesetz in 3. B. M. 19, 23—25 ist der erste bezw. der fünfzehnte Sch'baṭ der Jahresanfang. Wenngleich der junge Baum, wie wir in Anm. 7 gesehen haben, stets am ersten Tischri in sein viertes Jahr tritt, sind doch die Früchte, die er von da ab bis zum Sch'baṭ ansetzt, für immer verboten, weil er diese vermutlich schon vor Tischri, also noch im dritten Jahre zu bilden begonnen hat. Ebenso müssen die im fünften Jahre vor dem Beginne bezw. der Mitte des Monats Sch'baṭ angesetzten Früchte noch ausgelöst oder in der heiligen Stadt verzehrt werden. Erst die in diesem Jahre später angesetzten Früchte sind ohne weiteres gestattet. [10]) Die Mischna hat für die Feste andere Namen als die Bibel und das Gebetbuch. חג המצות heisst dort פסח, und als Abschluss dieses Festes wird חג השבועות mit עצרת bezeichnet. Aus zwei Gründen: Erstens ist das Wochenfest nicht wie die anderen Feste an einen bestimmten Monatstag gebunden; es wird vielmehr 50 Tage nach Beginn des Pesaḥfestes gefeiert. Zweitens gilt שבועות als זמן מתן תורתנו und die Offenbarung am Horeb als Krönung der Befreiung aus Egypten (זמן חרותנו). Den יום תרועה oder יום הזכרון nennt die Mischna ראש השנה und חג הסכות schlechthin החג. [11]) Die Mischnaausgaben lesen sämtlich כבני מרון; die ed. pr. des Jeruschalmi hat כבנו מרון und so lesen auch einige Mischnahandschriften. In der Wiener Handschrift der Tosefta (s. ed. Z. S. 209, Z. 25) lautet der Satz: עוברין לפניו נומרין. Aus den drei Erklärungen, die der babyl. Talmud (18a g. Ende) zu unserer Stelle gibt, könnte man entnehmen, dass in der Mischna כבנימרין die überlieferte Aussprache war. Nach der ersten Erklärung (כבני אמרנא; Jerus.: כהדין [צ"ל כהלין] דורין) wäre dieses Wort aus כבני אימרין zusammengezogen und bedeutet daher die jungen Lämmer, die der Hirt, wenn er sie zählt (vgl. Jirm. 33, 13), durch eine schmale Oeffnung aus dem Pferch lässt, damit sich keines seiner Aufmerksamkeit entziehe. Die zweite Erklärung (במעלות בית מרון, vermutlich כמעלות בית נמרין zu lesen; Jerus.: כהדא במגניכין, viell כהדא בית נימרין oder כהדא במת נימרין?) hält נומרין für den Namen eines Ortes (נמרה oder בית נמרה im Stamme Gad, jetzt Nimrîn?) mit einem engen Hohlweg, den man nur einzeln passieren konnte. Die dritte Erklärung (כחיילות של בית דוד) sieht in נימרין

יַחַד לִבָּם, הַמֵּבִין אֶל כָּל מַעֲשֵׂיהֶם, וּבֶחָג נִדּוֹנִין עַל הַמָּיִם: ג עַל שִׁשָּׁה חֳדָשִׁים הַשְּׁלוּחִין יוֹצְאִין. עַל נִיסָן מִפְּנֵי הַפֶּסַח, עַל אָב מִפְּנֵי הַתַּעֲנִית, עַל אֱלוּל מִפְּנֵי רֹאשׁ הַשָּׁנָה, עַל תִּשְׁרִי מִפְּנֵי תַּקָּנַת הַמּוֹעֲדוֹת, עַל כִּסְלֵו מִפְּנֵי חֲנֻכָּה, וְעַל אֲדָר מִפְּנֵי הַפּוּרִים. וּכְשֶׁהָיָה בֵּית הַמִּקְדָּשׁ קַיָּם, יוֹצְאִין אַף עַל אִיָּר, מִפְּנֵי פֶּסַח קָטָן: ד עַל שְׁנֵי חֳדָשִׁים מְחַלְּלִין אֶת הַשַּׁבָּת. עַל נִיסָן וְעַל תִּשְׁרִי, שֶׁבָּהֶם הַשְּׁלוּחִין יוֹצְאִין לְסוּרְיָא, וּבָהֶם מְתַקְּנִין אֶת הַמּוֹעֲדוֹת. וּכְשֶׁהָיָה בֵּית הַמִּקְדָּשׁ קַיָּם, מְחַלְּלִין אַף עַל כֻּלָּן,

denn es heisst[12]: „Der insgesamt ihr Herz gebildet[13], der auf alle ihre Taten achtet“[14], und am Hüttenfeste[10] werden sie in Bezug auf das Wasser[15] gerichtet. **3.** Wegen folgender sechs Neumonde werden Boten ausgesandt[16]: Wegen des Nisan mit Rücksicht auf Pesaḥ[17], wegen des Ab mit Rücksicht auf den Fasttag[18], wegen des Elul mit Rücksicht auf den Neujahrstag[19], wegen des Tischri mit Rücksicht auf die Richtigstellung der Feste[20], wegen des Kislew mit Rücksicht auf Ḥanukka, wegen des Adar mit Rücksicht auf Purim. Und als das heilige Haus noch stand, zogen sie auch wegen des Ijar aus mit Rücksicht auf Pesaḥ kaṭan[21]. **4.** Wegen zweier Neumonde entweiht man den Sabbat[22]: Wegen des Nisan und wegen des Tischri, an denen die Boten[16] nach Syrien aufbrechen[23], und nach denen die Feste richtiggestellt werden[24]. Und als das heilige Haus noch stand, entweihte man ihn auch wegen der übrigen mit Rück-

---

das lat. n u m e r i, welches in der römischen Kaiserzeit die Truppenteile bezeichnete; auch die Listen, in denen die Soldaten eingetragen waren, hiessen n u m e r i. [12]) Ps. 33, 15. [13]) Der erste Tischri wird als Schöpfungstag des ersten Menschen angenommen. Vielleicht wird auch der Singular in לבם gedeutet: Die Herzen der Menschen insgesamt hat Gott in dem Herzen des Urvaters gebildet. [14]) Seinem Blicke entgeht keine menschliche Handlung. Daher das Bild עוברין לפניו כ ב נ י מ ר ו ן. [15]) die Regenmenge. [16]) die allerorten den Tag verkünden sollen, an welchem die Behörden den Beginn des Monats festgesetzt haben. [17]) Im Siwan war mit Rücksicht auf das Wochenfest eine Bekanntmachung nicht nötig, weil dieses nicht vom Neumondstage, sondern einzig und allein vom Pesaḥfeste abhängig ist (s. Anm. 10). [18]) am neunten dieses Monats, ת ש ע ה ב א ב, dem Tage schwerer Trauer ob der Zerstörung des Heiligtums. [19]) Da die Bewohner der entfernteren Orte nicht so schnell erfahren konnten, an welchem Tage der erste Tischri festgesetzt wurde, feierten sie das Neujahrsfest sowohl am 30. als am 31. Elul. Hätte man ihnen aber den Beginn des Elul nicht mitgeteilt, so hätten sie vom 1. Ab 58 bis 60 Tage zählen und des Zweifels wegen das Neujahrsfest sogar drei Tage hintereinander feiern müssen. [20]) י ו ם ה כ פ ו ר י ם, ס כ ו ת und ש מ י נ י ע צ ר ת, die sie nun, nachdem sie den genauen Tag des Neujahrsfestes nachträglich erfahren hatten, nur je e i n e n Tag zu feiern brauchten. [21]) das diejenigen feierten, die am 14. Nisan verhindert waren, das Pesaḥopfer darzubringen (4. B. M. 9, 10—12; P'saḥim IX 1—3). Da zur Zeit des zweiten Tempels der 9. Ab kein Fast- und Trauertag war, so wurden auch damals die Boten nur an sechs Neumonden ausgeschickt. [22]) Wenn der neue Mond in einem dieser beiden besonders wichtigen Monate an einem Freitag gegen Abend wahrgenommen wurde, sollen die Z e u g e n trotz der Heiligkeit des Sabbat nach dem Sitze der zuständigen Behörde eilen, um dort über ihre Wahrnehmungen vernommen zu werden (s. Anm. 55). Sonst ist schon das Ueberschreiten des Sabbatbezirks (ʿErubin, Einl. Abs. 4) eine Entweihung des heiligen Tages. Für diesen Zweck aber sind auch schwerere Verletzungen des Ruhegesetzes gestattet (s. Mischna 9). [23]) wenn es ein Werktag war. Den Sabbat durften die B o t e n nicht entweihen. [24]) פסח und שבועות nach dem 1. Nisan (Anm. 17),

מִפְּנֵי תַקָּנַת הַקָּרְבָּן: ה בֵּין שֶׁנִּרְאָה בָעֲלִיל, בֵּין שֶׁלֹּא נִרְאָה בָעֲלִיל, מְחַלְּלִין עָלָיו אֶת הַשַּׁבָּת. רַבִּי יוֹסֵי אוֹמֵר, אִם נִרְאָה בָעֲלִיל, אֵין מְחַלְּלִין עָלָיו אֶת הַשַּׁבָּת: ו מַעֲשֶׂה שֶׁעָבְרוּ יוֹתֵר מֵאַרְבָּעִים זוּג, וְעִכְּבָן רַבִּי עֲקִיבָה בְּלֹד. שָׁלַח לוֹ רַבָּן גַּמְלִיאֵל, אִם מְעַכֵּב אַתָּה אֶת הָרַבִּים, נִמְצֵאתָ מַכְשִׁילָן לֶעָתִיד לָבֹא: ז אָב וּבְנוֹ, שֶׁרָאוּ אֶת הַחֹדֶשׁ, יֵלֵכוּ. לֹא שֶׁמִּצְטָרְפִין זֶה עִם זֶה, אֶלָּא שֶׁאִם יִפָּסֵל אֶחָד מֵהֶם, יִצְטָרֵף הַשֵּׁנִי עִם

sicht auf die Anordung des Opfers[25]. **5**. Ob er bei Sonnenuntergang[26] schon zu sehen oder nicht zu sehen war[27], entweiht man seinetwegen den Sabbat[28]; Rabbi Jose sagt: Wenn er bei Sonnenuntergang schon wahrgenommen wurde, entweiht man den Sabbat seinetwegen nicht[29]. **6**. Es ereignete sich, dass mehr als vierzig Paare durchzogen[30], die Rabbi ʻAkiba in Lod[31] zurückhielt[32]. Da liess ihm Rabban Gamliel sagen: Wenn du die Menge zurückhältst, so gibst du ihnen vielleicht Veranlassung zu einem zukünftigen Aergernis[33]. **7**. Wenn Vater und Sohn den neuen Mond gesehen haben, sollen beide hingehen[34]. Nicht als ob sie einander ergänzen könnten[35], sondern nur, damit sich, wenn der eine von ihnen zurückgewiesen wird[36], der

---

die übrigen (Anm. 20) nach dem 1. Tischri. 25) damit das besondere Opfer des Neumondstages (4. B. M. 28, 11—15) zur rechten Zeit, in diesem Falle am Sabbat, dargebracht werde. Würden aber die Zeugen am Sabbat nicht reisen, so könnte der Neumondstag erst am Sonntag gefeiert werden. 26) בעליל wird in beiden Talmuden z. St. unter Hinweis auf Ps. 12, 7 dem Sinne nach durch בגלוי oder בפרהסיא erklärt. Die eigentliche Bedeutung des Wortes ist auch an jenem Orte, dem einzigen, an dem es in der Bibel vorkommt (אמרות ה׳ אמרות טהרות כסף צרוף בעליל לארץ מזקק שבעתים), ziemlich dunkel. Ich vermute, dass es ein aram. Lehnwort ist, welches dem hebr. מבוא (Eingang) entspricht. Ziemlich sicher hat es diesen Sinn in Tosefta Soṭa IX 1 (s. auch Jer. das. IX 2 u. Bab. das. 45a oben), wo es in Bezug auf 5. B. M. 21, 1—4 heisst: Wenn der Erschlagene am Eingange der Stadt (בעליל לעיר od. בעליל העיר) gefunden wird, muss man dennoch messen. In unserer Mischna steht es vielleicht als astronomischer Kunstausdruck für בוא השמש (מיעל שמשא) = Sonnenuntergang. In dem erwähnten Psalm könnte es wieder ein Kunstausdruck des Bergbaus sein und einen Schacht oder Stollen bezeichnen: „Rein wie Silber, das schon im Eingang zur Erde schlackenlos gefunden und dann noch siebenfach geläutert wurde. Zwar findet sich das Silber im Schosse der Erde nirgends in reinem Zustande; aber dem Dichter ist eine solche Annahme wohl gestattet, durch die das Bild desto wirkungsvoller hervortritt. 27) Wenn die Mondsichel bei Sonnenuntergang schon sichtbar ist, muss sie von der Sonne bereits so weit entfernt sein, dass sie auch am Sitze des Gerichtshofes von jedermann wahrgenommen werden kann; ist sie dagegen erst bei zunehmender Dämmerung beobachtet worden, dann ist ihr Licht noch so schwach, dass die Zeugen annehmen dürfen, sie könnte der Aufmerksamkeit anderer Personen wohl entgangen sein. 28) Vielleicht war am Orte der Behörde der westliche Himmel von Wolken bedeckt oder die Luft nicht durchsichtig genug. 29) Da die Zeugen den Sabbat nur entweihen dürfen, wenn sie von dem Orte, an dem sie ihre Wahrnehmungen bekunden sollen, nicht weiter als eine Tagesreise entfernt sind (Mischna 9) ist nicht vorauszusetzen, dass die meteorologischen Verhältnisse dort weniger günstig sind als hier. 30) um über ihre Beobachtungen Zeugnis abzulegen. 31) Stadt im Stamme Benjamin (Neh. 11, 35; 1 Chr. 8, 12), später Lydda, von den Römern Diospolis genannt, jetzt Ludd, einen Tagesmarsch nordwestlich von Jerusalem (Maʻaser scheni V 2) auf der Strasse nach Japho gelegen. 32) damit sie nicht unnötig den Sabbat entweihen. Es genügt ja ein Zeugenpaar. 33) Sie werden ein anderes Mal, wenn es vielleicht auf ihre Aussage ankommen wird, die beschwerliche Reise unterlassen in der Annahme, dass man ihrer nicht bedarf. 34) nach dem Orte der Zeugenvernehmung, obgleich sie als Verwandte nicht zusammen als Zeugen auftreten können. 35) zu einem Zeugenpaar. 36) Die Grundbedeutung von פסל ist Be-

אַחֵר. רַבִּי שִׁמְעוֹן אוֹמֵר, אָב וּבְנוֹ וְכָל הַקְּרוֹבִין, כְּשֵׁרִין לְעֵדוּת הַחֹדֶשׁ. אָמַר רַבִּי יוֹסֵי, מַעֲשֶׂה בְּטוֹבִיָּה הָרוֹפֵא, שֶׁרָאָה אֶת הַחֹדֶשׁ בִּירוּשָׁלַיִם, הוּא וּבְנוֹ וְעַבְדּוֹ מְשֻׁחְרָר, וְקִבְּלוּ הַכֹּהֲנִים אוֹתוֹ וְאֶת בְּנוֹ, וּפָסְלוּ אֶת עַבְדּוֹ. וּכְשֶׁבָּאוּ לִפְנֵי בֵּית דִּין, קִבְּלוּ אוֹתוֹ וְאֶת עַבְדּוֹ, וּפָסְלוּ אֶת בְּנוֹ׃ **ח** וְאֵלּוּ הֵן הַפְּסוּלִין. הַמְשַׂחֵק בְּקֻבְיָא, וּמַלְוֵה בְּרִבִּית, וּמַפְרִיחֵי יוֹנִים, וְסוֹחֲרֵי שְׁבִיעִית, וַעֲבָדִים. זֶה הַכְּלָל, כָּל עֵדוּת, שֶׁאֵין הָאִשָּׁה כְּשֵׁרָה לָהּ, אַף הֵם אֵינָם כְּשֵׁרִים לָהּ׃ **ט** מִי שֶׁרָאָה אֶת הַחֹדֶשׁ, וְאֵינוֹ יָכוֹל לְהַלֵּךְ, מוֹלִיכִין אוֹתוֹ עַל הַחֲמוֹר, אֲפִלּוּ בְמִטָּה, וְאִם צוֹדֶה לָהֶם, לוֹקְחִין בְּיָדָם מַקְלוֹת. אִם הָיְתָה דֶרֶךְ רְחוֹקָה,

andere einem dritten zugeselle[37]. Rabbi Simon sagt: Vater und Sohn wie auch alle anderen Verwandten eignen sich zur Zeugenschaft über den Neumond. Rabbi Jose berichtet: Es ereignete sich mit dem Arzte Tobija, dass er und sein Sohn und sein freigelassener Sklave den Neumond in Jerusalem beobachtet hatten und die Priester ihn und seinen Sohn annahmen[38], seinen Sklaven jedoch zurückwiesen[39]; als sie aber vor Gericht erschienen, nahm man ihn und seinen Sklaven an, während man den Sohn zurückwies[40]. **8**. Folgendes sind die Untauglichen[41]: Wer dem Würfelspiel ergeben ist[42], wer auf Zinsen Geld verleiht, wer Tauben fliegen lässt[43], wer mit Früchten des „Siebenten Jahres" Handel treibt[44], und Sklaven[45]. Die Regel ist: Zu jedem Zeugnis, für das eine Frau sich nicht eignet[46], sind auch jene nicht geeignet. **9**. Wer den neuen Mond gesehen hat und nicht gehen kann, wird auf einem Esel[47], selbst in einer Sänfte[48] befördert[49]. Wenn ihnen unheimlich ist[50], dürfen sie Stöcke in der Hand mitnehmen[51].

---

h a u e n. Daher einerseits פסל und פסיל das a u s g e h a u e n e Bild, andererseits פסולת das W e g g e h a u e n e, der A b f a l l und פסול = a b f ä l l i g, m i n d e r w e r t i g, u n g e e i g n e t. Davon wieder פסל = f ü r m i n d e r w e r t i g e r a c h t e n, a l s u n t a u g l i c h e r k l ä r e n. [37]) der weder bescholten noch mit ihm verwandt ist. [38]) Sie teilten die Ansicht des Rabbi Simon. [39]) Die Priester legten grosses Gewicht auf reine Abstammung. [40]) bloss wegen seiner Verwandtschaft mit dem andern Zeugen. [41]) die nach dem Gesetz der Tora zwar als Zeugen zuzulassen wären, von den Rabbinen aber als unglaubwürdig erklärt wurden. [42]) קוביא ist das gr. κυβός = W ü r f e l. [43]) wer gewerbsmässig Wettflüge veranstaltet (Buchmacher). [44]) Die Früchte des „Siebenten Jahres", des sogenannten B r a c h j a h r e s sind herrenlos (3. B. M. 25, 1—7). Es ist verboten, mit ihnen Handel zu treiben (Sch'bi'it VII 3). [45]) solange sie nicht freigelassen sind. [46]) Es entspricht nicht der Würde der Frauen, vor Gericht zu erscheinen (כל כבודה בת מלך פנימה; vgl. Sch'bu'ot 30a). Darum wurde ihnen, um sie der Zeugnis p f l i c h t zu entheben, vom Gesetze die Zeugnis f ä h i g k e i t abgesprochen (vgl. Synh. 19a unten in Bezug auf den König). Nur in den wenigen, teils sehr dringenden, teils äusserst seltenen Fällen, in denen die Aussage e i n e s Zeugen genügt, werden auch sie als Zeugen zugelassen. [47]) obwohl es sonst rabbinisch verboten ist, am Sabbat auf einem Tiere zu reiten (Jom Tob V 2). [48]) die von Israeliten am Sabbat getragen wird, was sonst sogar eine strafbare Handlung ist (s. Jirm. 17, 21 f.). [49]) wenn auch seine Aussage als Einzelzeugnis ohne die Uebereinstimmung mit den Bekundungen eines zweiten Beobachters, der vielleicht gar nicht vorhanden ist, nicht den geringsten Wert hat. [50]) צודה nicht von צדה = n a c h s t e l l e n, sondern wie das aram. צדי = ö d e sein, b a n g e sein, s c h a u e r n; vgl. צדי לון מקמי חיותא (Jer. B'rachot I 1 Anf.) = sie haben Angst vor Raubtieren. [51]) was ebenfalls eine Sabbatentweihung bedeutet. Vgl. Anm. 48.

לוֹקְחִין בְּיָדָם מְזוֹנוֹת. שֶׁעַל מַהֲלַךְ לַיְלָה וָיוֹם, מְחַלְּלִין אֶת הַשַּׁבָּת, וְיוֹצְאִין לְעֵדוּת הַחֹדֶשׁ, שֶׁנֶּאֱמַר, אֵלֶּה מוֹעֲדֵי ה׳, מִקְרָאֵי קֹדֶשׁ, אֲשֶׁר תִּקְרְאוּ אֹתָם בְּמוֹעֲדָם:

Ist es ein weiter Weg, nehmen sie Nahrungsmittel mit[52]; denn bei einer Entfernung von einem Tag- undnachtmarsche darf man den Sabbat noch entweihen, um zu einer Bekundung über den Neumond auszuziehen[53]. Es heisst ja[54]: Dies sind die Feste des Ewigen, heilige Berufungen, die ihr zur rechten Zeit berufen sollt[55].

פרק ב.

ABSCHNITT II.

א אִם אֵינָן מַכִּירִין אוֹתוֹ, מְשַׁלְּחִים אַחֵר עִמּוֹ לַהֲעִידוֹ. בָּרִאשׁוֹנָה הָיוּ מְקַבְּלִין עֵדוּת הַחֹדֶשׁ מִכָּל אָדָם. מִשֶּׁקִּלְקְלוּ הַמִּינִים הִתְקִינוּ, שֶׁלֹּא יְהוּ מְקַבְּלִין אֶלָּא מִן הַמַּכִּירִים:

ב בָּרִאשׁוֹנָה הָיוּ מַשִּׂיאִין מַשּׂוּאוֹת.

1. Wenn man ihn nicht kennt, schickt man einen andern mit, um Zeugnis über ihn abzulegen[1]. Anfangs nahmen sie die Aussagen über den Neumond von jedermann entgegen. Infolge der Freveltaten der Ketzer[2] verordnete man, sie nur von Bekannten[3] anzunehmen. **2**. Anfangs wurden Feuerzeichen angewendet[4].

---

[52]) auf eine kurze Reise aber nicht; denn am Orte der Verhandlung wartete ihrer eine sehr gastliche Aufnahme (s. weiter unten II 5). [53]) Bei grösserer Entfernung dagegen hat die Reise keinen Zweck; denn die Zeugen, die den neuen Mond am Freitag gegen Abend gesehen haben, können ja doch nicht den Ort des Gerichtshofes vor Ausgang des Sabbat erreichen; am Sonntag aber ist auch ohne ihre Bekundung Neumondstag, weil kein Monat mehr als 30 Tage haben kann. An Werktagen jedoch sollen die Zeugen auch aus grösserer Entfernung kommen, damit der etwa falsch angesetzte Monatsanfang nachträglich auf Grund ihrer Aussage berichtigt werde. [54]) 3. B. M. 23, 4. [55]) Dieser Vers bezieht sich auf die fünf Feste, von denen dort die Rede ist. Daher darf nach Einstellung des Opferdienstes nur wegen der Neumonde des Nisan und des Tischri der Sabbat von den Zeugen entweiht werden (Mischna 4 u. Anm. 24). Solange das Heiligtum aber stand, wurde er des Neumondsopfers wegen auch sonst verletzt (daselbst u. Anm. 25). Das folgt aus 4. B. M. 18, 2, wo in Bezug auf alle öffentlichen Opfer, die an einen bestimmten Tag gebunden sind, die rechtzeitige Darbringung (להקריב לי במועדו) gefordert wird. [ולפי זה אין אנו צריכין כאן לתירוץ התוספות שהביא בעל תוי״ט במקום הזה דראש חדש נמי אקרי מועד והתוספות שכתבו כן למעלה דף כ״א: ד״ה על שני חדשים לא נדחקו אלא ליישב פירוש הקונטרס שאף בזמן שאין קרבן מחללין את השבת על כל החדשים אבל לולא דברי רש״י אין כאן קושיא כלל וכמו שכתבתי.]

[1]) Mit anderen Worten: Wenn der Beobachter des neuen Mondes am Orte der Vernehmung unbekannt ist, gibt ihm der Gerichtshof seines Bezirkes selbst am Sabbat einen (nach dem Talmud zwei) Zeugen als Begleiter mit, um seine Unbescholtenheit zu bekunden. Ob להעידו für להעיד עליו oder für לעשותו עד steht, mag dahingestellt bleiben. [2]) welche die Behörde durch falsches Zeugnis irrezuführen suchten. [3]) מן המכירים = מאותם שמכירים. Die Bekanntschaft ist ein Verhältnis, das auf Gegenseitigkeit beruht. Der deutsche Sprachgebrauch bezeichnet den, den wir kennen und der uns kennt, als Bekannten, der hebräische als מכיר. [4]) um der Bevölkerung auf schnellstem Wege den Beginn des neuen Monats mitzuteilen. Das Zeichen wurde nur gegeben, wenn der 30. Tag des alten Monats zum Neumondstage geweiht worden war. In diesem Falle liess die Behörde mit Anbruch der Nacht das Feuer auf den Bergen anzünden. War der Neumondstag ein Freitag, so durfte es allerdings erst nach Sabbatausgang, also in der Nacht zum 32. Tage des alten Monats, angezündet werden. Ein Irrtum konnte dadurch nicht hervorgerufen werden, weil in den Monaten, in denen man erst den 31. Tag zum Neumondstage gemacht hatte, überhaupt keine öffentliche Bekanntgabe erfolgte. Wenn

Infolge der Freveltaten der Samaritaner[5] verordnete man, dass Boten hinausziehen sollten[6]. **3**. Wie wurden die Feuerzeichen hergestellt? Man schaffte lange Zedernzweige[7] herbei nebst Rohr, Oleasterholz und Werg vom Flachs, umwickelte alles mit einer Schnur und bestieg eine Bergspitze, wo man es in Brand setzte und solange hin und her, aufwärts und abwärts schwenkte, bis man den Kollegen auf der zweiten Bergspitze ebenso verfahren sah. Und so auch auf dem Gipfel des dritten Berges. **4**. Und von welchen Orten wurden die Feuerzeichen gegeben? Vom Oelberge[8]

מִשֶּׁקִּלְקְלוּ הַכּוּתִים הִתְקִינוּ, שֶׁיְּהוּ
שְׁלוּחִין יוֹצְאִין׃ ג כֵּיצַד הָיוּ מַשִּׂיאִין
מַשּׂוּאוֹת. מְבִיאִין כְּלוֹנְסָאוֹת שֶׁל אֶרֶז
אֲרֻכִּין, וְקָנִים וַעֲצֵי שֶׁמֶן, וּנְעֹרֶת שֶׁל
פִּשְׁתָּן, וְכוֹרֵךְ בִּמְשִׁיחָה, וְעוֹלֶה
לְרֹאשׁ הָהָר, וּמַצִּית בָּהֶן אֶת הָאוּר,
וּמוֹלִיךְ וּמֵבִיא וּמַעֲלֶה וּמוֹרִיד, עַד
שֶׁהוּא רוֹאֶה אֶת חֲבֵרוֹ, שֶׁהוּא עוֹשֶׂה
כֵן בְּרֹאשׁ הָהָר הַשֵּׁנִי. וְכֵן בְּרֹאשׁ
הָהָר הַשְּׁלִישִׁי׃ ד וּמֵאַיִן הָיוּ מַשִּׂיאִין
מַשּׂוּאוֹת. מֵהַר הַמִּשְׁחָה לְסַרְטְבָא,

---

daher nach Ausgang eines Sabbats die Feuerzeichen aufflammten, wusste jedermann, dass dieser Tag zum Monatsanfang geweiht worden, wenn es der dreissigste, der Freitag dagegen, wenn Sabbat schon der 31. Tag des alten Monats war. — Die Etymologie von משיאין משואות ist dunkel, wenn משיאין wirklich Anzünden und משואות Feuerzeichen bedeutet, was der bab. Talmud z. St. zunächst als selbstverständlich voraussetzt, um es dann durch den Hinweis auf וישאם דוד (2 Sam. 5, 21) zu begründen, das vom Targum in Uebereinstimmung mit ויאמר דויד וישרפו באש (1 Chr. 14, 12) durch ואוקדינון דוד wiedergegeben wird. An anderer Stelle freilich ('Aboda zara 44a; s. auch Tosefta das. IV g. Ende, ed. Z. 465, 18 f.) wird in diesen Bibelversen ein Widerspruch erblickt und וישאם in dem gewöhnlichen Sinne (davontragen) aufgefasst. In unserer Mischna könnte משיאין ebenfalls ganz allgemein Erheben und משואה das emporgestreckte Signal bedeuten. Indessen ist die Ansicht, dass in משיאין der Begriff des Anzündens liege, doch nicht ohne weiteres von der Hand zu weisen. In Ri. 20, 40 erklärt sich der Satz והמשאת החלה לעלות מן העיר עמור עשן am ungezwungensten, wenn משאת die Feuersbrunst ist und לעלות für להעלות steht (vgl. לשמע für לחשמיע Ps. 26, 7; לשמר für לחשמיד Jes. 23, 11 u. a.). Auch in להעלותם משאת העשן מן העיר (Ri. 20, 38) gibt rauchendes Feuer einen bessern Sinn als Erhebung des Rauches. Zu vergleichen wäre העלה, worunter unsere alten Bibelerklärer überall, wo es in Verbindung mit נר vorkommt, nicht das Aufsetzen auf den Leuchter (in M'nahot 88b ist es eine Streitfrage, ob die Lämpchen überhaupt abgenommen werden konnten) wie die neueren Exegeten, sondern das Anzünden der Lampen verstanden haben. Die „Siebzig" übersetzen es viermal (2. B. M. 27, 20 u. 30, 8; 3. B. M. 24, 2; 4. B. M. 8, 3) mit Anzünden (*ἵνα καίηται, ὅταν ἐξάπτῃ, καῦσαι, ἐξῆψε*) und zweimal (2. B. M. 25, 37 u. 4 B. M. 8, 2) mit Aufsetzen (*ἐπιθήσεις* u. *ἐπιτιθῆς*), während sie an drei Stellen (2. B. M. 27, 21 u. 4. B. M. 8, 3—4) sogar יערך mit Anzünden wiedergeben (*καύσει, καύσουσιν, καύσετε*). Demnach wäre והנה עלה כליל העיר השמימה (Ri. 20, 40) = die ganze Stadt loderte zum Himmel empor, שאו משאת (Jirm. 6, 1) = zündet Feuerzeichen an, להעלות חמה (Ez. 24, 8) = Zorn zu entfachen. Ganz von selbst ergäbe sich daraus die Bezeichnung עולה für das Brandopfer, das nun seinen Namen davon hätte, dass es auf dem Altar in Feuer aufgeht (3. B. M. 6, 2: היא העלה על מוקדה על המזבח כל הלילה = das die ganze Nacht ... brennt), während der auch auf andere Opfer angewandte Ausdruck העלה mit הקטיר (verbrennen) gleichbedeutend wäre. Wie sich aus dem Begriffe des Aufsteigens und Erhebens in עלה und נשא durch Uebertragung auf die Flamme der des Brennens und Anzündens entwickelt hat, braucht nicht erst auseinandergesetzt zu werden.

[5]) die aus Bosheit zur unrechten Zeit die Feuerzeichen gaben. [6]) s. oben I 3.

[7]) כלונס ist das gr. *κλών* (*κλῶναξ?*) = ein junger Zweig (von *κλάω* abbrechen).

[8]) Der Oelberg, in der Bibel הר הזיתים genannt, liegt im Osten der heiligen Stadt,

וּמִסַּרְטְבָא לַגְּרְפִּינָא, מִגְּרְפִּינָא לְחַוְרָן, וּמֵחַוְרָן לְבֵית בַּלְתִּין, וּמִבֵּית בַּלְתִּין לֹא זָזוּ מִשָּׁם, אֶלָּא מוֹלִיךְ וּמֵבִיא מַעֲלֶה וּמוֹרִיד, עַד שֶׁהָיָה רוֹאֶה כָל הַגּוֹלָה לְפָנָיו, כִּמְדוּרַת הָאֵשׁ:
ה חָצֵר גְּדוֹלָה הָיְתָה בִירוּשָׁלַיִם, וּבֵית יַעְזֵק הָיְתָה נִקְרֵאת, וּלְשָׁם כָּל הָעֵדִים מִתְכַּנְּסִים, וּבֵית דִּין בּוֹדְקִין אוֹתָם שָׁם, וּסְעֻדּוֹת גְּדוֹלוֹת עוֹשִׂין לָהֶם, בִּשְׁבִיל שֶׁיְּהוּ רְגִילִין לָבֹא. בָּרִאשׁוֹנָה לֹא הָיוּ זָזִין מִשָּׁם כָּל הַיּוֹם. הִתְקִין רַבָּן גַּמְלִיאֵל הַזָּקֵן, שֶׁיְּהוּ מְהַלְּכִין אַלְפַּיִם אַמָּה לְכָל רוּחַ. וְלֹא אֵלּוּ בִּלְבַד, אֶלָּא אַף הַחֲכָמָה, הַבָּאָה לְיַלֵּד, וְהַבָּא לְהַצִּיל, מִן הַדְּלֵקָה וּמִן הַגַּיִס, וּמִן הַנָּהָר וּמִן הַמַּפֹּלֶת, הֲרֵי אֵלּוּ כְאַנְשֵׁי הָעִיר, וְיֵשׁ לָהֶם אַלְפַּיִם אַמָּה לְכָל רוּחַ:
ו כֵּיצַד בּוֹדְקִין אֶת הָעֵדִים. זוּג שֶׁבָּא רִאשׁוֹן, בּוֹדְקִין אוֹתוֹ רִאשׁוֹן, וּמַכְנִיסִין אֶת הַגָּדוֹל שֶׁבָּהֶן, וְאוֹמְרִים לוֹ, אֱמוֹר כֵּיצַד רָאִיתָ אֶת הַלְּבָנָה, לִפְנֵי הַחַמָּה אוֹ לְאַחַר הַחַמָּה, לִצְפוֹנָהּ אוֹ

nach Sarteba [9], von Sarteba nach Agrippina, von Agriprina nach Ḥauran[10], von Ḥauran nach Bêt Baltîn[11]. In Bêt Baltîn rührte man sich nicht eher von der Stelle, schwenkte vielmehr hin und her und auf und ab, bis man die ganze Gola[12] wie ein Flammenmeer vor sich sah[13]. **5.** Ein grosser Hof war in Jerusalem, der Bêt Ja'zêḳ genannt wurde. Dort versammelten sich alle Zeugen, und dort wurden sie vom Gerichtshof vernommen. Man bereitete ihnen grosse Mahlzeiten, damit sie einen Anreiz hätten zu kommen. Vormals durften sie sich den ganzen Tag von dort nicht entfernen[14]. Rabban Gamliel der Aeltere verordnete, dass sie zweitausend Ellen nach jeder Richtung gehen dürften[15]. Und nicht diese allein, sondern auch die zur Geburtshilfe erschienene Hebamme sowie jeder, der herbeigeeilt ist, um Hilfe zu leisten bei Feuersgefahr, feindlichem Ueberfall, Wassersnot oder Einsturz, sie alle sind den Bewohnern der Ortschaft gleichzuachten und haben zweitausend Ellen nach jeder Richtung frei. **6.** Wie verhört man die Zeugen? Das zuerst erschienene Paar wird zuerst vernommen, indem man zunächst den Aeltern von beiden eintreten lässt und zu ihm spricht: Sage, wie du den Mond gesehen hast? Vor der Sonne oder hinter der Sonne[16]? Nördlich von ihr oder südlich von

---

dem Tempelberge gegenüber. 9) jetzt S u r t u b e h, einige Meilen östlich vom Oelberge. 10) D s c h e b e l Ḥ a u r a n, östlich von B o s t r a (Busra). 11) später B ê r â m, an der Grenze Babyloniens. 12) eig. d a s E x i l. Gemeint ist Babylonien und in erster Reihe die Stadt P u m b e d i t a. 13) da die zahlreiche jüdische Bevölkerung an solchen Abenden auf den Dächern Freudenfeuer anzündete. 14) wenn es Sabbat war und sie aus einem andern Sabbatbezirke ('Erubin, Einl. Abs. 4) gekommen waren (vgl. das. IV 1). 15) s. das. IV 3. 16) Beide Himmelskörper bewegen sich — die Sonne allerdings nur scheinbar — im Tierkreise von West nach Ost; während aber das Tagesgestirn kaum 1° täglich vorrückt, legt der Mond an jedem Tage rund 13° zurück. In der Konjunktion, dem wahren Molad, befindet sich der Mond zwischen Erde und Sonne. Nach Verlauf von 24 Stunden hat er jedoch bereits einen Vorsprung von 12°, und um diesen Betrag entfernt er sich nun täglich von der Sonne nach Osten hin, bis dieser Abstand sich in 15 Tagen auf 180°, also einen vollen Halbkreis beläuft. Nunmehr befindet sich die Erde

לִדְרוֹמָהּ, כַּמָּה הָיָה גָבוֹהַּ, וּלְאַיִן הָיָה נוֹטֶה, וְכַמָּה הָיָה רָחָב. אִם

ihr[17]? Wie hoch stand er[18], wohin neigte er[19] und wie breit war

---

zwischen der Sonne und dem Monde, und dieser nähert sich allmählich wieder von Westen her dem Tagesgestirn, bis er es am Ende des Monats erreicht und die Konjunktion aufs neue eintritt. Wenige Tage vor und nach dem Molad ist demnach die Entfernung zwischen beiden Himmelskörpern, die sogenannte Elongation, nicht bedeutend, beide stehen dann des Abends am westlichen Himmel über einander; nur dass sich vor der Konjunktion der Mond im Westen des Tagesgestirns und daher dem Gesichtskreise näher, also vor der Sonne befindet, während er nach der Konjunktion umgekehrt östlich vom Tagesgestirn, folglich weiter als dieses vom Horizont entfernt, mit anderen Worten: hinter der Sonne zu sehen ist [ובתלמוד בבלי אמר אביי פגימתה לפני החמה או לאחר החמה וכן פירש ר״מ ז״ל. ולא זכיתי להבין דאי הכי מאי לפני החמה או לאחר החמה דקתני. ככה היה לנו לשאול את העדים פניה כלפי החמה או גבה כלפי החמה ועוד מאחר שאין החמה רואה לעולם פגימתה של לבנה כמאמר רבי יוחנן מה לנו לבדוק את העדים בדבר הידוע לכל ואי אפשר לטעות בו אטו בשוטני עסקינן ועיין בירושלמי. ובחבורו הגדול לא הזכיר ר״מ ז״ל כזה כלום].

[17]) Mondbahn und scheinbare Sonnenbahn (Erdbahn, Ekliptik) liegen zwar in demselben breiten Gürtel, den man als Tierkreis bezeichnet, aber nicht in der gleichen Ebene; sie schneiden sich vielmehr unter einem Winkel von rund 5° in zwei Punkten, den sogenannten Knoten, so dass die eine Hälfte der Mondbahn im Norden, die andere im Süden der Ekliptik liegt. Den senkrechten Abstand der einzelnen Punkte der Mondbahn von der Ekliptik nennt man die Breite. Diese ist naturgemäss in der Nähe der Knoten am geringsten und wächst mit der zunehmenden Entfernung bis zu 5°. Je nachdem sich nun der Mond in der nördlichen oder in der südlichen Hälfte seiner Bahn bewegt, hat er eine bald grössere und bald kleinere nördliche oder südliche Breite. Bei nördlicher Breite sieht ihn der Beobachter, der sein Gesicht dem westlichen Himmel zukehrt, rechts von der Sonne (לצפונה), bei südlicher Breite dagegen links von der Sonne (לדרומה). Befindet sich der Mond in einem der Knoten, so dass er überhaupt keine Breite hat, dann sieht man ihn nach der Konjunktion genau über der Sonne an ihrer Ostseite. Die Linie, die die beiden Knoten verbindet (der sogenannte Drache), dreht sich zwar fortwährend um den eigenen Mittelpunkt; aber diese Bewegung ist so gleichmässig, dass man den Ort der Knoten in der Ekliptik für jeden gegebenen Zeitpunkt leicht ermitteln und hernach den positiven oder negativen Wert der Breite, d. i. ihre Grösse sowie ihre nördliche oder südliche Lage, berechnen kann. [18]) s. Anm. 29. — Selbstverständlich können die Zeugen die Höhe des Mondes über dem Gesichtskreise nur nach ungefährer Schätzung angeben. Der Gerichtshof aber kann sie mit der wünschenswerten Genauigkeit aus der Länge und Breite des Mondes in Verbindung mit der Neigung der Ekliptik zum Horizonte des Beobachtungsortes berechnen. Unter der Länge des Mondes versteht man seinen Abstand vom Frühlingspunkte des Tierkreises, dem Kopfe des Widders (ראש טלה). Sie ist auf Grund der Gesetze der Mondbewegung zunächst zu ermitteln, denn ohne diese Vorarbeit kann der Gerichtshof nicht einmal feststellen, wann die Konjunktion eingetreten ist. Die jeweilige Neigung der Ekliptik zum Gesichtskreise muss ebenfalls durch Rechnung gefunden werden; denn während die beiden Winkel, unter denen der Himmelsäquator einerseits die Ekliptik und andererseits den Horizont schneidet (Schiefe der Ekliptik und Aequatorhöhe, jene $= 23\frac{1}{2}°$, diese in Jerusalem $= 58\frac{1}{4}°$), unveränderliche Grössen sind, ist der Winkel, den die Ekliptik mit dem Gesichtskreise bildet, infolge der scheinbaren Bewegung der Himmelskugel einem ständigen Wechsel unterworfen. Er misst z. B. in Jerusalem $81\frac{3}{4}°$ ($= 58\frac{1}{4} + 23\frac{1}{2}$), wenn der Frühlingspunkt, dagegen nur $34\frac{3}{4}°$ ($= 58\frac{1}{4} - 23\frac{1}{2}$), wenn der Herbstpunkt auf dem westlichen Horizonte sich befindet. Zwischen diesen Grenzen ändert sich sein Wert im Laufe eines Sterntages mit jedem Augenblicke, kann aber für jeden beliebigen Punkt der Ekliptik aus deren Schiefe, der Polhöhe und dem Abstand des gegebenen Punktes vom Frühlings- oder Herbstpunkte berechnet werden. [19]) Diese Frage bezieht sich auf die Abendweite des untergehenden Mondes oder seine Entfernung vom Westpunkte des Gesichtskreises, sei es nach Norden, sei es nach Süden. Die Himmelskugel dreht sich in ihrer scheinbaren täglichen Bewegung um die Weltachse, die auf der Ebene des Himmelsäquators senkrecht steht. Die zahllosen Kreise, die man sich durch die beiden Pole der Weltachse und den Aequator gezogen denkt, nennt man Deklinationskreise, weil an ihnen die Abweichung (Deklination) der Himmelskörper vom Aequator gemessen wird. Alle Sterne

אָמַר לִפְנֵי הַחַמָּה, לֹא אָמַר כְּלוּם.
וְאַחַר כָּךְ הָיוּ מַכְנִיסִין אֶת הַשֵּׁנִי,
וּבוֹדְקִין אוֹתוֹ. אִם נִמְצְאוּ דִבְרֵיהֶם
מְכֻוָּנִים, עֵדוּתָן קַיֶּמֶת. וּשְׁאָר כָּל
הַזּוּגוֹת, שׁוֹאֲלִין אוֹתָן רָאשֵׁי דְבָרִים,
לֹא שֶׁהָיוּ צְרִיכִין לָהֶם, אֶלָּא כְדֵי
שֶׁלֹּא יֵצְאוּ בְּפַחֵי נֶפֶשׁ, בִּשְׁבִיל שֶׁיְּהוּ
רְגִילִין לָבֹא: ז ראשׁ בֵּית דִּין אוֹמֵר
מְקֻדָּשׁ, וְכָל הָעָם עוֹנִים אַחֲרָיו
מְקֻדָּשׁ מְקֻדָּשׁ. בֵּין שֶׁנִּרְאָה בִזְמַנּוֹ,
בֵּין שֶׁלֹּא נִרְאָה בִזְמַנּוֹ, מְקַדְּשִׁין
אוֹתוֹ. רַבִּי אֶלְעָזָר בַּר צָדוֹק אוֹמֵר,
אִם לֹא נִרְאָה בִזְמַנּוֹ, אֵין מְקַדְּשִׁין

er[20]? Sagt er: Vor der Sonne, ist seine Aussage nichtig[21]. Hierauf lässt man den zweiten eintreten und verhört ihn. Werden ihre Worte in Uebereinstimmung gefunden, so ist ihr Zeugnis von Bestand. Man befragt die anderen Paare dann noch über einige Hauptpunkte; nicht als ob man ihrer bedürfte, sondern nur, damit sie nicht enttäuscht[22] davongehen, vielmehr einen Anreiz haben wieder zu kommen. **7.** Der Vorsitzende des Gerichtshofes spricht: M'kuddâsch (Geweiht!), und alles Volk stimmt nach ihm an: M'kuddâsch, M'kuddâsch. Ob er nun zur gehörigen Zeit wahrgenommen wurde[23], oder zur gehörigen Zeit nicht sichtbar war[24], er wird geweiht[25]. Rabbi El'azar bar Sadok meint: Wenn er nicht zur gehörigen Zeit

---

von gleicher Abweichung haben dieselbe Abendweite. Befindet sich ein Himmelskörper im Aequator, so ist seine Deklination und also auch seine Abendweite gleich Null, er geht genau im Westpunkte unter. Je grösser aber seine Deklination, desto grösser seine Abendweite; er geht nördlich vom Westpunkte unter, wenn er an der nördlichen Halbkugel seinen Ort hat, dagegen südlich vom Westpunkte, wenn er südlich vom Aequator steht. Der Mond nun hat, wenn er nicht gerade durch den Frühlings- oder Herbstpunkt geht, also den Aequator kreuzt, je nach seiner Länge und Breite eine bald nördliche, bald südliche Abweichung, deren Lage und Grösse aus diesen beiden Elementen seiner Bahn leicht berechnet werden kann, da ja die Neigung des Aequators zur Ekliptik, wie bereits in der vorigen Anmerkung erwähnt wurde, einen feststehenden Wert hat ($23\frac{1}{2}°$). Noch leichter ist die Ermittelung der Abendweite des Mondes aus seiner Deklination. Beträgt jene weniger als drei Grad, so sieht der Beobachter den Mond kurz vor seinem Untergange über dem Westpunkte und seine Hörner (die Oeffnung seiner Sichel) genau nach Osten gerichtet; ist die Abendweite jedoch grösser, so sieht man ihn bei nördlicher Abweichung mehr nördlich, bei südlicher dagegen mehr südlich. Im ersten Falle neigen seine Hörner nach Südosten, während sie im zweiten nach Nordosten blicken.
[20]) Auch diese Frage kann vom Zeugen nur nach Augenmass beantwortet werden. Die Breite der Mondsichel und die Stärke ihres Lichtes hängen von der Elongation oder dem Längenunterschied zwischen ihr und der Sonne wie auch vom Austrittsbogen oder dem Höhenunterschiede beider Himmelskörper ab. Je weiter sich der Mond nach Osten hin von der Sonne entfernt hat, desto breiter seine Sichel und desto heller sein Glanz; und je tiefer das Tagesgestirn unter den Horizont getaucht ist, desto erfolgreicher kann das schwache Licht des neuen Mondes gegen den mattern Schein der Abenddämmerung ankämpfen. Kennt man die Länge beider Himmelskörper, so kennt man auch ihre Elongation; hat man dazu noch die Breite des Mondes ermittelt, so lässt sich auch die Grösse des Austrittsbogens nach der in Anm. 18 gegebenen Anleitung feststellen. [21]) Dann hat er nicht den neuen, sondern den alten Mond gesehen, der früher als die Sonne untergeht, also dem Horizonte näher steht als diese (s. Anm. 16). Oder er hat den Mond überhaupt nicht gesehen, sondern sich durch ein schwach leuchtendes Wölkchen am Abendhimmel täuschen lassen. [22]) פחי נפש = מפח נפש ist der Schmerz über eine getäuschte Hoffnung; vgl. ותקותם מפח נפש (Ijob 11, 20). Das Nomen פחי ist von einem sonst unbekannten, mit נפח, פוח und יפח verwandten Verbum פחח wie שבי von שבה gebildet. [23]) in der Nacht zum Dreissigsten des Monats. [24]) sondern erst in der folgenden Nacht oder, wenn der Himmel bedeckt war, überhaupt nicht. [25]) durch den Ausruf: M'kuddasch (ge-

gesehen wurde, weiht man ihn nicht, da der Himmel ihn bereits geweiht hat[26]. **8.** Rabban Gamliel hatte Bilder von Mondgestalten auf einer Tafel[27] an der Wand seines Söllers, die er den Laien[28] zeigte, indem er sprach: Hast du diesem Aehnliches gesehen? Oder diesem Aehnliches? Es ereignete sich, dass zwei kamen und sagten: Wir haben ihn[29] des Morgens im Osten und am Abend im Westen gesehen[30]. Rabbi Joḥanan ben Nuri behauptete, es wären falsche Zeugen[31]; als sie aber nach Jabne kamen, nahm Rabban Gamliel sie an[32]. Ferner kamen zwei und sagten: Wir haben ihn zur gehörigen Zeit gesehen[33], in der Schaltnacht[34] aber war er nicht sichtbar[35]. Rabban Gamliel nahm

אוֹתוֹ. שֶׁכְּבָר קִדְּשׁוּהוּ שָׁמָיִם: ח דְּמוּת צוּרוֹת לְבָנוֹת, הָיוּ לוֹ לְרַבָּן גַּמְלִיאֵל, בְּטַבְלָא וּבַכּוֹתֶל בַּעֲלִיָּתוֹ, שֶׁבָּהֶן מַרְאֶה אֶת הַהֶדְיוֹטוֹת וְאוֹמֵר, הֲכָזֶה רְאִיתֶם אוֹ כָזֶה? מַעֲשֶׂה שֶׁבָּאוּ שְׁנַיִם וְאָמְרוּ, רְאִינוּהוּ שַׁחֲרִית בַּמִּזְרָח וְעַרְבִית בַּמַּעֲרָב, אָמַר רַבִּי יוֹחָנָן בֶּן נוּרִי, עֵדֵי שֶׁקֶר הֵם, וּכְשֶׁבָּאוּ לְיַבְנֶה, קִבְּלָן רַבָּן גַּמְלִיאֵל. וְעוֹד בָּאוּ שְׁנַיִם וְאָמְרוּ, רְאִינוּהוּ בִזְמַנּוֹ, וּבְלֵיל עִבּוּרוֹ לֹא נִרְאָה, וְקִבְּלָן רַבָּן גַּמְלִיאֵל. אָמַר

weiht !). 26) Da kein Monat mehr als 30 Tage haben kann, wird der einunddreissigste von selbst auch ohne die obrigkeitliche Genehmigung zum Beginn des neuen Monats. 27) טבלא = lat. tabula. 28) הדיוט, gr. ἰδιότης = der gemeine Mann, der in irgend einer Kunst oder Wissenschaft Unerfahrene, der L a i e. 29) Hier wird nicht mehr an לבנה, sondern an חדש gedacht; daher das männliche Fürwort (ראינוהו - ראינו את החדש; vgl. oben I 7—9). 30) Vorausgesetzt wird, dass die Zeugen am D r e i s s i g s t e n kamen. Das braucht die Mischna nicht ausdrücklich zu berichten, weil der Gerichtshof am 31. Tage nicht erst das Erscheinen von Zeugen abwartete, sondern schon in aller Frühe diesen Tag ohne weiteres zum Ersten des folgenden Monats erklärte. Es ist auch möglich, dass שחרית hier das M o r g e n g r a u e n und ערבית die A b e n d d ä m m e r u n g bezeichnet. Wie dem auch sei, auf alle Fälle wollten die Zeugen die Mondsichel am Neunundzwanizgsten zweimal wahrgenommen haben, das erste Mal vor Sonnenaufgang, also westlich vom Tagesgestirn, das andere Mal nach Sonnenuntergang, also östlich vom Tagesgestirn. Demnach müsste zwischen beiden Beobachtungen die Konjunktion stattgefunden haben (s. Anm. 16). 31) Es ist wohl möglich, dass man den Mond einige Tage vor der Konjunktion des Morgens vor Sonnenaufgang im Osten und abends vor Sonnenuntergang im Westen, oder einige Tage nach der Konjunktion des Morgens nach Sonnenaufgang im Osten und am Abend nach Sonnenuntergang im Westen sieht; aber es ist nicht möglich, dass man ihn an einem und demselben Tage vor Sonnenaufgang und nach Sonnenuntergang beobachte, denn wenn der Tag auch noch so lang ist und die Umstände noch so günstig sind, kann selbst das schärfste Auge bei tiefster Dunkelheit nicht in so kurzer Zwischenzeit den letzten Schimmer des alten und den ersten Schimmer des neuen Mondes wahrnehmen. 32) יבנה (2 Chr. 26, 6), identisch mit יבנאל (Jos. 15, 11), später J a m n i a, jetzt J e b n a, ist eine Hafenstadt zwischen Japho und Askalon und war nach der Zerstörung Jerusalems durch die Römer längere Zeit der Sitz des Synhedrion und die bedeutendste Pflegestätte jüdischer Wissenschaft. Der hier genannte R a b b a n G a m l i e l ist der Enkel des oben in Mischna 5 erwähnten. Er hatte durch Rechnung festgestellt, dass der neue Mond am vorangegangenen Abend schon sichtbar war, und nahm daher an, dass die Zeugen sich am Morgen geirrt und irgend ein Wölkchen für den Mond gehalten hatten. 33) in der Nacht zum 30. Elul. 34) in der auf den Schalttag folgenden Nacht. Der Dreissigste wird S c h a l t t a g (עִבּוּר) genannt, weil er dem abgelaufenen Monat hinzugefügt wird, wenn ihn der Gerichtshof nicht zum Ersten des neuen Monats geweiht hat. 35) Es kann zweifelhaft sein, ob die Worte ובליל עבורו לא נראה noch zur Aussage der Zeugen gehören, wie Maimuni es in seinem Mischnakommentar z. St. auffasst, oder schon dem Berichte des Tradenten zuzurechnen sind, wie der Verfasser des תפארת ישראל hier behauptet. Beide Er-

sie an; Rabbi Dosa ben Harkinas erklärte dagegen: Es sind falsche Zeugen[36]. Wie können sie von

רַבִּי דוֹסָא בֶּן הַרְכִּינַס, עֵדֵי שֶׁקֶר הֵם, הֵיאַךְ מְעִידִים עַל הָאִשָּׁה

---

klärungen stossen auf Schwierigkeiten. Nach der letztern hätte der Bericht lauten sollen: Die Zeugen behaupteten, den neuen Mond zur rechten Zeit gesehen zu haben, Rabban Gamliel nahm sie an, in der folgenden Nacht war aber der Mond nicht sichtbar (ועוד באו שנים ואמרו ראינוהו בזמנו וקבלן רבן גמ״ליאל ובליל עבורו לא נראה). Nach Maimunis Auffassung ist zunächst der Wechsel des Ausdrucks auffällig: das eine Mal ראינוהו (wir haben ihn gesehen), das andere Mal: לא נראה (er war nicht sichtbar), wozu dann noch das sachliche Bedenken tritt, dass die Zeugen, die den Mond in der Nacht zum 31. Elul nicht wahrgenommen zu haben erklärten, doch frühestens am nächsten Morgen vor dem Gerichtshof erschienen sein können (in der Nacht wurden keine Zeugen vernommen), und dieser dennoch den 1. Tischri auf den 30. Elul festsetzte, während er ihn nach Kap. III Mischna 1 selbst dann auf den folgenden Tag hätte verschieben müssen, wenn die Zeugen schon am 30. Elul erschienen wären, ihre Vernehmung aber sich so lange hingezogen hätte, dass die Neumondsweihe vor Anbruch der Nacht nicht mehr erfolgen konnte. Diese Schwierigkeiten sind indessen leicht zu lösen. Die Zeugen sagten mit Bedacht: „Wir haben den Mond in der Nacht zum 30. Elul gesehen, in der folgenden Nacht aber war er nicht sichtbar," weil sie damit ausdrücken wollten, dass sie ihn in der zweiten Nacht nicht etwa aus Unachtsamkeit oder infolge ungünstiger Witterung nicht sahen, sondern weil er trotz heitern Himmels und aufmerksamer Beobachtung nicht zu sehen war. Dass aber der Gerichtshof, nachdem bereits der Monatsanfang auf den 31. Elul festgesetzt war, diesen Beschluss wieder aufhob und nachträglich den 30. Elul zum 1. Tischri machte, ist nach Maimuni (הלכות קדוש החדש III 15—18) nicht nur gerechtfertigt (s. oben I Anm. 53), sondern in den Monaten Nisan und Tischri um der richtigen Ansetzung der Feiertage willen sogar geboten. Der Vorfall dürfte sich demnach in folgender Weise abgespielt haben: Rabban Gamliel hatte mit Hilfe der Neumondsberechnung festgestellt, dass der neue Mond in der Nacht zum 30. Elul sichtbar sein würde. Wie alle Jahre wurde auch diesmal in Erwartung der Zeugen, die im Laufe des Tages eintreffen konnten, das Neujahrsfest am 30. Elul gefeiert. Wären die erwarteten Zeugen erschienen, so hätte das Fest mit Eintritt der Nacht sein Ende erreicht. Da aber keine Zeugen gekommen waren, so wurde der folgende Tag zum ersten Tischri bestimmt und selbstverständlich auch als Neujahrstag gefeiert. Einige Tage später, jedenfalls noch vor dem Versöhnungstage, wie aus dem weitern Berichte sich ergibt, kamen zwei Zeugen aus der Ferne, die vor dem Gerichtshofe bekundeten, sie hätten den neuen Mond in der Nacht zum 30. Elul gesehen. Da sie aber weiter als eine Tagereise von Jabne entfernt wohnten, hätten sie erst nach Ausgang des Festes aufbrechen können (Kap. I Ende, Anm. 53), wären also in der zweiten Neujahrsnacht noch zu Hause gewesen, müssten aber bekennen, dass in dieser Nacht der Mond nicht sichtbar gewesen. Darauf veranlasste Rabban Gamliel seine Kollegen zu einer nachträglichen Berichtigung des Monatsanfangs, damit der Versöhnungstag und das Hüttenfest zur rechten Zeit gefeiert würden. [ואפשר שמכאן למד רמב״ם ז״ל שאין מאיימין על עדי ניסן ותשרי שבאו קודם חצי החדש שהרי כאן באו העדים אחר שעיברו את האלול והם עצמם אמרו שראו את החדש בזמנו ולא ראוהו בליל עבורו ולפי זה לא היה רבן גמליאל צריך לקבלם מאחר שכבר יצא שמו מעובר אף על פי כן הואיל ובאו קודם יום הכפורים קיבל עדותם שמע מינה שאין מאיימין בכהאי גוונא על העדים אפלו סותרים דבריהם ואפשר לדחותם על נקלה ולומר עדי שקר הם. ואף על גב שנראה כן מן המשנה כתב רבנו הגדול שם הל׳ י״ח יראה לי הואיל ואין הדבר מפורש במשנתנו שמפני תקנת הסועדות קבלן רבן גמליאל ושמא גם בשאר חדשים היה מקבלם אלא מעשה שהיה כך היה. ועיין בלחם משנה שנדחק מאד ליישב דברי רבנו ובסוף כתב הוא עצמו כי בעיניו הוא דחוק ולפי מה שכתבתי אין כאן דוחק כלל.]

[36]) Die Tatsache an sich, dass der Mond auch am zweiten Neujahrsabend, also in der Nacht zum 31. Elul noch nicht sichtbar war, schien ihm nicht auffällig. Wenn auch die Durchschnittsdauer des synodischen Monats rund 29 1/2 Tage beträgt, so ist doch die Mondbahn so vielen Störungen unterworfen, dass von einer Konjunktion zur andern mitunter nur 29 und mitunter volle 30 Tage vergehen (פעמים בא בארוכה ופעמים בא בקצרה). Dazu kommt, dass auch der Zeitraum, der zwischen der Konjunktion und dem ersten Auftauchen der schmalen Mondsichel verstreichen muss, erheblichen Schwankungen unterliegt. Das eine Mal genügt eine Elongation (s. Anm. 16 und 20) von 10^0 (20 Stunden), das andere Mal ist ein Längenunterschied von 21^0 (42 Stunden) erforderlich. Es ist also sehr wohl mög-

שֶׁיָּלְדָה, וּלְמָחָר כְּרֵסָהּ בֵּין שִׁנֶּיהָ.
אָמַר לוֹ רַבִּי יְהוֹשֻׁעַ, רוֹאֶה אֲנִי אֶת
דְּבָרֶיךָ: ט שָׁלַח לוֹ רַבָּן גַּמְלִיאֵל,
גּוֹזְרַנִי עָלֶיךָ, שֶׁתָּבֹא אֶצְלִי בְּמַקֶּלְךָ
וּבִמְעוֹתֶיךָ, בְּיוֹם הַכִּפּוּרִים שֶׁחָל
לִהְיוֹת בְּחֶשְׁבּוֹנְךָ. הָלַךְ וּמְצָאוֹ רַבִּי
עֲקִיבָה מֵצֵר. אָמַר לוֹ, יֵשׁ לִי לְלַמֵּד,
שֶׁכָּל מַה שֶּׁעָשָׂה רַבָּן גַּמְלִיאֵל,
עָשׂוּי, שֶׁנֶּאֱמַר, אֵלֶּה מוֹעֲדֵי ה׳,
מִקְרָאֵי קֹדֶשׁ, אֲשֶׁר תִּקְרְאוּ אֹתָם,
בֵּין בִּזְמַנָּן בֵּין שֶׁלֹּא בִזְמַנָּן, אֵין לִי
מוֹעֲדוֹת אֶלָּא אֵלּוּ. בָּא לוֹ אֵצֶל

einer Frau bekunden, dass sie geboren hat, wenn am folgenden Tage der Leib ihr an die Zähne reicht? Da sprach Rabbi Josua zu ihm: Mir leuchten deine Worte ein[37]. **9.** Rabban Gamliel liess ihm hierauf sagen[38]: Ich befehle dir[39], dass du an dem Tage, auf den nach deiner Rechnung das Versöhnungsfest fällt[40], mit Stock und Geld[41] zu mir kommst. Rabbi ʻAkiba ging hin[42] und fand ihn betrübt[43]. Da sprach er zu ihm: Ich kann beweisen, dass alles, was Rabban Gamliel getan hat, Gesetzeskraft besitzt[44]; denn es heisst[45]: Dies sind die Feste des Ewigen, heilige Berufungen, die ihr berufen sollt. Ob zur gehörigen Zeit, ob zu ungehöriger Zeit, ich kenne keine anderen Feste als diese[46].

---

lich, dass der neue Mond, der heute abend beobachtet wurde, das nächste Mal nach vollen 30 Tagen noch nicht sichtbar sein wird. Eine Stunde später wird man ihn vielleicht schon wahrnehmen können; aber dann ist er für unsern Horizont schon untergegangen und nur an westlicher gelegenen Orten zu beobachten. Dass er aber heute sich zeigt und morgen wieder unsichtbar macht, ist völlig ausgeschlosseen.

[37]) Auch er war der Ansicht, dass die Zeugen sich am ersten Neujahrsabend getäuscht hätten und Rabban Gamliel in der Rechnung sich geirrt haben musste. Dieser aber war anderer Meinung. Da nach seiner Berechnung der neue Mond in der ersten Neujahrsnacht schon sichtbar war, in Wirklichkeit aber auch in der folgenden Nacht nicht wahrgenommen wurde, hätte er sich um mehr als 24 Stunden geirrt haben müssen. Ein solcher Rechenfehler ist in der Tat unwahrscheinlich. Er nahm daher lieber an, dass die meteorologischen Verhältnisse am zweiten Abend weniger günstig als am ersten waren, oder dass die Zeugen an jenem Abend, da es nicht mehr darauf ankam, mit geringerer Sorgfalt den Himmel beobachtet und aus demselben Grunde die Bewohner von Jabne und Umgegend dem Monde überhaupt keine Beachtung geschenkt hätten. Dass ihn aber ausser den Zeugen kein Mensch in der ersten Nacht gesehen, braucht nicht erst erklärt und begründet zu werden. Das kam wohl öfter vor und liegt in der Natur der Sache. Die Mondsichel ist da noch so schmal und ihr matter Schein so schwach, dass nur ein sehr scharfes Auge unter besonders günstigen Bedingungen sie wahrnehmen kann.
[38]) dem Rabbi Josua. Er kann es ihm auch geschrieben haben; denn שלח bezeichnet ebenso die briefliche Mitteilung wie die mündliche Bestellung durch einen Boten.
[39]) גוזרני ist aus גוזר אני zusammengezogen. [40]) Das ist der elfte Tischri nach Rabban Gamliels Festsetzung. [41]) wie an einem Werktage. [42]) zu Rabbi Josua. [43]) in Gewissensnöten. מצר, Hifʻil von צרר, hier intransitiv wie in אשה מצרה (Jirm. 48, 41; 49, 22). [44]) Wörtlich: getan ist. [45]) 3 B. M. 23, 4. [46]) Wenn man will, kann man „ich" auf Gott beziehen. Doch ist אין לי in solchen Ableitungen aus der heiligen Schrift eine ständige Redewendung, in der das Fürwort immer den Ausleger meint. Rabbi ʻAkiba, der das Wörtchen אלה betont, will aus diesem Verse offenbar beweisen, dass die Festsetzung des Neumondstages durch das berufene Gericht auch dann unumstösslich ist, wenn sie auf Irrtum beruht. Nun lautet zwar der letzte Satz vollständig: אשר תקראו אתם במועדם (die ihr zur rechten Zeit berufen sollt). Indessen kann diese Mahnung nur der Behörde gelten. Diese hat die Pflicht, dafür zu sorgen, dass die Feste zur gehörigen Zeit gefeiert werden. Das Volk hat sich ihrer Anordnung zu fügen, und es darf sich niemand, er mag noch so gelehrt sein, das Recht anmassen, ihre Entscheidung wegen angeblichen

רַבִּי דוֹסָא בֶּן הַרְכִּינָס, אָמַר לוֹ, אִם בָּאִין אָנוּ לָדוּן, אַחַר בֵּית דִּינוֹ שֶׁל רַבָּן גַּמְלִיאֵל, צְרִיכִין אָנוּ לָדוּן, אַחַר כָּל בֵּית דִּין וּבֵית דִּין, שֶׁעָמַד מִימוֹת מֹשֶׁה וְעַד עַכְשָׁיו, שֶׁנֶּאֱמַר, וַיַּעַל מֹשֶׁה וְאַהֲרֹן נָדָב וַאֲבִיהוּא, וְשִׁבְעִים מִזִּקְנֵי יִשְׂרָאֵל, וְלָמָּה לֹא נִתְפָּרְשׁוּ שְׁמוֹתָן שֶׁל זְקֵנִים, אֶלָּא לְלַמֵּד, שֶׁכָּל שְׁלשָׁה וּשְׁלשָׁה, שֶׁעָמְדוּ בֵּית דִּין עַל יִשְׂרָאֵל, הֲרֵי הוּא כְּבֵית דִּינוֹ שֶׁל מֹשֶׁה, נָטַל מַקְלוֹ וּמְעוֹתָיו בְּיָדוֹ, וְהָלַךְ לְיַבְנֶה אֵצֶל רַבָּן גַּמְלִיאֵל,

Als er[47] zu Rabbi Dosa ben Harkinas kam, sagte ihm dieser: Wenn wir dem Gerichtshofe Rabban Gamliels nachforschen wollten, müssten wir auch jedem einzelnen Gerichtshofe nachforschen, der von Mosches Tagen bis heute eingesetzt wurde[48]. Es steht geschrieben[49]: Mosche und Aharon, Nadab und Abihu und siebzig von den Aeltesten Israels stiegen hinauf. Warum sind die Namen der Aeltesten nicht aufgeführt? Nur um zu lehren, dass jeweils die Drei, die als Gerichtshof über Israel eingesetzt sind, dem Gerichtshofe Mosches gleichstehen[50]. Da nahm er seinen Stock und sein Geld in die Hand und begab sich nach Jabne zu Rabban Gamliel an dem Tage,

---

Irrtums anzufechten und die Feste nach eigenem Ermessen anzusetzen. Wohin sollte es auch führen, wenn jeder Fachmann die Befugnis hätte, auch nur für seine Person einen besondern Kalender aufzustellen? Immerhin ist es befremdlich, dass Rabbi ‘Akiba das Wort במועדם weglässt. Es ist doch nicht anzunehmen, dass die Mischna es unterschlagen hat, damit der oberflächliche Zuhörer daraus keine Waffe gegen ihn schmiede. Vielleicht liegt hier der sehr alte Fehler eines Abschreibers vor, dem der am Ende des vorigen Kapitels angeführte Vers noch im Sinne lag. Rabbi ‘Akiba aber stützte sich in Wahrheit auf Vers 2: מועדי ה׳ אשר תקראו אתם מקראי קדש אלה הם מועדי (Die Feste des Ewigen, die i h r als heilige Berufungen verkündet, s i e sind meine Feste), wo auf dem Wörtchen א ל ה in der Tat ein starker Nachdruck ruht, was in Vers 4 weniger der Fall ist. [47]) Rabbi Josua, den das Argument des Rabbi ‘Akiba nicht ganz beruhigen konnte. Er hatte ja nicht die Absicht, sich von der Feier des durch Rabban Gamliel festgesetzten Versöhnungstages auszuschliessen; er hätte nur auch noch den folgenden Tag gern gefeiert, was jener ihm verwehren wollte. [48]) Mit anderen Worten: Da wir nicht imstande sind, die Entscheidungen vergangener Jahrhunderte einer Nachprüfung zu unterziehen, dürfen wir auch nicht an den Anordnungen der zeitgenössischen Behörde mäkeln. Das ist ein neues Argument, durch das sich Rabbi Josua völlig beruhigt fühlte. Während der jüngere Rabbi ‘Akiba, der dem verehrten Lehrer gegenüber nicht den geringsten Zweifel an Rabban Gamliels Irrtum wagt, den Satz aufstellt, dass dessen Festsetzungen, auch wenn sie auf falschen Voraussetzungen beruhen, im Kalenderwesen unbedingte Verbindlichkeit innewohnt, meint der ältere Rabbi Dosa ben Harkinas, der die Verwunderung über die Entscheidung des Gerichtshofes zuerst ausgesprochen, nunmehr in seiner Bescheidenheit: Wir dürfen nicht annehmen, dass Rabban Gamliel, bloss um seine Autorität zu wahren, hartnäckig und wider bessere Einsicht bei seinem Irrtum beharrt. Er glaubt sicherlich noch heute, dass er im Rechte ist, und wenn er dir schroff befiehlt, deinen eigenen Versöhnungstag zu entweihen, so geschieht es nur in der guten Absicht, Spaltungen in Israel zu verhüten. Wir aber dürfen uns nicht das Recht anmassen, seine Anordnungen unserer Nachprüfung zu unterziehen und ihre Rechtskraft anzutasten, wenn sie unsern Widerspruch herausfordern; denn auch wir sind nicht unfehlbar, und mit uns „wird die Weisheit nicht sterben“. Rabban Gamliel mag seine Gründe haben, wenn er auch zu stolz ist, sein Verfahren im Gerichtshofe zu rechtfertigen. [49]) 2. B. M. 24, 9. [50]) Wenn sie auch hinter einem Mosche oder Aharon, einem Nadab oder Abihu weit, weit zurückstehen, so sind sie doch vielleicht einem der unbekannten siebzig Aeltesten im Range gleich.

auf den nach seiner Rechnung der Versöhnungstag fiel[40]. Rabban Gamliel aber erhob sich und küsste ihn aufs Haupt, indem er zu ihm sprach: Willkommen, mein Lehrer und Schüler! Mein Lehrer an Weisheit, mein Schüler in Befolgung meiner Worte.

בְּיוֹם שֶׁחָל יוֹם הַכִּפּוּרִים לִהְיוֹת בְּחֶשְׁבּוֹנוֹ. עָמַד רַבָּן גַּמְלִיאֵל, וּנְשָׁקוֹ עַל רֹאשׁוֹ, אָמַר לוֹ, בּוֹא בְשָׁלוֹם רַבִּי וְתַלְמִידִי, רַבִּי בְחָכְמָה, וְתַלְמִידִי שֶׁקִּבַּלְתָּ דְבָרַי:

ABSCHNITT III.

פרק ג.

1. Hatten ihn der Gerichtshof und ganz Israel wahrgenommen, waren die Zeugen schon vernommen, aber man hat es nicht erreicht, Mekuddasch zu sagen, ehe die Nacht hereinbrach, so ist es ein Schaltmonat[1]. Hat ihn das

א רָאוּהוּ בֵּית דִּין וְכָל יִשְׂרָאֵל, נֶחְקְרוּ הָעֵדִים, וְלֹא הִסְפִּיקוּ לוֹמַר מְקֻדָּשׁ, עַד שֶׁחָשֵׁכָה, הֲרֵי זֶה מְעֻבָּר.

Es ist sehr auffallend, dass unser drittes Kapitel, welches vom Schofar handelt, mit einer Mischna beginnt, in der noch wie in den beiden vorangehenden Kapiteln von der Neumondsweihe die Rede ist. Eine Erklärung dieser seltsamen Anordnung bietet vielleicht der allmähliche Ausbau der Mischnasammlung, der schon früher einmal erwähnt wurde (s. S. 164). In einer ältern Bearbeitung schloss sich die erste Mischna des dritten wahrscheinlich unmittelbar an die siebente des zweiten Kapitels an (ראש בית דין אומר מקודש וכל העם עונים אחריו מקודש מקודש. ראוהו בית דין וכל ישראל נחקרו העדים ולא הספיקו לומר מקודש עד שחשיכה הרי זה מעובר). Der Bericht über das Verfahren des Rabban Gamliel bei der Zeugenvernehmung, seine merkwürdigen Entscheidungen und sein strenges Einschreiten gegen den Widerspruch der Kollegen (II 8—9) ist vermutlich erst von seinem Enkel Rabbi Juda dem Heiligen, der das grosse Werk zum Abschluss brachte, hinzugefügt und am richtigen Orte eingeschoben worden. Denn II 7 bildet nur den Schluss von II 6, wo die Zeugenverhöre beschrieben und die zu stellenden Fragen aufgezählt werden. Durch diese längere Einschaltung war aber der Zusammenhang zwischen ראש בית דין אומר מקודש und ראוהו בית דין וכל ישראל zerrissen, und der Ordner hatte nun die Wahl, den Lehrsatz von der Verschiebung des Neumondstages infolge versäumter Weihe entweder am Ende des zweiten Kapitels unvermittelt an die Erzählung von der Unterwerfung des Rabbi Josua zu knüpfen, oder ihn an die Spitze eines neuen Kapitels zu setzen, um hernach ebenso unvermittelt die Vorschriften über den Schofar folgen zu lassen. Er wählte den zweiten Ausweg, damit der herzerhebende Eindruck der schönen und ergreifenden Szene, in die der Bericht über den Konflikt zwischen Rabban Gamliel und Rabbi Josua durch die Seelengrösse beider Männer ausklingt, in ungeschwächter Wirkung zur Geltung komme.

Am Ende des Kapitels ist wiederum der Zusammenhang durch eine erbauliche Betrachtung unterbrochen, die an Mischna 7 anknüpft (s. weiter unten, Anm. 34), mit dem Schluss von Mischna 8 aber, der offenbar zu Mischna 7 gehört, in keinerlei Verbindung steht. Hier endigt jedoch die eingeschobene Betrachtung mit den Worten ואם לאו היו נימוקין, die als Kapitelschluss nicht geeignet schienen.

---

[1]) Wenn der zuständige Gerichtshof selbst den neuen Mond noch vor Anbruch der Nacht beobachtet hat, ist nach dem Talmud eine Zeugenvernehmung überflüssig; er kann vielmehr den entschwindenden Tag, wenn es der dreissigste des

רָאוּהוּ בֵּית דִּין בִּלְבָד, יַעַמְדוּ שְׁנַיִם וְיָעִידוּ בִפְנֵיהֶם, וְיֹאמְרוּ מְקֻדָּשׁ מְקֻדָּשׁ. רָאוּהוּ שְׁלֹשָׁה וְהֵם בֵּית דִּין, יַעַמְדוּ שְׁנַיִם וְיוֹשִׁיבוּ מֵחַבְרֵיהֶם אֵצֶל הַיָּחִיד, וְיָעִידוּ בִפְנֵיהֶם וְיֹאמְרוּ מְקֻדָּשׁ מְקֻדָּשׁ, שֶׁאֵין הַיָּחִיד נֶאֱמָן עַל יְדֵי עַצְמוֹ:
ב כָּל הַשּׁוֹפָרוֹת כְּשֵׁרִין, חוּץ מִשֶּׁל פָּרָה, מִפְּנֵי שֶׁהוּא קֶרֶן. אָמַר רַבִּי יוֹסֵי, וַהֲלֹא כָל הַשּׁוֹפָרוֹת נִקְרְאוּ קֶרֶן, שֶׁנֶּאֱמַר בִּמְשֹׁךְ בְּקֶרֶן הַיּוֹבֵל:
ג שׁוֹפָר שֶׁל רֹאשׁ הַשָּׁנָה שֶׁל יָעֵל פָּשׁוּט, וּפִיו מְצֻפֶּה זָהָב, וּשְׁתֵּי

Gericht allein gesehen[2], sollen zwei hintreten und vor ihnen[3] Zeugnis ablegen[4], worauf man Meḳuddasch, Meḳuddasch ausrufe. Haben ihn nur drei beobachtet, und sie bilden den Gerichtshof[5], sollen zwei[6] aufstehen, ihren Sitz neben dem einen[7] ihren Genossen überlassen und vor ihnen Zeugnis ablegen[4], worauf man Meḳuddasch, Meḳuddasch ausrufe; denn kein Einzelner ist glaubwürdig durch sich selbst[8]. **2.** Alle Schofarot eignen sich[9], ausgenommen der einer Kuh, weil dieser ein Horn ist[10]. Rabbi Jose meint dagegen: Alle Schofarot werden ja Horn genannt[11], da es doch heisst: beim langgezogenen Tone des Widderhorns[12]. **3.** Der Schofar des Neujahrstages war[13] vom Steinbock, gestreckt, mit goldbelegter Mündung, zu beiden Seiten

---

alten Monats ist, durch sein Meḳuddasch (II 7) ohne weiteres noch zum Neumondstage weihen. Nur wenn er ihn erst nach Eintritt der Dunkelheit wahrgenommen hat, so dass die Neumondsweihe nicht sofort erfolgen konnte, weil kein Gerichtshof des Nachts seines Amtes zu walten vermag, müssen am folgenden Morgen, wenn es nicht schon der 31. Tag des alten Monats ist (s. K. II, Anm. 29), die Beobachter als Zeugen verhört werden. Der Sinn der Mischna ist daher: Sei es, dass ihn der Gerichtshof selbst gesehen, aber erst zu später Abendzeit, sei es, dass andere Personen ihn schon in der letzten Nacht gesehen, ihre Vernehmung aber sich am Tage in die Länge zog, in beiden Fällen wird, wenn die Nacht hereinbrach, ehe das Wort der Weihe ausgesprochen werden konnte, erst der folgende Tag zum Monatsanfang gemacht, so dass der alte Monat 30 Tage hat und somit zu einem Schaltmonat (מעובר) wird. [2]) oder mindestens fünf Angehörige des grössern, aus 23 Mitgliedern bestehenden Gerichtshofes. [3]) vor den drei Kollegen, die für die Neumondsweihe zuständig sind. [4]) wenn sie ihn erst nach Eintritt der Dunkelheit wahrgenommen haben (s. Anm. 1). [5]) mit anderen Worten, es sind keine Zeugen vorhanden ausser den drei berufenen Richtern. [6]) die Beisitzer. [7]) dem Vorsitzenden. [8]) durch seine Persönlichkeit, durch seinen sittlichen Charakter und seine geistigen Fähigkeiten. Seine Gewissenhaftigkeit, sein Scharfsinn und seine Gelehrsamkeit mögen über allen Zweifel erhaben sein und die besten Bürgschaften für eine richtige Urteilsfindung bieten, ohne die Mitwirkung der Beisitzer und den gegenseitigen Meinungsaustausch kann man doch weder zum Zeugenverhör des Vorsitzenden noch zu seiner Entscheidung das volle Vertrauen haben. [9]) zur Erfüllung des Gebotes, das für den ersten Tischri das Schofarblasen vorschreibt (s. Anm. 16). [10]) Der Sprachgebrauch nennt das Rinderhorn niemals Schofar, sondern immer nur Ḳeren (Horn), während er auf die Hörner anderer Tiere auch die Bezeichnung Schofar überträgt, die sich in erster Reihe auf das Widderhorn bezieht. [11]) sogar der Schofar vom Widder. [12]) Josua 6, 5. Dass das Widderhorn קרן genannt wird, folgt schon aus והנה איל אחר נאחז בסבך בקרניו (1. B. M. 22, 13); er will aber beweisen, dass zwischen שופר und קרן überhaupt kein Unterschied besteht, und das ergibt sich aus der angeführten Stelle, in der vom קרן היובל die Rede ist, während vorher und nachher stets von שופרות היובלים gesprochen wird (והכהנים יתקעו בשופרות והיה במשך בקרן היובל בשמעכם את קול השופר). Die Gegenansicht entkräftet dieses Argument mit dem Einwande, dass wohl jeder Schofar ein Horn, aber nicht jedes Horn ein Schofar ist. [13]) dereinst im Heilig-

חֲצֹצְרוֹת מִן הַצְּדָדִין. שׁוֹפָר מַאֲרִיךְ וַחֲצֹצְרוֹת מְקַצְּרוֹת, שֶׁמִּצְוַת הַיּוֹם בַּשּׁוֹפָר: ד בַּתַּעֲנִיּוֹת בְּשֶׁל זְכָרִים כְּפוּפִין, וּפִיהֶן מְצֻפֶּה כֶסֶף. וּשְׁתֵּי חֲצֹצְרוֹת בָּאֶמְצַע. שׁוֹפָר מְקַצֵּר וַחֲצֹצְרוֹת מַאֲרִיכוֹת, שֶׁמִּצְוַת הַיּוֹם בַּחֲצֹצְרוֹת: ה שָׁוֶה הַיּוֹבֵל לְרֹאשׁ הַשָּׁנָה לַתְּקִיעָה וְלַבְּרָכוֹת. רַבִּי יְהוּדָה אוֹמֵר, בְּרֹאשׁ הַשָּׁנָה תּוֹקְעִין בְּשֶׁל זְכָרִים, וּבַיּוֹבְלוֹת בְּשֶׁל יְעֵלִים: ו שׁוֹפָר שֶׁנִּסְדַּק וְדִבְּקוֹ, פָּסוּל. דִּבֵּק שִׁבְרֵי שׁוֹפָרוֹת, פָּסוּל. נִקַּב וּסְתָמוֹ, אִם מְעַכֵּב אֶת הַתְּקִיעָה, פָּסוּל, וְאִם לָאו, כָּשֵׁר: ז הַתּוֹקֵעַ לְתוֹךְ הַבּוֹר

zwei Trompeten[14]. Der Schofar dehnte, die Trompeten kürzten den Ton[15], denn das Gebot des Tages verlangt den Schofar[16]. **4.** An den Fasttagen[17] waren es Widderhörner[18], gekrümmt, mit silberbelegter Mündung und zwei Trompeten in der Mitte[19]. Der Schofar kürzte, die Trompeten dehnten den Ton[20], denn das Gebot des Tages verlangt Trompeten[21]. **5**. Der Jobel[22] ist dem Jahresanfang hinsichtlich des Blasens und der Segenssprüche gleichgestellt[23]. Rabbi Juda meint: Am Jahresanfang bläst man auf Widderhörnern, an den Jobelot auf Steinbockhörnern. **6**. Ist ein Schofar gespalten[24], und man hat ihn zusammengefügt[25], ist er dennoch unbrauchbar[26]. Hat man Bruchstücke eines Schofar zusammengefügt, ist er unbrauchbar. Hatte er ein Loch, und man hat es verstopft, so ist er, wenn der Ton eine Störung[27] erlitten hat, unbrauchbar; wenn nicht, ist er verwendbar. **7**. Wenn jemand in eine Grube oder einen Keller[28]

---

tume. [14]) Rechts und links vom Schofarbläser standen zwei Trompetenbläser. [15]) damit der Schofarton noch gehört werde, wenn die Trompeten schon verstummt sind. [16]) Das Gebot, am Neujahrstage gerade den Schofar zu blasen, findet sich zwar nicht ausdrücklich in der Tora (sowohl in 3. B. M. 23, 24 als auch in 4. B. M. 29, 1 ist nur ganz allgemein von der תרועה die Rede, ohne dass hierbei des שופר Erwähnung geschieht), wird aber durch Vergleichung mit dem שופר תרועה des Jobeljahres aus 3. B. M. 25, 9 abgeleitet. [17]) die in jeder Notlage, insbesondere bei Regenmangel angeordnet wurden (s. Ta'anijot I 6 bis III 8). [18]) mit denen im Heiligtume geblasen wurde. Die Bezeichnung זכרים für אילים ist unter dem Einfluss der aramäischen Sprache entstanden, in welcher der Widder דכרא heisst. [19]) Die Schofarbläser standen zu beiden Seiten der zwei Trompetenbläser. [20]) damit die Trompeten noch erschallen, wenn der Schofarton schon verklungen ist. [21]) 4. B. M. 10, 9. [22]) Der Versöhnungstag des fünfzigsten Jahres (3. B. M. 25, 9—10). [23]) Auch an ihm wird wie am Neujahrstage (Mischna 3) auf einem Steinbockhorn geblasen; auch an ihm werden im Musafgebete die für das Neujahrsfest vorgeschriebenen (IV 5—6) und von Schofartönen begleiteten drei Einschaltungen מלכיות זכרונות ושופרות hinzugefügt. [24]) der ganzen Länge nach. [25]) im Feuer oder durch ein Klebemittel. [26]) Ist er dagegen nur zum Teil gespalten gewesen und wieder gehörig zusammengefügt worden, kann man ihn verwenden. Ist er der Breite nach gespalten, so ist er nur dann unbrauchbar, wenn sich der Spalt am obern Teile über die Hälfte des Umfanges erstreckt. Ist der Spalt weiter unten, so dass bis zum Mundstück das vorgeschriebene Mass des Schofar unversehrt geblieben, so ist er selbstverständlich ebenso zu verwenden, wie wenn der untere Teil ganz abgebrochen wäre. Die vorschriftsmässige Grösse beträgt vier Daumenbreiten, damit der Schofar in der Hand des Bläsers zu beiden Seiten ein wenig hinausrage. [27]) eine Veränderung. [28]) Zwischen בור und דות ist kein wesentlicher Unterschied; jenes ist ein gegrabener, dieses ein gemauerter Raum (אחד הבור ואחד הדות בקרקע אלא שהבור בחפירה והדות בבניין — Baraita in Baba batra 64 a). Die Etymologie von דות ist dunkel. Einige Handschriften lesen החדות (so auch die Mischnaausgaben in Ahilut XI 8—9; vgl. Tosefta Pesaḥim I 8: היציע והדות mit Jer. das. I 1: היציע

או לְתוֹךְ הַדּוּת או לְתוֹךְ הַפִּטָּס, אִם קוֹל שׁוֹפָר שָׁמַע, יָצָא, וְאִם קוֹל הֲבָרָה שָׁמַע, לֹא יָצָא. וְכֵן מִי שֶׁהָיָה עוֹבֵר אֲחוֹרֵי בֵית הַכְּנֶסֶת, או שֶׁהָיָה בֵיתוֹ סָמוּךְ לְבֵית הַכְּנֶסֶת, וְשָׁמַע קוֹל שׁוֹפָר או קוֹל מְגִלָּה, אִם כִּוֵּן לִבּוֹ, יָצָא, וְאִם לָאו, לֹא יָצָא. אַף עַל פִּי שֶׁזֶּה שָׁמַע, וְזֶה שָׁמַע, זֶה כִּוֵּן לִבּוֹ, וְזֶה לֹא כִוֵּן לִבּוֹ: ח וְהָיָה כַּאֲשֶׁר יָרִים מֹשֶׁה יָדוֹ, וְגָבַר יִשְׂרָאֵל, וְכַאֲשֶׁר יָנִיחַ יָדוֹ, וְגָבַר עֲמָלֵק. וְכִי יָדָיו שֶׁל מֹשֶׁה עוֹשׂוֹת מִלְחָמָה, או

oder eine Tonne[29] bläst, so hat man, wenn man den Schall eines Schofar vernommen, seiner Pflicht genügt[30]; hat man aber nur den Schall eines Geräusches[31] gehört, ist man seiner Pflicht noch nicht enthoben. Ebenso[32] wenn jemand, der hinter der Synagoge vorübergeht oder dessen Haus in der Nähe der Synagoge sich befindet, den Ton des Schofar oder die Vorlesung der Rolle[33] hört: hat er seinen Sinn darauf gerichtet, so hat er seine Pflicht erfüllt; wenn nicht, so hat er sie nicht erfüllt. Obgleich jener gehört hat und dieser gehört hat; jener aber tat es mit Andacht, dieser dagegen ohne Aufmerksamkeit. **8.** „Und es geschah, wenn Mosche seine Hand erhob, siegte Israel, und wenn Mosche seine Hand sinken liess, siegte ʻAmaleḳ"[34]. Können denn Mosches Hände den Kampf fördern oder den Kampf

---

והחרות), das aus dem arab. خد (spalten, furchen, graben) abgeleitet werden könnte, wenn רשב"ם (in seinem Kommentar zu Baba batra daselbst) darin recht hat, dass בור eine in den Felsen oder harten Boden gebauene, דות dagegen oder richtiger חדות eine ausgemauerte oder zementierte Zisterne ist, beide aber in die Erde gegraben. Dann könnte חדות in הדות verschrieben und aus diesem wieder, indem man ה als Artikel ansah, דות entstanden sein. Raschi hier (27a oben) und Maimonides in seinem Mischnakommentar hier wie dort halten jedoch בור für einen in die Erde gegrabenen und דות oder חדות für einen auf der Erde durch Mauerwerk errichteten Wasserbehälter. Gegen diese Auffassung, die auf den ersten Blick nicht nur in der Unterscheidung zwischen חפירה und בניין daselbst (nach רשב"ם müsste es heissen: אחד הבור ואחד הדות בחפירה אלא שהדות בבניין והבור שלא בבניין), sondern auch im Wortlaut der dortigen Mischna (IV 2): לא את הבור ולא את הדות eine Stütze zu finden scheint, spricht das Wort אף על פי שכתב לו עומקא ורומא בקרקע in der angeführten Baraita, das doch nicht zugleich in der Erde und auf der Erde bedeuten kann. Im Syrischen ist חדותא ein unterirdischer Raum zur Aufbewahrung von Getreidevorräten; in der Tosefta Baba M. VI 10 ist דות eine Art Weinkeller. [29]) פיטס ist das gr. πίθος, ein grosses, bauchiges Tongefäss mit weiter Oeffnung. [30]) Man ist nicht verpflichtet, am Neujahrstage den Schofar selbst zu blasen; es genügt, die vorgeschriebenen Töne zu hören. — יצא ist aus יצא ידי חובתו abgekürzt. [31]) הברה scheint auf den ersten Blick mit dem arab. خبر = Gerücht verwandt zu sein. Diesen Sinn hat das Wort allerdings in לא ששמעו קול הברה (Giṭṭin 89a Mitte); hier aber bezeichnet es einen undeutlichen Ton, ein verworrenes Geräusch, und es ist nicht anzunehmen, dass diese Bedeutung sich aus jener entwickelt hat. Eher ist das Umgekehrte wahrscheinlich, dass nämlich der Ausdruck für Lärm und Geräusch auf den Begriff des Gerüchtes übertragen wurde (vgl. das lat. rumor, das fr. bruit und das engl. noise). Da nun خبر in erster Linie erzählen, berichten heisst, ist eine Verwandschaft mit הברה wenig begründet. [32]) Die Uebereinstimmung besteht darin, dass in beiden Fällen das blosse Hören nicht genügt, sei es, dass man zwar mit Andacht gelauscht, aber doch nur einen verworrenen Schall vernommen hat, sei es, dass man zwar klare Töne und Worte gehört, aber ihnen keine Beachtung geschenkt hat. [33]) Der Esterrolle am Purimfeste. Das Buch Ester wird schlechthin מגלה, die Rolle genannt. [34]) Zitat aus 2. B. M. 17, 11 — in diesem Zusammen-

hemmen[35]? Das will vielmehr sagen, dass die Israeliten, solange sie nach[36] oben blickten und ihr Herz dem himmlischen Vater zu eigen gaben[37], die Oberhand hatten, sonst aber unterlagen[38]. Aehnlich liest du[39]: „Mache dir eine Schlange und setze sie auf eine Stange, und es wird geschehen, dass jeder Gebissene, der sie ansieht, am Leben bleibt". War es denn die Schlange[40], die den Tod zuliess, oder war es etwa die Schlange, die Genesung schenkte? Vielmehr wenn die Israeliten nach oben blickten und ihr Herz dem himmlischen Vater zu eigen gaben, wurden sie geheilt; wenn nicht, siechten sie dahin[41]. Ein Tauber, ein Irrsinniger und ein Minderjähriger kann nicht die Gemeinde ihrer Pflicht entledigen[42]. Die Regel ist: Wer in einer Sache nicht selbst verpflichtet ist, kann auch die Gemeinde ihrer Pflicht nicht entledigen.

שׁוֹבְרוֹת מִלְחָמָה. אֶלָּא לוֹמַר לָךְ, כָּל זְמַן שֶׁהָיוּ יִשְׂרָאֵל מִסְתַּכְּלִים כְּלַפֵּי מַעְלָה, וּמְשַׁעְבְּדִין אֶת לִבָּם לַאֲבִיהֶם שֶׁבַּשָּׁמַיִם. הָיוּ מִתְגַּבְּרִים, וְאִם לָאו, הָיוּ נוֹפְלִין. כַּיּוֹצֵא בַדָּבָר אַתָּה אוֹמֵר, „עֲשֵׂה לְךָ שָׂרָף, וְשִׂים אֹתוֹ עַל נֵס, וְהָיָה כָּל הַנָּשׁוּךְ, וְרָאָה אֹתוֹ וָחָי. וְכִי נָחָשׁ מֵמִית אוֹ נָחָשׁ מְחַיֶּה. אֶלָּא בִּזְמַן שֶׁהָיוּ יִשְׂרָאֵל מִסְתַּכְּלִין כְּלַפֵּי מַעְלָה, וּמְשַׁעְבְּדִין אֶת לִבָּם לַאֲבִיהֶן שֶׁבַּשָּׁמַיִם, הָיוּ מִתְרַפְּאִים. וְאִם לָאו, הָיוּ נִמּוֹקִין. חֵרֵשׁ שׁוֹטֶה וְקָטָן, אֵין מוֹצִיאִין אֶת הָרַבִּים יְדֵי חוֹבָתָן. זֶה הַכְּלָל, כָּל שֶׁאֵינוֹ מְחֻיָּב בַּדָּבָר, אֵינוֹ מוֹצִיא אֶת הָרַבִּים יְדֵי חוֹבָתָן:

ABSCHNITT IV.

פרק ד.

1. Wenn der Feiertag des

א יוֹם טוֹב שֶׁל רֹאשׁ הַשָּׁנָה,

---

hange wegen der den Wert der Andacht betonenden Auslegung angeführt, die das Schriftwort hier erfährt. [35]) In der Bibel heisst עשה מלחמה ganz allgemein: Krieg führen; hier aber bedeutet es, wie der Gegensatz שבר מלחמת zeigt, den Sieg erringen. Der Mischnalehrer nimmt עשה im Sinne von fördern und denkt bei dem Worte מלחמה nur an die Israeliten. Ihren Kampf fördern, bedeutet ihm den Sieg; ihren Kampf hemmen, bedeutet ihm die Niederlage. Es ist aber auch möglich, dass unter מלחמה vorzugsweise der siegreiche Krieg verstanden wurde, wie z. B. in dem mit על הנסים beginnenden Gebete, also עשה מלחמה = den Sieg herbeiführen, שבר מלחמה = den Sieg vereiteln. Vgl. ולא לגבורים המלחמה (Kohelet 9, 11) und שמה שבר רשפי קשת מגן וחרב ומלחמה סלה (Ps. 76, 4), wo es also nicht nötig ist, metonymisch an כלי מלחמה zu denken. [36]) כלפי ist aus כלאפי zusammengezogen. [37]) שעבד ist Schaf'el von עבד und bedeutet daher knechten, unterjochen, belasten, verpflichten. [38]) Demnach ist Mosche hier als Vertreter, wohl gar als Verkörperung des Volkswillens aufgefasst. [39]) 4. B. M. 21, 8. [40]) Gemeint ist die kupferne Schlange. Dann aber kann ממית nicht seine gewöhnliche Bedeutung haben, etwa wie אין ערוד ממית אלא החטא ממית (Berachot 33 a); denn diese künstliche Schlange brauchte nicht erst zu töten, sie brauchte nur dem Tode, der durch den Biss der giftigen Schlange drohte, nicht zu wehren. Vielmehr heisst ממית hier sterben lassen, מחיה gesund machen; mit anderen Worten: hatte denn die Schlange über Tod und Leben zu gebieten? [41]) נִמֹּקִין ist neuhebr. Nif'al statt נְמַקִּים. [42]) Da sie selbst nicht verpflichtet sind, am Neujahrstage die Schofartöne zu hören, so haben auch, wenn einer von ihnen den Schofar bläst, die Zuhörer damit noch nicht ihrer Pflicht genügt. Gewöhnlich wurde der Schofar in der Synagoge nach dem Morgengebete geblasen (IV 7); darum steht hier הרבים, die Gemeinde. Es versteht sich aber von selbst, dass auch ein Einzelner, der die Schofartöne von einem dieser Unzurechnungsfähigen hörte, seine Pflicht noch nicht erfüllt hat.

שֶׁחָל לִהְיוֹת בַּשַּׁבָּת, בַּמִּקְדָּשׁ הָיוּ תוֹקְעִים, אֲבָל לֹא בַמְּדִינָה. מִשֶּׁחָרַב בֵּית הַמִּקְדָּשׁ, הִתְקִין רַבָּן יוֹחָנָן בֶּן זַכַּאי, שֶׁיְּהוּ תוֹקְעִין בְּכָל מָקוֹם, שֶׁיֵּשׁ בּוֹ בֵית דִּין. אָמַר רַבִּי אֱלִיעֶזֶר, לֹא הִתְקִין רַבָּן יוֹחָנָן בֶּן זַכַּאי, אֶלָּא בְיַבְנֶה בִלְבָד. אָמְרוּ לוֹ, אֶחָד יַבְנֶה, וְאֶחָד כָּל מָקוֹם, שֶׁיֵּשׁ בּוֹ בֵית דִּין: ב וְעוֹד זֹאת הָיְתָה יְרוּשָׁלַיִם יְתֵרָה עַל יַבְנֶה, שֶׁכָּל עִיר, שֶׁהִיא רוֹאָה וְשׁוֹמַעַת, וּקְרוֹבָה וִיכוֹלָה לָבוֹא, תוֹקְעִין. וּבְיַבְנֶה לֹא הָיוּ תוֹקְעִין, אֶלָּא בְּבֵית דִּין בִּלְבָד: ג בָּרִאשׁוֹנָה הָיָה הַלּוּלָב נִטָּל בַּמִּקְדָּשׁ שִׁבְעָה,

Jahresanfangs auf den Sabbat fiel, blies man[1] an heiliger Stätte[2], aber nicht in der Provinz. Nachdem das heilige Haus zerstört worden[3], führte Rabban Joḥanan ben Zakkai ein, dass man an jedem Orte blase, an dem sich ein Gerichtshof befindet. Rabbi Eli'ezer[4] sagte, Rabban Joḥanan ben Zakkai hätte diese Einrichtung nur für Jabne[5] allein getroffen; man entgegnete ihm aber: Es ist gleich, ob Jabne oder irgend ein anderer Sitz eines Gerichtshofes[6]. **2.** Und auch insofern hatte Jerusalem einen Vorzug vor Jabne[7], dass in jeder Ortschaft, in der man es sah und hörte und nahe war und die Möglichkeit hinzugelangen hatte[8], geblasen wurde, während man in Jabne nur im Gerichtshofe allein blies. **3.** Anfangs wurde der Feststrauss[9] im Heiligtume[10] sieben Tage und in

[1]) den Schofar. [2]) nicht nur im Tempel, sondern — wie aus der folgenden Mischna ersichtlich — in ganz Jerusalem; allerdings nur bis Mittag, solange das Synhedrion auf dem Tempelberge seine Sitzungen hielt. [3]) durch die Römer. [4]) ein Schüler von Rabban Joḥanan ben Zakkai (Abot II, 8). [5]) s. Kap. II Anm. 31. [6]) Nach dem bab Talmud z. St. sind hier drei verschiedene Ansichten vertreten. Nach der ersten hat Rabban Joḥanan ben Zakkai die Einrichtung für jede Stadt getroffen, in der sich ein Synhedrion von dreiundzwanzig autorisierten Richtern (s. Raschi) auch nur vorübergehend aufhält; nach Rabbi Eli'ezer nur für den Ort, an dem sich, wie damals zu Jabne, das grosse Synhedrion befindet; nach der letzten Ansicht nur für solche Städte, in denen ein Synhedrion von dreiundzwanzig Mitgliedern seinen ständigen Sitz hat. Darin aber herrscht Uebereinstimmung, dass am Sabbat der Schofar nur vor dem Gerichtshofe geblasen wurde. [7]) Der eine Vorzug, dass man am Neujahrssabbat vormittags in g a n z Jerusalem und nicht bloss, wie später in Jabne, vor dem Synhedrion den Schofar blasen durfte, ist schon in der vorigen Mischna dadurch angedeutet, dass die Einrichtung des Rabban Joḥanan ben Zakkai auf die Anwesenheit eines Gerichtshofes Gewicht legt, während der erste Satz der Mischna eines solchen keine Erwähnung tut. Ein anderer Vorzug bestand darin, dass es auch in den Nachbarorten, die im Sabbatbezirk ('Erubin, Einl. Abs. 4) der heiligen Stadt lagen und durch keinen brückenlosen Fluss von ihr getrennt waren, gestattet war, den Schofar am Neujahrssabbat vormittags zu blasen, wenn man von dort aus Jerusalem sehen und die herüberschallenden Schofartöne vernehmen konnte. [8]) Keine dieser vier Bedingungen schliesst die andere in sich. Es können sogar drei von ihnen erfüllt sein und die vierte Voraussetzung doch nicht zutreffen. Liegt ein benachbarter und zugänglicher Ort im Tale, so kann man die Schofartöne aus Jerusalem hören, ohne die rings von Bergen umgebene Stadt (Ps. 125, 2) zu sehen; liegt er auf der Höhe eines Berges, so kann man umgekehrt die Stadt von dort aus sehen, ohne ihre Schofartöne zu hören. Man kann ferner von einem Orte, dessen Bewohner Jerusalem sehen und seine Schofartöne hören, ohne Hindernisse hingelangen, er liegt aber jenseits der Sabbatgrenze; umgekehrt kann ein solcher Ort innerhalb des Sabbatbezirkes sich befinden, und man kann dennoch nicht in die Stadt gelangen, weil man von ihr durch einen Fluss getrennt ist, über den keine Brücke führt. [9]) des Hüttenfestes (3. B. M. 23, 40) Ueber לולב als Bezeichnung für den ganzen Feststrauss siehe oben, Sukka Kap. III, Anm. 25. [10]) Hier ist es zweifelhaft, ob unter מקדש nur das heilige Haus oder auch die heilige Stadt zu verstehen ist.

ובמדינה יום אחד. משחרב בית המקדש, התקין רבן יוחנן בן זכאי, שיהא לולב נטל במדינה שבעה, זכר למקדש, ושיהא יום הנף כלו אסור: ד בראשונה היו מקבלין עדות החדש כל היום. פעם אחת נשתהו העדים מלבא, ונתקלקלו הלוים בשיר, התקינו, שלא יהו מקבלין, אלא עד המנחה. ואם באו עדים מן המנחה ולמעלה, נוהגין אתו היום קדש, ולמחר קדש. משחרב בית המקדש, התקין רבן יוחנן בן זכאי, שיהו מקבלין עדות החדש כל היום. אמר רבי יהושע

der Provinz nur einen Tag[11] genommen. Nach der Zerstörung des heiligen Hauses[9] ordnete Rabban Joḥanan ben Zakkai an, dass der Feststrauss in der Provinz sieben Tage zur Erinnerung an das Heiligtum genommen werde und dass der ganze Tag der Schwingung[12] dem Verbote unterliege[13]. **4.** Anfangs nahm man die Zeugenaussage über den Neumond den ganzen Tag entgegen[14]. Einst verzögerte sich[15] die Ankunft der Zeugen, wodurch sich die Leviten hinsichtlich des Gesanges[16] eines Verstosses schuldig machten[17]; daher führte man ein, dass man sie nur bis zum Spätnachmittag[18] entgegennehme. Wenn nun die Zeugen erst nach Beginn des Spätnachmittags kamen[19], hielt man diesen Tag heilig[20] und auch den folgenden[21] heilig. Nach der Zerstörung des heiligen Hauses verordnete Rabban Joḥanan ben Zakkai, dass man die Zeugenaussage über den Neumond den ganzen Tag entgegennehme[22]. Rabbi Josua ben

---

11) am ersten Tage des Festes, gemäss der Satzung: ולקחתם לכם ביום הראשון (das.). Dass man ihn an heiliger Stätte alle sieben Tage des Hüttenfestes zur Hand nahm, beruht auf dem Schlusssatz (das.): ושמחתם לפני ה׳ אלהיכם שבעת ימים. 12) der 16. Nisan, an welchem das Erstlingsopfer vom Getreide im Heiligtum geschwungen wurde (3. B. M. 23, 10—11). 13) das den Genuss des neuen Getreides bis zur Darbringung der Erstlingsgabe untersagt (das. 14); s. Sukka III, Anm. 46. 14) Wenn am Dreissigsten eines Monats die Zeugen, die den neuen Mond wahrgenommen hatten, noch so spät vor dem zuständigen Gerichtshof erschienen, wurden sie doch verhört, und wenn ihre Aussagen als unanfechtbar sich erwiesen und die Nacht noch nicht hereingebrochen war, wurde dieser Tag zum Ersten des folgenden Monats geweiht. 15) נשתהו, Nitpa'el von שהה (aram. שהא, arab. سها = zögern, nachlässig sein), unterscheidet sich vielleicht darin vom Ḳal, dass dieser eine beabsichtigte Verzögerung (vgl. Berachot V 1), jener eine unfreiwillige (die Zeugen wurden aufgehalten) bezeichnet. 16) Die Leviten sangen bei jedem öffentlichen Weinopfer einen Psalm (Tamid VII 3—4). 17) Auf Grund der Neumondsrechnung konnte man die Zeugen an diesem Tage erwarten; vielleicht hatte man gar schon erfahren, dass welche unterwegs waren, worauf der Ausdruck נשתהו deutet. Es wurde aber spät und später, und sie waren immer noch nicht erschienen. Zweieinhalb Stunden nach Mittag sollte das Abendopfer geschlachtet werden (Pesaḥim V 1). Vorher aber musste man, wenn es ein Neumondstag war, dessen Musaf (4. B. M. 28, 11—15) darbringen. Die Entscheidung darüber, ob es ein Neumondstag war, hing aber vom Zeugenverhör ab. Man wartete also und wartete, bis es endlich so spät wurde, dass man gerade noch Zeit hatte, das Abendopfer mit seinem Mehl- und Weinopfer vor Anbruch der Nacht zu vollziehen, aber nicht mehr den vorgeschriebenen Psalm zu singen [כן נראה לי פרוש משנתנו לפי דעת ר״מ ז״ל בהלכות קדוש החדש ג׳ ה׳ ועיין לח״מ ותיו״ט]. 18) dem für das Abendopfer festgesetzten Zeitpunkt. Ueber die Bedeutung des Wortes מנחה siehe Pesaḥim V, Anm. 2. 19) also nicht mehr vernommen wurden. 20) Man feierte ihn weiter als Neumondstag oder, wenn es der 30. Elul war, als Neujahrstag, indem man sich auch nachmittags jeder an diesen Tagen untersagten Handlung enthielt. 21) den Einunddreissigsten, den eigentlichen Neumonds- bezw. Neujahrstag. 22) da ja der Opferdienst nun eingestellt war.

בֶּן קָרְחָה, וְעוֹד זֹאת הִתְקִין רַבָּן יוֹחָנָן בֶּן זַכַּאי, שֶׁאֲפִלּוּ רֹאשׁ בֵּית דִּין בְּכָל מָקוֹם, שֶׁלֹּא יְהוּ הָעֵדִים הוֹלְכִים, אֶלָּא לִמְקוֹם הַוַּעַד: ה סֵדֶר בְּרָכוֹת, אוֹמֵר אָבוֹת וּגְבוּרוֹת וּקְדֻשַּׁת הַשֵּׁם, וְכוֹלֵל מַלְכִיּוֹת עִמָּהֶן, וְאֵינוֹ תוֹקֵעַ, קְדֻשַּׁת הַיּוֹם וְתוֹקֵעַ, זִכְרוֹנוֹת וְתוֹקֵעַ, שׁוֹפָרוֹת וְתוֹקֵעַ, וְאוֹמֵר עֲבוֹדָה וְהוֹדָאָה וּבִרְכַּת כֹּהֲנִים, דִּבְרֵי רַבִּי

Ḳorḥa sagte: Auch folgende Einrichtung hat Rabban Joḥanan ben Zakkai getroffen: Wo immer das Oberhaupt des Gerichtshofes sich befindet[23], die Zeugen begeben sich doch nur nach dem Orte der Zusammenkunft[24]. **5.** Was die Ordnung der Benediktionen betrifft[25], so spricht man die Gebete über die Väter, die Wundertaten, die Heiligkeit Gottes[26], und verbindet mit ihnen[27] das Huldigungsgebet[28], ohne zu blasen[29]; hierauf die Gebete über die Heiligkeit des Tages[30], wobei man bläst, über die Vorsehung[31], wobei man wiederum bläst, über den Schofar[32], wobei man ebenfalls bläst; zuletzt das Gebet über den Opferdienst, das Dankgebet, den Priestersegen[33]. So die Worte des

---

[23]) wenn auch der Vorsitzende, der das Wort der Weihe zu sprechen hatte (oben Kap. II M. 7) aus irgend einem Grunde verhindert ist, am Orte der Verhandlung zu erscheinen. [24]) an dem der zuständige Gerichtshof seinen Sitz hat. [25]) von denen oben Kap. III M. 5 (s. Anm. 23 das.) die Rede war. [26]) Von den drei Segenssprüchen, die das tägliche Gebet im engern Sinne, die eigentliche תפלה einleiten, wird der erste mit אבות bezeichnet, weil der Allgütige in ihm als Gott unserer Väter angerufen wird, der zweite mit גבורות, weil in ihm die Allmacht Gottes und seine Wundertaten gefeiert werden, der dritte mit קדושת השם, weil in ihm Gottes Heiligkeit betont wird. [27]) Die Einschaltung findet im dritten Segensspruche, in קדושת השם statt; es wäre daher עמה richtiger. Da aber diese drei Segenssprüche als Einleitung in mancher Beziehung eine Einheit bilden, so lässt sich auch der Plural עמהן rechtfertigen. [28]) Es besteht aus zehn Bibelstellen, in denen dem Weltenschöpfer als König (מלך) gehuldigt wird. Voran geht eine erhebende Betrachtung über den Monotheismus und seine unüberwindliche, völkerbezwingende Macht, während den Schluss ein inniges Gebet für den Sieg der reinen Gotteserkenntnis bildet. Diese Einschaltung soll mit קדושת השם und nicht, wie Rabbi ‘Aḳiba will, mit קדושת היום verbunden werden, weil sie ihrem ganzen Inhalte nach sich besser dem Segensspruche eingliedert, der der Heiligkeit Gottes, als demjenigen, der der Heiligkeit des Tages gewidmet ist. [29]) Entsprechend den drei Einschaltungen, die das Neujahrsgebet auszeichnen, soll nur dreimal der Schofar geblasen werden und zwar nach drei aufeinanderfolgenden Segenssprüchen; deshalb soll hier noch nicht geblasen werden, sondern erst nach dem folgenden Segensspruche, dem sich die zwei letzten Einschaltungen als besondere Segenssprüche anschliessen. [30]) Das ist die allen Festtagen gemeinsame Benediktion, die mittlere der sieben Segenssprüche, aus denen die T'filla des Sabbats und der Feiertage besteht. Sie preist die Heiligkeit des Tages und heisst darum קדושת היום. [31]) Diese Einschaltung, die im Gegensatz zur ersten (מלכיות) einen Segensspruch für sich bildet, besteht ebenfalls aus zehn Bibelstellen, einem ergreifenden Vorwort und einem Schlussgebet. Im Vorwort wird eindringlich auf Gottes Weltregierung hingewiesen, auf seine Allwissenheit, seine Gerechtigkeit und seine Güte. In den Bibelversen, in denen immer das Wort זכר (daher der Name זכרונות) in irgend einer Form wiederkehrt, wird die liebevolle Fürsorge hervorgehoben, mit der die göttliche Vorsehung der Menschen gedenkt und ihrer sich annimmt. Im Schlussgebete wird die Gnade Gottes für die sündige Menschheit, die schuldbeladen vor seinem Richterthron erscheint, inbrünstig erfleht. [32]) Auch diese Einschaltung bildet einen besondern Segensspruch. Sie beginnt mit einem stimmungsvollen Bilde der Offenbarung am Sinai, reiht an dieses zehn (elf) Bibelstellen über die Bedeutung des Schofar und schliesst mit dem Gebete um Rückkehr in die alte Heimat. [33]) Von den drei Benediktionen, die den Schluss der täglichen T'filla bilden, ist die erste ein Gebet um Wiederherstellung des Opferdienstes (עבודה) in der heiligen Stadt, die zweite ein Dankgebet (הודאה) für all die

Rabbi Joḥanan ben Nuri; Rabbi ʻAḳiba aber sagte zu ihm: Wenn man beim Huldigungsgebet nicht bläst, wozu trägt man es vor[34]? Man spricht vielmehr die Gebete über die Väter, die Wundertaten und die Heiligkeit Gottes, verbindet dann das Huldigungsgebet mit dem über die Heiligkeit des Tages und bläst, spricht das Gebet über die Vorsehung und bläst, über den Schofar und bläst, wonach man mit dem Gebete über den Opferdienst, dem Dankgebete und dem Priestersegen schliesst. **6.** Man trägt nicht weniger als zehn Huldigungsverse, zehn Vorsehungsverse, zehn Schofarverse vor[35]. Rabbi Joḥanan ben Nuri meint: Wenn man je drei von allen gesagt hat[36], so hat man der Pflicht genügt. Man führt keinen Vorsehungs- Huldigungs- oder Schofarvers an, der von einem Strafgericht handelt[37]. Man beginnt mit der Tora und schliesst mit den Propheten[38]; Rabbi Jose meint: Wenn man mit der Tora geschlossen hat, so hat man der Pflicht genügt[39].

יוֹחָנָן בֶּן נוּרִי. אָמַר לוֹ רַבִּי עֲקִיבָה, אִם אֵינוֹ תוֹקֵעַ לְמַלְכִיּוֹת, לָמָּה הוּא מַזְכִּיר. אֶלָּא אוֹמֵר אָבוֹת וּגְבוּרוֹת וּקְדֻשַּׁת הַשֵּׁם, וְכוֹלֵל מַלְכִיּוֹת עִם קְדֻשַּׁת הַיּוֹם וְתוֹקֵעַ, זִכְרוֹנוֹת וְתוֹקֵעַ, שׁוֹפָרוֹת וְתוֹקֵעַ. וְאוֹמֵר עֲבוֹדָה וְהוֹדָאָה וּבִרְכַּת כֹּהֲנִים: ן אֵין פּוֹחֲתִין מֵעֲשָׂרָה מַלְכִיּוֹת, מֵעֲשָׂרָה זִכְרוֹנוֹת, מֵעֲשָׂרָה שׁוֹפָרוֹת. רַבִּי יוֹחָנָן בֶּן נוּרִי אוֹמֵר, אִם אָמַר שְׁלֹשָׁה מִכֻּלָּן יָצָא. אֵין מַזְכִּירִין זִכְרוֹן מַלְכוּת וְשׁוֹפָר שֶׁל פֻּרְעָנוּת. מַתְחִיל בַּתּוֹרָה וּמַשְׁלִים בַּנָּבִיא. רַבִּי יוֹסֵי אוֹמֵר, אִם הִשְׁלִים בַּתּוֹרָה יָצָא: ז הָעוֹבֵר לִפְנֵי

Wohltaten, die wir in jedem Augenblicke unseres Lebens aus Gottes Hand empfangen, die dritte (ברכת כהנים oder שלום) ein mit dem Priestersegen (ברכת כהנים) beginnendes Gebet um Frieden (שלום). [34]) Nach seiner Ansicht haben die drei Einschaltungen nur den Zweck, auf die folgenden Schofartöne vorzubereiten, ihre Bedeutung zu erklären und das Gemüt des Zuhörers für ihre Wirkung empfänglich zu machen [ובתלמוד בבלי פרכינן למה הוא מזכיר רחמנא אמר אדכר ופרקינן אלא למה עשר לימא תשע דהואיל ואשתני אשתני ויש לתמוה תא להלן דף ל״ד: אמרינן פשיטא הא דאורייתא הא ורבנן כ״ע סבר תקיעות דאורייתא וברכות דרבנן ועוד קשה אפלו תימא דסבירא ליה ברכות נמי דאורייתא הא לא עלה על דעת רבי עקיבה לומר שלא יזכיר מלכיות כל עיקר אלא הכי קאמר אם אינו תוקע בקדושת השם למה הוא מזכיר כאן יזכיר במקום שהוא תוקע דהיינו בקדושת היום לכך נראה שלא נדחקו בגמרא אלא ליישב לשונו של רבי עקיבה שלא אמר למה הוא מזכיר במקום שאינו תוקע אבל באמת ולפי כוונת דברי רבי עקיבה קושיא מעיקרא ליתא ועיין תוס׳ יו״ט]. Wenn daher auch zugestanden werden muss, dass das Huldigungsgebet zu קדושת השם, besser passt, soll es doch der קדושת היום eingefügt werden, weil nach Schluss dieser Benediktion, wie ja auch Rabbi Joḥanan ben Nuri anordnet, der Schofar geblasen wird. [35]) je vier aus der Tora, je drei aus den Hagiographen (Psalmen) und je drei aus den Propheten. [36]) je einen aus der Tora, je einen aus den Hagiographen und je einen aus den Propheten. [37]) zum Beispiel Jeḥezḳel 20, 33; Ps. 78, 39; Hosea 5, 8; Jirm. 4, 19. [38]) weil diese eindrucksvoller als die Psalmverse sind. [39]) Da Rabbi Jose in einer Baraita die Ansicht vertritt, es sei besser, mit einem Verse der Tora zu schliessen (המשלים בתורה הרי זה משובח), erklärt der bab. Talmud unsere Mischna so, als wollte Rabbi Jose sagen: Man schliesse mit einer Stelle aus der Tora; hat man jedoch mit einem Prophetenverse geschlossen, so hat man seine Pflicht erfüllt (משלים בתורה ואם השלים בנביא יצא). Eine Textänderung soll das nicht sein, sondern nur eine Auslegung (הכי קאמר). Aehnlich der Jeruschalmi: כיני מתניתא רבי יוסי אומר צריך להשלים בתורה. In Wahrheit besteht auch zwischen Baraita und Mischna kein Widerspruch. Dort meint R. Jose, dass es sich empfiehlt, die vier Verse aus der Tora (Anm. 35) nicht hintereinander vorzutragen, sondern zunächst nur drei und zwar an erster Stelle, den vierten dagegen am Schlusse nach den Prophetenstellen; hier aber meint er, dass es nicht schadet, wenn man alle vier Verse der Tora zuletzt gesagt hat, und selbstverständlich erst recht nicht, wenn man

7. Tritt man[40] vor die Lade[41], so lässt am Neujahrsfeiertage der zweite[42] blasen, zur Zeit des Hallel[43] dagegen der erste[44] das Hallel lesen. **8**. Wegen des Neujahrsschofar[45] darf man weder die Sabbatgrenze[46] überschreiten, noch einen Steinhaufen lichten[47], weder auf einen Baum steigen, noch auf Vieh reiten, noch auf dem Wasser schwimmen[48]; auch darf man ihn nicht zurecht schneiden, sei es in einer das Ruhegebot verletzenden, sei es in einer gegen ein Verbot verstossenden Weise[49]. Will aber jemand Wasser oder Wein hineingiessen, mag er es tun[50]. Man wehrt den Kindern nicht, wenn sie blasen, beschäftigt sich vielmehr mit ihnen[51], bis sie es lernen. Ein so Beschäftigter[52] genügt damit noch nicht seiner Pflicht[53]; auch wer einem so Beschäftigten zuhört, hat damit seine Pflicht noch nicht erfüllt[54]. **9**. Die Ordnung der Schofartöne

הַתֵּבָה בְּיוֹם טוֹב שֶׁל רֹאשׁ הַשָּׁנָה,
הַשֵּׁנִי מַתְקִיעַ. וּבְשָׁעַת הַהַלֵּל,
הָרִאשׁוֹן מַקְרִיא אֶת הַהַלֵּל: ח שׁוֹפָר
שֶׁל רֹאשׁ הַשָּׁנָה, אֵין מַעֲבִירִין עָלָיו
אֶת הַתְּחוּם, וְאֵין מְפַקְּחִין עָלָיו אֶת
הַגַּל, לֹא עוֹלִין בָּאִילָן, וְלֹא רוֹכְבִין
עַל גַּבֵּי בְהֵמָה, וְלֹא שָׁטִין עַל פְּנֵי
הַמַּיִם, וְאֵין חוֹתְכִין אוֹתוֹ, בֵּין בְּדָבָר
שֶׁהוּא מִשּׁוּם שְׁבוּת, וּבֵין בְּדָבָר
שֶׁהוּא מִשּׁוּם לֹא תַעֲשֶׂה. אֲבָל אִם
רָצָה, לִתֵּן לְתוֹכוֹ מַיִם אוֹ יַיִן, יִתֵּן.
אֵין מְעַכְּבִין אֶת הַתִּינוֹקוֹת מִלִּתְקֹעַ,
אֲבָל מִתְעַסְּקִין עִמָּהֶן עַד שֶׁיִּלְמְדוּ.
וְהַמִּתְעַסֵּק לֹא יָצָא, וְהַשּׁוֹמֵעַ מִן
הַמִּתְעַסֵּק לֹא יָצָא: ט סֵדֶר תְּקִיעוֹת,

---

sie an die erste Stelle gesetzt und daher mit den Propheten geschlossen hat. [In ähnlicher Weise verfährt der bab. Talmud mit den Worten שתחלת ניכה נפילה (Soṭa VIII 6), indem er erklärt: אימא מפני שתחלת נפילה ניסה. Auch hier keine Textänderung (תני), sondern eine Interpretation. Dem ganzen Zusammenhange nach kann die Mischna nur meinen, dass der erste, der im Kampfe die Flucht ergreift, die Niederlage herbeiführt. Mit anderen Worten: Der Beginn der Flucht ist die Niederlage. Freilich ist das eine etwas übertriebene Redewendung, die der Talmud auf das richtige Mass zurückführt, indem er ihr den Sinn unterlegt: Der Beginn der Flucht ist der Anfang der Niederlage.] [40]) als Vorbeter. [41]) in der die Torarollen aufbewahrt werden. [42]) der das Musafgebet vorträgt. Ursprünglich wurde der Schofar beim Morgengebet geblasen, bis einmal in aufgeregter Zeit römische Soldaten, die den Schall des Schofar für ein Signal zum Aufstand gegen das verhasste Joch der Fremdherrschaft hielten, in die Synagoge drangen und da ein Blutbad anrichteten. Da führte man ein dass der Schofar erst zu Musaf geblasen werden soll, wenn sich die misstrauischen Späher durch den ganzen Verlauf der Morgenandacht und der Toravorlesung bereits von dem friedlichen Charakter der Gebetsversammlung überzeugt haben konnten. [43]) an den vier fröhlichen Festen. Am Neujahrs- und Versöhnungstage wird Hallel (Psalm 113—118 nicht gesagt. [44]) der das Morgengebet vorträgt. [45]) um am Neujahrstage in den Besitz eines Schofar zu gelangen. [46]) s. ʿErubin, Einl. Abs. 4. [47]) Ueber פקח vgl. Pesaḥim, Kap. VIII, Anm. 38. [48]) s. Jom Tob V 2, Anm. 9—11. Alle fünf hier angeführten Verbote sind nur rabbinische Satzung. Dennoch darf man sie nicht übertreten, um das biblische Gebot des Schofarblasens erfüllen zu können. [49]) Mit dem Worte שבות werden die rabbinischen Sabbatverbote bezeichnet, weil sie auf dem Ruhegebot der Tora fussen; unter לא תעשה versteht man ein biblisches Verbot. Von der Tora ist das Beschneiden des Schofar dann untersagt, wenn er sonst nichtgebrauchsfähig wäre; geschieht es aber nur zur Verzierung oder zur Verstärkung des Tones, so steht dem bloss eine rabbinische Satzung entgegen. [50]) obgleich dadurch der Ton verbessert wird. [51]) trotz der Heiligkeit des Tages, an dem sonst jede Art Musik von den Rabbinen untersagt ist (Jom Ṭob V 2, Anm. 14). [52]) der also nur zum Zwecke des Unterrichts bläst, geschweige denn zur Uebung oder gar nur zum Zeitvertreib. [53]) solange er nicht mit der Absicht, das Gebot zu erfüllen, geblasen hat. [54]) wenn auch der Zuhörer selbst die Absicht der Pflicht-

שָׁלֹשׁ שֶׁל שָׁלֹשׁ שָׁלֹשׁ. שִׁעוּר תְּקִיעוֹת כְּשָׁלֹשׁ תְּרוּעוֹת, שִׁעוּר תְּרוּעָה כְּשָׁלֹשׁ יְבָבוֹת. תָּקַע בָּרִאשׁוֹנָה וּמָשַׁךְ בַּשְּׁנִיָּה כִּשְׁתַּיִם, אֵין בְּיָדוֹ אֶלָּא אֶחָת. מִי שֶׁבֵּרַךְ וְאַחַר כַּךְ נִתְמַנָּה לוֹ שׁוֹפָר, תּוֹקֵעַ וּמֵרִיעַ וְתוֹקֵעַ שָׁלֹשׁ פְּעָמִים. כְּשֵׁם שֶׁשְּׁלִיחַ צִבּוּר חַיָּב, כָּךְ כָּל יָחִיד וְיָחִיד חַיָּב. רַבָּן גַּמְלִיאֵל אוֹמֵר, שְׁלִיחַ צִבּוּר מוֹצִיא אֶת הָרַבִּים יְדֵי חוֹבָתָן:

erfordert dreimal je drei[55]. Das Zeitmass der gedehnten Töne entspricht dem von drei schmetternden[56], das Zeitmass eines schmetternden dem von drei Klagetönen[57]. Hat man den ersten Ton geblasen und beim zweiten ein doppeltes Zeitmass eingehalten[58], so gilt er doch nur für einen[59]. Hat jemand die Segenssprüche[60] vollendet, und dann erst gelangt ein Schofar in seine Hände[61], so bläst er einen gedehnten, einen schmetternden und wieder einen gedehnten Ton dreimal[62]. Wie der Gemeindevertreter[63] verpflichtet ist[64], so ist auch jeder einzelne verpflichtet[65]. Rabban Gamliel meint, der Gemeindevertreter enthebe die Gesamtheit ihrer Pflicht[66].

---

erfüllung hat. 55) und zwar jedesmal ein schmetternder Ton (תרועה) zwischen zwei gedehnten (תקיעה). In dieser Reihenfolge werden die drei Töne dreimal wiederholt. 56) Da der gedehnten Töne sechs, der schmetternden nur drei sind, so hat jede תקיעה das Zeitmass einer halben תרועה. Es wäre nun freilich einfacher gewesen, שיעור תקיעה כחצי תרועה zu sagen; die Mischna will aber mit den Worten שיעור תקיעות כשלש תרועות zugleich den Grund dieser Bestimmung andeuten: Obgleich die Zahl der תקיעות doppelt so gross wie die der תרועות ist, soll doch das Zeitmass der gesamten Töne hier wie dort dasselbe sein. Uebrigens haben die Handschriften und die erste Ausgabe der Mischna (Neapel 5250) ebenso wie die beiden Talmude die Lesart שיעור ת ק י ע ה. 57) Es ist zweifelhaft, ob unter dem Klageton (י ב ב ה) ein Stöhnen oder ein Wimmern zu verstehen ist. Darum wurde schon in talmudischer Zeit der noch heute bestehende Brauch herrschend, statt der vorgeschriebenen neun Töne deren dreissig zu blasen: Dreimal תקיעה שברים תרועה תקיעה, dreimal תקיעה שברים תקיעה und dreimal תקיעה תרועה תקיעה. Mit שברים bezeichnen wir das gebrochene Stöhnen, mit תרועה das anhaltende Wimmern. 58) Wie bereits oben (Anm. 55) erwähnt wurde, beginnt jede Tonreihe mit einer תקיעה und schliesst mit einer תקיעה, so dass wiederholt zwei gedehnte Töne aufeinander folgen. Es hat nun jemand die zweite תקיעה der ersten Reihe, ohne abzusetzen, doppelt so lang gedehnt als die vorangegangene erste, damit sie zugleich auch als erste תקיעה der zweiten Reihe gelte. 59) אין בידו אלא אחת, wörtlich = er ist nur im Besitze einer תקיעה, d. h. sie wird ihm doch nur als Schlusston der ersten Reihe angerechnet. 60) das Musafgebet des Neujahrsfestes. 61) נתמנה, Nitpa'el von מנה (vgl. Jona 2,1 u. ö.; Schebî'ît VII 4) eig. zu Teil werden, sich treffen, sich darbieten. 62) und hat damit seiner Pflicht genügt, wenn er auch nicht im Anschluss an die Benediktionen den Schofar geblasen hat, wie es in Mischna 5 gewünscht wird. 63) der von der Gemeinde beauftragte Vorbeter. 64) das tägliche Gebet zu sprechen. 65) denn der Vorbeter trägt die Gebete nur für diejenigen laut vor, die selbst nicht beten können. 66) Es muss befremden, dass diese Streitfrage so plötzlich, ohne jeden Zusammenhang mit dem Vorhergehenden, hier auftaucht. Es scheint aber eine Umstellung vorgenommen worden zu sein. Die logische Ordnung des Kapitels verlangt, dass auf die Einrichtungen des Rabban Johanan ben Zakkai (Mischna 1–4), deren erste sich auf das Schofarblasen bezieht, zunächst die in Mischna 7, 8 und 9a enthaltenen Bestimmungen über denselben Gegenstand und dann erst die Vorschriften über das Neujahrsgebet (Mischna 5—6) folgen, an die sich der Schluss des Kapitels (Mischna 9b) sehr gut anschliessen würde. In diesem Falle hätte man jedoch zu dem Irrtum verleitet werden können, die Meinungsverschiedenheit zwischen Rabban Gamliel und seinen Freunden beschränke sich auf das Neujahrsgebet mit seinen drei langen Einschaltungen, die auch den Gebildeten nicht geläufig waren. In Wahrheit aber gehen ihre Ansichten ebenso hinsichtlich der Gebete des ganzen Jahres auseinander. Darum wurde unsere Streitfrage von den Bestimmungen über das Neujahrsgebet dadurch getrennt, dass diese in M. 5—6 den Vorschriften über den Schofar voran gesetzt wurden.

TRAKTAT TA'ANIJOT. **מַסֶּכֶת תַּעֲנִיּוֹת.**

Einleitung.

Wie schon der Name zeigt, handelt unser Traktat von den Fasttagen. Von den zur Erinnerung an den Verlust der staatlichen Selbständigkeit und die Zerstörung des Tempels eingesetzten werden nur zwei erwähnt, und auch diese nur gegen Ende kurz gestreift; den breitesten Raum nehmen die von den Behörden zur Abwendung eines drohenden oder schon eingetretenen Unglücks, insbesondere zur Beseitigung der Regennot anzuordnenden Bet- und Fasttage ein. Im heiligen Lande ist das Winterhalbjahr die Regenzeit, das ja darum auch als ימות הגשמים bezeichnet wird. Der Regen, der in normalen Jahren zu bestimmten, fast regelmässig wiederkehrenden Zeitabschnitten herniederfällt, hat dort eine erhöhte Bedeutung. Er soll nicht allein die Felder befruchten, er soll auch die Zisternen mit Wasser füllen. Bleibt er einen Winter hindurch aus, oder liefern ihn die kargen Wolken in unzureichender Menge, so ist nicht nur Misswachs und Hungersnot, sondern auch Mangel an Trinkwasser die furchtbare Folge.

Der Name des Traktats lautet in den meisten Ausgaben תענית. Die Handschriften haben meist תעניות, ebenso die erste Mischnaedition (Neapel) und der Jeruschalmi. Dass mir diese Bezeichnung, die sich bei Autoren der ältern Zeit häufiger als die Einzahl in Zitaten findet und auch von Maimonides in seiner allgemeinen Einleitung zur Mischna bei der Aufzählung der einzelnen Traktate und der Begründung ihrer Reihenfolge angewendet wird, die richtigere scheint, habe ich bereits oben S. 168 erwähnt.

Die Stellung von תעניות zwischen ראש השנה und מגלה bedarf der Erklärung. Man hätte, nachdem Rosch haschana die Reihe der die älteren Feste behandelnden Traktate schliesst, zunächst Megilla erwartet, wo von dem später eingesetzten Purimfeste die Rede ist, und dann erst Ta'anijot über die Fasttage. Dass aber dieser Traktat sich tatsächlich an den vom Neujahrsfeste anschliesst, wird im bab. Talmud (Ta'anijot 2a) ausdrücklich bezeugt. Im Jeruschalmi tritt zwar יום טוב zwischen ראש השנה und תעניות; aber selbst wenn diese Anordnung nicht auf einem Versehen des Abschreibers beruhen sollte, bleibt noch immer die Schwierigkeit, dass auch dort Megilla erst auf Ta'anijot folgt anstatt voranzugehen. Die Zahl der Kapitel kann hierfür nicht massgebend gewesen sein (s. Einleitung zu Schekalim oben S. 260), da jeder der beiden Traktate dieselbe Kapitelanzahl wie Rosch haschana aufweist. Der bab. Talmud begründet a. a. O. die Reihenfolge durch den Hinweis auf Rosch haschana I 2, wo es heisst, dass am Sukkotfeste von der Vorsehung die Regenmenge festgesetzt wird. Man könnte auch darauf Bezug nehmen, dass an den Fasttagen ebenso wie am Neujahrstage der Schofar geblasen wird (das. III 4) und nach einer Ansicht (Ta'anijot II 3) auch dem Gebete zwei von den besonderen Segenssprüchen dieses Festes eingefügt werden. Maimonides löst in der erwähnten Einleitung zu seinem Mischnakommentar die Schwierigkeit durch die befremdliche Behauptung, dass unser Traktat von den durch die früheren Propheten eingesetzten Fasttagen handelt und daher den Vorrang vor dem Traktat Megilla einnimmt, der dem von späteren Propheten eingeführten Purimfeste gewidmet ist. Wir haben bereits erwähnt, dass in Ta'anijot von diesen Fasttagen kaum die Rede ist. Es

scheint, dass in Maimunis Talmudhandschrift der eben angeführte Hinweis auf Rosch haschana I 2 nicht gestanden hat, wie es auch wahrscheinlich ist, dass in seinem Exemplar am Anfange von Soṭa die Bemerkung über den Anschluss dieses Traktats an נזירות gefehlt hat, worauf ich schon oben S. 260 aufmerksam gemacht habe.

Von den vier Kapiteln unseres Traktats beginnt das erste mit der Zeitbestimmung für die beiden in Berachoth V 2 vorgeschriebenen Einschaltungen, in denen beim täglichen Gebete das eine Mal des Regens Erwähnung geschieht, das andere Mal der Regen verlangt wird, und schliesst mit der Anordnung der Fasttage bei ausbleibendem Regen. Das zweite Kapitel enthält die Gebetordnung für diese Fasttage und einige Meinungsverschiedenheiten über die Personen, die nicht zu fasten brauchen, und die Tage, an denen nicht gefastet werden soll. Im dritten Kapitel werden sonstige Gefahren und Unglücksfälle besprochen, die zur Anordnung von Fast- und Bettagen Anlass geben. Das letzte Kapitel handelt von dem Fasten der von den Gemeinden Israels behufs ihrer Vertretung beim Opferdienste nach der heiligen Stadt entsandten Abgeordneten, ferner von den Holzopfern der Priester und des Volkes, vom siebzehnten Tammuz und dem neunten Ab, endlich von den Volksfesten am fünfzehnten Ab und am Versöhnungstage.

ABSCHNITT I.

1. Von wann an erwähnt man die Wunderkräfte des Regens[1]? Rabbi Eli'ezer sagt: Vom ersten Feiertage des Hüttenfestes an; Rabbi Josua sagt: Vom letzten Feiertage des Festes an[2]. Da sagte Rabbi Josua zu ihm: Da der Regen am Hüttenfeste nur ein Zeichen des Fluches ist[3], warum soll man seiner erwähnen? Worauf ihm Rabbi Eli'ezer erwiderte: Ich sprach ja auch nicht von einer Bitte, sondern nur von einer Erwähnung: Der den Wind wehen lässt und den Regen herniedersendet zu seiner Zeit[4]. Jener aber meinte: Wenn dem so ist, wäre die Erwähnung stets am Platze[5]. **2.** Man bittet um

פרק א.

א מֵאֵימָתַי מַזְכִּירִין גְּבוּרוֹת גְּשָׁמִים. רַבִּי אֱלִיעֶזֶר אוֹמֵר, מִיּוֹם טוֹב הָרִאשׁוֹן שֶׁל חָג. רַבִּי יְהוֹשֻׁעַ אוֹמֵר, מִיּוֹם טוֹב הָאַחֲרוֹן שֶׁל חָג. אָמַר לוֹ רַבִּי יְהוֹשֻׁעַ, הוֹאִיל וְאֵין הַגְּשָׁמִים סִימַן בְּרָכָה בֶּחָג, לָמָּה הוּא מַזְכִּיר. אָמַר לוֹ רַבִּי אֱלִיעֶזֶר, אַף אֲנִי לֹא אָמַרְתִּי לִשְׁאוֹל, אֶלָּא לְהַזְכִּיר, מַשִּׁיב הָרוּחַ וּמוֹרִיד הַגֶּשֶׁם, בְּעוֹנָתוֹ. אָמַר לוֹ, אִם כֵּן, לְעוֹלָם יְהֵא מַזְכִּיר: ב אֵין שׁוֹאֲלִין אֶת

[1]) Dass man im zweiten Segensspruche der T'filla der Wunderwirkungen des Regens Erwähnung tut, wurde schon in Berachot (V 2) gelehrt. Dass dies im heiligen Lande, wo es doch im Sommer nicht regnet, nur während des Winters geschieht, wird als selbstverständlich vorausgesetzt. Die Frage ist nun, wann soll mit der Erwähnung begonnen werden? [2]) d. i. der a c h t e Tag des Festes, nicht der siebente, der ja kein Feiertag ist. [3]) Wenn es an diesem Feste regnet, so dass man das Gebot, in Hütten zu wohnen, nicht erfüllen kann, wird das als ein Zeichen der göttlichen Unzufriedenheit mit uns angesehen (Sukka II Ende). [4]) משיב הרוח ומוריד הגשם ist der Wortlaut der Einschaltung; בעונתו („zu seiner Zeit") ist nur die Deutung, die Rabbi Eli'ezer dem Satze gibt. [5]) das ganze Jahr hindurch, auch im Sommer. Rabbi Eli'ezer hat indessen einen besondern

הַגְּשָׁמִים, אֶלָּא סָמוּךְ לַגְּשָׁמִים. רַבִּי יְהוּדָה אוֹמֵר, הָעוֹבֵר לִפְנֵי הַתֵּבָה בְּיוֹם טוֹב הָאַחֲרוֹן שֶׁל חָג, הָאַחֲרוֹן מַזְכִּיר, הָרִאשׁוֹן אֵינוֹ מַזְכִּיר. בְּיוֹם טוֹב הָרִאשׁוֹן שֶׁל פֶּסַח, הָרִאשׁוֹן מַזְכִּיר, הָאַחֲרוֹן אֵינוֹ מַזְכִּיר. עַד אֵימָתַי שׁוֹאֲלִין אֶת הַגְּשָׁמִים. רַבִּי יְהוּדָה אוֹמֵר, עַד שֶׁיַּעֲבוֹר הַפֶּסַח. רַבִּי מֵאִיר אוֹמֵר, עַד שֶׁיֵּצֵא נִיסָן, שֶׁנֶּאֱמַר, וַיּוֹרֶד לָכֶם גֶּשֶׁם מוֹרֶה וּמַלְקוֹשׁ בָּרִאשׁוֹן: **ג** בִּשְׁלֹשָׁה

Regen[6] erst kurz vor der Regenzeit[7]. Rabbi Juda sagt: Tritt man[8] vor die Lade[9] am letzten Feiertage des Festes[2], so erwähnt der letzte[10], der erste[11] aber erwähnt nicht; am ersten Feiertage des Pesaḥfestes erwähnt der erste[11], der letzte[10] dagegen erwähnt nicht[12]. Bis wann bittet man um Regen? Rabbi Juda sagt: Bis Pesaḥ vorüber ist[13]; Rabbi Mêïr sagt: Bis Nisan zu Ende geht, denn es heisst[14]: Er liess euch Regen herniederströmen, Früh- und Spätregen im Ersten[15]. **3.** Am dritten

---

Grund dafür, dass man schon am ersten Tage des Festes, wenn auch der Regen noch nicht erwünscht ist, wenigstens mit der Erwähnung beginne, weil an diesem Feste im Himmel die Entscheidung über die Regenmenge gefällt wird (Rosch haschana I 2). [6]) Die Bitte um Regen ist nach Berachot (V 2) in den neunten Segensspruch der werktäglichen T'filla einzuschalten. [7]) Ein genaues Datum ist hier nicht angegeben, weil der regelmässige Eintritt der verschiedenen Regenperioden nicht mit dem Synagogenkalender, sondern mit den tropischen Jahreszeiten zusammenhängt (s. jedoch Mischna 3 und Anm. 16). [8]) um das Morgengebet und im Anschluss an dieses das Musaf öffentlich vorzutragen. [9]) in der die Torarollen verwahrt werden. [10]) der das Musafgebet vorträgt. [11]) der das Morgengebet vorträgt. [12]) Mit anderen Worten: Am achten Tage des Hüttenfestes wird die Erwähnung des Regens erst zu Musaf vom Vorbeter eingeschaltet, im Morgengebete aber noch nicht; am ersten Tage des Pesaḥfestes wird sie im Morgengebete noch eingeschaltet, zu Musaf aber nicht mehr. Als Grund wird im Jeruschalmi (zur vorigen Mischna) angegeben, dass sich zum öffentlichen Abendgebete, mit welchem die Feste eingeleitet werden, nur ein Teil der Gemeinde einfindet; von den übrigen, die zu Hause beten, würden einige die Einschaltung machen, andere wieder nicht. Diese Ungleichmässigkeit bestünde weiter, wenn der Vorbeter schon im Morgengebete die Regenerwähnung einschaltete, beziehungsweise fortliesse; denn diejenigen, die gestern nicht in der Synagoge waren, würden immer noch nicht wissen, wie sich der Vorbeter beim Abendgebete verhielt. Nun aber die Aenderung erst mit Musaf eintritt, wird niemand mehr darüber im Zweifel sein können, wie er es mit der Einschaltung am Abend bei Beginn des Feiertages zu halten habe. [13]) Da nicht anzunehmen ist, dass man zu einer Zeit, da man des Regens im zweiten Segensspruche nicht mehr erwähnt, im neunten Segensspruche noch um ihn bitten soll (ist doch nach Rabbi Eli'ezer in der vorigen Mischna umgekehrt die Erwähnung eher einzuschalten als die Bitte), so besteht hier ein Widerspruch zwischen dem Satze des Rabbi Juda im ersten und seinen Worten im zweiten Teil der Mischna. Jeruschalmi meint, dass er die erste Ansicht, laut welcher die Erwähnung des Regens schon im Musaf des ersten Pesaḥtages auszuschalten ist, im eigenen Namen, die folgende dagegen, nach der die Bitte um Regen noch während des ganzen Festes einzuschalten wäre, im Namen seines Lehrers vorträgt. Im bab. Talmud ist aber doch eine Auffassung vertreten, nach welcher Rabbi Juda tatsächlich zwischen Bitte und Erwähnung unterscheidet und diese früher als jene ausgeschaltet wissen will. Man kann das damit begründen, dass der Regen, der nicht nur den Boden bewässert, sondern auch die Zisternen füllt, während des Festes noch eine erwünschte und darum zu erflehende Himmelsgabe ist, seine blosse Erwähnung aber besser hinter der des Taues (משיב הרוח ומוריד הטל) zurücktritt, der nach Jesaia (26, 19) ebenso ein Symbol der Auferstehung ist wie das Wiedererwachen der Natur zu neuem Leben, das wir am Pesaḥfeste feiern. Aehnlich Jeruschalmi z. St.: טעמא דרבי יהודה כדי שיצאו המועדות בטל מפני שהטל סימן יפה לעולם. [14]) Joël 2, 23. [15]) Es kann also der Regen auch

Marḥeschwan bittet man um Regen; Rabban Gamliel sagt: Am siebenten[16], fünfzehn Tage nach dem Hüttenfeste[17], damit inzwischen der Letzte in Israel[18] bis zum Euphratstrome gelange. **4**. Trat der siebzehnte Marḥeschwan ein, und es war noch kein Regen gefallen, fingen Einzelne[19] zu fasten an und zwar drei Fasttage[20]. Sie assen und tranken, nachdem es dunkel geworden war[21], und es war ihnen[22] sowohl Arbeitsverrichtung wie auch Baden, Salben,

בְּמַרְחֶשְׁוָן שׁוֹאֲלִין אֶת הַגְּשָׁמִים. רַבָּן גַּמְלִיאֵל אוֹמֵר, בְּשִׁבְעָה בוֹ, חֲמִשָּׁה עָשָׂר יוֹם אַחַר הֶחָג, כְּדֵי שֶׁיַּגִּיעַ אַחֲרוֹן שֶׁבְּיִשְׂרָאֵל לִנְהַר פְּרָת: ד הִגִּיעַ שִׁבְעָה עָשָׂר בְּמַרְחֶשְׁוָן, וְלֹא יָרְדוּ גְשָׁמִים, הִתְחִילוּ הַיְחִידִים מִתְעַנִּים שָׁלֹשׁ תַּעֲנִיּוֹת. אוֹכְלִין וְשׁוֹתִין מִשֶּׁחָשֵׁכָה, וּמֻתָּרִין בִּמְלָאכָה, וּבִרְחִיצָה וּבְסִיכָה, וּבִנְעִילַת

---

noch im *ersten* Monate (Nisan) zum Segen gereichen. [16]) Die Ansichten gehen, wie es scheint, über den Sinn der Worte סמוך לגשמים (kurz vor der Regenzeit) in der vorigen Mischna auseinander. Dieser Meinungsstreit hätte daher dort an den ersten Satz anknüpfen sollen. Auch sonst beobachtet man in der Anordnung hier einige Unebenheiten. Sie beginnt mit der Erwähnung des Regens, geht dann zur Bitte um Regen über, kehrt wieder zur Erwähnung zurück und schliesst endlich mit der Bitte. Bei der Erwähnung wird zunächst die Frage des Beginnes erörtert und dann der Zeitpunkt des Aufhörens bestimmt; bei der Bitte wird umgekehrt der Zeitpunkt der Ausschaltung vor dem der Einschaltung besprochen. Wir sehen hier deutlich die Spuren der verschiedenen Umarbeitungen und Bereicherungen, die die Mischnasammlung bis zu ihrem endgiltigen Abschluss erfahren hat, und von denen schon wiederholt (zuletzt Rosch haschana Kap. IV, Anm. 66 und Kap. III, Vorbem.) die Rede war. Da Rabbi Josua viel selbständiger in seinen Ansichten war als Rabbi Eli'ezer, der treue Hüter der Ueberlieferungen (בור סוד שאינו מאבד טפה, Abot II 8), der nichts lehrte, was er nicht von seinen Lehrern gehört hatte (שלא אמר דבר שלא שמע מפי רבו, מעולם, Joma 66 b u. ö.), ist anzunehmen, dass die erste Mischna unseres Traktats ursprünglich so gelautet hat, wie Rabbi Eli'ezer sie vorträgt: מאמתי מזכירין גבורות גשמים מיום טוב הראשון של חג. Daran schloss sich der erste Satz aus M. 2: ואין שואלין את הגשמים אלא סמוך לגשמים, in welchem ein genauer Zeitpunkt für den Beginn der Regenbitte noch unbekannt ist (s. Anm. 7), worauf הגיע שבעה עשר במרחשון וכו׳ (M. 4 bis 7) folgte. Alles übrige ist späterer Zusatz. Zuerst (von Rabbi 'Aḳiba?) wurde die Meinungsverschiedenheit zwischen Rabbi Elie'zer und Rabbi Josua im Anschluss an מאמתי מזכירין גבורות גשמים hinzugefügt und der Streit zwischen Rabban Gamliel und seinen Freunden an den folgenden Satz ואין שואלין את הגשמים אלא סמוך לגשמים angeknüpft, der nun zwar gegenstandslos geworden war, aber dennoch aus Pietät beibehalten wurde (משנה לא זזה ממקומה, Jebamot 30 a u. ö.). Später wurde dieser Zusammenhang durch die Einschiebung zweier Sätze von Rabbi Juda, unter denen der eine auf den Widerspruch seines Freundes Rabbi Meïr stiess, noch einmal durchbrochen, weil M. 4 nicht gut von M. 8 getrennt werden konnte. [17]) wenn Tischri 30 Tage hat. Ist dieser Monat mangelhaft, so ist freilich der siebente Kislew erst der vierzehnte Tag nach Schluss des Hüttenfestes; aber es kommt ja auf einen Tag nicht so sehr an. Müssen doch auch so zwei Sabbate, an denen die Heimreise unterbrochen werden muss, in Abzug gebracht werden. Es sind also die 15 Tage nicht so genau zu rechnen; sie sollen nur ungefähr die abweichende Meinung des Rabban Gamliel rechtfertigen. [18]) d. i. derjenige, der unter den zur Feier des Hüttenfestes in Jerusalem Erschienenen (2. B. M. 34, 23; 5. B. M. 16, 16) am spätesten den Rückweg antritt, und dessen Wohnort am weitesten von der heiligen Stadt entfernt ist. [19]) היחידים im Gegensatz zu הצבור in der folgenden Mischna. Gemeint sind die durch Frömmigkeit und Gelehrsamkeit hervorragenden Männer. [20]) am nächsten Montag, am Donnerstag derselben Woche und am folgenden Montag. [21]) d. h. der Fasttag beginnt erst mit dem Morgengrauen und nicht schon (wie in Mischna 6) mit Anbruch der Nacht; vielmehr nahmen sie den Tag vorher die Hauptmahlzeit wie gewöhnlich nach Eintritt der Dunkelheit (משחשיכה) ein. [22]) auch

הַסַּנְדָּל וּבְתַשְׁמִישׁ הַמִּטָּה: ה הִגִּיעַ רֹאשׁ חֹדֶשׁ כִּסְלֵו, וְלֹא יָרְדוּ גְשָׁמִים, בֵּית דִּין גּוֹזְרִין שָׁלֹשׁ תַּעֲנִיּוֹת עַל הַצִּבּוּר. אוֹכְלִין וְשׁוֹתִין מִשֶּׁחָשֵׁכָה, וּמֻתָּרִין בִּמְלָאכָה, וּבְרְחִיצָה וּבְסִיכָה, וּבִנְעִילַת הַסַּנְדָּל וּבְתַשְׁמִישׁ הַמִּטָּה: ו עָבְרוּ אֵלּוּ וְלֹא נַעֲנוּ, בֵּית דִּין גּוֹזְרִין שָׁלֹשׁ תַּעֲנִיּוֹת אֲחֵרוֹת עַל הַצִּבּוּר. אוֹכְלִין וְשׁוֹתִין מִבְּעוֹד יוֹם, וַאֲסוּרִין בִּמְלָאכָה, וּבְרְחִיצָה וּבְסִיכָה, וּבִנְעִילַת הַסַּנְדָּל וּבְתַשְׁמִישׁ הַמִּטָּה, וְנוֹעֲלִין אֶת הַמֶּרְחֲצָאוֹת. עָבְרוּ אֵלּוּ וְלֹא נַעֲנוּ, בֵּית דִּין גּוֹזְרִין עֲלֵיהֶם עוֹד שֶׁבַע, שֶׁהֵן שְׁלֹשׁ עֶשְׂרֵה תַעֲנִיּוֹת עַל הַצִּבּוּר. הֲרֵי אֵלּוּ יְתֵרוֹת עַל הָרִאשׁוֹנוֹת, שֶׁבָּאֵלּוּ מַתְרִיעִין וְנוֹעֲלִין אֶת הַחֲנֻיּוֹת. בַּשֵּׁנִי מַטִּין עִם חֲשֵׁכָה, וּבַחֲמִישִׁי מֻתָּרִין מִפְּנֵי כְבוֹד הַשַּׁבָּת: ז עָבְרוּ אֵלּוּ וְלֹא

Sandalenbeschuhung[23] und Benutzung des Bettes[24] gestattet. **5**. Ist der Anfang des Monats Kislew eingetreten und immer noch kein Regen gefallen, so verhängt der Gerichtshof drei Fasttage[25] über die Gemeinde. Man isst und trinkt, nachdem es dunkel geworden[21], und Arbeitsverrichtung wie auch Baden, Salben, Sandalenbeschuhung[23] und Benutzung des Bettes[24] sind erlaubt[22]. **6**. Sind diese vorübergegangen, ohne dass man Erhörung gefunden, verhängt der Gerichtshof fernere drei Fasttage über die Gemeinde[26]. Man isst und trinkt nur, solange es noch Tag ist[27], Arbeitsverrichtung wie auch Baden, Salben, Sandalenbeschuhung[23] und Benutzung des Bettes[24] sind untersagt, und die Badehäuser werden geschlossen. Sind auch diese ohne Erhörung vorübergegangen, verhängt das Gericht noch sieben — das wären nun schon dreizehn — Fasttage über die Gemeinde[28]. Bei diesen tritt gegenüber den früheren die Verschärfung ein, dass man an ihnen den Schofar bläst[29] und die Kaufläden schliesst. Am zweiten Wochentage lenkt man mit der Abenddämmerung ein[30], am fünften ist man wegen der Ehre des Sabbats unbeschränkt[31]. **7**. Sind auch diese vorübergegangen, ohne

---

am Tage. [23]) s. Joma Kap. VIII Anm. 2. [24]) des Ehebettes (Joma das. Anm. 3). [25]) Montag, Donnerstag und Montag wie oben Anm. 20; s. Kap II M. 9. [26]) Ueber die Reihenfolge s. weiter unten II 9. [27]) An dem Abend, der dem Fasttage vorangeht, muss die Hauptmahlzeit noch vor Eintritt der Dämmerung beendet sein; des Nachts darf man weder essen noch trinken. [28]) Jeden Montag und Donnerstag der nächsten drei Wochen und am Montag der vierten Woche. [29]) s. Kap. II M. 5 und Rosch haschana III 4. [30]) An den Montagen, an denen man fastete, wurde zugestanden, gegen Abend die Läden für den Einkauf der zum Nachtmahl notwendigen Lebensmittel ein wenig zu öffnen. Der Ausdruck מטין (part. Hif'il von נטה) scheint der Rechtssprache entlehnt zu sein, wo er zum Unterschiede von הלכה die Bedeutung hat, dass die Entscheidung sich einer bestimmten Ansicht nur z u n e i g t, ohne sich so mit ihr zu decken, dass ein entgegengesetzter Urteilsspruch anfechtbar wäre (Ketubbot 84 b Mitte u. ö.; s. auch Raschi das.). Im eigentlichen Sinne bezeichnet das Wort die schräge Stellung, im übertragenen also, wie hier, die halben Konzessionen. Es ist auch möglich, dass מטין hier in seiner gewöhnlichen Bedeutung steht und etwa את התריסין (Jom Ṭob Kap. I, Anm. 12) zu ergänzen wäre: M a n n e i g t d i e L a d e n t ü r e n, stellt sie schräg, so dass sie nur halb geöffnet sind. Unwahrscheinlich aber ist die Ableitung von מוט, wonach ממין (part. Ḳal) hier und in Ketubbot s c h w a n k e n hiesse. Raschi hat jedenfalls a. a. O. m a ṭ ṭ i n und nicht m â ṭ i n gelesen. [31]) An den Fasttagen, die auf Don-

dass man erhört wurde, werden Handel und Verkehr[32], Bauten und Pflanzungen, Trauungen und Hochzeiten[33] sowie gegenseitige Begrüssungen eingeschränkt[34], wie es Leuten zukommt, die von Gott eine Rüge erhalten haben[35]. Die Einzelnen[19] fasten wieder bis zum Ausgange des Nîsân[36]. Ist der Nisan zu Ende gegangen und es fällt Regen[37], so ist das ein Zeichen des Fluches, denn es heisst[38]: „Es ist ja heute Weizenernte, ich werde zu Gott rufen und er wird Donner und Regen geben, damit ihr erkennet und sehet, dass die Sünde schwer ist, die ihr vor Gott begangen, da ihr euch einen König wünschtet“.

נְזָפוּ, מְמַעֲטִין בְּמַשָּׂא וּמַתָּן, בְּבִנְיָן וּבִנְטִיעָה, בְּאֵרוּסִין וּבְנִשּׂוּאִין, וּבִשְׁאִלַת שָׁלוֹם בֵּין אָדָם לַחֲבֵרוֹ, כִּבְנֵי אָדָם הַנְּזוּפִים לַמָּקוֹם. הַיְחִידִים חוֹזְרִים וּמִתְעַנִּים, עַד שֶׁיֵּצֵא נִיסָן. יָצָא נִיסָן וְיָרְדוּ גְשָׁמִים, סִימַן קְלָלָה, שֶׁנֶּאֱמַר, הֲלוֹא קְצִיר חִטִּים הַיּוֹם, אֶקְרָא אֶל ה׳, וְיִתֵּן קֹלוֹת וּמָטָר, וּדְעוּ וּרְאוּ, כִּי רָעַתְכֶם רַבָּה, אֲשֶׁר עֲשִׂיתֶם בְּעֵינֵי ה׳, לִשְׁאוֹל לָכֶם מֶלֶךְ:

ABSCHNITT II.

פרק ב.

1. Welches ist die Ordnung der Fasttage[1]? Man trägt die Lade[2] auf einen freien Platz der Ortschaft und tut Asche[3] auf die Lade, auf das Haupt des Nasi und auf das Haupt des Ab-Bêt-Dîn[4] und jeder einzelne nimmt welche und legt sie sich selbst aufs Haupt[5]. Der Aelteste

א סֵדֶר תַּעֲנִיּוֹת כֵּיצַד. מוֹצִיאִין אֶת הַתֵּבָה לִרְחוֹבָהּ שֶׁל עִיר, וְנוֹתְנִין אֵפֶר מִקְלֶה עַל גַּבֵּי הַתֵּבָה, וּבְרֹאשׁ הַנָּשִׂיא, וּבְרֹאשׁ אַב בֵּית דִּין, וְכָל אֶחָד וְאֶחָד נוֹטֵל וְנוֹתֵן בְּרֹאשׁוֹ.

---

nerstag fallen, darf man zu Einkäufen für eine würdige Sabbatfeier den ganzen Tag den Laden offen halten. [32]) משא ומתן, wörtlich = Nehmen und Geben, Kauf und Verkauf. [33]) Zur Zeit der Mischna wie auch noch später fielen Trauung und Hochzeit zeitlich nicht zusammen; vielmehr blieb die Braut nach der Eheschliessung (Trauung) noch längere Zeit bis zur Heimführung (Vermählung, Hochzeit) im Elternhause. [34]) Der Handel wird auf die unentbehrlichen Gebrauchs- und Verbrauchsgegenstände beschränkt, die Bautätigkeit auf notwendige Wohn- und Wirtschaftsräume, die Landarbeit auf nutzbringende Pflanzen, Trauung und Hochzeit auf kinderlose Personen, der Gruss auf die Erwiderung empfangener Grüsse. Ausgeschlossen sind insbesondere der Verkauf von Luxuswaren, die Herstellung von Lusthäusern und Parkanlagen, polygamische Eheschliessungen. [35]) נזף ist in den Targumim die Uebersetzung des hebr. גער. [36]) Nach Jeruschalmi ist hier nicht der Kalendermonat Nisan gemeint, sondern der erste Frühlingsmonat. Demnach wäre der Ausgang des Nisan der dreissigste Tag nach Eintritt der Tagundnachtgleiche. [37]) Andere Lesart: ולא ירדו גשמים (ohne dass Regen gefallen wäre). [38]) 1 Sam. 12, 17.

[1]) der sieben letzten Fasttage, von denen im vorigen Kapitel, am Schluss der sechsten Mischna die Rede war. [2]) in der die Torarollen aufbewahrt werden. [3]) אפר bezeichnet im Hebräischen gleich dem nahe verwandten עפר in erster Reihe den Staub (s. besonders Malachi 3, 21); daher wird hier, wo wirkliche Asche gemeint ist, der grössern Deutlichkeit wegen das Wort מקלה (Brandasche) hinzugefügt, wie in Jom Ṭob I 2 auf אפר der Zusatz כירה (Herdasche) folgt. [4]) Nasi ist der Titel des Synhedrialoberhauptes (Patriarch), Ab-Bêt-Dîn des Vorsitzenden im obersten Gerichtshofe. [5]) an die Stelle der Tefillin, zum Zeichen der Trauer und der demütigen Zerknirschung. Dass aber statt des Staubes mit Nachdruck (s. Anm. 3) Asche gefordert wird, geschieht zur Erinnerung an die Bereitwilligkeit Abrahams, seinen Sohn auf dem Altar zu verbrennen (1. B. M. 22, 9). Die symbolische Handlung soll zugleich

הַזָּקֵן שֶׁבָּהֶם אוֹמֵר לִפְנֵיהֶם דִּבְרֵי כִבּוּשִׁין. אַחֵינוּ, לֹא נֶאֱמַר בְּאַנְשֵׁי נִינְוֵה, וַיַּרְא הָאֱלֹהִים אֶת שַׂקָּם וְאֶת תַּעֲנִיתָם. אֶלָּא, וַיַּרְא הָאֱלֹהִים אֶת מַעֲשֵׂיהֶם, כִּי שָׁבוּ מִדַּרְכָּם הָרָעָה. וּבְקַבָּלָה הוּא אוֹמֵר, וְקִרְעוּ לְבַבְכֶם וְאַל בִּגְדֵיכֶם: **ב** עָמְדוּ בִתְפִלָּה, מוֹרִידִין לִפְנֵי הַתֵּבָה זָקֵן וְרָגִיל, וְיֵשׁ לוֹ בָנִים וּבֵיתוֹ רֵיקָם, כְּדֵי שֶׁיְּהֵא לִבּוֹ שָׁלֵם בַּתְּפִלָּה. וְאוֹמֵר לִפְנֵיהֶם עֶשְׂרִים וְאַרְבַּע בְּרָכוֹת, שְׁמֹנֶה עֶשְׂרֵה שֶׁבְּכָל יוֹם, וּמוֹסִיף עֲלֵיהֶם עוֹד שֵׁשׁ: **ג** וְאֵלּוּ הֵן, זִכְרוֹנוֹת, וְשׁוֹפָרוֹת, אֶל ה' בַּצָּרָתָה לִּי קָרָאתִי וַיַּעֲנֵנִי, אֶשָּׂא עֵינַי אֶל הֶהָרִים, מִמַּעֲמַקִּים קְרָאתִיךָ ה', תְּפִלָּה לְעָנִי כִי יַעֲטֹף. רַבִּי יְהוּדָה אוֹמֵר, לֹא הָיָה צָרִיךְ לוֹמַר זִכְרוֹנוֹת וְשׁוֹפָרוֹת, אֶלָּא אוֹמֵר תַּחְתֵּיהֶן, רָעָב

unter ihnen spricht vor ihnen eindringliche Worte[6]: Unsere Brüder, es heisst nicht bei den Männern Ninives: Gott sah ihr Sackgewand und ihr Fasten, sondern: Und Gott sah ihre Taten, dass sie von ihrem bösen Wege umkehrten[7]; und in einer Strafrede heisst es[8]: Und zerreisset euer Herz und nicht eure Kleider! **2**. Treten sie zum Gebete hin, lässt man vor die Lade[2] einen Greis hinabsteigen[9], der Uebung besitzt[10] und im leeren Hause Kinder hat[11], damit sein Herz ganz beim Gebete sei. Dieser spricht vor ihnen vierundzwanzig Segenssprüche: die täglichen achtzehn[12], denen er noch sechs anfügt[13]. **3**. Es sind die folgenden: Erinnerungs- und Schofargebete[14]; „Zu Gott rufe ich in meiner Not, und er antwortet mir . . .“[15]; „Ich erhebe meine Augen zu den Bergen . . .“[16]; „Aus den Tiefen rufe ich Dich, o Gott . . .“[17]; „Gebet des Armen, wenn er verzagt . . .“[18]. Rabbi Juda meint: Er brauchte keine Erinnerungs- und Schofargebete vorzutragen[19]; er sprach vielmehr an deren Stelle: „Wenn

---

das Gelöbnis opferfreudiger Hingabe an Gott zum Ausdruck bringen. [6]) Das Folgende ist entweder die Einleitung einer wirklich gehaltenen Predigt oder der vorgeschriebene Text, über den der Redner sprechen soll. [7]) Jona 3, 10. [8]) Joël 2, 13. Das Wort קבל hat in der Mischna (z. B. Jadajim IV 6—8) ebenso wie im Aramäischen die Bedeutung des Vorwurfs, der A n k l a g e. Daher werden die Strafreden der Propheten und in erweiterter Anwendung ihre Schriften überhaupt als ד ב ר י ק ב ל ה (W o r t e d e r A n k l a g e) bezeichnet. Das Buch J o n a, dem der zuerst angeführte Satz entnommen ist, gehört zwar ebenfalls zu den Prophetenschriften, scheint aber nicht in dem Begriff der דברי קבלה eingeschlossen zu sein, vermutlich weil seine Strafrede nicht gegen Israel gerichtet war. [9]) Die Stelle, auf der der Vorbeter stand, lag gewöhnlich etwas tiefer; daher der Ausdruck י ר ד לפני התיבה (vor die Lade h i n a b s t e i g e n), der so oft mit עבר לפני התיבה (z. B. weiter unten M. 5 und oben I 2) wechselt. [10]) die vorgeschriebenen Gebete gut und geläufig vortragen kann. [11]) mit seiner zahlreichen Familie Not leidet. Nach einer Erklärung im bab. Talmud ist mit dem „l e e r e n (d. i. sündenreinen) Hause“ die tadellose Lebensführung seiner Familie gemeint. [12]) Das tägliche Gebet, das jetzt aus neunzehn Benediktionen besteht, hatte ursprünglich deren nur achtzehn, daher noch heute die Bezeichnung שמנה עשרה. [13]) zwischen dem siebenten und dem achten, also zwischen גואל ישראל und רפאנו. [14]) s. Rosch haschana, Einleitung, Abs. 1 und Kap. IV daselbst, Anm. 31—32. Die Auswahl der zehn Bibelverse war wie am Neujahrstage dem Ermessen des Vorbeters überlassen, der die Stimmung des Tages und das, was die Herzen bewegte, durch sie zum Ausdruck brachte. [15]) Ps. 120. [16]) Ps. 121. [17]) Ps. 130. [18]) Ps. 102. [19]) Es bedurfte keiner Auswahl, denn man ist auf diese Gebetstücke, die aus zerstreuten Bibelversen sich zusammensetzen, nicht angewiesen; es ist vielmehr richtiger, zu den beiden ersten Einschaltungen ebenfalls wie zu den vier letzten zusammenhängende Bibelstücke zu

כִּי יִהְיֶה בָאָרֶץ, דֶּבֶר כִּי יִהְיֶה, אֲשֶׁר הָיָה דְבַר ה׳ אֶל יִרְמְיָהוּ, עַל דִּבְרֵי הַבַּצָּרוֹת, וְאוֹמֵר חוֹתְמֵיהֶן: ד עַל הָרִאשׁוֹנָה הוּא אוֹמֵר, מִי שֶׁעָנָה אֶת אַבְרָהָם אָבִינוּ בְּהַר הַמּוֹרִיָּה, הוּא יַעֲנֶה אֶתְכֶם, וְיִשְׁמַע בְּקוֹל צַעֲקַתְכֶם הַיּוֹם הַזֶּה, בָּרוּךְ אַתָּה ה׳, גּוֹאֵל יִשְׂרָאֵל. עַל הַשְּׁנִיָּה הוּא אוֹמֵר, מִי שֶׁעָנָה אֶת אֲבוֹתֵינוּ עַל יַם סוּף, הוּא יַעֲנֶה אֶתְכֶם, וְיִשְׁמַע בְּקוֹל צַעֲקַתְכֶם הַיּוֹם הַזֶּה, בָּרוּךְ אַתָּה ה׳, זוֹכֵר הַנִּשְׁכָּחוֹת. עַל הַשְּׁלִישִׁית הוּא אוֹמֵר, מִי שֶׁעָנָה אֶת יְהוֹשֻׁעַ בַּגִּלְגָּל, הוּא יַעֲנֶה אֶתְכֶם, וְיִשְׁמַע בְּקוֹל צַעֲקַתְכֶם הַיּוֹם הַזֶּה, בָּרוּךְ אַתָּה ה׳, שׁוֹמֵעַ תְּרוּעָה. עַל הָרְבִיעִית הוּא אוֹמֵר, מִי שֶׁעָנָה אֶת שְׁמוּאֵל בַּמִּצְפָּה, הוּא יַעֲנֶה אֶתְכֶם, וְיִשְׁמַע בְּקוֹל צַעֲקַתְכֶם הַיּוֹם הַזֶּה, בָּרוּךְ אַתָּה ה׳, שׁוֹמֵעַ צְעָקָה. עַל הַחֲמִישִׁית הוּא אוֹמֵר, מִי שֶׁעָנָה אֶת אֵלִיָּהוּ בְּהַר הַכַּרְמֶל, הוּא יַעֲנֶה אֶתְכֶם, וְיִשְׁמַע בְּקוֹל צַעֲקַתְכֶם הַיּוֹם הַזֶּה, בָּרוּךְ אַתָּה ה׳, שׁוֹמֵעַ תְּפִלָּה. עַל הַשִּׁשִּׁית הוּא אוֹמֵר, מִי שֶׁעָנָה אֶת יוֹנָה מִמְּעֵי הַדָּגָה, הוּא יַעֲנֶה אֶתְכֶם, וְיִשְׁמַע בְּקוֹל

Hungersnot im Lande sein, wenn eine Seuche auftreten sollte . . ."[20]; „Wie das Wort Gottes an Jirmejahu lautete aus Anlass des Regenmangels . . ."[21]. Dazu sagt er die entsprechenden Schlussformeln.[22] **4**. Nach dem ersten[23] sagt er: Er, der Abraham am Berge Morija erhört hat[24], erhöre auch euch und vernehme die Stimme eures Flehens an diesem Tage. Gepriesen seist Du, o Gott, Erlöser Israels. Nach dem zweiten sagt er: Er, der unsere Väter am Schilfmeere erhört hat[25], erhöre auch euch und vernehme die Stimme eures Flehens an diesem Tage. Gepriesen seist Du, o Gott, der du eingedenk bist des Vergessenen. Nach dem dritten sagt er: Er, der Josua in Gilgal erhört hat[26], erhöre auch euch und vernehme die Stimme eures Flehens an diesem Tage. Gepriesen seist Du, o Gott, der du das Posaunengeschmetter vernimmst. Nach dem vierten sagt er: Er, der Samuel in Mispa erhört hat[27], erhöre auch euch und vernehme die Stimme eures Flehens an diesem Tage. Gepriesen seist du, o Gott, der du das Flehen vernimmst. Nach dem fünften sagt er: Er, der Elijahu am Berge Karmel erhört hat[28], erhöre auch euch und vernehme die Stimme eures Flehens an diesem Tage. Gepriesen seist du, o Gott, der du das Gebet vernimmst. Nach dem sechsten sagt er: Er, der Jona im Leibe des Fisches erhört hat[29], erhöre auch euch und ver-

---

wählen. [20]) 1. Könige 8, 87 ff. [21]) Jirm. 14, 1 ff. [22]) Unter חותם (Siegel) versteht man den mit ברוך אתה beginnenden und mit einer auf den Inhalt des Segensspruches Bezug nehmenden Wendung endigenden Schlusssatz einer Benediktion. [23]) Als erster Segensspruch ist hier der den sechs einzuschaltenden vorangehende gedacht, also der siebente des täglichen Gebetes. Er schliesst auch hier wie gewöhnlich mit den Worten גואל ישראל, der Schlussformel geht aber diesmal ein Zusatz (מי שענה) voraus, wie er den folgenden sechs Einschaltungen eigentümlich ist, weshalb dieser Segensspruch als erster bezeichnet wird, die erste Einschaltung als zweiter u. s. w., die sechste als siebenter. In allen diesen Zusätzen hat Maimuni (הלכות תעניות IV 8—16) statt בקול durchwog die bessere Lesart קול. Alfasi liest: הוא יענה אותנו וישמע קול צעקתנו היום חוה. [24]) 1. B. M. 22, 11—12 u. 15—18. [25]) 2. B. M. 14, 10—31. [26]) Josua 10, 12—14. [27]) 1 Sam. 7, 5—9. [28]) 1 Kön. 18, 86—39. [29]) Jona 2, 2—11.

צַעֲקַתְכֶם הַיּוֹם הַזֶּה, בָּרוּךְ אַתָּה ה׳, הָעוֹנֶה בְּעֵת צָרָה. עַל הַשְּׁבִיעִית הוּא אוֹמֵר, מִי שֶׁעָנָה אֶת דָּוִד וְאֶת שְׁלֹמֹה בְנוֹ בִירוּשָׁלָיִם, הוּא יַעֲנֶה אֶתְכֶם, וְיִשְׁמַע בְּקוֹל צַעֲקַתְכֶם הַיּוֹם הַזֶּה, בָּרוּךְ אַתָּה ה׳, הַמְרַחֵם עַל הָאָרֶץ: ה מַעֲשֶׂה בִּימֵי רַבִּי חֲלַפְתָּא וְרַבִּי חֲנַנְיָה בֶּן תְּרַדְיוֹן, שֶׁעָבַר אֶחָד לִפְנֵי הַתֵּבָה, וְגָמַר אֶת הַבְּרָכָה כֻלָּהּ, וְלֹא עָנוּ אַחֲרָיו אָמֵן. תִּקְעוּ הַכֹּהֲנִים, תְּקָעוּ. מִי שֶׁעָנָה אֶת אַבְרָהָם אָבִינוּ בְּהַר הַמּוֹרִיָּה, הוּא יַעֲנֶה אֶתְכֶם, וְיִשְׁמַע בְּקוֹל צַעֲקַתְכֶם הַיּוֹם הַזֶּה. הָרִיעוּ בְּנֵי אַהֲרֹן, הָרִיעוּ. מִי שֶׁעָנָה אֶת אֲבוֹתֵינוּ עַל יַם סוּף, הוּא יַעֲנֶה אֶתְכֶם, וְיִשְׁמַע בְּקוֹל צַעֲקַתְכֶם הַיּוֹם הַזֶּה. וּכְשֶׁבָּא הַדָּבָר אֵצֶל חֲכָמִים, אָמְרוּ, לֹא הָיִינוּ נוֹהֲגִין כֵּן, אֶלָּא בְּשַׁעַר הַמִּזְרָח וּבְהַר הַבָּיִת:

nehme die Stimme eures Flehens an diesem Tage. Gepriesen seist du, o Gott, der du Erhörung gewährst zur Zeit der Not. Nach dem siebenten sagt er: Er, der David und seinen Sohn Salomo in Jerusalem erhört hat[30], erhöre auch euch und vernehme die Stimme eures Flehens an diesem Tage. Gepriesen seist du, o Gott, der du dich des Landes erbarmst. **5**. Es ereignete sich in den Tagen des Rabbi Ḥalafta und des Rabbi Ḥananja ben T'radjon[31], dass einer vor die Lade trat und den ganzen Segensspruch vollendete[32], ohne dass man nach ihm mit Amen einstimmte[33]. „Blaset, ihr Priester!"[34] Sie bliesen[35]. „Er, der unsern Vater Abraham auf dem Berge Morija erhört hat, erhöre auch euch und vernehme die Stimme eures Flehens an diesem Tage"[36]. „Schmettert, ihr Söhne Aharons!"[34] Sie schmetterten[35]. „Er, der unsere Väter am Schilfmeere erhört hat, erhöre auch euch und vernehme die Stimme eures Flehens an diesem Tage"[37]. Als die Nachricht zu den Weisen gelangte, sprachen sie: Wir hatten diesen Brauch nur am Osttore und nur

---

30) 2 Sam. 21, 1 u. 14; 1 Kön. 8, 22—53 u. 9, 3. 31) also **nach** der Zerstörung des Tempels durch die Römer. 32) Er trug den siebenten Segensspruch (ראה בענינו) mit der Schlussformel (ברוך אתה ה׳ גואל ישראל) wie gewöhnlich vor, ohne gemäss der Vorschrift der vorigen Mischna מי שענה את אברהם einzuschalten. 33) weil auf die Schlussformel noch der Zusatz מי שענה als eigentlicher Abschluss des Segensspruches folgen sollte. 34) Diese Aufforderung wurde den Priestern laut einer im bab. Talmud angeführten Baraita vom Synagogendiener zugerufen. 35) mit den in Rosch Haschana III 4 erwähnten Widderhörnern und Trompeten. Mann kann übrigens dieses zweite תקעו und ebenso weiter unten das zweite הריעו zur Verstärkung des ersten gleich diesem als Imperativ lesen. („Blaset, ihr Priester, blaset"! „Schmettert, ihr Söhne Aharons, schmettert"!) 36) Darauf trug der Vorbeter die erste der sechs Einschaltungen vor, die er mit der Schlussformel ברוך אתה ה׳ זוכר הנשכחות beendete, wiederum ohne מי שענה את אבותינו einzufügen und ohne dass die Gemeinde mit אמן einfiel. 37) Es folgten dann die übrigen fünf Einschaltungen in derselben Weise. Jedesmal vollendete der Vorbeter den Segensspruch ohne das Gebet מי שענה, das er erst auf die Schlussformel folgen liess, weshalb diese von der Gemeinde nicht mit אמן beantwortet wurde. Eine andere Abweichung vom allgemeinen Brauche bestand vielleicht darin, dass nach den einzelnen Segenssprüchen aus den Hörnern und Posaunen der Priester abwechselnd gedehnte und schmetternde Töne erschollen, während es sonst üblich war (s. Mischne Tora הלכות תעניות IV 14), erst nach Beendigung des ganzen Gebotes zu blasen. Aus dem Umstande, dass in der vorigen Mischna von diesen Tönen nichts erwähnt wird, könnte man zwar schliessen, dass anderwärts an den in Rede stehenden Fasttagen überhaupt nicht geblasen wurde; das ist aber nach der unbestrittenen Vorschrift oben I 6 und Rosch Haschana III 4 nicht anzunehmen.

ו שָׁלֹשׁ תַּעֲנִיּוֹת הָרִאשׁוֹנוֹת, אַנְשֵׁי מִשְׁמָר מִתְעַנִּין וְלֹא מַשְׁלִימִין, וְאַנְשֵׁי בֵית אָב לֹא הָיוּ מִתְעַנִּין כְּלָל. שָׁלֹשׁ שְׁנִיּוֹת, אַנְשֵׁי מִשְׁמָר מִתְעַנִּין וּמַשְׁלִימִין, וְאַנְשֵׁי בֵית אָב מִתְעַנִּין וְלֹא מַשְׁלִימִין. שֶׁבַע אַחֲרוֹנוֹת אֵלּוּ וָאֵלּוּ מִתְעַנִּין וּמַשְׁלִימִין. דִּבְרֵי רַבִּי יְהוֹשֻׁעַ. וַחֲכָמִים אוֹמְרִים, שָׁלֹשׁ תַּעֲנִיּוֹת הָרִאשׁוֹנוֹת, אֵלּוּ וָאֵלּוּ לֹא הָיוּ מִתְעַנִּין כְּלָל. שָׁלֹשׁ שְׁנִיּוֹת, אַנְשֵׁי מִשְׁמָר מִתְעַנִּין וְלֹא מַשְׁלִימִין, וְאַנְשֵׁי בֵית אָב לֹא הָיוּ מִתְעַנִּין כְּלָל. שֶׁבַע אַחֲרוֹנוֹת, אַנְשֵׁי מִשְׁמָר מִתְעַנִּין וּמַשְׁלִימִין, וְאַנְשֵׁי בֵית אָב מִתְעַנִּין וְלֹא מַשְׁלִימִין: ז אַנְשֵׁי מִשְׁמָר, מֻתָּרִים לִשְׁתּוֹת יַיִן בַּלֵּילוֹת, אֲבָל לֹא בַיָּמִים, וְאַנְשֵׁי בֵית אָב, לֹא בַיּוֹם וְלֹא בַלָּיְלָה. אַנְשֵׁי מִשְׁמָר וְאַנְשֵׁי מַעֲמָד, אֲסוּרִים מִלְּסַפֵּר וּמִלְּכַבֵּס, וּבַחֲמִישִׁי מֻתָּרִין מִפְּנֵי כְבוֹד הַשַּׁבָּת:

auf dem Tempelberge[38]. **6.** An den ersten drei Fasttagen[39] fasteten die Männer der Wochenabteilung[40], aber nicht bis zu Ende[41], während die Männer des Tagesdienstes[40] überhaupt nicht fasteten; an den nächsten drei[42] fasteten die Männer der Wochenabteilung bis zu Ende, die Männer des Tagesdienstes aber fasteten zwar, jedoch nicht bis zu Ende; an den sieben letzten[42] fasteten diese wie jene bis zu Ende. Dies die Worte des Rabbi Josua. Die Weisen sagen: An den ersten drei Fasttagen fasteten die einen wie die anderen überhaupt nicht; an den drei folgenden fasteten die Männer der Wochenabteilung, aber nicht bis zu Ende, während die Männer des Tagesdienstes überhaupt nicht fasteten; an den sieben letzten fasteten die Männer der Wochenabteilung bis zu Ende, während die Männer des Tagesdienstes zwar fasteten, jedoch nicht bis zu Ende. **7.** Die Männer der Wochenabteilung[40] dürfen des Nachts Wein trinken, aber nicht am Tage, die Männer des Tagesdienstes[40] weder am Tage noch in der Nacht[43]. Den Männern der Wochenabteilung und den Männern des Beistandes[44] ist Haarschneiden und Kleiderwaschen verboten[45]; am fünften [Wochentage] ist es ihnen dem

---

38) ובהר הבית fehlt im Jeruschalmi. Es ist nach בשער המזרח überflüssig, das ו sogar störend. — Das Gebet um Regen wurde, als der Tempel noch stand, vor dem bekannten Ost- oder Nikanortore verrichtet, das die Vorhalle des Heiligtums öffnete. Im Tempel folgte übrigens auch sonst auf keine Benediktion ein אמן der Gemeinde; die Zuhörer stimmten vielmehr mit ברוך שם כבוד מלכותו לעולם ועד ein. 39) s. oben I 5. 40) s. Joma II, Anm. 1. [ונשמטו שם דברי חזקיה (שקלים ס״ו ומנחות ק״ו:) שאמר ששה בתי אבות הכהנים ועיין ירושלמי כאן פ״ר ה״ב]. 41) weil sie gewärtig sein mussten, den Männern des Tagesdienstes beizustehen, wenn diese die Arbeit nicht allein zu bewältigen vermochten. 42) s. oben I 6. 43) Diese Vorschrift, die für alle Tage des Jahres Giltigkeit hat, wurde hier eingeschoben, weil auch sie gleich der vorigen Mischna zwischen den Männern der Wochenabteilung und denen des Tagesdienstes unterscheidet. Nach 3. B. M. 10, 9 darf ein Priester, der Wein getrunken hat, keine Opferhandlung verrichten. Die Männer des Tagesdienstes mussten sich auch in der Nacht, da sie mit dem Verbrennen der am Tage dargebrachten Opfer beschäftigt blieben, des Weines enthalten. Dieser Dienst erforderte aber wenig Arbeitskräfte, weshalb den übrigen Männern der Wochenabteilung nur am Tage (vgl. Anm. 41) der Weingenuss versagt war. 44) den in der heiligen Stadt anwesenden Abgeordneten, die gemäss der zweiten Mischna des vierten Kapitels das Volk bei der Darbringung der öffentlichen Opfer vertraten. 45) damit sie diese Geschäfte noch vor Antritt ihres

ח כָּל הַכָּתוּב בִּמְגִלַּת תַּעֲנִית, דְּלָא לְמִסְפַּד, לְפָנָיו אָסוּר, לְאַחֲרָיו מֻתָּר. רַבִּי יוֹסֵי אוֹמֵר, לְפָנָיו וּלְאַחֲרָיו אָסוּר. דְּלָא לְהִתְעַנָּאָה בְּהוֹן, לְפָנָיו וּלְאַחֲרָיו מֻתָּר. רַבִּי יוֹסֵי אוֹמֵר, לְפָנָיו אָסוּר, לְאַחֲרָיו מֻתָּר: ט אֵין גּוֹזְרִין תַּעֲנִית עַל הַצִּבּוּר בַּתְּחִלָּה בַּחֲמִישִׁי, שֶׁלֹּא לְהַפְקִיעַ הַשְּׁעָרִים, אֶלָּא שָׁלֹשׁ תַּעֲנִיּוֹת הָרִאשׁוֹנוֹת, שֵׁנִי וַחֲמִישִׁי וְשֵׁנִי, וְשָׁלֹשׁ שְׁנִיּוֹת, חֲמִישִׁי וְשֵׁנִי וַחֲמִישִׁי. רַבִּי יוֹסֵי אוֹמֵר, כְּשֵׁם שֶׁאֵין הָרִאשׁוֹנוֹת בַּחֲמִישִׁי, כָּךְ לֹא שְׁנִיּוֹת וְלֹא אַחֲרוֹנוֹת: י אֵין גּוֹזְרִין תַּעֲנִית עַל הַצִּבּוּר, בְּרָאשֵׁי חֳדָשִׁים בַּחֲנֻכָּה וּבְפוּרִים, וְאִם הִתְחִילוּ אֵין מַפְסִיקִין. דִּבְרֵי רַבָּן גַּמְלִיאֵל. אָמַר רַבִּי מֵאִיר, אַף עַל פִּי שֶׁאָמַר רַבָּן גַּמְלִיאֵל, אֵין מַפְסִיקִין, מוֹדֶה הָיָה, שֶׁאֵין מַשְׁלִימִין. וְכֵן תִּשְׁעָה בְאָב, שֶׁחָל לִהְיוֹת בְּעֶרֶב שַׁבָּת:

Sabbat zu Ehren gestattet[46]. **8**. So oft es in der Fastenrolle[47] heisst: „Keine Trauerfeier!", ist diese auch vorher[48] verboten, aber nachher erlaubt[49], nach der Ansicht des Rabbi Jose vorher und nachher verboten; „Keine Kasteiung!", ist sie vorher wie nachher gestattet, nach der Ansicht des Rabbi Jose vorher verboten und nur nachher erlaubt. **9**. Man setzt für die Gemeinde kein Fasten zum ersten Male auf den fünften [Wochentag] fest[50], um die Märkte nicht zu erschüttern[51]; vielmehr seien die ersten drei Faststage[39] der zweite, der fünfte und wieder der zweite [Wochentag], die folgenden drei[42] der fünfte, der zweite und wieder der fünfte. Rabbi Jose meint: Wie die ersten nicht am fünften [Wochentage beginnen sollen], so auch nicht die zweiten und auch nicht die letzten[42]. **10**. Man legt keinen Gemeindefasttag auf die Neumondstage[52], das Weihefest[53] und das Purimfest[54]; hat man aber schon begonnen, so unterbricht man nicht[55]. So die Worte des Rabban Gamliel. Rabbi Meïr erklärte: Wenn auch Rabban Gamliel gesagt hat, dass man nicht unterbricht, gibt er doch zu, dass man nicht bis zu Ende fastet. Dasselbe[56] gilt vom „Neunten Ab"[57], wenn er auf den Rüsttag zum Sabbat trifft[58].

Wochendienstes erledigen. [46]) so dass sie den Freitag für die Vorbereitungen auf den Sabbat völlig frei haben. [47]) einem alten, noch heute erhaltenen, aber längst ausser Kraft gesetzten Verzeichnis nationaler Erinnerungstage. Es ist nach den Monaten des Jahres geordnet und knüpft an jedes festlich zu begehende Datum einen kurzen Vermerk über die Veranlassung der Feier, bald mit dem Zusatz דלא למספד, bald mit dem Zusatz דלא להתענאה. Das Verbot der Totenklage schliesst das Verbot des Fastens in sich, aber nicht umgekehrt. [48]) am vorangehenden Tage. [49]) am folgenden Tage. [50]) Wenn mehrere Fasttage der Gemeinde auferlegt werden, vermeidet man es, mit dem Donnerstage zu beginnen. [51]) Aus dem Umstande, dass die Behörde so kurz vor Sabbat einen Fasttag angesetzt hat, würden die Kaufleute schliessen, dass die Gefahr der Hungersnot schon dringend geworden, und ihre Vorräte an Lebensmitteln nur gegen Wucherpreise abgeben. — פקע, verwandt mit פגע = stossen, bedeutet hier erschüttern oder in die Höhe treiben, sonst = בקע spalten (so Sukka V 3: Dochte abtrennen). שער, die übliche Bezeichnung für Marktpreis, kann ebenso mit שער = Tor, Marktplatz wie mit שער = bemessen, erwägen zusammenhängen. [52]) weil sie zu den Festen zählen. [53]) das am 25. Kislew beginnt und acht Tage währt. [54]) den 14. und 15. Adar. [55]) Wenn ein für bestimmte Wochentage angeordnetes Fasten bereits begonnen hat und es trifft nun der nächste Fasttag auf eines der genannten Feste, wird doch an ihm gefastet. [56]) dass man nicht zu Ende fastet. [57]) dem der Trauer um die Zerstörung des heiligen Tempels geweihten Fasttage. [58]) Zur Zeit der Mischna, da der Monats-

ABSCHNITT III.

1. Die Ordnung dieser Fasttage, wie sie oben [1] angeführt ist, gilt nur für die erste Regenzeit [2]; wenn aber die Saaten entarten [3], wird ihretwegen sofort in die Posaune gestossen [4]. Desgleichen wird, wenn die Niederschläge zwischen einem Regenfall und dem andern vierzig Tage aussetzen [5], aus solchem Anlass sofort in die Posaune gestossen, denn dieser Schlag bedeutet Hungersnot [6]. **2.** Fiel er [7] den Saaten zum Gedeihen, aber nicht der Baumfrucht, der Baumfrucht, aber nicht den Saaten [8], diesen wie jener, aber nicht hinreichend für Zisternen, Gruben und Höhlen [9], wird ihretwegen sofort in die Posaune gestossen [4]. **3.** So auch wenn über einer Stadt kein Regen fällt (wie es heisst [10]: Ich werde über eine Stadt Regen senden und über eine

andere Stadt werde ich keinen senden, ein Gebiet wird Regen erhalten und ein anderes, das keinen erhält, wird verdorren); diese Stadt fastet und stösst in die Posaune, und alle ihre Umwohner [11] fasten,

פרק ג.

א סֵדֶר תַּעֲנִיּוֹת אֵלּוּ הָאָמוּר, בִּרְבִיעָה רִאשׁוֹנָה, אֲבָל צְמָחִים שֶׁשָּׁנוּ, מַתְרִיעִין עֲלֵיהֶן מִיָּד. וְכֵן שֶׁפָּסְקוּ גְשָׁמִים, בֵּין גֶּשֶׁם לְגֶשֶׁם אַרְבָּעִים יוֹם, מַתְרִיעִין עֲלֵיהֶן מִיָּד, מִפְּנֵי שֶׁהִיא מַכַּת בַּצֹּרֶת: ב יָרְדוּ לַצְּמָחִין, אֲבָל לֹא יָרְדוּ לָאִילָן, לָאִילָן וְלֹא לַצְּמָחִין, לָזֶה וְלָזֶה, אֲבָל לֹא לַבּוֹרוֹת לַשִּׁיחִין וְלַמְּעָרוֹת, מַתְרִיעִין עֲלֵיהֶן מִיָּד: ג וְכֵן עִיר שֶׁלֹּא יָרְדוּ עָלֶיהָ גְשָׁמִים (דִּכְתִיב וְהִמְטַרְתִּי עַל עִיר אֶחָת, וְעַל עִיר אַחַת לֹא אַמְטִיר, חֶלְקָה אַחַת תִּמָּטֵר, וְחֶלְקָה אֲשֶׁר לֹא תַמְטִיר עָלֶיהָ תִּיבָשׁ) אוֹתָהּ הָעִיר מִתְעַנָּה וּמַתְרַעַת, וְכָל סְבִיבוֹתֶיהָ

---

anfang noch auf Grund von Zeugenaussagen festgesetzt wurde (s. Rosch haschana II 5—7), konnte der 9. Ab auch auf einen Freitag fallen (heute nur auf Sonntag, Dienstag, Donnerstag oder Sabbat).

[1]) Kapitel I, Mischna 4—6. [2]) Im heiligen Lande ist das Winterhalbjahr die Zeit des Regens, der gewöhnlich in verschiedenen, mit ziemlicher Regelmässigkeit wiederkehrenden Perioden dort niederfällt. Der erste Regen wird zu Beginn des zweiten Herbstmonats (Marḥeschwan) erwartet. — Der Ausdruck רביעה, der die Begattung, besonders der Tiere bezeichnet, wird hier auf die Befruchtung des Bodens durch den Regen übertragen. [3]) wenn Misswachs sich bemerkbar macht. [4]) d. h. es treten sofort alle Verschärfungen, auch die der sieben letzten Fasttage in Kraft, an deren Spitze oben (I 6) der Posaunenschall erwähnt wurde. Nach Rosch Haschana III 4 wurde zwar auch mit Widderhörnern geblasen; das geschah aber nur im Heiligtum. Sonst wurde an den Fasttagen nur in die Posaune gestossen. Deshalb ist hier und oben I 6 bloss vom Posaunenschall die Rede, zumal dieser auch im Heiligtume die Hauptsache war und darum den Schofar übertönte, wie aus der angeführten Stelle in Rosch Haschana ersichtlich ist. — מתריעין (statt מריעין) ist eine Sekundärbildung von תרועה wie מתחילין von תחלה, תורמין von תרומה u. v. a. [5]) zwischen der ersten und der zweiten Periode 40 Tage verstreichen. [6]) da die bereits geweckten Keime bei anhaltender Dürre zu Grunde gehen müssten. Es ist daher keine Zeit zu verlieren, die Gefahr steht vor der Tür, während das Ausbleiben des Regens in der ersten Periode eine Hungersnot nur befürchten lässt, sie aber noch nicht in so drohende Nähe rückt, dass man sofort mit dem verschärften Fasten beginnen müsste. [7]) der Regen. [8]) Ein sanfter Regen ist den Saaten, ein heftiger der Baumfrucht förderlich. [9]) in denen das Regenwasser zum Trinken, Kochen und Waschen gesammelt wird. [10]) Amos 4, 7. Das Zitat gibt sich schon äusserlich durch das aram. דכתיב als späte, aus Versehen in den Text geratene Randbemerkung zu erkennen. [11]) die insofern, als die notleidende Stadt bei ihnen

מִתְעַנּוֹת וְלֹא מַתְרִיעוֹת. רַבִּי עֲקִיבָה
אוֹמֵר, מַתְרִיעוֹת וְלֹא מִתְעַנּוֹת: ד וְכֵן
עִיר שֶׁיֵּשׁ בָּהּ דֶּבֶר אוֹ מַפֹּלֶת, אוֹתָהּ
הָעִיר מִתְעַנָּה וּמַתְרַעַת, וְכָל סְבִיבוֹתֶיהָ
מִתְעַנּוֹת וְלֹא מַתְרִיעוֹת. רַבִּי עֲקִיבָה
אוֹמֵר, מַתְרִיעוֹת וְלֹא מִתְעַנּוֹת. אֵיזֶהוּ
דֶבֶר, עִיר הַמּוֹצִיאָה חֲמֵשׁ מֵאוֹת
רַגְלִי, וְיָצְאוּ מִמֶּנָּה שְׁלשָׁה מֵתִים,
בִּשְׁלשָׁה יָמִים זֶה אַחַר זֶה, הֲרֵי זֶה
דֶבֶר, פָּחוֹת מִכָּאן, אֵין זֶה דֶבֶר:
ה עַל אֵלּוּ מַתְרִיעִין בְּכָל מָקוֹם,
עַל הַשִּׁדָּפוֹן וְעַל הַיֵּרָקוֹן, עַל הָאַרְבֶּה
וְעַל הֶחָסִיל, עַל הַחַיָּה רָעָה וְעַל
הַחֶרֶב. מַתְרִיעִין עָלֶיהָ, מִפְּנֵי שֶׁהִיא
מַכָּה מְהַלֶּכֶת: ו מַעֲשֶׂה שֶׁיָּרְדוּ
זְקֵנִים מִירוּשָׁלַיִם לְעָרֵיהֶם, וְגָזְרוּ
תַעֲנִית, עַל שֶׁנִּרְאָה כִמְלֹא פִי תַנּוּר
שִׁדָּפוֹן בְּאַשְׁקְלוֹן. וְעוֹד גָּזְרוּ תַעֲנִית,
עַל שֶׁאָכְלוּ זְאֵבִים שְׁנֵי תִינוֹקוֹת

ohne in die Posaune zu stossen[12]. Rabbi 'Aḳiba meint: Sie stossen in die Posaune, fasten aber nicht[13]. **4.** Ebenso wenn in einer Stadt Pest oder Häusereinsturz[14] herrscht; diese Stadt fastet und stösst in die Posaune, und alle ihre Umwohner[15] fasten, ohne in die Posaune zu stossen[12]. Rabbi 'Akiba sagt: Sie stossen in die Posaune, fasten aber nicht[13]. Wann ist es eine Pest? Wenn in einer Stadt, die fünfhundert Krieger[16] stellt, drei Leichen an drei aufeinander folgenden Tagen hinausgetragen werden, so ist es eine Pest. Sind es weniger[17], ist es keine Pest. **5.** Wegen der folgenden Dinge wird allerorten[18] in die Posaune gestossen[4]: Wegen Brand und Gelbsucht[19], Heuschrecke und Feldgrille, wilder Tiere[20] und bewaffneter Horden[21]. Man stösst ihretwegen in die Posaune, weil sie eine wandernde Plage sind. **6.** Es ist vorgekommen, dass Aelteste aus Jerusalem nach ihren Wohnorten hinabzogen und ein Fasten anordneten, weil in Askalon[22] Kornbrand von der Grösse eines Ofenlochs bemerkt wurde[23]. Ferner wurde ein Fasten angeordnet, weil Wölfe zwei Kinder

---

Einkäufe machen und durch die vermehrte Nachfrage die Preise der Lebensmittel in die Höhe treiben würde, in Mitleidenschaft gezogen werden. [12]) wie am Versöhnungstage, an dem nur gefastet wird, aber kein Posaunenschall ertönt. [13]) wie am Neujahrstage, an dem man in die Posaune stösst, aber nicht fastet. [14]) infolge von Erdbeben. [15]) die ja ebenfalls bedroht sind. [16]) Im Texte steht רגלי = Fussvolk. Das ist sicher nicht buchstäblich zu nehmen. Wohl aber sind durch diese Heeresbezeichnung Kinder, Greise und Frauen, überhaupt Personen schwächlicher Konstitution ausgeschlossen. [17]) Tote oder Tage. Also auch dann, wenn drei Personen an einem Tage oder in zwei Tagen sterben, die beiden anderen aber, bezw. der dritte oder der mittlere keinen Todesfall zu verzeichnen haben, ist es nur ein böser Zufall und keine Seuche. Ist dagegen die Zahl ihrer kampffähigen Leute geringer als 500, und es werden ihrer drei (nach Maimuni müssen auch die Verstorbenen kräftige Männer gewesen sein) an drei Tagen hintereinander, an jedem Tage einer hinweggerafft, ist selbstverständlich erst recht eine Pest zu vermuten. [18]) auch in den von der betroffenen Gegend entfernten Orten, soweit die Nachricht dringt. [19]) beides Krankheiten des Getreides. [20]) die am hellen Tage in bewohnten Orten erscheinen. [21]) auch wenn sie nur durchziehen, ohne einen Angriff zu planen. [22]) der bekannten Philisterstadt, also im Auslande; s. auch Giṭṭin I 2 [ולפיכך נפלא ממני מה שכתוב בס׳ תפארת ישראל כאן בס״ י״ט אפלו במקום הרחוק מאד מהצער ורק באותה מלכות]. [23]) d. h. es war nur eine solche Menge Getreide von der Krankheit befallen, dass man mit dem aus ihr hergestellten Brote die Mündung des Backofens hätte ausfüllen können.

בְּעֵבֶר הַיַּרְדֵּן. רַבִּי יוֹסֵי אוֹמֵר, לֹא
עַל שֶׁאָכְלוּ, אֶלָּא עַל שֶׁנִּרְאוּ:
ז עַל אֵלֶּה מַתְרִיעִין בְּשַׁבָּת, עַל עִיר
שֶׁהִקִּיפוּהָ גוֹיִם אוֹ נָהָר, וְעַל הַסְּפִינָה
הַמִּטָּרֶפֶת בַּיָּם. רַבִּי יוֹסֵי אוֹמֵר,
לְעֶזְרָה וְלֹא לִצְעָקָה. שִׁמְעוֹן הַתֵּימְנִי
אוֹמֵר, אַף עַל הַדֶּבֶר, וְלֹא הוֹדוּ לוֹ
חֲכָמִים: ח עַל כָּל צָרָה, שֶׁלֹּא תָבֹא
עַל הַצִּבּוּר, מַתְרִיעִין עָלֶיהָ, חוּץ
מֵרֹב גְּשָׁמִים. מַעֲשֶׂה שֶׁאָמְרוּ לוֹ
לְחוֹנִי הַמְעַגֵּל, הִתְפַּלֵּל שֶׁיֵּרְדוּ
גְשָׁמִים. אָמַר לָהֶם, צְאוּ וְהַכְנִיסוּ
תַנּוּרֵי פְסָחִים, בִּשְׁבִיל שֶׁלֹּא יִמַּקּוּ.
הִתְפַּלֵּל וְלֹא יָרְדוּ גְשָׁמִים. מֶה עָשָׂה,
עָג עֻגָה וְעָמַד בְּתוֹכָהּ, וְאָמַר לְפָנָיו,
רִבּוֹנוֹ שֶׁל עוֹלָם, בָּנֶיךָ שָׂמוּ פְנֵיהֶם
עָלַי, שֶׁאֲנִי כְבֶן בַּיִת לְפָנֶיךָ, נִשְׁבָּע
אֲנִי בְשִׁמְךָ הַגָּדוֹל, שֶׁאֵינִי זָז מִכָּאן,
עַד שֶׁתְּרַחֵם עַל בָּנֶיךָ. הִתְחִילוּ
גְשָׁמִים מְנַטְּפִים. אָמַר לֹא כָךְ
שָׁאַלְתִּי, אֶלָּא גִשְׁמֵי בוֹרוֹת שִׁיחִין
וּמְעָרוֹת. הִתְחִילוּ לֵירֵד בְּזַעַף. אָמַר
לֹא כָךְ שָׁאַלְתִּי, אֶלָּא גִשְׁמֵי רָצוֹן
בְּרָכָה וּנְדָבָה. יָרְדוּ כְתִקְנָן, עַד שֶׁעָלוּ

jenseits des Jardên gefressen hatten. Rabbi Jose berichtet: Nicht weil sie sie gefressen, sondern weil sie sich bloss gezeigt hatten. **7**. Wegen der folgenden Dinge wird selbst am Sabbat in die Posaune gestossen: Wegen einer Stadt, die von Heiden oder von einem Strome eingeschlossen wurde[24], und wegen eines Schiffes, das mit der Brandung kämpft. Rabbi Jose meint: Als Hilferuf, aber nicht als Notschrei[25]. Simon Hattêmani behauptete: Auch wegen der Pest[26]; aber die Weisen stimmten ihm nicht zu. **8**. Wegen jeder Notlage — möge die Gemeinde von keiner betroffen werden[27] — stösst man in die Posaune mit Ausnahme eines Uebermasses an Regen[28]. Es ereignete sich, dass man zu Ḥonni, dem Zirkler sagte: Bete, dass Regen falle. Da sprach er zu ihnen: Gehet und schaffet die Pesaḥöfen[29] hinein, damit sie nicht erweichen[30]. Darauf betete er, allein es kam kein Regen. Was tat er nun? Er zog einen Kreis, stellte sich hinein und sprach vor Ihm[31]: Herr der Welt! Deine Kinder haben ihre Augen auf mich gerichtet, als wäre ich wie ein Haussohn vor dir; ich schwöre bei deinem grossen Namen, dass ich mich hier nicht wegrühre, ehe du dich deiner Kinder erbarmt hast. Da begann der Regen zu tröpfeln. Er aber sprach: Nicht so habe ich es verlangt, sondern Regengüsse für Zisternen, Gruben und Höhlen[9]. Da begann es stürmisch zu regnen. Und wiederum sprach er: Nicht so habe ich es verlangt, sondern Regengüsse des Wohlwollens, des Segens und der Milde. Nun regnete es gehörig, bis die

---

[24]) durch Belagerung oder Ueberschwemmung in Gefahr schwebt. [25]) die Hilfe der Menschen anzurufen, aber nicht das Erbarmen Gottes zu erflehen. [26]) dürfe man am Sabbath in die Posaune stossen. [27]) שלא תבא kann auch Euphemie für שתבא sein: Wegen jeder Notlage, die über die Gemeinde hereinbricht. [28]) Man soll den Segen nicht ablehnen, auch wenn er durch Uebermass sich in sein Gegenteil zu verwandeln droht. [והמפרשים שפירשו לא שמקלקלין את התבואה אלא שהם לטורח על בני אדם לא ירדתי לסוף דעתם דאם כן מאי צרה יש כאן ומאי חוץ דתנן במתניתן]. [29]) Traget die zur Bereitung des Pesaḥopfers bestimmten Bratöfen in eure Häuser. [30]) Diese transportablen Oefen waren aus Lehm gemacht und draussen zum Trocknen aufgestellt. [31]) Ehrerbietige

יִשְׂרָאֵל מִירוּשָׁלַיִם לְהַר הַבַּיִת, מִפְּנֵי הַגְּשָׁמִים. בָּאוּ וְאָמְרוּ לוֹ, כְּשֵׁם שֶׁהִתְפַּלַּלְתָּ עֲלֵיהֶן שֶׁיֵּרְדוּ, כָּךְ הִתְפַּלֵּל שֶׁיֵּלְכוּ לָהֶן. אָמַר לָהֶם, צְאוּ וּרְאוּ, אִם נִמְחֵית אֶבֶן הַטּוֹעִים. שָׁלַח לוֹ שִׁמְעוֹן בֶּן שָׁטַח, אִלְמָלֵי חֹנִי אַתָּה, גּוֹזְרַנִי עָלֶיךָ נִדּוּי, אֲבָל מָה אֶעֱשֶׂה לְךָ, שֶׁאַתָּה מִתְחַטֵּא לִפְנֵי הַמָּקוֹם, וְעוֹשֶׂה לְךָ רְצוֹנְךָ, כְּבֵן שֶׁהוּא מִתְחַטֵּא עַל אָבִיו, וְעוֹשֶׂה לוֹ רְצוֹנוֹ. וְעָלֶיךָ הַכָּתוּב אוֹמֵר, יִשְׂמַח אָבִיךָ וְאִמֶּךָ, וְתָגֵל יוֹלַדְתֶּךָ: **ט** הָיוּ מִתְעַנִּין וְיָרְדוּ לָהֶם גְּשָׁמִים, קוֹדֶם הָנֵץ הַחַמָּה, לֹא יַשְׁלִימוּ. לְאַחַר הָנֵץ הַחַמָּה, יַשְׁלִימוּ. רַבִּי אֱלִיעֶזֶר אוֹמֵר, קוֹדֶם חֲצוֹת, לֹא יַשְׁלִימוּ. לְאַחַר חֲצוֹת, יַשְׁלִימוּ. מַעֲשֶׂה שֶׁגָּזְרוּ תַעֲנִית בְּלֹד, וְיָרְדוּ לָהֶם גְּשָׁמִים קוֹדֶם חֲצוֹת. אָמַר לָהֶם רַבִּי טַרְפוֹן, צְאוּ וְאִכְלוּ וּשְׁתוּ, וַעֲשׂוּ יוֹם טוֹב. וְיָצְאוּ וְאָכְלוּ וְשָׁתוּ, וְעָשׂוּ יוֹם טוֹב, וּבָאוּ בֵּין הָעַרְבַּיִם, וְקָרְאוּ הַלֵּל הַגָּדוֹל:

Israeliten sich vor dem Regen aus Jerusalem auf den Tempelberg[32] hinaufflüchten mussten. Jetzt kamen sie zu ihm und sprachen: Wie du gebetet hast, dass er niederfalle, bete jetzt, dass er sich verziehe. Da sagte er zu ihnen: Gehet hin und schauet nach, ob sich der Stein der Irrenden[33] schon aufgelöst hat[34]. Darauf liess ihn Simon ben Schetaḥ wissen: Wärest du nicht Ḥonni, ich verhängte den Bann über dich[36]; doch was kann ich dir anhaben? Du benimmst dich zudringlich vor dem Allgegenwärtigen[37], und er tut dir deinen Willen, gleich einem Kinde, dass sich gegen den Vater zudringlich beträgt, der ihm dennoch seinen Willen erfüllt[38]. Von dir sagt die Schrift[39]: Es freue sich dein Vater und deine Mutter, es juble, die dich geboren hat. **9.** Fasteten sie, und es fiel Regen hernieder, so fasten sie, wenn es vor Sonnenaufgang geschah, nicht weiter, wenn aber nach Sonnenaufgang, bis zu Ende. Rabbi Eli'ezer sagt: Wenn vor Mittag, fasten sie nicht weiter, wenn nach Mittag, fasten sie bis zu Ende. Es ereignete sich, dass sie in Lod[40] ein Fasten beschlossen hatten und der Regen vor Mittag niederfiel, worauf Rabbi Ṭarfon zu ihnen sagte: Gehet heim[41], esset und trinket und feiert einen Festtag. Sie gingen auch heim, assen und tranken und feierten einen Festtag. Nachmittags kamen sie wieder[42] und lasen das grosse Hallel[43].

Redewendung statt: zu Gott. [32]) auf dem sich ein gedeckter Säulengang befand. [33]) So hiess ein grosser Stein, auf welchem in Jerusalem die gefundenen Gegenstände ausgerufen wurden. Unter den Irrenden (Umherstreifenden) sind wohl die nach dem Verlorenen suchenden Besitzer zu verstehen. [34]) Erst wenn das geschieht — und der Fall wird nimmer eintreten — erfülle ich euern Wunsch. [35]) Gerichtsvorsitzender unter Juda ben Tabbai (s. Ḥagiga II 2) und Schwager des Königs Jannai Alexander. [36]) wegen Verletzung der dem Himmel schuldigen Ehrfurcht. — גוזרני ist aus גוזר אני zusammengezogen. [37]) Ueber מקום als Bezeichnung für Gott s. P'saḥim X, Anm. 38 [38]) Man könnte versucht sein, מתחטא die Bedeutung sich versündigen beizulegen. In Wahrheit ist unser rabbinisches חטא dem biblischen nur homonym, bezeichnet aber Zärtelei, kosendes Anschmiegen, Vertraulichkeit, Ungezwungenheit. [39]) Sprüche 23, 25. [40]) einer südwestlich von Jerusalem gelegenen Stadt, Wohnort des Rabbi Tarfon. [41]) Sie waren in der Synagoge zum Gebete versammelt. [42]) ins Gotteshaus. [43]) Psalm 136.

ABSCHNITT IV.

1. Zu drei Zeiten im Jahre erheben die Priester viermal des Tages, nämlich beim Frühgebet[1], zu Musaf[2], zu Minḥa[3] und bei Toresschluss[4], ihre Hände[5]: an den Fasttagen[6], in den Beiständen[7] und am Versöhnungstage[8]. **2**. Was bedeuten[9] die Beistände? Da es heißt[10]: Befiehl den Kindern Israels und sprich zu ihnen: „Mein Opfer, mein Brot für mein Feuer, den Duft meiner Befriedigung sollt ihr in acht nehmen zu seiner Zeit mir darzubringen" — wie soll denn aber das Opfer eines Menschen dargebracht werden, wenn er nicht dabei steht? — so richteten die ersten Propheten vierundzwanzig Abteilungen ein, zu denen für jede einzelne Abteilung ein Beistand[11] in Jerusalem gehörte, aus Priestern, Leviten und Israeliten gebildet[12]. Kam für eine Abteilung die Zeit hinaufzuziehen, begaben sich ihre Priester

פרק ד.

א בִּשְׁלשָׁה פְרָקִים בַּשָּׁנָה, כֹּהֲנִים נוֹשְׂאִין אֶת כַּפֵּיהֶן, אַרְבָּעָה פְעָמִים בַּיּוֹם, בְּשַׁחֲרִית בְּמוּסָף בְּמִנְחָה וּבִנְעִילַת שְׁעָרִים, בְּתַעֲנִיּוֹת וּבְמַעֲמָדוֹת וּבְיוֹם הַכִּפֻּרִים: ב אֵלּוּ הֵן מַעֲמָדוֹת. לְפִי שֶׁנֶּאֱמַר, צַו אֶת בְּנֵי יִשְׂרָאֵל, וְאָמַרְתָּ אֲלֵהֶם, אֶת קָרְבָּנִי לַחְמִי לְאִשַּׁי, רֵיחַ נִיחֹחִי תִּשְׁמְרוּ, לְהַקְרִיב לִי בְּמוֹעֲדוֹ. וְכִי הֵיאַךְ קָרְבָּנוֹ שֶׁל אָדָם קָרֵב, וְהוּא אֵינוֹ עוֹמֵד עַל גַּבָּיו. הִתְקִינוּ נְבִיאִים הָרִאשׁוֹנִים עֶשְׂרִים וְאַרְבָּעָה מִשְׁמָרוֹת, עַל כָּל מִשְׁמָר וּמִשְׁמָר הָיָה מַעֲמָד בִּירוּשָׁלַיִם, שֶׁל כֹּהֲנִים, שֶׁל לְוִיִּם, וְשֶׁל יִשְׂרָאֵל. הִגִּיעַ זְמַן הַמִּשְׁמָר לַעֲלוֹת, כֹּהֲנָיו

---

1) das dem täglichen Morgenopfer entspricht. 2) מוסף heisst das hinzugefügte Gebet, das an Sabbat-, Fest- und Neumondstagen, entsprechend dem besondern, für diese Zeiten vorgeschriebenen Zusatzopfer (4. B. M. Kap. 28—29), zwischen dem Morgen- und dem Abendgebete verrichtet wird. 3) מנחה ist der Name des Nachmittagsgebetes (s. P'saḥim X, Anm. 2), das dem täglichen Abendopfer entspricht. 4) ein Schlussgebet, das bei den am Ende dieser Mischna erwähnten Gelegenheiten in der Abenddämmerung verrichtet wurde, um die Zeit, da die Tore des Tempels geschlossen wurden oder die Himmelspforten sich hinter der untergegangenen Sonne schliessen (Jeruschalmi). 5) um nach 4. B. M. 6, 22—27 den Segen über die Gemeinde zu sprechen. 6) die bei drohender Gefahr — insbesondere bei Regenmangel angeordnet wurden. Ein Musafgebet wurde zwar an diesem Tage nicht verrichtet; es konnte aber vorkommen, dass das Fasten an einem Neumondstage fortgesetzt wurde (s. oben II 10), wo es dann vier Gebetszeiten gab. 7) s. die folgende Mischna. Die Mitglieder des Beistandes versammelten sich in ihrer Woche täglich zu gemeinsamer Andacht mit Toravorlesung und Priestersegen. An den vier Tagen dieser Woche, an denen sie fasteten (s. Mischna 3), verrichteten sie neben dem Morgen- und dem Abendgebete auch noch ein Schlussgebet, am Monatsanfang, an welchem sie vermutlich, wenn er in die vier Tage fiel, ebenfalls fasteten, ausserdem das Musafgebet. 8) dem einzigen Fasttage, an dem die genannten vier Gebete ständig verrichtet werden. Wenn nicht gefastet wird, sprechen die Priester den Segen bloss vormittags, solange sie noch keine Mahlzeit eingenommen haben. 9) אילו ist häufig Fragewort, zusammengezogen aus אי אלו, dem Plural von אי זה und אי זו. 10) 4. B. M. 28, 2. 11) eine Vertretung, die in der heiligen Stadt ihren Wohnsitz hatte und abwechselnd je eine Woche lang im Tempel zusammenkam, um bei Darbringung der öffentlichen Opfer anwesend zu sein. 12) Der Zusammenhang ist der folgende: Wer ein Opfer darbringt, soll der heiligen Handlung beiwohnen. Das Gebot der öffentlichen Opfer ist an ganz Israel gerichtet (צו את בני ישראל . . תשמרו להקריב). Es ist aber nicht möglich, dass das ganze Volk zugegen sei. Darum wurden die Vertretungen eingerichtet. Priester, Lewiten und Israeliten wurden in 24 Abteilungen gegliedert

uge-

וּלְוִיִּם עוֹלִים לִירוּשָׁלַיִם, וְיִשְׂרָאֵל שֶׁבְּאוֹתוֹ מִשְׁמָר מִתְכַּנְּסִין לְעָרֵיהֶן, וְקוֹרְאִין בְּמַעֲשֵׂה בְרֵאשִׁית: (וְאַנְשֵׁי הַמַּעֲמָד הָיוּ מִתְעַנִּין אַרְבָּעָה יָמִים בְּשָׁבוּעַ, מִיּוֹם שֵׁנִי וְעַד יוֹם חֲמִישִׁי. וְלֹא הָיוּ מִתְעַנִּין עֶרֶב שַׁבָּת, מִפְּנֵי כְבוֹד הַשַּׁבָּת, וְלֹא בְּאֶחָד בְּשַׁבָּת, כְּדֵי שֶׁלֹּא יֵצְאוּ מִמְּנוּחָה וְעֹנֶג לִיגִיעָה וְתַעֲנִית, וְיָמוּתוּ:) ג בַּיּוֹם הָרִאשׁוֹן, בְּרֵאשִׁית וִיהִי רָקִיעַ. בַּשֵּׁנִי, יְהִי רָקִיעַ וְיִקָּווּ הַמַּיִם. בַּשְּׁלִישִׁי, יִקָּווּ הַמַּיִם וִיהִי מְאֹרֹת. בָּרְבִיעִי, יְהִי מְאֹרֹת וְיִשְׁרְצוּ הַמַּיִם. בַּחֲמִישִׁי, יִשְׁרְצוּ הַמַּיִם וְתוֹצֵא הָאָרֶץ. בַּשִּׁשִּׁי, תּוֹצֵא הָאָרֶץ וַיְכֻלּוּ הַשָּׁמַיִם. פָּרָשָׁה גְדוֹלָה קוֹרִין אוֹתָהּ בִּשְׁנַיִם, וְהַקְּטַנָּה בְּיָחִיד, בְּשַׁחֲרִית וּבְמוּסָף. וּבַמִּנְחָה נִכְנָסִין וְקוֹרִין עַל פִּיהֶן, כְּקוֹרִין אֶת שְׁמַע. עֶרֶב שַׁבָּת בַּמִּנְחָה לֹא הָיוּ

und Leviten nach Jerusalem hinauf[13], während die Israeliten dieser Abteilung in ihren Städten zusammenkamen, um den Schöpfungsbericht zu lesen[14]. (Und die Männer des Beistandes fasteten vier Tage in der Woche[15], vom zweiten bis zum fünften Tage. Sie fasteten nicht am Rüsttage zum Sabbat, wegen der Ehre des Sabbat, auch nicht am ersten Wochentage, damit sie nicht, von Ruhe und Behagen zu Mühsal und Fasten übergehend, in Todesgefahr geraten[16].) **3**. Am ersten Tage[17]: „Im Anfange"[18] und „Es werde eine Veste"[19], am zweiten: „Es werde eine Veste" und „Es sammle sich das Wasser",[20] am dritten: „Es sammle sich das Wasser" und „Es werden Lichter"[21], am vierten: „Es werden Lichter" und „Es wimmle das Wasser"[22], am fünften: „Es wimmle das Wasser" und „Die Erde bringe hervor"[23], am sechsten: „Die Erde bringe hervor" und „Es wurden vollendet die Himmel"[24] Einen grössern Abschnitt liest man mit Zweien; einen kleinern mit einem Einzigen[25]. So beim Morgen- und beim Musafgebete[26]. Zum Nachmittagsgebete aber[27] versammelten sie sich und lasen auswendig[28], wie man das Sch'ma[29] liest. Am

---

und für jede eine bestimmte Dienstwoche festgesetzt, sowie ein „Beistand" von Männern, die in Jerusalem ansässig waren. [13]) um eine Woche hindurch dem Tempeldienste zu obliegen. [14]) Das folgende Einschiebsel (ואנשי bis ויסותו) fehlt im Jeruschalmi. [15]) von Tagesanbruch bis Eintritt der Nacht. [16]) Ein zu schroffer Wechsel der Lebensweise hat nach dem Talmud (Baba batra 146 a) Krankheiten der Verdauungsorgane zur Folge. [17]) lasen sie aus dem Schöpfungsberichte (1. B. M. 1, 1 bis 2, 3). [18]) Kap. 1, Vers 1—5. [19]) Vers 6—8. [20]) Vers 9—13. [21]) Vers 14—19. [22]) Vers 20—23. [23]) Vers 24—31. [24]) Kap. 2, Vers 1—3. [25]) Drei Personen wurden nacheinander zur Tora gerufen. Jede las mindestens drei Verse. Hat ein Abschnitt sechs Verse, teilen sich zwei Personen in ihn; hat er deren nur fünf, wie z. B. gleich der erste Abschnitt des Schöpfungsberichtes, liest der zuerst Aufgerufene die Verse 1—3 und der folgende die Verse 3—5, so dass der mittlere Vers zweimal gelesen wird. Hat ein Abschnitt nur vier Verse, wird er nicht geteilt; vielmehr liest eine Person den ganzen. [26]) an Neumondstagen (s. Anm. 35). [27]) Die Lesart בשחרית במוסף ובמנחה ist irreführend. Sie verleitet zu der falschen Annahme, dass nur des Morgens aus der Tora, zu Musaf aber ebenso wie zu Minḥa auswendig gelesen wurde, oder gar dass man bloss zu Ne'ila die Tora heraushob, sonst aber — auch beim Frühgebete — auswendig vortrug. Es ist mit beiden Talmuden ובמוסף statt במוסף zu lesen. [28]) weil sie vom Fasten schon ermattet waren. Beim Schlussgebete, wo die Erschöpfung ihren Höhepunkt erreichte, wurde nicht einmal auswendig gelesen. An den beiden Tagen, an denen sie nicht fasteten, hielten sie es der Gleichmässigkeit wegen ebenso. [29]) 5. B. M. 6, 4—9 u. 11, 13—21.

Rüsttage zum Sabbat versammelten sie sich nachmittags nicht, wegen der Ehre des Sabbats[30].
4. An jedem Tage, an welchem das Hallel[31] angesetzt ist[32], versammelt sich der Beistand nicht des Morgens[33]; an welchem ein Musaf dargebracht wird[34], nicht zum Schlussgebete[35]; an welchem Holz geopfert wird[36], nicht nachmittags[37]. Dies die Worte des Rabbi ʿAkiba. Ben ʿAzzai aber sagte ihm, Rabbi Josua hätte so gelehrt: Wird ein Musaf dargebracht, versammelt er sich nicht nachmittags[38]; wird Holz geopfert, nicht zum Schlussgebete[39]. Worauf Rabbi ʿAkiba zurücktrat, um fortan wie Ben Azzai zu lehren.
5. Ein Holzfest der Priester und des Volkes[40] gab es neunmal[41]: Am ersten Nisan das der Familie Araḥ vom Stamme Juda; am zwanzigsten Tammuz das der Familie Dawid vom Stamme Juda; am fünften Ab das der Familie Par osch vom Stamme Juda; am siebenten das der Familie Jonadab ben Rechab; am zehnten das der Familie S'na'a vom Stamme Binjamin; am fünfzehnten das der Familie Zattu vom Stamme Juda und gleichzeitig der Priester und Lewiten und aller, die über ihren Stamm in Un-

נִכְנָסִין, מִפְּנֵי כְבוֹד הַשַּׁבָּת: ד כָּל
יוֹם שֶׁיֵּשׁ בּוֹ הַלֵּל, אֵין בּוֹ מַעֲמָד
בְּשַׁחֲרִית. קָרְבַּן מוּסָף, אֵין בּוֹ
בַּנְּעִילָה. קָרְבַּן עֵצִים, אֵין בּוֹ בַמִּנְחָה,
דִּבְרֵי רַבִּי עֲקִיבָה. אָמַר לוֹ בֶּן עַזַּאי,
כָּךְ הָיָה רַבִּי יְהוֹשֻׁעַ שׁוֹנֶה, קָרְבַּן
מוּסָף, אֵין בּוֹ בַמִּנְחָה, קָרְבַּן עֵצִים,
אֵין בּוֹ בַנְּעִילָה. חָזַר רַבִּי עֲקִיבָה
לִהְיוֹת שׁוֹנֶה כְּבֶן עַזַּאי: ה זְמַן עֲצֵי
כֹהֲנִים וְהָעָם, תִּשְׁעָה. בְּאֶחָד בְּנִיסָן
בְּנֵי אָרַח בֶּן יְהוּדָה. בְּעֶשְׂרִים בְּתַמּוּז
בְּנֵי דָוִד בֶּן יְהוּדָה. בַּחֲמִשָּׁה בְאָב
בְּנֵי פַרְעֹשׁ בֶּן יְהוּדָה. בְּשִׁבְעָה בוֹ
בְּנֵי יוֹנָדָב בֶּן רֵכָב. בַּעֲשָׂרָה בוֹ בְּנֵי
סְנָאָה בֶּן בִּנְיָמִין. בַּחֲמִשָּׁה עָשָׂר בּוֹ
בְּנֵי זַתּוּא בֶּן יְהוּדָה, וְעִמָּהֶם כֹּהֲנִים
וּלְוִיִּם, וְכָל מִי שֶׁטָּעָה בְשִׁבְטוֹ, וּבְנֵי

---

[30]) damit ihnen mehr Zeit für die Vorbereitungen auf den Sabbat bleibe. [31]) Ps. 113—118. [32]) an den acht Tagen des Ḥanukkafestes. An den Neumondstagen ist der Vortrag des Hallel keine Vorschrift, sondern nur alter Brauch; an den Feiertagen gab es ohnehin keine Zusammenkünfte der Beistände. [33]) zu Bussgebeten und zum Lesen des Schögfungsberichtes. [34]) an den Neumondstagen. Sabbat- und Feiertag kommen für diese Zusammenkünfte überhaupt nicht in Betracht. [35]) um Bussgebete zu verrichten. Ein Toralesen fand ja bei Toresschluss auch sonst nicht statt. — בנעילה bedeutet hier: n i c h t e i n m a l beim Schlussgebete, geschweige denn zu Minḥa oder gar zu Musaf selbst. Die Rede ist in dieser Mischna von den Beiständen in Jerusalem, wo nicht nur die Priester, sondern auch die Lewiten und die übrigen Mitglieder der Abteilung durch den Tempeldienst in Anspruch genommen waren. Ausserhalb der heiligen Stadt war das Hallel kein Hinderungsgrund für die Zusammenkünfte, fanden sie sämtlich auch an Neumondstagen statt. Heisst es doch in der vorigen Mischna ausdrücklich, dass man ב מ ו ס ף, also am Neumondstage, den Schöpfungsbericht las. [36]) s. die folgende Mischna. [37]) weil das Holz um diese Zeit ins Heiligtum gebracht wurde. [38]) geschweige denn zu Musaf, wohl aber beim Morgen- und beim Schlussgebete, [39]) und zu Minḥa selbst erst recht nicht, wohl aber des Morgens. [40]) Als die Juden aus dem babylonischen Exil ins heilige Land zurückkehrten und den Altar wieder aufrichteten, war kein Holz fürs Opferfeuer vorhanden, bis die hier genannten Familien solches spendeten. Zum Danke wurde ihnen das Vorrecht eingeräumt, auch in Zukunft an bestimmten Tagen des Jahres das Opferholz abwechselnd unentgeltlich liefern zu dürfen (s. N'ḥemja 10, 35). Die Tage, an denen sie es in die Vorratskammern des Tempels brachten, wurden als Feste gefeiert. [41]) an den folgenden neun Tagen im Laufe eines

gewissheit waren, wie auch der Familien der Stösseltäuscher und der Feigenstampfer[42]; am zwanzigsten das der Familie Paḥat Moab vom Stamme Juda; am zwanzigsten Elul das der Familie Adîn vom Stamme Juda; am ersten Tebet kam die Familie Par'osch zum zweiten Male an die Reihe. Am ersten Tebet trat der Beistand nicht zusammen[43], weil da Hallel[31], Musafopfer und Holzopfer vereinigt waren[44]. **6.** Fünf Dinge trafen unsere Väter am siebzehnten Tammuz und fünf am neunten Ab. Am siebzehnten Tammuz wurden die Tafeln zerbrochen[45], hörte das tägliche Opfer auf[46], wurde die Stadt erstürmt[47], verbrannte Apostomos die Tora[48], wurde ein Götzenbild im Hêchâl aufgestellt[49]. Am neunten Ab wurde über unsere Väter verhängt, dass sie nicht ins Land einziehen[50], wurde der Tempel das erste Mal und das zweite Mal zerstört[51], Bêt Tor erobert[52] und die Stadt gepflügt[53]. Mit dem Eintritt des Ab soll man die Fröhlichkeit herabstimmen. **7.** In der Woche, in welche der neunte Ab fällt,

נוֹנְבֵי עָלִי וּבְנֵי קוֹצְעֵי קְצִיעוֹת.
בְּעֶשְׂרִים בּוֹ בְּנֵי פַחַת מוֹאָב בֶּן
יְהוּדָה. בְּעֶשְׂרִים בֶּאֱלוּל בְּנֵי עָדִין
בֶּן יְהוּדָה. בְּאֶחָד בְּטֵבֵת שָׁבוּ בְּנֵי
פַרְעשׁ שְׁנִיָה. בְּאֶחָד בְּטֵבֵת לֹא
הָיָה בוֹ מַעֲמָד, שֶׁהָיָה בוֹ הַלֵּל וְקָרְבַּן
מוּסָף וְקָרְבַּן עֵצִים: ו חֲמִשָּׁה דְבָרִים
אֵרְעוּ אֶת אֲבוֹתֵינוּ בְּשִׁבְעָה עָשָׂר
בְּתַמּוּז, וַחֲמִשָּׁה בְּתִשְׁעָה בְאָב.
בְּשִׁבְעָה עָשָׂר בְּתַמּוּז נִשְׁתַּבְּרוּ
הַלּוּחוֹת, וּבָטַל הַתָּמִיד, וְהָבְקְעָה
הָעִיר, וְשָׂרַף אַפְּסְטְמוֹס אֶת הַתּוֹרָה,
וְהֶעֱמִיד צֶלֶם בַּהֵיכָל. בְּתִשְׁעָה בְאָב
נִגְזַר עַל אֲבוֹתֵינוּ, שֶׁלֹא יִכָּנְסוּ לָאָרֶץ,
וְחָרַב הַבַּיִת בָּרִאשׁוֹנָה וּבַשְּׁנִיָה,
וְנִלְכְּדָה בֵית תֹּר, וְנֶחְרְשָׁה הָעִיר.
מִשֶּׁנִּכְנַס אָב מְמַעֲטִין בְּשִׂמְחָה:
ז שַׁבָּת שֶׁחָל תִּשְׁעָה בְאָב לִהְיוֹת

---

jeden Jahres. ⁴²) alte Geschlechter, deren fromme Ahnen (nach Jeruschalmi unter Jerobeam, nach Tosefta und bab. Talmud während der Syrerherrschaft) durch keine Drohung sich abschrecken liessen, ihre Erstlingsfrüchte gemäss der göttlichen Vorschrift (5. B. M. 26,1—11) in das Heiligtum zu bringen. Sie bedeckten sie mit getrockneten Feigen (קציעות), nahmen eine Mörserkeule auf die Schulter und schützten, von den Schergen angehalten, die Absicht vor, in Jerusalem die trockenen Feigen mittels des Stössels zu Kuchen stampfen zu wollen. Daher die seltsamen Beinamen. ⁴³) in der heiligen Stadt (s. Anm. 35). Des Morgens nicht wegen des Hallel, zu Musaf nicht wegen des Neumondsopfers, beim Schlussgebete nicht wegen des Holzopfers, zu Minḥa aus doppeltem Grunde nicht, sowohl wegen des Neumonds- als auch wegen des Holzopers (s. die vorige Mischna) ⁴⁴) Der erste Tebet fällt in das Ḥanukkafest, für welches das Hallel vorgeschrieben ist. Am ersten Nisan fiel wegen des Musaf- und des Holzopfers die Zusammenkunft wohl zu Musaf, Minḥa und Ne'îla aus, aber nicht des Morgens, trotz des Neumondshallel; denn abgesehen davon, dass am Monatsanfang nicht das ganze Hallel gelesen wird, beruht selbst der verkürzte Vortrag, wie bereits erwähnt wurde (Anm. 32), doch nur auf Herkommen. ⁴⁵) 2. B. M. 82, 19. ⁴⁶) aus Mangel an Lämmern während der Belagerung Jerusalems durch das Heer Nebuchadnezars. ⁴⁷) durch die Römer unter Titus. Die Stadt schlechthin ist in der Mischna selbstverständlich Jerusalem, wie weiter unten das Land schlechthin das gelobte Land ist. ⁴⁸) Zeit und Ort dieser Untat sind ebenso unbekannt wie der traurige „Held" dieser Ruchlosigkeit (dessen Name übrigens auch Posthumus gelesen werden kann). ⁴⁹) Andere Lesart: והעמיד (er stellte auf). Schon Jeruschalmi kennt beide Lesarten. Nach der einen (העמד) war es der König M'nasche, der das Heiligtum so schändete (2 Könige 21, 7), nach der andern (והעמיד) war es der eben erwähnte Apostomos. ⁵⁰) 4. B, M.14, 29 ff. ⁵¹) der erste Tempel durch Nebuchadneẓar, der zweite durch Titus. ⁵²) בית תור (so in einigen Handschriften, meist jedoch in ביתר zusammengezogen) wurde in dem unglücklichen von Bar Kochba geleiteten Freiheitskriege durch die Römer zerstört. ⁵³) Jerusalem

בְּתוֹכָהּ, אֲסוּרִין מִלְּסַפֵּר וּמִלְּכַבֵּס.
וּבַחֲמִישִׁי מֻתָּרִין מִפְּנֵי כְבוֹד הַשַּׁבָּת.
עֶרֶב תִּשְׁעָה בְאָב, לֹא יֹאכַל אָדָם
שְׁנֵי תַבְשִׁילִין, לֹא יֹאכַל בָּשָׂר וְלֹא
יִשְׁתֶּה יָיִן. רַבָּן שִׁמְעוֹן בֶּן גַּמְלִיאֵל
אוֹמֵר יְשַׁנֶּה. רַבִּי יְהוּדָה מְחַיֵּב בִּכְפִיַּת
הַמִּטָּה, וְלֹא הוֹדוּ לוֹ חֲכָמִים:
ח אָמַר רַבָּן שִׁמְעוֹן בֶּן גַּמְלִיאֵל, לֹא
הָיוּ יָמִים טוֹבִים לְיִשְׂרָאֵל, כַּחֲמִשָּׁה
עָשָׂר בְּאָב וּכְיוֹם הַכִּפּוּרִים, שֶׁבָּהֶם
בְּנוֹת יְרוּשָׁלַיִם יוֹצְאוֹת בִּכְלֵי לָבָן
שְׁאוּלִים, שֶׁלֹּא לְבַיֵּשׁ אֶת מִי שֶׁאֵין
לוֹ. כָּל הַכֵּלִים טְעוּנִין טְבִילָה.
וּבְנוֹת יְרוּשָׁלַיִם יוֹצְאוֹת וְחוֹלוֹת
בַּכְּרָמִים. וּמֶה הָיוּ אוֹמְרוֹת. בָּחוּר
שָׂא נָא עֵינֶיךָ, וּרְאֵה מָה אַתָּה בוֹרֵר
לָךְ, אַל תִּתֵּן עֵינֶיךָ בַּנּוֹי, תֵּן עֵינֶיךָ
בַּמִּשְׁפָּחָה, שֶׁקֶר הַחֵן וְהֶבֶל הַיֹּפִי,
אִשָּׁה יִרְאַת ה׳ הִיא תִתְהַלָּל. וְאוֹמֵר,
תְּנוּ לָהּ מִפְּרִי יָדֶיהָ, וִיהַלְלוּהָ בַשְּׁעָרִים
מַעֲשֶׂיהָ. וְכֵן הוּא אוֹמֵר, צְאֶינָה

ist Haarschneiden und Kleiderwaschen verboten[54]. Am fünften Tage aber ist es dem Sabbat zu Ehren gestattet[55]. Am Vorabend des neunten Ab[56] esse man nicht zwei Gerichte, geniesse man kein Fleisch und trinke keinen Wein. Rabban Simon ben Gamliel sagt: Man mache eine Abänderung[57]. Rabbi Juda verpflichtet zum Umwenden des Ruhebettes[58]; aber die Weisen stimmten ihm nicht zu.

8. Rabban Simon ben Gamliel berichtete: Es hat in Israel keine fröhlicheren Tage gegeben als den fünfzehnten Ab und den Versöhnungstag. An ihnen zogen die Töchter Jerusalems in weissen Kleidern hinaus, und zwar in geborgten[59], um diejenigen, die keine besassen, nicht zu beschämen, weshalb auch alle Kleider ein Reinigungsbad erforderten[60]. Die Töchter Jerusalems zogen also hinaus und führten in den Weingärten Reigentänze auf[61]. Und was sangen sie dabei? „Jüngling, erhebe die Augen und betrachte, was du dir wählst. Richte deinen Blick nicht auf Schönheit, richte deinen Blick auf Familie. Trügerisch ist Anmut und eitel ist Schönheit; eine gottesfürchtige Frau, nur sie ist Lobes wert[62]. Und es heisst auch: Gebet ihr von der Frucht ihrer Hände, es rühmen sie in den Toren ihrer Werke“[63]. — In gleichem Sinne sagt die

---

dem Erdboden gleichgemacht. [54]) bis der Fasttag zu Ende ist. Die Woche beginnt mit dem Sontag. [55]) wenn der neunte Ab auf Freitag fällt (s. Kapitel II, Anm. 58); am Trauertage selbst ist es auf keinen Fall erlaubt. [56]) nachmittags bei der letzten Mahlzeit vor Beginn des Fastens. [57]) es genügt, wenn man weniger Gerichte als sonst aufträgt, im Genuss von Fleisch und Wein sich grössere Mässigkeit auferlegt. [58]) gemäss der Vorschrift für Trauernde, die nur auf der Erde sitzen und schlafen dürfen. [59]) Auch die reichsten Mädchen mussten die Kleider von anderen borgen. — Jeruschalmi hat in der Mischna die bessere Lesart: שבהם בני ירושלם יוצאין בכלי לבן שאולים (also nicht die Mädchen, sondern die Männer), führt aber im Talmud eine Baraita an, aus der hervorgeht, dass auch jene ihre Kleider borgten. [60]) weil man eben nur fremde Kleider benutzen durfte, deren hierologische Reinheit (s. P'saḥim Kapitel I, Anm. 26) nicht immer über jeden Zweifel erhaben war, da viele Familien es mit den Reinheitsgesetzen nicht so genau nahmen. — טעונין טבילה, wörtlich: sie sind mit einem Tauchbade belastet. [61]) חולות ist Partizip von חול wie בושים von בוש oder aus מחוללות verkürzt. Da nach Jom Ṭob V 2 das Tanzen am Versöhnungstage untersagt ist, muss man entweder annehmen, dass dieses rabbinische Verbot erst aus späterer Zeit stammt, oder dass der Reigen kein eigentlicher Tanz ist (מרקדין = springen) sondern bloss in rhythmischen Bewegungen besteht. [62]) Sprüche 31, 30 [63]) Daselbst

וּרְאֶינָה בְּנוֹת צִיּוֹן בַּמֶּלֶךְ שְׁלֹמֹה, בַּעֲטָרָה שֶׁעִטְּרָה לוֹ אִמּוֹ, בְּיוֹם חֲתֻנָּתוֹ וּבְיוֹם שִׂמְחַת לִבּוֹ. בְּיוֹם חֲתֻנָּתוֹ, זֶה מַתַּן תּוֹרָה, וּבְיוֹם שִׂמְחַת לִבּוֹ, זֶה בִּנְיַן בֵּית הַמִּקְדָּשׁ, שֶׁיִּבָּנֶה בִּמְהֵרָה בְיָמֵנוּ, אָמֵן:

Schrift[64]: Gehet hin, ihr Töchter Zions, und betrachtet den König Salomo in dem Kranze, den seine Mutter ihm gewunden am Tage seiner Hochzeit und am Tage seiner Herzensfreude. „Am Tage seiner Hochzeit" — das ist das Geschenk der Tora; „Am Tage seiner Herzensfreude" — das ist die Errichtung des heiligen Hauses[65]. Möge es bald, in unseren Tagen noch, wieder erbaut werden! Amen.

Vers 31. [64]) Hoheslied 3, 11. [65]) Das Hohelied wird von den Rabbinen als allegorische Verherrlichung des bräutlichen Verhältnisses zwischen Gott und Israel gedeutet. Der König Sch'lomo ist der Herr des Friedens (שלום), der Heilige, gelobt sei er! Seine Mutter ist die Gemeinde Israels, in deren Schosse der Gedanke des reinen Monotheismus geboren wurde. Die Tora, die sie am Hochzeitstage aus seiner Hand empfing, ist ihre Morgengabe (בקבלת כלה כתובת חתן), die Wohnung, die sie ihm errichtet, das sichtbare Zeichen ihrer Vermählung (ועשו לי מקדש ושכנתי בתוכם). Der am Horeb geschlossene Bund und der später errichtete heilige Bau werden hier eine Krone genannt, die Israel dem Herrn der Welt aufs Haupt gesetzt hat. Das ist Israels unvergänglicher Ruhm, die Schönheit der Völker aber ist eitel und trügerisch. So ist auch im Hohenliede der Gedanke ausgesprochen, dass die Taten es sind, nicht äussere Vorzüge, die des Weibes Lob weithin verkünden, wie durch das Werk, das Israel geschaffen, in alle Ewigkeit dessen Ruhm verkündet wird als Kleinod Gottes, sein Priesterreich und sein geweihtes Volk.

TRAKTAT M'GILLA. מַסֶּכֶת מְגִלָּה.

Einleitung.

Am vierzehnten Adar, im Schaltjahre am vierzehnten Adar Scheni, wird das Purimfest gefeiert zur Erinnerung an die im Buche Ester erzählten Ereignisse. Dieses Buch wird sowohl in der Nacht als auch am Tage des Festes aus einer vorschriftsmässig geschriebenen Pergamentrolle (מגלה) öffentlich verlesen. Die näheren Bestimmungen darüber bilden nebst manchen anderen — teils verwandte Gebiete berührenden, teils in nur losem Zusammenhange stehenden — den Inhalt unseres aus vier Kapiteln bestehenden Traktats. Obwohl der vorangehende Traktat auch nicht mehr Kapitel hat und dem Inhalte nach sich M'gilla, das ebenfalls ein Fest behandelt, besser an Rosch haschana anschliessen würde, wurde dennoch Ta'anijot zwischengeschoben, weil diesem Traktat insofern der Vorrang gebührt, als die Fasttage, von denen er seinen Namen hat, in dem Gesetz der Tora begründet sind, nach welchem sich die Gemeinde in jeder Gefahr, die sie bedroht, mit gläubigem Vertrauen unter Gebet und Posaunenschall an den himmlischen Vater wenden soll (4. B. M. 10,9), während die Purimfeier erst eine spätere Einrichtung ist.

Die beiden ersten Kapitel enthalten die Vorschriften über das Lesen der Esterrolle und (im Anschluss an die Unterschiede zwischen Purim des ersten und Purim des zweiten Adar) eine Reihe von Fällen, in denen gleichfalls zwei verwandte Gesetze sich nur in wenigen Punkten unterscheiden. Den Schluss des zweiten Kapitels bildet eine Aufzählung von gebotenen Handlungen, die nur am Tage, und solchen, die nur in der Nacht auszuführen sind. Das dritte Kapitel (in den

Ausgaben des bab. Talmud ist es das vierte) bespricht das Verfahren beim Verkauf heiliger Gegenstände und verzeichnet die Toraabschnitte, die an Fest- und Fasttagen sowie an vier dem Pesaḥfeste vorangehenden Sabbaten vorgelesen werden. Das vierte Kapitel (im bab. Talmud das dritte) lehrt die allgemeinen Vorschriften über die Vorlesungen aus der Tora und die Schlussvorträge (Hafṭarot) aus den Propheten.

ABSCHNITT I.

1. Die Rolle[1] wird gelesen am Elften, am Zwölften, am Dreizehnten, am Vierzehnten oder am Fünfzehnten[2], nicht früher und nicht später. Festungen, die in den Tagen Josuas, des Sohnes von Nun, mit einer Mauer umgeben waren[3], lesen am Fünfzehnten, Dörfer und grössere Ortschaften lesen am Vierzehnten, nur dass die Dörfer auf den Tag der Einkehr zurückgreifen[4]. **2.** In welcher Weise? Fällt der Vierzehnte auf den zweiten [Wochentag][5], so lesen die Dörfer und grösseren Ortschaften an diesem Tage und die mit einer Mauer umgebenen am folgenden[6]; fällt er auf den dritten oder vierten, so greifen die Dörfer

פרק א.

א מְגִלָּה נִקְרֵאת בְּאַחַד עָשָׂר, בִּשְׁנֵים עָשָׂר, בִּשְׁלֹשָׁה עָשָׂר, בְּאַרְבָּעָה עָשָׂר, בַּחֲמִשָּׁה עָשָׂר, לֹא פָחוֹת וְלֹא יוֹתֵר. כְּרַכִּין הַמֻּקָּפִין חוֹמָה מִימוֹת יְהוֹשֻׁעַ בִּן נוּן, קוֹרִין בַּחֲמִשָּׁה עָשָׂר. כְּפָרִים וַעֲיָרוֹת גְּדוֹלוֹת קוֹרִין בְּאַרְבָּעָה עָשָׂר, אֶלָּא שֶׁהַכְּפָרִים מַקְדִּימִין לְיוֹם הַכְּנִיסָה: **ב** כֵּיצַד. חָל לִהְיוֹת יוֹם אַרְבָּעָה עָשָׂר בַּשֵּׁנִי, כְּפָרִים וַעֲיָרוֹת גְּדוֹלוֹת קוֹרִין בּוֹ בַיּוֹם, וּמֻקָּפוֹת חוֹמָה לְמָחָר. חָל לִהְיוֹת בַּשְּׁלִישִׁי אוֹ בָרְבִיעִי, כְּפָרִים מַקְדִּימִין

---

[1]) Das Buch Ester, das noch heute als מגלה schlechthin bezeichnet wird. Früher waren alle Bücher der heiligen Schrift in Rollenform geschrieben. [2]) des zwölften Monats (Adar), im Schaltjahre des dreizehnten (Adar Scheni). [3]) המוקפין kann als Partizip die Vergangenheit eben so gut wie die Gegenwart bezeichnen. מימות heisst nicht: von den Tagen her, seit den Zeiten, sondern — wie die Redensart מימי (all meine Lebtage; vgl. auch מימיהם של כהנים in P'saḥim I 6) zeigt — in den Tagen. [4]) Am vierzehnten Adar wurde in der Hauptstadt Schuschan noch gekämpft (Ester 9, 15). Darum wurde angeordnet, dass dort wie auch in allen gleich ihr befestigten Plätzen das Purimfest erst am fünfzehnten begangen werde, während es auf dem flachen Lande und in den offenen Städten schon am vierzehnten zu feiern ist (Ester 9, 18—23). Da aber das heilige Land damals verwüstet und selbst Jerusalem nur ein Trümmerhaufen war, wurde ferner bestimmt, dass als Festungen alle Orte betrachtet werden sollten, die in den Tagen Josuas, also zur Zeit der Besitznahme durch Israel, von einer Mauer umgeben waren. Unter den grösseren Ortschaften sind offene Städte zu verstehen, in denen täglich regelmässige Gebetsversammlungen gesichert waren (s. unten Mischna 3). Den Dorfbewohnern, die eine solche Einrichtung nicht unterhalten konnten, wurde das Zugeständnis gemacht, dass sie sich schon vor dem vierzehnten Adar an denjenigen Tagen, an denen sie in die Stadt einkehrten (יום הכניסה), daselbst von Sachkundigen die Esterrolle vorlesen lassen dürften. Diese Tage waren der zweite und der fünfte Wochentag, an denen die Gerichtshöfe in den grösseren Ortschaften ihre Sitzungen hielten (s. K'tubbot I 1). [5]) Zur Zeit der Mischna, als es noch keinen festen Kalender gab, der Monatsanfang vielmehr von Fall zu Fall durch die Behörde auf Grund von Zeugenaussagen über das Erscheinen des neuen Mondes festgesetzt wurde (s. Rosch Haschana, Einleitung, Absatz 2), konnte der vierzehnte Adar auf jeden Tag der Woche fallen, nach unserm festen Kalender dagegen nur auf Sonntag, Dienstag, Donnerstag oder Freitag. [6]) am

auf den Tag der Einkehr zurück[7], die grösseren Ortschaften lesen an jenem Tage[8] und die mit einer Mauer umgebenen am folgenden[6]; fällt er auf den fünften, lesen die Dörfer und grösseren Ortschaften an diesem Tage und die mit einer Mauer umgebenen am folgenden[6]; fällt er auf den Rüsttag zum Sabbat, greifen die Dörfer auf den Tag der Einkehr zurück[9], die grösseren Ortschaften und die mit einer Mauer umgebenen lesen an jenem Tage[10]; fällt er auf den Sabbat[5], so lesen die Dörfer und grösseren Städte am Tage der Einkehr[11] und die mit einer Mauer umgebenen am folgenden Tage[12]; fällt er auf den Tag nach Sabbat, so greifen die Dörfer auf den Tag der Einkehr zurück,[13] die grösseren Ortschaften lesen an jenem Tage[8] und die mit einer Mauer umgebenen am folgenden[6]. 3. Welches ist eine grössere Ortschaft? Jede, in der sich zehn Beschäftigungslose befinden[14]. Sind ihrer weniger, so ist es ein Dorf. In diesen Fällen[15] sagten sie, es werde vorgesorgt

לְיוֹם הַכְּנִיסָה, וַעֲיָרוֹת גְּדוֹלוֹת קוֹרִין בּוֹ בַיּוֹם, וּמֻקָּפוֹת חוֹמָה לְמָחָר. חָל לִהְיוֹת בַּחֲמִישִׁי, כְּפָרִים וַעֲיָרוֹת גְּדוֹלוֹת קוֹרִין בּוֹ בַיּוֹם, וּמֻקָּפוֹת חוֹמָה לְמָחָר. חָל לִהְיוֹת עֶרֶב שַׁבָּת, כְּפָרִים מַקְדִּימִין לְיוֹם הַכְּנִיסָה, וַעֲיָרוֹת גְּדוֹלוֹת וּמֻקָּפוֹת חוֹמָה קוֹרִין בּוֹ בַיּוֹם. חָל לִהְיוֹת בַּשַּׁבָּת, כְּפָרִים וַעֲיָרוֹת גְּדוֹלוֹת מַקְדִּימִין וְקוֹרִין לְיוֹם הַכְּנִיסָה, וּמֻקָּפוֹת חוֹמָה לְמָחָר. חָל לִהְיוֹת אַחַר הַשַּׁבָּת, כְּפָרִים מַקְדִּימִין לְיוֹם הַכְּנִיסָה, וַעֲיָרוֹת גְּדוֹלוֹת קוֹרִין בּוֹ בַיּוֹם, וּמֻקָּפוֹת חוֹמָה לְמָחָר: ג אֵי זוֹ הִיא עִיר גְּדוֹלָה. כָּל שֶׁיֵּשׁ בָּהּ עֲשָׂרָה בַטְלָנִין, פָּחוֹת מִכָּאן הֲרֵי זֶה כְּפָר. בְּאֵלּוּ אָמְרוּ מַקְדִּימִין וְלֹא מְאַחֲרִין, אֲבָל זְמַן עֲצֵי כֹהֲנִים וְתִשְׁעָה בְאָב חֲגִיגָה וְהַקְהֵל, מְאַחֲרִין וְלֹא מַקְדִּימִין. אַף עַל פִּי שֶׁאָמְרוּ

und nicht hinausgeschoben[16]; aber das Holzfest der Priester[17], der neunte Ab[18], das Festopfer[19] und die Versammlung[20] werden hinausgeschoben und nicht rückwärts verlegt[21]. Wenn sie auch sagten,

---

fünfzehnten Adar. [7]) auf Montag, den dreizehnten, bezw. den zwölften Adar. [8]) d. i. am vierzehnten Adar. [9]) auf Donnerstag, den dreizehnten Adar. [10]) Auch die befestigten Orte lesen in diesem Falle am vierzehnten Adar, weil am Sabbat die Esterrolle nicht vorgelesen werden darf. [11]) Auch die grösseren Ortschaften lesen am Donnerstag, dem zwölften Adar. Da am Sabbat die Vorlesung nicht stattfinden kann (vgl. die vorige Anmerkung), ein Rückschub also notwendig ist, wird sie gleich um zwei Tage zurückverlegt, um den Freitag für die Vorbereitungen auf den Sabbat frei zu halten. Aus demselben Grunde sollte man in den befestigten Orten am Donnerstag lesen, wenn der fünfzehnte Adar auf Sabbat fällt. Es geht jedoch nicht an, dass man dort früher lese als in den offenen Städten. Darum lesen beide am Freitag, dem vierzehnten Adar. [12]) Gemeint ist der auf den vierzehnten Adar folgende Tag, also Sonntag, der fünfzehnte. [13]) auf Donnerstag, den elften Adar. [14]) die kein Gewerbe betreiben und sich daher verpflichten können, zu den festgesetzten Gebetzeiten in der Synagoge zu erscheinen. [15]) wenn Purim, sei es der vierzehnte, sei es der fünfzehnte Adar, auf Sabbat fällt. [16]) die Vorlesung finde schon vorher und nicht erst am folgenden Sonntage statt. [17]) s. Ta'anijjot IV 5 und Anm. 40 daselbst. [18]) und jeder andere verschiebbare Fasttag, also alle Fasttage ausser dem Versöhnungstage. [19]) das Privatopfer, das an den drei heiteren Festen dargebracht wurde (5. B. M. 16, 16—17). [20]) bei welcher der König aus der Tora vorlas (5. B. M. 31, 10—18). Sie fand alle sieben Jahre am zweiten Tage des Hüttenfestes statt (s. Soṭa VII 8). [21]) Wenn der festgesetzte Tag auf Sabbat

מַקְדִּימִין וְלֹא מְאַחֲרִין. מוּתָּרִין בְּהֶסְפֵּד וּבְתַעֲנִית וּמַתָּנוֹת לָאֶבְיוֹנִים. אָמַר רַבִּי יְהוּדָה, אֵימָתַי. מְקוֹם שֶׁנִּכְנָסִין בַּשֵּׁנִי וּבַחֲמִישִׁי. אֲבָל מָקוֹם שֶׁאֵין נִכְנָסִין לֹא בַשֵּׁנִי וְלֹא בַחֲמִישִׁי, אֵין קוֹרִין אוֹתָהּ אֶלָּא בִזְמַנָּהּ: ד קָרְאוּ אֶת הַמְּגִלָּה בַּאֲדָר הָרִאשׁוֹן, וְנִתְעַבְּרָה הַשָּׁנָה, קוֹרִין אוֹתָהּ בַּאֲדָר הַשֵּׁנִי. אֵין בֵּין אֲדָר הָרִאשׁוֹן לַאֲדָר הַשֵּׁנִי, אֶלָּא קְרִיאַת הַמְּגִלָּה וּמַתָּנוֹת לָאֶבְיוֹנִים: ה אֵין בֵּין יוֹם טוֹב לְשַׁבָּת, אֶלָּא אֹכֶל נֶפֶשׁ בִּלְבָד. אֵין בֵּין שַׁבָּת לְיוֹם הַכִּפּוּרִים, אֶלָּא שֶׁזֶּה זְדוֹנוֹ בִּידֵי אָדָם, וְזֶה זְדוֹנוֹ בְּכָרֵת:

es werde vorgesorgt und nicht hinausgeschoben, ist dennoch Trauerklage, Fasten und Beschenkung der Armen gestattet[22]. Rabbi Juda sagte: Wo gilt das[23]? An einem Orte, an dem man am zweiten und fünften [Wochentage] einkehrt[24]; wo man jedoch weder am zweiten noch am fünften einkehrt, liest man sie nur zu ihrer Zeit[25]. **4.** Hat man die Rolle im ersten Adar gelesen, worauf dem Jahre ein Monat eingeschaltet wurde[26], so liest man sie im zweiten Adar[27]. Der erste Adar unterscheidet sich vom zweiten Adar nur durch das Lesen der Rolle und die Beschenkung der Armen[28]. **5.** Der Feiertag unterscheidet sich vom Sabbat nur in Bezug auf Lebensmittel[29]. Zwischen dem Sabbat und dem Versöhnungstage besteht nur der Unterschied[30], dass dort der Frevel durch Menschenhand, hier dagegen durch Ausrottungstod geahndet wird[31].

---

fällt, wird die Feier nicht auf einen frühern Tag verlegt, sondern auf den folgenden verschoben. Das hier erwähnte Opfer (nicht zu verwechseln mit den öffentlichen Opfern, die ja auch am Sabbat vollzogen wurden), konnte an jedem Tage des Festes, am Wochenfeste aber, das nur einen Tag dauerte, noch an einem der folgenden sechs Tage dargebracht werden. 22) Der Tag, an welchem die Dorfbewohner die Esterrolle vorzeitig gelesen haben, ist für sie kein Fest, an welchem Trauerfeier und Fasten verboten wäre; doch dürfen sie an diesem Tage schon die für Purim vorgeschriebenen Geldgeschenke (Ester 9, 22) an die Armen verteilen, obgleich das Festmahl und die damit verbundenen Freundesgaben (daselbst) auch für sie an den vierzehnten Adar gebunden sind. 23) Die Frage bezieht sich auf das am Ende der ersten Mischna erwähnte Zugeständnis, nach welchem die Dorfbewohner die Esterrolle vorzeitig lesen dürfen; sie konnte aber dort nicht eingeschoben werden, weil sie an dieser Stelle den Zusammenhang der ersten mit der sie erläuternden zweiten und dritten Mischna durchbrochen hätte. Darum knüpft sie lieber an die Worte אף על פי שאמרו an, so dass אימתי hier für אימתי אמרו מקדימין ולא מאחרין steht. 24) in die nächste grössere Ortschaft, in der ein Gerichtshof besteht und für regelmässige Gebetsversammlungen gesorgt ist (s. Anm. 4 u. 14). 25) am vierzehnten Adar. 26) Zur Zeit der Mischna gab es noch keine feste Ordnung der Schaltjahre. Der dreizehnte Monat wurde vielmehr von der Behörde eingeschoben, so oft das Bedürfnis es erforderte, mitunter erst am letzten Tage des zwölften Monats. 27) aufs neue. 28) Wenn die Einschaltung noch vor dem Vierzehnten des zwölften Monats erfolgte, wird Purim nicht in diesem, sondern im dreizehnten (Adar Scheni) gefeiert. Aber Totenklage und Fasten sind auch am vierzehnten und fünfzehnten Tage des zwölften Monats untersagt. In dieser Beziehung ist zwischen beiden Adar kein Unterschied. — An diesen mit אין בין beginnenden Satz sind nun im folgenden wegen dieser Eigentümlichkeit zwölf Halachot angereiht, die ebenfalls mit אין בין anfangen, sonst aber zum Inhalte unseres Traktats keine Beziehung haben (s. die Einleitung). 29) Am Feiertage sind manche Verrichtungen, die am Sabbat verboten sind, zum Zwecke der Bereitung von Speisen und Getränken erlaubt (s. die Einleitung zum Traktat Jom Ṭob); alle übrigen sind auch am Feiertage nicht gestattet. 30) hinsichtlich der Werktätigkeit. 31) Die Verurteilung wegen der Entweihung des Sabbat durch

ו אֵין בֵּין הַמֻּדָּר הֲנָאָה מֵחֲבֵרוֹ, לַמֻּדָּר מִמֶּנּוּ מַאֲכָל, אֶלָּא דְרִיסַת הָרֶגֶל, וְכֵלִים שֶׁאֵין עוֹשִׂין בָּהֶן אֹכֶל נֶפֶשׁ. אֵין בֵּין נְדָרִים לִנְדָבוֹת, אֶלָּא שֶׁהַנְּדָרִים חַיָּב בְּאַחֲרָיוּתָן, וּנְדָבוֹת אֵינוֹ חַיָּב בְּאַחֲרָיוּתָן: ז אֵין בֵּין זָב הָרוֹאֶה שְׁתֵּי רְאִיּוֹת, לָרוֹאֶה שָׁלֹשׁ, אֶלָּא קָרְבָּן. אֵין בֵּין מְצוֹרָע מֻסְגָּר לִמְצוֹרָע מֻחְלָט, אֶלָּא פְרִיעָה וּפְרִימָה. אֵין בֵּין טָהוֹר מִתּוֹךְ הֶסְגֵּר,

6. Zwischen demjenigen, dem der Genuss von einem andern versagt ist[32], und demjenigen, dem nur Esszeug von ihm versagt ist[33], besteht bloss ein Unterschied hinsichtlich des Betretens mit dem Fusse und solcher Geräte, die man nicht zu Lebensmitteln verwendet[34]. Zwischen Gelübden und Spenden besteht nur der Unterschied, dass man für gelobte Gegenstände ersatzpflichtig ist, während man für gespendete keinen Ersatz zu leisten braucht[35]. **7**. Der Samenflüssige, der zwei Ergiessungen beobachtet, unterscheidet sich von dem, der ihrer drei beobachtet, nur in Bezug auf das Opfer[36]. Der eingeschlossene Aussätzige unterscheidet sich von dem als aussätzig Erklärten nur hinsichtlich des ungeschorenen Kopfhaars und der zerrissenen Kleidung[37] Der nach der Einschliessung rein Gewordene unterscheidet sich von dem nach

---

mutwillige Uebertretung des Verbotes jeglicher Werktätigkeit erfolgt durch die zuständigen Gerichte, während die für vorsätzliche Entweihung des Versöhnungstages durch das gleiche Verbrechen von der Tora angedrohte Ausrottung eine Gott vorbehaltene Stafe ist. Das Verbot an sich hat aber an beiden Tagen die gleiche Ausdehnung; denn am Versöhnungstage ist auch Speisebereitung in demselben Umfange wie am Sabbat untersagt. [32]) Das kann auf zweierlei Art bewirkt werden: meinerseits, indem ich zu ihm sage: Jeder Genuss von dir soll mir wie ein Opfer sein; seinerseits, indem er zu mir sagt: Jeder Genuss von mir soll dir gleich einem Opfer sein. Im ersten Falle bin ich נודר הנאה מחברו, in beiden Fällen מודר הנאה מחברו. Selbstverständlich ist Muddar (Hof'al zu sprechen und nicht Modêr, wie man gewöhnlich hört und liest, obgleich es eine solche Form von נדר gar nicht gibt. [33]) durch die Formel: Dein Esszeug sei mir einem Opfer gleich, bezw.: Mein Esszeug sei dir wie ein Opfer. — In der Bibel ist מאכל nichts anderes als אכל, die Speise. Der spätere Sprachgebrauch scheint den Begriff מאכל auf alles ausgedehnt zu haben, was zur Herstellung von אכל dient (vgl. מאכלת = Schlachtmesser), also auf Esszeug im weitesten Sinne, in welchem der Begriff sowohl die Nahrungsmittel selbst als auch die Geräte, mit deren Hilfe sie zubereitet und genossen werden, in sich schliesst. [34]) Wenn mir nur sein „Esszeug" versagt ist, darf ich sein Besitztum betreten und mir Gegenstände von ihm borgen, die zu keinerlei Speise oder Trank Verwendung finden; ist mir dagegen der „Genuss" von ihm untersagt, darf ich von allem, was ihm gehört, keinerlei Nutzen ziehen. Sonst ist zwischen beiden Formen der Versagung kein Unterschied. [35]) Spenden sind die einem frommen Zwecke (insbesondere dem Altar oder dem Tempelschatze) freiwillig gewidmeten Gegenstände; Gelübde sind die freiwillig übernommenen Verpflichtungen zu einer Spende. Sage ich z. B.: Dieses Geldstück schenke ich dem Armenverein, so ist das eine Spende, und ich brauche, wenn das Geldstück mir abhanden kommt, kein anderes dafür zu geben; sage ich aber: Ich will einen Betrag im Werte dieses Geldstücks dem Armenverein schenken, so ist das ein Gelübde, und ich muss, wenn ich später den genannten Betrag bereit gelegt und, ehe ich ihn dem Vorsteher übergeben, verloren habe, aufs neue Zahlung leisten. [36]) Wer krankhaften Samenfluss zweimal an sich bemerkt hat, sei es an demselben Tage, sei es an zwei aufeinander folgenden Tagen, ist ebenso unrein und macht sein Lager und seinen Sitz ebenso zu einem Herd der Unreinheit (über diesen Begriff s. P'saḥim I Anm. 26 u. 29) wie derjenige, der solchen dreimal, sei es hintereinander, sei es innerhalb dreier aufeinanderfolgender Tage, an sich beobachtet hat; nur dass dieser nach erlangter Reinheit das von der Tora (3. B. M. 15, 14f) geforderte Opfer bringen muss, von dem jener befreit ist. [37]) Beide sind aus dem Lager zu entfernen und übertragen in gleicher Weise die ihnen anhaftende Unreinheit; nur unterliegt der bloss

לְטָהוֹר מִתּוֹךְ הֶחְלֵט. אֶלָּא תִגְלַחַת וְצִפֳּרִים: ח אֵין בֵּין סְפָרִים לִתְפִלִּין וּמְזוּזוֹת, אֶלָּא שֶׁהַסְּפָרִים נִכְתָּבִין בְּכָל לָשׁוֹן, וּתְפִלִּין וּמְזוּזוֹת אֵינָן נִכְתָּבוֹת אֶלָּא אַשּׁוּרִית. רַבִּי שִׁמְעוֹן בֶּן גַּמְלִיאֵל אוֹמֵר, אַף בַּסְּפָרִים לֹא הִתִּירוּ שֶׁיִּכָּתְבוּ אֶלָּא יְוָנִית: ט אֵין בֵּין כֹּהֵן מָשׁוּחַ בְּשֶׁמֶן הַמִּשְׁחָה, לִמְרֻבֵּה בְגָדִים, אֶלָּא פַר הַבָּא עַל כָּל הַמִּצְוֹת. אֵין בֵּין כֹּהֵן מְשַׁמֵּשׁ לְכֹהֵן שֶׁעָבַר, אֶלָּא פַר יוֹם הַכִּפּוּרִים וַעֲשִׂירִית

erklärtem Aussatz rein Gewordenen nur in Bezug auf die Kahlschur und die Vögel.[38] **8**. Die Bücher[39] unterscheiden sich von den Gebetstreifen[40] und den Pfostenblättern[41] nur darin, dass die Bücher in jeder Sprache[42] abgeschrieben werden können, während Gebetstreifen und Pfostenblätter nur in assyrischer Schrift hergestellt werden dürfen[43]. Rabban Simon ben Gamliel meint, auch die Bücher habe man nur griechisch[44] niederzuschreiben gestattet. **9**. Zwischen dem mit Salböl gesalbten Priester und dem durch Kleider geweihten[45] besteht ein Unterschied nur hinsichtlich des Farren, der in Ansehung aller Gebote dargebracht wird[46]. Zwischen dem diensttuenden Priester und dem zurückgetretenen besteht ein Unterschied bloss in Bezug auf den Farren des Versöhnungstages

zur Beobachtung seiner Krankheit Eingeschlossene nicht gleich dem vom Priester bereits als aussätzig Erklärten der Pflicht, seine Kleider zu zerreissen und sein Haar wachsen zu lassen (3. B. M. 13, 45), noch den beiden anderen im selben Verse enthaltenen, hier als bekannt vorausgesetzten und der Kürze wegen nicht angeführten Forderungen. [38]) Der Aussätzige, der von seinem Leiden genesen ist, muss nach seiner Reinsprechung durch den Priester sich den Körper kahl scheren lassen und zwei Vögel darbringen (3. B. M. 14, 1–8: von den in den folgenden Versen enthaltenen Vorschriften, die ebenfalls auf den טהור מתוך החלט beschränkt sind, ist hier abgesehen, weil sie erst eine Woche später zu beobachten sind). Der nur wegen Aussatzverdachtes Abgesperrte ist dazu nicht verpflichtet, wenn er nach Ablauf der Beobachtungszeit entlassen wird. Beide aber müssen sich und ihre Kleider einem Reinigungsbade unterziehen. [39]) der heiligen Schrift. [40]) Pergamentstreifen, die vier Toraabschnitte enthalten (2. B. M. 13, 1—10 und 11—16; 5. B. M. 6, 4—9 und 11, 13—21) und mittels Riemen am Kopfe und am linken Arm befestigt werden. [41]) Pergamentblätter, welche die beiden letztgenannten Toraabschnitte enthalten und an den Türpfosten anzubringen sind. [42]) und beliebiger Schrift. [43]) Gemeint ist die sogenannte Quadratschrift, die die Juden in Babel, dem ehemaligen Bestandteile des assyrischen Reiches, angenommen haben, um sich ihrer fortan statt der althebräischen Schrift zu bedienen. Sie wird nicht בבלית genannt, weil dieses Wort einen üblen Klang hatte (Joma VI, Anm. 22), während אשורית „die Gepriesene, Herrliche" bedeuten kann. [44]) in griechischer Sprache und griechischer Schrift. Selbstverständlich erst recht in der heiligen Sprache. [45]) Bis Josia, solange das von Mosche bereitete Salböl vorhanden war, wurden die Hohenpriester damit gesalbt; später wurden sie nur durch das Anlegen der acht Gewandstücke, die den Ornat des Hohenpriesters bildeten (Joma VII 8), in ihr Amt eingeführt. [46]) Wenn der Hohepriester ein Verbot, dessen irrtümliche Uebertretung durch ein Sündopfer zu sühnen ist (3. B. M. 4, 27–35), aus Versehen für erlaubt erklärt und gemäss seiner falschen Entscheidung handelt, bringt er zur Sühne einen Farren dar (daselbst 3—12). Das gilt aber nur für den gesalbten Hohenpriester; die Hohenpriester der spätern Zeit brachten in solchem Falle weibliches Kleinvieh, das Sündopfer eines Privatmannes dar. — Der Ausdruck מרובה (vermehrt) kann auf die grössere Zahl der Dienstgewänder bezogen werden, durch die der Hohepriester vor dem gewöhnlichen Priester ausgezeichnet war. Das Wort heisst aber auch geweiht (משח wird im Targum mit רבי übersetzt), eine Bedeutung, die hier besser passt, da מרובה בגדים an dieser Stelle nicht im Gegensatz zum כהן הדיוט, sondern zum כהן גדול המשוח בשמן המשחה steht. — על כל המצות ist nicht buchstäblich zu nehmen. Es handelt sich, wie gesagt, nicht um alle Arten unabsichtlicher Uebertretungen, sondern nur um schwere Versehen, die durch ein Sündopfer gesühnt werden müssen. Die Bezeich-

הָאֵיפָה: י אֵין בֵּין בָּמָה גְדוֹלָה לְבָמָה קְטַנָּה, אֶלָּא פְסָחִים. זֶה הַכְּלָל, כָּל שֶׁהוּא נִדָּר וְנִדָּב, קָרֵב בְּבָמָה, וְכָל שֶׁאֵינוֹ לֹא נִדָּר וְלֹא נִדָּב, אֵינוֹ קָרֵב בְּבָמָה: יא אֵין בֵּין שִׁילֹה לִירוּשָׁלַיִם, אֶלָּא שֶׁבְּשִׁילֹה אוֹכְלִים קָדָשִׁים קַלִּים וּמַעֲשֵׂר שֵׁנִי בְּכָל הָרוֹאֶה, וּבִירוּשָׁלַיִם לִפְנִים מִן הַחוֹמָה, וְכָאן וְכָאן קָדְשֵׁי קָדָשִׁים נֶאֱכָלִים לִפְנִים מִן הַקְּלָעִים. קְדֻשַּׁת שִׁילֹה יֵשׁ אַחֲרֶיהָ הֶתֵּר, וּקְדֻשַּׁת יְרוּשָׁלַיִם אֵין אַחֲרֶיהָ הֶתֵּר:

und das Zehntel der Efa[47]. **10**. Die grosse Opferhöhe unterschied sich von der kleinen Opferhöhe nur hinsichtlich der Pesaḥopfer[48]. Dies ist die Regel: Alles was gelobt oder gespendet werden kann[49], durfte auf einer Opferhöhe dargebracht werden[50]; was dagegen weder gelobt noch gespendet werden kann[51], durfte auf keiner Opferhöhe dargebracht werden[52]. **11**. Schilo unterschied sich von Jerusalem nur darin, dass man in Schilo[53] minderheilige Opfer[54] und Zweiten Zehnt[55] innerhalb der ganzen Sichtbarkeitszone[56] essen durfte, in Jerusalem dagegen nur innerhalb der Mauer[57]. Hier wie dort können hochheilige Opfer[58] nur innerhalb der Vorhänge[59] gegessen werden. Die Heiligkeit von Schilo konnte noch aufgehoben werden; die Heiligkeit Jerusalems kann niemals aufgehoben werden[60].

---

nung חטאת על כל המצות פר הבא ist zum Unterschiede von חטאת של עבודה זרה gewählt, dem Sündopfer, das wegen einer unter den Begriff des Götzendienstes fallenden unvorsätzlichen Handlung dargebracht wird und für jedermann, ob כהן משוח oder מרובה בגדים, ob Priester oder Laie, das gleiche ist [וכן במנחות פ׳ ד כדי להבדיל בין פר העלם דבר של צבור לפר של עבודה זרה]. 47) Ist der Hohepriester am Versöhnungstage dienstunfähig, so tritt sein Stellvertreter für ihn ein, der aber nur so lange seines Amtes waltet, als jener verhindert ist. Trotzdem ist er sein Leben lang ebenso wie der aus anderen Gründen (Leibesfehler, Altersschwäche) zurückgetretene Hohepriester an alle den כהן גדול auszeichnenden Bestimmungen (s. Horajot III 4) gebunden mit Ausnahme der Vorschrift über den Opferstier des Versöhnungstages (3. B. M. 16, 6) und über das aus einem ʻOmer (= 1/10 Efa) Mehl zur Hälfte des Morgens und zur Hälfte des Abends täglich darzubringende Opfer (daselbst 6, 12—16). Beide Verrichtungen sind ausschliesslich dem diensttuenden Hohenpriester vorbehalten. 48) Solange das Heiligtum in Schilo sich befand und nachdem der Tempel zu Jerusalem erbaut war, durften andere Altäre — sogenannte Opferhöhen — nicht errichtet werden. Nach der Zerstörung Schilos wurde in Nob und später in Gibʻon ein öffentlicher Altar, die grosse Opferhöhe aufgestellt, auf der die ständigen Gemeindeopfer dargebracht wurden. Zu gleicher Zeit gab es bis zur Erbauung des Salomonischen Tempels Privataltäre oder kleine Opferhöhen, auf denen man freiwillige Privatopfer vollziehen durfte. Oeffentliche Opfer, die an keine bestimmte Zeit gebunden waren, wurden weder hier noch dort dargebracht. Dasselbe gilt von den pflichtmässigen Privatopfern mit Ausnahme des Pesaḥ. Dieses musste auf der grossen Opferhöhe und durfte auf keinem Privataltar vollzogen werden. 49) Private Ganz- und Friedensopfer. Ueber den Unterschied zwichen Gelübden und Spenden s. Anm. 35. 50) sowohl auf der grossen als auf der kleinen. 51) pflichtmässige Privatopfer. 52) weder auf der kleinen noch auf der grossen. 53) während sich daselbst das von Mosche in der Wüste errichtete Heiligtum befand. 54) Solche sind das Pesaḥ, die privaten Dank- und Friedensopfer, sowie die männliche Erstgeburt und der Zehnt vom Vieh. 55) Nach der Priesterhebe (תרומה) und dem an die Lewiten abzuliefernden Ersten Zehnt (מעשר ראשון) wurde vom Reste der Ernte noch ein Zehntel als Zweiter Zehnt abgesondert. Dieser oder sein Geldwert musste am Orte des Heiligtums verzehrt werden (5. B. M. 14, 22—26). 56) in dem ganzen Umkreise, soweit man Schilo sehen konnte. 57) von der die heilige Stadt umschlossen war. 58) Solche sind, abgesehen von denen, deren Fleisch nicht gegessen wurde, das Sünd- und das Schuldopfer sowie die öffentlichen Friedensopfer. 59) die den Vorhof des von Mosche geschaffenen Heiligtums abgrenzten. Im Tempel zu Jerusalem entsprachen ihnen die Mauern der Opferhalle. 60) Nach der Zerstörung Schilos

ABSCHNITT II.

פרק ב.

1. Wer die Rolle[1] rückwärts liest[2], hat seiner Pflicht nicht genügt[3]. Hat er sie auswendig gelesen, hat er sie in einer Uebersetzung gelesen, gleichviel in welcher Sprache, so hat er seiner Pflicht nicht genügt; doch liest man sie den Fremdsprachigen in fremder Sprache vor; hat sie ein Fremdsprachiger assyrisch gehört, so hat er seiner Pflicht genügt[4]. **2.** Las er sie mit Unterbrechungen[5] oder im Halbschlummer[6], hat er

א הַקּוֹרֵא אֶת הַמְּגִלָּה לְמַפְרֵעַ, לֹא יָצָא. קְרָאָהּ עַל פֶּה, קְרָאָהּ תַּרְגּוּם בְּכָל לָשׁוֹן, לֹא יָצָא. אֲבָל קוֹרִין אוֹתָהּ לַלְּעוֹזוֹת בְּלַעַז. וְהַלּוֹעֵז שֶׁשָּׁמַע אַשּׁוּרִית יָצָא: ב קְרָאָהּ סֵרוּגִין וּמִתְנַמְנֵם יָצָא. הָיָה כוֹתְבָהּ,

durften Opferhöhen, auch private, überall errichtet werden (s. Anm. 48), und den Ort, auf dem das Heiligtum gestanden hatte, konnten selbst Unreine betreten; nach der Zerstörung des Tempels zu J e r u s a l e m dürfen in alle Ewigkeit keine Opferhöhen mehr erbaut werden, und den Ort, auf dem er gestanden, darf kein Unreiner je betreten.

[1]) Das Buch Ester (s. Kap. I, Anm. 1). [2]) wenn auch nur einen spätern Abschnitt vor dem frühern. — Zu den mannigfachen Bedeutungen von פרע gehört auch die des U m k e h r e n s. Daher ist למפרע = rückwärts, בפריע [im (Hand-)Umdrehen] = schnell (vgl. כהרף עין), פרע = [ein Darlehen] zurückgeben (fig. = heimzahlen, strafen), vielleicht auch (wie חזר oder retourner en arrière) = abstehen, aufgeben (יחזקאל 24, 14), ferner = zurückweichen, verschmähen (Sprüche 1, 25; 4, 15; 13, 18; 15, 32), endlich = zurückgehen, verkommen (Sprüche 8, 33; 29. 18; 2 Chr. 28, 19); dagegen ist תפריעו (2. B. M. 5, 4) nicht = zurückhalten, sondern wie das folgende והשבתם = müssig sein, feiern lassen (arab. فرغ). פרעה — פרע (das. 32, 25) kann ein Wortspiel sein: M. sah, dass das Volk e n t a r t e t war, da es A. dem Gespötte der Gegner e n t b l ö s s t (seine Schande enthüllt) hatte. [3]) Zu לא יצא s. P'saḥim X, Anm. 86. [4]) Der scheinbare Widerspruch in diesem Satze kann auf verschiedene Art gelöst werden: a) Wer die Rolle auswendig hersagt oder aus einer hebräischen Abschrift in fremder Sprache liest, indem er statt des vor ihm liegenden Textes die Uebersetzung aus dem Kopfe vorträgt, genügt nicht seiner Pflicht; Fremdsprachigen liest man aus einer in ihrer Muttersprache abgefassten Rolle in der fremden Sprache, im Notfalle aus einer hebräisch geschriebenen in der heiligen Sprache vor. b) Eine Vorlesung in fremder Sprache genügt nicht; doch liest man die Rolle dem Fremdsprachigen, damit er ihren Inhalt erfasse, in seiner Muttersprache vor, bevor sie ihm hebräisch vorgetragen wird, in welcher Sprache er sich seiner Pflicht entledigt, wenn er sie auch nicht versteht. c) Wer Hebräisch versteht, genügt seiner Pflicht in keiner andern Sprache, die er ebenfalls versteht; wer Hebräisch nicht versteht, liest aus einer Uebersetzung in seiner Muttersprache, hat aber seine Pflicht erfüllt, wenn er einer Vorlesung in der Ursprache beiwohnt. d) Wenn jemand n u r Hebräisch versteht, wird er seiner Pflicht nicht ledig, wenn er die Rolle in einer fremden, unverstandenen Sprache liest; versteht er dagegen n u r eine fremde Sprache, soll man ihm womöglich in dieser vorlesen; im Notfalle genügt es, wenn er die Rolle in der heiligen Sprache vortragen hört. e) Liest man sie aus einer Uebersetzung, die man nicht versteht, hat man der Vorschrift nicht genügt; Fremdsprachigen kann, auch wenn sie Hebräisch verstehen, aus einer in ihrer Muttersprache abgefassten Rolle vorgetragen werden; die Vorlesung in der Ursprache genügt auf alle Fälle, auch wenn man sie nicht versteht. Die erste und die letzte Lösung sind dem Wortlaut der Mischna am besten angemessen; sie entsprechen auch der Auffassung des Talmud. — לעוזות ist die Lesart des Jeruschalmi. Es ist der Plural von לעוז (la'oz; syr. ebenso) und trotz der weibl. Endung männlich (vgl. 'Erubin IV, Anm. 65). Die anderen Ausgaben lesen לועזות, die weibliche Mehrzahl von לועז (lo'ez; Ps. 114,1). Sollte diese gewählt sein, weil die Mischna mehr an F r a u e n denkt, die leider damals schon meist kein Hebräisch verstanden? Wahrscheinlich ist es nicht. — Unter אשורית ist hier eine Vorlesung in der Ursprache aus einer in assyrischer Quadratschrift (s. ob. Kap. I, Anm. 43) hergestellten Rolle zu verstehen. [5]) סרוג, verwandt mit dem biblischen שרג (sich ranken, verflechten), bezeichnet in der Mischna ein Gitterwerk, in welchem die Stäbe von einander abstehen. [6]) מתנמנם ist Nitpalpel von נום (s c h l u m m e r n); vgl. נתגלגל ('Erubin

דּוֹרְשָׁהּ וּמַגִּיהָהּ, אִם כִּוֵּן לִבּוֹ יָצָא,
וְאִם לָאו לֹא יָצָא. הָיְתָה כְתוּבָה
בְּסַם וּבְסִקְרָא וּבְקוֹמוֹס וּבְקַנְקַנְתּוֹם,
עַל הַנְּיָר וְעַל הַדִּפְתְּרָא, לֹא יָצָא,
עַד שֶׁתְּהֵא כְתוּבָה אַשּׁוּרִית עַל
הַסֵּפֶר וּבִדְיוֹ: ג בֶּן עִיר שֶׁהָלַךְ
לִכְרַךְ, וּבֶן כְּרַךְ שֶׁהָלַךְ לְעִיר, אִם
עָתִיד לַחֲזוֹר לִמְקוֹמוֹ, קוֹרֵא כִמְקוֹמוֹ,
וְאִם לָאו, קוֹרֵא עִמָּהֶן. וּמֵהֵיכָן קוֹרֵא
אָדָם אֶת הַמְּגִלָּה, וְיוֹצֵא בָהּ יְדֵי
חוֹבָתוֹ. רַבִּי מֵאִיר אוֹמֵר, כֻּלָּהּ, רַבִּי

seiner Pflicht genügt. War er mit ihrer Abschrift, Auslegung oder Berichtigung beschäftigt[7], so hat er, wenn er seinen Sinn darauf richtete[8], seiner Pflicht genügt, andernfalls aber sie nicht erfüllt. War sie mit einem Aetzmittel, mit Rötel, mit Gummi[9], oder mit Vitriol[10] auf Papier oder Rohleder[11] geschrieben, hat er seine Pflicht nicht genügt; sie muss durchaus assyrisch[12], auf Pergament und mit Tinte[13] geschrieben sein. **3**. Hat sich der Bewohner einer Stadt[14] in eine Festung[15] begeben oder der Bewohner einer Festung in eine Stadt, so liest er, wenn er entschlossen ist, in seinen Ort zurückzukehren, wie in seinem Orte, andernfalls liest er mit ihnen[16]. Und[17] von wo an muss man die Rolle lesen, wenn man seiner Pflicht genügen soll? Rabbi Meïr sagt: die ganze; Rabbi Juda sagt:

III 4 und X 8). [1]) Er hat aus einer vollständigen, vorschriftsmässig hergestellten Rolle abgeschrieben und dabei Wort für Wort aus seiner Vorlage gelesen; oder er hat Vers um Vers aus einer solchen vorgetragen und dazwischen seinen Zuhörern den Inhalt erläutert; oder er hat ein fertiges Exemplar laut durchgelesen, um etwaige Fehler zu verbessern und verblasste Buchstaben aufzufrischen. — מגיה (Hif'il v. נגה) heisst in der Bibel b e l e u c h t e n , a u f h e l l e n. [8]) korrekt zu lesen und so das Gebot zu erfüllen. [9]) griechisch κόμμι. [10]) griechisch χάλκανθος. [11]) griechisch διφθέρα, nicht ganz ausgearbeitetes (mit Salz und Mehl, aber nicht mit Galläpfeln behandeltes) und darum zum Schreiben nicht gut geeignetes Fell. [12]) s. oben Kap. I, Anm. 43. [13]) Schwarzer, aus Russ, Harz und Honig gekneteter und gepresster Teig, der vor dem Gebrauch in Galläpfelbrühe aufgelöst wird (תוס׳ יו״ם). [14]) die am vierzehnten Adar die Esterrolle liest (oben I 1). ע י ר, wie hier als Gegensatz zu כ ר ך, bezeichnet die o f f e n e Stadt. [15]) die sie am fünfzehnten liest (daselbst). [16]) Nach dem oberflächlichen Wortsinne lehrt die Mischna, dass jemand, der das Purimfest an einem fremden Orte verlebt, in welchem das Buch Ester an einem andern Tage als in seiner Heimat gelesen wird, sich nach dieser zu richten habe, wenn er die Absicht hat, später dahin zurückzukehren, nach seinem Aufenthaltsorte dagegen, wenn er ihn zu seinem dauernden Wohnsitz machen will. Nach der Auffassung des Talmud handelt es sich aber immer nur um einen vorübergehenden Aufenthalt, und es kommt lediglich darauf an, ob er den fremden Ort an dem Tage, an welchem dieser das Purimfest feiert, verlassen wollte oder nicht. Demnach liest der Bewohner einer offenen Stadt auch in einer Festung am vierzehnten Adar, wenn er am fünfzehnten vor dem Morgengrauen abreist, am fünfzehnten aber, wenn er sich erst nach Tagesanbruch auf den Heimweg macht, und ebenso der Bewohner einer Festung auch in einer offenen Stadt am fünfzehnten, wenn er seine ursprüngliche Absicht, in der Nacht zum vierzehnten heimzukehren, nicht ausgeführt hat, am vierzehnten aber, wenn er von vornherein entschlossen war, diesen Tag noch am fremden Orte zu verweilen, obgleich er des Abends schon wieder zu Hause sein wird. — Dass diese Mischna nicht oben schon, gleich nach I 2 ihren Platz gefunden hat, erklärt sich daraus, dass das erste Kapitel die allgemeinen Bestimmungen über die Zeit der Vorlesung enthält, das zweite aber die besonderen Fälle, zu denen der Aufenthalt an fremdem Orte ebenso gehört wie die nachfolgenden (streitigen und darum an die letzte Stelle gerückten) Bestimmungen über unvollständigen Vortrag und ungeeignete Vorleser. [17]) Dieses U n d verknüpft die Frage, die es einleitet, in auffallender Weise mit dem Vorangehenden. Es war dort viel die Rede von Verstössen, welche die Vorlesung beeinträchtigen. Es entsteht nun die Frage: Gelten diese Bestimmungen für das

יְהוּדָה אוֹמֵר, מֵאִישׁ יְהוּדִי. רַבִּי יוֹסֵי אוֹמֵר, מֵאַחַר הַדְּבָרִים הָאֵלֶּה:
ד הַכֹּל כְּשֵׁרִין לִקְרוֹת אֶת הַמְּגִלָּה חוּץ מֵחֵרֵשׁ שׁוֹטֶה וְקָטָן. רַבִּי יְהוּדָה מַכְשִׁיר בְּקָטָן. אֵין קוֹרִין אֶת הַמְּגִלָּה וְלֹא מָלִין, וְלֹא טוֹבְלִין, וְלֹא מַזִּין, וְכֵן שׁוֹמֶרֶת יוֹם כְּנֶגֶד יוֹם לֹא תִטְבּוֹל, עַד שֶׁתָּנֵץ הַחַמָּה. וְכֻלָּן שֶׁעָשׂוּ מִשֶּׁעָלָה עַמּוּד הַשַּׁחַר, כָּשֵׁר:
ה כָּל הַיּוֹם כָּשֵׁר לִקְרִיאַת הַמְּגִלָּה, וְלִקְרִיאַת הַהַלֵּל, וְלִתְקִיעַת שׁוֹפָר, וְלִנְטִילַת לוּלָב, וְלִתְפִלַּת הַמּוּסָפִין, וְלַמּוּסָפִין, וּלְוִדּוּי הַפָּרִים, וּלְוִדּוּי הַמַּעֲשֵׂר, וּלְוִדּוּי יוֹם הַכִּפּוּרִים, לִסְמִיכָה,

Von „Ein Mann aus Juda“[18] an: Rabbi Jose sagt: von „Nach diesen Begebenheiten“[19] an.
4. Alle sind geeignet, die Rolle[1] vorzulesen mit Ausnahme eines Tauben[20], Irrsinnigen und Minderjährigen[21]. Rabbi Juda hält einen Minderjährigen für geeignet. Man lese die Rolle nicht, beschneide nicht, tauche nicht unter[22] und besprenge nicht[23], auch eine Tag gegen Tag Wartende[24] tauche nicht unter[25], ehe die Sonne aufgegangen[26]; geschah all dies nach Aufgang der Morgenröte, ist es wirksam[27].
5. Der ganze Tag[28] eignet sich zum Lesen der Rolle[1], zum Lesen des Hallel[29], zum Schofarblasen[30] und zum Emporheben des Palmzweiges[31], zum Musafgebete und zu den Musafopfern[32], zum Bekenntnis bei den Opferstieren[33], zum Bekenntnis beim Zehnt[34] und zum Bekenntnis am Versöhnungstage[35], zum Handaufstützen[36],

---

ganze Buch oder nur für die wesentlichen Abschnitte? [18]) Ester 2, 5. [19]) daselbst 3,1. [20]) auch wenn er erst in reiferm Alter taub geworden, so dass er deutlich spricht und versteht, was er liest, aber seine eignen Worte nicht hört. [21]) eines Knaben unter dreizehn Jahren. [22]) im Reinigungsbade zur Beseitigung einer siebentägigen Unreinheit (s. Anm. 25). [23]) mit dem Entsündigungswasser (4. B. M. 19, 17—19). [24]) Eine Frau, die in den elf Tagen zwischen je zwei Menstruationsperioden an drei aufeinanderfolgenden Tagen einen Blutfluss an sich beobachtet hat, erlangt die Reinheit erst wieder, wenn sie nach sieben ohne Blutfluss verbrachten Tagen das Reinigungsbad nimmt (s. P'saḥim VIII, Anm. 82 u. 85). Sie muss also am ersten Tage ihrer Beobachtung abwarten, ob nicht auch an den beiden nächsten Tagen Blutfluss eintritt. Ist dieser am zweiten ausgeblieben, so ist sie mit Eintritt der Nacht rein, wenn sie sich im Laufe des Tages im Reinigungsbade untergetaucht hat; ist er nicht ausgeblieben, so muss sie wieder den folgenden (dritten) Tag abwarten und ist nach dessen Ablauf nur dann rein, wenn sie keinen Blutfluss bemerkt und vor Sonnenuntergang vorschriftsmässig gebadet hat. [25]) Andere Personen, deren Unreinheit von so kurzer Dauer ist, brauchen nicht auf Sonnenaufgang zu warten, können vielmehr auch in der Nacht im Reinigungsbade untertauchen. [26]) הנץ החמה, eigentlich Emporblühen der Sonne, ist kein dichterischer, sondern der allgemein übliche Ausdruck für den Sonnenaufgang. [27]) und braucht nicht nach Sonnenaufgang wiederholt zu werden. [28]) die Zeit zwischen Auf- und Untergang der Sonne. [29]) Ps. 113—118, die an gewissen Festtagen gesungen werden. [30]) am Neujahrstage und im Jobeljahre auch am Versöhnungstage (3. B. M. 23, 24 u. 25, 9). [31]) nebst der Myrte, den Bachweiden und dem Etrog am Hüttenfeste (3. B. M. 23, 40). [32]) An Sabbat- Fest- und Neumondstagen wurde zwischen das tägliche Morgen- und Nachmittagsopfer noch ein besonderes Opfer eingeschoben, das daher Musaf (v. יסף = hinzufügen) genannt wird. An denselben Tagen wird zwischen Morgen- und Nachmittagsgebet noch ein besonderes Gebet eingeschaltet, das ebenfalls mit dem Worte Musaf bezeichnet wird. — Die Reihenfolge (תפלת המוספין nach מוספין) erklärt sich daraus, dass zunächst die allzeit geltenden Gebote, dann die vom Bestande des Heiligtums abhängigen, zuletzt die nur gelegentlich zu erfüllenden angeführt werden. [33]) während des Handauflegens (3. B. M. 4, 4 u. 15). [34]) 5. B. M. 26, 12—15; Ma'aśer Scheni V 10. [35]) 3. B. M. 16, 21; Joma III 8, IV 2, VI 2. [36]) Wer ein Privatopfer ausser בכור, מעשר und פסח darbringt, stützt seine Hände auf den Kopf des

לִשְׁחִיטָה, לִתְנוּפָה, לְהַגָּשָׁה, לִקְמִיצָה, וּלְהַקְטָרָה, לִמְלִיקָה, וּלְקַבָּלָה, וּלְהַזָּיָה, וּלְהַשְׁקָיַת סוֹטָה, לַעֲרִיפַת הָעֶגְלָה, וּלְטָהֳרַת הַמְּצוֹרָע: ו כָּל הַלַּיְלָה כָּשֵׁר לִקְצִירַת הָעוֹמֶר, וּלְהֶקְטֵר חֲלָבִים וְאֵבָרִים. זֶה הַכְּלָל, כָּל דָּבָר שֶׁמִּצְוָתוֹ בַּיּוֹם, כָּשֵׁר כָּל הַיּוֹם, דָּבָר שֶׁמִּצְוָתוֹ בַּלַּיְלָה כָּשֵׁר כָּל הַלַּיְלָה:

zum Schlachten[37], zum Schwenken[38], zum Darreichen, zum Abheben und zum Verbrennen[39], zum Abkneipen[40], zum Auffangen[41] und zum Sprengen[42], zur Wasserprobe der Sittenlosen[43], zur Tötung des Kalbes[44] und zur Reinigung des Aussätzigen[45]. **6**. Die ganze Nacht eignet sich zum 'Omerschnitt[46] und zum Verbrennen der Fettstücke und der Glieder[47]. Dies ist die Regel: Für jede auf die Tageszeit sich erstreckende Vorschrift[48] ist die ganze Tageszeit geeignet[49]; für eine an die Nachtzeit gebundene Vorschrift ist die ganze Nachtzeit geeignet[50].

פרק ג.

ABSCHNITT III.

א בְּנֵי הָעִיר שֶׁמָּכְרוּ רְחוֹבָהּ שֶׁל עִיר, לוֹקְחִין בְּדָמָיו בֵּית הַכְּנֶסֶת. בֵּית הַכְּנֶסֶת, לוֹקְחִין תֵּבָה. תֵּבָה, לוֹקְחִין מִטְפָּחוֹת. מִטְפָּחוֹת, לוֹקְחִין סְפָרִים. סְפָרִים, לוֹקְחִין תּוֹרָה. אֲבָל אִם מָכְרוּ תוֹרָה, לֹא יִקְחוּ סְפָרִים.

1. Wenn die Bewohner einer Stadt den Stadtplatz[1] verkauft haben, dürfen sie für den Erlös eine Synagoge kaufen, für den einer Synagoge eine Lade[2], für den einer Lade Tücher,[3] für den von Tüchern Bücher[4], für den von Büchern eine Tora[5]. Aber wenn sie eine Tora verkauft haben,

---

Opfertieres. [37]) der öffentlichen und privaten Tieropfer, soweit nicht wie beim täglichen Morgen- und Nachmittagsopfer oder beim Pesaḥopfer eine bestimmte Tageszeit festgesetzt ist. [38]) 3. B. M. 7,30; 23, 11 und 20; 4. B. M. 5,25 und 6,20. [39]) Das Mehlopfer wird an die südöstliche Ecke des Opferaltars herangetragen (הגשה), wo der Priester davon eine Handvoll abhebt (קמיצה), die er dann auf das Altarfeuer legt (הקטרה), damit sie dort verbrenne. [40]) das bei den Vogelopfern an die Stelle des Schlachtschnittes tritt (3. B. M. 1,15; 5,8). [41]) des Opferblutes mittels des Beckens. [42]) vom Opferblute auf den Opferaltar, bezw. vor der heiligen Lade, dem Vorhange und auf den goldenen Altar. [43]) 4. B. M. 5,24. [44]) 5. B. M. 21,4. [45]) 3. B. M. 14, 1–32. [46]) In der Nacht zum sechzehnten Nisan wurde die Gerste gemäht, von der am folgenden Morgen ein 'Omer (= 1/10 Efa, etwa 2¾ Liter) dargebracht wurde. [47]) auf dem Opferaltar. Vom Ganzopfer wurden sämtliche Glieder dargebracht, von anderen Opfern nur gewisse Fettstücke, während das Fleisch gegessen wurde. [48]) Hierher gehört ausser den in voriger Mischna aufgezählten Dingen auch das Auflegen der zwölf Brote und der zwei Weihrauchschalen auf den goldenen Tisch (3. B. M. 24, 5–8). [49]) selbstverständlich mit Ausschluss solcher Gebote, deren Erfüllung an eine bestimmte Tageszeit gebunden ist. [50]) Hierher gehört auch die Vorschrift, das Fleisch des Pesaḥopfers in der Nacht zum fünfzehnten Nisan zu verzehren. Die Einschränkung der Essenszeit auf die erste Hälfte der Nacht ist nur eine rabbinische Vorbeugungsmassregel (s. jedoch P'saḥim X, Anm. 76).

[1]) Der insofern eine gewisse Heiligkeit besitzt, als auf ihm an Fasttagen eine öffentliche Andacht stattfindet (s. Ta'anijot II 1). [2]) in der die heiligen Bücher aufbewahrt werden. [3]) die zur Bekleidung oder Umhüllung der heiligen Bücher dienen. [4]) Propheten, Hagiographen oder einzelne Teile des Pentateuch. [5]) den

dürfen sie dafür keine Bücher
kaufen, für Bücher keine Tücher,
für Tücher keine Lade, für eine
Lade keine Synagoge, für eine
Synagoge keinen Platz. Dasselbe
gilt von ihren Ueberschüssen[6].
Man darf öffentliches Eigentum[7]
nicht an einen Privatmann verkaufen, weil man es dadurch in
seiner Heiligkeit herabsetzt. Dies
die Worte des Rabbi Juda[8]. Man
wandte ihm ein: Demnach auch
nicht aus einer grössern Stadt an
eine kleinere[9]? **2.** Man verkauft
eine Synagoge nur unter der Bedingung, dass man sie nach Belieben wiedererwerben könne[10].
So die Worte des Rabbi Meïr.
Die Weisen aber sagen: Man darf
sie für immer verkaufen[11], nur
nicht zu vier Dingen[12]: zu einem
Badehause, zu einer Gerberei[13],
zu einem Tauchbade[14] und zu
einer Waschanstalt. Rabbi Juda
sagt: Man verkauft sie für den
Zweck eines Hofes, mag der Käufer
damit machen, was er will. **3.** Ferner sagte Rabbi Juda: Wenn
eine Synagoge auch zerstört ist,
halte man in ihr keine Toten-
klage[15], drehe in ihr keine Stricke[16], spanne in ihr keine Netze

סָרִים. לֹא יִקְחוּ מִטְפָּחוֹת. מִטְפָּחוֹת.
לֹא יִקְחוּ תֵיבָה. תֵּיבָה. לֹא יִקְחוּ
בֵּית הַכְּנֶסֶת. בֵּית הַכְּנֶסֶת. לֹא יִקְחוּ
אֶת הָרְחוֹב. וְכֵן בְּמוֹתָרֵיהֶן. אֵין
מוֹכְרִין שֶׁל רַבִּים לְיָחִיד. מִפְּנֵי
שֶׁמּוֹרִידִין אוֹתוֹ מִקְּדֻשָּׁתוֹ. דִּבְרֵי רַבִּי
יְהוּדָה. אָמְרוּ לוֹ, אִם כֵּן אַף
לֹא מֵעִיר גְּדוֹלָה לְעִיר קְטַנָּה:
ב אֵין מוֹכְרִין בֵּית הַכְּנֶסֶת, אֶלָּא
עַל תְּנַאי, שֶׁאִם יִרְצוּ יַחֲזִירוּהוּ,
דִּבְרֵי רַבִּי מֵאִיר. וַחֲכָמִים אוֹמְרִים,
מוֹכְרִין אוֹתוֹ מִמְכַּר עוֹלָם, חוּץ
מֵאַרְבָּעָה דְבָרִים, לְמֶרְחָץ וּלְבֻרְסְקִי
וְלִטְבִילָה וּלְבֵית הַמַּיִם. רַבִּי יְהוּדָה
אוֹמֵר, מוֹכְרִין אוֹתָהּ לְשֵׁם חָצֵר,
וְהַלּוֹקֵחַ מַה שֶּׁיִּרְצֶה יַעֲשֶׂה: **ג** וְעוֹד
אָמַר רַבִּי יְהוּדָה, בֵּית הַכְּנֶסֶת שֶׁחָרַב,
אֵין מַסְפִּידִין בְּתוֹכוֹ, וְאֵין מַפְשִׁילִין
בְּתוֹכוֹ חֲבָלִים, וְאֵין פּוֹרְשִׂין לְתוֹכוֹ

ganzen Pentateuch in **einer** Rolle. [6]) Wenn man von einem Teil des Erlöses
einen Gegenstand von grösserer Heiligkeit erworben hat, darf man für den
Rest keinen solchen von geringerer Heiligkeit kaufen, z B. vom Erlös einer Synagoge keine Prophetenschriften, wenn man vorher einen Teil zum Ankauf einer
Torarolle verwandt hat. Das hier zu Grunde liegende Prinzip lautet kurz und bündig:
מעלין בקדש ואין מורידין = Man steigert in Bezug auf Heiligkeit, aber man vermindert nicht.
[7]) das einen Grad von Heiligkeit besitzt. [8]) Andere Lesart: Rabbi Meïr. [9]) Soweit gehst
du doch selber nicht. Und doch liegt in dem Verkauf an eine kleinere Stadt, wo der
heilige Gegenstand von weniger Personen benutzt wird, grundsätzlich eine eben-
solche Herabsetzung wie in dem Verkaufe an einen Privatmann. [10]) Nach Ermittlung
des Mietswertes wird vertraglich festgesetzt, dass der Käufer das Grundstück
jederzeit auf Verlangen des Verkäufers gegen Erstattung des um den Mietsbetrag
von Jahr zu Jahr verminderten Kaufpreises zurückzugeben habe. Würde der Käufer
den vollen von ihm bezahlten Preis nach Jahren wiedererhalten, so hätte er inzwischen unentgeltlich in dem Hause gewohnt und somit, da sich der gezahlte Betrag
nachträglich als blosses Darlehen erweist, gegen das Zinsverbot verstossen. [11]) auch
an einen Privatmann. [12]) an eine Person, die das zu erwerbende Haus für einen
der folgenden vier entwürdigenden Zwecke verwenden will. [13]) griechisch: βυρσική.
[14]) das zur Wiedererlangung verlorener hierologischer Reinheit (s. P'saḥim I, Anm. 26)
dient. [15]) Eine Ausnahme bilden angesehene Gelehrte und sonst um die Gemeinde
verdiente Personen, deren Totenfeier selbst in einer zum Gottesdienst benutzten
Synagoge erlaubt ist. [16]) verrichte überhaupt keine Arbeit in ihr. Das Beispiel

מְצוּדוֹת וְאֵין שׁוֹטְחִין עַל גַּגּוֹ פֵּרוֹת,
וְאֵין עוֹשִׂין אוֹתוֹ קַפַּנְדַּרְיָא. שֶׁנֶּאֱמַר
וַהֲשִׁמּוֹתִי אֶת מִקְדְּשֵׁיכֶם. קְדֻשָּׁתָן
אַף כְּשֶׁהֵן שׁוֹמֵמִין. עָלוּ בוֹ עֲשָׂבִים
לֹא יִתְלוֹשׁ, מִפְּנֵי עָגְמַת נֶפֶשׁ:
ד ראשׁ חֹדֶשׁ אֲדָר שֶׁחָל לִהְיוֹת
בְּשַׁבָּת, קוֹרִין בְּפָרָשַׁת שְׁקָלִים. חָל
לִהְיוֹת בְּתוֹךְ הַשַּׁבָּת, מַקְדִּימִין
לְשֶׁעָבַר, וּמַפְסִיקִין לְשַׁבָּת אַחֶרֶת.
בַּשְּׁנִיָּה זָכוֹר, בַּשְּׁלִישִׁית פָּרָה אֲדֻמָּה,
בָּרְבִיעִית הַחֹדֶשׁ הַזֶּה לָכֶם.
בַּחֲמִישִׁית חוֹזְרִין לִכְסִדְרָן. לַכֹּל
מַפְסִיקִין, בְּרָאשֵׁי חֳדָשִׁים בַּחֲנֻכָּה

aus, schichte auf ihrem Dache keine Früchte und benutze sie nicht zur Abkürzung des Weges[17]; denn es heisst[18]: Ich werde eure Heiligtümer veröden. Ihre Heiligkeit besteht also auch nach ihrer Verödung fort[19]. Sind Gräser in ihr emporgewachsen, reisse man sie um der Wehmut willen[20] nicht aus. **4.** Fällt der Anfang des Monats Adar[21] auf Sabbat, liest man den Abschnitt über die Sch'ḳalim[22]; fällt er in die Mitte der Woche, greift man auf den vorhergehenden zurück und setzt an einem andern Sabbat aus[23]. Am zweiten „Gedenke"[24], am dritten[25] über die rote Kuh[26], am vierten[27] „dieser Monat sei euch"[28]. Am fünften kehrt man zur gewöhnlichen Ordnung zurück[29]. Alles setzt man aus[30] an den Neumondstagen, am Weihefeste[31] und an

---

des Strickedrehens ist gewählt, weil dazu ein grösserer Raum, wie die Synagoge ihn bietet, erforderlich ist. [17]) lateinisch: compendiaria (via) = ein abgekürzter Weg. [18]) 3. B. M. 26, 31. [19]) Vorher (Vers 30) werden die Ausdrücke והשמדתי und והכרתי (vertilgen, vernichten) gebraucht, hier nur והשמותי: sie werden öde stehen, aber Heiligtümer bleiben. [20]) damit der traurige Anblick den Wunsch, sie wieder hergestellt zu sehen, erwecke und wach erhalte. [21]) der dem Nisan unmittelbar vorangeht, also im Schaltjahre Adar Scheni. [22]) 2. B. M. 30, 11–16, weil am ersten Adar die Bekanntmachung über die einen Schekel (oder einen halben heiligen Schekel, etwa 1,30 Mark) betragende Tempelsteuer erlassen wurde (s. Sch'ḳalim I 1). [23]) Man liest den genannten Abschnitt an dem Sabbat, der dem Neumondstage unmittelbar vorangeht und setzt am nächsten, bezw. (wenn der erste Adar auf Sabbat oder – was zur Zeit der Mischna möglich war — auf Sonntag fiel) am folgenden Sabbat die Vorlesung eines besonderen Abschnittes aus. [24]) Am zweiten Sabbat des Monats Adar, der stets dem Purimfeste unmittelbar vorangeht, liest man den mit Gedenke (זכור) beginnenden Toraabschnitt (5. B. M. 25, 17-19), der von dem ruchlosen Ueberfall Amaleks handelt. Nach der Ueberlieferung war Haman, der Agagi, ein Nachkomme des Amalekiterkönigs Agag. [25]) dem auf Purim folgenden Sabbat. Fällt der erste Adar auf Sonntag, Sabbat oder Freitag, so wird am dritten Sabbat (dem 14. bezw. 15. oder 16. Adar) ausgesetzt und der dritte Abschnitt erst am nächsten Sabbat (dem 21. bezw. 22. oder 23. Adar) vorgelesen. [26]) Mit Rücksicht auf das nahe Pesaḥfest wird der Abschnitt von der roten Kuh (4. B. M. 19, 1–22) verlesen, deren Asche zur Reinigung aller durch eine Leiche Verunreinigten erforderlich war (daselbst 11–12 u. 17–19). Unreine durften von keinem Opferfleisch, also auch nicht vom Pesaḥ essen. [27]) an dem dem ersten Nisan vorangehenden Sabbat oder am Neumondstage selbst, wenn dieser auf Sabbat fällt. [28]) In diesem Abschnitt (2. B. M. 12, 1–20) wird der Nisan als erster aller Monate eingesetzt und die Feier des Pesaḥ angeordnet. [29]) An den genannten vier Sabbaten wird statt des ordnungsmässigen, zum Inhalt des verlesenen Wochenabschnitts in Beziehung stehenden Prophetenabschnitts (Hafṭara) ein anderer, an die Bedeutung des betreffenden Sabbats anklingender Prophetenabschnitt vorgetragen; am fünften wird nach dem Wochenabschnitt (סדר) kein besonderer Toraabschnitt mehr verlesen und die Hafṭara wieder dem Inhalt des Wochenabschnitts angepasst. [30]) an Wochentagen den ordnungsmässigen Toraabschnitt, an Sabbaten den ordnungsmässigen Prophetenabschnitt. [31]) an dem zur Erinnerung an die

Purim[32], an den Fasttagen[33], in den Beiständen[34] und am Versöhnungstage[35]. **5.** Am Pesaḥ liest man[36] den Festabschnitt in der Priesterlehre[37], am Wochenfeste „Sieben Wochen“[38], am Jahresanfang „Im siebenten Monate am ersten des Monats“[39], am Versöhnungstage „Nach dem Tode“[40]; am ersten Tage des Festes[41] liest man den Festabschnitt in der Priesterlehre[37] und an allen übrigen Tagen des Festes von den Festopfern[42]. **6.** Am

וּבְפוּרִים, בְּתַעֲנִיּוֹת וּבְמַעֲמָדוֹת וּבְיוֹם הַכִּפּוּרִים: ה בַּפֶּסַח קוֹרִין בְּפָרָשַׁת מוֹעֲדוֹת שֶׁל תּוֹרַת כֹּהֲנִים. בָּעֲצֶרֶת, שִׁבְעָה שָׁבֻעֹת. בְּרֹאשׁ הַשָּׁנָה, בַּחֹדֶשׁ הַשְּׁבִיעִי בְּאֶחָד לַחֹדֶשׁ. בְּיוֹם הַכִּפֻּרִים, אַחֲרֵי מוֹת. בְּיוֹם טוֹב הָרִאשׁוֹן שֶׁל חָג, קוֹרִין בְּפָרָשַׁת מוֹעֲדוֹת שֶׁבְּתוֹרַת כֹּהֲנִים, וּבִשְׁאָר כָּל יְמוֹת הֶחָג, בְּקָרְבְּנוֹת הֶחָג:

Makkabäersiege eingesetzten, am 25. Kislew beginnenden achttägigen Feste. [32]) Trifft eines dieser Feste auf einen Montag oder Donnerstag, wird nicht wie sonst der erste Teil des Wochenabschnitts vorgelesen, sondern wie an den übrigen Wochentagen, an denen sonst keine Toravorlesung stattfindet, der unten (Mischna 6) angegebene Festabschnitt; fällt es auf Sabbat, wird statt der ordnungsmässigen Hafṭara ein auf das Fest bezüglicher Prophetenabschnitt vorgetragen. [33]) Auch Montag und Donnerstag wird, wenn es Fasttage sind, der am Ende des Kapitels verzeichnete Toraabschnitt morgens wie abends verlesen. Zweifelhaft ist, wenn ein Fasttag auf eines der eben erwähnten Feste fällt (vgl. Ta'anijot II 10 und Anm. 55 daselbst), ob der Festtag den Vorrang hat, oder ob er hinter dem Fasttage zurücksteht. [34]) S. Ta'anijot IV 2—3. [35]) Am Nachmittage (Minḥa) des Versöhnungstages (von der Hauptvorlesung am Vormittage handelt die nächste Mischna) werden die Keuschheitsgesetze (3. B. M. 18, 1—30) auch an einem Sabbat verlesen, während an anderen Feiertagen (an denen sonst allerdings nachmittags überhaupt keine Toravorlesung stattfindet), wenn sie auf einen Sabbat fallen, der erste Teil des Wochenabschnitts zu Minḥa vorgelesen wird. [36]) aus der Tora nach dem Frühgebet. [37]) So heisst das dritte Buch der Tora, weil es mit den Opfergesetzen beginnt. Aus ähnlichem Grunde bezeichnet man das vierte der fünf Bücher, das mit einer Volkszählung anfängt, als F ü n f t e l d e r M u s t e r u n g e n (חומש הפקודים). Den Festabschnitt enthält das Kapitel 23 der Priesterlehre. Es ist aber zweifelhaft, ob hier der ganze Abschnitt oder nur der auf das genannte Fest bezügliche Teil verlesen wird (s. Anm. 39 und 42). [38]) 5. B. M. 16, 9—12. Der Abschnitt enthält nur vier Verse, es werden aber am Feiertage fünf Personen und, wenn er auf Sabbat fällt, sogar sieben zur Tora gerufen (unten IV 2), von denen jeder mindestens drei Verse vorliest (unten IV 4). Demnach haben alle Aufgerufenen immer wieder dieselben Verse vorgetragen. [39]) 3. B. M. 23, 23—25. Die drei Verse werden von jedem der fünf bezw. sieben Aufgerufenen (s. die vorige Anmerkung) immer aufs neue vorgelesen. Diese auch am Wochenfeste notwendig beobachtete Anordnung macht es wahrscheinlich, dass auch am Pesaḥ- und am Hüttenfeste nicht der ganze, die sämtlichen Feste umfassende Abschnitt, sondern nur der zeitgemässe Teil verlesen wurde. [40]) 3. B. M. 16, 1—34. [41]) חג ist in der Mischna die gemeinsame Bezeichnung für das Hüttenfest und das sich anschliessende Schlussfest. [42]) Am zweiten Tage liest jeder der vier Aufgerufenen (s. unten IV 2) die Verse 17—19 im 29. Kapitel des vierten Buches der Tora, am dritten die Verse 20—22, am vierten die Verse 23—25 u. s. w.; am achten Tage können sich je zwei der fünf bezw. sieben Aufgerufenen in die zur Verfügung stehenden sechs Verse (29, 35—30, 1) teilen. Mit Ausnahme des achten Tages wird diese Anordnung noch heute im heiligen Lande befolgt. Am Versöhnungstage lesen auch wir den in der Mischna genannten Abschnitt. Sonst aber weicht unser Brauch sowohl im heiligen Lande als anderwärts von der hier gegebenen Vorschrift ab. Wir richten uns nicht nach der Mischna, sondern nach dem bab. Talmud, und lesen an jedem Tage des Pesaḥfestes einen andern Toraabschnitt, (משך בתורא קדש בכספא פסל במדברא שלח), am Wochenfeste von der Offenbarung am Sinai (2. B. M. 19—20), am ersten Tage des Neujahrsfestes von der Geburt Isaaks (1. B. M. 21)

Weihefeste[31] von den Fürsten[43], am Purim „Und es kam ʻAmalek“[44], an Neumondstagen „Und an euren Neumondstagen“[45], in den Beiständen[34] die Schöpfungsgeschichte[46], an Fasttagen die Segnungen und Flüche[47]. Man setzt inmitten der Flüche nicht ab, vielmehr liest einer sie sämtlich vor. Am zweiten und fünften [Wochentage] wie auch am Sabbat nachmittags liest man, was an der Reihe ist: es wird dies aber auf die Zahl nicht angerechnet[48]. Denn es heisst[49]: „Mosche sprach von den Festen Gottes zu den Kindern Israels“. Ihr Gebot fordert, dass man von jedem einzelnen zu seiner Zeit lese[50].

ן בַּחֲנֻכָּה, בַּנְּשִׂיאִים. בַּפּוּרִים, וַיָּבֹא עֲמָלֵק. בְּרָאשֵׁי חֳדָשִׁים, וּבְרָאשֵׁי חָדְשֵׁיכֶם. בַּמַּעֲמָדוֹת, בְּמַעֲשֵׂה בְרֵאשִׁית. בַּתַּעֲנִיּוֹת, בְּרָכוֹת וּקְלָלוֹת. אֵין מַפְסִיקִין בַּקְּלָלוֹת, אֶלָּא אֶחָד קוֹרֵא אֶת כֻּלָּן. בַּשֵּׁנִי וּבַחֲמִישִׁי וּבְשַׁבָּת בַּמִּנְחָה קוֹרִין כְּסִדְרָן, וְאֵין עוֹלִים לָהֶם מִן הַחֶשְׁבּוֹן. שֶׁנֶּאֱמַר, וַיְדַבֵּר מֹשֶׁה אֶת מֹעֲדֵי ה׳ אֶל בְּנֵי יִשְׂרָאֵל, מִצְוָתָן שֶׁיְּהוּ קוֹרִין כָּל אֶחָד וְאֶחָד בִּזְמַנּוֹ:

und am zweiten von der Versuchung Abrahams (daselbst 22), am Tage nach dem Hüttenfeste den Segen Mosches (5. B. M. 33—34), ausserhalb des heiligen Landes an diesem Tage (wie auch am achten des Pesaḥ- und am zweiten des Wochenfestes) den Festabschnitt im fünften Buche (15,19—16,17) und am folgenden den Segen Mosches. [43]) 4. B. M. 7, 1—89. [44]) 2 B. M 17, 8—16. [45]) 4. B. M. 28, 11—15. [46]) 1. B. M. 1,1—2,3. [47]) 3. B. M. 26, 3—46. Wir lesen nach Massechet Soferim (XVII 7) sowohl morgens (ausser תשעה באב) als nachmittags aus dem zweiten Buche die Verse 32, 11—14 u. 34, 1—10. [48]) Der ganze Pentateuch ist in Wochenabschnitte (S'darim) eingeteilt, die der Reihe nach (daher der Name סדר) an den einzelnen Sabbaten verlesen werden. Am Nachmittage eines jeden Sabbat wie auch am Morgen des auf ihn folgenden Montags und Donnerstags wird der erste Teil des am nächsten Sabbat fälligen Wochenabschnitts vorgelesen, ohne auf die Zahl der am Sabbat nach dem Frühgebet zu verlesenden Verse angerechnet zu werden. [49]) 3. B. M. 23, 44. [50]) Diese Auslegung scheint sich auf die überflüssigen Worte את מעדי ה׳ zu stützen. Es kommt nur selten vor, dass ausdrücklich erwähnt wird, Mosche habe die ihm für Israel erteilten Gesetze dem Volke mitgeteilt. Allenfalls hätte וידבר משה אל בני ישראל genügt (vgl. 3. B. M. 21, 24). Der Zusatz את מעדי ה׳ wird sogar störend empfunden. Zeiten oder Feste kann man nicht reden. Es ist also מצות zu ergänzen. Mosche sprach zu Israel das Gebot der Feste, welches die Rabbinen, die ja die Einrichtung regelmässiger Toravorlesungen auf Mosche zurückführen (Jeruschalmi hier IV 1 u. Massechet Soferim X 1; s. auch Babeli Baba Ḳamma 82 a), darin erblicken, dass man an jedem Festtage den betreffenden Toraabschnitt öffentlich verlese. — Es ist klar, dass dieser ganze Satz, die mit שנאמר (denn es heisst) beginnende Begründung und die an den Bibelvers geknüpfte Auslegung, sich unmittelbar an das Ende der vorigen Mischna anschliesst. Alles dazwischen Liegende ist bei einer der Umarbeitungen, welche die Mischna bis zu ihrem Abschluss durch Rabbi Juda Hannasi erfahren hat (s. S. 164, Z. 8—16) eingeschoben worden. (ובספר תפארת ישראל ראיתי דברים מתמיהים. ראשונה מה שפירש בסי׳ ל״ג בפסח ביו״ט ראשון של פסח ולא משמע כן ממשנתנו דאם כן לא היתה מעלמת ממנו מה שקורין בשאר ימי הפסח כמו שהגידה לנו מה שקורין בשאר ימי הסכות אלא ודאי שהיו קורין כל שבעת הימים בפרשת המועדות. שנית מה שכתב בסי׳ ל״ה ולדידן קורין זה למפטיר דהייט שבעה שבעת בעצרת ובאמת אין אנחנו קוראים למפטיר שבעה שבעת שבמשנה תורה אלא וביום הבכורים שבחומש הפקודים. שלישית מה שפירש בסי׳ ל״ו בראש השנה בחדש השביעי ר״ל כל פרשת שור או כשב שהרי אין בפרשת בחדש השביעי לבדה כדי קריאת חמשה קרואים ומה יעשה לבני ארץ ישראל שקורין בחול המועד של סכות ארבעה אנשים לשלשה פסוקים. רביעית מה שכתב שם שאנחנו קורין בראש השנה למפטיר בחדש השביעי שבתורת כהנים ונתחלפה לו פרשה זו בפרשת ובחדש השביעי שבחומש הפקודים).

פֶּרֶק ד.

א הַקּוֹרֵא אֶת הַמְּגִלָּה, עוֹמֵד וְיוֹשֵׁב. קְרָאָהּ אֶחָד, קְרָאוּהָ שְׁנַיִם, יָצָאוּ. מְקוֹם שֶׁנָּהֲגוּ לְבָרֵךְ, יְבָרֵךְ, וְשֶׁלֹּא לְבָרֵךְ, לֹא יְבָרֵךְ. בַּשֵּׁנִי וּבַחֲמִישִׁי וּבַשַּׁבָּת בַּמִּנְחָה קוֹרִין שְׁלשָׁה. אֵין פּוֹחֲתִין מֵהֶן, וְאֵין מוֹסִיפִין עֲלֵיהֶן, וְאֵין מַפְטִירִין בְּנָבִיא. הַפּוֹתֵחַ וְהַחוֹתֵם בַּתּוֹרָה, מְבָרֵךְ לְפָנֶיהָ וּלְאַחֲרֶיהָ: **ב** בְּרָאשֵׁי חֳדָשִׁים וּבְחֻלּוֹ שֶׁל מוֹעֵד קוֹרִין אַרְבָּעָה. אֵין פּוֹחֲתִין מֵהֶן, וְאֵין מוֹסִיפִין עֲלֵיהֶן, וְאֵין מַפְטִירִין בְּנָבִיא. הַפּוֹתֵחַ וְהַחוֹתֵם בַּתּוֹרָה, מְבָרֵךְ לְפָנֶיהָ

ABSCHNITT IV.

1. Wer die Rolle vorliest, mag stehen oder sitzen. Hat einer sie vorgelesen, haben zwei sie vorgelesen, so hat man[1] seiner Pflicht genügt[2]. Wo es Brauch ist, einen Segen zu sprechen, spreche man ihn, keinen Segen zu sprechen, spreche man ihn nicht[3]. Am zweiten und am fünften [Wochentage] wie auch am Sabbat nachmittags lesen drei[4]; man vermindert ihre Zahl nicht und fügt zu ihnen nicht hinzu[5], hält auch keinen Schlussvortrag aus einem Propheten[6]. Wer die Toravorlesung eröffnet und wer sie schliesst, spricht vorher und nachher einen Segen[7]. **2**. An Neumondstagen und an den Werktagen eines Festes[8] lesen vier; man vermindert ihre Zahl nicht und fügt zu ihnen nicht hinzu[5], hält auch keinen Schlussvortrag aus einem Propheten. Wer die Toravorlesung eröffnet und wer sie schliesst, spricht vorher und nachher einen Segen[7].

In unserm Kapitel werden die im vorigen begonnenen Vorschriften über die Toravorlesung fortgesetzt; nur werden zunächst drei Bestimmungen an die Spitze gestellt, in denen die öffentliche Vorlesung der Esterrolle sich von der der Tora unterscheidet: Bei dieser muss der Vorleser stehen, bei jener darf er sitzen; bei dieser ist in einem Raume nur ein Vorleser zuzulassen, bei jener können mehrere Personen zu gleicher Zeit im selben Zimmer vorlesen; bei dieser ist die Benediktion allgemein vorgeschrieben, bei jener wird sie vom Ortsbrauch bestimmt. [1]) als Zuhörer. [2]) Der eigentümliche Satzbau, in welchem קראה אחד ganz überflüssig scheint, will andeuten, dass zwischen einem Vorleser und zweien nicht der mindeste Unterschied besteht. Es können also auch von vornherein mehrere Vorleser gleichzeitig ihres Amtes walten, was für grössere Räume, in denen die kräftigste Stimme nicht durchdringt, den Vorteil bietet, dass sich mehrere Gruppen von Zuhörern bilden können, die sich um je einen Vorleser scharen. Dass die Zuhörer durch die verschiedenen Stimmen verwirrt werden, ist bei der Esterrolle nicht zu befürchten, weil ihr spannender Inhalt die Aufmerksamkeit so fesselt, dass von jeder Gruppe anzunehmen ist, sie werde ihre Gedanken ausschliesslich auf ihren Vorleser konzentrieren. [3]) Es handelt sich um die auf die Verlesung des Esterbuches folgende Benediktion; die ihr vorangehenden Segensprüche sind vorgeschrieben und hängen von keinem Ortsbrauche ab. [4]) Die Rede ist nicht mehr von Purim und der Esterrolle, sondern wieder von den regelmässigen Toravorlesungen. [5]) Der zu verlesende Toraabschnitt (s Kap. III, Anm. 48) wird in die genannte Zahl von Stücken — nicht mehr und nicht weniger — eingeteilt, die von ebensovielen Personen hintereinander vorgelesen werden. [6]) Zum Ausdruck מפטיר s. P'sahim X, Anm. 72. [7]) Der als erster zur Tora Gerufene spricht, ehe er die Vorlesung beginnt, eine Benediktion; der als letzter Aufgerufene spricht eine solche, nachdem er geendet; alle übrigen tragen ihren Abschnitt vor, ohne überhaupt einen Segen zu sprechen. Heute ist es seit langer Zeit schon Sitte, dass nicht die Aufgerufenen selbst aus der Tora vortragen, sondern sich durch einen geübten Vorleser vertreten lassen, gleichwohl aber jeder einzelne von ihnen sowohl die vorangehende als die nachfolgende Benediktion spricht. [8]) an den in Bezug auf das Arbeitsverbot minder strengen Tagen des Pesah- und

Dies ist die Regel: Jedesmal wenn es ein Musaf[9] gibt, ohne dass Feiertag wäre, lesen vier, am Feiertage fünf, am Versöhnungstage[10] sechs, am Sabbat[11] sieben. Man vermindert ihre Zahl nicht, darf aber zu ihnen hinzufügen und hält einen Schlussvortrag aus einem Propheten[12]. Wer die Toravorlesung eröffnet und wer sie schliesst, spricht vorher und nachher einen Segen[7]. **3**. Man entfaltet nicht das Sch'ma'[13], tritt nicht vor die Lade[14], erhebt die Hände nicht [zum Priestersegen][15], liest nicht aus der Tora vor, hält keinen Schlussvortrag aus einem Propheten[16],

ולאחריה. זה הכלל, כל שיש בו מוסף ואינו יום טוב, קורין ארבעה. ביום טוב, חמשה. ביום הכפורים, ששה. בשבת, שבעה. אין פוחתין מהן, אבל מוסיפין עליהן, ומפטירין בנביא. הפותח והחותם בתורה, מברך לפניה ולאחריה: ג אין פורסין את שמע, ואין עוברין לפני התבה, ואין נושאין את כפיהם, ואין קורין בתורה, ואין מפטירין בנביא,

des Hüttenfestes. [9]) So heisst das an Sabbat- Fest- und Neumondstag zwischen dem täglichen Morgen- und Nachmittagsopfer dargebrachte besondere Opfer sowie das ihm entsprechende Gebet an eben diesen Tagen. [10]) an dem auch solche Arbeiten verboten sind, die an den anderen Feiertagen zum Zwecke der Speisebereitung geschehen dürfen (s. Jom Tob, Einleitung). [11]) der hinsichtlich des Verbots der Werktätigkeit noch strenger als der Versöhnungstag ist (s. oben I 5). [12]) Wenn dieser Satz sich nicht allein auf Sabbat, sondern auch auf die vorher genannten Feiertage bezieht, was unbestritten ist, so muss auf diese die im vorangehenden Satze enthaltene Erlaubnis, zu der vorgeschriebenen Mindestzahl der Aufzurufenden nach Belieben hinzuzufügen, erst recht ausgedehnt werden. Dennoch wird sie von einigen Lehrern auf den Sabbat allein beschränkt. [13]) Unter Sch'ma' versteht man nicht allein den mit diesem Worte beginnenden Toraabschnitt von der Einheit Gottes und der Pflicht ihn zu lieben (5. B. M. 6, 4–9), sondern auch die in demselben Buche (11, 13–21) enthaltene Verheissung des Lohnes für treue Befolgung und Androhung von Strafen für Missachtung der göttlichen Gebote, häufig sogar noch den Abschnitt über die Schaufäden (4. B. M. 15, 37—41). Das Sch'ma' entfalten oder ausbreiten (פרס, im Jer. meist פרש) heisst, es laut und deutlich nebst seinen Benediktionen unter Leitung eines Vorbeters, der es mit [ברכו את ה' [המבורך (B'rachot VII 3) eröffnet, entweder im Chor oder im Wechselvortrag hersagen (s. P'sahim IV, Anm. 30). Dazu ist die Anwesenheit von zehn Männern erforderlich. Ist diese Zahl (מנין) nicht vorhanden, so liest es jeder für sich ohne abzusetzen, gleichsam in einem Zuge, was man כרך את שמע (das Sch'ma' zusammenrollen) nennt. Statt פרס את שמע findet sich öfter in demselben Sinne פרס על שמע. Es scheint aber, dass da ein ähnlicher Unterschied ist wie zwischen בצע את הפת (das Brot teilen) und בצע על הפת (den Segen dabei sprechen). Vermutlich bezieht sich פרס את שמע auf das Sch'ma' und seine Segenssprüche, פרס על שמע nur auf diese, die über das Sch'ma' gebreitet, d. h. feierlich vorgetragen werden, so dass פרס על שמע dem Sinne gemäss nach ברך על שמע konstruiert wäre. In 1 Sam. 9, 13 wird יברך, da ein öffentlicher Segen über das Mahl gemeint ist, vom Targum mit feinem Sprachgefühl durch פריס wiedergegeben. S. auch unten Anm. 30 und 40). [14]) um als Vertreter der Gemeinde (שליח צבור) das eigentliche Gebet, die T'filla vorzutragen. Die Lade ist der Schrein, der die Torarollen birgt. [15]) 4. B. M. 6, 24–26; vgl. 3. B. M. 9, 22. [16]) Man beachte die noch heute befolgte Reihenfolge: Sch'ma', T'filla, Priestersegen, Toravorlesung, Haftara. Die beiden Letztgenannten, von denen bisher die Rede war, stehen trotzdem nicht an der Spitze, um den Anschluss herzustellen, sondern am Ende. Das beweist, dass unter der Entfaltung des Sch'ma', wie Maimonides erklärt, der Vortrag in der Gebetsversammlung zu verstehen ist und nicht, wie die anderen Kommentatoren meinen, der Brauch, nach dem Gebote קדיש וברכו und יוצר אור für die zu spät Gekommenen zu wiederholen. Die Männer von Jeriho wurden getadelt (P'sahim IV 8), weil sie nur zur T'filla einen Vorbeter bestellten, sich aber nicht die Zeit nahmen, auch das Sch'ma' in gemeinsamer Andacht zu lesen, es vielmehr einzeln herunterhasteten.

וְאֵין עוֹשִׂין מַעֲמָד וּמוֹשָׁב, וְאֵין אוֹמְרִים בִּרְכַּת אֲבֵלִים, וְתַנְחוּמֵי אֲבֵלִים, וּבִרְכַּת חֲתָנִים, וְאֵין מְזַמְּנִין בַּשֵּׁם פָּחוֹת מֵעֲשָׂרָה, וּבַקַּרְקָעוֹת תִּשְׁעָה וְכֹהֵן, וְאָדָם כַּיּוֹצֵא בָהֶן:

veranstaltet kein Stehen und Weilen, spricht keinen Segen über die Trauernden, keine Trostworte zu den Leidtragenden[17], keinen Segen über Neuvermählte[18] und keine mit dem Gottesnamen verbundene Aufforderung[19], wenn weniger als zehn[20] anwesend sind[21]. Bei Grundstücken sind neun und ein Kohen erforderlich[22]. Bei einen Menschen gilt das

---

17) Bei Leichenbegängnissen war es Sitte, die Bahre auf dem Wege zum Grabe siebenmal niederzusetzen, um eine kurze Trauerrede oder Totenklage zu halten. Hierbei rief der Ordner jedesmal: עמדו יקרים עמודו (Bleibet stehen, ihr Teueren, bleibet stehen!), שבו יקרים שבו (Verweilet, Teuere, o weilet!). Nach der Beerdigung sprach der Angesehenste der Anwesenden einen Segen über die Trauernden, worauf Reihen von mindestens je zehn Personen gebildet wurden, um den Leidtragenden, während sie entlang gingen, Beileid zu bekunden und Worte des Trostes zuzurufen. 18) die sechs Benediktionen (ברכות הנשׂואין) bei der Heimführung und beim Hochzeitsmahle, gewöhnlich als שבע ברכות bezeichnet, weil der Segen über den Wein mitgezählt wird. 19) Wenn zehn Männer nach einem gemeinsamen Mahle das Tischgebet (ברכת המזון) zu sprechen sich anschicken, richtet derjenige, der es laut vortragen soll, an die Tischgenossen die Aufforderung: „Wir wollen unsern Gott preisen, von dessen Gaben wir gegessen haben", worauf jene antworten: „Gepriesen sei unser Gott, von dessen Gaben wir gegessen haben und von dessen Güte wir leben". Diese Aufforderung nennt man זמון (s. B'rachot VII 3). — Das Verbum זמן ist ein Denominativ von זמן = Zeit. Seine mannigfachen Bedeutungen [festsetzen, bestimmen ('Ezra 10, 14); einladen, auffordern (דמאי VII 1); bestellen, vorladen (מועד קטן 16 a Z. 5); bereithalten (חולין XII 1) u. ä.] hängen sämtlich mit dem Begriffe der Zeit irgendwie zusammen. Im Nitpa'el bedeutet es: sich ereignen. Daher der scheinbare Gegensatz zwischen זימן = vorbereiten (יום טוב I 4; eigentlich = bestimmen) und נזדמנו = zufällig sich darbieten (שביעית VII 4; eigentlich = sich treffen). 20) das sogenannte Minjan (מנין), zehn volljährige Personen männlichen Geschlechts. 21) In diesem Falle betet jeder das שמע nebst seinen Segensprüchen (ohne ברכו) sowie die תפלה (ohne קדושה) leise für sich, während Priestersegen, Toravorlesung und Hafṭara ganz ausfallen. Ebenso unterbleibt bei ungenügender Beteiligung am Trauerzuge das Niedersetzen der Bahre, der Segen über die Leidtragenden und die Bildung der Reihe. Dasselbe gilt von den Vermählungsbenediktionen bis auf die letzte, die auch dann während der Hochzeitswoche gesprochen wird, wenn nur zwei Männer dem Bräutigam beim Mahle Gesellschaft leisten. Sind beim Tischgebete weniger als zehn anwesend, werden die Worte unser Gott sowohl in der Aufforderung als in der Antwort weggelassen; sind ihrer nur zwei, wird das Tischgebet von beiden ohne gegenseitige Aufforderung gesprochen. Waren zu Beginn des שמע zehn Männer versammelt, und es entfernt sich der eine und der andere, so wird es weiter bis zur Schlussbenediktion entfaltet, es tritt aber zur תפלה kein Vorbeter hin. Ist das Minjan während des Vortrages der תפלה zerstört worden, wird er vom Vorbeter zu Ende geführt, der Priestersegen aber fällt aus, und erst recht die Toravorlesung nebst der Hafṭara. Hat sich während des Priestersegens die vorgeschriebene Zahl vermindert, so vollenden die Kohanim unbeirrt den Segen, es wird aber, ehe das Minjan wiederhergestellt ist, weder aus der Tora noch aus den Propheten vorgelesen. Ebenso wird die einmal begonnene Vorlesung aus der Tora oder den Propheten unentwegt vollendet, wenn auch die Versammlung inzwischen eine Einbusse an der Zehnzahl erlitten hat; nur fällt die Hafṭara ganz aus, wenn schon beim Schluss der Toravorlesung nicht mehr zehn Männer vorhanden waren. 22) In dieser knappen Form (ובקרקעות תשעה וכהן) ist der Sinn nicht ganz klar, die Konstruktion etwas holperig. Gemeint ist שום קרקעות של הקדש בתשעה וכהן: Wenn der Wert eines Grundstücks für den Tempelschatz ermittelt, insbesondere ein ihm geweihtes Land wieder ausgelöst werden soll, müssen zur Abschätzung zehn Sachverständige und unter diesen mindestens einer, der seinen Stammbaum auf Aharon zurückführen kann, zugezogen werden. Was die Konstruktion betrifft, so ist sie fast unverändert aus Sanhedrin I 3 herübergenommen, wo sie im Zusammenhange begründet ist. Hier liesse sie sich rechtfertigen, wenn man aus

ד הַקּוֹרֵא בַתּוֹרָה, לֹא יִפְחוֹת מִשְּׁלֹשָׁה פְסוּקִים. לֹא יִקְרָא לַמְּתֻרְגְּמָן יוֹתֵר מִפָּסוּק אֶחָד, וּבְנָבִיא שְׁלֹשָׁה. הָיוּ שְׁלָשְׁתָּן שָׁלֹשׁ פָּרָשִׁיּוֹת, קוֹרִין אֶחָד אֶחָד. מְדַלְּגִין בְּנָבִיא, וְאֵין מְדַלְּגִין בַּתּוֹרָה. וְעַד כַּמָּה הוּא מְדַלֵּג, עַד כְּדֵי שֶׁלֹּא יִפְסוֹק הַמְּתֻרְגְּמָן: ה הַמַּפְטִיר בְּנָבִיא, הוּא פוֹרֵס אֶת שְׁמַע, וְהוּא

Gleiche[23]. **4.** Wer aus der Tora vorliest, soll nicht unter drei Verse hinabgehen[24]. Er lese dem Uebersetzer nicht mehr als einen Vers vor und aus den Propheten [nicht mehr als] drei[25]. Bilden diese drei aber drei Abschnitte[26], liest man sie einzeln vor. Man darf in einem Prophetenbuche überspringen, in der Tora aber darf man nicht überspringen[27]. Und wieviel darf er[28] überspringen? Nur soviel, dass der Uebersetzer keine Pause eintreten lasse[29]. **5.** Wer den Schlussvortrag aus einem Prophetenbuche hält[6], entfaltet auch das Sch'ma'[30],

---

dem vorhergehenden (allerdings negativen) Satze מוזמנין herübernimmt: ובקרקעות [מוזמנין] תשעה וכהן = Bei Grundstücken werden neun und ein Kohen aufgefordert (oder eingeladen, noch besser: bestellt; s. Anm. 19). Vgl. in der folgenden Mischna: לא יקרא למתורגמן יותר מפסוק אחד ובנביא שלשה, wo die Annahme, dass שלשה elliptisch statt משלשה steht, weniger befriedigen würde als die Ergänzung: ובנביא [קורא] שלשה. [23]) Wenn jemand seinen Geldwert oder den eines andern Menschen dem Heiligtum gelobt (דמי עלי oder דמיו עלי), also den Betrag, der für ihn als Kaufpreis auf dem Sklavenmarkte erzielt werden könnte, so sind zu dieser Abschätzung ebenfalls zehn Fachkundige, unter denen sich ein Kohen befinden muss, einzuberufen. — Die sehr oft wiederkehrende Redensart כיוצא בו oder כיוצא בדבר in der Bedeutung desgleichen ist ähnlich zu erklären wie die Verbindung יצא שכרו בהפסדו und יצא הפסדו בשכרו (Abot 5, 11—12). Wörtlich heisst das: „Der Gewinn geht in den Schaden aus" und umgekehrt: „Der Schaden geht in den Gewinn aus". Der Sinn ist: Es verschwindet der eine in dem andern, er wird durch ihn aufgehoben oder wenigstens aufgewogen. So auch hier כיוצא בהן = das eine geht in dem andern auf, es ist darin enthalten; der Mensch ist den Grundstücken gleichzusetzen, denn אדם ist nur ein besonderer Fall von קרקעות. Auch der Deutsche sagt: „Das kommt auf eins hinaus", wenn er zwei Urteile auf einander zurückführt. Ebenso gebraucht der Grieche in solchem Falle ἐξέρχεσθαι oder ἐξήκειν, der Lateiner eo redire, der Franzose revenir au même. Mithin כיוצא בו und כיוצא בדבר eigentlich = ungefähr auf dasselbe hinauslaufend, d. i. desgleichen. [24]) Mit anderen Worten: Er soll mindestens drei Verse vorlesen. [25]) Als die heilige Sprache mehr und mehr in Vergessenheit geriet, wurde die Einrichtung getroffen, die öffentlichen Vorträge aus der Bibel dem Volke ins Aramäische, seine Umgangssprache, zu übersetzen. Bei der Tora wurde Vers um Vers übertragen; bei den Prophetenschriften, wo es auf eine wortgetreue Uebersetzung nicht so ankam, konnte man dem Torgemân zutrauen, dass er selbst drei Verse hintereinander sinngemäss aus dem Gedächtnis wiederzugeben imstande sein würde. — Statt מתורגמן findet sich öfter die kürzere Form תורגמן (syrisch: Targemân, arabisch: Turdschumân und Mutardschim). — Zur Konstruktion ובנביא שלשה s. oben Anm. 22. [26]) So bilden im 52. Kapitel des Propheten Jesaja die drei Verse 3—5 je einen besondern Absatz. [27]) es sei denn, dass es sich um Sätze oder Stücke handelt, die den Zusammenhang unterbrechen. So hat der Hohepriester am Versöhnungstage die Festabschnitte aus dem dritten Buche der Tora (16, 1—34 und 23, 26 – 32) vorgelesen und die dazwischen liegenden (17, 1 – 23, 25) übersprungen (s. Joma VII 1). [28]) der Vorleser aus den Propheten, unter Umständen auch der Toravorleser, wenn nämlich die wegzulassenden Verse Abschnitte verwandten Inhalts trennen. [29]) nur soviel, dass der Vorleser die entferntere Stelle aufschlagen kann, ehe der Uebersetzer mit der Uebertragung fertig ist, damit im Vortrage keine störende Pause entstehe (vgl. Joma VII, Anm. 2). — Wörtlich heisst כדי שלא יפסוק: etwa hinreichend, dass er nicht aufhöre. פסק (in der Bibel mit Sin: פשק) bedeutet spalten, scheiden (daher auch wie גזר = entscheiden), trennen, unterbrechen, aufhören. [30]) Nachdem er אשרי יושבי ביתך angestimmt und einen aus verschiedenen Versen [אין כמוך באלהים וגו׳. כי כמוך באלים וגו׳. מלכותך מלכות כל עולמים וגו׳. ה׳ מלך ה׳ מלך

עוֹבֵר לִפְנֵי הַתֵּבָה, וְהוּא נוֹשֵׂא אֶת כַּפָּיו. וְאִם הָיָה קָטָן, אָבִיו אוֹ רַבּוֹ

tritt auch vor die Lade[31], und erhebt auch die Hände [zum Priestersegen][32]. Ist er minderjährig[33], tritt sein Vater oder sein Lehrer

---

ה׳ ימלך לעולם ועד. ה׳ חפץ למען צדקו וגו׳. אתה הוא ה׳ לבדך וגו׳. ה׳ עז לעמו יתן וגו׳] zusammengesetzten Hymnos stehend vorgetragen hat, hebt der מפטיר die heilige Torarolle in die Höhe und singt: שמע ישראל ה״א ה׳ אחד. Die Gemeinde wiederholt den Satz im Chor. Es folgt das Einheitsbekenntnis in seiner dreifachen Prägung: אחד א׳ גדול אדונינו לעולם ועד. אחד א׳ גדול אדונינו קדוש הוא. אחד א׳ גדול אדונינו קדוש ונורא שמו, hierauf wiederum im Wechselgesang der Jubelruf: ה׳ הוא האלהים ה׳ שמו und noch einmal: ה׳ הוא הא׳ ה׳ שמו. Den Schluss bildet wieder ein Hymnos, der aus folgenden Bibel- und anderen Versen besteht: [צדקתך צדק לעולם ותורתך אמת] וצדקתך א׳ עד מרום וגו׳. ה׳ שמך לעולם וגו׳. הכל תנו עז לא׳ ותנו כבוד לתורה. גדלו לה׳ אתי וגו׳. על הכל יתגדל וגו׳. תגלה ותראה מלכותו וגו׳. הםקום יעשה עמנו בעבור שמו הגדול ואמרו אמן. Dann rollt er das heilige Buch bis auf drei Kolumnen zusammen, zeigt die Schrift dem Volke, das sich mit den Worten וזאת התורה וגו׳ und (oder?) תורת ה׳ תמימה וגו׳ verneigt, und übergibt die Rolle dem Synagogendiener, dass er sie dem ersten der zur Tora Aufgerufenen hinreiche, der sie zum Zwecke der Vorlesung aus dem heiligen Schrein gehoben und geöffnet hatte, jetzt aber sie wieder verhüllt und zurückstellt (מסכת סופרים XIV 8ff.). — Die Lesarten schwanken auch hier wie oben (M. 3) und unten (M. 6) zwischen את und על. Wir ziehen hier, wo es sich, wie wir gesehen haben, um keine Benediktion über das Sch'ma' handelt, gemäss unserer Auseinandersetzung in Anm. 13 die Lesart des Jeruschalmi (הוא פורס את שמע) vor. [31]) um das Musafgebet vorzutragen. [32]) Da die Tora wegen ihrer grössern Heiligkeit in höherm Ansehen stand als die Bücher der Propheten, war der Vortrag aus diesen natürlich weniger begehrt als die Vorlesung aus der Torarolle [ולא זכיתי להבין מה שכתב ר״ן ז״ל שאין ההפטרה חשובה לכבוד מאחר שאפלו קטן ראוי לה והלא קטן קורא גם בתורה ואעפ״כ המפטיר פורס את שמע ולא ראש הקוראים]. Darum wurden dem מפטיר, gewissermassen als Entschädigung für seine Zurücksetzung hinter die zur Tora aufgerufenen Gemeindemitglieder, die drei Ehrenrechte eingeräumt, das Sch'ma' zu entfalten, das Musaf vorzubeten und, wenn er ein Kohen ist, zum Priestersegen (Anm. 15) die Hände zu erheben. Was nun diesen letzterwähnten Vorzug betrifft, so ist zunächst nicht zu verstehen, worin er besteht. Die Kohanim sprachen ja den Segen gemeinsam über die Gemeinde, und es ist doch nicht anzunehmen, dass ihm zuliebe die übrigen genötigt wären, auf ihr Recht, das in Wahrheit eine Pflicht ist, zu verzichten. R. Jomṭob Heller meint in seinen תוספות יו״ט, der Satz stehe nur wegen der nachfolgenden Einschränkung da, um anzudeuten, dass der מפטיר, wenn er nicht volljährig ist, den Segen **nicht** spricht. Diese Erklärung ist an sich schon wenig befriedigend. Sie erscheint noch unwahrscheinlicher, wenn man erwägt, dass עוברין על ידו sich gar nicht auf den Priestersegen bezieht (s. Anm. 34) und dass ein Minderjähriger wohl befugt ist, im Chor der Erwachsenen den Segen mitzusprechen (s Anm. 35). Die zweite Erklärung in תוספות יו״ט, laut welcher der מפטיר den Priestersegen anstimmt und die anderen Kohanim sich nach ihm zu richten und seiner Leitung zu fügen haben, wäre annehmbar, wenn sie dem Wortlaut der Mischna, in der vom Erheben der Hände schlechthin die Rede ist, besser entspräche. Die Schwierigkeit löst sich in der einfachsten Weise, wenn wir uns an das Wort der Mischna (B'rachot V 4) erinnern, nach welchem der Vorbeter, selbst wenn er der einzige anwesende Kohen ist, die Hände nicht zum Segen erheben soll. Darauf bezieht sich hier והוא עובר לפני התיבה והוא נושא את כפיו: Obgleich er als Vorbeter fungiert, spricht er doch den Segen über die Gemeinde, gleichviel ob er der einzige Kohen im Gotteshause ist, oder noch andere Priester mit ihm die Hände erheben. Der מפטיר bildet eben eine Ausnahme. [In gleicher Weise löst sich die Schwierigkeit in Soṭa VIII 5, wo R. Jose (ben Ḥalafta) nichts anderes zu sagen scheint als R. Jose der Galiläer. Er bezieht sich aber auf M. 3 daselbst, wo es heisst: אלמנה לכהן גדול גרושה וחלוצה לכהן הדיוט ממזרת ונתינה לישראל בת ישראל לממזר ולנתין לא היה חוזר. Dazu meint R. Jose: Wenn er auch auf Grund seiner Eheschliessung, da sie sündhaft ist, nicht das Recht hat umzukehren, so hat er es doch wieder, gerade infolge der Gesetzesübertretung, wegen seiner Angst vor der göttlichen Strafe.] [33]) noch nicht volle dreizehn Jahre alt. Ein Minderjähriger kann wohl den Prophetenabschnitt vortragen, sogar aus der Tora vorlesen, aber nicht das

עוֹבְרִין עַל יָדוֹ׃ ו קָטָן קוֹרֵא בַתּוֹרָה
וּמְתַרְגֵּם, אֲבָל אֵינוֹ פוֹרֵס עַל שְׁמַע,
וְאֵינוֹ עוֹבֵר לִפְנֵי הַתֵּבָה, וְאֵינוֹ נוֹשֵׂא
אֶת כַּפָּיו. פּוֹחֵחַ פּוֹרֵס אֶת שְׁמַע
וּמְתַרְגֵּם, אֲבָל אֵינוֹ קוֹרֵא בַתּוֹרָה,
וְאֵינוֹ עוֹבֵר לִפְנֵי הַתֵּבָה, וְאֵינוֹ נוֹשֵׂא
אֶת כַּפָּיו. סוּמָא פּוֹרֵס אֶת שְׁמַע
וּמְתַרְגֵּם. רַבִּי יְהוּדָה אוֹמֵר, כָּל שֶׁלֹּא
רָאָה מְאוֹרוֹת מִיָּמָיו, אֵינוֹ פוֹרֵס עַל
שְׁמַע׃ ז כֹּהֵן שֶׁיֵּשׁ בְּיָדָיו מוּמִין,
לֹא יִשָּׂא אֶת כַּפָּיו. רַבִּי יְהוּדָה
אוֹמֵר, אַף מִי שֶׁהָיוּ יָדָיו צְבוּעוֹת

für ihn hin[34]. **6**. Ein Minderjähriger darf aus der Tora vorlesen und übersetzen, aber nicht das Sch'ma' entfalten[13], nicht vor die Lade hintreten[14] und nicht seine Hände [zum Priestersegen] erheben[35]. In zerfetzter Kleidung[36] darf man das Sch'ma' entfalten und übersetzen, aber nicht aus der Tora vorlesen, nicht vor die Lade hintreten und nicht [zum Priestersegen] die Hände erheben. Ein Blinder[37] darf das Sch'ma' entfalten[38] und übersetzen[39]. Rabbi Juda meint: Wer zeitlebens die Himmelslichter nicht gesehen hat, soll beim Sch'ma' nicht vorbeten[40]. **7**. Ein Kohen, dessen Hände mit Gebrechen behaftet sind, soll die Hände nicht [zum Priestersegen] erheben[41]. Rabbi Juda meint: Auch der, dessen Hände

---

Amt eines Vorbeters ausüben (s. die folgende Mischna). [34]) על ידו bedeutet hier: an seiner Stelle, aber mit dem Nebenbegriff: durch ihn, d. h. vermöge seines Anrechts, also nur auf sein Verlangen, wenn er darauf besteht. Aehnlich könnte es auch in Joma III 4 aufgefasst werden: Ein anderer vollendet den Schnitt für den Hohenpriester, aber nur auf seinen Wunsch. — עוברין על ידו heisst hier schwerlich: sie treten für ihn ein, etwa wie עומדין תחתיו oder נכנסין במקומו, so dass die Stellvertretung sich auf alle drei Funktionen bezöge; vielmehr steht עוברין hier (wie auch sonst, z. B gleich unten M. 8 dreimal) für עוברין לפני התיבה. Nur als Vorbeter vor die heilige Lade hinzutreten ist dem minderjährigen כפטיר nicht gestattet; wohl aber wird er zur Entfaltung des Sch'ma', da es sich nicht um das eigentliche שמע mit seinen Segensprüchen, sondern nur um den ersten Vers handelt (s. Anm. 30), ebenso zugelassen wie zur Mitwirkung beim Priestersegen im Chor der Erwachsenen (s. die nächste Anmerkung). [35]) um als einziger Kohen die Gemeinde zu segnen. Ist aber auch ein volljähriger anwesend, der den Priestersegen spricht, kann der minderjährige mit ihm die Hände erheben. [36]) durch deren Löcher Teile des nackten Körpers sichtbar sind. — ערום ויחף (Jesaja 20,2f übersetzt das Targum פחיח (פחת?) ויחיף = abgerissen und barfuss). [37]) סומא (aram. סמיא, arab. עָמִי) ist ein hebraisiertes Lehnwort, welches das klassische עִוֵּר verdrängt hat. [38]) Obgleich der erste Segensspruch ein Dankgebet für die Himmelsgabe des Lichtes und den Wechsel der Tageszeiten ist, den ja der Blinde nicht wahrnimmt, kann er doch das Sch'ma' mit all seinen Benediktionen vortragen (פורס את שמע), weil auch ihm das Licht insofern eine Wohltat bedeutet, als andere, die ihn in seiner Hilflosigkeit sehen, ihm ausweichen können oder ihn gar an der Hand zu führen in der Lage sind. [39]) s. Anm. 25. Zur Toravorlesung und zum Schlussvortrag aus einem Buche der Propheten kann er nicht zugelassen werden, weil man Bibelverse nicht aus dem Kopfe hersagen darf (דברים שבכתב אי אתה רשאי לאמרם על פה); die Uebersetzung dagegen durfte umgekehrt aus keinem Buche, sondern nur auswendig erfolgen (דברים שבעל פה אי אתה רשאי לאמרם בכתב). [40]) da er die Grösse dieses göttlichen Gnadengeschenkes nicht voll zu würdigen vermag. — Wenn die Lesart, die hier על שמע, kurz vorher aber in der Gegenansicht את שמע lautet, zuverlässig ist, und die oben (Anm. 13) ausgesprochene Vermutung über den Unterschied beider Konstruktionen einige Berechtigung hat, so will R. Juda nur sagen, dass ein Blinder die erste Benediktion über das Sch'ma' nicht vortragen soll (יוצר אור bezw. מעריב ערבים), er räumt aber ein, dass er die übrigen Segensprüche und das eigentliche Sch'ma' in der Gebetsversammlung „ausbreiten" darf. [41]) weil sie die Blicke der Anwesenden auf sich

אִסְטִים וּפוּאָה, לֹא יִשָּׂא אֶת כַּפָּיו, מִפְּנֵי שֶׁהָעָם מִסְתַּכְּלִין בּוֹ: ח הָאוֹמֵר, אֵינִי עוֹבֵר לִפְנֵי הַתֵּבָה בִּצְבוּעִין, אַף בִּלְבָנִין לֹא יַעֲבוֹר. בְּסַנְדָּל אֵינִי עוֹבֵר, אַף יָחֵף לֹא יַעֲבוֹר. הָעוֹשֶׂה תְּפִלָּתוֹ עֲגֻלָּה, סַכָּנָה וְאֵין בָּהּ מִצְוָה.

mit Waid[42] oder Krapp[43] gefärbt sind, soll seine Hände nicht [zum Priestersegen] erheben, weil die Leute ihn anschauen würden[44]. **8.** Wer da sagt: „Ich trete nicht in bunten Kleidern vor die Lade“, soll auch in weissen nicht hintreten; „ich trete nicht in Sandalen hin,“ soll auch barfuss nicht hintreten[45]. Macht man die Gebetkapsel[46] rund, so ist es eine Gefahr[47] und entspricht nicht der

---

lenken und auf deren Andacht störend wirken könnten. [42]) griechisch: ἰσάτις = Färberwaid, isatis tinctoria, ein in der Blaufärberei benutztes Kraut. [43]) Rubia tinctorum, eine Wurzel, aus der eine schöne und haltbare rote Farbe gewonnen wird. [44]) vgl. Anm. 41. [45]) weil er heidnischer Sitte huldigt, die es verpönt, vor die Gottheit in farbigen Kleidern oder in Sandalen hinzutreten. [46]) das Pergamentgehäuse, das die Gebetstreifen (s. oben Kapitel I, Anm. 40) birgt. [47]) R. Ḥananel und Raschi z. St. (24b; s. auch Raschi zur Parallelstelle in מנחות 35a) erblicken die Gefahr in der Möglichkeit, dass ihm die Spitze der (eirunden) Kapsel, wenn er unversehens mit der Stirne auf einen harten Gegenstand stiesse, in den Kopf eindringt. R. Tam ist von dieser Erklärung, die eine unwahrscheinliche Zartheit der im allgemeinen ziemlich widerstandsfähigen Schädeldecke voraussetzt, nicht befriedigt. Er sieht die Gefahr negativ im dem Ausbleiben des Schutzes, den die vorschriftsmässig hergestellten T'fillin ihrem Träger gewähren (Tosafot z St. ד"ה סכנה). Beide Erklärungen lassen die Antwort auf die naheliegende Frage vermissen, wie denn ein Mann mit gesunden Sinnen überhaupt auf den kuriosen Einfall kommen mag, durch runde Gebetkapseln sich auffällig zu machen. Nun finden wir in der Baraita (Tosefta hier K. III, Jer. hier K. IV. g. E., Bab. מנחות 32b) einen ähnlichen Ausspruch in Bezug auf die Pfostenschrift. Die Lesarten weichen zwar von einander ab; sie klingen aber dem Sinne nach übereinstimmend in dem Satze zusammen: Wer die M'zuza (statt sie zu befestigen) nur anhängt oder (statt aussen vor dem Eingange) innen hinter der Tür anbringt, setzt sich einer Gefahr aus, ohne das Gebot zu erfüllen (סכנה ואין בה מצוה). Hier lesen wir in Raschi die Erklärung, die R. Tam bei den runden T'fillin gibt, die Gefahr liege in dem Mangel des Schutzes, den die gehörig angebrachte Pfostenschrift dem Hause bietet, während R. Tam wieder die Auffassung vorzieht, die sein Grossvater bei den ovalen Gebetkapseln vertritt, es drohe die Gefahr einer Schädelverletzung durch die M'zuza. Mischna und Baraita erklären sich aber ungezwungen, wenn man sich der Worte ובסכנה מכסן והולך לו ('Erubin X 1) erinnert, die auf eine Zeit der Religionsverfolgung hinweisen, in der die Beobachtung unserer heiligen Gebote, insbesondere auch das Anlegen der T'fillin, von der römischen Gewaltherrschaft mit dem Tode bestraft wurde. In einer Baraita, die der bab. Talmud (Sabbat 49a u. 130a) uns erhalten hat, wird darüber ausführlicher berichtet. Da mag es Schlauköpfe gegeben haben, die sich einbildeten, den grausamen Häschern entschlüpfen zu können, wenn sie dem Gehäuse ihrer T'fillin die Form eines Eies oder einer Nuss gaben. Vor solch gefährlicher Leichtgläubigkeit warnt hier die Mischna mit denselben Worten, mit denen die Baraita in Bezug auf die Pfostenschrift den törichten Wahn zerstören will, als liessen sich die wachsamen Schergen dadurch täuschen, dass man die M'zuza bloss anhängt, um sie jederzeit, sowie ein Angeber naht, leicht entfernen zu können, oder dass man sie hinter der Tür befestigt, wo sie zwar von aussen nicht sichtbar ist, bei einer Haussuchung aber bald entdeckt werden muss. Allerdings ist weder in der Mischna noch in der Baraita ausdrücklich von einer Zeit der Religionsverfolgung die Rede. Das brauchte indessen nicht betont zu werden, weil beide Aussprüche eben in dieser Zeit entstanden sind. Derselbe Fall in Giṭṭin (VI 2). Dort heisst es: Ernennt eine Frau einen Bevollmächtigten, der für sie den Scheidebrief in Empfang nehmen soll, muss sie Zeugen haben, dass sie die Vollmacht erteilt hat, und Zeugen, dass ihr Beauftragter den Scheidebrief empfangen und zerrissen hat. Ja, warum hat er ihn denn zerrissen? Er hätte doch besser getan, ihn der Frau einzuhändigen, die dann

Vorschrift[48]. Legt man sie an der Stirne oder an der Handfläche an[49], so ist das ketzerische Art[50]. Belegt man sie[51] mit Gold oder legt man sie über dem Aermel[52] an, so ist das die Art der Essener[53]. **9.** Sagt jemand: „Es segnen dich

נְתָנָהּ עַל מִצְחוֹ, אוֹ עַל פַּס יָדוֹ, הֲרֵי זוֹ דֶּרֶךְ הַמִּינוּת. צִפָּהּ זָהָב, וּנְתָנָהּ עַל בֵּית אֻנְקְלִי שֶׁלּוֹ, הֲרֵי זוֹ דֶּרֶךְ הַחִיצוֹנִים: ט הָאוֹמֵר, יְבָרְכוּךָ

überhaupt keine Zeugen nötig hätte. Darauf antwortet der bab. Talmud (64 a): Die Mischna wurde zu einer Zeit der Religionsverfolgung gelehrt (בשעת הגזרת שנו), als es gefährlich war, im Besitz einer religiösen Urkunde betroffen zu werden. Wenn wir nun dort, wo irgend eine Gefahr mit keinem Wort angedeutet ist, annehmen müssen, die Mischna habe die Religionsverfolgung stillschweigend voraussetzen dürfen, weil sie eben aus solcher Zeit stammt, sind wir an unserer Stelle, wo doch wenigstens von einer Gefahr deutlich gesprochen wird, umsomehr zu dieser Annahme berechtigt. — Aus der oben erwähnten Baraita (Sabbat 130 a) ist ersichtlich, dass die Beobachtung des T'fillingebotes, die sich in der Zeit der Verfolgungen gelockert hatte, auch später noch, als diese längst grösserer Duldsamkeit gewichen waren, viel zu wünschen übrig liess (עדיין היא מרופה בידם). Gemeint ist wahrscheinlich, dass die T'fillin nicht mehr den ganzen Tag getragen, sondern nur noch zum Gebete angelegt wurden, was R. Jannai damit begründet, dass sie wegen ihrer Heiligkeit besondere Achtsamkeit auf Reinheit des Körpers bedingen. Ist dies richtig, so ist die Erklärung des Ausdrucks תפלה als Gebetkapsel immer noch so einleuchtend, dass man nicht nötig hat, zu solch abenteuerlichen Etymologien wie διαφυλάττειν oder תפל = טפל seine Zuflucht zu nehmen (s auch Tosafot in מנחות 34 b unter תוספות II). Die Bezeichnung ist eine volkstümliche Verkürzung aus ארבע פרשיות של תפלה oder einer ähnlichen Verbindung, wie ja auch die Pfostenschrift statt כתב המזוזה oder פרשיות המזוזה kurzweg מזוזה genannt wird. Gegenwärtig versteht man unter תפלה in einigen Gegenden das Gebetbuch, in anderen sagt man dafür סדור, beides aus סדור תפלה verkürzt. Sehr oft hört man הבדלה im Sinne von נר הבדלה, חצות für תקון חצות, מוציא für פרוסת ברכת המוציא, סכות für חג הסכות, שמחת תורה für יום שמחת תורה, ברית für ברית מילה u. dgl. m. Solche Vereinfachungen sind auch in der Mischna gar nicht selten. Man vergleiche z. B. in ברכות (V 2) מזכירין גבורות גשמים בתחית המתים statt מ׳ ג׳ בברכת תחית המ׳, in שביעית (VIII 2) שביעית נתנה לאכילה לשתיה ולסיכה statt פירות שנה שביעית נתנו לא׳ לש׳ ולס׳, in ראש השנה (IV 6) אין פוחתין מעשרה מלכיות מעשרה זכרונות מעשרה שופרות statt א׳ פ׳ מ׳ פסוקי מ׳ מע׳ פסוקי ז׳ מע׳ פסוקי ש׳, in מועד קטן (I 1) משקין בית השלחין במועד statt מ׳ ב׳ הש׳ בחל המועד (s. auch weiter unten Anm. 65). Bezeichnend ist für den Volksmund das Zeugnis des Talmud (Sukka 30 b unten), dass die Myrte הושענא genannt wurde, weil man ihre Zweige am Hüttenfeste beim Hoscha'na-Gebete in der Hand hielt. Vielleicht verdankt auch die Bezeichnung תפלין ihren Ursprung der Volkssprache. Das verrät schon die falsche Pluralbildung, die sich dennoch, ähnlich wie bei תהלים, zum Unterschied von תפלות (Gebete) eingebürgert hat. Es mag sein, dass diese Benennung älter ist als die Eroberung des heiligen Landes durch die Römer; aber es gab ja Religionsverfolgungen auch früher schon unter syrischer Herrschaft. [48]) Die judenfeindlichen Häscher werden sich durch sein Manöver nicht täuschen lassen und er hat nicht einmal die Genugtuung, sich für eine gute Sache geopfert zu haben, da es doch Vorschrift ist, dass der Querschnitt des Gehäuses ein Quadrat bilde. Er hat somit das Gebot gar nicht erfüllt und sein Leben umsonst aufs Spiel gesetzt. [49]) in buchstäblicher Auffassung der Worte: Binde sie zum Zeichen auf deine Hand und lass sie ein Diadem sein zwischen deinen Augen (5. B. M. 6, 8). [50]) Auflehnung gegen die überlieferte Lehre, welche die Gebetkapsel der Hand am Oberarm anzulegen gebietet, die des Kopfes oberhalb der Stirne (vgl. 5. B. M. 14, 1). [51]) צפה (Einzahl) lautet die Lesart im Jeruschalmi, bei Alfasi und bei R. Ascher. Andere Ausgaben haben צפן (Plural). [52]) אנקלי, griechisch ἀγκάλη (auch lat ancala und ancale) ist der gekrümmte Arm, der Elbogen; בית אנקלי (Jeruschalmi: בית יד אנקלי) daher = Aermel. [53]) Essener (חיצונים) oder Essäer (חוציים?), wörtlich: Aussenstehende, wurde die Sekte der dem Bunde der Genossen (חברים) nicht angehörenden frommen, aber unwissenden Landleute genannt, die in ihrem Streben, die Schriftgelehrten an Frömmigkeit womöglich zu

die Seligen", so ist das die Art der Ketzer[54]; „über das Vogelnest erstreckt sich dein Erbarmen"[55], „für das Gute werde dein Name gepriesen"[56], „Dank! Dank!"[57], so heisst man ihn schweigen. Wenn jemand in den Keuschheitsgesetzen umschreibt[58], heisst man ihn schweigen. Erklärt jemand

טוֹבִים, הֲרֵי זוֹ דֶּרֶךְ הַמִּינוּת. עַל קַן צִפּוֹר יַגִּיעוּ רַחֲמֶיךָ, וְעַל טוֹב יִזָּכֵר שְׁמֶךָ, מוֹדִים מוֹדִים, מְשַׁתְּקִין אוֹתוֹ. הַמְכַנֶּה בָעֲרָיוֹת, מְשַׁתְּקִין אוֹתוֹ.

übertrumpfen, unter anderm auch darin zu glänzen suchten, dass sie ihre תפלין mit Gold belegten und die des Armes nicht vorschriftsmässig unter dem Rockärmel verbargen, sondern gleich denen des Kopfes prahlerisch zur Schau trugen. [54]) „Dualismus" (שתי רשויות) bemerkt hierzu der Jeruschalmi kurz und bündig. Indem man das Heil von den „Gütigen" erwartet, bekennt man sich zum Glauben an eine Weltregierung, in die sich zwei Wesen teilen, ein gutes und ein böses (Ormuzd und Ahriman nach der parsischen Lehre), und verleugnet somit die wichtigste Grundlage unserer Religion, den Monotheismus, der trotz aller Gegensätze in Natur und Geschichte nur einen einzigen Schöpfer und Weltenlenker anerkennt: „Ich bilde das Licht und schaffe die Finsternis, ich mache den Frieden und schaffe das Unheil, ich der Ewige mache all das" (Jes. 45, 7). In dieser Auffassung (Raschi erklärt יברכוך טובים: Nur gute Menschen sollen dich [Gott] preisen, eine Formel, die wohl Hochmut, Dünkel und Selbstgerechtigkeit verrät, aber noch lange keine Ketzerei ist) wirft unsere Stelle vielleicht etwas Licht auf die letzte Mischna in B'rachot, wo es heisst, dass man wegen der Ketzer den Gruss mit dem Gottesnamen eingeführt habe. Es gab eine Zeit, in der man sich scheute, den heiligen Namen zu profanen Zwecken auszusprechen. Der Tag, an dem es endlich gelang, dem Unfug seiner Erwähnung selbst in Verträgen und ähnlichen Urkunden zu steuern, wurde zum Festtage eingesetzt. Es trat nun im gewöhnlichen Leben die Bezeichnung השמים (der Himmel) und später המקום (der Weltraum) an die Stelle des Gottesnamens (s. P'sahim X, Anm. 28). Man grüsste also יברכוך מן השמים oder יברכך המקום. Als aber Anhänger des Dualismus den Gruss יברכוך טובים einführten und man die Gefahr erkannte, die aus solcher Umschreibung dem Glauben an den Einen-Einzigen entstehen konnte, hielt man es für angemessen, die alte Scheu zu überwinden und wieder den biblischen Gruss יברכך ה׳ (Rut 2, 4) in Anwendung zu bringen. Wenn auch die vorangehende Verordnung über מן העולם ועד העולם sich gegen die Ṣadokäer richtet, die ein Jenseits leugneten, so kann die sich anschliessende dennoch die Dualisten im Auge haben. Beide Sekten werden eben unter der gemeinsamen Bezeichnung Minim (Ketzer) zusammengefasst. Ihre Verschiedenheit kommt deutlich genug durch die sonst überflüssige Wiederholung des Wortes והתקינו zum Ausdruck. [55]) Die Tora verbietet dem, der ein Vogelnest findet, in welchem die Mutter über ihren Jungen oder ihren Eiern ruht, das ganze Nest auszuheben; er muss vielmehr die Mutter freilassen (5. B. M. 22, 6f.). Es ist falsch, dies als Ausfluss göttlichen Erbarmens hinzustellen. Das Gebot des Mitleids würde fordern, die Mutter nicht ihrer Eier oder ihrer Jungen zu berauben. Nach Jeruschalmi schwankt hier die Lesart der Mischna zwischen על und עד. Die Lehrer, die על an der Spitze des Satzes vortragen, betonen ihn so, dass er einen Vorwurf gegen die Vorsehung enthält: Das Vogelnest erreicht dein Erbarmen (aber meinem Leid verschliessest du dein Auge). Die anderen, die עד dafür setzen, erblicken darin eine das Lob Gottes vermindernde Einschränkung: Bis zum Vogelnest reicht dein Erbarmen (in Wahrheit aber umfasst es die ganze Schöpfung (Ps. 145, 9). [56]) Wir müssen aber dem Allgütigen auch für die Leiden danken, die er über uns verhängt (B'rachot IX 5 Anf.). [57]) Mit מודים beginnt die vorletzte Benediktion der T'filla. Die Wiederholung ist wegen ihrer Eindringlichkeit dem Herrn der Welt gegenüber ungehörig und daher im öffentlichen Gttesdienst verpönt; in der Privatandacht wird sie als impulsiver Ausdruck der Inbrunst gewertet. [58]) bei der öffentlichen Toravorlesung (s. Anm. 25), in öffentlichen Vorträgen oder in der Schule nicht wörtlich übersetzt, sondern die zweite Person, um nicht anzustossen, in die dritte verwandelt, oder gar aus Prüderie den Sinn eines Verses in verschleierter, aber immerhin noch durchsichtiger Form wiedergibt. Er übersetzt z. B. ערות אביך וערות אמך לא תגלה (3. B. M. 18, 7): „Die Blösse seines Vaters und seiner Mutter soll man

„Und von deiner Nachkommenschaft sollst du nicht hingeben, dem Molech hinüberzuführen“[59]: Und von deiner Nachkommenschaft sollst du nicht hingeben, ins Heidentum hinüberzuführen[60], so bringt man ihn mit einer Rüge zum Schweigen[61]. **10.** Die Tat Rubens[62] wird vorgelesen, aber nicht übersetzt[25]. Die Tat Tamars[63] wird vorgelesen und übersetzt[64]. Die erste Erzählung vom Kalbe[65] wird vorgelesen und übersetzt[66], die zweite[67] wird vorgelesen, aber nicht übersetzt[68]. Der Priestersegen[69], die Tat Davids[70] und Amnons[71] werden vorgelesen[72] und nicht übersetzt[73]. Man wähle den

הָאוֹמֵר, וּמִזַּרְעֲךָ לֹא תִתֵּן לְהַעֲבִיר לַמֹּלֶךְ, וּמִזַּרְעָךְ לָא תִתֵּן לְאַעְבָּרָא בְּאַרְמָיוּתָא, מְשַׁתְּקִין אוֹתוֹ בִּנְזִיפָה:
י מַעֲשֵׂה רְאוּבֵן נִקְרָא וְלֹא מִתַּרְגֵּם, מַעֲשֵׂה תָמָר נִקְרָא וּמִתַּרְגֵּם. מַעֲשֵׂה עֵגֶל הָרִאשׁוֹן נִקְרָא וּמִתַּרְגֵּם, וְהַשֵּׁנִי נִקְרָא וְלֹא מִתַּרְגֵּם. בִּרְכַּת כֹּהֲנִים, מַעֲשֵׂה דָוִד וְאַמְנוֹן, נִקְרָאִין וְלֹא

---

nicht aufdecken“, oder er setzt an die Stelle von Blösse das Wort Schande. — כנוי, in der Bibel = Benennung, hat später die Bedeutung eines Beinamens, daher auch der Umschreibung angenommen. ערוות ist die Mehrzahl von ערוה oder עריה, das eigentlich Blösse bedeutet, im Munde der Rabbinen aber jedes ein Ehebündnis ausschliessende Verhältnis zwischen den Geschlechtern bezeichnet, in erster Reihe die nahe Verwandte, dann auch die verheiratete Frau. [59]) 3. B. M. 28, 21. [60]) d. h. du sollst mit einer Heidin keine Kinder erzeugen, die ihre Mutter dem Götzendienste zuführen wird. ארמיותא, eigentlich Arameärtum, hat zur Zeit der Mischna die Bedeutung Heidentum. לאעברא kann ebensowenig wie להעביר schwängern heissen. In diesem Sinne müsste der Pa'el (לעברא) und nicht der Af'el stehen, statt בארמיותא aber (= im Heidentume) לארמיתא (= Heidin). In der Sache freilich kommt es auf eins heraus, ob wir ומזרעך mit Samen und לאעברא בארמיותא fälschlich mit eine Heidin zu befruchten übersetzen oder ומזרעך mit Nachkommenschaft und לאעברא בארמיותא richtiger mit ins Heidentum hinüberzuführen. Der Sinn bleibt derselbe. [61]) weil es eine falsche Uebertragung ist. Das Targum Jonatan, das diese Auslegung hat, erhebt nicht den Anspruch, eine sinngemässe Uebersetzung des Bibelwortes zu sein. Verboten ist aber nur die falsche Erklärung, die sich als die wahre ausgibt; dagegen ist es gestattet, einen an sich richtigen Gedanken homiletisch oder selbst in geistreicher Spielerei einem Verse unterzulegen, der in Wirklichkeit einen andern Sinn hat. — שתק, durch Metathesis mit סכת (arab. سكت) verwandt, findet sich in der Bibel nur in übertragenem Sinne (vom Meere, vom Streite), in der rabbinischen Literatur hauptsächlich auf Menschen angewendet. — נזיפה ist aram. Lehnwort (das hebr גערה übersetzt das Targum mit נזופא, גער mit נזף). [62]) die ihm zur Unehre gereichende Handlungsweise gegen Bilha (1. B. M. 35, 22). [63]) daselbst 38, 13—24. [64]) Spielt auch Juda bei dem ganzen Vorfall keine rühmliche Rolle, so hat er doch zuletzt (Vers 26) sein Unrecht eingesehen. [65]) der Bericht der Tora (מעשה steht hier für ספור מעשה; vgl. oben Anm. 47 g. E.) im zweiten Buche (32, 1—20) über die Anfertigung des goldenen Kalbes. [66]) obwohl dieser Rückfall ins Heidentum von der Gemeinde als tiefste Schmach empfunden wird. [67]) Unter der zweiten Erzählung ist nicht, wie man annehmen sollte, die Darstellung im fünften Buche (9, 12—21) zu verstehen, sondern nach dem übereinstimmenden Zeugnis der Tosefta und beider Talmude z. St. die Fortsetzung des ersten Berichtes in den Versen 21—25 und der Schlussvers 35. [68]) wegen der bitteren Worte, die Aharon da zu Anfang aus dem Munde seines Bruders hört, wegen des harten Tadels, die er später erfährt, und wegen des schweren Vorwurfs, der ihn am Schlusse trifft. Allerdings wäre dieser Grund auch für die Wiederholung im fünften Buche mit Rücksicht auf Vers 20 zutreffend. [69]) 4. B. M. 6, 24—26. [70]) Sein Verfahren gegen Urija und Batscheba' (2. Samuel 11, 2—17). [71]) Sein Verbrechen gegen Tamar (daselbst 13, 1—19). [72]) So die Lesart in den Talmudausgaben, bei Alfasi und Rabbenu Ascher, und so auch die Entscheidung Maimunis (Hil. T'filla XII 12). Die Mischnaausgaben lesen לא נקראין. [73]) Für die beiden an letzter Stelle genannten Erzählungen

Wagen[74] nicht zum Schlussvortrage[75]. Rabbi Juda erlaubt es[76]. Rabbi El'azar sagt: Man wähle „Tue Jerusalem kund“ [77] nicht zum Schlussvortrage.

מְתַרְגְּמִין. אֵין מַפְטִירִין בַּמֶּרְכָּבָה, וְרַבִּי יְהוּדָה מַתִּיר. רַבִּי אֱלִיעֶזֶר אוֹמֵר, אֵין מַפְטִירִין בְּהוֹדַע אֶת יְרוּשָׁלַיִם:

sind ähnliche Gründe wie für die Tat Rubens und den zweiten Bericht über das goldene Kalb massgebend. Das strahlende Bild des gefeierten Königs soll im Herzen des Volkes in fleckenloser Reinheit und ungetrübtem Glanze erhalten bleiben. Mit dem Priestersegen hat es eine andere Bewandtnis. Er braucht nicht übersetzt zu werden, weil er in der Ursprache jedem geläufig ist und von jedem verstanden wird. Er soll nicht übersetzt werden, damit sich die Uebertragung nicht einbürgere und schliesslich den hebräischen Wortlaut auch aus dem Munde der Priester verdränge, die ihn in keiner andern als der heiligen Sprache über die Gemeinde sprechen dürfen (Soṭa VII 2). Er kann auch nicht übersetzt werden, weil jede Uebersetzung zugleich eine Erklärung ist, hier aber der Sinn des zweiten Satzes (Gott lasse dir sein Antlitz leuchten) ziemlich dunkel und der dritte Satz (Gott erhebe sein Antlitz zu dir) in wörtlicher Uebertragung sogar anstössig ist. [74]) Die Vision vom göttlichen Throne im ersten Kapitel des Propheten J'ḥezḳêl. [75]) An Sabbat- Feier- und Fasttagen wird nach der Toravorlesung ein Abschnitt aus einem der Prophetenbücher vorgetragen (Hafṭara). Die geheimnissvolle Schilderung des von Engeln in Tiergestalt bewegten Thronwagens eignet sich nicht zu öffentlichem Vortrage, weil sie in unreifen Köpfen Verwirrung anrichten könnte. [76]) Er fürchtet keine nachteilige Wirkung des Vortrages, erwartet vielmehr von ihm eine Anregung zu tieferm Nachdenken über die göttliche Weltregierung. — Wir lesen dieses Kapitel am Wochenfeste als Hafṭara im Anschluss an den Toraabschnitt von der Offenbarung am Ḥoreb [77]) das sechzehnte Kapitel im Buche J'ḥezḳêl, wo der Prophet mit besonderer Schärfe den Abfall und die Treulosigkeit des Gottesvolkes geisselt.

TRAKTAT MO'ED ḲAṬAN. מַסֶּכֶת מוֹעֵד קָטָן.

Einleitung.

In der heiligen Schrift werden die Feste מועדי ה׳ (göttliche Zeiten) genannt, zuweilen auch schlechthin מועד (Mehrzahl: מוֹעֲדִים, einmal und zwar 2. Chronik 8, 13: מוֹעֲדוֹת); in der Mischna bedeutet מועד (Mehrzahl מועדות, selten: מועדים) vorzugsweise diejenigen Tage des Pesaḥ- und des Hüttenfestes, die nur Festtage und nicht zugleich Feiertage (ימים טובים) sind, die wir daher genauer als Werktage der Festwoche (חל המועד) bezeichnen. In diesem engern Sinne ist das Wort מועד in der Ueberschrift unseres Traktates zu verstehen, während es im Titel unserer Ordnung, der סדר מועד lautet, in seiner weitesten Bedeutung zu nehmen ist. Zum Unterschied von diesem trägt die Massichta den Namen מועד קטן, wie man etwa die westasiatische Halbinsel zwischen Schwarzem und Mittelländischem Meer im Gegensatz zum ganzen Erdteil Kleinasien nennt. Nach dem Worte, mit dem der Traktat beginnt, wird er in älteren Werken zuweilen unter der Bezeichnung משקין angeführt.

Von den am Feiertage untersagten Arbeiten (s. die Einleitung zu Massechet Jom Tob oder ביצה, Abs. 2) sind an den oben erwähnten Werktagen die für den Bedarf der Festwoche erforderlichen gestattet mit Ausnahme des Haarschneidens und des Kleiderwaschens, deren Verbot trotz ihrer Dringlichkeit in Kraft bleibt, damit man

diese Verrichtungen nicht auf die Mussezeit der Festwoche verschiebe, sondern zum würdigen Empfange des Feiertags noch vor dessen Eintritt erledige. Alle übrigen Arbeiten sind nur dann erlaubt, wenn ihre Ausübung keine Mühe verursacht und ihre Unterlassung einen Vermögensverlust zur Folge haben würde, wobei zu beachten ist, dass entgehender Gewinn in dieser Beziehung nicht als Vermögensverlust gilt.

Die Anwendung dieser beiden Grundsätze auf die verschiedenen Gebiete gewerblicher, insbesondere landwirtschaftlicher Tätigkeit bildet neben dem Verbote von Trauerfeiern und Hochzeiten den Gegenstand der beiden ersten Kapitel unserer Massichta. Das dritte behandelt die Ausnahmen von dem Verbote des Haarschneidens und des Kleiderwaschens, geht dann zu den Bestimmungen über schriftliche Arbeiten über und erörtert zum Schlusse die Wirkungen des Festes auf die Trauervorschriften.

Seinem Inhalte nach sollte der Traktat unmittelbar auf Massechet Jom Tob (ביצה) folgen, und beide müssten, da sie die allgemeinen Gesetze umfassen, denjenigen vorangehen, die wie פסחים, ראש השנה, יום הכפרים, סכה, מגלה, die besonderen Vorschriften für die einzelnen Feste enthalten. Wir haben aber schon wiederholt darauf hingewiesen, dass die Traktate nicht nach inneren Zusammenhängen geordnet sind, sondern nach der Anzahl ihrer Kapitel. Daher מועד קטן und חגיגה, die den geringsten Umfang haben — beide zählen nur je drei Kapitel — am Schlusse der Ordnung. Daher auch der Rangstreit zwischen diesen beiden letzten Traktaten. In manchen Handschriften steht מועד קטן wie auch in unseren Mischnaausgaben und in der Tosefta vor חגיגה, in anderen wie auch in den Jeruschalmiausgaben nach חגיגה. Während Maimuni in seiner Einleitung zur Mischna den Traktat חגיגה ans Ende der ganzen Ordnung setzt, meinen die Tosafot (Mo'ed ḳaṭan 28b u. d. W. בלע), dass מועד קטן den Schluss des Seder bildet.

Die Einzahl im Namen unserer Massichta erklärt sich daraus, dass hier nicht von den einzelnen Festen, sondern vom Feste als solchem gehandelt wird, wie ja auch die Ueberschrift des Traktats, der die allgemeinen Vorschriften über den Feiertag enthält, מסכת יום טוב und nicht מסכת ימים טובים lautet. Dass uns aber der Name der Ordnung ebenfalls in der Einzahl entgegentritt, ist allerdings auffallend. Hier durfte man סדר מועדות an Stelle von סדר מועד erwarten, worauf wir schon in der Einleitung zu פסחים (S. 168 g. E.) hingewiesen haben.

ABSCHNITT I.

פרק א.

1. Rieselboden [1] bewässert man am Feste [2] und im siebenten

א מַשְׁקִין בֵּית הַשְּׁלָחִים בַּמּוֹעֵד

---

[1]) בית השלחים ist dürres Land, dem die jährliche Regenmenge nicht genügt, das daher künstlich bewässert werden muss. Der Ausdruck שלחים wird im bab. Talmud z. St. mit dem aram. שלהי (ermatten) erklärt, einer Schaf'elform von לאה = להה (schmachten; vgl. ותלה ארץ מצרים im 1. B. M. 47,13), also בית השלחים = durstiger, lechzender Boden. In Baba b. 68a dagegen wird das Wort einerseits mit ושולח מים על פני חוצות (Ijob 5,10) und andererseits mit שלחיך פרדס רמונים (Schir hasch. 4,13), dessen Bedeutung nach dem Talmud zwischen Acker- und Gartenland schwankt, in Verbindung gebracht, wonach שלחים, ähnlich dem arab. سلخ, die Bewässerungskanäle und בית השלחים etwa das Rieselfeld bezeichnen würde. In Neh. 3, 15 ist השלח wahrscheinlich die Berieselung; im Hohenliede aber (a. a. O.) passt die Auffassung von שלחים im Sinne unserer Mischna („deine kargsten Beete sind ein Garten voll von Granatäpfeln nebst Edelfrüchten") viel besser in den Zusammenhang als die Bedeutung „Wasserleitungen" oder gar „Schösslinge". [2]) weil die Unterlassung ein Vertrocknen der Saaten, also einen Vermögensverlust zur Folge haben

וּבַשְּׁבִיעִית, בֵּין מִמַּעְיָן שֶׁיָּצָא בַתְּחִלָּה, בֵּין מִמַּעְיָן שֶׁלֹּא יָצָא בַתְּחִלָּה. אֲבָל אֵין מַשְׁקִין לֹא מִמֵּי הַגְּשָׁמִים וְלֹא מִמֵּי הַקִּילוֹן, וְאֵין עוֹשִׂין עֻגִיּוֹת לַגְּפָנִים: ב רַבִּי אֶלְעָזָר בֶּן עֲזַרְיָה אוֹמֵר, אֵין עוֹשִׂין אֶת הָאַמָּה בַתְּחִלָּה בַּמּוֹעֵד וּבַשְּׁבִיעִית. וַחֲכָמִים אוֹמְרִים, עוֹשִׂין אֶת הָאַמָּה בַתְּחִלָּה בַּשְּׁבִיעִית. וּמְתַקְּנִין אֶת הַמְקֻלְקָלוֹת בַּמּוֹעֵד. וּמְתַקְּנִין אֶת קִלְקוּלֵי הַמַּיִם שֶׁבִּרְשׁוּת הָרַבִּים, וְחוֹטְטִין אוֹתָן. וּמְתַקְּנִין אֶת הַדְּרָכִים, וְאֶת הָרְחוֹבוֹת, וְאֶת מִקְוָאוֹת

Jahre[3] sowohl aus einer Quelle, die neu hervorgetreten, als aus einer Quelle, die nicht erst neu hervorgetreten ist[4]; aber man bewässere weder mit Regenwasser[5] noch mit dem Wasser eines Ziehbrunnens[6] und mache keine Furchen um die Weinstöcke[7]. **2.** Rabbi Elʻazar ben ʻAzarja sagt: Man darf am Feste und im siebenten Jahre keinen Wasserarm neu herrichten[8]; die Weisen aber sagen: Man darf einen Wasserarm im siebenten Jahre neu herrichten[9] und die verdorbenen am Feste instand setzen[10]. Man darf die beschädigten Wasserrinnen auf öffentlichem Gebiete ausbessern und sie ausbaggern[11]; Wege, Plätze und Wasserbehälter[12] setzt man instand, erledigt

würde (s. d. Einleitung). Selbstverständlich ist die Bewässerung nur an den Werktagen der Festwoche gestattet, aber weder am Feiertage noch am Sabbat. Das Wort מועד bezeichnet nämlich in der Mischna vorzugsweise die Tage, die sonst חול המועד oder חולו של מועד genannt werden. Dass dieser genauere Ausdruck sich in der Mischna überhaupt nicht findet, wie in תוס׳ יום טוב behauptet wird, trifft nicht zu. Wir begegneten ihm ja erst im vorigen Kapitel (M'gilla IV 2). Vielleicht will der Verfasser mit den Worten שאין במשנת לשון חולו של מועד אלא מועד nur sagen, dass an unserer Stelle diese Bezeichnung nicht vorkommt. [3]) dem sogenannten Sabbat- oder Brachjahre, in welchem Ackerbau verboten ist (3. B. M. 25, 4—5). Die Bewässerung gehört nicht zu den von der Tora untersagten Feldarbeiten und ist auch von den Rabbinen zur Abwendung drohenden Schadens gestattet worden. [4]) mit anderen Worten: Nicht allein aus einer Quelle, die vorher nicht zur Verfügung stand, sondern selbst aus einer solchen, die man vor Eintritt des Festes hätte benutzen können. [ובגמרא פרכינן השתא יש לומר ממעין שיצא בתחלה דאתי לאינפולי משקין ממעין שלא יצא בתחלה דלא אתי לאינפולי מיבעיא ולא זכיתי להבין אמאי לא משני לא מיבעיא ממעין שיצא בתחלה דליכא למיחש שמא יכוין מלאכתו במועד אלא אפילו ממעין שלא יצא בתחלה דאיכא חששא ואיכא חסרא נמי שרי]. [5]) weil mit jedem geschöpftem Eimer die Oberfläche des Wassers in der Zisterne tiefer sinkt, die Bewässerung daher immer mühsamer wird. [6]) קילון κήλων = Brunnenschwengel, steht hier — pars pro toto — in der Bedeutung Ziehbrunnen. Auch diese Art der Berieselung ist wegen der Mühe, die sie verursacht, trotz des drohenden Schadens verboten (s. die Einl.). [7]) weil das ebenfalls eine anstrengende Arbeit ist. עגיות sind kleine Gräben, die man um Obstbäume zieht und mit Wasser füllt. Das Wort ist vielleicht ein Diminutiv von עוקה, womit in ʻErubin VIII 9 u. 11 eine Grube (verwandt mit חקק = aushöhlen) bezeichnet wird, die zur Aufnahme von Wasser dient. [8]) um Wasser auf die Aecker zu leiten; am Feste nicht wegen der grossen mit der Herstellung verbundenen Anstrengung, im Sabbatjahre nicht, weil es verbotener Feldarbeit (Pflügen) ähnlich sieht [9]) weil selbst Pflügen im siebenten Jahre nur rabbinisch untersagt ist. [10]) indem man sie von Schlamm und Geröll reinigt, was ja keine übermässige Mühe verursacht. [11]) Wenn קלקולי המים hier die Schäden des Wassers bedeutet, so passt וחוטטין אותן nicht. Man kann weder die Schäden noch das Wasser aushöhlen (vgl. החוטט בגדיש in Sukka 18). Es müsste vielmehr ומנקין אותן (man reinigt es) heissen, es sei denn, dass מים hier die Stelle von אמות המים vertritt oder וחוטטין אותן prägnant für ומנקין אותן על ידי חטיטה steht. Beides ist nicht sehr wahrscheinlich. Vielleicht ist aber unser קלקולי das lat. cloaculae. Auf die Abzugsrinnen der öffentlichen Strassen bezogen, ist חוטטין (ausgraben im Sinne von Ausschlämmen) ein angemessener Ausdruck. Bemerkt sei noch, dass die erste Mischnaausgabe (Neapel 5250) כל כלי המים statt קלקולי המים liest. [12]) Die Reinigungsbäder mit einem Rauminhalt von mindestens drei Kubik-

הַמַּיִם. וְעוֹשִׂין כָּל צָרְכֵי הָרַבִּים. וּמְצַיְּנִין אֶת הַקְּבָרוֹת. וְיוֹצְאִין אַף עַל הַכִּלְאָיִם: ג רַבִּי אֱלִיעֶזֶר בֶּן יַעֲקֹב אוֹמֵר, מוֹשְׁכִין אֶת הַמַּיִם מֵאִילָן לְאִילָן, וּבִלְבַד שֶׁלֹּא יַשְׁקֶה אֶת כָּל הַשָּׂדֶה. זְרָעִים שֶׁלֹּא שָׁתוּ לִפְנֵי הַמּוֹעֵד, לֹא יַשְׁקֵם בַּמּוֹעֵד. וַחֲכָמִים מַתִּירִין בָּזֶה וּבָזֶה: ד צָדִין אֶת הָאֵשׁוּת וְאֶת הָעַכְבָּרִים, מִשְּׂדֵה הָאִילָן וּמִשְּׂדֵה הַלָּבָן, שֶׁלֹּא כְדַרְכּוֹ, בַּמּוֹעֵד וּבַשְּׁבִיעִית. וַחֲכָמִים אוֹמְרִים, מִשְּׂדֵה הָאִילָן כְּדַרְכּוֹ, וּמִשְּׂדֵה הַלָּבָן שֶׁלֹּא כְדַרְכּוֹ. וּמְקָרִין אֶת הַפִּרְצָה בַּמּוֹעֵד. וּבַשְּׁבִיעִית בּוֹנֶה כְדַרְכּוֹ: ה רַבִּי מֵאִיר אוֹמֵר, רוֹאִין אֶת

alle öffentlichen Angelegenheiten, bezeichnet die Gräber[13] und veranstaltet auch Streifzüge wegen der gemischten Arten[14]. **3.** Rabbi Eli'ezer ben Ja'akob sagt: Man leitet das Wasser von Baum zu Baum[15], nur darf man nicht das ganze Feld bewässern[16]; Saaten, die vor dem Feste kein Wasser bekamen, bewässere man nicht am Feste[17]. Die Weisen aber gestatten das eine wie das andere[18]. **4.** Man fängt den Maulwurf und die Mäuse aus einem Obstfelde und aus einem weissen Felde auf ungewöhnliche Art[19] am Feste und im siebenten Jahre. Die Weisen sagen: Aus einem Baumfelde[20] in der üblichen Weise, aus einem weissen Felde[21] auf ungewöhnliche Art. Eine Lücke[22] darf man am Feste verbohlen[23]; im siebenten Jahre vermauert man sie in gewohnter Weise[24]. **5.** Rabbi Meïr sagt: Man beschaut die Ausschläge[25]

ellen (etwa 3600 l). [13]) indem man sie mit Kalkwasser begiesst, damit sie von allen Personen gemieden werden, die sich an Gräbern nicht verunreinigen dürfen oder wollen. [14]) Im Auftrage der Gerichtsbehörde werden Boten ausgesandt, um die in Weingärten oder sonst gesetzwidrig angebauten Mischfrüchte auszureissen (s. Sch'kalim I 2). [15]) in einem Obstfelde, das der künstlichen Bewässerung bedarf. [16]) weil das überflüssige Mühe verursacht. [17]) damit man die Arbeit nicht absichtlich auf die Festwoche verschiebe, in der man durch den Stillstand jedes Gewerbebetriebes mehr Musse hat. [18]) die erstmalige Berieselung wie die Bewässerung ganzer Obstfelder. [19]) d. i. in einer von dem üblichen Verfahren abweichenden Weise. Beide Talmude lesen aber כדרכו = in der üblichen Weise. — Unter einem weissen Felde ist das Getreidefeld zu verstehen. [20]) wo der drohende Schaden erheblich ist. [21]) dem diese Tiere nur geringen Schaden zufügen können. [22]) in der Gartenmauer. [23]) oder sonstwie verstopfen oder ausfüllen, auch mit lose aneinander gefügten Steinen. מקרין hängt nicht, wie in תוס׳ יו״ט vermutet wird, mit קיר zusammen; es ist vielmehr wie המקרה סכתו in Sukka I 8 ein Denominativ von קורה (Balken). Vgl. המקרה במים עליותיו Ps. 104, 3 u. לקרות את שערי הבירה Neh. 2,8. [24]) desgleichen am Feste eine Lücke in der Mauer des Hofes oder gar des Wohnhauses. [25]) Es handelt sich um die im 3. B. M. (13, 1—46) besprochenen Hautkrankheiten, deren Charakter der Priester nach Augenschein zu bestimmen hat. Es kommen vier Besichtigungen in Betracht. Bei der ersten wird der Ausschlag je nach dem Befunde für rein, unrein oder unentschieden erklärt, im letztern Falle die Einschliessung des Kranken auf sieben Tage verfügt. Bei der zweiten Besichtigung am siebenten Tage ordnet der Priester, wenn er ihn, da sich im Krankheitsbilde nichts geändert hat, weder für rein noch für unrein erklären kann, seine fernere Einschliessung für diese und die folgenden sechs Tage an. Bei der dritten Besichtigung am dreizehnten Tage ist der Kranke entweder für rein oder unrein zu erklären; er ist auch dann rein, wenn der Ausschlag keinerlei Veränderungen gegen den Befund der ersten Besichtigung aufweist, unrein nur in dem Falle, wenn das Exanthem sich ausgebreitet oder sonst ein Zeichen der Verschlimmerung sich eingestellt hat. In diesem Falle findet, wenn etwa nach einiger Zeit eine Besserung eingetreten scheint, eine vierte Besichtigung statt, bei der die Krankheit entweder als fortbestehend oder als geheilt zu erklären

הַנְּגָעִים בַּמּוֹעֵד לְהָקֵל, אֲבָל לֹא לְהַחְמִיר. וַחֲכָמִים אוֹמְרִים, לֹא לְהָקֵל וְלֹא לְהַחְמִיר. וְעוֹד אָמַר

am Feste[26], um zu erleichtern[27], aber nicht, um zu erschweren[28]; die Weisen aber sagen: weder zu erleichtern, noch zu erschweren[29].

---

ist. [26]) בכועד ist die Lesart in einigen Handschriften; unsere Mischnaausgaben haben dafür בתחלה, Alfasi hat beides. In den folgenden Halachot (6, 7, 9) treffen wir den Zusatz בכועד auch in unseren Ausgaben an betonter Stelle; um so weniger können wir ihn hier entbehren, als in den vorangehenden Sätzen von מועד und שביעית die Rede war, während von hier an ausschliesslich an כועד zu denken ist. Wenn die Lesart בתחלה richtig wäre, könnte sie nicht nach dem gewöhnlichen Wortsinn von der ersten Besichtigung durch den Priester, sondern nur so verstanden werden, dass zunächst der Sachverständige den Ausschlag besichtigen soll, damit er im günstigen Falle dem Priester die Reinerklärung empfehle, im ungünstigen jedoch sich jeder Aeusserung enthalte. Das ist indessen nicht die Auffassung des bab. Talmud, der רואין zweifellos auf den Priester bezieht, andererseits aber die unbestrittene Ansicht Rabas überliefert, dass auch nach Rabbi Meïr eine erste Besichtigung am Feste nicht stattfindet (s. Anm. 29). Und wenn auch in der Münchener Handschrift gerade dieser Satz fehlt (s. auch כשנה למלך zu הל׳ יום טוב VII 16 u. d. W. ורע דבמתניתין תנן), so ist doch aus der Bekundung, laut welcher der Meinungsstreit sich um die dritte Besichtigung dreht, gleichfalls ersichtlich, dass ihm die Lesart fremd war. Der Jeruschalmi hat im Mischnatexte בתחלה nur in den aus einer G'niza veröffentlichten Bruchstücken (שרידי הירושלמי), in unseren Ausgaben wie in der Leydener Handschrift findet sich das Wort an dieser Stelle nicht; aus der talmudischen Erörterung, die allerdings irrtümlich בתחלה zitiert, geht auch dort unzweideutig hervor, dass die Amoräer des heiligen Landes diesen Zusatz ebensowenig wie die babylonischen kannten. Desgleichen folgt aus den Erklärungen von R. Ḥananel und Maimuni z. St., dass sie בתחלה hier nicht gelesen haben, denn beide beziehen mit dem bab. Talmud die Streitfrage auf die dritte Besichtigung. Auch den Kommentatoren Alfasis, R. Juda b. Berechja und R. Josef Ḥabiba (in den meisten Ausgaben lautet die Ueberschrift statt נמוקי יוסף fälschlich רבנו נסים), scheint diese Lesart nicht vorgelegen zu haben und, wie im מש:ה למלך das. gezeigt wird, den Tosafot ebensowenig wie Raschi, nicht einmal einem so späten Autor wie R. 'Obadja. Uebrigens ergibt sich aus dem Wortlaut der Mischna selbst die Unmöglichkeit der Lesart בתחלה. Wäre sie richtig, sollte es, nachdem R. Meïr ausdrücklich אבל לא להחמיר hinzufügt, in der Gegenansicht nicht לא להקל ולא להחמיר, sondern viel eher לא בתחלה ולא בסוף heissen; man müsste denn mit משנה למלך (das. g. E. u. d. W. ומה שהביאו) annehmen, dass die späteren Besichtigungen selbst auf die Gefahr der Erschwerung hin (להחמיר) am Feste vorzunehmen sind. Im Gegensatz zu diesem kaum zu behauptenden Standpunkte haben תוס׳ יום טוב und תפארת ישראל (hier aus Versehen mit der Bemerkung כך נראה לי, obschon fast wörtlich den תוס׳ יו״ט entnommen), das Wort בתחלה im Sinne von אפלו בתחלה genommen: Sogar die erste Besichtigung, deren Aufschub für den Kranken keinen Nachteil im Gefolge hat, da er ja, solange sie unterbleibt, nicht einmal eingeschlossen wird, kann am Feste vorgenommen werden, um ihn zutreffenden Falls durch eine Reinheitserklärung zu erfreuen. Gegen diesen Versuch, den Zusatz בתחלה zu retten, richtet sich der Einwand aus dem Wortlaut der Gegenmeinung mit um so grösserer Wucht. Bei der nunmehr so starken Betonung der ersten Besichtigung in dem Satze des R. Meïr musste der Widerspruch der Weisen erst recht in die Worte gekleidet werden: Weder eine erste noch eine spätere Besichtigung! [27]) wenn die Untersuchung durch den Priester dem Kranken nur zum Vorteil gereichen kann. Das ist bei den drei späteren Besichtigungen der Fall, bei denen der Kranke eingeschlossen oder gar schon für unrein erklärt ist. Kann ihn der Priester am Feste als rein erklären, so tut er es; wonicht, so schweigt er, und es bleibt alles beim alten. [28]) wenn die Untersuchung dem Kranken nur Nachteil bringen kann. Das ist bei der ersten Besichtigung der Fall. Unterbleibt sie während des Festes, so gilt er bis zum Urteilsspruch des Priesters als rein; findet sie aber statt, und der Beschauer schweigt, weil er keine Reinheitserklärung abgeben kann, so ist dem Kranken die Festesfreude getrübt. Er weiss ja nun, dass ihn nach dem Feiertage die Einschliessung oder noch Schlimmeres erwartet. [29]) Nach Raba (oder Rabba?) im bab. Talmud herrscht Uebereinstimmung darüber, dass eine erste Besichtigung am Feste nicht stattfindet. [Dieser Satz wird, wie bereits in Anm. 26 erwähnt wurde, im משנה למלך beanstandet und fehlt in der

Tat in der Münchener Handschrift. Nach unserer Auffassung der Worte אבל לא לחחמיר (s. Anm. 28) ist er überflüssig, da das Einverständnis des R. Meïr deutlich in der Mischna selbst ausgesprochen ist.] Auch darin stimmen die Ansichten noch überein, dass eine zweite Besichtigung selbst am Feste vorgenommen wird. Kann der Priester den Eingeschlossenen für rein erklären, so tut er es; kann er es nicht, so schweigt er. Erst über die dritte Besichtigung gehen die Meinungen auseinander. Nach der einen findet sie mit dem Vorbehalt statt, bei ungünstigem Befunde die Entscheidung auszusetzen; nach der andern ist ein solches Verfahren in diesem Stadium unzulässig, denn hier gilt das Schriftwort לטהרו או לטמאו (3. B. M. 13,59). Hier erfolgt keine Einschliessung mehr wie bei den früheren Besichtigungen, hier heisst es: Entweder — Oder. Kann der Kranke nicht reingesprochen werden, so muss ihn der Priester als unrein erklären, zumal das Stillschweigen hier, wo es ein Drittes nicht gibt, einer Unreinheitsbekundung gleichkommt. Darum ist es besser, die Untersuchung fällt am Feste ganz aus. Von der vierten Besichtigung spricht Raba nicht Man sollte meinen, dass hier von einem Aufschub nicht die Rede sein kann, da es sich doch um die Feststellung handelt, ob der Kranke als genesen zu betrachten ist, oder — und das wäre der schlimmste Fall — noch weiter in der Unreinheit verharren muss, die ihm ohne die Besichtigung auf alle Fälle, auch in dem der Genesung, während des Festes anhaften würde. Dennoch berichtet eine Baraita, dass R. Jose auch hier im Gegensatz zu seinen Freunden die Besichtigung widerrät. Der Grund wird in der Bestimmung gefunden, laut welcher der Genesene die sieben Reinigungstage ausserhalb seines Hauses zubringen muss (das. 14, 8). Diese unerwünschte Nebenwirkung soll ihm in der Festwoche erspart werden. Demnach unterbleibt nach R. Jose die dritte Besichtigung des Kranken wegen der Möglichkeit, dass er für unrein, die vierte wegen der Möglichkeit, dass er als rein befunden werden könnte. מכל זה נראה שאי אפשר לגרוס במשנתנו תיבת בתחלה ועיין בתוס׳ יו״ט שכתב שבירושלמי מ ש מ ע דגרם לה ומי יתן ויכלתי עמוד על דעתו כי אני מבין מתוך דברי הירושלמי בהפך שגם הוא לא גרס לה ואולי אין כוונתו לומר אלא שגרסא זו נ מ צ א ת בירושלמי. אחרי כן ראיתי במשנה למלך הל׳ יום טוב פ״ז הל׳ ט״ז שהאריך מאד ברוחב בינתו לבאר ולישב שיטת רש״י ותוס׳ ורמד״ל והוא בונה וסותר וחוזר ובונה ואחר שנטה קצת (בד״ה ודע דבמתני׳ תנן) למחוק תיבת בתחלה ע״פ שיטת התוס׳ ונוסח רש״י ורמב״ם ור״נ (צ״ל נמוקי יוסף) ורע״ב חזר וכתב בסוף דבריו (בד״ה ומה שהביאו) כדי לישב דעת הרמב״ם שצריך לגרוס במשנתנו תיבת בתחלה ושגרסא זו מ ו כ ר ח ת מדברי הירושלמי כמו שיראה המעיין אבל קצר במקום שהיה ראוי להאריך ולא גלה לנו מהיכן מוכרחת ואני עיינתי בתלמודא דבני מערבא ולא ראיתי אלא הפך דברי המשנה למלך וזה לשון הירושלמי (אחר העריכה לנוסח הקטוע והמרוט הנמצא בספר שרידי הירושלמי ותקון המעיות הנראות לעין): תמן תנינן בהרת כגריס ופסת כגריס ונולד לפסיון מחיה או שער לבן והלכה לה האום ר׳ עקיבת מטמא וחכמים אומרים תיראה כתחלה הא ר׳ עקיבת מטמא ומחליט ורבנן אמרי תיראה כתחלה ומחליטין ומה ביניתון ר׳ יוחנן אמר ערב הרגל ביניתון ר׳ עקיבה אומר היא קדמייתא ואין את נזקק לו לא להקל ולא להחמיר ורבנן אמרי חורי היא ואת פוטרו מן הראשונת והיידא היא שלא להחמיר שאין את נזקק לו לשנייה לא להקל ולא להחמיר. ר׳ יוסה בשם ר׳ אחא אתיא דיחידייא (דהכא) [דתמן] כסתמא (דתמן) [דהכא] (ודיחידייא) [וסתמא] דתמן (כסתמא) כריחידייא דהכא אתיא דיחידייא (דהכא) [דתמן] כסתמא (דתמן) [דהכא] ר׳ עקיבה אומר היא קדמייתא ואין את נזקק לו לא לחקל ולא להחמיר ותנינן [הכא וחכמים אומרים לא להקל ולא להחמיר] (ודיחידייא) [וסתמא] דתמן (כסתמא) [כריחידייא] דהכא ורבנן אמרי חורי היא ואת פוטרו מן הראשונה ותגינן הכא ר׳ מאיר אומר רואין את הנגעים (בתחלה) לחקל אבל לא להחמיר ר׳ יוסי בי ר׳ בון בשם ר׳ אחא בין דיחידייא דהכא בין דרבנן דהכא מודי לרבנן דתמן להקל אבל לא להחמיר תמן בשהלכה לה תאום ברם הכא בשהלכו להם הסימנין והאום קייםת [ותני כן רואין את הנגעים לחקל אבל לא לחחמיר דברי ר׳ מאיר ר׳ יוסי אומר אם נוקקין לו להקל נזקקין לו לחחמיר] אמר רבי נראין דברי ר׳ יוסי במוסגר ודברי ר׳ מאיר במוחלט ר׳ זעירת אומר ימי הרגל ביניתון ר׳ עקיבה אומר היא קדמייתא (והוא) [ואינו] נכנס לעזרה ורבנן אמרי חורי היא (ואינו) [והוא] נכנס לעזרת. עד כאן לשון הירושלמי. — והחונים עליו מפה ומפת — יסובבוהו יבוננוהו יגיהו את חשכו — בקשו חשבונות זה בכה וזה בכה — למצא דברי חפץ לפנות את דרכו — הולכי נתיבותיהם ילכו עקלקלות — וילאו למצוא הפתח צפוניו לגלות — ואתנה לבי לדרוש ולתור האורה — אשר ירוץ הקורא בה בלי טורח — לחכין לו הדרך בטוב טעם ודעת — לעקור המעוות והמתוקן למעת — פעמים להפריד ופעמים לקשר — עד ארים כל מכשול והדורים אישר — ובשם הנותן עצמת חילים אגבר — בו שמתי מבטחי ולישועתו אשבר — כי לעבוד האמת האמנתי כי אדבר: שנינו בנגעים (פ״ד ה״י) אם פשתה הבהרת כגריס ואחר שנולד בפשיון סימן טומאה נרפא הנגע הראשון ולא נ״אר לפני הכהן בלתי אם הפשיון עם סימן הטומאה ר׳ עקיבה אומר הםנוגע עודנו בטומאתו כבראשונה וחכמים אומרים נגע חדש הוא וראהו הכהן וטמא אותו ופרכינן מאחר ששניהם מטמאין במה נחלקו (ומאי איכפת לן אם נגע ישן הוא וטמא מפני הפשיון או נגע חדש הוא וטמא מפני המחית והשער חלבן שבו). ר׳ יוחנן אמר ערב הרגל איכא בינייהו (שאם הוחלט לפני הרגל ובערב יום טוב נמצא שפשתה הבהרת כגריס ונולד לפשיון סימן טומאה אבל האום הלכה לה ואיננה) ר׳ עקיבה אומר היא הראשונה ואין אתה נזקק לו לא להקל ולא להחמיר (כלומר אין הפשיון כי אם חלק הבהרת שקדמה ואף על פי שהלכה לה האום

עדיין הוא בטומאתו) ורבנן אמרי אחרת היא ואתה פוטרו מן הראשונה ואיזו היא שלא להחמיר שאין אתה נזקק לו לשנייה לא להקל ולא להחמיר (כלומר שני נגעים יש כאן למראה עיני הכהן אחד שנרפא ואחד שנולד וכיון שאין רואין שני נגעים כאחד [נגעים ג׳ א׳] פוטרו הכהן מן הראשון ואינו חש לשני כל עיקר וזהו שהוסיף ר׳ מאיר ואמר אבל לא להחמיר שנראה כמיותר אלא ש״א הטעה לפרש רואין להקל היכא שברור הדבר להקל וכגון שנרפא כולו אבל אם נולד אצל הנגע שנרפא נגע חדש מוטב שלא יראנו כלל שאם יראה שהוא טמא אף ר׳ מאיר מודה שאינו רשאי לשתוק לפיכך הוסיף שלא להחמיר לומר לך שרואה הנגע שהוא להקל ומעלים עיניו מן השני שהוא להחמיר נמצאת אומר אף על גב שבגוף ההלכה אין מחלוקת בין ר׳ עקיבה לחכמים שלשניהם מטמאין יש חלוק גדול למעשה כי לר׳ עקיבה טמא יהיה הנגוע כל ימי הרגל בדד ישב מחוץ למחנה מושבו ולחכמים נקי יהיה לביתו עד שיטמאנו הכהן אחר הרגל). זאת היא שיטת ר׳ יוחנן ועל פי הדברים האלה אמר ר׳ יוסה בשם ר׳ אחא דיחידייא דתמן כסתמא דהכא ר׳ עקיבה אומר היא קדמייתא ואין את נזקק לו לא להקל ולא להחמיר ותנינן הכא (לפנינו לית כאן ותנינן אבל בשרידי הירושלמי איתא) וחכמים אומרים לא להקל ולא להחמיר (כלומר אף על גב שאפשר לומר ר׳ עקיבה נמי כר׳ מאיר סבירא ליה רואין נגעים במועד להקל והתם היינו טעמא שמטמא מפני שעדיין היא הבהרת שמלפנים ואין בראייתה שום תועלת ולא תוחלת על כרחך ר׳ יוחנן לא סבירא ליה הכי דאם כן היה לו לומר היא קדמייתא ותו לא ומה זה שהוסיף ואמר ואין את נזקק לו לא להקל ולא להחמיר אלא ודאי הכי קאמר ואפלו תאמר נרפא הנגע לא הועלת כלום שהרי במועד אין רואין נגעים כלל ואין את נזקק לו לא להקל ולא להחמיר והיינו כחכמים דהכא) וסתמא דתמן כיחידייא דהכא ורבנן אמרי חורי היא ואת פוטרו מן הראשונה ותנינן הכא ר׳ מאיר אומר רואין את הנגעים להקל (לפטרו מן הבהרת שהלכה לה) אבל לא להחמיר (להחליטו מפני הבהרת שנתחדשה). ר׳ יוסי בי ר׳ בון בשם ר׳ אחא בין דיחידייא דהכא בין דרבנן דהכא מודי לרבנן דתמן להקל אבל לא להחמיר תמן בשהלכה לה האום ברם הכא בשהלכו לתן הסימנין והאום קיימת (ואף על גב שזה טהור וזה טהור חלוק גדול יש ביניהם דהכן אי אפשר שלא יטהרנו הכהן ואפלו נראה לו שלא נרפא הנגע לגמרי אלא נשאר עדיין מקצת האום טהור הוא מאחר שנתמעטה הבהרת מכגריס וכיון שאין כאן שום צד להחמיר כולא עלמא לא פליגי שרואין אותו להקל מה שאינו כן הכא שהאום קיימת אף על פי שהפשיון הלך לו עם סימני הטומאה יש לחוש שמא נשאר מקצתו למראה עיני הכהן וכיון שהפשיון מטמא בכל שהוא קרוב הדבר מאד שלא יטהרנו הכהן והיה מבטחו בוגד ותגו כיום מר ולפיכך אין אתה נזקק לו. עוד יש לחלק דהכא היינו טעמא שאין נזקקין לו שאם יטהרנו הכהן צריך לפרוש מאשתו כל ימי טהרתו דכתיב וישב מחוץ לאהלו שבעת ימים ובשעת הרגל ניחה ליה צוותא דאשתו מצוותא דעלמא אבל התם שאחר הרגל יחזור ויטמאנו הכהן מפני הנגע החדש שנולד בערב הרגל ואם לא יראנו הכהן היום העולם סגור בעדו ובחברת אנשים לא יבא לא לפני הרגל ולא בתוך הרגל ולא לאחר הרגל צוותא דעלמא ניחא ליה על כל פנים כל ימי הרגל מצוותא דאשתו שהיתה מותרת לו עד הנה ותחזור להתירה בשעה שיטמאנו הכהן מיד אחר הרגל). תניא נמי הכי (בתוספתא כאן פ״א) רואין את הנגעים להקל אבל לא להחמיר דברי ר׳ מאיר ר׳ יוסי אומר אם נזקקין לו להקל נזקקין לו להחמיר (אלמא דר׳ יוסי דהיינו חכמים דהכא לא אמר שאין רואין כל עיקר כדמשמע לכאורה ממשנתנו אלא דווקא במקום שיש לחוש שהכהן החפץ לטהרו יהא מוכרח לטמאו ותחת להקל יחמיר עליו מאחר שאינו רשאי לשתוק דכתיב לטהרו או לטמאו ואם כן המוחלט מצטער בראותו תוחלתו כמו אכזב ותקותו למפח נפש אבל במקום שאין שום צד להחמיר כמו התם שהלכה לה כל האום ונרפא הנגע כלו אף ר׳ יוסי מודה שרואין) אמר רבי נראין דברי ר׳ יוסי במוסגר ודברי ר׳ מאיר במוחלט (דאיהו נמי סבירא ליה שאין הכהן רשאי לשתוק ולפיכך במוחלט שאינו מפסיד כלום שהרי טמא ועומד הוא רואה הכהן את נגעו שמא יוכל לפטרו אבל במוסגר שאפשר שיחליטנו לא יראנו מוטב שיהא מוסגר כל ימי הרגל ואל יחליטנו בטומאה חמורה בגדיו יהיו פרומים וראשו יהיה פרוע ועל שפם יעטה וטמא טמא יקרא. ותשתא ודאי יש לומר חכמים דהכא ודתמן לא פליגי ולא קשיא כאן במוסגר כאן במוחלט וראה רבי דבריו של ר׳ יוסי במוסגר ושנאו כאן בלשון חכמים ודבריו של ר׳ מאיר במוחלט ושנאו התם בלשון חכמים. וניחא נמי מאי דאוקים ר׳ יוחנן מתניתן דנגעים בערב הרגל ולא במועד וטעמו משום דבעי לאוקים מתניתן דתמן כרבי במצורע מוחלט שהוא מחוסר כפורים אחרי טהרתו ואפלו נרפא מצרעתו ביום טוב ראשון הואיל ואי אפשר לעשות תגלחתו עד למחר לא יכול להביא קרבנותיו בשמיני שלו עד אחר החג נמצא שהוא מחוסר כפורים כל ימי הרגל ואסור ליכנס לעזרה כדתנן בכלים פ״א מ״ח ומאחר שבין כך ובין כך הוא מעוכב מלהקריב עולת ראייה ושלמי חגיגה ושמחה מוטב שלא יראנו הכהן ולא יטהרנו כדי שעל כל פנים יהא מותר באשתו אבל אם הלכה לה האום בערב הרגל נהי דבחג המצות אי אפשר לו לקיים מצות ראייה כיון שיום שמיני שלו הוא יום טוב אחרון של פסח ואין מקריבין ביום טוב קרבנות שאין זמנם קבוע אבל בחג השבועות שיש לו תשלומין כל שבעה אפשר ואפשר וכל שכן בחג הסכות שיש לו תשלומין כל שמנה לפיכך רואהו הכהן בערב הרגל ופוטרו ואף על פי שאוסרו באשתו מצות ראייה עדיפא וסבירא ליה לר׳ יוחנן ערב הרגל כמועד לראיית נגעים) ר׳ זעירה אמר ימי הרגל ביניהון (דסבירא ליה ערב הרגל לענין זה כשאר ימות השנה ומתניתן דנגעים מוקים לה במצורע מוסגר [ואפשר שהיה גורס בדברי רבי נראין דברי ר׳ מאיר במוסגר ודברי ר׳ יוסי במוחלט כמו שהוא בתוספתא וכדתניא אידך בתלמוד בבלי כאן] וכגון שנולד הפשיון עם סימני הטומאה בתוך ימי הסגרו ובמועד הלכה לה האום) ר׳ עקיבה אומר היא קדמייתא ואינו נכנס לעזרה (להקריב עולת ראייה ושלמי חגיגה ושמחה שאף לר׳ מאיר אין תועלת בראייתו) ורבנן אמרי חורי היא והוא נכנס לעזרה (שהטהור מתוך הסגר מותר ליכנס לעזרה מיד אחר שטבל והעריב שמשו ואף על פי שנראה הנגע החדש על מצחו כל זמן שלא יטמאנו הכהן טהור הוא). זאת נראה לי בפירוש שמועה זו הדרך הסלולה נכוחה למבין וישרה למוצאי דעת דבר דבר על אפניו ועתה נשובה נחפשה דרכנו נחקרה על תיבת בתחלה אשר אמרנו דלא הוו גרסי לה במערבא ויבחנו דברינו האמת אתנו אם

Ferner sagte Rabbi Meïr: Es darf jemand die Gebeine des Vaters und der Mutter sammeln[30], weil es ihm eine Freude ist[31]; Rabbi Josê aber meint, es bedeutet ihm Trauer[32]. Man veranstalte keine Gedenkfeier[33] und keine Totenklage[34] für seine Dahingeschiedenen dreissig Tage vor einem Freudenfeste[35]. **6.** Man

רַבִּי מֵאִיר, מְלַקֵּט אָדָם עֲצָמוֹת
אָבִיו וְאִמּוֹ, מִפְּנֵי שֶׁשִּׂמְחָה הִיא לוֹ.
רַבִּי יוֹסֵי אוֹמֵר, אֵבֶל הוּא לוֹ. לֹא
יְעוֹרֵר אָדָם עַל מֵתוֹ וְלֹא יַסְפִּידֶנּוּ,
קוֹדֶם לָרֶגֶל שְׁלֹשִׁים יוֹם: ו אֵין

לא. מה נפשך אי בתחלה דווקא פליגי ר' מאיר וחכמים במשנתנו אבל במוסגר ומוחלט אף ר' מאיר מודה דאין רואין כלל קשיא דרבי שאמר נראין דברי ר' יוסי במוסגר ודברי ר' מאיר במוחלט אלמא דאף במוסגר ומוחלט סבירא ליה לר' מאיר דרואין ואי במוסגר ומוחלט מודים חכמים לר' מאיר שרואין להקל אבל לא להחמיר קשיא דר' יוחנן שאמר אליבא דר' עקיבה היא קדמייתא ואין את נזקק לו לא להקל ולא להחמיר אדרבה הכי הוה ליה למימר היא קדמייתא ואת נזקק לו להקל אבל לא להחמיר (כלומר כיון שאי אפשר כאן להקל אין רואין כלל דבמוסגר או מוחלט אין רואין אלא להקל) ואי כפשוטה המשנה דלכל דבמוסגר ומוחלט לר' מאיר רואין להקל אבל לא להחמיר ולחכמים רואין בין להקל בין להחמיר קשיא דר' יוסה שאמר ר' עקיבה דתמן כרבנן דהכא דר' עקיבה אומר היא קדמייתא ואין את נזקק לו לא להקל ולא להחמיר ואי כרבנן דהכא הא אמרי במוסגר ומוחלט רואין אפלו להחמיר וכל שכן דקשיא לר' יוסי בי ר' בון שאמר אפלו רבנן דהכא מודי לרבנן דתמן שרואין להקל ושאני הכא שהאום קייפת ולפיכך אין רואין כלל הרי בפירוש שאף משנזקק לטומאה סבירא להו לחכמים שאין רואין לא להקל ולא להחמיר אלא לאו שמע מינה דאף במערבא לא הוו גריסי במשנתנו תיבת בתחלה ואם הבצא תמצא בספרי ירושלמי שלנו מקומה מוכיח עליה שטעות סופר היא שהרי לא נמצאת אלא בדברי ר' יוסה ושם וודאי אין מקום לתיבה זו שהרי ר' יוסה קאי על ההרת הראשונה שרואין אותה לפטרו מטמא ואותה אין הכהן רואה היום בתחלה ואין לרחוק ולומר שר' יוסה קאי על הנגע השני שאין רואין אותו בתחלה להחמיר דבהא אפלו רבנן דהכא מודו ואיך אמר דסתמא דתמן כדיחידייא דהכא. סוף דבר אף להלמודא דבני מערבא אין לתיבת בתחלה כל שרש במשנתנו וקרוב הדבר שהגרסה הנכונה והאמתית במועד והטתא של"ש מחלקות בראיית נגעים במועד על פי שיטת הירושלמי לר' מאיר בין בתחלה בין במוסגר בין במוחלט לעולם רואין להקל אבל לא להחמיר (כלומר שאם אי אפשר לטהר ישתק הכהן) לר' יוסי לעולם אין רואין לא בתחלה ולא במוסגר ולא במוחלט לא להקל ולא להחמיר לרבי רואין במקום שאין צד להחמיר ואין רואין בכל מקום שהראייה ספק להרע ספק להיטיב. ומעתה אין לתמוה על רמז"ל (הל' יו"ט ז' ה"ז) שפסק בלי שום חלוק אין רואין את הנגעים במועד שמא ימצא טמא ונמצא חגו נהפך לאבל ומה שלא הביא גם חלוק הבבלי בין הסגר ראשון לשני אשר שכך היה גורס שם אמר רבה (רבא) בהסגר ראשון (שאפלו עמד הנגע בעיניו טמא הוא ואין דרכו להרפא בזמן מועט כזה) כולא עלמא לא פליגי דלא חזי ליה כי פליגי בהסגר שני (שאפלו עמד בעיניו ולא נרפא טהור הוא) ופסק כר' יוסי ועיין רש"י ותוס' שנדחקו מאד ליישב הנוסח שלנו אבל רמז"ל כמדומה שהיה לפניו הנוסח שכתבתי בסוף וכדמשמע קצת מפירוש המשנה שלו שפתח בהסגר שני וסיים ולפיכך אינו רואה במועד.

30) Die Leichen wurden zunächst nur vorläufig beigesetzt; erst wenn alles Fleisch verwest war, wurden die Gebeine gesammelt und zur ewigen Ruhe in Särgen aus Zedernholz gebettet. 31) Wenn auch dieser Akt der Pietät die festliche Stimmung des Tages trübt, gewährt er doch für den Rest des Festes ein Gefühl der Befriedigung und Erleichterung (Jeruschalmi). Dagegen würde im Falle des Aufschubes der Gedanke, dass den Eltern noch nicht die letzte Ehre erwiesen ist, das Gemüt der Kinder während des ganzen Festes bedrücken und die Feiertagsstimmung erst recht beeinträchtigen. 32) und ist in der Festwoche daher zu unterlassen. 33) יעורר (oder יערער) eig. e r w e c k e n, e r r e g e n, hier etwa: die Zuhörer hinreissen und sie zu Tränen rühren. Nach dem bab. Talmud z. St. lautete die Einladung zur Feier: יבכון עימיה כל מרירי ליבא. Vielleicht ging dieser Aufforderung das Wörtchen עורו voran (עורו בכו עמי כל מרי לבב = A u f, weinet mit mir alle, die ihr betrübten Herzens seid), wodurch sich der Ausdruck עורר על המת in ähnlicher Weise erklären würde wie המעוררין (Maʻser scheni V 15 und Sota IX 10 = die W e c k e r) als Bezeichnung der Sänger, die im zweiten Tempel ihren Liedern den Vers (Ps. 44, 24) עורה לכה תישן ה׳ (A u f, o Gott, warum schläfst du) angliederten. Auch אעירה שחר (ich will die Morgenröte w e c k e n, Ps. 57, 9 u. 108, 8) könnte den prägnanten Sinn haben: Ich will die Morgenröte a u f f o r d e r n, mit mir in das Lob Gottes einzustimmen. 34) Der Unterschied zwischen Gedenkfeier (עירור) und Totenklage (הספד) besteht nach Jeruschalmi darin, dass diese einem einzelnen, jene dem Gedächtnis vieler gewidmet ist. Nach derselben Quelle beschränkt sich das Verbot auf die Veranstaltungen zu Ehren von Personen, die schon vor mehr als dreissig Tagen verstorben sind. 35) Unter רגל versteht man in Anlehnung an das Schriftwort (2. B. M. 23, 14), in welchem שלש רגלים (wörtlich: drei Füsse) gleich שלש פעמים

חוֹפְרִין כּוּכִין וּקְבָרוֹת בַּמּוֹעֵד. אֲבָל מְחַנְּכִין אֶת הַכּוּכִין בַּמּוֹעֵד. וְעוֹשִׂין נִבְרֶכֶת בַּמּוֹעֵד. וְאָרוֹן עִם הַמֵּת בֶּחָצֵר. רַבִּי יְהוּדָה אוֹסֵר, אֶלָּא אִם כֵּן יֵשׁ עִמּוֹ נְסָרִים: ז אֵין נוֹשְׂאִין נָשִׁים בַּמּוֹעֵד, לֹא בְתוּלוֹת וְלֹא אַלְמָנוֹת. וְלֹא מְיַבְּמִין, מִפְּנֵי שֶׁשִּׂמְחָה הִיא לוֹ. אֲבָל מַחֲזִיר הוּא אֶת גְּרוּשָׁתוֹ. וְעוֹשָׂה אִשָּׁה תַּכְשִׁיטֶיהָ בַּמּוֹעֵד. רַבִּי יְהוּדָה אוֹמֵר, לֹא תָסוּד, מִפְּנֵי שֶׁנִּוּוּל הוּא לָהּ: ח הַהֶדְיוֹט תּוֹפֵר כְּדַרְכּוֹ, וְהָאֻמָּן מַכְלִיב.

gräbt nicht Nischen und Grüfte[36] am Feste[37], aber man vervollkommnet die Nischen am Feste[38], macht auch eine Grube am Feste[39] und einen Sarg beim Toten im Hofe[40]. Rabbi Juda verbietet dies, es sei denn, dass er Bretter hat[41]. **7.** Man darf am Feste keine Frauen heimführen, weder Jungfrauen noch Witwen, auch die Schwagerehe[42] nicht vollziehen, weil es eine Freude ist[43], wohl aber seine geschiedene Frau wiederheiraten. Eine Frau darf ihre Schönheitsmittel am Feste bereiten; Rabbi Juda sagt: Sie soll nicht Kalk auflegen,[44] weil es eine Entstellung für sie ist[45]. **8.** Der Ungeübte näht[46] in seiner gewöhnlichen Art, der Handwerker mit ungleichen Stichen[47].

(eig. drei Schritte) d r e i m a l bedeutet, jedes der drei Freudenfeste (פסח שבועות סכות), an denen man nach der heiligen Stadt zog, um dort im Heiligtume Opfer darzubringen. [36]) כ ו כ י ן sind die in die Felswand gehauenen Gräbernischen, קברות die über dem Erdboden sich erhebenden Grabgewölbe. Ueber die Anlage der Begräbnishöhlen und ihrer Nischen s. Baba b. VI 8. [37]) weil es zu mühsam ist (s. Einl.). [38]) indem man sie je nach Bedarf länger oder kürzer, breiter oder schmäler macht, sie mit Kalk übertüncht oder sonst in einer Weise fertigstellt und vollendet, die wenig Arbeit erfordert. — מחנכין steht hier im eigentlichen Sinne: etwas für seinen Zweck v o r b e r e i t e n, die letzte Hand anlegen, v e r v o l l k o m m n e n. Gewöhnlicher ist die übertragene Bedeutung: e r z i e h e n, den letzten Schliff geben; gebrauchsfertig machen, e i n w e i h e n. Auffallend ist die häufige Wiederholung des Wortes במועד. Jeruschalmi liest: אין חופרין כוכין וקברות במועד אבל מחנכין את הכוכין ועושין נברכת וארון עם המת בחצר. [39]) Wenn נברכת mit dem Worte ברכה (T e i c h, bes. gleich dem arab. بِرْكَة ein künstlich angelegter) zusammenhängt, dessen Etymologie freilich nicht feststeht. das aber von ברך (Knie) ebenso abgeleitet sein könnte wie אמת המים (Wasserleitung) von אמה (der Arm) — bildet doch der Fluss da, wo er sich zum See erweitert, mit diesem ein K n i e — so ist hier eine Wassergrube gemeint, in der die Leiche oder die Grabgewänder gewaschen werden sollen. Das Wort findet sich noch einmal in der Mischna, nämlich in Baba b. II 1, wo es — parallel zu אמת המים — zweifellos eine W a s s e r g r u b e bezeichnet. Dort steht aber ausdrücklich נברכת כובסין (Wäschergrube). Es ist daher nicht ausgeschlossen, dass נברכת an sich nur die G r u b e bedeutet, an dieser Stelle demnach ein einfaches, leicht herzustellendes Grab, wie schon R. Abraham b. Dawid in seinen Berichtigungen zu Maimunis Mischne Tora (הל׳ יום טוב VIII 4) erklärt. Allerdings scheint das überflüssige ב מ ו ע ד, das hier nun schon zum dritten Male steht, unsern Satz ebenso von dem folgenden וארון עם המת בחצר trennen zu wollen, wie das vorangehende במועד ihn von אבל מחנכין את הכוכין scheidet, als ob עושין נברכת zur Leichenbestattung in keinerlei Beziehung stände, sondern ganz allgemein die Herstellung einer Wäschergrube gestatten wollte, selbstverständlich nur d e n Personen, die ihre Kleider am Feste waschen dürfen (s. weiter unten III 2). Das ist die Auffassung der meisten Lehrer, u. a. auch Maimunis (a. a. O.). [40]) damit die Leute sehen, dass er bald gebraucht und nicht etwa auf Vorrat gearbeitet wird. [41]) Die Bretter zu diesem Zwecke erst zu sägen, hält er als zu schwere Arbeit für unstatthaft. [42]) 5. B. M. 25, 5. [43]) durch welche die Festesfreude zurückgedrängt oder verdunkelt würde. [44]) um die Haare da, wo sie unerwünscht sind, zu beseitigen. [45]) solange der Kalk haftet. — נוול ist eine Milderung des hebr. נבל (s c h ä n d e n). [46]) wenn es für den Festbedarf erforderlich ist. [47]) ה ד י ו ט ist das griechische ἰδιώτης (P f u s c h e r, S t ü m p e r). — מ כ ל י ב

Betten⁴⁴ darf man flechten ⁴⁶; Rabbi
Josê sagt: Nur spannen⁴⁹. **9.** Man
darf einen Ofen, einen Herd oder
eine Mühle am Feste aufstellen⁵⁰;
R. Juda sagt: Man darf die Mühlsteine nicht zum ersten Male
hämmern⁵¹. **10.** Man macht einem
Dache oder einem Gange⁵² in kunst-
loser Weise⁵³ ein Geländer, aber
nicht in handwerksmässiger Art.
Man verklebt Spalten⁵⁴ und ver-
streicht sie⁵⁵ mittels einer Walze
mit der Hand oder mit dem Fusse,
jedoch nicht mit der Kelle⁵⁶. Sind
Türangel, Türband⁵⁷, Balken,
Schloss oder Schlüssel zerbrochen⁵⁸,
darf man sie am Feste instand

וּמְסָרְגִין אֶת הַמִּטּוֹת. רַבִּי יוֹסֵי אוֹמֵר,
מְמַתְּחִין : ‏ **ט** מַעֲמִידִין תַּנּוּר וְכִירַיִם
וְרֵחַיִם בַּמּוֹעֵד. רַבִּי יְהוּדָה אוֹמֵר,
אֵין מְכַבְּשִׁין אֶת הָרֵחַיִם בַּתְּחִלָּה : ‏
י עוֹשִׂין מַעֲקֶה לַגַּג וְלַמִּרְפֶּסֶת,
מַעֲשֵׂה הֶדְיוֹט, אֲבָל לֹא מַעֲשֵׂה
אֻמָּן. שָׁפִין אֶת הַסְּדָקִין, וּמְעַגְּלִין
אוֹתָן בְּמַעְגִּלָה בְּיָד וּבְרֶגֶל, אֲבָל לֹא
בְּמַחְלָצַיִם. הַצִּיר וְהַצִּנּוֹר וְהַקּוֹרָה
וְהַמַּנְעוּל וְהַמַּפְתֵּחַ שֶׁנִּשְׁבְּרוּ, מְתַקְּנָן
בַּמּוֹעֵד. וּבִלְבַד שֶׁלֹּא יְכַוֵּן מְלַאכְתּוֹ

setzen, nur darf man seine Arbeit nicht auf das Fest ansetzen⁵⁹. Und

---

wird von כלב (Hund) abgeleitet: mit Stichen, die Hundezähnen ähnlich sind. Nach
einer Erklärung sind darunter grosse, weit von einander abstehende Stiche zu verstehen; nach einer andern (im Jeruschalmi) sollen nicht mit einer Naht wie üblich
mehrere Stiche hintereinander gemacht, sondern die Nadel nach jedem einzelnen
herausgezogen werden. — Der Stamm כלב bedeutet im Arabischen (كلب) n ä h e n.
Hier kann er diesen allgemeinen Sinn nicht haben, da er im Gegensatz zu חפר steht.
⁴⁷) Gemeint sind die starken Bänder, welche den Boden der Bettstellen bilden. —
ס ר ג ist das hebr. שרג (f l e c h t e n, Ijob 40,17 u. Kinot 1,14; syr. ܣܪܓ, arab.
(شرج); vgl. auch שרינים = Ranken. ⁴⁹) fest anziehen, wenn sie sich gelockert
haben, aber nicht neu anbringen. Die Lesart ממתחין א ף in einigen Ausgaben gibt
keinen rechten Sinn. ⁵⁰) Diese drei Hausgeräte waren transportabel und wurden
vor dem Gebrauch mit Lehm am Fussboden befestigt. Das ist auch am Feste gestattet. Der תנור war ein grosser irdener Topf, an dessen Wände das zu backende
Brot innen angeklebt wurde; die כירים waren ein Kochherd, auf dessen Oberfläche
die Speisen gargemacht wurden. ⁵¹) Wenn die Steine zu glatt sind, um das zu
mahlende Korn erfassen zu können, werden sie durch Hammerschläge rauh gemacht.
מכבשין, eigentlich d r ü c k e n, p r e s s e n, auch b e z w i n g e n, heisst hier:
mit dem Hammer bearbeiten. Die Einschränkung בתחלה will sagen, dass nur
neue Mühlsteine am Feste durch Hammerschläge nicht geschärft werden dürfen, wohl
aber a b g e n u t z t e. ⁵²) מרפסת ist eine Art Gallerie zwischen zwei Stockwerken, auf
welcher die Bewohner des oberen Stockwerkes, dessen Türen sämtlich auf den Gang
münden, mittels einer Leiter oder einer Treppe in den Hof gelangen. Der Stamm רפס
רפש J'hezkel 34,18), syr. ܦܣ, bedeutet t r e t e n; ⁵³) in Form
einer Hecke, oder lose Steine ohne Mörtel übereinander geschichtet. ⁵⁴) mit Lehm
oder dgl., damit es nicht hereinregne. — שוף, syr. ܫܘܦ, r e i b e n, s c h m i e r e n.
⁵⁵) ומעגלין (von עגל = runden), eigentlich: w a l z e n o d e r r o l l e n, hat hier
als Denominativ von מעגלה die erweiterte Bedeutung: g l a t t s t r e i c h e n Vielleicht
ist auch das biblische מ ע ג ל als g l a t t g e t r e t e n e r P f a d zu erklären, wenn
man nicht vorzieht, es als eine dem W a g e n v e r k e h r (עגלות) dienende Strasse
aufzufassen. ⁵⁶) מחלציים übersetzt 'Aruch mit c a z z u o l a (Maurerkelle). Der Dual
deutet aber darauf hin, dass es sich um ein aus zwei Bestandteilen zusammen-
gesetztes Gerät handelt. Der Stamm חלץ wieder lässt vermuten, dass es dazu bestimmt
war, die Steine aus der Mauer herauszuziehen (s. B. M. 14, 40 u. 48). Vielleicht ist
wirklich an ein Instrument zu denken, dass der Maurer teils als Kelle beim Bauen,
teils als Hebel beim Einreissen diente. ⁵⁷) in dessen Oeffnung die Angel sich
dreht. ⁵⁸) sodass die Wohnung vor Dieben nicht sicher ist. ⁵⁹) Man darf sie
nicht geflissentlich auf die Festwoche verschieben, in der man mehr Musse hat.

alles Einzulegende, von dem man am Feste essen kann, darf man einlegen[60].

בַּמּוֹעֵד. וְכָל כְּבָשִׁין, שֶׁהוּא יָכוֹל לֶאֱכוֹל מֵהֶן בַּמּוֹעֵד, כּוֹבְשָׁן:

ABSCHNITT II.

1. Wer seine Oelbeeren umgerührt hatte[1], dann aber von einem Trauer- oder sonst einem Unfall betroffen[2] oder von den Arbeitern irregeführt ward[3], legt den ersten Balken auf[4] und lässt ihn bis nach dem Feste liegen[5]. So die Worte des Rabbi Juda; Rabbi Josê sagt: Er giesst vollends aus und verspundet in seiner gewöhnlichen Weise[6]. **2.** Desgleichen darf derjenige, der seinen Wein schon in der Grube hatte[7], dann aber von einem Trauer- oder sonst einem Unfall betroffen oder von den Arbeitern irregeführt ward[3], in seiner gewöhnlichen Weise vollends ausgiessen und verspunden[8]. So die Worte des Rabbi

פֶּרֶק ב.

א מִי שֶׁהָפַךְ אֶת זֵיתָיו, וְאֵרְעוֹ אֵבֶל אוֹ אֹנֶס, אוֹ שֶׁהִטְעוּהוּ פוֹעֲלִים, טוֹעֵן קוֹרָה רִאשׁוֹנָה וּמַנִּיחָהּ לְאַחַר הַמּוֹעֵד, דִּבְרֵי רַבִּי יְהוּדָה. רַבִּי יוֹסֵי אוֹמֵר, זוֹלֵף וְגוֹמֵר, וְגָף כְּדַרְכּוֹ:

ב וְכֵן מִי שֶׁהָיָה יֵינוֹ בְּתוֹךְ הַבּוֹר, וְאֵרְעוֹ אֵבֶל אוֹ אֹנֶס, אוֹ שֶׁהִטְעוּהוּ פוֹעֲלִים, זוֹלֵף וְגוֹמֵר, וְגָף כְּדַרְכּוֹ, דִּבְרֵי רַבִּי יוֹסֵי. רַבִּי יְהוּדָה אוֹמֵר, עוֹשֶׂה לוֹ לְמוּדִים בִּשְׁבִיל שֶׁלֹּא יַחֲמִיץ: ג מַכְנִיס אָדָם פֵּרוֹתָיו מִפְּנֵי הַגַּנָּבִים, וְשׁוֹלֶה פִשְׁתָּנוֹ מִן הַמִּשְׁרָה,

Josê; Rabbi Juda sagt: Man macht ihm ein Brettergefüge[9], damit er nicht sauer werde. **3.** Man darf seine Früchte wegen der Diebe einführen[10] und seinen Flachs, damit er nicht zu Grunde gehe,

---

[60]) Fische, Gemüse und was man sonst in Essig, Salzwasser oder Oel einzulegen pflegt, darf man am Feste nur dann einlegen, wenn es vor dessen Ablauf voraussichtlich schon geniessbar sein wird.

[1]) Vor dem Feste. — Die Oelbeeren werden, ehe man sie in der Stampfmühle zerdrückt, in einem Behälter (מעטן) einer leichten Gährung überlassen, und mehrmals umgewendet, bis alle gehörig erweicht sind. Kommen sie dann nicht bald unter den Quetschbalken, werden sie schimmelig und verfaulen. [2]) Das in der Mischna statt des klassischen קרה so häufig gebrauchte ע ר א ist aramäisches Lehnwort. [3]) Sie sollten die Arbeit vor dem Feste verrichten, haben ihn aber im Stiche gelassen. [4]) d. h. er quetscht sie am Feste nur einmal, um sich zunächst das zuerst ausfliessende, feinste und wertvollste Oel, das sogenannte Jungfernöl zu sichern. Erst nach dem Feste dürfen die Oliven in die Presse getan werden, in der durch starken Druck das in den Beeren noch enthaltene minderwertige Oel gewonnen wird. [5]) Selbst das Jungfernöl darf er am Feste nicht herausschöpfen, um es in Krüge zu füllen. [6]) Er füllt das Oel bis auf den letzten Tropfen in Krüge und verstopft diese mit einem aus Lehm hergestellten Propfen (מגופה), alles dies am Feste genau so wie an gewöhnlichen Werktagen. — זולף (= זולף eigentlich: tropfen, träufeln) wird hier im Sinne eines langsamen Ausgiessens angewendet. גף (verschliessen) kommt in der heiligen Schrift nur einmal vor (N'hemja 7,8) und zwar im Hif'il. [7]) vor Eintritt des Festes. — בור (Grube) heisst der Behälter, in den der Wein aus der Kelter fliesst. [8]) den ganzen Wein in Krüge füllen und diese in der üblichen Weise verschliessen, damit er in der offenen Grube nicht sauer werde. [9]) Er bedeckt die Grube mit einem Schutzdach. למודים לימודים sind zusammengefügte Bretter, entsprechend dem syr. ‫ܠܡܟ‬ (verbinden, zusammenfügen), wie ja auch bei נסרים (gesägte Bretter) der Begriff des Brettes zu dem des Sägens (נסר) hinzugedacht wird. — In Kelim V 9 hat למורים active Bedeutung: zusammenfügende Klammern. Vielleicht ist dort lemudim zu lesen; vgl. חשוקים und חישוקים. [10]) vom Felde in den Speicher.

aus dem Wasserbade ziehen[11]; nur darf man seine Arbeit nicht auf das Fest ansetzen[12]. Und alle diese Dinge mögen, wenn man seine Arbeit auf das Fest angesetzt hat, zugrunde gehen. **4.** Man kaufe Häuser, Sklaven und Vieh nur für den Festbedarf oder dem Verkäufer zuliebe, der sonst nicht zu essen hätte[13]. Man räume nicht von einem Haus ins andere[14], darf aber in seinen Hof räumen[15]. Man hole keine Geräte[16] aus dem Hause des Handwerkers[17]; wenn man für sie fürchtet[18], schaffe man sie in einen andern Hof. **5.** Man darf die Feigenkuchen[19] mit Stroh zudecken[20]. Rabbi Juda sagt: Auch verdichten[21]. Verkäufer von Früchten, Kleidung und Geräten verkaufen unauffällig[22] für den Festbedarf. Jäger, Griessmüller[23] und Gräupler[24] arbeiten unauffällig für den Festbedarf. Rabbi José sagt: Sie haben sich selbst eine Erschwerung auferlegt[25].

בִּשְׁבִיל שֶׁלֹּא תֹאבַד, וּבִלְבַד שֶׁלֹּא יְכַוֵּן אֶת מְלַאכְתּוֹ בַּמּוֹעֵד. וְכֻלָּן אִם כִּוְּנוּ מְלַאכְתָּן בַּמּוֹעֵד, יֹאבְדוּ: ד אֵין לוֹקְחִין בָּתִּים, עֲבָדִים וּבְהֵמָה, אֶלָּא לְצֹרֶךְ הַמּוֹעֵד, אוֹ לְצֹרֶךְ הַמּוֹכֵר, שֶׁאֵין לוֹ מַה יֹּאכַל. אֵין מְפַנִּין מִבַּיִת לְבַיִת, אֲבָל מְפַנֶּה הוּא לַחֲצֵרוֹ. אֵין מְבִיאִין כֵּלִים מִבֵּית הָאֻמָּן. אִם חוֹשֵׁשׁ לָהֶם, מְפַנָּן לְחָצֵר אַחֶרֶת: ה מְחַפִּין אֶת הַקְּצִיעוֹת בְּקַשׁ. רַבִּי יְהוּדָה אוֹמֵר, אַף מְעַבִּין. מוֹכְרֵי פֵרוֹת כְּסוּת וְכֵלִים, מוֹכְרִים בְּצִנְעָה לְצֹרֶךְ הַמּוֹעֵד. הַצַּיָּדִין וְהַדָּשׁוֹשׁוֹת וְהַגָּרוֹסוֹת, עוֹשִׂין בְּצִנְעָה לְצֹרֶךְ הַמּוֹעֵד. רַבִּי יוֹסֵי אוֹמֵר, הֵם הֶחֱמִירוּ עַל עַצְמָן:

---

[11] Flachs wird, ehe er gehechelt wird, im Wasser erweicht, damit er geschmeidiger wird. Liegt er zu lange im Wasser, verdirbt er. — שלח, syr. ‎ﻠﺢ‎. nahe verwandt mit hebr. שלל (Rut 2,16) = herausziehen, besonders aus Flüssigkeiten. [12] Man darf sie nicht auf die Festwoche verschieben, wenn sie vorher erledigt werden können [13] der zum Verkauf genötigt ist, um für den Erlös Lebensmittel zu erwerben. [14] über die Strasse hinweg. [15] d. h in eine im selben Hofe liegende Wohnung. [16] Unter כלים versteht man auch Kleidungsstücke. [17] um nicht dem Verdachte Nahrung zu geben, dass sie am Feste fertiggestellt wurden. [18] dass sie dort abhanden kommen könnten. — חשש syr. ‎ﺤﺶ‎ = besorgt sein, fürchten, verwandt mit arab. ‎ﺤﺲ‎ = empfinden. [19] קציעות sind Feigen, die im Mörser zerstampft und zu einem runden Kuchen geformt werden. [20] Damit sie nicht schmutzig werden. [21] עבין (Pi'el von עבה = dick sein) bedeutet hier nach der einen Erklärung im bab. Talmud: dicht (in Stroh) einhüllen, nach der andern: in dicken Schichten übereinander legen, aufhäufen. Nach dieser zweiten Auffassung wäre nicht **auch** das Verdichten, sondern **nur** dieses gestattet, das Bedecken mit Stroh aber verboten. Das Wörtchen אף wäre demnach zu streichen (s. Jeruschalmi). [22] בצנעה = still oder bescheiden, wörtlich: in Verborgenheit, Zurückgezogenheit. Nach dem Talmud verkaufen sie in halbgeschlossenen Läden. [23] דשושות sind Müller, die aus Weizenkörnern Griess herstellen. Eine grössere Zahl von Quellen hat überall, wo das Wort vorkommt רשושות mit ר am Anfange. Obgleich diese Lesart durch 'Aruch bezeugt ist, dürfte רשושות mit ר doch richtiger sein, da auch die Araber eine aus Weizengriess bereitete Speise Daschisch nennen (دشيش ist bei ihnen vermutlich ein Lehnwort). רשש wäre dann eine Nebenform von רוש (dreschen, zerstossen). [24] גרוסות (von גרס, arab. ‎ﺟﺮﺶ‎ aram. גריסא, ‎ﺠﺮﻳﺲ‎ = Graupe) sind Verfertiger von Bohnengraupen. — Zur Form von גרוסות und רשושות vgl. 'Erubin IV Anm. 65 über משוחות (Feldmesser). Aehnliche Formen sind רוכות (Kelterer, Terumot III 4) חבורות (Pächter), לקוחות (Käufer). [25] ihr Handwerk in der Festwoche nicht auszuüben.

ABSCHNITT III.

1. Die folgenden Personen dürfen am Feste sich scheren[1]: Wer aus einer überseeischen Gegend oder aus der Gefangenschaft heimkehrt,[2] wer den Kerker verlässt[3], ein Bannbeladener[4], den die Rabbinen befreit haben[5], desgleichen wer sich bei einem Gelehrten losbittet und befreit wird[6], der Nazîr[7] und der Aussätzige beim Uebergang von seiner Unreinheit zu seiner Reinheit[8]. **2.** Und für die folgenden darf man am Feste waschen[1]: für jemand, der aus einer überseeischen Gegend oder aus der Gefangenschaft heimkehrt[2], oder den Kerker verlässt[3], für den Bannbeladenen[4], den die Rabbinen befreit haben[5], desgleichen für den, der sich bei einem Gelehrten losbittet und befreit wird[6]; ferner Handtücher, Barbiertücher und Badetücher[9].

א וְאֵלּוּ מְגַלְּחִין בַּמּוֹעֵד. הַבָּא מִמְּדִינַת הַיָּם, וּמִבֵּית הַשִּׁבְיָה, וְהַיּוֹצֵא מִבֵּית הָאֲסוּרִים, וְהַמְנֻדֶּה שֶׁהִתִּירוּ לוֹ חֲכָמִים, וְכֵן מִי שֶׁנִּשְׁאַל לֶחָכָם וְהֻתַּר, וְהַנָּזִיר, וְהַמְצֹרָע הָעוֹלֶה מִטֻּמְאָתוֹ לְטָהֳרָתוֹ: ב וְאֵלּוּ מְכַבְּסִין בַּמּוֹעֵד. הַבָּא מִמְּדִינַת הַיָּם, וּמִבֵּית הַשִּׁבְיָה, וְהַיּוֹצֵא מִבֵּית הָאֲסוּרִים, וְהַמְנֻדֶּה שֶׁהִתִּירוּ לוֹ חֲכָמִים, וְכֵן מִי שֶׁנִּשְׁאַל לֶחָכָם וְהֻתַּר, מִטְפְּחוֹת הַיָּדַיִם וּמִטְפְּחוֹת הַסְּפָרִים וּמִטְפְּחוֹת הַסָּפָג, הַזָּבִים

---

[1]) Haarschneiden und Kleiderwaschen ist am Feste verboten, damit man diese Geschäfte vor dessen Eintritt erledige und nicht den ersten Feiertag mit ungepflegtem Haupthaar und unsauberer Wäsche begrüsse (s. Einleitung). Die im folgenden genannten Personen bilden nun eine Ausnahme, weil sie für die bisherige Unterlassung einen Entschuldigungsgrund haben. [2]) und unterwegs keine Gelegenheit hatte, sich die Haare schneiden zu lassen und die Kleider zu waschen. [3]) und zwar in der Lage, jedoch nicht in der Stimmung war, sich um seine Toilette zu kümmern. [4]) Wer mit dem Banne belegt ist, darf gleich einem Trauernden weder sein Haar schneiden noch seine Kleider waschen lassen. [5]) sofern sie den Bann erst in der Festwoche aufgehoben haben. [6]) wer ein Gelübde getan hatte, eine Zeit lang sich nicht scheren, beziehungsweise seine Kleider nicht waschen zu lassen und am Feste einen Gelehrten um die Lösung des Gelübdes bittet, die dieser auch bewirkt. — נשאל (sich losbitten; vgl. 1. Sam. 20, 6 u. 28, Neh. 13,6) ist in der Sprache der Rabbinen stehender Ausdruck für die an einen Gelehrten gerichtete Bitte um Entbindung von einem Gelübde. [7]) dessen Nazirat am Feste zu Ende geht. Solange es besteht, darf er sein Haupthaar nicht abscheren (4. B. M. 6,5). [8]) Wenn der Aussätzige von seiner Krankheit geheilt ist, unterzieht er sich einer siebentägigen Reinigung, an deren erstem und letztem Tage er sein ganzes Haar abschert (3. B. M. 14, 8—9). Fällt nun einer dieser Tage in die Festwoche, so braucht er die Reinigung darum nicht zu verschieben. — Das Wort העולה fehlt in beiden Talmuden. Maimuni liest, wie aus seinem Mischnakommentar und auch aus seinem Mischne Tora (Hil. Jom Tob VII 19) ersichtlich, והעולה (der Aussätzige und der von seiner Unreinheit zu seiner Reinheit Aufsteigende) und gestattet demgemäss das Haarschneiden in der Festwoche jedem Unreinen am Tage, da er seine Reinheit wiedererlangt, nicht blos dem Aussätzigen, dem es vorgeschrieben ist. [9]) weil sie sehr oft gewaschen werden müssen. — Die Mischna beginnt mit ואלו מכבסין במועד und nennt im selben Satze sowohl die Personen, denen zu waschen erlaubt ist, als auch die Gegenstände, die zu waschen gestattet ist. Dieses Anakoluth wird im hebr. Text nicht störend empfunden, weil אלו מכבסין ebenso gut „diese dürfen waschen" als „dieses darf man waschen" bedeuten kann. — Barbiertücher (ספר = scheren ist aramäisches Lehnwort, syr.: ܣܦܪ) sind die Mäntel, die man beim Haarschneiden umlegt, damit die Kleider sauber bleiben. Sie dürfen wegen der Personen gewaschen werden, denen das Haar-

וְהַזָּבוֹת וְהַנִּדּוֹת וְהַיּוֹלְדוֹת, וְכָל הָעוֹלִין מִטֻּמְאָה לְטָהֳרָה, הֲרֵי אֵלּוּ מֻתָּרִין, וּשְׁאָר כָּל אָדָם אֲסוּרִין׃ ג וְאֵלּוּ כוֹתְבִין בַּמּוֹעֵד. קִדּוּשֵׁי נָשִׁים גִּטִּין וְשׁוֹבָרִין, דַּיְּתִיקֵי מַתָּנָה וּפְרֻזְבּוּלִין, אִגְּרוֹת שׁוּם וְאִגְּרוֹת מָזוֹן,

Für Samenflüssige[10], Blutflüssige[11], Menstruierende[12], Wöchnerinnen[13] und alle, die aus Unreinheit zur Reinheit emporsteigen, ist es gestattet[14], für jeden andern ist es verboten[15]. **3.** Das Folgende darf man am Feste schreiben:[16] Trauungsurkunden[16] und Scheidebriefe[17] Quittungen[18] und Vermächtnisse[19], Schenkungen und Verjährungsunterbrechungen[20], Schätzungsbriefe[21] und

---

schneiden am Feste nach voriger Mischna erlaubt ist. ספוג ist aus dem Griechischen (σπόγγος) herübergenommen und bezeichnet den S c h w a m m; daher ס פ ג zunächst = a u f s a u g e n, dann auch = a b w i s c h e n, a b t r o c k n e n. [10]) 3. B. M. 15, 1—15. [11]) das. 25—30. [12]) das. 19—24. [13]) das. 12, 1—8. [14]) weil die Kleider all dieser Unreinen, wenn sie auch vor dem Feste gewaschen wurden, durch ihre Berührung unrein geworden sind. [15]) aus dem in Anm. 1 angegebenen Grunde. [16]) Eine Ehe kann durch eine die Trauungsformel enthaltende Urkunde, die der Mann einem Weibe übergibt, rechtskräftig geschlossen werden. [17]) ג ט י ן (ein Wort dunkler Herkunft, wahrscheinlich das lateinische A k t e n) ist meist die rabbinische Bezeichnung für den biblischen ס פ ר כ ר י ת ו ת (5. B. M. 24,8). [18]) ש ו ב ר י ם wird im Jeruschalmi durch das griechische אומולוגין erklärt. Die Homologie (ὁμολογία) ist das Anerkenntnis, dass eine Schuld bezahlt, eine Forderung befriedigt ist. Der Name ש ו ב ר erklärt sich daraus, dass durch die Empfangsbescheinigung die Rechtskraft des Schuldscheins g e b r o c h e n wird. [19]) ד י י ת י ק י ist das gr. διαθήκη. [20]) פ ר ו ז ב ו ל ist eine von Hillel getroffene Vorkehrung, durch welche der im siebenten Jahre (dem sogenannten Erlass- oder Sabbatjahre) eintretenden Verjährung aller Schuldforderungen (5. B. M. 15, 1—2) vorgebeugt werden kann. Sie besteht in einer dem Gericht zu übergebenden schriftlichen Erklärung, in der sich der Gläubiger vorbehält, seine Rechte und Ansprüche jederzeit geltend zu machen (Sch'bi'it X 3—6). Das Wort פ ר ו ז ב ו ל (auch פרוסבול geschrieben), das zweifellos griechischen Ursprungs ist, hat verschiedene Ableitungen gefunden. Am nächsten liegt wohl προςβολή in seiner doppelten Bedeutung als H i n z u f ü g u n g und A n s t u r m. Der פרוזבול ist beides. Er kann zunächst als Z u s a t z oder N a c h s c h r i f t zum Schuldschein aufgefasst werden, dessen Giltigkeitsdauer er verlängert. Zwar erstreckt sich seine Wirkung auch auf mündliche Darlehen; er ist aber doch in erster Reihe zum Schutze der Schuldscheine eingeführt worden, bei denen es sich in der Regel um grössere Beträge handelt. Andererseits bildet er einen E i n g r i f f in die Verjährung, der er entgegentritt (προσβάλλει), und begründet zugleich einen Z u g r i f f gegenüber den Grundstücken des Schuldners, auf die er ausgestellt ist. Wahrscheinlicher aber ist die Gleichsetzung mit πρόβολος, was S c h u t z w a f f e und B o l l w e r k, überhaupt jedes Verteidigungs- und Abwehrmittel bedeutet. R. Ḥisda kennt die Bezeichnung פ ר ו ס ב ו ל י ו ב ו ט י (Giṭṭin 36b unten), die als Verstümmelung von פרוסבולי פרוסבוטי (πρὸς βουλῇ πρεσβύτων = vor dem Rate der Aeltesten gedeutet worden ist. Allein, gerade an der einzigen Stelle, an der פרוסבוטי neben פרוסבולי vorkommt (M'gilla 15a unten), will diese Erklärung durchaus nicht stimmen. Dort wird die Aeusserung Hamans (Ester 5, 13), all sein Reichtum und sein Ansehen gewähre ihm keine Befriedigung, solange er Mordechaj im Hofe des Königs sitzen sehe, durch einen Ausspruch desselben R. Ḥisda beleuchtet, der einmal in einem andern Zusammenhang gesagt hat: זה בא בפרוסבולי וזה בא בפרוסבוטי. Die Worte כדרב חסדא דאמר רב חסדא zeigen, dass er diesen Ausspruch nicht in Bezug auf Mordechaj und Haman getan hat. Es scheint vielmehr eine allgemeine Redewendung zu sein, etwa in dem Sinne: Druck erzeugt Gegendruck. Kommt der eine mit Angriff (προσβολή), so kommt der andere mit Hilfsmannschaft (προςβοήθεια oder προσβώθεια), wie ja auch die Missachtung, die Mordechaj gegen Haman zur Schau trug, dessen Freunde und Ratgeber zur Abwehr durch Errichtung des Galgens herausforderte. Demnach wäre פרוסבולי ובוטי in Giṭṭin προβολή und βοήθεια, V o r b e u g u n g und B e i s t a n d, Schutz des Gläubigers gegen den Schuldenerlass und Hilfe für den Bedürftigen, der sich sonst vergebens um ein Darlehen bemühen würde (תקנת לעשירים ותקנה לעניים). [21]) Vollstreckungsbefehle gegen die durch

Verpflegungsbriefe [22], Bescheinigungen über die Befreiung von der Schwagerehe[23] und über Ablehnungen[24], Schiedsverträge[25], gerichtliche Entscheidungen und Briefe des Beliebens[26]. **4**. Man schreibt keine Schuldscheine am Feste[27]; wenn er ihm nicht traut[28], oder wenn man nicht zu essen hat[29], darf man sie schreiben. Man schreibt keine Bücher[30], T'fillin oder Pfostenschriften[31] am Feste und verbessert[32] auch nicht einen Buchstaben, nicht einmal im Buche der Tempelhalle[33]. Rabbi Juda sagt: Man darf T'fillin und Pfostenschriften für den eigenen Bedarf schreiben[34] und auf seiner Hüfte[35] die purpurblaue Schnur für

שְׁטָרֵי חֲלִיצָה וּמֵאוּנִין, וּשְׁטָרֵי
בֵרוּרִין, וּגְזֵרוֹת בֵּית דִּין, וְאִגְּרוֹת
שֶׁל רְשׁוּת: ד אֵין כּוֹתְבִין שְׁטָרֵי
חוֹב בַּמּוֹעֵד. וְאִם אֵינוֹ מַאֲמִינוֹ,
אוֹ שֶׁאֵין לוֹ מַה יֹּאכַל, הֲרֵי זֶה
יִכְתּוֹב. אֵין כּוֹתְבִין סְפָרִים תְּפִלִּין
וּמְזוּזוֹת בַּמּוֹעֵד, וְאֵין מַגִּיהִין אוֹת
אַחַת אֲפִלּוּ בְּסֵפֶר הָעֲזָרָה. רַבִּי
יְהוּדָה אוֹמֵר, כּוֹתֵב אָדָם תְּפִלִּין
וּמְזוּזוֹת לְעַצְמוֹ. וְטוֶֹה עַל יְרֵכוֹ
תְּכֵלֶת לְצִיצִיתוֹ: ה הַקּוֹבֵר אֶת

---

gerichtliche Sachverständige abgeschätzten Güter eines säumigen Schuldners. [22]) Vertragliche Verpflichtungen zum Unterhalt der Stiefkinder. [23]) 5. B. M. 25, 7—10. Die gerichtliche Bescheinigung lautet nach Jeruschalmi z. St. (s. auch Bab. J'bamot 89 b): דקרבת קודמינא ושרת סיניה מעילוי רגליה דימינא ורקת קודמינא רוקא דמתחזי על ארעא ואמרת ככה יעשה לאיש אשר לא יבנה את בית אחיו. Sie erschien vor uns, löste seinen Schuh von seinem rechten Fusse, spie vor unseren Augen sichtbaren Speichel auf die Erde und sprach: So geschieht dem Manne, der das Haus seines Bruders nicht aufbauen mag). — שטרי ist wahrscheinlich Schetarê (nicht Schitrê) zu sprechen. So auch כתבי = Ketabê und שיירי = Schejarê. Vgl. עבדיהם ('Abadêhem) in Ḳohelet 9, 1. [24]) Eine Minderjährige, die von ihrer Mutter oder ihren Brüdern verheiratet wurde, kann vor erlangter Grossjährigkeit ihre Ehe für nichtig erklären. Die ihr vom Gericht zu bescheinigende Erklärung hat nach Jeruschalmi z. St. (s. auch Bab. J'bamot 107 b) den folgenden Wortlaut: לא רעינא ליה לא שוינא ליה לא צבינא לאתנסבא ליה (Ich mag ihn nicht, ich bin ihm nicht angemessen, ich will ihm nicht angehören). [25]) שטרי בירורין sind schriftliche Vereinbarungen, in denen sich die Parteien in einem Rechtsstreite verpflichten, dem Urteil eines von ihnen gewählten (ברר = wählen) Schiedsgerichtes sich zu unterwerfen, im Jeruschalmi z. St. vortrefflich mit קומפרומיסין wiedergegeben und durch זה בורר לו אחד וזה בורר לו אחד erklärt (s. Sanhedrin V 1). Kompromisse sind in der Rechtssprache Schiedsverträge. [26]) רשות hat in der rabbinischen Literatur drei Bedeutungen, die sich aus dem Begriff der Machtbefugnis als der Grundbedeutung ableiten lassen: Gebiet, Obrigkeit, Erlaubnis. In letzterm Sinne steht רשות nicht im Gegensatz zum Verbot (אסור), sondern zur sittlichen Forderung (מצוה) oder zur Pflicht (vgl. z. B. P'saḥim VI 2, Soṭa VIII g. E.) und bezeichnet das, was dem eigenen Belieben oder dem freien Ermessen anheimgegeben ist. So erklärt Jeruschalmi hier אגרות של רשות als Freundschaftsbriefe. Eine spätere Auffassung sieht in ihnen obrigkeitliche Erlasse. [27]) weil sie nicht so dringend sind wie die in der vorigen Mischna angeführten Schriftstücke. [28]) der Verleiher dem Borger. [29]) wenn der Schreiber zur Fristung seines Lebens auf den Verdienst aus der Anfertigung des Schuldscheins angewiesen ist. [30]) nicht einmal Torarollen. [31]) s. מגלה I, Anm. 40—41 und IV, Anm. 47. [32]) מגיהין (von נגה) heisst eigentlich erleuchten. Eine durch Schreibfehler verdunkelte Stelle wird durch die Berichtigung erhellt. [33]) aus dem der Hohepriester am Versöhnungstage vorlas (Joma VII 1). Andere Lesart: בספר עזרא, in der von 'Ezra geschriebenen Torarolle, die allen späteren Abschriften als Muster diente. Wenn die Lesart richtig ist, kann sich die Verbesserung nicht auf Irrtümer, sondern nur auf die Erneuerung verblasster Buchstaben beziehen. [34]) auch wenn man sie erst nach dem Feste benutzen will; für einen andern darf man sie nur dann anfertigen, wenn er sie am Feste selbst braucht (Jeruschalmi, der so die Ansicht vertritt, dass man an חול המועד T'fillin anlegt). [35]) ohne Spindel, um mit Rücksicht auf das Fest von dem gewöhnlichen,

מתו שלשה ימים קודם לרגל, בטלה הימנו גזרת שבעה. שמנה, בטלה הימנו גזרת שלשים. מפני שאמרו, שבת עולה ואינה מפסקת, רגלים מפסיקין ואינן עולין: ו רבי אליעזר אומר, משחרב בית המקדש, עצרת כשבת. רבן גמליאל אומר, ראש השנה ויום הכפרים כרגלים. וחכמים אומרים, לא כדברי זה ולא כדברי זה, אלא עצרת כרגלים, ראש השנה ויום הכפרים כשבת: ז אין קורעין, ולא חולצין, ולא

seine Quaste[36] spinnen. **5.** Wenn jemand seinen Toten drei Tage vor einem Freudenfest[37] beerdigt hat, ist für ihn die Satzung über die sieben Tage aufgehoben[38]; sind es acht[39], ist für ihn die Satzung über die dreissig Tage ausser Kraft[40]. Denn sie[41] haben gesagt: Der Sabbat zählt mit[42], bricht aber nicht ab[43], die Freudenfeste brechen ab[44], zählen aber nicht mit[45]. **6.** Rabbi Eli'ezer sagt: Seit das heilige Haus zerstört wurde, ist das Wochenfest[46] dem Sabbat gleich[47]. Rabban Gamliel dagegen sagt: Der Neujahrs- und der Versöhnungstag sind den Freudenfesten gleich[48]. Die Weisen aber sagen: Weder ist's nach den Worten des einen noch nach den Worten des andern; vielmehr ist das Wochenfest gleich den Freudenfesten[49], der Neujahrs- und der Versöhnungstag wie der Sabbat[50]. **7.** Den Riss, die Entblössung und die Labung[51]

---

werktäglichen Verfahren abzuweichen. [36]) 4. B. M. 15, 38. [37]) רגל ist die übliche Bezeichnung für jedes der drei Freudenfeste (פסח שבועות סכות); s. oben Kap. I Anm. 35. [38]) d. h. er braucht die strengen Trauervorschriften, die für die ersten sieben Tage gelten, nicht mehr zu beobachten, sondern nur noch die milderen, die für den ganzen Trauermonat angeordnet sind. Waren aber beim Eintritt des Feiertages weniger als drei Tage seit der Bestattung verflossen, ruhen zwar die Bestimmungen über die siebentägige Trauer während des Festes, treten aber nach dessen Ablauf wieder in Kraft. [39]) so dass er die strengeren Trauervorschriften vollständig, die milderen auch schon einen Tag lang erfüllt hat. [40]) Die Trauerzeit ist also mit dem Eintritt des Festes für ihn vorüber, sofern er nicht den Tod des Vaters oder der Mutter beklagt, nach denen die Trauer volle zwölf Monate dauert. [41]) Die Gesetzeslehrer. [42]) Obwohl am Sabbat die Trauervorschriften ruhen, wird er doch in der Zahl der sieben und der dreissig Tage mitgerechnet. — עולה ist in dieser Bedeutung vermutlich aus (חמנין) עולה מן החשבון (in die Zahl aufgenommen werden; vgl. עלה במספר 1 Chr. 27, 24) verkürzt wie יצא aus יצא ידי חובתו. [43]) Er hebt die Trauer nicht auf; ihre Bestimmungen treten vielmehr nach Ausgang des Sabbat wieder in Kraft. [44]) Die Trauervorschriften sind, wenn sie drei bez. acht Tage vor dem Freudenfeste innegehalten wurden, nicht allein am Feste, sondern auch später nicht mehr zu beobachten. [45]) Ist der Tote einen oder zwei Tage vor dem Feste beerdigt worden, so sind die strengeren Trauerbestimmungen noch sechs bez. fünf Tage nach Ablauf des Festes zu beobachten; dagegen gelten die milderen Trauerbestimmungen nicht etwa noch fernere 23 Tage, denn in der Zahl der dreissig Tage werden die Festtage wohl mitgerechnet. [46]) עצרת ist in der Mischna der Name des Wochenfestes, wahrscheinlich weil es als Offenbarungsfest die Schlussfeier des Erlösungsfestes (חג המצות) bildet, eine Auffassung, in der man durch die in der Tora vorgeschriebene Zählung der zwischen ihnen liegenden 49 Tage bestärkt wurde. [47]) Da das Wochenfest gleich dem Sabbat nur einen Tag dauert, hebt es die Trauerzeit nicht auf, zählt jedoch mit. Als aber der Tempel noch stand, konnte man der Verpflichtung, an den drei Freudenfesten im Heiligtume mit „Besuchsopfern" zu erscheinen (5. B. M. 16, 16—17), noch sechs Tage nach dem Wochenfeste genügen, weshalb es damals als ein siebentägiges angesehen werden konnte. [48]) gleich diesen verkürzen sie die Trauerzeit, indem sie sie völlig abbrechen. [49]) auch nach der Zerstörung des Tempels. [50]) weil sie keine Freudenfeste sind. [51]) Es war Sitte, dass die Freunde des Verstorbenen, die der Bahre folgten, gleich den Trauernden einen Riss in ihre Kleider machten, die Schulter entblössten und an der Labung (סעודת הבראה; vgl. 2. Sam. 3, 35) teilnahmen,

מַבְרִין, אֶלָּא קְרוֹבָיו שֶׁל מֵת. וְאֵין מַבְרִין אֶלָּא עַל מִטָּה זְקוּפָה. אֵין מוֹלִיכִין לְבֵית הָאֵבֶל, לֹא בְטַבְלָא, וְלֹא בְאַסְקוּטְלָא, וְלֹא בְקָנוֹן, אֶלָּא בְסַלִּים. וְאֵין אוֹמְרִין בִּרְכַּת אֲבֵלִים בַּמּוֹעֵד, אֲבָל עוֹמְדִין בַּשּׁוּרָה וּמְנַחֲמִין וּפוֹטְרִין אֶת הָרַבִּים׃

ח אֵין מַנִּיחִין אֶת הַמִּטָּה בָרְחוֹב, שֶׁלֹּא לְהַרְגִּיל אֶת הַהֶסְפֵּד, וְלֹא שֶׁל נָשִׁים לְעוֹלָם, מִפְּנֵי הַכָּבוֹד. נָשִׁים בַּמּוֹעֵד מְעַנּוֹת, אֲבָל לֹא מְטַפְּחוֹת. רַבִּי יִשְׁמָעֵאל אוֹמֵר, הַסְּמוּכוֹת לַמִּטָּה מְטַפְּחוֹת׃

ט בְּרָאשֵׁי חֳדָשִׁים בַּחֲנֻכָּה וּבְפוּרִים, מְעַנּוֹת וּמְטַפְּחוֹת, בָּזֶה וּבָזֶה לֹא מְקוֹנְנוֹת. נִקְבַּר הַמֵּת לֹא מְעַנּוֹת

beschränkt man[52] auf die Angehörigen[53] des Verstorbenen. Auch erfolgt die Labung nur auf aufrechten Ruhebetten[54]. Man trägt ins Trauerhaus weder auf einer Schale noch auf einem Untersatz, noch in einer Schüssel, sondern in Körben[55]. Man spricht nicht den Trauersegen[56] am Feste, aber man stellt sich in einer Reihe auf[57], spricht ein Wort des Trostes und verabschiedet die Versammlung. **8.** Man stellt die Bahre nicht auf der Strasse hin, um keine Totenklage herbeizuführen[58]; bei Frauen auch sonst nicht[59] aus Gründen der Ehrerbietung[60]. Die Frauen[61] dürfen am Feste Klagelieder singen, sich aber nicht an die Brust schlagen[62]. Rabbi Ismael[63] sagt: die der Bahre zunächst stehenden[64] dürfen an die Brust schlagen. **9.** An Neumondstagen, am Weihefeste und an Purim dürfen sie Klagelieder singen und an die Brust schlagen, aber hier wie dort keinen Wechselgesang anstimmen[65]. Ist der Tote bestattet, dürfen sie

die den Leidtragenden als erste Mahlzeit nach der Beerdigung von fremder Hand gespendet wurde. 52) am Feste. 53) Eltern, Geschwister, Ehegatte, Kinder. 54) Auch die Angehörigen nehmen die Labung nicht wie sonst auf umgestürzten, sondern auf den ordnungsmässig hergerichteten Ruhebetten. 55) Die Erfrischungen, die man den Leidtragenden während der Trauerwoche ins Haus bringt, trägt man n i e m a l s, am Feste sowenig wie an gewöhnlichen Tagen, in prunkenden Gefässen, um die Armen nicht zu beschämen, die kostbares Geschirr nicht besitzen, sich aber von der Erfüllung dieser Liebespflicht nicht ausschliessen möchten. — טבלא = tabula oder tabella; אסקוטלא = scutella: קנון = κανοῦν. 56) eine mit ברוך מנחם אבלים schliessende Benediktion, die auf dem freien Platze, auf welchem man den Leidtragenden die erste Labung reichte, im Gegenwart der Trauerversammlung gesprochen wurde. Das in K'tubbot 8b angeführte Beispiel lautet: Brüder, die ihr durch diese Trauer niedergebeugt seid, bedenket wohl, dass es ein ewiges Naturgesetz ist vom Urbeginn der Schöpfung her. Viele haben schon aus diesem Schmerzenskelch getrunken, viele werden noch trinken; wie unsere Väter es überwunden haben, werden unsere Enkel es verwinden müssen. Der Herr des Trostes tröste euch, meine Brüder. Gelobt seist Du, der Du die Trauernden tröstest. 57) wie es auch sonst nach der Bestattung des Toten üblich ist. 58) Sonst wurde die Bahre auf dem Wege zum Friedhofe mehrmals auf die Strasse gesetzt, um den Trägern Gelegenheit zu geben, einander abzulösen, und den Klagefrauen, ihren Gesang anzustimmen. 59) auch an Werktagen nicht. 60) Die Bahre wurde von Männern auf der Schulter getragen. Wurde sie niedergesetzt, konnten sie das Gesicht des Toten mit Musse betrachten, was man bei weiblichen Leichen vermeiden wollte. 61) die zum Klagesang bestellt sind. 62) מענות, Pi'el von ענה (arab. غنى = singen), wird besonders vom Vortrag der Klagelieder gebraucht (vgl. Ps. 88, 1); מטפחות ist Denominativ von טפח (Handfläche) und heisst in Jom Tob V 2: die Hände (im Takte oder beim Tanze) zusammenschlagen, hier dagegen: mit der Hand (im Seelenschmerz) an die Brust schlagen (*κόπτεσθαι*, plangere). 63) Andere Lesart: Rabbi Simon. 64) סמוך, eigentlich = g e s t ü t z t, a n g e l e h n t, hat in der Mischna auch die naheliegende Bedeutung von b e n a c h b a r t. 65) In unseren Mischnaausgaben und ebenso im

וְלֹא מְטַפְּחוֹת. אֵיזֶהוּ עִנּוּי, שֶׁכֻּלָּן עוֹנוֹת כְּאַחַת. קִינָה, שֶׁאַחַת מְדַבֶּרֶת, וְכֻלָּן עוֹנוֹת אַחֲרֶיהָ. שֶׁנֶּאֱמַר, וְלַמֵּדְנָה בְנֹתֵיכֶם נֶהִי, וְאִשָּׁה רְעוּתָהּ קִינָה. אֲבָל לֶעָתִיד לָבֹא הוּא אוֹמֵר, בִּלַּע הַמָּוֶת לָנֶצַח, וּמָחָה אד' ה' דִּמְעָה מֵעַל כָּל פָּנִים, וְחֶרְפַּת עַמּוֹ יָסִיר מֵעַל כָּל הָאָרֶץ, כִּי ה' דִּבֵּר:

weder singen noch an die Brust schlagen. Wie ist der Klagegesang? Es singen alle zugleich. Wie der Wechselgesang? Es trägt die eine vor, und die anderen setzen nach ihr ein. So heisst es[66]: Und lehret eure Töchter ein Klagelied und eine Frau die andere den Wechselgesang[67]. Aber von einer Zeit, die kommen wird, heisst es: Er vernichtet den Tod auf immer, und Gott, der Ewige, wischt die Tränen von jedem Antlitz, und die Schmach seines Volkes wird er von der ganzen Erde entfernen, denn der Ewige hat es verheissen[68].

Jeruschalmi liest man hier: בראשי חדשים בחנכה ובפורים מענות ומטפחות בזה ובזה אבל לא מקוננות. Wenn diese Lesart richtig wäre, könnte בזה ובזה nur mit Bezug auf den letzten Satz der vorigen Mischna den Sinn haben: Hier (in der Nähe der Bahre) wie dort (fern von ihr) ist beides gestattet. Das entspricht aber nicht dem Wortlaut. Es unterliegt kaum einem Zweifel, dass אבל ein alter Schreibfehler ist. Das Wort fehlt in der Tat im bab. Talmud wie auch bei Alfasi und R. Ascher. בזה ובזה gehört nun zu לא מקוננות und bedeutet: Hier (an Neumonden, Ḥanukka und Purim) wie dort (an den im vorangehenden Satze behandelten Festtagen) sind Wechselgesänge nicht erlaubt. Wir haben hier wieder einmal eine schülerhafte Einteilung. Mischna 9 sollte nicht mit בראשי חדשים beginnen, sondern wie im bab. Talmud mit נשים במועד מענות. [66]) Jirmeja 9, 19. [67]) Die Hindeutung auf einen Wechselgesang wird in den Worten אשה רעותה erblickt: die eine Frau belehrt die andere, wie sie einzufallen hat. [68]) Jesaja 25, 8. Der Vers ist angefügt, um den Traktat (nach Tosafot die ganze Ordnung; s. Einl. Abs. 3) mit einem Worte froher Verheissung zu schliessen.

TRAKTAT 'HAGIGA. מַסֶּכֶת חֲגִיגָה.

Einleitung.

„Dreimal im Jahre sollen alle deine Männer vor dem Ewigen, deinem Gotte, an dem Orte erscheinen, den er erwählen wird: am Feste der ungesäuerten Brote, am Wochenfeste und am Feste der Hütten; man erscheine aber nicht leer vor dem Ewigen, sondern jeder mit dem, was seine Hand gemäss dem Segen, den der Ewige, dein Gott, dir gewährt hat, spenden kann" (5 B. M. 16, 16—17). Hier ist für jeden Mann in Israel klar und deutlich die Pflicht ausgesprochen, Jahr für Jahr an den drei Freudenfesten das Heiligtum mit einer Opfergabe aufzusuchen. Dieses Besuchsopfer (ראייה oder ראיון) ist ein Ganz- oder Brandopfer (עולה; 3. B. M. 1, 3—13). Das Blut wird auf den Altar gesprengt, das Fell erhalten die Priester, das Fleisch wird nebst dem Fette auf dem Altar verbrannt.

An einer andern Stelle (2. B. M. 23, 14) heisst es wieder: Dreimal im Jahre sollst du mir eine Opferfeier (חג) veranstalten. Aus diesem Schriftworte, wird die Verpflichtung abgeleitet, an den oben genannten drei Festen ausser dem Besuchsauch noch ein Festopfer (חגיגה) darzubringen. Dieses gehört zur Klasse der Friedensopfer (שלמים; 3. B. M. 3, 1—7). Das Blut und das Fett wird dem Altar geweiht, das Fleisch aber vom Eigentümer, seinen Angehörigen und seinen Gästen in Reinheit verzehrt.

Reicht das Festopfer nicht für sämtliche Mahlzeiten des Festes, so sind noch andere Friedensopfer darzubringen, bis der ganze Bedarf gedeckt ist. Sie werden

als Freudenopfer (שלמי שמחה) bezeichnet. Denn die wahre Freude besteht in dem Empfinden der Gottesnähe, das mit Rücksicht auf den Charakter dieser drei Feste durch den Genuss des Opfermahls geweckt werden soll, wie es heisst: Schlachte Friedensopfer und geniesse sie dort, auf dass du vor dem Ewigen, deinem Gotte, dich freuest (5. B. M. 27, 7). Demnach sind die Freudenopfer keine Pflichtopfer im strengern Sinne wie etwa das Besuchs- und das Festopfer: sie sind aber auch keine freiwilligen Opfer, die ganz dem Belieben jedes einzelnen anheimgegeben wären. Vielmehr stehen sie zwischen beiden in der Mitte. Einerseits können sie abweichend von den Pflichtopfern, aus Mitteln des zweiten Zehnt (5. B. M. 14, 24—26) erworben oder auch durch anderes Opferfleisch ersetzt werden, andererseits darf man sie im Gegensatz zu den freiwilligen Opfern auch am Feiertage darbringen.

Alle drei Opfer, mindestens aber die beiden Pflichtopfer sollen, wenn irgend möglich, gleich am ersten Feiertage dargebracht werden. Fällt dieser auf einen Sabbat, ist die Opferhandlung am nächsten Werktage (Sonntag) zu vollziehen. Nach der Schule Schammais muss die Darbringung des Besuchsopfers auch sonst auf den zweiten Tag des Festes verschoben werden, weil nach ihrer Meinung kein Ganzopfer ausser den öffentlichen an einem Feiertage dargebracht werden darf. War man am ersten Tage verhindert, so kann man seiner Pflicht an den folgenden Tagen, selbst am letzten Tage des Festes genügen. Das gilt nicht allein vom siebenten Tage des Pesaḥ-, sondern ebenso vom achten Tage des Hüttenfestes (שמיני עצרה), obschon dieser ein besonderes Fest für sich ist (רגל בפני עצמו). Hat man das Wochenfest, das nur einen Tag dauert, vorübergehen lassen, ohne mit seinen Opfergaben im Heiligtum sich einzufinden, können die beiden Pflichtopfer noch im Laufe der folgenden sechs Tage dargebracht werden.

Mit den in ihren Grundzügen hier umrissenen Bestimmungen befasst sich, von einigen Abschweifungen (I, 7—II, 1) abgesehen, der erste Teil unseres Traktats, der bis zur Mitte des zweiten Kapitels reicht. Der Rest behandelt einige Reinheitsgesetze, die insofern hierher gehören, als für den Besuch des Heiligtums wie für den Genuss von Opferfleisch die hierologische Reinheit (s. P'saḥim I, Anm. 26) eine unumgängliche Voraussetzung ist. Dieser zweite Teil enthält fast nur Verordnungen und Vorschriften rabbinischen Ursprungs, von denen aber die meisten sehr hohen Alters sind. An einer Stelle (II, 7) wird Josef ben Jo'ezer genannt, der im Beginne der Makkabäerzeit lebte. Demselben Namen begegnen wir auch im ersten Teile und zwar bei einer Streitfrage, die als einzige aus jenen Tagen in der Mischna überliefert ist.

ABSCHNITT I.

פרק א.

1. Alle sind zum Besuche[1] verpflichtet mit Ausnahme von Taubstummen[2], Irrsinnigen u. Kindern, von Verwachsenen[3] und Zwittern[4],

א הַכֹּל חַיָּבִין בִּרְאִיָּה, חוּץ מֵחֵרֵשׁ שׁוֹטֶה וְקָטָן, וְטֻמְטוּם וְאַנְדְּרוֹגִינוֹס

[1]) An den drei Freudenfesten im Heiligtume mit Opfergaben sich einzufinden (s. Einl.). [2]) s. T'rumot I 2: חרש שדברו בו חכמים בכל מקום הוא שאינו שומע ואינו מדבר. Eine Baraita im bab. Talmud schliesst aber auch Taube, die sprechen, und Stumme, die hören, von der Besuchspflicht aus. [3]) טמטום, der Form nach wie קדקוד gebildet, ist Palpel von טמם (arab. طم) und verwandt mit אטם = verstopfen, verschliessen. Das Wort bezeichnet einen Menschen, dessen Geschlechtsorgane infolge einer Missbildung so verwachsen sind, dass man nicht erkennen kann, ob er ein Mann oder ein Weib ist. [4]) אנדרוגינוס ist das griechische ἀνδρόγυνος, ein Zwitter, dessen Geschlechtsorgane, wenn auch nur äusser-

von Frauen und noch nicht freigelassenen Sklaven[5], von Lahmen[6] und Blinden,[7] Kranken, Greisen und solchen, die nicht zu Fusse hinaufziehen können[8]. Welches ist ein Kind[9]? Jedes, das nicht auf den Schultern seines Vaters reiten kann, um von Jerusalem auf den Tempelberg hinaufzuziehen. So die Worte der Schule Schammais. Die Schule Hillels meint dagegen: Jedes, das nicht des Vaters Hand zu fassen imstande ist, um von Jerusalem nach dem Tempelberg hinaufzuziehen, denn es heisst ja[10]: Drei Wanderfeste[11]. 2. Die Schule Schammais lehrt: Das Besuchsopfer[12] zwei Silberlinge[13] und das Festopfer[14] einen Silbergroschen[15]. Die Schule Hillels meint dagegen: Das Besuchsopfer[16] einen Silbergroschen und das Festopfer[17] zwei Silberlinge. 3. Ganzopfer werden am Feste von Ungeheiligtem dargebracht, die Friedensopfer auch vom Zehnt; am ersten Feiertage des Pesaḥ nach der Schule Schammais von Unheiligem, nach der Schule Hillels auch vom Zehnt[18]. **4.** Die Israe-

וְנָשִׁים, וַעֲבָדִים שֶׁאֵינָם מְשֻׁחְרָרִים, הַחִגֵּר וְהַסּוּמָא וְהַחוֹלֶה וְהַזָּקֵן. וּמִי שֶׁאֵינוּ יָכוֹל לַעֲלוֹת בְּרַגְלָיו. אֵיזֶהוּ קָטָן, כָּל שֶׁאֵינוּ יָכוֹל לִרְכּוֹב עַל כְּתֵפָיו שֶׁל אָבִיו, וְלַעֲלוֹת מִירוּשָׁלַיִם לְהַר הַבַּיִת, דִּבְרֵי בֵּית שַׁמַּי. וּבֵית הִלֵּל אוֹמְרִים, כָּל שֶׁאֵינוּ יָכוֹל לֶאֱחֹז בְּיָדוֹ שֶׁל אָבִיו, וְלַעֲלוֹת מִירוּשָׁלַיִם לְהַר הַבַּיִת, שֶׁנֶּאֱמַר שָׁלשׁ רְגָלִים: ב בֵּית שַׁמַּי אוֹמְרִים, הָרְאִיָּה שְׁתֵּי כָּסֶף, וְהַחֲגִיגָה מָעָה כָּסֶף. וּבֵית הִלֵּל אוֹמְרִים, הָרְאִיָּה מָעָה כָּסֶף, וְהַחֲגִיגָה שְׁתֵּי כָּסֶף: ג עוֹלוֹת בַּמּוֹעֵד בָּאוֹת מִן הַחֻלִּין, וְהַשְּׁלָמִים מִן הַמַּעֲשֵׂר. יוֹם טוֹב הָרִאשׁוֹן שֶׁל פֶּסַח, בֵּית שַׁמַּי אוֹמְרִים, מִן הַחֻלִּין. וּבֵית הִלֵּל אוֹמְרִים, מִן הַמַּעֲשֵׂר: ד יִשְׂרָאֵל יוֹצְאִין יְדֵי

---

lich, teils männlicher, teils weiblicher Art sind. [5]) Der scheinbar überflüssige Zusatz שאינם משוחררים will Halbfreie ausschliessen. Wenn ein Sklave, der mehreren Eigentümern gehört, von allen bis auf einen Teilhaber freigelassen wurde, ist er bis zur Erlangung der vollen Freiheit nicht verpflichtet, im Heiligtume zu erscheinen. — שחרר ist Schaf‘el von חרר = frei sein; vgl. בן חורים (Kohelet 10,17 = ein Freigeborener. [6]) חיגר = lahm. Grundbedeutung: binden, umschliessen; davon abgeleitet: gürten und übertragen: hemmen, hindern, lähmen. [7]) סומא, syr. ܣܡܝܐ blind; s. auch מגלה IV, Anm. 38. [8]) die zu schwach sind, um den Weg nach der heiligen Stadt oder auch nur von dieser zur Opferhalle auf dem Tempelberge zu Fusse zurückzulegen. [9]) das man nach dem vorangehenden Satze nicht mitzunehmen braucht. [10]) 2. B. M. 23, 14. [11]) שלש רגלים תחג לי בשנה. Mit dem Worte רגלים, das hier anstelle des sonst üblichen Ausdrucks פעמים in der Bedeutung Mal steht, soll angedeutet werden, dass die Reise zur Opferfeier (חג) als Fusswanderung (רגל heisst eigentlich Fuss) gedacht ist. [12]) das ein Ganzoder Brandopfer ist (s. Einl.) [13]) es soll mindestens einen Wert von zwei Silbergroschen haben. [14]) das ein Friedensopfer ist, von dem nur das Fett dargebracht wird. [15]) Die Ma‘a (מעה) ist der sechste Teil eines Silberdenars (דינר) und dieser wieder der vierte Teil eines heiligen Schekel (= סלע), dessen Wert etwa 2,60 Mark beträgt. [16]) da es ganz auf dem Altar verbrannt wird. [17]) da sein Fleisch gegessen wird. [18]) Zum Verständnis dieser in ihrer lapidaren Kürze nicht ganz klaren Mischna muss vorausgeschickt werden, dass מועד auch hier wie gewöhnlich (s. Einl. zu Mo‘ed Ḳaṭan) die Werktage der Festwoche bezeichnet und daher im Gegensatz zu יום טוב im folgenden Satze steht. חולין bildet wieder den Gegensatz zu מעשר, worunter hier das Geld zu verstehen ist, gegen welches der zweite Zehnt vom Ernteertrage (P'saḥim VII, Anm. 20) nach 5. B. M. 14, 24—25 ausge-

löst wurde, wodurch sich die dem zweiten Zehnt innewohnende Heiligkeit von diesem auf das Geld übertragen hat, in dessen Verwendung man nunmehr insofern beschränkt ist, als es nur in der heiligen Stadt auf Lebensmittel ausgegeben werden darf. Nach Menaḥot VII 6 dürfen pflichtgemässe Opfer nicht von geweihtem Gelde wie מעשר dargebracht werden, sondern nur von solchem Besitz an Geld oder Geldeswert (Vieh, Tauben, Mehl, Oel, Wein), über den der Eigentümer völlig frei und ungehemmt verfügen kann, also nur von חולין. Zur Beschaffung von Ganzopfern darf man überhaupt keinen zweiten Zehnt verwenden, auch wo sie nicht als Pflicht auferlegt sind; denn dieser darf nur für Gegenstände des Genusses ausgegeben werden, während von jenen jeder Genuss untersagt ist. Daher können wohl die Freudenopfer aus dem Gelde des zweiten Zehnt erworben werden, aber weder das Besuchs- noch das private Festopfer, denn beide sind Pflichtopfer, jenes überdies ein Brandopfer. Nun wissen wir bereits aus Jom Tob II 4 (s. auch Einl. Absatz 4 und weiter unten II 3), dass über die Frage, ob das Besuchsopfer am Feiertage dargebracht werden kann, eine Meinungsverschiedenheit zwischen den Schulen Schammais und Hillels besteht. Es können demnach die Worte עולות במועד באות hier nicht in dem Sinne aufgefasst werden, als dürften die Besuchsopfer, da sie Ganzopfer sind, nur an den Werktagen des Festes, nicht aber am Feiertage dargebracht werden. Das wäre ja gegen die Ansicht der Hilleliten. Vielmehr ist unsere Mischna so zu verstehen: Brandopfer (עולות) werden an den Werktagen des Festes nur von Ungeheiligtem (חולין) dargebracht, Friedensopfer (שלמים) auch vom zweiten Zehnt (מעשר). Darin herrscht Uebereinstimmung. Strittig ist nur die Frage, wie es mit den Friedensopfern am ersten Feiertage zu halten sei. Das Haus Schammai ist der Meinung, dass sämtliche Friedensopfer, die jemand an diesem Tage darbringt, es mögen ihrer noch so viele sein, als pflichtgemässe Festopfer (שלמי חגיגה) gelten und daher ausschliesslich aus חולין bestritten werden müssen. Erst die an den folgenden Tagen des Festes, also am מועד dargebrachten שלמים sind als Freudenopfer anzusehen, die auch vom Gelde des מעשר beschafft werden dürfen (s. Einl. Abs. 3). Das Haus Hillel dagegen ist der Ansicht, dass nur das erste Friedensopfer den Charakter der חגיגה hat, alle übrigen, auch wenn sie am ersten Feiertage dargebracht werden, als שלמי שמחה zu betrachten wären und daher מן המעשר erworben werden dürften. Noch mehr! Da man nur zu einem Festopfer im Werte von zwei Silberlingen verpflichtet ist, können die höheren Kosten sogar des ersten Friedensopfers aus den Beträgen des zweiten Zehnt gedeckt werden. Das Wort במועד steht hier nur, um den zwischen beiden Schulen bestehenden Meinungsstreit über die Zulässigkeit von עולות ראיה an den Feiertagen vorläufig auszuschalten. Der Wortlaut ist in geschickter Weise so gewählt, dass er beiden Ansichten gerecht wird. Im Sinne der Schammaiten liegt auf במועד ein gewisser Nachdruck: Nur an den Werktagen des Festes können עולות ראיה dargebracht werden, niemals an einem Feiertage. Trotzdem steht במועד nicht an der Spitze des Satzes, wie man als Gegensatz zu יום טוב הראשון erwarten sollte; denn der Hauptton ruht auf מן החולין. Eine Wortstellung wie במועד עולות באות מן החולין würde zu der Schlussfolgerung verleiten, am Feiertage würden die Besuchsopfer מן המעשר dargebracht. Im Sinne der Hillelschen Schule steht במועד darum an zweiter, unbetonter Stelle (עולות במועד באות מן החולין; der Satzbau wie in Mo'ed Ḳaṭan III 8: נשים במועד מענות), weil es wie אפלו במועד aufzufassen ist: Nicht allein am ersten Tage, wo sie Pflichtopfer ist, darf die עולת ראיה nur מן החולין dargebracht werden, sondern auch zu den übrigen Besuchsopfern, die am מועד, nachdem der Pflicht schon Genüge geschehen, freiwillig geheiligt werden, muss man ausschliesslich חולין verwenden, weil es eben Brandopfer sind, deren auch nur teilweise Beschaffung aus zweitem Zehnt unstatthaft ist. — Es bleibt nur noch zu erklären, warum die Mischna gerade den ersten Feiertag des Pesaḥ hervorhebt, da doch von den übrigen Wanderfesten dasselbe gilt. Der Jeruschalmi geht an dieser Schwierigkeit vorüber. Es scheint also wirklich, dass ihm של חג statt של פסח überliefert war, wie wir tatsächlich in der Mischna des Jeruschalmi lesen, und dass er an dieser Stelle חג nicht wie gewöhnlich in seinem engern Sinne als Hüttenfest (s. Anm. 33), sondern in dem weitern als Bezeichnung für alle drei Freudenfeste aufgefasst hat. Nicht so der bab. Talmud. Er sieht in der Betonung des fünfzehnten Nisan die Andeutung, dass die חגיגה des vierzehnten, die mit dem Pesaḥlamm zugleich geschlachtet wurde, (P'saḥim VI 3—4), da sie kein Pflichtopfer ist, auch nach der Schule Schammais vom Gelde des zweiten Zehnt gekauft werden kann. Nach derselben Quelle ist unsere Mischna übrigens lückenhaft überliefert. Könnte man annehmen, dass sie ursprünglich etwa wie folgt ge-

חוֹבָתָן, בִּנְדָרִים וּבִנְדָבוֹת וּבְמַעְשַׂר בְּהֵמָה, וְהַכֹּהֲנִים בְּחַטָּאוֹת וּבַאֲשָׁמוֹת וּבִבְכוֹר וּבְחָזֶה וָשׁוֹק, אֲבָל לֹא בְעוֹפוֹת וְלֹא בִמְנָחוֹת: ה מִי שֶׁיֵּשׁ לוֹ אוֹכְלִים מְרֻבִּים וּנְכָסִים מוּעָטִים, מֵבִיא שְׁלָמִים מְרֻבִּים וְעוֹלוֹת מוּעָטוֹת. נְכָסִים מְרֻבִּים וְאוֹכְלִים מוּעָטִים, מֵבִיא עוֹלוֹת מְרֻבּוֹת

liten[19] genügen ihrer Pflicht[20] mit gelobten oder gespendeten Opfern[21] und mit Viehzehnt[22]; die Priester auch mit Sünd- oder Schuldopfern[23], mit Erstgeborenen[24] und mit der Brust- und Schulterabgabe[25], aber nicht mit Geflügel[26], noch mit Mehlopfern[27]. **5.** Wer viel Tischgenossen und wenig Güter hat[28], bringt mehr Friedens-[29] und weniger Ganzopfer[30] dar; wer viel Güter und wenig Tischgenossen hat, bringt mehr Ganz- und weniger Friedensopfer dar. Hat man

---

lautet hat: עולות במועד באות מן החולין ושלמים מן המעשר [חגיגת ארבעה עשר באה מן המעשר] יום טוב הראשון של פסח בית שמאי אומרים מן החולין ובית הלל אומרים מן המעשר, so wäre dies die einfachste Lösung. Im Grunde ist es dieselbe Schwierigkeit, der wir schon früher einmal in P'saḥim (VII 4; s. das. Anm. 28, wo auf eine ähnliche Ausdrucksweise in Z'baḥim 9 b u. ö. Bezug genommen wird) begegnet sind. Wie dort unter שעירי ראשי חדשים, weil in der Tora (4. B M. 28, 11 ff) das Neumondsopfer an der Spitze der Festopfer steht, diese mitbegriffen sind, so steht hier פסח synekdochisch als erstes in der Reihe der drei Freudenfeste zugleich in Vertretung der beiden anderen. [In der Tora ist die Synekdoche sehr häufig, in der Gesetzgebung beinahe die Regel. Ich erinnere nur an צל קרתי (1. B M. 19, 8) für צל ביתי, an איפת צדק והין צדק 3. B. M. 19,36) für מדת צדק und als frappantestes Beispiel an גדי בחלב אמו (2. B. M. 23,19 u. ö.), das Onkelos schlankweg mit בשר בחלב übersetzt]. יום טוב הראשון allein ohne של פסח würde auch den Neujahrstag einschliessen (vgl. Rosch haschana IV 1: יום טוב של ראש השנה), der jedoch nicht zu den hier in Frage kommenden Festen gehört Vielleicht wollte die Mischna auch mit dem Zusatz של פסח, durch den die unbedingte Verpflichtung, am ersten Pesaḥtage ebenfalls ein Festopfer darzubringen, als zweiffellos vorausgesetzt wird, sich beiläufig (מלתא אגב אורחא קמשמע לן) den Ausspruch von Ben Têma (P'saḥim 70a oben) zueigen machen, laut welchem das vorhin schon erwähnte, am Rüsttage des Festes darzubringende Friedensopfer, obschon es die Bezeichnung חגיגה trägt, zwar die שלמי שמחה des fünfzehnten Nisan ersetzen, niemals aber an die Stelle der שלמי חגיגה treten kann [was eine Rechtfertigung der Entscheidung Maimunis (Hil. Hagiga II 10) gegenüber der Berichtigung des R. Abraham b. Dawid (s. auch כסף משנה das.) in sich schlösse]. [19]) ישראל bezeichnet hier wie an den meisten Stellen den Nichtpriester. [20]) soweit es sich um das Gebot der Freudenopfer (שלמי שמחה) handelt (s. Einl. Abs. 8). Der Plural in יוצאין ידי חובתן ist dadurch begründet, dass ישראל ein Kollektivbegriff ist. [21]) Verpflichtet sich jemand zu einem Ganz- oder Friedensopfer (הרי עלי עולה או שלמים) und bestimmt darauf behufs Erfüllung seines Gelübdes ein geeignetes Tier, so ist dieses ein נדר; geht es vor der Darbringung verloren, so muss er ein anderes als Ersatz bereit stellen. Hat aber jemand von vornherein ein bestimmtes Tier zum Ganz- oder Friedensopfer geweiht (הרי זו עולה או שלמים), so ist es eine נדבה; ist es abhanden gekommen, braucht er es nicht zu ersetzen. Hier ist selbstverständlich nur an gelobte und gespendete Friedensopfer zu denken; das Fleisch der Brandopfer darf man ja nicht geniessen. [22]) 3. B. M. 27,32. [23]) deren Genuss nur den männlichen Priestern gestattet ist (4. B. M. 18, 9—10). [24]) Das Fleisch der erstgeborenen männlichen Tiere vom Rind- und vom Kleinvieh darf nur von Priestern und ihren Familienangehörigen gegessen werden (das. 17—18). [25]) die der Priester von jedem Friedensopfer zu beanspruchen hat (3. B. M. 7, 31—34). [26]) Man genügt seiner Pflicht nur mit dem Opferfleisch solcher Tiere, die man auch als Friedensopfer darbringen kann; Tauben aber, das einzige Geflügel, das überhaupt für den Altar tauglich ist, eignen sich nur zu Ganz- und Sündopfern. [27]) Die מנחה darf nur von männlichen Priestern verzehrt werden (3. B. M. 2, 1—10). Da sie aus Mehl besteht, kann sie שלמי שמחה nicht ersetzen. [28]) מועטים ist aus ממועטים verkürzt (vgl. מרובים) wie עוברה (Joma VIII 5) aus מעוברה. [29]) Festopfer (שלמי חגיגה). [30]) Besuchsopfer (עולות ראייה).

vom einem wie vom andern nur wenig, so gilt für diesen Fall, was sie[31] von einem Silbergroschen und zwei Silberlingen gesagt haben. Ist beides reichlich vorhanden, so gilt hier das Schriftwort[32]: Jeder mit dem, was seine Hand geben kann gemäss dem Segen, den der Ewige, dein Gott, dir zuteil werden liess? **6.** Wer am ersten Feiertage des Festes[33] nicht geopfert hat[34], muss im Verlaufe der ganzen Festzeit und noch am letzten Feiertage des Festes opfern[35]. Ist die Festzeit vorübergegangen, ohne dass er geopfert hat, so ist er zu keinem Ersatz verpflichtet. Von ihm heisst es[36]: Verkrümmtes lässt sich nicht wiederherstellen, Fehlendes kann nicht gezählt werden. **7.** Rabbi Simon ben M'nasja sagt: Was ist Verkrümmtes, das sich nicht wieder herstellen lässt? Das ist die Begattung einer Blutsverwandten[37], durch die ein Mamzêr[38] erzeugt wird. Wolltest du es auf einen Dieb oder Räuber beziehen? Er kann ja zurückerstatten und wiederherstellen! Rabbi Simon ben Joḥai sagt: Verkrümmt kann man nur nennen, was früher in Ordnung war und dann sich verkrümmt hat[39]. Und von wem gilt dies? Das gilt von einem Gelehrtenschüler, der sich von der Tora abwendet[40]. **8.** Die Lösung der Gelübde[41] schwebt in der Luft[42];

וּשְׁלָמִים מוּעָטִים. זֶה וָזֶה מוּעָט. עַל זֶה אָמְרוּ, מָעָה כֶסֶף וּשְׁתֵּי כָסֶף. זֶה וָזֶה מְרֻבֶּה, עַל זֶה נֶאֱמַר, אִישׁ כְּמַתְּנַת יָדוֹ, כְּבִרְכַּת ה' אֱלֹהֶיךָ, אֲשֶׁר נָתַן לָךְ: וּ מִי שֶׁלֹא חַג בְּיוֹם טוֹב הָרִאשׁוֹן שֶׁל חָג, חוֹגֵג אֶת כָּל הָרֶגֶל, וְיוֹם טוֹב הָאַחֲרוֹן שֶׁל חָג. עָבַר הָרֶגֶל וְלֹא חַג, אֵינוֹ חַיָּב בְּאַחֲרָיוּתוֹ. עַל זֶה נֶאֱמַר, מְעֻוָּת לֹא יוּכַל לִתְקֹן, וְחֶסְרוֹן לֹא יוּכַל לְהִמָּנוֹת: ז רַבִּי שִׁמְעוֹן בֶּן מְנַסְיָא אוֹמֵר, אֵיזֶהוּ מְעֻוָּת שֶׁאֵינוֹ יָכוֹל לִתְקֹן, זֶה הַבָּא עַל הָעֶרְוָה, וְהוֹלִיד מִמֶּנָּה מַמְזֵר. אִם תֹּאמַר בְּגוֹנֵב וְגוֹזֵל, יָכוֹל הוּא לְהַחֲזִיר וִיתַקֵּן. רַבִּי שִׁמְעוֹן בֶּן יוֹחַאי אוֹמֵר, אֵין קוֹרִין מְעֻוָּת, אֶלָּא לְמִי שֶׁהָיָה מְתֻקָּן מִתְּחִלָּה וְנִתְעַוֵּת. וְאֵיזֶה זֶה, זֶה תַּלְמִיד חָכָם, הַפּוֹרֵשׁ מִן הַתּוֹרָה: ח הֶתֵּר נְדָרִים פּוֹרְחִין בָּאֲוִיר, וְאֵי

---

[31]) unsere Lehrer in Mischna 2.   [32]) 5. B. M. 16,17.   [33]) Unter חג schlechthin sind die sieben Tage des Hüttenfestes nebst dem unmittelbar angefügten Schlussfeste zu verstehen. [34]) das vorgeschriebene Besuchs- und Festopfer nicht dargebracht hat.   [35]) er ist verpflichtet, sie am folgenden oder einem der nächsten Tage, selbst noch am Schlussfeste darzubringen (s. Einl. Abs. 4) — Im Jeruschalmi fehlt hier של חג.   [36]) Kohelet 1,15. [37]) ערוה (eig. die Blösse) ist im Hinblick auf diesen in den Keuschheitsgesetzen (3. B. M. 18,6 ff.) immer wiederkehrenden Ausdruck die Bezeichnung einer Blutsverwandten und der Ehefrau eines andern Mannes (s. auch סגלה IV, Anm. 58).   [38]) ממזר (5. B. M. 23, 8) ist ein in Ehebruch oder Blutschande erzeugtes Kind. [39]) Der Ausdruck ist daher auf den Mamzêr nicht anwendbar, der ja von Geburt an mit einem Makel behaftet ist.   [40]) Vielleicht eine Anspielung auf M'naḥem, von dem später (II 2) berichtet wird, dass er aus dem Synhedrion schied, um in den Statsdienst einzutreten. [41]) Die Befugnis eines Gelehrten, von der Erfüllung eines in der Uebereilung ausgesprochenen Gelübdes unter Umständen zu entbinden.   [42]) sie ist in der heiligen Schrift nicht begründet, in der nur dem Vater seiner Tochter gegenüber und dem Gatten seiner Ehefrau gegenüber ein solches Recht, und auch dieses nur in beschränktem Masse, eingeräumt ist (4. B. M. 80,4). — אויר ist das griechische ἀήρ (Luft). פרח in der Bedeutung fliegen (syr. ﭏ) kommt von der etwas dunklen

sie hat nichts,[43] worauf sie sich stützen könnte[44]. Die Satzungen über den Sabbat, über die Festopfer[45] und über die Veruntreuungen[46] sind wie Berge, die an einem Haare hängen; denn sie bestehen aus wenigen Schriftworten und zahlreichen Bestimmungen.[47] Die Rechtspflege und die Opfergesetze, die Vorschriften über Reinheit und Unreinheit und über Blutschande[48] — sie haben, worauf sie sich stützen können[49]; sie sind Hauptstücke der Tora[50].

לָהֶם עַל מַה שֶׁיִּסְמֹכוּ. הִלְכוֹת שַׁבָּת חֲגִיגוֹת וְהַמְּעִילוֹת, הֲרֵי הֵן כַּהֲרָרִים הַתְּלוּיִן בְּשַׂעֲרָה, שֶׁהֵן מִקְרָא מוּעָט וַהֲלָכוֹת מְרֻבּוֹת. הַדִּינִין וְהָעֲבוֹדוֹת, הַטְּהָרוֹת וְהַטֻּמְאוֹת וְהָעֲרָיוֹת, יֵשׁ לָהֶן עַל מַה שֶּׁיִּסְמֹכוּ, הֵן הֵן גּוּפֵי תוֹרָה:

ABSCHNITT II.

פרק ב.

1. Man halte keinen Vortrag über Blutschande[1] vor dreien,[2] über das Schöpfungswerk[3] nicht vor zweien, über den Wagen[4] auch nicht vor einem, es sei denn,

א אֵין דּוֹרְשִׁין בָּעֲרָיוֹת בִּשְׁלֹשָׁה, וְלֹא בְמַעֲשֵׂה בְרֵאשִׁית בִּשְׁנַיִם, וְלֹא בַמֶּרְכָּבָה בְּיָחִיד, אֶלָּא אִם כֵּן הָיָה

Stelle in J'ḥezkêl 13, 20 abgesehen, in der Bibel nicht vor. Ob אפרח (junger Vogel) davon abzuleiten ist, steht auch nicht fest; es kann ebensogut mit פרח = blühen zusammenhängen. [43]) als nur die Ueberlieferung. [44]) פורחין . . . לחם . . . שיסמוכו, lauter Plurale, die von einem Singular (היתר נדרים) abhängen. Was bei כל die Regel ist, dass sich das Prädikat in Geschlecht und Zahl nicht nach dem nomen regens, sondern nach dem nomen rectum richtet, findet sich ausnahmsweise auch sonst. In Bezug auf das Geschlecht hatten wir ein Beispiel in ראש השנה שחית ירא שמא תתעבר ('Erubin III 7; s. Anm. 64 das.); hier wieder stossen wir auf ein Beispiel in Be ug auf die Zahl. Die Plurale stehen da unter dem Einfluss von נדרים, weil man unwillkürlich bei einer Vielheit von Gelübden auch an eine Mehrzahl von Auflösungen denkt. Vgl. ורב שנים יודיעו חכמה (Ijob 32,7 — das Prädikat männlich nach רב und Mehrzahl nach שנים), weil man nicht so sehr die Fülle der Jahre als die hochbetagten Männer im Sinne hat. [45]) die den Gegenstand unseres Traktates bilden. [46]) die unrechtmässige Verwendung heiligen Gutes (3. B. M. 5, 14—16). [47]) wie die Traktate zeigen, die jedem dieser Gesetze gewidmet sind: שבת und חגיגה in unserer Ordnung, מעילה im סדר קדשים. [48]) עריות ist die Mehrzahl von ערוה; s. Anm. 37. [49]) Sie alle haben in der Tora eine ebenso breite wie feste Grundlage. [50]) Nicht גוף התורה, etwa der Kern der Tora (wie z. B. גופו של פרוזבול — Sch'bi'it X 4 — oder גופו של גט — Gittin IX 8 — das Wesentliche des Prosbol oder des Get bedeutet), sondern גופי תורה, etwa Körper der Tora, d. h. grössere zusammenhängende Abschnitte oder (wie das lat. corpus) Gesetzessammlungen. — Unsere Mischna, die sich wie ein Schlusswort zum ganzen Werke anhört (sie nennt Traktate aus allen Ordnungen ausser der ersten), steht in freilich nur loser Verbindung mit den Worten des R. Simon ben Johai in der vorigen Mischna, indem sie auf die grossen Aufgaben hinweist, die die Gesetzesforschung zu bewältigen hat, denen daher niemand, der zu ihrer Lösung berufen ist, seine Mitarbeit versagen darf. Die Tosefta hat einen ähnlich lautenden Satz sowohl hier als am Ende von Erubin. An beiden Stellen ist auch סדר זרעים vertreten, und zwar durch den Traktat מעשר שני.

[1]) עריות (von ערוה) ist nach 3. B. M. 18, 6 ff. der Schulausdruck für die Blutsverwandten, mit denen der Geschlechtsverkehr verboten ist (s. Kap. I Anm. 37). [2]) und erst recht nicht vor einem grössern Kreis von Zuhörern, da hier Fragen in Betracht kommen, bei denen die Unaufmerksamkeit des einen oder andern leicht zu folgenschweren Irrtümern und sittlichen Gefahren führen könnte. [3]) Probleme der Naturphilosophie. [4]) den der Prophet J'ḥezkêl an der Spitze seines Buches

חָכָם וּמֵבִין מִדַּעְתּוֹ. כָּל הַמִּסְתַּכֵּל בְּאַרְבָּעָה דְבָרִים, רָתוּי לוֹ כְּאִלּוּ לֹא בָא לָעוֹלָם, מַה לְמַעְלָה, מַה לְמַטָּה, מַה לְפָנִים, וּמַה לְאָחוֹר. וְכָל שֶׁלֹּא חָס עַל כְּבוֹד קוֹנוֹ, רָתוּי לוֹ שֶׁלֹּא בָא לָעוֹלָם: ב יוֹסֵי בֶּן יוֹעֶזֶר אוֹמֵר שֶׁלֹּא לִסְמוֹךְ, יוֹסֵי בֶּן יוֹחָנָן אוֹמֵר לִסְמוֹךְ. יְהוֹשֻׁעַ בֶּן פְּרַחְיָה אוֹמֵר שֶׁלֹּא לִסְמוֹךְ, נִתַּי הָאַרְבֵּלִי אוֹמֵר

dass es ein Weiser ist, der aus eigenem Nachdenken einen Einblick gewonnen hat. Wer vier Dingen nachgrübelt[5], für den wäre es erwünschter[6], er wäre garnicht zur Welt gekommen[7]: Was ist oben[8]? Was ist unten[9]? Was war vorher[10]? Was wird nachher sein[11]? Und wem die Ehre seines Herrn[12] nicht am Herzen liegt[13], dem wäre wohler, wenn er gar nicht zur Welt gekommen wäre[14]. **2**. Jose ben Jo'ezer sagte: Nicht aufstützen! Jose ben Johanan sagte: Aufstützen[15]! Josua ben P'rahja sagte: Nicht aufstützen!

---

beschreibt. Die Auslegung dieses dunkeln Kapitels war der Ausgangspunkt für die Erörterung metaphysischer Fragen, insbesondere gab die Schilderung des himmlischen Thrones Veranlassung, die Rätsel der göttlichen Weltregierung zu besprechen."
[5]) מסתכל entspricht dem bibl. משכיל (betrachten, bedenken, erwägen).
[6]) רתה bedeutet im Samaritanischen Gnade erweisen. In der rabbinischen Literatur findet sich der Stamm sehr selten; gewöhnlich steht נוח לו für רתוי לו. In 3. B. M. 23, 24 und Esther 10, 3 hat רצוי ungefähr denselben Sinn (lieb, angenehm). Manche Handschriften lesen übrigens hier ראוי statt רתוי. [7]) Man sollte אלו לא בא לעולם erwarten; כאלו (als ob er nicht geboren wäre) ist nicht recht verständlich. [8]) über dem Himmel. [9]) unter der Erde. [10]) vor Erschaffung der Welt. [11]) am Ende aller Tage. Es ist unvernünftig, über die Unendlichkeit von Raum und Zeit zu grübeln. Sie ist ein transzendenter Begriff, der unserm Forschen entrückt, unserer Erkenntnis unerreichbar ist. — Der Hebräer bezeichnet die Vergangenheit mit לפנים, die Zukunft mit לאחור, weil er jener das Gesicht zuwendet und daher die Zukunft, die er nicht sieht, im Rücken hat (s. auch P'sahim X Anm. 2. Wir sagen umgekehrt, die Zukunft liege vor uns, die Vergangenheit hinter uns. [12]) seines Schöpfers wie קונה שמים וארץ (1. B. M. 14,19).
[13]) Der Satz greift wahrscheinlich auf den Anfang der Mischna zurück und hat die öffentlichen Vorträge über das Wesen Gottes und seine Weltordnung im Auge.
[14]) Unsere Mischna, die vielleicht am Ende von Megilla bessern Anschluss gefunden hätte, knüpft nicht nur äusserlich mit dem Worte עריות an die letzte und vorletzte Mischna des vorigen Kapitels an; es besteht vielmehr auch ein innerer Zusammenhang. Nachdem oben die Abwendung von der Toraforschung als ein nie wieder gutzumachendes Unrecht gebrandmarkt und durch den Hinweis auf den gewaltigen Umfang und die grossen Schwierigkeiten des Stoffes eifriges Studium der mündlichen Ueberlieferung und fleissiger Besuch der Lehrhäuser stillschweigend zur Pflicht gemacht wurde, wird hier empfohlen, gewisse Fragen mit der gebotenen Vorsicht und Zurückhaltung zu behandeln. Auffallend ist nur, dass dieser Zusammenhang durch die Kapiteleinteilung wieder zerrissen wurde. Vielleicht sollte die achte Mischna des vorigen Kapitels, die vermutlich in einer ältern Sammlung am Ende des Traktats (wie in der Tosefta eine verwandte Bemerkung am Ende von 'Erubin) und damit der ganzen zweiten Ordnung gestanden hat, in der erweiterten Bearbeitung des letzten Ordners (s. oben S. 164) wenigstens den Schluss eines Kapitels bilden. [15]) Wer ein Opfertier darbringt, stützt seine beiden Hände mit voller Kraft auf dessen Kopf, ehe es geschlachtet wird. Am Feiertage ist es ebenso wie am Sabbat ein rabbinisches Verbot, sich auf ein lebendes Tier zu stützen. Daher die Meinungsverschiedenheit, wie es in dieser Beziehung mit einem am Feiertage darzubringenden Einzelopfer zu halten sei. Die Mischnalehrer, die das rabbinische Verbot im vorliegenden Falle für unwirksam erklären, sind der Meinung, das Aufstützen der Hände müsse dem Schlachten des Opfertieres unmittelbar vorangehen; die andere Gruppe, welche die Gegenansicht vertritt, hält es für statthaft, das Auflegen der Hände einen Tag vor der Darbringung, in unserm Falle also am Rüsttage

Nittai aus Arbel[16] sagte: Aufstützen! Juda ben Tabbai sagte: Nicht aufstützen! Simon ben Schetaḥ sagte: Aufstützen! Sche'ma'ja sagte: Aufstützen! Abṭalion sagte: Nicht aufstützen! Hillel und M'naḥem stritten nicht; aber M'naḥem schied aus[17] und Schammai trat ein. Schammai sagte: Nicht aufstützen! Hillel sagte: Aufstützen! Die Erstgenannten waren Oberhäupter, die ihnen Nachgesetzten Väter des Gerichtshofes[18]. **3**. Die Schule Schammais lehrt: Man bringt Friedensopfer dar[19], ohne sich auf sie zu stützen, aber nicht Ganzopfer[20]. Die Schule Hillels dagegen lehrt: Man bringt Friedens- und Ganzopfer dar[21] und stützt sich auch auf sie[22]. **4**. Fällt das Wochenfest auf den Rüsttag zum Sabbat, so ist nach Ansicht der Schule Schammais der Tag des Schlachtens nach Sabbat[23]; die Schule Hillels aber sagt: Es hat keinen Schlachttag[24]. Sie gibt indessen zu, dass der Schlachttag, wenn es auf Sabbat fällt, nach Sabbat ist[25]. Der Hohepriester legt da seine Gewänder nicht an[26], auch ist

לִסְמוֹךְ. יְהוּדָה בֶּן טַבַּי אוֹמֵר שֶׁלֹּא לִסְמוֹךְ, שִׁמְעוֹן בֶּן שֶׁטַח אוֹמֵר לִסְמוֹךְ. שְׁמַעְיָה אוֹמֵר לִסְמוֹךְ, אַבְטַלְיוֹן אוֹמֵר שֶׁלֹּא לִסְמוֹךְ. הִלֵּל וּמְנַחֵם לֹא נֶחְלְקוּ. יָצָא מְנַחֵם נִכְנַס שַׁמַּי. שַׁמַּי אוֹמֵר שֶׁלֹּא לִסְמוֹךְ, הִלֵּל אוֹמֵר לִסְמוֹךְ. הָרִאשׁוֹנִים הָיוּ נְשִׂיאִים, וּשְׁנִיִּם לָהֶם אֲבוֹת בֵּית דִּין:

ג בֵּית שַׁמַּי אוֹמְרִים, מְבִיאִין שְׁלָמִים וְאֵין סוֹמְכִין עֲלֵיהֶם, אֲבָל לֹא עוֹלוֹת. וּבֵית הִלֵּל אוֹמְרִים, מְבִיאִין שְׁלָמִים וְעוֹלוֹת, וְסוֹמְכִין עֲלֵיהֶם:

ד עֲצֶרֶת שֶׁחָלָה לִהְיוֹת בְּעֶרֶב שַׁבָּת, בֵּית שַׁמַּי אוֹמְרִים, יוֹם טְבוֹחַ אַחַר הַשַּׁבָּת. וּבֵית הִלֵּל אוֹמְרִים, אֵין לָהּ יוֹם טְבוֹחַ. וּמוֹדִים שֶׁאִם חָלָה לִהְיוֹת בְּשַׁבָּת, שֶׁיּוֹם טְבוֹחַ אַחַר הַשַּׁבָּת. וְאֵין כֹּהֵן גָּדוֹל מִתְלַבֵּשׁ

---

des Festes, in der Opferhalle vorzunehmen. [16]) einem Orte in Galiläa, westlich vom Kinneretsee. [17]) Laut einer Baraita schied er aus dem Synhedrion, um in den Staatsdienst einzutreten. [18]) In jedem der hier angeführten fünf Paare war der an erster Stelle Genannte das Synhedrialoberhaupt mit dem Titel N a s i, der an zweiter Stelle erwähnte sein Vertreter im Vorsitz mit dem Titel Ab-bêt-dîn. [19]) am Feiertage, sowohl das vorgeschriebene Festopfer als auch Freudenopfer. [20]) nicht einmal das Besuchsopfer (עולת ראייה), das nach ihrer Meinung nur an einem der auf den Feiertag folgenden Werktage dargebracht werden kann. Selbstverständlich ist die Rede hier von Einzelopfern. Die an den Tag gebundenen Gemeindeopfer werden ja sogar am Sabbat vollzogen. [21]) jedoch nur die vorgeschriebenen Besuchs-, Fest- und Freudenopfer, dagegen keinerlei freiwillige Opfergaben, weder gespendete noch gelobte (נדרים ונדבות; s. Kap. I Anm. 21). [22]) Der ganze Wortlaut der Mischna findet sich auch im Traktat Jom Ṭob (II 4). [23]) Da die Schule Schammais laut voriger Mischna nicht gestattet, das Besuchsopfer am Feiertage darzubringen, kann es, wenn dieser auf Freitag fällt, frühestens am nächsten Sonntag geschlachtet werden. Das gilt auch am Wochenfeste (das in der Mischna den Namen ע צ ר ת trägt: s. Mo'ed Ḳaṭan III Anm. 49), das zwar nur einen Tag gefeiert wird, aber hinsichtlich der Opfergaben einem siebentägigen Feste gleichgeachtet wird (s. Einl. Abs. 4). [24]) es ist vielmehr selber der Schlachttag für das Besuchsopfer, das ja nach ihrer Meinung sehr wohl am Feiertage, hier also am Freitag dargebracht werden kann. — Im bab. Talmud lautet die Lesart: ובית הלל אומרים אין יום טבוח אחר השבת. [26]) Denn am Sabbat dürfen nur Einzelopfer dargebracht werden, die an einen bestimmten Tag gebunden sind (das Pesaḥopfer am 14. Nisan und das Opfer des Hohenpriesters am Versöhnungstage), aber weder das Fest- noch das Besuchsopfer, die auch noch in den nächsten sechs Tagen dargebracht werden können. [26]) die aus acht

Totenklage gestattet, um die Worte derer nicht gelten zu lassen, die da sagen, das Wochenfest folge auf den Sabbat[27]. **5**. Man wäscht die Hände[28] zu Ungeheiligtem, zu Zehnt und zu Hebe;[29] zu Heiligem

בְּכֵלָיו, וּמֻתָּרִין בְּהֶסְפֵּד וּבְתַעֲנִית, שֶׁלֹּא לְקַיֵּם דִּבְרֵי הָאוֹמְרִין, עֲצֶרֶת אַחַר הַשַּׁבָּת: ה נוֹטְלִין לַיָּדַיִם לְחֻלִּין וּלְמַעֲשֵׂר וְלִתְרוּמָה, וּלְקֹדֶשׁ

Stücken bestehende Amtstracht (Joma VII 5), die sogenannten goldenen Kleider (בגדי זהב). [27]) Die Boëthosäer fochten die überlieferte Auffassung an, nach welcher unter ממחרת השבת (3 B. M. 23, 11) der auf den ersten Feiertag des Pesaḥ folgende Tag, also der 16. Nisan zu verstehen ist, indem sie das Wort שבת in seiner gewöhnlichen Bedeutung nahmen und demgemäss behaupteten, der Tag der ‘Omerschwingung müsste durchaus ein Sonntag sein (M'naḥot X 3). Da nun das Wochenfest nach dem Wortlaut der Tora (das. 15—21) auf den fünfzigsten Tag der ‘Omerzählung fällt, musste nach ihrer Ansicht auch dieses nicht anders als an einem Sonntage gefeiert werden. Um ihrer falschen Auslegung, deren Unrichtigkeit, wie Maimonides (Hil. Tem dim u-Musafim VII 11) bemerkt, aus einer Vergleichung des Berichtes in Josua 5, 11 (ויאכלו מעבור הארץ ממחרת הפסח) mit dem Verbote in 3. B. M. 23, 14 (ולחם וקלי וכרמל לא תאכלו עד עצם היום הזה) sich ergibt, wirksam entgegenzutreten, wurde angeordnet. dass der Hohepriester, wenn das Wochenfest auf Sabbat fiel, am folgenden Sonntage seine Prachtgewänder nicht anziehe (mithin auch keinen Dienst verrichte) und der Tag selbst in Bezug auf Fasten und Totenklage wie jeder andere Werktag zu behandeln sei. [28]) indem man sie aus einem Gefässe mit 1/4 Log (ungefähr 0,1 l) Wasser übergiesst. Für diese Art des Waschens ist נטילה der Schulausdruck, wie טבילה für das Eintauchen der Hände oder das Untertauchen des ganzen Körpers, sei es in Quellwasser, sei es in eine mindestens vierzig Sea (etwa 360 l) Regenwasser enthaltende Zisterne. — Das Wort נטל bedeutet nach einer Erklärung im Mordechai (Berachot Nr. 192) erheben (שמגביה ידיו כדכתיב וינטלם וינשאם), wobei es zweifelhaft bleibt, ob er dieses מגביה wörtlich meint, weil man beim Waschen die Hände hochhalten muss (מים ראשונים צריך להגביה ידיו למעלה), oder ob er es im Sinne des vorher (Nr. 191) angeführten Satzes: והתקדשתם אלו מים ראשונים als eine Weihe der Hände aufgefasst wissen will. Eine andere Erklärung daselbst sieht in נטל ein Denominativ von אנטל, womit im Talmud das Waschgefäss bezeichnet wird. אנטל ist das griechische *ἀντλίον*; *ἀντλεῖν* heisst das Seewasser aus dem Schiffe hinausschöpfen, dann auch ganz allgemein entleeren, ausgiessen. Da auch im Arabischen نطل Wasser ausgiessen bedeutet und *ἀντλεῖν* einen fremdartigen Klang hat, nimmt man an, dass das Wort im Semitischen seine Heimat hat und von den Griechen als Lehnwort aus dem Phönikischen eingebürgert wurde. Wie dem auch sei, auf alle Fälle bezeichnet die נטילה ihrer Grundbedeutung nach kein Waschen der Hände in einer Schüssel, sondern das Uebergiessen aus einem Gefässe. Sie unterscheidet sich aber nicht bloss hierin von der טבילה, die gerade das Eintauchen erfordert, sondern hauptsächlich dadurch, dass bei dieser das Wasser sich weder in einem Gefässe befinden, noch aus einem solchen herrühren darf. Das geschöpfte Wasser (מים שאובין), das für die נטילה Vorschrift ist, ja im Begriffe liegt, ist bei der טבילה unzulässig. [29]) Wenn die Hände auch rein sind, muss man sie doch vor dem Genuss von Brot (nicht allein vom zweiten Zehnt, sondern selbst von Ungeheiligtem) sowie vor der Berührung von Priesterhebe (und wären es auch nur Früchte) vorschriftsmässig waschen, weil sie infolge ihrer Geschäftigkeit achtlos und unbemerkt unsaubere Dinge angefasst haben können. — Unter תרומה (Hebe) ist die Abgabe zu verstehen, die der Priester vom Ertrage der Ernte (תרומת גרן, תרומה גדולה) und vom Brotteige (חלה) erhält, wie auch der Zehnt vom Zehnt (מעשר מן המעשר oder תרומת מעשר), den der Lewite, nachdem er den „ersten Zehnt“ (מעשר ראשון) vom Ernteertrag bekommen hat, an den Priester zu entrichten hat. Der zweite Zehnt (מעשר שני), der hier schlechthin מעשר genannt wird (5. B. M. 14, 22—26), ist keine Abgabe, bleibt vielmehr auch nach der Abhebung im Besitze des Eigentümers, muss aber in der heiligen Stadt verzehrt oder gegen einen entsprechenden Geldbetrag ausgelöst werden, der dann seinerseits in der heiligen Stadt gegen

מַטְבִּילִין, וּלְחַטָּאת אִם נִטְמְאוּ יָדָיו נִטְמָא גוּפוֹ: ו הַטּוֹבֵל לְחֻלִּין וְהֻחְזַק

taucht man sie unter[30]. In Bezug auf Sühnemittel[31] ist man, wenn die Hände unrein geworden[32], am ganzen Körper unrein[33]. **6.** Wer für Ungeheiligtes untergetaucht ist[34] und hierbei seine Absicht auf Ungeheiligtes beschränkt hat[35],

---

Nahrungsmittel umzutauschen ist. 30) Zum Genuss von Opferfleisch oder Opferbrot genügt das Waschen der Hände (נטילה) nicht; man muss sie vielmehr bis zum Handgelenk in ungeschöpftes Wasser tauchen (טבילה). — R. Ḥananêl zieht ולתרומה zu ולקדש und liest: Man wäscht die Hände zu Ungeheiligtem und zu Zehnt; zu Hebe aber und zu Heiligem taucht man sie unter.

31) Unter חטאת ist hier die rote Kuh (4. B. M. 19, 9) zu verstehen, deren mit Wasser vermengte Asche auf die an einer Leiche verunreinigten Personen und Geräte zu ihrer Reinigung gesprengt wurde. Dieses Sühnungswasser, dort מי נדה, sonst auch מי חטאת (das. 8, 7) genannt, wie alles, was mit seiner Herstellung in Verbindung steht, ist gegen hierologische Unreinheit noch empfindlicher als selbst Opfergaben. Die Stufenreihe ist: Ungeheiligtes (חולין), zweiter Zehnt (מעשר), Priesterhebe (תרומה), Opfer (קדש), Reinigungsmittel (חטאת).

32) durch sekundäre Uebertragung (s. P'saḥim I Anm. 26).

33) Nach dem Gesetz der Tora sind Menschen nur für die erste Uebertragung empfänglich, und da ist es allerdings gleichgiltig, mit welchem Körperteil man den Herd der Unreinheit (אב הטומאה) berührt hat. Die Rabbinen haben indessen angeordnet, dass die zweite Uebertragung auf die berührende Hand eine abgestufte Wirkung haben soll. Hat man demnach z. B. für den Genuss von Opferfleisch die Hände „eingetaucht" und hernach unreine Speisen (die niemals ein Herd der Unreinheit sein können) mit der einen berührt, so muss man, um Priestehebe anfassen zu dürfen, diese Hand „übergiessen", und um Heiliges zu berühren, beide Hände aufs neue „eintauchen", um sich aber mit dem Reinigungsopfer irgendwie beschäftigen zu dürfen, mit dem ganzen Körper untertauchen.

34) Er ist ins Reinigungsbad mit der Absicht gestiegen, sich für den Genuss von Ungeheiligtem tauglich zu machen. Zwar dürfen auch Unreine solches geniessen; es gab aber durch besondere Frömmigkeit ausgezeichnete Männer, die selbst ungeheiligte Speisen in Reinheit verzehrten (s. Anm. 50).

35) Unter den mannigfachen Bedeutungen von הוחזק scheint hier die der Präsumtion (חזקה) die angemessenste zu sein, zumal wenn man mit unseren Talmudausgaben nicht והוחזק, sondern הוחזק liest oder das ו in והוחזק im Sinne von „oder" nimmt. Die חזקה ist eine durch ihre grosse Wahrscheinlichkeit zur Gewissheit erhobene Vermutung, insbesondere die Annahme der Fortdauer eines eingetretenen Zustandes bis zum Beweise des Gegenteils. Die Mischna würde also sagen: Wenn jemand für eine niedrigere Stufe die Reinheit erlangt hat, oder die Voraussetzung solcher Reinheit von früher her für sich geltend machen kann, so genügt das keineswegs für die höhere Stufe. Dann wäre aber והוחזק neben הטובל überflüssig. Wenn schon die eben erworbene Reinheit nicht ausreicht, wie erst die blosse Annahme, dass der ehemalige Reinheitszustand noch unverändert ist. Der Talmud fasst daher die חזקה hier in der sonst nicht eben geläufigen Bedeutung der Bekräftigung auf. Man kann sich nämlich, solange man noch nicht ganz dem Reinigungsbade entstiegen ist, nach der Tosefta (III 1) (איזו היא חזקה כל שעקר רגליו מן המים. עודהו רגליו במים טבל לקל שבהן והוחזק לחמור שבהן מה שעשה עשוי) für eine höhere Stufe entschieden oder fähig machen, wenn man auch in der Absicht auf eine niedrigere ins Bad gestiegen ist. Nimmt man es z. B. nur für Ungeheiligtes, richtet aber noch während des Heraussteigens seinen Entschluss auf Opferfleisch, so ist dessen Genuss gestattet. Demnach will unsere Mischna sagen: Wer bloss mit der Absicht, für eine niedrigere Stufe rein zu sein, untergetaucht ist und auch beim Verlassen des Bades in diesem Entschlusse beharrte (wörtlich: bestärkt wurde), der gilt für eine höhere Stufe als unrein. Anders ist die Mischna nach der Lesart aufzufassen, die 'Aruch (unter כרר 3) überliefert: טבל לחולין הוחזק לחולין ואסור למעשר טבל למעשר הוחזק למעשר ואסור לתרומה טבל לתרומה הוחזק לתרומה ואסור לקדש טבל לקדש הוחזק לקדש ואסור לחטאת (also durchweg הוחזק ohne ו und ואסור mit ו). Das kann nur den Sinn haben, dass jeder, der in Absicht auf eine niedrigere Stufe das Reinigungsbad nimmt, nur für diese Stufe als rein gilt, jedoch in Bezug auf die höhere gebunden ist. Wie sich eine solche Auffassung mit der talmudischen Diskussion (19 a) in Einklang bringen lässt, soll hier nicht erörtert werden. In der Sache ist ja zwischen dieser

לְחֻלִּין, אָסוּר לְמַעֲשֵׂר. טָבַל לְמַעֲשֵׂר וְהֻחְזַק לְמַעֲשֵׂר, אָסוּר לִתְרוּמָה. טָבַל לִתְרוּמָה וְהֻחְזַק לִתְרוּמָה, אָסוּר לְקֹדֶשׁ. טָבַל לְקֹדֶשׁ וְהֻחְזַק לְקֹדֶשׁ, אָסוּר לְחַטָּאת. טָבַל לֶחָמוּר מֻתָּר לַקַּל, טָבַל וְלֹא הֻחְזַק, כְּאִלּוּ לֹא טָבָל׃ ז בִּגְדֵי עַם הָאָרֶץ מִדְרָס לִפְרוּשִׁין, בִּגְדֵי פְרוּשִׁין מִדְרָס

ist in Bezug auf Zehnt gebunden[36]. Ist er für Zehnt untergetaucht, und sein Ziel war auch nur der Zehnt, so ist er in Bezug auf Hebe gebunden[37]. Ist er für Hebe untergetaucht und auch der Zweck war lediglich die Hebe, so ist er in Bezug auf Heiliges gebunden[38]. War er für Heiliges untergetaucht und seine Absicht bloss auf Heiliges gerichtet, so ist er in Bezug auf Sühnemittel gebunden[39]. War er für das Strengere untergetaucht, so ist ihm das Geringere gestattet[40]. Ist er untergetaucht, ohne den Zweck zu bestimmen, so ist es, als wäre er nicht untergetaucht[41].

7. Die Kleider des Landvolks[42] sind Midrâs[43] für die Abgesonderten[44]; die Kleider der Abgesonderten sind Midrâs für die,

---

und unserer Lesart kein erheblicher Unterschied. Nur das Wort הוחזק erhält jetzt wieder die Bedeutung, von der wir zuerst ausgegangen sind, die es z. B. auch an Stellen wie הוחזק כפרן, הוחזקה נדה hat: auf Grund einer Präsumtion für etwas gelten.— Maimuni hat in seinem Kommentar z. St. unsere Lesart gehabt, scheint aber später in seinem Gesetzbuche (Hil. Sch'ar Abot hattum'ot XIII 2) der des 'Aruch den Vorzug gegeben zu haben. [36]) Er darf davon nichts geniessen, ehe er zu diesem Zwecke und in dieser Absicht aufs neue badet. [37]) Er darf sie nicht einmal berühren. [38]) Seine Berührung macht es unrein. [39]) Er ist von jeder Mitwirkung ausgeschlossen, bis er aufs neue mit dem Entschlusse „untergetaucht" ist, sich für diese Beschäftigung zu reinigen. R. Ḥananêl nimmt חטאת in dem gewöhnlichen Sinne = Sündopfer. Nach ihm sind unter קדש hier die Opfer von geringerer Heiligkeit (קדשים קלים) wie Friedensopfer u. ä. zu verstehen, während חטאת als Vertreter der Opfer von höherer Heiligkeit (קדשי קדשים) angeführt ist. [40]) Wenn er z. B. in der Absicht auf Priesterhebe das vorschriftsmässige Bad genommen hat, darf er zwar kein Opferfleisch und kein Opferbrot berühren, wohl aber zweiten Zehnt geniessen. [41]) Hier könnte man הוחזק in seiner gewöhnlichen Bedeutung nehmen: Wer zwar gebadet, aber nicht die Gewissheit der Reinheit erlangt hat (es herrschen z. B. Zweifel über die vorschriftsmässige Beschaffenheit des Bades), ist so anzusehen, als hätte er nicht gebadet. Aber auch die oben allein mögliche Erklärung des Wortes lässt sich an dieser Stelle aufrecht erhalten: Wer gebadet hat, ohne sich für irgend eine der hier genannten höheren Stufen zu entscheiden, ist von allen ausgeschlossen. Als hätte er gar nicht gebadet, darf er nur Ungeheiligtes essen, das ja auch dem Unreinen gestattet ist. [42]) Unter עם הארץ (Volk des Landes) ist der grosse Haufe, die gemeine unwissende Menge zu verstehen. Wie aber גוי (Volk) in der Mischna vorzugsweise den einzelnen Heiden bezeichnet, so auch עם הארץ den einzelnen Ungebildeten, bald wie hier im Gegensatz zum פרוש als einen Mann, der es mit den Vorschriften über die hierologische Reinheit nicht genau nimmt, bald wieder im Gegensatz zum נאמן und zum חבר (s. Demai II 2—3) als eine Person, die in Bezug auf die Entrichtung des Zehnt vom Ernteertrage nicht zuverlässig ist. [43]) מדרס ist ein als Sitz oder Lager geeigneter Gegenstand, der durch den auf ihn geübten Druck (דרס = drücken) von Personen, die mit einem unreinen Ausfluss oder Aussatz behaftet sind, zu einem Herd der Unreinheit gemacht worden ist (s. Jom Tob II Anm. 33). [44]) פרושים sind Personen von strengster Enthaltsamkeit und Sittenreinheit. Sie beobachteten mit peinlichster Gewissenhaftigkeit auch nach der Zerstörung des Tempels noch die hierologischen Reinheitsgesetze und alle auf diesen sich aufbauenden rabbinischen Erschwerungen, hielten sich deshalb von der grossen Menge, die solche Vorschriften nicht mehr genau befolgte, möglichst fern und wurden deshalb P'ruschim (Pharisäer, von פרש = sich absondern) genannt. Das Wort wurde im Kampfe mit den Sadokäern und Boëthosäern zur

לְאוֹכְלֵי תְרוּמָה. בִּגְדֵי אוֹכְלֵי תְרוּמָה מִדְרָס לְקֹדֶשׁ. בִּגְדֵי אוֹכְלֵי קֹדֶשׁ מִדְרָס לְחַטָּאת. יוֹסֵף בֶּן יוֹעֶזֶר הָיָה חָסִיד שֶׁבַּכְּהֻנָּה. וְהָיְתָה מִטְפַּחְתּוֹ מִדְרָס לַקֹּדֶשׁ. יוֹחָנָן בֶּן גֻּדְגְּדָא הָיָה אוֹכֵל עַל טָהֳרַת הַקֹּדֶשׁ כָּל יָמָיו. וְהָיְתָה מִטְפַּחְתּוֹ מִדְרָס לַחַטָּאת:

die Hebe essen; die Kleider derer, die Hebe essen, sind Midrâs für Heiliges; die Kleider derer, die Heiliges essen[45], sind Midrâs für Sühnemittel[46]. Josef ben Jo'ezer war einer der Frömmsten in der Priesterschaft[47], und es war sein Tuch Midrâs für Heiliges[48]. Joḥanan ben Godgada ass zeitlebens in Heiligtumsreinheit[49], und es war sein Tuch Midrâs für Sühnemittel[50].

פרק ג.

ABSCHNITT III.

א חֹמֶר בַּקֹּדֶשׁ מִבַּתְּרוּמָה. שֶׁמַּטְבִּילִין כֵּלִים בְּתוֹךְ כֵּלִים לַתְּרוּמָה. אֲבָל לֹא לַקֹּדֶשׁ. אֲחוֹרַיִם

1. Grössere Strenge waltet bei Heiligem[1] als bei der Hebe[2]; denn man kann für die Hebe Geräte in Geräten untertauchen, aber nicht für Heiliges[3]. [Man unter-

---

Parteibezeichnung für die Anhänger der Schriftgelehrten, welche die Verbindlichkeit der mündlich überlieferten Lehre gegen die Angriffe jener Sekten verteidigten. [45]) Die meisten Ausgaben lesen בגדי קדש statt בגדי אוכלי קדש. [46]) Mit anderen Worten: Die Kleider des gewöhnlichen Mannes, sofern sie zum Sitzen oder Liegen benutzt werden konnten, wurden von den P'ruschim für unrein gehalten, deren Tücher wieder von den Priestern, die Teruma assen, nicht benutzt wurden, weil deren Reinheit ihnen nicht genügte. So war auch die Reinheit der Kleider, deren die Priester sich bedienten, nicht ausreichend für Personen, die Heiliges zu geniessen hatten, während ihre Tücher wieder denen als unrein galten, die mit der Gewinnung der Reinigungsasche und der Herstellung oder Anwendung des Sprengwassers irgendwie beschäftigt waren, bez. (nach R. Ḥananêl) von Opfern höherer Heiligkeit essen wollten. Nach einer Ansicht im bab. Talmud z. St. ist übrigens eine Lücke in unserer Mischna. Es sollte heissen: die Kleider der Abgesonderten sind Midrâs für die, die (zweiten) Zehnt essen; die Kleider derer, die (zweiten) Zehnt essen, sind Midrâs für die, die Hebe essen (בגדי פרושים מדרס לאוכלי מעשר בגדי אוכלי מעשר מדרס לאוכלי תרומה). [47]) Mit dem Artikel wäre חסיד שבכהונה die in der Mischna übliche Form des Superlativs; vgl. היפה שבהן (P'saḥim IX 8), הגדול שבהן (Rosch haschana II 6), הזקן שבהם (Ta'anijot II 1). So heisst es wohl nur: einer der Frömmsten. [48]) In seinem Hause wurde gewöhnlich nur der für die Priesterhebe erforderliche Grad der Reinheit streng beobachtet. Darum mussten die Tücher selbst dieses hervorragenden, über jeden Verdacht der Unachtsamkeit erhabenen Mannes, soweit sie zum Sitzen oder Liegen dienten, denen als ein Herd der Unreinheit gelten, die Heiliges zu geniessen hatten. [49]) All seine Speisen wurden in bezug auf hierologische Reinheit mit derselben Behutsamkeit wie Opferfleisch zubereitet und aufgetragen. [50]) konnte aber mit Heiligem in Berührung gebracht werden. Folgerecht darf jemand, der selbst Ungeheiligtes nur in der für das Heilige geforderten Reinheit geniesst, wenn er in dieser Absicht gebadet hat, auch Opferfleisch essen. Der Anfang der vorigen Mischna spricht nur scheinbar dagegen. Dort ist von einem Manne die Rede, der Ungeheiligtes in Reinheit geniesst, seine Speisen also vor sekundärer Uebertragung der Unreinheit in acht nimmt, hier dagegen von jemand, der sie sogar vor Unreinheit des vierten Grades zu schützen bedacht ist (s. P'saḥim I Anm. 26). Dort ein אוכל חולין בטהרה, hier ein אוכל חולין על טהרת הקודש.

[1]) Opferfleisch und Opferbrot wie auch Mehl, Wein und Oel, die für den Altar geweiht sind. [2]) Die vom Ernteertrage und vom Brotteige dem Priester zustehende Abgabe, die gleich dem Heiligen nur in reinem Zustande und nur von reinen Personen gegessen werden darf. [3]) Unreine Gefässe können, wenn man sie

וְתָוֶךְ וּבֵית הַצְּבִיטָה בִּתְרוּמָה, אֲבָל לֹא בְקֹדֶשׁ. הַנּוֹשֵׂא אֶת הַמִּדְרָס, נוֹשֵׂא אֶת הַתְּרוּמָה, אֲבָל לֹא אֶת הַקֹּדֶשׁ. בִּגְדֵי אוֹכְלֵי תְרוּמָה מִדְרָס לְקֹדֶשׁ. לֹא כְמִדַּת הַקֹּדֶשׁ מִדַּת הַתְּרוּמָה, שֶׁבַּקֹּדֶשׁ מַתִּיר וּמְנַגֵּב וּמַטְבִּיל, וְאַחַר כָּךְ קוֹשֵׁר, וּבַתְּרוּמָה קוֹשֵׁר, וְאַחַר כָּךְ מַטְבִּיל: **ב** כֵּלִים

scheidet] Aussenfläche[4], Innenseite und Griff[5] in Bezug auf Hebe, aber nicht auf Heiliges[6]. Wer ein Midrâs[7] trägt, darf Hebe tragen[8], aber nicht Heiliges. Die Kleider derer, die Hebe essen, sind Midrâs für Heiliges[9]. Nicht wie die Massgabe für Heiliges ist die Massgabe für Hebe, denn bei Heiligem muss man aufbinden, trocknen, untertauchen und nachher zusammenbinden[10], bei Hebe aber kann man zusammenbinden und nachher untertauchen[11]. **2.** Geräte,

---

zu Hebe gebraucht, in einem grössern Gefässe vereinigt und so ins Reinigungsbad getaucht werden; will man sie dagegen zu Heiligem verwenden, muss jedes einzeln untergetaucht werden. [4]) Wenn אחוריים die richtige Lesart ist (‘Aruch schreibt אחורים), erklärt sich der Dual entweder wie bei ירכתים (2. B. M. 26,23 u. ö.) durch Begriffsübertragung vom menschlichen Körper auf leblose Dinge oder durch die Erwägung, dass jedes Gefäss zwei Aussenflächen hat, eine senkrechte und eine wagrechte. [5]) בית הצביטה = Ort des Anfassens, Griff. Der Stamm צבט findet sich in der Bibel nur an einer einzigen Stelle (Rut 2,14), an der er darreichen bedeutet. Im Arabischen heisst ضبط festhalten. Eine andere Lesart lautet בית הצביעה = die Fingerstelle (צביעה von אצבע), der obere Rand, an dem man das Gefäss mit den Fingern festhält. — בית (eig. Haus) steht hier in seiner verblassten Bedeutung für Raum wie in בית השלחין, בית האילן, בית סאה, בית חשחי, בית הבליעה u. v. a. [6]) Wenn ein Gefäss an seiner Aussenseite mit Getränken vom ersten Grade der Unreinheit (P'saḥim I Anm. 26) in Berührung kam, so ist die im Innern oder am Griffe befindliche Priesterhebe rein geblieben; denn die Fähigkeit solcher Flüssigkeiten, ein Gefäss unrein zu machen, ist in der Tora nicht begründet (nach deren Gesetzen ein Gerät nur durch einen Herd der Unreinheit infiziert werden kann), beruht vielmehr nur auf einer Satzung der Rabbinen, die sie für Priesterhebe auf die Berührungsfläche beschränkt haben. Ist dagegen Heiliges im Gefässe oder am Griffe, so überträgt sich die Unreinheit der Flüssigkeiten von der Aussenfläche auch auf den Inhalt. Derselbe Unterschied zwischen Priesterhebe und Heiligem gilt sinngemäss auch für unreine Getränke der genannten Art am Griffe des Gefässes, aber nicht in dessen Innern. Ist dieses durch sie unrein geworden, so ist das ganze Gefäss, auch Griff und Aussenfläche, selbst für Priesterhebe unrein. Und es braucht nicht gesagt zu werden, dass es ohne jede Einschränkung in allen seinen Teilen unrein ist, wenn es an irgend einer Stelle von einem Herd der Unreinheit berührt wurde. Merkwürdigerweise erklärt Raschi und nach ihm R. ‘Obadja, ohne dass R. Jom Tob Heller etwas dagegen einwendet, das Gerät bleibe auch dann aussen und am Griffe rein, wenn es innen unrein geworden. Derselben Meinung begegnen wir auch noch in תפארת ישראל, obgleich die Mischna in Kelim (XXV 6) ausdrücklich sagt: כלי שנטמא אחוריו במשקין אחוריו טמאין תוכו אגנו אזנו וידיו טהורין נטמא תוכו כלו טמא. Vielleicht denkt Raschi an ein Gefäss, das auch aussen am Boden eine Vertiefung hat. Der Wortlaut in תפארת ישראל lässt eine solche Auffassung nicht zu. [7]) Ein Kissen oder Kleidungsstück, das eine mit unreinem Ausfluss oder Aussatz behaftete Person in einer Weise benutzt hat, dass es ein Herd der Unreinheit wurde (s. Jom Ṭob II Anm. 33). [8]) wenn dafür gesorgt ist, dass weder das Midrâs noch er selbst sie berühren kann. [9]) Die Kleider der Priester, die Hebe assen, galten denen, die mit Opferfleisch, Opferbrot, Opferwein und sonstigen geweihten Dingen in Berührung kamen, für unrein, wie bereits oben (II 7; s. auch Anm. 46 daselbst) erwähnt wurde. [10]) Will man unreine Stoffe durch das Reinigungsbad für Heiliges gebrauchsfähig machen, muss man sie, wenn sie zusammengebunden oder gerollt sind, erst auseinanderfalten, und wenn sie nass sind, erst trocknen, ehe man sie untertaucht und wieder faltet oder zusammenbindet. — Jeruschalmi liest nicht ומנגב. Die Erklärung des Wortes s. in Anm. 21. [11]) Wenn die unreinen Stoffe nur für Priesterhebe benutzt werden

הַנִּגְמָרִים בְּטָהֳרָה, צְרִיכִין טְבִילָה לַקֹּדֶשׁ, אֲבָל לֹא לַתְּרוּמָה. הַכְּלִי מְצָרֵף מַה שֶּׁבְּתוֹכוֹ לַקֹּדֶשׁ, אֲבָל לֹא לַתְּרוּמָה. הָרְבִיעִי בַקֹּדֶשׁ פָּסוּל, וְהַשְּׁלִישִׁי בַּתְּרוּמָה. וּבַתְּרוּמָה אִם נִטְמֵאת אַחַת מִיָּדָיו, חֲבֶרְתָּהּ טְהוֹרָה, וּבַקֹּדֶשׁ מַטְבִּיל שְׁתֵּיהֶן. שֶׁהַיָּד מְטַמְּאָה אֶת חֲבֶרְתָּהּ בַּקֹּדֶשׁ, אֲבָל

die in Reinheit fertiggestellt wurden [12], müssen für Heiliges untergetaucht werden[13], aber nicht für Hebe. Das Gefäss vereinigt, was sich an Heiligem, aber nicht, was an Hebe sich in ihm befindet[14]. Die vierte Uebertragung macht Heiliges unbrauchbar, Hebe die dritte[15]. Für Hebe ist, wenn die eine Hand unrein geworden[16], die andere rein[17], für Heiliges aber muss man beide untertauchen[18]; denn die eine Hand verunreinigt[19] die andere in Bezug auf Heiliges[20], aber nicht in

---

sollen, kann man sie, wenn es so bequemer ist, sogar zum Zwecke des Untertauchens zusammenbinden, sofern der Zutritt des Wassers dadurch nicht verhindert wird. [12]) von einem Handwerker, der in Bezug auf hierologische Reinheit von vertrauenswürdiger Gewissenhaftigkeit und Zuverlässigkeit ist. Vor ihrer Vollendung, also in unfertigem Zustande, sind Geräte für solche Unreinheit nicht empfänglich. [13]) in ein Reinigungsbad. [14]) Wenn mehrere Stücke Opferfleisch oder ein ganzer Haufen Räucherwerk auf einer Platte verstreut liegen und eines der Stücke oder der Körnchen von etwas Unreinem berührt wird, ist alles unrein, was auf der Platte sich befindet; wenn es dagegen Hebe ist, von der mehrere Brote nicht allein auf einem flachen Geräte, sondern selbst in einem tiefen Gefässe vereinigt sind, so ist nur das eine unbrauchbar, das von dem unreinen Gegenstande berührt wird, die anderen Brote bleiben rein. [15]) Die hierologische Unreinheit pflanzt sich durch Uebertragung von ihrem Herde durch eine Reihe von Gliedern weiter fort (ולד הטומאה), wird aber in jedem Kettengliede abgeschwächt, bis sie sich endlich erschöpft. In Priesterhebe erlischt ihre Uebertragungsfähigkeit schon im dritten, bei Heiligem erst im vierten Gliede (s. P'saḥim I Anm. 26) [16]) durch eine nur in rabbinischer Satzung begründete Unreinheit (s. oben Kap. II Anm. 33). [17]) Man braucht, um Hebe essen zu dürfen, nur die unrein gewordene Hand zu waschen, die andere auch dann nicht, wenn sie jene (in trockenem Zustande; s. Anm. 20) sogar berührt hat. [18]) Waschen (נטילה) genügt nicht zum Genuss von Heiligem; selbst zu seiner Berührung ist Baden der Hände (טבילה) erforderlich. [19]) מטמא schreiben nicht nur unsere Ausgaben, sondern auch die besten Handschriften. Es ist aber nicht m'tammê zu lesen, da יד weiblich ist, sondern m'ṭamma. מטמא ist nämlich aus מטמאה durch Zurückziehung des Vokals vom א aufs מ verkürzt, wie כשגגה היוצא מלפני השליט (Kohelet 10, 5) aus היוצאה. Diese Behandlung der ל״א nach den Gesetzen der ל״ה, die in der Bibel zu den seltenen Ausnahmen gehört, ist in der Mischna bei einigen Formen (wie z. B. קורין für קוראין und מצינו statt מצאנו) schier die Regel. [20]) Nach dem einfachen Wortsinn bedeutet der Ausdruck מטמא wie sonst überall so auch hier eine Verunreinigung durch Berührung, während aus dem Wortlaut des vorangehenden Satzes (ובקדש מטביל שתיהן) hervorzugehen scheint, dass sobald die eine Hand unrein geworden, die andere eo ipso nichts Heiliges berühren darf, bevor beide untergetaucht sind. In der Tat liest Jeruschalmi והיד an Stelle von שהיד, sodass der zweite Satz eine neue Erschwerung einführt und nicht mehr die blosse Begründung des ersten enthält, (eine solche findet sich bei keinem der hier angeführten elf Unterschiede). Es wäre nun nicht mehr von der unrein gewordenen, sondern von der Hand schlechthin die Rede, die ungewaschen stets eine Unreinheit zweiten Grades darstellt. Hat man demnach die eine Hand, nachdem man sie ins Reinigungsbad getaucht und wieder abgetrocknet hat, mit der andern berührt, so ist sie dadurch für Heiliges unrein geworden, für Hebe aber rein geblieben, falls nicht die eine oder die andere nass gewesen. Nach unserer Lesart bleibt es zweifelhaft, ob dadurch, dass die eine Hand für Heiliges unrein geworden, auch die andere es ohne weiteres geworden ist. Maimuni (Hil. Sch'ar Abot hattum'ot XII 12) bejaht es, sofern die unreine feucht war; R. Abraham b. Dawid verneint es (daselbst) auch in diesem Falle. Beide

Bezug auf Hebe. **3.** Man darf trockene Speisen mit unreinen Händen essen[21], wenn es sich um Priesterhebe[22] handelt, aber nicht, wenn es sich um Heiliges handelt[23]. Ein Leidtragender[24] und ein der Sühne Unterworfener[25] bedürfen des Reinigungsbades für Heiliges[26], aber nicht für Hebe[27]. **4.** Grössere Strenge waltet bei Priesterhebe insofern, als man in Judäa alle Tage des Jahres in Bezug

לֹא בִתְרוּמָה: ג אוֹכְלִין אֳכָלִים נְגוּבִין בְּיָדַיִם מְסֹאָבוֹת בַּתְּרוּמָה, אֲבָל לֹא בַקֹּדֶשׁ. הָאוֹנֵן וּמְחֻסַּר כִּפּוּרִים, צְרִיכִין טְבִילָה לַקֹּדֶשׁ, אֲבָל לֹא לַתְּרוּמָה: ד חֹמֶר בַּתְּרוּמָה, שֶׁבִּיהוּדָה נֶאֱמָנִין עַל טָהֳרַת יַיִן וָשֶׁמֶן, כָּל יְמוֹת הַשָּׁנָה, וּבִשְׁעַת הַגִּתּוֹת וְהַבַּדִּים, אַף עַל הַתְּרוּמָה.

auf Reinheit von Wein und Oel Vertrauen geniesst, aber nur zur Zeit des Kelterns und Pressens auch in Bezug auf Hebe[28]. Sind die Zeiten des Kel-

---

stimmen darin überein, dass die Verunreinigung der einen Hand durch die andere in trockenem Zustande und ohne gegenseitige Berührung auch in Bezug auf Heiliges ausgeschlossen ist, in feuchtem Zustande dagegen und mittels Berührung selbst für Hebe zustande kommt. [21]) אוכלים (Speisen) ist der Plural von אוכל, also Ochalim (und nicht Ochelim wie das vorangehende Partizip) zu lesen. Trotz des ! Denn in den nachbiblischen Texten stehen die Lesemütter der grössern Deutlichkeit wegen auch für Halbvokale (s. P'saḥim VIII Anm. 42). Mit נגב übersetzt Onkelos das hebr. חרב (trocknen); syrisch ebenso ‎ـ. — ‎סאוב ist der hebraisierte Pu'al des aramäischen Wortes סאב, das in den Targumim für das biblische טמא meist im Sinne hierologischer Unreinheit gesetzt wird. Wie in der vorigen Mischna (s. Anm. 16) ist auch hier von einer nur auf rabbinischer Satzung beruhenden Unreinheit die Rede. [22]) Früchte sind gegen hierologische Unreinheit (3. B. M.11,87) immun, solange sie nicht durch Benetzung mit einer Flüssigkeit für die Uebertragung empfänglich gemacht werden (das. 38). Heilige Speisen bilden wegen ihrer besondern Empfindlichkeit (חבת הקדש) eine Ausnahme; Hebe aber kann in trockenem Zustande von den Händen, wenn diese ebenfalls trocken sind, keine Unreinheit annehmen und daher unbedenklich mit unreinen Fingern angefasst werden. [23]) auch dann nicht, wenn man das Heilige nicht berührt, indem man es mit einer Gabel oder durch Vermittlung einer fremden Hand zum Munde führt. [24]) Wer den Verlust von Eltern, Geschwistern, Kindern oder eines Gatten zu beklagen hat, darf am Todestage und in der folgenden Nacht nichts Heiliges geniessen, auch wenn er der Leiche fern geblieben, sodass er durch sie nicht unrein geworden ist. Findet die Beerdigung später statt, gilt dieses Verbot, bis der Tag der Bestattung zu Ende geht. [25]) Ein Unreiner, der die volle Reinheit erst erlangt, nachdem er an dem auf das Reinigungsbad folgenden Tage die vorgeschriebenen Sühnopfer dargebracht hat, darf ebenfalls, ehe er sich dieser Pflicht entledigt hat, nichts Heiliges geniessen. [26]) Wenn die Zeit, für die ihnen der Genuss des Geweihten untersagt ist, vorübergegangen, müssen sie, um Heiliges essen zu dürfen, erst im ordnungsmässigen Bade untertauchen. — Der Ausdruck מחוסר כפורים ist hier nicht genau zu nehmen. Zu der Stunde, da er untertaucht, hat er doch schon seine Opfer dargebracht, ist er mithin kein der Sühne Ermangelnder mehr. [27]) Dem Leidtragenden ist Hebe überhaupt nicht verboten, dem Unreinen nur bis Ablauf des Tages, an dem er das Reinigungsbad genommen hat. [28]) Wenn in Judäa ein Landmann, obschon ein unwissender und sonst durchaus nicht vertrauenswürdiger Israelit, von einem Kruge Wein oder Oel erklärt, er habe seinen Inhalt zu Opferzwecken in Reinheit bereitet, so kann man ihm Glauben schenken, weil auch der Ungebildete, wo es sich um Heiliges handelt, keiner Lüge und keiner Unachtsamkeit verdächtig ist. Mit der Priesterhebe dagegen, obgleich auch sie, wenn sie unrein geworden, zum Genuss verboten ist, nehmen es die Leute nicht so streng; darum kann man sich, wenn ein Unwissender versichert, sein Wein und sein Oel seien rein, da er sie zu Priesterhebe bestimmt habe, auf sein Wort im allgemeinen nicht verlassen, es sei denn in den Tagen des Weinkelterns und des Oelpressens, um welche Zeit ein jeder seine Geräte mit Rücksicht eben auf die

עָבְרוּ הַגִּתּוֹת וְהַבַּדִּים, וְהֵבִיאוּ לוֹ חָבִית שֶׁל יַיִן שֶׁל תְּרוּמָה, לֹא יְקַבְּלֶנָּה מִמֶּנּוּ, אֲבָל מַנִּיחָהּ לַגַּת הַבָּאָה, וְאִם אָמַר לוֹ, הִפְרַשְׁתִּי לְתוֹכָהּ רְבִיעִית קֹדֶשׁ, נֶאֱמָן. כַּדֵּי יַיִן וְכַדֵּי שֶׁמֶן הַמְדֻמָּעוֹת, נֶאֱמָנִין עֲלֵיהֶן בִּשְׁעַת הַגִּתּוֹת וְהַבַּדִּים, וְקוֹדֶם לַגִּתּוֹת שִׁבְעִים יוֹם: ה מִן

terns und Pressens vorüber, und man bringt ihm[29] eine Kanne vom Wein der Hebe, soll er sie von ihm[30] nicht annehmen; doch kann dieser sie bis zur nächsten Kelter stehen lassen[31]. Hat er zu ihm gesagt[32]: ich habe in sie ein Viertel[33] Heiliges abgesondert[34], schenkt man ihm Glauben[35]. In Bezug auf Wein- oder Oelkrüge, denen Hebe beigemengt ist[36], geniesst man Vertrauen zur Zeit des Kelterns und des Pressens und siebenzig Tage vor der Kelterzeit[37].

Hebepflicht zu reinigen pflegte. 29) dem Priester, der streng auf Reinheit achtet. 30) vom Landmann, der ja nun kein Vertrauen mehr geniesst. 31) und sie dann dem Priester bringen, der sie jetzt, wo jener wieder Glauben beanspruchen darf, anzunehmen in der Lage ist. 32) der Landmann zum Priester. 33) רביעית ist der vierte Teil eines Log, ungefähr 0,1 l (4 Log = 1 Ḳab, 6 Ḳab = 1 Sea = 9 l). 34) לתוכה (in die Kanne) und nicht לתוכו (in den Wein). Damit lösen sich alle Swierigkeiten von selbst (עיין תוס׳ זבחים פ״ח. ד״ה מן ותוס׳ חולין ל״ה: ד״ה ואם ואין צורך לכל הפלפול והדוחק שבתפארת ישראל כאן). Wenn er Opferwein der Hebe beigemischt hätte, durfte ja der Priester diese gar nicht geniessen. Er versichert aber nur, dass er in dieselbe Kanne, die er jetzt voll Hebe dem Priester bringt, früher einmal ein Viertel Log geweihten Weines gegossen hat, der dann zu Opferzwecken verwendet worden ist. Es wäre eine Zurücksetzung des Heiligtums, wenn der Priester nicht annehmen dürfte, was der Altar ohne Bedenken angenommen hat. Zwar erstreckt sich das Vertrauen, das man dem gemeinen Manne in Bezug auf Heiliges entgegenbringt, nicht zugleich auf leere Geräte (s. Anm. 37). Das gilt aber nur von seiner Versicherung, dieses oder jenes Gefäss sei rein genug zur Aufnahme von Heiligem (לומר שהוא טהור לקדש, wie Maimuni sich in הל׳ מטמאי משכב ומושב XI 4 zutreffend ausdrückt), keineswegs von seiner Behauptung, es sei bereits zur Aufbewahrung von Heiligem verwendet worden. Wir zweifeln ja nicht an seiner Wahrhaftigkeit; wir zweifeln nur an seiner Sorgfalt. 35) Da er in Bezug auf die Reinheit des Opferweins ausserhalb der Kelterzeit unser Vertrauen genoss, schenken wir ihm auch Glauben in Bezug auf die Hebe in demselben Gefässe. 36) מדומע ist Schulausdruck für alles, was mit Priesterhebe vermischt ist. In dem Verse מלאתך ודמעך לא תאחר (2. B. M. 22,28) fassen die Mischnalehrer מלאה als Erstlinge, דמע als Hebe auf (T'mura 4a). Vermutlich haben sie in מלאה eine Metathesis von מאלה erblickt, dessen Stamm (אול) im Arabischen wie im Aramäischen und wohl auch im Hebräischen (vgl. אילי מואב — 2. B. M. 15,15 — die Fürsten Moabs und אילי הארץ — J'ḥezkêl 17,13 — die Ersten des Landes) an der Spitze stehen, vorangehen heisst, eine Bedeutung, die sowohl auf Erstlinge als auf Hebe (4. B. M. 18,27) anwendbar ist, denn beide werden ראשית genannt (T'rumot III 7). דמע haben sie wahrscheinlich nach dem Samaritanischen, wo dieses Wort etwas Hervorragendes, Vornehmes bezeichnet, als Hebe genommen, die ja in der Tora (4. B M. 18,12) חלב יצהר und חלב תירוש ודגן genannt wird, und darum für das mit Hebe Vermengte den Ausdruck מדומע gewählt. 3) Die Bestimmung, dass in Judäa jedermann das ganze Jahr hindurch in Bezug auf Heiliges Vertrauen geniesst und in Bezug auf Priesterhebe wenigstens in den Tagen des Weinkelterns und des Oelpressens, gilt nicht für Gefässe. Wenn daher ein unzuverlässiger Landmann von leeren Krügen versichert, sie seien rein für Heiliges, ist ihm kein Glauben beizumessen, und wenn er selbst zur Zeit seiner Glaubwürdigkeit Hebe dem Priester bringt, muss dieser sie in seine eigenen Gefässe umleeren. Hat er aber den Wein in der Absicht gekeltert, ihn zu Opferzwecken verwenden zu können, und es ist durch Zufall Wein der Hebe hineingeraten, so dass die ganze Mischung nur dem Priester zu trinken gestattet ist, darf dieser nicht allein in der Kelterzeit, sondern auch schon siebenzig Tage vorher den Wein nebst den Krügen in Empfang nehmen, weil die Gefässe meistens so lange vor der Benutzung in Reinheit bereit gehalten werden.

Auf den ersten Blick scheint dieser Satz der Mischna mit dem Vorangehenden in Widerspruch zu stehen. Dort geniesst jedermann das ganze Jahr hindurch in Bezug auf Hebe Vertrauen, sofern es sich um Wein oder Oel handelt, die zu Opferzwecken bereitet wurden, während hier dieses Zugeständnis auf eine gewisse Zeit beschränkt wird. In Wahrheit sind die Voraussetzungen in beiden Bestimmungen nicht dieselben. Dort ist von קדש רביעית die Rede, also von Wein, der schon geweiht, vielleicht auch bereits als Opfer dargebracht worden war (s. Anm. 84), hier dagegen nur von solchem, bei dessen Herstelluug die Absicht waltete, ihn dem Altar zu weihen (בכמהר את מכלו ליטול ממנו נסכים). Das Vertrauen, das hinsichtlich des Heiligen dem ganzen Volke entgegengebracht wurde, beruhte nicht allein auf der Erfahrung, dass auch der gemeine Mann hierbei die Reinheitsgesetze peinlicher als sonst beobachtete, sondern mehr noch auf dem Wunsche, die Volkseinheit wenigstens im Heiligtum zu wahren, damit nicht, wie der Talmud es ausdrückt (Ḥagiga 22 a), jeder hingehe und sich einen eigenen Altar baue (כרי שלא יהא כל אחר ואחר הולך ובונה כמה לעצמו ושורף פרה אדומה לעצמו). Dass man den Priestern erlaubte, in der Kelterzeit von jedermann Hebe anzunehmen, geschah mit Rücksicht auf die wirtschaftliche Lage der auf dieses Einkommen angewiesenen, damit ihre ohnehin nur kargen Einnahmen durch allzustrenge Durchführung der rabbinischen Absonderungsverordnungen nicht noch mehr geschmälert werden. Auf die Gefässe brauchte dieses Entgegenkommen nicht ausgedehnt zu werden; der Priester konnte ja die Hebe in seine eigene Kanne umleeren. Anders verhält es sich, wenn dem Landmann in seinem Vorrat an Wein oder Oel durch einen unerwünschten Zufall Hebe hineinfällt, die sich mit dem Ungeheiligten vermischt. Wenn dieses nicht das Hundertfache der Hebe beträgt, muss der ganze Vorrat an einen Priester verkauft werden, selbstverständlich zu einem sehr ermässigten Preise, da bei der geringen Zahl der in Betracht kommenden Käufer die Nachfrage doch stark herabgedrückt wird. Wo soll nun aber der arme Priester die erforderliche Menge an Krügen hernehmen? Oder soll er wegen der Gefässe auf die günstige Gelegenheit eines vorteilhaften Angebots verzichten müssen? Darum hat man ihm für diesen Fall die Benutzung der Gefässe des Landmannes gestattet und zugleich die Frist für dessen Glaubwürdigkeit um siebenzig Tage verlängert. Iu dieser Zeit kann der Priester den Wein oder das Oel aufgebraucht und die leergewordenen Krüge dem Verkäufer zurückgegeben haben, der ihrer für die bevorstehende Kelterzeit ja wieder bedarf. Voraussetzung ist bei alledem, wie bereits oben erwähnt wurde, nach dem babyl. Talmud allerdings, dass der Landmann von mindestens erklärt, er hätte den ganzen an den Priester verkauften Vorrat ursprünglich zur Verwendung für die Zwecke des Altars hergestellt. Jeruschalmi scheint von dieser Bedingung abzusehen. Nach ihm meint die Mischna mit כדים הסדומעות die zur Aufnahme von Hebe bestimmten Krüge: ק ד ח) אלו שקורחין בהן את הרטע = arab. دَلَاَ = s c h ö p f e n). Demnach bestünde die Erleichterung, die für die Hebe selbst auf שעת הגתות והבדים beschränkt ist, in Bezug auf die Gefässe, die zu ihrer Aufbewahrung dienen sollen, auch 70 Tage vorher. So auch die Tosefta (III 30): קודם לגתות ולבדים שבעים יום נאטנים על תקורם (?) ועל הסדומע ועל הקנקן אבל לא על התרומה ובשעת הגתות והבדים נאטנים אף על התרומה (ועיין מנחת בכורים שנדרק לפרש על הקודש). ורבוזיל כתב בהלי סטטאי משכב וסושב פ"א ה"ד אפלו בשעת הגתות והבדים שעה הארץ נאטנין על התרומה אינן נאטנין על כלי הריקם לוטר שהוא טהור לתרומה טפטע שעל הכלי הטלא נאטנין אף בתרומה וצורך לוטר שלא גרם בשטנן ובטלאין בתרומה אלא גרם בריקנים דקרש בשאר יטות השנה ורתרומה בשעת הגתות. עיין כסף משנה אכן כה שהובא שם בשם ר"י קורקוס ז"ל שהטקשה חיה כטרוש לסטיחתגו בכלים ריקנים שטכניסין בהן הטדוטע לא זכיתי לתבין שאם הכניסו בהן את הטרומע אין כאן כלים ריקנים וטאי שנא טלאים תרומה וטאי שנא טלאים טדוטע ואם ריקנים ממש קאטר אלא שעתיד להכניס בהן את הטרוטע אמאי קרי לה תנא דידן כדים טדוטעות. ויותר קשה לי כה שכתב רמאן דסטבר כפרש לה בריקנים לקרש דנאטר לוסר שהוא טהור והרי רבנו הגדול ז"ל כתב בסירוש וכן אין נאטנין לעולם על כלי ריקם לוטר שהוא טהור לקרש. לכן נראה לי לפרש הסוגיא לדעת רטויל שהקפשה סבר רטתגיחן כייני בכרי יין וטסן שחיו טלאות חולין ונפלה תרומה לתוכן כטשטעות לשון טרומע בכל אחר ואחר והשתא אי אמרת דאין נאטנין על כלים ריקנים אסלו בשעת הגתות והבדים לטה האטטינו כאן אסלו שבעים יום קודם תרומה ובטלאים טרומה עם הארץ נאטנים שאני אוטר לולי שהבדים טהורות לא היו טכניסין תרומה לתוכן אבל כסנפלה התרומה ב ם ק ר ה לתוך החולין על כה נסטנו להחויקן בטהרה. אלא לאו שטע טינע שאף על החולין נאטנין לוסר שהן טהורין כל שבן על הכלים שאינם עלוטין לקבל טוהאה כל כך דאי לא תיטא הכי טאחר שהיו בחזקת טמא סלבא רעטא כשחזרו לחזקת טהרה על ידי טקרה הזוטני. וסכרקינן אטרי דבי ר"י כירש טרוטעות דקרש כלוסר לעולם אין נאטנין על כלים ריקנים ולא בתרומה אבל מתניין איכא לאוקטה בכלים טלאים חסרוטיט בקרש. והדר פרקינן וכי איכא דיטוע לקרש כלוסר דיטוע דאטרי רבי ר' אלעאי אסרי כסטסא את טכלו ליטול ממנו נסכים כלוטר סרומטעות דקרש דאטרי רבי חייא לא שנפל קרש לתוך חולין

5. Von der Modi'it[38] nach innen geniesst man Vertrauen in Bezug auf Tongefässe[39], von der Modi'it nach aussen[40] geniesst man kein Vertrauen. In welcher Weise? Wenn der Töpfer, der die Töpfe selbst verkauft, diesseits der Modi'it eingetreten ist, ist er, sofern es sich um denselben Töpfer, dieselben Töpfe und dieselben Käufer handelt, vertrauenswürdig; ist er aber hinausgegangen, geniesst er kein Vertrauen mehr[41]. **6.** Wenn Steuerbeamte[42] in ein Haus eingetreten sind, desgleichen

הַמּוֹדִיעִית וְלִפְנִים נֶאֱמָנִין עַל כְּלֵי חֶרֶשׂ, מִן הַמּוֹדִיעִית וְלַחוּץ אֵין נֶאֱמָנִין. כֵּיצַד, הַקַּדָּר שֶׁהוּא מוֹכֵר הַקְּדֵרוֹת, נִכְנַס לִפְנִים מִן הַמּוֹדִיעִית, הוּא הַקַּדָּר וְהֵן הַקְּדֵרוֹת וְהֵן הַלּוֹקְחִין, נֶאֱמָן, יָצָא, אֵינוֹ נֶאֱמָן: ו הַגַּבָּאִין שֶׁנִּכְנְסוּ לְתוֹךְ הַבַּיִת, וְכֵן הַגַּנָּבִים שֶׁהֶחֱזִירוּ אֶת הַכֵּלִים, נֶאֱמָנִין לוֹמַר לֹא נָגָעְנוּ. וּבִירוּשָׁלַיִם נֶאֱמָנִין עַל הַקֹּדֶשׁ. וּבִשְׁעַת הָרֶגֶל אַף עַל

wenn Diebe Geräte zurückgebracht haben[43], geniessen sie das Vertrauen zu sagen: Wir haben nicht angerührt[44]. In Jerusalem geniesst man Vertrauen in Bezug auf Heiliges[45] und zur Zeit eines Festes[46]

סתוכקין דהגהא ודאי בחזקת טומאה קיימי ולשני מדומע נמי לא שייך גבייהו. אלא הכא בבאי עסקינן שנפלה תרומה לתוך הטבל שהרו כל זמן שלא הפריש תרומה גדולה שהטבל בהזקת מהרה ראי לאו הכי אין לך תרומה מתורה אצל עם חארץ לעולם אף לא בשעת הנחתו והבדים ונבסל סתמא נמי לא מתוקמא מתניתא דאם כן יד תרומה נאמן שבעתי יום סקורם אבל סדומסעת קדש דאמרי בי ר' חייא היינו סבל הנעשה לצורך גבוה ליטול כמנו נסכים ועד שלא הקדישו תרומה לתוכו ועדין לסבור את הכל לכהנים כדטי תרומח. בשאר ימות השנה אינו נאמן אפילו על המדומע הואיל וצריין לא קדשו תנסכים אבל בשעת הנתות והבדים וקודם להן שבעים יום נאמן אפילו על הכלים נתן הטבל הנעשה לנסכים שנגן הטבל הנעשה לנסכים שנגן

[38] Die Modi'it liegt etwa 15 Km nördlich von Jerusalem. In der heiligen Stadt gab es keine Ziegelöfen; ihre Bewohner waren auf die Töpferwaren angewiesen, die in den Dörfern zwischen Modin und Jerusalem hergestellt wurden. [39] Man kann in den genannten Orten von jedem Töpfer, ohne seine Vertrauenswürdigkeit zu prüfen, Tongefässe kaufen, um sie für Heiliges zu verwenden, aber nicht, um sie zur Hebe zu benutzen. [40] weiter nach Norden hin. [41] Nicht allein von dem im bezeichneten Gebiete ansässigen Töpfer, sondern auch von jedem, der von auswärts, etwa zum Markte, dort erschienen ist darf man ohne Bedenken Tongefässe zu heiligem Gebrauch erwerben, aber nur von ihm selbst, nicht von anderen Verkäufern, denen er sie vor seiner Heimkehr dort zurückgelassen hat, ferner nur die Töpfe, die er selbst angefertigt hat, nicht solche, die seine Handwerksgenossen ihm zum Verkauf mitgegeben haben, für die er daher nicht bürgen kann, endlich nur für den eigenen Bedarf des Käufers, jedoch nicht zum Wiederverkauf oder gar zu Handelszwecken; haben jedoch die Gefässe dieses Gebiet verlassen, dürfen sie weder zu Hebe noch zu Heiligem verwendet werden. So nach der uns vorliegenden Lesart. Viel einleuchtender ist die Erklärung Maimunis, aber sie setzt eine (wenn auch nur geringfügige) Textänderung voraus. Wenn wir lesen dürften: חקדר שהוא מוכר הקדרות נכנס לפנים כן הסודיעית נאמן יצא הוא הקדר והן הקדרות והן הלוקחין אינו נאמן, gäbe die Mischna einen vortrefflichen Sinn: Wenn der Töpfer, der die Töpfe selbst verkauft, diesseits der Modi'it eingetreten ist, geniesst er Vertrauen Sowie er hinausgezogen, geniesst derselbe Töpfer für dieselben Töpfe und bei denselben Kunden (die eben erst bei ihm gekauft haben) kein Vertrauen mehr. [42] גבאין (vom aram. גבא, جبا = erheben, eintreiben) sind hier jüdische Staatsbeamte, die mit der Einziehung der Steuern betraut. aber gleich den folgenden גנבים in Bezug auf hierologische Reinheit unzuverlässig sind. [43] aus eigenem Antriebe, in Bussfertigkeit. — החזיר ist aram. Lehnwort, verwandt mit ; und הדר. Der Kal (חזר) bedeutet zunächst umhergehen, die Runde machen (s. 'Erubin II 6), dann zurückkehren. [44] Man glaubt den Dieben sogar, wenn sie von den zurückgebrachten Tongefässen versichern, sie hätten sie nur von aussen, aber nicht von innen berührt. Irdenes Geschirr kann nämlich nur von innen unrein werden. [45] Dort kann man jedem Glauben schenken, der sich für die Reinheit seiner Tongeräte in Bezug auf Heiliges verbürgt. [46] רגל

הַתְּרוּמָה: ז הַפּוֹתֵחַ אֶת חָבִיתוֹ, וְהַמַּתְחִיל בְּעִסָּתוֹ, עַל גַּב הָרֶגֶל, רַבִּי יְהוּדָה אוֹמֵר יִגְמוֹר, וַחֲכָמִים אוֹמְרִים לֹא יִגְמוֹר. מִשֶּׁעָבַר הָרֶגֶל, הָיוּ מַעֲבִירִין עַל טָהֳרַת הָעֲזָרָה, עָבַר הָרֶגֶל בְּיוֹם שִׁשִּׁי, לֹא הָיוּ מַעֲבִירִין, מִפְּנֵי כְבוֹד הַשַּׁבָּת. רַבִּי יְהוּדָה אוֹמֵר, אַף לֹא בְיוֹם חֲמִישִׁי, שֶׁאֵין הַכֹּהֲנִים פְּנוּיִם: ח כֵּיצַד מַעֲבִירִין עַל טָהֳרַת הָעֲזָרָה. מַטְבִּילִין אֶת הַכֵּלִים שֶׁהָיוּ בַמִּקְדָּשׁ, וְאוֹמְרִין לָהֶם, הִזָּהֲרוּ שֶׁלֹּא תִגְּעוּ בַשֻּׁלְחָן

auch auf Priesterhebe. **7.** Wer für den Bedarf des Festes seine Kanne geöffnet oder seinen Teig angebrochen hat[47], darf nach den Worten des Rabbi Juda vollenden[48]; die Weisen aber sagen: Er darf nicht vollenden[49]. Sowie das Fest vorüber war, schritt man[50] zur Reinigung der Opferhalle[51]. War das Fest am sechsten Tage[52] vorüber[53], schritt man wegen der Ehre des Sabbat[54] nicht dazu. Rabbi Juda sagt: Auch nicht am fünften Tage[55], weil die Priester keine Muße hatten[56]. **8.** Wie schritt man zur Reinigung der Opferhalle? Die Geräte, die im Heiligtum waren, wurden untergetaucht[57], zu ihnen[58] aber sagte man: Seid darauf bedacht, dass

---

ist die Bezeichnung für jedes der drei Freudenfeste: פסח, שבועות und סכות. An diesen Festen befleissigten sich die Bewohner der heiligen Stadt, auch die sonst Unzuverlässigen besonderer Reinheit. שעה lautet im Arabischen ساعة; der st. constr. ist daher weder שַׁעַת noch שְׁעַת, sondern שְׁעַת zu lesen. 47) על גב הרגל: wörtlich auf das Fest hin, mit Rücksicht auf das Fest. Er hat am Feste Wein oder Brotteig in Jerusalem verkauft, seine Kunden, unter denen auch mancher Unwissende war, haben die Gefässe berührt, und nun ist ihm nach dem Feste ein Teil der Ware übrig geblieben. 48) Er darf den Rest auch nach dem Feste weiterverkaufen, da doch während des Festes jedermann in der heiligen Stadt als rein galt. 49) Die Voraussetzung allgemeiner Reinheit ist eine Vermutung, die mit dem Ablauf des Festes sowohl für die Personen als für die von ihnen berührten Gegenstände ihre Rechtskraft verliert. Aus diesem Grunde wurden auch, wie weiter berichtet wird, die Geräte des Heiligtums, die an den Festtagen von der zahlreich hereinströmenden Menge berührt sein konnten, nach dem Feste in ein Reinigungsbad getaucht. 50) Die Bedeutung von מעבירין ist an dieser Stelle etwas dunkel. Nach Raschi ist את הכלים zu ergänzen: Man entfernt die heiligen Geräte von ihrem Platze, um sie zu reinigen. Das wäre jedoch nicht nur kürzer, sondern auch klarer und einfacher mit den Worten היו מטהרין את העזרה ausgedrückt. Auch die folgende Frage (כיצד מעבירין) gibt in dieser Auffassung keinen guten Sinn. Es handelt sich doch nicht darum, wie man die Geräte wegschafft, sondern wie man sie reinigt. Der Hifʿil von עבר hat aber zuweilen die Bedeutung des Ḳal z. B. in אין מעבירין על האוכלין (ʿErubin 64b), כל המעביר על מדותיו מעבירין לו על כל פשעיו (Joma 23a), אין מעבירין על המצוות (das. 33a unten). In Verbindung mit על heisst העביר allerdings vorübergehen, überschreiten, es kann aber על auch nach Verben der Bewegung die Bedeutung wegen haben wie z. B. in יוצאין אף על הכלאים (Sch'ḳalim I 1), sodass מעבירין hier den Sinn von נכנסים על טהרת העזרה hätte. 51) s. Anm. 49. 52) am sechsten Wochentage, dem Rüsttage des Sabbat. 53) es endete also am Donnerstag. 54) zu dessen würdigem Empfang die Priester in ihren Häusern die Vorbereitungen zu treffen hatten. 55) Auch am Donnerstag wurde die Reinigung nicht vorgenommen, wenn das Fest am Mittwoch zu Ende ging. 56) Sie waren durch die Wegschaffung der Asche sehr in Anspruch genommen, die sich während der Festtage in grosser Menge auf dem Opferaltar angesammelt hatte und noch vor Beginn des Sabbat beseitigt werden sollte. — פנה bedeutet im Piʿel wegräumen, freimachen (1. B. M. 24, 31 ein Haus; Jesaja 40, 3 einen Weg); daher פנוי = ledig (auch = unverheiratet), frei, unbeschäftigt. 57) im Reinigungsbade (s. Kap. II Anm. 28). 58) zu den Leuten, die sich in der Halle drängten. Die Warnung wurde selbstverständlich nicht jetzt, sondern in den Tagen

ihr den Tisch [59] nicht betrühret und ihn verunreiniget [60]. Für alle

וְתְטַמְּאוּהוּ. כָּל הַכֵּלִים שֶׁהָיוּ

---

des Festes eingeschärft und wandte sich nach Raschi z. St. an die Priester; anderen Personen war es ja ohnehin nicht gestattet, den Raum zu betreten, in welchem der goldene Tisch mit den heiligen Broten stand (Tosafot z. St. unter שלא תגעו). Nach Maimonides (הל׳ כטמאי משכב ומושב XI 11) galt die Warnung der Volksmenge, die sich im Heiligtum drängte, um die Schaubrote auf dem goldenem Tische zu bewundern. Er scheint also mit Jeruschalmi (z. St. gegen Ende) angenommen zu haben, dass der Tisch bei dieser Gelegenheit in die Vorhalle hinausgetragen und nicht bloss hochgehoben den Leuten von fern gezeigt wurde Wie dem auch sei, bietet der Satz in dieser Auffassung einige Schwierigkeit. Zunächst die Reihenfolge. Die Mischna spricht hier von der Zeit nach Ablauf des Festes (משעבר הרגל). Sie sollte daher nicht einfach ואומרין להם sagen, sodern etwa: ובשעת הרגל היו אומרין להם. Zum mindesten aber durfte man die umgekehrte Satzstellung erwarten: אומרין להם הזהרו שלא תגעו בשלחן ותטמאוהו ומטבילין שאר הכלים שהיו במקדש. Sodann das Wort ותטמאוהו (das sich allerdings in der Mischna des bab. Talmud nicht findet; in der des Jeruschalmi fehlt sogar der ganze Satz). Da während des Festes jedermann als rein galt, mithin die Verunreinigung des Tisches durch die Berührung nicht sofort erfolgte, sondern erst nachträglich mit dem Ende des Festes wirksam wurde (Anm. 49), konnte man doch den Leuten nicht zurufen: Nehmt euch in acht, dass ihr ihn nicht verunreiniget. Man wäre daher zu glauben versucht, dass die Mahnung zur Vorsicht an die Personen gerichtet wurde, die sich anschickten, die heiligen Geräte ins Reinigungsbad zu tauchen. Da mit der Möglichkeit zu rechnen war, dass diese Gegenstände während des Festes von Leuten, die vielleicht unbewusst im Leichenzelt oder durch ein mit einem Toten in Berührung gekommenes Kleidungsstück unrein geworden, angefasst worden waren und als כלים שנגעו בטמא מת folglich einen Herd der Unreinheit bildeten (s P'saḥim I, Anm. 33), wäre der Tisch, wenn ein solches Gerät auch nur aus Versehen und für die Dauer eines Augenblicks anstiesse, dem Verdachte einer Unreinheit ersten Grades (ראשון לטומאה) ausgesetzt, durch welche auch die beiden Brote, die unmittelbar auf der Tischplatte ruhten und nicht wie die übrigen durch die goldenen Halbröhren isoliert waren, sofort infiziert würden. Dem sollte durch die Warnung vorgebeugt werden. [ולרבותא נקט שיזהרו המטבילים שלא יגעו הכלים שבידיהם אפילו בשלחן וכל שכן שלא יגעו בלחם עצמו. כך נראה פשוטן של דברים אבל רש״י ז״ל פירש: שלא יוכלו להטבילו אחר הרגל שאי אפשר לסלקו ממקומו דכתיב ביה לחם פנים לפני תמיד וכן כתב רמז״ל בפירושו למשנה זו: אבל היו נזהרין בשלחן לבדו לפי שאמר השם יתעלה לפני תמיד ואי אפשר לסלקו ולשום אחר במקומו. ולא ידעתי למה הוצרכו לכך שהרי אם יטמא השלחן יטמא גם הלחם שעליו והתלמוד לא אמר אלא שלחן כתיב ביה תמיד כלומר אם יטמא הלחם על ידי השלחן אי אפשר להביא להם אחר עד השבת הבאה וקרא דתמיד על הלחם קאי ולא על השלחן. ועוד קשה אם לא נחוש לטומאת הלחם אלא לטומאת השלחן בלבד מדוע אי אפשר לשום אחר במקומו הלא כל הכלים שהיו במקדש היו להם שניים ושלישים. ואין לומר שאי אפשר לסלקו ממקומו אפלו לשעה קלה כדי לשום אחר תחתיו לפי שנאמר לפני תמיד שהרי באמת היו מגביהין אותו ממקומו בכל רגל ורגל ומראין בו לחם הפנים לעולי רגלים בדאיתא בתלמוד בבלי כאן ולדעת רמז״ל היו מוציאין אותו ממקומו לגמרי כדאיתא בירושלמי כאן וכמו שכתבתי למעלה. ואל תשיבני שגם השלחן השני והשלישי צריכין טבילה לאחר הרגל ולפיכך אי אפשר לסלק הראשון ולשום אחר במקומו. הרא שאין זה במשמעות דברי רש״י ורמב״ם ז״ל ועוד הא אפשר להצניע השלחן השני והשלישי כל ימי החג במקום שאין שם דריסת הרגל כלל.] Dagegen war es nicht erforderlich Vorsorge zu treffen, dass der Tisch während des Festes von keinem Unreinem berührt werde, da die Priester, denen allein der Zutritt gestattet war, über jeden Verdacht der Unreinheit erhaben waren. Eine Berührung durch diese liess sich auch gar nicht vermeiden. Wurden doch an jedem Sabbat, auch an dem der Festwoche, die alten Brote entfernt und durch frische ersetzt. [59]) Die meisten Ausgaben lesen בשלחן ובמנורה. Im bab. Talmud wird aber ausdrücklich bezeugt, dass die Mischna das Wort ובמנורה nicht hat (ותנא דידן מאי טעמא לא תני מנורה). Das ergibt sich übrigens auch aus dem folgenden ותטמאוהו. Es müsste ja, auf zwei Objekte bezogen, ותטמאום lauten. [60]) Tische sind im allgemeinen flache Holzgeräte ohne Hohlraum und daher nach dem Gesetze der Tora für hierologische Unreinheit schlechthin unempfänglich (פשוטי כלי עץ אינן מקבלין טומאה). Die rabbinische Satzung aber unterscheidet drei Gruppen solcher Geräte: 1) die ausschliesslich dem Menschen zu unmittelbarer Benutzung vorbehaltenen (z. B. eine Leiter); 2) die ihm bloss als Mittel für die Zwecke seiner Gebrauchsgegenstände erforderlichen (wie etwa die Konsole einer

Geräte, die im Heiligtum waren, gab es zweite und dritte Stücke, sodass man, wenn die ersten unrein geworden[61], Ersatzstücke an ihre Stelle bringen konnte. Alle Geräte, die im Heiligtume waren, bedurften des Tauchbades[62] mit Ausnahme des goldenen Altars[63] und des kupfernen Altars[64], weil

בַּמִּקְדָּשׁ, יֵשׁ לָהֶם שְׁנִיִּם וּשְׁלִישִׁים, שֶׁאִם נִטְמְאוּ הָרִאשׁוֹנִים, יָבִיאוּ שְׁנִיִּם תַּחְתֵּיהֶם. כָּל הַכֵּלִים שֶׁהָיוּ בַּמִּקְדָּשׁ, טְעוּנִין טְבִילָה, חוּץ מִמִּזְבַּח הַזָּהָב וּמִזְבַּח הַנְּחֹשֶׁת, מִפְּנֵי שֶׁהֵם

Wanduhr oder der Ständer einer Lampe); 3) die vom ihm sowohl mittelbar als unmittelbar benutzten (z. B. die als Lager und zugleich zur Unterbringung der Kissen dienende Ruhebank). Die Holzgeräte der letzten Gruppen, zu denen auch die Tische gehören, sind für Unreinheit empfänglich, die der ersten immun, die der zweiten sind empfänglich, wenn sie wie die Uhrkonsole zu dauernder Verwendung bestimmt sind, immun dagegen, wenn sie nur gelegentliche Dienste leisten, wie der Lampenständer, der nur im Gebrauch ist, solange die Lampe brennt (s. Mischne Tora הל׳ כלים IV 1). Nach רש״י (zu מנחות 96b unter מטאה) und ר״י (Tosafot עירובין 31a unter כפשוטי) sind Tische darum nicht immun, weil sie vermöge ihrer breiten Platte auch ohne Hohlraum aufnahmefähig sind. Der Tisch nun, auf dem die heiligen Brote im Hechal ruhten, war ein goldbelegtes Holzgerät mit glatter, aber geräumiger Oberfläche. Rings war er von einer handbreiten Leiste umgeben (2. B. M. 25, 25), von der es indessen zweifelhaft ist, ob sie oben am Rande der Platte oder unten an den Füssen befestigt war. In Sukka (5a unten) herrscht darüber eine Meinungsverschiedenheit War der Tisch von der Leiste überragt, so hatte er einen Hohlraum und war daher selbst nach dem Gesetze der Tora der Möglichkeit einer Verunreinigung ausgesetzt; war die Leiste unterhalb angebracht, so drohte diese Gefahr wenigstens auf Grund der rabbinischen Satzung. Allerdings sind auch nach dieser solche Holzgeräte, die nicht dem Transporte dienen, sondern dazu bestimmt sind, den ihnen angewiesenen Standort dauernd zu behaupten (כלי עץ העשוין לנחת), für Unreinheit unempfänglich. Beim goldenen Tische trifft jedoch diese Voraussetzung nicht zu. Es ist bereits oben (Anm. 58) erwähnt worden, dass er an den Festtagen emporgehoben, nach einigen sogar aus dem Hechal hinausgetragen wurde, um dem Volke gezeigt zu werden. 61) und dieser Fall konnte trotz aller Vorsicht auch bei dem oben erwähnten heiligen Tische eintreten. So heisst es auch in der Tosefta hier am Schlusse: שלחן שנטמא מטבילין אותו אפילו בשבת. Also gab es auch für ihn zwei goldene Ersatztische. 62) Dem Zusammenhange nach muss man hier nicht notwendig an die regelmässige Reinigung nach Ablauf eines jeden Festes denken; es könnte ebenso gut das gelegentliche Tauchbad nach zufälliger Verunreinigung gemeint sein. Allein der Ausdruck טעונין טבילה deutet doch darauf hin, dass in erster Reihe von der regelmässigen Reinigung die Rede ist. Die Mischna hätte sonst wohl die Bezeichnung מקבלין טומאה gewählt (= sie sind für hierologische Unreinheit empfänglich). 63) des innern Altars, auf dem morgens und abends im Hechal das Räucherwerk dargebracht wurde. 64) des äussern Altars, auf dem im Vorhofe des von Mosche errichteten Heiligtums die Opfer dargebracht wurden. Im zweiten Tempel war der Opferaltar ein ansehnliches Bauwerk aus unbehauenen Steinen, 32 Ellen lang, ebenso breit und 10 Ellen hoch. Dieser kann hier nicht gemeint sein, denn er war am Boden festgemauert und konnte schon darum nicht von seinem Platze gerückt und in ein Reinigungsbad getaucht werden. Auch war er nicht mit Kupfer belegt und steht daher, selbst wenn man den Ausdruck מזבח הנחשת im übertragenen Sinne nehmen wollte, in keinerlei Beziehung zu der Begründung: מפני שהן מצופין. Andererseits weist die Vorschrift טעונין טבילה (s. Anm. 62) auf den zweiten Tempel hin. Auf eine frühere Zeit ist die rabbinische Verordnung, nach jedem Feste die heiligen Geräte auf alle Fälle einer Reinigung zu unterziehen, kaum zurückzuführen. Vermutlich nimmt die Mischna an, dass der alte, bald nach dem Auszuge aus Aegypten schon angefertigte Kupferaltar, der sich noch im Tempel Salomos befand (1. Könige 8, 64), obgleich ihn dieser König durch einen grössern Opferaltar ersetzt hatte (זבחים 59b), auch im zweiten Tempel noch vorhanden war, wo er zwar nicht benutzt, aber zur Er-

כַּקַּרְקַע, דִּבְרֵי רַבִּי אֱלִיעֶזֶר. וַחֲכָמִים אוֹמְרִים, מִפְּנֵי שֶׁהֵם מְצֻפִּים׃

sie dem Erdboden glichen[65]. Dies die Worte des Rabbi Eli'ezer; die Weisen dagegen sagen: Weil sie überzogen waren[66].

innerung an den grossen Lehrer und Führer pietätsvoll aufbewahrt wurde. [65]) und daher für hierologische Unreinheit keine Empfänglichkeit besitzen. Zwar war weder der goldene noch der kupferne Altar fest mit dem Boden verbunden, sie standen aber auch nicht, wie etwa der goldene Tisch, auf Füssen, ruhten vielmehr mit ihrer ganzen Grundfläche auf der Erde und machten so den Eindruck eines kleinen Bauwerks, wie ja auch die Tora bei dem einen von seinem Dache und seinen Wänden spricht (2. B. M. 30, 3: את גגו ואת קירותיו; s. auch Jeruschalmi z. St.) und den andern als einen Erdaltar bezeichnet (das. 20, 4: מזבח אדמה; s. auch Babeli z. St.). [66]) Auf den Einwand, dass Metallgeräte infolge ihrer grössern Empfänglichkeit für טומאה deren Uebertragung eher fördern als hemmen (אדרבה כיון דמצופין נינהו מיטמאי), gibt der bab Talmud hier zwei verschiedene Antworten. Nach der einen, welche die Ansicht der Weisen in einen Gegensatz zu der des R. Eli'ezer stellt, hat וחכמים אומרים den Sinn von וחכמים מטמאים. Es soll dies keine Textänderung sein, sondern wahrscheinlich nur eine Auslegung (איבא, nicht תני), die in מפני שהן מצופין eine Aposiopesis sieht, einen abgebrochenen Satz, zu welchem aus dem Vorhergehenden die Worte טעונין טבילה zu ergänzen sind, so dass nach ihrer Meinung auch die beiden Altäre des Reinigungsbades bedürfen. Diese Auffassung, an sich schon mit dem Wortlaut der Mischna schwer vereinbar, stösst jedoch, wie mir scheint, in שביעית X 7 auf eine erhebliche Schwierigkeit. Dort streiten dieselben Lehrer darüber, ob ein auf der Erde ruhender, aber nicht befestigter Bienenkorb (s. Tosefta עוקצין g. Ende und Jeruschalmi שביעית a. a. O.) im Hinblick auf hierologische Unreinheit und einige andere Beziehungen dem Boden gleichzuachten sei oder nicht. R. Eli'ezer bejaht die Frage, die Weisen verneinen sie (ועל אודות המבוכה הגדולה בענין זה ראה פי׳ ר״ע מברטנורא שם ויש סדר למשנה ותוס׳ ר״ע איגר ותפארת ישראל ומשנה ראשונה). Demnach müsste man zu der Begründung des R. Eli'ezer (מפני שהם כקרקע) als Gegenäusserung die Worte וחכמים אומרים אינם כקרקע erwarten. Der Einwand מפני שהם מצופים könnte ja zu dem Irrtum verleiten, dass auch die Weisen die beiden Altäre dem Boden gleichstellen, ihnen aber trotzdem wegen ihres Metallüberzuges die Immunität aberkennen. — Nach der zweiten Antwort geben die Weisen zwar wiederum zu, dass der Metallüberzug weit eher Empfänglichkeit für טומאה als Immunität begründet, stimmen aber dennoch mit R. Eli'ezer darin überein, dass der Holzkörper der Altäre keines Reinigungsbades bedurfte. Denn der Ueberzug lag nur lose an, so dass er leicht entfernt und ins Reinigungsbad gebracht werden konnte. Er bildete mithin ein besonderes Gerät für sich, dessen Unreinheit den Holzkern nicht infizieren konnte, da Geräte gegen sekundäre Uebertragung unempfänglich sind (s. P'sahim I, Anm. 26). Nun wären ja freilich die Altäre, hätten sie auch keinen Ueberzug gehabt, als Holzgeräte, die ihren Standort unverändert bewahrten (כלי עץ העשוין לנחת; s. oben Anm. 60), gegen Unreinheit gefeit. Daher meint der Talmud, die Worte der Weisen מפני שהם מצופים seien nicht als Begründung ihrer Zustimmung aufzufassen, sondern gegen R. Eli'ezer gerichtet, der die Immunität der Altäre damit erklärt, dass sie dem Erdboden gleichen, und ihnen so den Charakter von כלי עץ העשוין לנחת stillschweigend abspricht. Ihm halten die Weisen entgegen: „Warum diese Beurteilung? Etwa weil sie überzogen sind? Ist denn ihre Hülle mit ihnen identisch? (בתמיהה דאי אמרת בניחותא נמצאו שני התירוצין סותרין זה את זה מן הקצה אל הקצה). R. Eli'ezer aber war vielleicht der Meinung oder rechnete wenigstens mit der Möglichkeit, dass der Ueberzug (durch Nägel oder sonstwie) mit dem Holzkern fest verbunden war, so dass er mit ihm eine geschlossene Einheit bildete. Wären nun die Altäre nicht dem Erdboden gleichgeachtet, so würde sich in dem Augenblicke, in welchem ein Unreiner die Hülle berührte, die Infektion sofort und unmittelbar dem ganzen Altar, auch seinem Holzkörper mitteilen. — Maimuni entscheidet in seinem Mischne Tora (הל׳ מטמאי משכב ומושב XI 11) nach dieser zweiten Antwort, gibt aber, abweichend vom Talmud, den Worten מפני שהם מצופים eine Deutung, in der sie nicht gegen R. Eli'ezer gerichtet sind, sondern den Grund für die Ansicht der Weisen zum Ausdruck bringen. Somit steht die zweite Antwort im schroffsten Gegensatz zur ersten. Jetzt bildet der Ueberzug nicht mehr einen Träger der Infektion, sondern umgekehrt einen Schutz gegen die

Infektion. Die Altäre bedürfen nicht etwa trotz ihrer Hülle, sondern gerade wegen ihrer Hülle keines Tauchbades. Folgerecht erklärt Maimuni daselbst an anderer Stelle (חל׳ כלים IV, 4): Jeder Ueberzug, gleichviel aus welchem Material, ist als unselbständiges Gerät unempfänglich für Unreinheit und schützt auch den von ihm umschlossenen Gegenstand vor deren Uebertragung. Demnach würden die Weisen mit R. Eli'ezer in jeder Beziehung übereinstimmen, auch hinsichtlich der Immunität des Ueberzuges, nur nicht in der Art der Begründung. Wenn die Altäre keines Reinigungsbades bedürfen, so liegt das nach ihrer Meinung keineswegs an ihrer Verbindung mit dem Boden — das ist für sie kein ausreichender Grund — sondern lediglich an ihrem Ueberzuge. Warum musste nun aber der heilige Tisch, obschon auch er mit Gold belegt war, so peinlich vor Verunreinigung behütet werden? Vielleicht war bloss seine Platte, vielleicht auch nur deren Oberfläche vergoldet, die Füsse aber und die Randleiste entbehrten solchen Schmuckes und Schutzes (ואפשר שזהו מה שאמרו בתלמוד בבלי כאן שאני שלחן דרחמנא קרייה עץ וקרא דיחזקאל אסמכתא בעלמא). Aber selbst wenn auch sie mit Gold umhüllt gewesen sein sollten, war doch die Mahnung zur Vorsicht nicht überflüssig. Man warnte: אל תגעו בשלחן, meinte aber weniger den Tisch als die Brote, die er trug. Die Nähe des Tisches sollte um der Brote willen gemieden werden.

כך נראה פירוש משנתנו לדעת רמב״ם ז״ל ואף על פי ששיטתו נראית לכאורה כסותרת לסוגיא דתלמודא כבר תרצוה ר״י קורקוס ז״ל (שהובא בכסף משנה הל׳ כלים פ״ד ה״ד) ובעל משנה למלך (שם) שהצדיקו את הצדיק בהראותם שרבנו ז״ל לא פירש הסוגיא כרש״י [ור׳ חננאל] ז״ל אבל בחר לו דרך אחרת כדי לבאר המשנה כפשטה. אלא שעדיין קשה קצת לדברי חכמים שאמרו שאין המזבחות טעונין טבילה מפני שהם מצופים דמשמע אי לאו הכי היו מקבלין טומאה ואמאי תיפוק להו שהם כלי עץ העשויים לנחת. ומסתבר שמשום קושי זה אמרו בגמרא רבנן לר׳ אליעזר קאמרי מאי דעתך משום דמצופין מבטל בטל צפוייהן לגבייהו כלומר לדידן אינם טעונין טבילה מפני שהם כלי עץ העשויים לנחת אבל אתה הנוחן טעם מפני שהם כקרקע גלית דעתך שמפני צפויין פקע מהם דין כלי עץ וחלה עליהם תורת כלי מתכת וזה אינו שהרי צפויין בטל לגביהם וכעין זה כתב גם בעל משנה למלך. אלא שאכתי קשה מה שהקשה בעל תוספות יום טוב (כאן בד״ה מפני) דהשתא מאי דמהדרי רבנן לר׳ אליעזר אינו במשנה ועיקר חסר מן הספר. ואולי מפני זה נטה רמב״ל מדברי התלמוד ופירש מתניתן כפשטה ומאי דקשיא לן תיפוק להו שהן כלי עץ העשויים לנחת ובלא צפויין נמי אין מקבלין טומאה אפשר ליישב על פי דברי התוספות (כאן ד״ה כלי עץ) דסבירא להו שכלי המקדש כיון שהיו מטולטלים כל זמן שהיו ישראל במדבר אף לאחר שבאו לבית עולמים נמי לא נפקי מידי קבלת טומאה ואם כן גם המזבחות חללו אי לאו דמצופין היו שפיר היו טעונין טבילה הואיל ומתחלה במדבר לא נעשו לנחת. והא דלא משנינן הכי גבי שלחן שמקבל טומאה מפני טלטולו במסעי בני ישראל משום דעדיפא מינה משנינן שאף בבית שני היה מטולטל שמראין בו לחם הפנים לעולי רגלים ושנויא דין עדיף מפי לפי שלפעמים נטמא שלחנו של משה והיה הלחם מונח על שלחן אחר כדתנן לעיל כל הכלים שהיו במקדש היו להם שניים ושלישים ולולי שהיו מגביהין אותו ברגל היה השלחן השני או השלישי הזה כלי עץ העשוי לנחת שהרי לא היה במשכן אהל מועד אלא בבית עולמים לבדו.

הרחמן יראנו בבנינו וישמחנו בתקונו אמן

יחזק אל עליון הבוחר בציון בדק עיר סגלתו

ויבן חרבותיו חומות הריסותיו במהרה בימינו

הוא יסן ברחמים אל עם הלוחמים על דגל אהבתו

ומצוקות בניו תעלינה לפניו מעיל ישע יעטנו

עזר מצרה ונזר תפארה למבקשי קרבתו

ואם לעבדו בתמים עד קץ הימים תאות נשמתנו

יערב לה עמלה חלקה וגורלה להאדיר את תורתו

בת השמים מאירת עינים ידידות חמדתנו

ויהי נעם אדני אלהינו עלינו ומעשה ידינו כוננה עלינו

ומעשה ידינו כוננהו

יפי לך סדר מועד לנו הוד כבודך

ברוך שנתן תורה לעמו ישראל בקדשתו

סדר מועד

שתים עשרה מסכות בו ואלו הן בשמותן כסדרן

מספר	שם המסכת	פרקית	עמודית
א	שבת	כד	3—50
ב	ערובין	י	50—166
ג	פסחים	י	166—260
ד	שקלים	ח	260—293
ה	יום הכפורים (יומא)	ח	294—331
ו	סכה	ה	332—358
ז	יום טוב (ביצה)	ה	359—380
ח	ראש השנה	ד	380—411
ט	תעניות	ד	412—432
י	מגלה	ד	432—457
יא	מועד קטן (משקין)	ג	457—474
יב	חגיגה	ג	474—497

פרקי הסדר שמנים ושמנה ואלו הם בשמותם למקומותם על סדר א״ב

מספר	שם הפרק	מסכתו	סימנו	עמודו
	א			
א	אור לארבעה עשר	ג	א	169
ב	אין דורשין	יב	ב	480
ג	אין צדין	ז	ג	369
ד	אלו דברים	ג	ו	197
ה	אלו תן הממונין	ד	ח	277
ו	אלו מגלחין	יא	ג	469
ז	אלו עוברין	ג	ג	180
ח	אלו קשרים	א	טו	38
ט	אם אינן מכירין	ח	ב	392
י	אם לא הביא	א	יט	89
יא	אמר להם הממונה	ה	ג	308
יב	אמר רבי עקיבה	א	ט	22
יג	ארבעה ראשי שנים	ח	א	387
	ב			
יד	באחד באדר	ד	א	262
טו	בא לו	ה	ז	328
טז	ביצה שנולדה	ז	א	361
יז	בכל מערבין	ב	ג	59
יח	במה אשה	א	ו	14
יט	במה בהמה	א	ה	18
כ	במה טומנין	א	ד	12
כא	במה מדליקין	א	ב	8
כב	בני העיר	י	ג	442
כג	בראשונה	ה	ב	300
כד	בשלשה פרקים (כהנים)	ט	ד	427
כה	בשלשה פ־קים (תורמין)	ד	ג	269
	ה			
כו	האורג	א	יג	30
כז	האשה	ג	ח	219
כח	הבונה	א	יב	28
כט	הדר	ב	ו	95
ל	הוציאו לו	ה	ה	318
לא	הזורק	א	יא	26
לב	החליל	ו	ה	363
לג	הישן	ו	ב	340
לד	הכל חייבין	יב	א	475
לה	המביא	ז	ד	372
לו	המוצא תפלין	ב	י	132
לז	המוציא יין	א	ח	19
לח	המצניע	א	י	24
לט	הקורא (א״הם) למפרע	י	ב	439
מ	הקורא (א״הם) עומד	י	ד	447
מא	התרומה	ד	ד	272
	ו			
(ו)	ואלו מגלחין	יא	ג	469
	ח			
מב	חבית	א	כב	44
מג	חמר בקדש	יב	ג	486
מד	חלון	ב	ז	100
	ט			
מה	טרף בקלפי	ה	ד	309
	י			
מו	יום הכפורים	ה	ח	328
מז	יום טוב שחל	ז	ב	365
מח	יום טוב של ראש השנה	ח	ד	405
מט	יציאות השבת	א	א	4
	כ			
נ	כיצד מעברין	ב	ה	73
נא	כיצד משתתפין	ב	ח	103
נב	כיצד צולין	ג	ז	208
נג	כירה	א	ג	10
נד	כל גגות	ב	ט	127
נה	כל הכלים	א	יז	36
נו	כל הרוקין	ד	ח	289
נז	כל כתבי הקדש	א	טז	34
נח	כלל גדול	א	ז	17
נט	כל שעה	ג	ב	176
	ל			
ס	לולב הגזול	ו	ג	343
סא	לולב וערבה	ו	ד	349

מספר	שם הפרק	מסכתו	סימנו	עמודו
	מ			
סב	מאימתי מזכירין	ט	א	418
סג	מבוי	ב	א	58
סד	מגלה נקראת	י	א	438
סה	מי שהוציאוהו	ב	ד	66
סו	מי שהחשיך	א	כד	48
סז	מי שהיה טמא	ג	ט	227
סח	מי שהפך	יא	ב	467
סט	מעות שנמצאו	ד	ז	286
ע	מפנין	א	יח	88
עא	מצרפין שקלים	ד	ב	266
עב	מקום שנהגו	ג	ד	185
עג	משילין	ז	ה	376
עד	משקין (בית השלחין)	יא	א	458
	נ			
עה	נוטל	א	כא	43
	ס			
עו	סדר תעניות אלו	ט	ג	423
עז	סדר תעניות כיצד	ט	ב	417
עח	סכה (שהיא גבוהה)	ו	א	388

מספר	שם הפרק	מסכתו	סימנו	עמודו
	ע			
עט	עושין פסין	ב	ב	56
פ	ערבי פסחים	ג	י	236
	ר			
פא	ראוהו בית דין	ח	ג	401
(כו)	רבי אליעזר אומר האורג	א	יג	30
(י)	רבי אליעזר דמילה	א	יט	39
פב	רבי אליעזר דתולין	א	כ	42
(יב)	רבי עקיבה	א	ט	22
	ש			
פג	שבעת ימים	ה	א	297
פד	שואל אדם	א	כג	46
פה	שלשה עשר שופרות	ד	ו	281
פו	שמנה שרצים	א	יד	31
פז	שני שעירי (יום הכפרים)	ה	ו	319
	ת			
(פב)	תולין	א	כ	42
פח	תמיד נשחט	ג	ה	190

לוח הכתובים הנמצאים בסדר מועד

(האות הגדולה רומזת על המסכת הבינונית על הפרק הקטנה על ההלכה)

במקרא	במשנה	תחלה המכנסת
בראשית לד כה	א ט ג יט ג	שנאמר
שמות יב ט	ג ה ג ה	"
" יג ז	ג ב ב	"
" " ח	ג י ה	"
" יז יא	ח ג ח	(אין)
" יט טו	א ט ג	שנאמר
" כג יד	יב א א	"
" כד ט	ח ב ט	"
" כו לג	ה ה א	"
ויקרא ה יט	ד ו ו	זה מדרש דרש
" ו טז	ד א ד	מקרא זה
" טז ו	ה א א	שנאמר
" " יח	ה ה ה	(אין)
" " כד	ה ז ג	(אין)
" " ל	ה נח דב, וב	ככתוב
" " "	ה ח ט	את זו דרש
" כג ד	ח א ט ב ט	שנאמר
" " ח	ג ה ג	"
" " מד	י ג ו	"
" כט לא	י ג ג	"
במדבר כא ח	ח נ ח	אתה אומר
" כח ב	ט ד א	לפי שנאמר
" לב כב	ד נ ב	שנאמר
הדברים יג יח	א ט ו	"
" טז יז	יב א ה	על זה נאמר
" כו ה	ג י ד	(ואין)
שמואל א יב יז	ט א ז	שנאמר
מלכים א ח לז	ט ב ג	(אין)
" ב יב יז	ד ו ו	ואומר
ישעיהו א יח	א ט ג (ה ו ח)	שנאמר
" כה ח	יא ג ט	הוא אומר
" ל יר	א ח ז	זכר לדבר (שנאמר?)
" " "	א ח ז	מכם ראית
" ל כב	א ט א	שנאמר

במקרא	במשנה	תחלת המכנסת
ישעיהו סא יא	א ט ב	"
ירמיהו ט יט	יא ג ט	"
" יד א	ט ב ג	(אין)
" יד ח	ה ח ט	ואומר
" יז יג		
יחזקאל ח טז	ו ה ד	ואמרו
" לו כח	ה ח ט	שנאמר
יואל ב יג	ט ב א	הוא אימר
" " כג	ט א ב	שנאמר
(עמוס ד ז	ט ג ב	דכתיב)
יונה ג י	ט ב א	לא נאמר אלא
תהלים לג טו	ח א ב	שנאמר
" קב —	ט ב ג	(אין)
" קט יח	א ט ד	זכר לדבר שנאמר
" קיג ט	ג י ו	(אין)
" קיד ח		
" קטז א	ג ה ז	"
" קיח א	ו ג ט	"
" " כה	ו ג ט	"
" " "	ו ד ח	ואומרים
" " כט	ו ג ט	(אין)
" קכ —	ט ב ג	(אין)
" קכא —		
" קל —		
משלי ג ד	ד נ ב	ואומר
" י ז	ה נ יא	נאמר
" כג כה	ט נ ח	הכתוב אימר
" ל יט	א ט ב	שנאמר
" לא ל	ט ד ט	(אין)
" " לא	ט ד ט	ואומר
שיר השירים ג יא	ט ד ט	וכן הוא אומר
קהלת א טו	ו ב ו יב א ו	על זה נאמר
עזרא ד ג	ד ז, ה	שנאמר

א. לוח השמות

(כלי אחריות השלמות ולקט השכחה למבקרים)

סימן השאלה (?) מורה שיש שם גם נוסח אחר. סימן הכוכב (*) רומז על הנוסח הנמצא בפירושי.

א. כתבי הקדש

כתבי הקדש שבת טז א | עירובין י ג.
ספרים מגלה א ח; ג א | מועד קטן ג ד.
ספר עירובין י ג | מועד קטן ג ד.
תורה שבת יד א | יומא ז א | ראש השנה ד ו | תעניות ד ו, ח | מגלה ג א; ד א, ב, ג, ד, ו | חגיגה א ז.
תורת משה יומא ג ח; ד ב; ו ב.
ספר תורה יומא ז א; יום טוב א ה.
נביא ראש השנה ד ו | מגלה ד א, ב, ג, ד, ה.
קבלה תעניות ב א.
תורת כהנים מגלה ג ה.
חמש הפקודים יומא ז א.
איוב, דברי הימים, דניאל, עזרא — יומא א ו
מגלה מגלה א א, ד; ב א, ג, ד, ה; ד א.

ב. נביאים ונשיאים

נביאים הראשונים יומא ה ב | תעניות ד ב.
אברהם אבינו תעניות ב ד, ה.
אהרן יומא ד ב | ראש השנה ב ט | תעניות ב ה.
אליהו שקלים ב ה | תעניות ב ד.
דוד תעניות ב ד | מגלה ד י
יהוידע כהן גדול שקלים ו ו.
יהושע (בן נון) תעניות ב ד | מגלה א א.
יונה תעניות ב ד.
יכניה שקלים ו ג.
ירמיה תעניות ב ג.
מרדכי שקלים ה א.
משה יומא ג ח; ד ב; ו ב | ראש השנה ב ט; ג ח.
עזרא שקלים א ה | מועד קטן ג ד (*)
שלמה, שמואל — תעניות ב ד.

ג. חכמים וסופרים

אבא שאול שבת כג ג | שקלים ד ב | יום טוב ג ח.
אבא שאול בן בטנית שבת כד ה | יום טוב ג ח.
אבטולמוס עירובין ג ד.
אבטליון חגיגה ב ב.
אביו של ר׳ גמליאל עירובין ו ב.
אביו של׳ ר׳ צדוק שבת כד ה.
ר׳ אליעזר שבת א י; ב ג; ו ד, י ו; יב ד; יג א; יז ז; יט א, ד; כ א; כב א | עירובין א ב; ב ה, ו; ג ג, ו; ד ה, יא; ז י, יא; ט ב | פסחים א ז; ג א, ג; ה ט; ו א, ב, ה; ט ב, ד | שקלים ד ז; ח ז | יומא ה ה; ז ב; ח א | סכה א יא; ב ו; ד ה | יום טוב ד ו, ז | ראש השנה ד א | תעניות

א א; ג ט | מגלה ד י | מועד קטן ג ו |
חגיגה ג ח.

ר׳ אליעזר בן יעקב שבת ח ו; טז, ב |
עירובין ו א; ח י | שקלים ו ג | מועד
קטן א ג.

ר׳ אלעאי עירובין ב ו.

ר׳ אלעזר עירובין י י | שקלים ג א; ד ח |
יומא ה ז | ראש השנה א א.

ר׳ אלעזר בן עזריה שבת ד ב; ה ד;
יט נ | עירובין ד א | יומא ח מ | יום
טוב ב ח | מועד קטן א כ.

ר׳ אלעזר בן ר׳ צדוק פסחים ג ו; י נ |
ראש השנה ב ז.

ר׳ אלעזר בן ר׳ שמעון יום טוב ד ה.

בית אביו של ר׳ נמליאל יום טוב ב ו.

בית אביו של ר׳ שמעון בן נמליאל
שבת א מ.

בית ר׳ נמליאל שקלים ו א.

בית הלל ובית שמאי שבת א ד, ה, ו,
ז, ח, ט; ג א; כא א | עירובין א ב;
ו ד, ו; ח ו | פסחים א א; ד ה; ח ח;
יב ב, ו | שקלים ב ג; ח ו | סכה א א,
ז, ב; ג ה, ט | יום טוב א א ב, ג,
ה, ו, ז, ח, ט; ב א, ב, ד, ה | ראש
השנה א א | חגינה א א, ב, ג; ב ב, ד.

בית ר׳ חנינא סגן הכהנים שקלים ו א.

בית שמאי יום טוב ב ו.

בן בוכרי שקלים א ד.

בן בתירה שבת טז א, ג | פסחים ד נ.

בן עזאי שקלים ג א; ד ו; ה ג | יומא
ב ג | תעניות ד ד.

ר׳ נמליאל שבת יב ו; טז ח | עירובין
ד א. כב, ו ב; יא א, י | פסחים א ה;
ג ד; ז ב; י ה | שקלים ג ג; ו א |
סכה ב א, ה; ג ט | יום טוב א ח; ב ו,
ז (אף הוא); ג כ | ראש השנה א ו;
ב ח, ט; ד ב | תעניות א ג; ב י |
מועד קטן ג ו.

ר׳ נמליאל הזקן ראש השנה ב ה.

ר׳ דוסא שבת כד ד.

ר׳ דוסא בן הרכינס עירובין ג ט | ראש
השנה ב ח, מ.

ר׳ דוסתאי בן ר׳ ינאי עירובין ה ד.

הלל חגינה ב ב.

זקני בית שמאי וזקני בית הלל סכה ב ז.

זקנים שבת טז ח | עירובין ג ד; ח ז; י י |
סכה ב א | ראש השנה ב ב | תעניות ג ג.

חוני המעגל תעניות ג ח.

חכמים שבת ב א, כ; ג ג; ד ב; ה ד;
ו נ ד, ה, ו, מ, י (?); ח ה; י א;
יא א; יב ב, ה, ו; יג ה, ז; כ א, ד;
כא נ (?); כב ג (?) | עירובין א י;
ב ד, ג ו, ז, ח, ט; ד ה, ח; ה ב, ו ו;
ז א; ח י; ט א, ב, ד; י מו | פסחים
א נ; ב א; ג ה, ה, ו, ח; ד ה, ו, ח;
ה ח | שקלים א ז; ו ה | יומא ג ז;
ח א | סכה א א; ב ו; ג יג | יום טוב
ב ז, ג, ח; ו, ז | תעניות ב ה,
ו; ג ז; ד ז | מגלה ג ב | מועד קטן
א ב, ג, ד, ה; ג ו | חגינה ג ז, ח.

ר׳ חלפתא תעניות ב ה.

ר׳ חנינא בן אנטיגנוס עירובין ד ח.

ר׳ חנינה (חנניה) סגן הכהנים פסחים
א ו | שקלים ד ד; ו א.

חנניה בן חזקיה בן נוריון שבת א ד.

ר׳ חנניה בן תרדיון תעניות ב ה.

ר׳ טרפון שבת ב כ | עירובין ד ד | פסחים י |
סכה ג ד | יום טיב ג ה | תעניות ג מ.

ר׳ יהודה שבת א יא; ב ד, ה; ג ד א;
ה ב; ז ד; ח ב ד, ו, ז; ט ט ה, ו, ו,
יד ז; יג ה, טו ב כ; מז ז; יז ד ה,
ה ו; ו ב ד | ז יא; ח ב, ד, ה, ו, ז;
ט נ; ד; י, ה ג, יא, יב, מו | פסחים
א נ, ד, ה, ה; ב א, ה, ח; ג נ ד; ה ד;
ז, ח, ח ז | שקלים א ה; ד ב; ב ד;
ו ה; ז ד, ז | יומא א א; ד ה, ו, ו ה ד;
ו א, ח | סכה א א, ב, ו, ז; ב א ב;
ג א, ו, ז, ח, טו, ו; ד ה, ט; ה ד, ח |
יום טוב א י; ב ב ד; ג ו, ד, ו, ח;
ד ה ד | ראש השנה ג ה | מגלה א נ; ב ג, ד;

גא (?) ב, ג; ד ו, ז, י | מועד קטן
או, ז, ט; ב א, ב, ג; ד | חגיגה ג ג.
ר' יהודה בן בבא עירובין ב ד, ה.
ר' יהודה בן נתירה שבת טז ז | פסחים ג ג.
יהודה בן טבאי חגינה ב ב.
ר' יהושע שבת יב ד; יט ד | עירובין
ד א; ז י | פסחים א ז; ג נ ו ב, ה;
מ ו | שקלים ד ז | יומא ב ג | סכה
ג ט | ראש השנה ב ח | תעניות א א;
ב ו; ד ד.
ר' יהושע בן ברוקה סכה ד ו.
ר' יהושע בן בתירה שבת יב ה.
יהושע בן פרחיה חגינה ב ד.
ר' יהושע בן קרחה ראש השנה ד ד.
ר' יוחנן בן ברוקה עירובין ח ב; י טו
פסחים ז ט.
יוחנן בן נודנדרא חגינה ב ז.
ר' יוחנן בן זכאי שבת טז ז, כב ג |
שקלים א ד | סכה ב ה; ג יג | ראש
השנה ד א, ג, ד.
(ר') יוחנן (בן) החורוני סכה ב ז.
ר' יוחנן בן נורי עירובין ד ה | ראש
השנה ב ח; ד ה, ו.
ר' יוסי שבת ב ה; ג ג, ה ב; ו ח, י (?);
ח ז; יב ג; יד ב; טז ב, ד, ה; יז ח;
יח ג; כב ג (?) | עירובין א ו, ז; ב ה;
ג ד; ז ט; ח ה; ט י, י; ט' | פסחים
ח ז; מ ב; י ח | שקלים ד א; ז ז;
ח א, ב | יומא ד ד, ו; ה א; ו נ |
סכה א ט; ג יד | יום טוב ד ב | ראש
השנה א ה, ז; ג ב; ד ו | תעניות ב ח,
ט; ג ו, ז | מגלה ב ג | מועד קטן א ה,
ח; ב א, ב, ה.
ר' יוסי הגלילי עירובין א ז | פסחים ז א.
ר' יוסי בן ר' יהודה עירובין א י |
פסחים ד ו.
יוסי בן יוחנן חגינה ב ב.
יוסף (יוסי) בן יועזר חגינה ב ב, ז.
ר' ישמעאל שבת ב ב; טז ג | עירובין
א ב | פסחים י ט | שקלים ג ב; ד ג,
ד | יומא ד א; ו ח | סכה ג ד | מועד
קטן ג ח (?).

ר' מאיר שבת ו נ, ח, י; טו ז; טז א |
עירובין א ז; ב א; ג ב; ד ד, ט, י;
ה ב, ד; ו א (?), ד | פסחים א ד, ה; ט
יט | פסחים א ד, ז; ב ד ח; ג ו, ח;
ד ו, ה | שקלים א ו, ז; ב ה; ח א,
ב | יומא ג ו, ז; ז ד ו | סכה א ו, ז;
ג ו, ז, ח | יום טוב ד ג | תעניות א ב;
ב י | מגלה ב נ; ג א (*), ב | מועד
קטן א ה.
מנחם חגינה ב ב.
ר' מנחם יומא ד ד.
ר' מתיא בן חרש יומא ח ו.
נחום המדי שבת ב א.
ר' נחמיה שבת ח ד; יו ד ו.
נתאי הארבלי חגינה ב ב.
ר' נתן שקלים ב ה.
סומכוס עירובין ג א.
ר' עקיבה שבת ב נ; ח ה; ט א; יא א;
טו נ; יט א | עירובין א ז; ב ב; ד ה,
ד א; ה ח, ט, ו ט; ט טו | פסחים ו א;
נ ד; ו ב; ז א ב; מ ב, ו; י ו, מ | שקלים
נ א; ד נ, ד, ו, ז; ח ז | יומא ב נ
ז ב; ח ט | סכה ג ד, ט | יום טוב
נ נ | ראש השנה א ו; ב ט; ד ה; ד ו
תעניות נ נ ד; ד ד.
ר' ספייס שקלים ד ז.
ר' צדוק שבת כ ב; כד ד | פסחים ז ב |
סכה ב ה.
רבי שבת ו ה; יב נ.
שמאי סכה ב ח | חגינה ב ב.
ר' שמעון שבת נ ו; ח א; י ה, ו; יג ו;
יד ד | עירובין ג ד; ד ו, יא; ה ו; ה ה;
ח ב, ה; ט א; י ב, נ, טו | פסחים
ה ד; ח נ; ט ח | שקלים ב ד; נ א;
ז ז; ח ח | יומא ה ז; ו ו, ז | סכה
ב א | יום טוב א ט; נ ד | ראש השנה
א א, ז | מועד קטן נ ח (*) | חגינה
א ז (בן יוחאי).
ר' שמעון בן נמליאל שבת א ט; יב א;
יג ה; יח א | עירובין ח ו | שקלים
ח ה | יום טוב נ א | תעניות ד ז,
ח | מגלה א ח.

ר׳ שמעון בן הסגן שקלים ח ה.
ר׳ שמעון בן מנסיא חגיגה א ז.
ר׳ שמעון בן ננס שבת טז ה | עירובין י טו.
שמעון בן שטח תעניות ג ח | חגיגה ב ב.
שמעון התימני תעניות ג ז.
שמעיה חגיגה ב ב.
תלמיד אחד עירובין א ב.

ד. יחידים חבורות ומשפחות

אביהוא ראש השנה ב ט.
אחיה שקלים ה א, ד.
אלעזר שקלים ה א, ב.
אמנון מגלה ד י.
אפוסטמוס תעניות ד ו.
ארח בן יהודה תעניות ד ה.
בית אבטינס / בית גרמו } שקלים ה א | יומא ג יא.
בלגה סכה ה ח.
בן אחיה שקלים ה א, ב.
בן ארזה / בן בבי / בן גבר } שקלים ה א.
בן גמלא יומא ג ט.
בן קטין יומא ג י.
בן קמצר יומא ג יא.
גביני שקלים ה א.
גר / גדיאל } שבת יב ג
גונבי עלי תעניות ד ה.
דוד בן יהודה תעניות ד ה.
דן / דניאל } שבת יב ג.
הוגרוס בן לוי שקלים ה א | יומא ג יא.
הילני יומא ג י.
זתוא בן יהודה תעניות ד ה.
זכריה בן קבוטל יומא א ו.
חיצונים מגלה ד ח.
טבי פסחים ז ב | סכה ב א.
טוביה הרופא ראש השנה א ז.
יוחנן בן פינחס שקלים ה א, ד.
יונדב בן רכב תעניות ד ה.
לויים שבת יא ב | שקלים א ג | סכה ה ד | ראש השנה ד ב | תעניות ד ב, ה.
מונבז יומא ג י
מתתיה בן שמואל שקלים ה א | יומא ג א.
נדב ראש השנה ב ט.
נח שבת יב ג.
נחוניה שקלים ה א.
נחור שבת יב ג.
סנאה בן בנימין / עדין בן יהודה / פחת מואב בן יהודה } תעניות ד ה.
פינחס שקלים ה א.
פרעוש בן יהודה תעניות ד ה.
פתחיה שקלים ה א.
צדוקי עירובין ו ב.
קהת שבת י ג.
קוצעי קציעות תעניות ד ה.
ראובן מגלה ד י.
שם / שמואל / שמעון } שבת יב ג.
תמר מגלה ד י.

ה. עמים וארצות

אדומי פסחים ג א.
אמורי שבת ו י.
ארמיותא מגלה ד ט.
ארמית שקלים ה ג.
ארץ ישראל שקלים ג ד.
אשורית מגלה א ח; ב א, ב.
בבל שקלים ג ד | יום טוב ה ה.
בבלי פסחים ג א.
בבליים יומא ו ד.
בית ישראל יומא ו ב.

גבולין שבת א יא. | שקלים ז ג.
גליל פסחים ד ה.
הארץ תעניות ד ו.
הגולה שקלים ב ד | ראש השנה ב ד.
המדבר יומא ו ח.
הגדויין יומא ג ז.
יהודה עירובין ה ו | פסחים ד ה | חגיגה ג ד.
יוגית שקלים ג ב | מגלה א ח.
ישראל שבת ח ג; יד ד; טז ח; כג ד | עירובין ג א; ח ה | פסחים ב ב, ג; ה ה, ו; ז ג; י א, ו | שקלים ג ב, ד | יומא ה א; ו ב, ג; ז א; ח ט | סכה ה ד | יום טוב ב ו | ראש השנה ב ט; ג א, ח | תעניות א ג; ג ח; ד ב, ח | מגלה ג ו | חגיגה א ד.
ישראלים עירובין ו א | שקלים א ג.
כותים ראש השנה ב ב.
לובדקוס שבת ה א.
לועז מגלה ב א.
מדי שקלים ג ד.
מדי שבת ב א | פסחים ג א.
מדיות שבת ו ו.
מדינה עירובין י יא, יב, יג, יד | שקלים א ג; ב א | סכה ג יב | ראש השנה ד א, ג.
מדינת הים שקלים ז ו | מועד קטן ג א, ב.
מצרי פסחים ג א.
מצרים פסחים ט ה; י ה, ו.
סוריא ראש השנה א ד.
עבר הירדן תעניות ג ו.
עמלק ראש השנה ג ח.
ערביות שבת ו ו.

ו. ערים הרים ונהרות

אבל עירובין ח ז.
אשקלון תעניות ג ו.
בית בלתין ראש השנה ב ד.
בית חדודו (*)
בית חורון (*) } יומא ו ח.
בית חרורו (?)
בית יעזק ראש השנה ב ה.
בית תר (?) } תעניות ד ו.
ביתר (*)
גלגל תעניות ב ד.
גריפינא ראש השנה ב ד.
הירדן תעניות ג ו.
העיר תעניות ד ו.
הר הברזל סכה ג א.
הר הכרמל תעניות ב ד.
הר המוריה תעניות ב ד, ה.
הר המשחה ראש השנה ב ד.
חברון יומא ג א.
חורן ראש השנה ב ד.
טבריה שבת ג ד.
יבנה שקלים א ד | ראש השנה ב ח, ט; ד א, ב.
ים סוף תעניות ב ד, ה.
ירושלים שבת כג א | עירובין ו ב; י ט | פסחים ג ח; ז ג; שקלים ז ב, ג, ד; ח א, ב | יומא ו ד, ו, ח | סכה ג ה, ח; ד ה; ה ג | ראש השנה א ז; ב ה; ד ב | תעניות ב ד; ג ו, ח; ד ב, ח | מגלה א יא | חגיגה א א; ג ו.
יריחו פסחים ד ח.
לוד ראש השנה א ו | תעניות ג ט.
מגדל עדר שקלים ז ד.
מודיעית (סודעית) פסחים ט ב | חגיגה ג ה.
מוצא סכה ד ה.
מצפה תעניות ב ד.
נינוה תעניות ב א.
סרטבא ראש השנה ב ד.
עיר חדשה עירובין ה ו.
ערב שבת טז ז; כב ג.
פלוסין יומא ג ז.
פלגדרסין (*) } עירובין ד א.
פרגדיסים
פרת תעניות א ג.
צופים פסחים ג ח.

צוק יומא ו ד, ה, ו.
ציון תעניות ד ח.
ציפורין יומא ו ג.
קדרון יומא ה ו.
שוק של פטמים, שוק של צמרים } עירובין י ט.
שילה מגלה א יא.
שלוח סכה ד ט, י.

ז. המקדש וחלקיו

אולם עירובין י טו | שקלים ו ד | יומא ג ח.
אצטבא פסחים א ה | שקלים ח ד | סכה ד ד.
בין האולם ולמזבח עירובין י טו | יומא ג ח.
בית החיצון יומא ה א.
בית המוקד שבת א יא.
בית המטבחים שקלים ו ד.
בית המקדש סכה ג יב | ראש השנה א ג, ד; ד א, ג, ד | תעניות ד ח | מועד קטן ג ו.
בית הפרוה יומא ג ג, ו.
בית השרפה פסחים ט ט | שקלים ז ג | יומא ג ב; ו ז.
דיר העצים שקלים ו א.
הבירה פסחים ג ח; ז ח.
הבית שקלים ו ג, ד; ח ח | יומה ה א | תעניות ד ו.
היכל עירובין י טו | יומא ג י; ד ג; ה א, ג, ד, ז; ו ח | סכה ה ד | תעניות ד ו.
הלשכה שקלים ג א, ב; ד א, ב, ג, ט.
העזרה פסחים ה ה, ח; ט ב | שקלים ז ג | יומא א ח; ג ז; ד ג; ו ב, ז | סכה ה ד | מועד קטן ג ד (?) | חגיגה ג ח.
הקודש יומא ה א; ז ד.
הר הבית פסחים ה י | שקלים ז ב | סכה ד ד | תעניות ב ה; ג ח | חגיגה א ח.
חיל פסחים ה י | שקלים ח ד | סכה ד ד.
לשכת בדק הבית, לשכת הכלים, לשכת חשאים } שקלים ה ו.
לשכת פלהדרין יומא א א.
מקדש עירובין י יא, יב, יג, יד, טו | פסחים ט ד; י ג | שקלים א ג; ב א; ה א, ג, ו; ו א, ד, ה | יומא ג ב; ז א | סכה ג יב | ראש השנה ד א, ג | מגלה ג ז | חגיגה ג ח.
עזרת הנשים סכה ה ב, ד.
עזרת ישראל סכה ה ד.
עלית בית אבטינס יומא א ה.
קדש הקדשים יומא ה א.
שער הבכורות, שער הדלק } שקלים ו ג.
שער היוצא למזרח סכה ה ד.
שער המזרח יומא א ג | תעניות ב ה.
שער המים שקלים ו ג | סכה ד ט.
שער הנשים שקלים ו ג.
שער העליון שקלים ו ג | סכה ה ד.
שער הקרבן, שער השיר } שקלים ו ג.
שער התחתון סכה ה ה.
שער יכניה, שער ניקנור } שקלים ו ג.
שתיה יומא ה ב.

ח. חדשי השנה

ניסן שקלים ג א | ראש השנה א א, ג, ד | תעניות א ב, ז; ד ה.
אייר ראש השנה א ג.
סיון שקלים ג א.
תמוז תעניות ד ה, ו.
אב פסחים ד ה | שקלים ג א | ראש השנה א ג | תעניות ב י; ד ה, ו.
אלול שקלים ג א | ראש השנה א א, ג | תעניות ד ה.
תשרי שקלים ג א | ראש השנה א א, ג, ד.
מרחשון תעניות א ג, ד.
כסלו ראש השנה א ג | תעניות א ה.
טבת תעניות ד ה.
שבט ראש השנה א א.

אדר שקלים א א; ג א | ראש השנה א ג | מגלה ג ד.
אדר הראשון / אדר השני } מגלה א ד.

ט. אותות המכתב

אלף (אלפא) / בית (ביתא) / גימל (גמא) } שקלים ג ב.
הי פסחים ט ב.
זין / חית } שבת יב ה.

י. לשונות רגילות

אחד זה ואחד זה עירובין ו ה.
אימתי שבת יח ב | עירובין ה ט; ו ז | מגלה א ג.
אינה היא המדה פסחים א ז | שקלים ד ו.
אמרו שבת א ג; ז א. ג; י ד | עירובין ב ג; ד ט; ה ב; ז ט | פסחים ז ז | סכה ה א | מגלה א ג | מועד קטן ג ה.
אמרו לו עירובין ב ג; ה ט; ח ז; י ב. ט | שקלים ד א | יומא א א | סכה ג ח | יום טוב ב ו | ראש השנה ד א | מגלה ג א.
אנו אין לנו עירובין ד ט.
אף על פי שאין ראיה לדבר שבת ח ז; ט ד.
באמת שבת א ג; י ד.
בין כך ובין כך שבת יז ג, ז. ח; כא ג.
במה דברים אמורים שבת יז ח | עירובין ז ט, יא; ח ג, יא | יומא ב ז.
בראשונה שקלים א ב; ז ה | יומא ב א | סכה ג יב | ראש השנה ד ג, ד.
דברו חכמים בהוה שבת ו ו,ט | עירובין א י.
ובלבד שבת ה ג; ו ה; יז ה; כב א, ג; כג א. ב,ה | עירובין א ח, ט, י; ב ב, ג, ה; ד ו; ה ד; ז ב; ט א; י ד | פסחים ה ג.
וזו היא שאמרו עירובין ד ט.
וכן שבת י ה, ו; כג א, ה | עירובין ב ו; ג ח; ה ג; ז ד; ח ח, יא; ט ג, ד; י ב, ה, ו | פסחים ג ב, ח; ט ו, י | סכה א י | ראש השנה ג ז | תעניות ג א, ג, ד | מועד קטן ג א, ב.
ולא הודו לו עירובין ג ז,ח, ט | פסחים ה ח.
ומודה עירובין ד ה.
ומודים עירובין ו ו; ז יא | פסחים א ז | יום טוב א ב | חגיגה ב ד.
ועוד אמר שבת יט א | עירובין ב ה; ג ח | פסחים א ה | יומא ו א; ח ו | סכה ב ו | יום טוב ד ז | מגלה ג ג | מועד קטן א ה.
ועוד זאת ראש השנה ד ב, ד.
ועוד כלל אחר אמרו שבת ז ג.
ושוים שבת א ט | יום טוב ב א, ג.
זה הכלל שבת יא ו; יב א; יג ה | פסחים ג א. ד | שקלים א ה; ב ה; ו ו; ז א | יומא ג ב | סכה א ד; ב ג | יום טוב א י; ג א | ראש השנה א ח; ג ח | מגלה א י; ב ו; ד ב.
חזר להיות שונה תעניות ד ד.
כיוצא בו שבת א ג | פסחים ד ב.
כיוצא בדבר ראש השנה ג ח.
כלל אמר שבת טו ב; יט א; כג ג | פסחים ו ב.
כלל גדול אמרו שבת ז א.
לא כדברי זה ולא כדברי זה מועד קטן ג ו.
למה הדבר דומה עירובין ד ו.
למה זה דומה שבת יג ז.
מודים אתם לי עירובין ג ו; (ה ט).
מעשה שבת טז ז, ח; כב ג; כד ה | עירובין ד א, ד; ו ב; ח ז; יט, י | פסחים ז ב | שקלים ו ב | יומא ב ב | סכה ב א, ה, ז, ח; ג ח | יום טוב ג ב, ה, ח | ראש השנה א ו, ז; ב ח | תעניות ב ה; ג ו, ח, ט.
מקום שנהגו פסחים ד א, ג. ד, ה | סכה ג יא | מגלה ד א.
נוהגין היו (היינו) שבת א ט | (עירובין י י) | סכה ב א | תעניות ב ה.
על מה נחלקו עירובין א ב | פסחים א ז.
פעם אחת עירובין ד ב | סכה ה ט | ראש השנה ד ד.
שוים שקלים ב ג.
שלא ברצון חכמים שבת ה ד | פסחים ה ח.

ב. לוח הפירושים

הספר העמוד הוא סימן העמוד והתלוי שבצדו הוא סימן הפירוש. במקומות שתמצא סימן רלת ראה
לוח התקונים בסוף הספר (הגהות).

א. פירושי מלים

אוה — 134 [7]
איר — 479 [42]
אול — 490 [36]
אוכלים — 489 [21]
אומולוגין — 470 [18]
אונן — 224 [37]
אונקליות — 195 [89]
אור (אורתא) — 169 [1]
אחוריים — 487 [4]
אחראי (אחריות) — 234 [55]
אילו — 427 [9]
איסר — 105 [51]
אירע — 225 [42], 467 [2]
אכסדרה — 112 [32], 338 [61]
אלונטית — 45 [7]
אמורים — 322 [34]
אנדרונינוס — 475 [4]
אנטל — 483 [28]
אנגליא — 328 [2]
אנקלי — 454 [52]
אספוונית — 171 [22]
אספיס — 453 [42]
אספלית — 324 [4]
אספטנים — 306 [31]
אסבלא — 206 [8]
אספלנית — 40 [9]
אסקוטלא — 473 [55]
אעברא — 456 [60]
אף — 194 [31]
אזוספטסום — 430 [48]
אספירוסום — 221 [7]
אפיק — 75 [22]

אסיקומן — 243 [27], 256 [73]
אסיקמויון — 46 רלת [12]
אסר (אסרא) — 380 [50]
אסר כירה / אסר מקלה — 417 [3]
אצבע — 134 [7]
אצטבא / אצטבלא — 171 [22]
אצטלית — 324 [4]
ארמיתא (ארמיזתא) — 456 [60]
אתמול — 83 [31], 236 [2]
אתמחי — 83 [31]
בבלי — 321 [22]
בדד / בדל — 203 [2]
טיישן — 215 [49]
כולמוס — 329 [18]
כור — 403 [28]
כורסקי — 443 [13]
בזק — 162 [88]
בחש — 196 [42]
במא — 203 [2]
במוח — 229 [11]
במח — 204 [2]
ביבר — 31 [4], 369 [1]
ביראות — 56 [1]
בית הצביטה — 134 [7], 487 [5]
בית מרון — 388 [11]
בלע — 76 [24]
במגנימין / בנומרין — 388 [11]

בני אמרנא / בני מרון — 388 [11]
בסריע — 439 [2]
בקעה — 75 [22]
בריכה — 465 [89]
ברקאי — 304 [3]
בור — 471 [25]
כשל — 246 [29]
בת — 194 [31]
כתולה / כתר — 204 [2]
נבא (נבה) — 492 [42]
נדר — 75 [23]
נרש — 189 [31]
נוה — 75 [22]
נוטרני — 399 [39], 426 [86]
טלבא — 177 [17]
טמיא — 380 [50]
נם (הנים) — 83 [31]
נוסס — 196 [42]
נוף — 378 [29]
נזוזטרא — 26 רלת [2]
נטין — 470 רלת [17]
ניא — 75 [22]
נים — 184 [46]
ניסא (ניסמא) — 196 [42]
גלב — 238 [9]
גלוסטרא — 147 [55]
נלח / נלף — 238 [9]
גמזיות — 189 [33]

נמי 161[82]
נגנדרין 179[24]
נגה (נגות) 246[31]
נס 196[42]
נף 467[6]
נסף 378[29]
נרסות 468[24]
נריצא 367[20]
{ נרם
נרע } 238[9]
נרר
דדכאות 323[41]
דונמא 24[2]
דוכסוסטוס 20[14]
דות 403[28]
דירדכיות 223[41]
דיימא 26[3], 126[74]
דייתיקי 470[19]
דייר (דיר) 281[4]
דישרא 177[17]
דכרא 403[18]
דלה 335[23]
דלעת 49[15]
דלק 282[11]
דסע 490[36]
דסתרא 440[11]
דקדק 204[2]
דקל (דקלא) 188[28]
דרוכות 468[24]
דרכיות 323[41]
דרמשק 373[7]
דרוש וקבל שכר 139[30]
רשש (רשושות) 468[23—24]
הברה 404[31]
הגיס 196[42]
הגיע 253[55]
הדיום 327[31], 397[28], 465[47]
הדלה 334[23]
הדר 492[43]
הושענא רבא 139[30]
הילך 218[74]

הינדבי 178[24]
הלכה 416[30]
הלמי 32[5]
המחה 83[13]
המין 162[94]
הנץ החמה 441[26]
הסב (הסכה) 237[7]
העלות נר 393[4]
העני 270[14]
הטליג בים 67[10]
הצביע 300[7]
הקף 372[1]
הקצה 375[35]
הרדסיות 49[14]
הריני 222[20]
הרסנא 240[15]
והו 350[23]
זום (זומא) 180[7]
זיו 141[33]
זיטן 449[19]
זיתום 180[5]
זכה (זכיח) 107[60]
זכור 229[11]
זכרים 403[18]
זלף 467[6]
חב (חוב) 107[60]
חבם {
חביצא } 83[31]
חבית 353[59]
חבם 83[31]
חבת 196[42]
חבתין 83[31], 196[42]
חרות 403[28]
חולות 431[61]
חום (חומה) 197[5]
חורי 367[21]
חזן 5[21]
חזקה 492[43]
חזר (החזיר) 178[24]
חזרת 178[24]

חטא (מתחטא) 426[38]
חטט 337[50], 459[11]
חינר 476[6]
חיה 328[5]
חיל (חילא, חילתא) 75[22]
חכורות 468[24]
חלל (חלילה) 357[35]
חלש 46[6]
חלתית 42[2]
חמץ (חומץ) 240[15]
חנות 105[53]
חנך 465[38]
חסא 178[24]
חסום (חסחום) 217[62]
חף {
חסה }
חסיסא } 270[12]
חסת
חרוב 189[33]
חרוסת {
חרז
חרט
חרם } 240[15]
חרץ
חרצן
חרש
חרת
חש (חשש) 468[18]
חשק 134[17]
טבלא 397[27], 473[55]
סהר 318[35]
סומטום 475[3]
מלטל 54[24]
מעון 228[11]
מסיח 38[13]
טרוקסימון 178[24]
טרף 309[1]
טרקלין 97[27]
יבולת 152[76]
יהביל 6[26]
יובל 403[22]

מיחא 83 [31]	**לקבל** 161 [81]	**יום** 441 [28]
מיחוי	**לקה** 351 [25]	**יוסי** 351 [25]
מיחם 218 [75]	**לקוחות** 372 [30], 468 [24]	**יחידים** 415 [19]
מיצוי 72 [66]	**לקח** 161 [81]	**ירקות** 387 [6]
סכיר 392 [3]	**לקט** 350 [19]	**כבש** 321 [21]
מכליב 465 [47]	**לשלשת** 43 [3]	**כבש** 374 [24], 466 [51]
מלאה 490 [36]	**מאכרין** 73 [1]	**כותח** 180 [2]
מלחמה 405 [55]	**מאכל** 436 [33]	**כוליאר** 15 [12]
מטר 378 [29]	**מכעור יום** 362 [5]	**כיוצא בו (כדכר)** 450 [23]
מטש	**מנכ לנב** 366 [9]	**כירה** 10 [1]
מנחה 236 [2]	**מנומה** 467 [6]	**כך** 235 [57]
מסכה 238 [7]	**מניה** 440 [7], 471 [32]	**כלב** 466 [47]
מסואב 489 [21]	**מנים (מניסא)** 83 [31], 196 [42]	**כלונם** 393 [7]
מסורה (מסורת) 282 [5]	**מנרסה** 290 [5]	**כלסי** 405 [36]
מסך (מסכה) 378 [29]	**מרד** 74 [20]	**כמון** רלח 40 [10]
מספסקין 376 [13]	**סרה** 173 [88]	**כנה** 246 [31]
מסרת (מאסרת) 282 [5], 83 [31]	**מדובלל** 340 [3]	**כנוי** 456 [58]
מסתכל 481 [5]	**סדורה** 281 [4]	**כנת** 194 [31]
מעכן 468 [21]	**מנמר** 367 [23]	**כצוצרה (כצוצטרא)** רלח 26 [2]
מעבידין 493 [50]	**מודר** 436 [32]	**כרוח** 278 [9]
מעברין 73 [1]	**מוכני** 308 [54]	**כרכר** 204 [2]
מעילין 466 [55]	**מול** 236 [2]	**כרסם** 373 [7]
מענל	**מולד** 382 —	**כרה** 238 [9]
מעזבה 336 [39]	**מוליאר** 11 [15]	**כרת**
מעריכין 376 [17]	**טומחה** 83 [31]	**כרת** 181 [14]
מפסיר 256 [72]	**מוסף** 441 [32]	**כת** 194 [31]
מסיס 46 [9]	**מועט** 478 [26], 329 [15]	**כתכי** 471 [23]
מסכים 283 [13]	**מוסלנ** 67 [10]	**ל** 87 [33], 109 [15]
מצה 72 [66]	**מוקצה** 375 [36], 360 —	**לאה** 458 [1]
מצות סרוש	**מצר** 329 [10]	**לאובד** 248 [33]
מצות עשה 139 [30]	**מחא (מחה)** 83 [31]	**לבד (לבדים)** 337 [54]
מצות לא תעשה	**מחבת** 196 [42], 83 [31]	**לנבלר** 5 [17]
מצר 399 [43]	**מחמין** 306 [82]	**להה** 458 [1]
מקביל 161 [81]	**מחק** 149 [67]	**להעידו** 392 [1]
מקדישין 376 [13]	**מחר** 236 [2], 83 [31]	**לויה** 181 [14]
מקולס 368 [24]	**מחרימין** 376 [17]	**למש** 183 [32]
מקרין 460 [23]	**מטילין** 306 [82]	**לסר (למורים)** 467 [9]
מרובה 437 [46]	**מטין** 416 [80]	**למסרע** 439 [2]
מריצה 290 [6]	**מטסחין** 473 [62], 376 [12]	**לעוזות (לועזות)** 439 [4]
מרס (טרסן) 193 [19]		(vgl. 372 [30] und 468 [24])
מרצה 211 [40]		**לסח** 189 [80]
משא ומתן 417 [32]		

משאת (משואה) 393 [4]
משה 74 [20]
משיאן 371 [25]
משחות 72 [65], 468 [24]
משרשות 378 [29]
משח 74 [20]
משחשיכה 415 [21]
משילין 337 [53], 376 [1]
משך 74 [20]
משכן 262 [9]
משערין 276 [51]
סתורנמן 450 [25]
טריעין 423 [4]

נאף (נאסוסים) 378 [29]
נאר 378 [29]
נברכת 465 [89]
ננב 489 [21]
ננה (נונהא) 169 [1]
ננע
ננף } 147 [55]
ננר
נהם 378 [29]
נול 465 [45]
נח 481 [6]
טומריקון 30 [16]
נוטרין 388 [11]
נודמן 449 [19]
נומא
נויסה } 417 [35], 456 [61]
נוף
נחה 236 [3]
נחל 75 [22]
נחת 236 [2]
נמיעות 387 [8]
נמל 483 [28]
ניר 30 [16]
נמוק 405 [41]
נמנם 439 [6]
נמש (נמושות) 378 [29]
נסטן 178 [17]
נסר 335 [34], 467 [9]

נסחסנ 305 [17]
נענע 362 [10]
נקב 378 [29]
נקליטין 334 [21]
נשא 393 [4]
נשאל 469 [6]
נשל 378 [29]
נשר 190 [34]
נשתהו 407 [15]
נתוספו 103 [84]
נתמנה 411 [61]
נתר 190 [34]

סאב 231 [36], 319 [6], 489 [21]
סומא (סמיא) 452 [37]
סטיו 171 [22]
סיב 231 [36]
סיח (סיחון) 186 [7]
סינר 25 [8]
סמוך 237 [3], 282 [10], 473 [64]
סמנ 161 [81], 305 [17], 470 [9]
סמונ
ספסל 171 [22]
ספר 469 [9]
סרג (סרונין) 439 [5]

עבור 397 [34]
עברא 456 [60]
עד 240 [14]
עוברה 329 [15], 478 [28]
עוגיות 459 [7]
עולה 393 [4]
עולשין 178 [24]
עוקה 459 [7]
עוקץ 300 [15]
עכל 312 [16]
על גב 366 [9], 493 [47]
עלה 393 [4], 472 [42]
על ידו 452 [84]
עליל 390 [26]
עמילה 180 [8]

עמק 75 [22]
ענה 473 [62]
עצרת 269 [9], 357 [39], 388 [10]
472 [46], 482 [23]
עקב 75 [22]
עקרבנין 59 [37]
ערוה
עריה } 456 [58], 479 [37], 480 [1]
עריות
פרה 203 [2]
סוחח 238 [9]
סונדה 287 [11]
סונדיון 109 [13]
פוק 336 [41]
סורסא 314 [9]
סח 238 [9]
סחה (סחי) 396 [22]
סחח (סחיח) 452 [36]
סחת (סחתת) 238 [9], 338 [59]
ספר 203 [2], 256 [72]
ספיר 256 [72]
ספיש 204 [2]
סימס 404 [29]
סיים 46 [3]
פינקס 149 [67]
סלנ 67 [10]
סלה רלח 5 [19]
סלהדרין 297 [1]
סלש 132 [22]
סנה 236 [2], 493 [56]
סני 493 [56]
ספח 388 [10]
ספול (פסולת)
ספל (פסיל) } 391 [86]
ספכתר 163 [104]
ספק 450 [29]
ספקיא 33 [5]
סעמים 254 [60]
סקוע
סקח } 224 [36]
סקע 422 [51]

מונח	מראה מקום
פקפק	336[41]
פרנוד	270[12]
פרוזבול (פרוסבול)	470[20]
פרוס	269[2]
פרוסבוטי, פרוסבולי	470[20]
פרומביא	13[2]
פרור	83[31]
פרח	479[42]
פרע	439[2]
פרף	314[9]
פרפרת	
פרש	485[44], 248[34]
פרש בים	67[10]
פרשה	248[34]
פתה	
פתח	204[2]
פתח	
צבא	
צבה, צבוע	134[7]
צבם	
צבי	135[7]
צבע	135[7], 134[7]
צבר, צבת (צבתים)	134[7]
צבתא	135[7]
צדה (צדי)	391[50]
צוה, צווח	135[7]
צווקן	215[49]
צום	134[7]
צלה, צלי (צלותא)	246[29]
צמא, צמד (צמיר)	135[7]
צמה	
צמח, צמים	134[7]
צמצם	135[7], 204[2]
צמק (צמוקים)	135[7]

מונח	מראה מקום
צמת	
צנה	
צפה	135[7]
צפוף	
צפן, צפר	169[1]
צרדה	299[23]
קבל	161[81]
קבל (קבלה)	418[8]
קביעות	383 –
קדד	239[14]
קדח, קדר	78[30]
קדרה	248[34]
קוביא	391[42], 46[5]
קולא	180[9]
קולבון	264[29]
קולים	45[5]
קולמוס	5[18]
קולסא	368[24]
קומוס	440[9]
קומפרומיסין	471[25]
קום עשה	139[30]
קונרס	62[33]
קוף, קוסדן	372[1]
קופיץ	218[10], 291[9], 373[16]
קטבלא	271[20]
קטלא	15[4]
קילון	459[6]
קילור	19[5]
קירוס	30[1]
קיץ	273[25]
קיתון	313[28], 13[7]
קלוסטרא	147[55]
קלם	351[25]
קלף (קליפה)	206[11]
קלסי	307[51]
קלקולי	459[11]
קמוליא	23[17]
קמח	83[31]

מונח	מראה מקום
קמיע	15[9]
קנון	473[55], 364[29]
קנוף	334[19]
קנקילון	145[50]
קנקנתום	440[10], 29[12]
קסוס	334[22]
קסדן, קסון	181[18]
קסנדריא	444[17]
קסף	372[1]
קסץ	181[18]
קרד	368[28]
קרויה	37[12]
קרח	238[9]
קרן	402[10-12]
קרע	238[9]
קרסף	373[7]
קרץ	238[9]
קרצף	368[28]
ראה (ראייה)	223[29]
ראיה (הראיה)	198[12]
ראש השנה	388[10], 380
רבי	437[46]
רביעה	423[2]
רניל	418[10]
רנלים	464[35], 254[60]
רהן	176[7]
רסם (רסיסים)	139[19]
רעמים	375[33]
רסס	466[52]
רשות	471[26]
רתה (רתוי)	481[6]
שאב	335[23]
שב ואל תעשה, שבות	139[30]
שבט	204[2]
שביב	353[2]
שבת	104[30]
שהה	407[15]
שוב	353[2]

שוכך 188[21]
שול 337[53]
שוף 466[54]
שופר 402[10–12]
שחר 169[1]
שחרר 253[49], 476[5]
שמרי 471[23]
שיב (שיבה) 231[26]
שיירה 54[21]
שיירי 471[23]
שיסון 177[17]
שכון 97[30]
שלה 468[11]
שלהי 458[1]
שלח 399[38]
שלחים 458[1]
שלחין 12[4]

שלק 246[29]
שלשל 337[53]
שמנה עשרה 418[12]
שעבד 252[49], 405[37]
שעה 493[46]
שער 204[2]
שער 422[51]
שפוד 203[2]
שסט 204[2]
שרביט 373[7]
שרוי (שרי) 97[30]
שתק 456[61]
תאב 269[1]
תבן 102[12]
תורגמן 450[25]
תורמוס 38[2]

תחב 205[4]
תחום (תחומא) 90[44], 197[5]
תחל 171[23], 269[1]
תיק 34[5]
תכב } 205[4]
תכף }
תלה 170[20]
תמחוי 83[31], 196[42]
תמכה (תמכתא) 179[24]
תעב 269[1]
תפח 183[32]
תפלין 454[47]
תרגימא 237[4]
תרים 363[12]
תרם 269[1]
תשעה באב 187[12], 422[58]
תשרי 387[5]

ב. פירושי ענינים

אב בית דין 417[4], 482[18]
אב הטומאה 172[29]
אב הטומאה מדברי סופרים 175[38]
אבוב רועה 32[8]
אבות 408[26]
אבי אבות הטומאה 173[33]
אב מלאכה 197[10]
אבן הטועים 426[33]
אבס 48[11]
אבר קטן 19[4]
אנוף (אנף) 218[70]
אגרות מזון 471[22]
אגרות שום 470[21]
אגרות של רשות 471[26]
אוכל חולין בטהרה 486[50]
אוכל חולין על טהרת הקדש 486[50]
אולם 162[99], 283[21], 307[42]
אונן 224[37], 489[24]

אורך הלבנה 395[18]
אזוב יון 32[6]
אחורים (אחוריים) 487[4]
אחת 299[25]
אימורים 322[34], 357[37]
אינו נידר ונידב 264[27], 438[51]
אינה היא המדה 173[38]
איסר 105[51]
איפה 270[8]
אכילת פרס 110[17]
אכסדרה 112[32], 338[61]
אלול מעובר 65[65]
אמה (מדה) 52—, 70[36]
אמה (שבעורה) 318[59]
אמורים 322[34], 357[37]
אמרכל 278[12]
אמת המים 273[19]
אנדיפי 21[21]
אנדרוגינוס 475[4]
אנטיכי 11[16]

אני והו 350[23]
אנקטמין 17[25]
אנשי בית אב 421[43]
אנשי מעמד 421[44]
אנשי משמר 421[43]
אסמים 453[42]
אסקופה 138[20], 218[71]
אפיקומן 243[27], 256[78]
אצבע (מדה) 52—, 70[36]
אצבע צרדה 299[23]
אצטבא 171[22]
ארכל 482[16]
ארבע — ארבעה 101[1]
ארבע אמות 70[36]
ארבע כוסות 166 —
ארבעה מינים 332 —
ארובה 188[21]
ארוסין ונשואין 417[33]
ארוכה 336[46]
ארמיותא 456[60]

אשורית 437[43], 439[4]	בית הצביטה) 487[5]	גכאים 492[42]
אשמות 478[23]	בית הצביעה)	נכבא 10[2]
אשם ודאי) 330[25]	בית השאובה) 353[2]	גבורות 408[26]
אשם תלוי)	בית השואבה)	נרודיות 73[5]
אשמורת 300[30]	בית השחיטה 310[9]	נרי מקולם 367[24]
אשרה 343[2]	בית השילוח 310[7]	נוכה הלבנה 395[18]
אתרוג 344[12]	בית השלחים 344[11], 458[1]	נוכה המשוה בירושלים 395[18]
	בית השרפה	נורלת 26[12]
באת אמרו 25[7], 5[20]	222[18], 233[49], 322[38]	גוזז 155[60], 156[60]
באר הקר 162[92]	בית חשונה 353[2]	נוזלי עולה 284[32]
בגדי זהב 305[18]	בית כור 59[33]	נולה 394[12]
בגדי לבן 306[36]	בית סאתים 56[11]	נונבי עלי 430[42]
בדק הבית 275[42]	בית קבול 162[97]	נופו של נמ) 241[20]
בדיקת חמץ 168 –	בית שער 112[31]	נופו של סרוזבול) 480[50]
בהוה 55[35]	בית שער דרבים 112[35]	נופי תורה 480[50]
בולמוס 329[18]	בית תר (ביתר) 430[52]	נורן 269[5]
בור 58[27]	ביתוסים 483[27]	נזוסמרא 26[2], 116[60]
בור (שבנח) 467[7]	בכור 293[41], 370[14], 478[24]	נזרה שוה 384[25]
בור הגדול) 162[91]	ככל הרואה 438[56]	נזרת שבעה 472[36]
בור העולה)	בלע 161[81], 189[30]	נזרת שלשים 472[40]
בחוץ 291[19]	במה גדולה) 438[48]	נחלים סעוכלות 312[16]
בטיל כלב 185[45]	במה קטנה)	ניסמריא 277[5]
בטלנים 434[14]	בן שנה 231[37]	נפת 10[4]
ביכרין 369[1]	בני החבורה 207[16]	נשרים מפולשים 132[22]
בין האולם ולמזבח 162[99]	כסים לדבר האסור 43[1-2]	
בין הערבים 192[17]	בעור 185[4]	דברי קבלה 418[8]
בין השמשות 10[24]	בעליל 390[26-29]	דומה למתקן 365[5], 377[20]
ביצה קלה 28[8]	בסנים 284[26], 291[17], 318[41]	דופן עקומה 338[60]
בירה 184[52], 214[46]	בצנעה 468[22]	דחית החרש
בירית 16[15]	בצע את (על) הפת 448[13]	מיום המולד 382 –
בית 205[5], 487[5]	בצק החרש 181[19]	דידכיות 323[41]
בית אנקלי 454[52]	ברורי המדות 372[32]	דיו 440[13]
בית אכטינס 298[16]	ברירה 109[9]	דיומדין 56[2]
בית בלתין 394[11]	ברכת אבלים 449[17], 473[56]	דין 197[9]
בית החיצון 314[14]	ברכת המזון 449[19]	דינר 105[51], 268[24], 476[15]
בית הטבילה 443[14]	ברכת חתנים 449[18]	דיר העצים 282[4]
בית המוקד 7[34]	ברכת כהנים 409[35], 457[73]	דמאי 55[40], 60[15], 345[17]
בית המטבחים 283[18]	ברכת נשואין 449[18]	דמי מעשר שני 267[13]
בית המטות 367[22]	כשר שיצא חוץ למחיצתו	דמי (רמי) עלי 450[23]
בית הורוה 305[15]	217[68]	דמי שביעית 267[14]
בית הפרס 60[10]	בתי אבות 300[1], 421[40]	דמע 390[36]
		דמתרא 440[11]

חבית (של זהב) 353[59]	העני מערב ברגליו 436[84]	דריסת הרגל 100[50], 436[84]
חביתין	הערב שמש 321[21]	דרך כבושה 321[21]
196[42], 289[34-35], 438[47]	הסג 299[24]	דרכון 266[1], 268[21]
חברים 454[53], 485[28]	הסטרה 444[29], 457[75]	דרכי הקנין 105[55]
חבת הקדש 489[22]	הפיכת הזתים 467[1]	דרכי שלום 262[18]
חג } 269[4], 348[10]	הפלינ 67[10]	דרכיות 323[41]
445[41], 479[33]	הפרה 49[20]	דרס 49[12]
חגינה 435[21], 434[19]	הקהל 434[20]	דרש 248[35]
חגינת ארבעה עשר	הקטרה 442[39]	רשון המנורה 297[8], 301[13]
200[24], 259[80]	הקטר חלבים ואברים 442[47]	רשון מזבח הפנימי 301[12]
חדש 348[46], 407[12]	הר הבית 426[32]	דשושות 468[23]
חודש חסר } 381 —	הר הברזל 344[5]	
חודש מלא (מעובר) }	הר הזתים } 393[8]	הארץ 430[47]
חובל 155[80]	הר המשחה }	הבית 283[21]
חוורן 394[10]	הרי זו 263[25], 357[43]	הבראה 472[51]
חוזרין חלילה 357[35]	הרי עלי 436[35], 478[21]	הבליע 76[24]
חומא 279[16]	הרכבת דקלים 188[28]	הבלעת תחומין 72[62]
חולו של מועד 447[8]	השקה 366[7]	הגבהה 105[55]
חולין 60[9], 171[24], 476[18]	השני מתקיע 410[42]	הגדה 166 —
חוטץ האדומי 180[4]	השקיית סוטה 442[43]	הגשה 442[39]
חומש הפקורים 345[37], 324[7]	התר נדרים 479[41]	הדחת העזרה 195[36]
חותם 253[54], 419[22]		הודאה 408[33]
חותמות 279[15]	ולד הטומאה 172[29], 488[15]	הודע את ירושלים 457[77]
חזה ושוק 478[25]	ועליה אני דן 199[18]	החזק 484[35]
חזקה 484[55]		הוצאת אש ממים 374[32]
חמאות 478[23]	זב הרואה שתים } 436[36]	תוקף לדירה 57[12]
חמאת 200[31], 328[9]	זב הרואה שלש }	הזאה 198[14]
חמאת (= פרה אדומה) 484[31]	זבה גדולה } 224[35]	הזיה 442[42]
חמאת נחשון 209[28]	זבה קטנה }	הזכיר 76[24]
חמאת של עבודה זרה 438[46]	זבח 259[80]	המבת הגרות 297[8]
חיל 196[45], 291[20]	זבחי שלמי צבור 209[28]	המסגה 12[1]
חיילות של בית דוד 388[11]	זומן של צבעים 180[7]	היכל 162[99], 308[58]
חיצונים 454[53]	זיכוי 380[46]	הילוך 191[6]
חלה 61[17], 483[29]	זיתום המצרי 180[5]	היסח הדעת } 258[74]
חלה שנטמאה 371[20]	זכרונות 380 —, 408[31]	היסע הדעת }
חלול שבת 161[85]	זמן 449[19]	הכי קאמר 85[33], 409[39]
חלונות 358[54]	זמן קבוע 357[41]	הכי קתני 85[35]
חלזון 33[3]	זמנים 254[60]	הלל 195[84]
חליסין 106[55]	זמורה 206[7]	הלל הגדול 426[43]
חליצת כתף 472[51]	זריקה 191[6]	הגחה 4[3]
חמין 306[32]	חבורה 207[16]	הסםד 464[34]
חמץ 166 —		העיר 430[47]

חמץ נוקשה בעיניה 180 6

חמץ גמור בתערובת

חמר נמל 63 43

חנוכה 422 53, 444 31

חנונות 14 15

חסה 270 12

חצובה 124 66

חצי עבד 221 10

חצר 125 73

חרוסת 240 15

חריות 206 7

חרש 475 2

חשבון השעות 167–, 190 1

טבול 259 13

טבול יום 172 32

טבילה 305 11, 366 8–9

484 30, 483 28

טבילת מצוה 15 1

טבל 38 4, 61 18

טבלא מרובעת 73 10

טבע 268 23

טהור מתוך החלם 437 38

טהור מתוך הסגר

מרבת המצורע 442 45

טומאה 171 26

טומאה דאורייתא 174 38

טומאה דרבנן

טומאת התהום 213 44

טומטום 475 3

טועי המדות 72 67

טפוח 473 62

טפח 52 –, 70 36

יאכל כנגדו 267 15

יבבה 411 57

יבולת 152 78

יבום 465 42

יבנה 397 32

ידות 109 14

יום הכניסה 433 4

יום הגף 407 12

יום חבוט חריות 351 31

יום מכוח 482 23–24

יום טוב 476 18

יועזר 32 7

יחור 206 7

ימות הגשמים 412 –

יסודות הקביעות 381 f.

יצא 248 36, 270 16, 404 30

יציאות השבת 4 1

ירד לפני התיבה 818 9

ירוקה שעל פני המים 8 5

ישראל 478 19

כבוש (רחים) 466 51

כבש 162 87, 283 19, 300 9

כבש פרה 262 16

כבש שעיר המשתלח 273 17

כבשים 467 60

כהן משוח 437 45

כהן משמש 438 47

כהן שעבר

כוחלת 26 12

כוכבא דשביט 204 2

כוכין 465 36

כוס עקרים 32 10

כוסא 11 8

כור 104 49

כותח 180 2

כותי 263 20

כזית 185 55

כיור 353 60

כיני 205 2

כירה 10 1

כירים 466 50

ככר בסונדיון 109 19

כלאחר יד 161 86

כלה 219 80, 328 4

כלי הבית 129 6

כלי כהן גדול 482 26

כלים 188 26, 369 35

כנור 150 71

כנפים 217 61

כסף מעשר 59 4, 476 18

כפורת 284 29

כסית המטה 431 58

כפרים המשולשים 74 16

כריכות 134 7

כרך 189 30

כרכוב המזבח 293 36

כרמלית 130 14

לא זו אף זו 191 6

לא תעשה 410 49

לאחור 236 2, 481 11

לבובין 13 8

לבנים 375 33

לבוד 55 30, 337 54

לוג 352 43

לוד 390 31, 426 40

לולב 205 7, 344 5

לחם הפנים 209 26, 308 61

357 38, 442 46

ליל העבור 397 34

לינה 308 55

לכש 8 2

למודים 467 9

לפנים 481 11, 236 2

לפנים מן החומה 438 57

לפנים מן הקלעים 438 59

לפח את הפת 189 30

לקום עצמות 464 30

לקולא לא דק 54 16

לשכה 269 1

לשכת העץ 297 1

לשכת סלהדרין

לשמו 191 6

לשם בעליון

מאכל בן דרוסאי 7 29

מבוי 53 1

מבוי מסולש 132 25

מגב לגב 366 9

מגלה 353 61

מגלה 40 4, 432 –

מגלת תענית 422 47

מדדה 39[7‑8]
מדה 173[58]
מדובלל 340[3]
מדומע 490[36]
מדקדק 204[2]
מדרס 17[24], 369[33] / 485[43], 487[7]
מהלך השמש והירח 394[16]
מובלע 70[58]
מונמר 367[23]
מודיעית (סודעית) 228[5], 492[58]
מודר הנאה 436[52]
מודר מאכל 436[58]
מוחק 149[67]
מוכן 49[19], 360[–]
מולד 382[–]
מליאר 11[15]
מוסף 190[1], 293[53], 427[2] / 441[52], 448[9]
מועד 372[31], 457[–], 476[18]
מועדים 254[60]
מוקדשין 210[34]
מוקף 271[23]
מוקצה 375[36]
מוקצה 49[19], 148[57] / 162[98], 360[–]
מוקצה דדחייה בידים
מוקצה מחמת אסור
מוקצה מחמת חסרון כיס } 360
מוקצה מחמת מאוס
מורביות 206[7], 350[20]
מותר נזיר 269[81]
מותר נסכים 273[26]
מותר סירות 273[24]
מותר קטורת 274[28]
מותר תרומה 273[28]
מזבח הזהב 495[68]
מזבח הנחשת 495[64]
מזג 219[77]
מזמות 437[41]
מזחלה 142[43]

מזינת הכום 19[1]
מזכה את 173[58]
מזכה ל... } 222[21]
מזרד 28[6]
מחבורה לחבורה 366[9]
מחוסר כפורים 489[25]
מחמא 317[30]
מחלצים 466[56]
מחצב 124[66]
מחשיך 47[10]
מטה זקופה 473[54]
מטוטלת 14[10]
מטיל מים 305[12]
מטמחות 442[3]
מטפחות הספרים 469[9]
מי דקלים 32[9]
מי חמאת } 484[31]
מי נדה
מיחם 11[10]
מים שאובים 483[28]
מיני תרנימא 237[4]
מיצוי המרות 372[33]
מכה בפטיש 210[34]
18[13], 28[1], 149[65]
מכליב 465[47]
מכנה בעריות 455[58]
מכתב 149[67]
מלאה 490[36]
מלאכה 198[10]
מלאכה שאינה צריכה לגופה 161[80]
מלאכת הארינה 204[2]
מלוא פי תנור 424[23]
מליקה 442[40]
מלכיות 380[–], 408[28]
ממזר 479[58]
מן המנחה ולמעלה 236[2]
מנה 306[37]
מנדה 469[4]
מניויו 192[10]
מעות 47[8]
מנחה 427[3]

מנחה גדולה } 236[2]
מנחה קטנה
מנחות 272[4], 478[27]
מנין 449[20]
מנכש 28[4]
מסירה 105[55]
מסכת פסחים 168[–]
מעבין 468[21]
מעה 105[52], 476[15]
מעוררין 464[33]
מעזבה 336[89]
מעטן 467[1]
מעילה 379[32], 480[46]
מעמר ומושב 449[17]
מעסדות 427[7 11]
מעצבין 46[13]
מערה 58[27]
מערכה 185[53], 379[32], 448[9]
מעשה אמגן 456[71]
מעשה בראשית 428[17], 446[46], 480[3]
מעשה דוד 456[70]
מעשה ענל הראשון 456[65]
מעשה ענל השני 456[67]
מעשה ראובן 456[62]
מעשה תמר 456[63]
מעשר (שני) 476[18], 483[29]
מעשר בהמה 265[32], 293[40], 387[3]
מעשר דנן 293[39]
מעשר מן המעשר 60[13], 61[14], 483[29]
מעשר עני 60[4], 388[6‑9]
מעשר ראשון 60[15], 483[29]
מעשר שני 59[4], 207[20], 345[20], 388[8‑9], 438[55]
מסריחי יונים 391[43]
מצה 166[–]
מצוה 376[7], 471[26]
מצורע מוחלט } 436[37]
מצורע מוסנר
מציינין את הקברות 262[5]

מצליף 315 [22]	נטע רבעי 387 [7]	עד שיבא אליהו 209 [32]
מקבל טומאה 489 [22], 495 [62]	נידר ונידב 263 [26], 438 [49]	עוניות 459 [7]
מקררין בהרים 78 [30]	ניטל באנדו 147 [56]	עולה 366 [11]
מקדש 241 [19]	נירין 292 [24]	עולי בבל 379 [40]
מקוה 262 [3], 331 [34], 459 [12]	נכנס 305 [24]	עומר 189 [82], 209 [25]
מקום 249 [88]	נסוך המים 333 –	עופות 478 [26]
מקום השביתה 90 [45]	נסכים 272 [4], 278 [1b]	עורר (ערער) על המת 464 [33]
מקום פטור 62 [33], 130 [14]	נעילת שערים 327 [4]	עזרה 163 [102]
מקרסם 28 [5]	נקליטין 334 [21]	עזרת הנשים 163 [102], 354 [4]
מרגלות 80 [90]	נשאל 469 [6]	עזרת ישראל 354 [12]
מרובה בגדים 437 [45]	נשיא 417 [4], 482 [18]	עפרן 23 [20]
מרוח 149 [67]	נשיאת כפים 427 [5], 448 [15]	עיבורה של עיר 52 –
מרכבה 457 [74], 480 [4]		עיירות גדולות 433 [4]
מרפסת 110 [20 23], 466 [52]	סאה 104 [49], 270 [8]	עיר 440 [14]
מרצה 211 [40]	סדר (סדרא) 446 [48], 444 [29]	עיר הנדחת 344 [2]
משאת 47 [8]	סדר מועד 168 –	עלי 363 [15]
משואות 392 [4]	סוד 21 [20], 465 [44]	עם הארץ 485 [42]
משום הכירא 132 [26]	סוד העבור 381 ff.	עטילן של טבחים 180 [8]
משיכה 105 [56]	סוחרי שביעית 391 [44]	עני 473 [62]
משמרות 300 [1]	סוסרת אחר לאחר 224 [32]	עצי הכהנים והעם 429 [40]
משקן 457 –	סיט 30 [3]	עצרת אחר השבת 483 [27]
משרה 468 [11]	סילון 11 [13]	עקירה 4 [5]
מתגרדין 45 [10]	סימני הקניעות 382 f.	ערוב 51, 61 [21]
מתורגמן 450 [25]	סינר 25 [8]	ערוב חצרות 51 –
מתעכב 358 [48]	סכה נדולה 338 [62]	ערוב תבשילין 359, 365 [1]
מתעטלין 45 [9]	סכת החג 332 –	ערוב תחומין 52 –
	סלע 109 [13], 268 [22], 476 [15]	ערבה 344 [9]
נאמן 485 [42]	סמיכה 366 [10], 481 [15]	עריסת העגלה 442 [44]
נבל 150 [71]	סנדל המסומר 15 [7]	ערלה 345 [14], 387 [7]
נבלה 288 [21]	סעודת הבראה 472 [51]	עשה מלחמה 405 [35]
נברכת' 465 [39]	ספר 139 [21]	עשה עצמו 187 [13]
נגעים 460 [25]	ספרים 437 [39], 442 [4]	עשוי לנחת 495 [60], 496 [66]
נדבות} 263 [25], 357 [43]	סרג 466 [48]	עשירית האיפה 438 [47]
נדרים} 436 [35], 478 [21]	סרטבא 394 [9]	עשר — עשרה 201 [2]
נודר רגאה 436 [32]		
נולד 360 –, 361 [2]	עבודה 408 [33]	פאה 190 [35]
נטילת ידים 483 [28]	עבודת יום הכפורים 294 ff	פגול 258 [77]
נטית הלבנה	עבור צורה 216 [52], 233 [49]	פגום 73 [3]
מנקודת המערב 395 [19]	עבור שנים 381 –	פואה 453 [43]
נטית מסלת	עכר לפני התיבה	פוחח 452 [36]
השמש מהמשוה 395 [18]	410 [40], 418 [9]	פולימא 45 [11]
נטית מסלת הלבנה	ענלה של קטן 369 [32]	סונדרין 109 [13]
ממסלת השמש 395 [17]		

סוקסת 26¹²
סורים 422⁵⁴
סותח מסח 50²⁵
סחי נפש 396²²
סמור אבל אסור 131¹⁴
ססם 146⁵³
סטמה 345²²
סטסוט 20¹⁹
פי כור 20¹⁸
סיסות 153⁷⁷, 277³, 300⁷
סירות שביעית 185⁴
סלג המנחה 236²
סלפלת 23¹⁹
סנים 169⁷
ססול 172²⁶
ססול נויה 110¹⁸
ססח קטן 166– 389²¹
ססח שני
ססכתר 163¹⁰⁴
סקוח נפש 137¹⁵
סקיע 278¹⁰
סר הבא על כל המצות 437⁴⁶
סר החמאה 325¹⁹
סר העולה
סר העלם דבר של צבור 438⁴⁶
סר יום הכסורים 438⁴⁷
סר של עבודה זרה 438⁴⁶
פרנוד חסות 270¹²
סרה (ארומה) 272¹³ ¹⁶
סרוס 269²
סרוסים 485⁴⁴
סרחים 299²²
סרט (פרומה) 266²
סרידה 277⁴
סריעה וסרימה 437³⁷
סרס את שמע 438¹³ ¹⁶
סרס על שמע
סרף 17²¹
ספרת הפת 240¹⁴
ספרת שלאחר המזון 244²⁷
ספרת שלפני המזון
סרק 46¹⁵

סרק בשיר 309⁶²
ששוטי כלי עץ 494⁶⁰
סתילת האידן 8³
סתילת המדבר 8⁴
פתקן 25⁹
צבחים 134⁷
צוסיס 184⁵¹
צוק 321²³
צורת סתח 53⁶
צינית 16¹⁸
ציץ 211⁴⁰
ציצין 41²³
צנור (של דלח) 466⁵⁷
צנור (של םים) 142⁴⁴
צנים 344⁵
צסורת כרמים 24²⁵
צמצפה 344⁹
צריף 338⁶⁷
צרף 266²
קב 104⁴⁹
קבול 191⁶
קבלה 442⁴¹
קברות 465³⁶
קדוש החדש על פי הראיה 381
קדוש ידים ורגלים 305¹³, 308⁵³
קרושה אחת
קרושה אחת 41²¹, 66⁶⁶ ⁷¹, 64⁵⁵
קרושת היום 408³⁰
קרושת השם 408²⁶
קרח 491³⁷
קרשי קרשים 292²⁸, 438⁵⁸
קרשים קלים 438⁵⁴
קורש 484³⁰, 486¹
קולבון 264³⁰
קולן של סופרים 180⁹
קוסטרומוטיסין 471²⁵
קוסה 238¹⁰, 372¹
קוצעי קציעות 430⁴²
קורדימה 45¹¹

קורה 206⁷
קורה ראשונה 467⁴
קסבלא 271²⁰
קיסע 17²³
קינה 474⁶⁷
קיץ המזבח 273²⁵
קלקול סיסות 153⁷⁷
קלקולי המים 459¹¹
קמיצה 442³⁹
קן 263²¹, 277⁴
קן צפור 455⁵⁵
קנה שביחה 69³²
קנה של זתים 37⁴
קנוף 334¹⁹
קנין 284³²
קציעות 468¹⁵
קצירת העומר 442⁴⁶
קצרה 336⁴⁶
קרבן עולה ויורד 163¹⁰¹
קרבן עצים 429⁴⁰
קרובים 473⁵³
קריעה 472⁵¹
קרסף 73¹², 128⁵, 373⁷
קרץ 305²⁰
קש 102¹²
קשר הגמלים 33¹
קשר הסמנים 33²
קשר מוכסין 10¹²
קשר שאינו של קיימא 150⁷², 151⁷³
קשרים 17²⁶
קשת היום 167 –
קשת הלילה 385 f
קשת הראיה 396²⁰
ראוי לגבי מזבח 275³⁸
ראוי לקרבן צנור 275³³
ראיון (ראיה) 474 –
ראש החדש 382–, 422⁵²
ראש השנה לאילן 388⁹
ראש השנה לירקות 387⁸
ראש השנה למלכים 387¹

ראש השנה למעשר בהמה 387[3]
ראש השנה לנטיעות 387[7]
ראש השנה לרגלים 387[2]
ראש השנה לשמטין וליובלות 387[6]
ראש השנה לשנים 387[5]
ראש טלה 395[18]
ראשון 172[30]
רבוע העולם 52 —
רביעה ראשונה 423[2]
רביעי 172[26], 488[15]
רביעית 490[33]
רגל 254[60], 464[35], 493[46]
רגלי הבעלים 377[23]
רוב הקהל 210[36]
רוח רעה 9[18], 66[2]
רוחב דרומי / רוחב הלבנה 395[17]
רוחב מאור הלבנה 396[20]
רוחב צפוני 395[17]
רחים של פלסלין 368[51]
רחמנא לבא בעי 249[36]
ריס 321[24]
רעפים 375[33]
רקק 27[10]
רשושות 468[23]
רשות 471[26]
רשות היחיד / רשות הרבים 133[14]
שאינו לא נידר ולא נידב 264[27]
שבות 163[107], 198[10], 410[49]
שבות דמקדש במקדש / שבות דמקדש במדינה 160[80]
שביתה 69[32], 184[48]
שביתת הרשות 184[48]
שביעית 185[4], 375[35], 459[3]
שבע ברכות 449[18]
שבכים אמה ושיירים 57[23]

שבר מלחמה 405[35]
שברים 411[57]
שדה הבעל 344[11]
שדה הלבן 460[19]
שובכ 204[2]
שומא 152[76]
שומע על מתו 226[52]
שומרי ספיחים 272[9]
שומרת יום כנגד יום
שעות היום 223[32], 441[24]
שופר 266[3], 281[1]
שופרות 380 —, 408[32]
שופכין 20[7]
שחיטה 191[6]
שחרית 427[1]
שחת 48[8]
שטרי בירורין 471[25]
שטרי חליצה 471[23]
שטרי מאונין 471[24]
שיח 58[27]
שיירי הלשכה 273[20]
שילה 438[53]
שיתוף מבואות 51 —
שכר המרי 180[4]
שלא לשם בעליו / שלא לשמו 191[6]
שלוח 352[44]
שלום 409[33]
שלחן הפנים 209[26]
שלחנות 262[8]
שליח צבור 411[63], 448[14]
שלישי 173[32]
שלמי חגינה 474 —
שלמי צבור 209[27]
שלמי שמחה 475 —
שלמים 366[11]
שמא ימה 6[22]
שמועה 230[29]
שמחת בית השאובה 333 —
שמן קיק 8[7]
שמן שרפה 8[8]
שמע 188[30], 448[14]

שמעון בן שטח 426[35]
שמש (את הבית) 328[3]
שנה חסרה / שנה כסדרה / שנה מעוברת / שנה משומה / שנה שלמה 382 —
שני 172[28]
שני חטמין דקין 352[51]
שעות היום 167 —, 190[1]
שעות השווי / שעות זמניות 167 —
שעיר המשתלח 310[6]
שעיר הנעשה בחוץ 325[20]
שעיר נחשון 209[28]
שעירי ראשי חדשים 209[28]
שפוד 206[7]
שקל 261 —
שער המים 352[45]
שתי הלחם 209[25], 357[40]
שתי רשויות 455[54]
תכן 102[12]
תגלחת וצפרים 437[38]
תודה 170[21]
תולדה 197[10]
תורה 442[5]
תורת כהנים 445[37]
תיבה 410[41], 442[2]
תחום 47[10], 52 —, 90[44], 197[5]
תינוקות 329[13]
תכשימי נשים 180[10]
תלמיד אחד 53[11]
תמורה 230[30]
תמחוי 238[10]
תמיד 190[1], 325[21]
תנאי 289[32]
תנור 10[7], 466[50]
תנורי ספחים 425[90]
תנחומי אבלים 449[17]
תני 85[33]

תנין 395 [17]
תפוח 300 [28]
תפילין 437 [40], 453 [46]
תפיסת יד 112 [38], 113 [39]
תקון גדול 354 [5]
תקון מנא 151 [73]
תקנה לעניים / תקנה לעשירים 470 [20]
תקיעה 411 [55]
תקלין חדתין 284 [30]
תקלין עתיקין 284 [31]
תרועה 411 [55] [57]
תרומה 486 [2]
תרומה גדולה 61 [14], 171 [25], 483 [29]
תרומה טמאה 345 [16]
תרומה תלויה 175 [39]
תרומת גרן 483 [29]
תרומת המוכח 299 [28]
תרומת מעשר 60 [7], 483 [29]
תריסין 363 [12]
תרם 300 [28]
תשמיש המטה 328 [3]

ג. פירושים במקרא

בראשית מ יד 76 [24]
שמות ג יב 252 [44]
ה ד 439 [2]
ה יב 102 [12]
לב כה 439 [2]
ויקרא ו ב 293 [4]
הדברים ד ב / יג א 133 [5]
כו ה 248 [33]
שופטים טז ב 240 [14]
כ לח / כ מ 393 [4]
שמואל א א כב 240 [14]
ג ב 171 [23]
יז ג 75 [22]
שמואל ב ה כא 393 [4]
י ה 240 [14]
מלכים ב יב יז 285 [37]
ישעיהו כז יב 87 [33]
ישעיהו לג א 171 [23]
מ ד 75 [22]
ס יט 169 [1]
ירמיהו ו א 393 [4]
יחזקאל ו ג 75 [22]
כד ח 393 [4]
כד יד 439 [2]
לו ד 75 [22]
הושע ה ב 134 [7]
עמוס ב ח 238 [7]
צפניה ג טו 236 [2]
תהלים יב ז 390 [26]
נז ט 464 [33]
עו ד 405 [35]
פט מ 378 [29]
צ ו 337 [2]
קד ג 460 [23]
קיח י / קיח יב 337 [2]
משלי א כה / ד טו / ח לג / יג יח / טו לב 439 [2]
יז יד 256 [72]
כט יח 439 [2]
איוב יב כג 236 [2]
לב ז 480 [44]
לז טז 132 [22]
שיר השירים ב יז 240 [11]
ג ח 229 [11]
ד יג 458 [1]
קינות ב ז 378 [29]
ב ח 75 [22]
קהלת ט יא 405 [35]
נחמיה ב ח 460 [23]
ג טו 458 [1]
דברי הימים ב כח יט 439 [2]

ד. בדברי חז"ל

מגלת תענית 249 [38]

משנה

ברכות ה ד 451 [32]
ט ה 455 [54]
שביעית י ג—ו 470 [20]
י ז 496 [66]
תרומות ג ז 490 [36]
שבת א א 142 [43—44]
ז ב 149 [67]
י ב 138 [20]
י ה 138 [19]
יז ז 146 [50]
כד א 137 [13]
עירובין (סדר הלכותיה) 164 ff.
פסחים ה ג 226 [46]
פסחים ה ה 150 [69]
יום טוב ה ב 144 [48]
ה ג 138 [19]
נזיר ה ג 213 [43]
ו י 212 [43]
סוטה ה ה 451 [32]
ח ו 410 [39]
גטין ו ב 453 [47]

בבא בתרא ד ב 404[28]
מכות ג טז 257[73]
זבחים ה ח 237[5]
מנחות י ט 134[7]
חולין יב ד 139[30]
בכורות ח ח 374[27]
כריתות ו א־כ 213[43]
מעילה ה א 267[12]
תמיד ג ג 216[52]
ג ז 150[69]
כלים יג ב 149[67]
כה ו 487[6]
נגעים ד י 462[29]
יג ט 110[17]
אהילות יא ח־ט 403[28]

תוספתא

דמאי ב יא 217[61]
שבת א ד 138[20]
עירובין ד יא 82[30]
ה ד 88[35]
ו (ט) כג 143[44]
פסחים א ג 403[28]
א (ב) לד 237[5]
ד ב 226[46]
ו ה 212[43]
ו ט 217[66]
שקלים א ח 264[90]
תעניות ב ב 300[1]
מגלה ג (ד) ל 453[37]
חגיגה א ט 139[30]
ג א 484[35]
ג ל 491[37]
ג לה 495[61]
נזיר ו ב 212[43]
סוטה ט א 390[26]
גטין ג ח 530[2]
זבחים א ג 212[43]
ז ו 216[52]
עוקצים ג טז 496[66]
אבות דר׳ נתן לד / מסכת סופרים ו ד 228[9]

מדרש

מכלתא בא פס׳ ג 222[46]
בשלח ד ג 111[30]
ספרא צו פ״ ט 217[67]
ספרי בהעלתך פס׳ סט 228[6]
פס צז 111[30]
שופטים פס׳ קמז 258[77]
כי תבא פס׳ שא 248[33]
בראשית רבא פר׳ מד 257[73]
פר׳ סח 249[38]
במדבר רבא פ״ס ג 228[9]
קהלת רבא ז כג 278[5]
ילקוט צו תצט 211[37], 531[6]

תלמוד ירושלמי

דמאי ב ג 217[61]
שביעית י ג (;) 496[66]
מעשרות ד א 237[7]
שבת א א 138[20], 141[31]
יא א 140[31]
עירובין ד ב 68[17]
ד י 73[67]
ה ג 82[30]
ה ד 88[34]
ו ו 114[39]
ו ח 98[42]
ח ד 112[39]
י ב 137[15]
י ג 139[28], 140[31], 141[31]
י ח 144[47], 145[50]
י י 148[60]
י יא 149[65]
י יד 139[30]
פסחים א א 403[28]
ז ז 211[39]
ז י 217[66]
ה א 220[6]

פסחים י ג 241[19], 244[27]
יומא ב א 301[11]
ז ב 327[29]
תעניות ד ב 228[9]
מגלה ד י 455[54]
ד יב 453[37]
מועד קטן א ה 462[29]
חגיגה ג ד 491[37]
ג ח 494[58]
סוטה ט ב 390[26]

תלמוד בבלי

ברכות מו: 237[7]
סב: 240[14]
שבת ה׳ 142[43—44]
יד: 278[5]
עה: 149[67]
צז: 140[31]
קיט׳ 139[30]
קכט׳ 217[61]
קלג׳ 161[85]
קנ: 102[12]
עירובין ב. 150[69]
נג: 321[21]
נט׳ 84[32], 85[33]
סד: 493[50]
ענ. 91[45]
פד: / פה׳ 117[64]
פו׳ 112[39]
צז: 136[12]
צח: 140[31]
צט: 143[44]
קג׳ 152[75]
קה׳ 151[75]
פסחים טז: 211[39]
עט׳ 208[23]
פ׳ 224[33]
פא: 214[45]
פג׳ 217[66]

קדושין נד:	207 [20]	ראש השנה לב:	409 [39]	פסחים סח:	221 [16]
נה:	288 [24]	מגלה טו	470 [20]	קיד:	243 [27]
בבא קמא קי:	208 [23] / 209 [24]	מועד קטן ב:	459 [4]	קמו:	244 [27]
קיח:	85 [33] / 529 [1]	חגינה כב: / כה:	491 [37]	קמז:	246 [30] / 252 [45]
בבא בתרא סד:	403 [28]	כו:	496 [66]	קים:	256 [73]
זבחים כני	224 [33]	יבמות צ:	139 [30]	יומא כני / לני:	493 [50]
נט:	495 [64]	נזיר סו: / סג:	224 [33]	מא:	272 [15]
עט:	244 [27]	סוטה סד:	139 [30]	סכה ה:	495 [60]
צני	532 [7]	מה:	390 [26]	כו:	342 [17]
צט:	209 [24]	נטין לו:	470 [20]	יום טוב ח:	362 [7]
מנחות לכ:	453 [47]	סו. / סו.	529 [2]	יא:	150 [69]
חולין עד:	139 [36]	עד:	136 [12]	לט:	379 [37]
בכורות ל:	217 [61]	סט:	404 [31]	ראש השנה יח:	249 [38]
נד:	304 [5]			כג:	395 [16]
תמורה די	490 [36]			לב:	409 [34]

ה. מפרשים ופוסקים

שבת לו: כירה	102 [12]	עירובין קב: במקדש / קב: מחזירין	150 [69]	אגרת ר' שרירא	261 [2]
קכו: שקשור	148 [60]	קב: קושרין	151 [75]	**ר' חננאל**	
קכו: בין / קכו: והטונח	148 [57]	קנ: משלשל	152 [75]	עירובין כג:	58 [28]
עירובין כג: ר' עקיבא	58 [25]	פסחים ס' שלא לאוכלין	212 [43]	נמ:	86 [33]
לא בסשומי	495 [60]	סני והכא במ"ע	258 [77]	קא.	146 [50]
נח: אבל	75 [22]	צא ואסלו	226 [46]	פסחים קכ:	259 [78]
נח: אין מודדין	84 [31]	קכא' משום	259 [78]	תעניות כז:	531 [5]
נמ: למקום	85 [32]	יומא כו: עצמו	302 [27]	מגלה כד:	453 [47]
ס: אין אלו	93 [47]	ראש השנה כו: בור	404 [28]	**ר' יצחק אלפסי (רי"ף)**	
סנ: קס"ד	111 [23]	מגלה כד: סכנה	453 [47]	עירובין ס' תרעו	143 [44]
סרי תא שמע	117 [64]	חנינה כ: אחורים	487 [6]	**(ר' נתן בעל) הערוך**	
סט: במחיצות	143 [44]	כו מעיברין	493 [50]	ערך סדר נ	484 [35]
צז: ר' שמעון	136 [12]	כו הזהרו	494 [58]	**רש"י**	
צח: אלא	140 [31]	כתובות סד: מתכוונין	109 [12]	הדברים יז א	258 [77]
צח: והא לא נח	141 [31]	בבא קמא נ: דדלאי	116 [59]	שבת חי סחות	138 [15]
צמ: מן הצנור	143 [44]	זבחים צמ: מהו שיחלקו	208 [23]	עני ממחקו	149 [67]
קב: כי פליני	148 [60]	מנחות לב: סכנה / לה: סכנה	453 [47]	עירובין לח: מערב	91 [45]
קב: והעליון	149 [65]	**תוספות**		סד: וכן	117 [64]
קב: קושרין	530 [4]	שבת יא: אלא	138 [15]	צח: לא יהלך	141 [40]
פסחים ס' שחטו	212 [43]			צמ: ומן הצנור	143 [44]
סני ר' מאיר	258 [77]			קא: ור' יוסי	148 [57]

פסחים עב: שקדם	202 ³⁶
סא: אלא	214 ⁴⁵
סה: משום	258 ⁷⁸
סח: שה	220 ⁶
צט: עד	237 ⁵
קיד: שני	246 ²⁹
יומא טו: כמצליף	316 ²²
כו: דתנן	302 ²⁷
עא: נכנס	327 ²⁹
ראש השנה כא: על שני	392 ⁵⁵
מגלה כד: סכנה	453 ⁴⁷
תעניות כו: מר	530 ⁵
חגיגה כו: שלא תנעו	494 ⁵⁸
כו: כלי עץ	497 ⁶⁶
נדרים לוי א"ר זירא	220 ⁶
נזיר מז: ונטמא	221 ⁴³
בבא מציעא מג: החושב	258 ⁷⁷
קני המקבל	102 ¹²
זבחים לחי כמצליף	316 ²²
סחי מן	490 ³⁴
מנחות לב: סכנה	453 ⁴⁷
חולין לה: ואם	490 ³⁴
נדה ו: כשסחתו	248 ³⁵

רשב"ם

| פסחים קכי | 258 ⁷⁵ |
| בבא בתרא סרי | 404 ²⁸ |

ר' שמשון

| אהילות א א | 211 ³⁷, 531 ⁶ |

| המאור הקטן] עירובין תרס"ב | |
| פלחמות | 146 ⁵⁰ |

רמב"ם (פירוש המשנה)

שבת כד א	137 ¹³
עירובין א ה	54 ¹⁶
ב ה	58 ²³
ב ה	58 ²⁸
ב ה	58 ³²
ד ב	68 ¹⁷
י ב	136 ¹²
שקלים ה ה	280 ²⁶
יומא ב נ	301 ¹¹

ראש השנה ד א	241 ¹⁹
ג ז	404 ²⁸
חגיגה ב ו	485 ³⁵
ג ה	492 ⁴¹
ג ח	494 ⁵⁸
בבא בתרא ד ב	404 ²⁸
תמיד ג א	301 ¹¹

רמב"ם (משנה תורה)

שבת יא ו	149 ⁶⁷
יב יז	136 ¹²
טו נ	143 ⁴⁴
יט כנ	136 ¹²
כא כה	161 ⁸⁵
כו ט—י	148 ⁵⁷, 530 ³
עירובין ג כנ	120 ⁶⁶
ד טז	111 ²⁴, 120 ⁶⁶
ד כד	118 ⁶⁶
ו נ	91 ⁴⁵, 94 ⁴⁷
חמץ ומצה ז ו	252 ⁴²
ח א	241 ²⁰
ח ב	246 ²⁹⁻³⁰
ח יד	258 ⁷⁵
שקלים ג י—יא	267 ¹²
קדוש החדש ג ה	407 ¹⁷
ג טו—יח	398 ³⁵
אסורי ביאה ו יד	224 ³⁵
נזירות ו יח	
ו מז—יז	214 ⁴⁵
מעשר שני ג יז	207 ²⁰
כלי המקדש ז יב	286 ²⁶
י ט	161 ⁸⁵
ביאת המקדש ג טו	211 ³⁷
ד יב	208 ²³
ד יד	207 ²³
מעשה הקרבנות ח ט	211 ³⁹, 532 ⁷
י כנ	208 ²⁴
תמידין ומוספין ד ו	301 ¹¹
ו יא	306 ³⁰
פסולי המוקדשין יט ט	216 ⁵⁵

[טור ג]

עבודת י"הכ ד ב	306 ³⁰
מעילה ו יב—ינ	267 ¹²
קרבן פסח א טז	148 ⁶⁰
ב נ	226 ⁴⁶
ב ה	
ב יא	220 ⁵
ה ח	224 ³³
ה ט	228 ⁶
ו נ	224 ³³
ו יא	214 ⁴⁷
י ו	217 ⁶⁶
חגיגה ב י	478 ¹⁸
שגגות ב ח	202 ³⁶
ב ינ	
מחוסרי כפרה ג ד	224 ³³
מטמאי מ"ום יא ד	490 ³⁴, 491 ³⁷
יא ז	492 ⁴¹
יא יא	494 ⁵⁸, 496 ⁶⁶
שאר א"ה"ט יג ב	485 ³⁵
כלים ד א	495 ⁶⁰
ד ר	497 ⁶⁶

ראב"ד

חמץ ומצה ח יד	258 ⁷⁵
נזירות ז ח	531 ⁶
ביאת המקדש ג ינ	
חגיגה ב י	478 ¹⁸

סמ"ג

| מצות עשה רכ"ד | 211 ³⁷, 531 ⁶ |

רא"ש

עירובין ג סי' ה	148 ⁶³
ה סי' ח	86 ³³
י סי' טו	146 ⁵⁰
פסחים י סי' ב	237 ⁵

ר"ן

| מגלה אלף קסב | 451 ³² |
| נדרים לוי | 220 ⁶ |

ריטב"א

| עירובין ה ד | 74 ²¹ |

עירובין נח: 84 [31]
נט. 86 [33]
סנ: 110 [23]
סר. 120 [66]
סר: 121 [66]
י ו 143 [44]
קא׳ 146 [50]

הרב המגיד
שבת טו נ 143 [44]
יט כו 136 [12]
כח א 90 [42]
עירובין ד כד 118 [66]

כסף משנה
עירובין ד כד 118 [66]
נזירות ז ח 531 [6]
מעשה הקרבנות ח ט 532 [7]
חגינה ב י 478 [18]
מטמאי מ״ומ יא ד 491 [37]
כלים ד ד 497 [66]

לחם משנה
חמץ ומצה ח ב 246 [29]
קדוש החדש ג יח 398 [35]
נזירות ז ח 531 [6]
מעשה הקרבנות ח ט 532 [7]
שגגות ב ח 202 [36]

משנה למלך
טומאת מת הג [37] 211, [6] 531
כלים ד ד 497 [66]

טור
ארח חיים שנ 142 [40]
שעה { 110 [23] / 111 [24]
תח 94 [47]
תעג 245 [27]

בית יוסף
ארח חיים שא 136 [12]
שנה 118 [66]
ס״ם שפז 98 [42]
תה 73 [67]
תח 91 [45]
תעג 245 [27]

דרכי משה
ארח חיים רסו א 136 [12]

מהרי״ק
תשובה מז — מח 114 [39]

שלחן ערוך
ארח חיים שטו א 138 [15]
שנ נ 141 [40]
שנה ה 121 [66]
שנז א 126 [74]
שעה ב { 110 [23] / 111 [24] / 121 [66]

בית חדש
ארח חיים שעו 120 [66]

טורי זהב
ארח חיים שנד ב 144 [45]
שע ב; ט 114 [39]
שעו ב 120 [66]
ר״ס תצד 237 [5]

מגן אברהם
רסו יא 137 [13]
שמח ד 138 [15]
שנא ה 143 [44]
שנב ד 144 [45]
שנג ד 143 [44]
תח א 93 [47]
תצד בראש הסי׳ 237 [5]
עבודת הגרשוני קיד 138 [15]

מחצית השקל
ארח חיים שנא 143 [44]
שעו 123 [66]

פרי מגדים
ארח חיים שנא 143 [44]
שע 114 [39]

חדושי מהרש״א
עירובין קה׳ והא 163 [107]
פסחים עב׳ שקרם 202 [36]
תעניות כז׳ מ״ס 531 [5],152 [75]
בבא קמא קי׳ אי 208 [23]

תוספות יום טוב
עירובין א ה 54 [16]
ב ה 59 [32]
ח ד 110 [23]
יומא ז ד 327 [29]
חגינה ג ח 497 [66]
בבא מציעא ג יב 258 [77]

הגר״א
עירובין ב ה 528
כנ: 58 [23]
יומא ע: 326 [22]

תפארת ישראל
עירובין א ה 54 [16]
ד יא 73 [67]
ה ד 77 [26]
ו ח 99 [42]
ח נ 111 [23]
ח ה 115 [47]
ח ו 115 [52]
ח יא 126 [74]
י ו 143 [44]
פסחים ה ה 150 [69]
חגינה ג א 487 [6]
ג ד 490 [34]

קרבן העדה
שבת א א 141 [31]
עירובין ו ח 99 [44]

עצי אלטונים
ארח חיים שע ב 114 [39]

נודע ביהודה ב
או״ח ג 90 [45]
או״ח נא { 86 [33] / 87 [33]

צל״ח
פסחים י א 237 [5]

מנחת בכורים
עירובין ה 89 [35]

ו. הלכות וכללים

אויר פוסל בשלשה טפחים [60]338
אורח נעשה תושב [39]112
אידי דזוטרין מלייהו פסק שרי להו [107]165
אין אדם אוסר על חבירו דרך אויר [66]118
אין אומרין עבור להחמיר [45]91
אין בנין בכלים [63]148, [19]367
אין כרמלית בכלים [15]138
אין מערבין אלא לדבר מצוה [6]108
אין סתירה בכלים [63]148, [14]363
אין שבות במקדש [80]148, [75]151, [78]154, [80]155, [86]162, [105]163
אין חוסין למעלה מעשרה [10]67
אסור להשתמש באויר עשרה [91]141
במאי דסליק מיניה קא פתח [107]105
גדול מצווה ועושה ממי שאינו מצווה ועושה [36]249
גוד אחית מחיצתא [62]117
גוד אסיק מחיצתא [63]117
דבר שאינו שוה לכל נפש אסור ביום טוב [25]368
דברים שבכתב אי אתה רשאי לאמרם על פה / דברים שבעל פה אי אתה רשאי לאמרם בכתב [39]452
דירה בלא בעלים לא שמה דירה [41]114
דירת נכרי לא שמה דירה [1]95
הואיל ואיתקצאי בין השמשות איתקצאי לכולא יומא [17]370
החזיק בדרך קנה שביתה [53]71, [56]72
הלכתא כבתראי [80]158
הלכתא כרב באיסורי [66]122
העמידו דבריהם במקום כרת [80]156
הקדש טעות אינו מוקדש [43]213
התירו סופו משום תחלתו [67]149
חולין שנשחטו בעזרה יקברו [43]213
חי נושא את עצמו [80]155, [80]160, [10]198
טעה בדבר מצוה ועשה מצוה [72]151, [31]200, [51]348
טעה בדבר מצוה ולא עשה מצוה [31]200

כל הטומאות כשעת מציאתן [44]225
כל העומר ליזרק כזרוק [45]214
כל הפוסל את התרומה מטמא משקין להיות תחלה [38]174
כל מלמעלה למטה קרי שלשול [53]337
כל שתשמישו לזה בנחת ולזה בקשה נותנין אותו לזה שתשמישו בנחת [66]120
כלי חרס אינו מטמא מגבו אלא מאוירו [25]50
כלי עץ העשוי לנחת אינו מקבל טומאה [60]495, [66]496
לא ניתנו המצוות אלא לצרף בהן את הבריות [73]255
לאו הניתק לעשה אין לוקין עליו / לאו שאין בו מעשה אין לוקין עליו [66]217
לזה בפתח ולזה בזריקה [66]124
לזה בפתח ולזה בשלשול [29]111
לזה בשלשול ולזה בזריקה [66]123
לחומרא לא דק / לקולא לא דק [16]54
מה לי הטעינו חבירו מה לי הטעינו שמים [44]142
מחוסר זמן בבעלים פסול [43]212
מחיצה תלויה מתרת במים [53]116
מים ראשונים צריך להגביה ידיו למעלה [28]483
מכיון שהתחיל במצוה אומר לו מרק [53]253
מלתא אגב אורחא קמשמע לן [18]478
מלתא דלא שכיחא לא גזרו בה רבנן [3]128
מעלין בקדש ולא מורידין [25]284, [6]443
מעשר שני ממון גבוה [20]207
מצות לא תעשה שיש בה קום עשה אין לוקין עליה [66]217
מצות עשה שהזמן גרמה נשים פטורות [22]343
משנה לא זזה ממקומה [16]415
מתוך שהותרה הבערה לצורך הותרה נמי שלא לצורך [15]367
מתוך שהותרה הוצאה לצורך הותרה נמי שלא לצורך [21]363
נכרי אינו מקבל טומאה [56]227

סכך פסול פוסל באמצע בארבעה טפחים [65] 338
עיקר שירה בפה [75] 152
עשה דוחה לא תעשה [59] 216
פסח בשאר ימות השנה שלמים [7] 192, [20] 193
פעמים בא בארוכה פעמים בא בקצרה [36] 398
פשוטי כלי עץ אין מקבלין טומאה [60] 494
קלוטה כמי שהונחה דמיא [31] 141
רגל המותרת במקומה אינה אוסרת שלא במקומה [49] 100
רגלים מפסיקין ואין עולין [44—45] 472
שבת הואיל והותרה הותרה [19] 103
שבת עולה ואינה מפסקת [42—43] 472
שלא בזמנו בעי כוונה [5] 133
תדיר ושאינו תדיר תדיר קודם [12] 239
תולדה במקום אב אין חייבין עליה [31] 141
תעשה ולא מן העשוי [52] 337

ז. חשבונות

מדת הצלע של בית סאתים רבוע [23] 58
ארך היריעה שאלכסונה פי שנים ברחבה ושטחה בית סאתים [32] 59
מדת המרחק שבין אניה בלב ים ובין המגדול שעל החוף אם גבהו ידוע [17] 68
יתרון הקידור על מדת השיפוע 79 ff.
מדת קשת היום לפי רוחב המקום 167 f, 385 f.
חשבון המולדות וקביעות השנים (סוד העיבור) 382 f.
נכה הלבנה מקו המגביל [18] 395
נטיית הלבנה מקו המשוה ונטייתה מנקודת המערב לצפון או לדרום [19] 395
עוצם אור הלבנה ומדה קשת ראייתה [20] 396

ג. לוח התקונים

א. שגיאות

(מעירובין והלאה. מסכת שבת שיצאה מתחת יד ר"א זמטר נסנעתי לשלוח בה יד)

א. בלשון המשנה

	מחה	ושים
עירובין ב א	בְּחולין	כְּחֻלִּין
ב ה / ה כ	וְשִׁירַיִים	וּשְׁיָרִים
י ג	כְּתָבֵי	כִּתְבֵי
פסחים ב א	מַטִּיל	מֵטִיל
פסחים ה ח	מַדִּיחִים	מְדִיחִים
ז ג	יַדִּיחֻנּוּ	יְדִיחֻנּוּ
ח כ / ט ט	וּשְׁחֹט	וּשְׁחַט
תעניות א א	סִימָן בְּרָכָה	אֶלָּא סִימַן קְלָלָה

b. In der Uebersetzung.

S.	Z.	l.	st.
S. 148	Z. 2	l. schleifenden	st. schleifen den
„ 198	„ 10	„ Besprengung	„ Besprechung
„ 205	„ 1	„ Granatapfelbaum 3), „ stecke ihn 4)	
„ 205	„ 3	„ 5)	st. 4)
S. 271	Z. 23	l. wurde 22).	st. wurde.
„ 290	„ 9	„ sind 3),	„ sind,
„ 293	„ 23	„ weiht, „ Gut 42).	„ weiht 42), „ Gut.
„ 455	„ 1	„Gütigen“,	„ „Seligen“,

c. Im Commentar.

S.	Z.	l.	st.
S. 78	Z. 18 v. u.	l. עגלה ערופה	
„ 91	„ 8 „ „	„ מרתו	st. מרת
„ 117	„ 22 „ „	„ er	„ sie
„ 121	„ 10	„ nicht entheben	
„ 126	„ 10	Quadratellen	st. Handbreiten
„ 139	„ 15 v. u.	l. Kehraus	st. Kehrab
„ 205	„ 14	„ ihn	„ ihm
„ 226	„ 6	ist dieser zu streichen.	
S. 243	Z. 1 v. u.	l. ἐπίχωμον	
„ 280	„ 22	„ VII 12	
„ 284	„ 6 v. u.	„ folglich	st. freilich
„ 298	„ 8 „ „	„ den	„ dem
„ 318	„ 2 „ „	„ 41)	„ 14)
„ 351	„ 11 „ „	„ an deren	„ anderen
„ 392	„ 14	„ 30	„ 29
„ 415	„ 14	„ Marḥeschwan	„ Kislew

ב. הגהות.

S. 5, Anm. 19. Im Pi'el heisst פלה, wie Samter richtig bemerkt, allerdings wegschaffen; nur stimmt zu dieser Erklärung nicht את כליו im Akkusativ. Aber im Kal (seltener im Pi'el oder Hif'il) hat das Wort die besondere Bedeutung von Ungezieferreinigen, entlausen. So Schabbat 12 a: אין פולין לאור

הנר und so auch im Arabischen (فلى). Ob hier יָסָלָה, יְסָלָה oder יִפָּלֶה zu lesen ist, mag dahingestellt bleiben.

S. 5, Anm. 21. Samters Ableitung ist unmöglich. Vom Verbum חזה kann man kein Substantiv חזן bilden. Der Stamm ist offenbar חזן, arab. خزن = aufbewahren. Davon مخزن (Machzin = Speicher), das in der Form Magazin in unseren Sprachschatz übergegangen ist. Das verwandte חֹסֶן kommt in der Bibel öfter in der Bedeutung Schatz vor, aram. אחסנתא = Besitz, חסינה (Kelim XVI 5 = Behälter, neusyr. חונא = Schatz. Der Beruf des חזן ist ein vielseitiger. In Joma VII 1 und Soṭa VII 8 ist er der Synagogenverwalter, in Tamid V 8 hat er die Priestergewänder in Verwahrung, in Makkot III 12 (s. auch Schabbat 56a und Synh. 17b) ist er Gerichtsvollzieher und in Baba M. 93b sogar Nachtwächter. Nach Soṭa 49a l. Z. erteilt er in der Schule den Anfangsunterricht, und dieses Amt scheint er auch an unserer Stelle auszuüben (s. Maimunis Mischnakommentar).

S. 26, Anm. 2. גזוזטרא (öfter auch כסוסטרא, כצוצטרא, כצוצרה geschrieben) ist nicht, wie Samter meint, das klassische ἐξωστήρ („was sich hervordrängt"), sondern das spätgriechische ἐξώστρα (exostra), das den Balkon, die Altane bezeichnet (s. Henricus Stephanus s. v.).

S. 40, Anm. 10. Samter hätte auch noch das arab. Kammun (كمون) und das syr. ܟܡܘܢܐ hinzufügen können. Aber das Wort findet sich ja schon in der Bibel (Jes. 28, 25 u. 27).

S. 46, Anm. 12. אפיקטויזין = Brechmittel. Die von Samter angeführte Erklärung אפיק טוי יין ist noch weniger ernst zu nehmen als die immerhin bessere im Aruch s. v. durch אפיק טפי זון („entferne das Zuviel an Speise", während טוי gebraten heisst, was hier kaum einen Sinn hat). 'Aruch liest übrigens אפקטפסיזון, und das ist, wie schon Musafia richtig vermutet, eine Metathesis des griechischen ἀπέκπτυσιν (apekptysin = völliges Ausspeien).

S. 59, Anm. Z. 4. Die hebr. Uebersetzung des Maimunischen Mischnakommentars lautet an dieser Stelle in unseren Ausgaben: הרחב חמשים ושלש ושליש אמה. Dass ושליש ein Schreibfehler ist, hat schon R. Elia Wilna (הגהות הגר״א) bemerkt. Er emendiert ושליש in ושלש רביעיות (3/4), was dem wahren Werte noch näher kommt als 2/3. Dass RMbM die Breite des Rechtecks auf 53,75 abgerundet hat, kann man schon daraus schliessen, dass er die Diagonale, also das Zweifache der Breite, mit 107,5 beziffert. Ein vollständiger Beweis, der sicherlich auch תוספות יום טוב nicht entgangen wäre, ist das freilich nicht, weil bei Maimuni, wie er ausdrücklich betont, alle Zahlen hier nur ungefähr richtig sind. Da er aber auch die Länge mit 93 1/37 bewertet und nicht, was genauer wäre, mit 93 1/16 (רובע רביעית), so ergibt sich zweifellos, dass er mit einer Breite von nahezu 53 3/4 gerechnet hat; denn 5000 : 53,75 = 93 1/43.

S. 194, hebr. Text, Z. 10: ולא היו לבוכים שולים. Die allgemeine Aussprache ist שׁוּלַיִם; doch hat der Dual hier gar keine Berechtigung. Als Singular findet sich שֹׁבֶל (Jes. 47,2; arab. سبلة = Schleppe), wovon der Pl. שְׁבָלִים oder auch שׁוּלִים lauten würde, was dann zu שׁוּלִים geworden ist, wie אֹזְנִים von אֹזֶן und עֹלוֹת von עֹל. Verwandt ist שׁפל = niedrig; daher שולים beim Kleide der Saum oder die Schleppe, beim Gefässe der Boden.

S. 467, Anm. 9. Mit למד in der Bedeutung Zusammenfügen, Verbinden hängt auch לבוד zusammen (s. S. 337 Anm. 54). — Zu לימודים und נסרים vgl. קורות כרותות = כרותות (1. Kön. 6, 36).

S. 470, Anm. 17. גט **ist das assyrische Gittu = Urkunde.**

S. 486, hebr. Text, Z. 9. ח ו מ ר ב ק ד ש מ ב ת ר ו מ ה **im Sinne von** ח מ ו ר ה ק ד ש מ ן ה ת ר ו מ ה **ist eine sehr beliebte, in der Mischna ziemlich häufige Konstruktion** (נדרים II 2; נזירות IX 1; בבא קמא VIII 2; בבא בתרא VIII 8; סנהדרין XI 1, 3; זבחים XI 4; מנחות IX 9; חולין VIII 6, XI 1, XII 1; ערכין IX 2; כלים XX 2; אהילות I 4; נגעים XIII 2). **Gewöhnlich wird** חומר **in solcher Verbindung als Substantiv aufgefasst und** חֹמֶר **gesprochen. In** כריתות II 4 (זה חומר מחמיר) **ist das zweifellos richtig. Hier aber wie an allen den Stellen, an denen ein Komparativ folgt, scheint mir diese Vokalisation bedenklich. Steigern kann man nur ein Adjektiv und ein Verbum. Man kann wohl sagen:** חכם אתה מכל האדם **oder:** חכמת מכל האדם**; man kann aber trotz** ופסיליהם מירושלם ומשמרון **(Jes. 10, 10) nicht sagen:** חכמתך מכל האדם**, auch nicht:** חכמתך מהכמת כל הארם**, wenigstens nicht in der schlichten Prosa der Mischna. Eine Ausnahme bilden nur die Substantiva, bei denen der Begriff der Ueberlegenheit wie bei** מותר **und** יתרון **schon im Worte liegt** (יתרון האור מן החשך, מותר האדם מן הבהמה)**, zu denen aber** חומר **ebensowenig wie** חכמה **gehört. Auch nicht** קדושה**. Daher** ארץ ישראל מקודשת מכל הארצות (כלים I 6) **und nicht:** קדושת ארץ ישראל מכל הארצות**, was dort nach** עשר קדושות הן **näher läge. Ebenso** מצוה בו י ו ת ר מבשלוחו (קדושין 41 a) **und nicht kürzer:** מצוה בו מבשלוחו**. Man sollte daher in solchem Zusammenhange wie in unserer Mischna nicht** חֹמֶר**, sondern** חוֹמֶר **lesen, das sich von** חמור **(ebenso wie** בוטח **von** בטוח**,** אוחז **von** אחוז**,** זוכר **von** זכור**,** שוכן **von** שכון**,** שורה **von** שרוי**) dadurch unterscheiden würde, dass dieses einen Zustand, jenes eine Tätigkeit ausdrückt (s. S. 229, Anm. 11). — Ist dies richtig, so löst sich die Schwierigkeit in der Verbindung** ק ל ו ח ו מ ר**, durch die der Schluss vom Leichtern auf das Schwerere oder umgekehrt bezeichnet wird, auf die einfachste Weise. Es heisst dann weder** קַל וָחֹמֶר**, noch** קַל וָחֹמֶר**, sondern** קַל וְחוֹמֶר.

ג. השמטות

א) עמוד פ״ה סי׳ ל״ג שורה ד׳ (בבא קמא קי״ח.): תנן התם הגוזל את חברו או שלוה הימנו או שהפקיד לו בישוב לא יחזיר לו במדבר. וגרסינן עלה ורמינהי מלוה כשתלמת בכל מקום וכו׳ אמר אביי הכי קאמר מלוה ניתנה ליתבע בכל מקום. והדבר ברור שאין כוונת אביי להגיה נוסח הברייתא אלא פירושא קמפרש לה שלשון מ ש ת ל מ ת משתמע לתרי אפי אפשר להבין י כ ו ל ה להשתלם ואפשר להבין צ ר י כ ה להשתלם והשתא אם תפרש כענין הראשון כלומר שהלוה ר ש א י לשלם חובו למלוה בכל מקום שימצאנו ואפלו במדבר דברי הברייתא סותרין דברי המשנה אבל באמת פירוש מ ש ת ל מ ת כאן כענין השני כלומר שהלוה ח י י ב לשלם חובו כשהגיע יום הפירעון בכל מקום שיתבעני המלוה ואפלו ימצאהו בארץ מדבר.

ב) עמוד קל״ו שורה ב׳ מלמטה (גטין ע״ד:): בכמה מקומות אמרו בתלמוד ח ס ו ר א מ י ח ס ר א ואין רצונם לומר שנוסח המשנה משובש אלא שאין הסיפא מחובר יפה עם הרישא ומלתא באפי נפשה היא. למשל בפרק מי שאחזו שם אהא דתנן רבן שמעון בן גמליאל אומר מעשה בצידן וכו׳ גרסינן מאי תנא דקתני מעשה חסורא מיחסרא והכי קתני ופי׳ רש״י ז״ל אין שונין מעשה במשנה אלא לראיה כלומר רשב״ג לא קאי ארישא שהרי במעשה שהביא אין שום ראיה לדברי ת״ק אלא דבר חדש הוא שחידש שאם אבד הבגד שהתנה הבעל במסירת הגט יתקיים התנאי בדמי הבגד שתתן לו האשה שאין המגרש מקפיד על הבגד אלא על שוויו. והכי נמי בגטין ס״ו. הבריא שאמר כתבו גט לאשתי רצה לשחק בה ומעשה בבריא אחד שאמר כתבו גט לאשתי ועלה לראש הגג ונפל ומת אמר רשב״ג אם מעצמו נפל הרי זה גט אם הרוח דחתו אינו גט. ופרכינן מעשה לסתור ומשני חסורא מיחסרא והכי קתני אם הוכיח סופו על תחלתו הרי זה גט ומעשה נמי בבריא וכו׳ וכל שעיניו בראשו יראה שאין במשנתנו לא חסרון ולא מעשה לסתור והמאמר שהכניס התלמוד בנוסח המשנה הלא הוא רמוז די הבנתו בדברי רשב״ג עצמו אלא שרבה המשנה בלשון קצרה כדרכה. כיוצא בדבר אתה מוצא פעם שלישית באותה מסכתא בסוף עמוד מ״ו. אהא דאמר ר׳ יוסי ברבי יהודה מעשה בצידן וכו׳ מאי תנא דקתני מעשה חסורא מיחסרא והכי קתני במה דברים אמורים כשנדרה היא אבל נדר איהו יחזיר ואמר ריבר״י מעשה נמי בצידן וכו׳ ובאמת אין המשנה חסרה כלום שהרי בפירוש אמר ריבר״י מעשה בצידן באחד שאמר לאשתו קונם אם איני מגרשך דהיינו שנדר איהו ואין כאן מקום לטעות. מיהו יש לומר דאצטריך למימר חסורא מיחסרא משום שאפשר לפרש משנתנו כולה מראשה ועד סופה בנדר שנדר איהו והיינו טעמא דלא יחזיר משום דבנדרים הולכין אחר לשון בני אדם והנודר לגרש את אשתו

פיו ולבו שוים כשלתו כלה גרש יגרש אותה מביתו לבלתי שוב אליו עוד כל ימיה ולא שיגרשנה לפי שעה ולאחר זמן יחזור לקחתה לו לאשה. ואמר ר׳ יהודה דהיינו דווקא בנדר שידעו בו רבים דאיכא למיחש לתקלה שאם אתה מתירו להחזירה נמצאת מכשיל את הרבים שיאמרו כל הנדרים הולכין אחר הפה ולא אחר דעת הנודר אבל בנדר שלא ידעו בו רבים שלא נדר אלא בינו לבין עצמה מותר להחזירה מ פ נ י ת ק ו ן ה ע ו ל ם שהרי מעשים בכל יום בשעה שאדם כועס על אשתו הוא נודר לגרשה ואינו מתכוון אלא לצערה אבל לא לפטרה לגמרי ולהפרד ממנה עולמית ואם אתה אוסרו להחזירה לא הנחת בת לאברהם אבינו יושבת תחת בעלה מה שאין כן בנדר שידעו בו רבים דמלתא דלא שכיחא היא שיתקוטט אדם עם אשתו בפני קהל ועדה ואין כאן משום תקון העולם. וחלוקים עליו ר׳ מאיר ור׳ אלעזר שאין בזה משום תקון העולם ואם מתחרט הוא על נדרו ורוצה להחזירה ילך אצל חכם וישאל על נדרו אבל יש לחלק על דעתיה דר׳ מאיר בין נדר שצריך חקירת חכם ובין נדר שאינו צריך חקירת חכם וספרש בתוספתא (פ״ג ה״ח) איזהו נדר שאינו צריך חקירת חכם אמר קונם אם אשתי נהגית לי שגנבה את כיסי ושהכתה את בני ונודע שלא הכתו ושלא גנבה והן הן נדרי שגגות שהתירו חכמים כמו ששנינו בנדרים (פ״ג ה״ב) ולפיכך אם גרשה ואחר כך נודע לו שחשד אותה על לא חמס בכפה יחזירנה שאפלו היה בדעתו בשעת נדרו להפרד ממנה לצמיתות ע״י גם פטורין הרי נדר בטעות ואין נדרו נדר אבל אם צריך חקירת חכם כגון שבאמת הכתה את בנו וגנבה את כיסו לא יחזיר עד שיתיר החכם את נדרו דמאחר שבלשון בני אדם הנודר לגרש את אשתו כוונתו לשלחה כל ימיו לבלתי החזירה עולמית לא הותר הנדר ע״י מסירת הגט עד שיעקור אותו החכם מעיקרו. ור׳ אלעזר סבר מה שאסרו חכמים להחזיר אין הטעם משום לשון בני אדם אלא קנס הוא שקנסוהו שלא יהיו נוהגים קלות ראש בנדרים וכדר׳ נתן שאמר כל הנודר כאלו בנה במה והמקיימו כאלו הקריב עליה קרבן והשתא אם הוא נדר שאינו צריך חקירת חכם והנודר נבהל לקיים נדרו וגירש את אשתו מבלי לדרוש ולחקור היטב אם אמת היה הדבר שהכתה את בנו או גנבה את כיסו מסתבר טפי לקנסו שלא יחזירנה אבל אם הוא נדר שצריך חקירת חכם ולא חשד באשתו על לא דבר היה אפשר להתירו שיחזירנה כיון שבדין כעס על אשתו ואין בנדרו פריצות יתירה כל כך אף על פי כן אסרו זה מפני זה דדמי לחוכא ואיטלולא שיהיו נדרי שגגות חמורין מנדר גמור ואם בדין כעס על אשתו היה לו להוציאה מבלי שיאסור איסר על נפשו בנדר שאין לזלזל בנדרים וקלות ראש מיהא איכא. ואחר שנחלקו ר׳ מאיר ור׳ אלעזר על ר׳ יהודה בא ר׳ יוסי בנו לקיים דברי אביו על פי המעשה שהיה בצידן באחד שאמר לאשתו קונם אם איני מגרשך וגירשה והתירו לו חכמים להחזירה מ פ נ י ת ק ו ן ה ע ו ל ם כיון שלא נדר אלא בינו לבינה ונדרו לא נודע לרבים. ולפי פירוש זה אין אנו צריכין לידחק ולומר מפני תקון העולם ארישא קאי אף לא דהכי קתני אין בזו מפני תקון העולם ומיתוקמא נמי שפיר מה שאמר ר׳ יהודה בתר הכי המוציא את אשתו משום איילונית לא יחזיר ואין הכרח להפך הגירסא כשמואל או לקיימה בשינויא דחיקא כאביי שהרי אין כאן סתירה כלל בדברי ר׳ יהודה וקושיא מעיקרא ליתא דאיכא למימר ר׳ יהודה לא חייש לקלקולא אלא בתובעת כתובתה אבל בנדר לא שייך קלקול כיון שאפשר להשאל עליו דאי לא תימא הכי כי היכי שתחשש אתה לקלקול כשנדרה היא הכי נמי נחוש כשנדר הוא שיאמר אלו הייתי יודע שחכם יכול להתיר נדרי לא הייתי מגרשה ותקשה לך מעשה דצידן וגבי איילונית דאמר לא יחזיר לטעמיה אזיל דאית ליה ביבמות (פרק ו׳ ה״ח) כהן לא ישא איילונית שהיא זונה האמורה בתורה ונהי שאם נישאת לישראל לא תצא מכל מקום אם גירשה לא יחזירנה הואיל ואינה ראויה להקים זרע ממנה ובסיפא שתובעת כתובתה ואמר ר׳ יהודה שתיקותה יפה לה מדבורה היינו טעמיה שלא יוציא המגרש לעז עליה ועל בניה לאמור אלו הייתי יודע שכן לא הייתי מגרשה. ככל הדברים האלה וככל החזיון הזה היה אפשר לפרש משנתנו לולי שאמרה סתם מ ש ו ם נ ד ר ל א י ח ז י ר דמשמע אפלו התיר החכם את הנדר לא יחזיר עולמית ולולי דברי הבריתא שאמרה בהדיא מפני מה אמרו לא יחזיר שלא יהו בנות ישראל פרוצות בעריות ובנדרים אלמא דמתניתין סיירי שנדרה היא ולפיכך אמרו חסורא מיחסרא והכי קתני במה דברים אמורים כשנדרה היא אבל נדר הוא יחזיר. וחסורא מיחסרא לא דווקא שאין כוונת התלמוד להכניס מאמר זה בנוסח המשנה אלא כלומר פירושא דמתניתן כאלו נאמר במה דברים אמורים כשנדרה היא וכו׳ וכמו כן כמעט בכל המקומות שאמרו חסורא מיחסרא ואין מן הצורך להרבות בראיות.

ג) עמוד קמ״ז שורה ד׳ מלמטה (ניטל באגדו): בהלכות שבת (פרק כ״ו ה״י) כתב רבנו הגדול ז״ל נגר שאין בראשו קלוסטרה אם היה קשור ותלוי בדלת נועלין בו וכן אם היה ניטל ואגדו עמו אבל אם היה אגדו קבוע בדלת והיה הנגר נשמט כמו קורה ומניחין אותו בזוית וחוזרין ונועלין בו בעת שרוצין הרי זה אסור לנעול בו שאין עליו תורת כלי ואינו אגוד ואין בו אגד להוכיח עליו. ובירושלמי (עירובין פ״י ה״י) אמר ר׳ ינאי חמוי דר׳ אמי עד שיהא קשור בדלת בדבר שיכול להעמידו.

ד) עמוד קנ״ב שורה ב׳ (מחלוקת ר׳ שמעון בן אלעזר ורבנן): ויותר קשה לדעת התוספות (עירובין ק״ב: ד״ה קושרין) שאפלו נפסקה הנימא בשבת אסור לשלשלה במקדש ולא התירו אלא לקשרה ומשמע נמי הכי בברייתא (שם ק״ג.) דתניא בן לוי שנפסקה לו נימא בכנור קושרה ופירש רש״י ז״ל דסבירא להו לרבנן מכשירי מצוה דוחין את השבת היכא דאי אפשר מאתמול ואם כן למה יהא אסור לשלשלה אם נפסקה בשבת ורש״י ז״ל נדחק לפרש טעמא דרבנן משום גזרה דלמא אתי נמי להתיר בכנור חדש ולדידי הכל ניחא שאני מפרש ו א ם ב ת ח ל ה דמתניתן שנפסקה הנימא מאתמול ולפיכך כאן וכאן אסור אבל אם נפסקה בשבת קושרה במקדש שאין כאן אלא שבות שהרי הקשר אינו של קיימא ור׳ שמעון בן אלעזר המתיר אפלו לשלשל שהוא אב מלאכה לשיטתו אזיל דסבירא ליה (בתענית כ״ז.) עיקר שירה בכלי.

ה) שם שורה י״א (מר סבר): בתעניות כ״ז. גרסינן אמר ר׳ יהודה אמר שמואל כהנים ולוים וישראלים מעכבין את הקרבן בסתניתא תנא ר׳ שמעון בן אלעזר אומר כהנים ולוים וכלי שיר מעכבין

את הקרבן במאי קמיפלגי מר סבר עיקר שירה בפה ומר סבר עיקר שירת בכלי. וזה לשון התוספות שם מר סבר עיקר שירה בפה ולכך הכל כשרים אפלו פסולים אפלו ממזרים לומר שירה דלא הוי אלא בפה ולמאן דאמר עיקר שירה בכלי אם כן צריך שיהו כהנים או לוים דהא הכלי זמר היה קדוש. לכאורה משמע מדבריהם שהשירה בפה כשרת אף בפסולים כיון שאין משתמשים אלא בגרונם ולא בכלי זמר הקדושים אבל אי אפשר לומר כן דהא בערכין (י"א.) ילפינן לשירה שעל הקרבן מדכתיב ושרת בשם ה' אלהיו ככל אחיו הלוים איזהו שירות שבשם הוי אומר זו שירה אלמא עיקר השירה בין שהיא בפה בין שהיא בכלי אינה אלא בלוים ועל כרחנו צריכים אנחנו לפרש שמה שכתבו התוספות לומר שירה לאו בפה קאמרי אלא בכלי למאן דסבר עיקר שירה בפה. ומהרש"א ז"ל כתב על דברי התוספות ר"ל דלהכי למ"ד עיקר שירה בפה נקט ישראלים דאפלו ממזרים כשרים לשיר אבל למ"ד עיקר שירה בכלי לא נקט ישראלים דבעי כהנים ולוים ודו"ק. ואין דבריהם סובלים פירוש זה שאם כוונתם לתרץ למה לא נקט גם ר' שמעון בן אלעזר ישראלים אכתי תקשה נהי שאין כשרים לנגן בכלי זמר אף על פי כן הוה ליה למנקט ישראלים מפני שצריכים לעמוד על קרבנות הצבור והמעמדות מעכבין את הקרבן ושמואל נמי דנקט ישראלים על כרחך גם הוא רק בשביל המעמדות נקט להו ולא להשמיענו שאפלו ממזרים כשרים לשיר כמו שהבין רש"א ז"ל דאי הכי היכי מצי שמואל למימר שמעכבין את הקרבן אם כלי שיר אין מעכבין לשיטתו כל שכן שאין המנגנים מעכבין וקל וחומר בן בנו של קל וחומר שאין ישראלים מעכבין שהרי די בכהנים ולוים היודעים לנגן בכלי שיר. ועוד דבתוספתא דתעניות פרק ג(ד) ה"ג תניא בהדיא ר' שמעון בן אלעזר אומר הכהנים והלוים כלי שיר והעם מעכבין את העבודה ובירושלמי נשנית ברייתא זו בשלשה מקומות בעירובין פ"י הי"ב ובפסחים פ"ד ה"א בראשה ובתעניות פ"ד ה"ב בראשה ובכולם הגרסא ר' שמעון בן אלעזר אומר הכהנים והלוים ישראלים וכלי שיר מעכבין את הקרבן ויליף לה מדכתיב וכל הקהל משתחוים אלו ישראל והשיר משורר אלו הלוים והחצוצרות מחצצרים אלו הכהנים הכל עד לכלות העולה הכל מעכבין את הקרבן וככה העתיק גם ר' חננאל בפירושו לתעניות כ"ז. לפיכך נראה לי שבעלי התוספות גרסו כן אף בתלמוד שלנו ואין כוונתם לפרש למה נקט שמואל ישראלים ור' שמעון בן אלעזר לא נקט להו כמו שהבינם מהרש"א ז"ל בדבריהם אלא מסברא הוסיפו עוד חילוק אחר היוצא ממחלוקת שמואל ור' שמעון בן אלעזר למאן דאמר עיקר שירה בפה אפלו ממזר כשר לנגן בכלי שיר ולמאן דאמר עיקר שירה בכלי דווקא בן לוי ולא ישראל.

ו) עמוד רי"א שורה כ' (ארחיב דברי בסוף הספר): בפסחים ע"ט. תנו רבנן הרי שהיו ישראל טמאים וכהנים וכלי שרת טהורים או שהיו ישראל טהורים וכהנים וכלי שרת טמאים ואפלו ישראל וכהנים טהורים וכלי שרת טמאים יעשו בטומאה שאין קרבן צבור חלוק אמר ר' חסדא לא שנו אלא שנטמא הסכין בטמא מת דרחמנא אמר בחלל חרב חרב הרי הוא כחלל וקא מטמא לגברא דמעיקרא כי מתעבד בטומאת הגוף דכרת קא מתעבד אבל נטמא הסכין בטומאת שרץ הבשר הוא דמטמא ליה לגברא לא מטמא ליה טהורין עביד טמאין לא עביד מוטב יאכל בטומאת בשר בלאו ואל יאכל בשר בטומאת הגוף שהוא בכרת אלמא קסבר ר' חסדא טומאה דחויה היא בצבור וכן אמר ר' יצחק טומאה דחויה היא בצבור ורבא אמר אפלו טמאים נמי עבדי. שמע מינה מדר' חסדא כלים הנוגעים במת אע"פ שאין הנזיר מגלח עליהן כדתנן בנזיר פרק ז' ה"ג אפלו הכי חייבין עליהם על ביאת מקדש כמו שכתב רמב"ם ז"ל בהל' ביאת המקדש פ"ג הי"ג ובהל' טומאת מת פ"ה ה"ה ולא כמו שהשיג עליו ראב"ד ז"ל שאפלו על מגע חרב שהוא כחלל אין חייבין והדבר ברור דבהא קמפלגי ראב"ד סבר הא דתנן התם בנזיר ה"ד כל טומאת מן המת שאין הנזיר מגלח עליה אין חייבין עליה על ביאת מקדש על כל השנויים לעיל מינה קאי ומכללם אף כלים הנוגעים במת ורמב"ם סבר להכי דייק בלשניה ושנה טומאה מן המת ולא טומאת מת להודיעך דלא קאי אלא על רביעית דם ורובע עצמות שהן טומאה מן המת כלומר מגופו של מת אבל לא על הכלים שהן טומאת מגע מת וכעין זה כתב גם מרן בכסף משנה אלא שלא דקדק יפה בלשון המשנה ומתוך כך כתב שפשטן של דברים כדברי ראב"ד ז"ל והרי סוגיא דידן ראיה מכרחת שפירוש רמב"ם ז"ל עיקר דאילו לשיטת ראב"ד ז"ל בסכין שנטמא במת לית כאן טומאת הגוף דכרת בשום פנים. ואי קשיא לך לשיטת רמב"ם מי ניחא הא כלים הנוגעים בטמא מת איהו נמי מודה שאין חייבין עליהם על ביאת המקדש יש לומר שרבינו הגדול ז"ל גרס בדברי ר' חסדא שנטמא הסכין במת וכן הוא בילקוט פ' צו ס"ס תצ"ט ובסמ"ג מ"ע ס"ס רכ"ד ולא שנטמא הסכין בטמא מת כמו שהוא לפנינו וכמו שגרס גם רש"י ז"ל ואפשר נמי שרמב"ם גרס שנטמא הסכין בטומאת מת כמו שגרסינן בסוף דבריו של ר' חסדא אבל נטמא הסכין בטומאת שרץ. ואכתי תקשה לך לפי גרסא זו כאי האי דקאמר ר' חסדא דרחמנא אמר בחלל חרב חרב הרי הוא כחלל דרשה זו למאי איצטרכא ליה אפלו תימא חרב אינו כחלל לא גרע סכין שנגע במת מאדם שנגע במת שחייבין עליו על ביאת המקדש והכא ליכא למימר כדמשני רש"י ז"ל בחולין ריש דף ג' דלרבותא נקט לה אדרבה טפי הויא רבותא אי לא אמרינן חרב הרי הוא כחלל ואפלו הכי טמאים נמי עבדי אפלו אותם שנטמאו במת עצמו ונעשו אב הטומאה. אבל ראה זה מצאתי בריש מס' אהילות שכתב ר' שמשון ז"ל דבשבת וחולין ופסחים לא גרסינן חרב הרי הוא כחלל דלא צריך כלל דכל מת שמדקדק יכול לדקדק בלאו הכי. ועיין במשנה למלך הל' טומאת מת פ"ה ה"ג בד"ה עוד כתב שהאריך לבאר דברי ר' שמשון ז"ל ואשתמטתיה דבשלשה מקומות איתא להך דרשה בפסחים בדף י"ד: ובדף י"ט: ובדף ע"ט. והוא לא מנה אלא שנים הראשונים ונעלם מעיניו סוגיא דידן. ובענין כלים שנגעו במת ראיתי מבוכה גדולה בין נושאי כליו של רבנו הגדול ז"ל שכתב בהל' נזירות פ"ז ה"ח נגע באהל המת או בכלים הנוגעים במת אינו מזה בשלישי ובשביעי והשיג עליו ראב"ד ז"ל כל זה אינו כלום אלא מה שאמרו שהאדם מיטמא בכלים הנוגעים במת לטומאת שבעה לא אמרו אלא בחבורין חיבורי אדם בכלים וכלים במת אבל שלא בחבורין טומאת ערב. ובעל מגדול עוז כתב ואני אומר הפסקא שפסק רמז"ל משנה שלמה היא פרק כה"ג ונזיר דתנן אבל הסככות והפרעות וכו' וכלים הנוגעים במת וכו' על אלו אין הנזיר מגלח ומזה כלומר וגם איננו מזה בשלישי ובשביעי. כלום לא ראה דברי

התלמוד המוכיחים שמלת אין שבמשנה לא קאי אלא על הגלוח ולא על הזאת שלישי ושביעי וכי לא ראה גם דברי רמב"ם בהלכה הקודמת שבכל אלו הוא טמא טומאת שבעה ומזה בשלישי ובשביעי. ומרן ז"ל כתב בכסף משנה איני יודע מי הגיד לארוננו הראב"ד שרבנו סובר שאפלו שלא בחבורין מיטמא דהא מדכתב הנוגעים במת ולא כתב שנגעו בכת משמע בהדיא דבחבורים דווקא מיירי. הרי שנעלם ממנו לפי שעה מחלוקת רמב"ם וראב"ד בהל' טומאת מת פ"ה ה"ג דמר סבר חרב הרי הוא כחלל והוא הדין לשאר כלים בין כלי מתכות בין כלי שטף ובגדים ומר סבר אנו אין לנו אלא בחרב או בחבורין בשאר כלים וכל המקראות אינן אלא בחבורין. וכבר הרגיש בזה בעל לחם משנה אבל גם הוא ז"ל טעה במה שכתב שם ולהר"א ז"ל יש לתרץ הקושיא שהקשו התוס' ז"ל כמו שתירצו הם דאי אפשר דבמתניתין כיירי בכלי מתכות או בחבורין דא"כ אמאי אין הנזיר מגלח. הרי שנעלם מעיניו מה שהבאתי למעלה בשם ראב"ד ז"ל שכתב בהל' ביאת המקרש פ"ג הי"ג שאין הנזיר מגלח על מגע כלים שנגעו במת ואפלו על חרב.

ז) שם סימן ל"ם (כשגגה שיצא מלפני השלים): אבל באמת אין זה שגגת המחבר אלא טעות סופר וכמו שאבאר. בפרק דם חטאת (זבחים צ"ג) בעא מיניה רמי בר חמא מרב חסדא ניתז על בגד טמא מהו. אמר ליה פלוגתא דרבי אלעזר ורבנן דתניא רבי אלעזר אומר מי חטאת שנטמאו מטהרין שהרי נדה מזין עליה. ורבי אלעזר ורבנן במאי קמפלגי אמר אביי בדנין טומאה קדומה מטומאה שבאותה שעה קמפלגי מר סבר דנין ומר סבר אין דנין. רבא אמר דכולא עלמא אין דנין והכא בהא קמפלגי דרבי אלעזר סבר הזאה צריכה שיעור ומצרפין להזאות ורבנן סברי הזאה אין צריכה שיעור. וכשתעיין בפירוש הקונטרס בין תבין את אשר לפניך ואין כאן מקום להאריך. ורמב"ם ז"ל פסק בהלכות מעשה הקרבנות (פ"ח ה"ט) ניתז על בגד טמא אינו טעון כבוס. ומרן ז"ל אחר שהעתיק בכסף משנה כל הסוגיא עם פירוש רש"י ז"ל כתב וקשה דלפי זה הוה ליה לרבנו לפסוק כרבנן דסברי בניתז על בגד טמא טעון כבוס וצ"ע. וכתב הר"י קורקוס ז"ל ואפשר שסובר רבנו שאין הדבר מוכרח דרבנן שאין דנין שם טומאה קדומה מטומאה שבאותה שעה לומר שמי חטאת שנטמאו מטהרין (כצ"ל ובטעות נדפס טהרו) שמפני זה יסברו שאם ניתז על בגד טמא שטעון כבוס שאפשר דלאו הא בהא תליא ומכל מקום ודאי שרבי אלעזר שדן שם טומאה קדומה מטומאת שעה על כרחך יסבור גם כאן שאין טעון כבוס כמו נפסל קודם שניתז הלכך הכי נקטינן. או אפשר שגרסא אחרת או שיטה אחרת היתה לרבנו באותה סוגיא או אולי לשון רבנו בספרים מוטעה והוא צריך להיות טעון כבוס והוא היותר קרוב אצלי עכ"ל. ומהר"א די בוטון בספרו לחם משנה בא אחריו ומילא את דבריו הראשונים שאין כאן טעות סופר בספרי רבנו ואף לא גירסא אחרת או שיטה אחרת באותה סוגיא אבל נקט דברי רבי אלעזר בטוב טעם ודעת. ולדברי שניהם קשיא לי אפלו תימא רבי אלעזר היא הא אמר רבא דכולא עלמא אין דנין והדבר ידוע שהעץ מיע"ל קג"ם הלכה כרבא נגד אביי ואם כן הכל מודים שהבגד טעון כבוס שאין דנין טומאה שבאותה שעה מטומאה קדומה כמו שלהיפך אין דנין טומאה קדומה מטומאה שבאותה שעה. ומאד אתמה על שני המאורות הגדולים שנסתר מנגד עיניהם לפי שעה מה שכתב רבנו הגדול ז"ל בהלכות טומאת אוכלין (פ"י הט"ז) משקה בית מטבחים שבעזרה והוא דם הקדשים והמים שמשתמשין בהם שם טהורים לעולם ואינם מתטמאים ולא מכשירים ודבר זה הלכה מפי הקבלה לפיכך כל דם הזבחים אינו מקבל טומאה ואינו מכשיר. וכן כתב גם בהלכות פסולי המוקדשין (פס"א) וכל דם הקדשים אינו מקבל טומאה כלל שנאמר בדם על הארץ תשפכנו כמים דם שנשפך כמים הוא הנחשב כמים ומקבל טומאה אבל דם קדשים שאינו נשפך כמים אינו מקבל טומאה. ובכל חבורו הגדול לא תמצא בשום מקום שהזכירו חכמי המשנה והתלמוד טומאת הדם שילך רבנו ז"ל בעקבותם ואיך יעלה על הדעת שדבר שנשמר ממנו אותו צדיק כל כך ותמיד הוא נזהר בו יכשל בו זאת הפעם. אין כל ספק שצדקו דבריו האחרונים של מהר"י קורקוס ז"ל שטעות נפלה בספרים ויש להגיה ניתז על בגד טמא טעון כבוס.

ח) עמוד רס"א שורה ח' ושורת ט"ז מלמטה (משנת הלל): דבר כמעט מוסכם הוא שהמשנה שבידינו יסודותיה והתחלותיה כבר היו לעולמים בזמנו של ר' יהודה הנשיא שזכה לכלות הבנין המפואר הזה שהתחילו הדורות שלפניו והשלימוהו דור אחר דור עד שבא הוא וחתמו (ראה למעלה בראש עמוד קס"ד). אין צריך לחפש הרבה בכשנה עצמה אחר מקומות שיתנו עדיהם ויצדיקו חרעת הזאת הלא פתח דבריה יעיד כי כן הוא. אלו היה רבנו הקדוש הסדר הראשון לא היה שונה מאימתי אלא אימתי קורין את שמע בערבים שהרי כל זמן קריאתה בא להשמיענו מתחלתו עד תכליתו ולא ראשית זמן הקריאה בלבד. והשתא דקפתח מאימתי האות הראשונה שבסדר המשנה מעידה שמתחלה לא נשנית אלא תחלת זמן קריאת שמע משעה שהכהנים נכנסים לאכול בתרומתן ותו לא ואחרי כן כשנפלה המחלוקת בין ר' אליעזר וחבריו על אודות סוף זמן קריאתה הוסיפו אחרונים עד סוף האשמורה הראשונה וכו' והמים של מאימתי לא זזה ממקומה. ועתה קמה השאלה וגם נצבה מי היה הראשון שהתחיל לסדר את המשנה או כי ירה אבן פנתה. אני אמרתי בפתיחתי למסכת שקלים שהלל היה המתחיל במלאכה הגדולה והנשגבה הזאת ולמדתי דבר זה מסדר תנאים ואמוראים שכתב מהלל ואילך העני העולם וחלשה גבורת התורה ולא תקנו הלל ושמאי אלא ששה סדרים. ואע"פ שאין ראיה לדבר זכר לדבר במה שאמר הלל עצמו (ברכות ס"ג.) אם ראית דור שהתורה חביבה עליו פזר ואם ראית דור שאין התורה חביבה עליו כנס כלומר המנהג הרגיל בבתי המדרש ללמוד וללמד התורה שבעל פה כעין פירוש לתורה שבכתב ולפזר הלכותיה בכל פרטיהן ודקדוקיהן זעיר שם זעיר שם על פני כל המקרא לתור להם מקום לחנותם או איזה יתד לתלות בו ואפלו סמך כל שהוא להשען עליו זה הדרך הוא טוב וישר בזמן שהתורה חביבה על בני הדור והישיבות מלאות צאן אדם השותים בצמא דברי מוריהם ולבם רחב כפתח האולם ונאמן כבור סוד שאינו מאבד טפה אבל בדור שאין התורה חביבה עליו והמצע קצר מהשתרע התלמידים מתמעטים והישיבות מתרוקנות וגבורת התורה הולכת ודלה

לא זו הדרך אלא צריך לכנס המון ההלכות במסגרת צרה ומצומצמת להסתפק בעיקרים כוללים שעל ידם יש להבין דבר מתוך דבר ולקבצם בסדר נאה חלוקים למיניהם במסכתות ופרקים כדי להקל על התלמידים שלא תתקף עליהם משנתם. ובסכה (כ.) אמר ר׳ שמעון בן לקיש בתחלה כשנשתכחה תורה מישראל עלה עזרא מבבל ויסדה חזרה ונשתכחה עלה הלל הבבלי ויסדה חזרה ונשתכחה עלו ר׳ חייא ובניו ויסדוה ואנחנו לא נדע מה זה שיסד הלל להציל התורה מסכנת השכחה אם לא שיסד סדרי המשנה כמו שידענו שר׳ חייא יסד התוספתא והצליח להציל מאבדן ההלכות שהשמיט ר׳ יהודה הנשיא מהמשנה שתתכה. וקצת ראיה גם כן מהא דאמר שמואל (יבמות ל״ז. קדושין ע״ח.) הלל שנה עשרה יוחסין עלו מבבל וכו׳ מדקאמר הלל שנה ולא הלל אמר שמע מנה שסדר דבר זה השנוי במשנתנו סתם (קדושין רפ״ד) בסדר המשנה שהניח אחריו וכדאמרינן בעלמא (יומא י״ד: וט״ו.) אמר ר׳ הונא מאן תנא תמיד ר׳ שמעון איש המצפה הוא מאן תנא מדות ר׳ אליעזר בן יעקב הוא. ומשמע נמי הכי בב״ק (ו:) דהא דתנן התם חב המזיק לשלם גרסינן חב המזיק חייב המזיק מיבעי ליה אמר ר׳ יהודה אמר רב האי תנא ירושלמי הוא ומאי קמשמע לן וכי לא ידעו בבבל שהמשנה בערי קדש יסודתה ומאי האי תנא דקאמר הלא כל התנאים בני מערב היו אבל אם נסכים שזאת ההלכה העתיקה כבר היתה סדורה במשנה הראשונה בדין הוא משתאה להלל הבבלי דתני לשנא קלילא ור׳ יהודה השיב לו בשם רב האי תנא שמפיו יצאת הלכה זו ירושלמי היה והלל שאספה לתוך משנתו שמר את לשונה ולא שינה אפלו אות אחת כי כן היה דרכו דרך אמונה בחר כמו שהעידו עליו במס׳ עדויות (פ״א ה״ג) הלל אומר מלא הין מים שאובים פוסלין המקוה אלא שאדם חייב לומר בלשון רבו. ועתה אם אמת נכון הדבר שהלל הזקן היה המסדר הראשון אפשר שטמון בזה המפתח לפתרון החידה מה ראתה מסכת אבות שכלה אגדה כי באה להסות תחת כנפי ההלכה בצל סדר ישועות ומה ראה פרקה האחרון (החמישי) כי בא להתחבר עם ארבעת הפרקים הקודמים שאינם דומים לו בשום פנים. אין צריך לומר שבמשנת הלל לא היתה מס׳ אבות מסכת בפני עצמה כי בימיו היה הקיפה אך מצער ומאמריה המעטים כמדומה שהמציא להם מקום במס׳ סנהדרין בפרק חלק כשבא לדבר על אודות עיר הנדחת שאנשיה אין להם חלק לעולם הבא ראה להקדים שכל ישראל יש להם חלק לעולם הבא חוץ מאלה שנזכרו שם ובתוכם גם האומר אין תורה מן השמים וכנגד אלה הכופרים פתח ואמר משה קבל תורה מסיני ומסרה ליהושע והוא לזקנים ומהם נמסרה לנביאים חכמים וסופרים דור אחר דור בלי הפסק עד שאי אפשר להטיל ספק באמתתה ומתוך שהזכיר בשמות את ראשי הישיבות משמעון הצדיק עד רבותיו שמעיה ואבטליון הזכיר גם דברי מוסר שיצאו מפיהם ורגילים היו על לשונם והם עשרה מאמרות (מאמר כנסת הגדולה לא מנה מפני שלא נקבו בשמותם) ועליהם הוסיף בעשרה מאמרות נברא העולם להפרע מן הרשעים (הכופרים בתורה) שמאבדין את העולם שנברא בעשרה מאמרות ואפשר שאמר גם כן עשרה דורות מאדם ועד נח ומנח עד אברהם כנגד עשר התקופות שהזכיר בתחלה (משה יהושע זקנים נביאים אנשי כנסת הגדולה אנטיגנוס וארבעת הזוגות) ובדורות שאחריו השלימו שלשלת הקבלה והוסיפו דברי מוסר מחכמי דור ודור במספר הולך וגדול עד שלא יכילנו הפרק האחד לפיכך הוציאום ממס׳ סנהדרין ועשו מהם מסכת בפני עצמה. בוא וראה שבאבות דר׳ נתן מתאים גם הנוסח גם הסדר משמעון הצדיק עד הלל ושמאי (פ״ד — פי״ג) עם הנוסח והסדר שבמשנת רבנו הקדוש מה שאין כן בפרקים האחרים אבל מפרק ל״א והלאה עד ל״ה חוזרים ומקבילים זה לעומת זה (בעשרה מאמרות עשרה דורות וכו׳) ובפרק ל״ו שב ר׳ נתן למה שאנו שונים בפרק חלק בסנהדרין (אנשי סדם קרח ועדתו דור המדבר עשרת השבטים שלשה מלכים וארבעה הדיוטות אין להם חלק לעולם הבא) הלא דבר הוא. ומנהג פשוט בשבתות שאומרים פרקי אבות להתחיל כל ישראל יש להם חלק לעולם הבא ואולי פתחה מס׳ אבות בספרי הקדמונים במאמר זה שמקומו בראש פרק חלק וחזר ונשנה בראש פרקי אבות כשהוציאו מסכת זו משם כמו שמצאנו מסכת תמיד ומסכת מדות שתיהן פותחות בשלשה מקומות הכהנים שומרים וכן ספר עזרא מתחיל בשני הפסוקים הכתובים בסוף ספר דברי הימים.

ט) עמוד רע״ח ס״ס ו׳ (פותח בדברים): אפשר לקיים הגרסא אם אין אנחנו קוראים וְדוֹרְשָׁן בחולם ואחריו שוא נע אלא וְדָרְשָׁן בקמץ חטוף ואחריו שוא נח (ראה מה שכתבתי למעלה בעמוד רס״ו בדבר סולחן ומוחלן) שמשמעו חכם הדורש ברבים ומנהגם היה לפתוח הדרשה בדברי אגדה המושכים את הלב וקראו להם פתיחה כמו שאמרו בברכות (ס״ג:) כשנכנסו רבותינו לכרם ביבנה וכו׳ פתחו כלם בכבוד אכסניה ודרשו פתח ר׳ יהודה ראש המדברים בכל מקום בכבוד תורה ודרש וכו׳ פתח ר׳ יוסי וכו׳ פתח ר׳ אליעזר בנו של ר׳ יוסי הגלילי וכו׳ והרבה פתיחות כאלה נמסרו לנו בשני התלמודים ויותר מהמה בספרי אגדה השונים ובפרט במדרש איכה. ואם כן נוכל לפרש כאן פותח בדברים שמרדכי כשהיה מדבר לפני העם רגיל היה לפתוח בדברים ערבים לאזן שומע למען הפות לבם לתורתו. אבל איך שיהיה הנוסח הנכון אם פותח דברים או פותח בדברים בין כך ובין כך הלשון קשה להלמו לשני הפירושים לפיכך נראה פתרון המלה במקום זה כמו ראש המדברים (בברכות שם) ובין שאתה קורא דברים בין שאתה גורס בדברים פירושו שחלקו חבריו לו כבוד לפתוח הדרשה ואחר שגמר התחילו הם. ודע שכל האמור כאן על פתחיה הובא במנחות (ס״ה.) ושם אין להכריע אם המאמר המוסגר פתחיה זה מרדכי וכו׳ הוא מנוסח המשנה או תוספת התלמוד ומאחר שהדבר שקול מסתברא שמעיקרא לא היתה הפסקה זו במשנתנו אלא שאחר הקוראים העתיקה לעצמו על הגליון וע״י טעות איזה סופר שחשבה להשמטה נכנסה משם פנימה.

י) עמוד ש׳ סימן א׳ (תוספתא תעניות פ״ב): במשנה שם (כ׳ ו׳) פירש ר׳ עובדיה המשמר מתחלק לשבעת בתי אבות וכן כתב גם בראש תמיד. אבל במנחות ק״ז: (וכן בירושלמי שקלים ספ״ו) אמר חזקיה ששה לנדבה כנגד ששה בתי אבות וכתב רש״י שם שבשבת היה כל המשמר שוה וכן כתב רש״י ז״ל בפסחים נ״ז. וביבמות ק״א. שהיה המשמר מתחלק לששה בתי אבות אכן בתעניות ט״ו: איתא בקונטרס לשבעה וכבר נשא ונתן הרב חיד״א ז״ל בשם הגדולים אם זה הקונטרס הוא

מפירושו של רש״י ז״ל. ורמב״ם ז״ל לא פירש דעתו בהל׳ כלי המקדש פ״ד ה״א אבל בהל׳ תמידין ומוספין פ״ד ה״ט משמע קצת שגם ליום השבת היה בית אב שדקדק וכתב מפיסין בשחר אנשי אותו בית אב של משמר היוצא ובסוף כתב והמשמר האחר שנכנס בשבת ולא הזכיר בית אב. ומרן ז״ל כתב בכסף משנה (הל׳ כלי המקדש פ״ג ה״ט) גבי לויים שבעה בתי אבות ומסתמא חשב שגם משמרות הכהנים נחלקו לשבעה בתי אבות ואין להשיב מהא דאמר חזקיה דאיכא למימר כיון שבשבת לא הביאו מעות לנדבה לפיכך לא היו אלא ששה שופרות כנגד ששה בתי אבות של ימות החול. ומה שכתב רבנו הגדול ז״ל בהל׳ אסורי ביאה פ״כ הי״ח שני כהנים שנתערבו ולדותיהם אם היו שניהם במשמר אחד ובית אב אחד נוטל חלק אחד סותר לכאורה כה שכתב בהל׳ מעשה הקרבנות פ״ה ה״כ שהעורות מתחלקין בכל ערב שבת לכל אנשי המשמר ואם כן למה לי בית אב אחד אפילו הם משני בתי אבות נוטל חלק אחד הואיל והם ממשמר אחד. מיהו יש לומר שמה שכתב נוטל חלק אחד היינו בבשר החטאות והאשמות ולא בעורות כמו שפירש רש״י ז״ל ביבמות (ק״א.) ועיין גם בהל׳ מעשה הקרבנות פ״י הי״ד.

יא) עמוד שי״א סימן ט״ו (הרובד הרביעי שבהיכל): רובד הוא רצפת אבנים ערוכות זו אצל זו ומן השרש הזה במקרא (משלי ז׳ ט״ז) מרבדים רבדתי ערשי שהם יריעות ערוכות על המטה למצע. והקרוב אליו בחשך רפדתי יצועי (איוב י״ז י״ג) שמשמעו גם כן רצפתי וערכתי וסמנו רפידתו זהב (שיר השירים ג׳ י׳) והיא הרצפה בתחתית האפריון ואולי גם רפדוני בתפוחים (שם ב׳ ה׳) אין לפרשו סעדו לבי בפרותיהם אלא שימו יצועי תחת עציהם ולפי זה אף סמכוני באשישות (שם) משמעו הרביצוני אל החומות ואשענה עליהן ואשישות מלשון אשישי קיר חרשת (ישע׳ ט״ז ז׳) וכן בלשון ערב אסים משמעו יסוד.

יב) עמוד שנ״א סימן כ״ה (יופי לך): כמדומה שזאת היתה ברכת הפרידה בימים ההם כשהיו נפטרים מאדם גדול דרשו שלומו וטובתו בברכה זו ולפי שהיו רגילים בה אמרו אותה גם בשעת פטירתן מן המזבח. ומכאן נהגו עד היום בסיום איזה סדר מן המשנה או איזו מסכת מן התלמוד שנפטרין בברכה זו בלשון ארמית ואומרים הדרן עלך והדרך עלן שפירושו בלשוננו הקדושה יפינו ופארנו עליך ויפיך ופארך עלינו. לכשל המסיים סדר מועד אוחז הספר בידו ומנשקו ואומר בקול רם ובשמחת הלב

הדרן עלך סדר מועד והדרך עלן

כלומר

ברכנוך סדר מועד ברכנו גם אתה